U0544644

清代达斡尔族档案辑录

# 黑龙江将军衙门达斡尔族满文档案选编

乾隆朝

7

中国第一历史档案馆
内蒙古自治区少数民族古籍征集研究室
呼伦贝尔市民族事务委员会
莫力达瓦达斡尔族自治旗人民政府
编

辽宁民族出版社

# 目　录

五六〇　黑龙江副都统衙门为报送正红旗达斡尔齐和勒佐领下领催阿林岱等员记名事咨黑龙江将军衙门文

乾隆十四年二月二十二日 ……………………………………………………1

五六一　黑龙江副都统衙门为正蓝旗达斡尔公中佐领巴里克萨出缺报送伊子登蕴等启程日期事咨黑龙江将军衙门文

乾隆十四年二月二十二日 ……………………………………………………4

五六二　黑龙江将军傅森题请展限偿还齐齐哈尔墨尔根两城借给索伦达斡尔等粮食等情本

乾隆十四年二月二十二日 ……………………………………………………6

五六三　黑龙江将军衙门为黑龙江正蓝旗达斡尔佐领巴里克萨病故其所遗缺拣员送部引见事咨兵部文

乾隆十四年三月初二日 ……………………………………………………31

五六四　黑龙江将军衙门为预保齐齐哈尔黑龙江墨尔根呼兰四城满洲索伦达斡尔等记名领催前锋引见事咨兵部文（附履历册一件）

乾隆十四年三月初二日 ……………………………………………………35

五六五　宁古塔将军衙门为严禁索伦达斡尔等借故偷采东珠并派兵巡查所有采珠河流事咨黑龙江将军衙门文（附单一件）

乾隆十四年三月十二日 ……………………………………………………51

五六六　黑龙江将军衙门为严禁索伦达斡尔等借故偷采东珠并派兵巡查

所有采珠河流事咨黑龙江副都统文（附单一件）
乾隆十四年三月十三日 ……57
五六七　黑龙江将军衙门为择选记名索伦达斡尔官兵随进木兰围事咨黑龙江副都统文（附名单一件）
乾隆十四年四月初一日 ……62
五六八　墨尔根副都统衙门为报派兵巡查所有采珠河流以禁索伦达斡尔等偷采情形事咨黑龙江将军衙门文
乾隆十四年四月十三日 ……66
五六九　署布特哈索伦达斡尔总管七十五等为查报越界捕貂索伦达斡尔鄂伦春丁名册等情事呈黑龙江将军衙门文
乾隆十四年四月十三日 ……70
五七〇　黑龙江将军衙门为解送黑龙江正白旗达斡尔达彦世管佐领源流册事咨兵部文（附名单一件）
乾隆十四年四月十六日 ……74
五七一　兵部为遵旨选派索伦达斡尔等官兵随进木兰围事咨黑龙江将军等文（附名单一件）
乾隆十四年四月二十一日 ……78
五七二　黑龙江将军衙门为遵旨选派索伦达斡尔等官兵随进木兰围事咨黑龙江副都统文（附名单一件）
乾隆十四年五月初五日 ……84
五七三　黑龙江将军衙门为遵旨选派索伦达斡尔等官兵随进木兰围事札布特哈索伦达斡尔总管纳木球等文（附名单一件）
乾隆十四年五月初五日 ……91
五七四　黑龙江将军衙门为报记名达斡尔前锋布尔呼德依等四人一同随进木兰围事咨兵部文
乾隆十四年五月初九日 ……97
五七五　黑龙江副都统衙门为报派往木兰围布特哈索伦达斡尔等官兵旗

佐职名事咨黑龙江将军衙门文
乾隆十四年五月初十日 ……100
五七六　兵部为索伦达斡尔等越界捕貂遵旨严加议处该管官员事咨黑龙江将军文
乾隆十四年五月十一日 ……102
五七七　布特哈索伦达斡尔总管纳木球等为呈送八旗索伦达斡尔等丁数及捕貂清册事呈黑龙江将军衙门文
乾隆十四年五月十四日 ……109
五七八　黑龙江将军衙门为令总管亲率记名达斡尔前锋前往木兰围场事札布特哈索伦达斡尔总管纳木球等文
乾隆十四年五月十五日 ……111
五七九　黑龙江将军衙门为照例发给前往木兰围索伦达斡尔等官兵驿马按期启程赴京事咨兵部文
乾隆十四年六月初七日 ……114
五八〇　户部为遵旨议奏索伦达斡尔等三年内偿还自齐齐哈尔墨尔根两城公仓借粮事咨黑龙江将军文
乾隆十四年六月二十日 ……122
五八一　黑龙江将军衙门为增派随进木兰围记名达斡尔前锋布尔呼德依等人事咨兵部文
乾隆十四年六月二十三日 ……136
五八二　黑龙江将军衙门为造送增派随进木兰围记名达斡尔前锋布尔呼德依等人职名册事咨兵部文
乾隆十四年六月二十三日 ……140
五八三　黑龙江将军衙门为报委员率随进木兰围记名索伦达斡尔等官兵启程日期事咨兵部文
乾隆十四年六月二十三日 ……141
五八四　黑龙江将军衙门为造送选派随进木兰围记名索伦达斡尔等官兵

职名册事咨兵部文
乾隆十四年六月二十三日 ……146
五八五　黑龙江将军衙门为报委员率随进木兰围记名索伦达斡尔等官兵启程日期事咨行在兵部文
乾隆十四年六月二十三日 ……151
五八六　黑龙江将军衙门为造送选派随进木兰围记名索伦达斡尔等官兵职名册事咨行在兵部文
乾隆十四年六月二十三日 ……156
五八七　黑龙江将军衙门为增派随进木兰围记名达斡尔前锋布尔呼德依等人事咨行在兵部文
乾隆十四年六月二十三日 ……161
五八八　黑龙江将军衙门为造送增派随进木兰围记名达斡尔前锋布尔呼德依等人职名册事咨行在兵部文
乾隆十四年六月二十三日 ……165
五八九　黑龙江将军衙门为令索伦达斡尔等按期偿还齐齐哈尔墨尔根公仓借粮事札布特哈索伦达斡尔总管乌察喇勒图等文
乾隆十四年七月初二日 ……166
五九〇　理藩院为索伦达斡尔人等趁捕貂时机越界滋事该管官员降一级调用事咨黑龙江将军文
乾隆十四年七月二十日 ……187
五九一　黑龙江将军衙门为新分设索伦达斡尔等佐领骁骑校缺拣选拟定正陪人员送部引见事咨理藩院文
乾隆十四年七月二十日 ……192
五九二　黑龙江将军衙门为总管乌察喇勒图因索伦达斡尔等越界滋事降级调用由副总管暂护事札布特哈索伦达斡尔总管鄂布希文
乾隆十四年七月二十六日 ……230
五九三　布特哈索伦达斡尔总管乌察喇勒图等为解送索伦达斡尔鄂伦春

等贡貂事呈黑龙江将军衙门文

乾隆十四年八月初一日 ……236

五九四　墨尔根副都统衙门为黑龙江各处满洲达斡尔佐领骁骑校等出缺拣员报送事咨黑龙江将军衙门文

乾隆十四年八月初二日 ……239

五九五　兵部为遵旨令黑龙江镶黄旗达斡尔鄂布希所管牛录分散安置事咨黑龙江将军等文

乾隆十四年八月十五日 ……249

五九六　镶黄满洲旗为黑龙江镶黄旗达斡尔鄂布希所管牛录分散安置事咨黑龙江将军衙门文

乾隆十四年八月十五日 ……253

五九七　黑龙江将军衙门为总管鄂布希等解送索伦达斡尔鄂伦春等贡貂事咨理藩院文

乾隆十四年八月十八日 ……258

五九八　黑龙江将军衙门为造送越界捕貂行劫索伦达斡尔人等该管官员职名册事咨兵部文

乾隆十四年八月二十四日 ……262

五九九　黑龙江将军衙门为墨尔根镶白旗达斡尔佐领鞥济德年老休致出缺拣员引见补放事咨兵部文

乾隆十四年九月十五日 ……265

六〇〇　黑龙江将军衙门为黑龙江正红旗达斡尔公中佐领齐和勒因罪革职出缺拣员引见补放事咨兵部文

乾隆十四年九月十五日 ……267

六〇一　黑龙江将军衙门为令齐齐哈尔镶黄旗达斡尔阿密喇佐领下驻黑龙江城人在源流册上画押事咨黑龙江副都统文

乾隆十四年九月二十日 ……272

六〇二　黑龙江将军衙门为令布特哈正白旗达斡尔索锡纳佐领下驻黑龙

江城人在源流册上画押事咨黑龙江副都统文
乾隆十四年九月二十日 ……274

六〇三 黑龙江将军衙门为令黑龙江镶蓝旗达斡尔罗郭尔哈佐领下驻墨尔根人在源流册上画押事咨墨尔根副都统文
乾隆十四年九月二十日 ……277

六〇四 黑龙江将军衙门为令布特哈镶黄旗达斡尔托尼逊佐领下驻墨尔根人在源流册上画押事咨墨尔根副都统文
乾隆十四年九月二十日 ……279

六〇五 黑龙江将军衙门为令齐齐哈尔镶黄旗达斡尔阿密喇佐下领驻呼兰城人在源流册上画押事札署呼兰城守尉哲灵额文
乾隆十四年九月二十日 ……281

六〇六 黑龙江将军衙门为令镶蓝旗达斡尔罗郭尔哈佐领下驻布特哈人在源流册上画押事札暂护布特哈索伦达斡尔总管事务副总管鄂尔衮察文
乾隆十四年九月二十日 ……283

六〇七 黑龙江将军衙门为令造送布特哈镶黄旗达斡尔托尼逊佐领源流册事札暂护布特哈索伦达斡尔总管事务副总管鄂尔衮察文
乾隆十四年九月二十日 ……286

六〇八 黑龙江将军衙门为令造送布特哈正白旗达斡尔索锡纳佐领源流册事札暂护布特哈索伦达斡尔总管事务副总管鄂尔衮察文
乾隆十四年九月二十日 ……288

六〇九 黑龙江将军衙门为令造送齐齐哈尔镶黄旗达斡尔阿密喇佐领源流册事咨镶黄满洲旗文
乾隆十四年九月二十日 ……291

六一〇 理藩院为布特哈达斡尔佐领巴多玛等因食半俸其休致事宜应报送兵部办理事咨黑龙江将军等文
乾隆十四年九月二十六日 ……294

六一一　墨尔根副都统衙门为造送齐齐哈尔镶黄旗达斡尔阿密喇佐领下驻墨尔根人画押源流册事咨黑龙江将军衙门文
乾隆十四年十月初四日 ……297
六一二　墨尔根副都统衙门为造送黑龙江镶蓝旗达斡尔罗郭尔哈佐领下驻墨尔根人画押源流册事咨黑龙江将军衙门文
乾隆十四年十月初四日 ……300
六一三　墨尔根副都统衙门为造送布特哈镶黄旗达斡尔托尼逊佐领下驻墨尔根人画押源流册事咨黑龙江将军衙门文
乾隆十四年十月初四日 ……303
六一四　黑龙江将军衙门为再行严禁索伦达斡尔等越界打牲滋事事札布特哈索伦达斡尔总管纳木球等文
乾隆十四年十月初四日 ……306
六一五　黑龙江副都统衙门为造送布特哈正白旗达斡尔索锡纳佐领下驻黑龙江人画押源流册事咨黑龙江将军衙门文
乾隆十四年十月十三日 ……312
六一六　黑龙江副都统衙门为解送黑龙江镶蓝旗达斡尔罗郭尔哈佐领源流册事咨黑龙江将军衙门文
乾隆十四年十月十三日 ……316
六一七　黑龙江副都统衙门为造送齐齐哈尔镶黄旗达斡尔阿密喇佐领下驻黑龙江人画押源流册事咨黑龙江将军衙门文
乾隆十四年十月十三日 ……319
六一八　黑龙江将军衙门为催解布特哈镶黄旗达斡尔托尼逊等佐领源流册事札布特哈索伦达斡尔总管纳木球文
乾隆十四年十月二十八日 ……322
六一九　黑龙江将军衙门为催解黑龙江镶蓝旗达斡尔罗郭尔哈世管佐领下驻布特哈人画押源流册事札布特哈索伦达斡尔总管纳木球文
乾隆十四年十月二十八日 ……324

六二〇　布特哈索伦达斡尔总管纳木球为造送布特哈镶黄旗达斡尔托尼逊佐领源流册事呈黑龙江将军衙门文
乾隆十四年十一月初十日 ……325

六二一　布特哈索伦达斡尔总管纳木球为造送布特哈正白旗达斡尔索锡纳佐领源流册事呈黑龙江将军衙门文
乾隆十四年十一月初十日 ……328

六二二　布特哈索伦达斡尔总管纳木球为造送黑龙江镶蓝旗达斡尔罗郭尔哈佐领下驻布特哈人画押钤印源流册事呈黑龙江将军衙门文
乾隆十四年十一月初十日 ……331

六二三　黑龙江将军衙门为造送黑龙江镶蓝旗达斡尔罗郭尔哈佐领源流册事咨兵部文（附名单一件）
乾隆十四年十一月十七日 ……334

六二四　黑龙江将军衙门为造送布特哈镶黄旗达斡尔托尼逊正白旗索锡纳等佐领源流册事咨理藩院文（附名单一件）
乾隆十四年十一月十七日 ……338

六二五　兵部为从金川撤回索伦达斡尔等官兵内择员驻京引见事咨黑龙江将军等文（附名单一件）
乾隆十四年十二月初五日 ……342

六二六　兵部为督催自木兰返回黑龙江正白旗托多尔凯佐领下达斡尔牲丁交回马匹事咨黑龙江将军文
乾隆十四年十二月二十四日 ……347

六二七　理藩院为布特哈索伦达斡尔满鼎阿等违禁越界捕猎行劫查议该管官员事咨黑龙江将军文
乾隆十四年十二月二十四日 ……349

六二八　镶黄满洲旗为解送齐齐哈尔镶黄旗达斡尔阿密喇佐领画押源流册事咨黑龙江将军衙门文
乾隆十四年十二月二十四日 ……353

六二九　正红满洲旗为黑龙江正红旗达斡尔公中佐领出缺奉旨由骁骑校巴赖补授事咨黑龙江将军衙门文

乾隆十五年正月初三日 ……358

六三〇　正红满洲旗为新授黑龙江正红旗达斡尔佐领巴赖留京照例带领引见事咨黑龙江将军衙门文

乾隆十五年正月初十日 ……360

六三一　布特哈索伦达斡尔总管纳木球等为收缴布特哈索伦达斡尔选备马匹事呈黑龙江将军衙门文

乾隆十五年正月二十日 ……366

六三二　黑龙江将军衙门为派遣布特哈达斡尔食钱粮官兵至魁山耕田预先修缮农具事札布特哈索伦达斡尔总管纳木球等文

乾隆十五年二月十九日 ……369

六三三　黑龙江副都统衙门为黑龙江各处满洲达斡尔佐领骁骑校等出缺拣员报送事咨黑龙江将军衙门文

乾隆十五年二月二十四日 ……371

六三四　黑龙江副都统衙门为选派黑龙江镶黄旗达斡尔布钟库尔佐领下领催前锋等记名事咨黑龙江将军衙门文

乾隆十五年二月二十四日 ……375

六三五　黑龙江将军傅尔丹题请黑龙江镶黄旗达斡尔鄂布希牛录解散不归入公中佐领仍照例设头目管理本

乾隆十五年三月初六日 ……379

六三六　黑龙江将军衙门为黑龙江镶黄旗达斡尔鄂布希牛录解散后如何安置已具题请旨事咨镶黄旗满洲都统衙门文

乾隆十五年三月初六日 ……387

六三七　黑龙江将军傅尔丹题请买补索伦达斡尔等兵丁未能偿还粮食以裕仓储本

乾隆十五年三月初六日 ……393

六三八　黑龙江将军衙门为墨尔根正蓝旗达斡尔佐领喀喇病故其所遗缺拣选骁骑校阿巴勒图引见事咨兵部文
乾隆十五年三月初十日 ……405

六三九　墨尔根副都统衙门为选送已出痘身强力壮索伦达斡尔等入京学习摔跤事咨黑龙江将军衙门文
乾隆十五年四月初七日 ……407

六四〇　户部为令查明布特哈索伦达斡尔等未能按限偿完借粮补还入仓情由报部事咨黑龙江将军文
乾隆十五年四月二十四日 ……410

六四一　黑龙江将军衙门为查报布特哈索伦达斡尔等未能按限偿还借粮补还入仓情形事咨户部文
乾隆十五年四月二十五日 ……417

六四二　户部为布特哈索伦达斡尔等贡貂减等饬令实心捕貂事咨黑龙江将军文
乾隆十五年五月二十八日 ……432

六四三　黑龙江将军衙门为令严加管束索伦达斡尔等奋勉捕貂事札布特哈总管纳木球等文
乾隆十五年五月二十九日 ……439

六四四　兵部为镶黄旗达斡尔鄂布希牛录解散分别并入各该处公中佐领管理事咨黑龙江将军等文
乾隆十五年六月初四日 ……448

六四五　黑龙江将军衙门为镶黄旗佐领阿沁珠补授管索伦达斡尔布特哈事务满洲副总管事札布特哈索伦达斡尔总管纳木球等文
乾隆十五年六月初六日 ……455

六四六　黑龙江将军衙门为解送齐齐哈尔镶黄旗达斡尔阿密喇佐领源流册事咨兵部文（附名单一件）
乾隆十五年七月初九日 ……458

六四七　护理布特哈索伦达斡尔总管事务副总管鄂尔衮察等为总管纳木球解送索伦达斡尔等贡貂事呈黑龙江将军衙门文

乾隆十五年八月初二日 ……462

六四八　黑龙江副都统衙门为选派黑龙江左翼达斡尔镶黄旗布钟库尔佐领下领催厄尔齐勒图等记名事咨黑龙江将军衙门文

乾隆十五年八月二十二日 ……465

六四九　墨尔根副都统衙门为黑龙江各处满洲达斡尔佐领骁骑校等出缺拣员报送事咨黑龙江将军衙门文

乾隆十五年八月二十二日 ……468

六五〇　理藩院为布特哈正红旗管索伦达斡尔事务满洲副总管出缺奉旨以佐领卫舒补授事咨黑龙江将军文

乾隆十五年八月二十七日 ……479

六五一　黑龙江将军衙门为齐齐哈尔正黄旗达斡尔佐领托什图病故其所遗缺拣员引见补放事咨兵部文

乾隆十五年九月二十三日 ……482

六五二　黑龙江将军衙门为黑龙江正白旗达斡尔世管佐领达彦病故其所遗缺拣员引见补放事咨兵部文

乾隆十五年九月二十三日 ……484

六五三　黑龙江将军衙门为墨尔根城正红旗达斡尔公中佐领布堪泰病故其所遗缺拣员引见补放事咨兵部文

乾隆十五年九月二十三日 ……504

六五四　布特哈索伦达斡尔总管鄂布希为查报达斡尔牲丁乌尔衮保赴京迁户未返回事呈黑龙江将军衙门文

乾隆十五年十月二十日 ……508

六五五　黑龙江将军衙门为降级调用布特哈索伦达斡尔总管乌察喇勒图等情属可悯禀请匡正事咨理藩院文

乾隆十五年十一月初一日 ……511

六五六　黑龙江将军傅尔丹题钦遵上谕收缴布特哈索伦达斡尔等鸟枪并在打牲时只准使用弓箭本
乾隆十五年十二月初三日 ……517
六五七　护理墨尔根副都统印务协领乌泰为黑龙江各处满洲达斡尔佐领骁骑校等出缺拣员报送事呈黑龙江将军衙门文
乾隆十六年二月二十日 ……525
六五八　兵部为黑龙江达斡尔披甲乌图木保留京效力事咨黑龙江将军文（附来文一件）
乾隆十六年二月二十三日 ……537
六五九　黑龙江将军衙门为黑龙江达斡尔披甲乌图木保留京效力事札布特哈索伦达斡尔总管纳木球等文（附来文一件）
乾隆十六年二月二十六日 ……541
六六〇　兵部为镶白旗三等侍卫达斡尔特伊勒尔图及其胞弟留京安置一处事咨黑龙江将军文（附来文一件）
乾隆十六年三月二十三日 ……545
六六一　布特哈索伦达斡尔总管纳木球等为原镶黄旗达斡尔佐领鄂布希升任总管后兼管正黄旗佐领事呈黑龙江将军衙门文
乾隆十六年三月二十七日 ……549
六六二　黑龙江将军衙门为齐齐哈尔镶红旗达斡尔佐领出缺拣选镶蓝旗骁骑校尼尔济苏引见补放事咨兵部文
乾隆十六年三月二十八日 ……557
六六三　黑龙江将军衙门为墨尔根镶红旗达斡尔佐领出缺拣选本旗骁骑校章锡保引见补放事咨兵部文
乾隆十六年三月二十八日 ……559
六六四　黑龙江将军衙门为正黄旗达斡尔护军乌敦保请假回籍按限督催返回事札布特哈索伦达斡尔总管纳木球等文
乾隆十六年四月二十四日 ……561

六六五　布特哈索伦达斡尔总管纳木球等为造送索伦达斡尔等打牲丁及捕获貂皮数目清册事呈黑龙江将军衙门文
乾隆十六年五月二十三日 ……………………………………………………564
六六六　黑龙江将军傅尔丹题原布特哈镶黄旗达斡尔佐领鄂布希升任总管后兼管正黄旗公中佐领本
乾隆十六年六月十六日 ……………………………………………………566
六六七　黑龙江将军衙门为原布特哈镶黄旗达斡尔佐领鄂布希升任总管后兼管正黄旗公中佐领事咨理藩院文
乾隆十六年六月十六日 ……………………………………………………569
六六八　黑龙江将军衙门为原布特哈镶黄旗达斡尔鄂布希所管牛录解散并入公中佐领事札布特哈索伦达斡尔总管纳木球等文
乾隆十六年六月十六日 ……………………………………………………573
六六九　理藩院为遵例造送布特哈索伦达斡尔等比丁册事咨黑龙江将军文
乾隆十六年七月二十一日 ……………………………………………………577
六七〇　布特哈索伦达斡尔总管纳木球等为报原镶黄旗达斡尔鄂布希所管牛录解散分入公中佐领事呈黑龙江将军衙门文
乾隆十六年七月二十三日 ……………………………………………………585
六七一　布特哈索伦达斡尔总管纳木球等为报布特哈索伦达斡尔等丁数并派员解送贡貂事呈黑龙江将军衙门文
乾隆十六年八月十八日 ……………………………………………………590
六七二　黑龙江副都统衙门为选送黑龙江左翼达斡尔镶黄旗领催厄尔齐勒图等记名事咨黑龙江将军衙门文
乾隆十六年八月二十二日 ……………………………………………………593
六七三　黑龙江将军衙门为布特哈索伦达斡尔总管兼佐领鄂布希轮班引见事咨兵部文
乾隆十六年八月二十七日 ……………………………………………………597

六七四　黑龙江将军衙门为布特哈正白旗达斡尔世管佐领斋萨布因罪革职出缺拣选正陪人员引见事咨理藩院文
乾隆十六年八月二十八日 ……605
六七五　黑龙江将军衙门为照官价卖给布特哈索伦达斡尔人等仓储旧粮事咨黑龙江副都统衙门文
乾隆十六年八月三十日 ……613
六七六　布特哈索伦达斡尔总管纳木球为达斡尔总管鄂布希赴京解送贡貂请择员署理其印务事呈黑龙江将军衙门文
乾隆十六年九月初一日 ……619
六七七　黑龙江将军衙门为达斡尔总管赴京解貂由正白旗达斡尔副总管扎勒图护理事札布特哈索伦达斡尔总管纳木球文
乾隆十六年九月初二日 ……621
六七八　黑龙江将军衙门为齐齐哈尔镶白旗满洲佐领出缺拣选降级调用布特哈满洲副总管乌散泰一并引见事咨兵部文
乾隆十六年九月二十日 ……622
六七九　黑龙江将军衙门为照官价卖给布特哈索伦达斡尔等黑龙江城仓储旧粮事札布特哈索伦达斡尔总管纳木球等文
乾隆十六年十月初八日 ……632
六八〇　户部为遵旨议奏照官价卖给布特哈索伦达斡尔等仓储旧粮事咨黑龙江将军文
乾隆十六年十月二十九日 ……637
六八一　理藩院为令遵照定例造送布特哈索伦达斡尔等比丁册事咨黑龙江将军文
乾隆十六年十一月十六日 ……639
六八二　理藩院为遵旨卖给布特哈索伦达斡尔等黑龙江城官仓粮石事咨黑龙江将军文
乾隆十六年十一月十六日 ……647

六八三　黑龙江将军衙门为正蓝旗佐领舒德勒补授管理布特哈索伦达斡尔事务满洲副总管事札布特哈索伦达斡尔总管纳木球等文
乾隆十六年十二月十九日 ……654
六八四　黑龙江副都统衙门为黑龙江各处满洲达斡尔佐领骁骑校等出缺拣员报送事咨黑龙江将军衙门文
乾隆十七年二月二十二日 ……658
六八五　墨尔根副都统衙门为黑龙江各处满洲达斡尔佐领骁骑校等出缺拣员报送事咨黑龙江将军衙门文
乾隆十七年二月二十二日 ……666
六八六　布特哈索伦达斡尔总管纳木球等为委员解送布特哈索伦达斡尔所买黑龙江城仓粮价银事呈黑龙江将军衙门文
乾隆十七年五月二十二日 ……677
六八七　黑龙江将军衙门为造送派往木兰围场善猎索伦达斡尔鄂伦春等花名册事咨理藩院文
乾隆十七年五月二十三日 ……679
六八八　黑龙江将军衙门为请照例办给随进木兰围索伦达斡尔官兵等驿马事咨兵部文
乾隆十七年六月初四日 ……683
六八九　黑龙江将军衙门为令催交布特哈索伦达斡尔等拖欠粮价银事札布特哈总管纳木球等文
乾隆十七年六月十四日 ……690
六九〇　布特哈索伦达斡尔总管纳木球等为索伦达斡尔鄂伦春等人口繁衍请分编牛录事呈黑龙江将军衙门文
乾隆十七年八月十九日 ……693
六九一　布特哈索伦达斡尔总管纳木球等为布特哈正白旗达斡尔世袭佐领索锡纳等病故出缺拟定正陪人员事呈黑龙江将军衙门文
乾隆十七年八月二十日 ……705

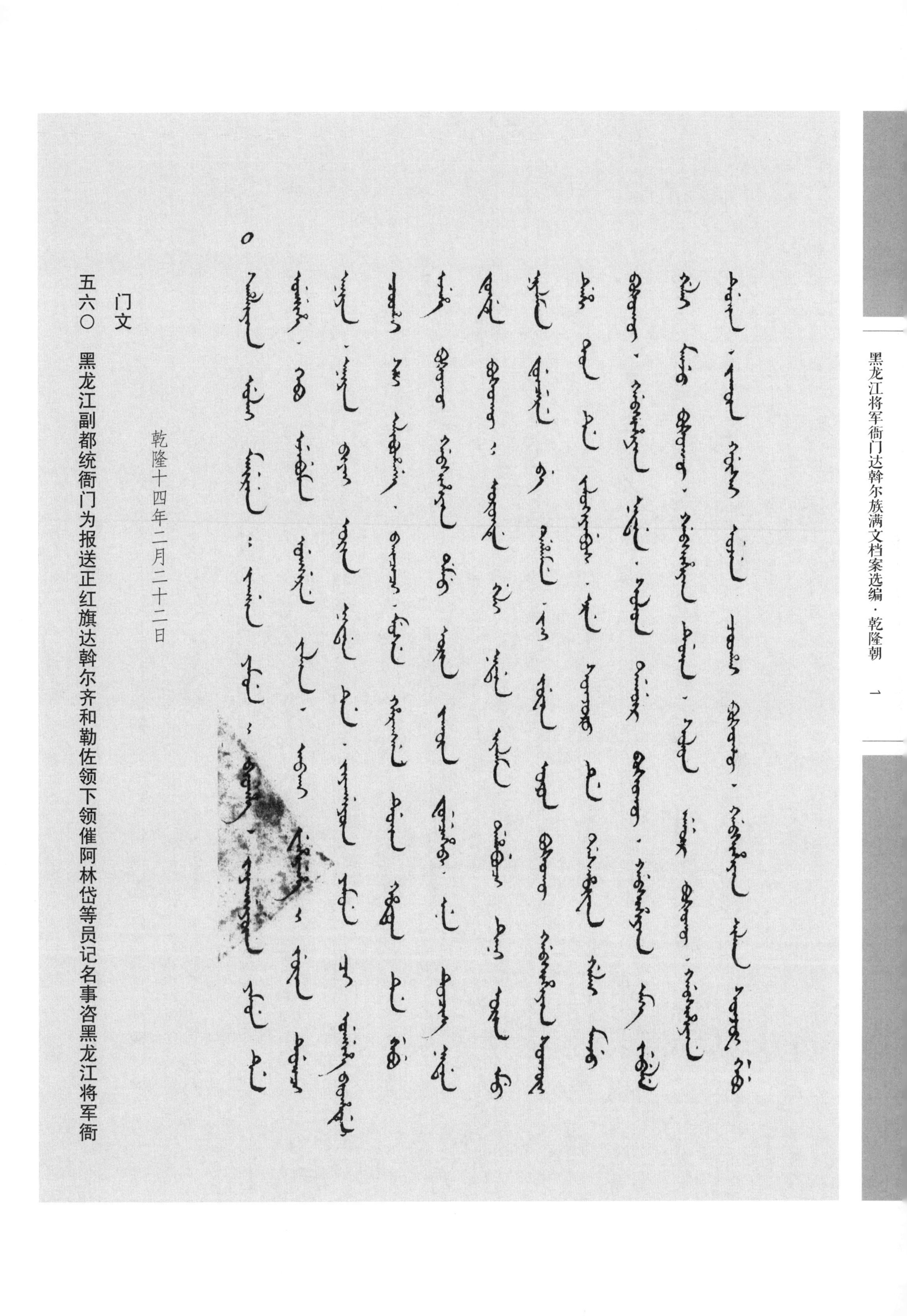

五六〇 黑龙江副都统衙门为报送正红旗达斡尔齐和勒佐领下领催阿林岱等员记名事咨黑龙江将军衙门文

乾隆十四年二月二十二日

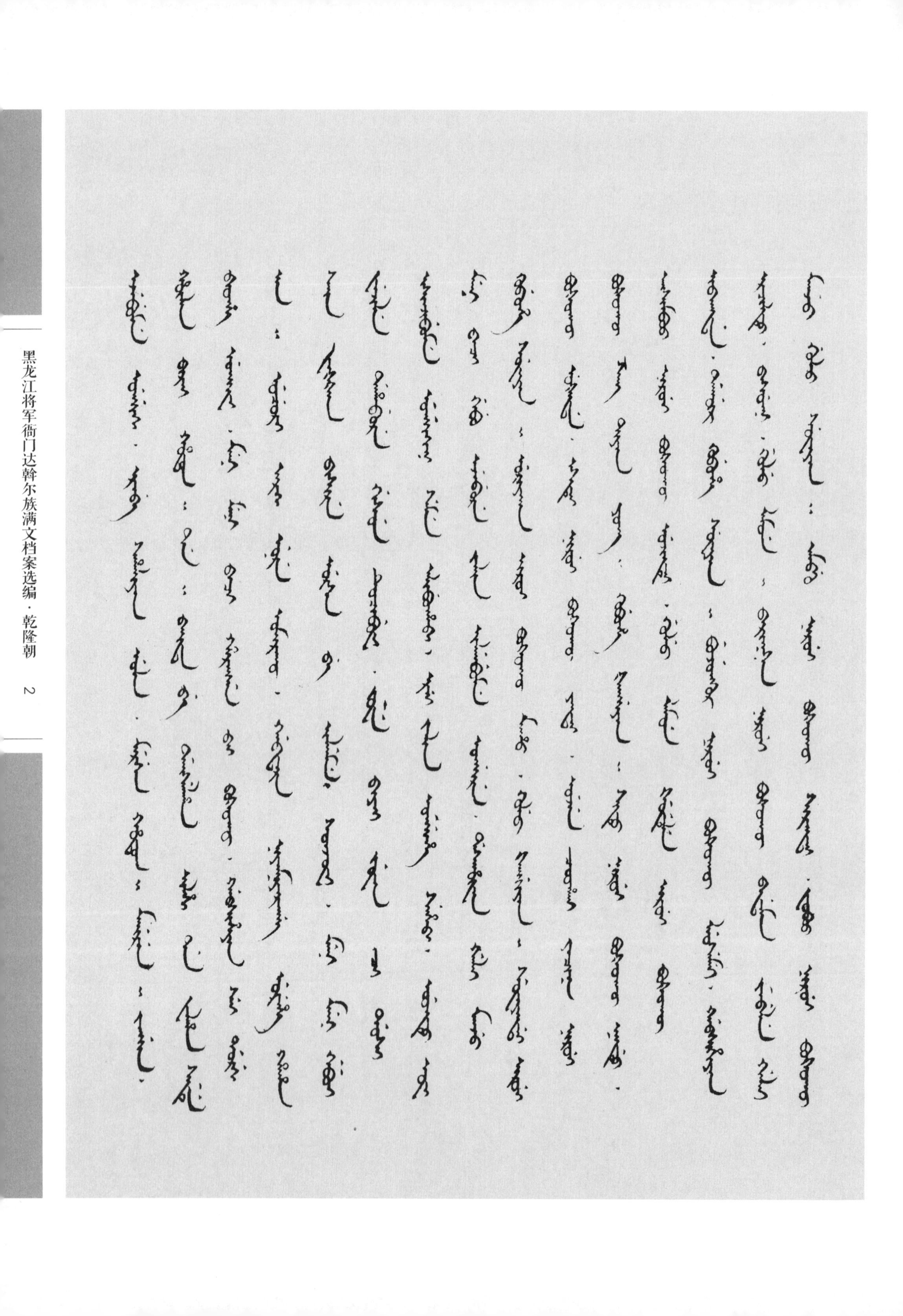

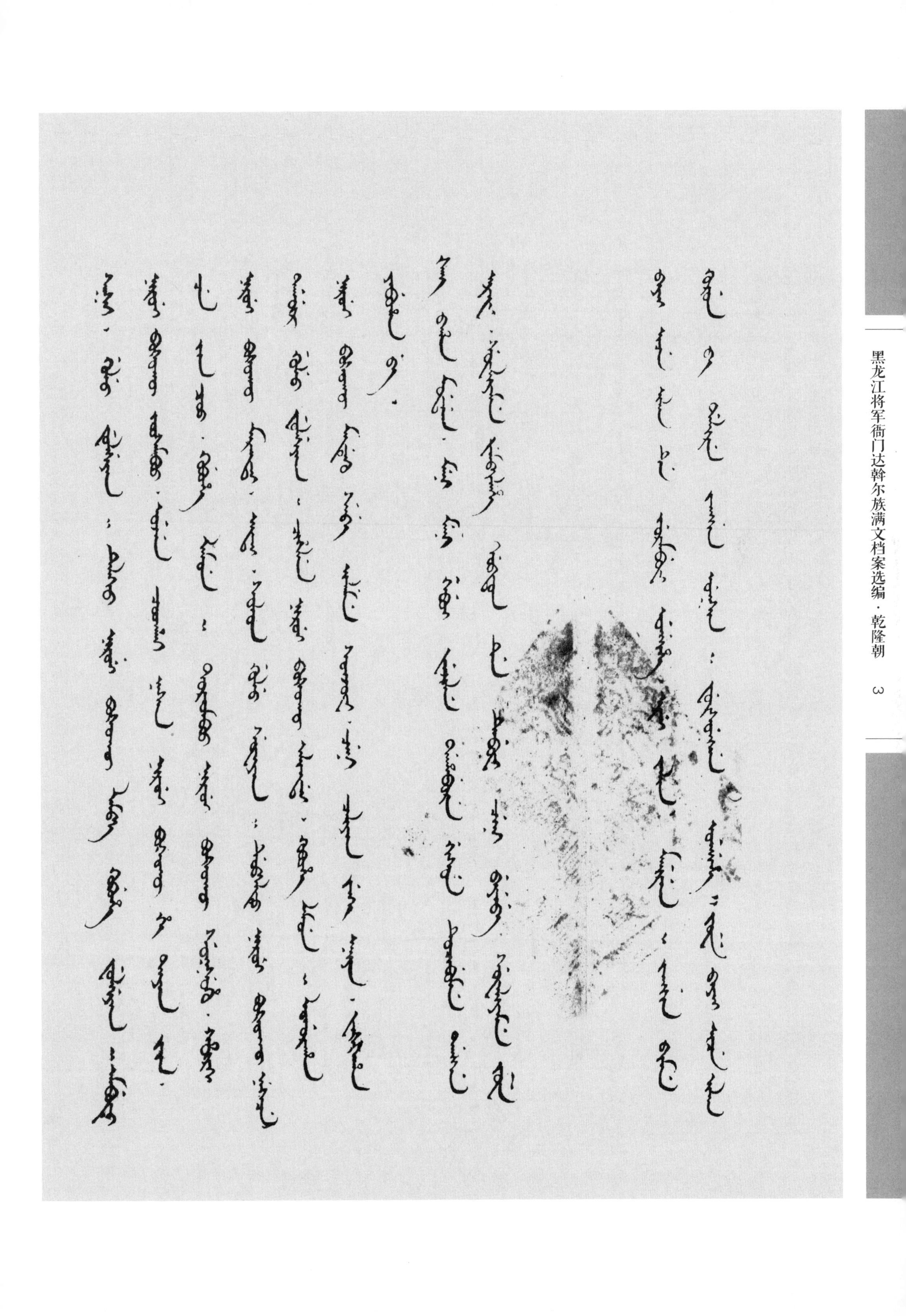

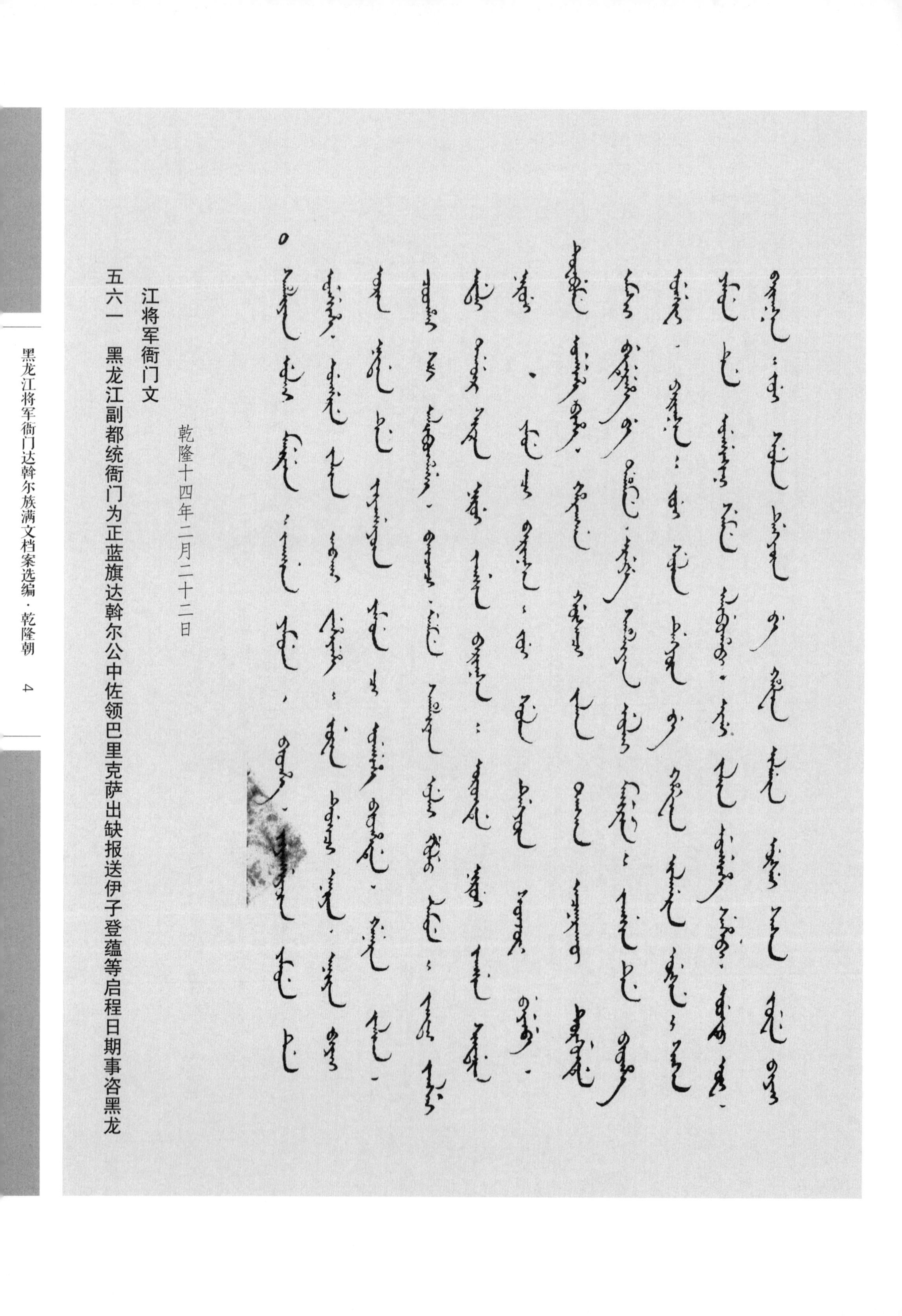

## 五六一　黑龙江副都统衙门为正蓝旗达斡尔公中佐领巴里克萨出缺报送伊子登蕴等启程日期事咨黑龙江将军衙门文

乾隆十四年二月二十二日

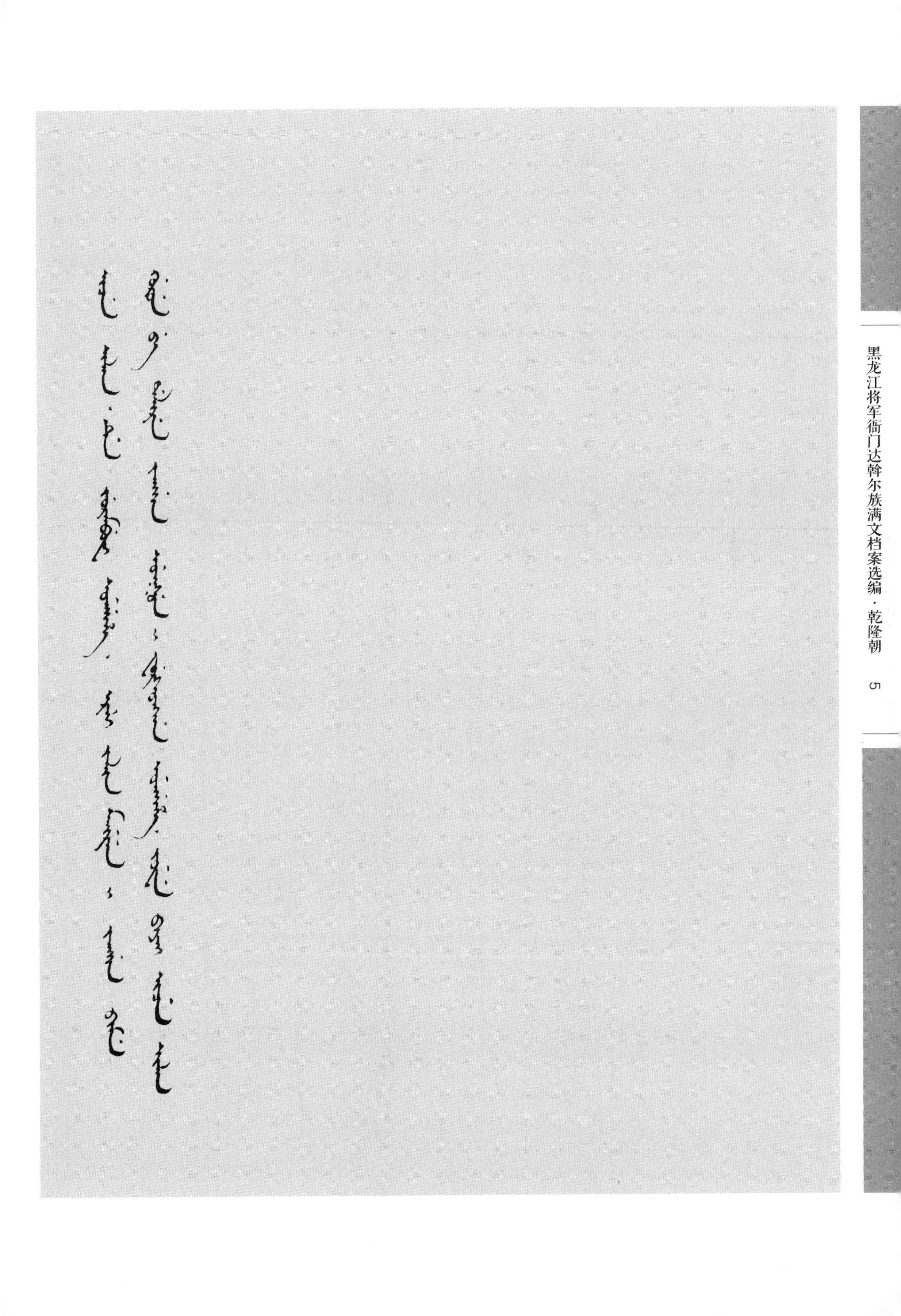

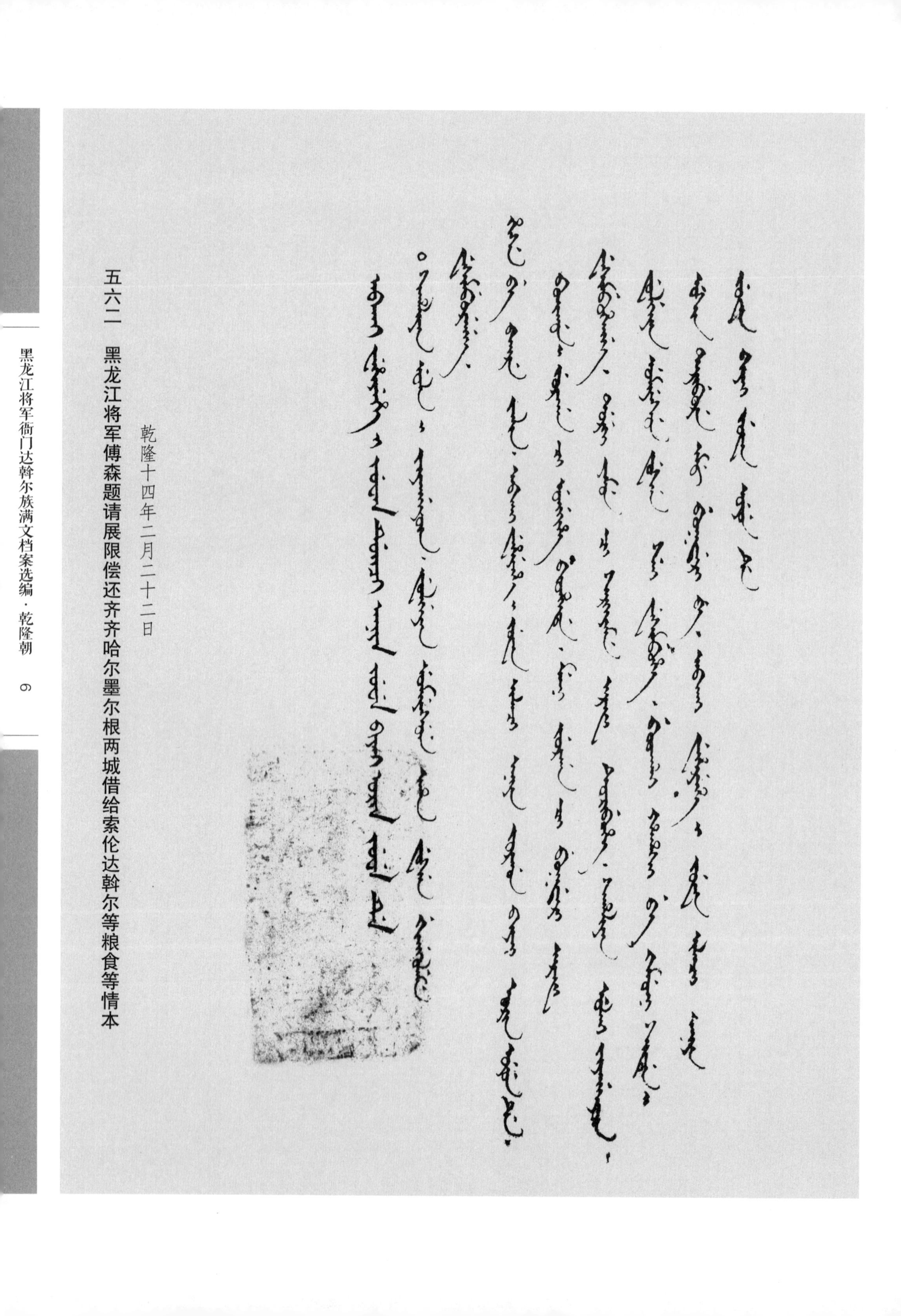

## 五六二 黑龙江将军傅森题请展限偿还齐齐哈尔墨尔根两城借给索伦达斡尔等粮食等情本

乾隆十四年二月二十二日

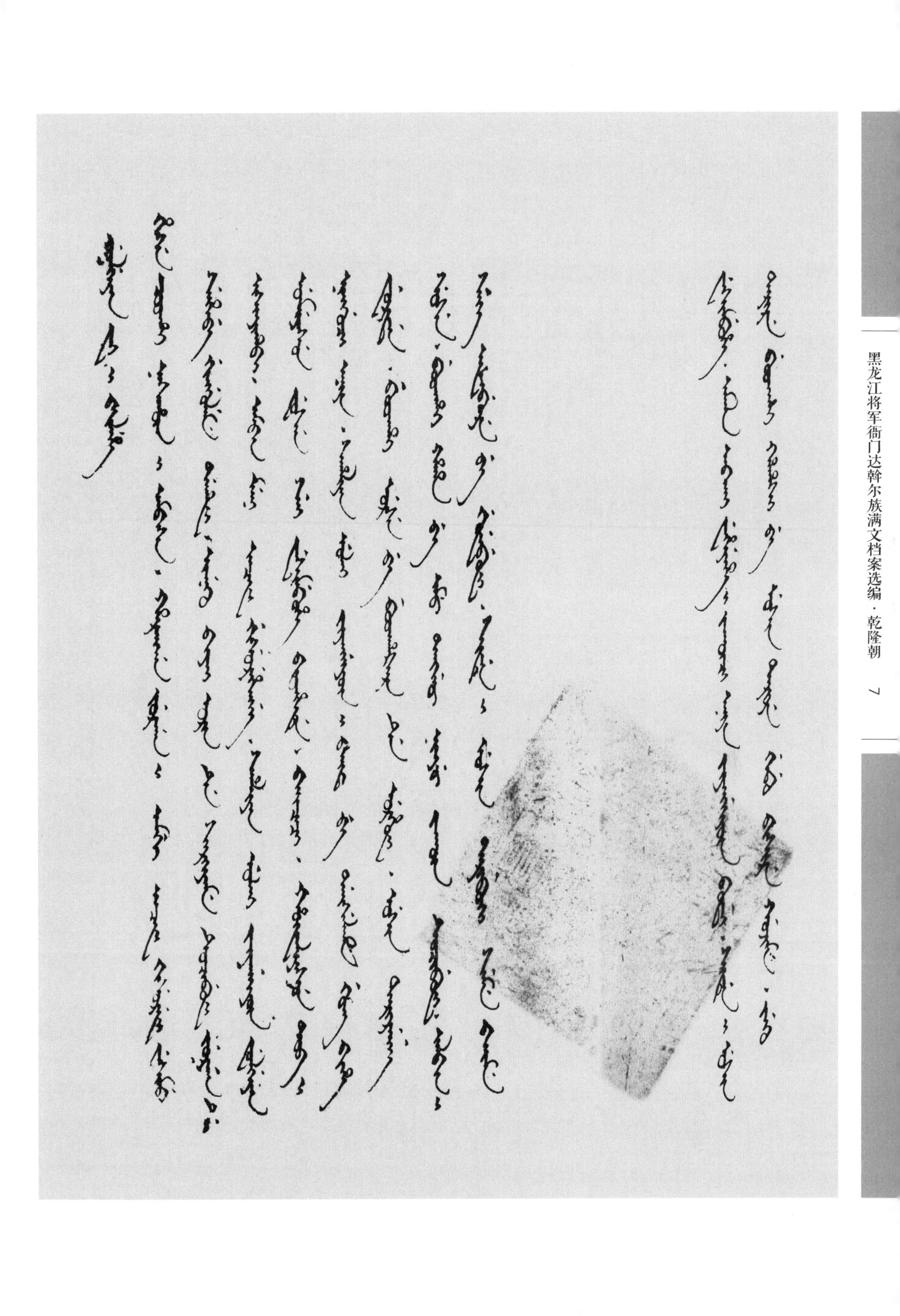

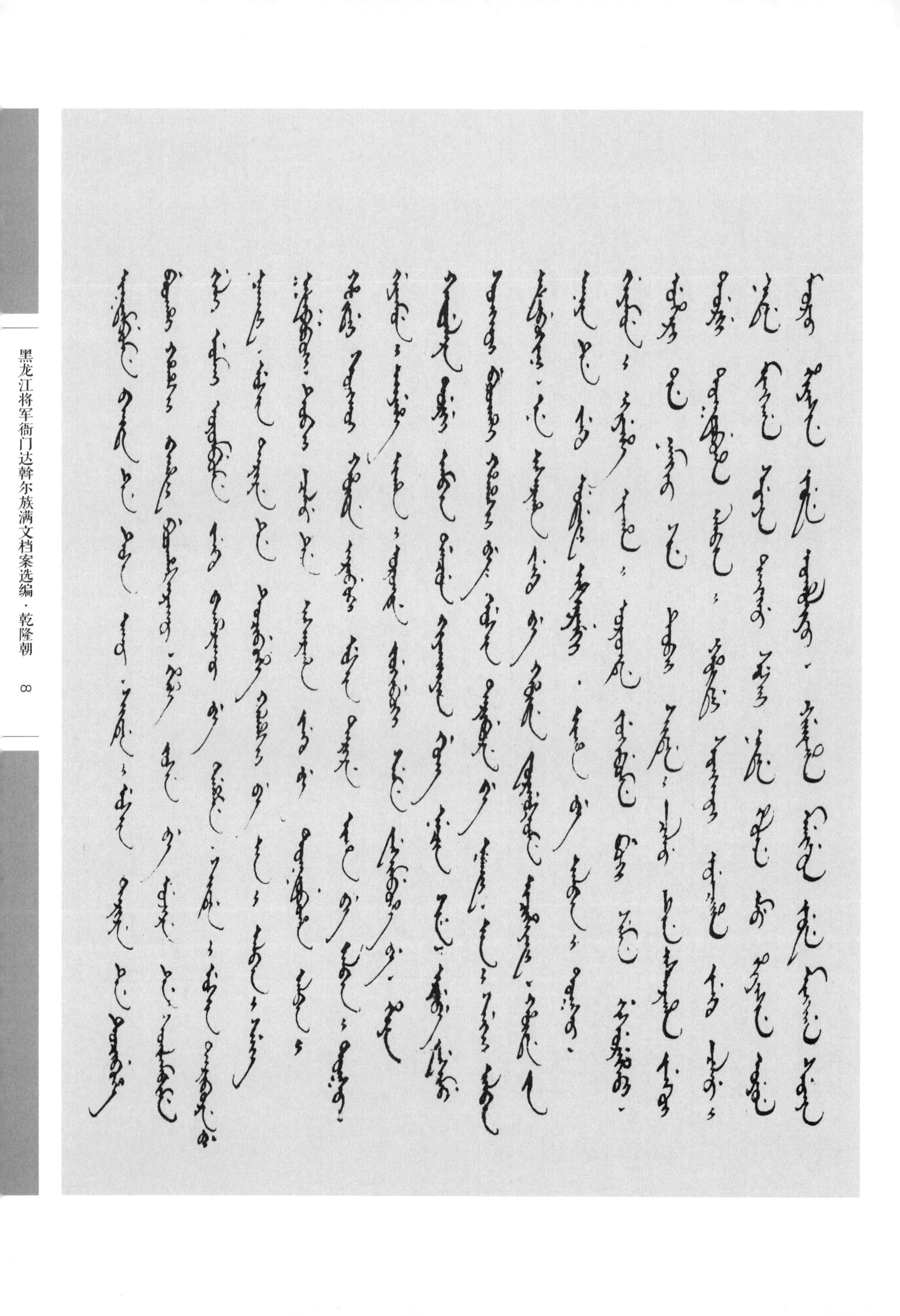

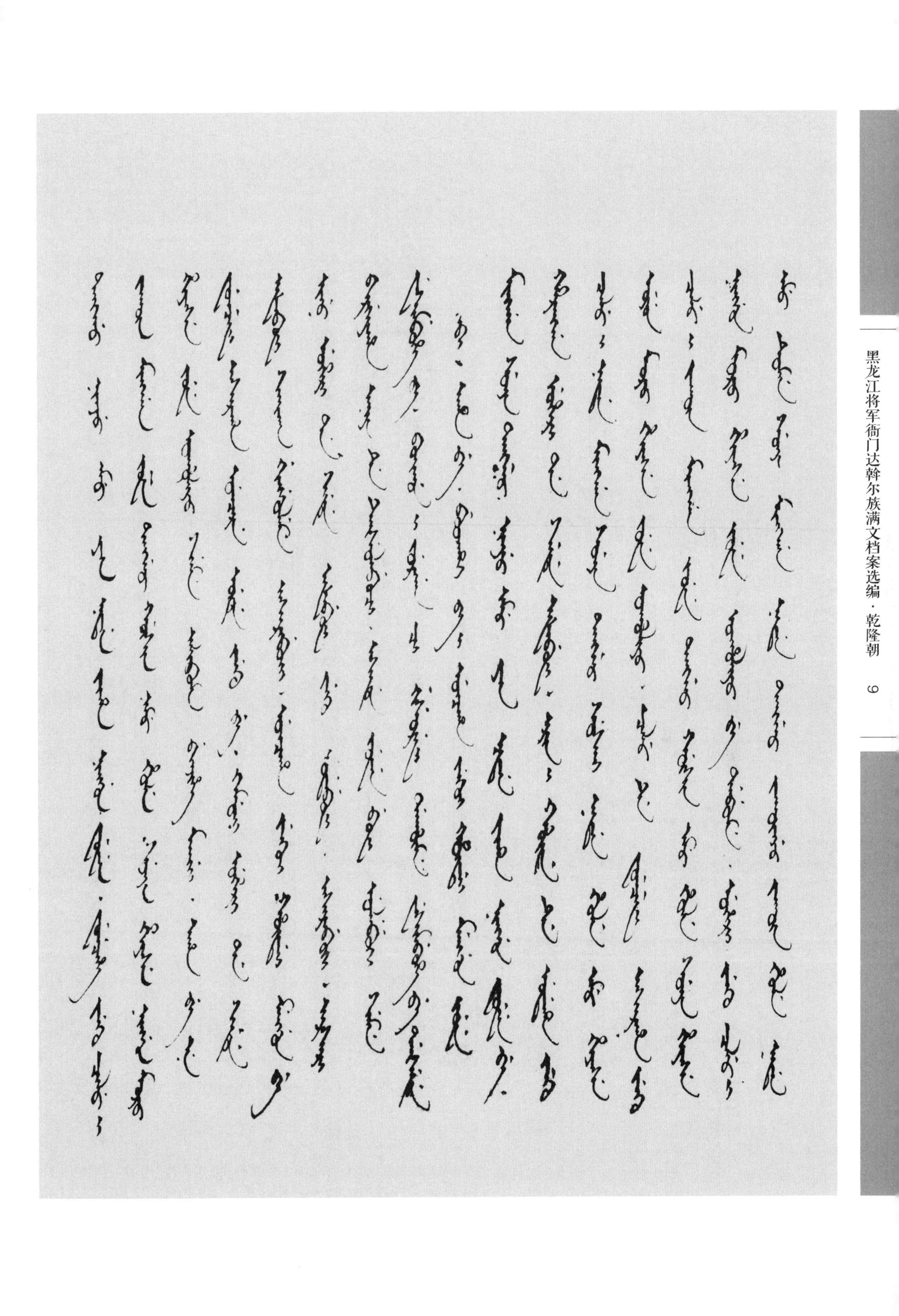

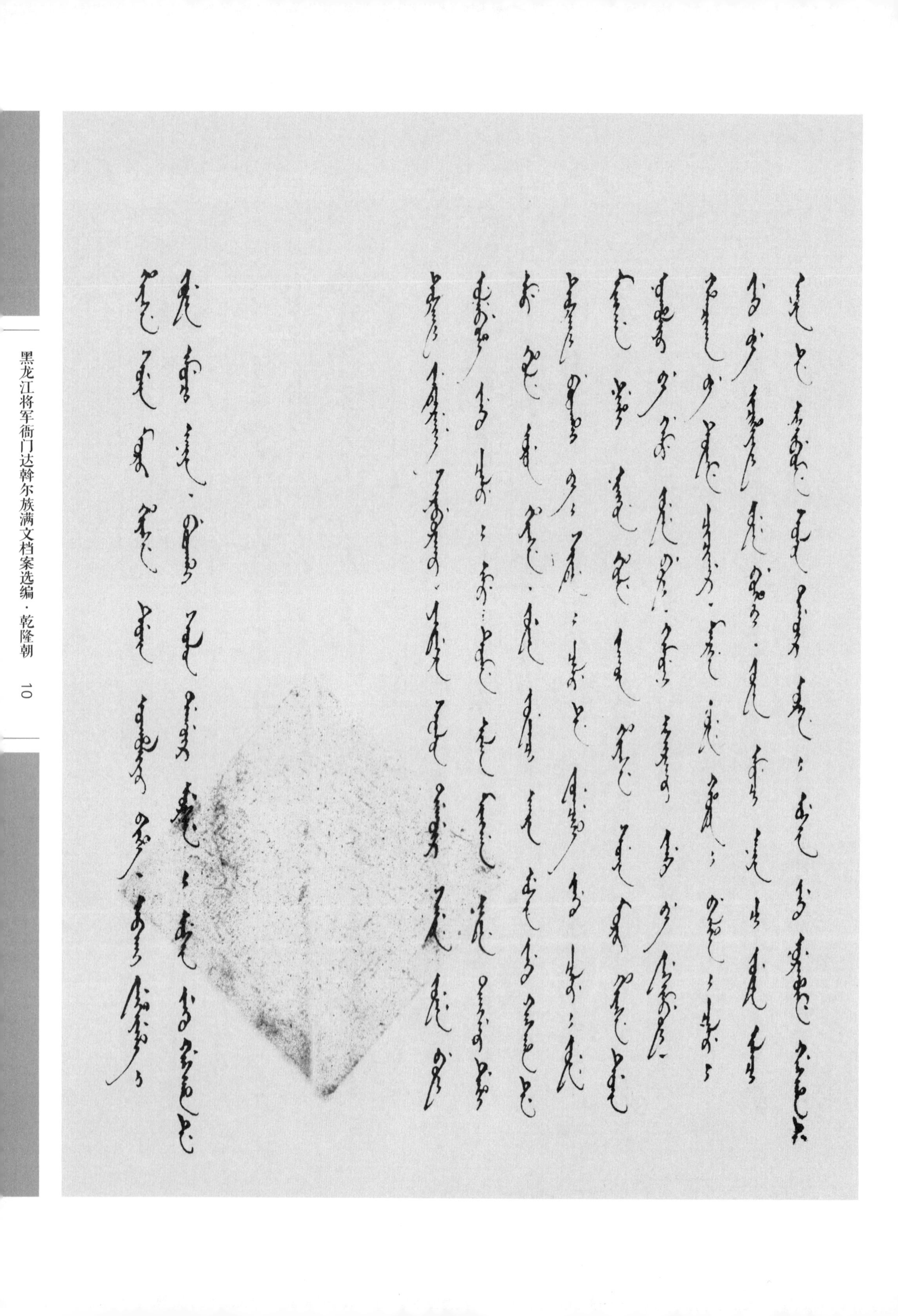

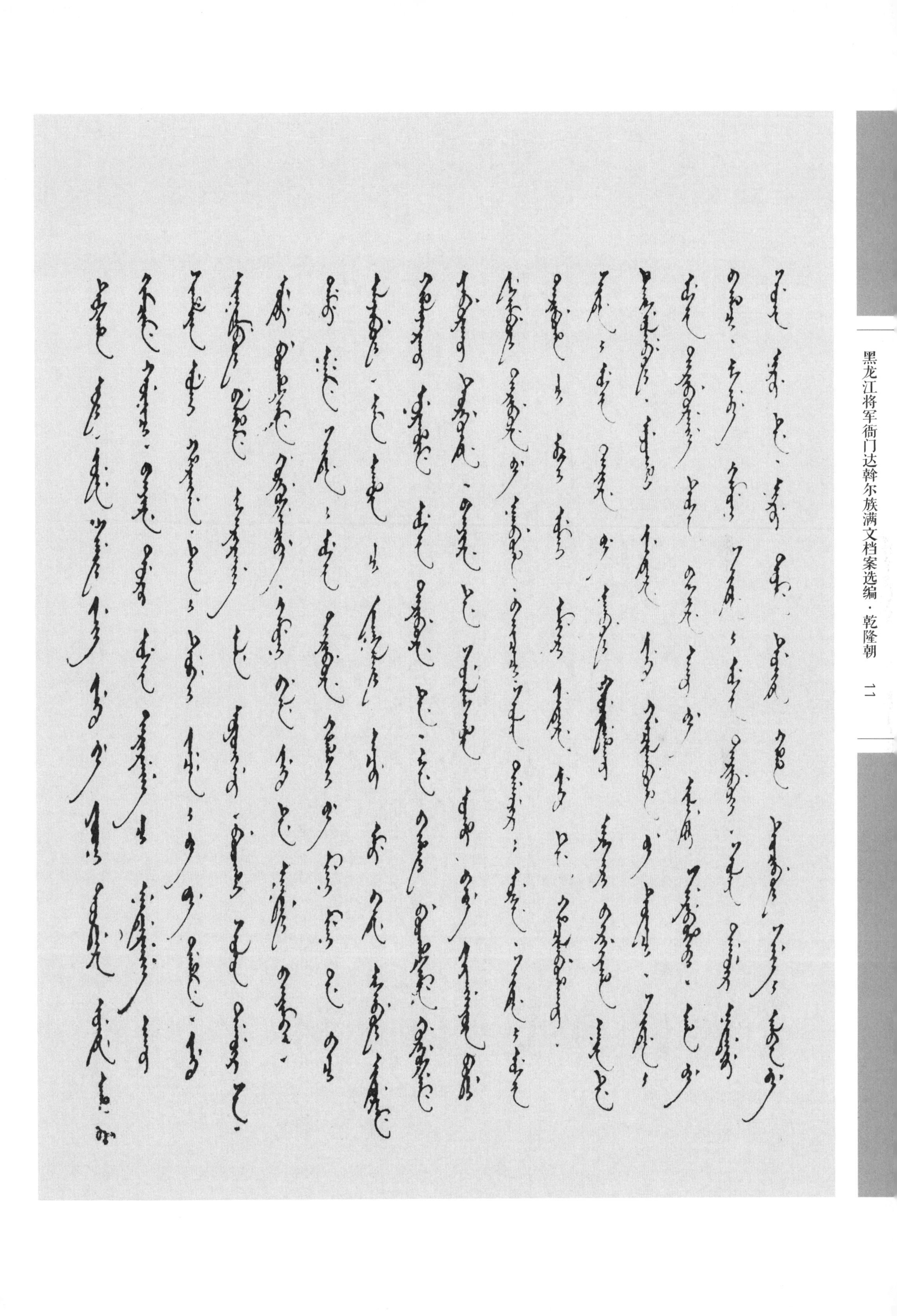

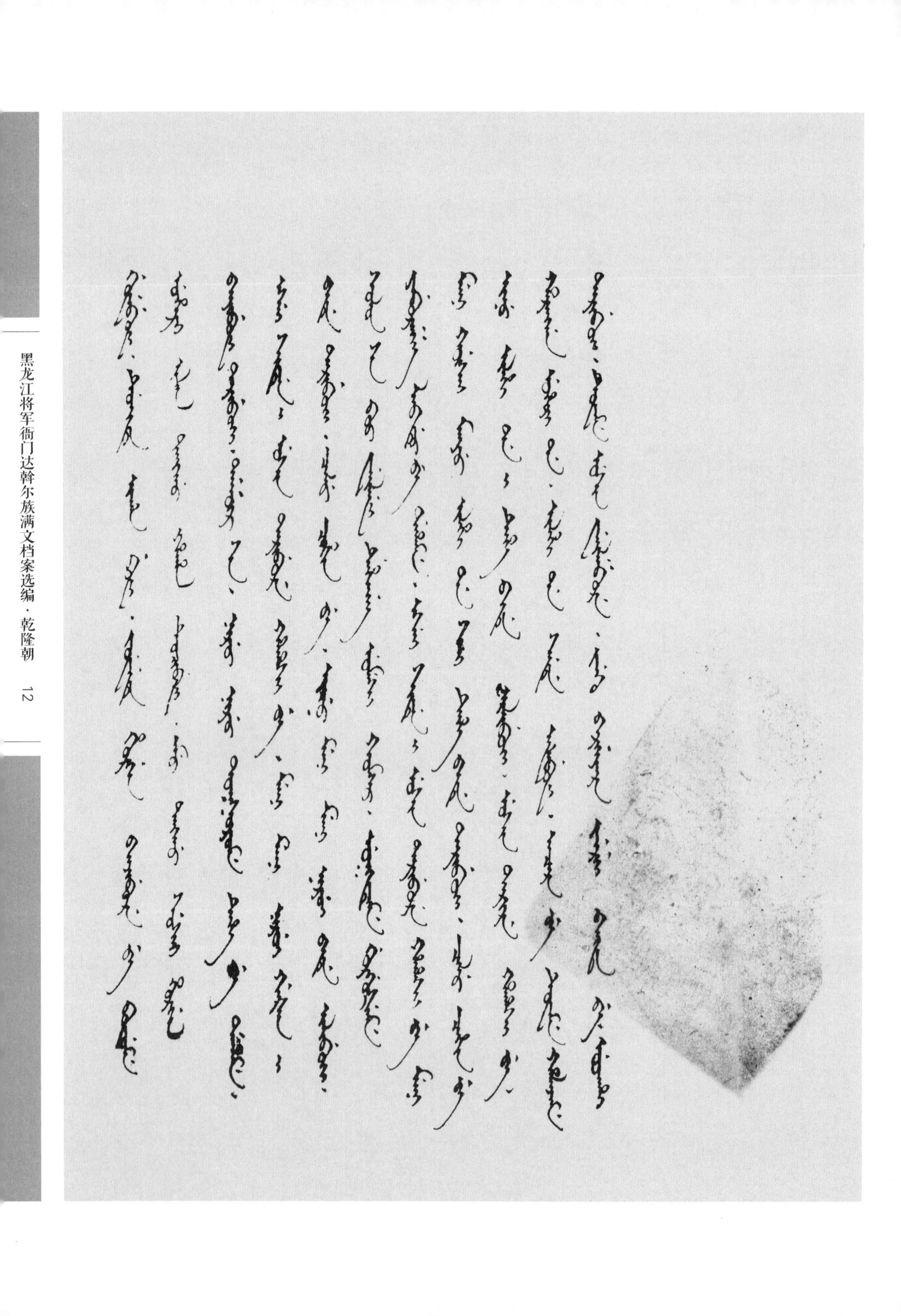

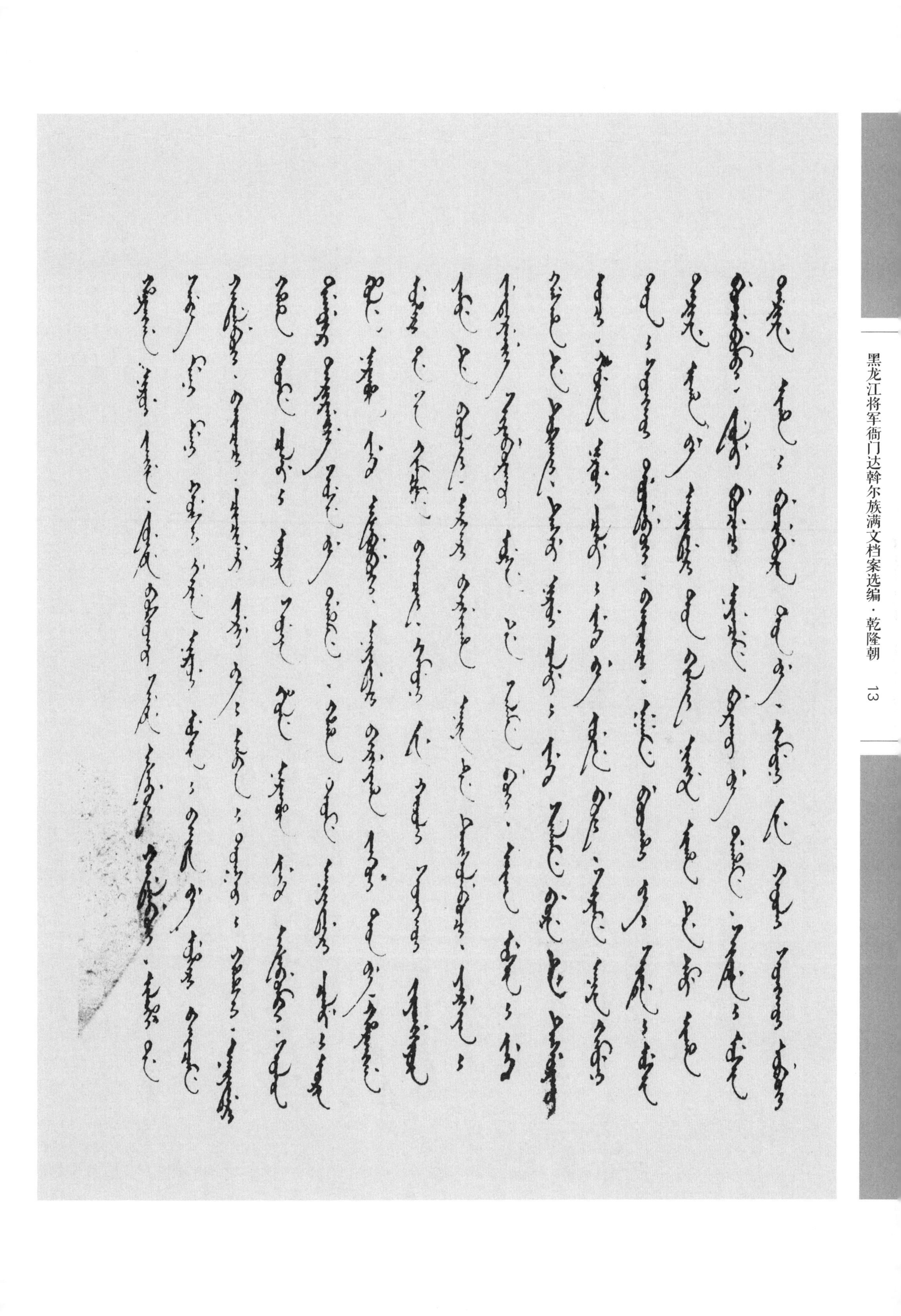

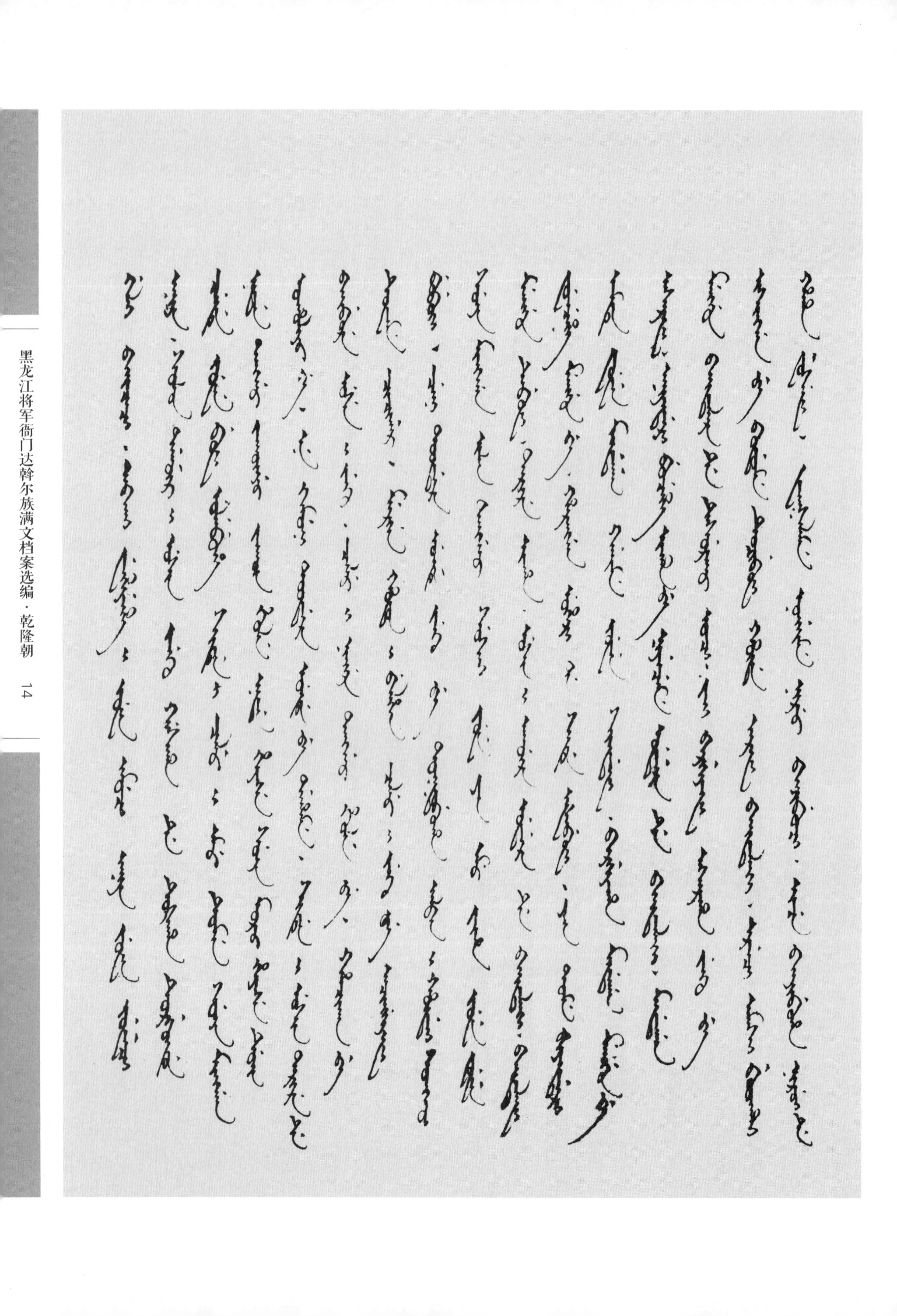

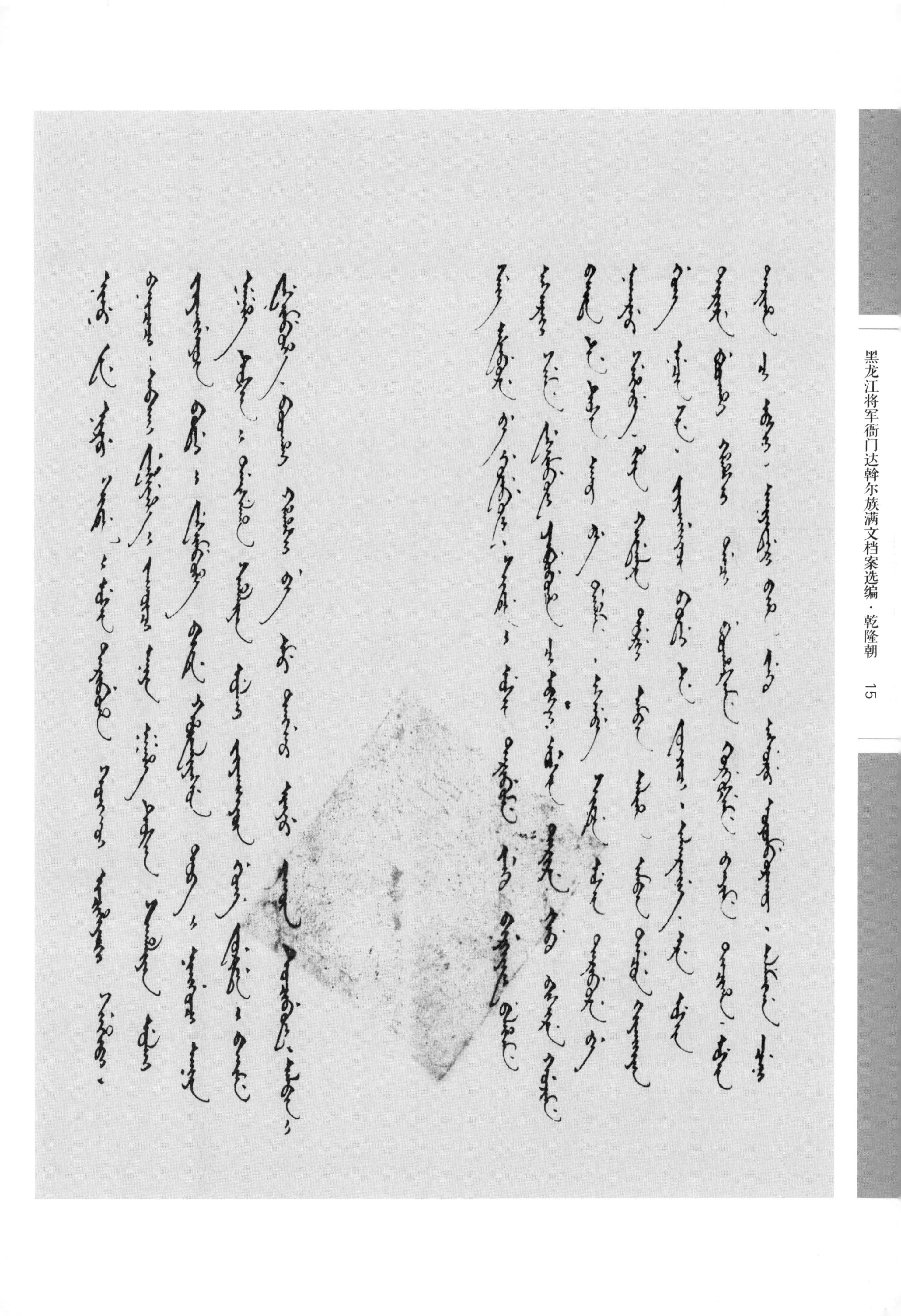

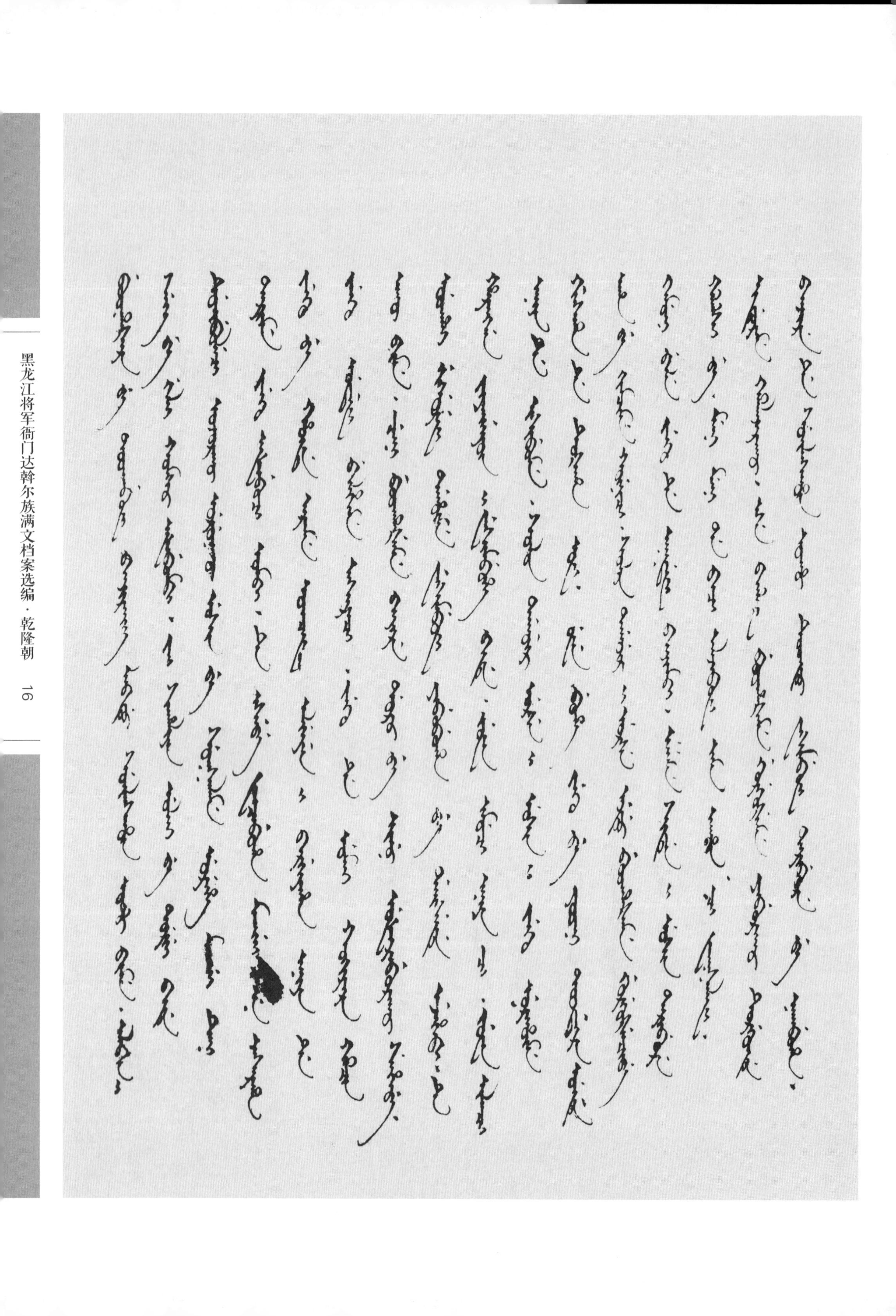

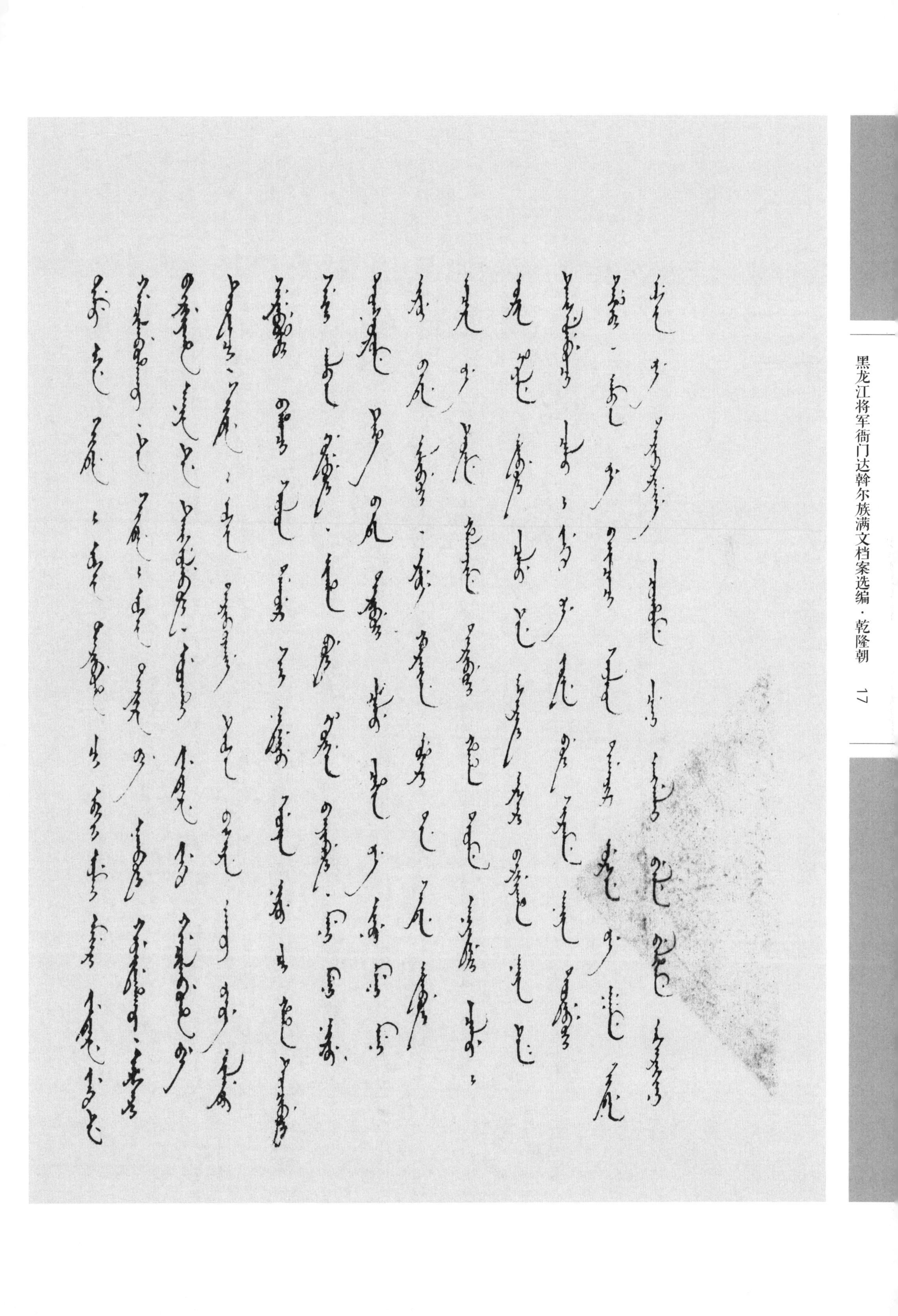

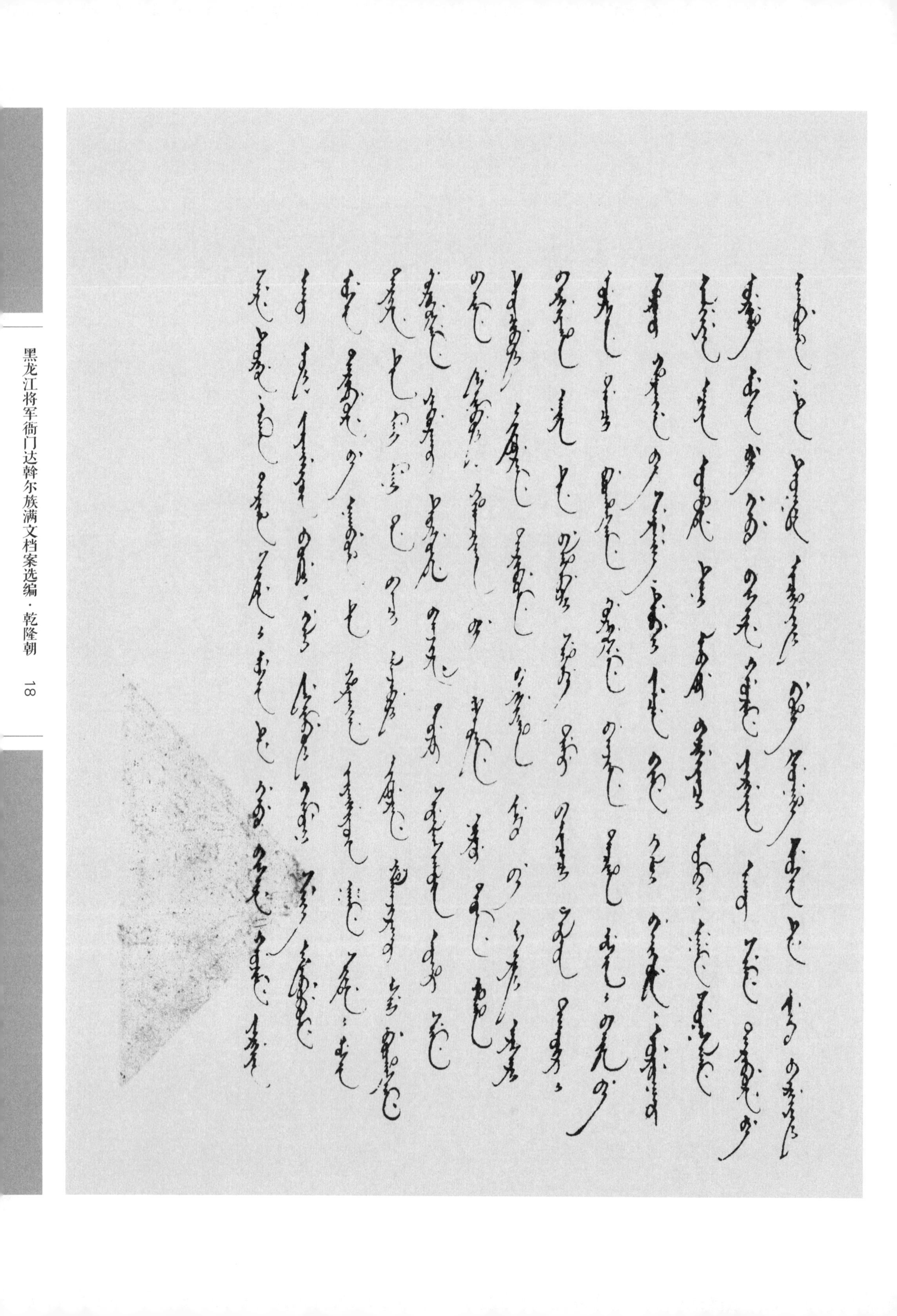

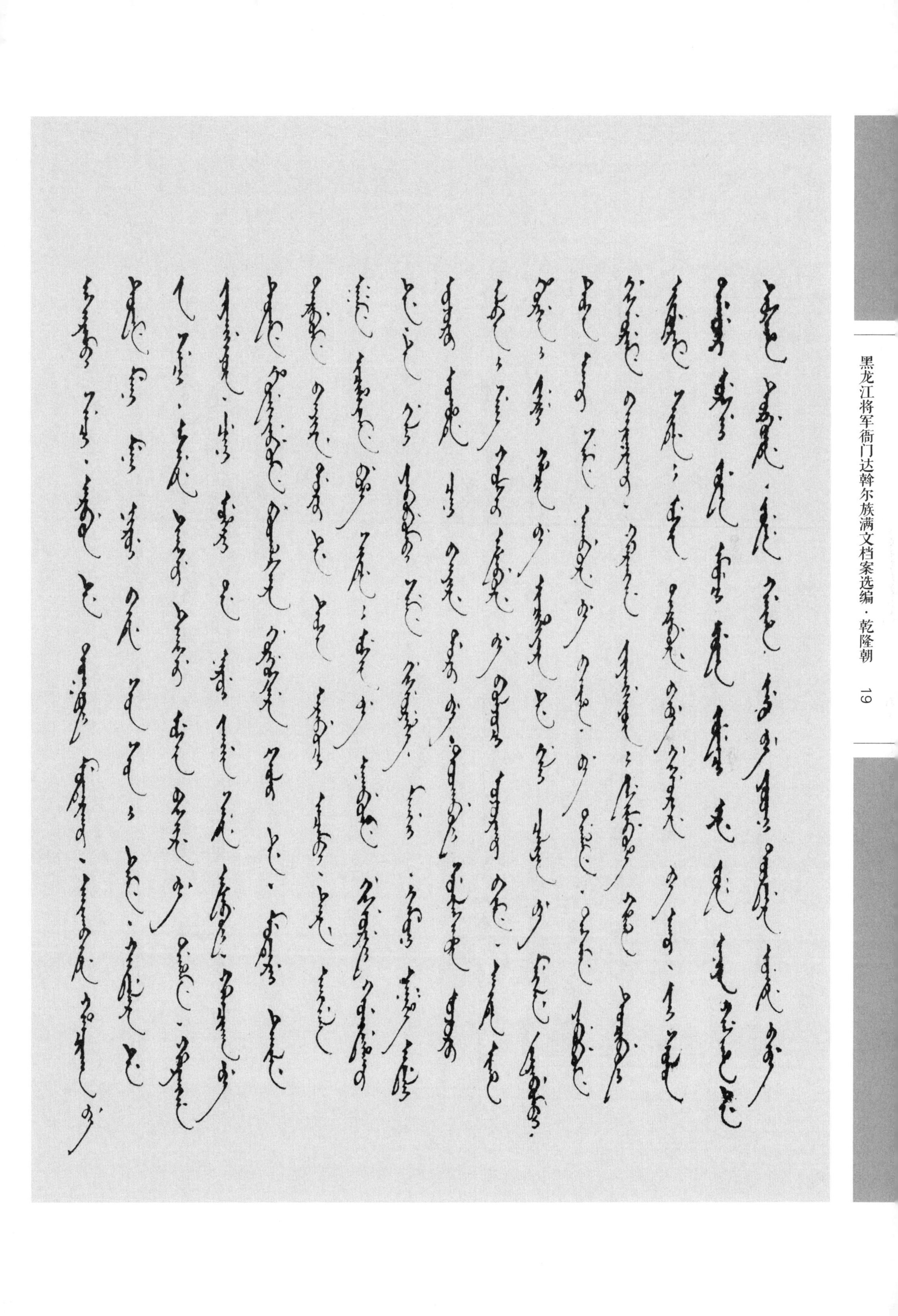

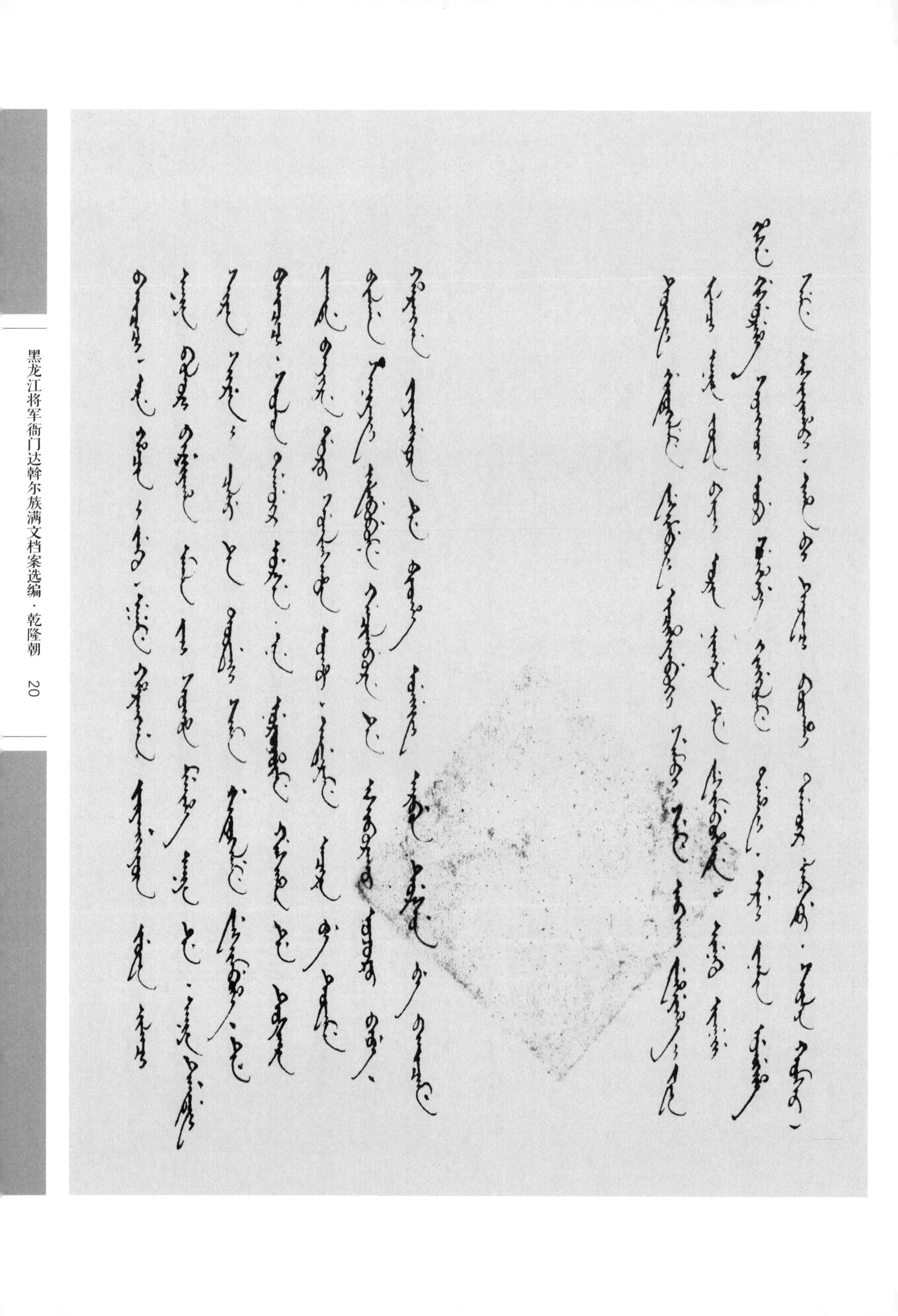

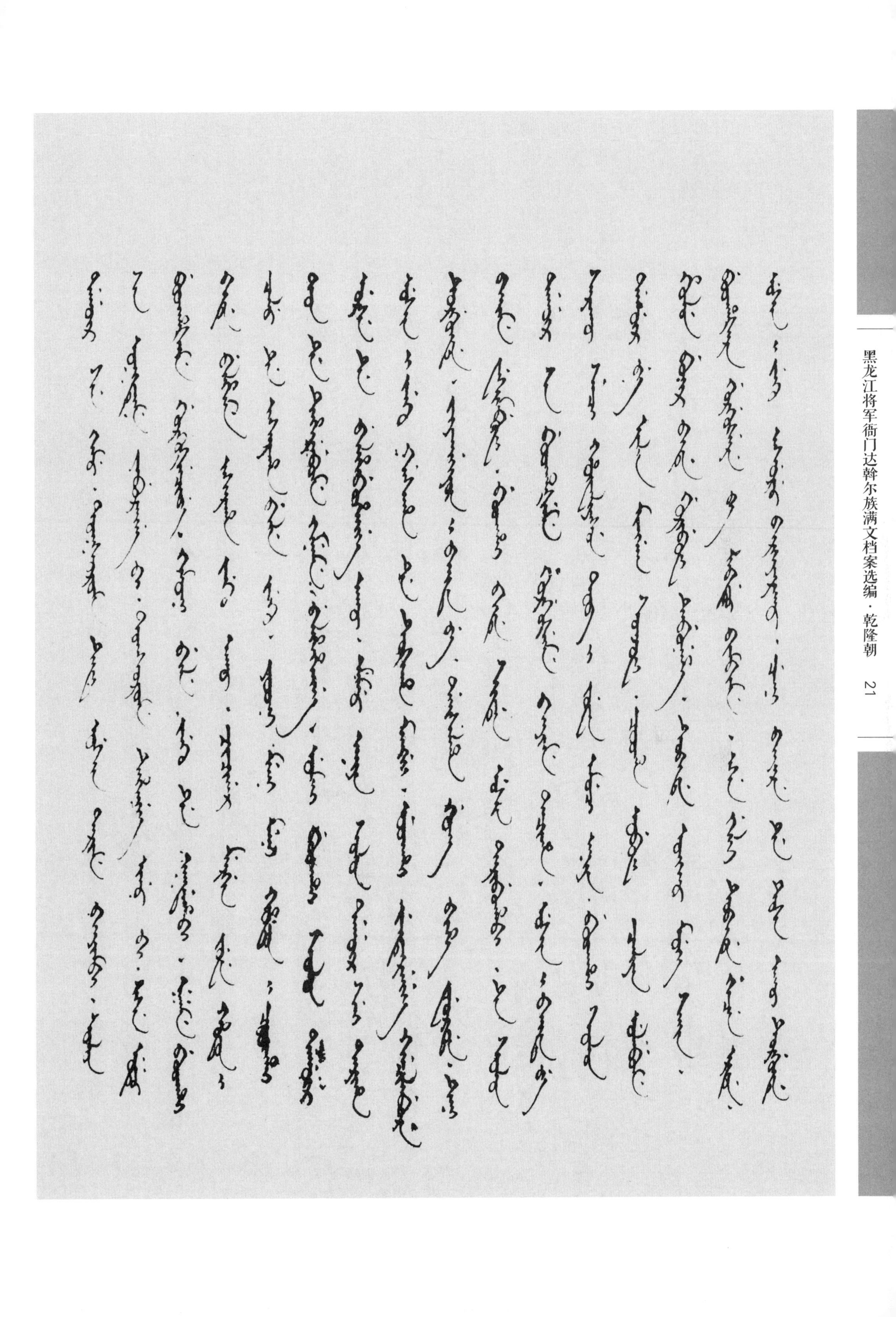

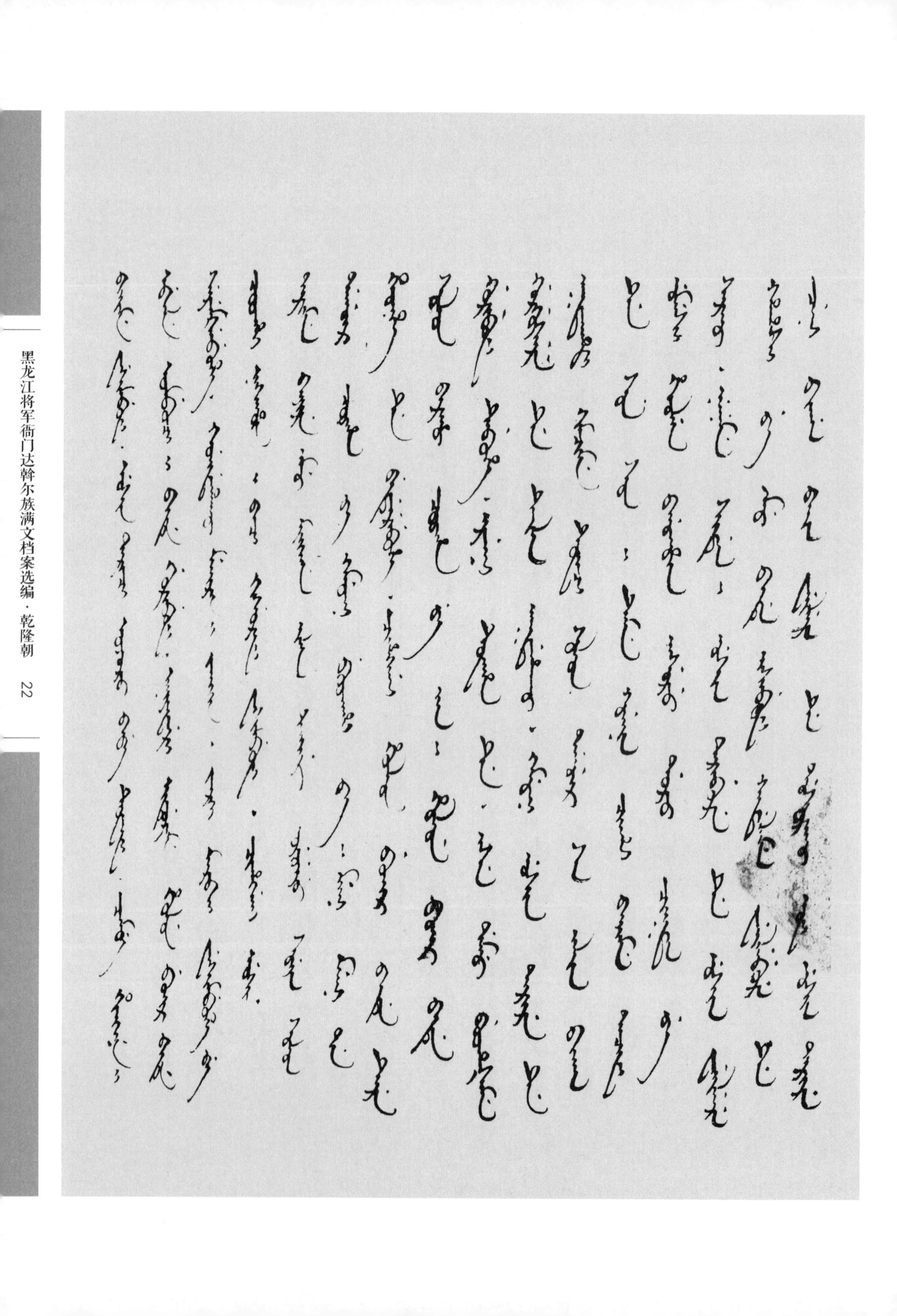

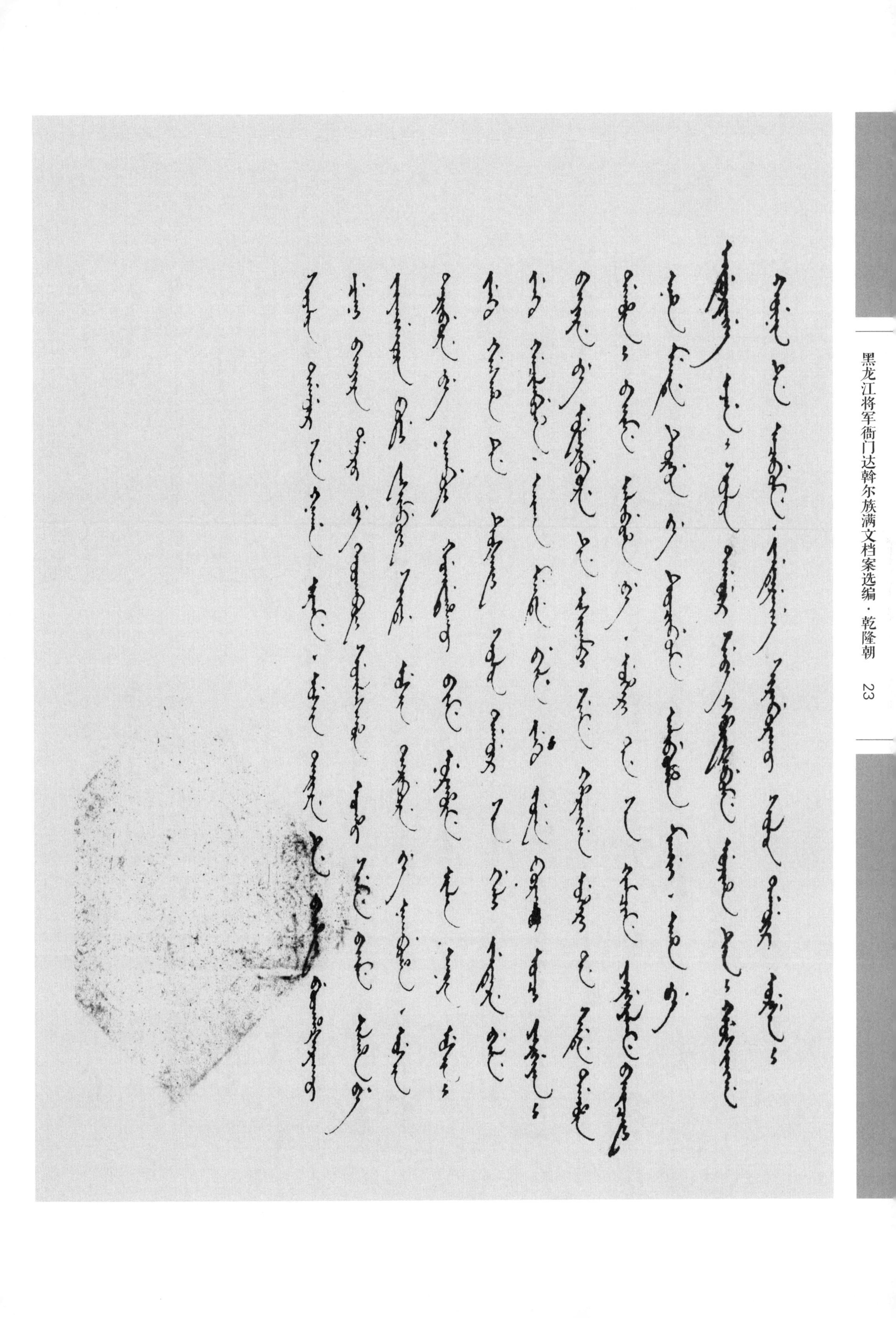

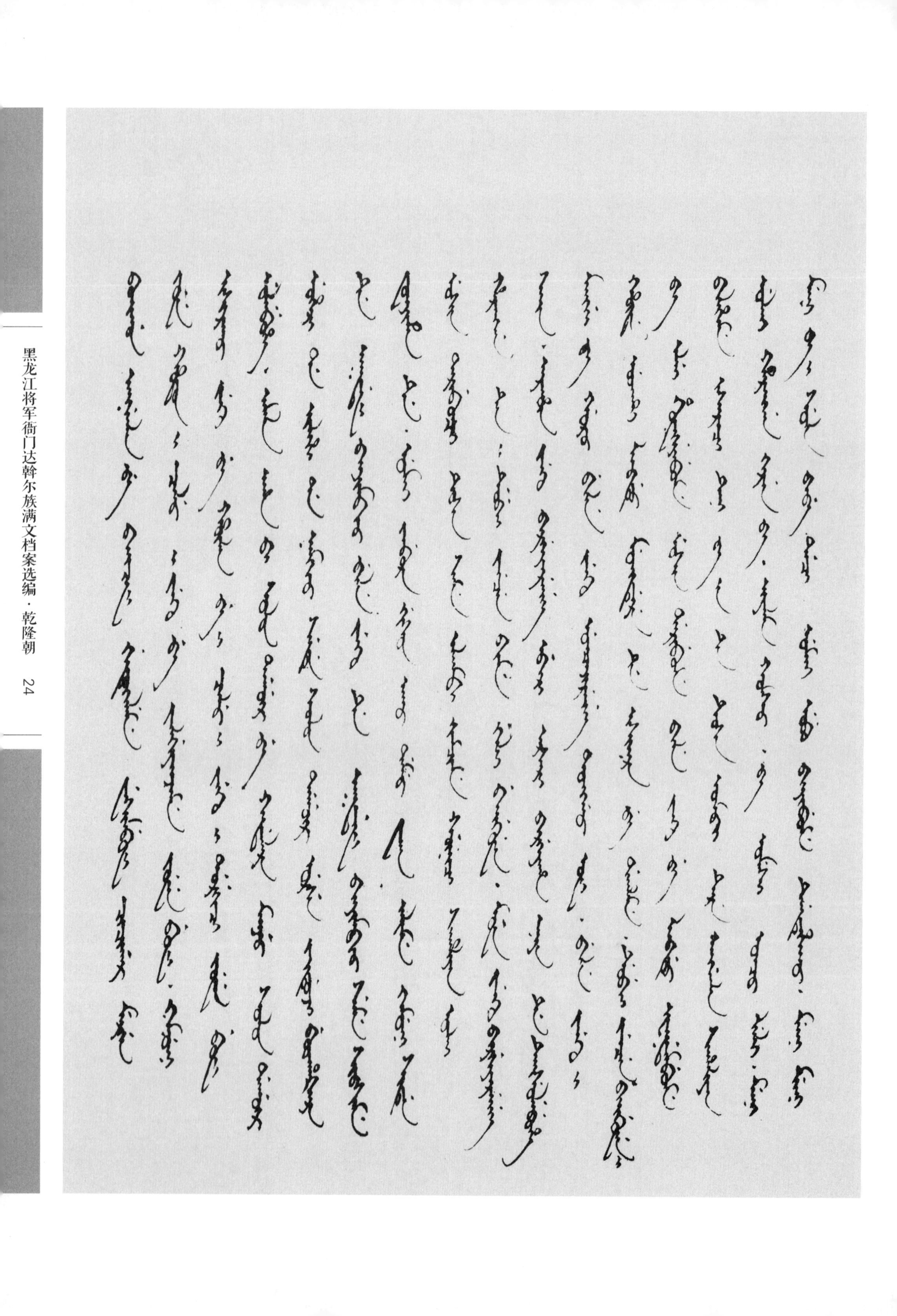

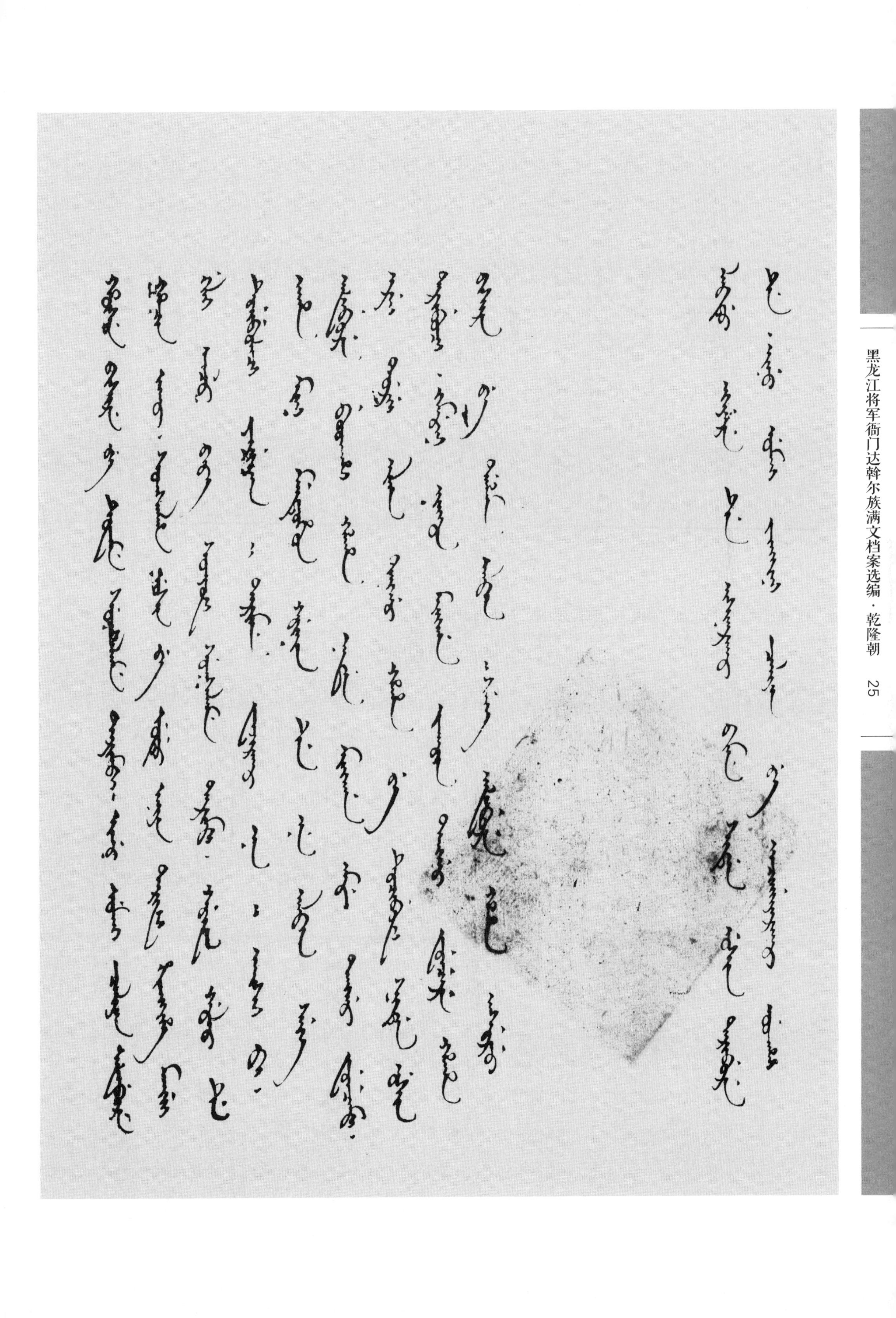

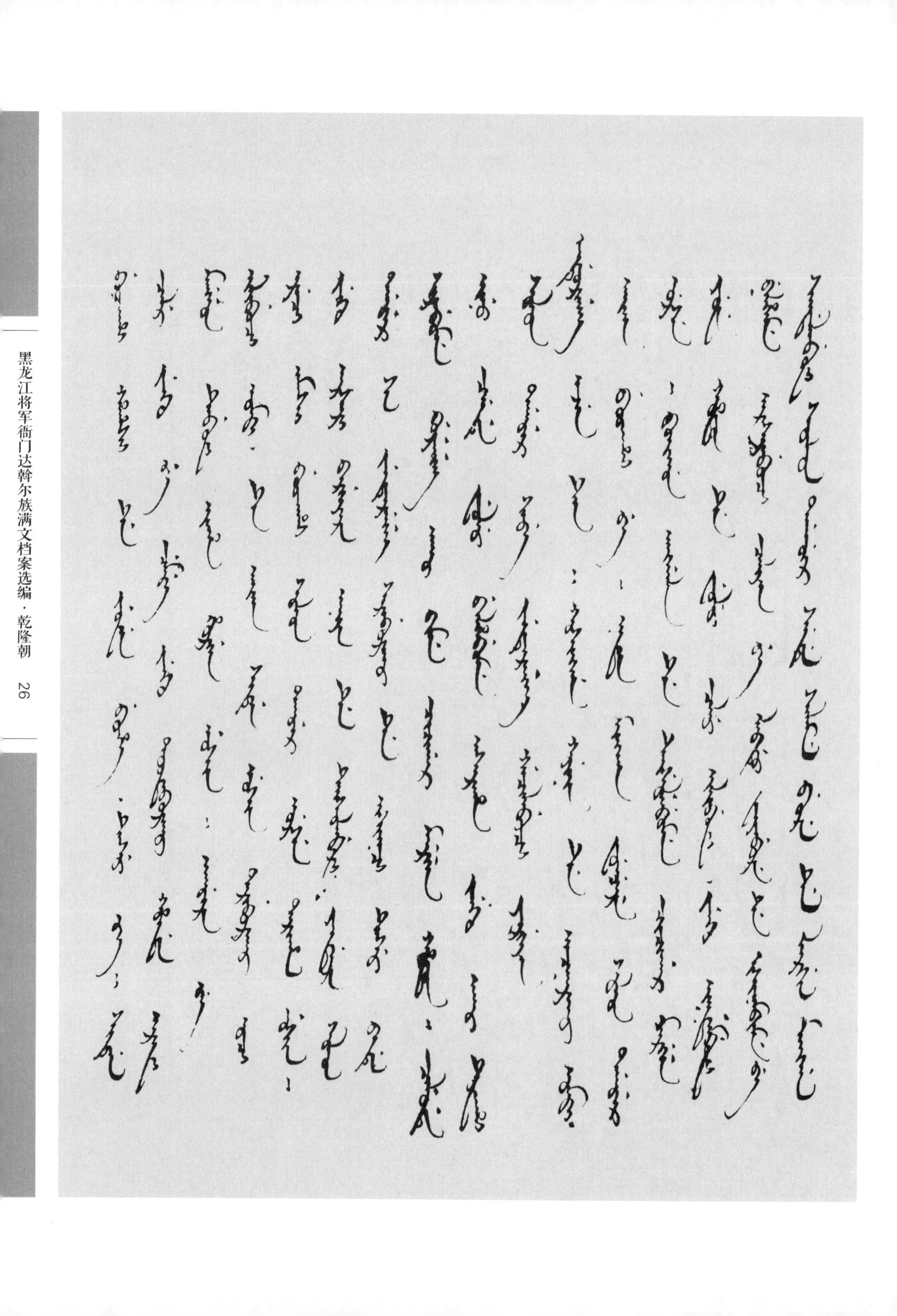

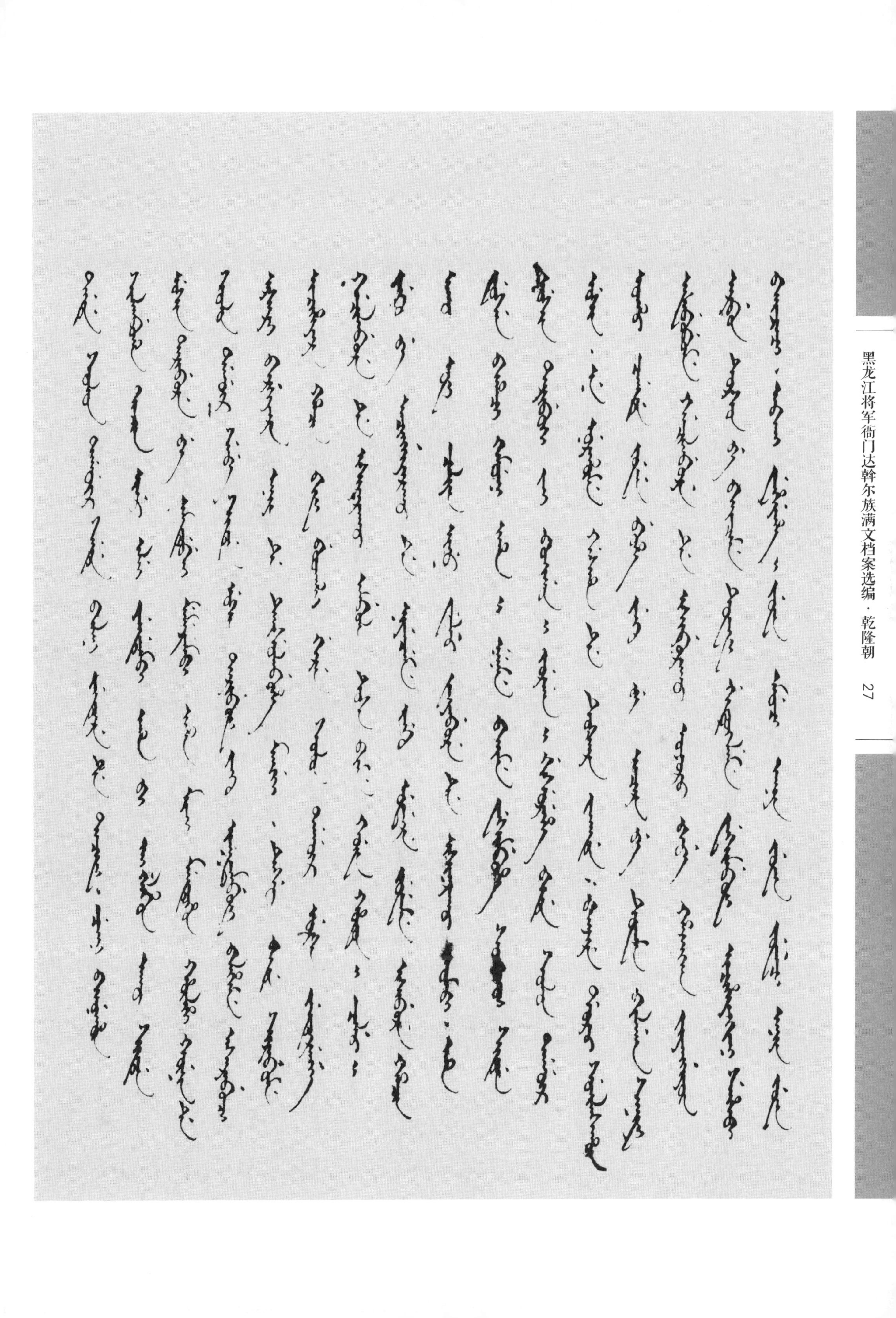

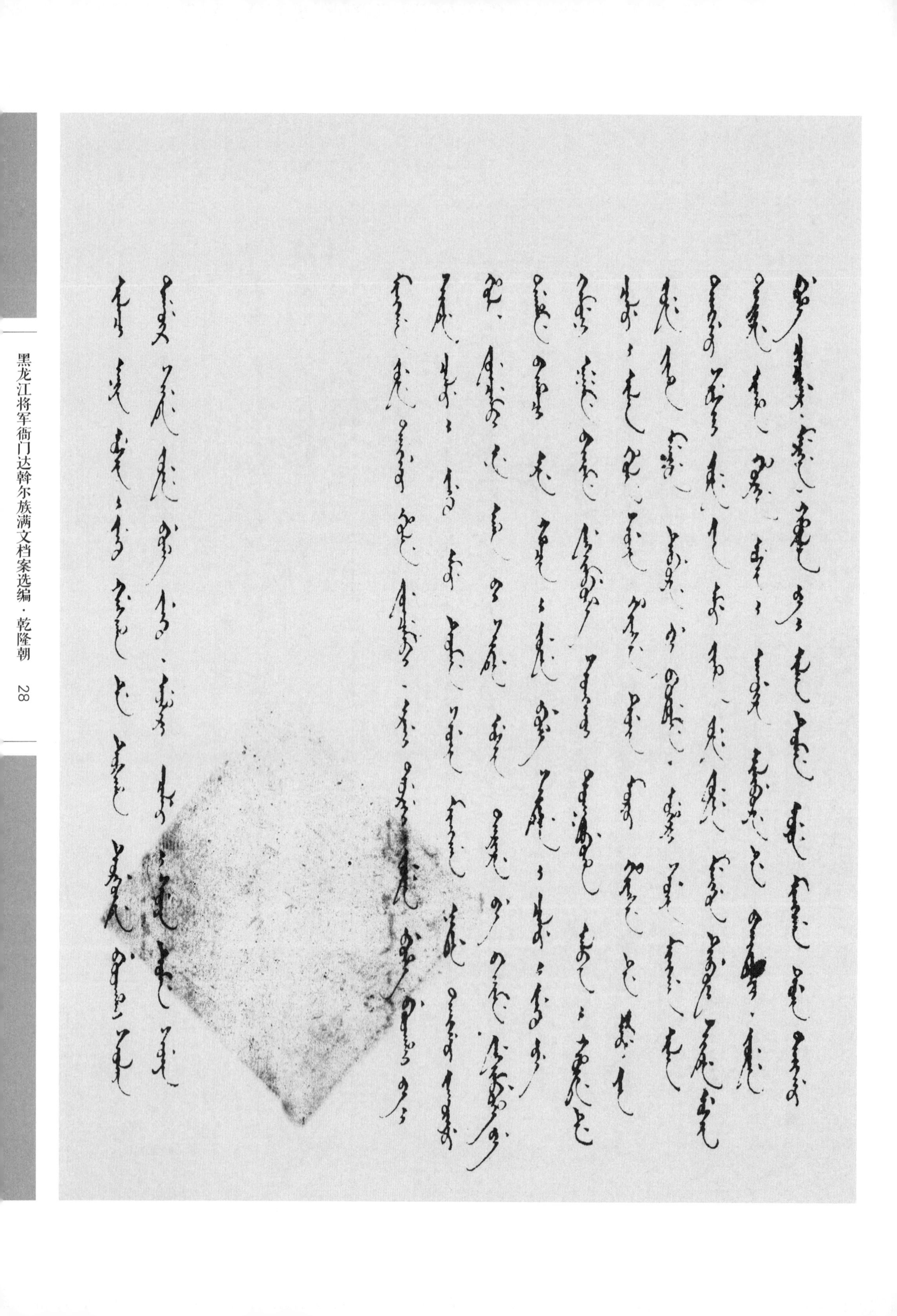

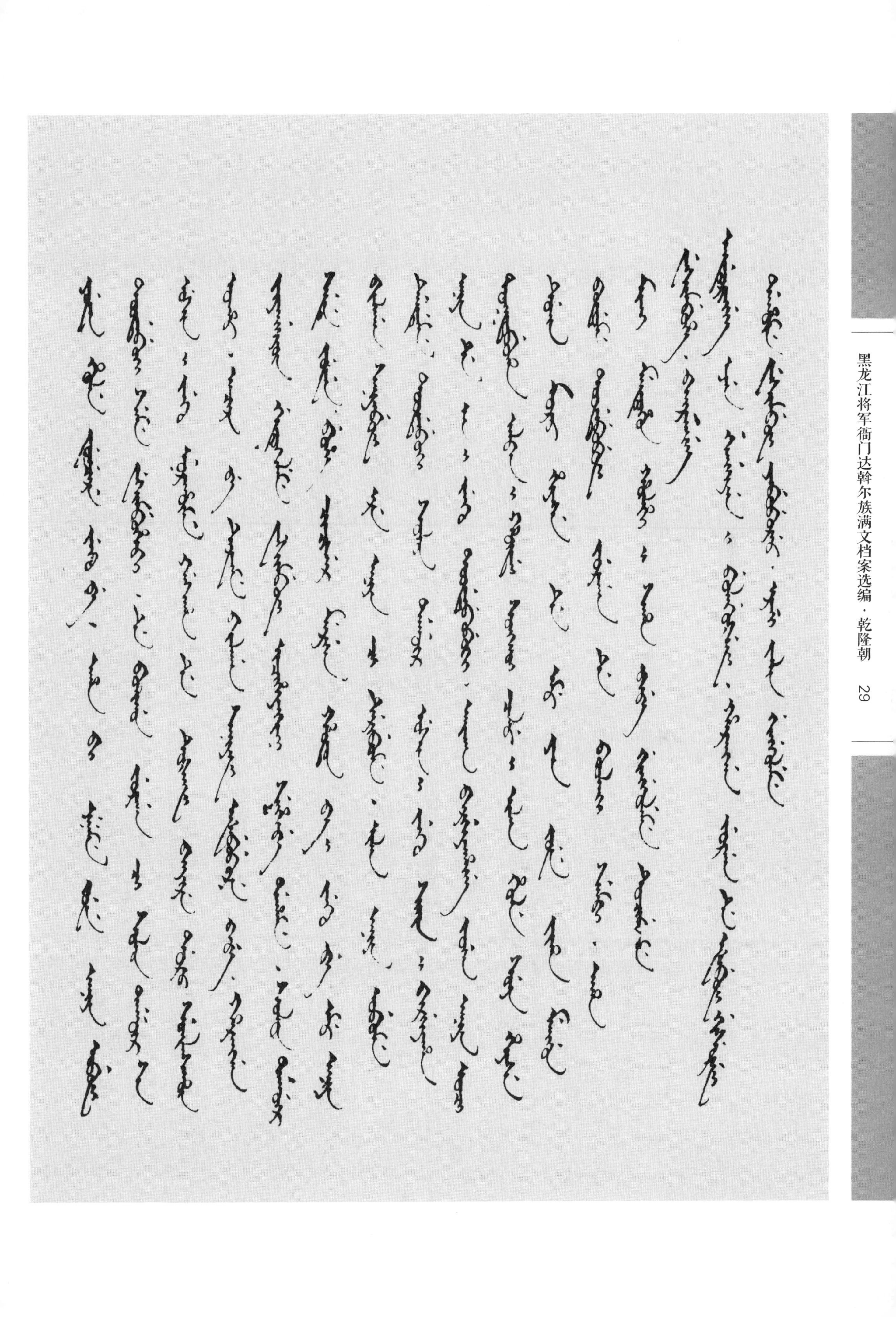

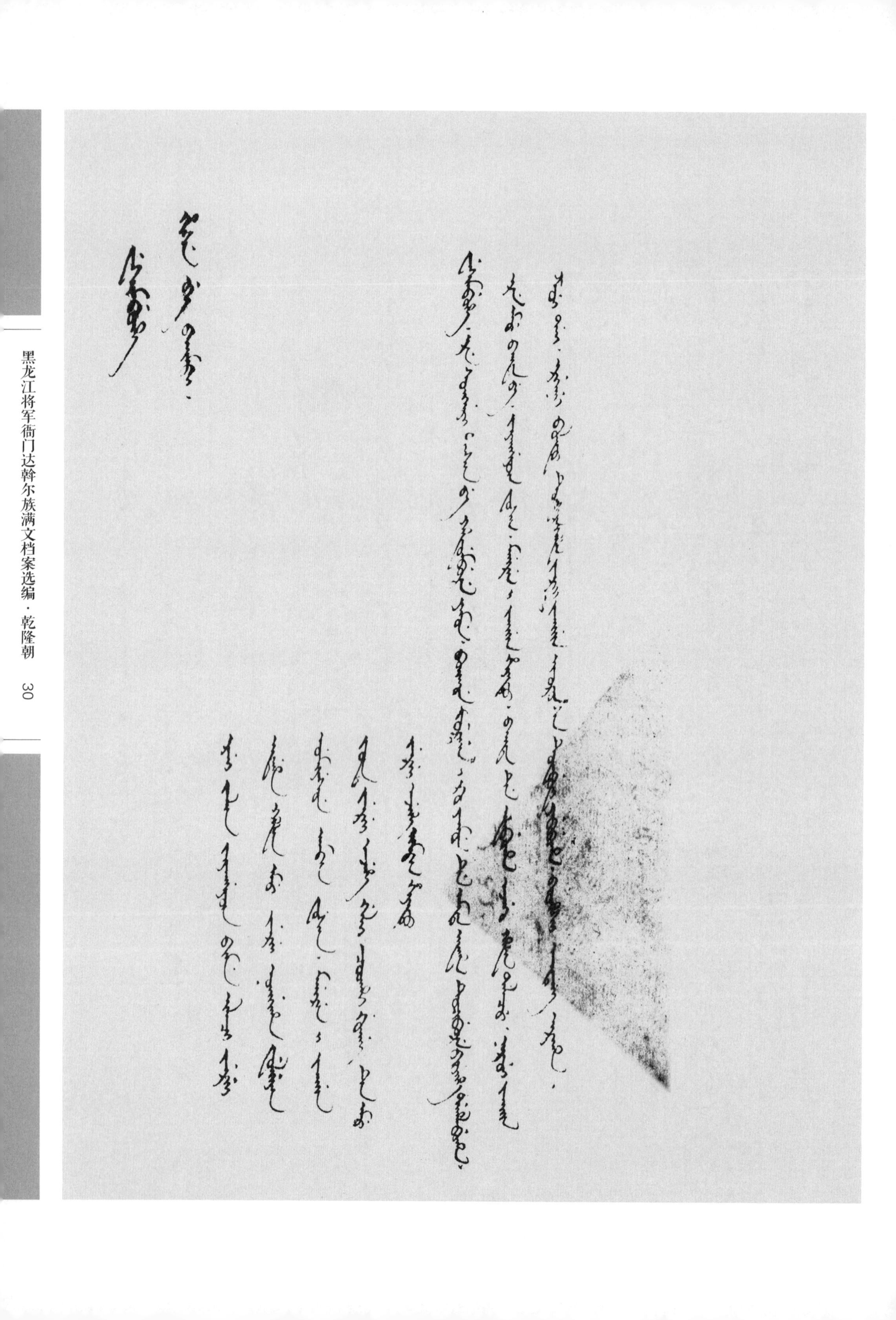

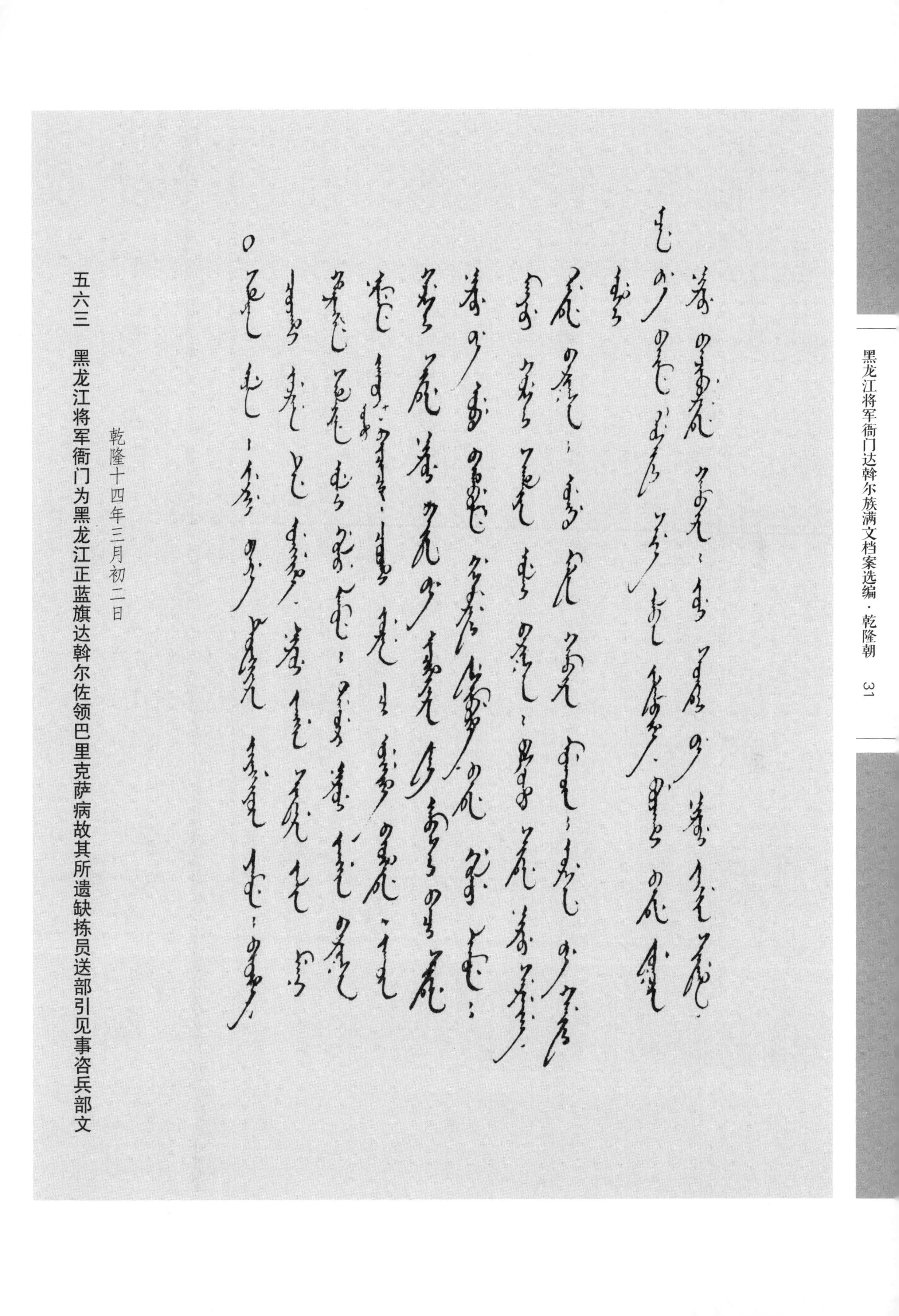

## 五六三 黑龙江将军衙门为黑龙江正蓝旗达斡尔佐领巴里克萨病故其所遗缺拣员送部引见事咨兵部文

乾隆十四年三月初二日

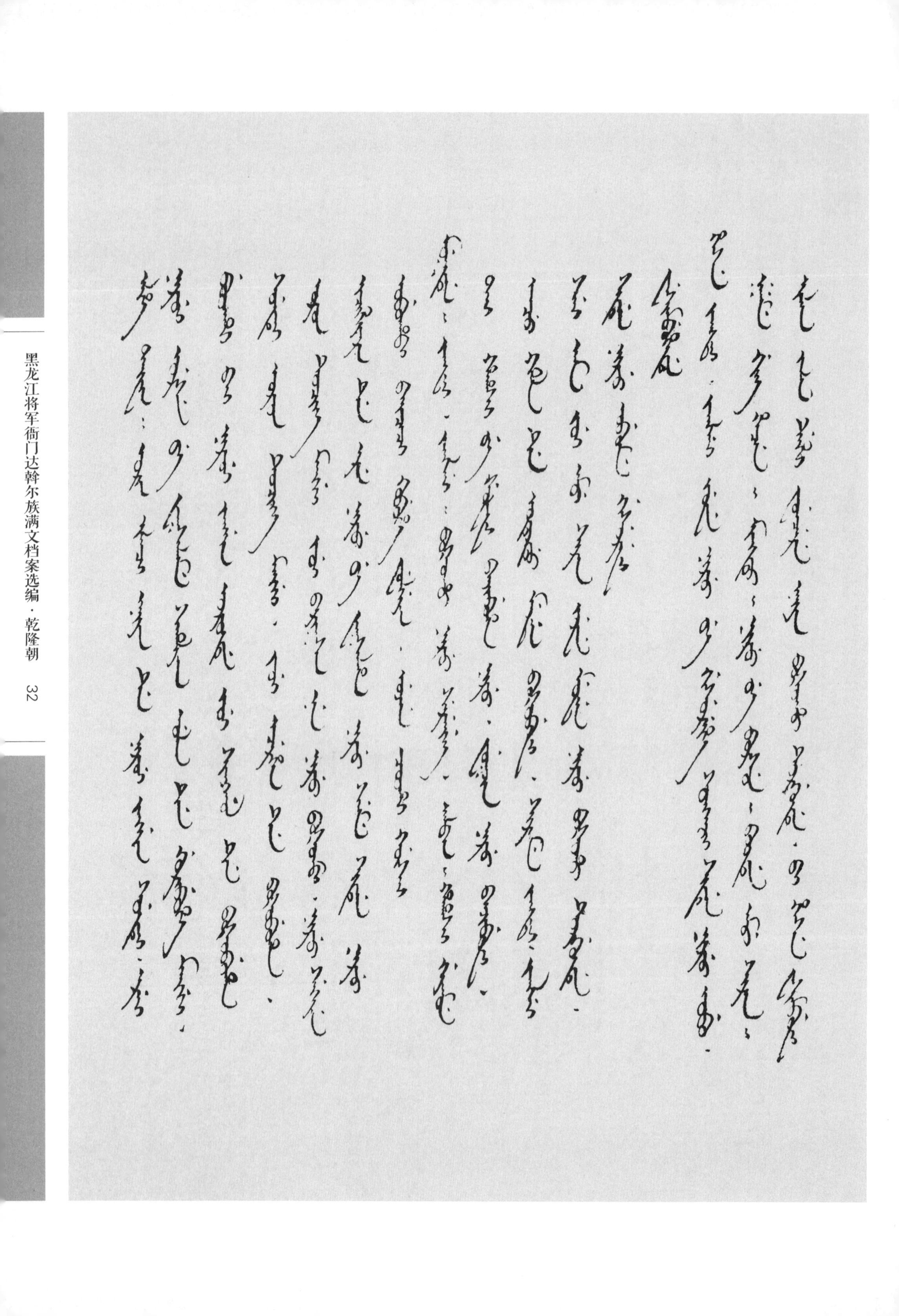

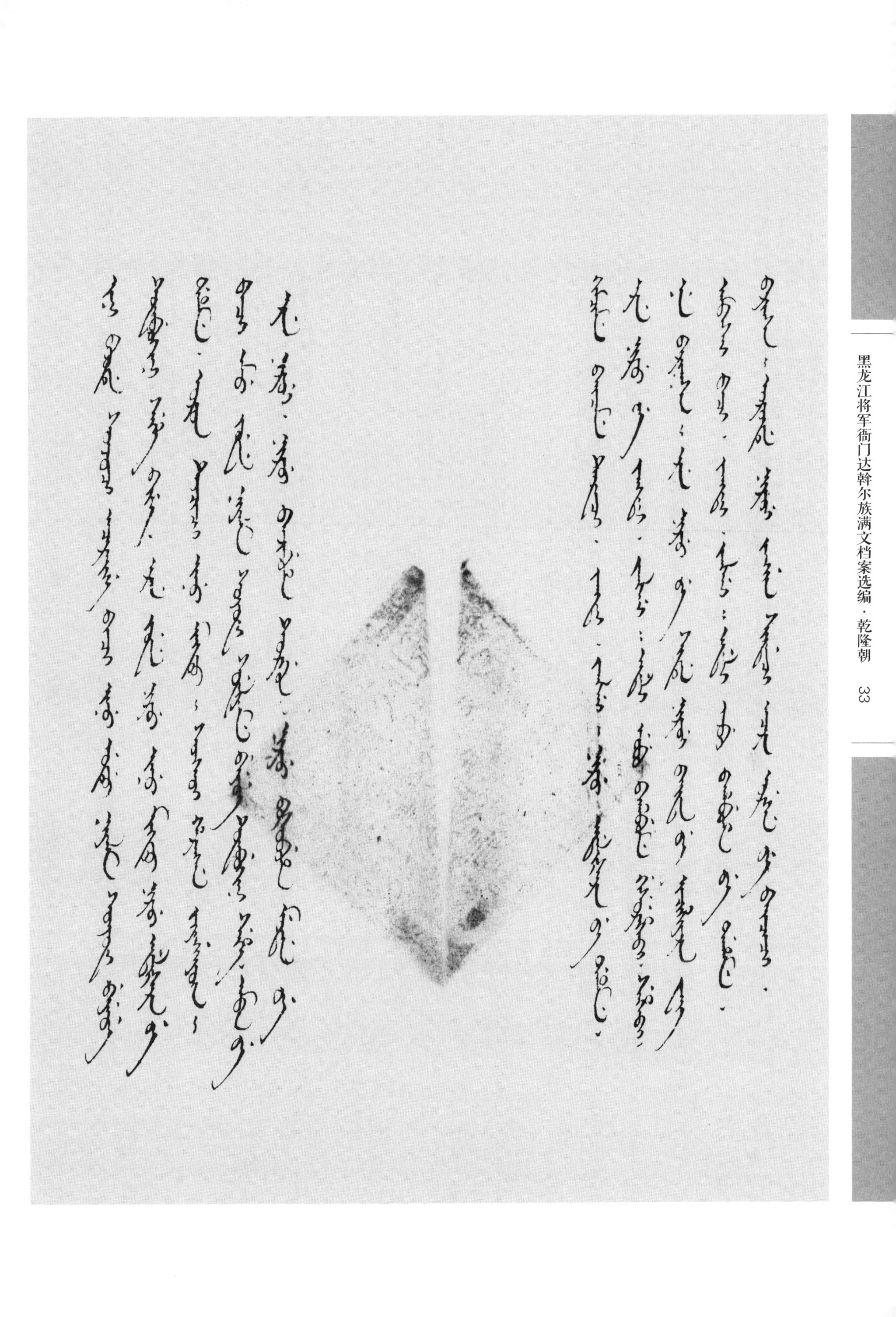

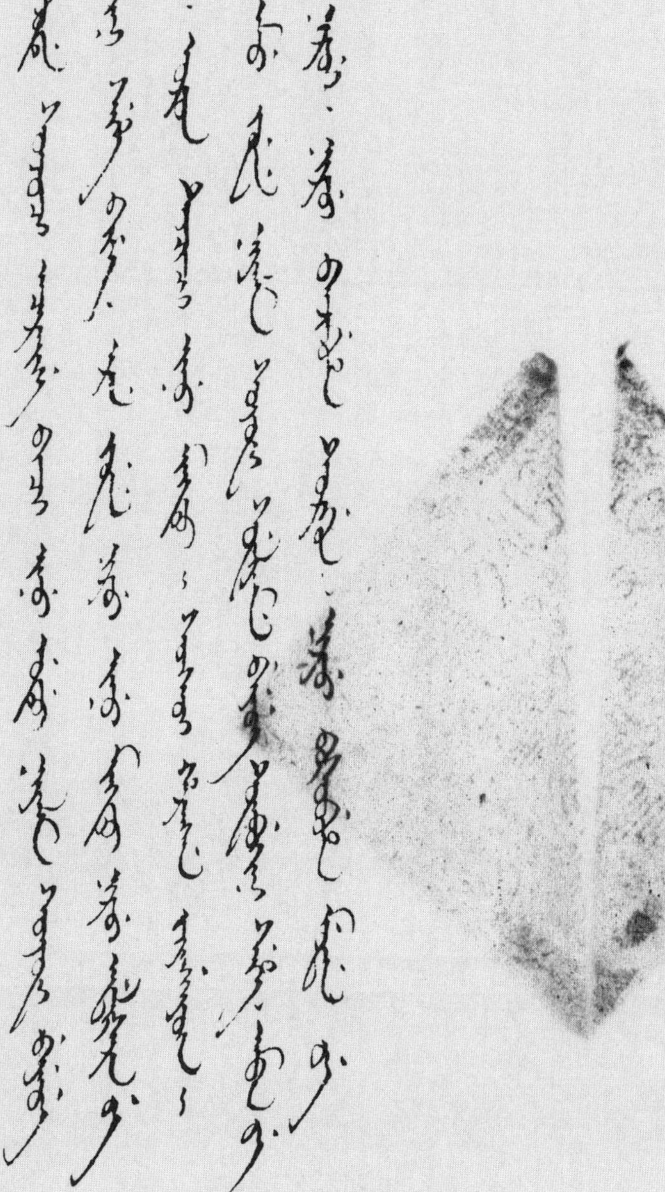

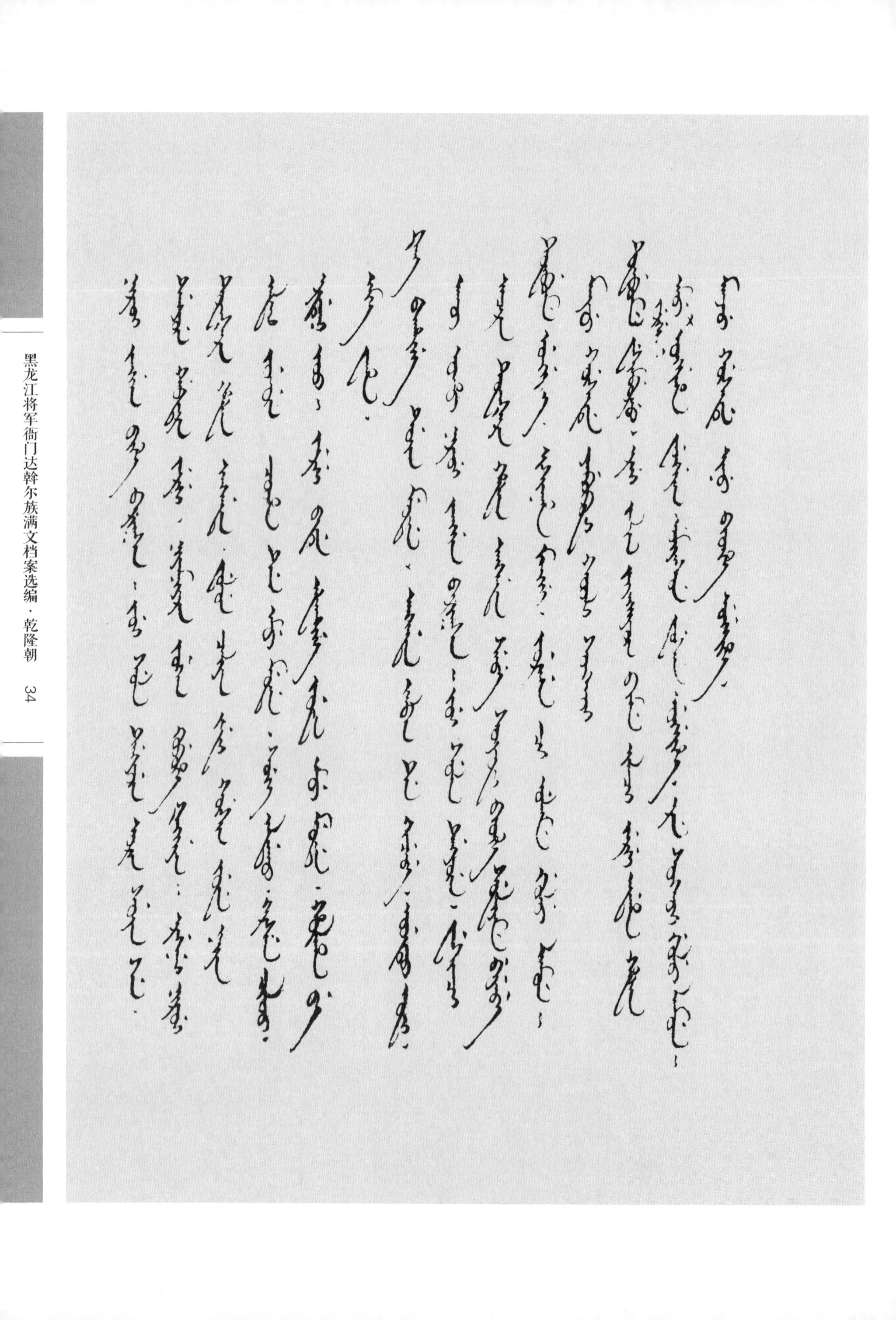

[illegible]

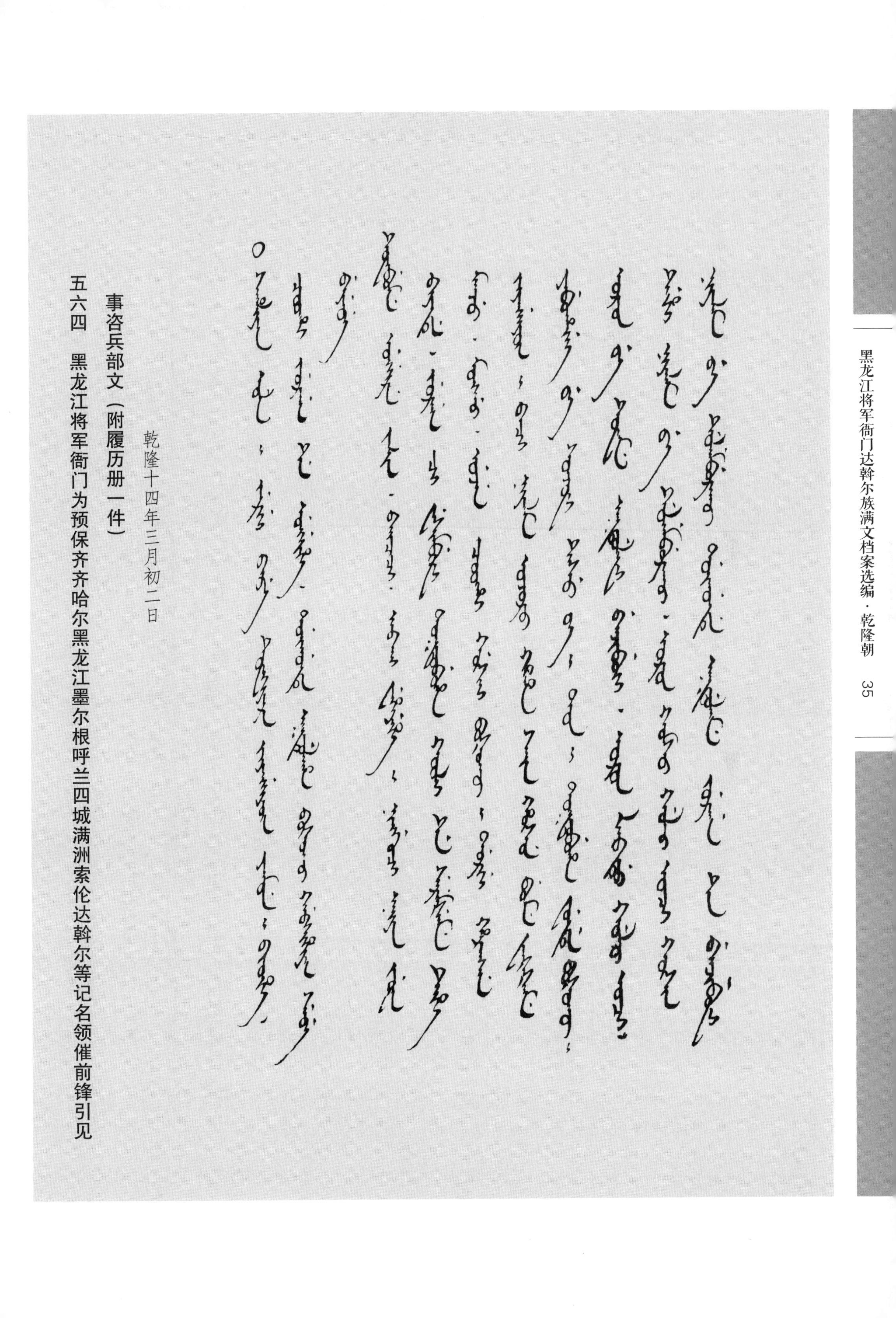

乾隆十四年三月初二日

## 五六四 黑龙江将军衙门为预保齐齐哈尔黑龙江墨尔根呼兰四城满洲索伦达斡尔等记名领催前锋引见事咨兵部文（附履历册一件）

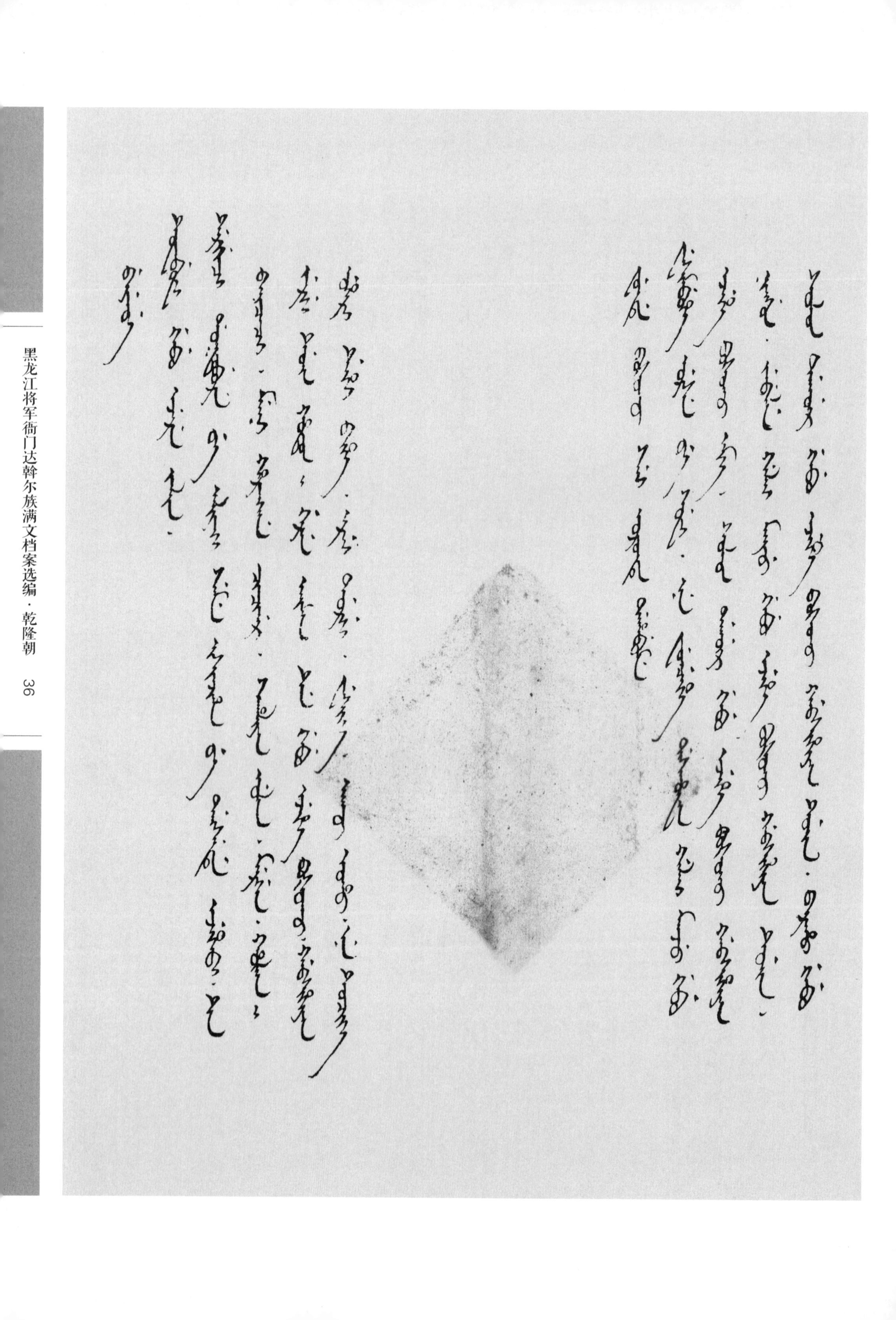

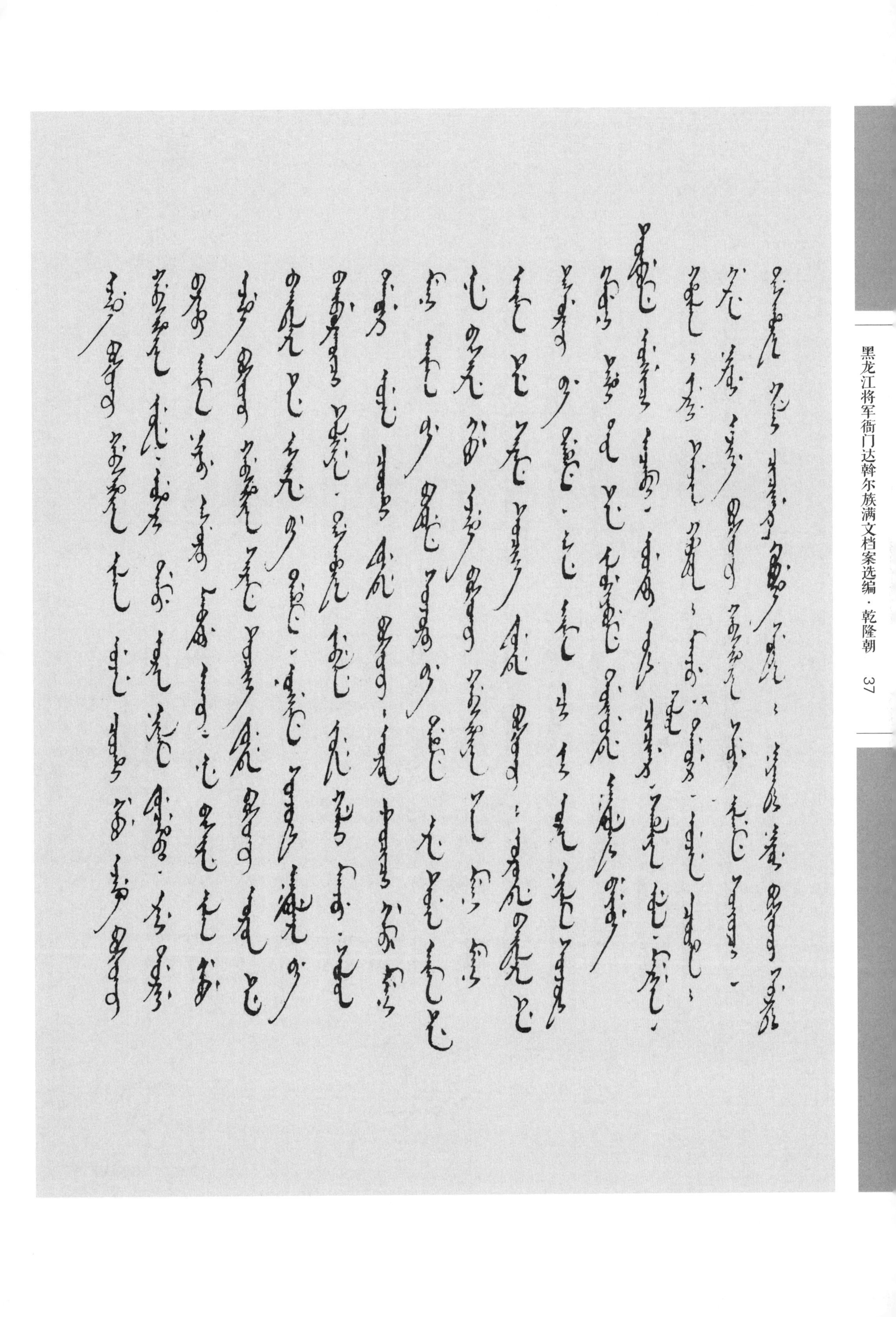

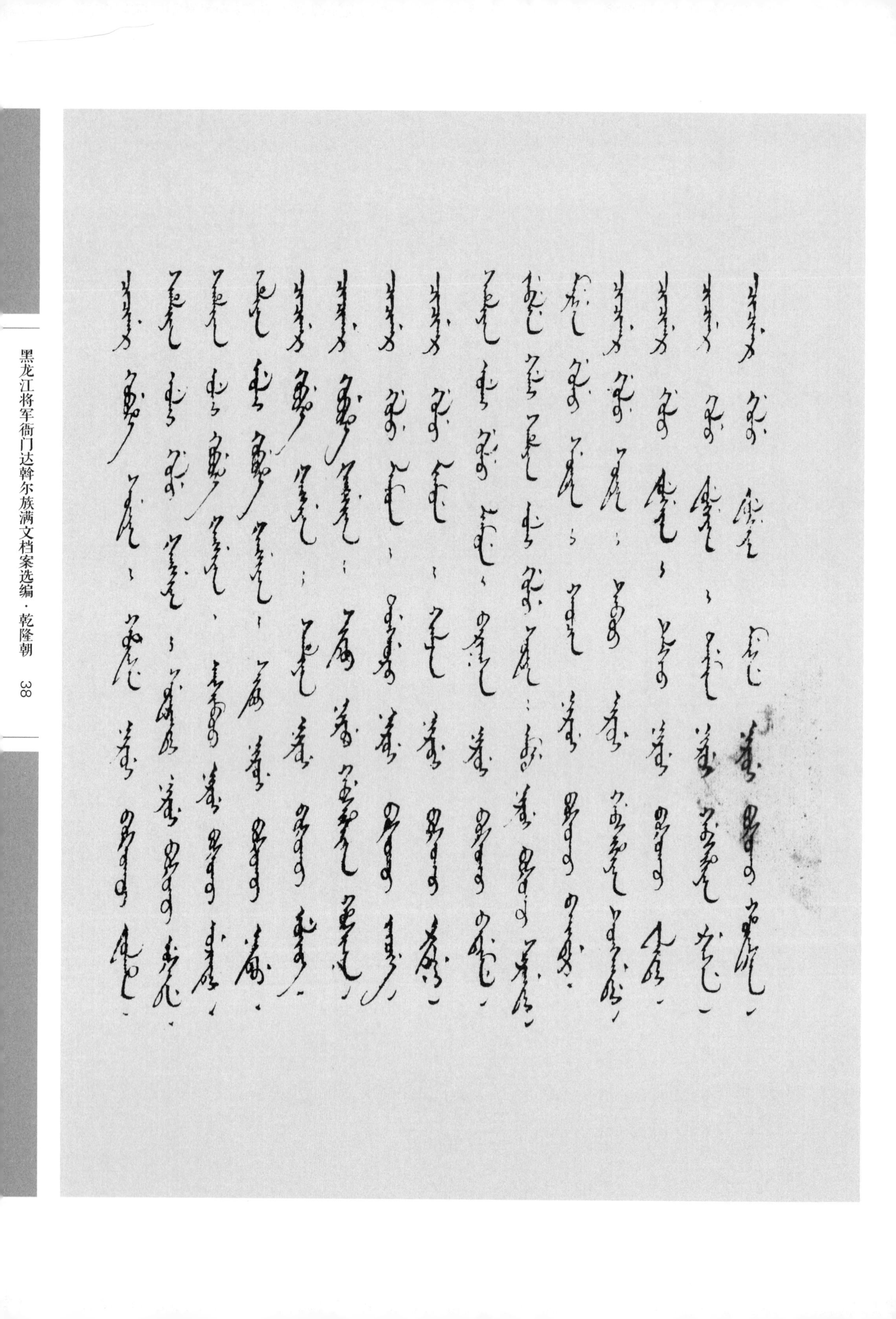

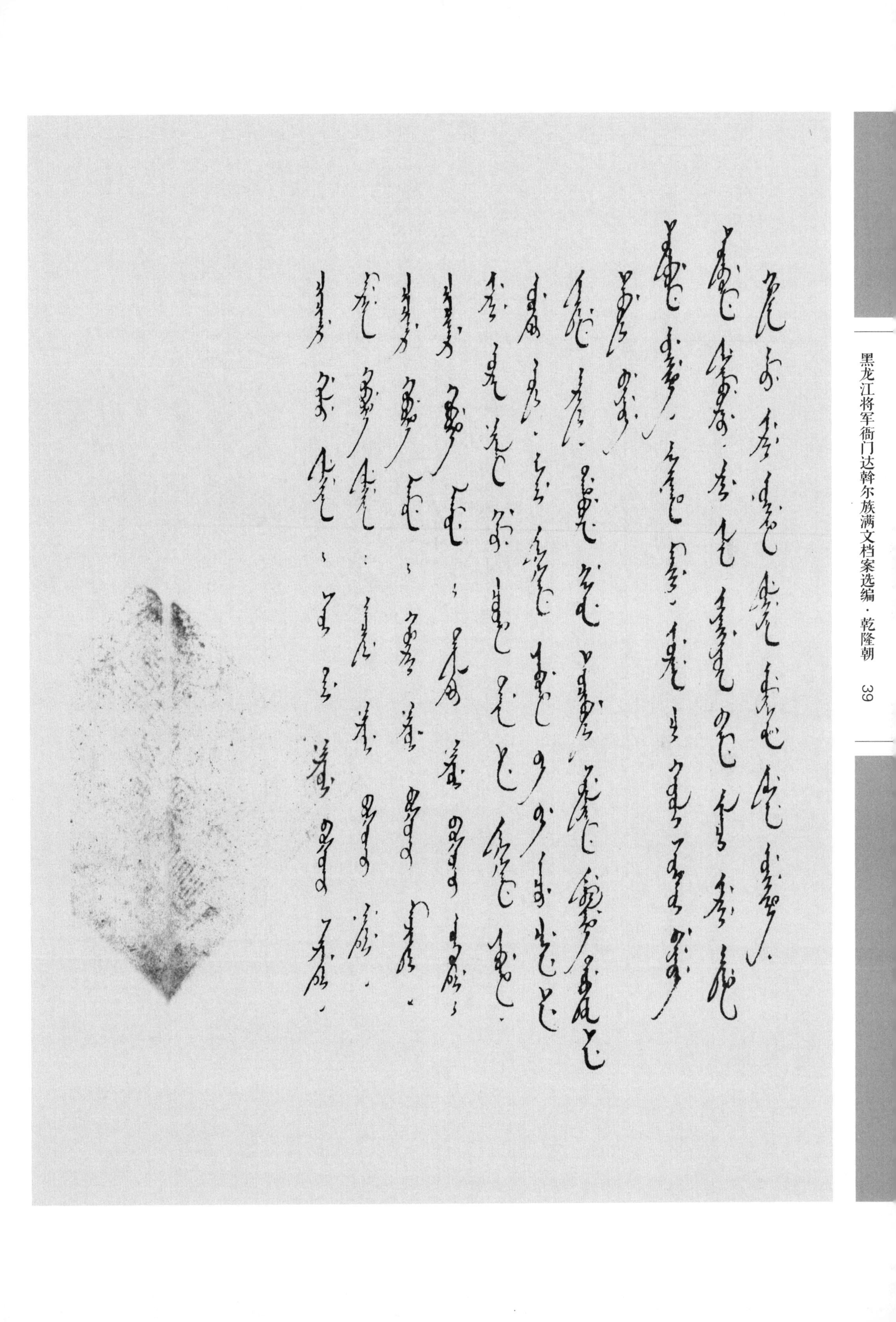

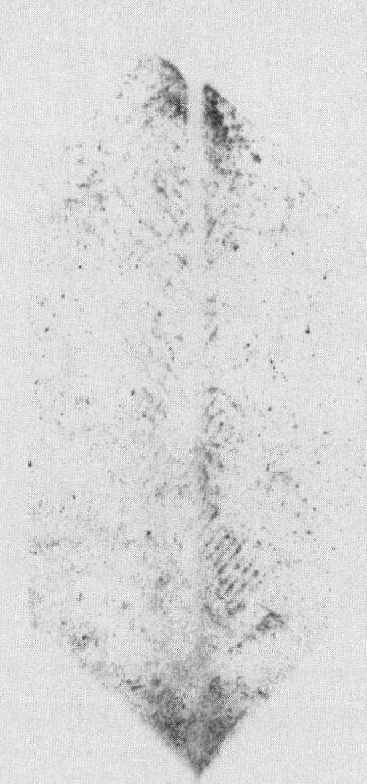

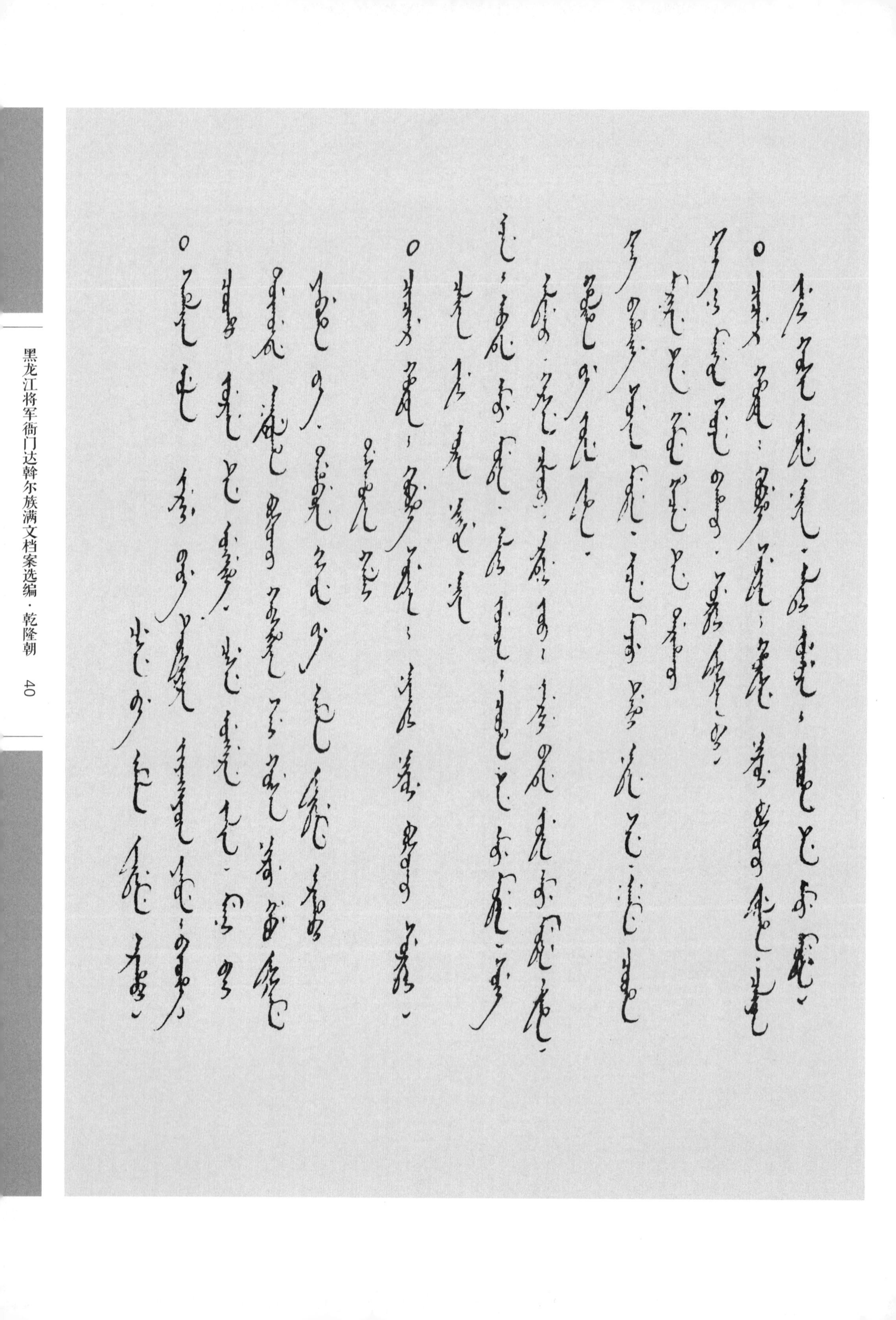

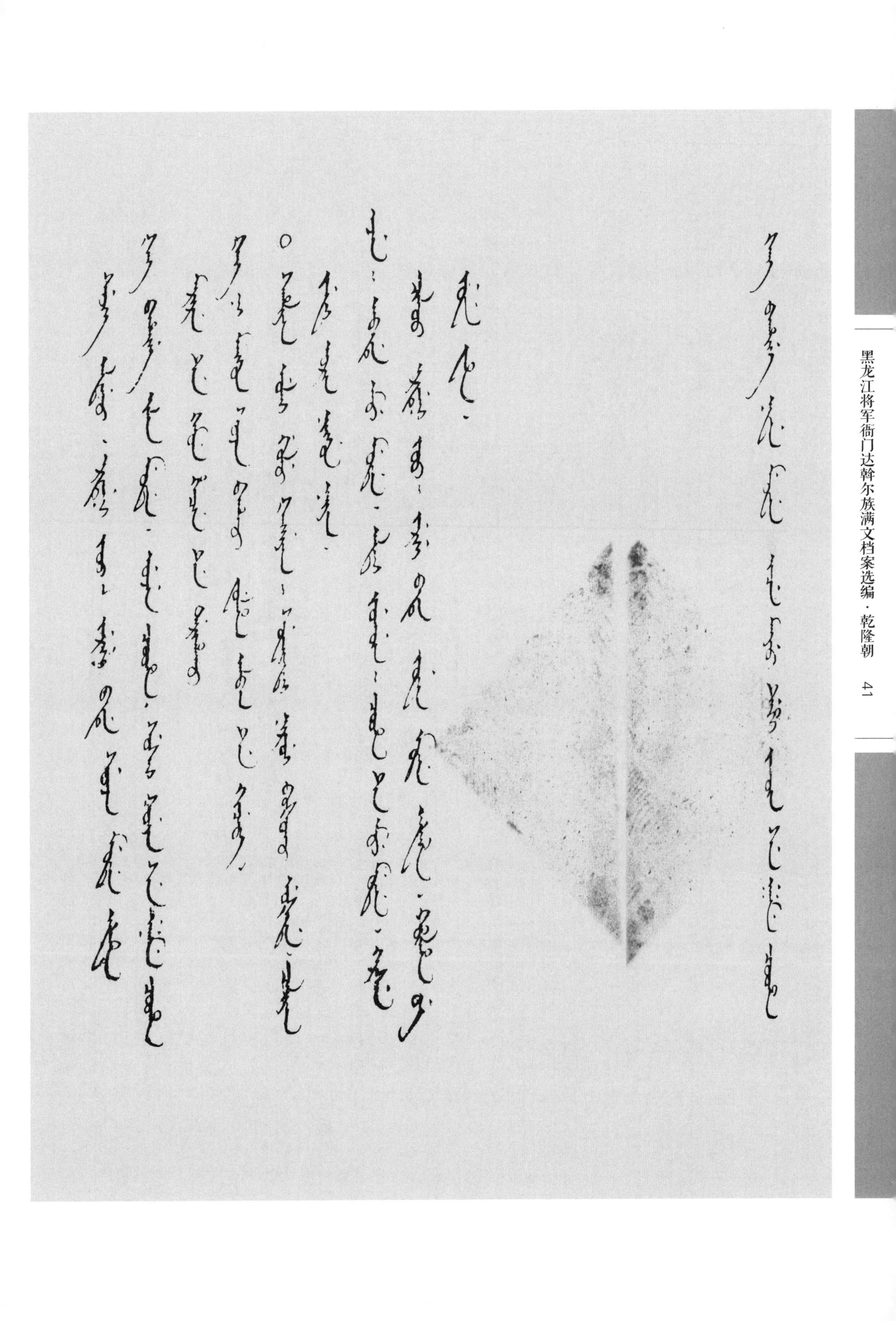

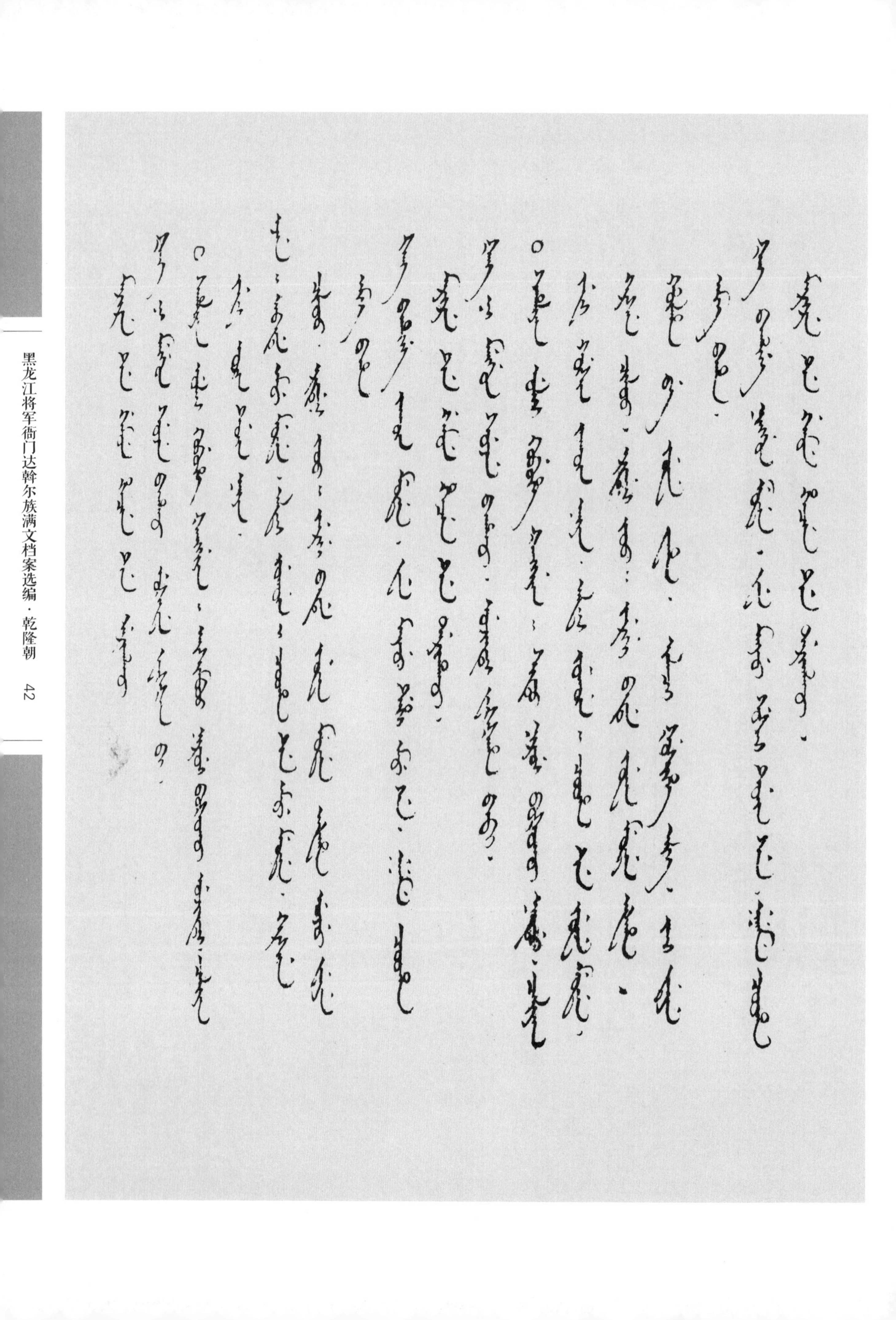

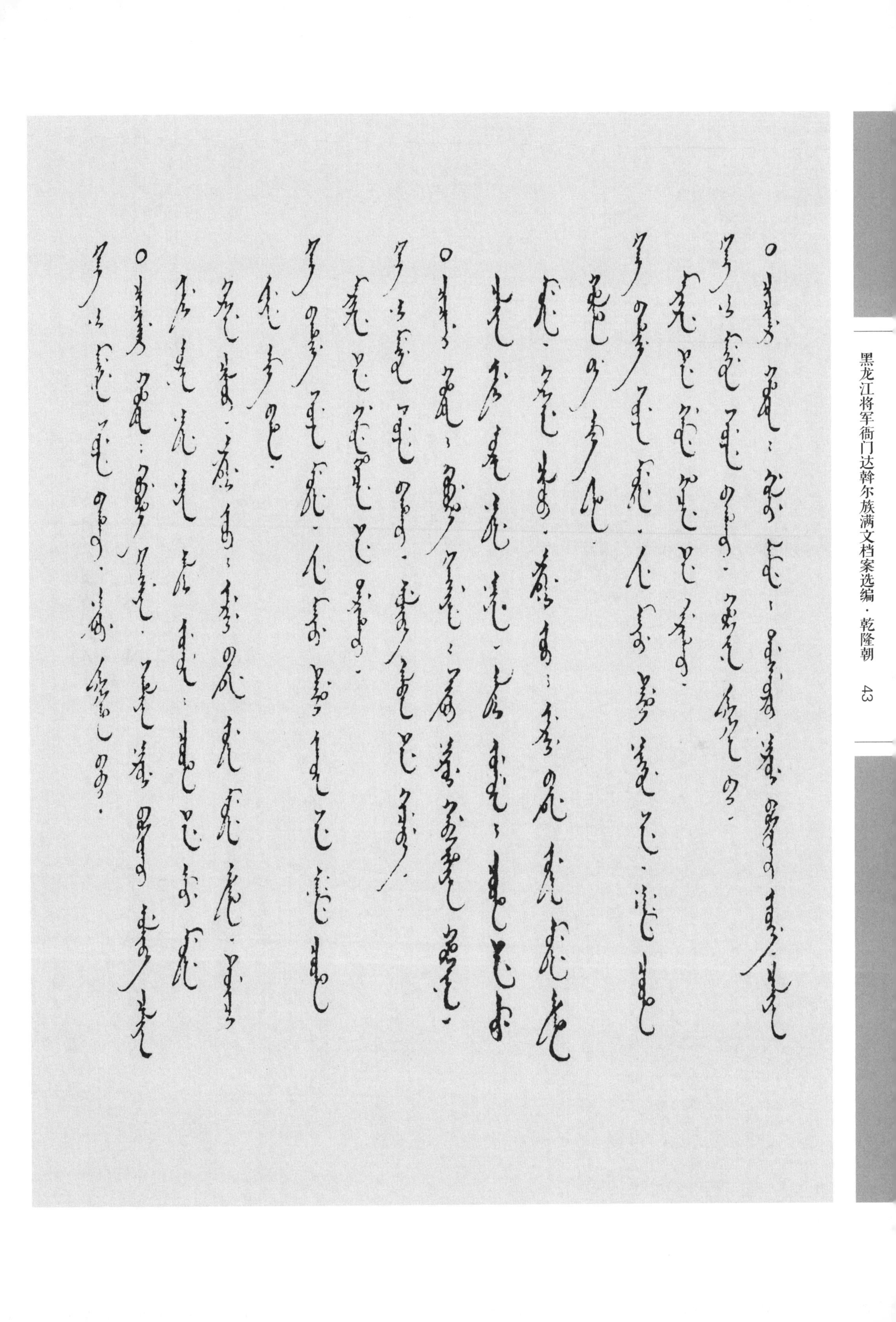

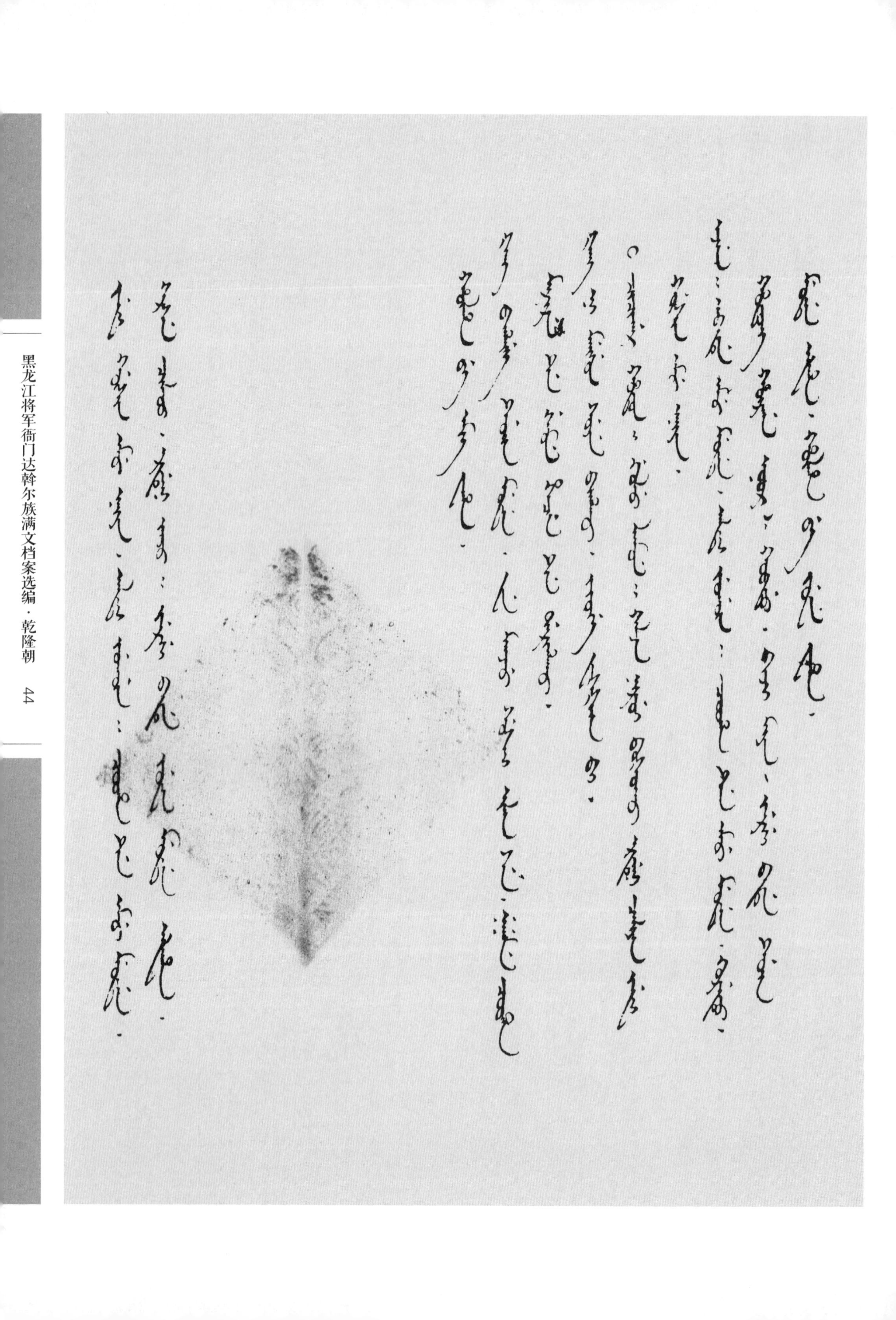

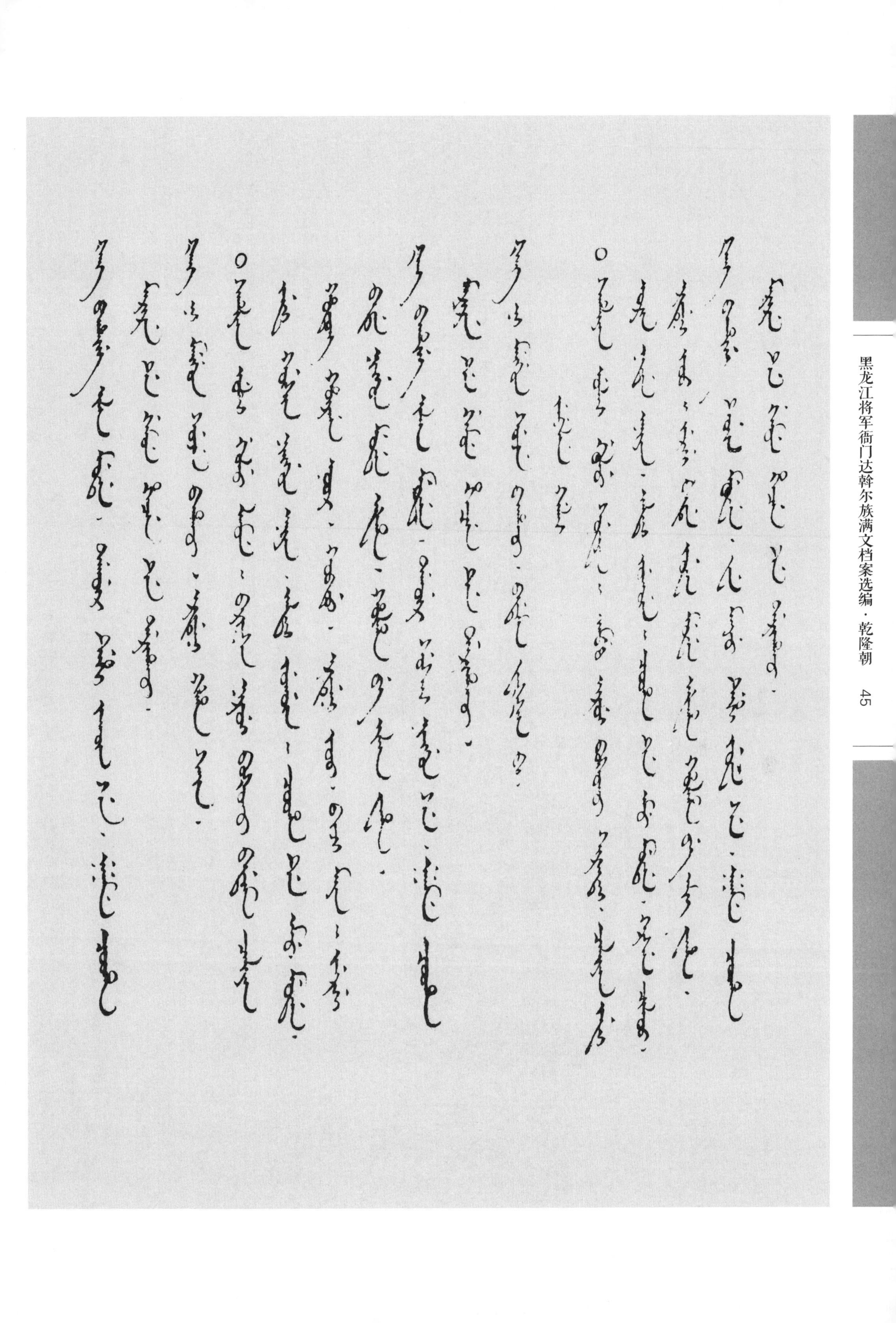

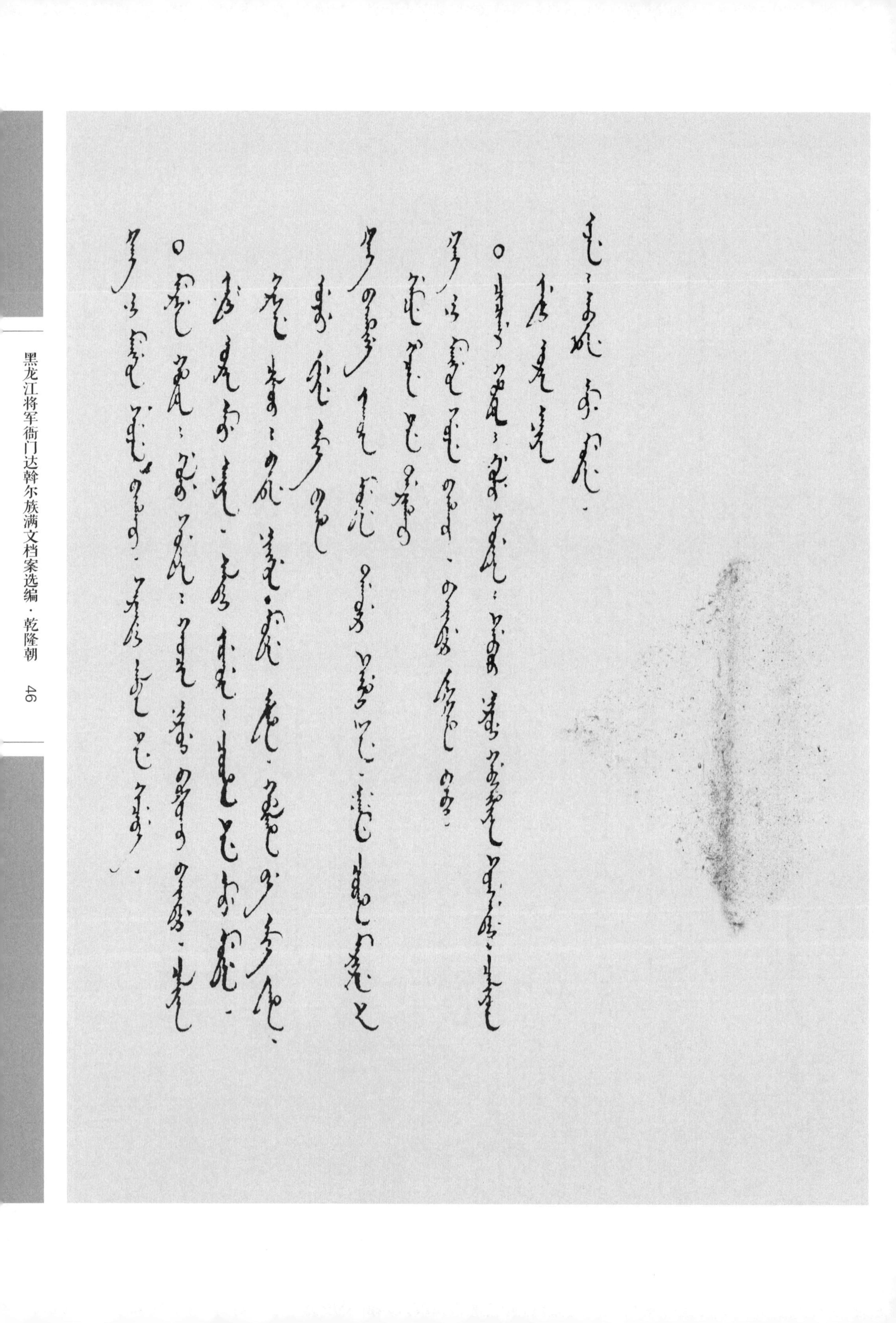

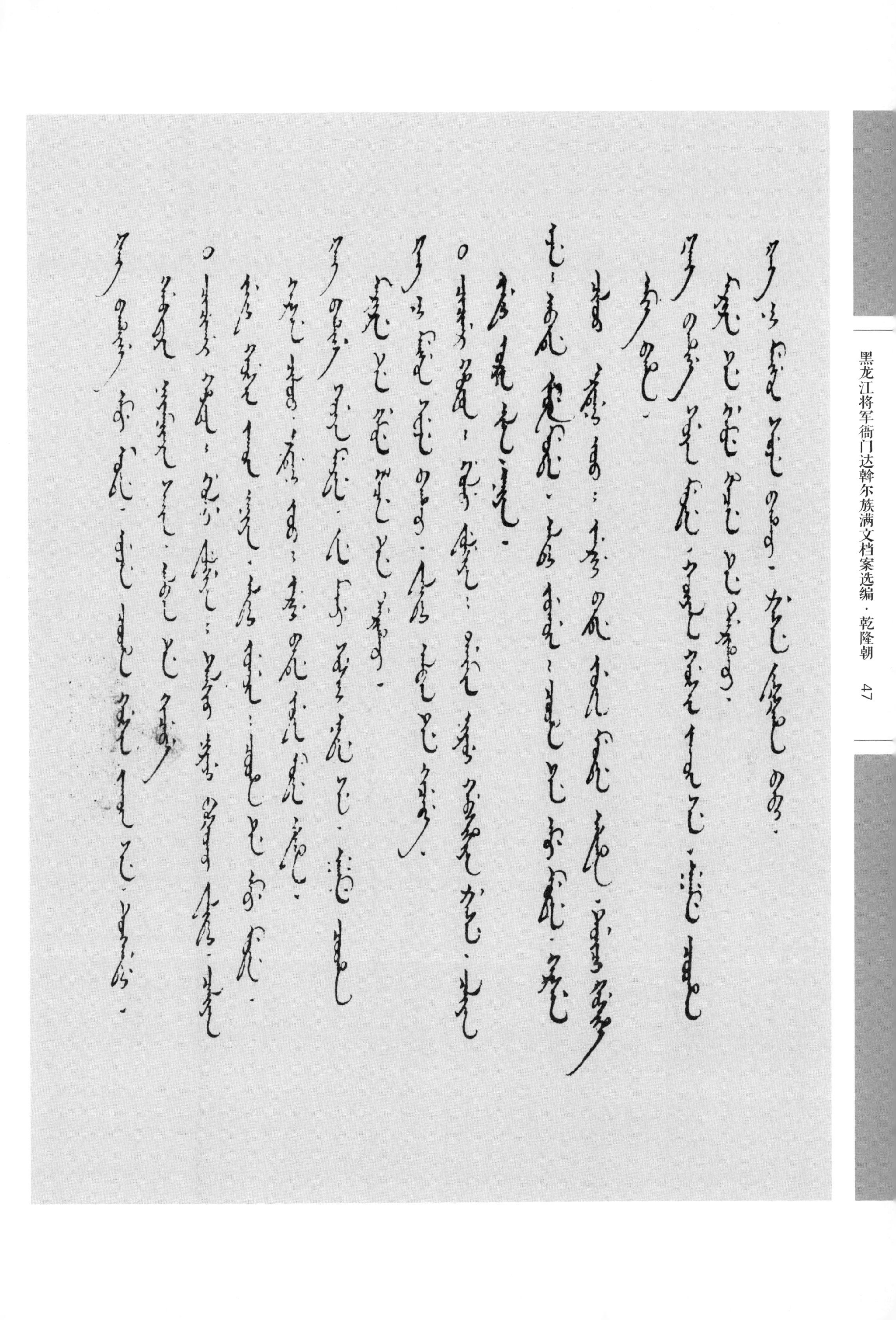

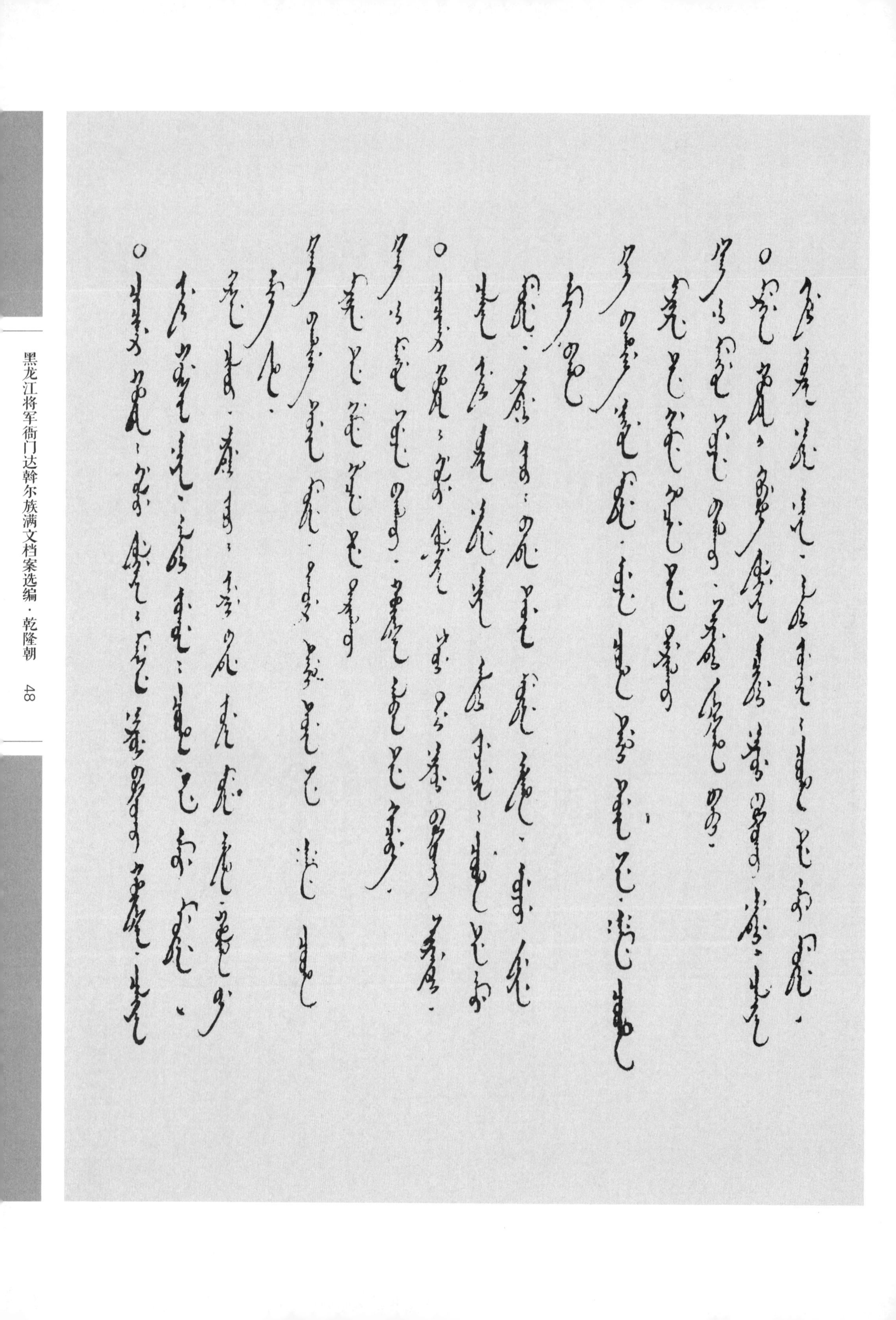

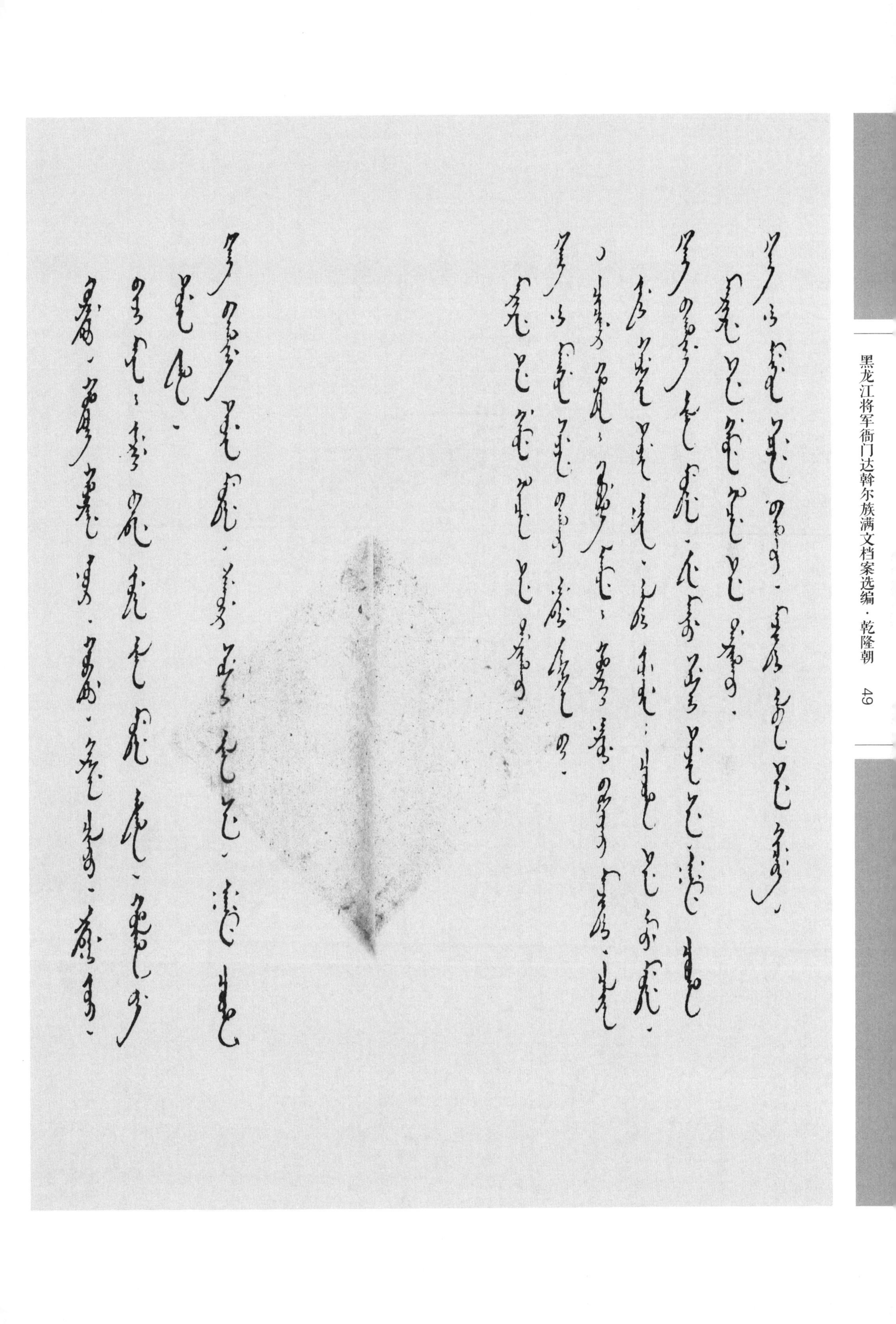

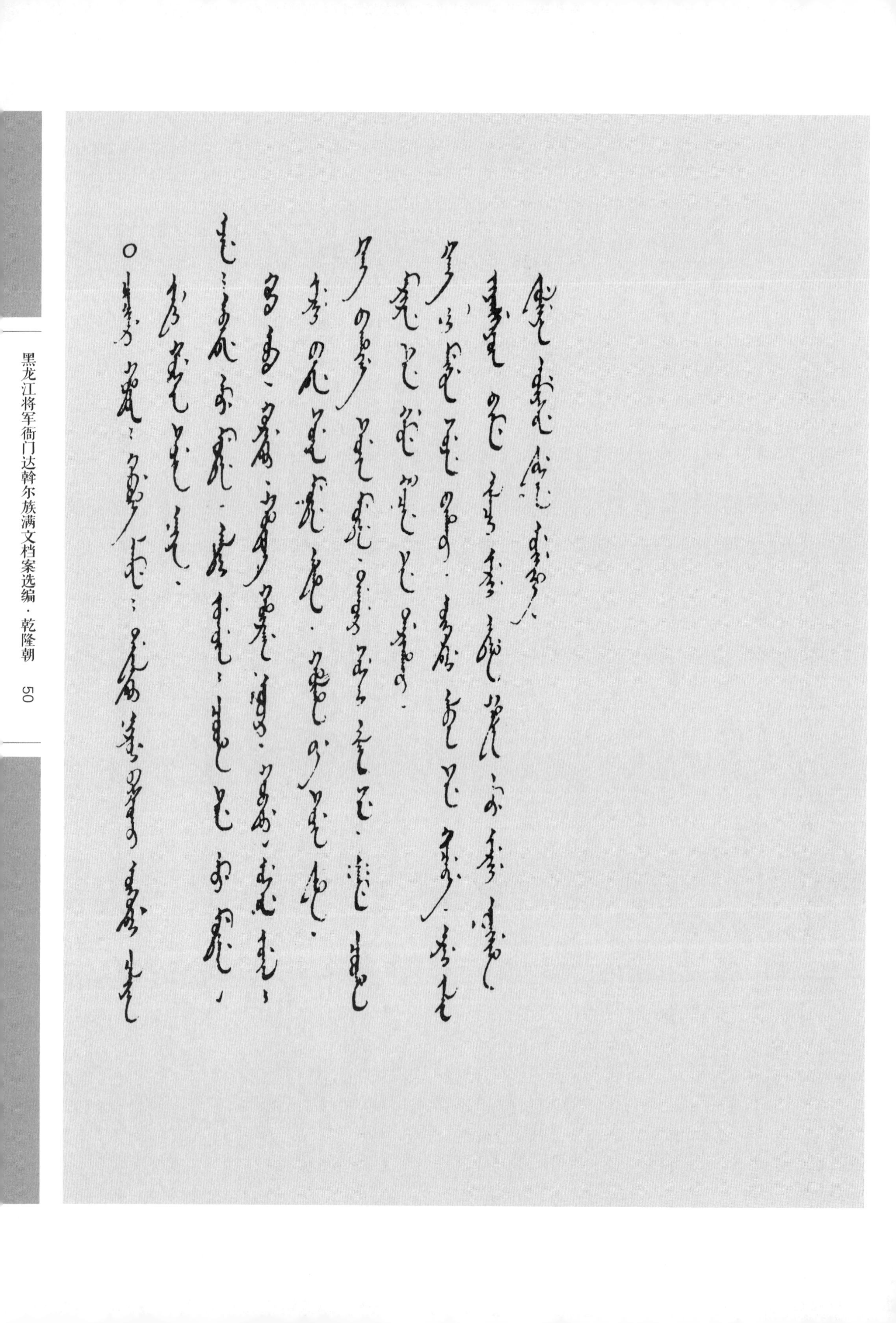

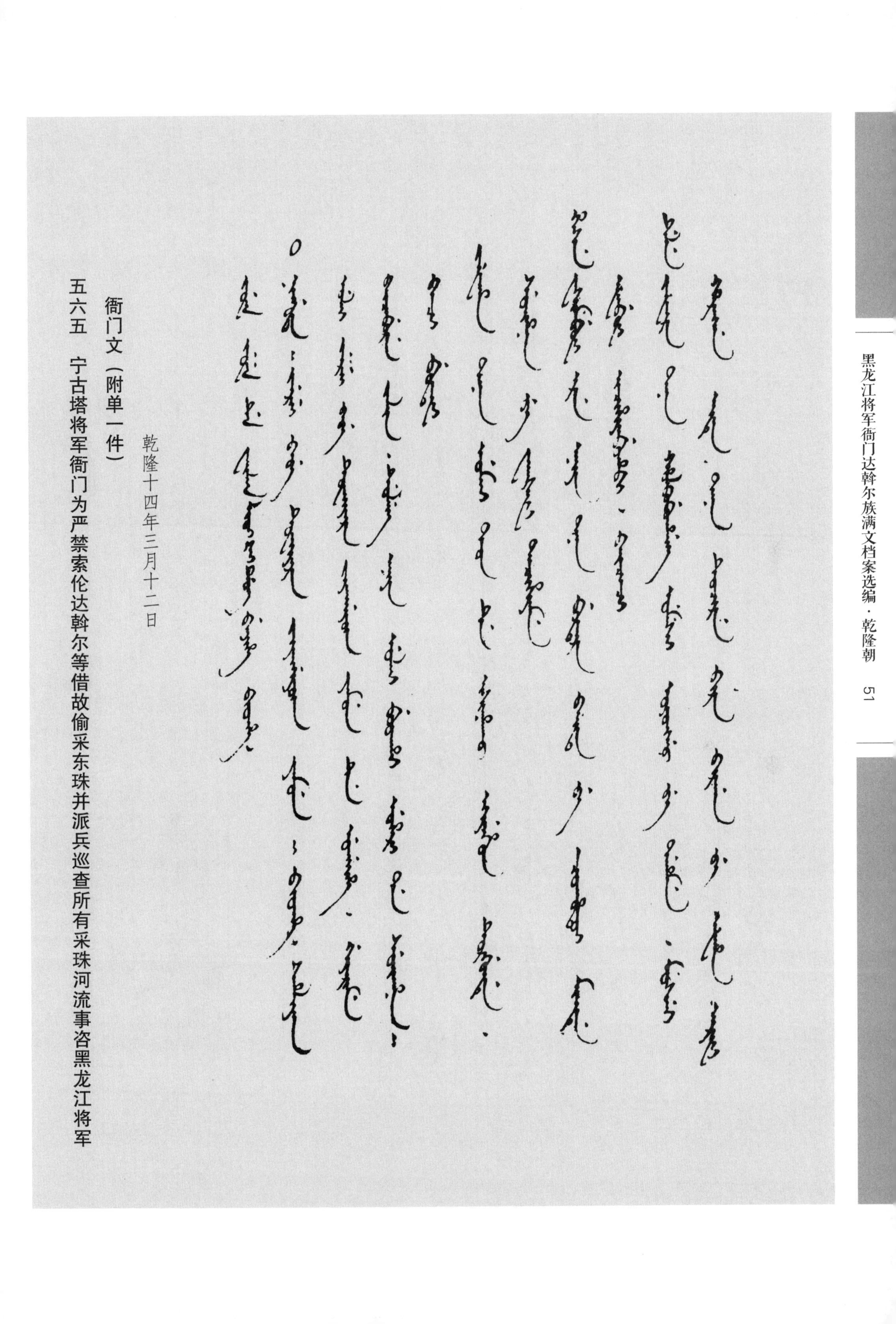

## 五六五 宁古塔将军衙门为严禁索伦达斡尔等借故偷采东珠并派兵巡查所有采珠河流事咨黑龙江将军衙门文（附单一件）

乾隆十四年三月十二日

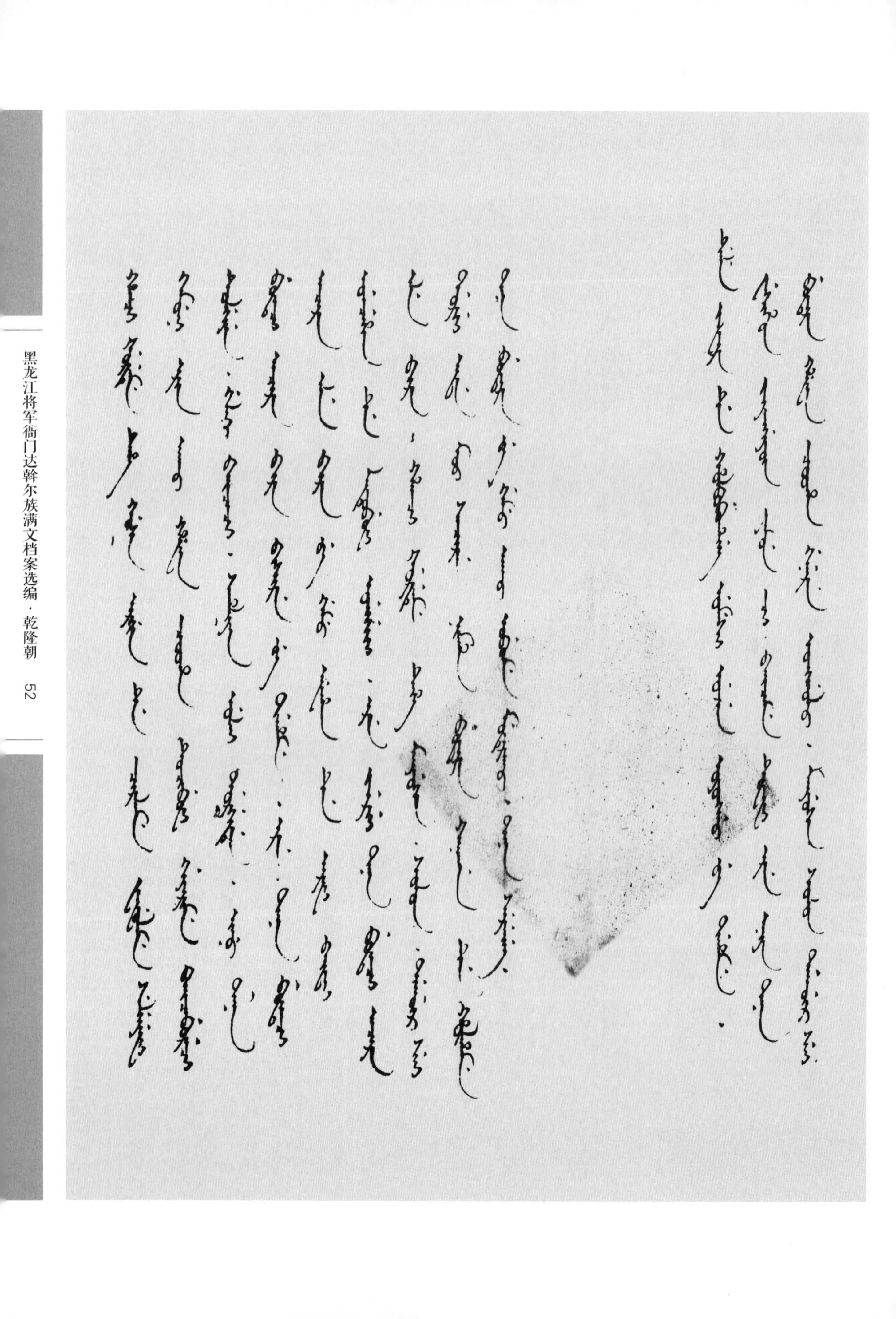

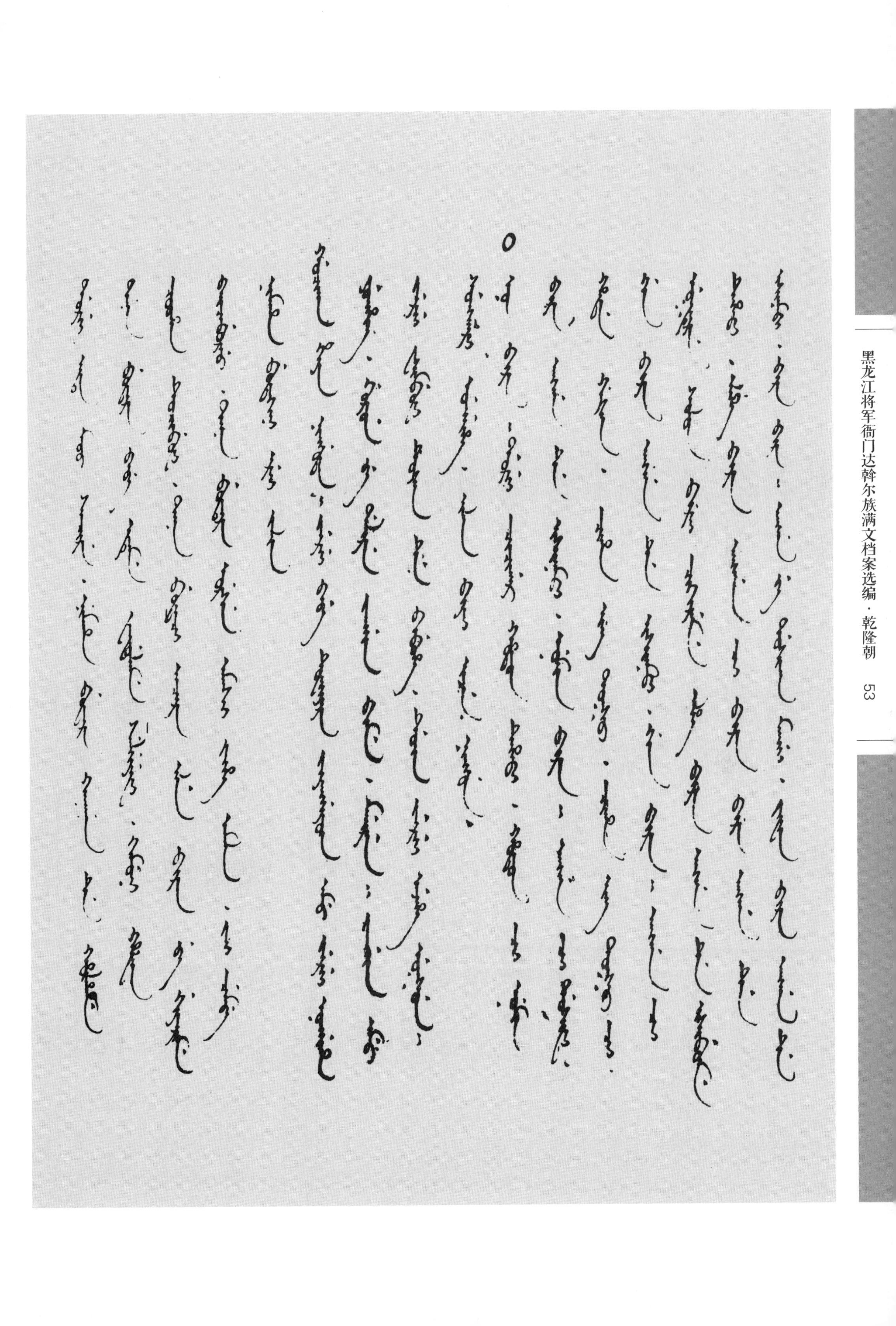

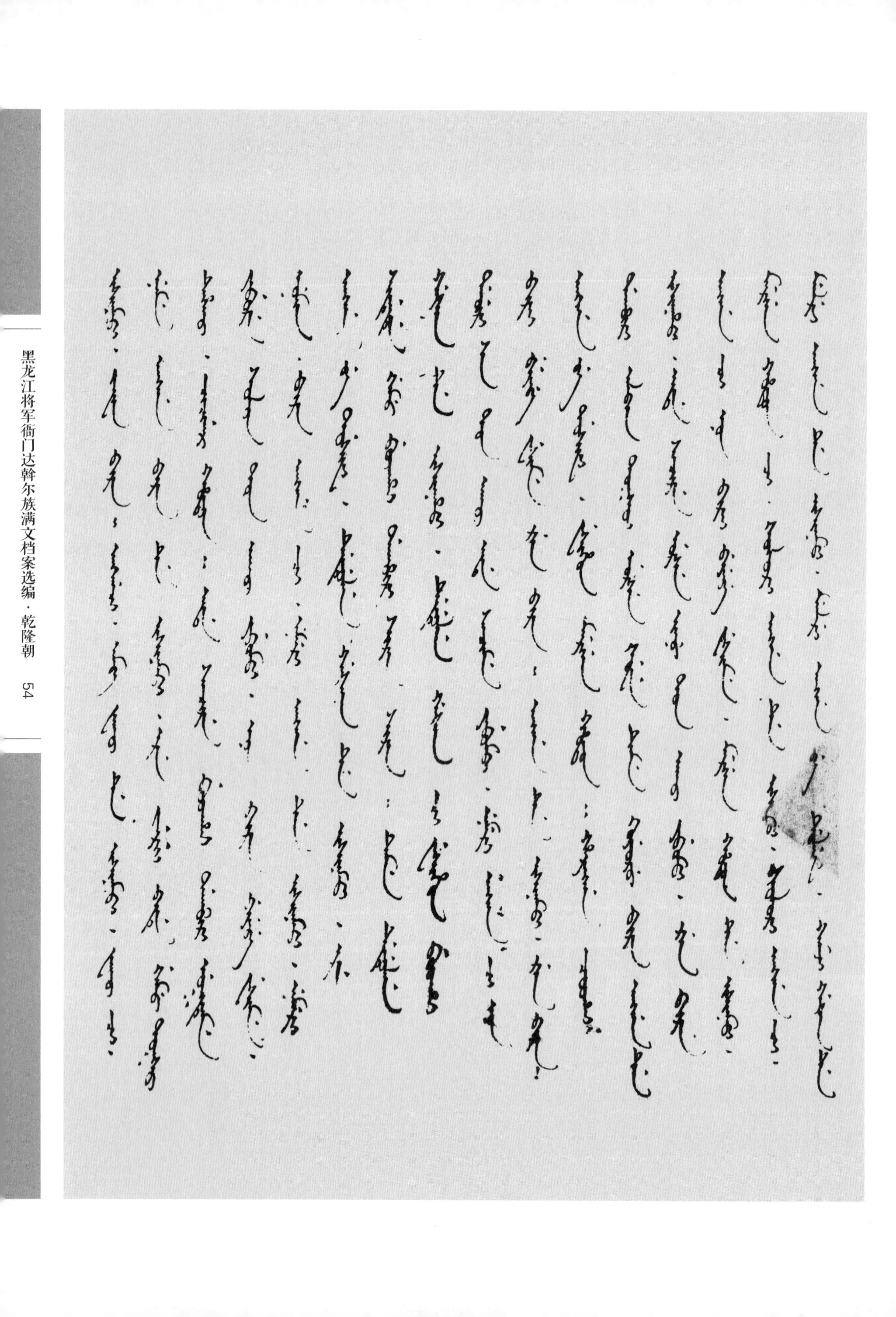

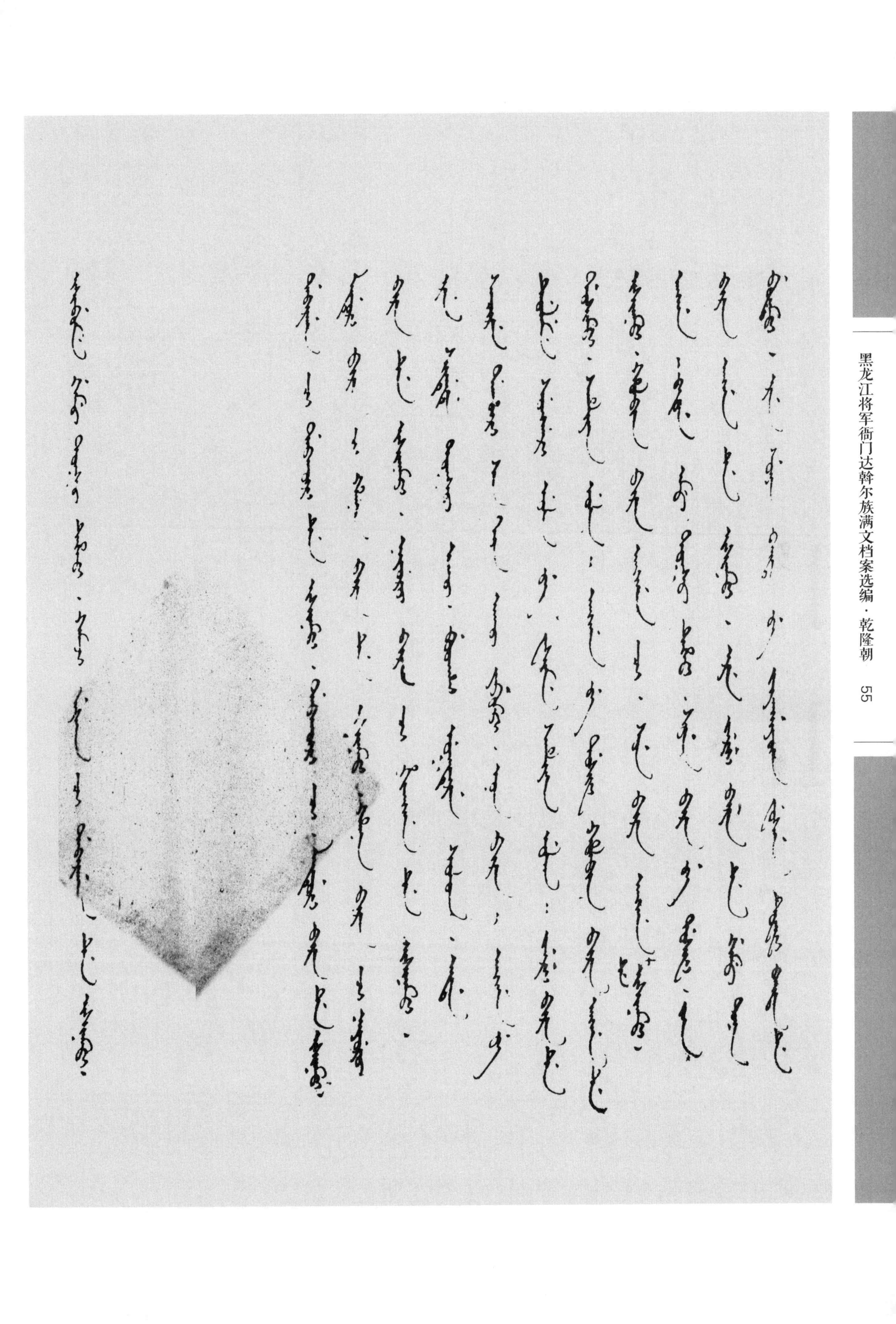

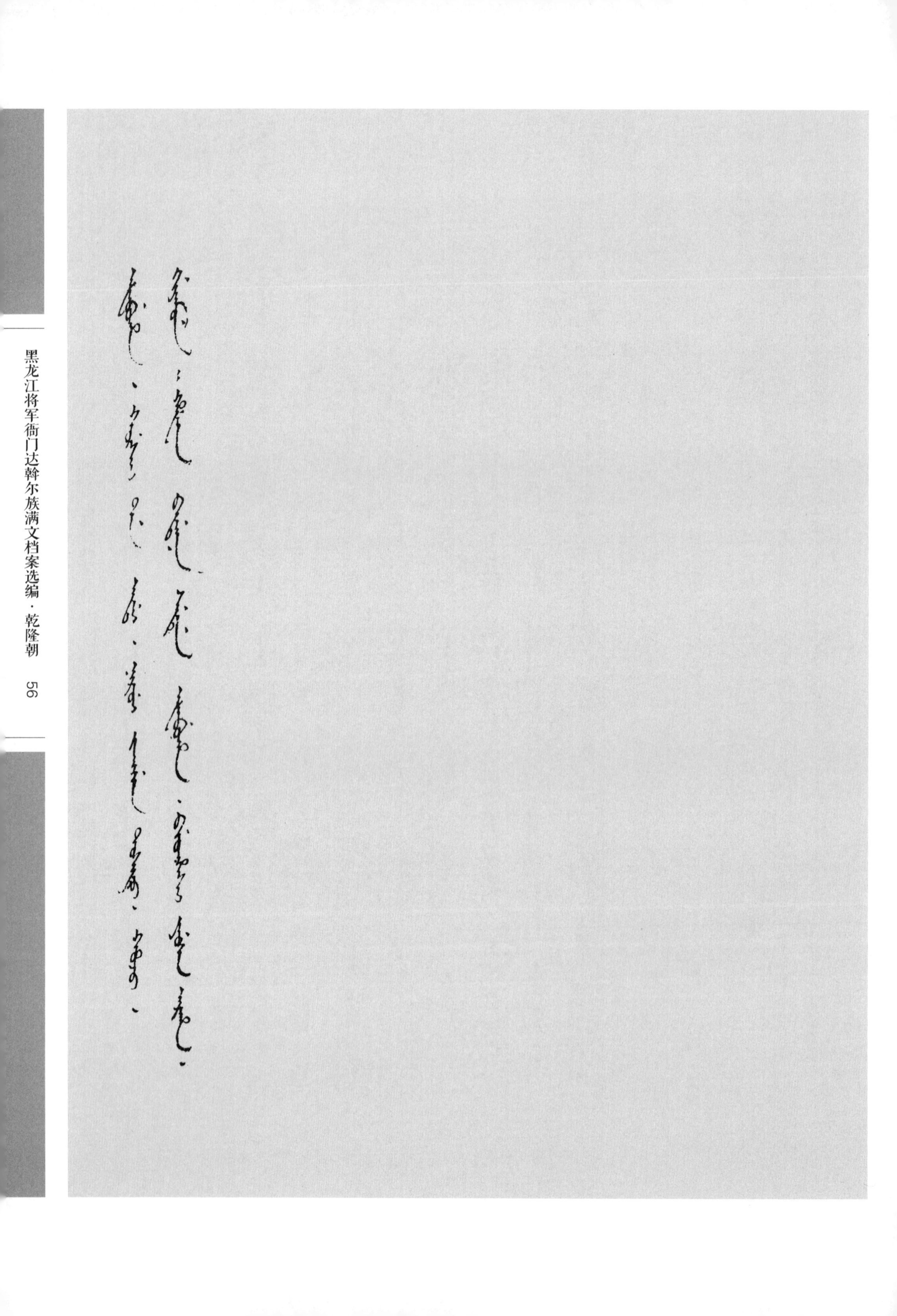

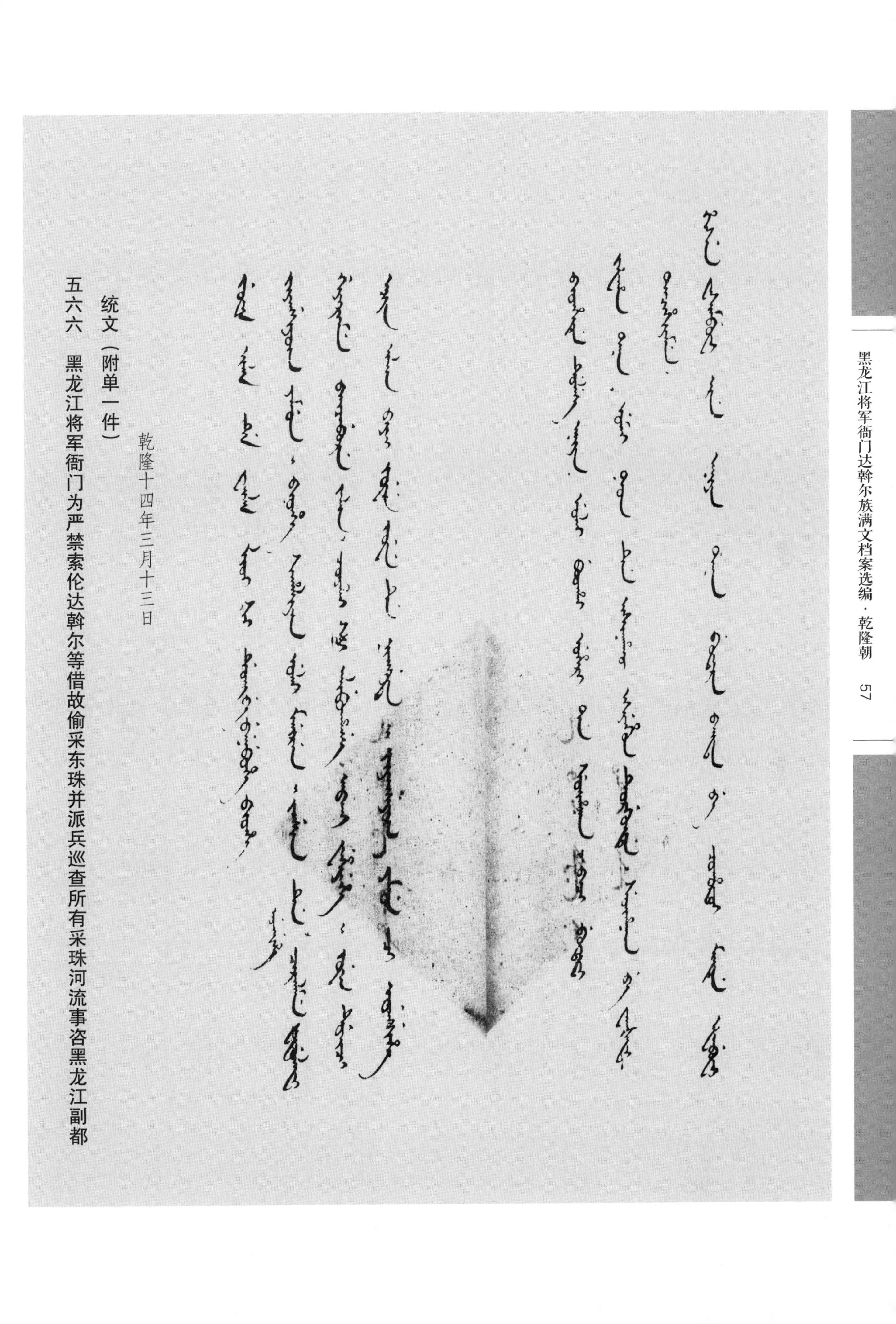

五六六　黑龙江将军衙门为严禁索伦达斡尔等借故偷采东珠并派兵巡查所有采珠河流事咨黑龙江副都统文（附单一件）

乾隆十四年三月十三日

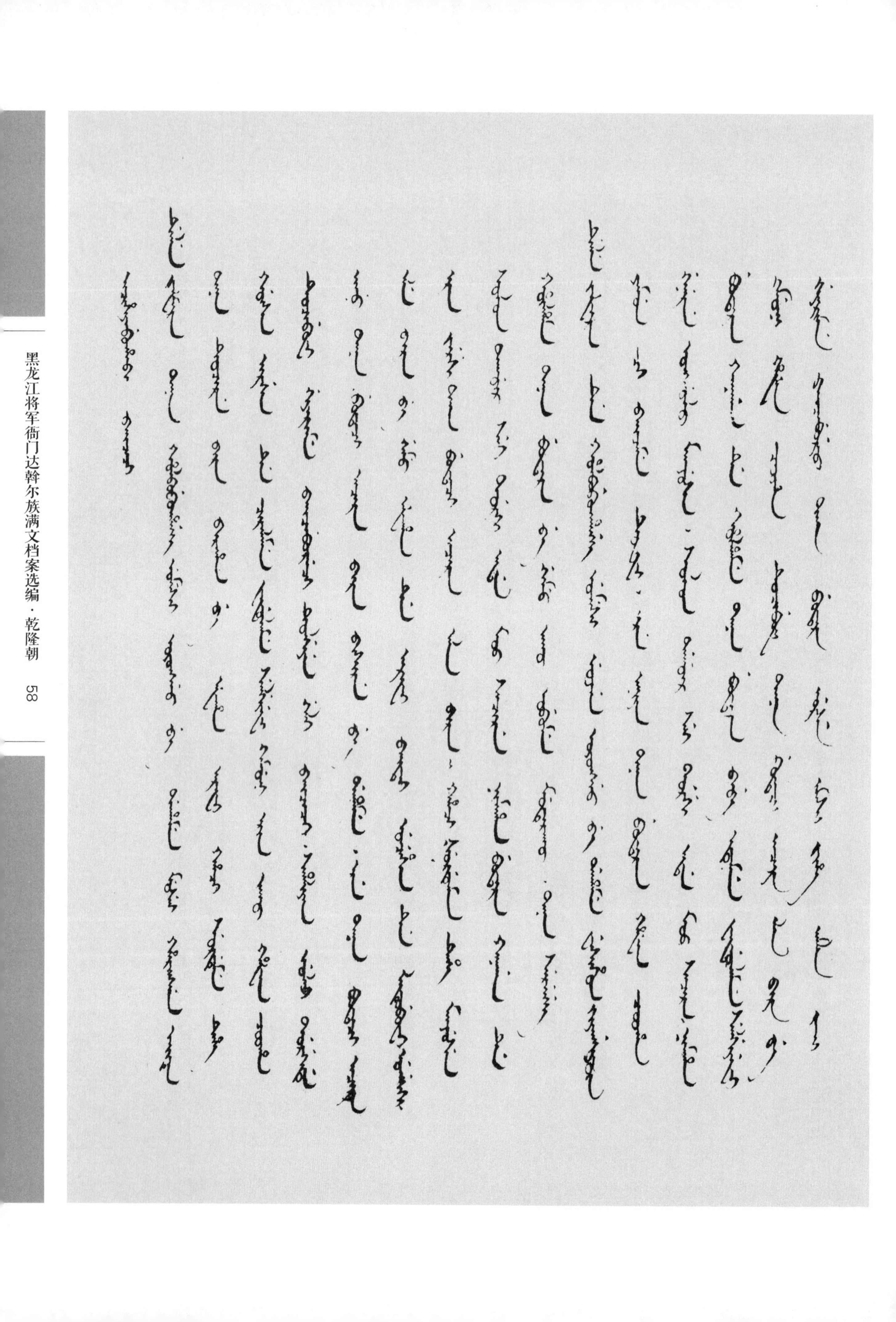

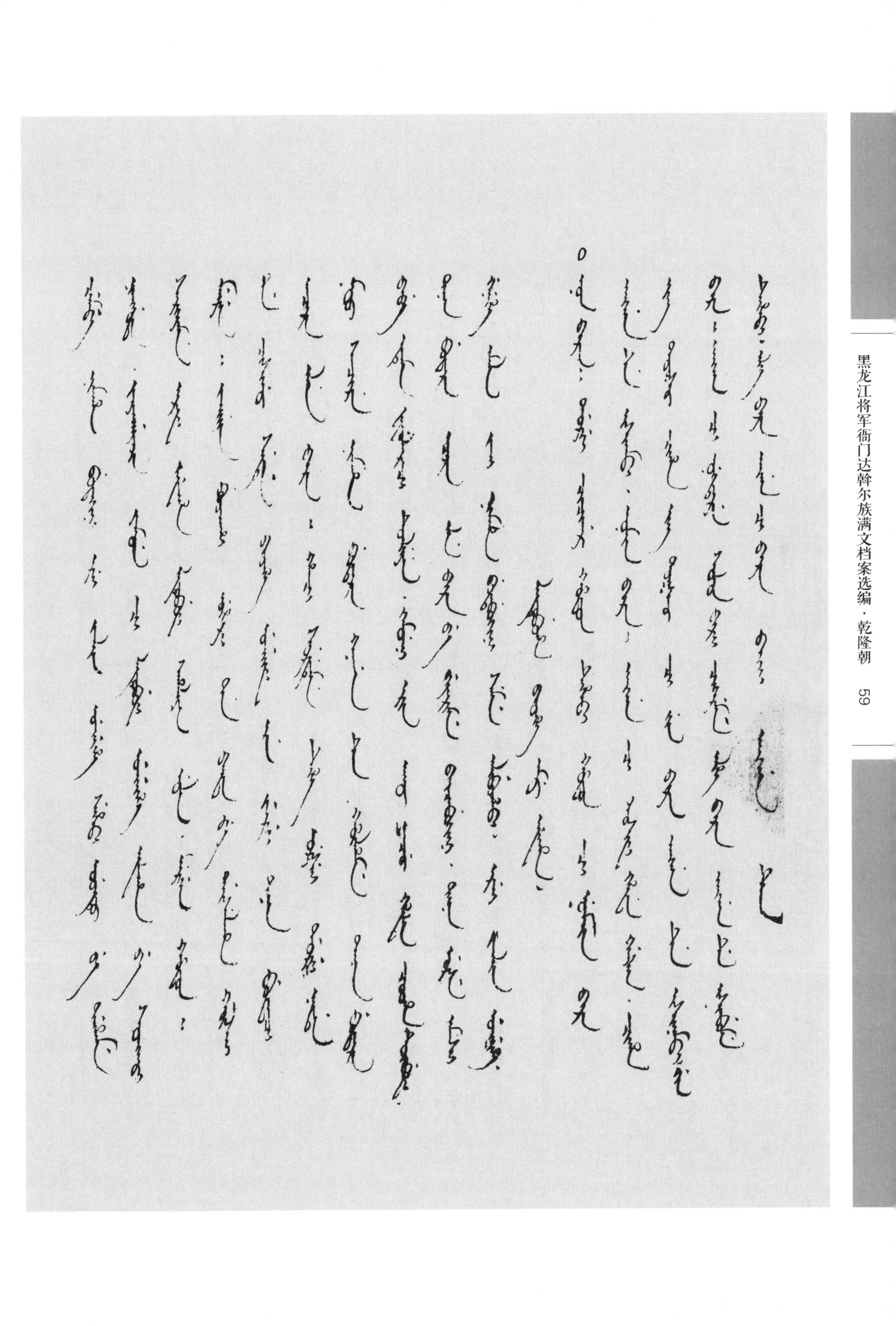

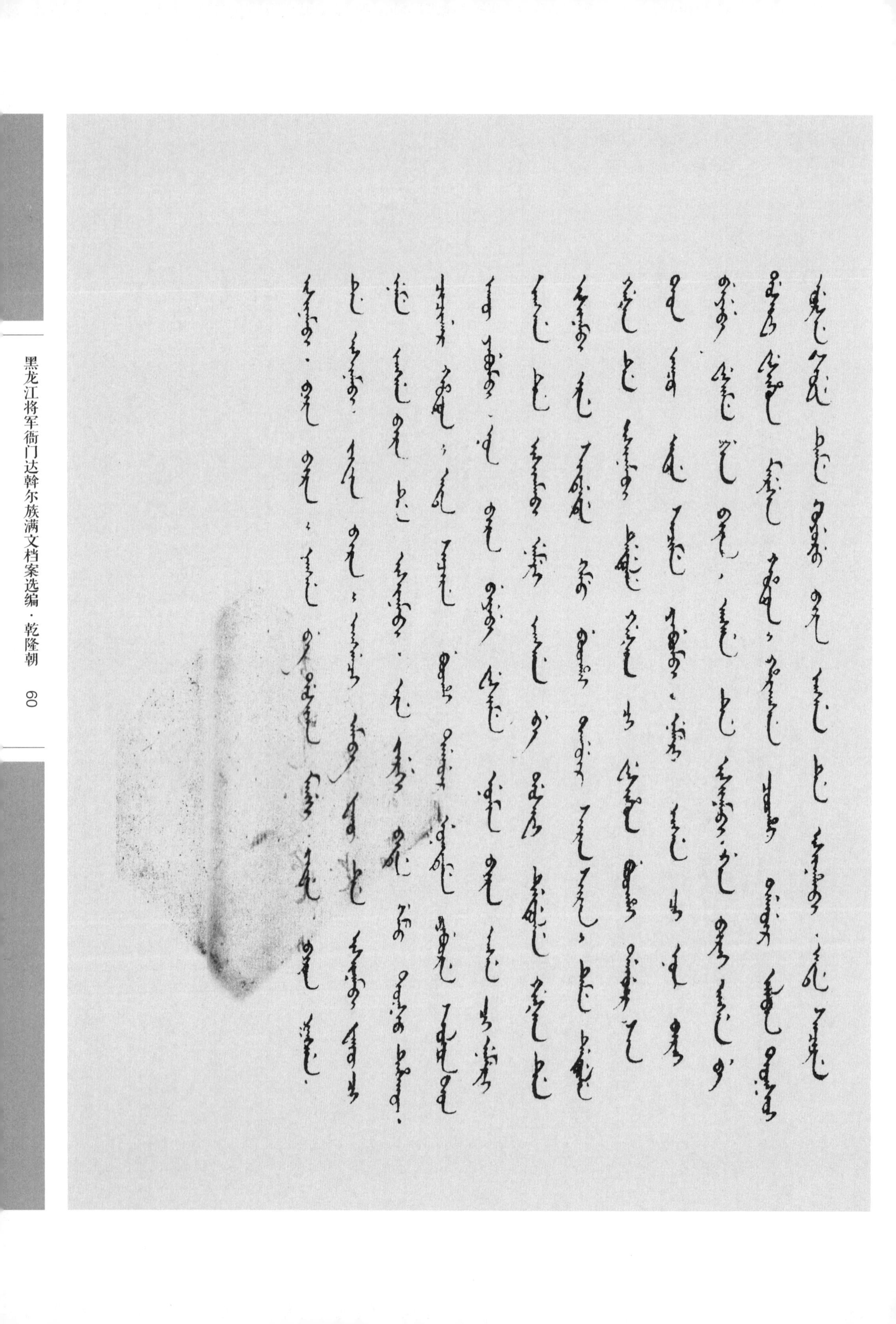

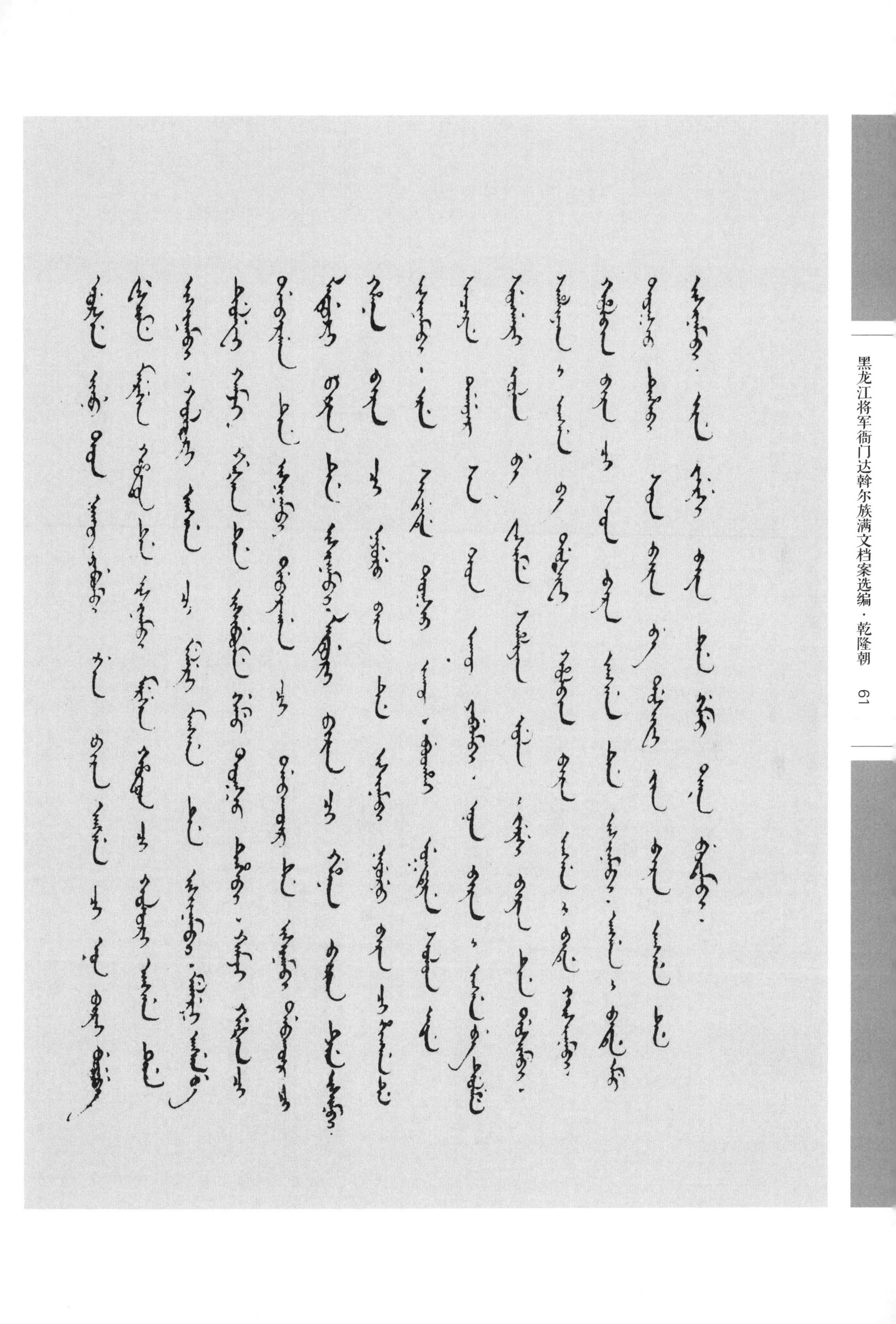

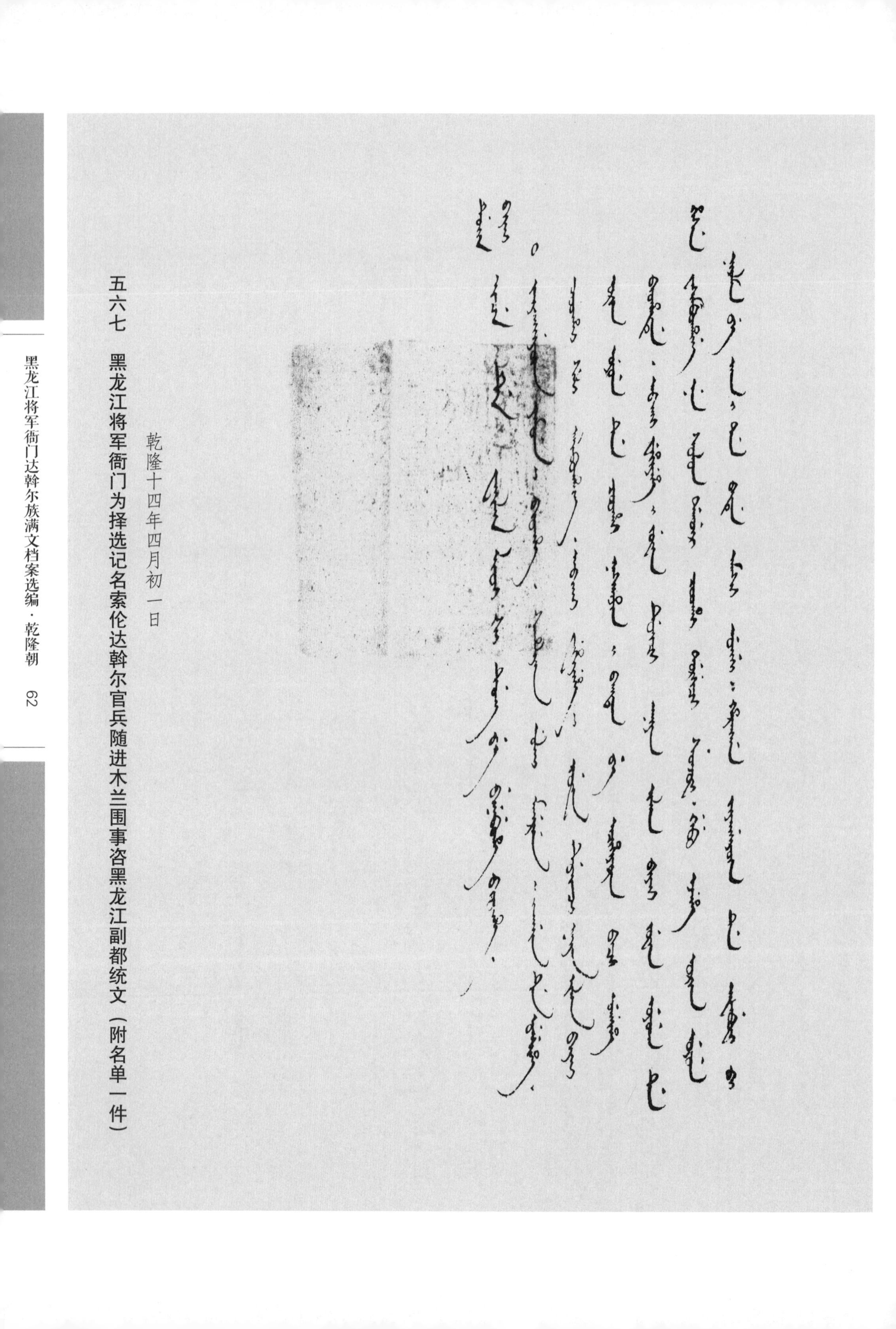

## 五六七　黑龙江将军衙门为择选记名索伦达斡尔官兵随进木兰围事咨黑龙江副都统文（附名单一件）

乾隆十四年四月初一日

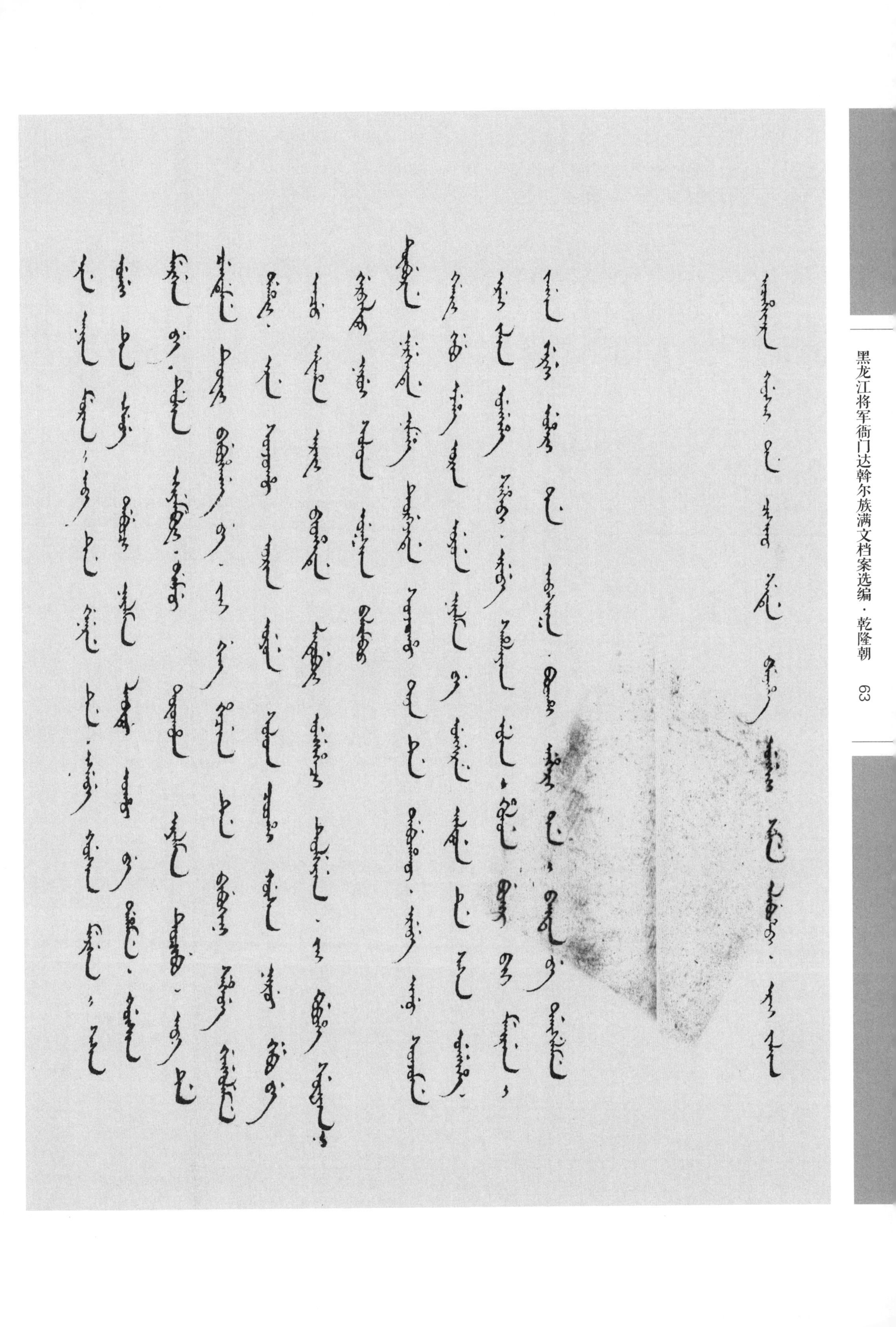

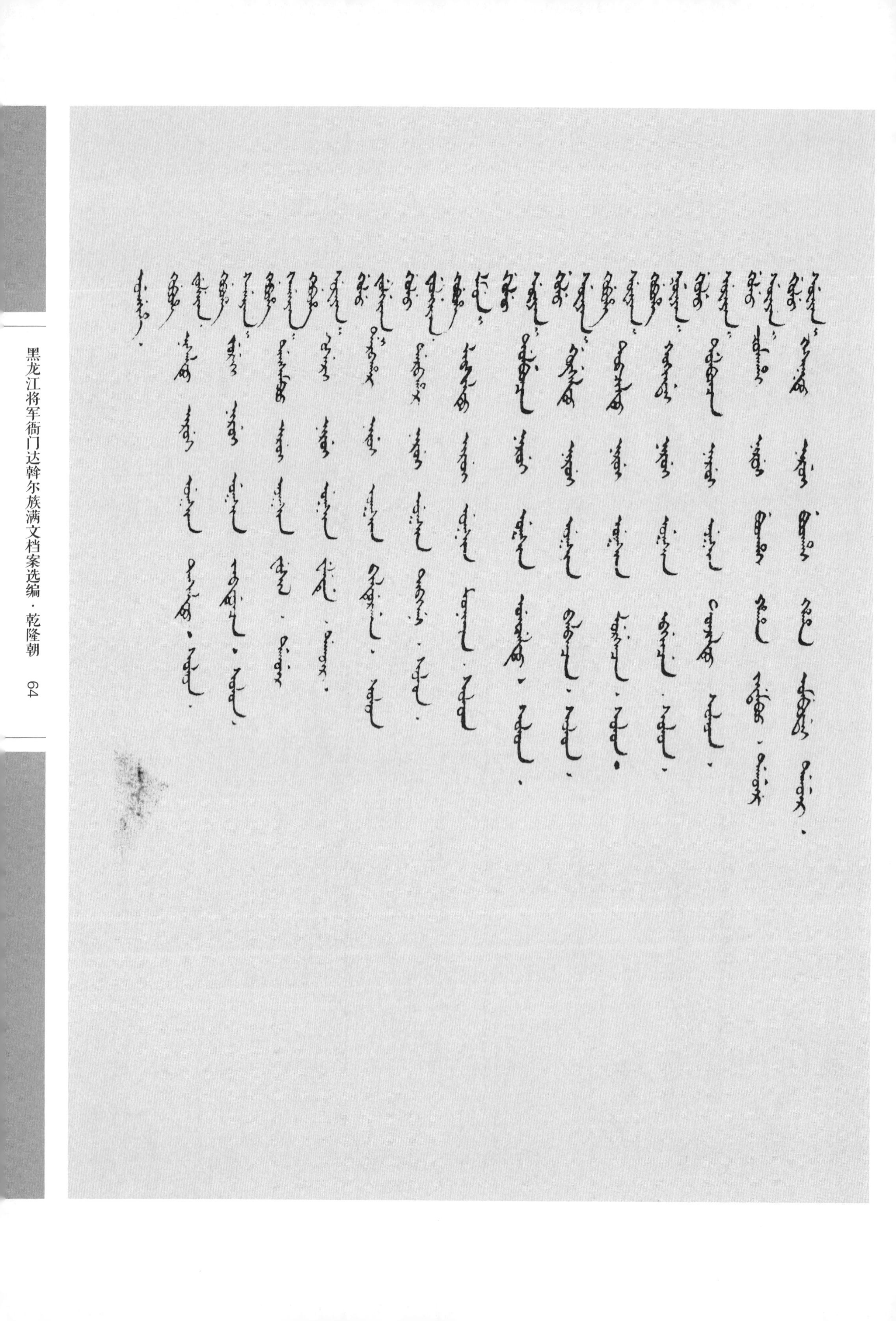

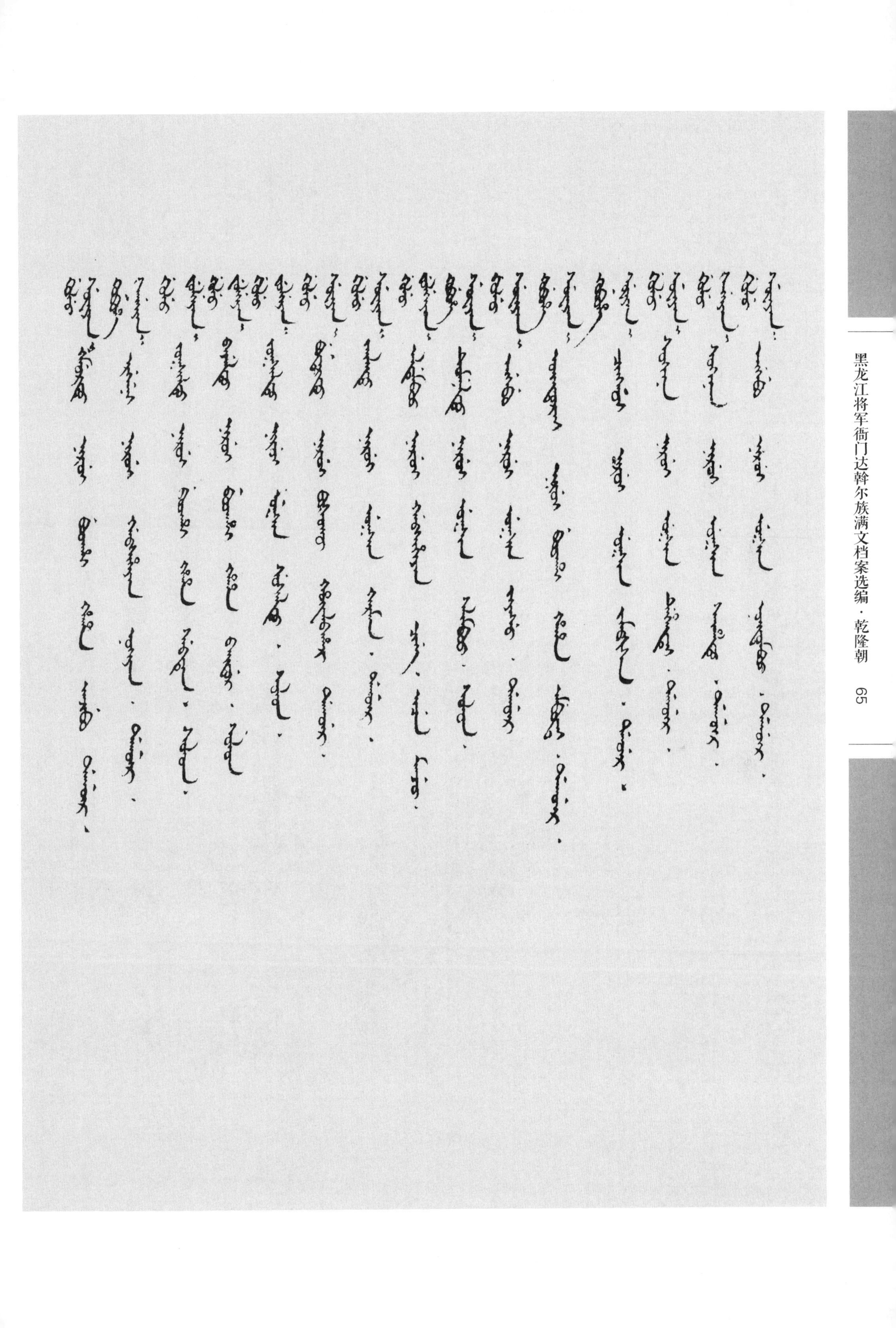

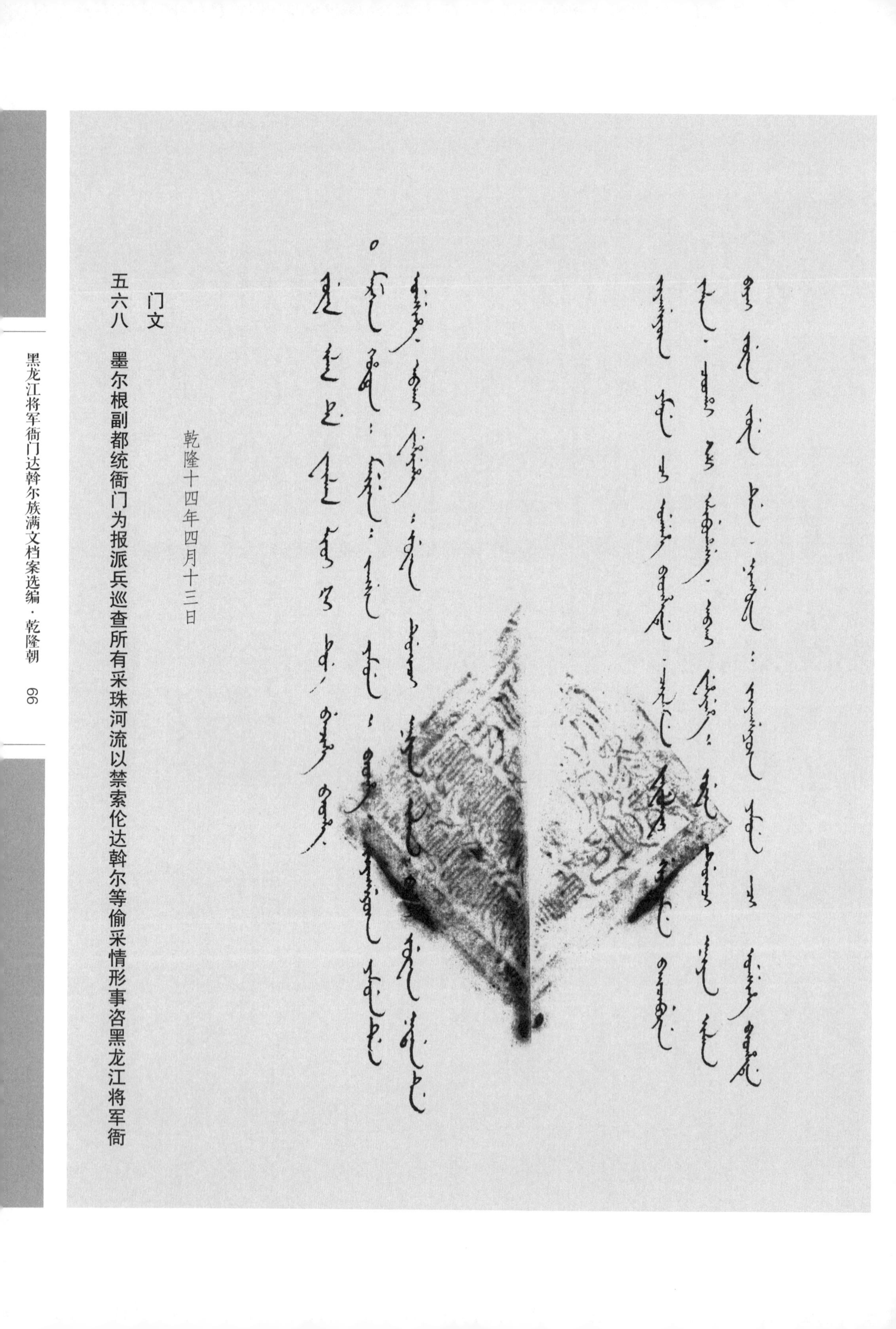

五六八 墨尔根副都统衙门为报派兵巡查所有采珠河流以禁索伦达斡尔等偷采情形事咨黑龙江将军衙门文

乾隆十四年四月十三日

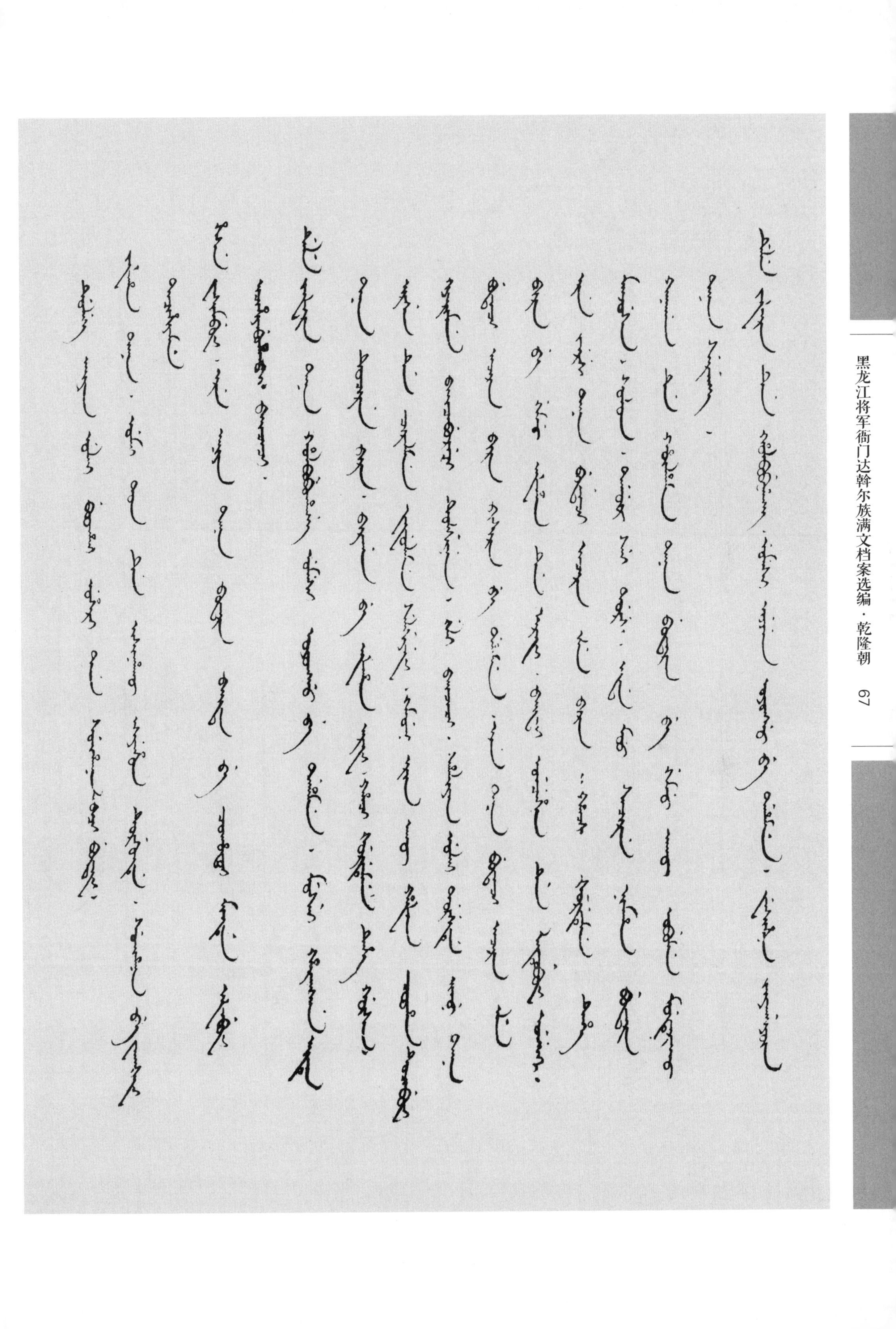

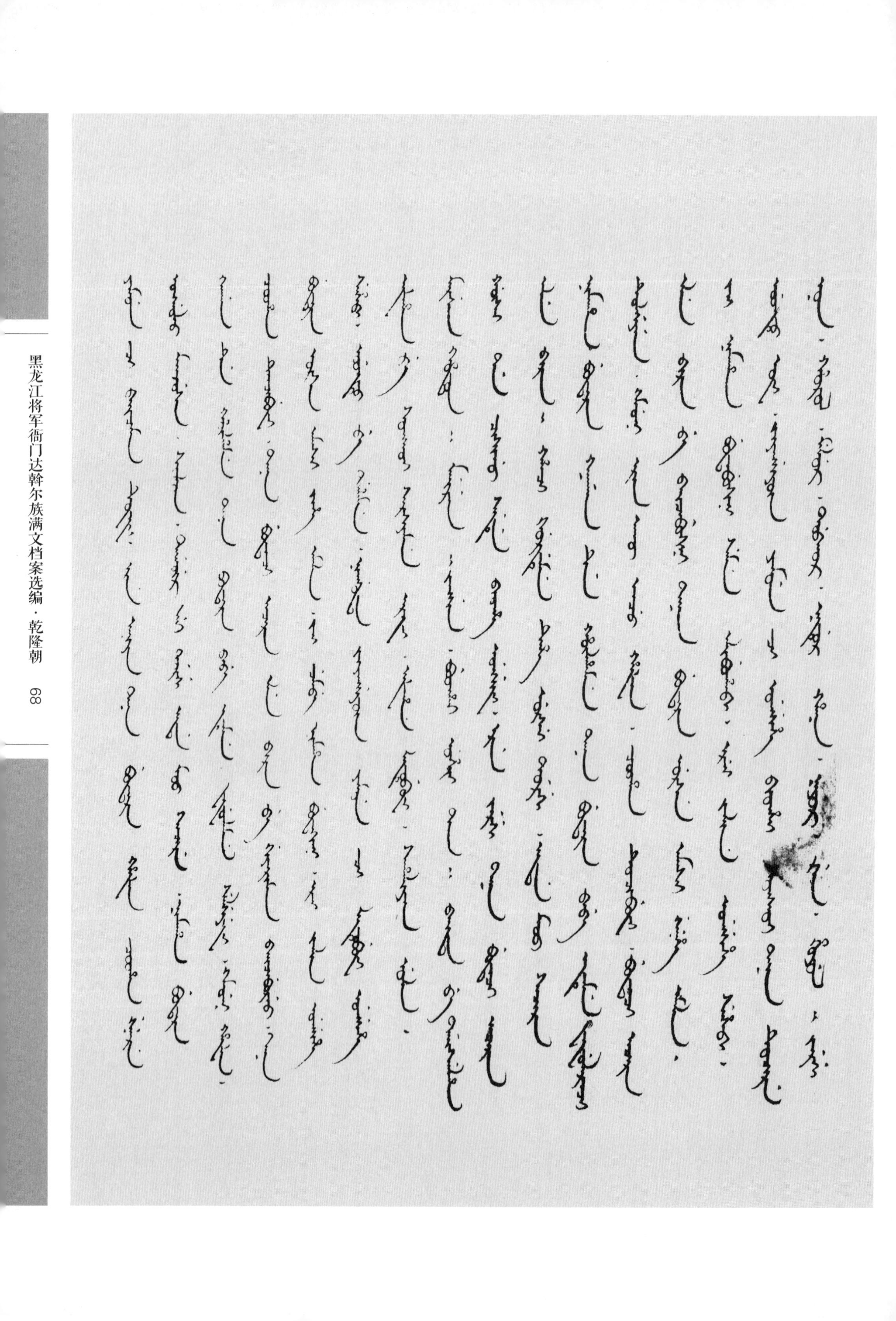

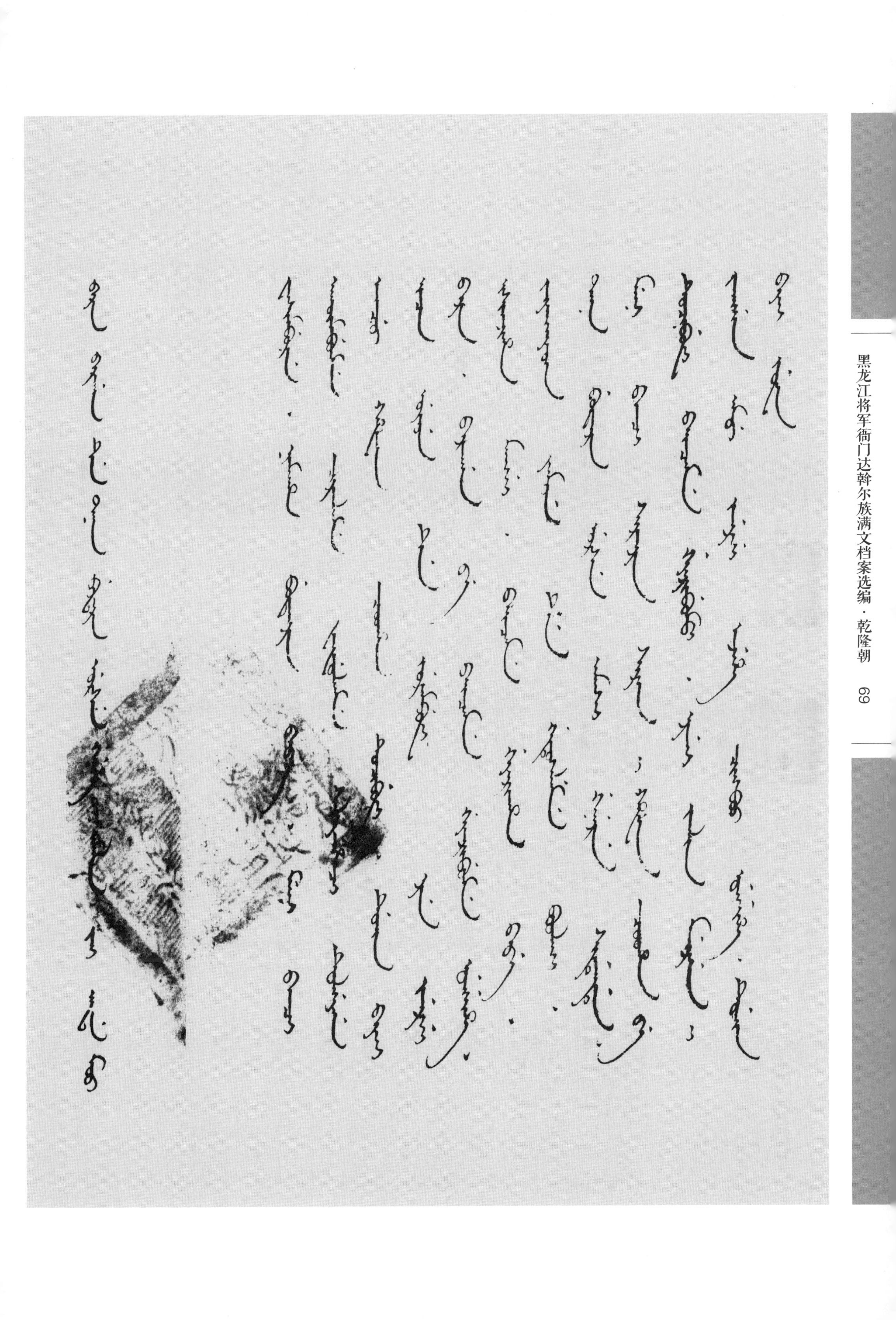

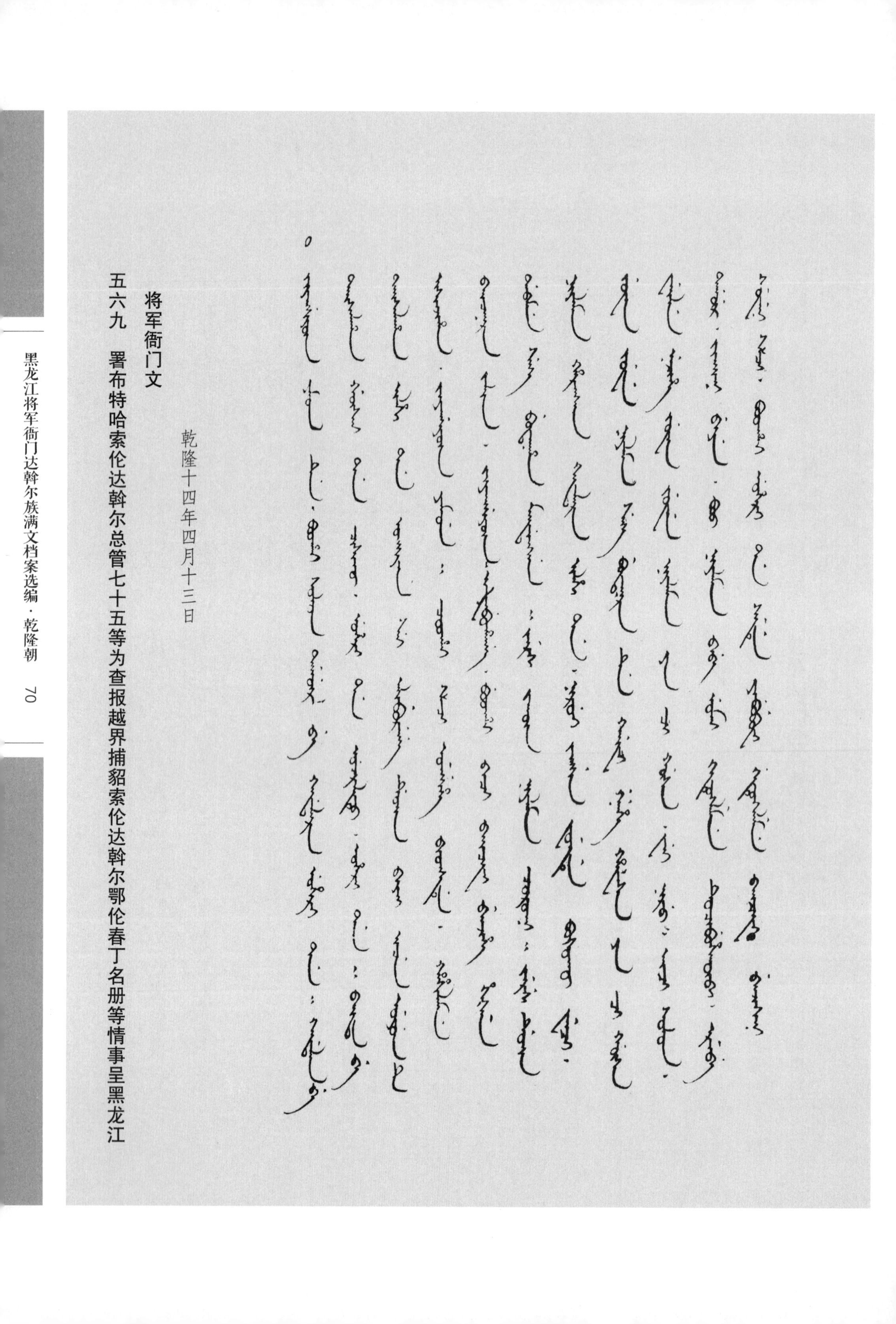

## 五六九　署布特哈索伦达斡尔总管七十五等为查报越界捕貂索伦达斡尔鄂伦春丁名册等情事呈黑龙江将军衙门文

乾隆十四年四月十三日

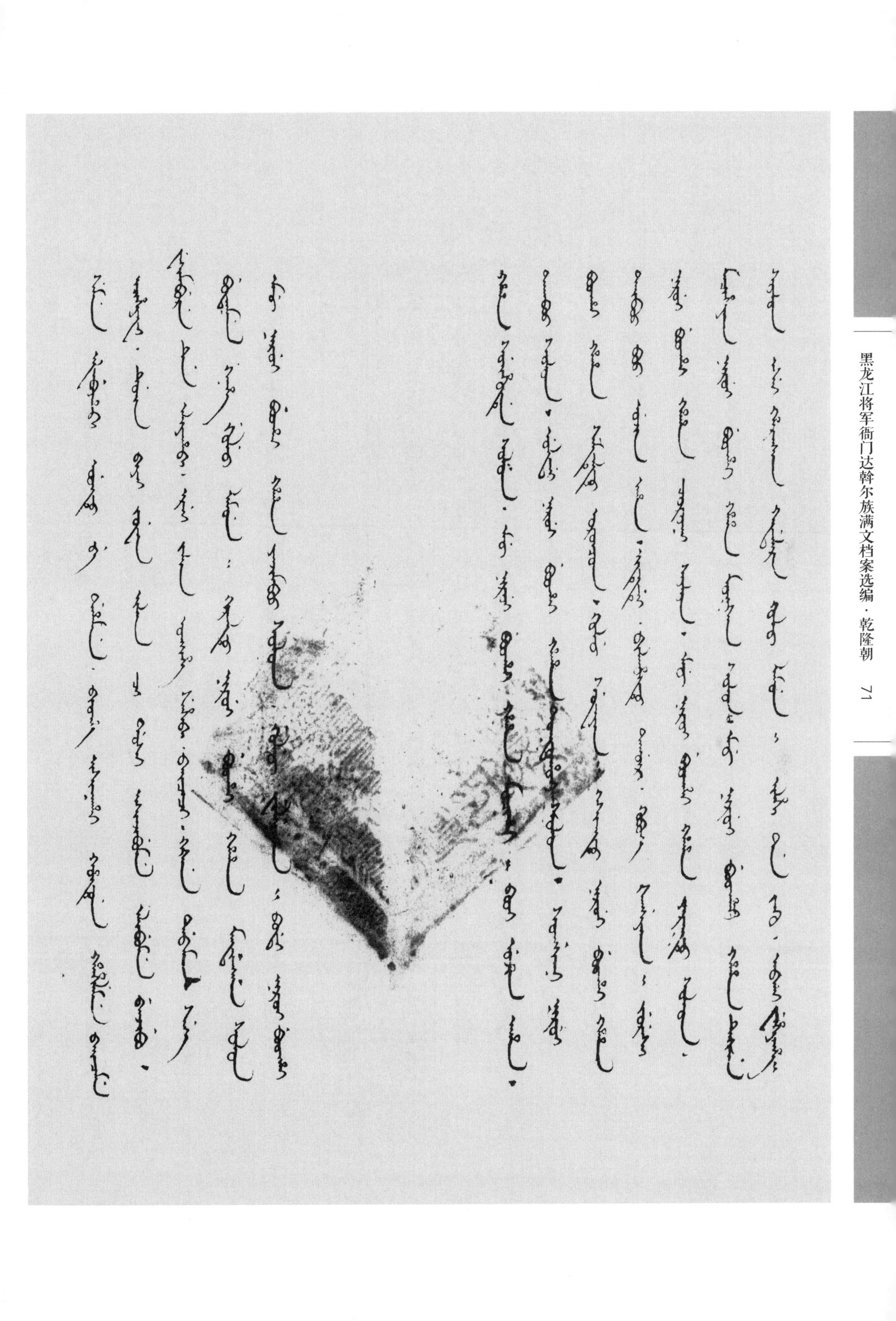

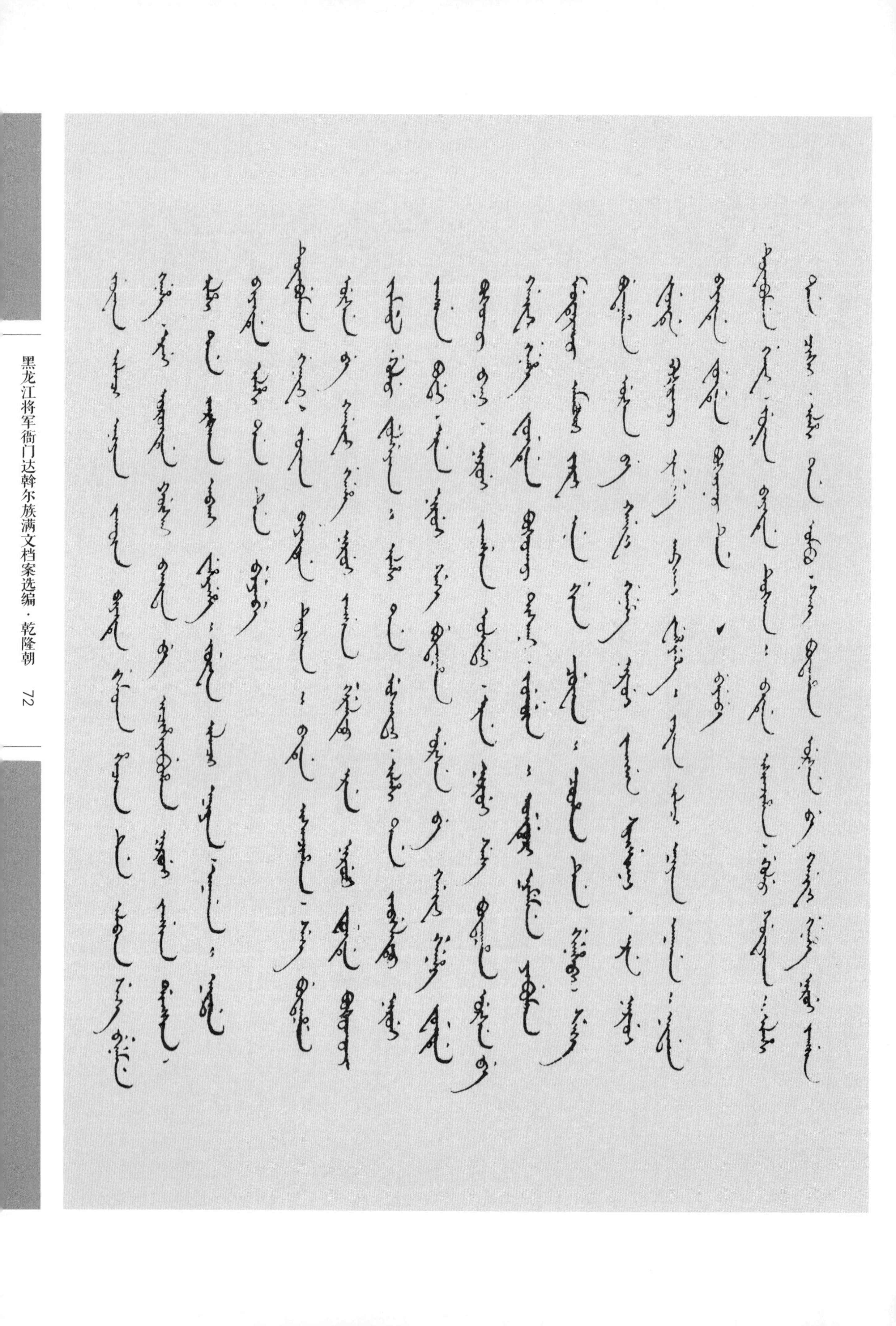

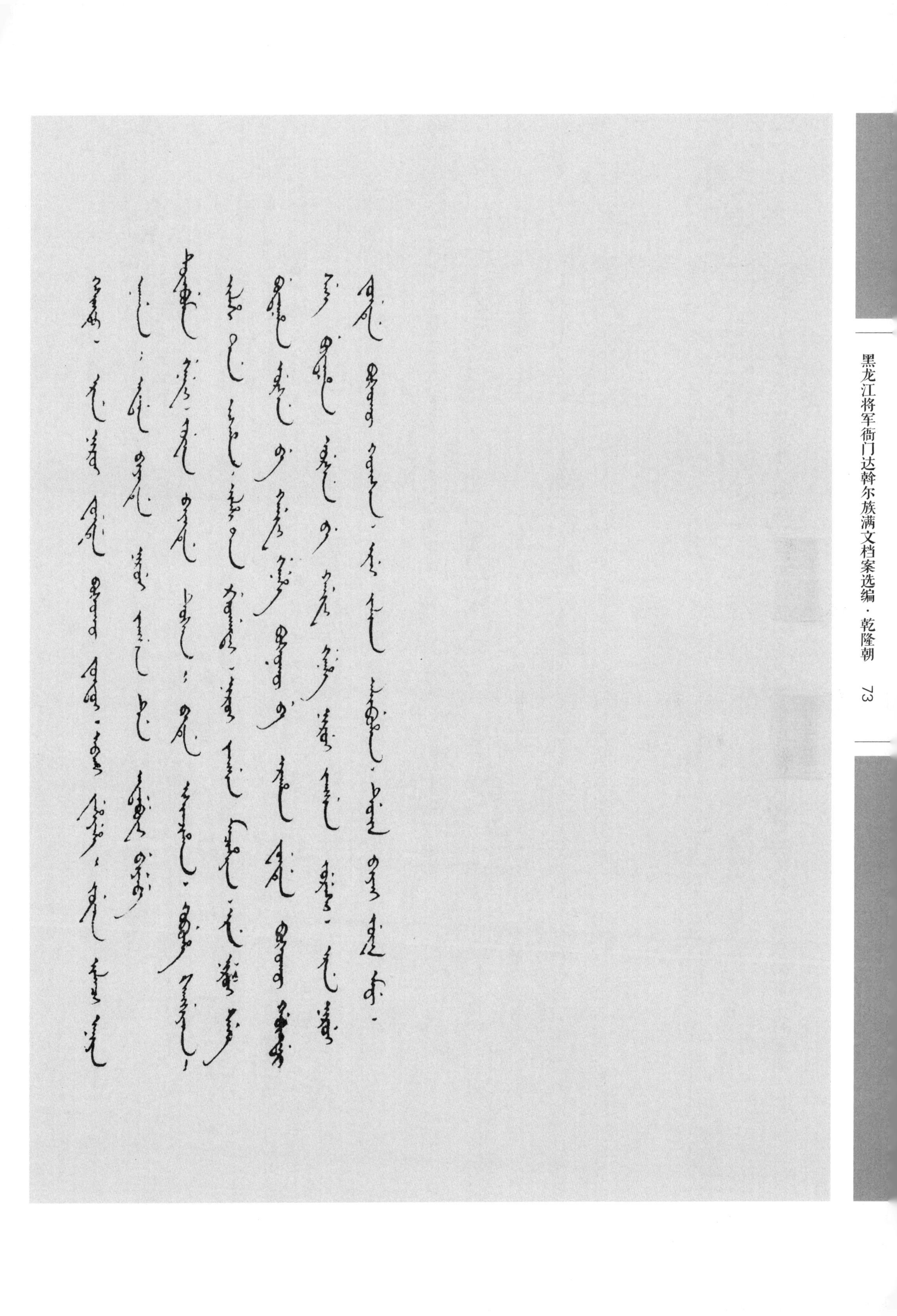

[illegible]

[illegible]

[illegible]

[illegible]

[illegible]

[illegible]

[illegible]

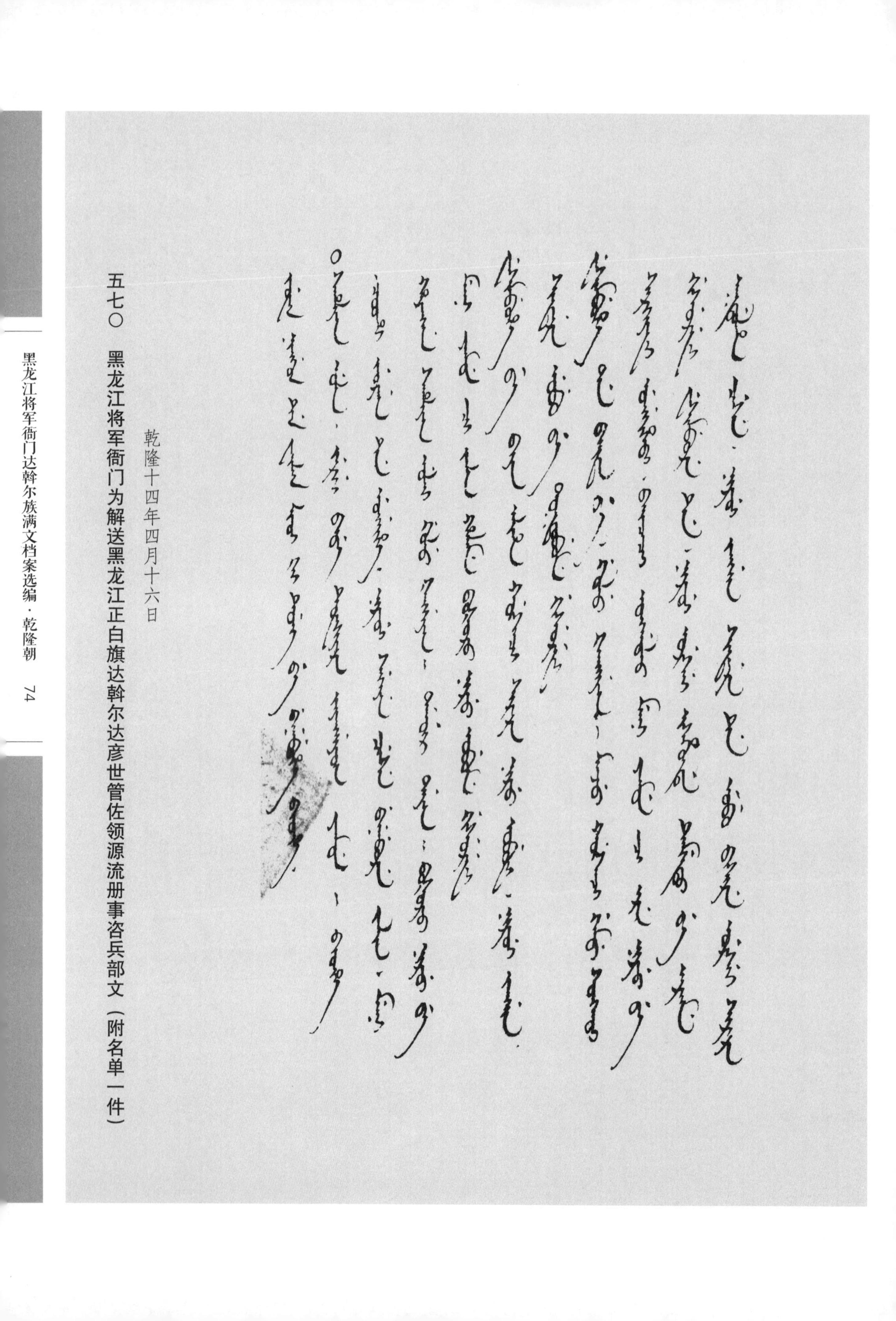

## 五七〇 黑龙江将军衙门为解送黑龙江正白旗达斡尔达彦世管佐领源流册事咨兵部文（附名单一件）

乾隆十四年四月十六日

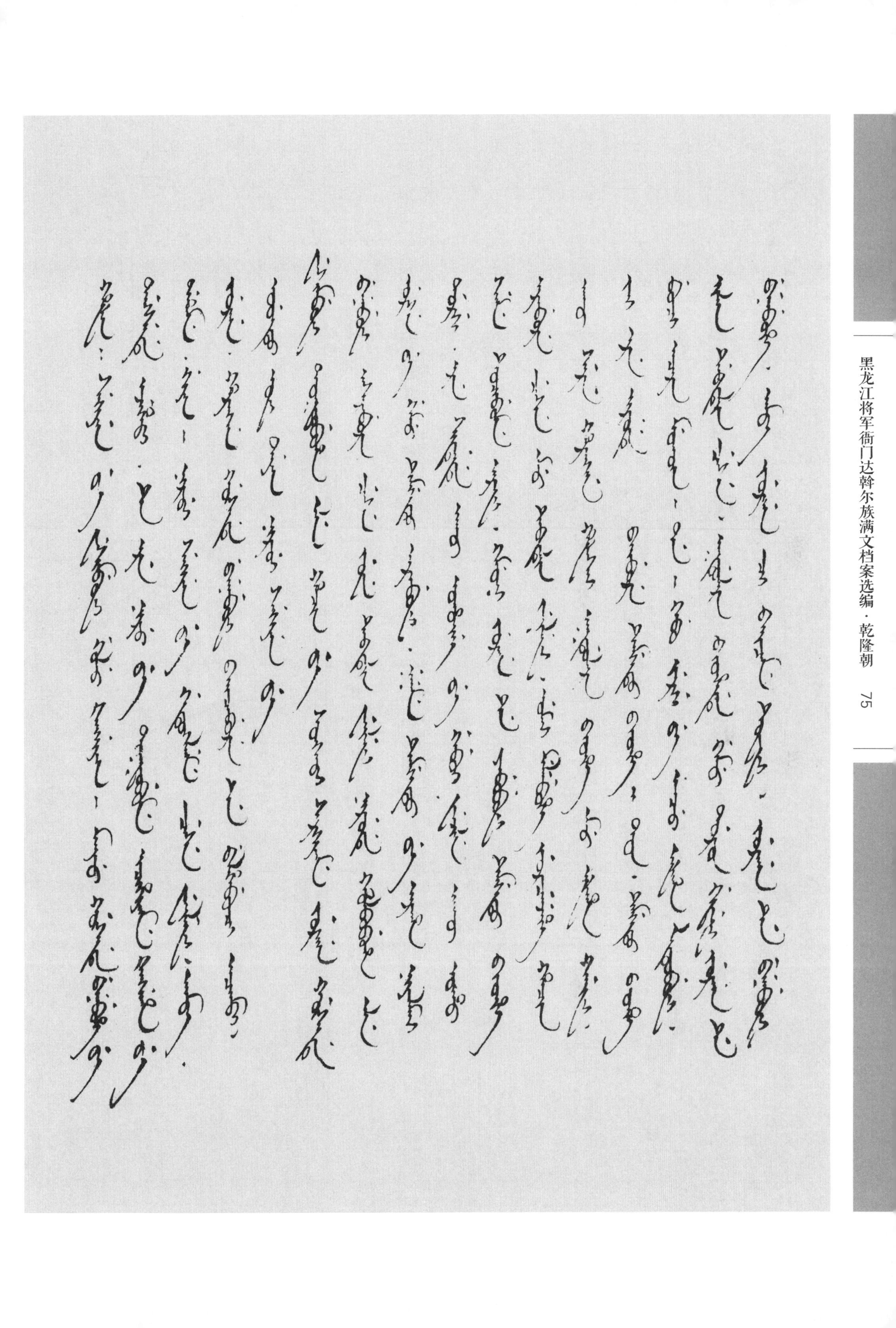

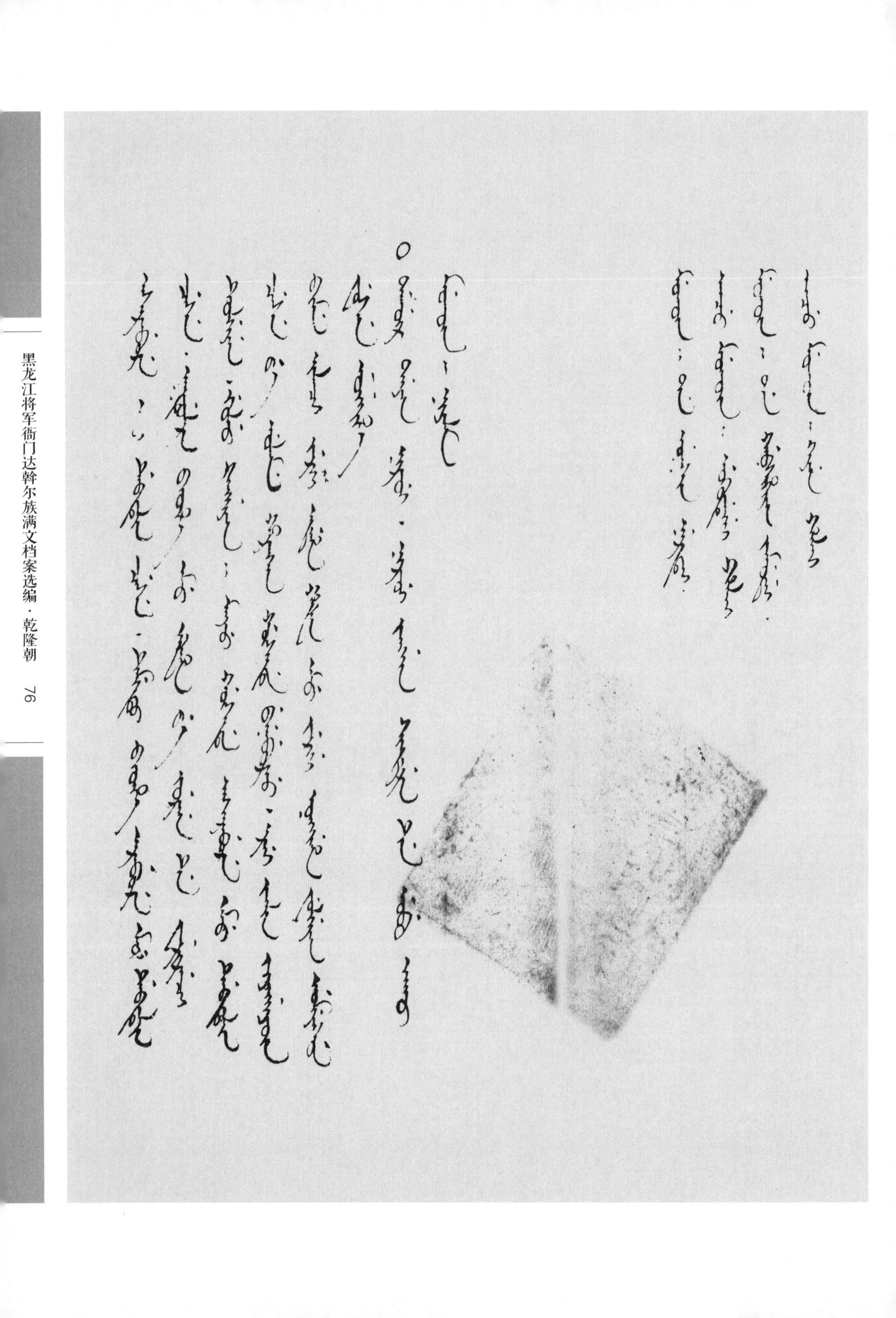

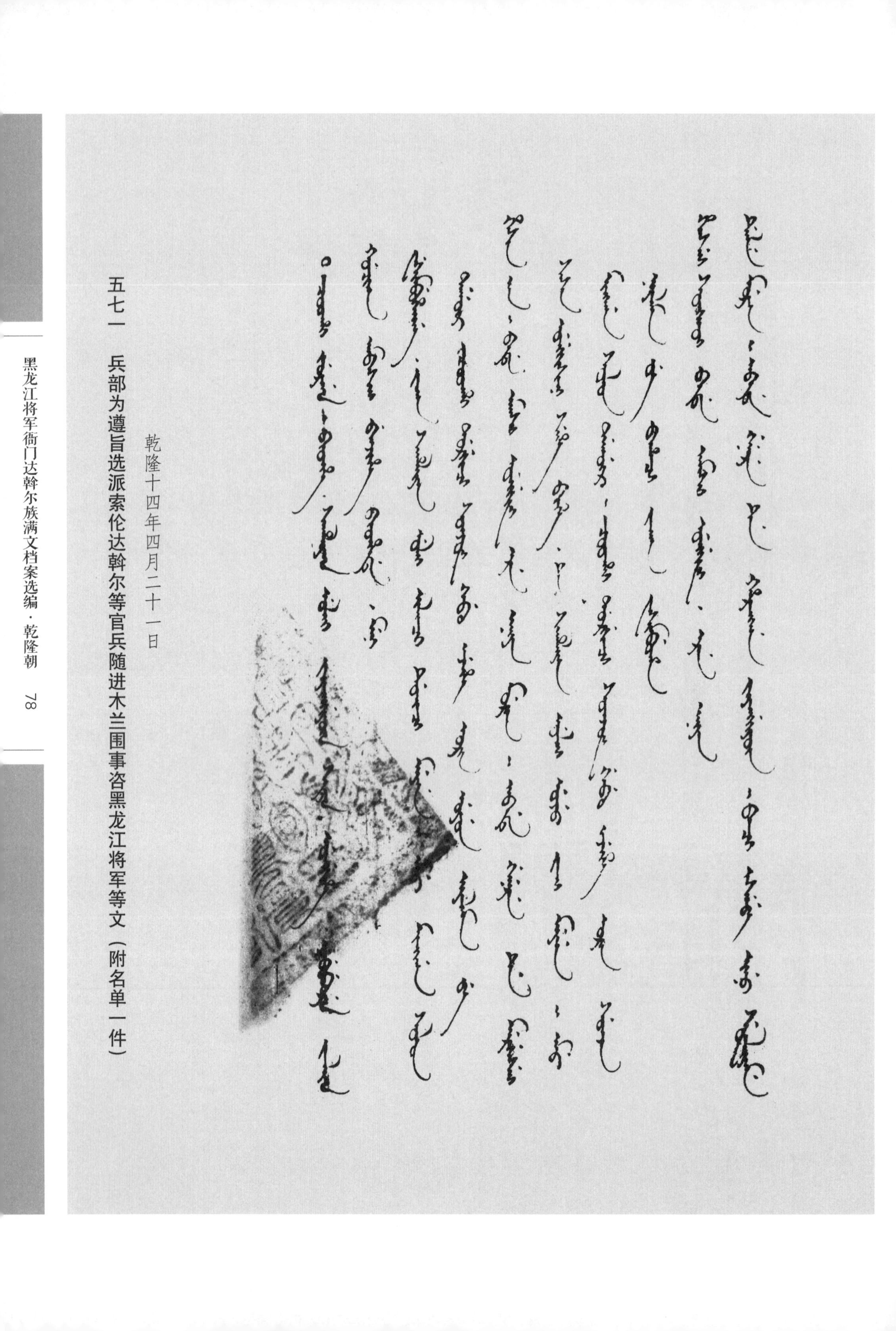

## 五七一 兵部为遵旨选派索伦达斡尔等官兵随进木兰围事咨黑龙江将军等文（附名单一件）

乾隆十四年四月二十一日

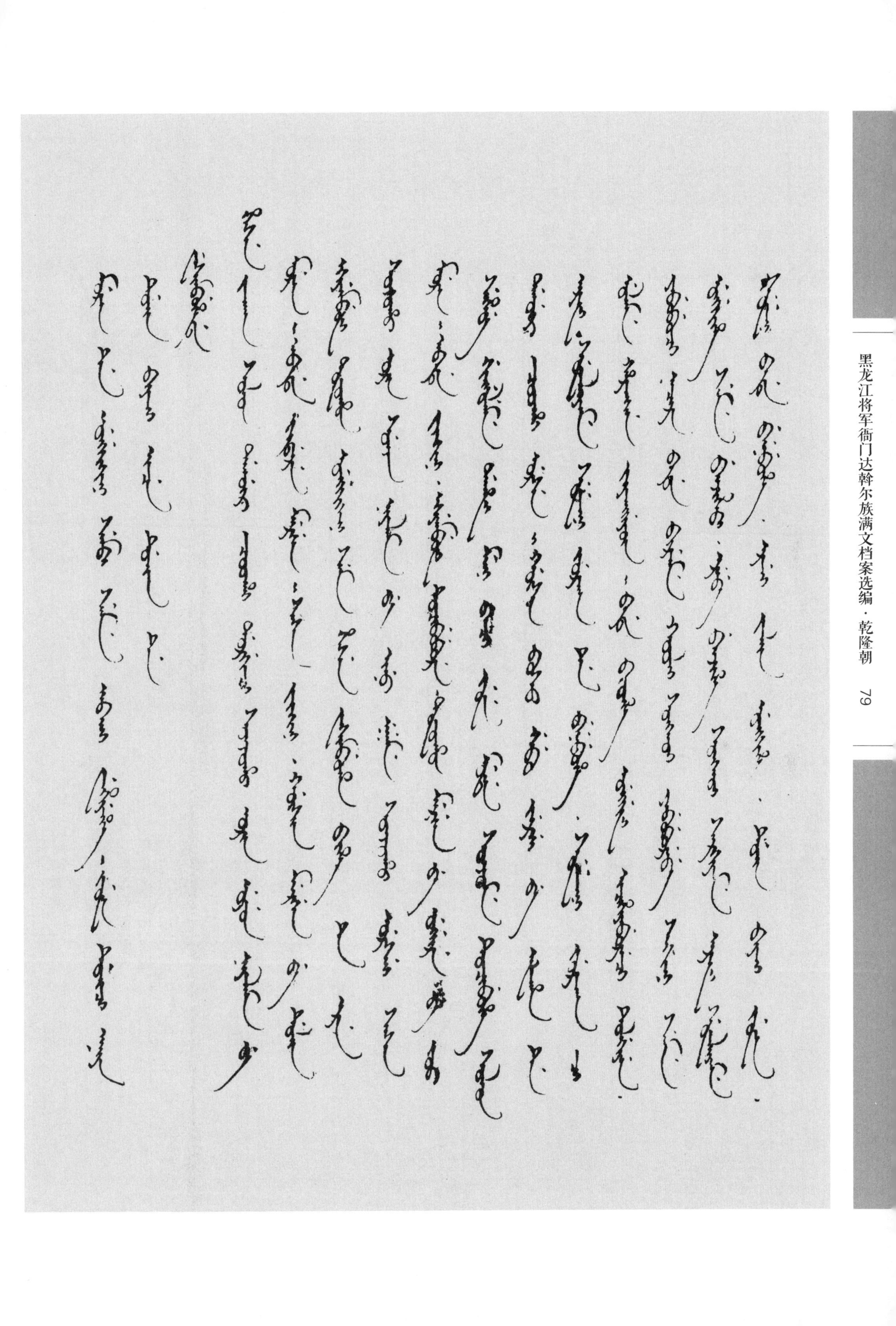

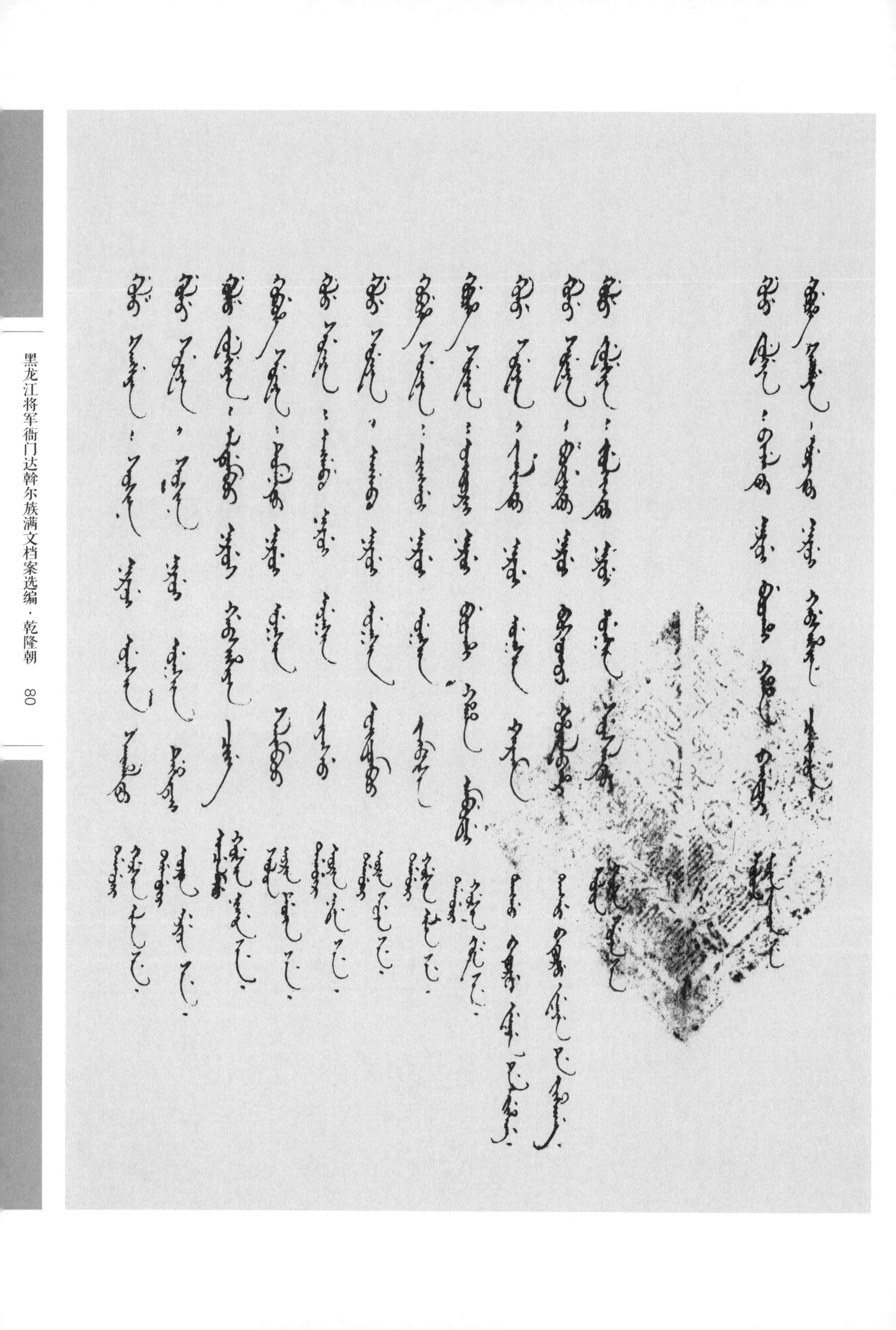

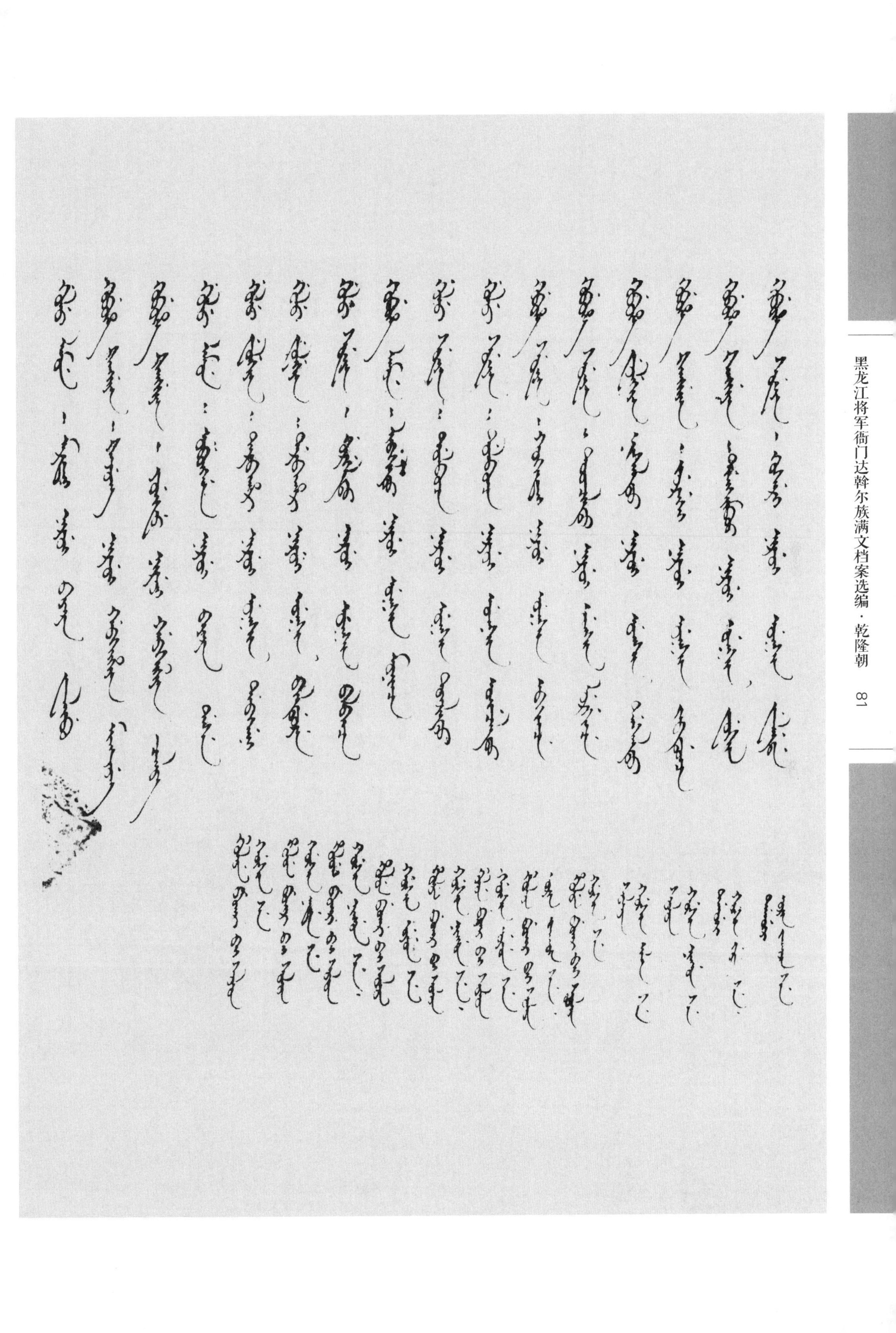

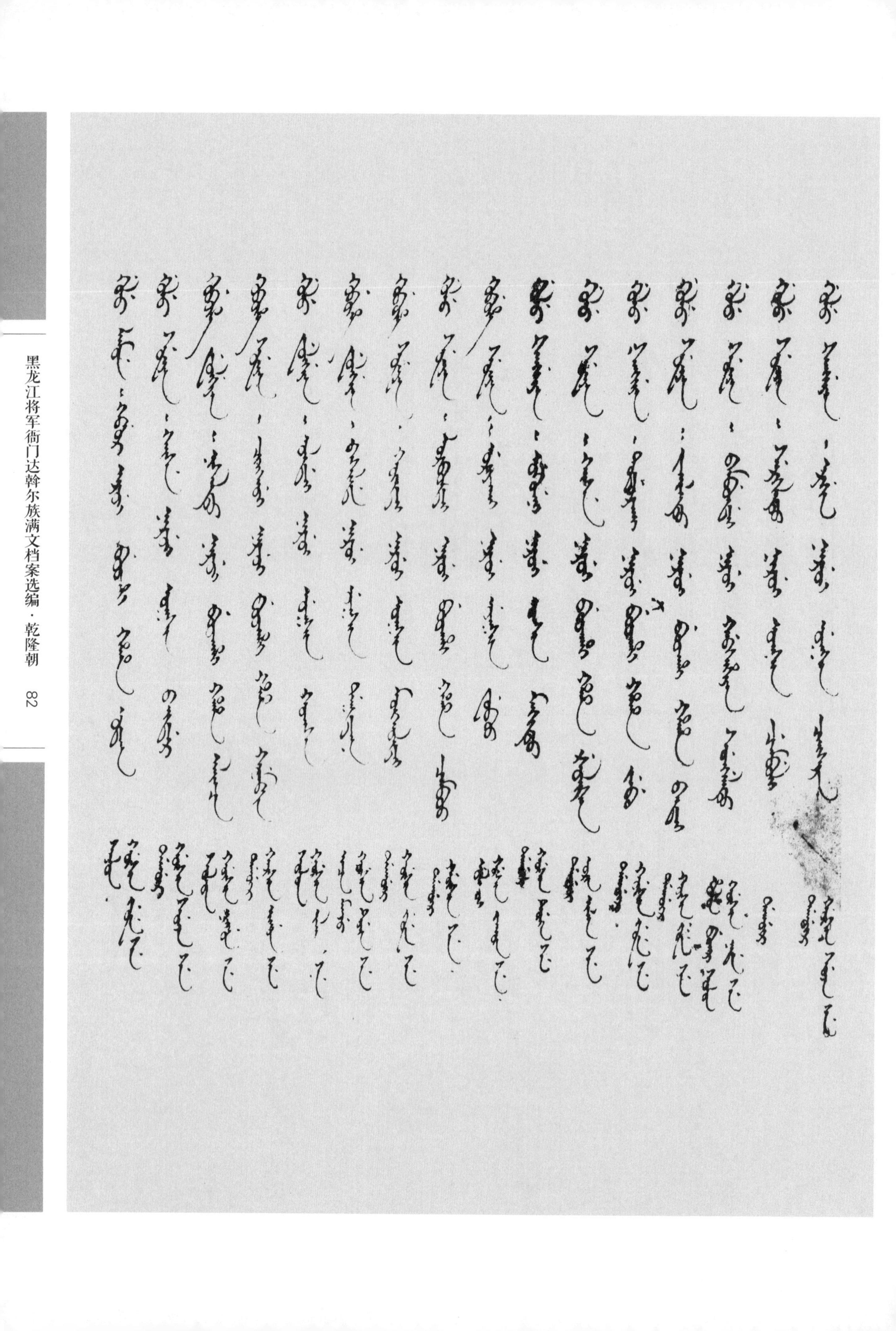

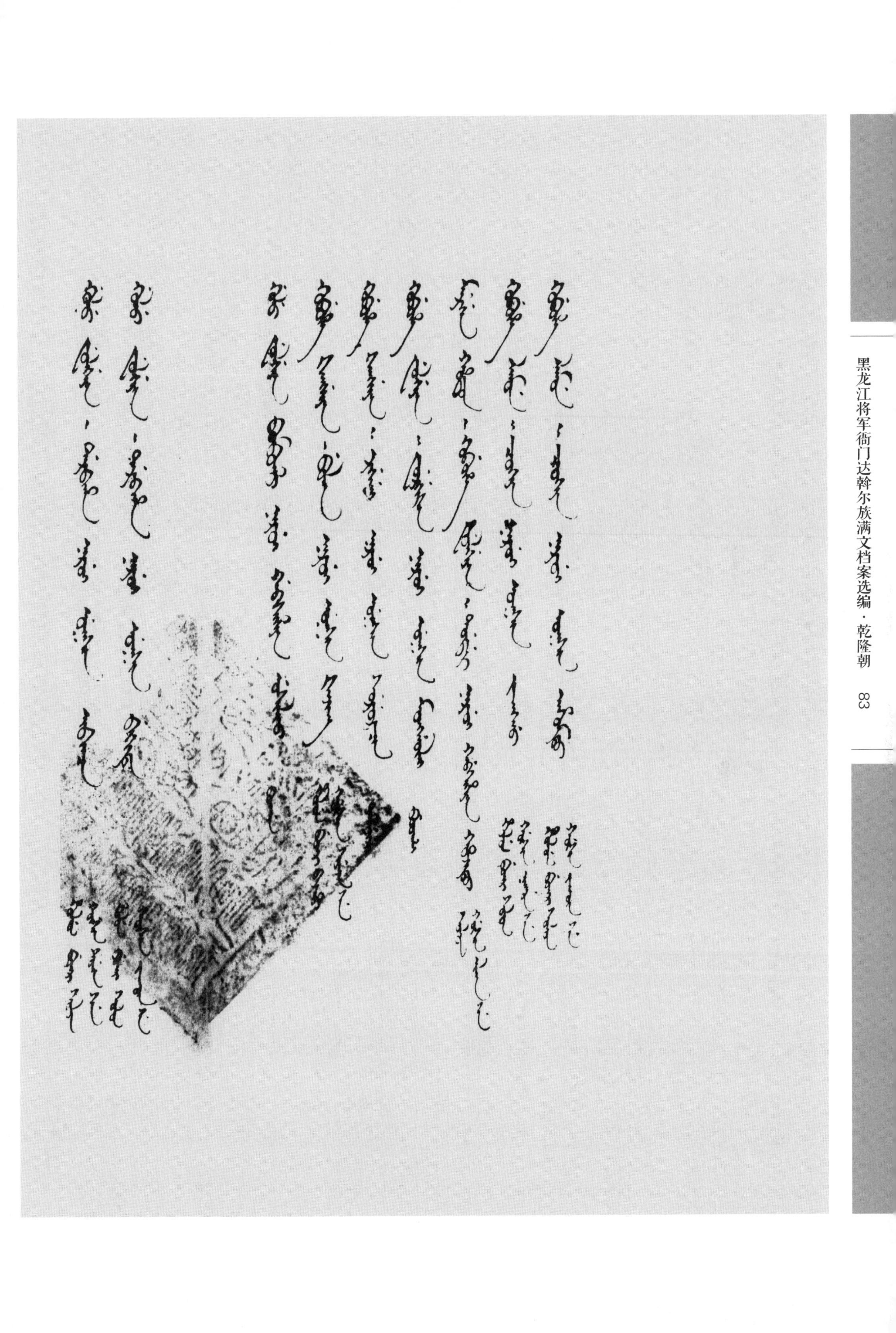

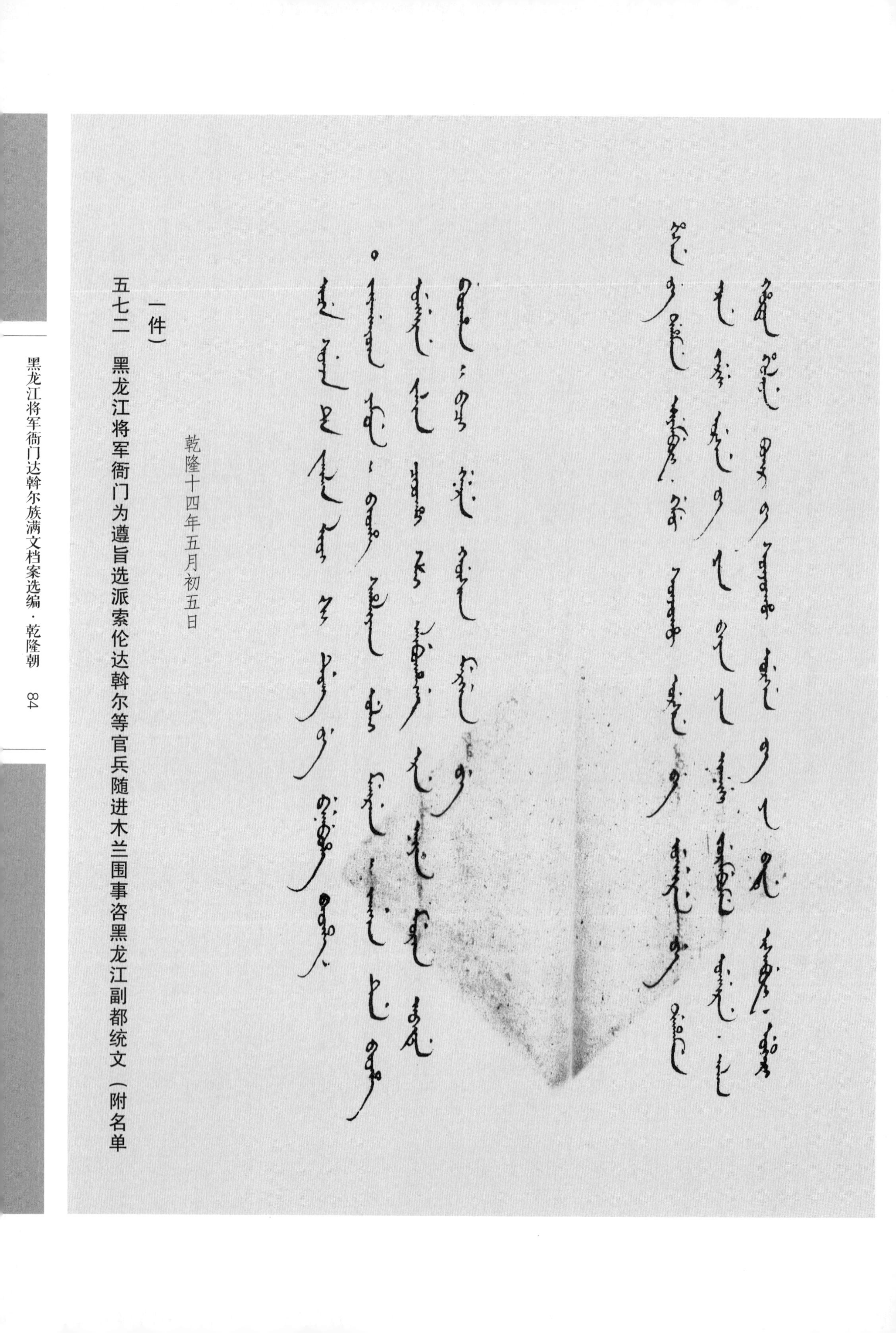

## 五七二 黑龙江将军衙门为遵旨选派索伦达斡尔等官兵随进木兰围事咨黑龙江副都统文（附名单一件）

乾隆十四年五月初五日

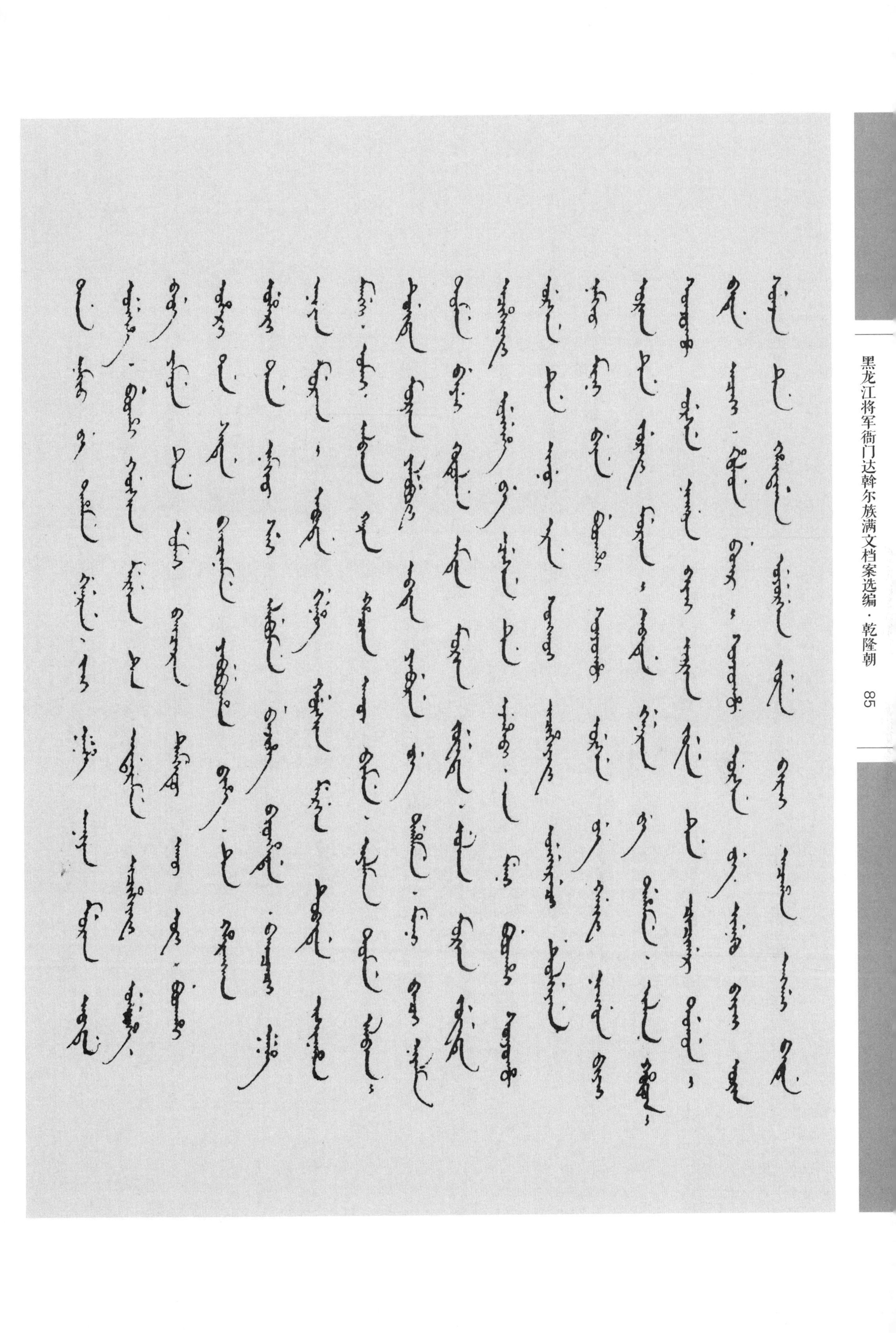

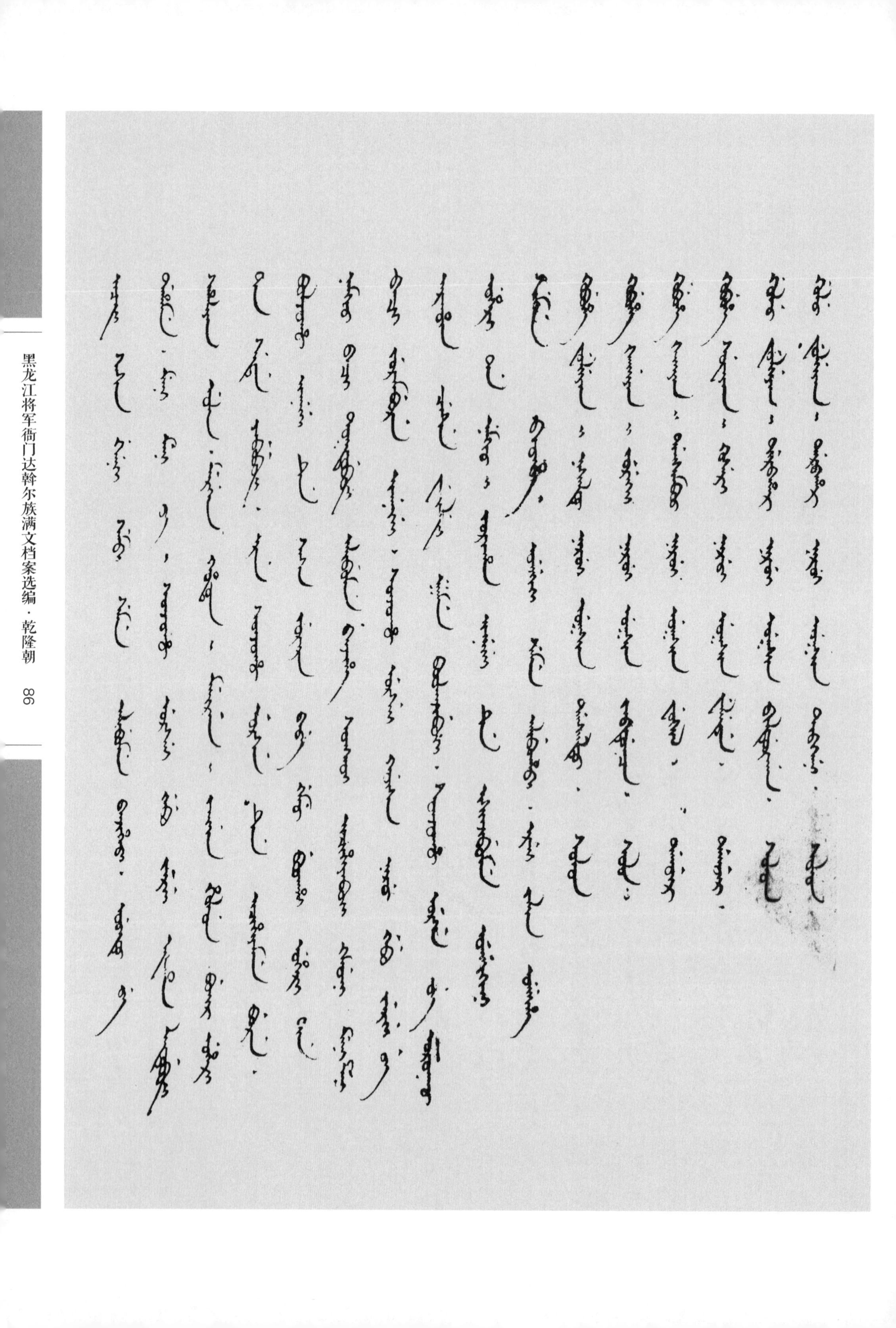

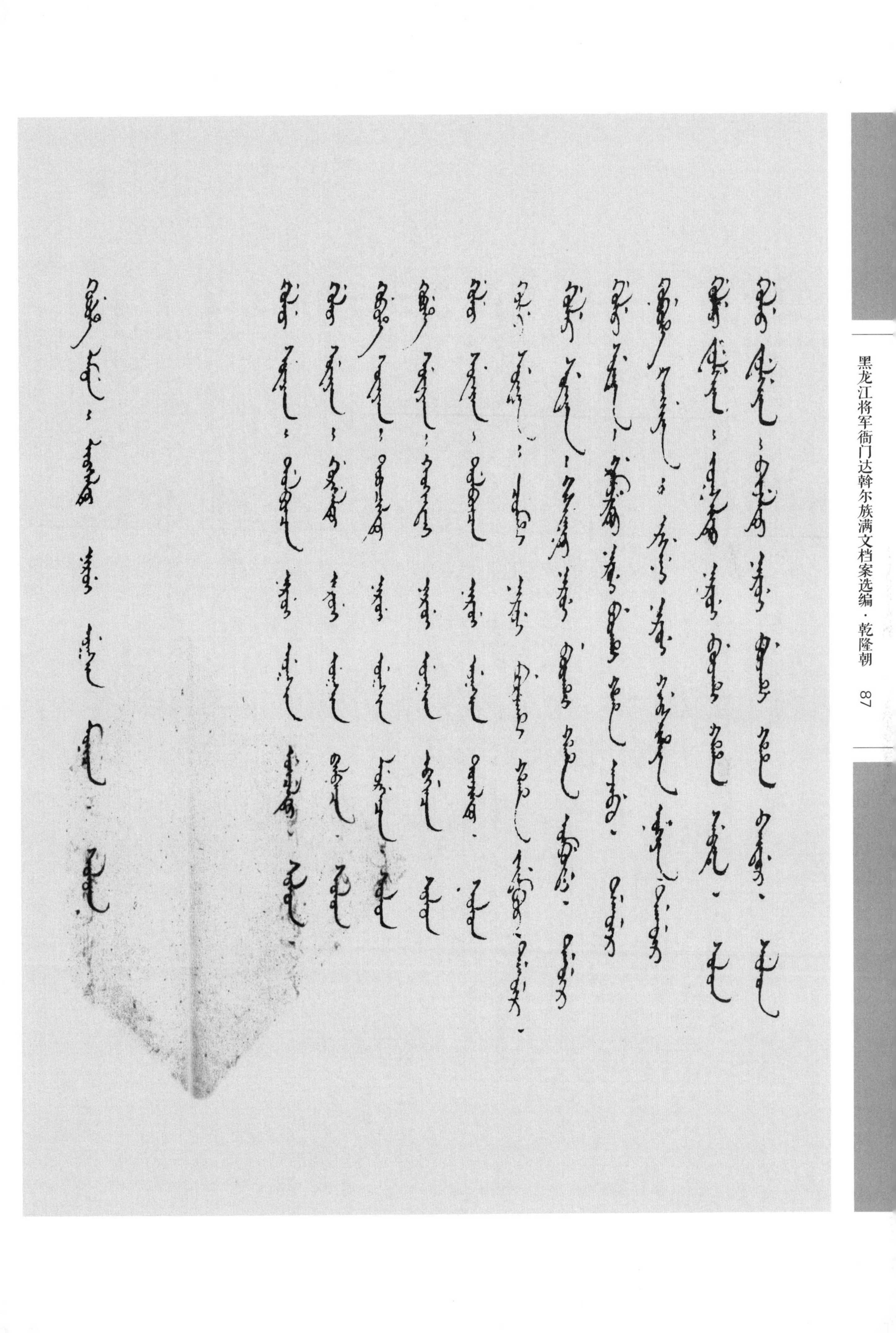

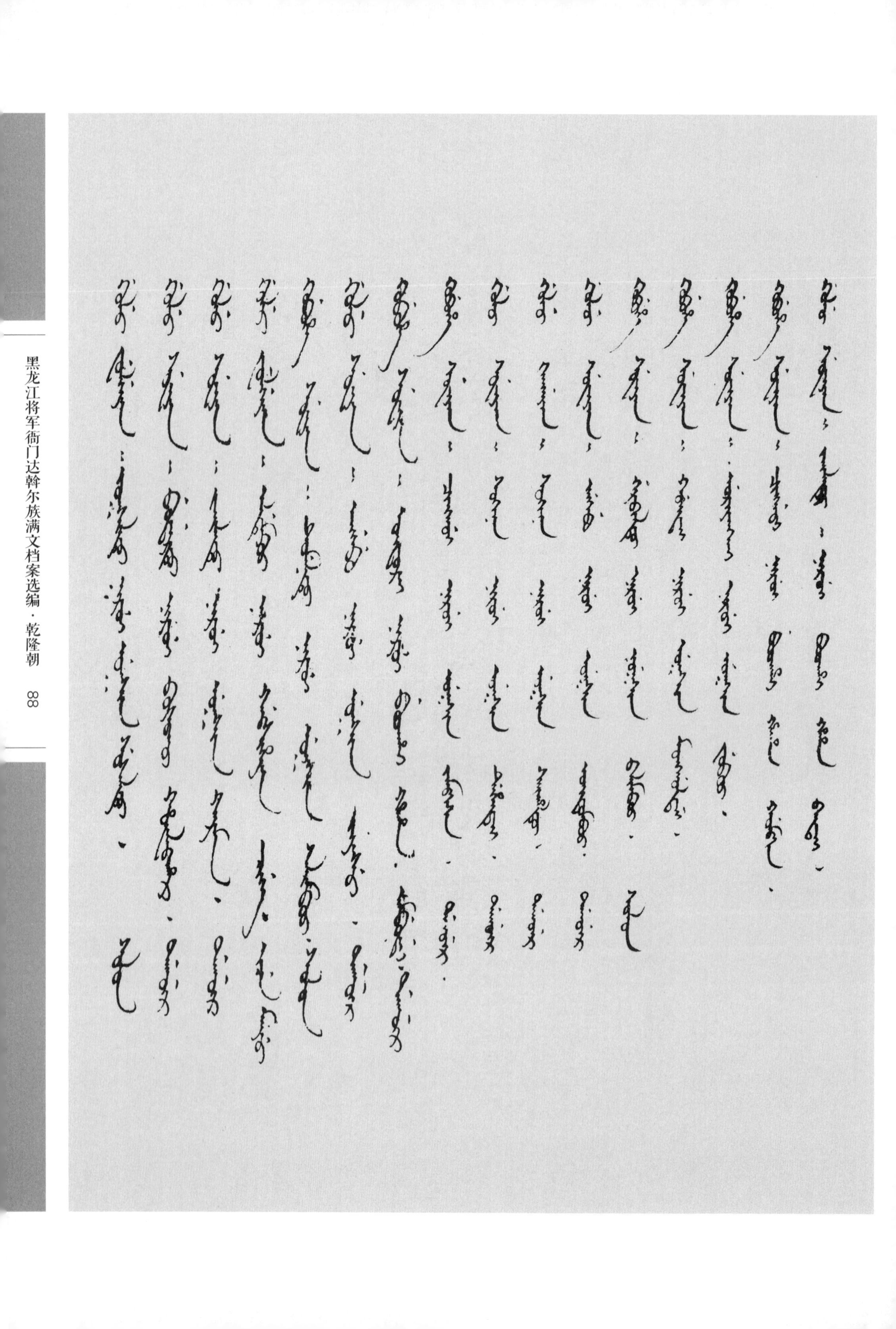

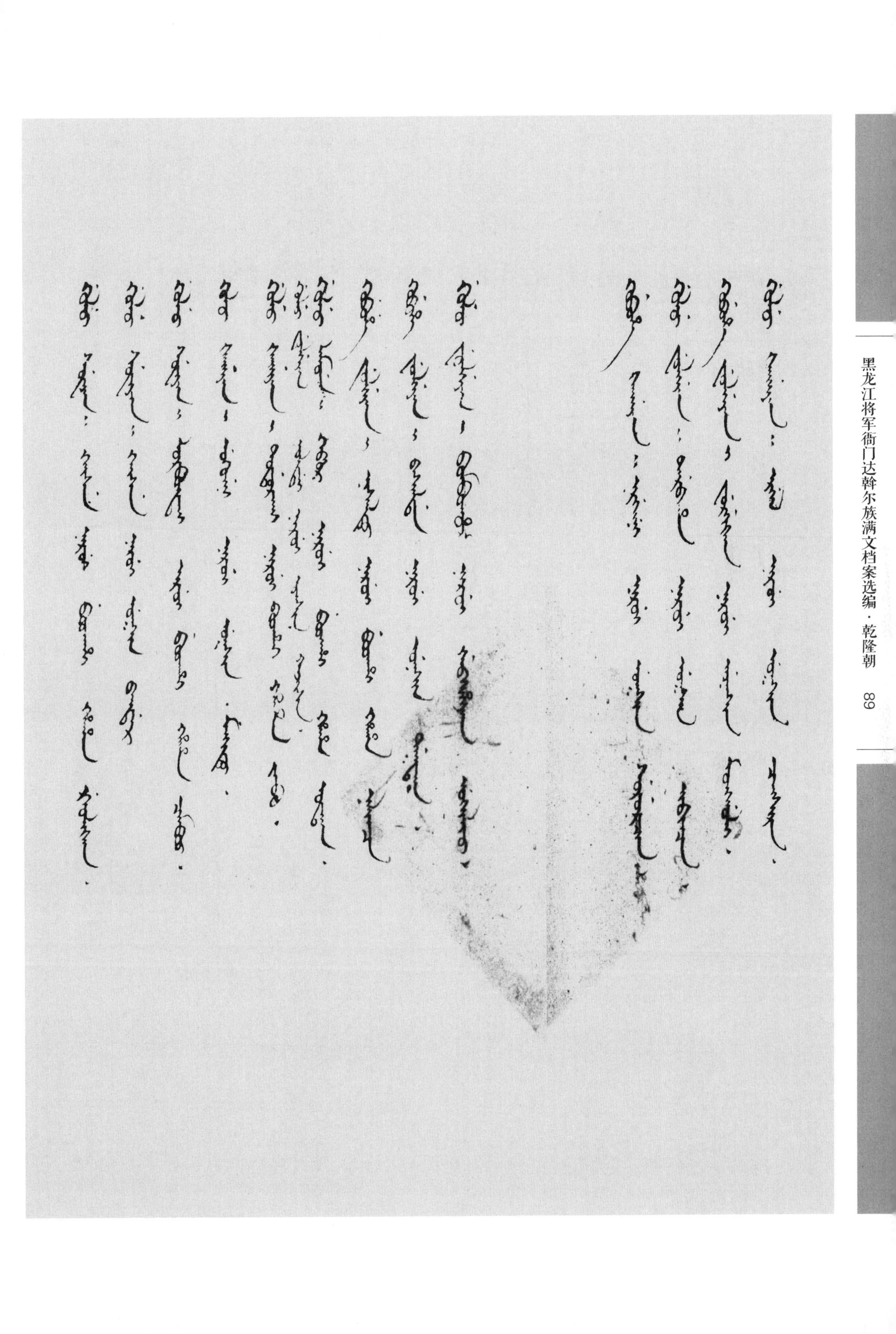

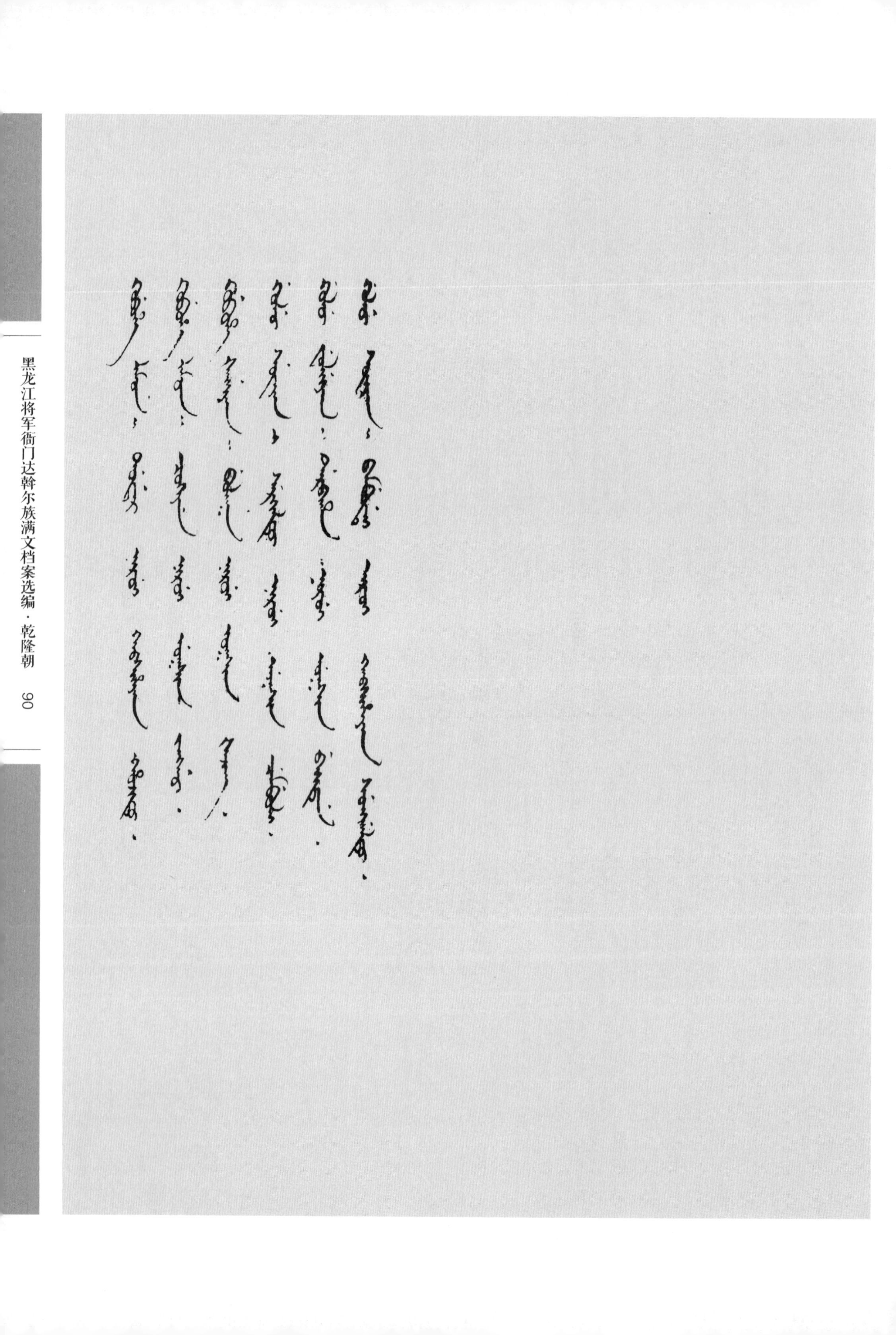

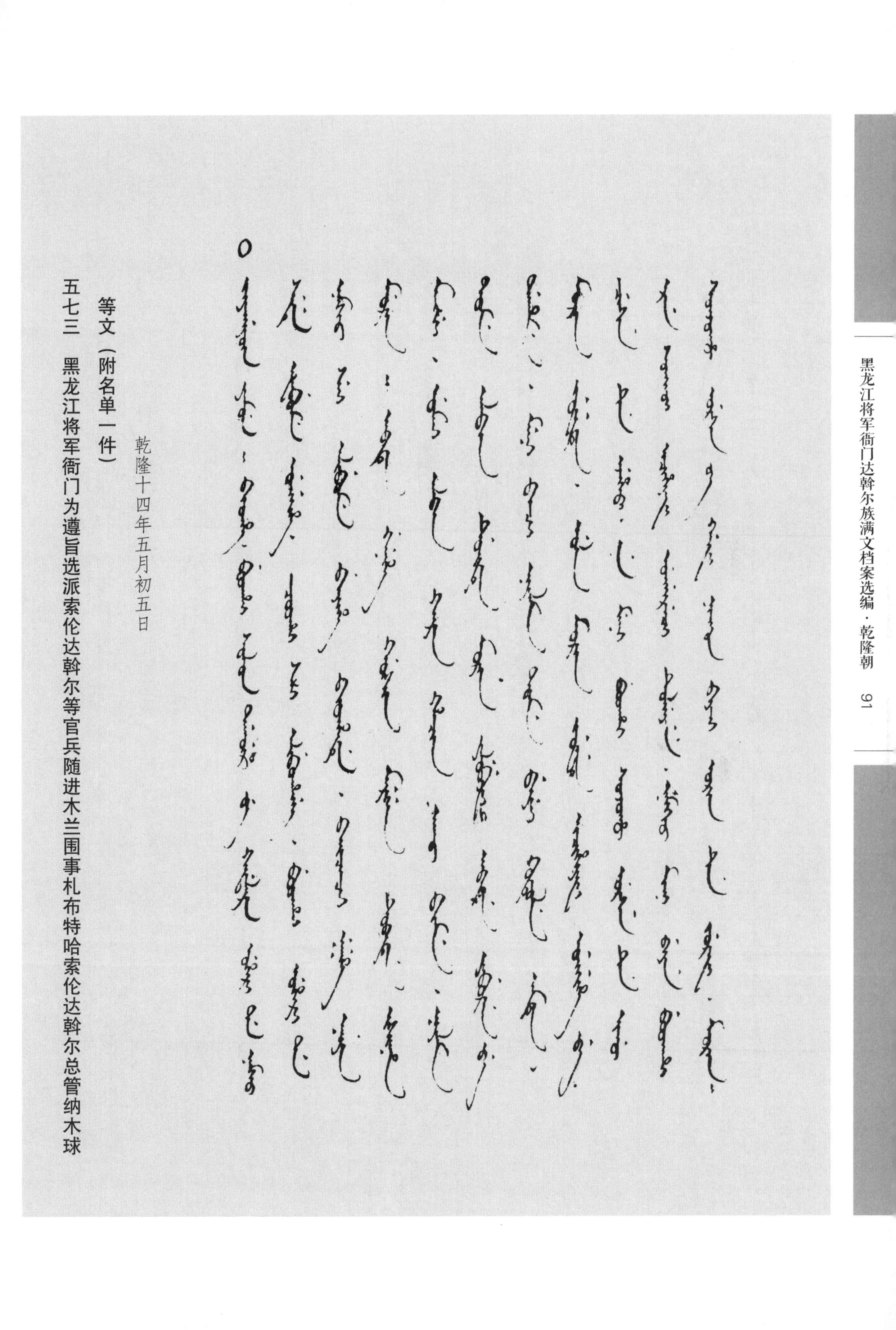

## 五七三 黑龙江将军衙门为遵旨选派索伦达斡尔等官兵随进木兰围事札布特哈索伦达斡尔总管纳木球等文（附名单一件）

乾隆十四年五月初五日

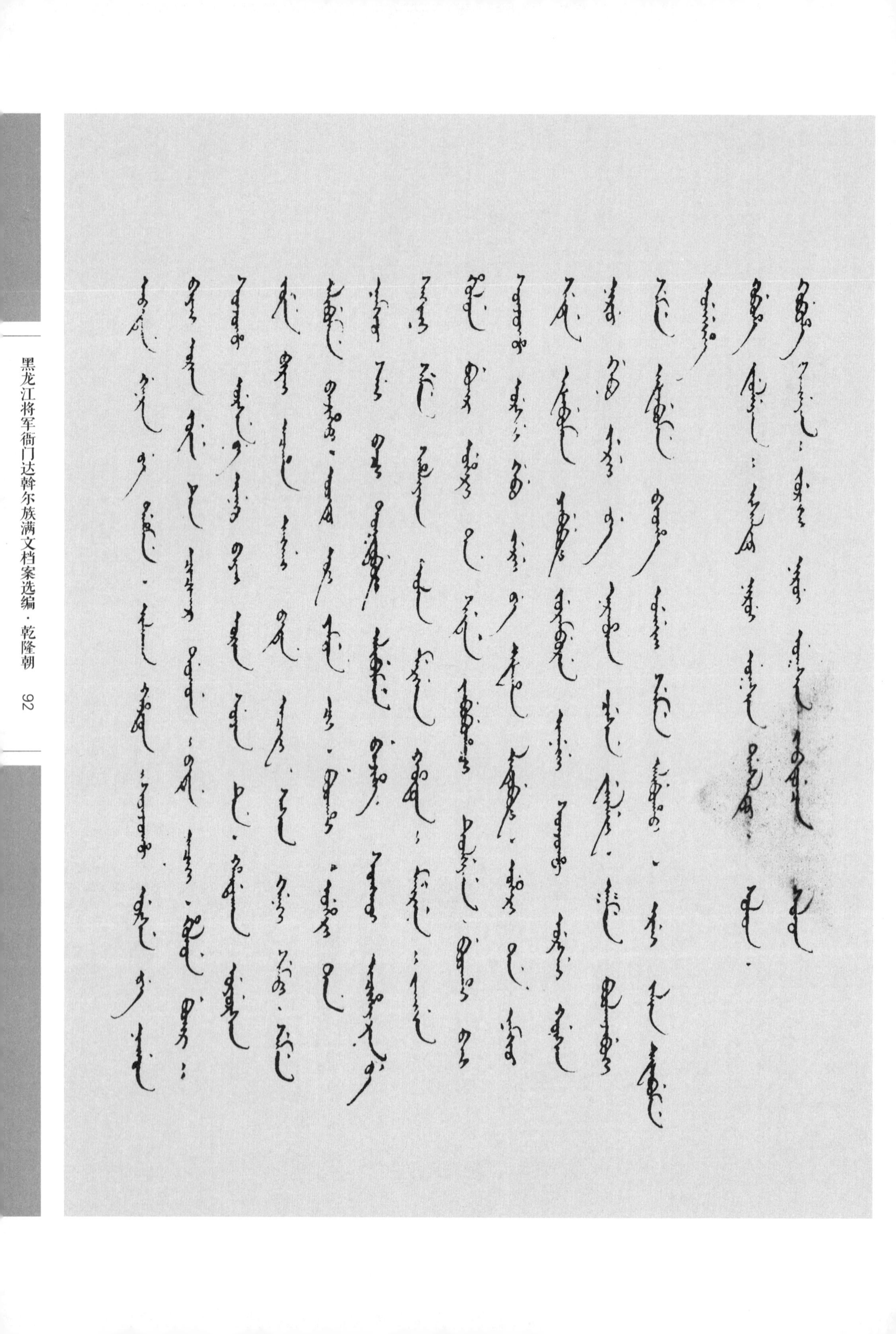

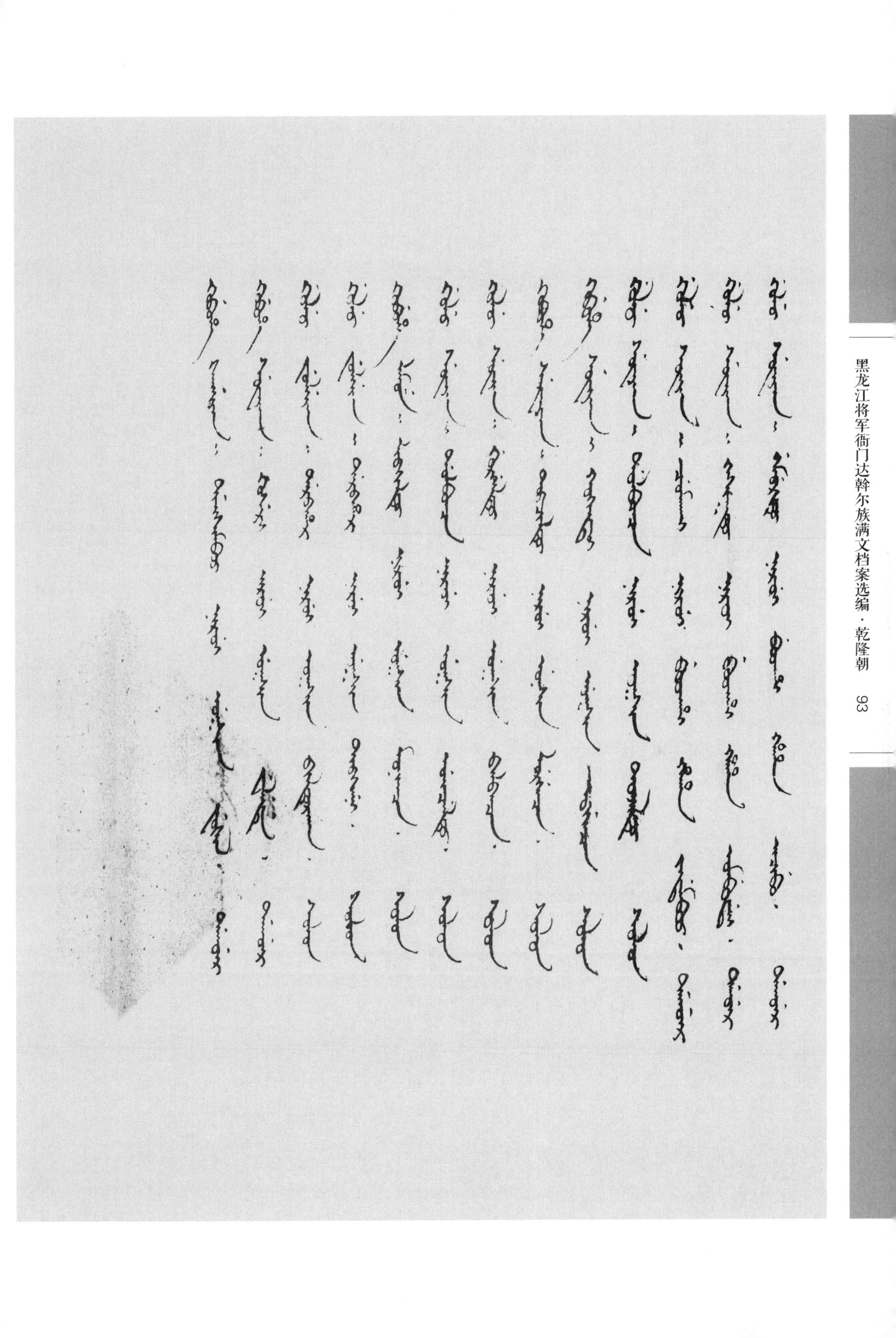

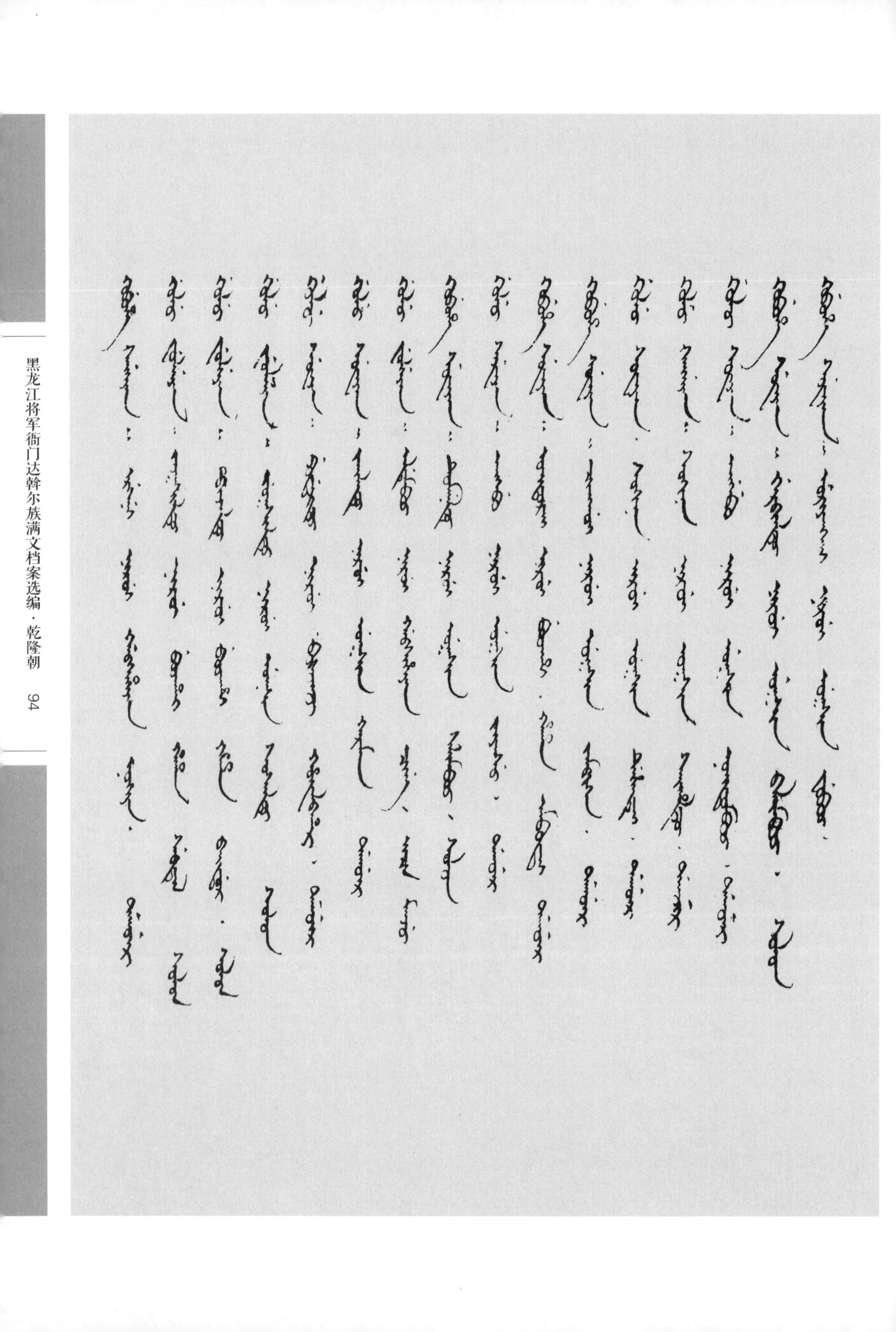

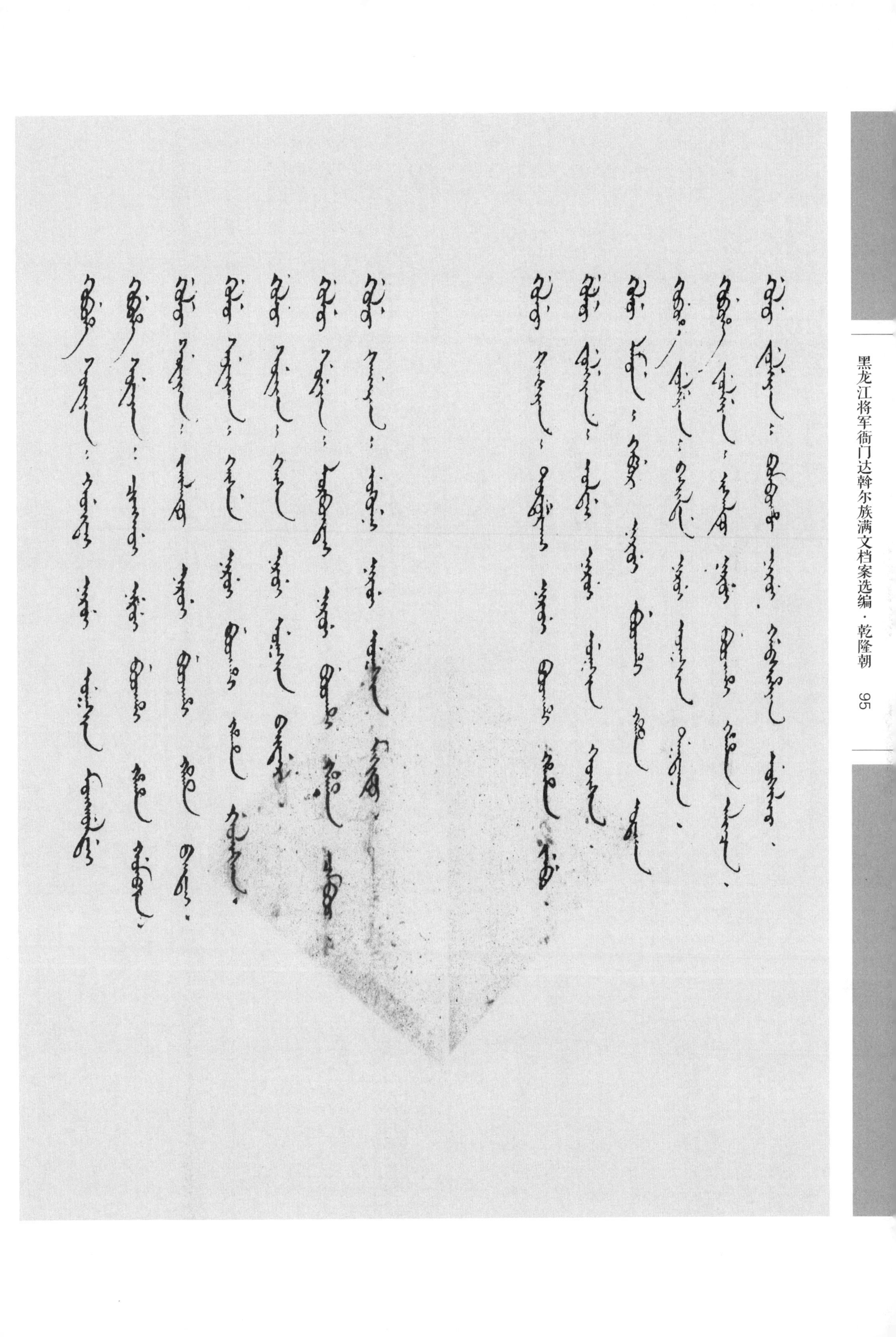

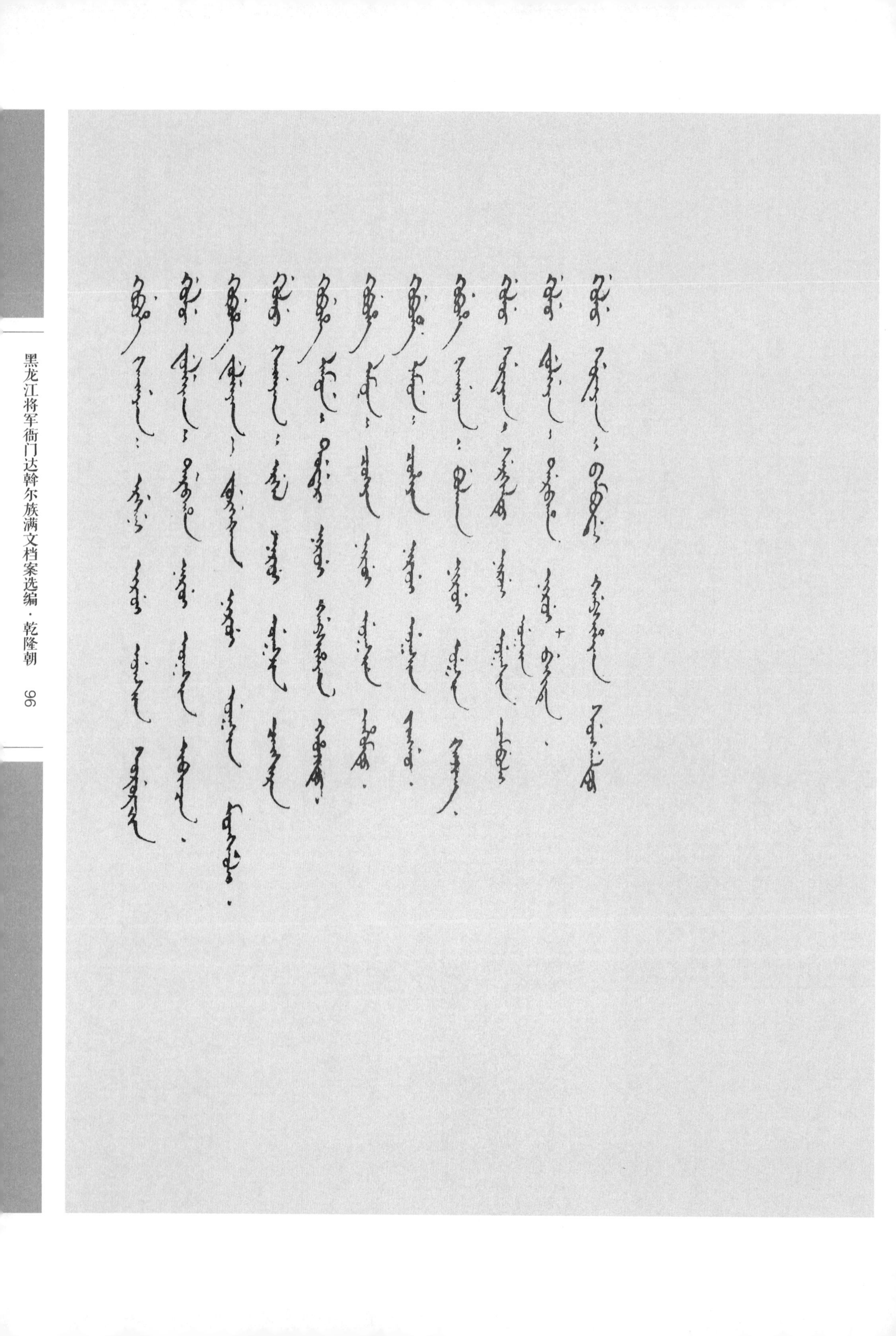

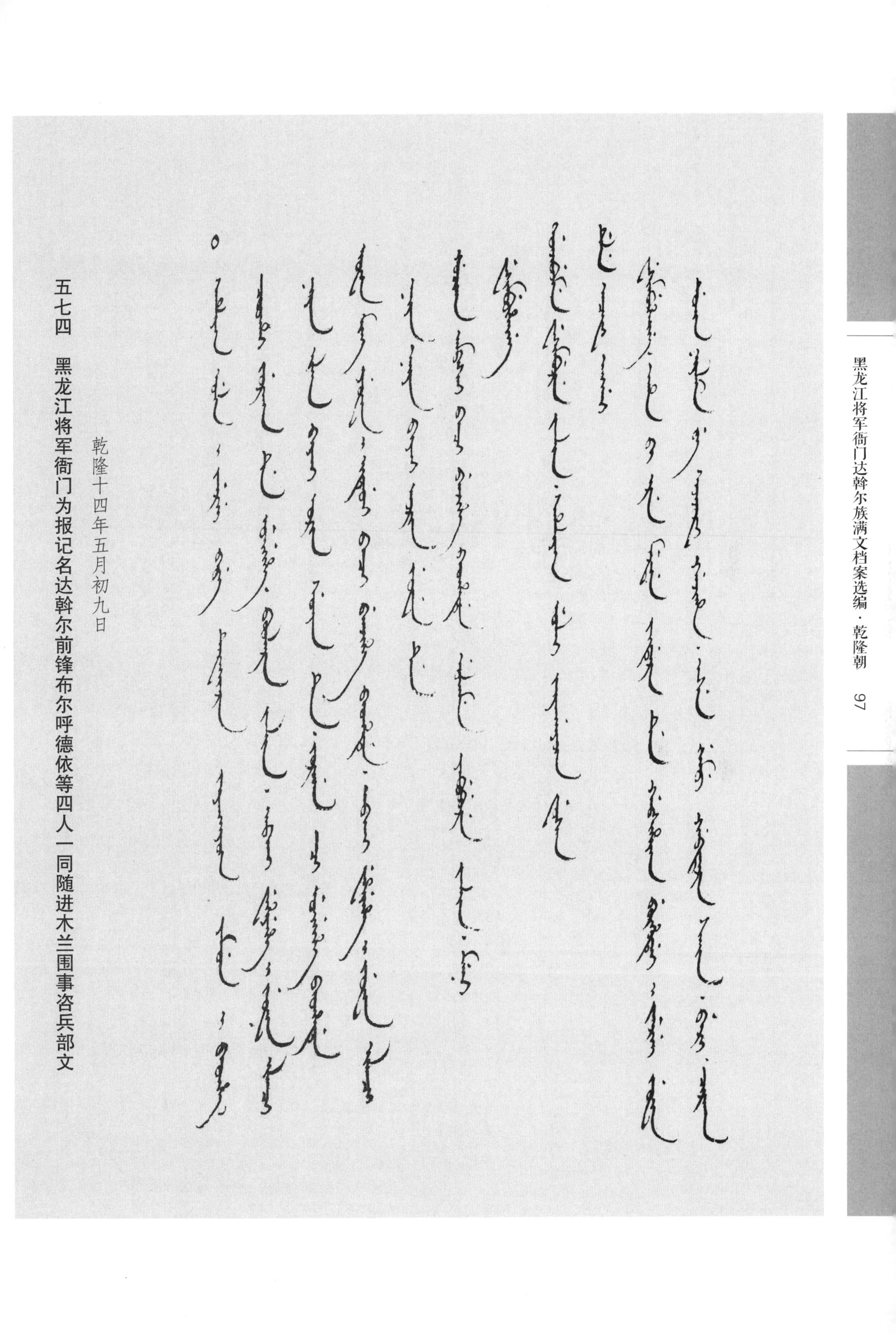

## 五七四 黑龙江将军衙门为报记名达斡尔前锋布尔呼德依等四人一同随进木兰围事咨兵部文

乾隆十四年五月初九日

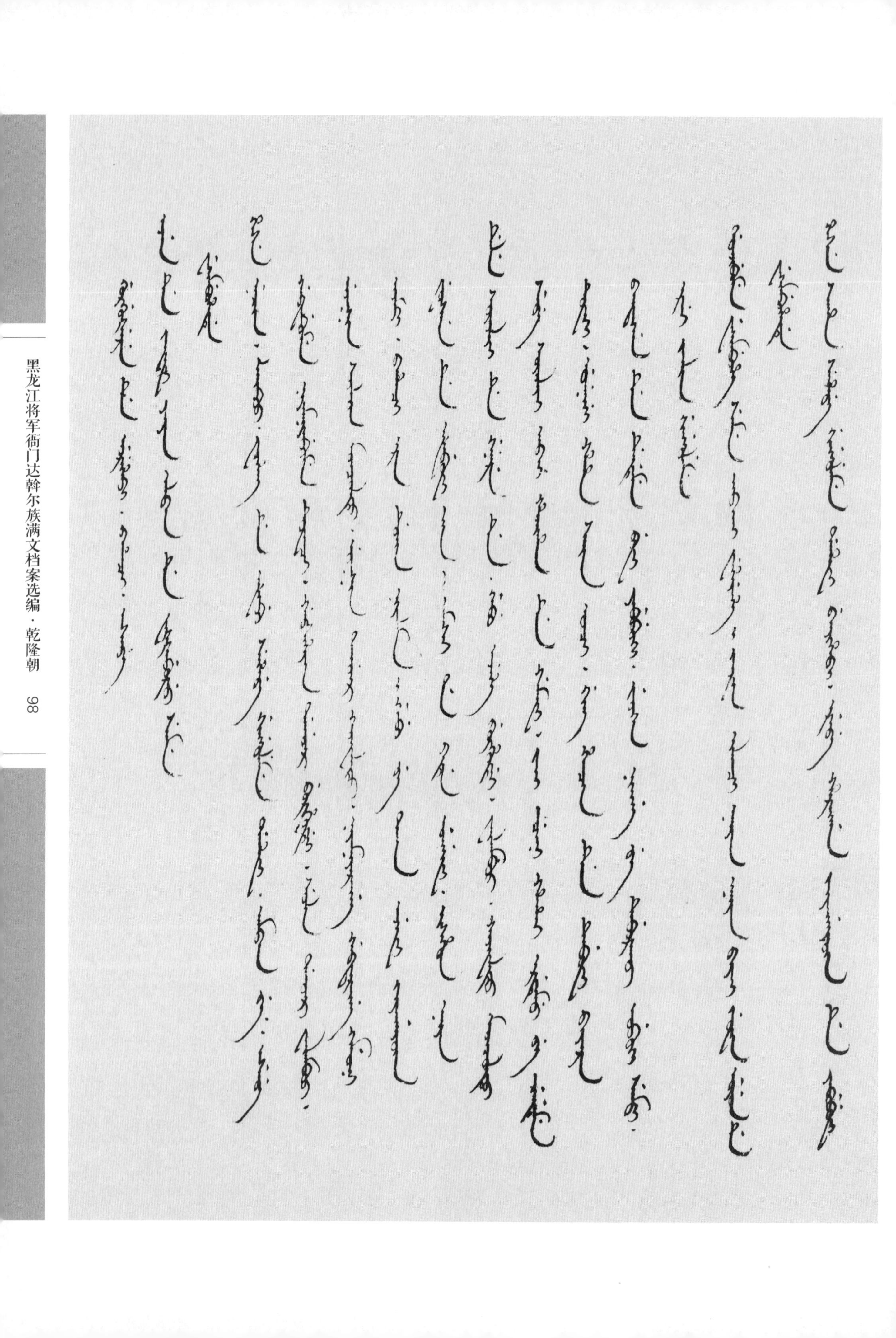

[illegible]

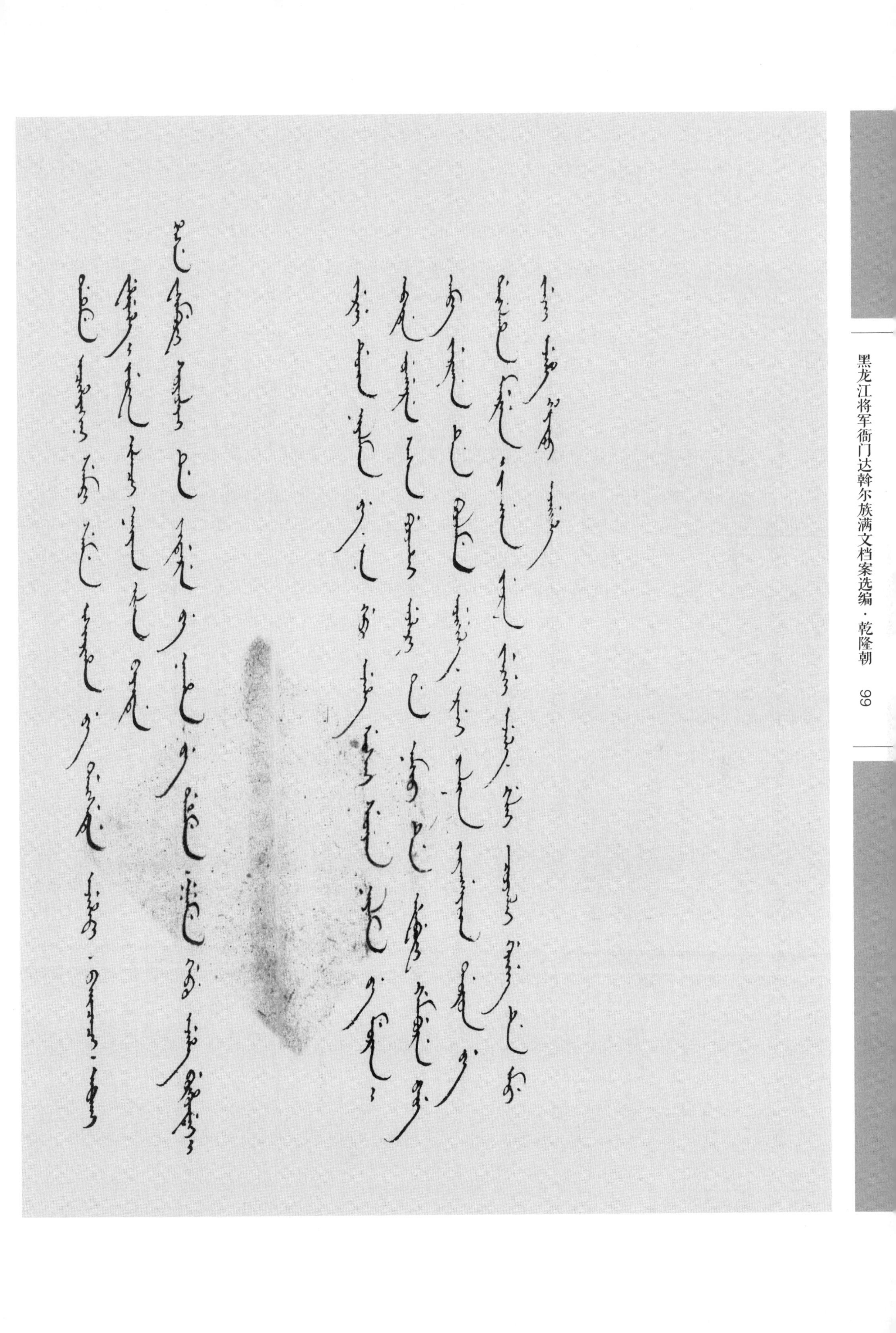

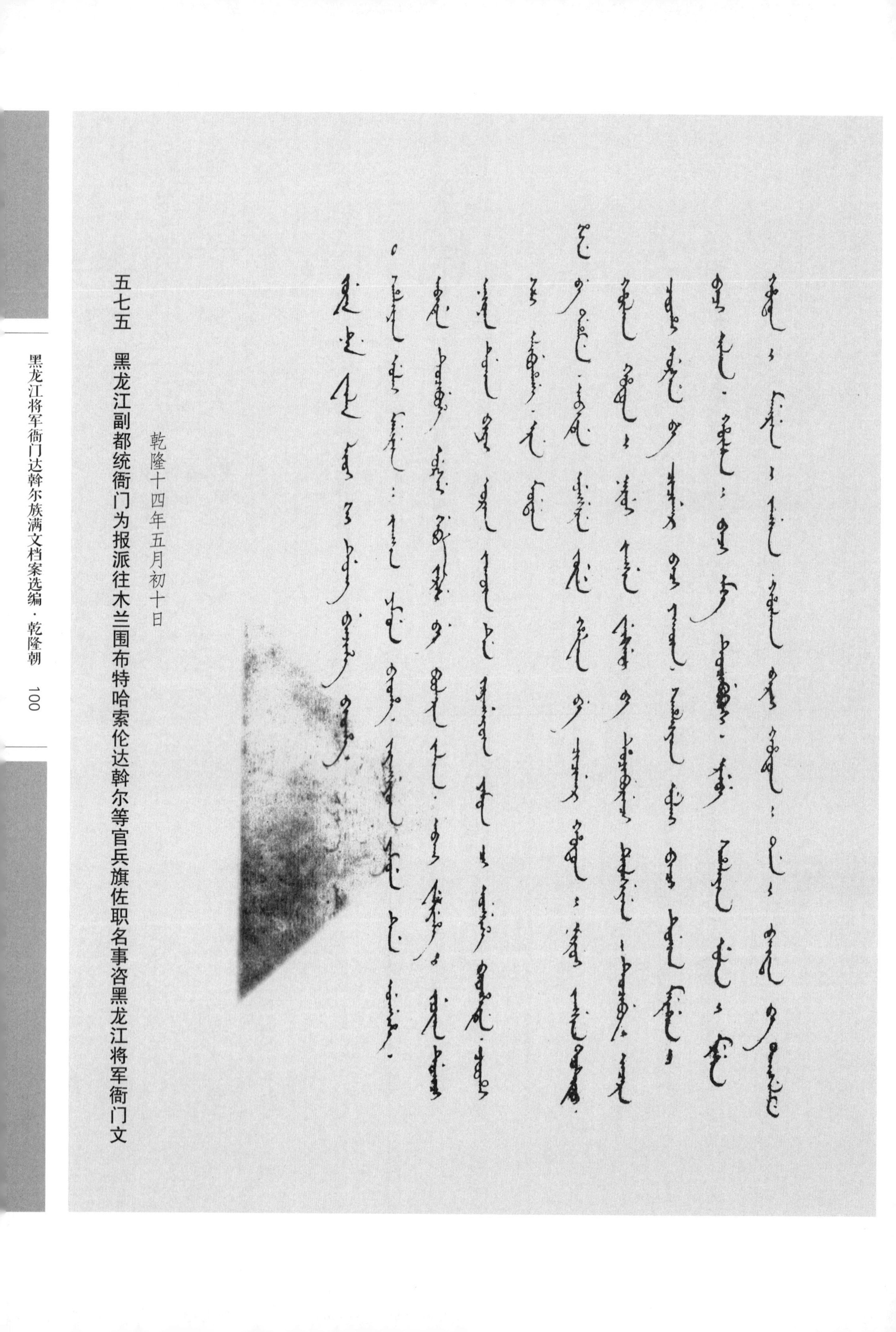

## 五七五　黑龙江副都统衙门为报派往木兰围布特哈索伦达斡尔等官兵旗佐职名事咨黑龙江将军衙门文

乾隆十四年五月初十日

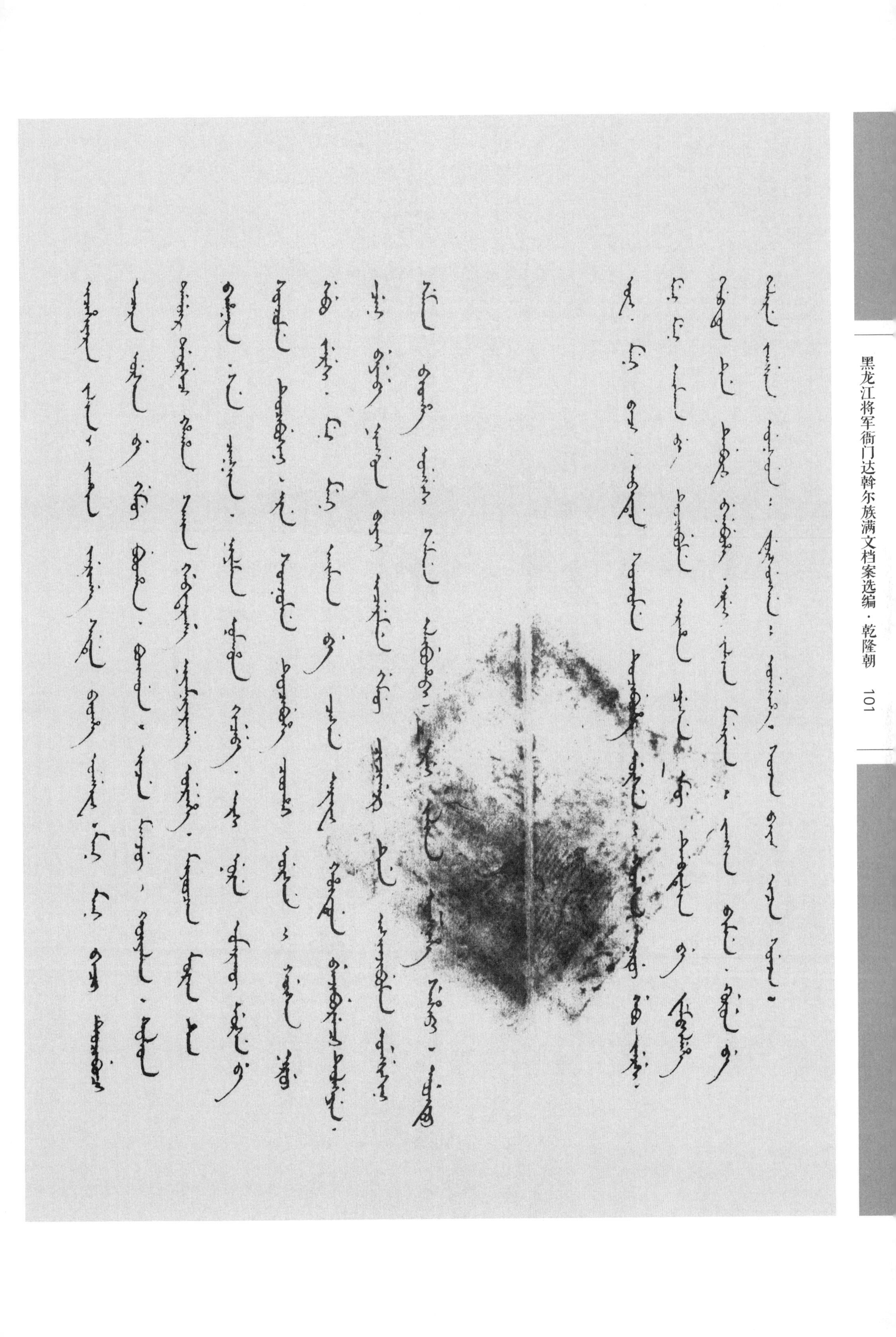

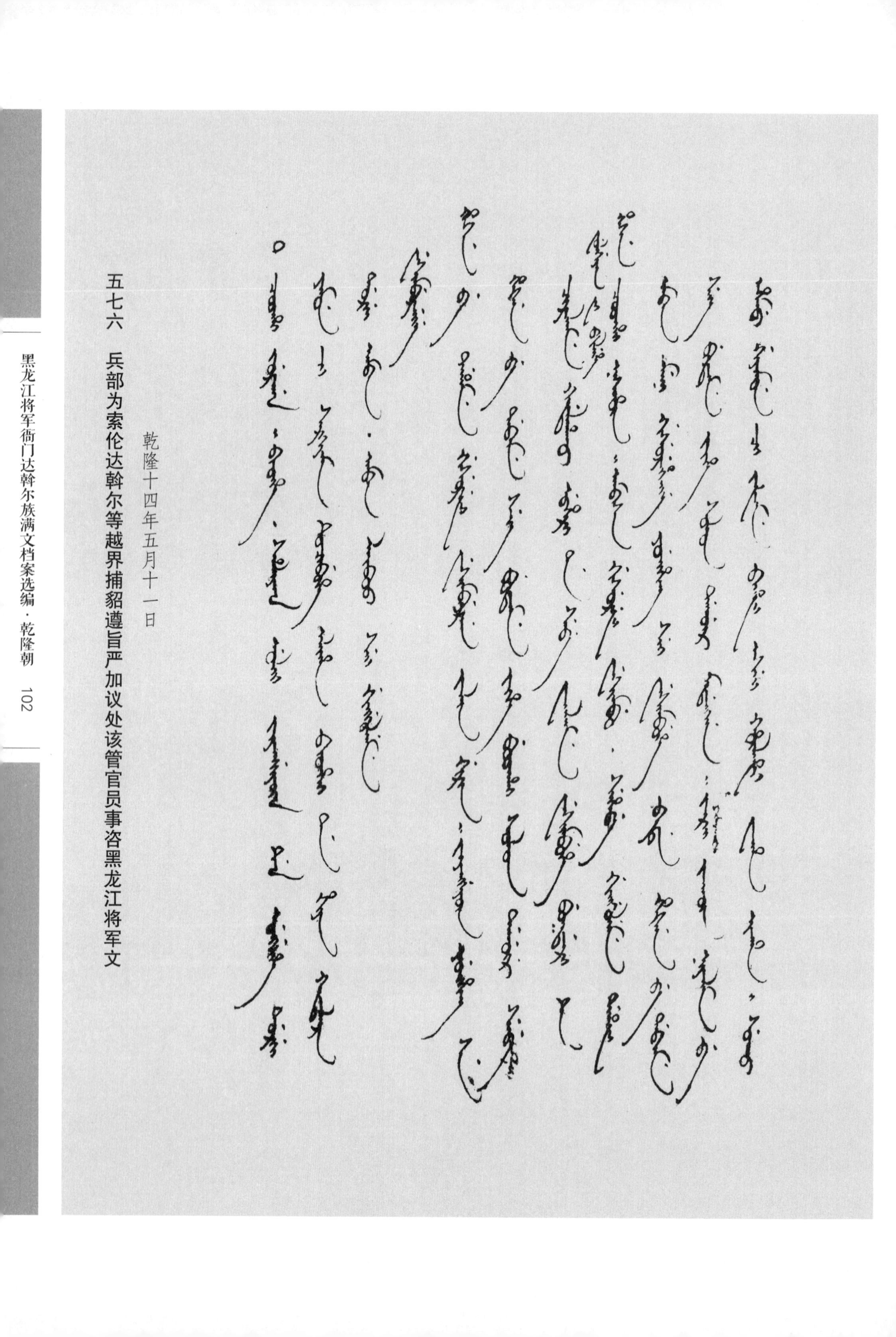

## 五七六 兵部为索伦达斡尔等越界捕貂遵旨严加议处该管官员事咨黑龙江将军文

乾隆十四年五月十一日

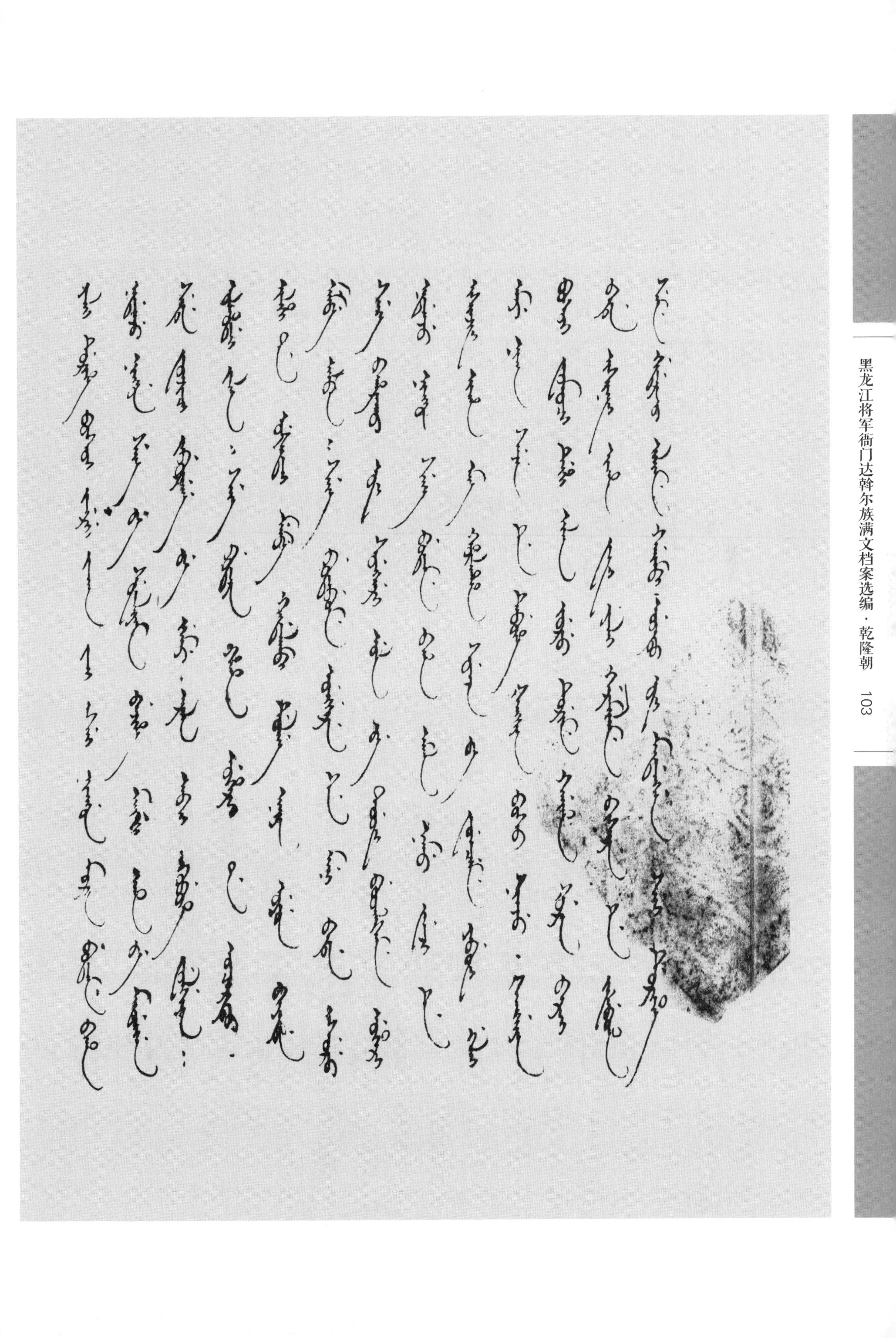

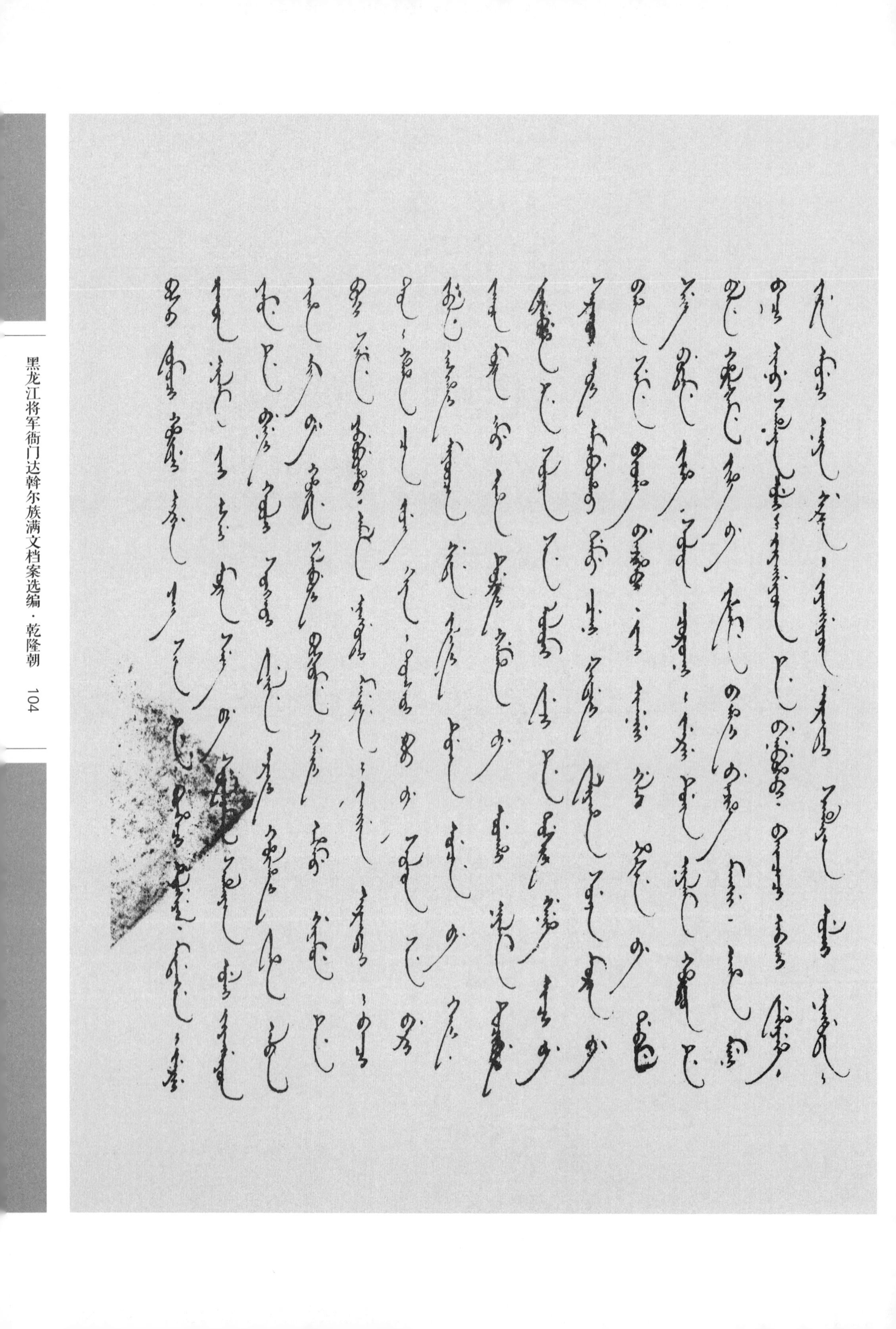

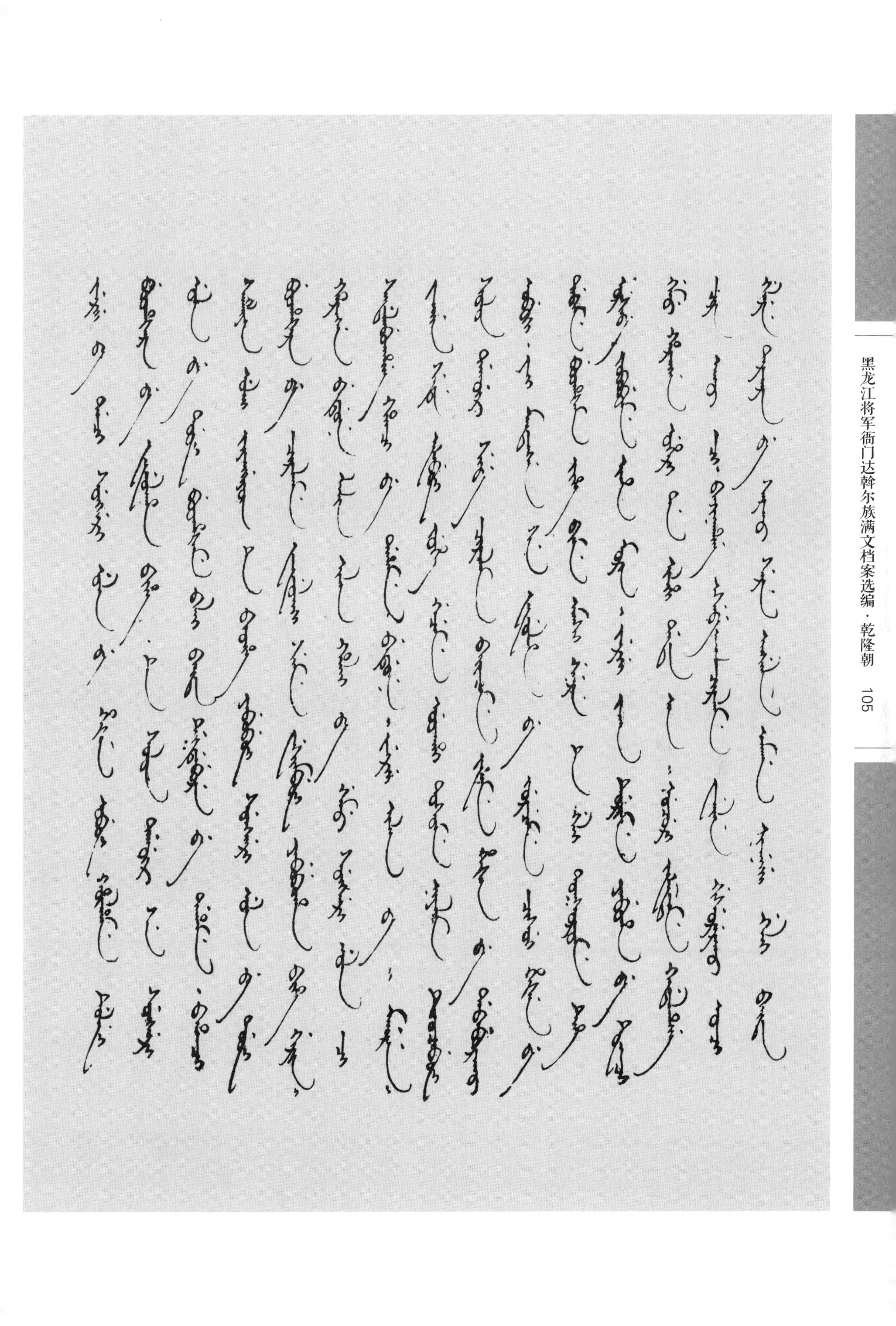

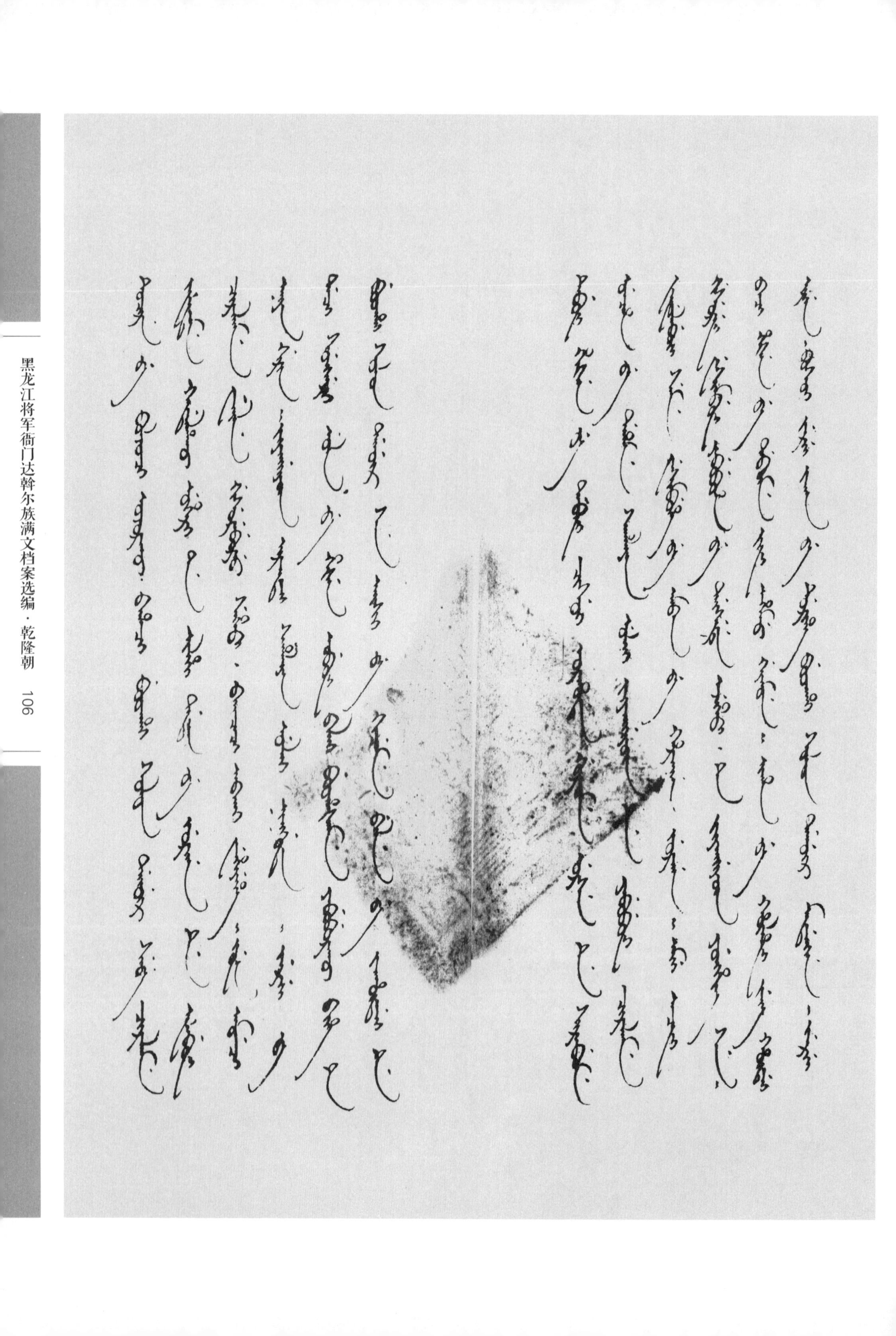

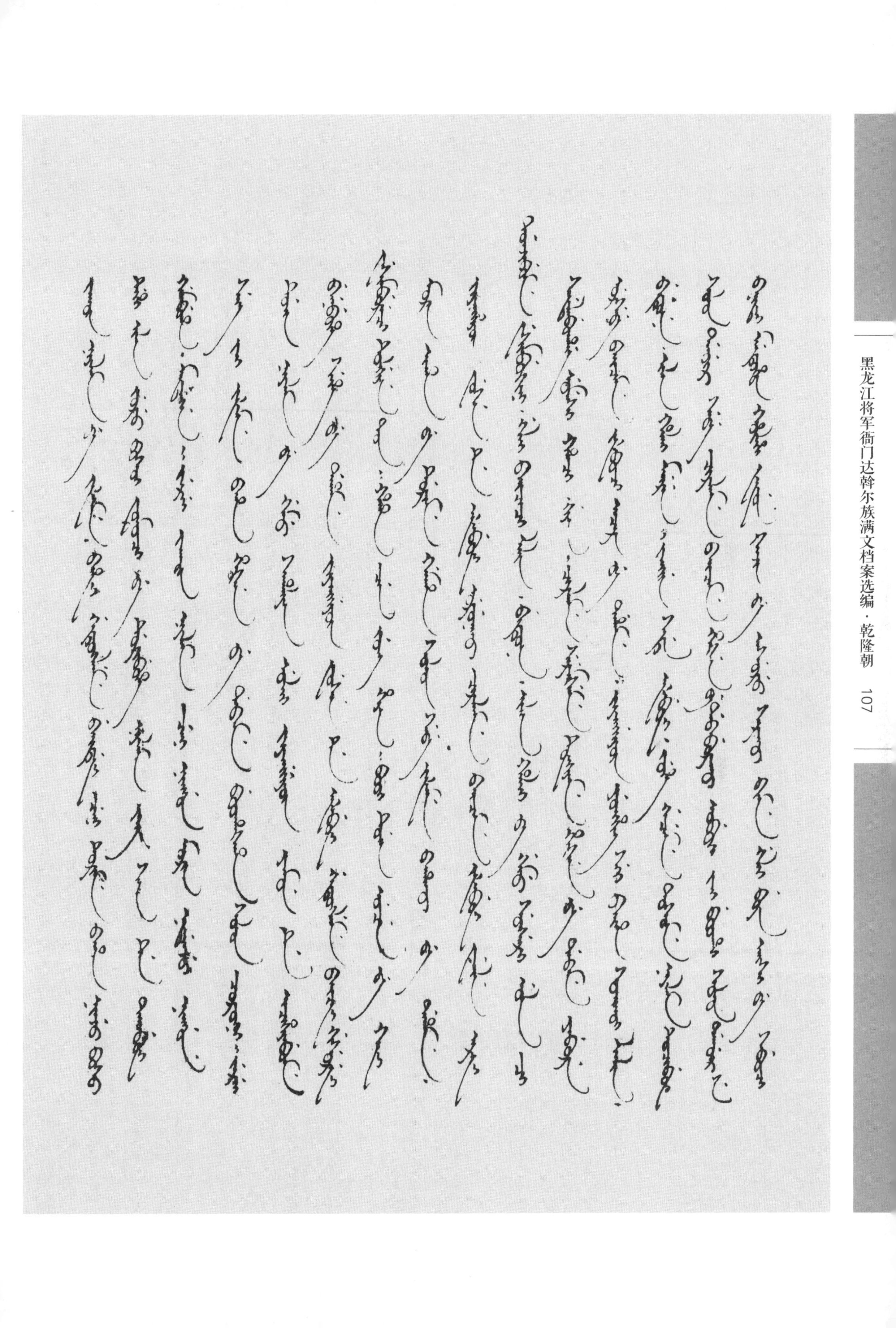

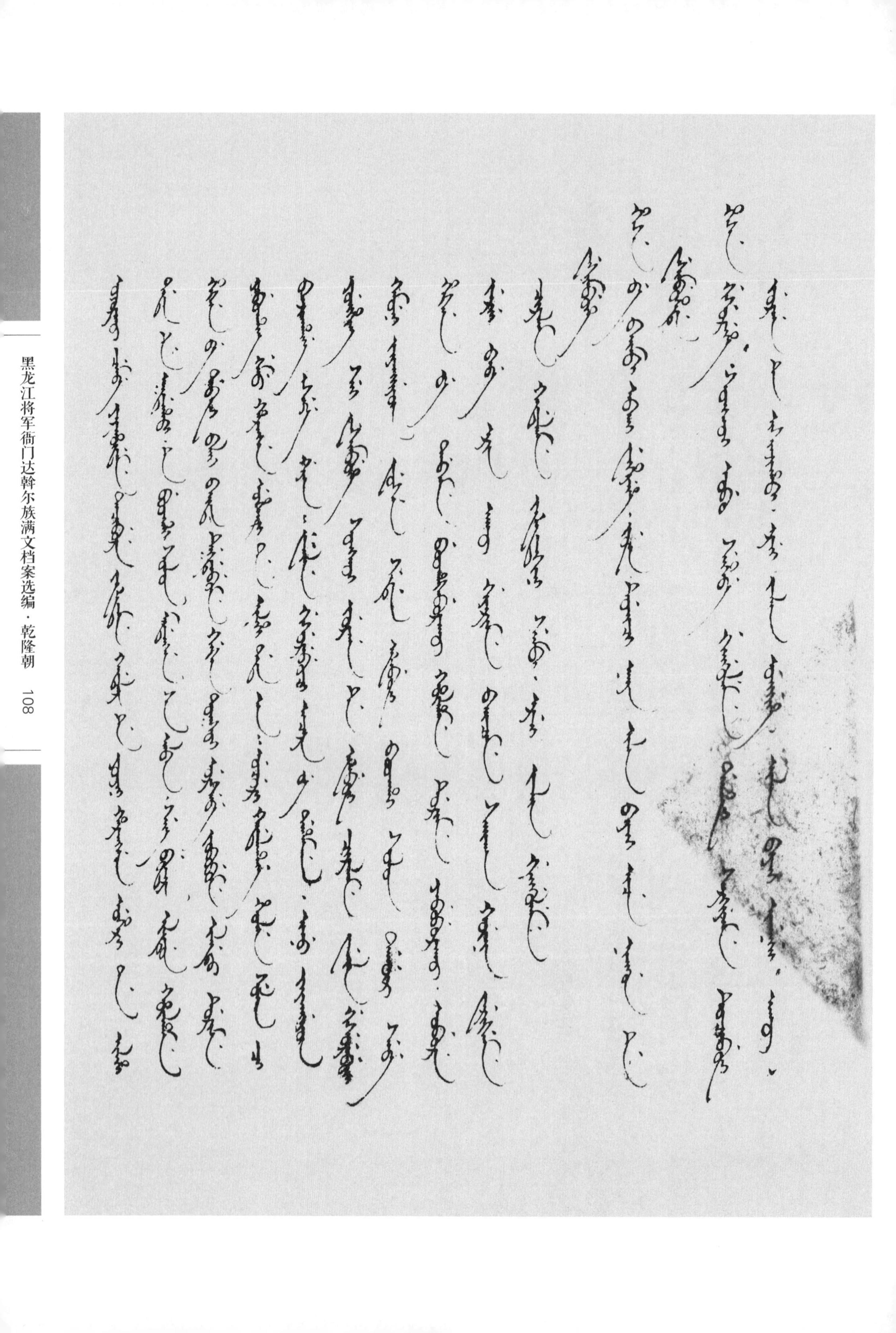

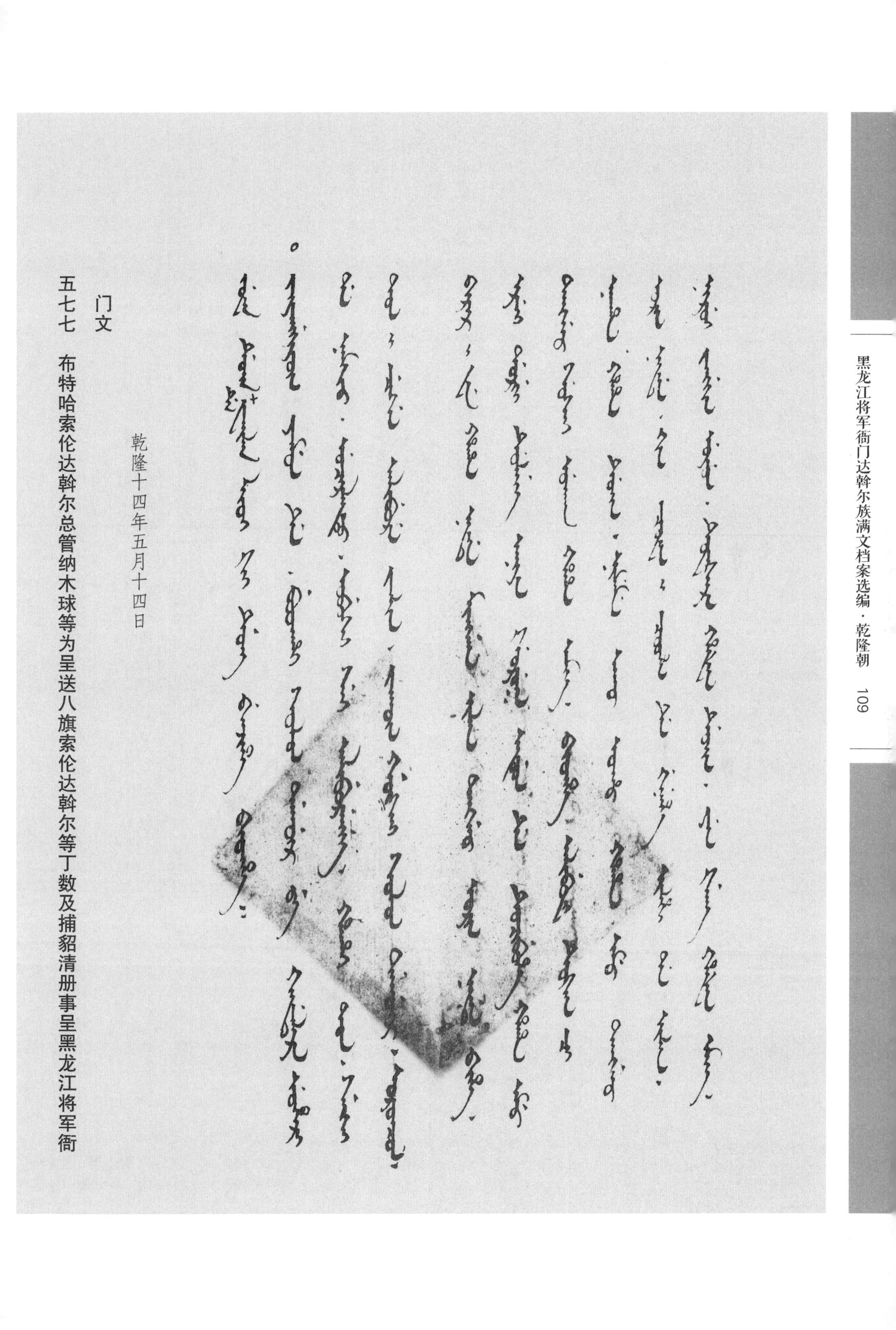

## 五七七 布特哈索伦达斡尔总管纳木球等为呈送八旗索伦达斡尔等丁数及捕貂清册事呈黑龙江将军衙门文

乾隆十四年五月十四日

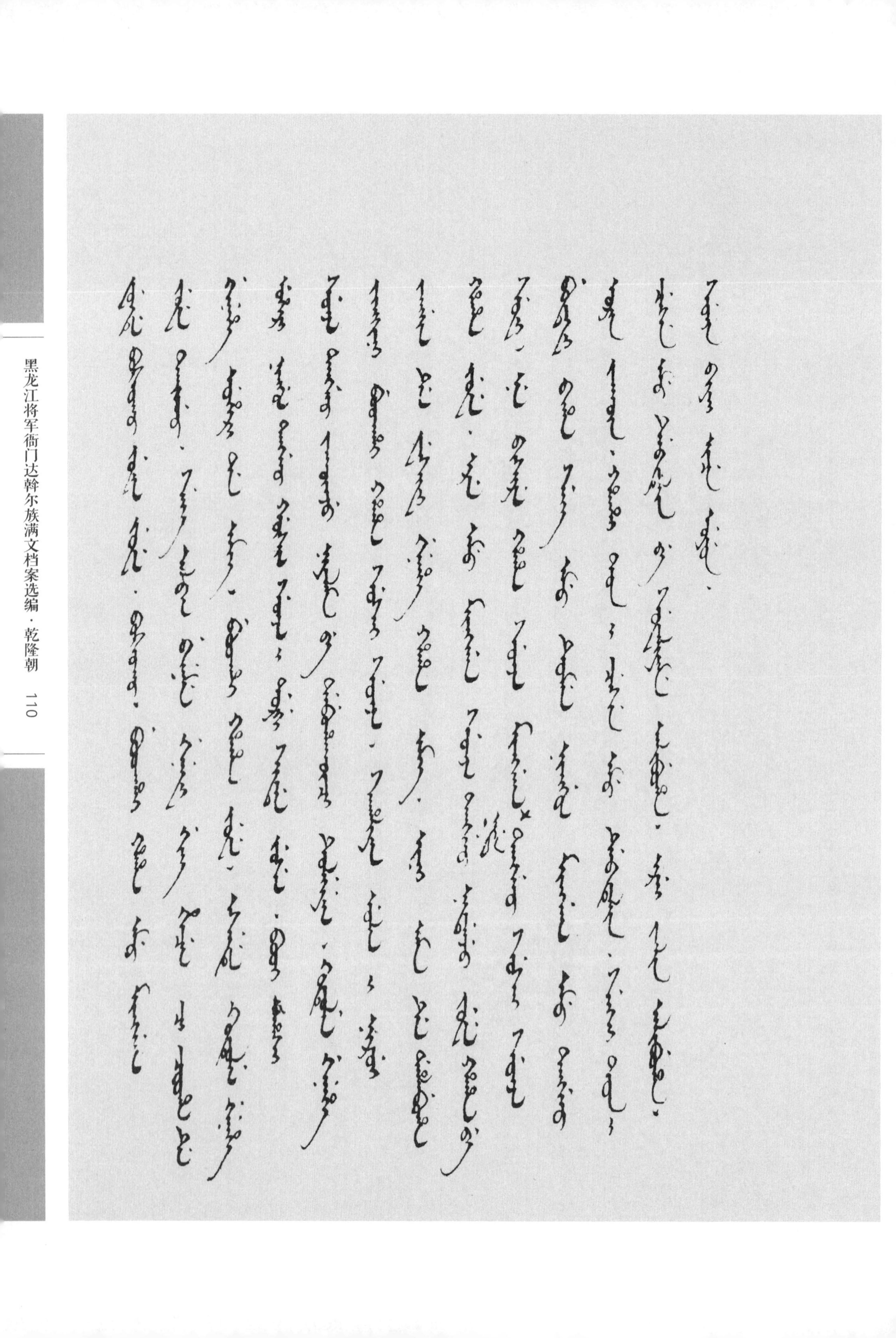

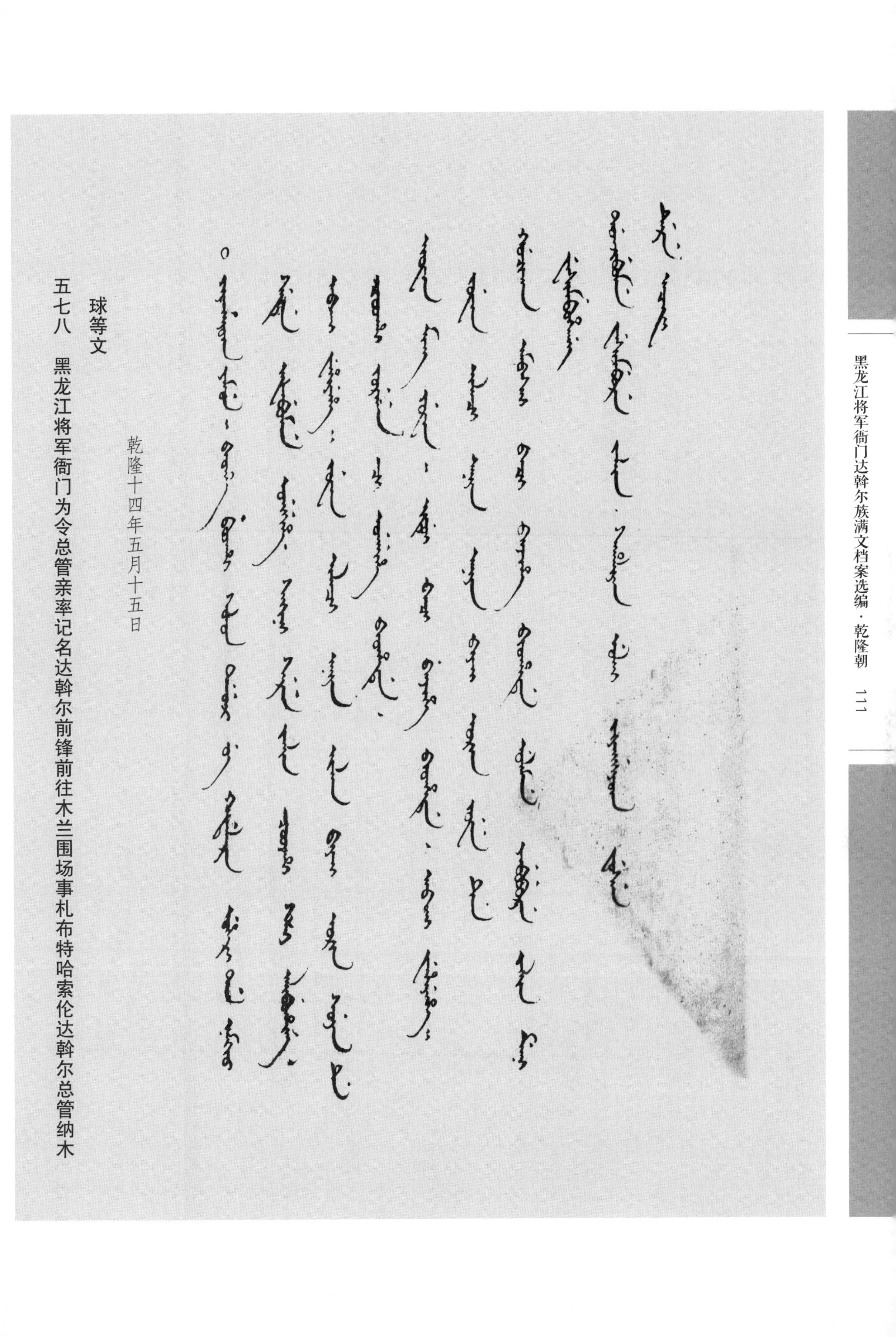

五七八　黑龙江将军衙门为令总管亲率记名达斡尔前锋前往木兰围场事札布特哈索伦达斡尔总管纳木球等文

乾隆十四年五月十五日

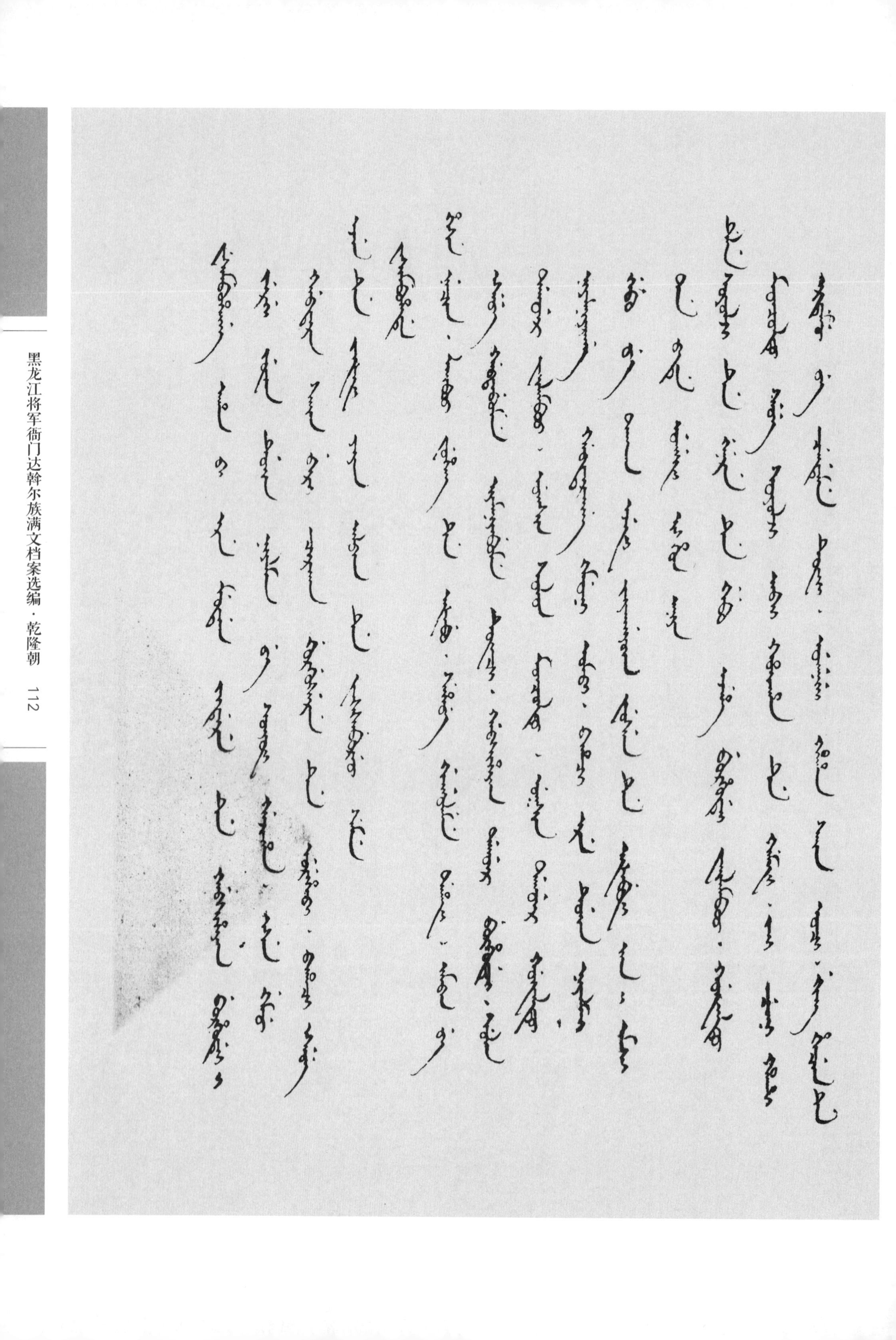

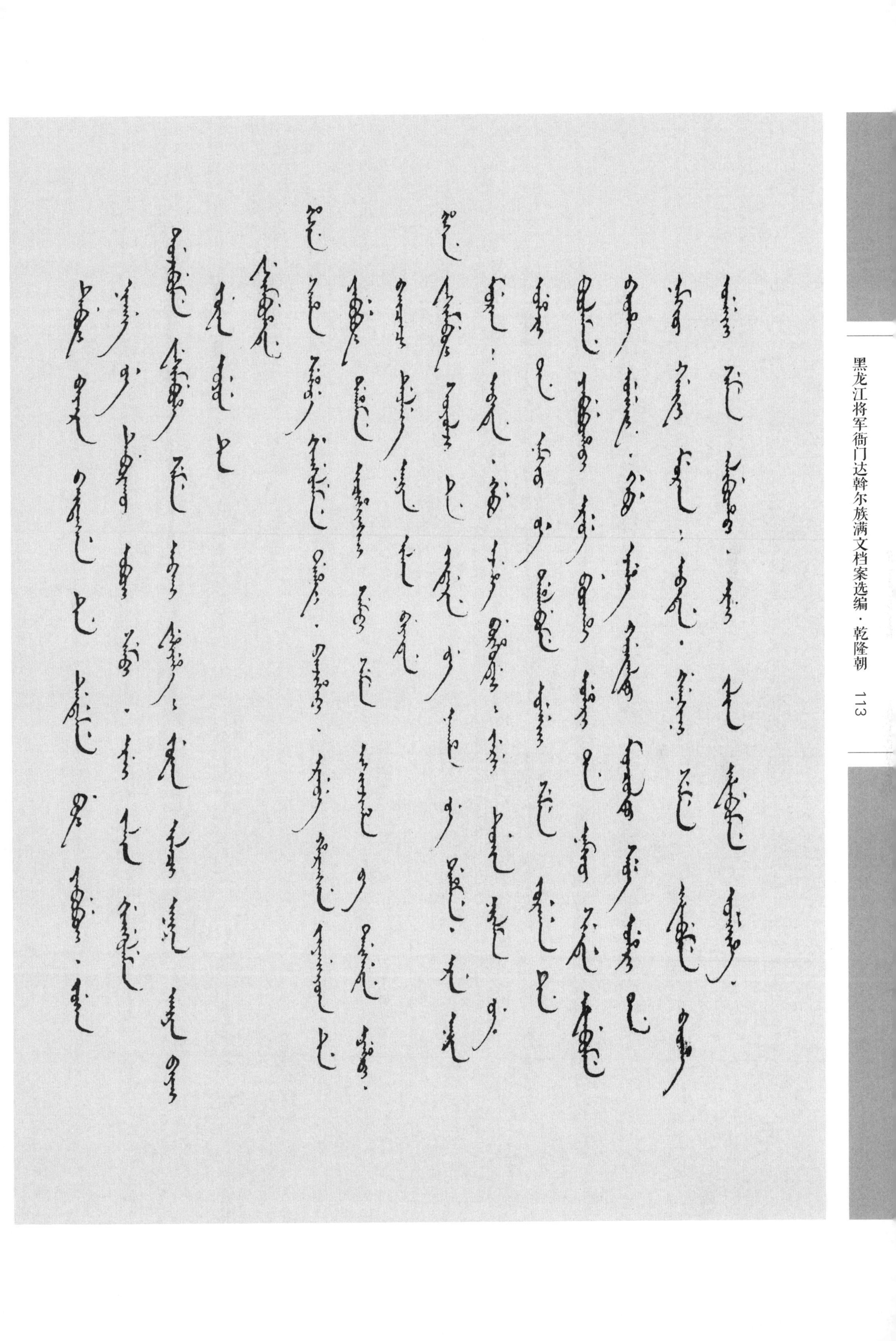

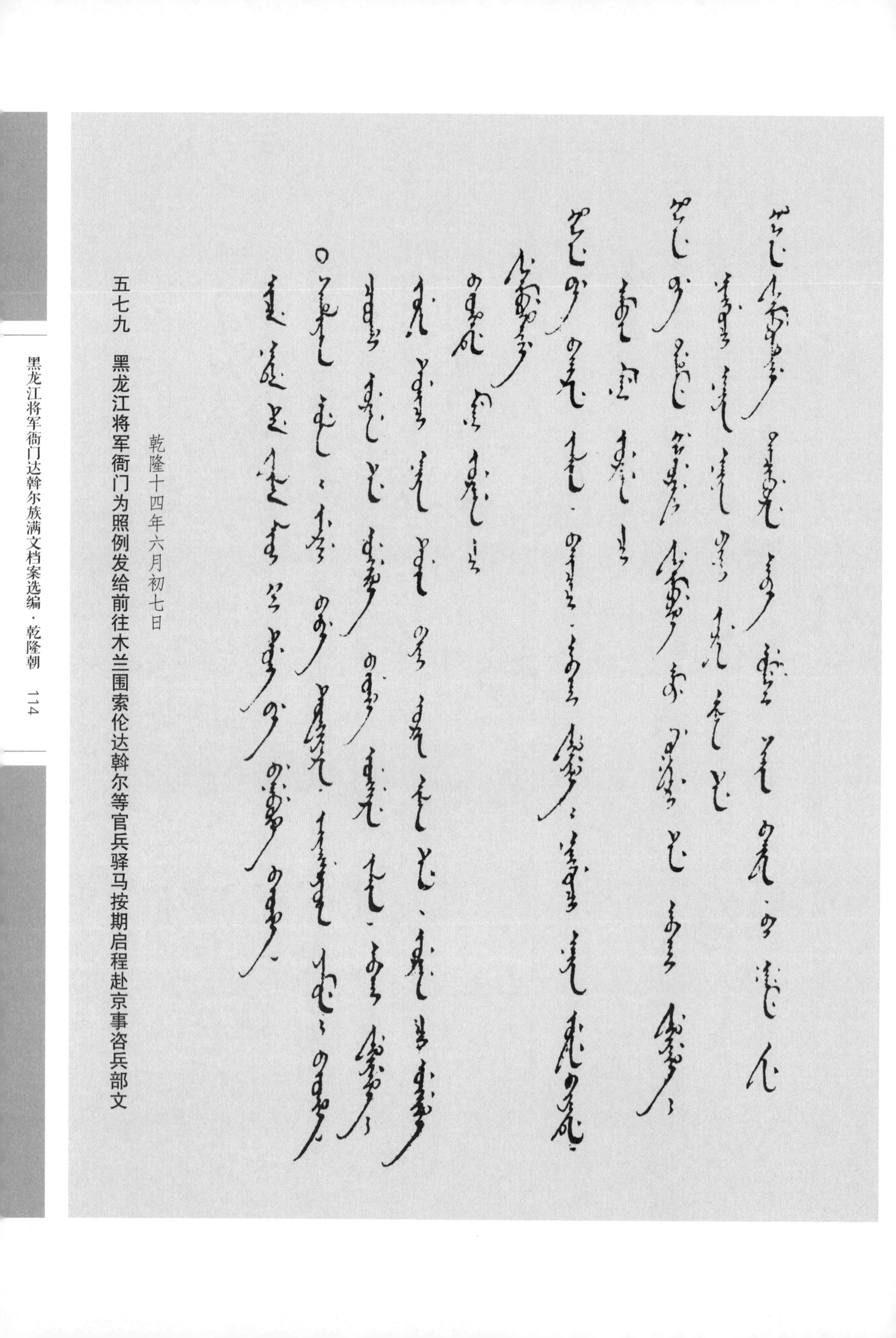

## 五七九 黑龙江将军衙门为照例发给前往木兰围索伦达斡尔等官兵驿马按期启程赴京事咨兵部文

乾隆十四年六月初七日

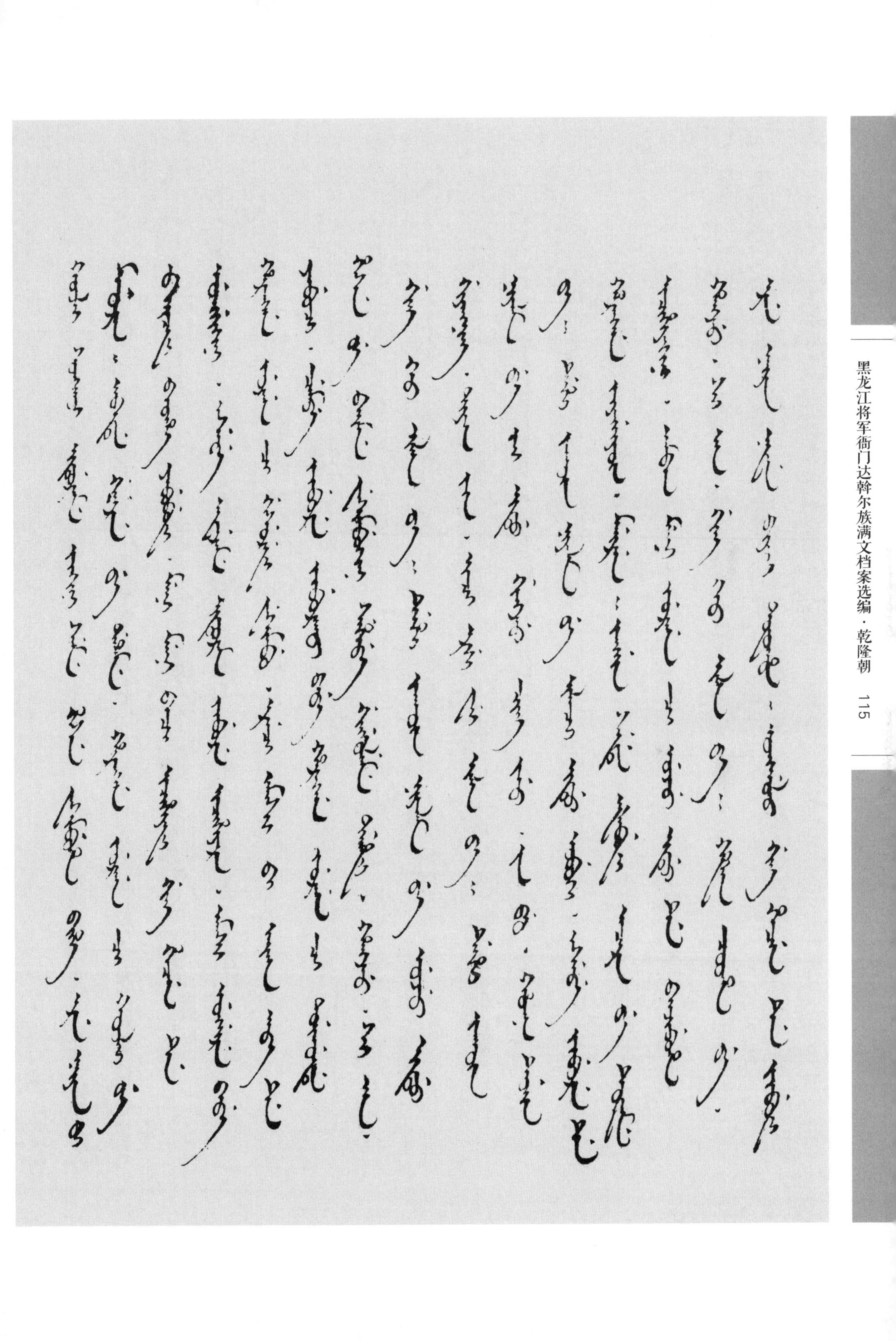

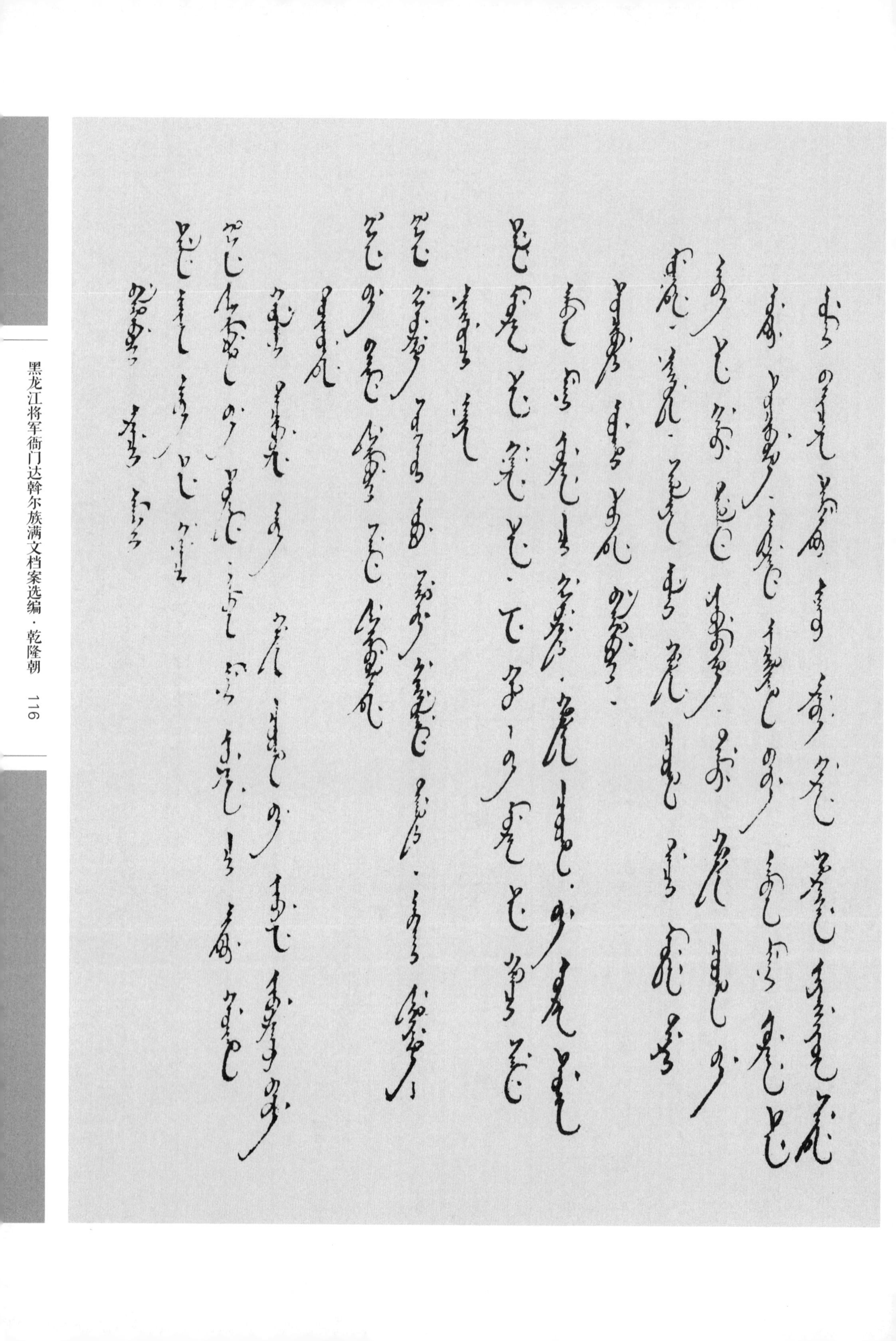

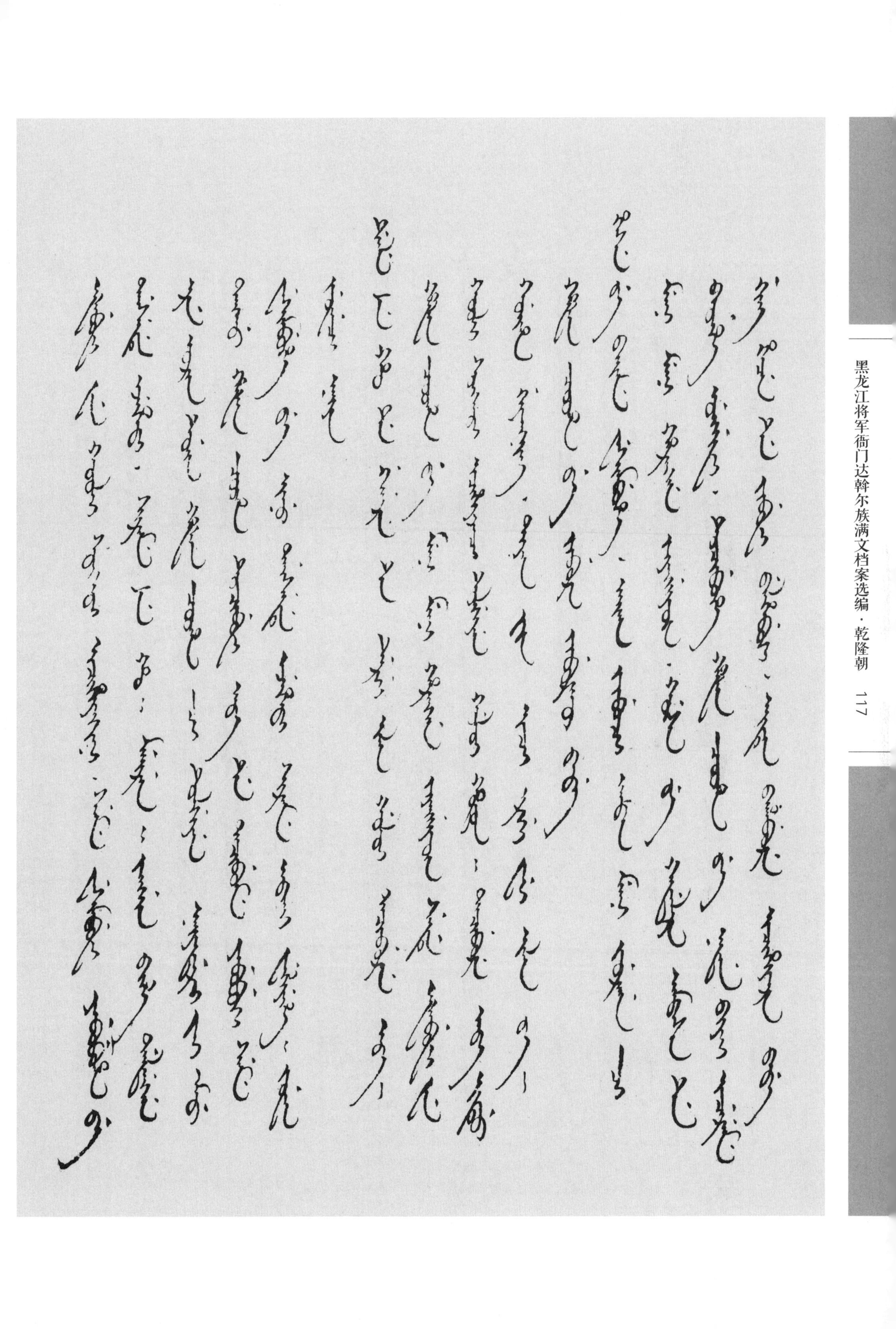

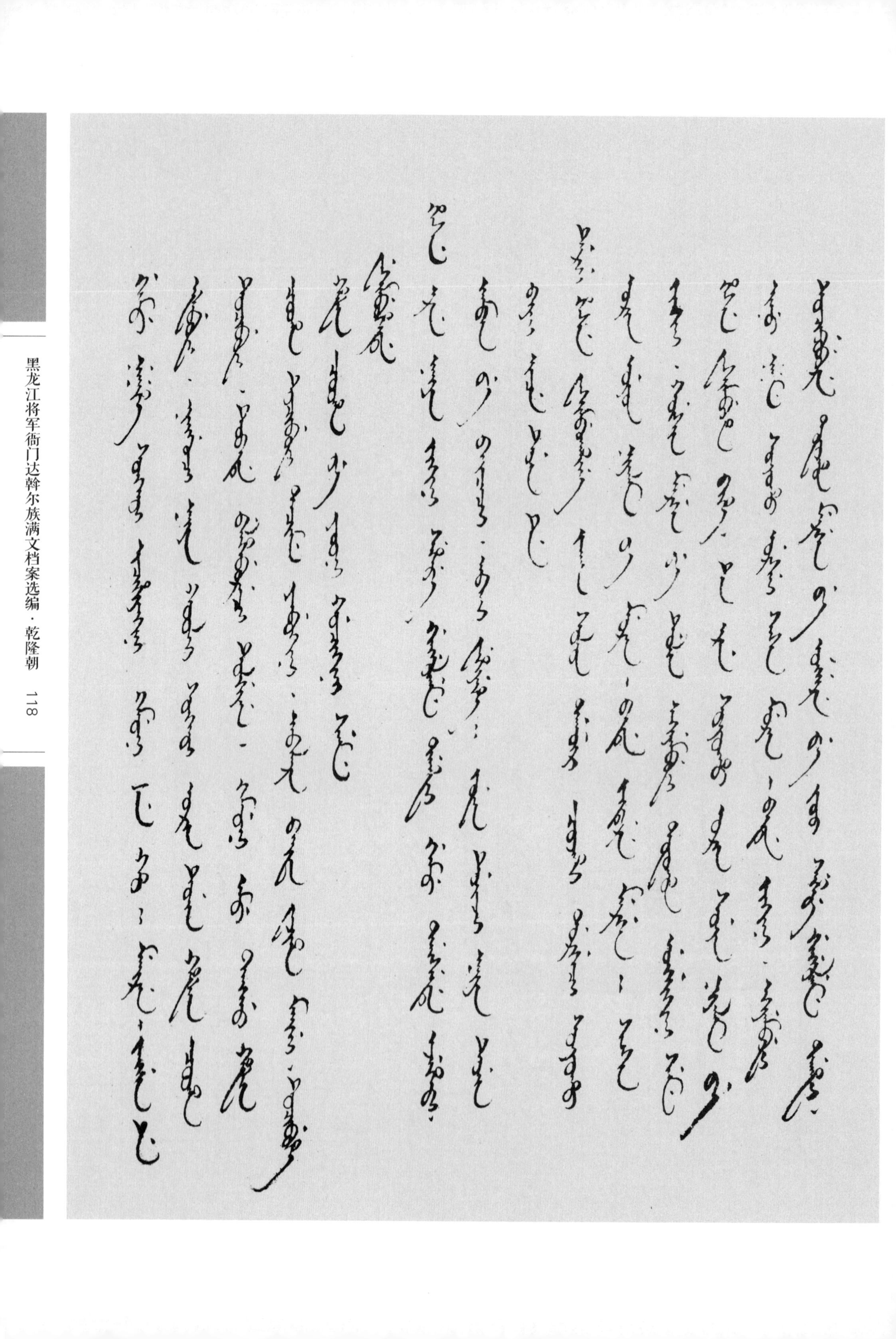

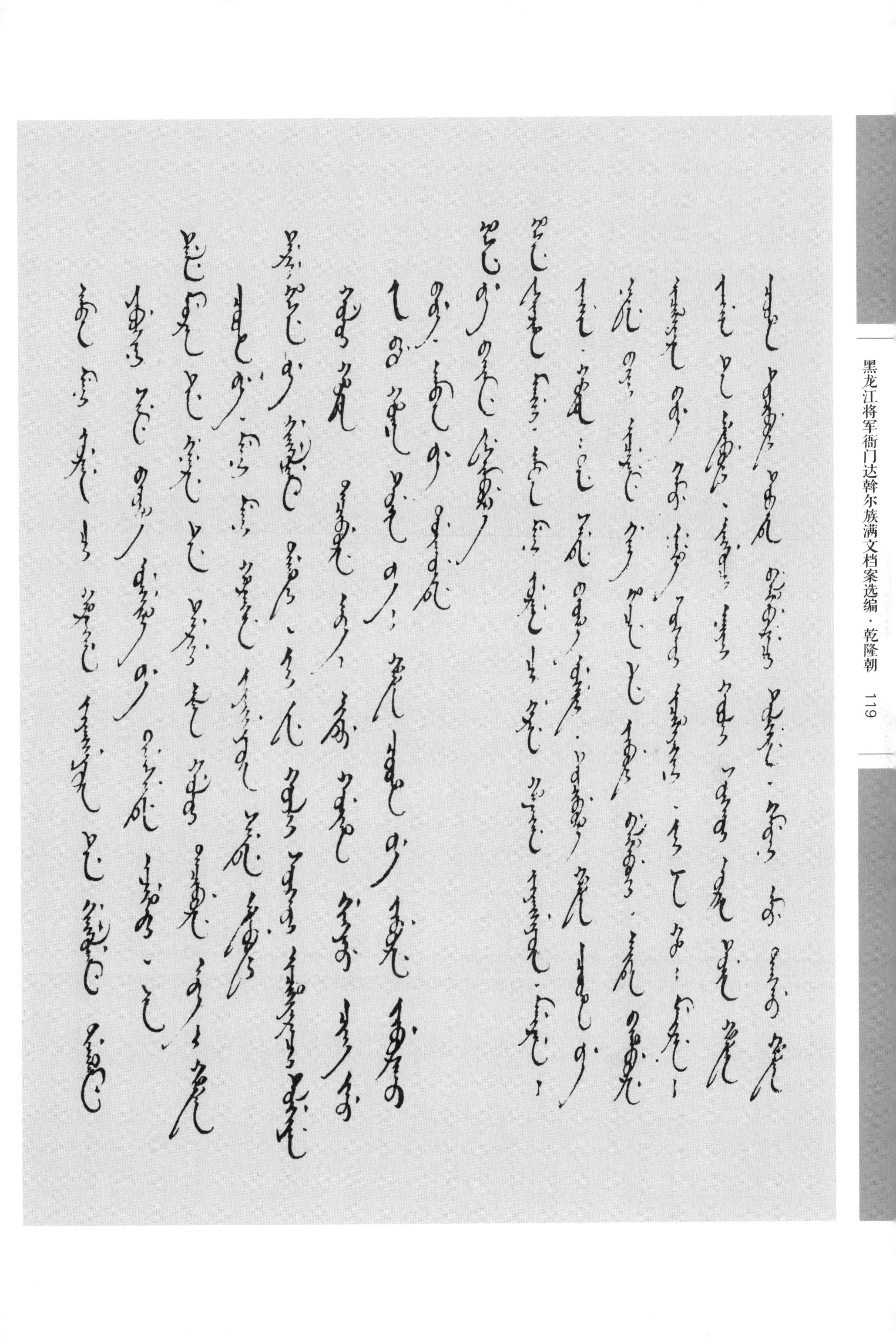

[illegible]

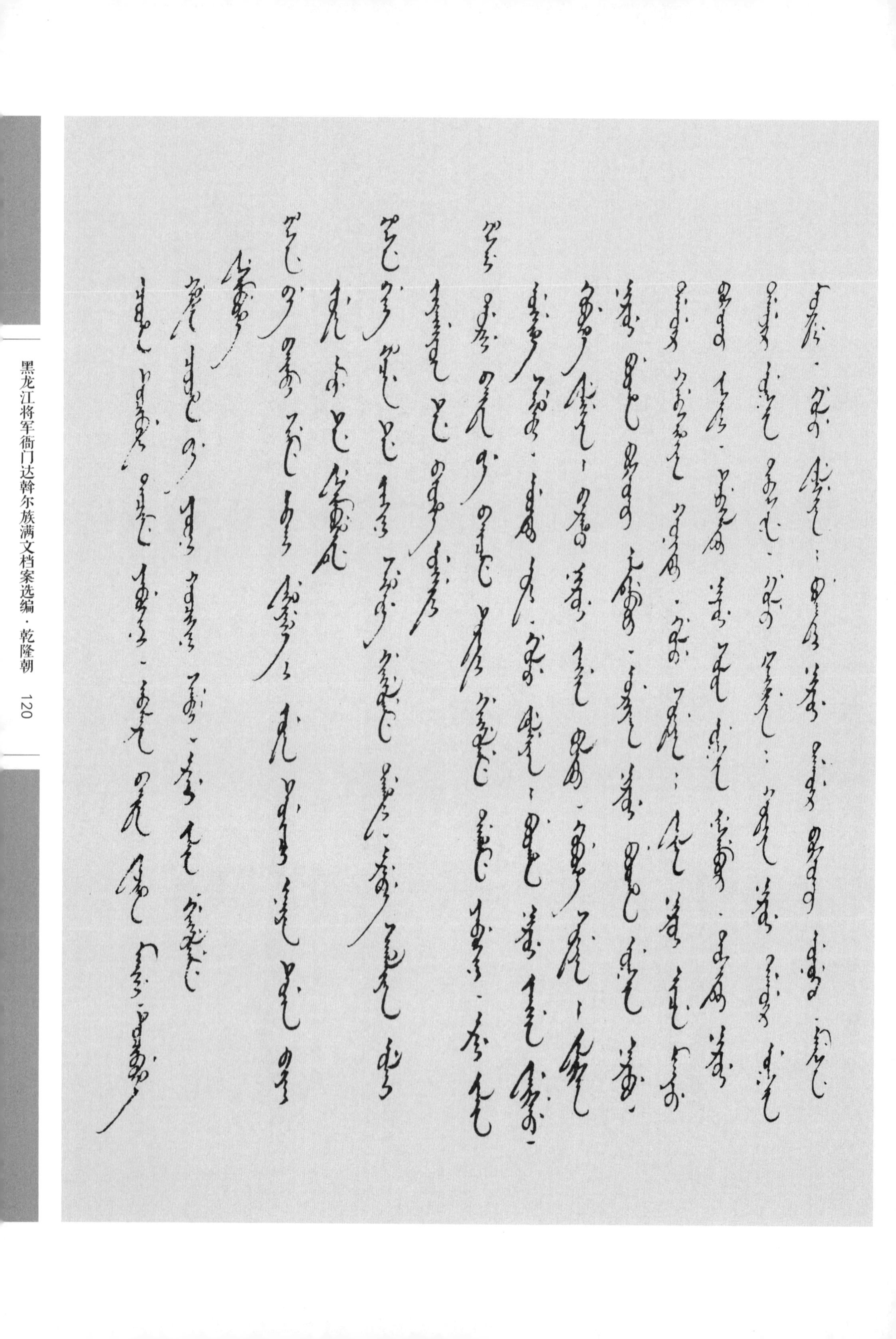

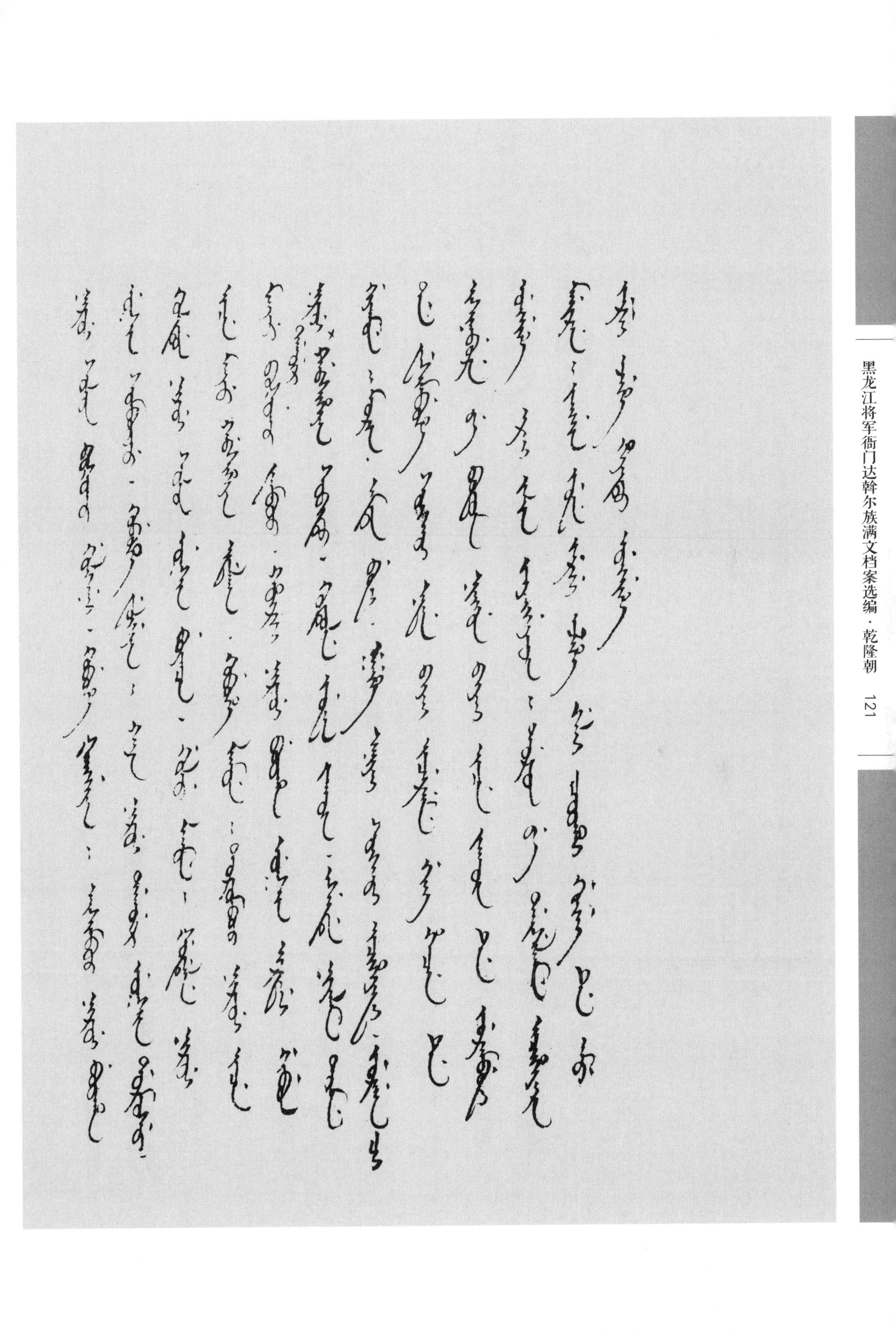

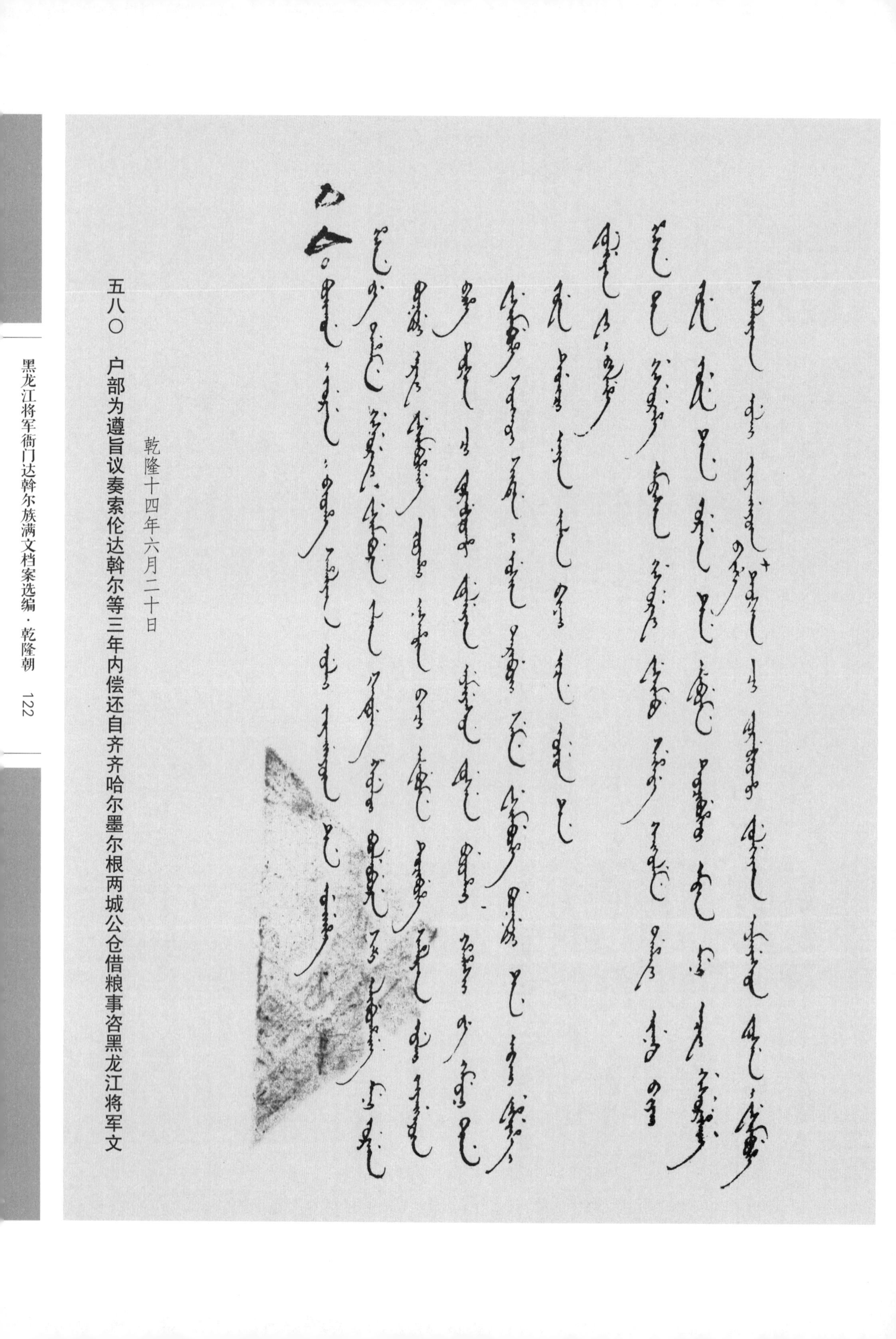

## 五八〇 户部为遵旨议奏索伦达斡尔等三年内偿还自齐齐哈尔墨尔根两城公仓借粮事咨黑龙江将军文

乾隆十四年六月二十日

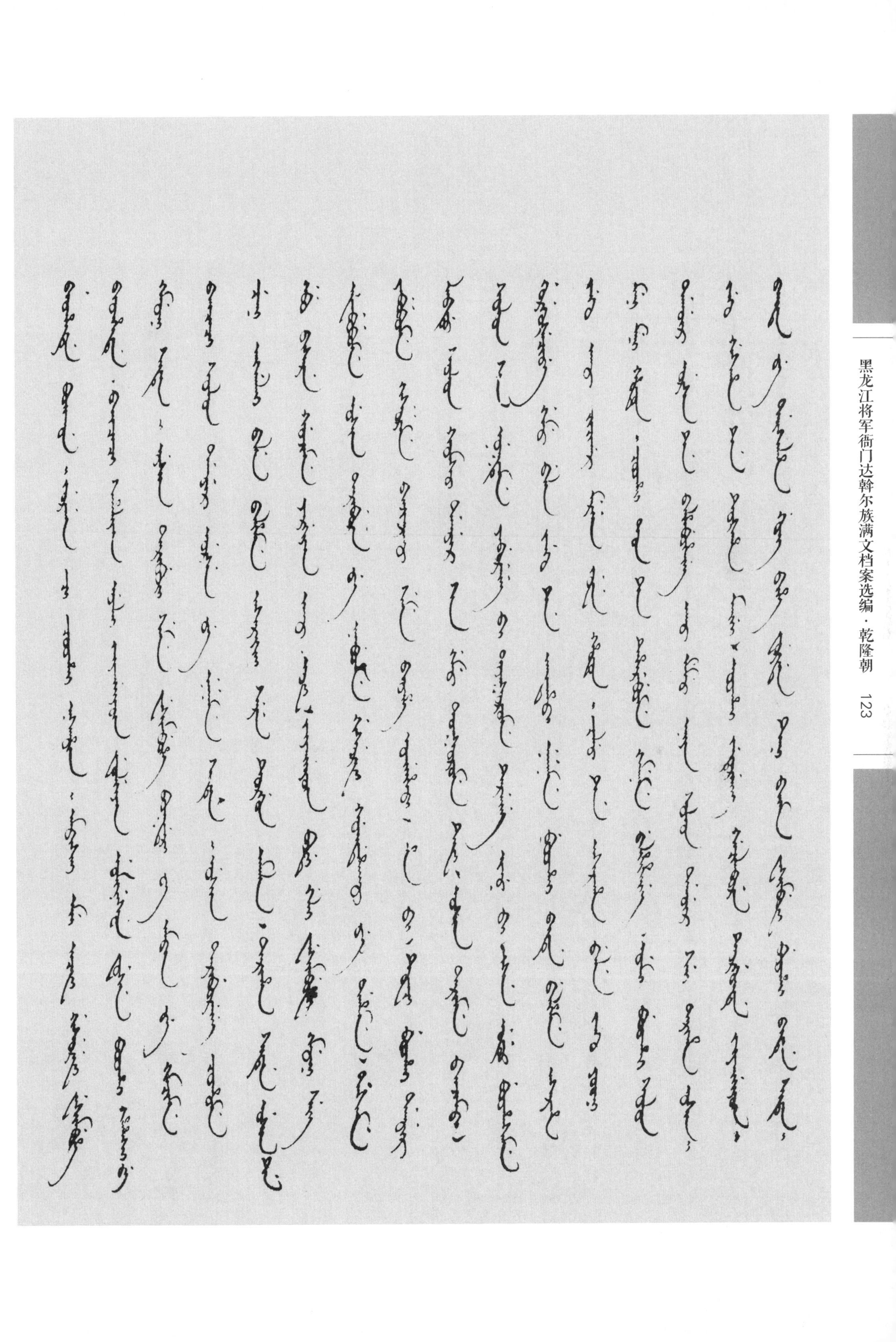

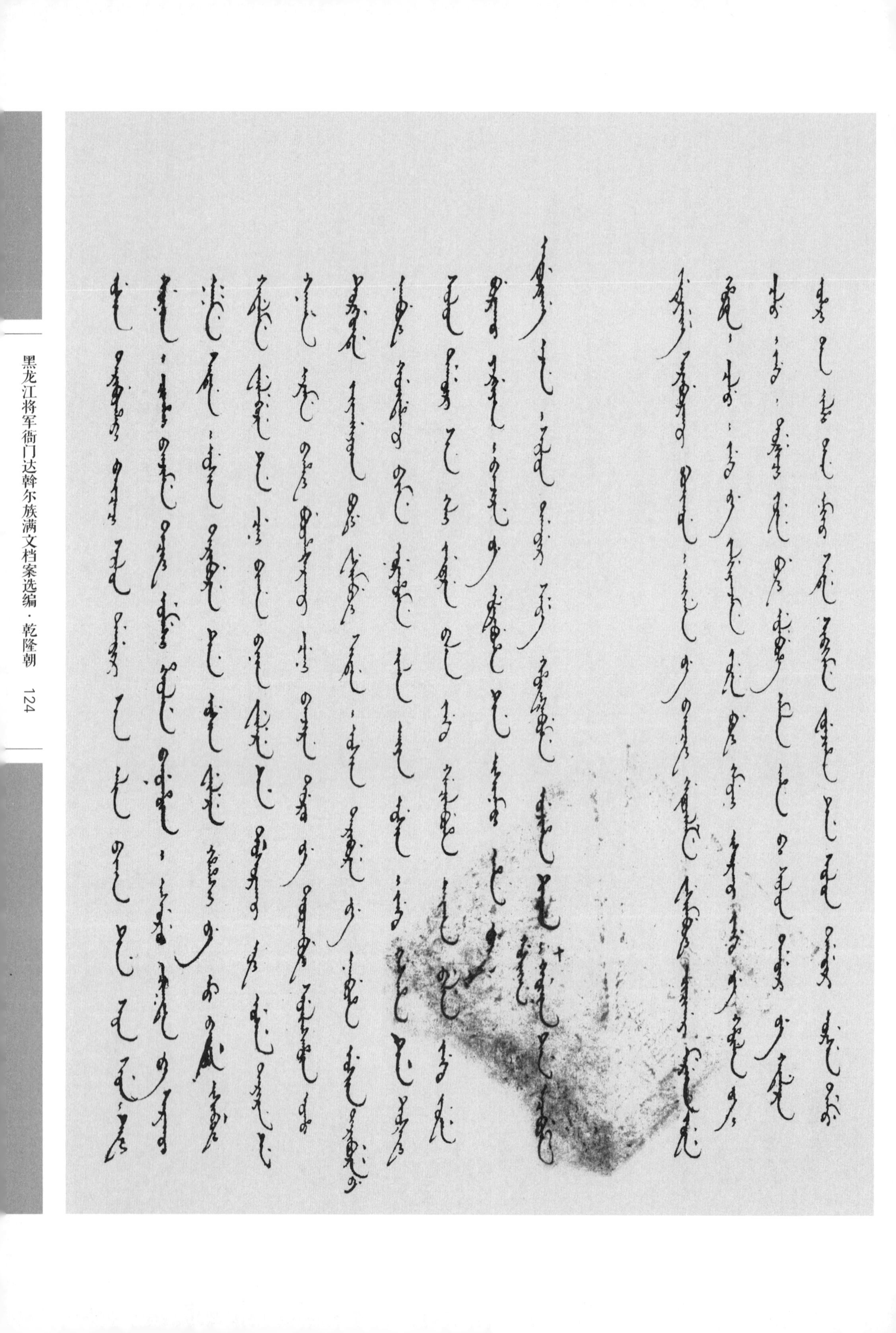

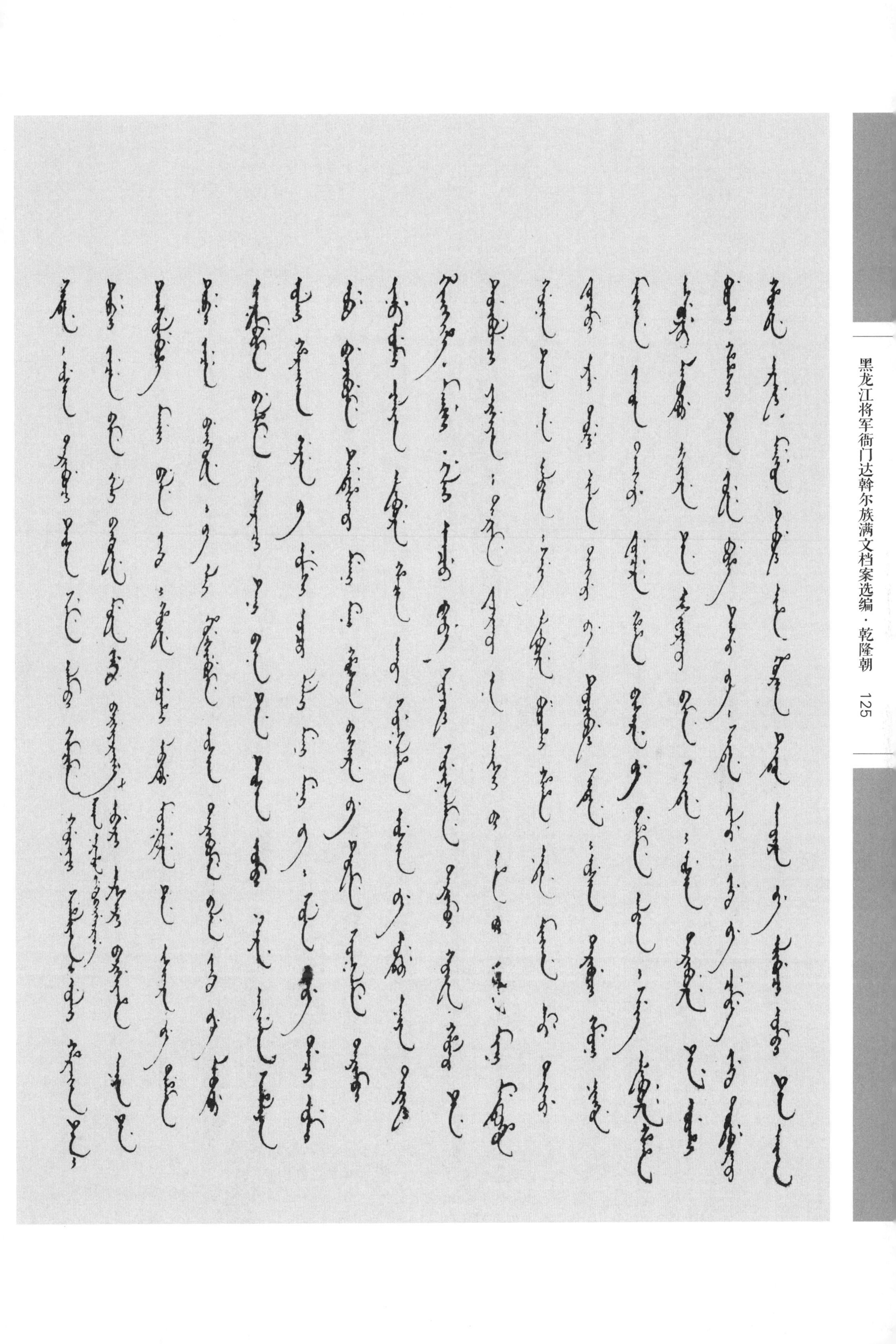

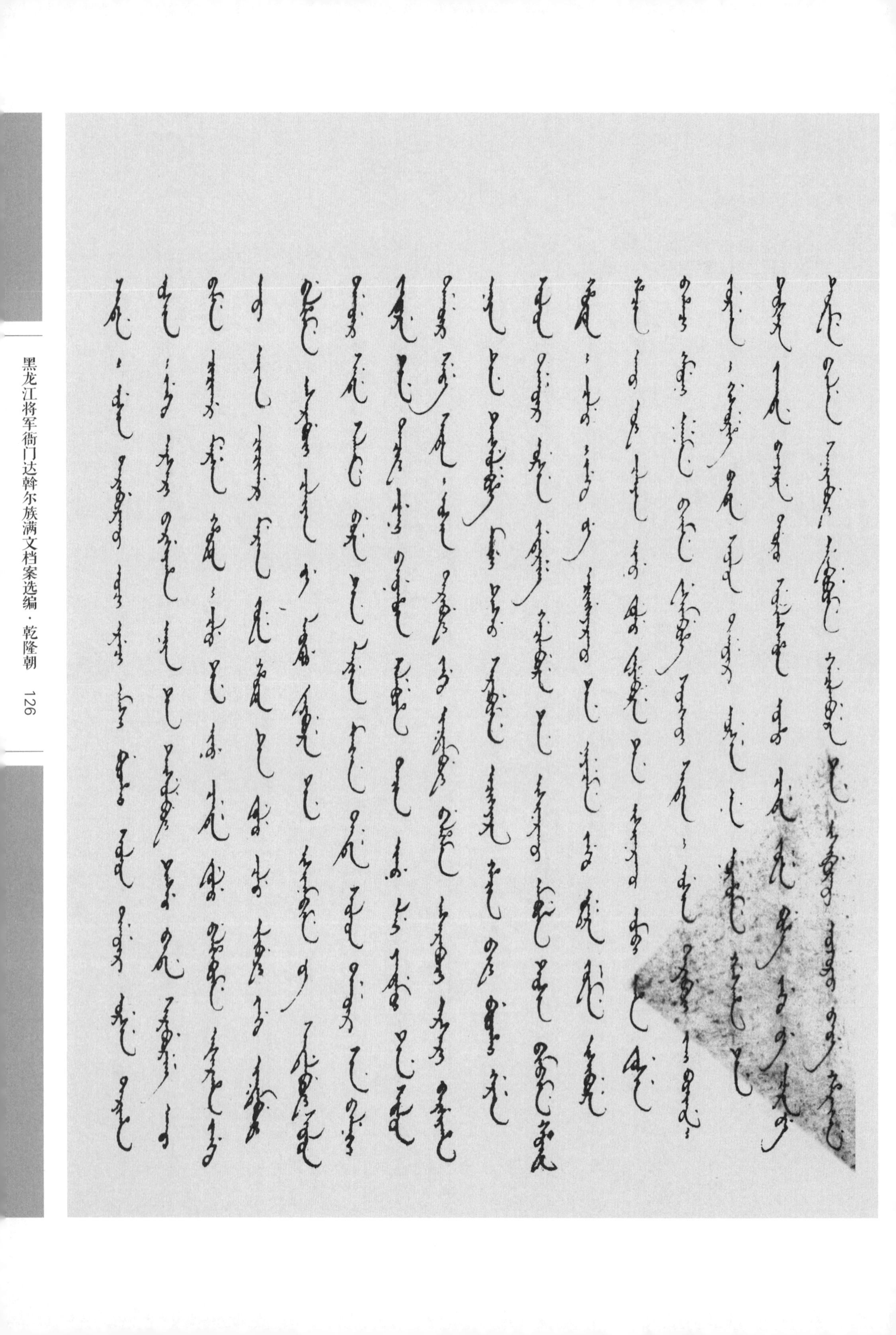

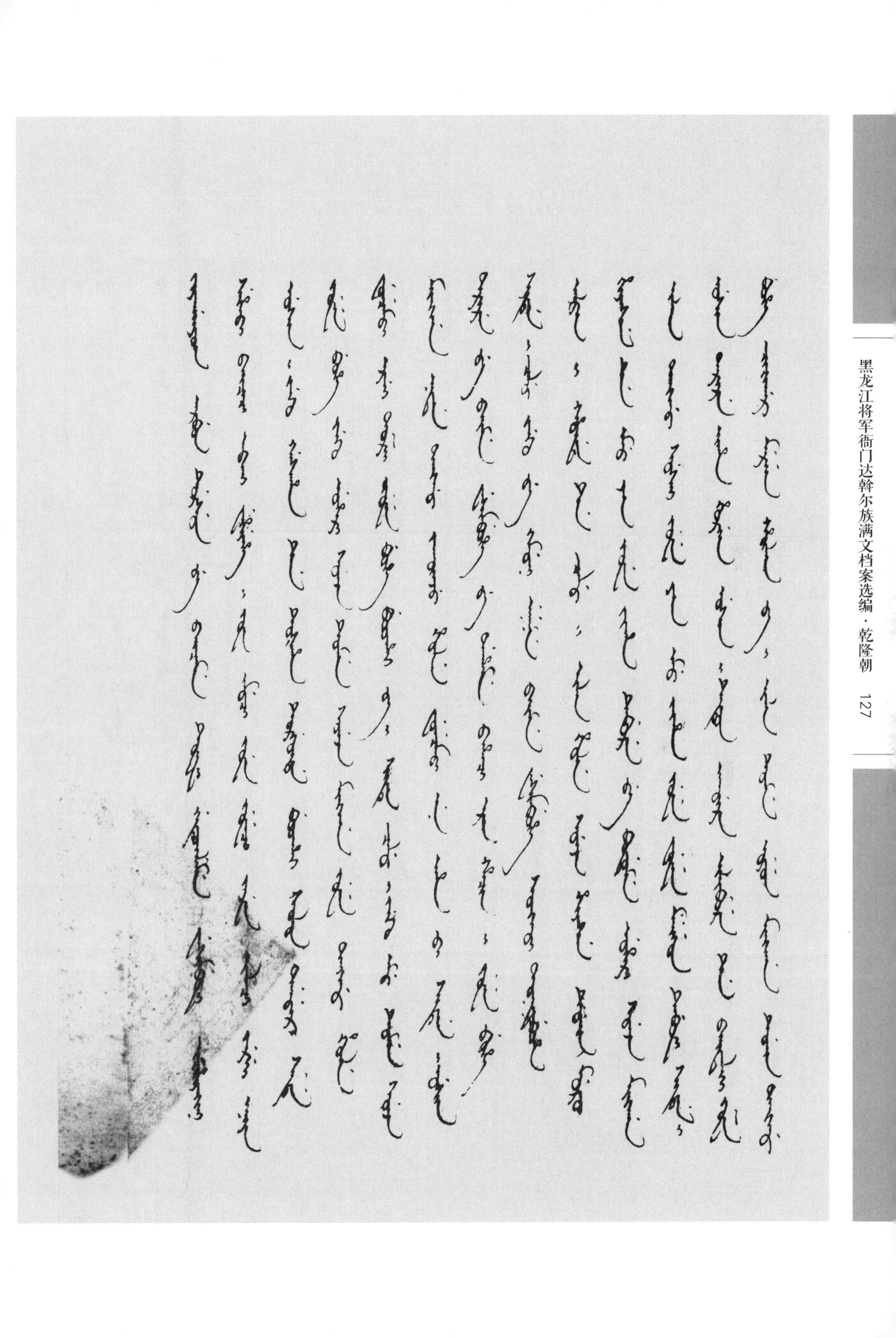

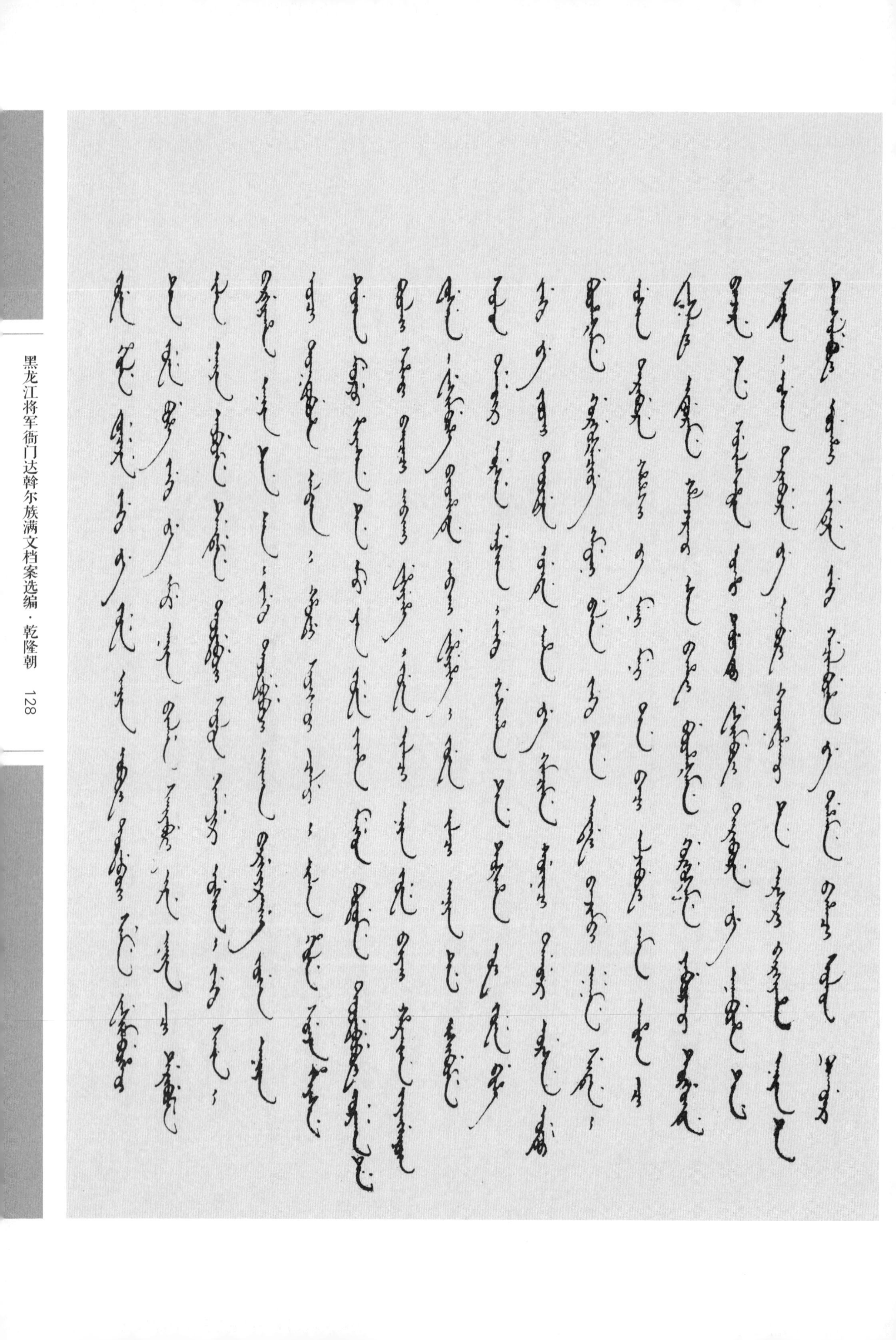

[illegible]

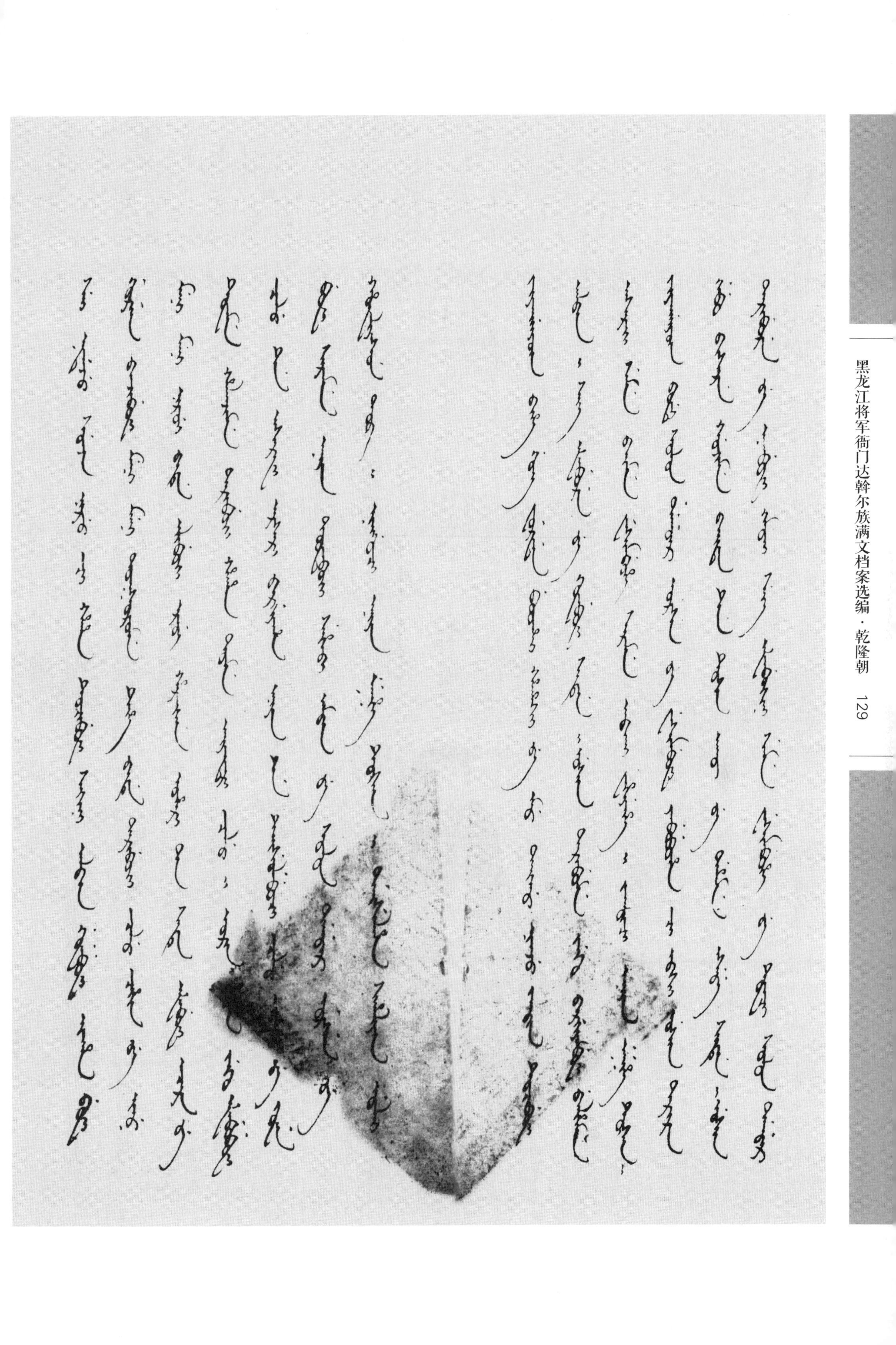

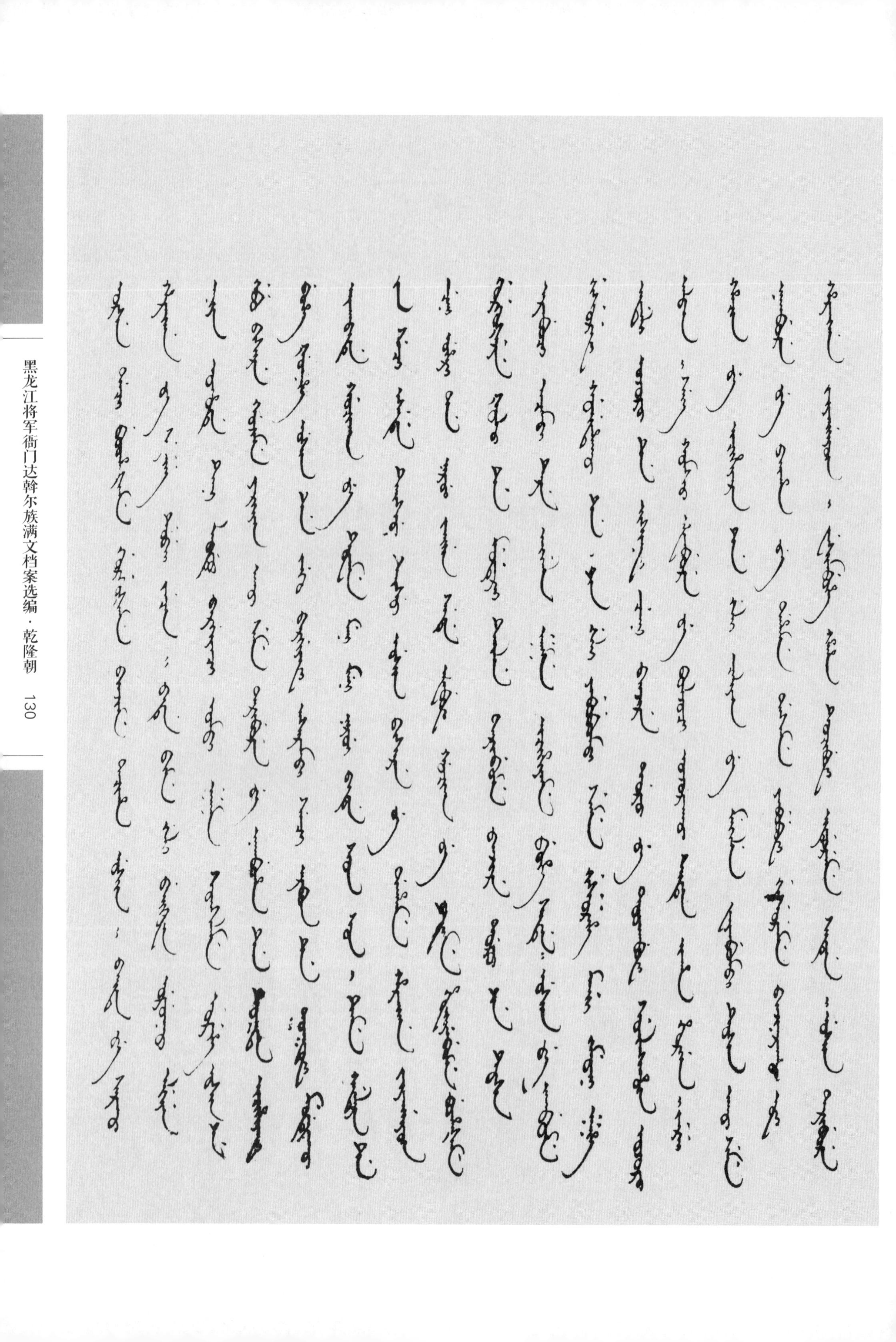

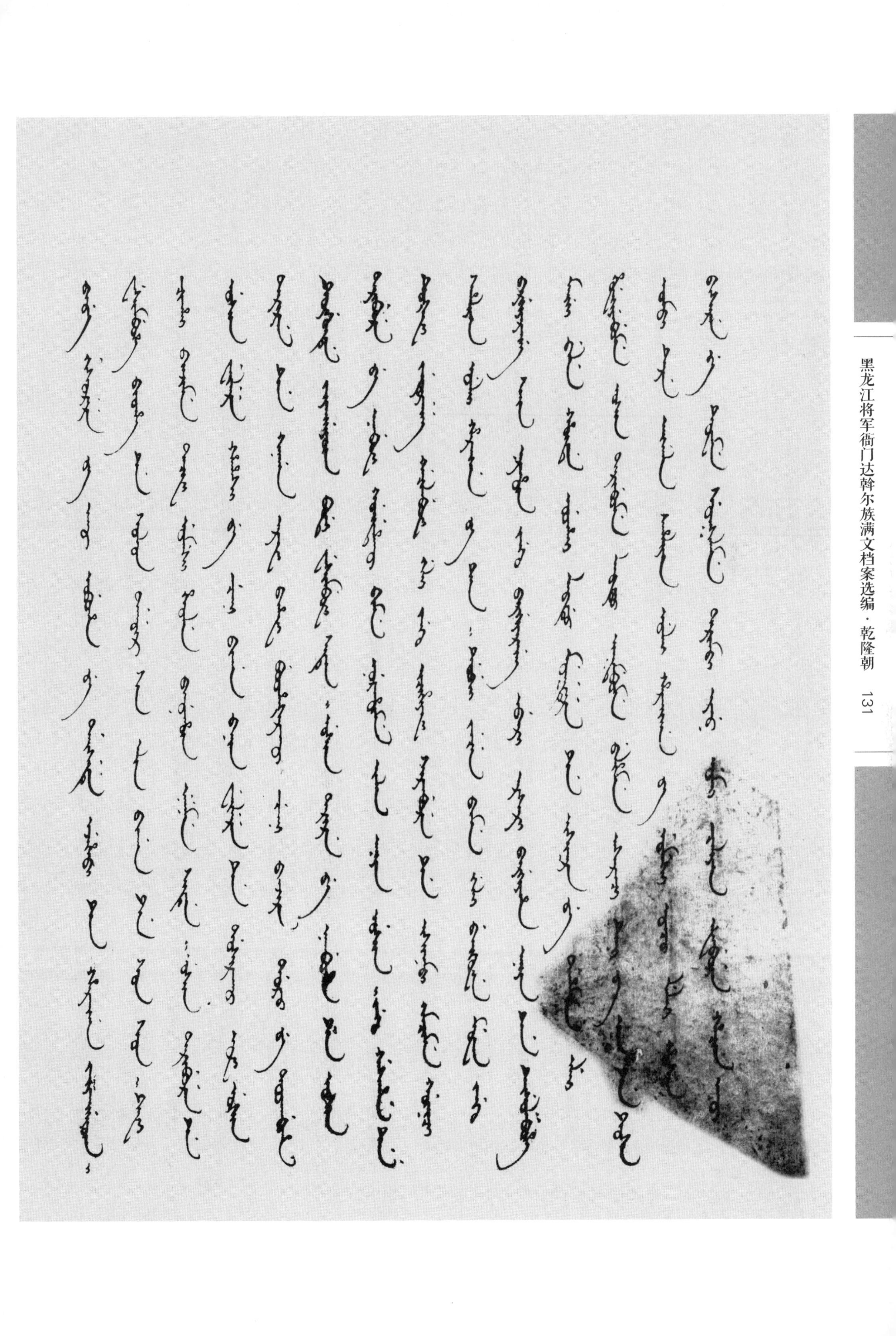

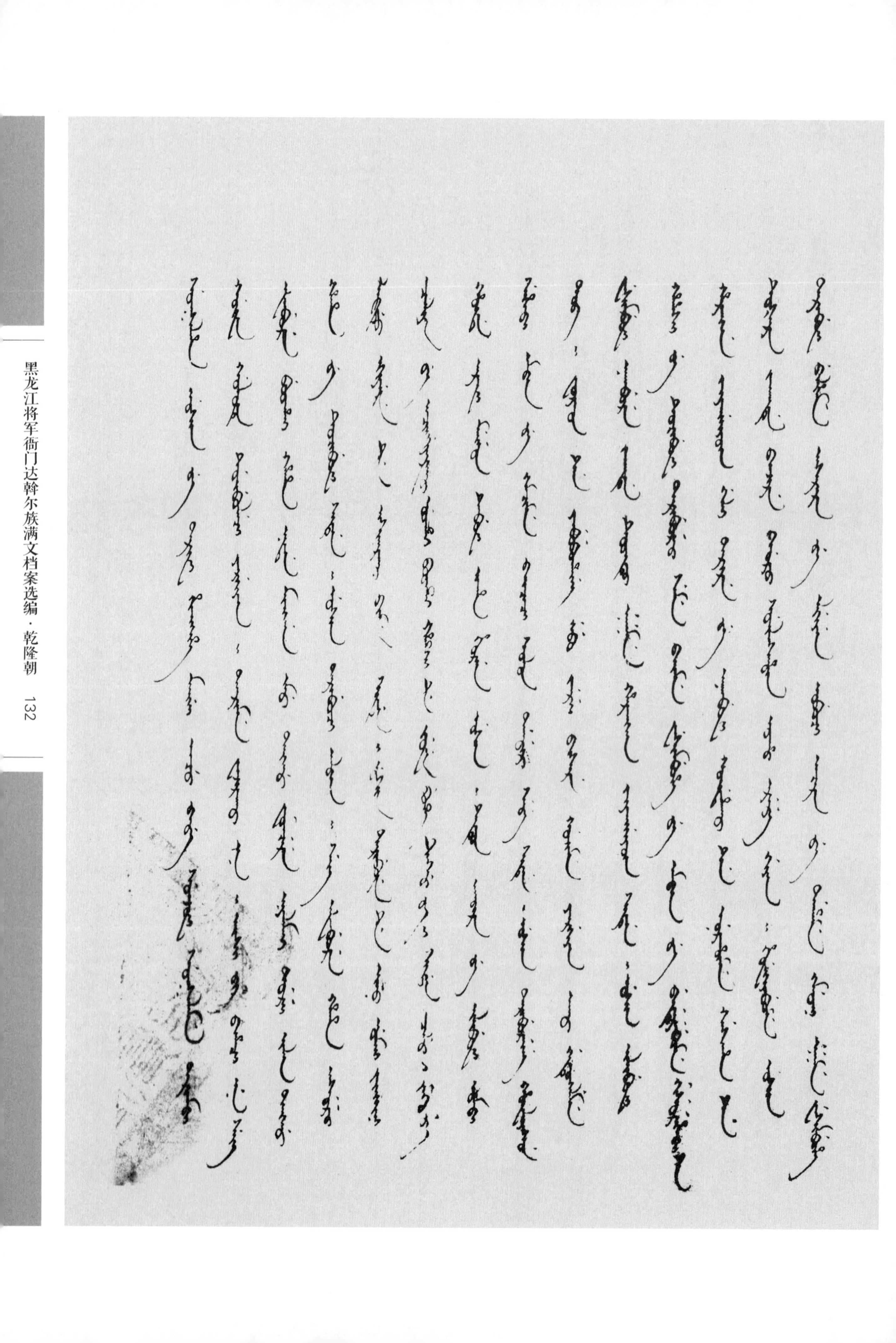

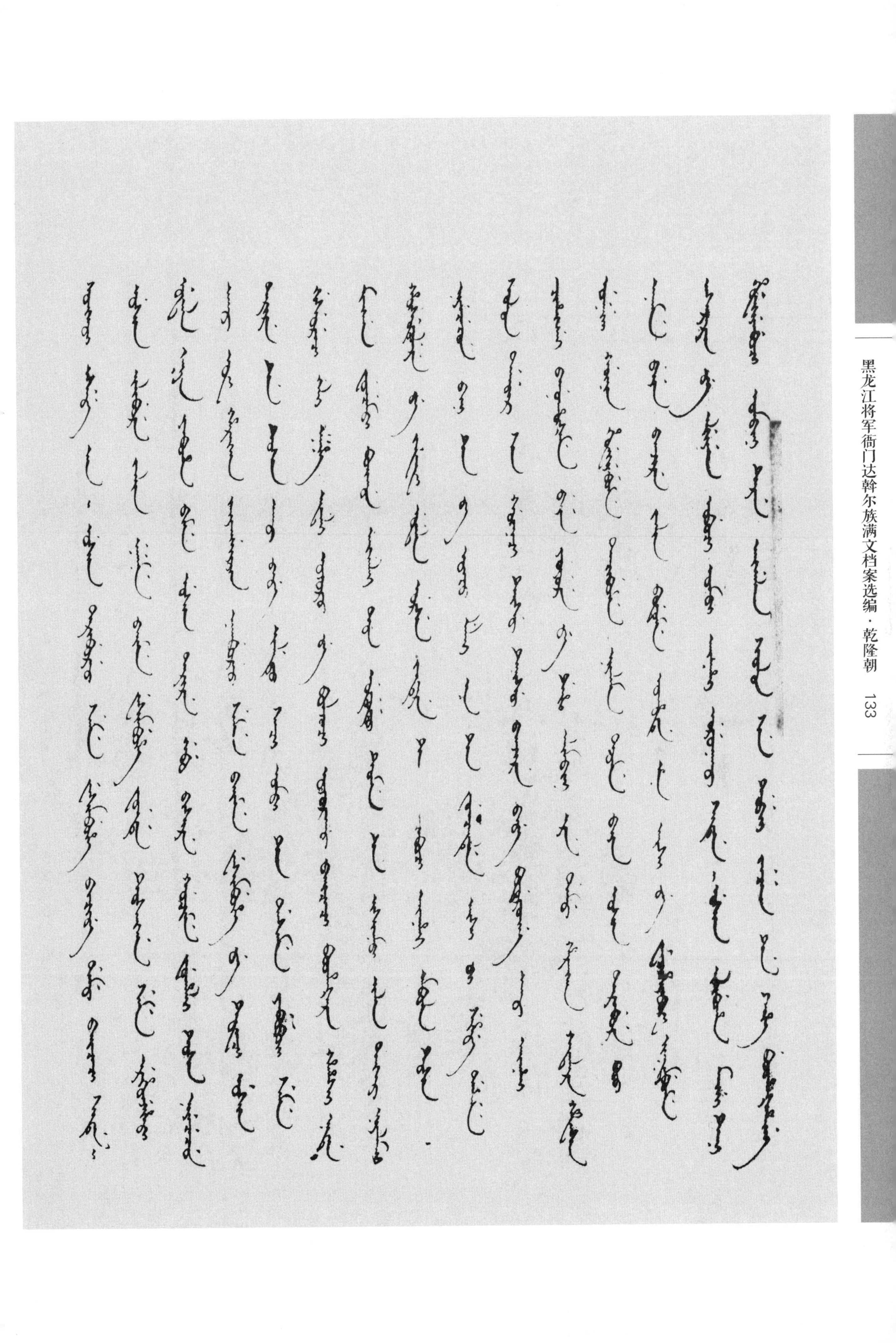

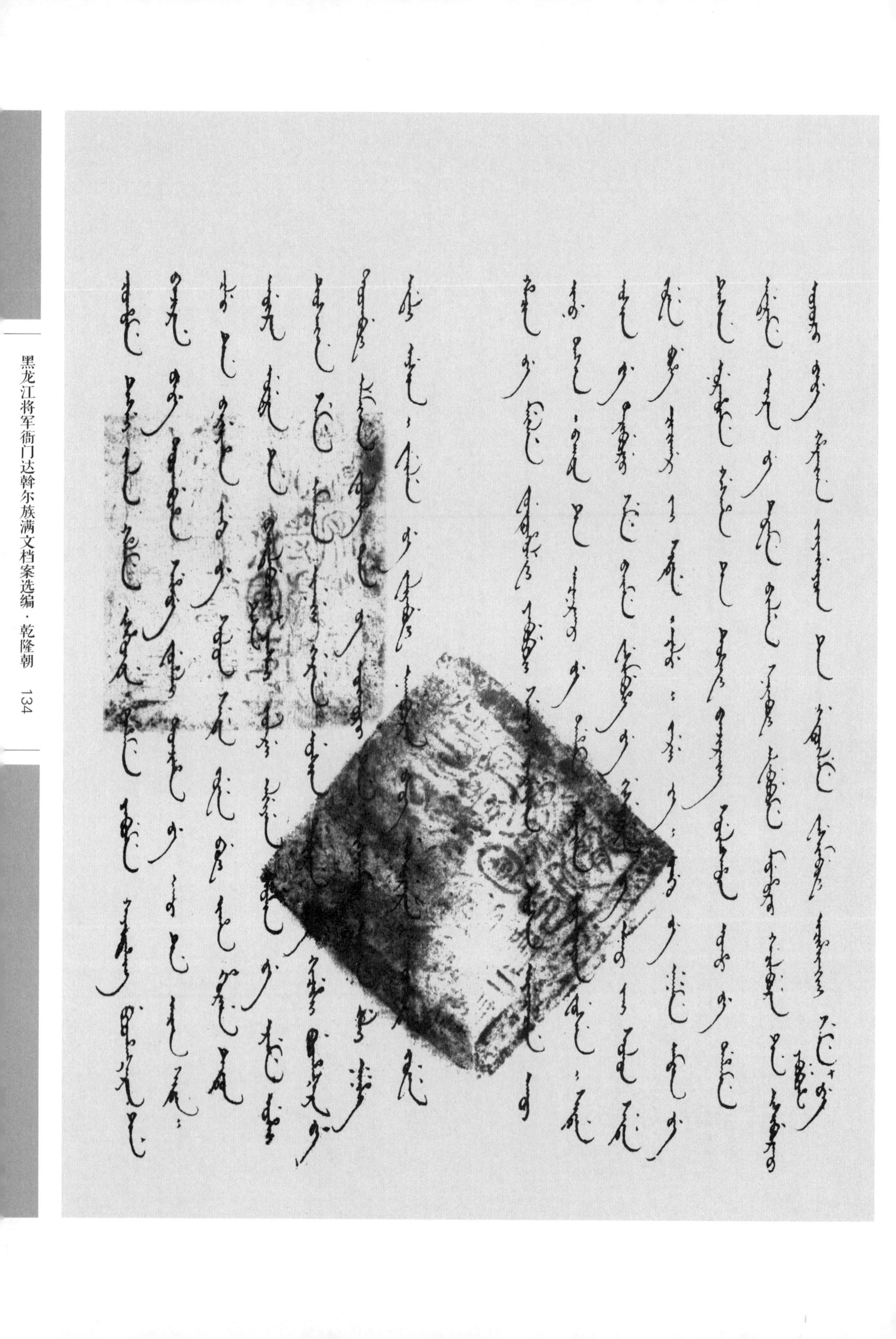

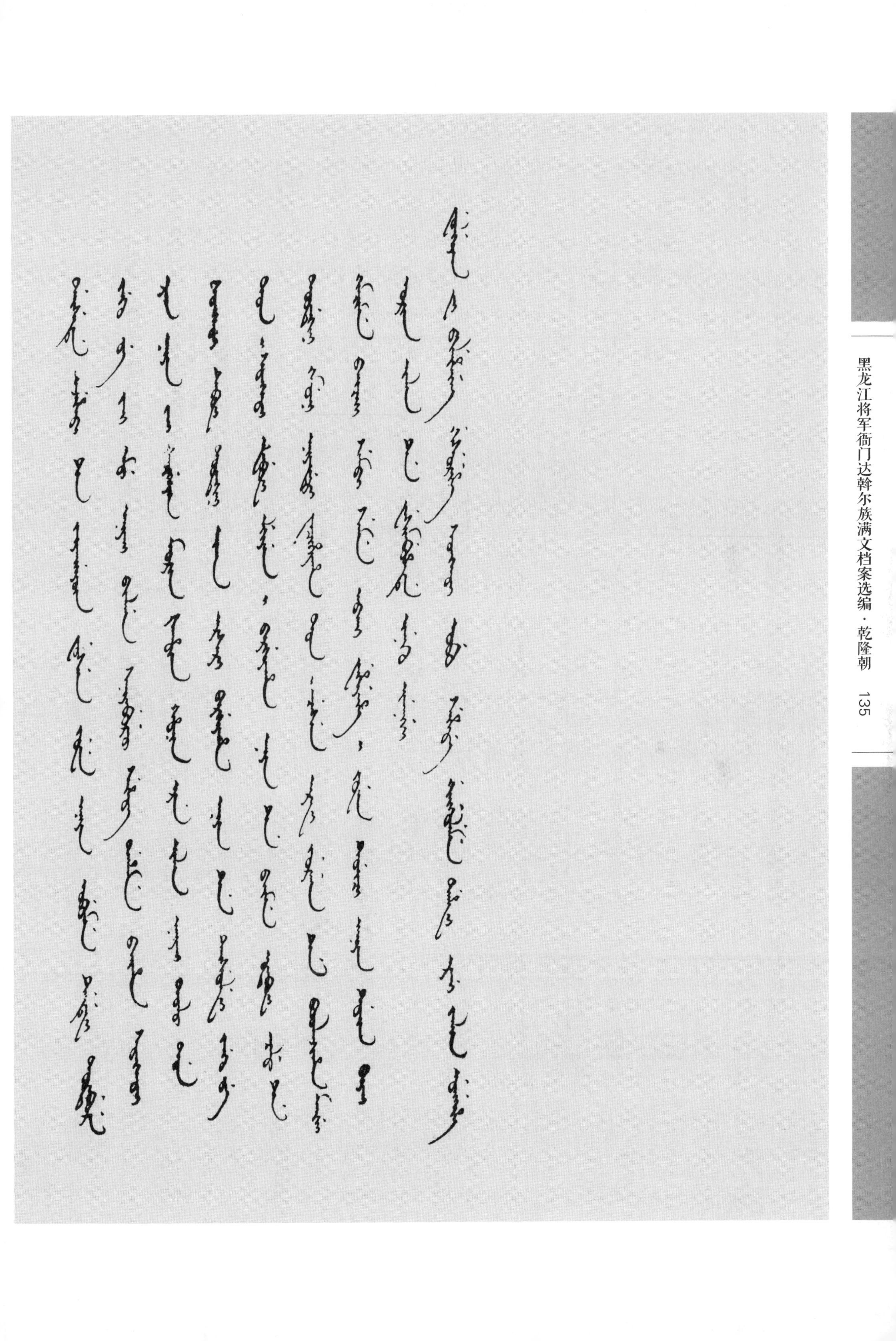

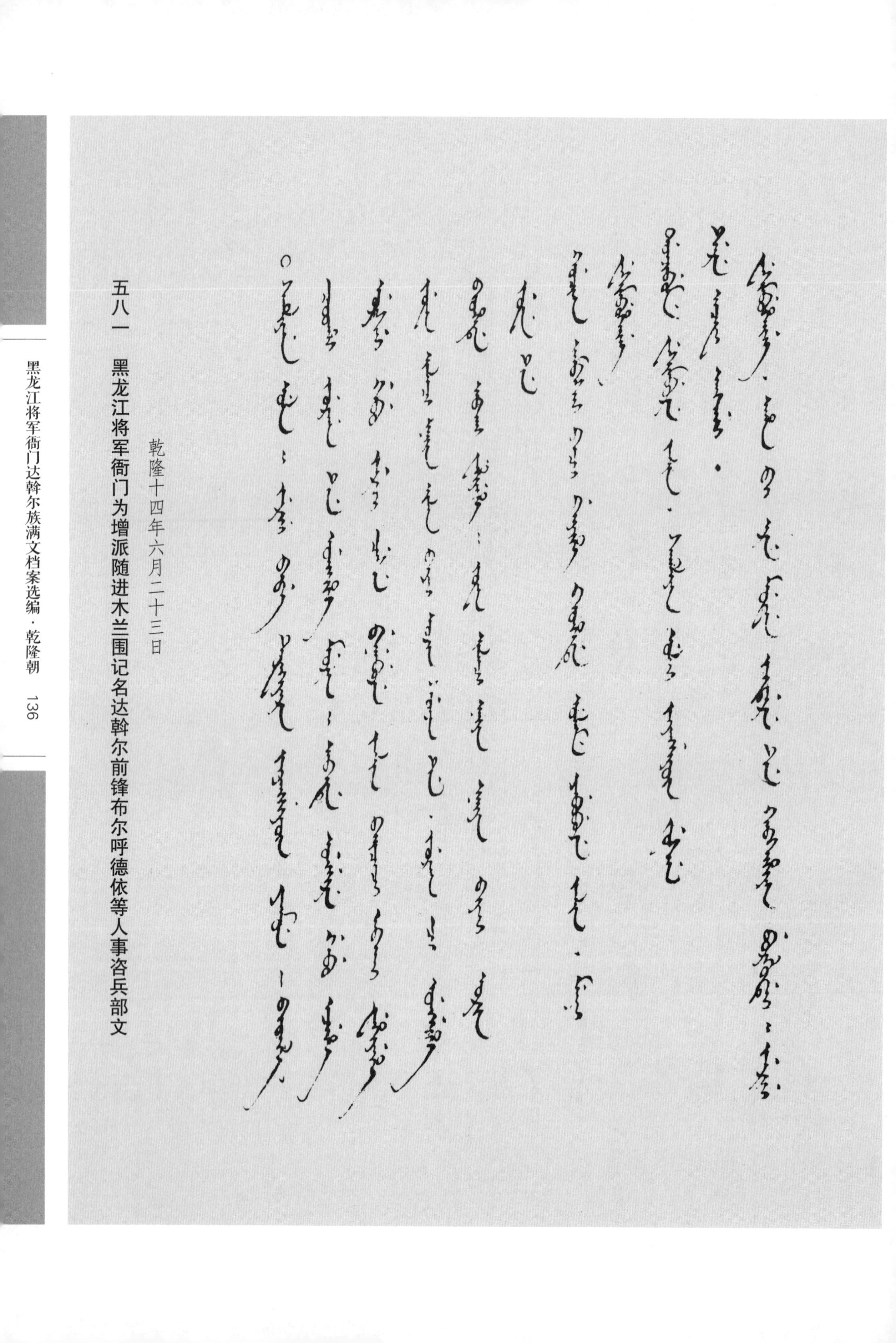

## 五八一 黑龙江将军衙门为增派随进木兰围记名达斡尔前锋布尔呼德依等人事咨兵部文

乾隆十四年六月二十三日

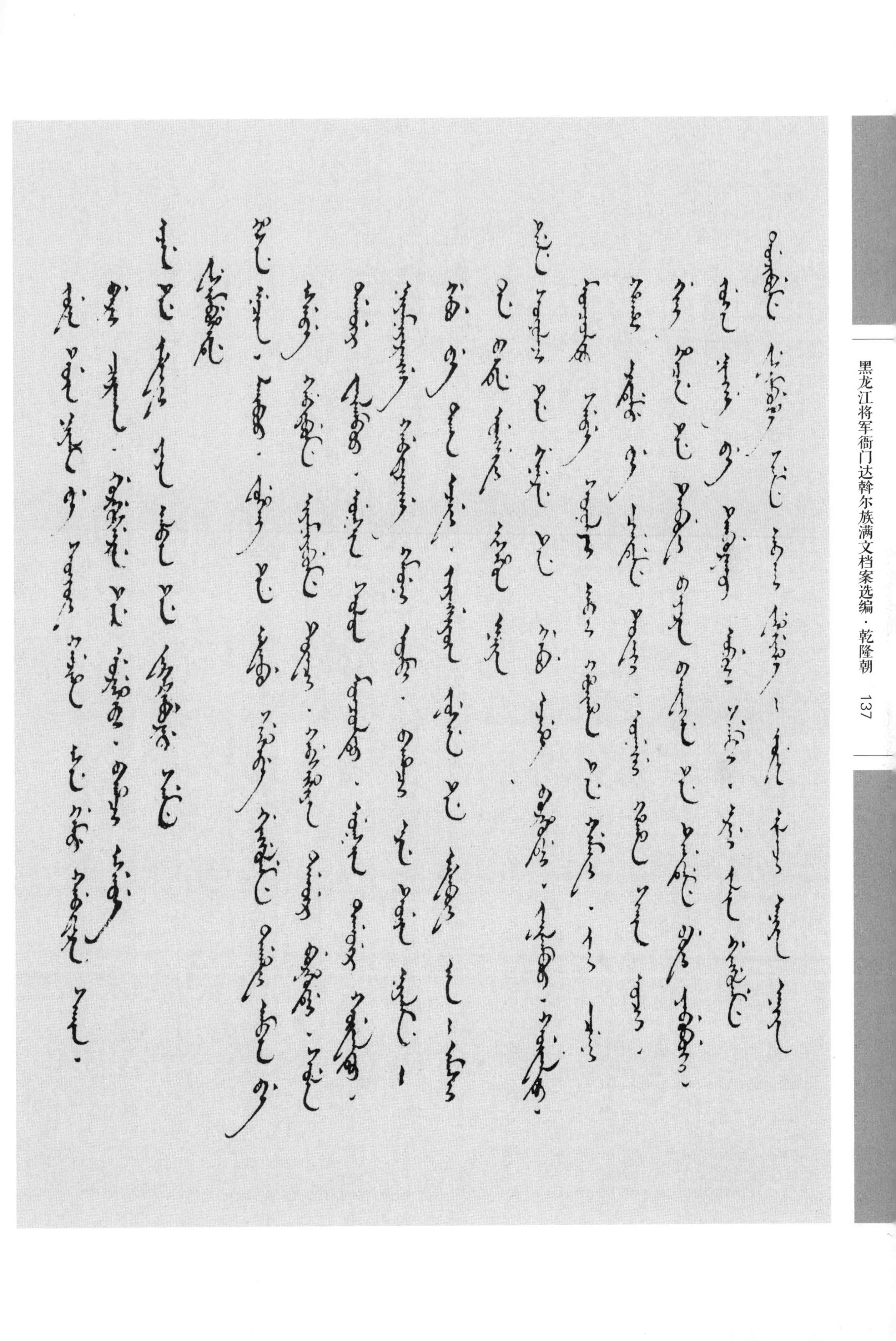

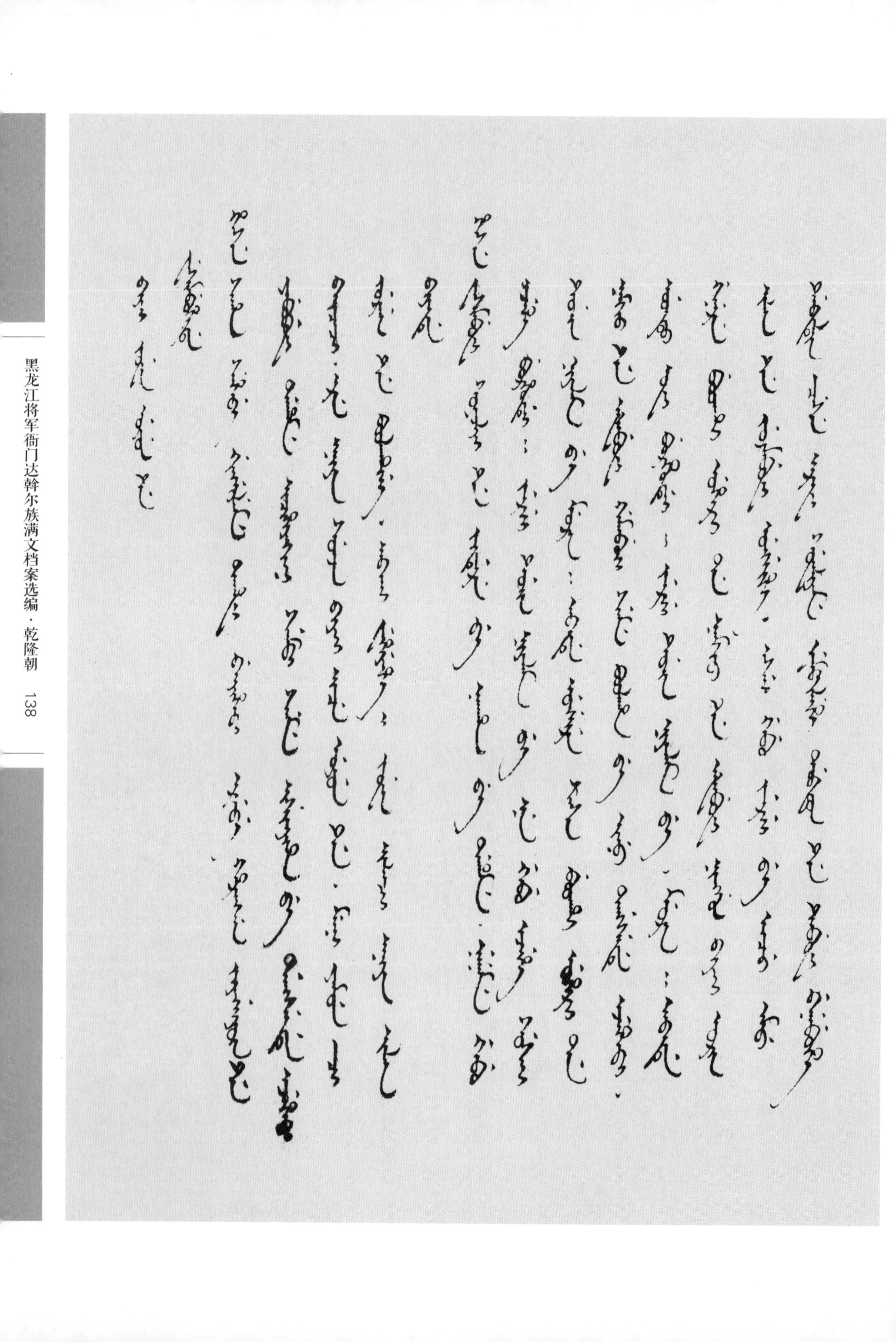

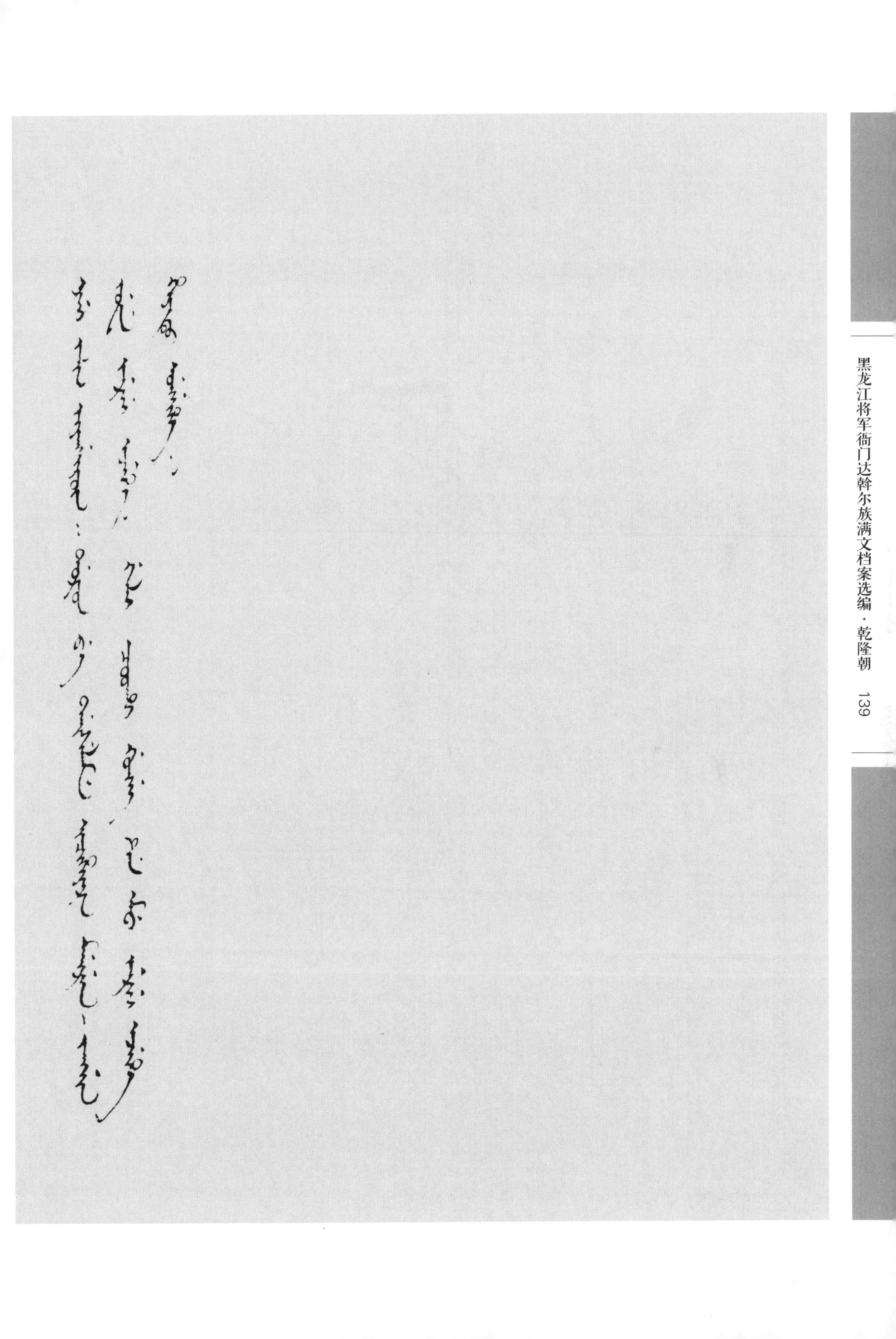

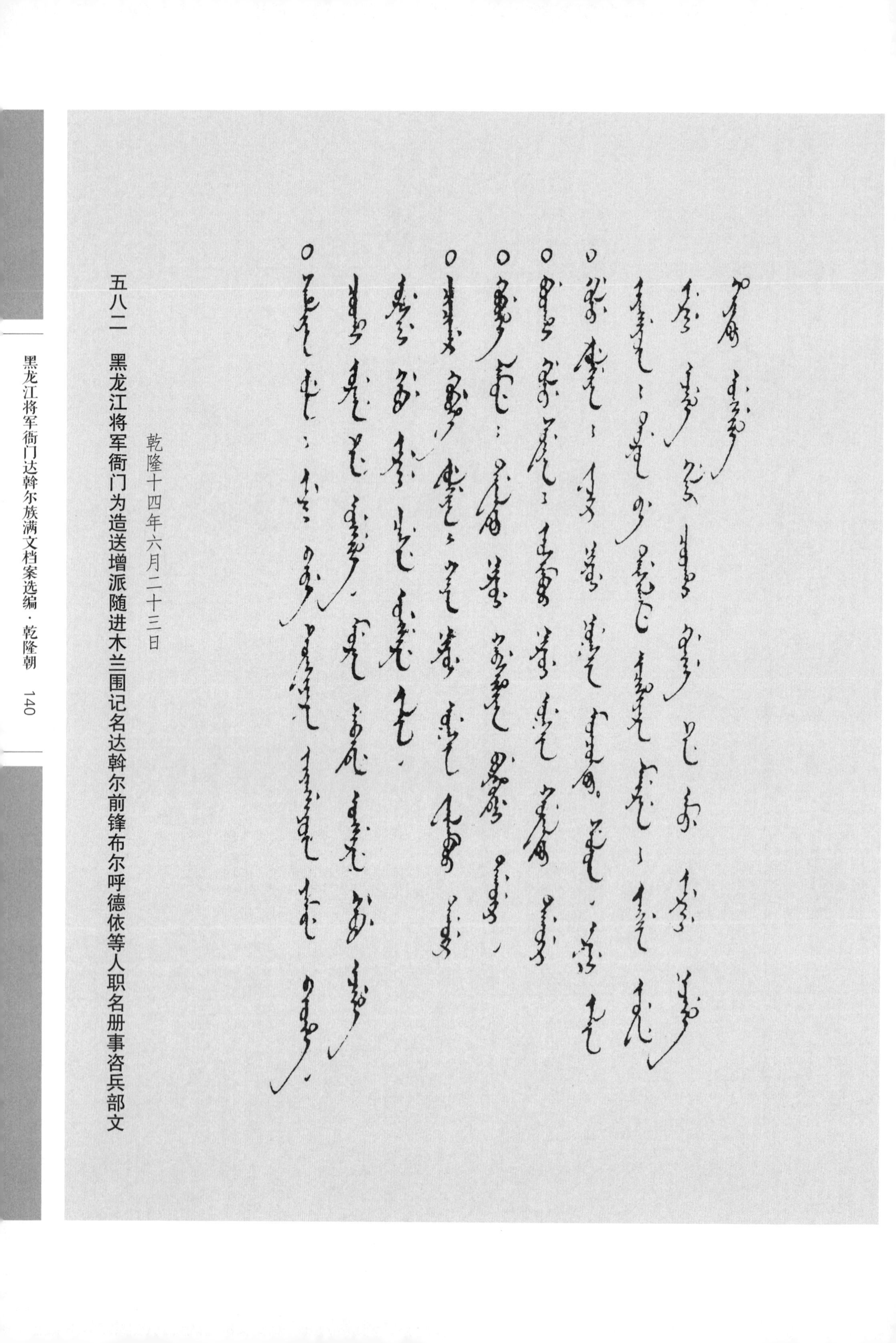

## 五八二 黑龙江将军衙门为造送增派随进木兰围记名达斡尔前锋布尔呼德依等人职名册事咨兵部文

乾隆十四年六月二十三日

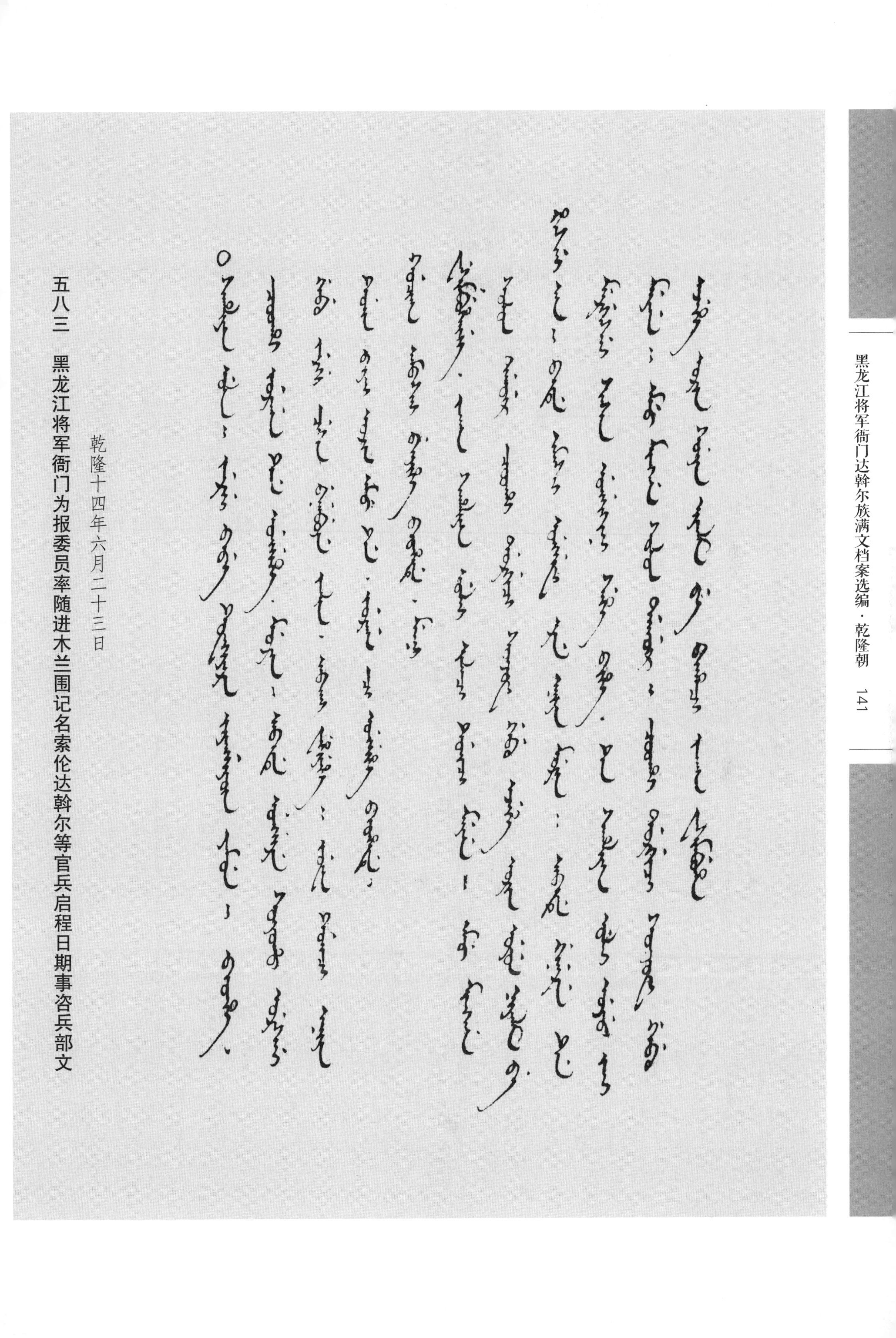

## 五八三　黑龙江将军衙门为报委员率随进木兰围记名索伦达斡尔等官兵启程日期事咨兵部文

乾隆十四年六月二十三日

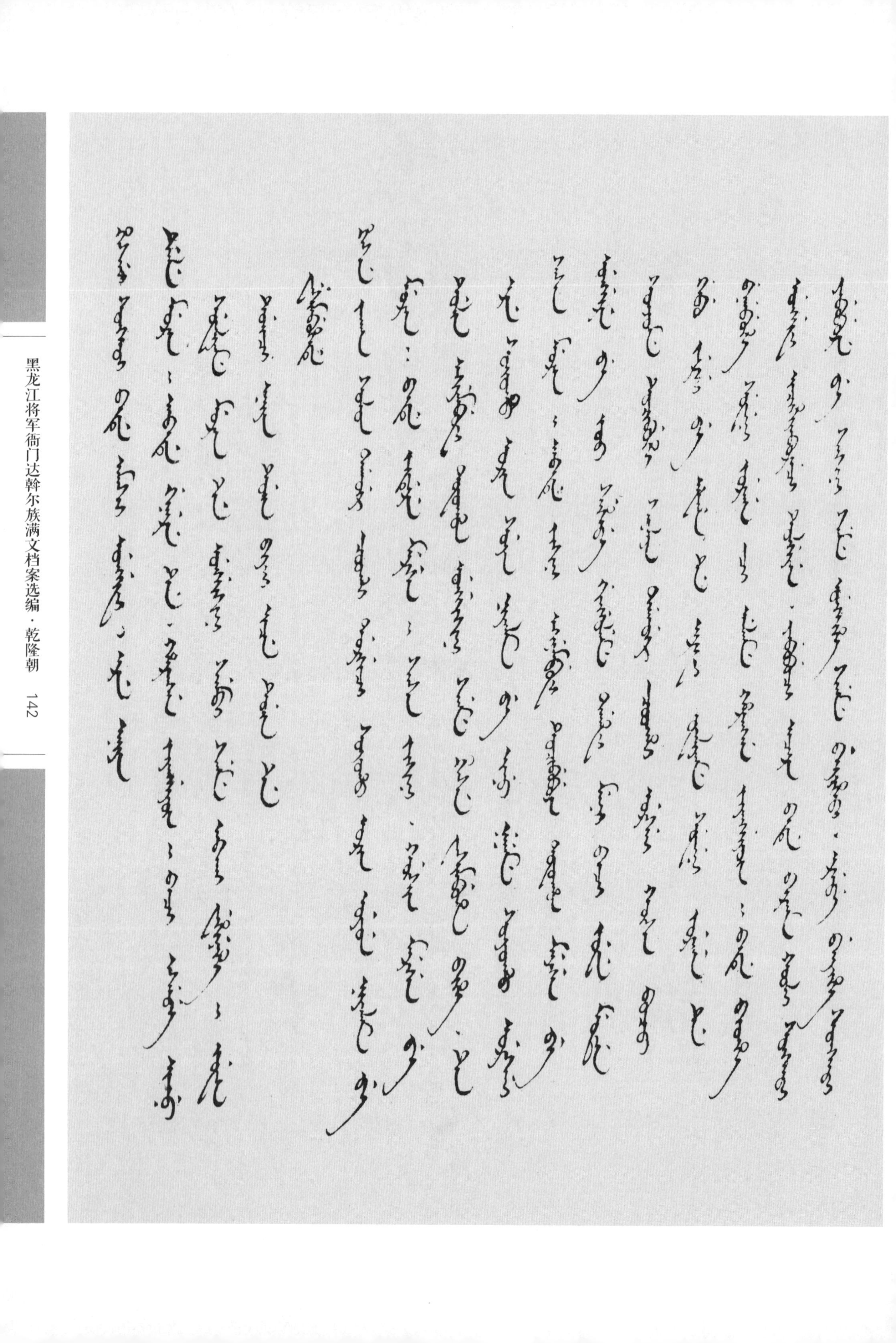

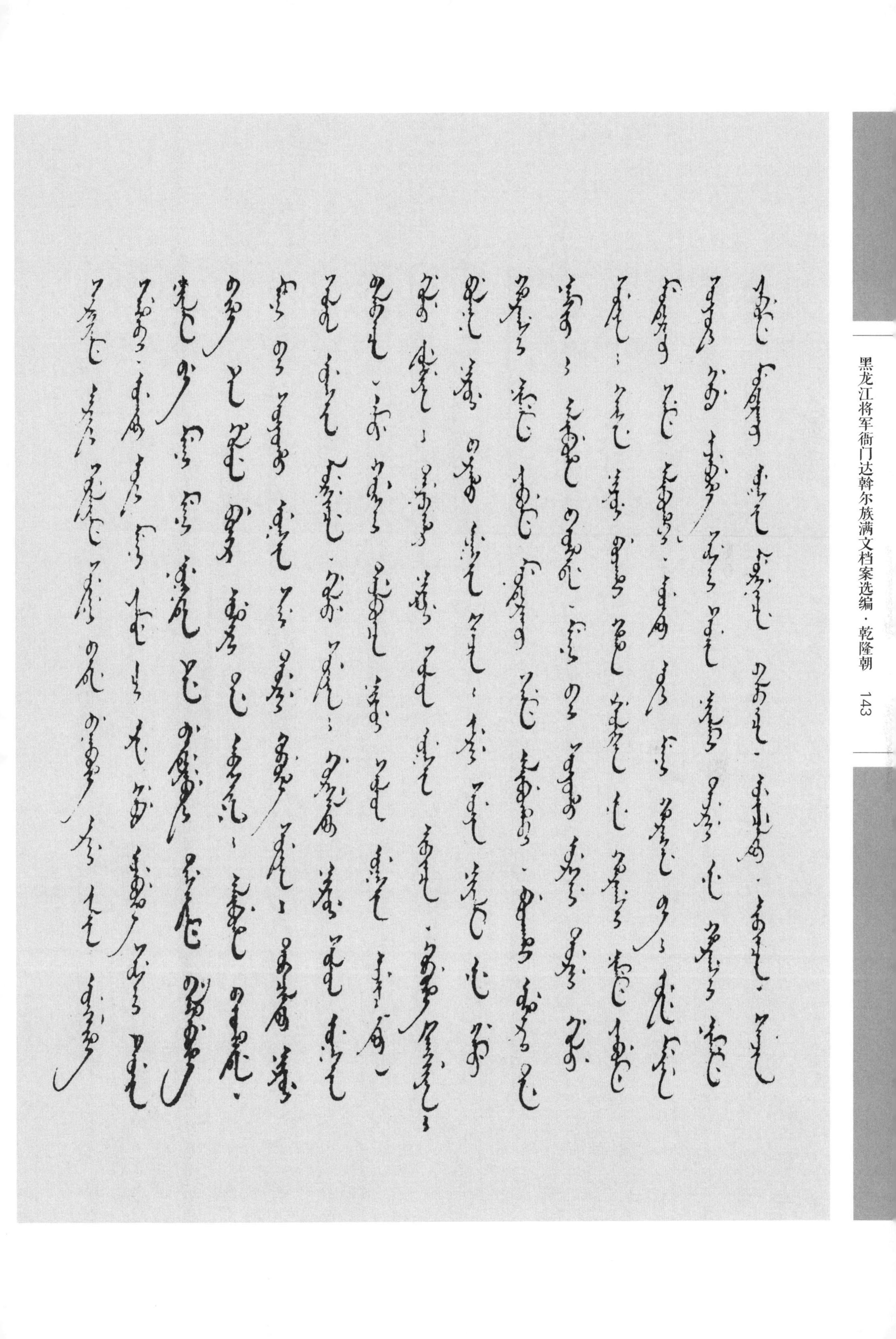

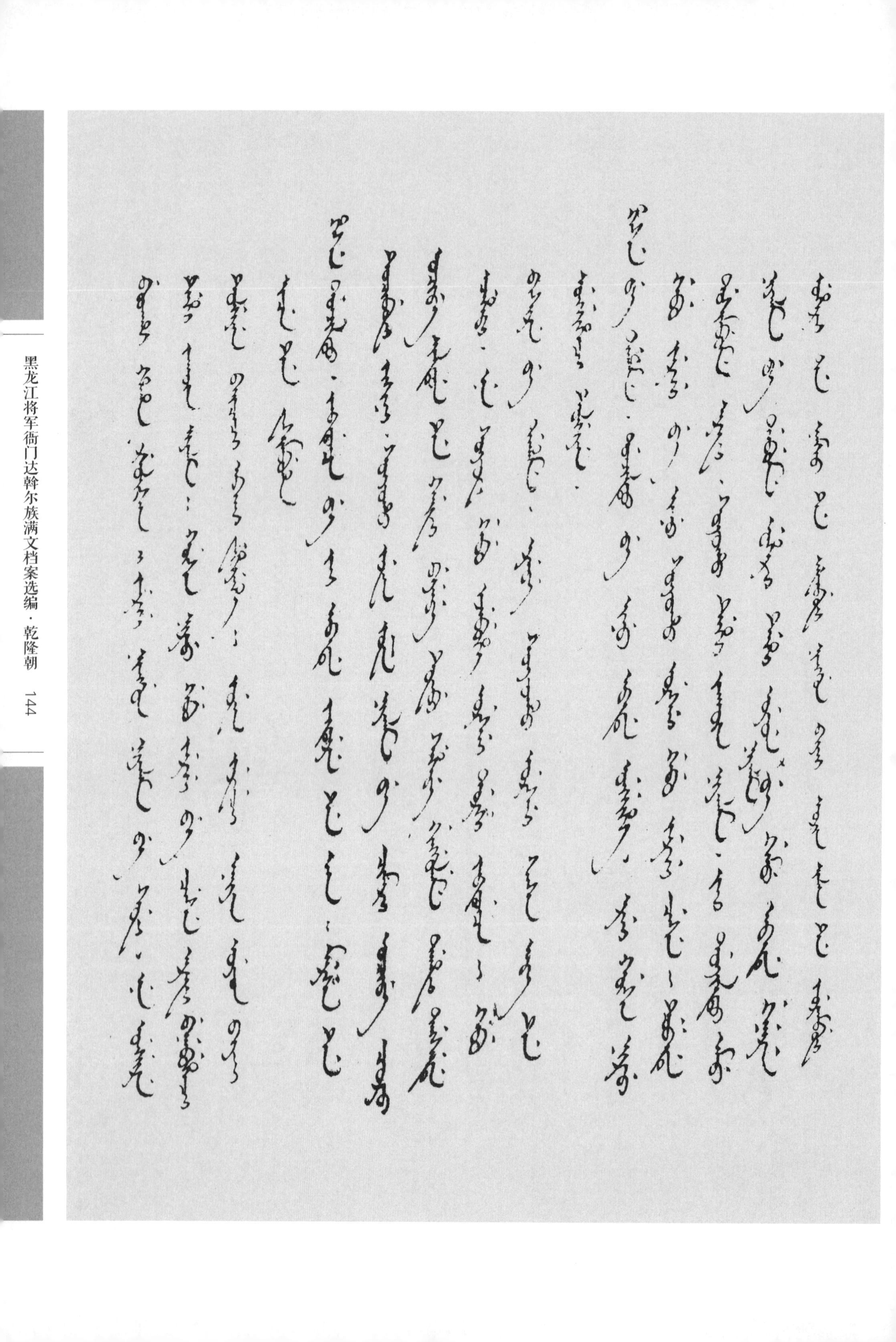

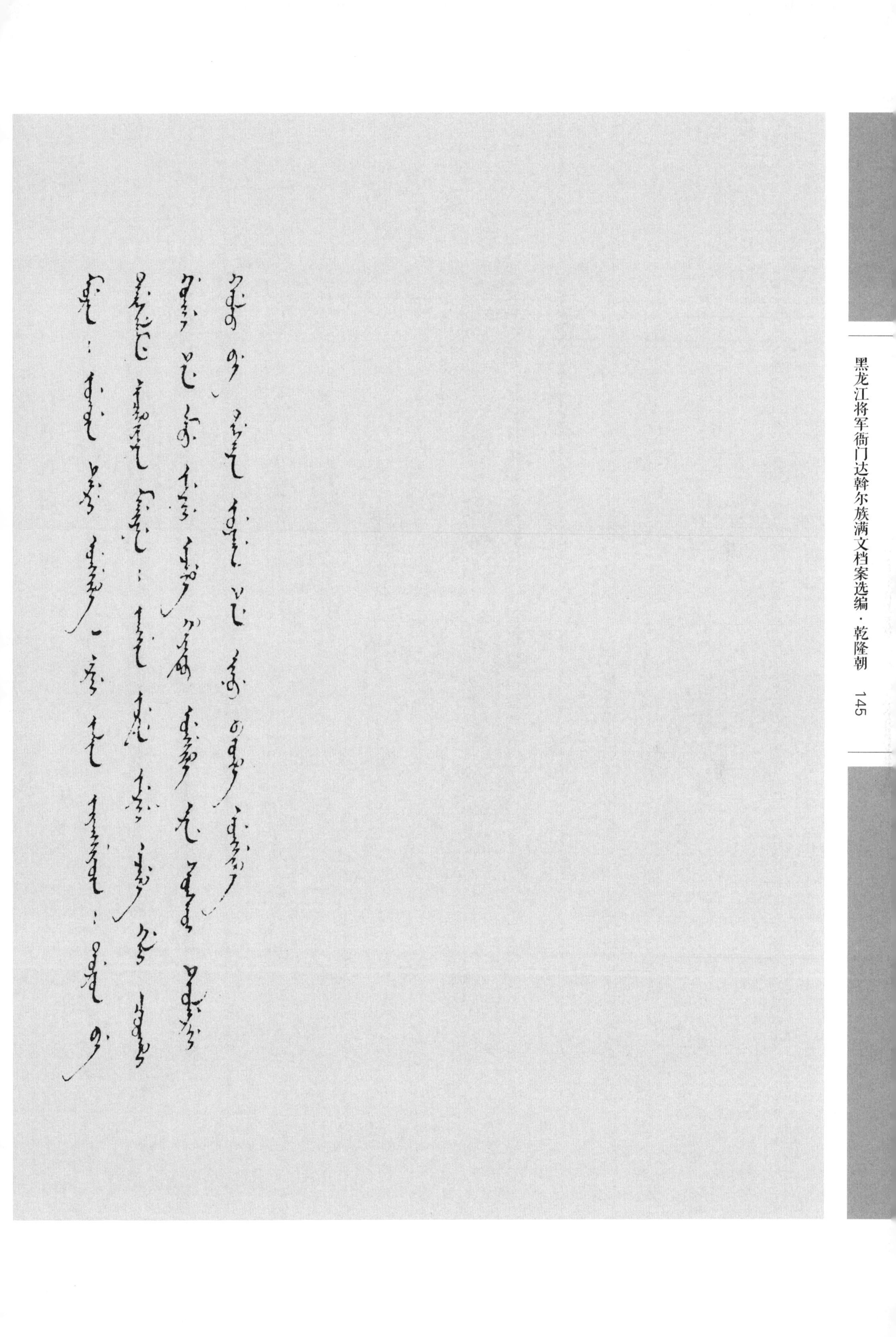

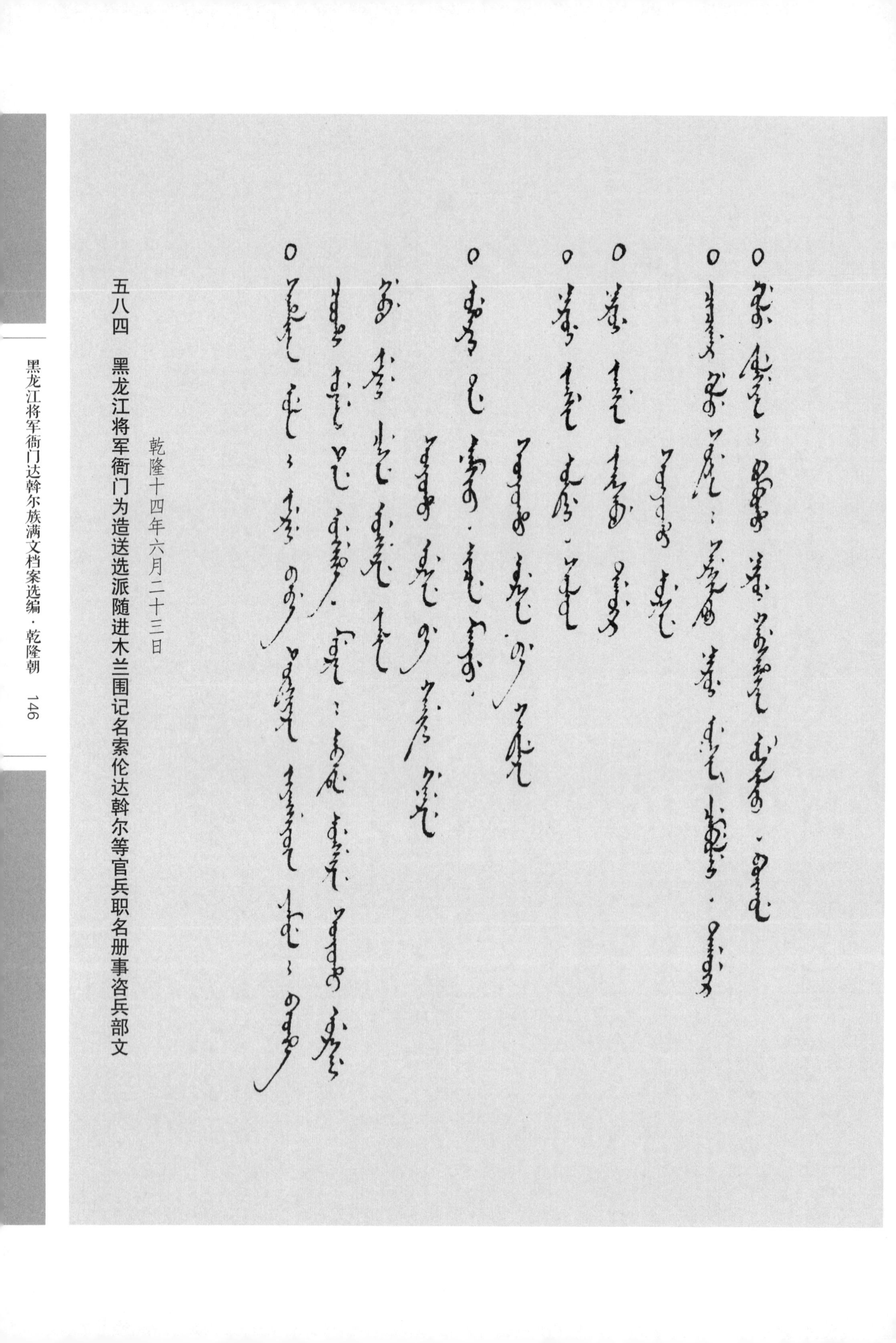

## 五八四 黑龙江将军衙门为造送选派随进木兰围记名索伦达斡尔等官兵职名册事咨兵部文

乾隆十四年六月二十三日

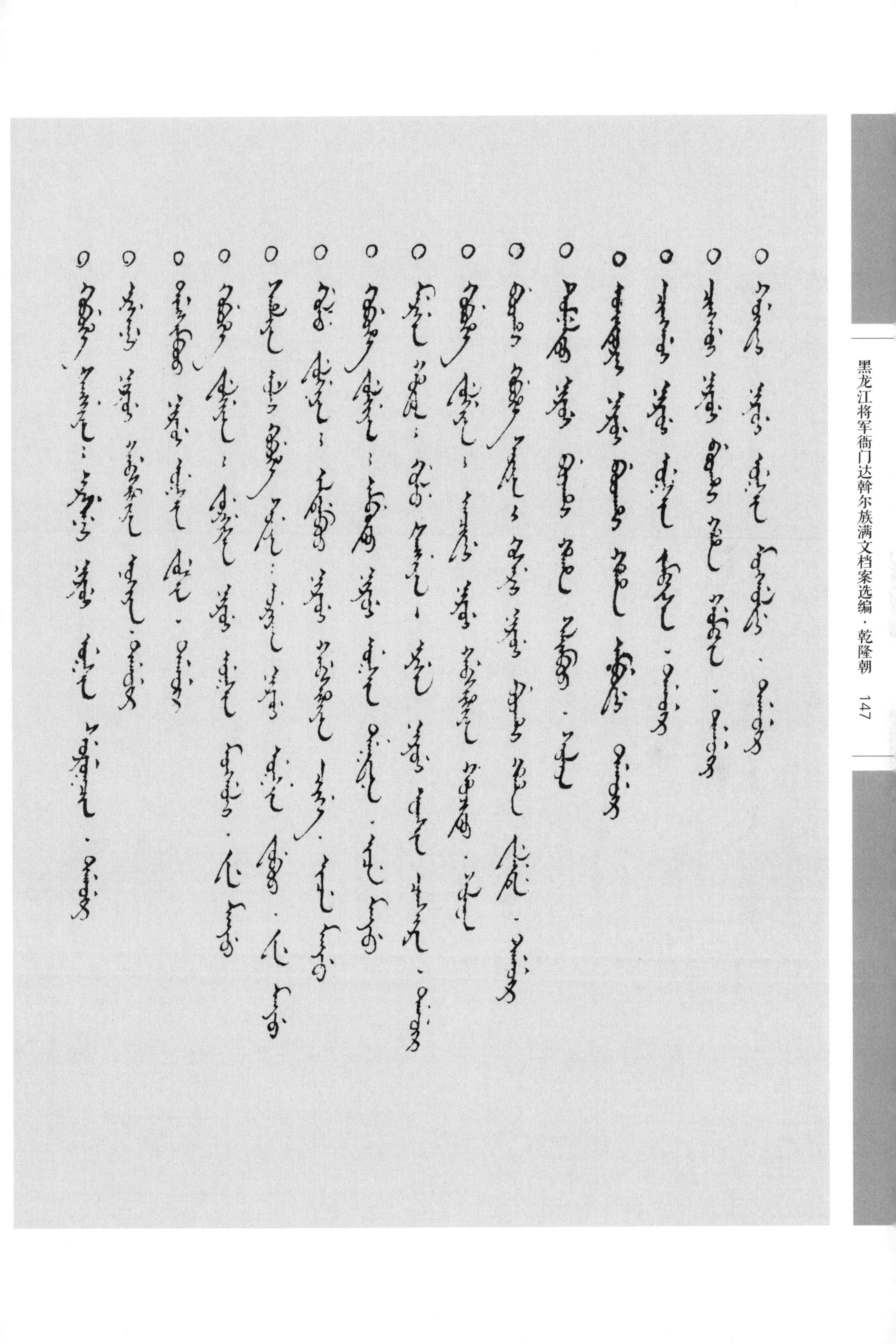

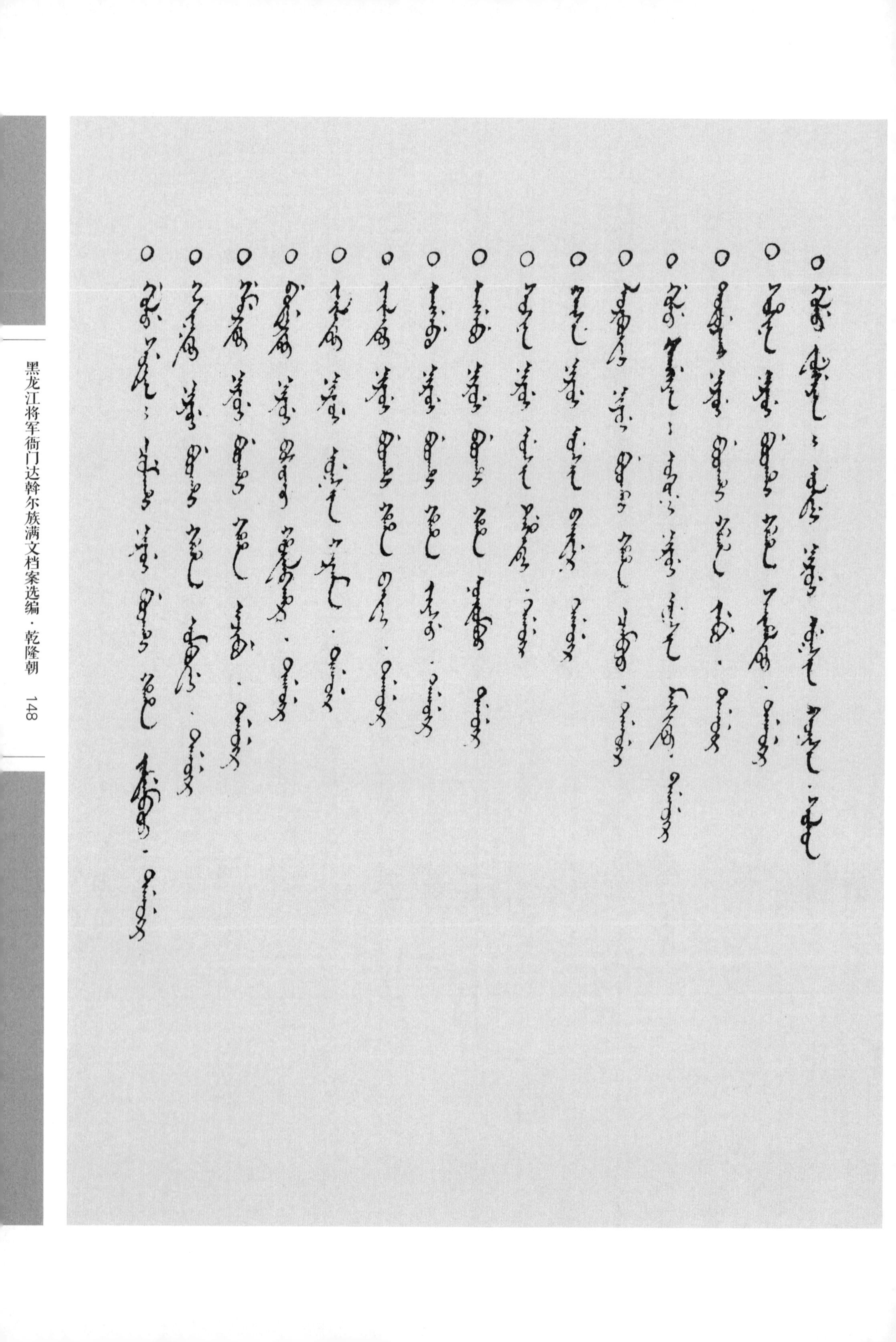

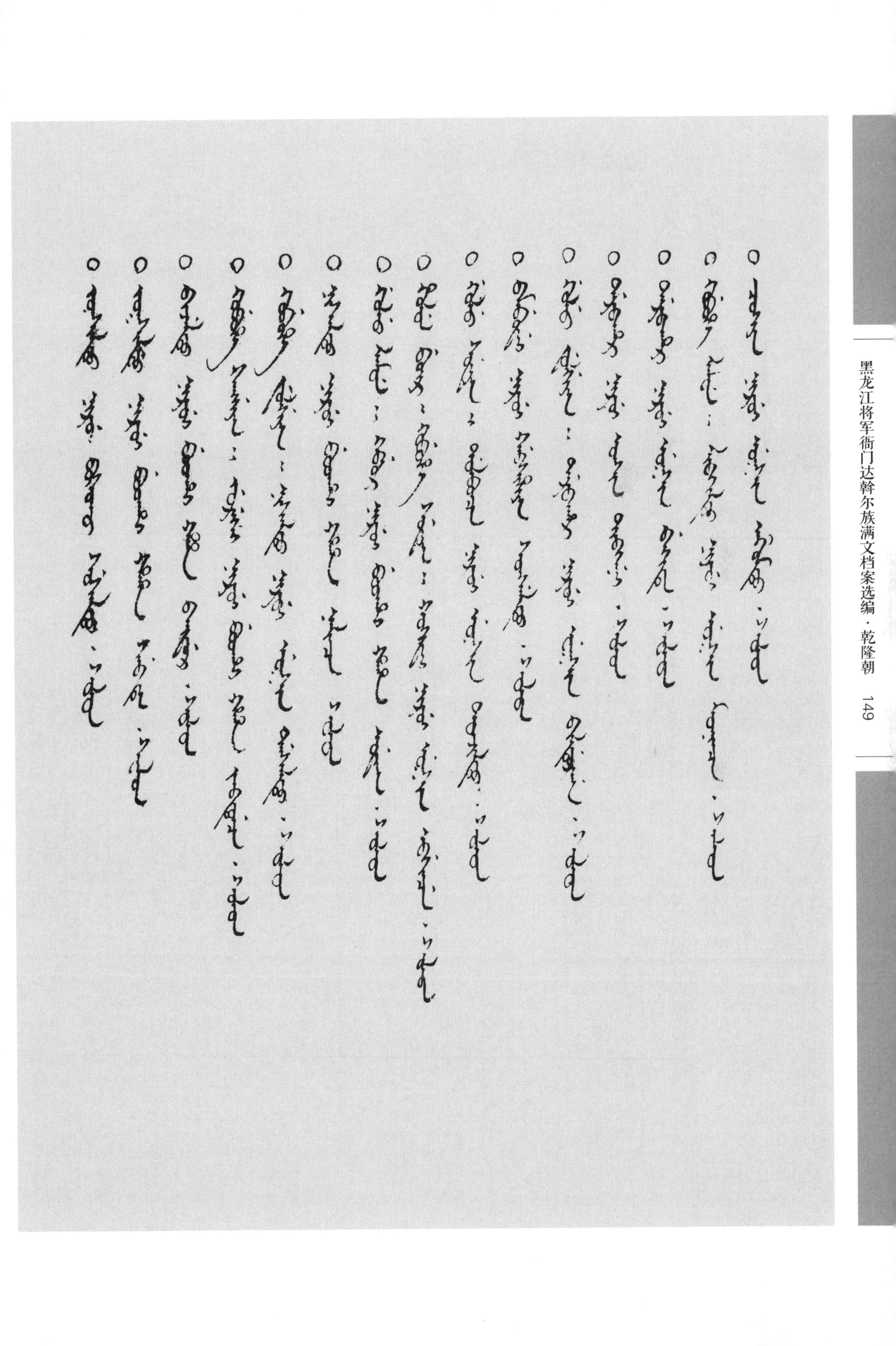

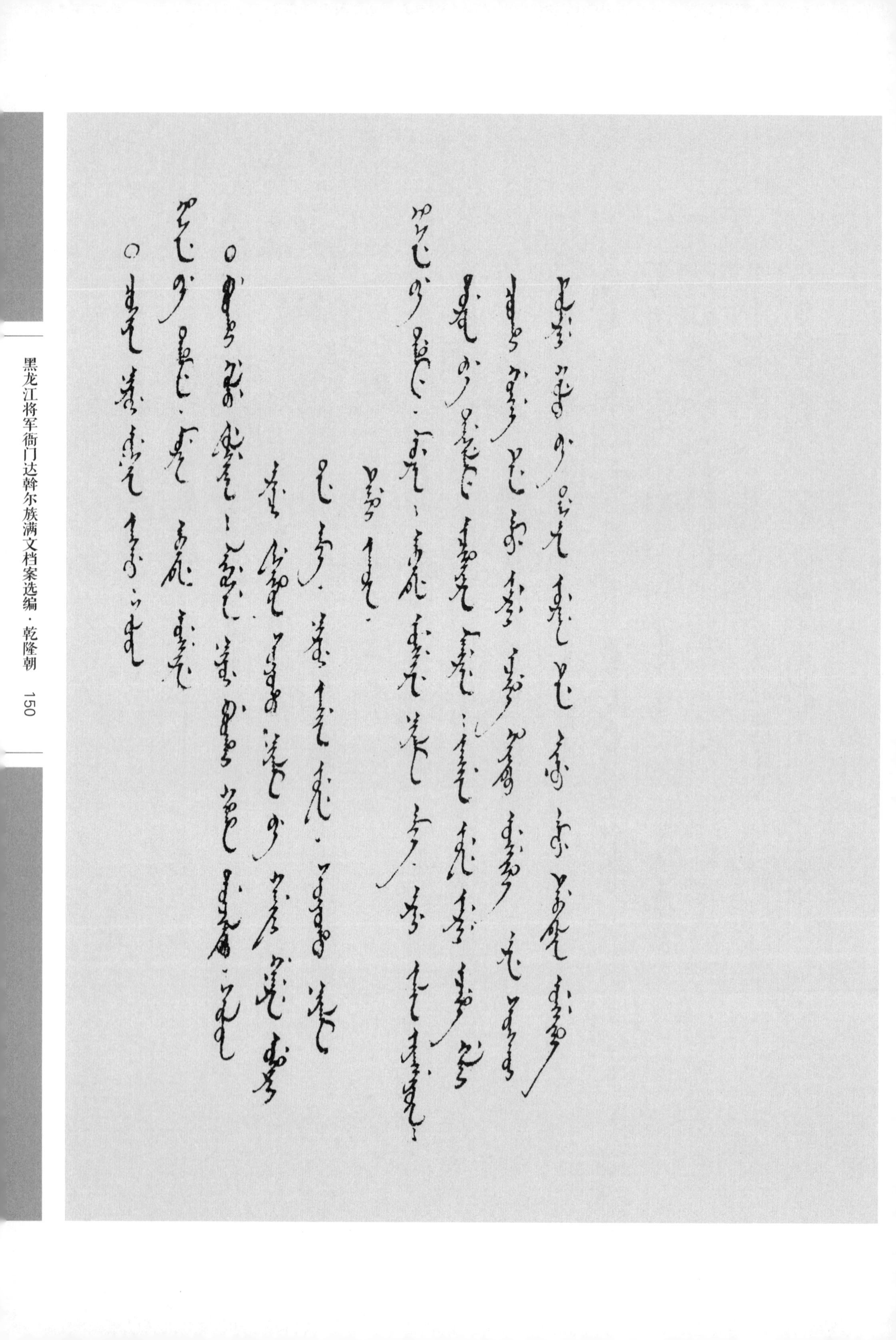

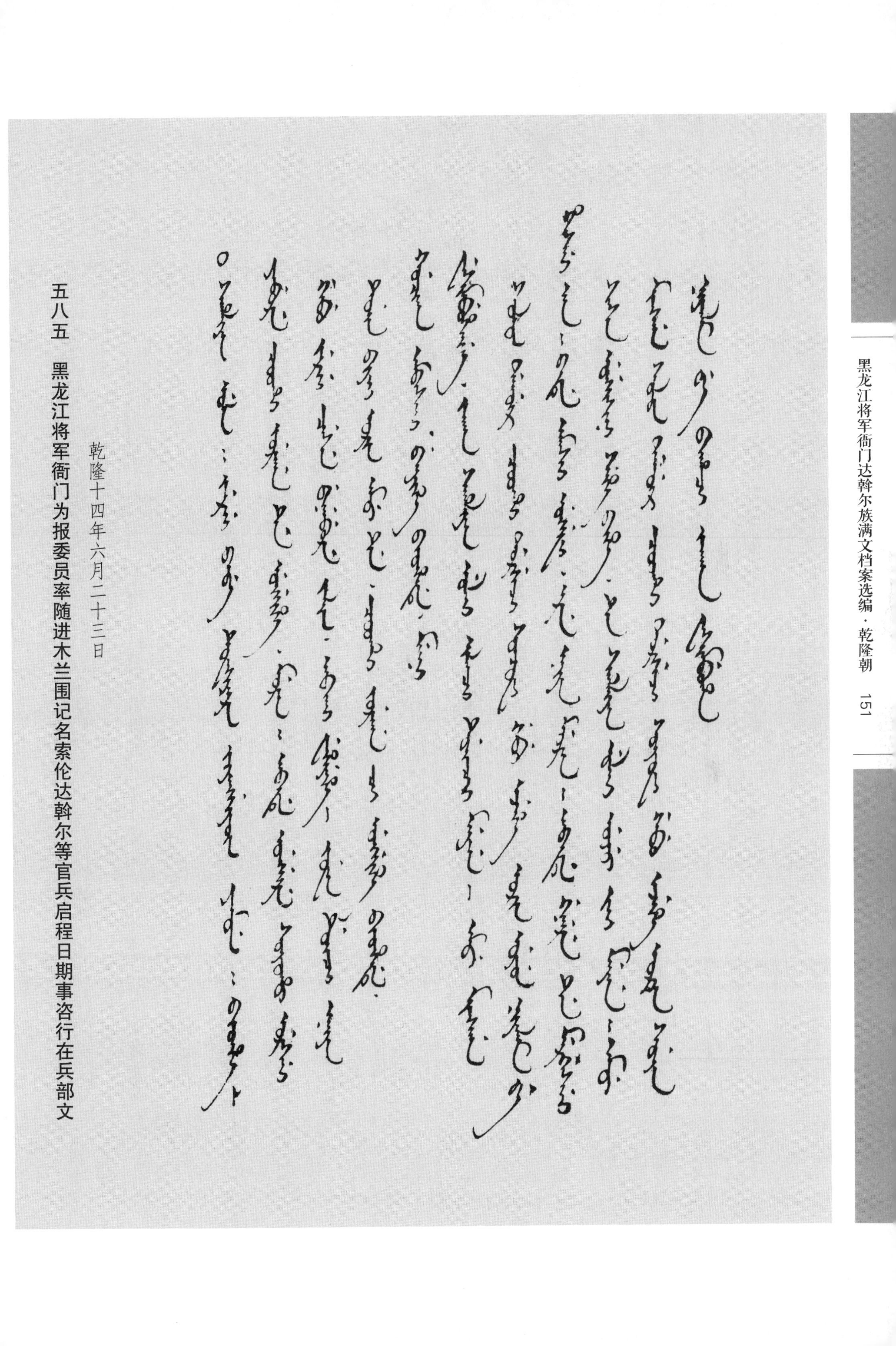

## 五八五 黑龙江将军衙门为报委员率随进木兰围记名索伦达斡尔等官兵启程日期事咨行在兵部文

乾隆十四年六月二十三日

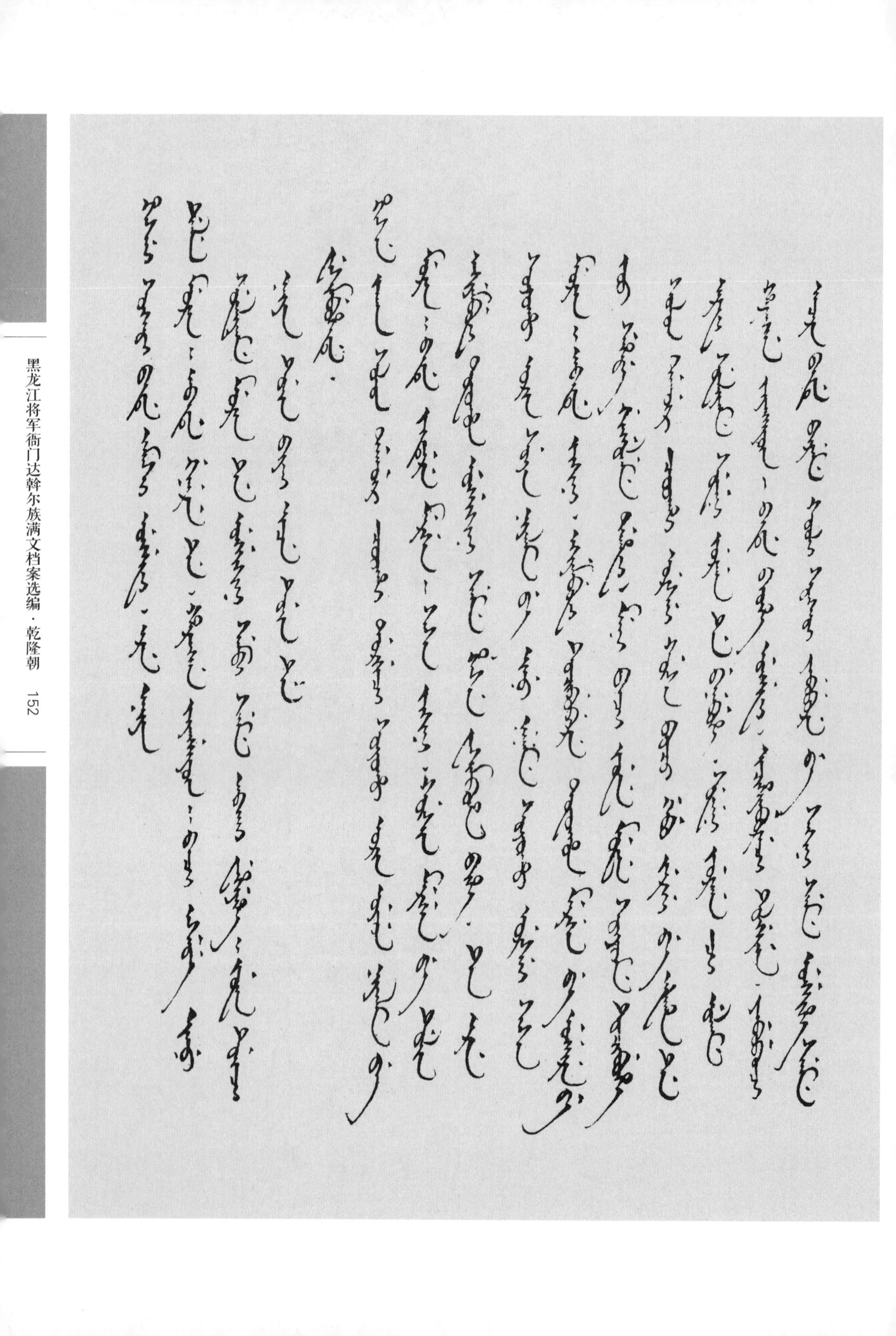

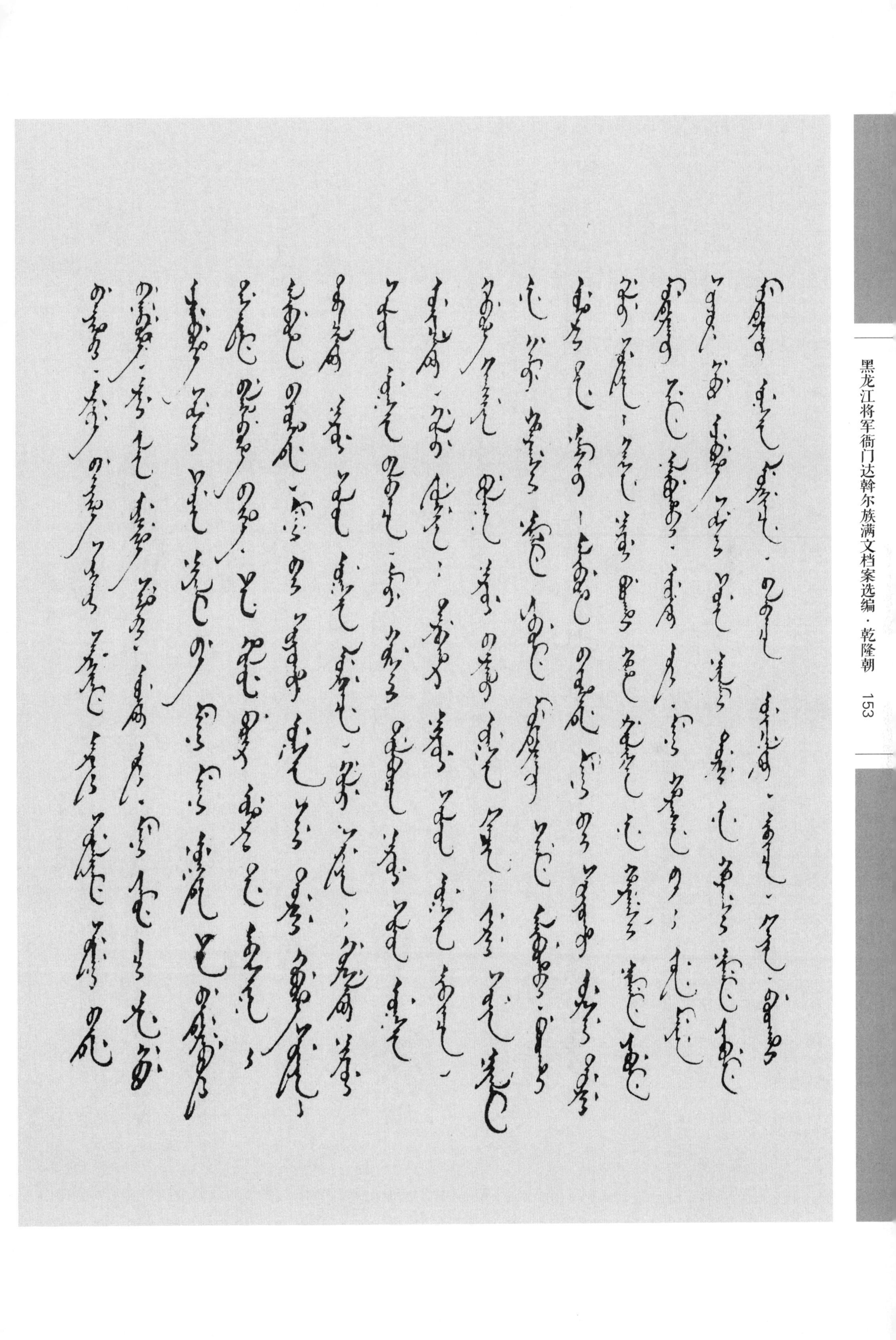

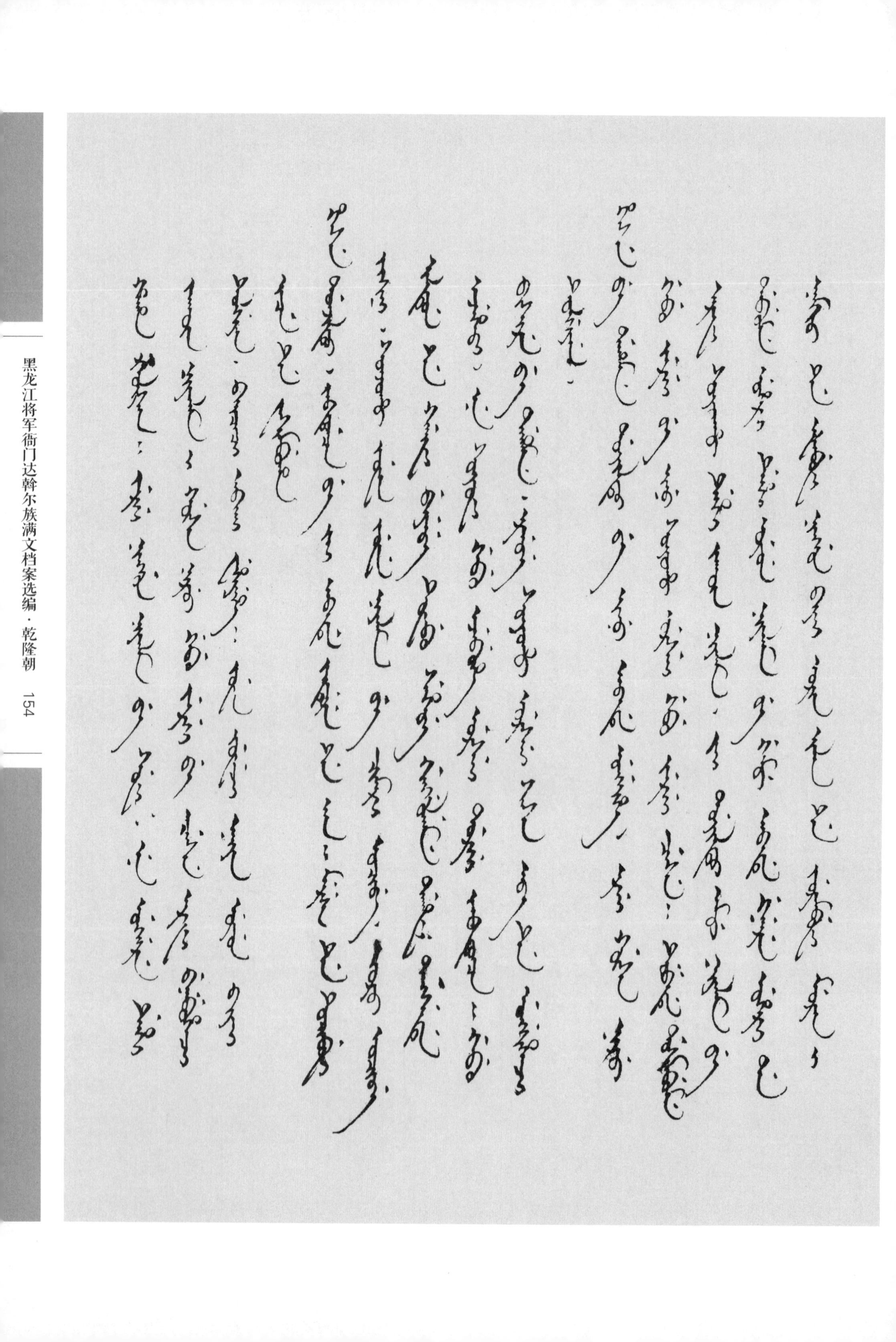

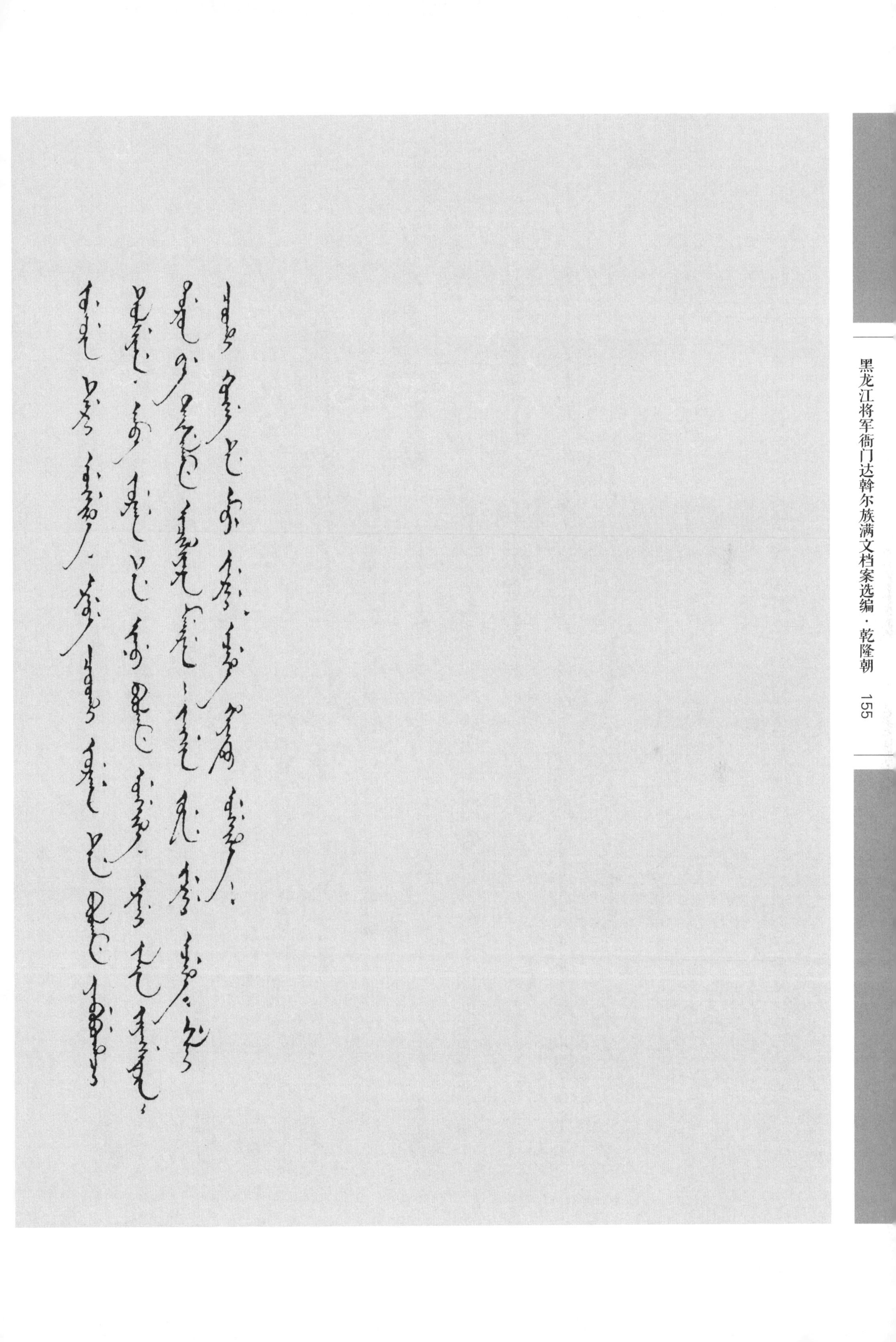

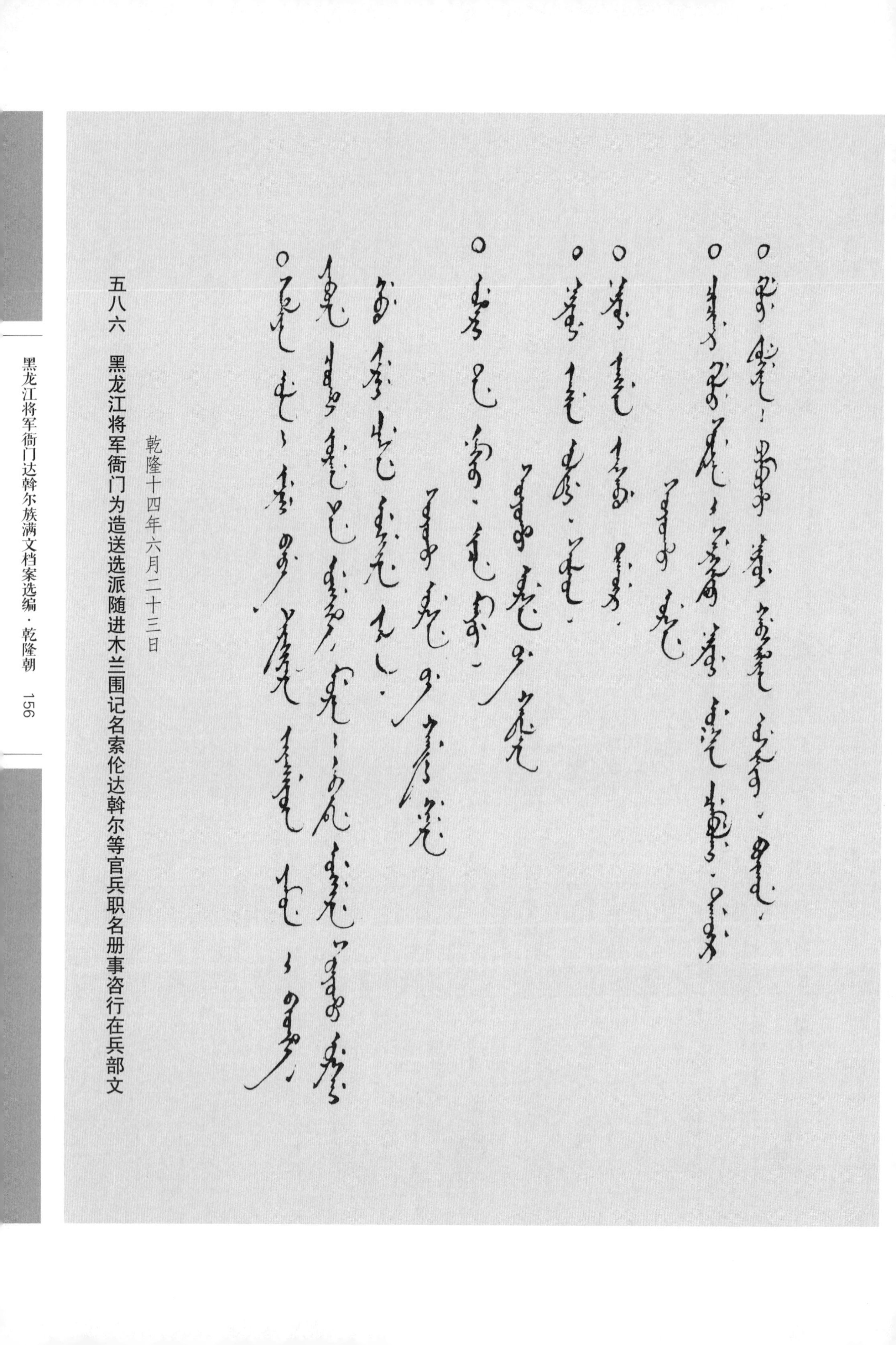

## 五八六 黑龙江将军衙门为造送选派随进木兰围记名索伦达斡尔等官兵职名册事咨行在兵部文

乾隆十四年六月二十三日

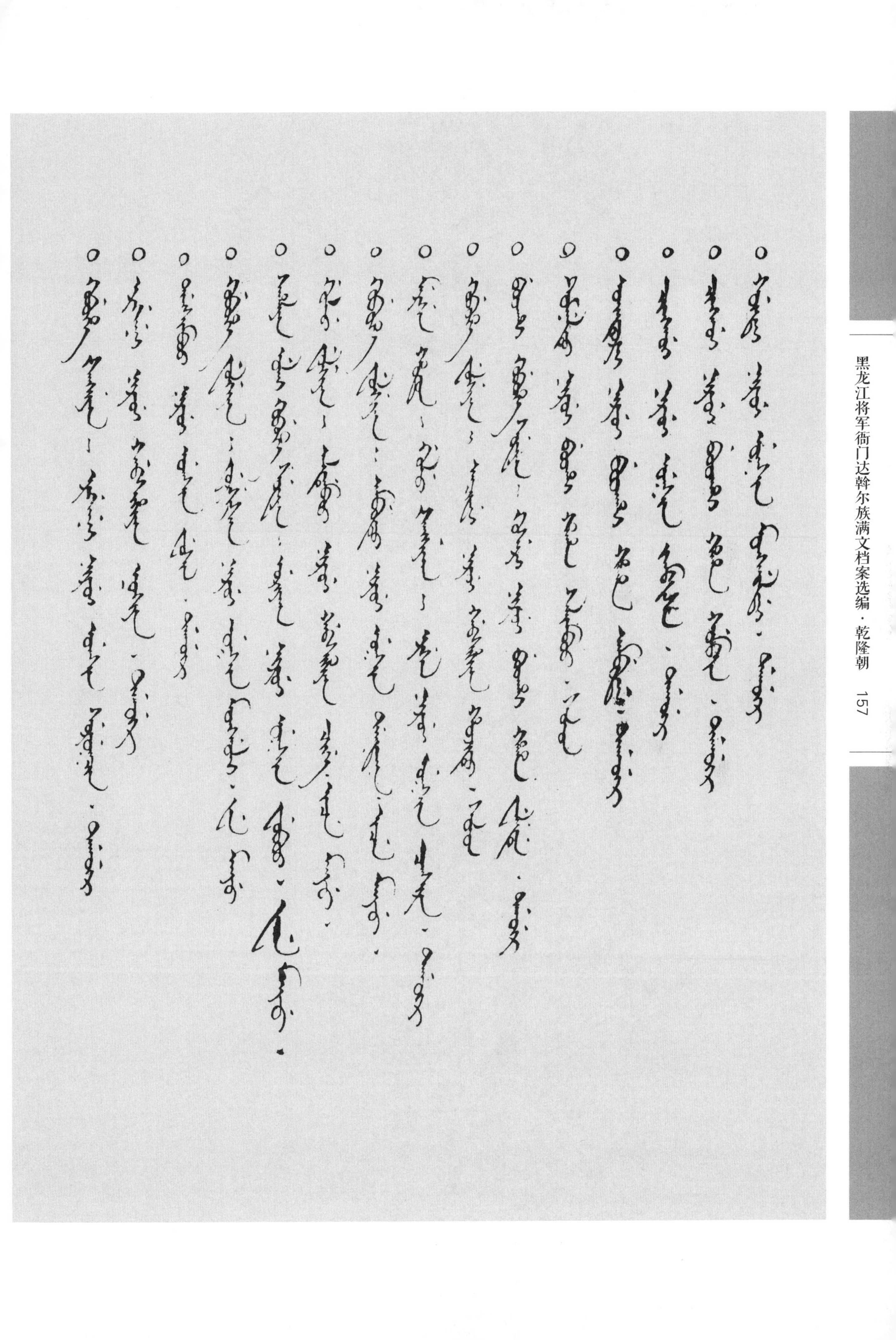

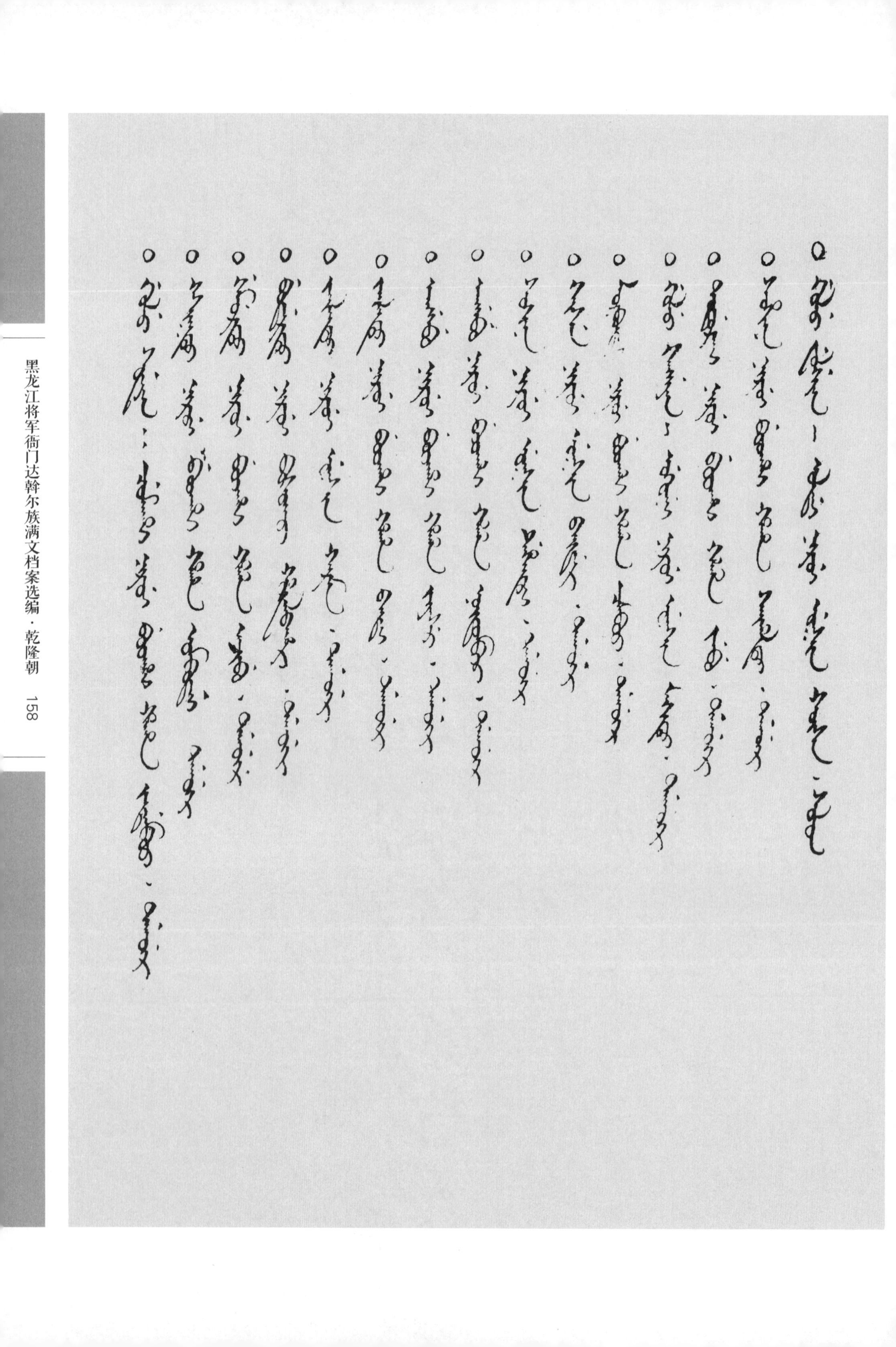

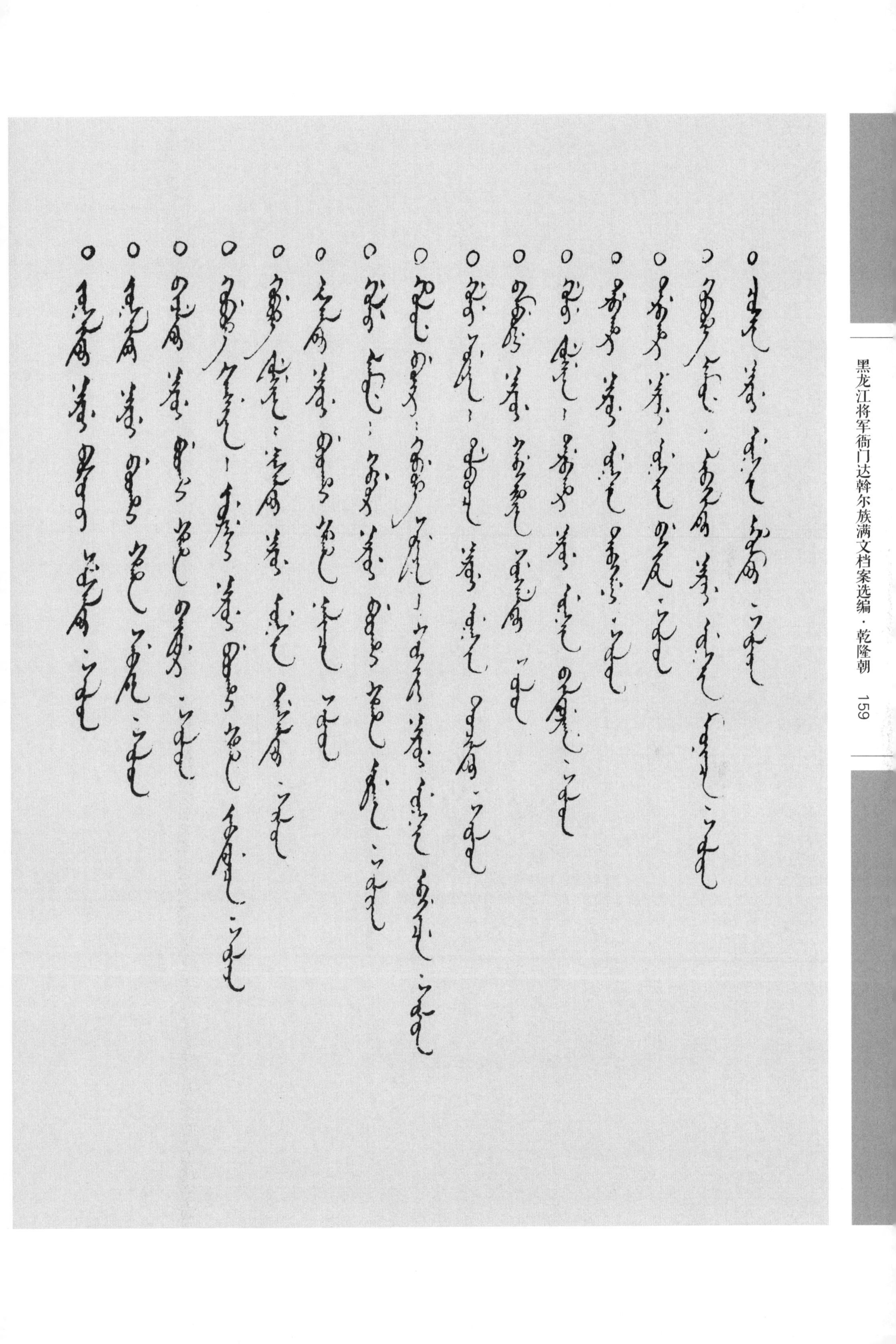

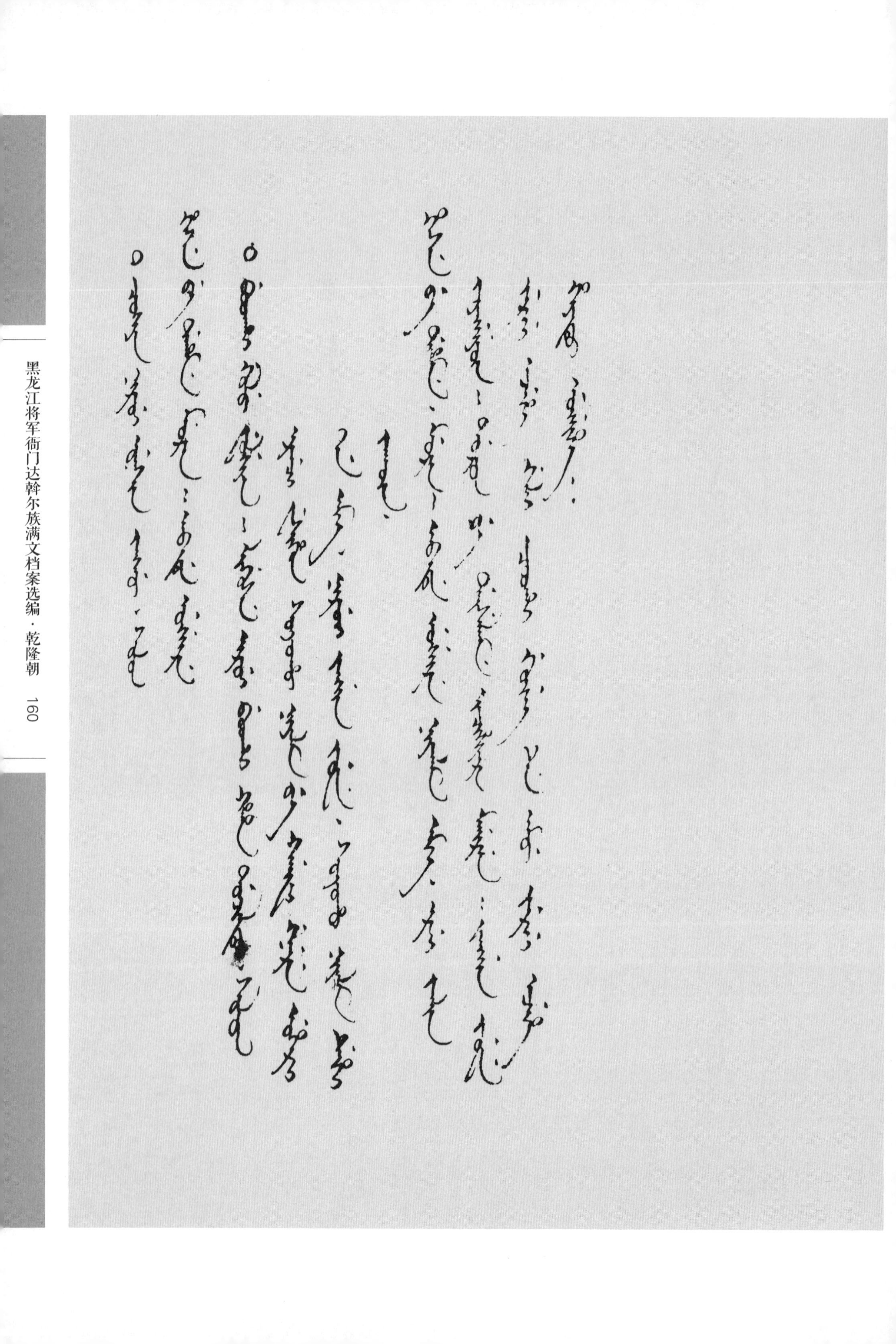

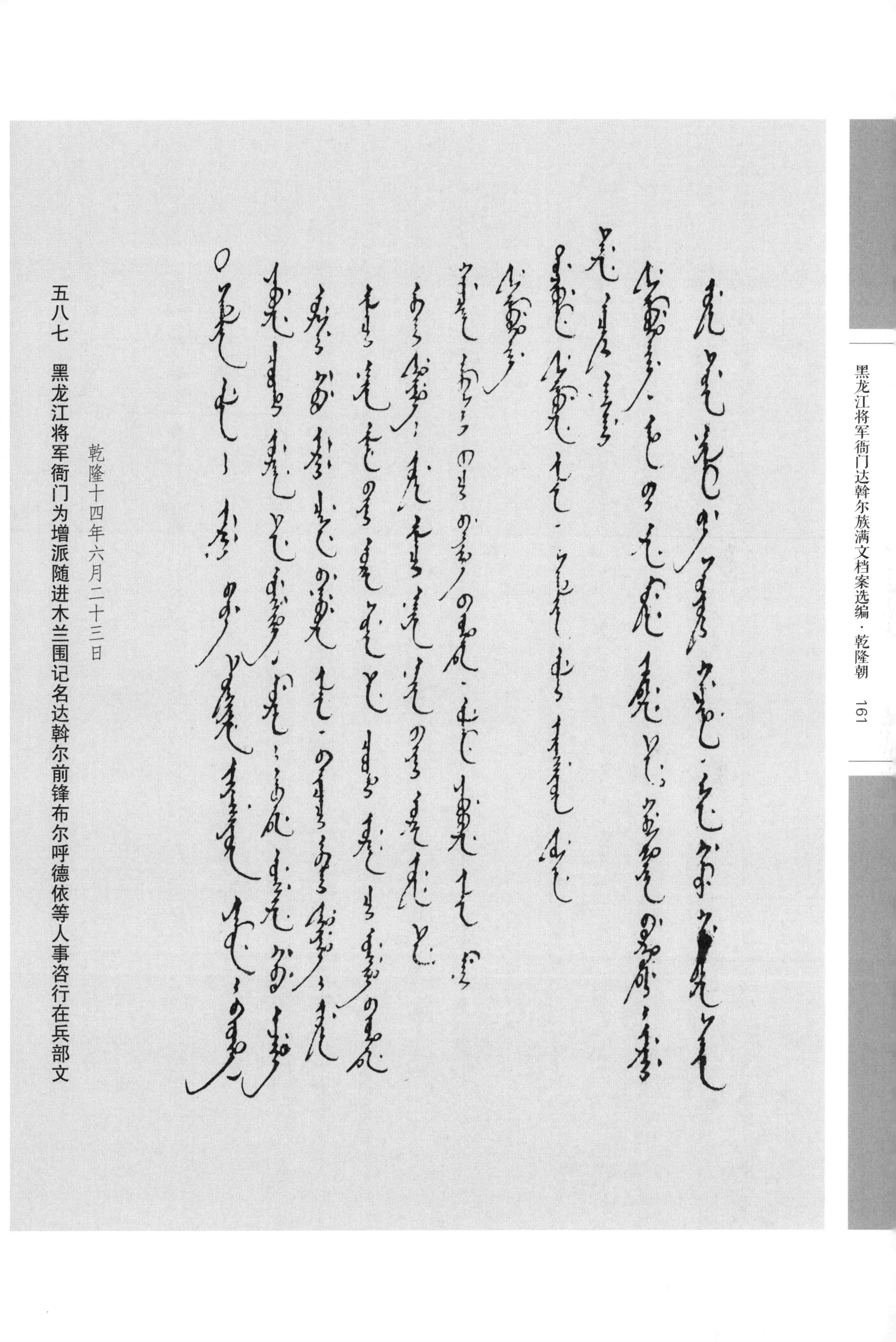

## 五八七　黑龙江将军衙门为增派随进木兰围记名达斡尔前锋布尔呼德依等人事咨行在兵部文

乾隆十四年六月二十三日

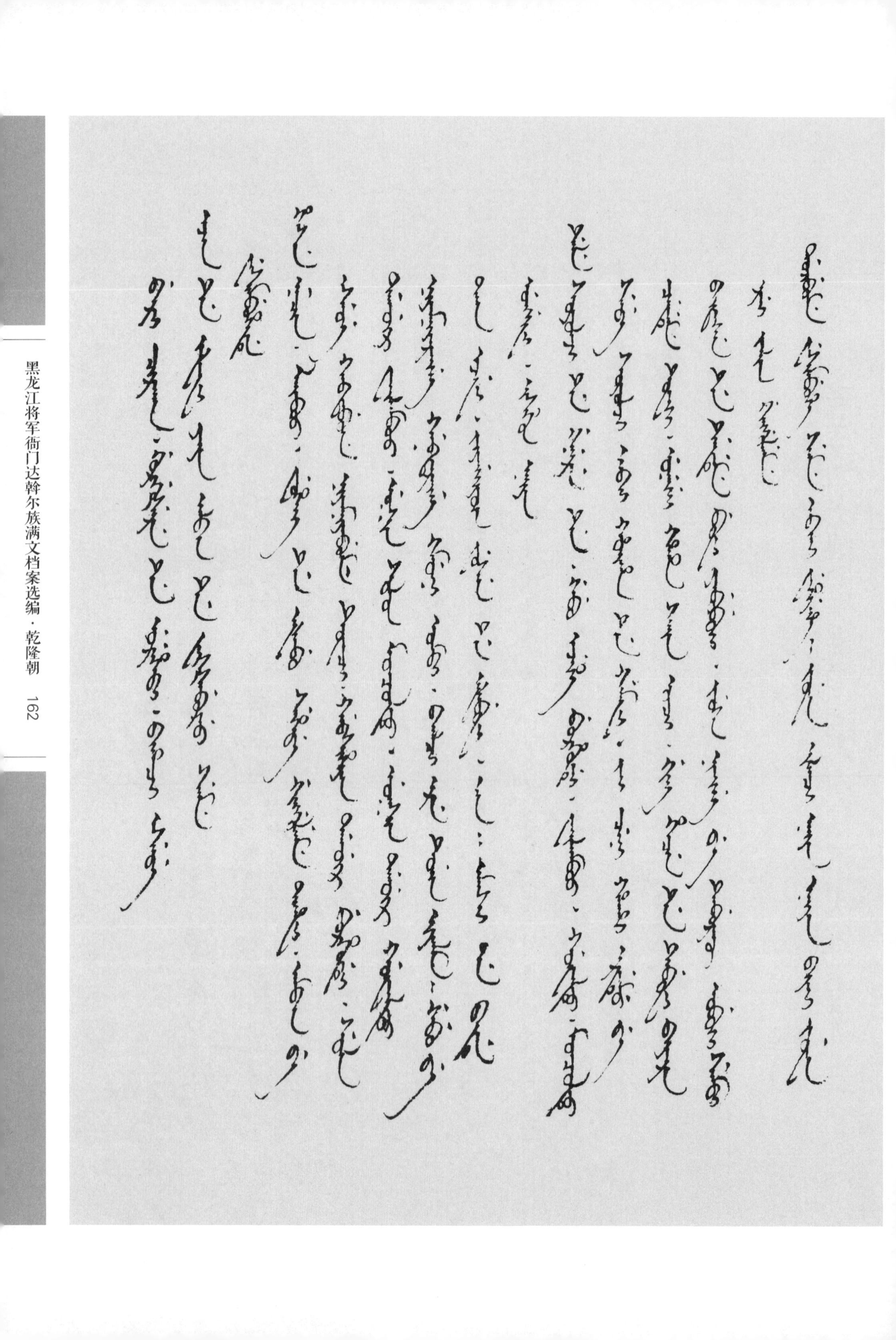

[illegible]

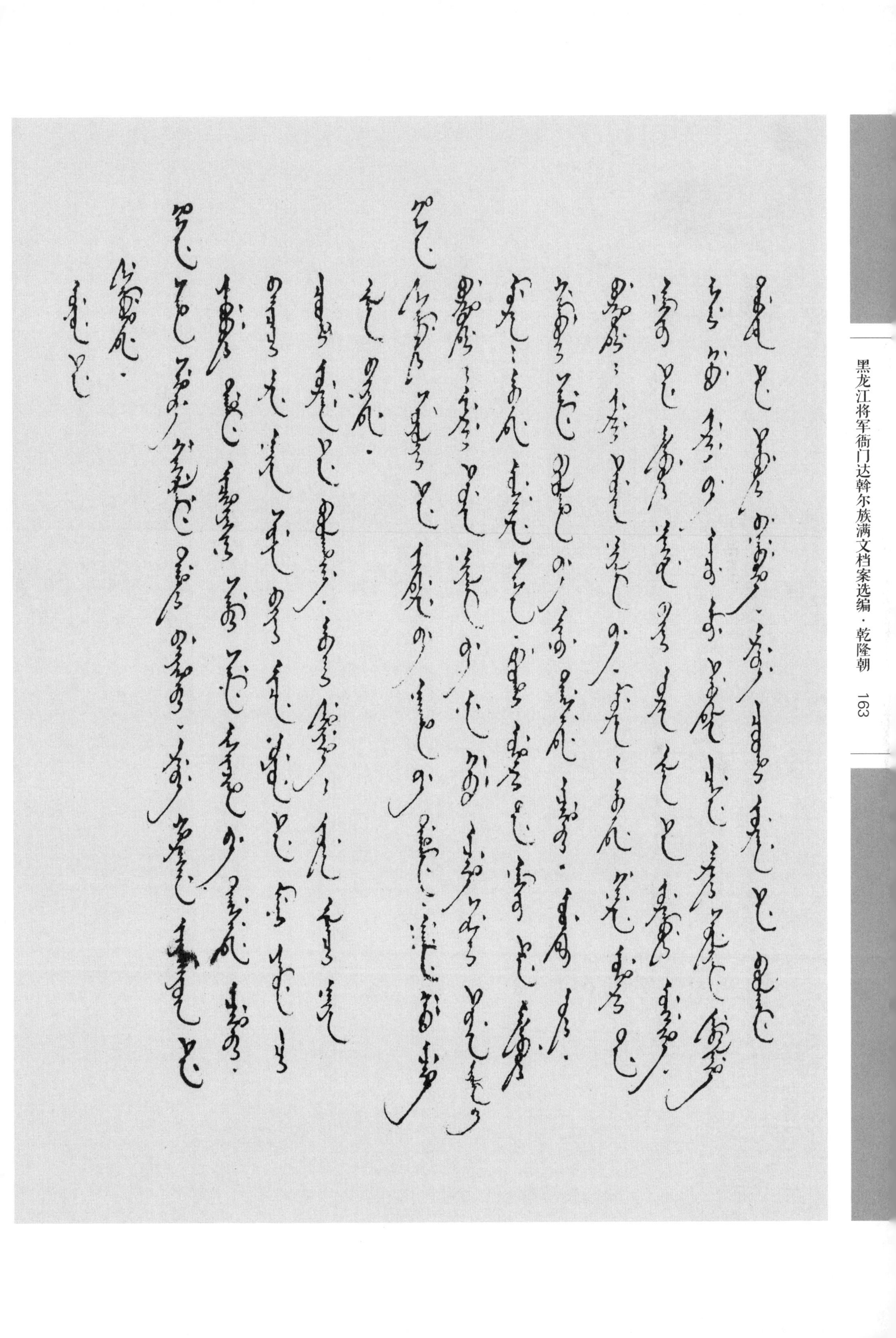

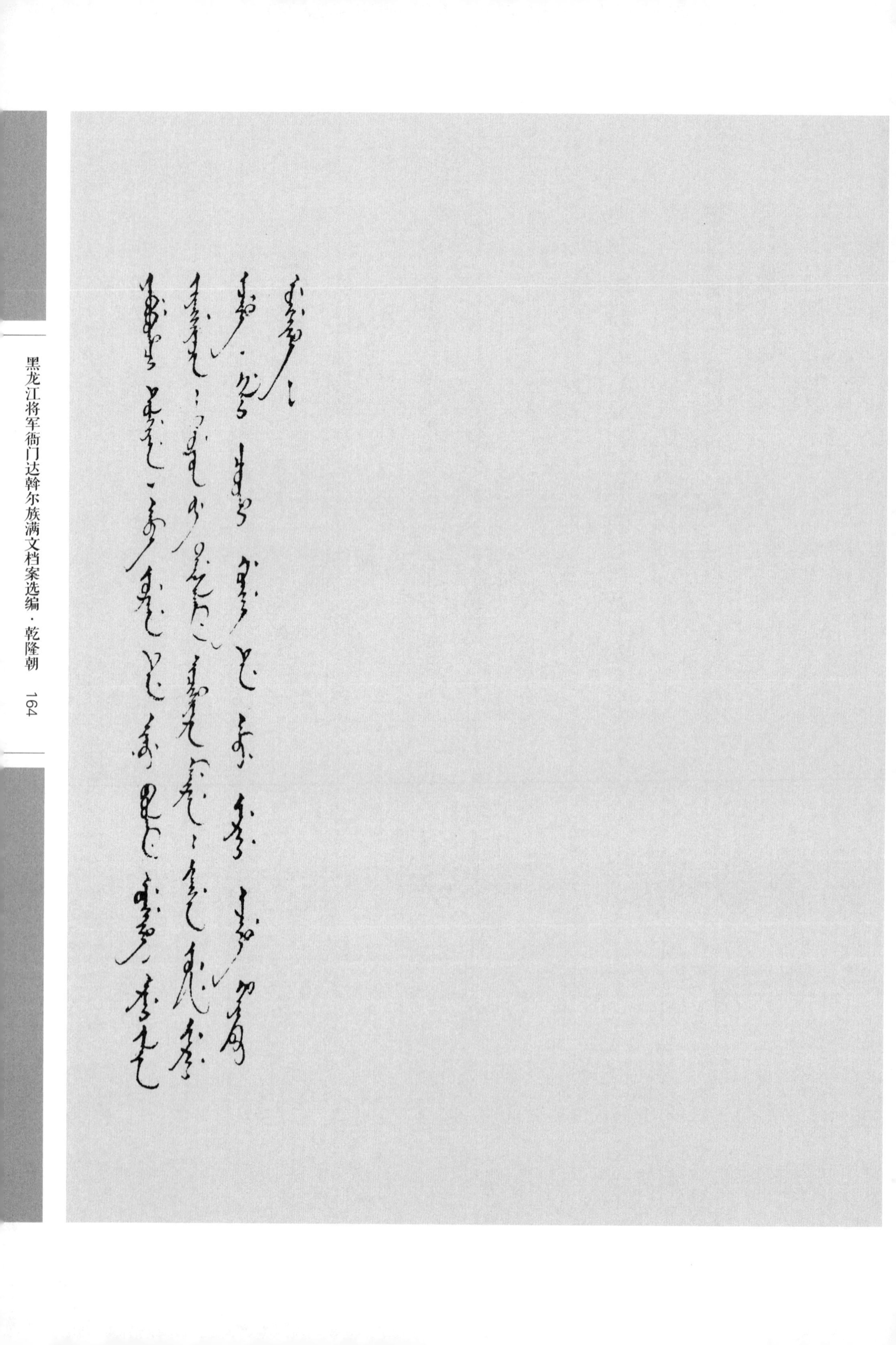

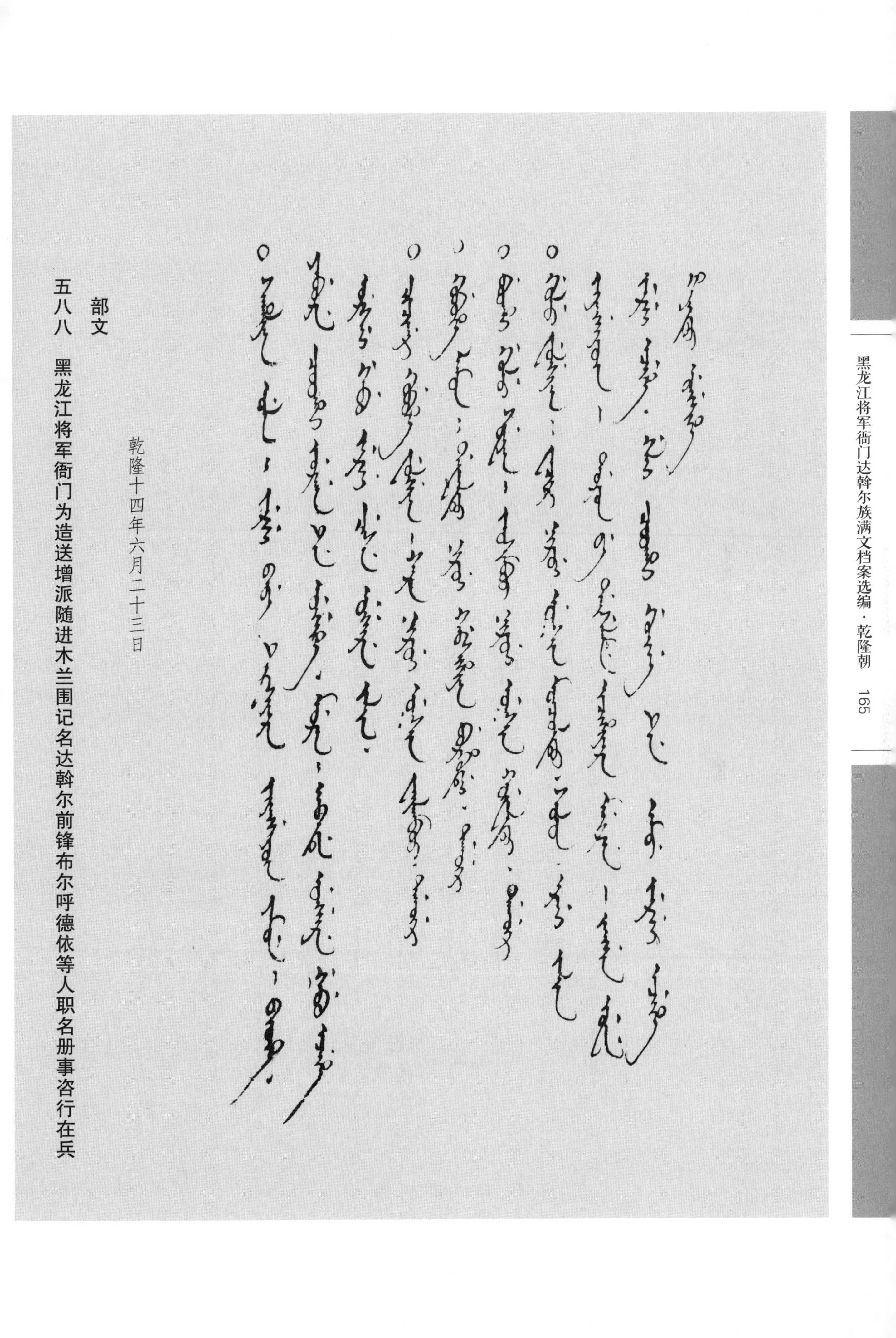

## 五八八 黑龙江将军衙门为造送增派随进木兰围记名达斡尔前锋布尔呼德依等人职名册事咨行在兵部文

乾隆十四年六月二十三日

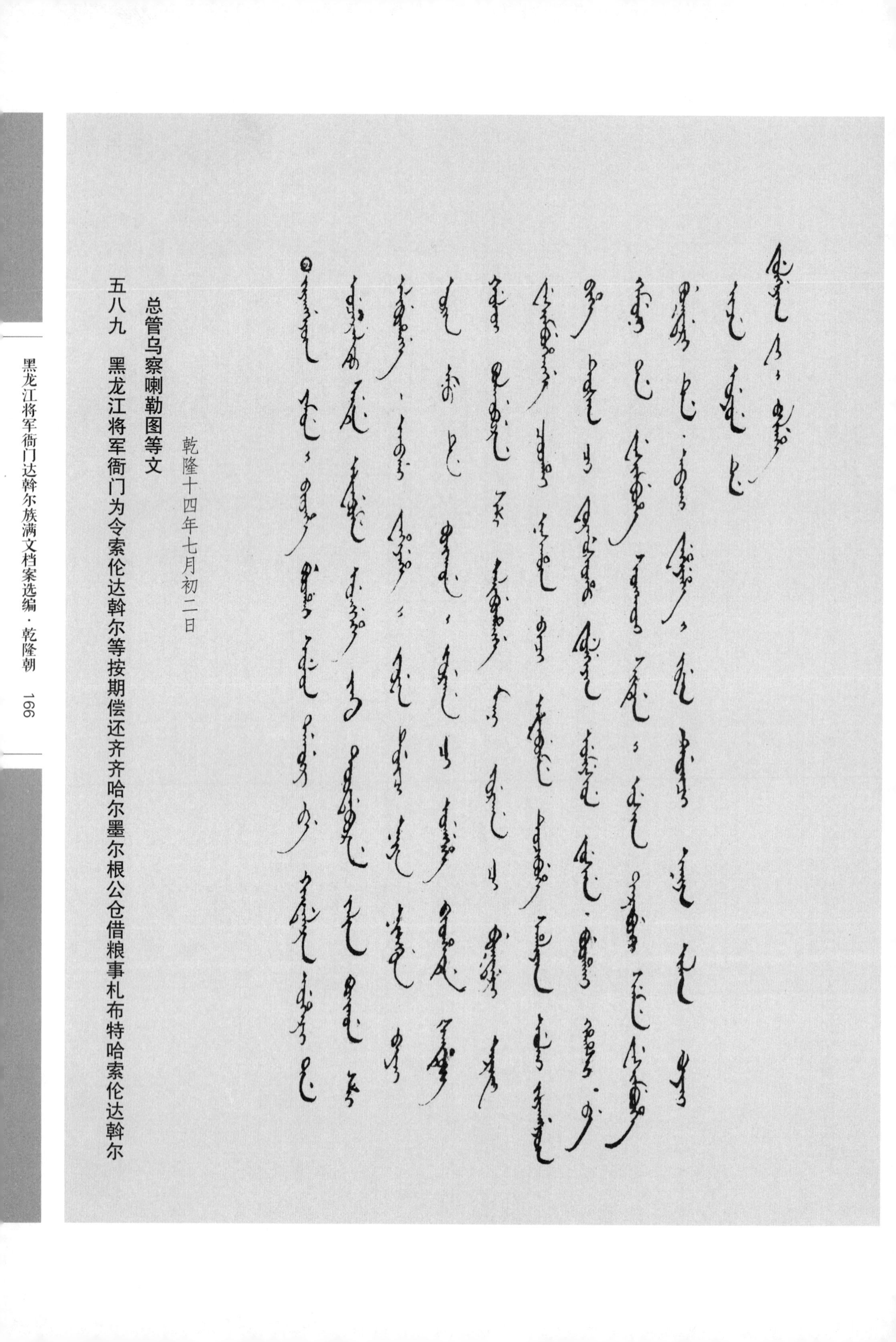

## 五八九 黑龙江将军衙门为令索伦达斡尔等按期偿还齐齐哈尔墨尔根公仓借粮事札布特哈索伦达斡尔总管乌察喇勒图等文

乾隆十四年七月初二日

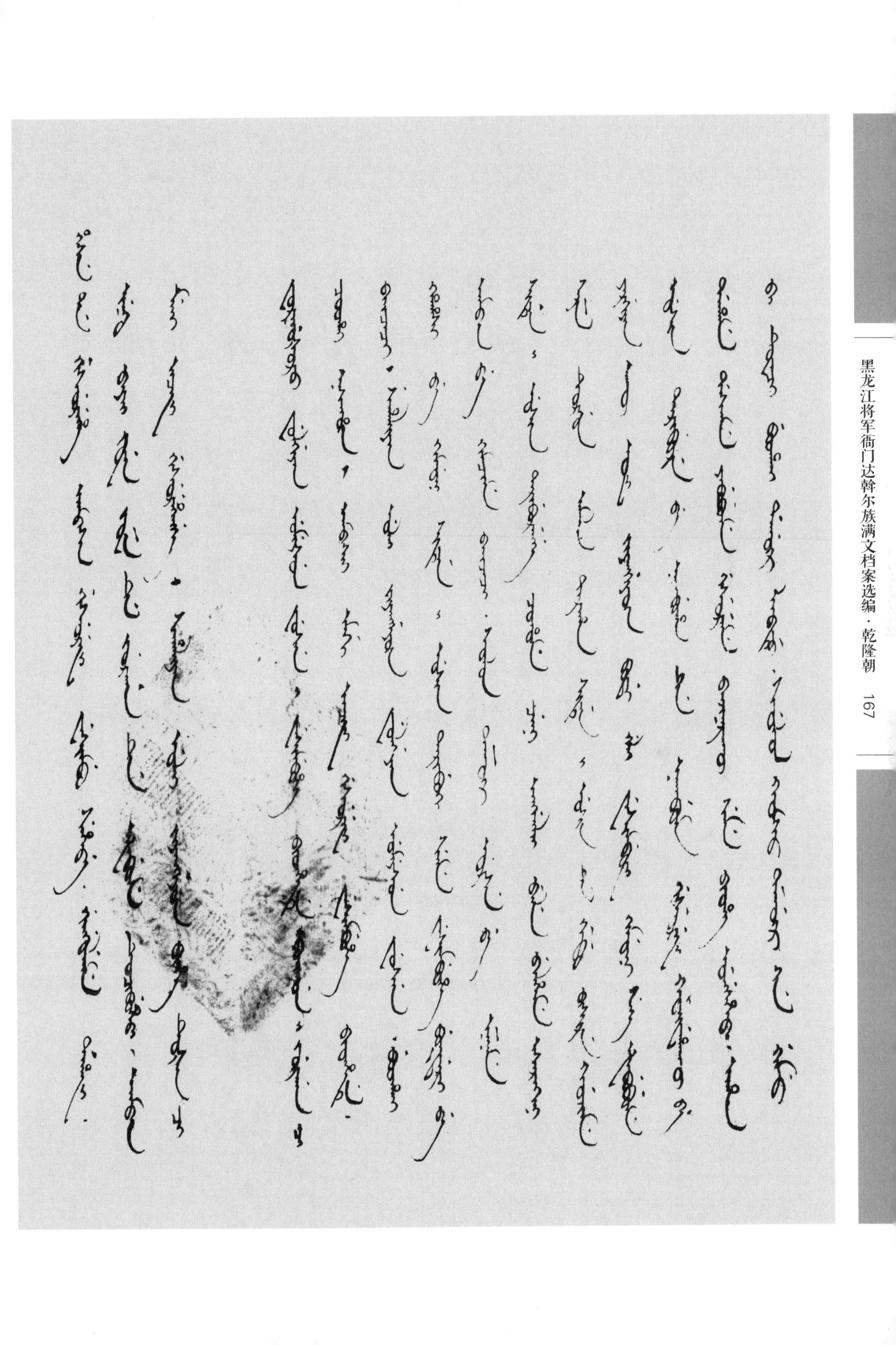

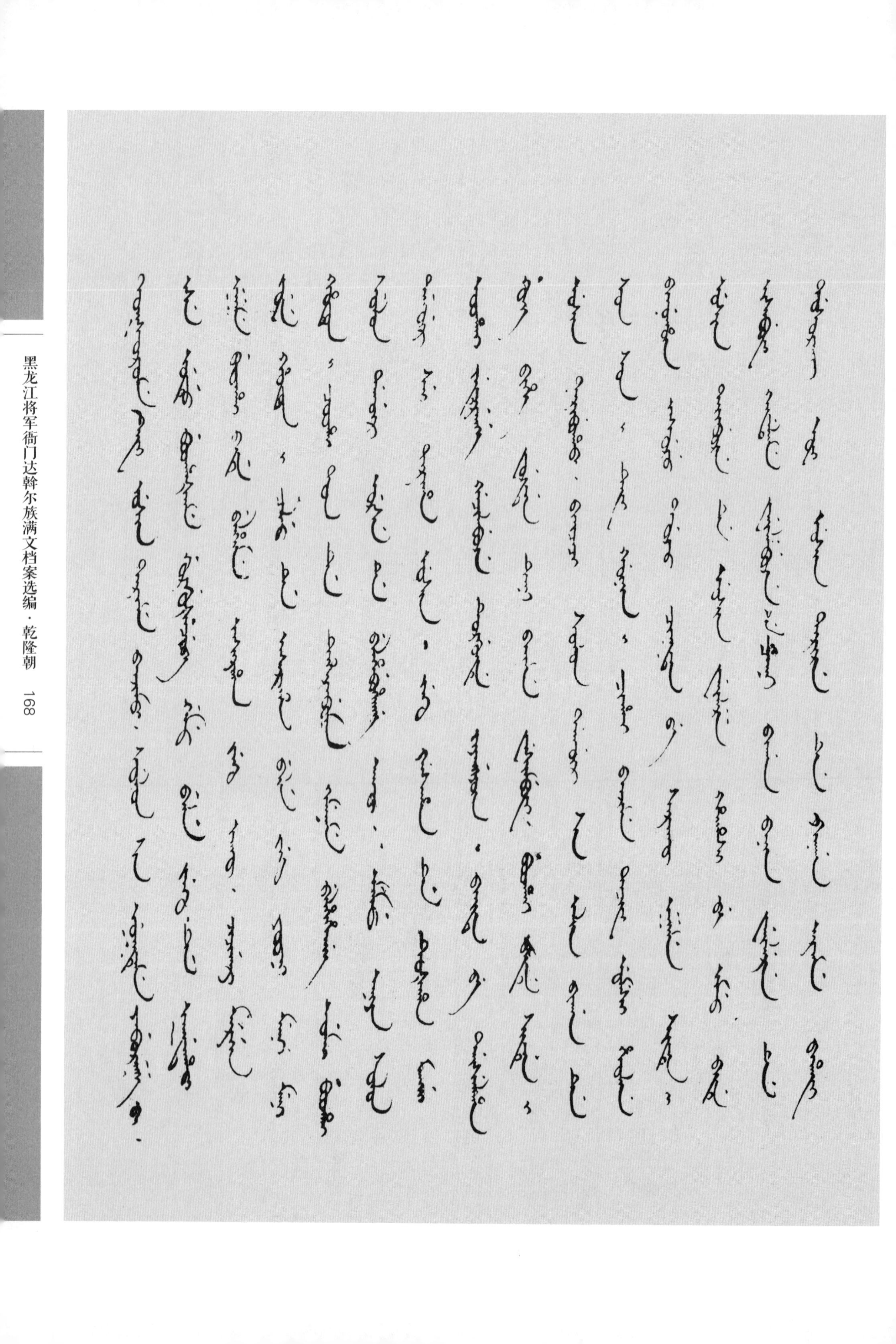

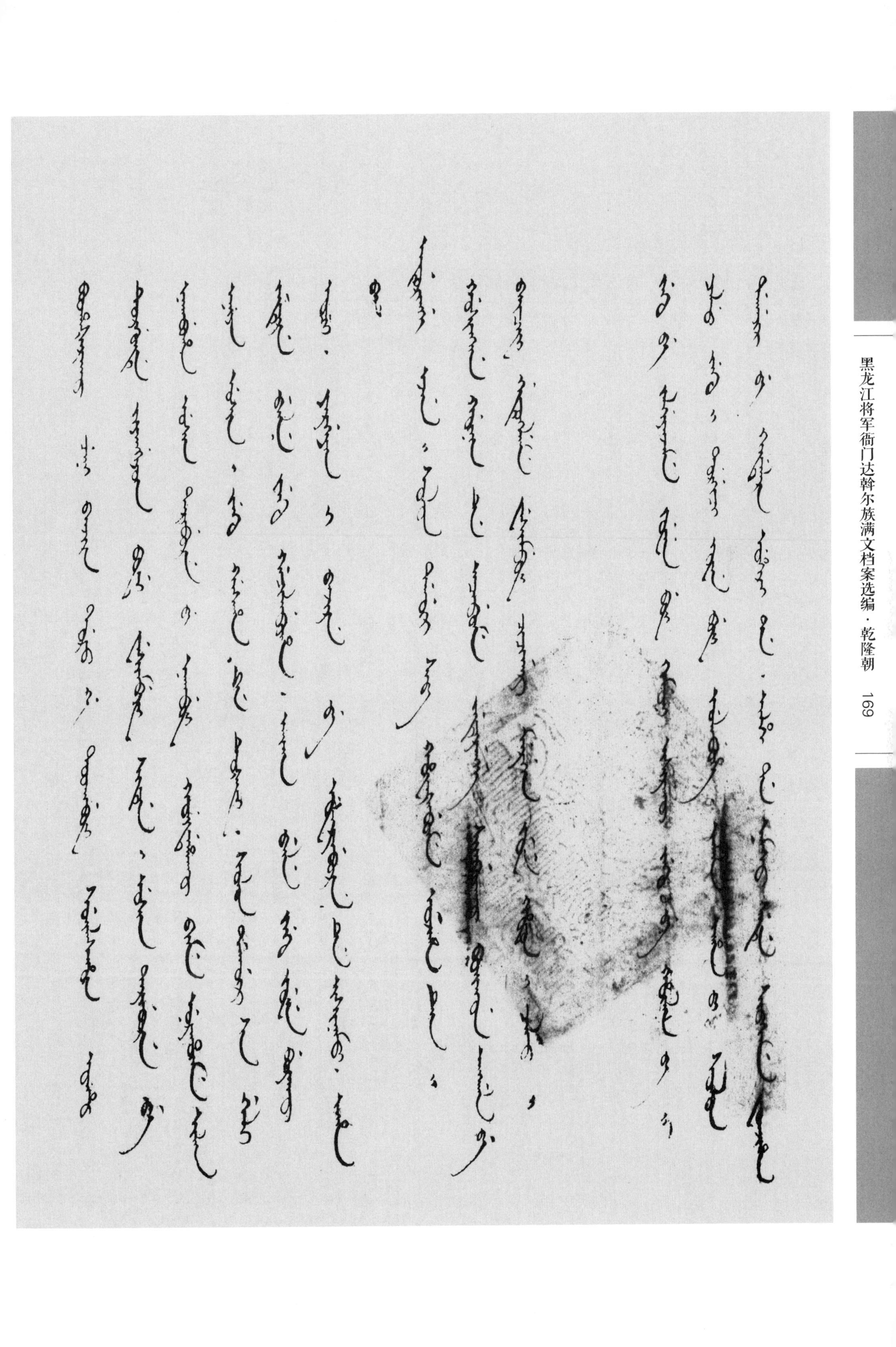

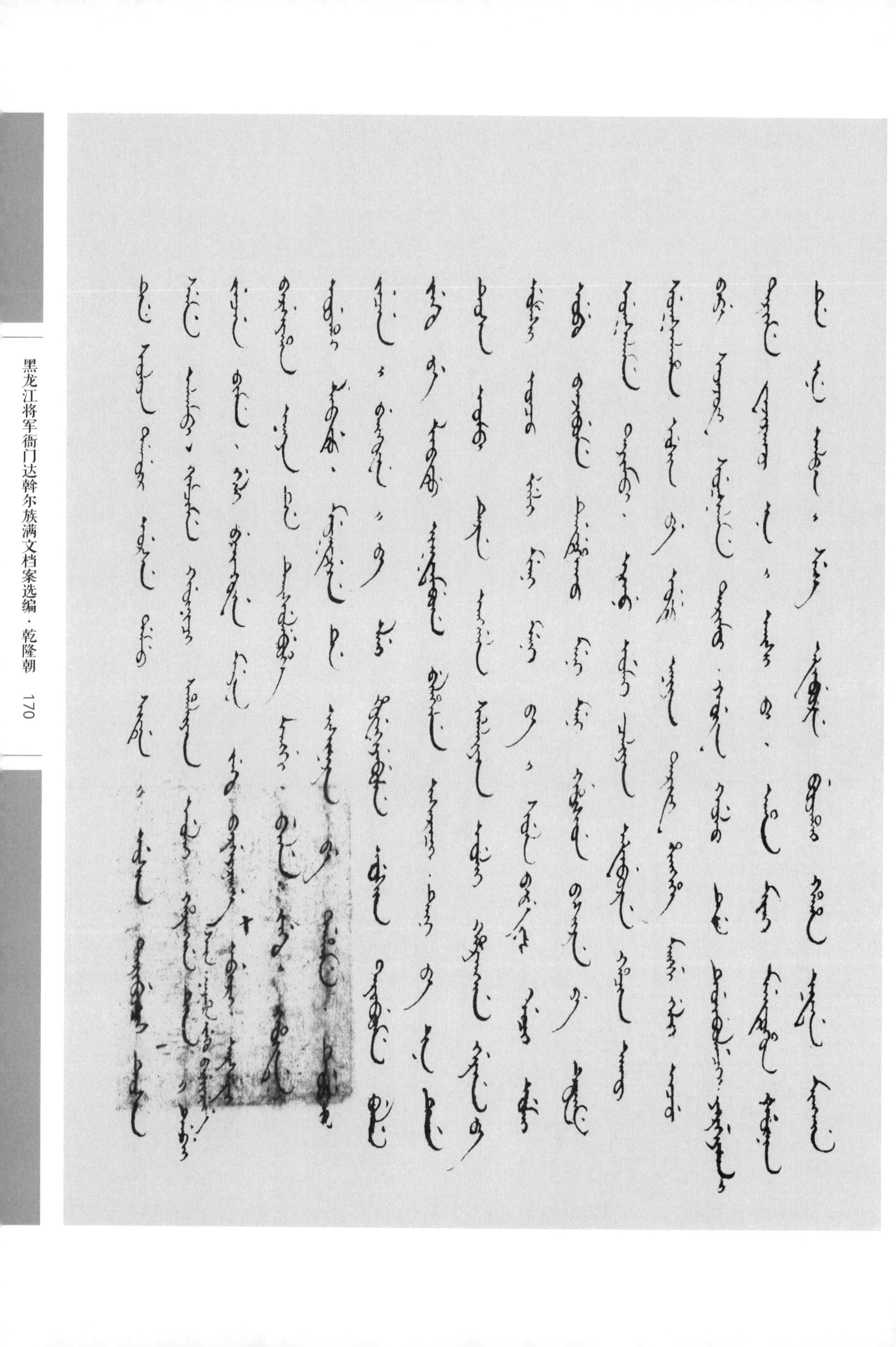

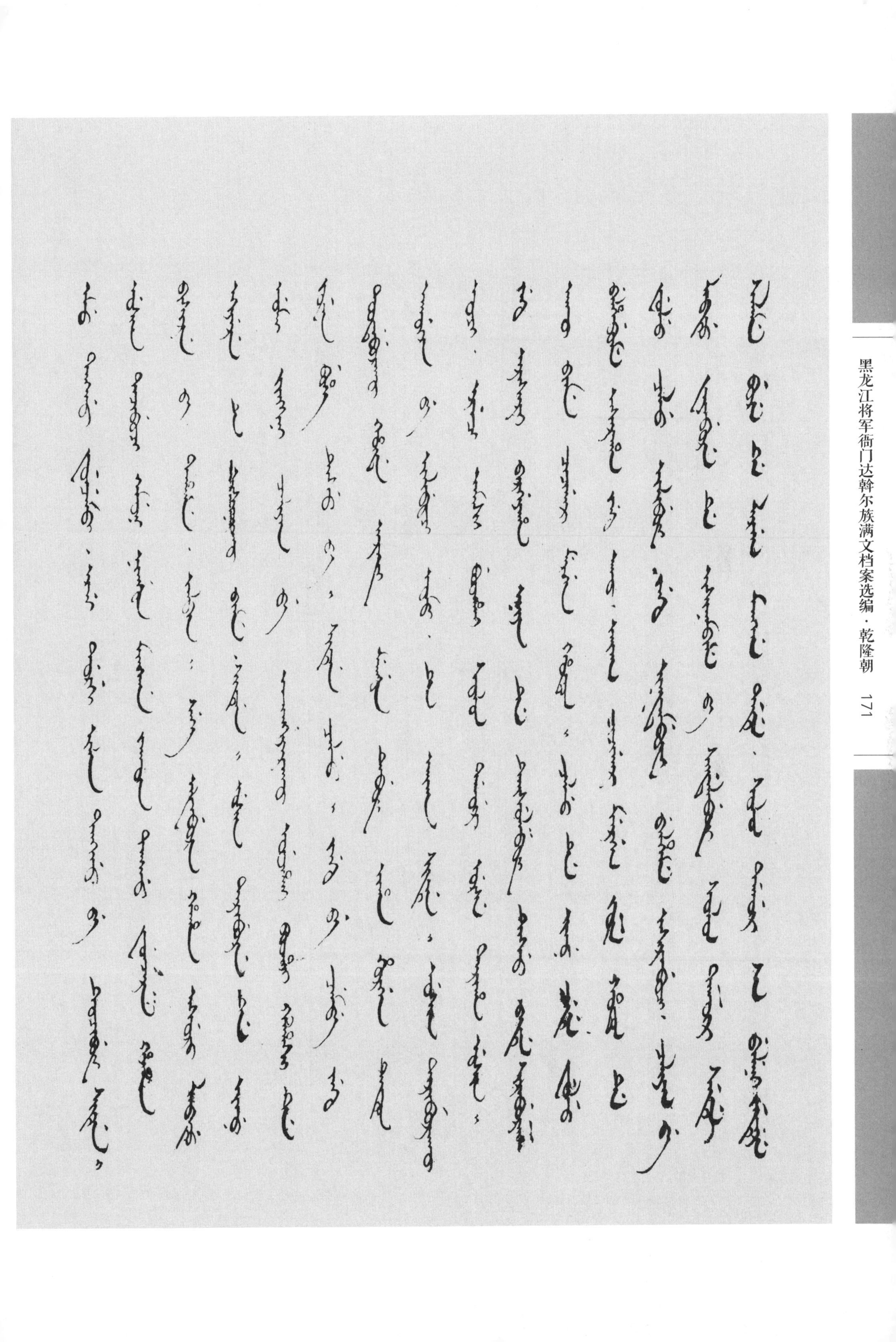

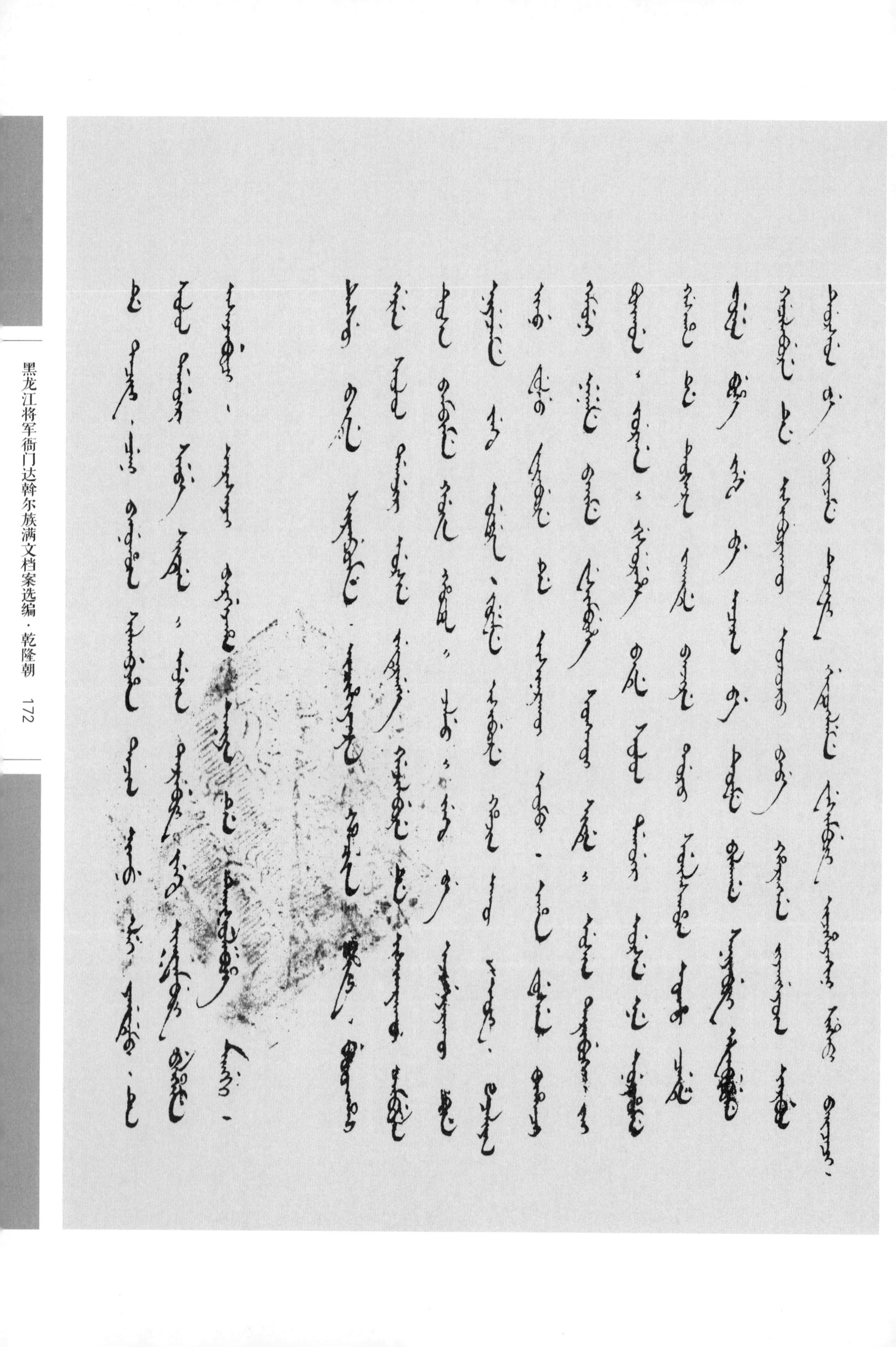

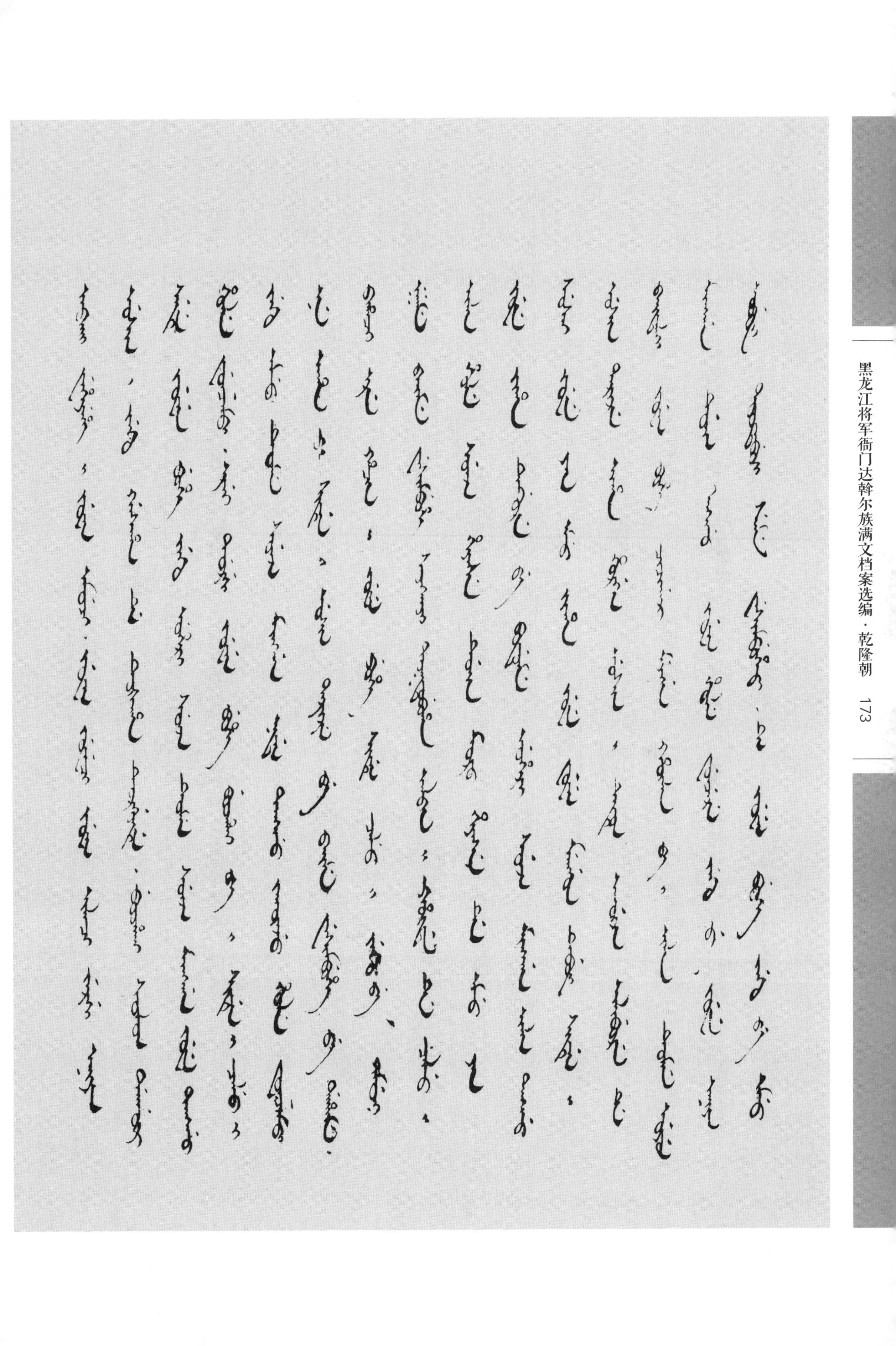

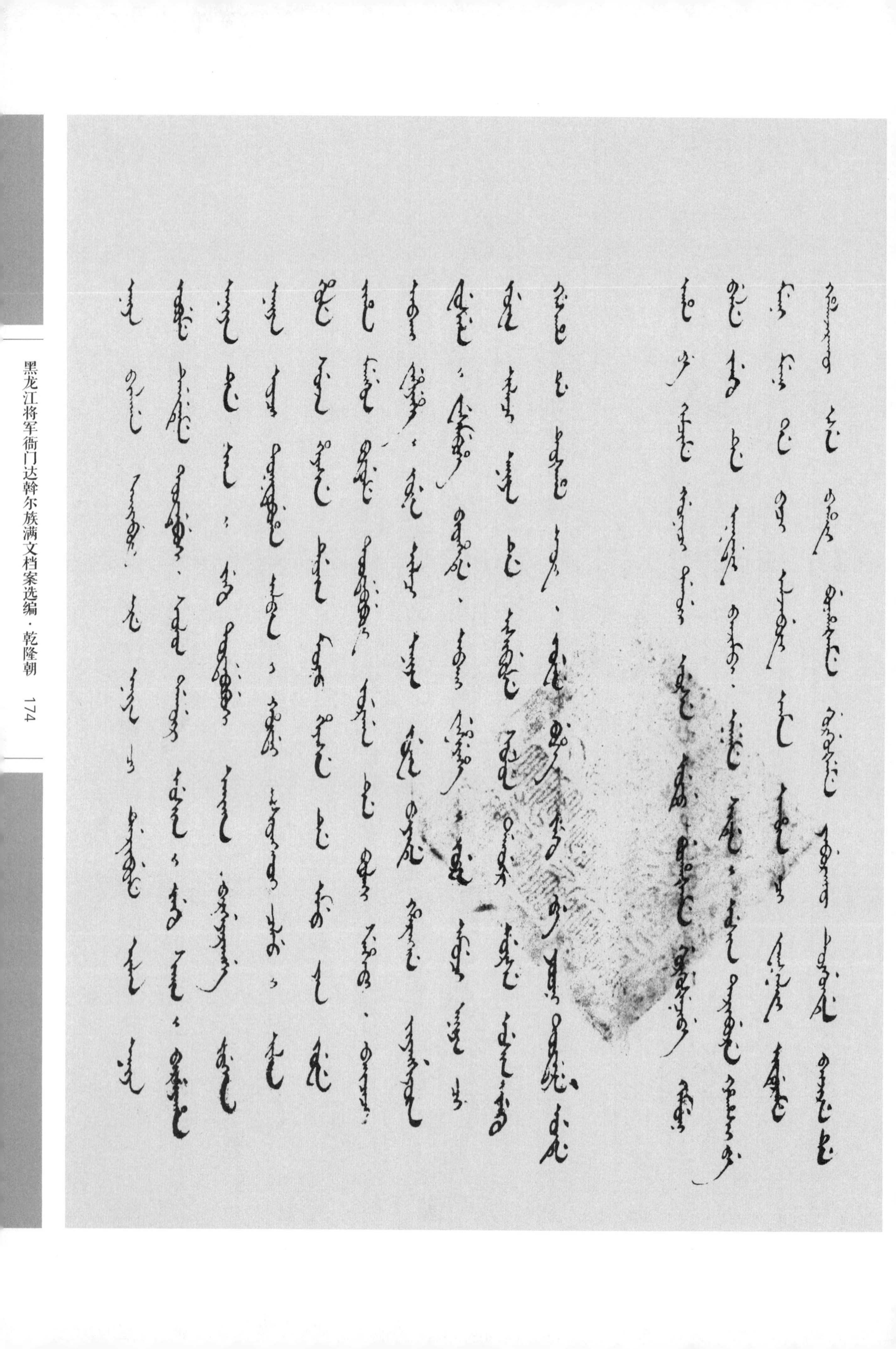

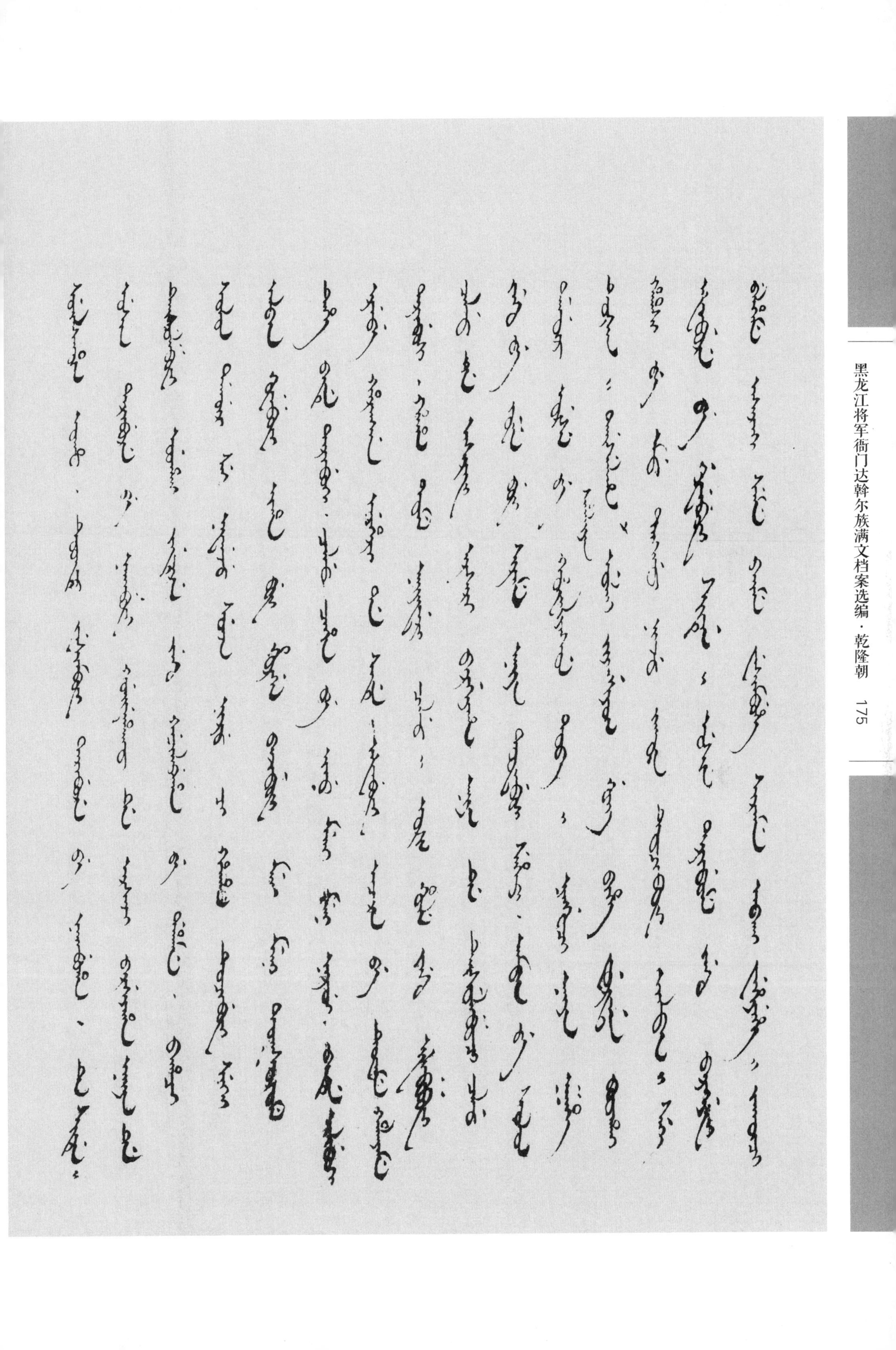

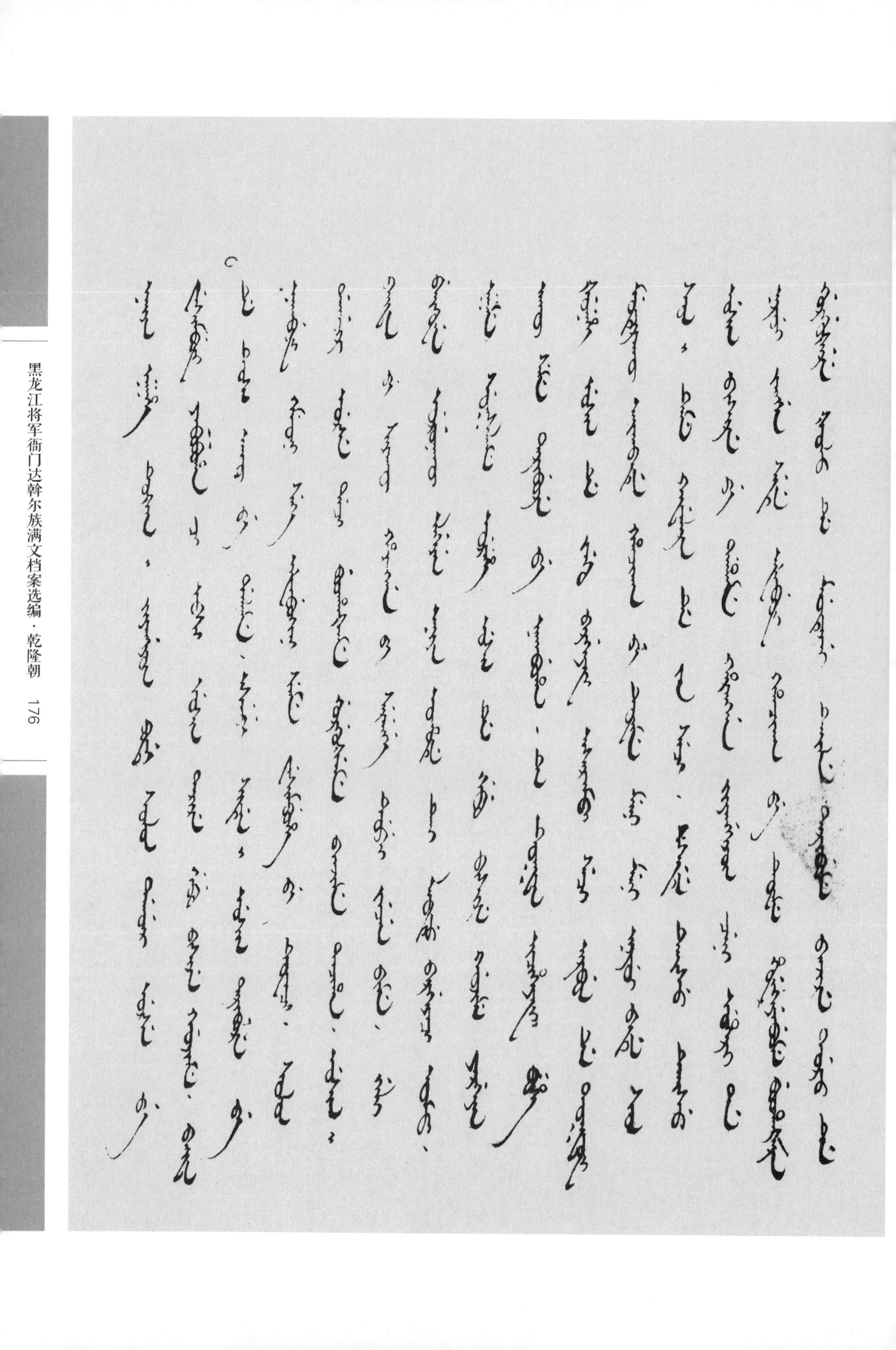

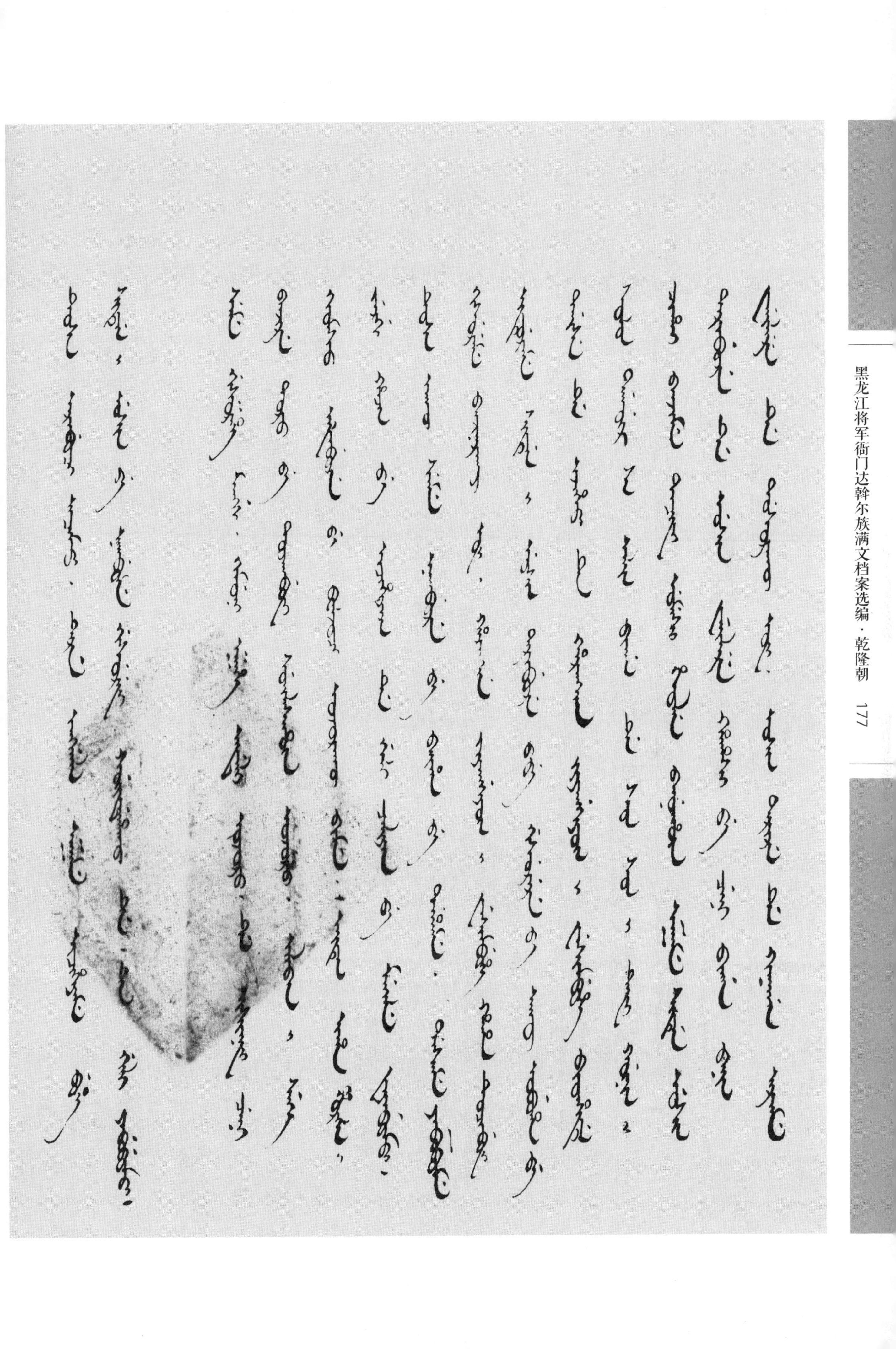

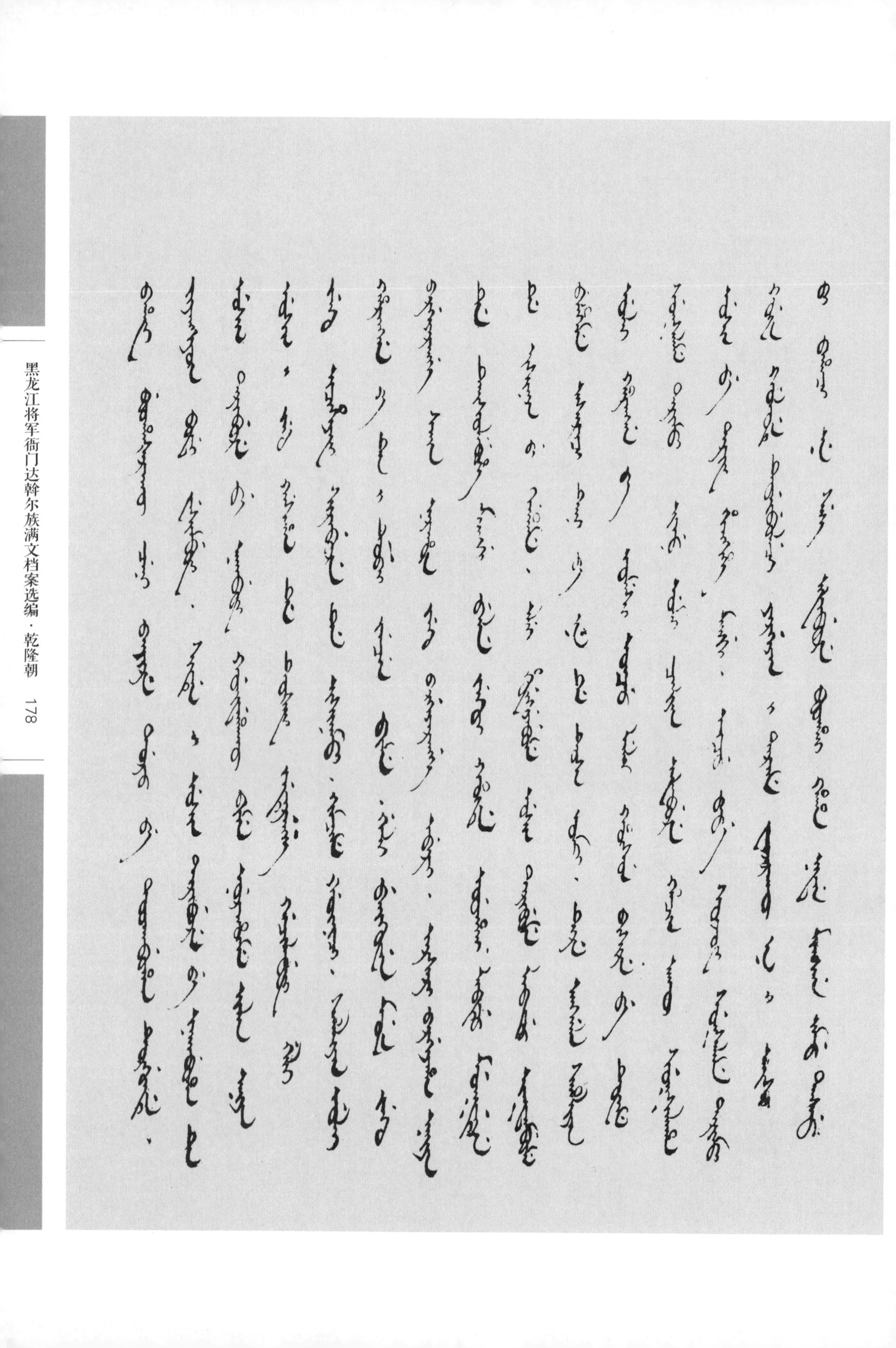

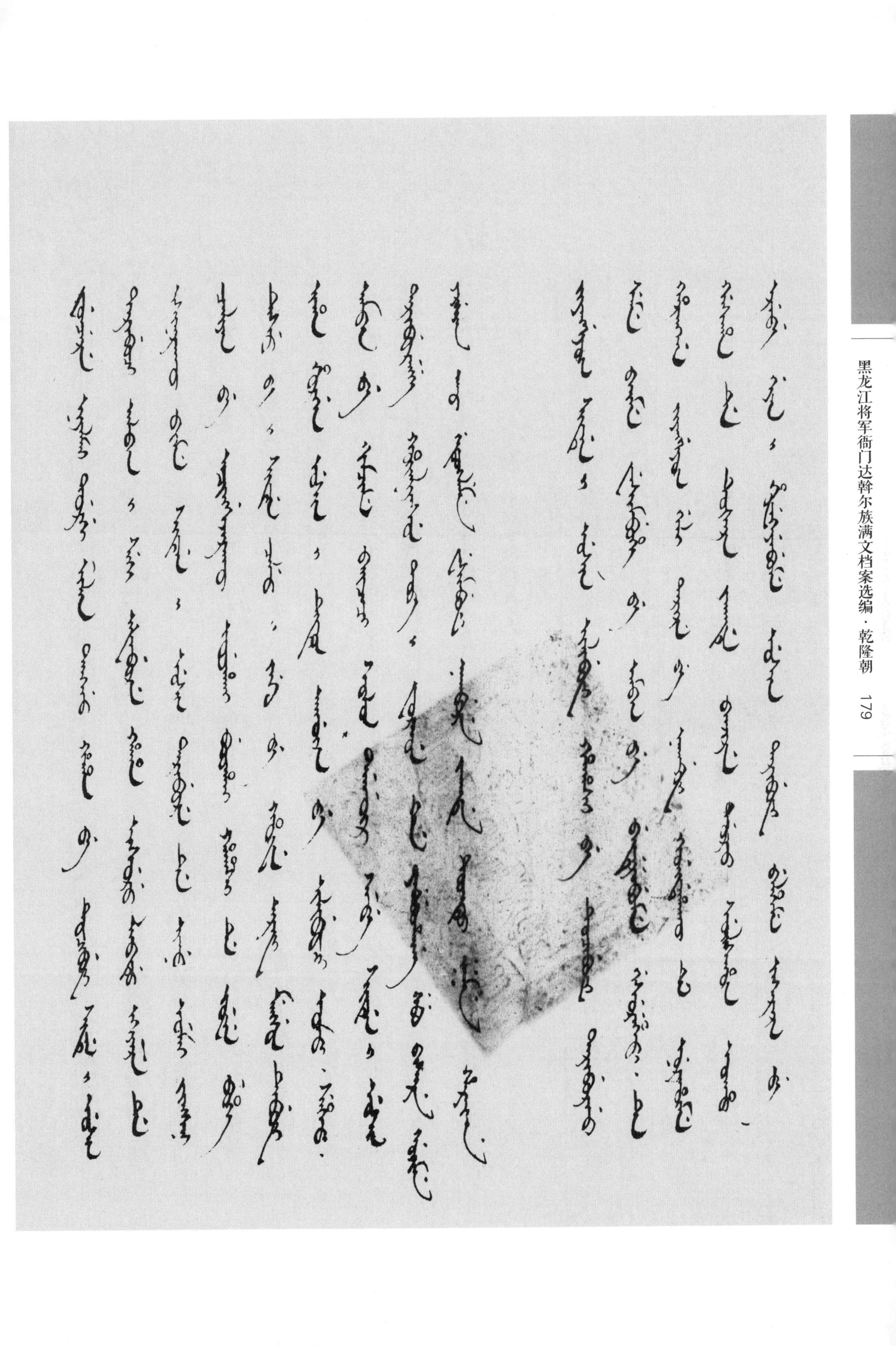

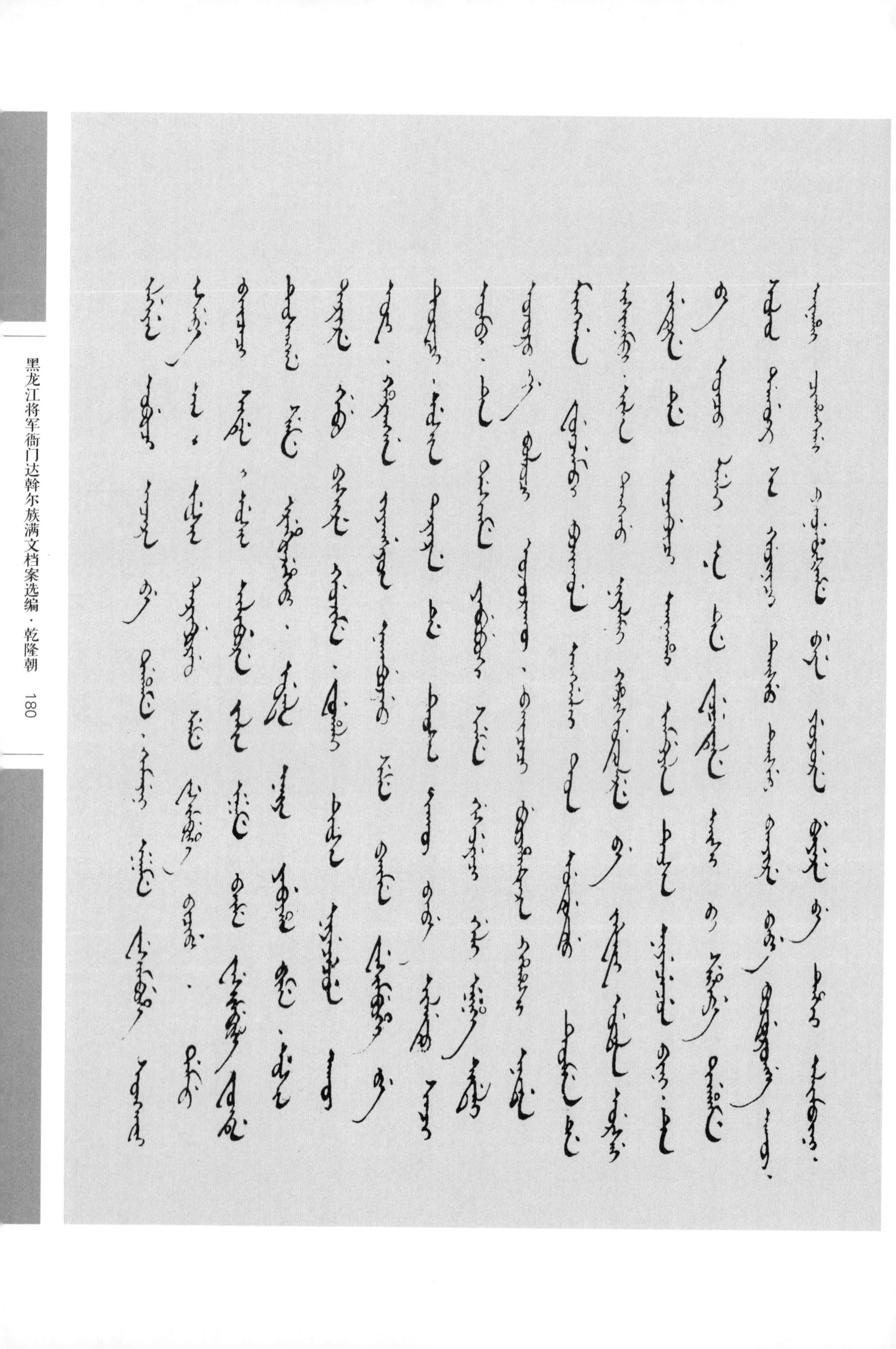

[illegible]

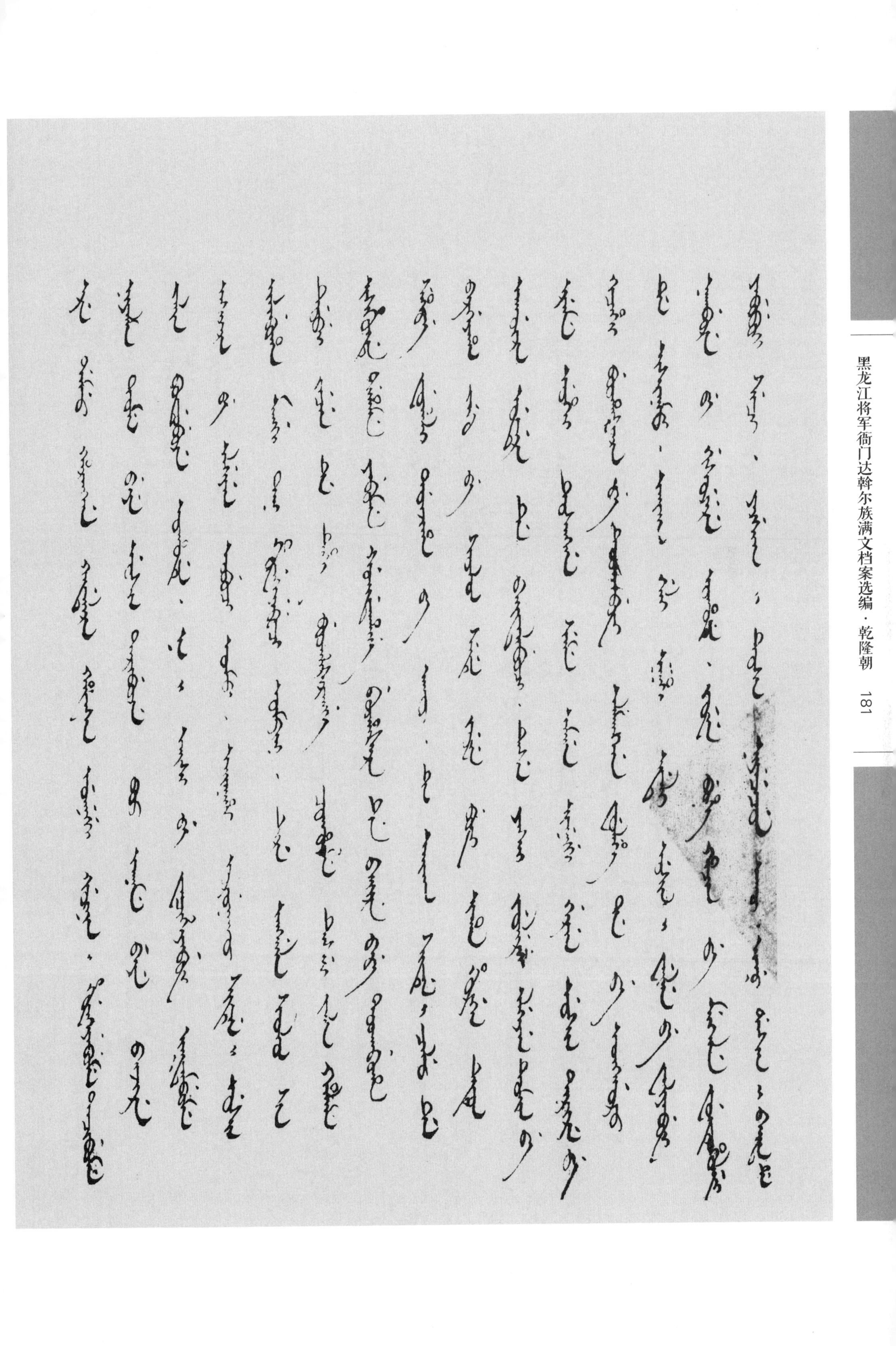

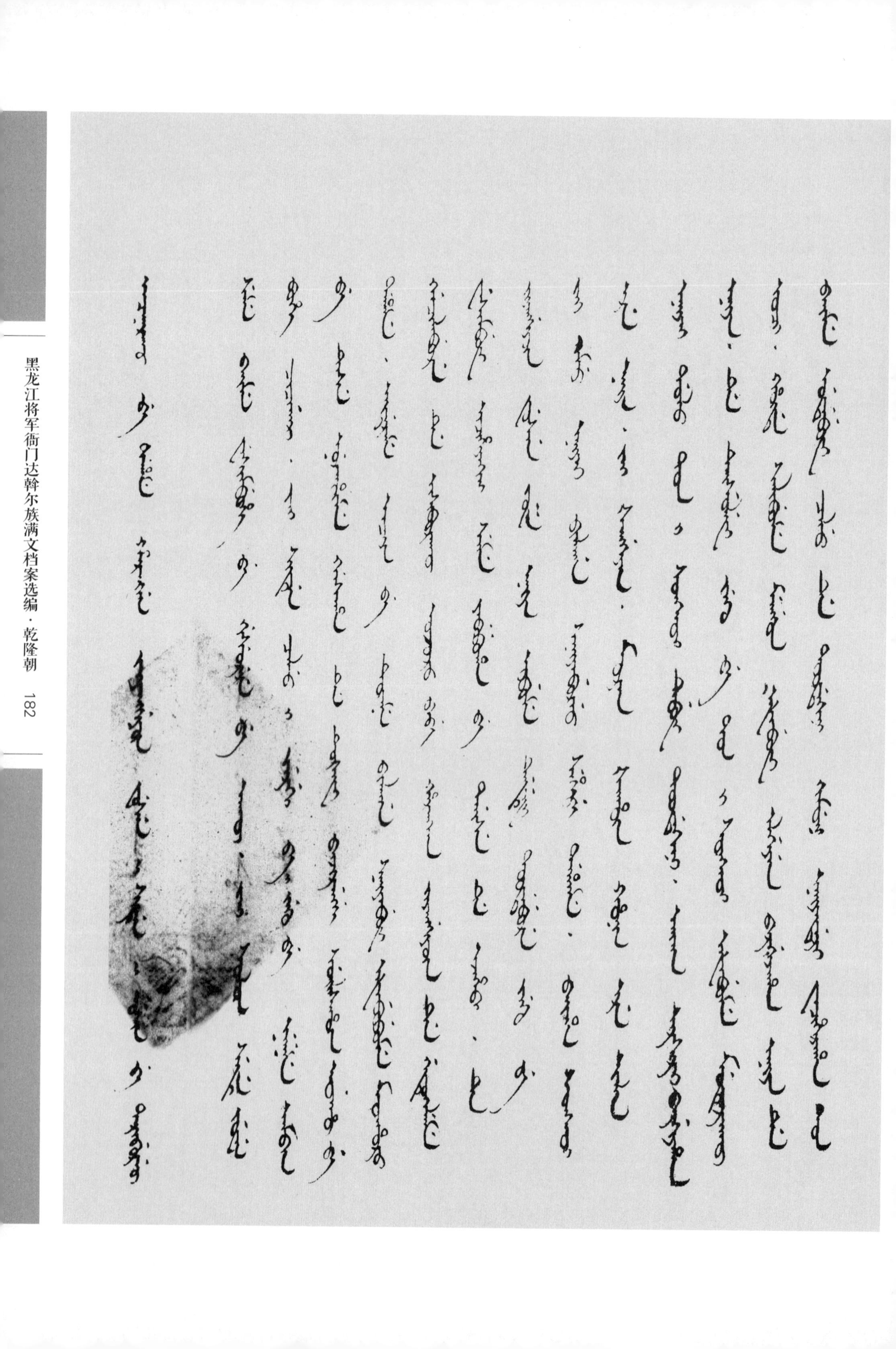

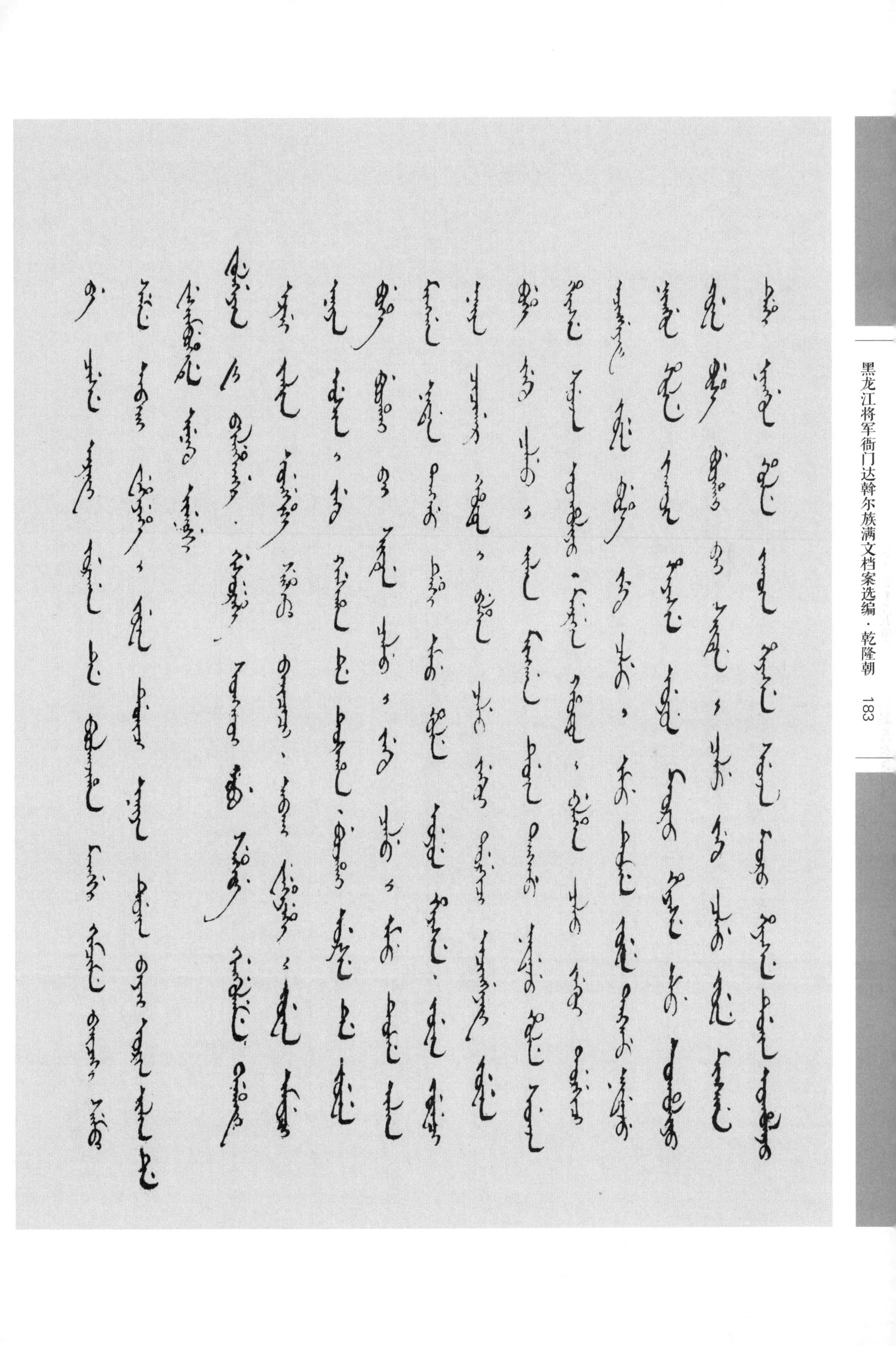

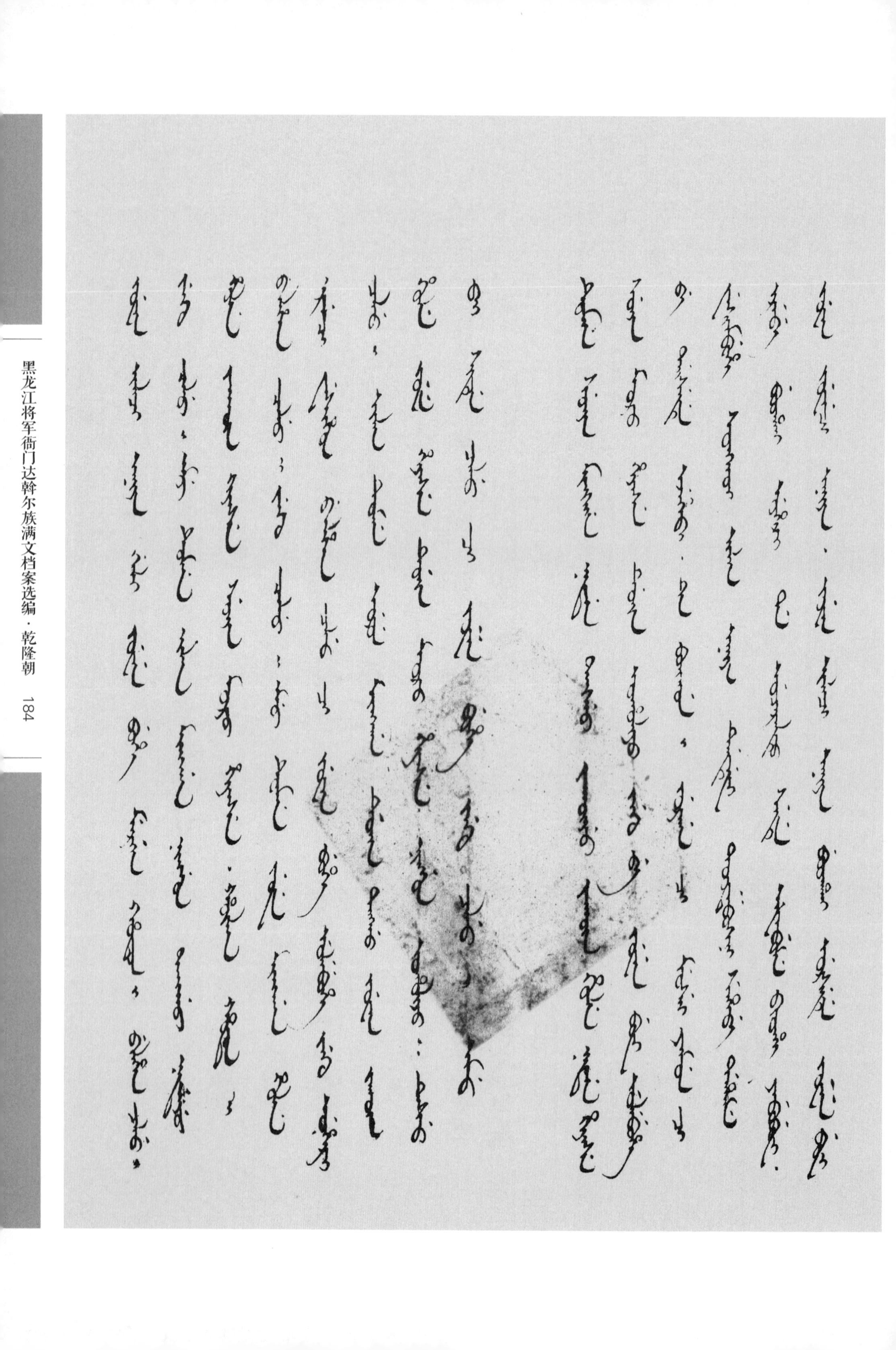

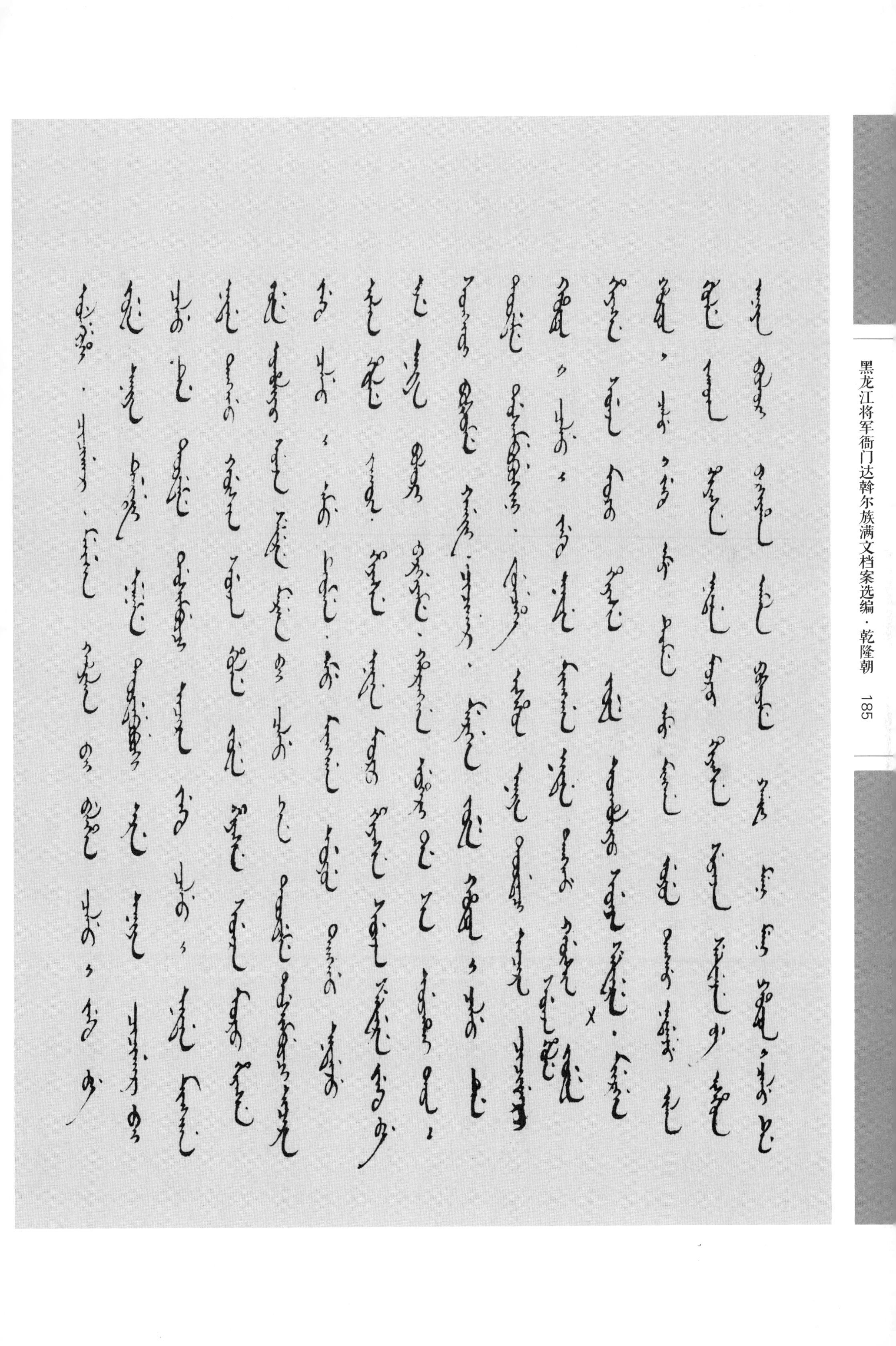

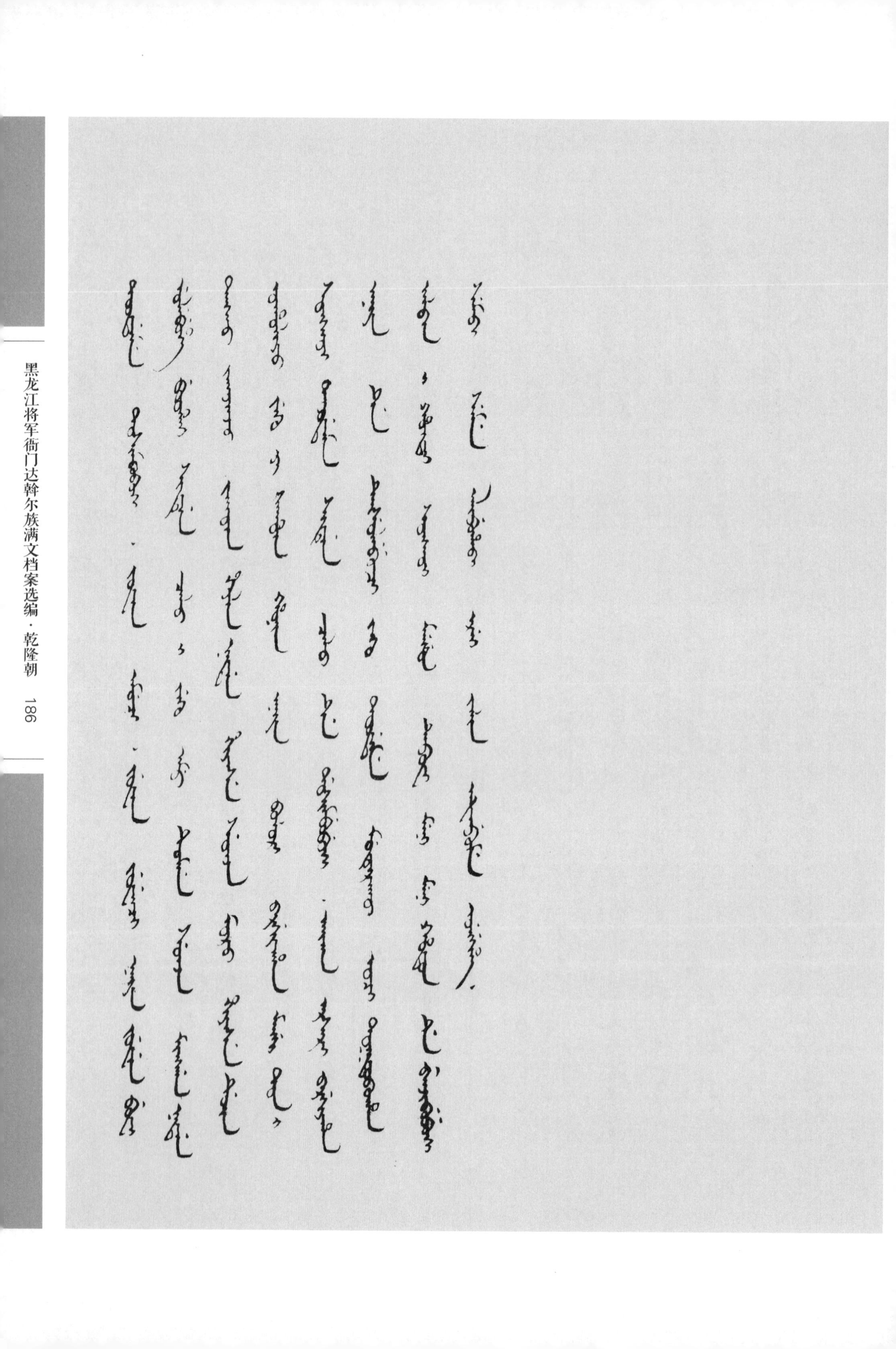

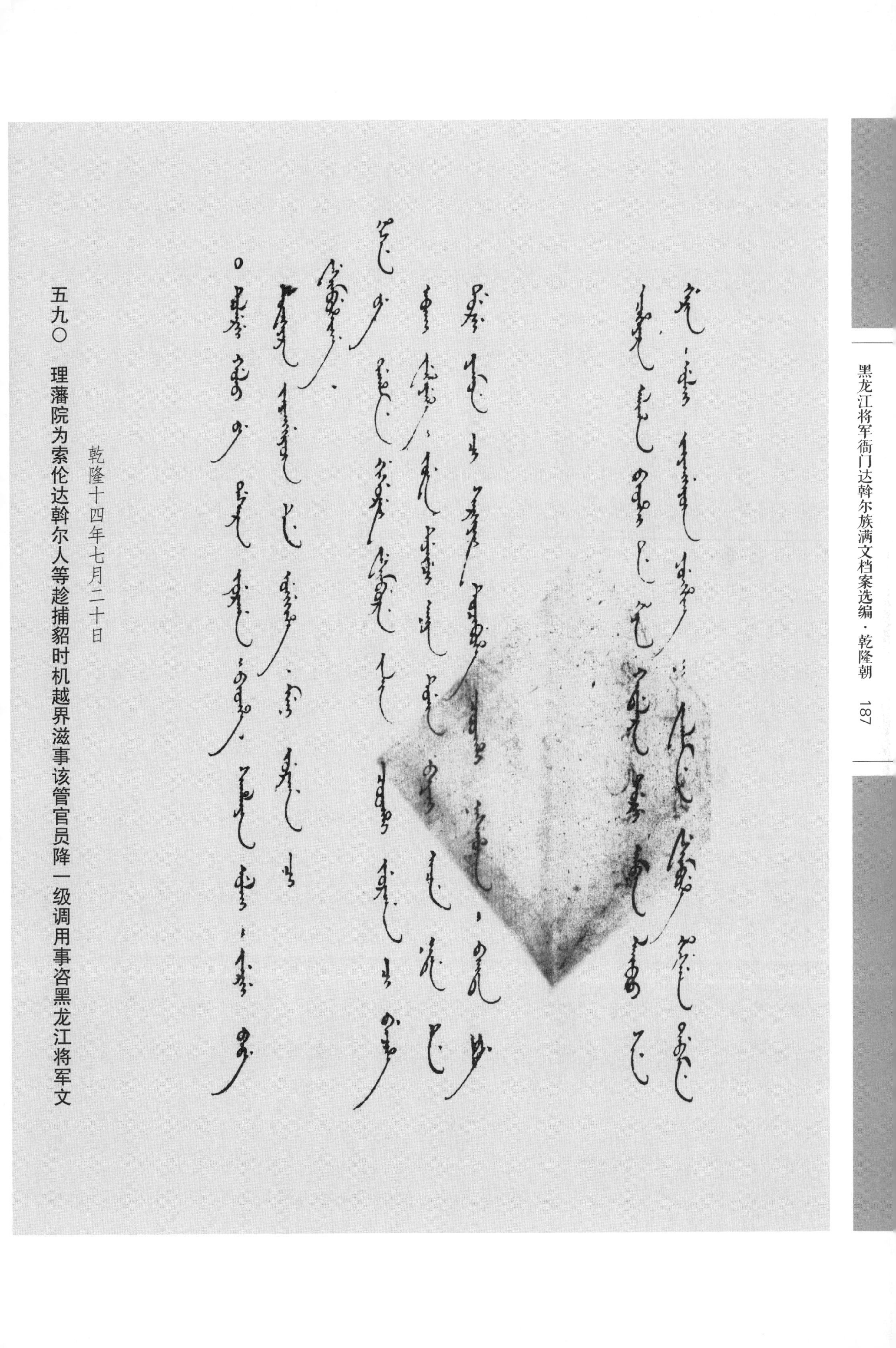

## 五九〇 理藩院为索伦达斡尔人等趁捕貂时机越界滋事该管官员降一级调用事咨黑龙江将军文

乾隆十四年七月二十日

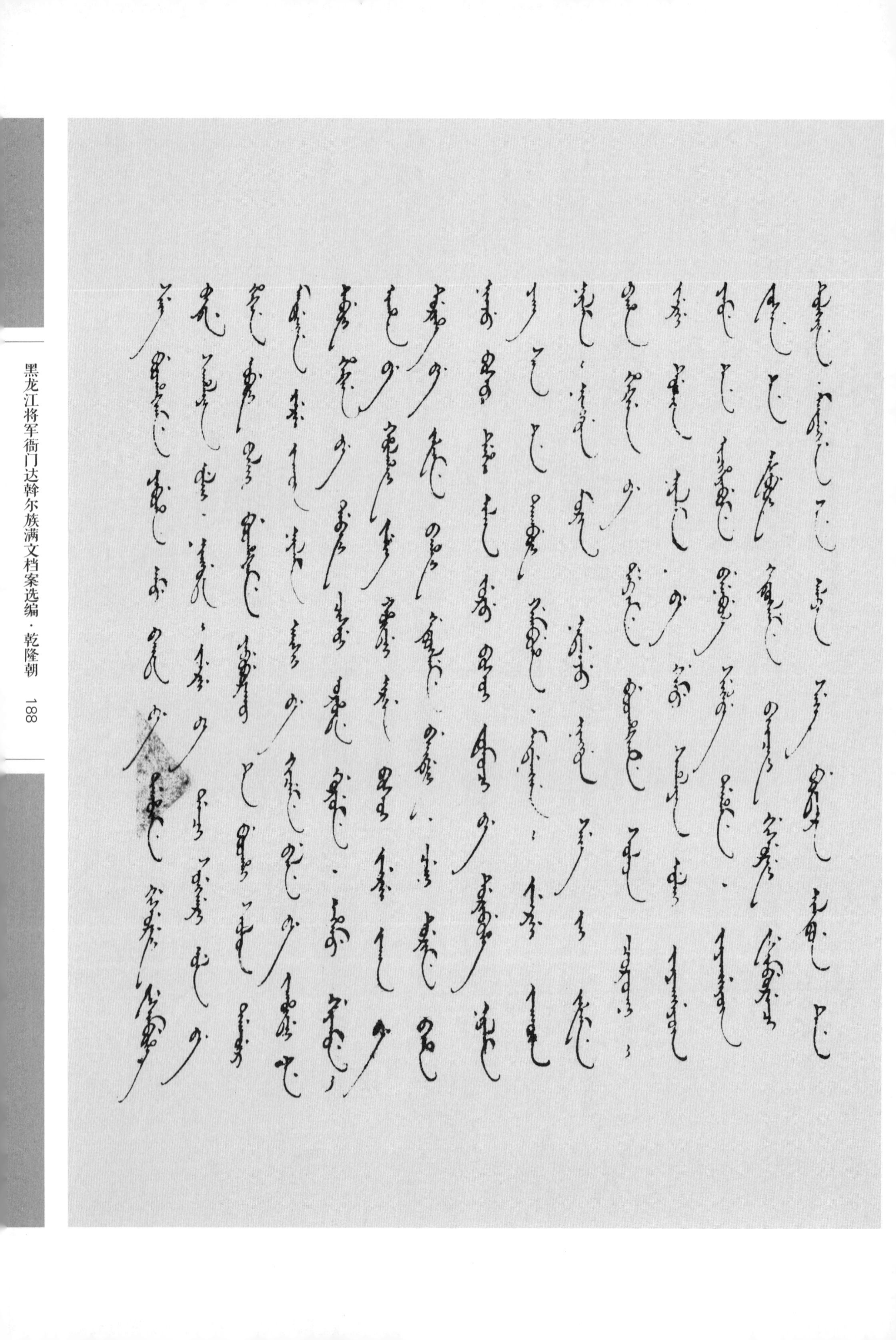

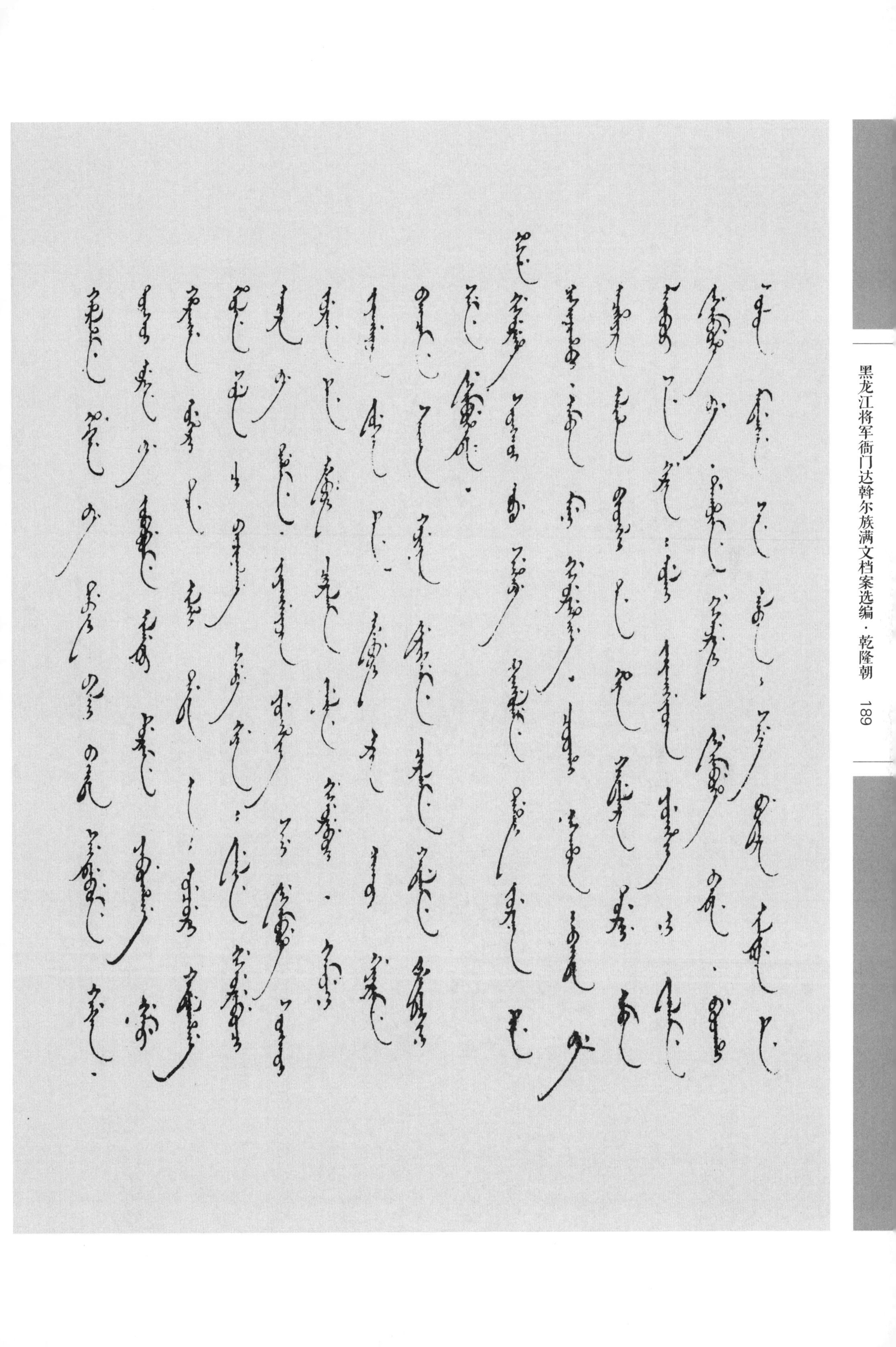

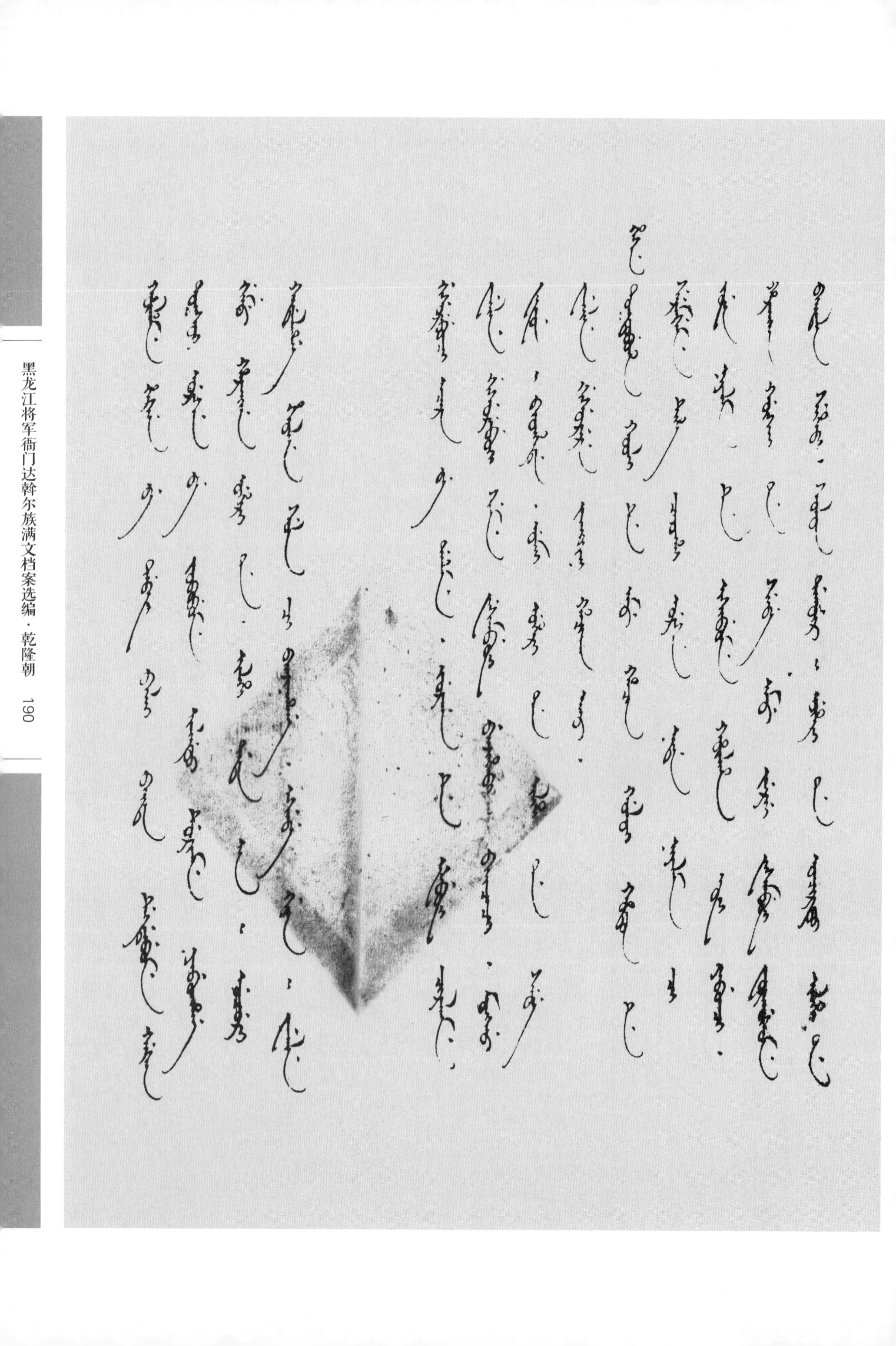

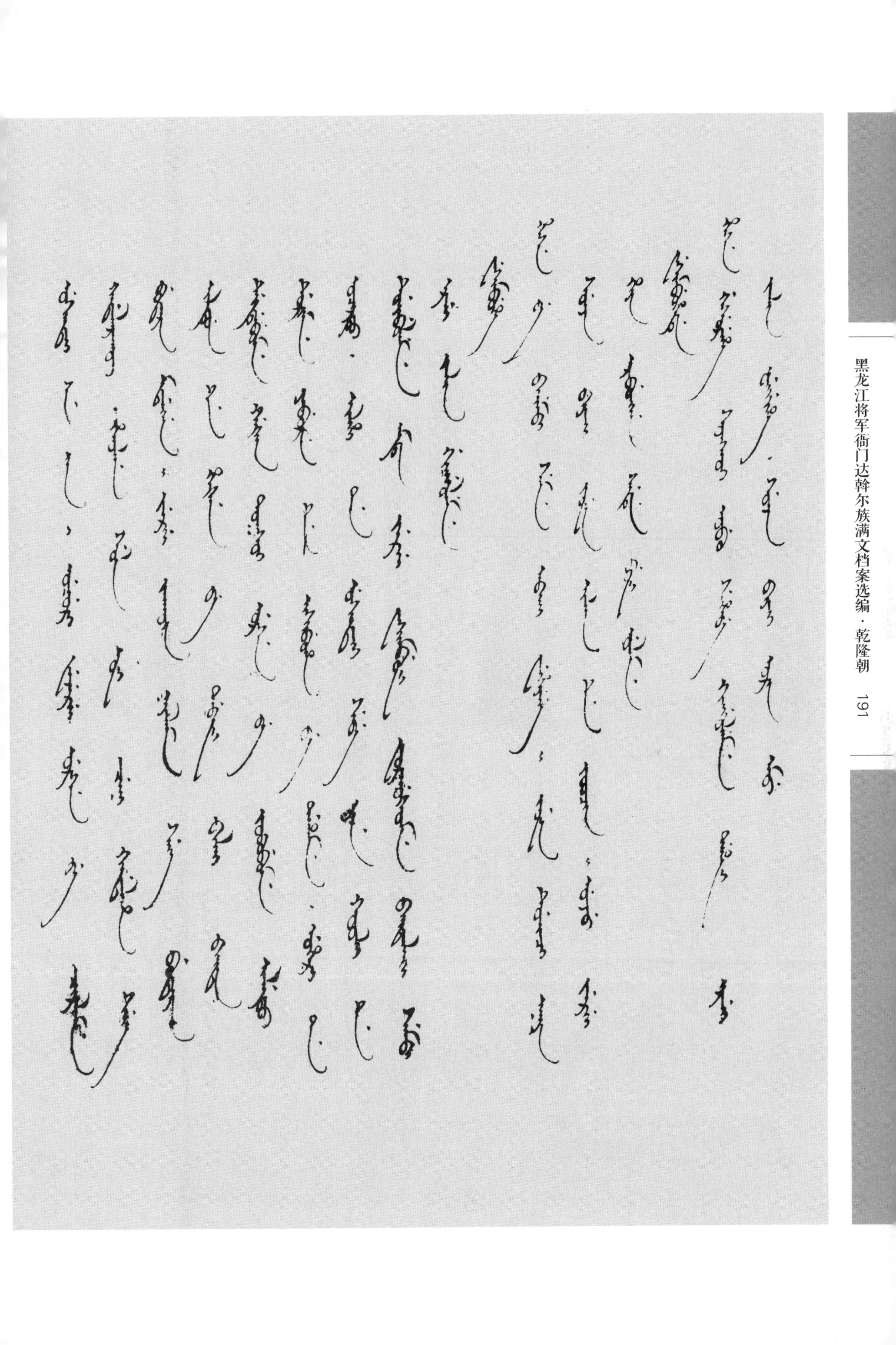

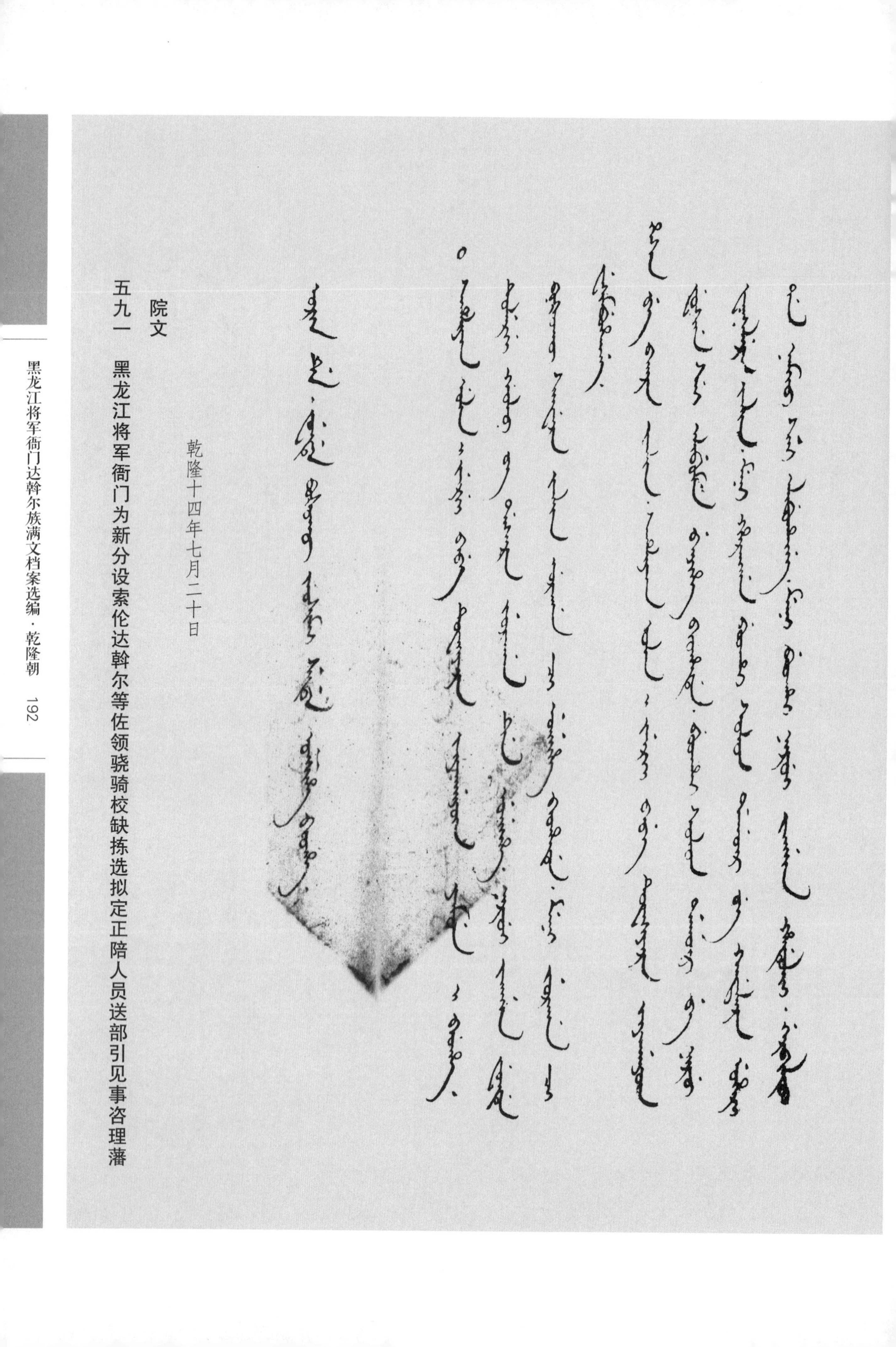

## 五九一　黑龙江将军衙门为新分设索伦达斡尔等佐领骁骑校缺拣选拟定正陪人员送部引见事咨理藩院文

乾隆十四年七月二十日

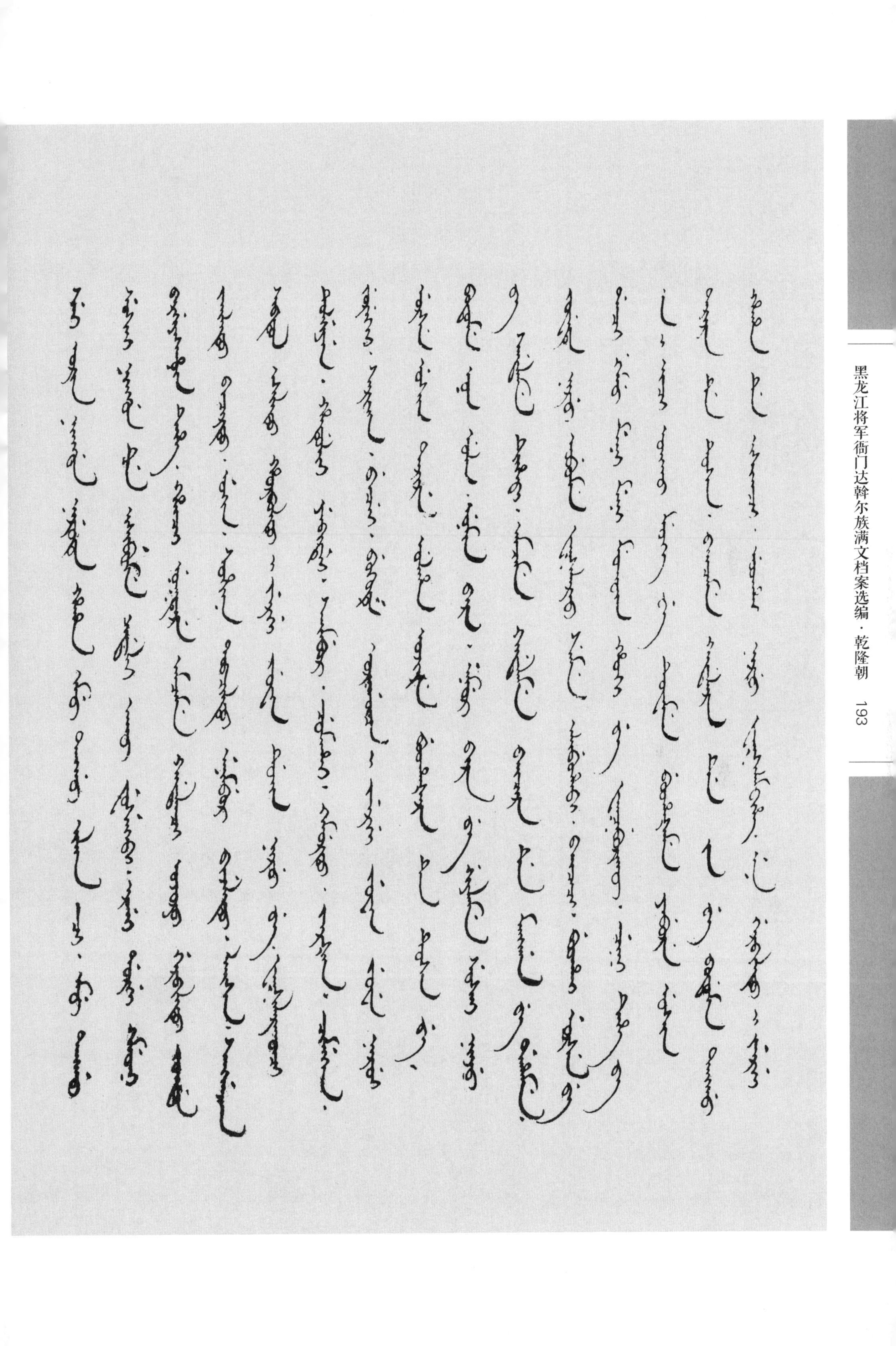

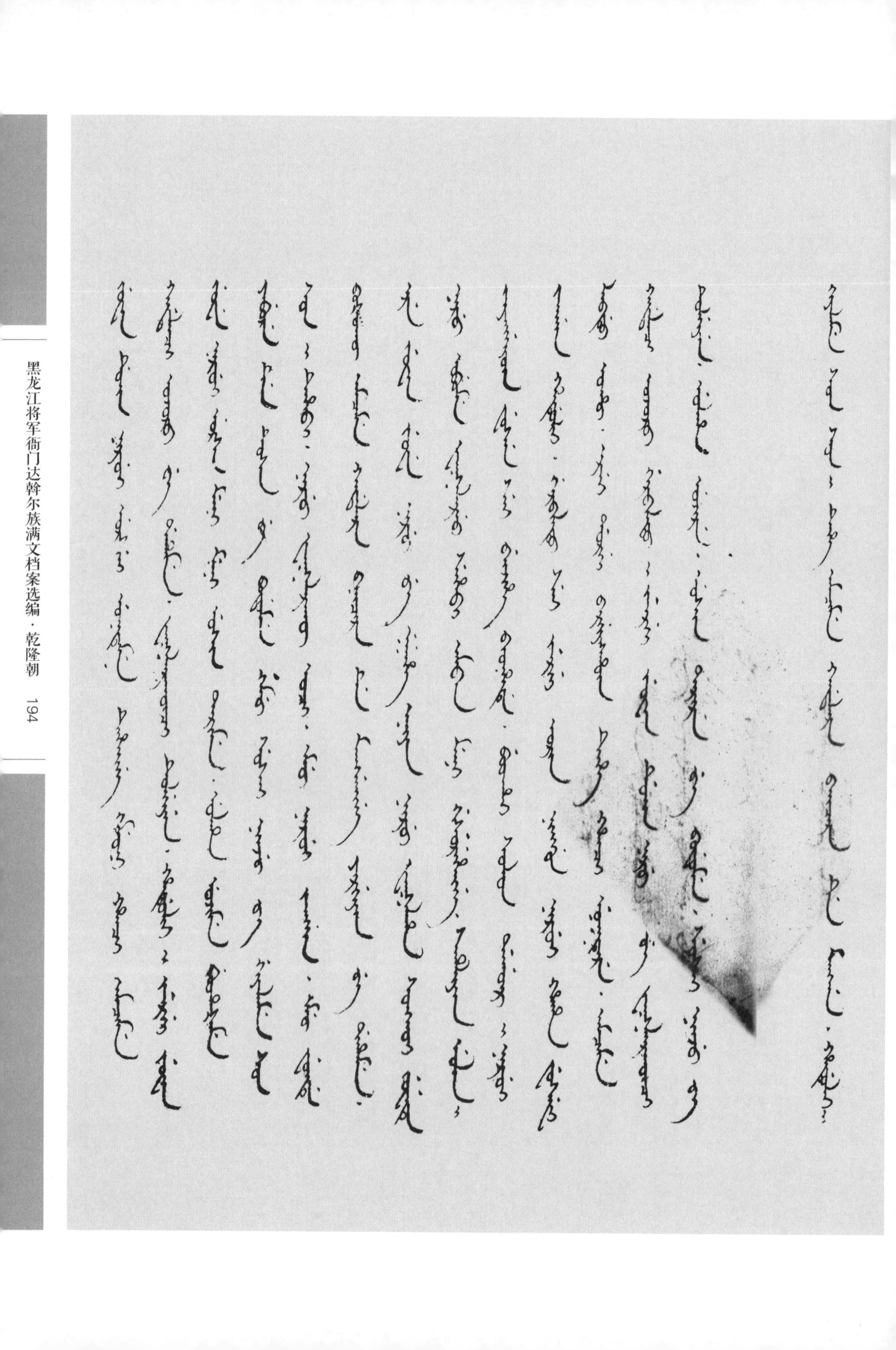

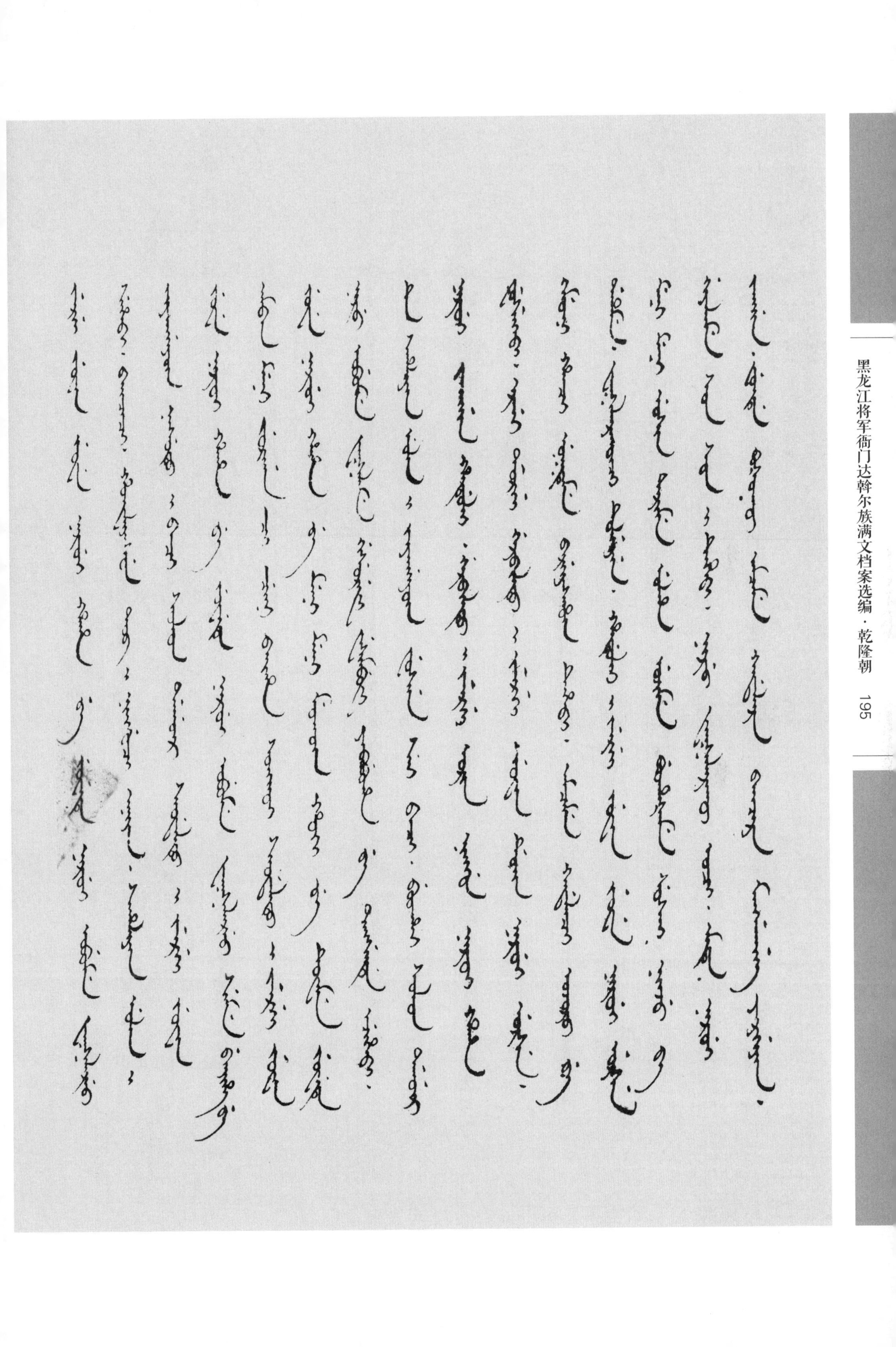

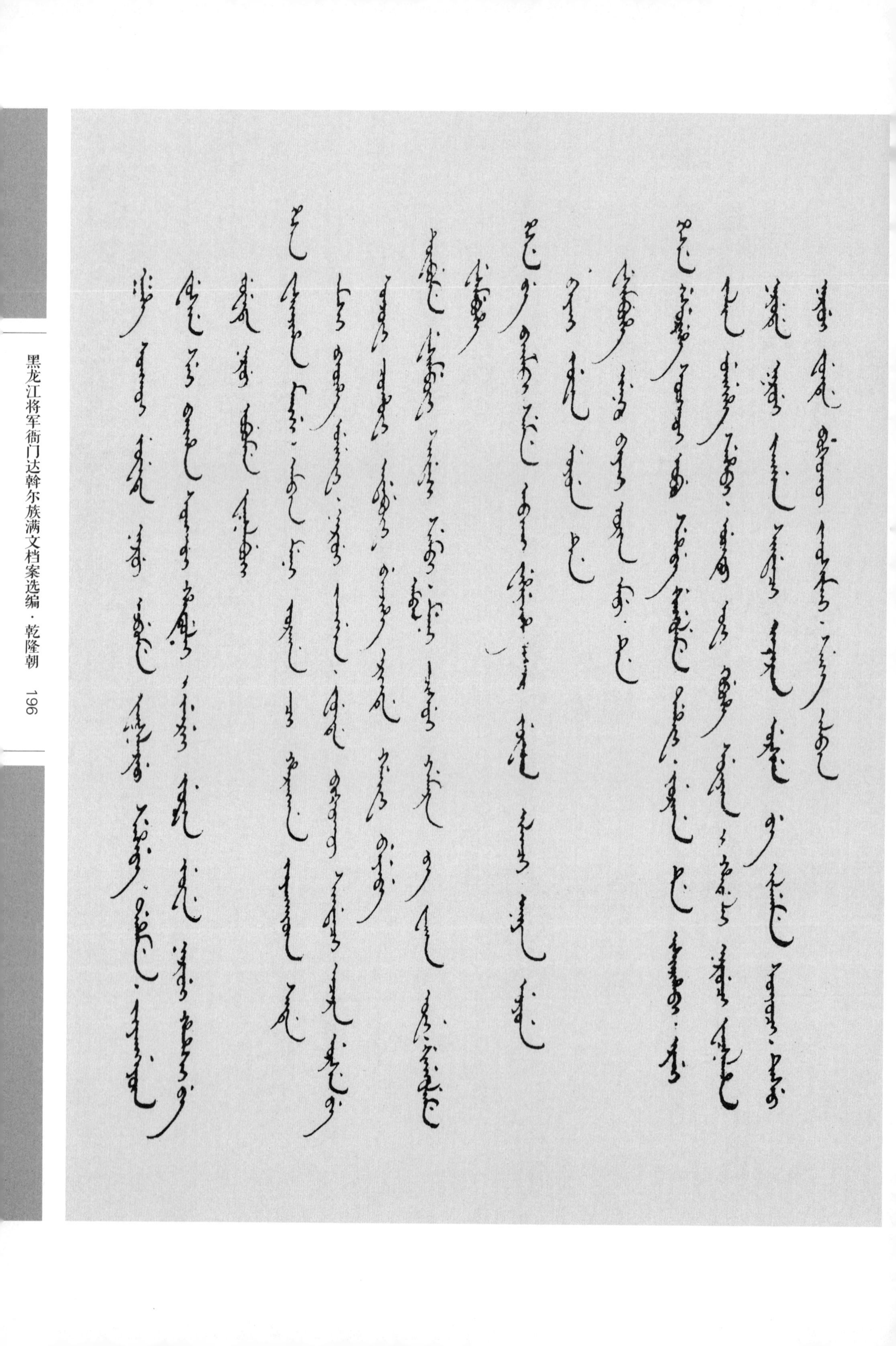

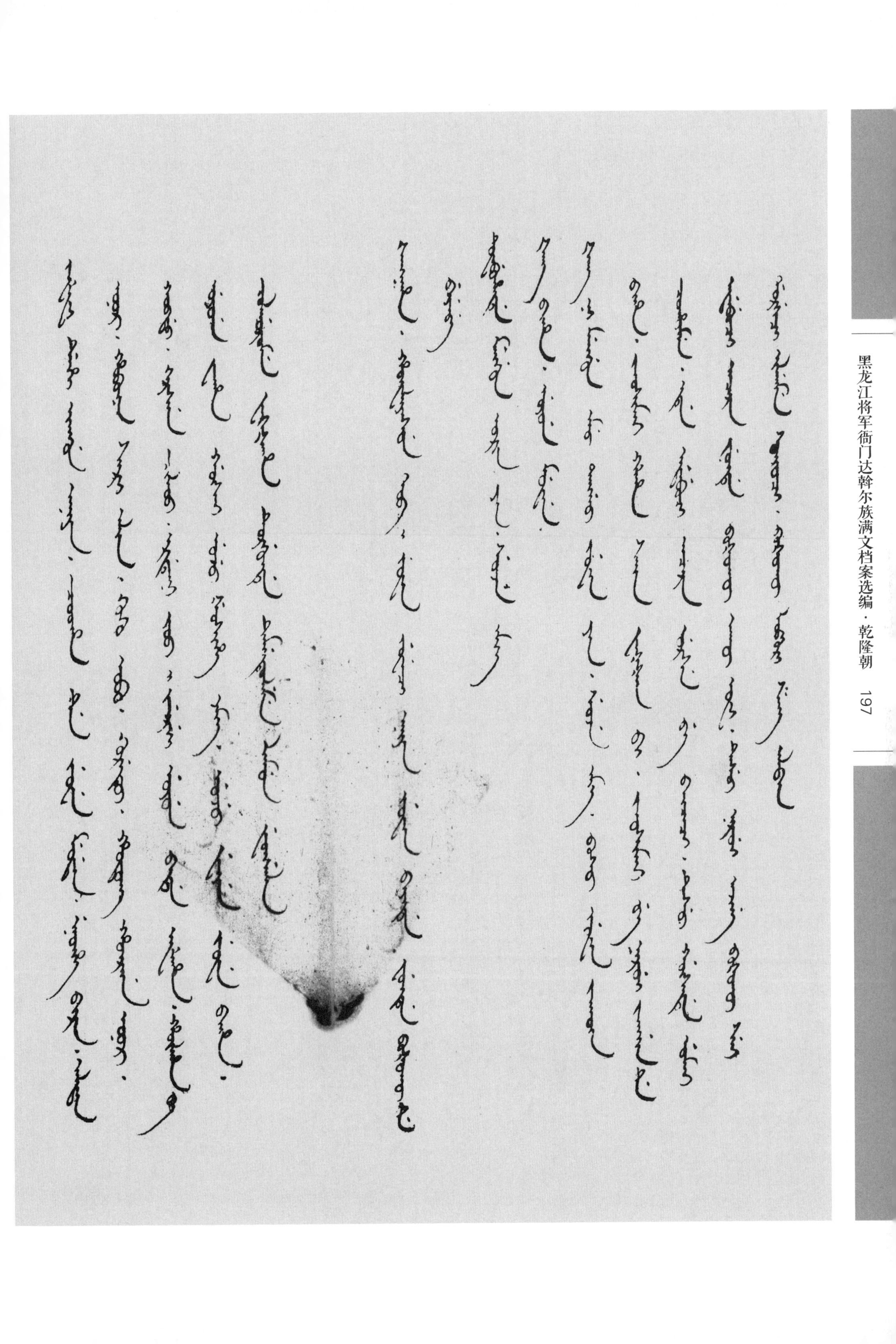

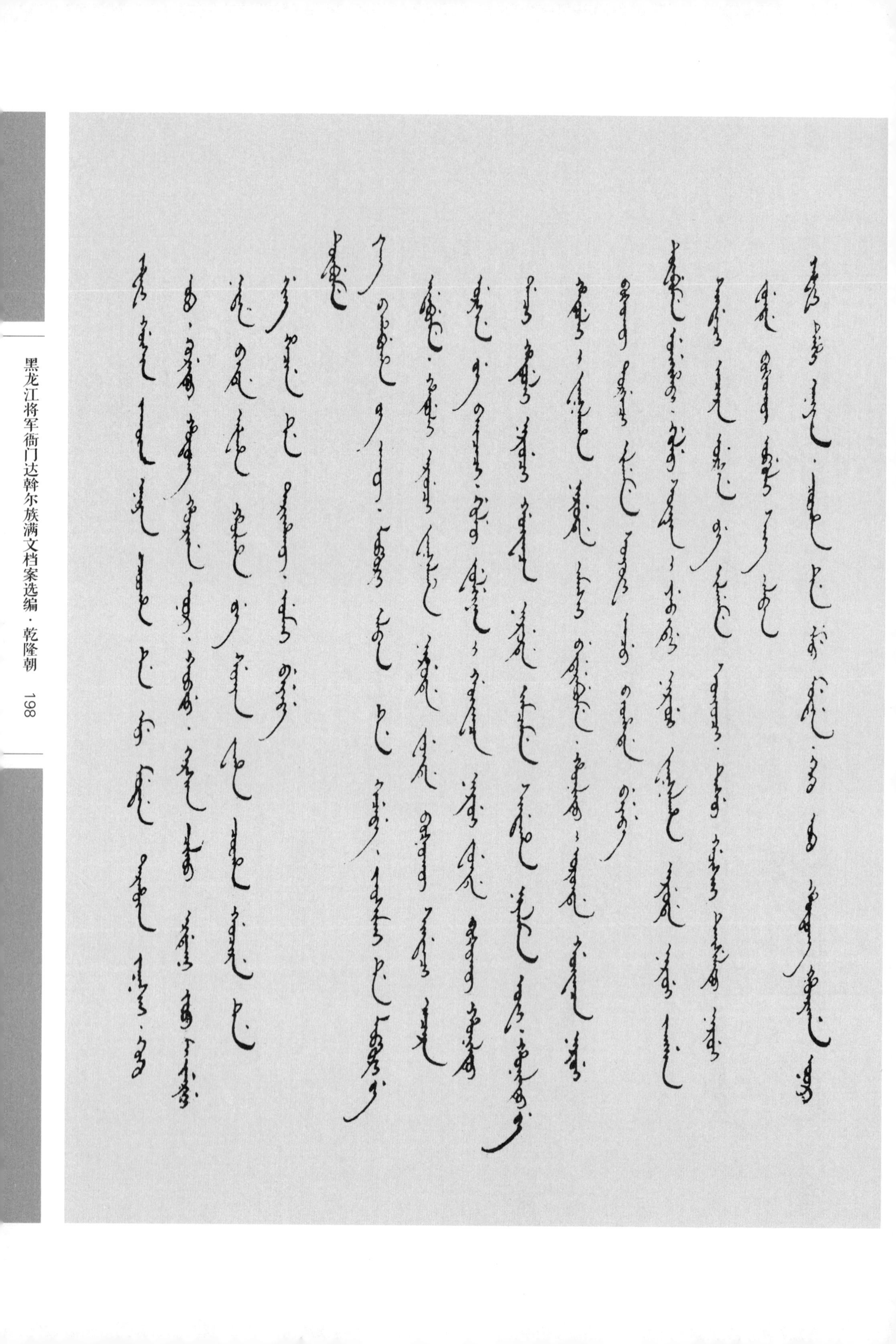

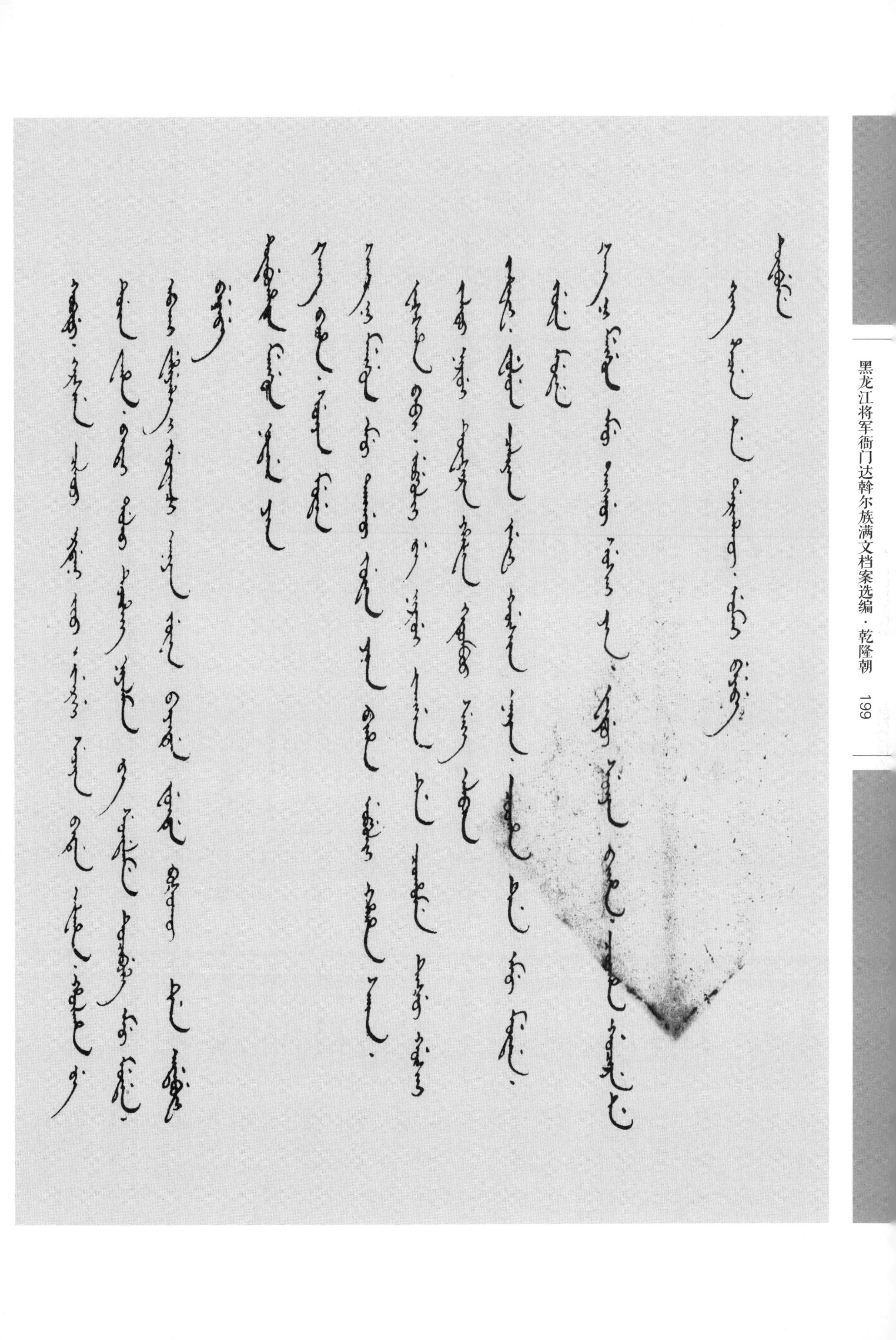

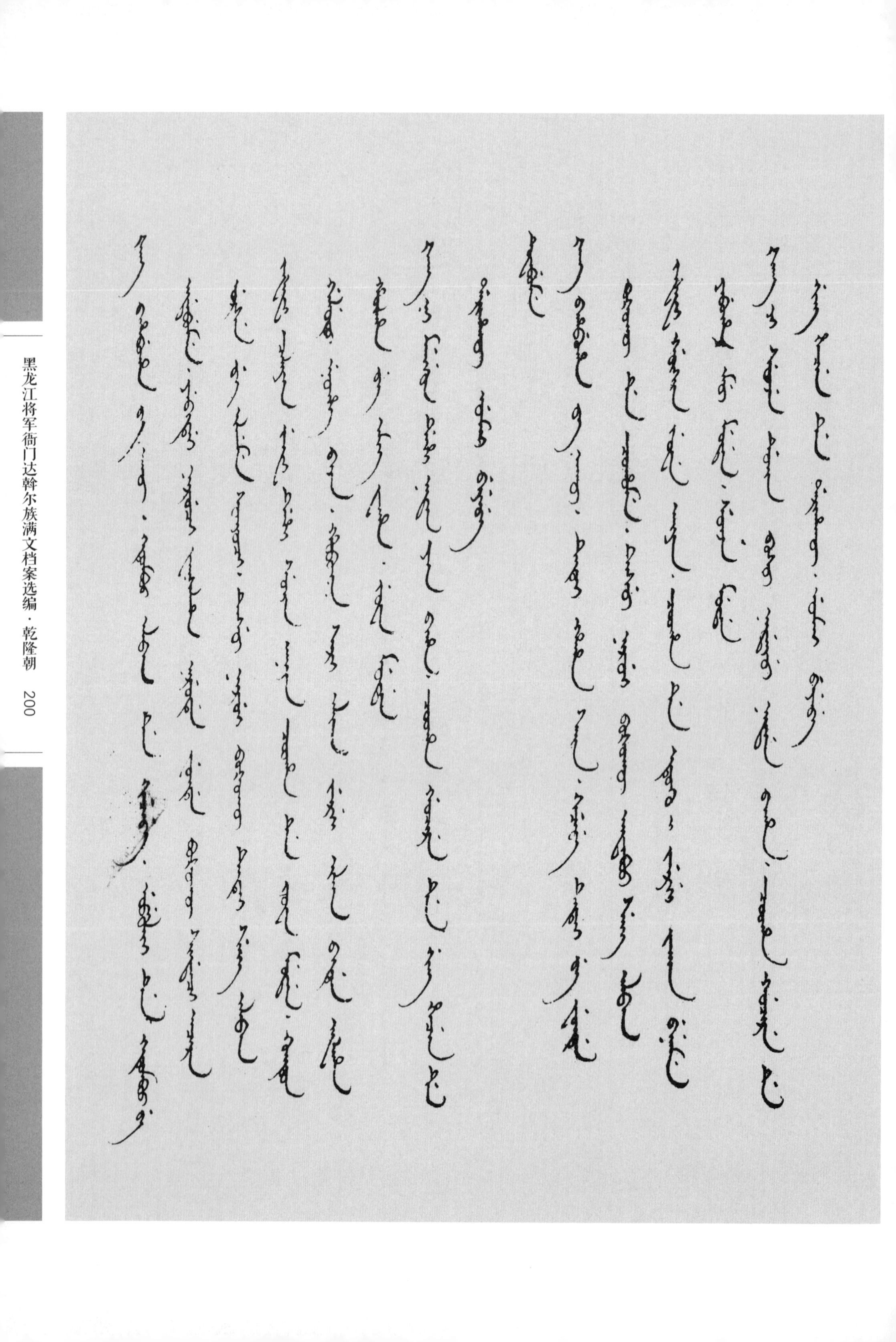

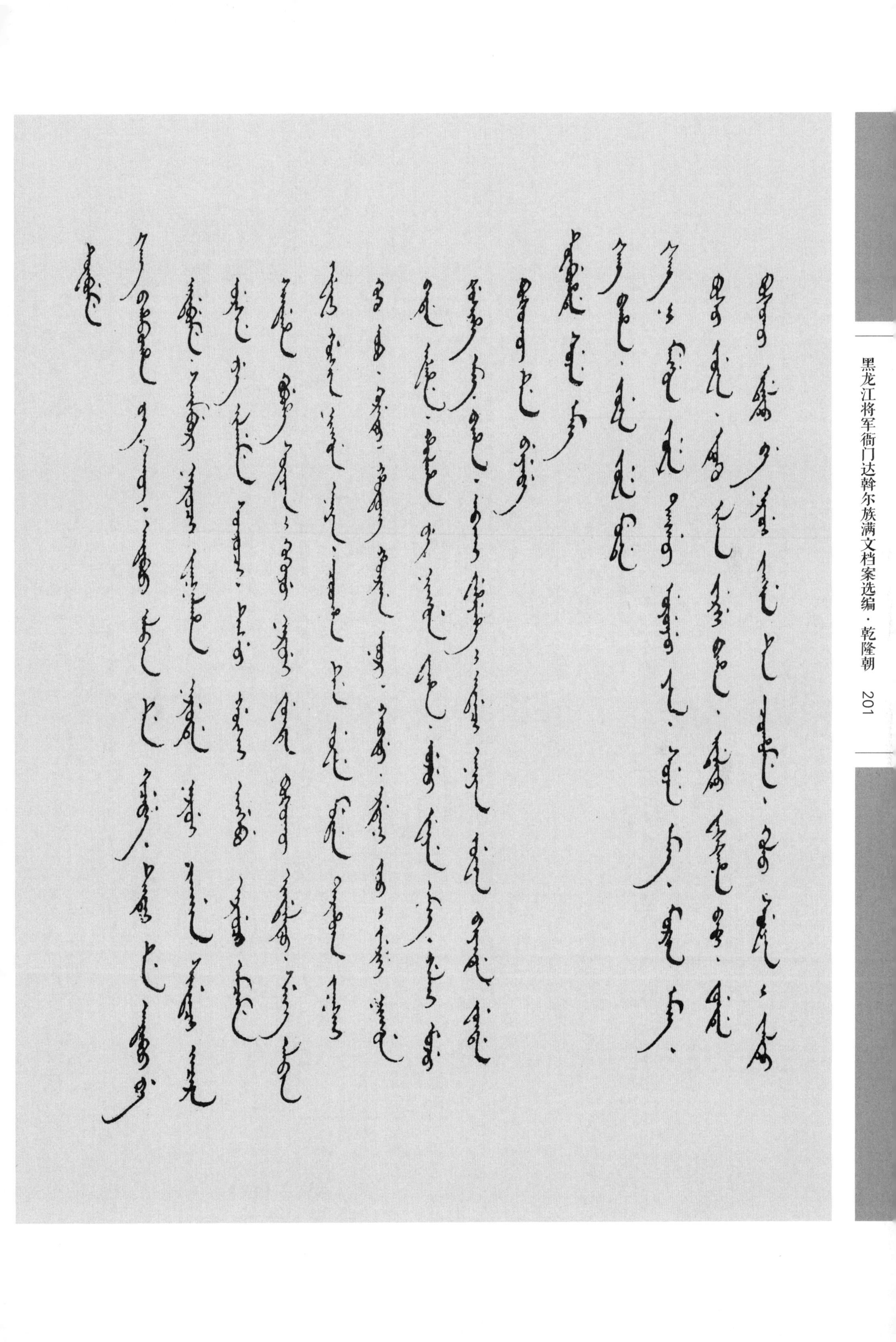

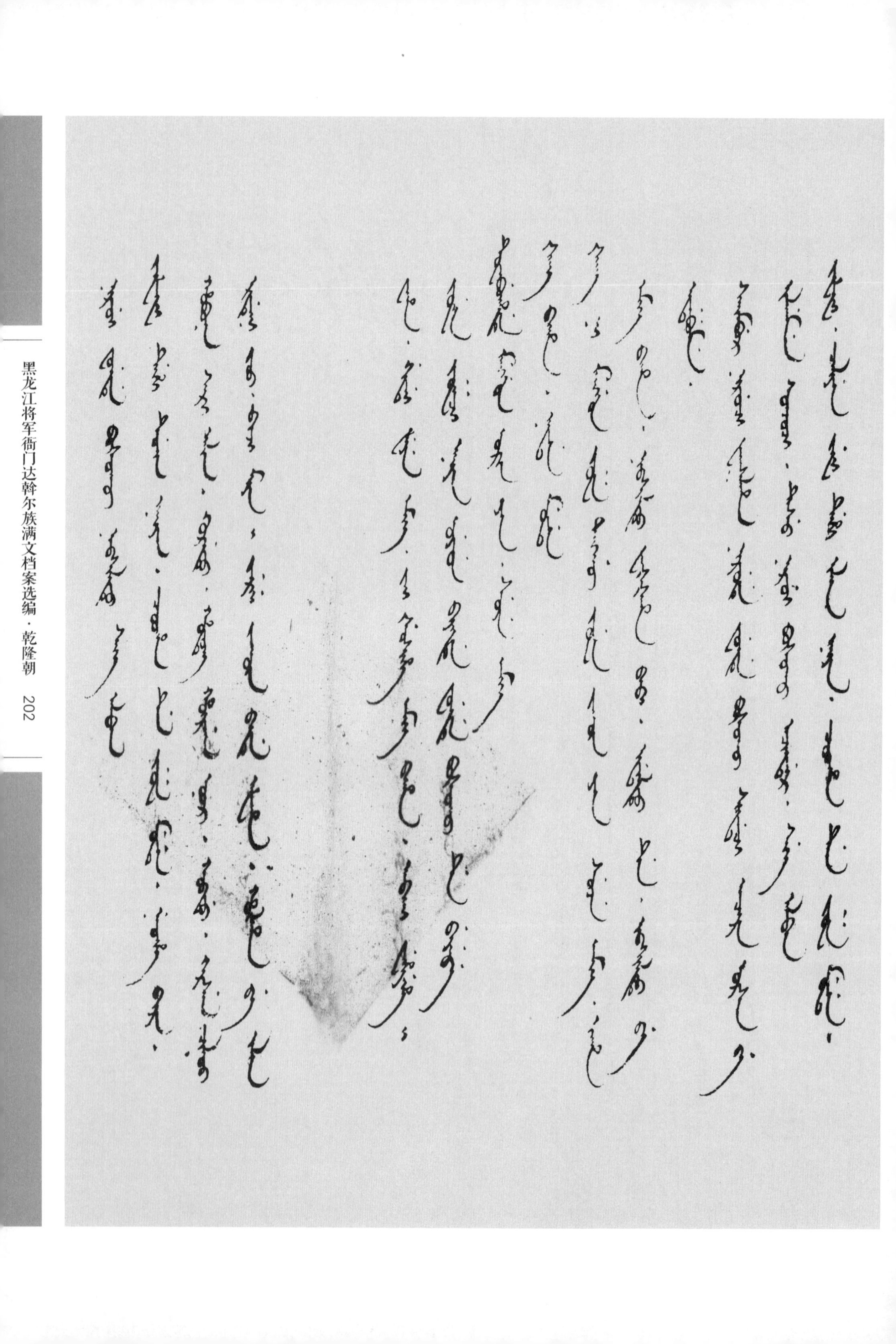

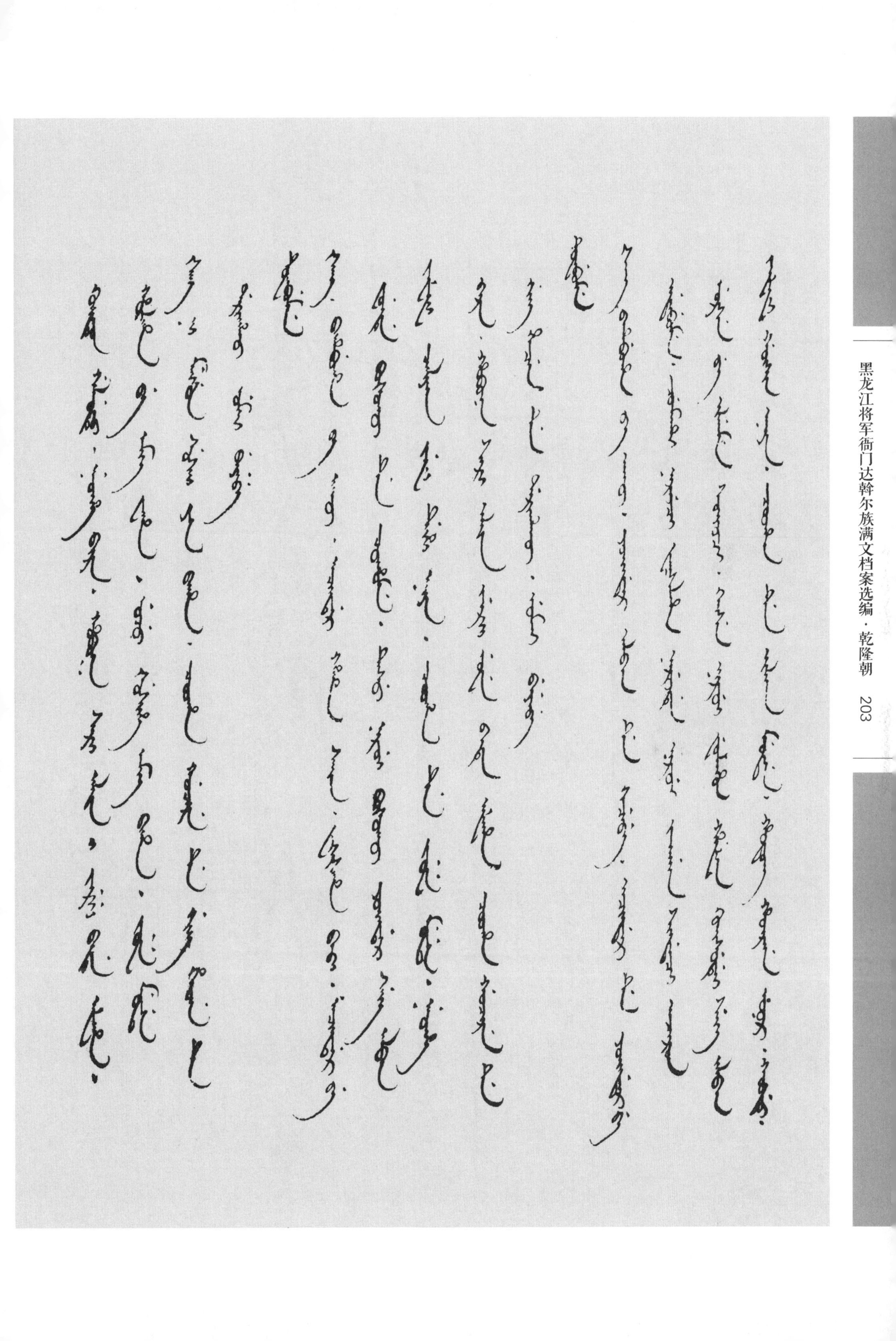

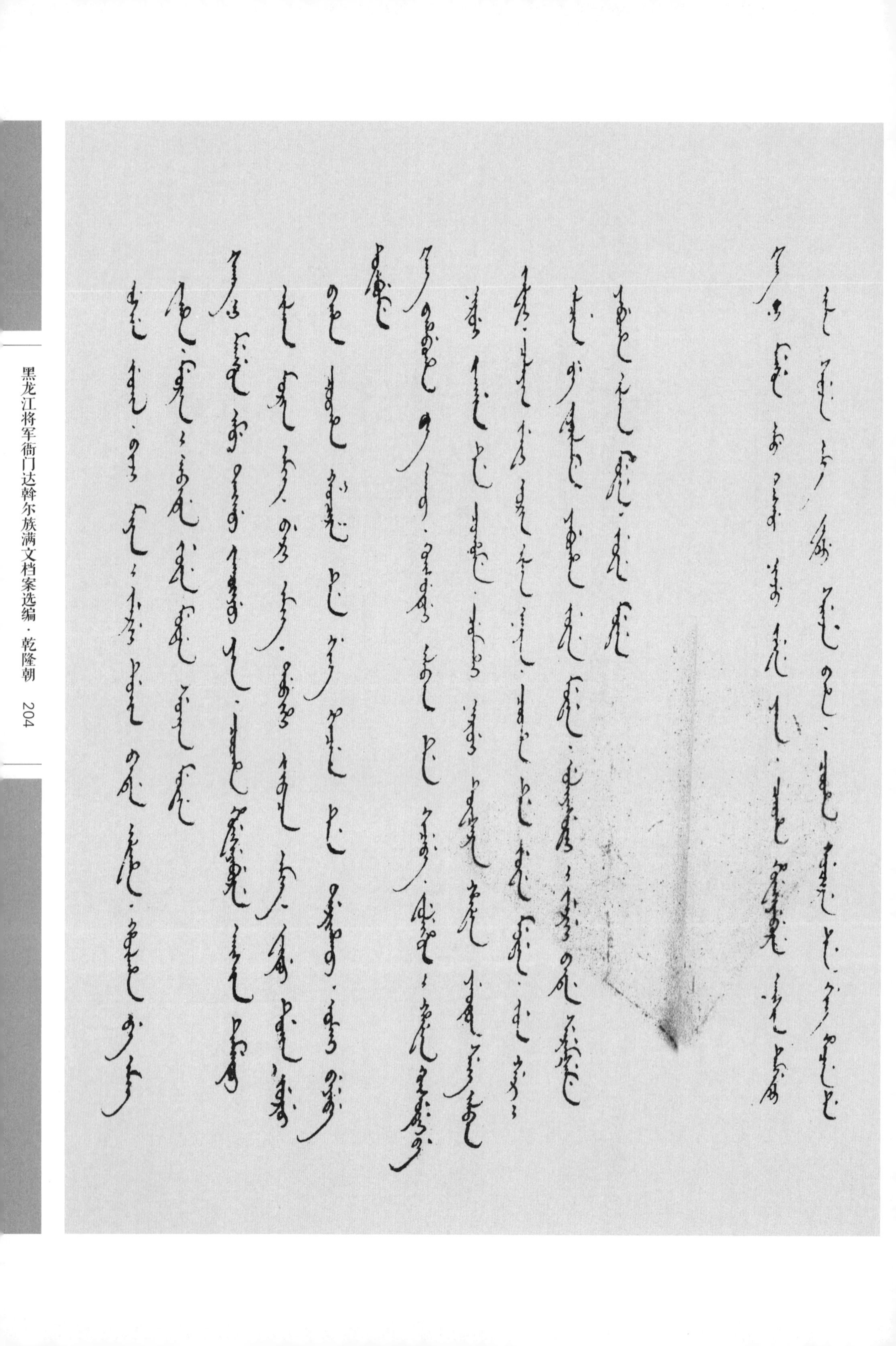

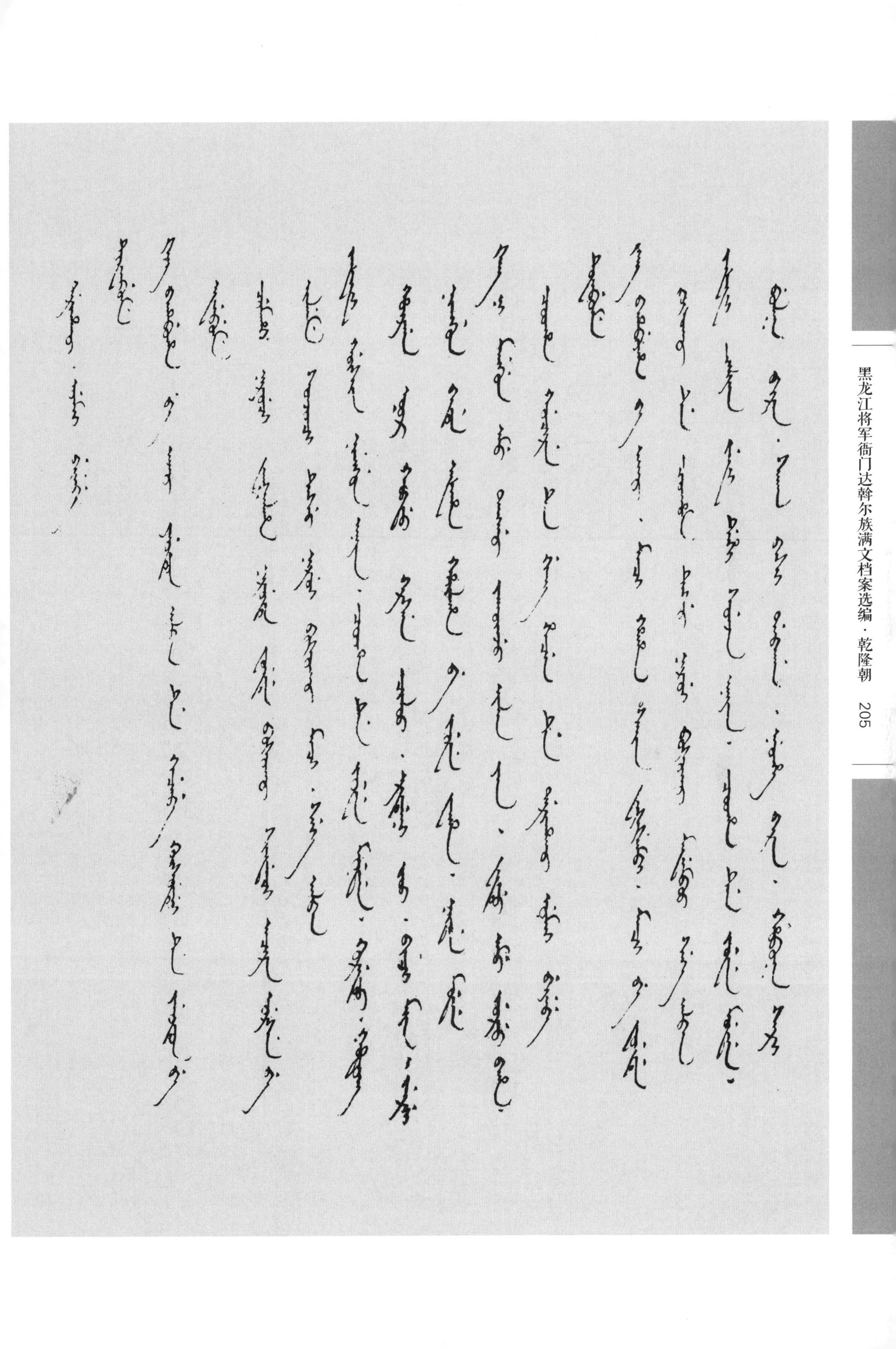

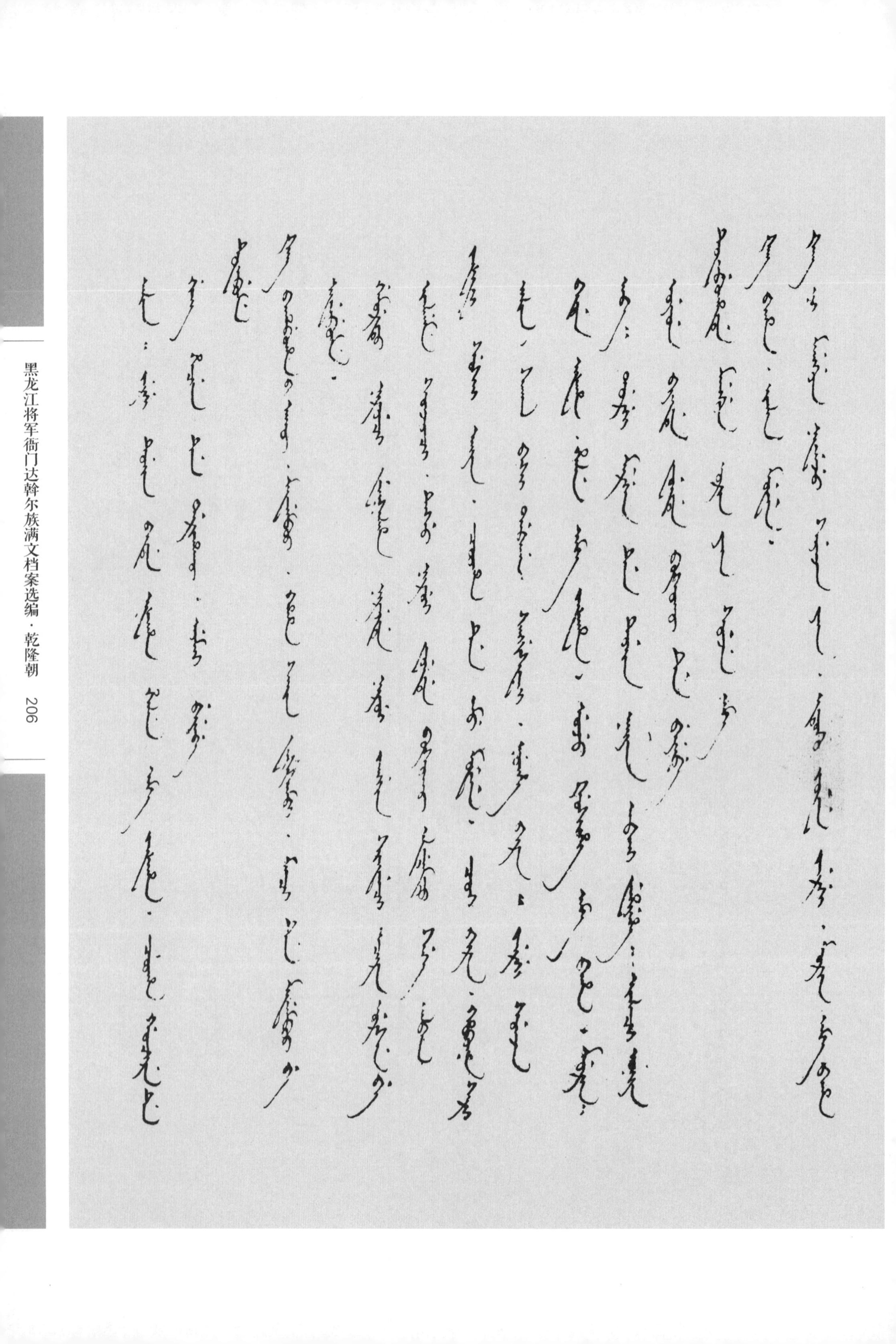

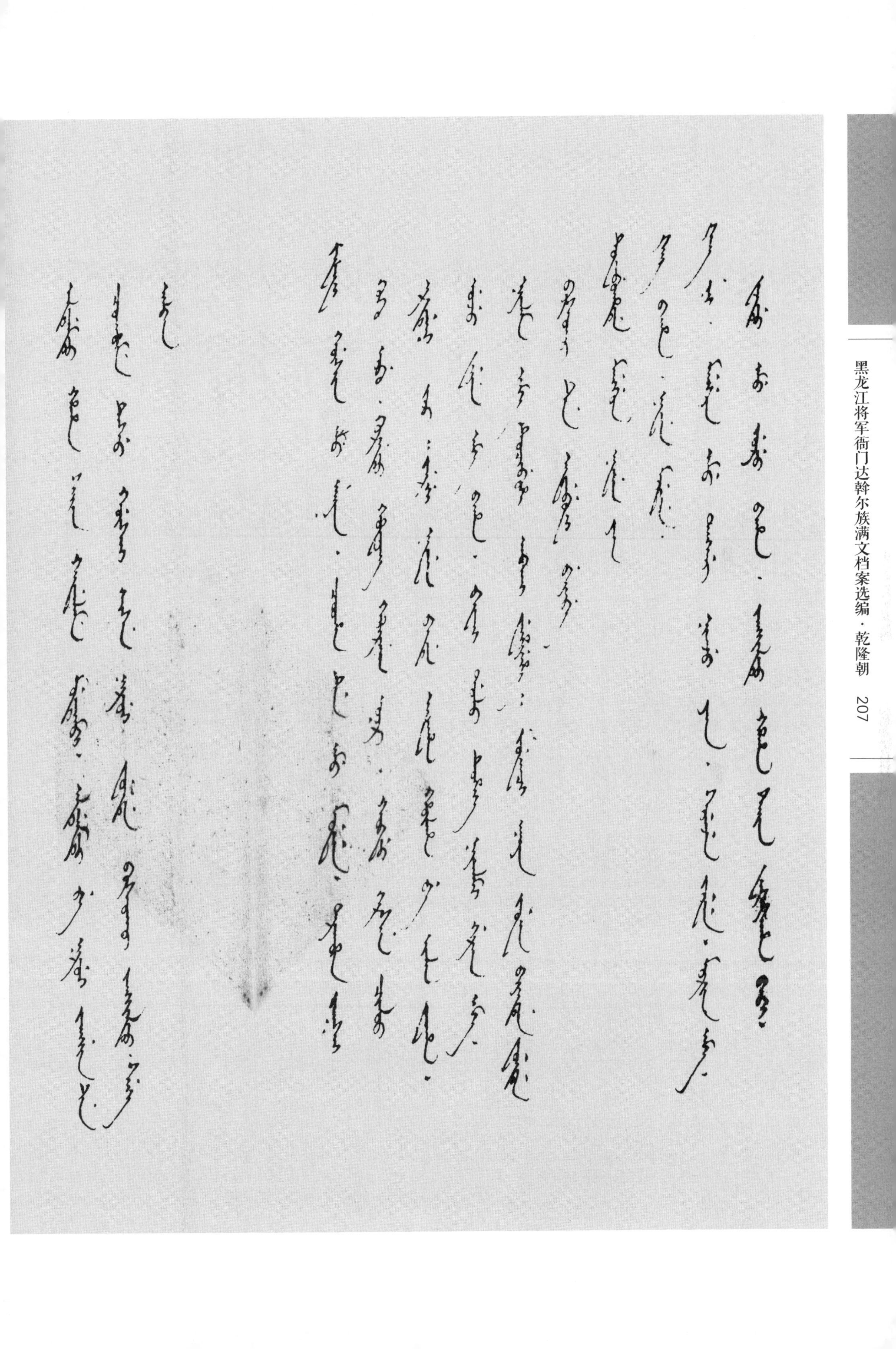

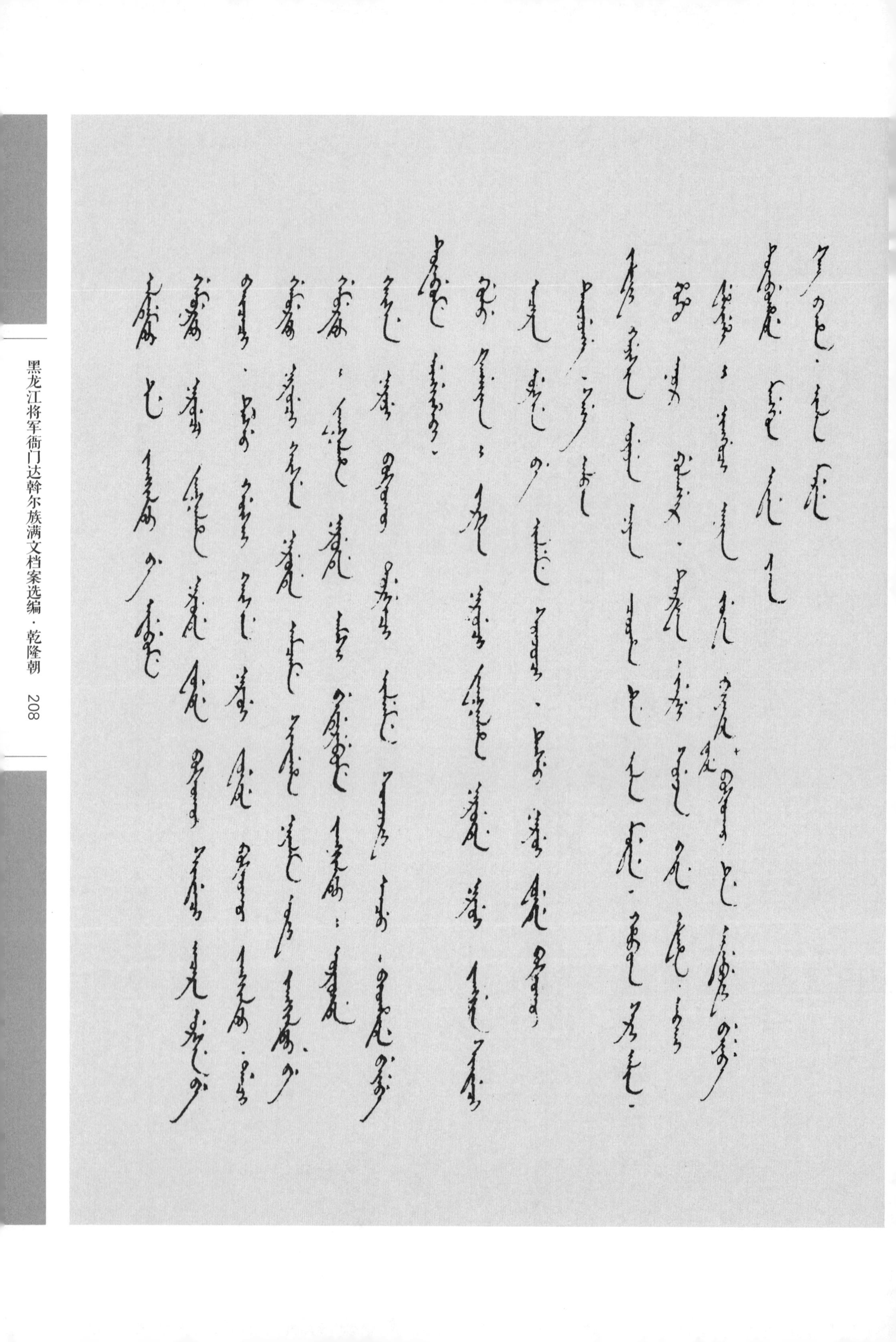

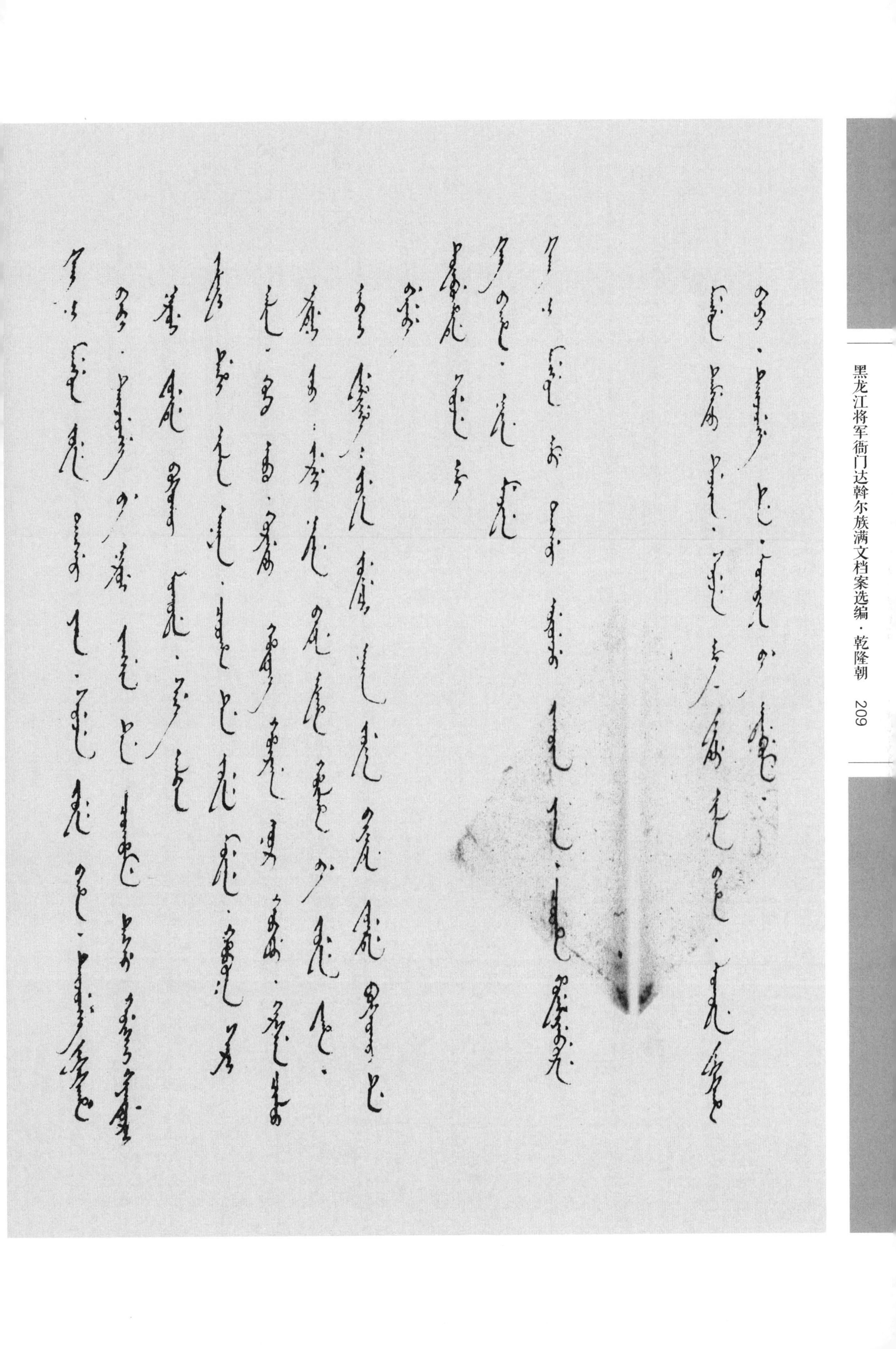

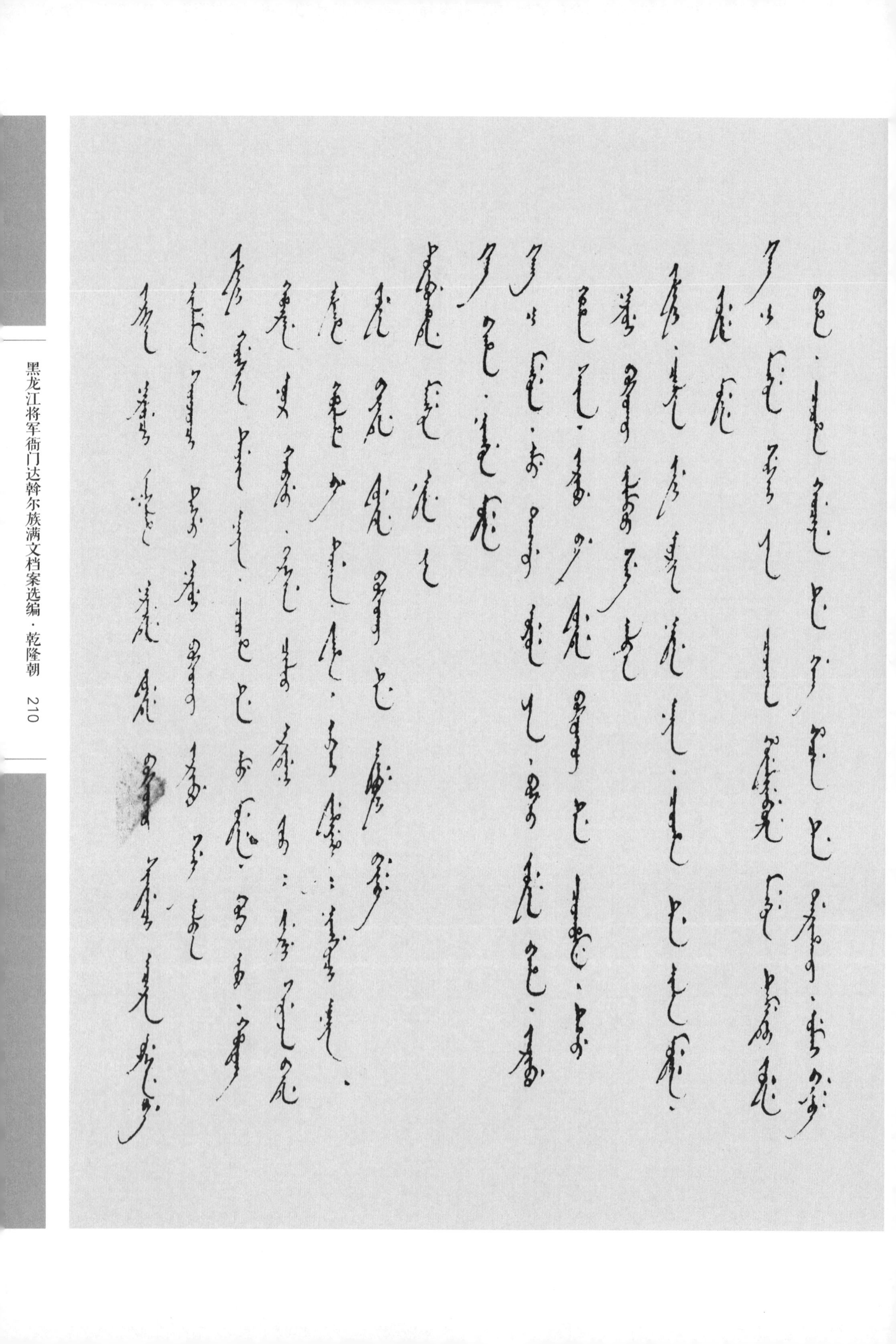

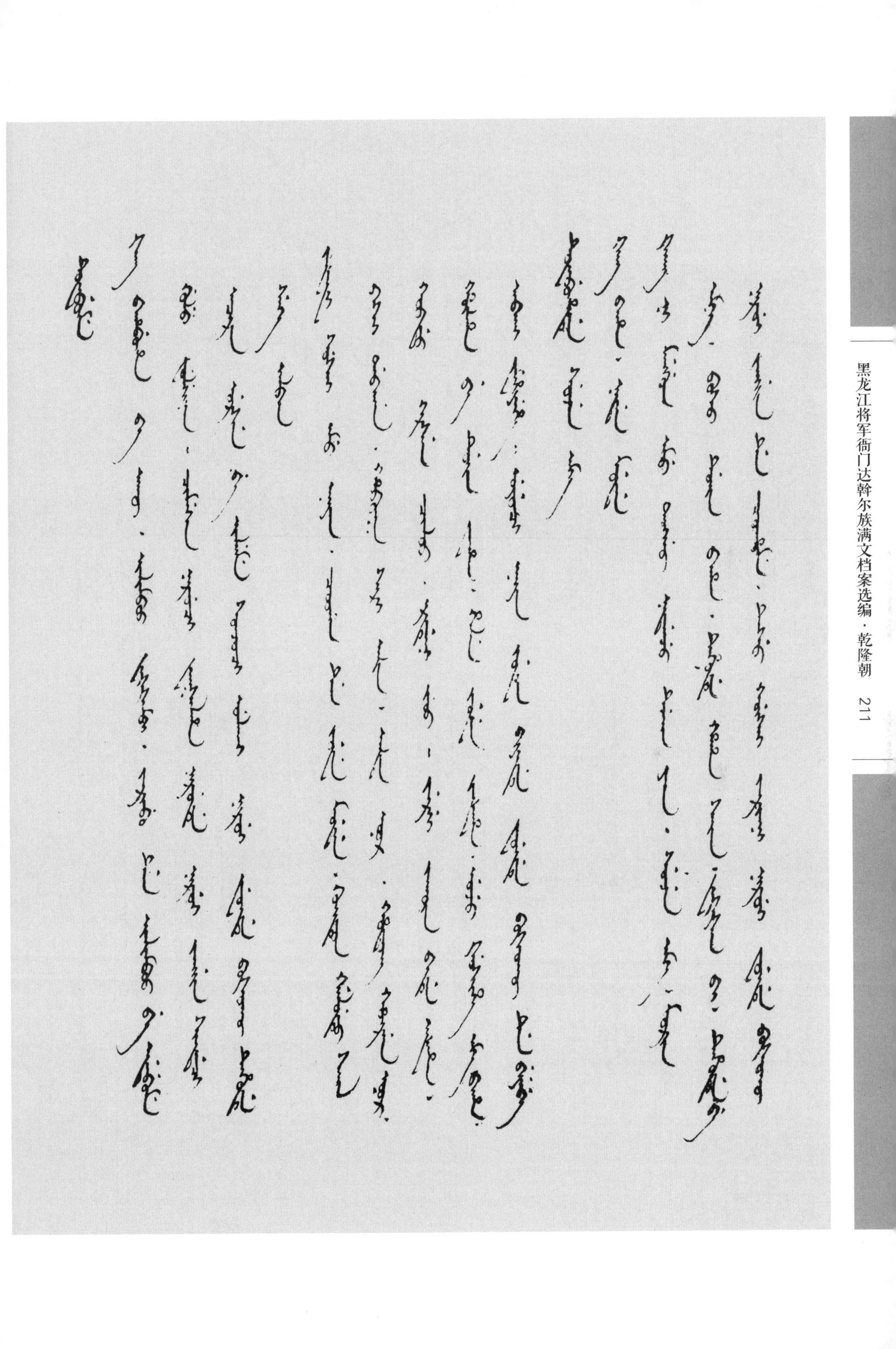

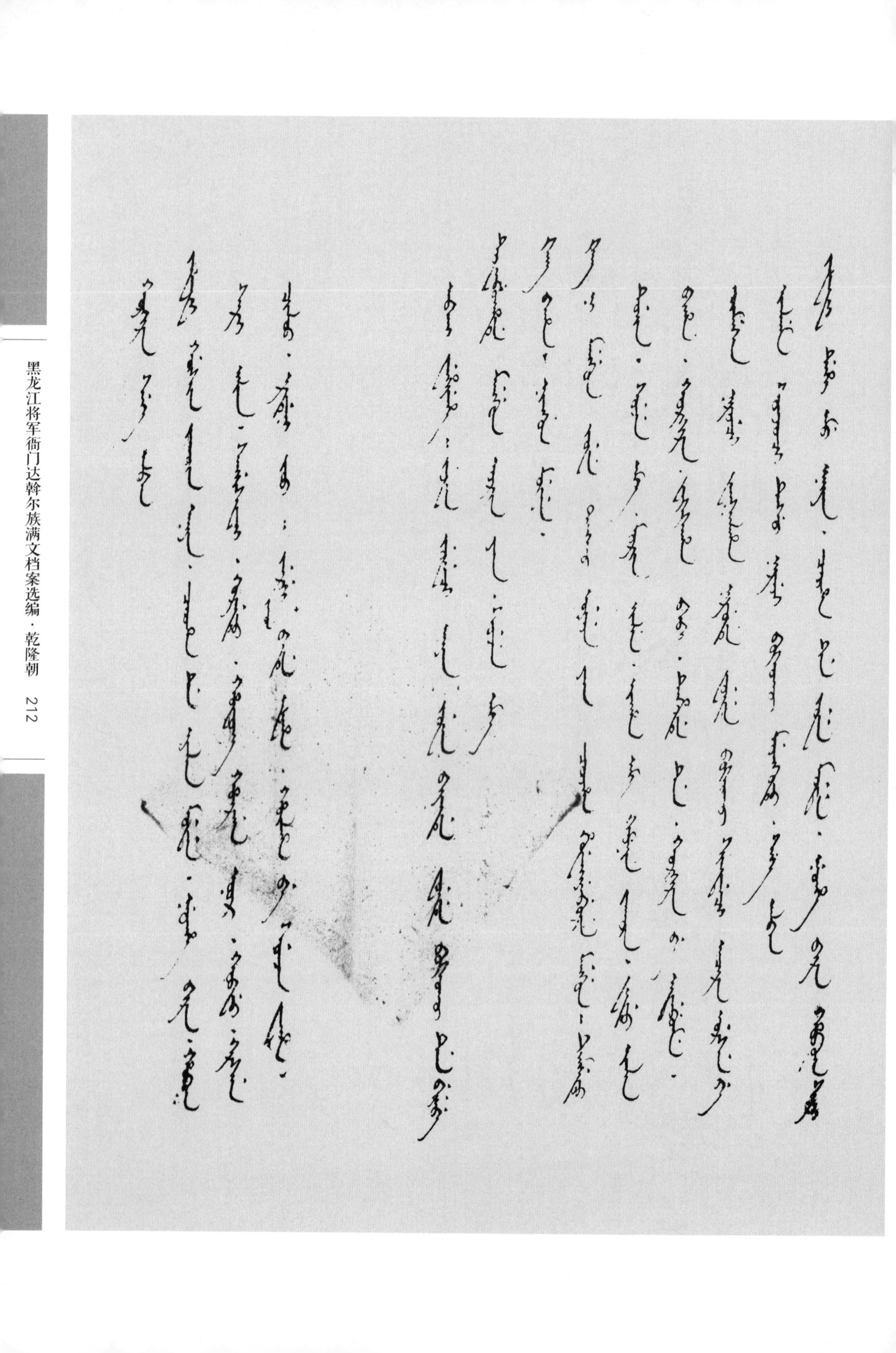

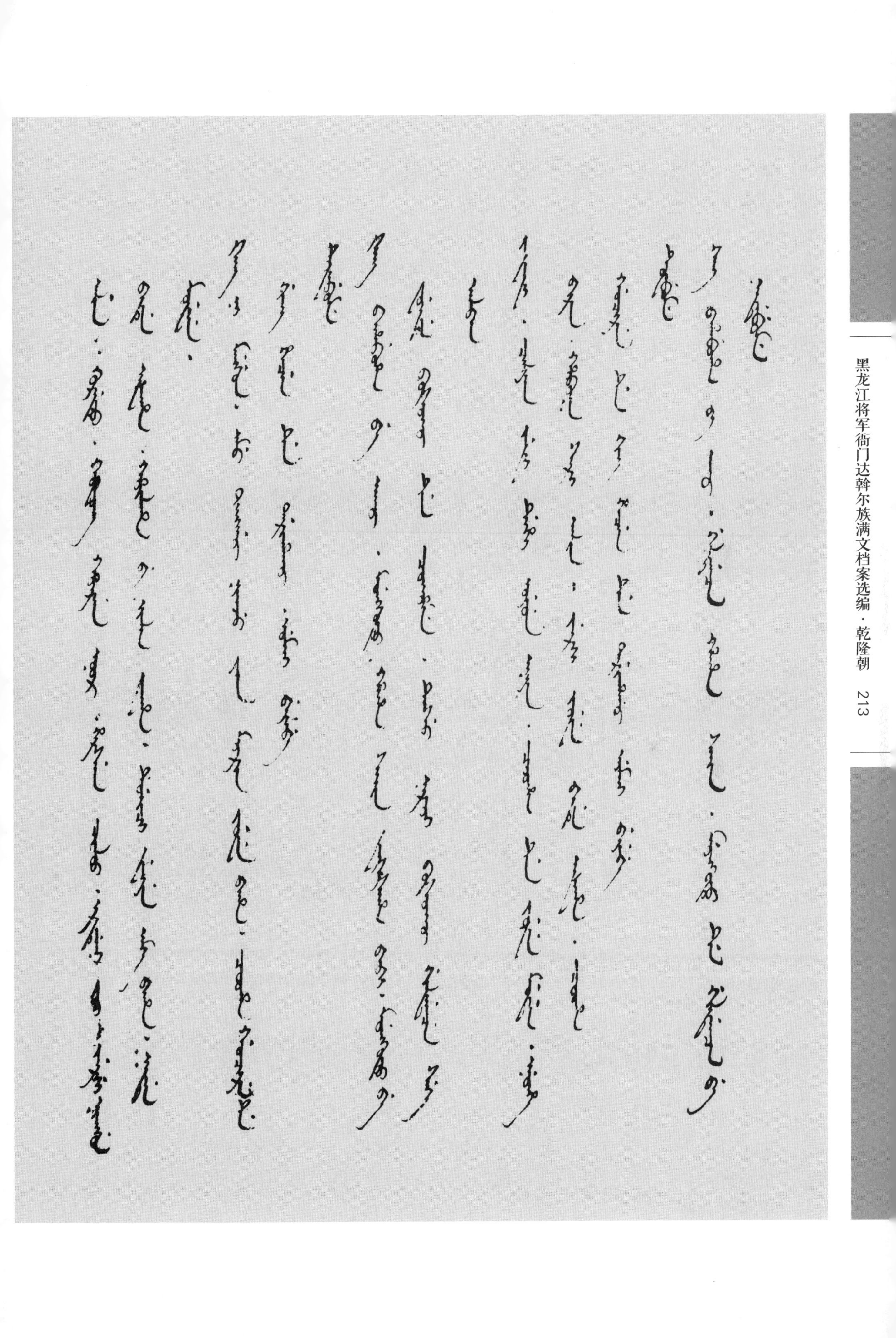

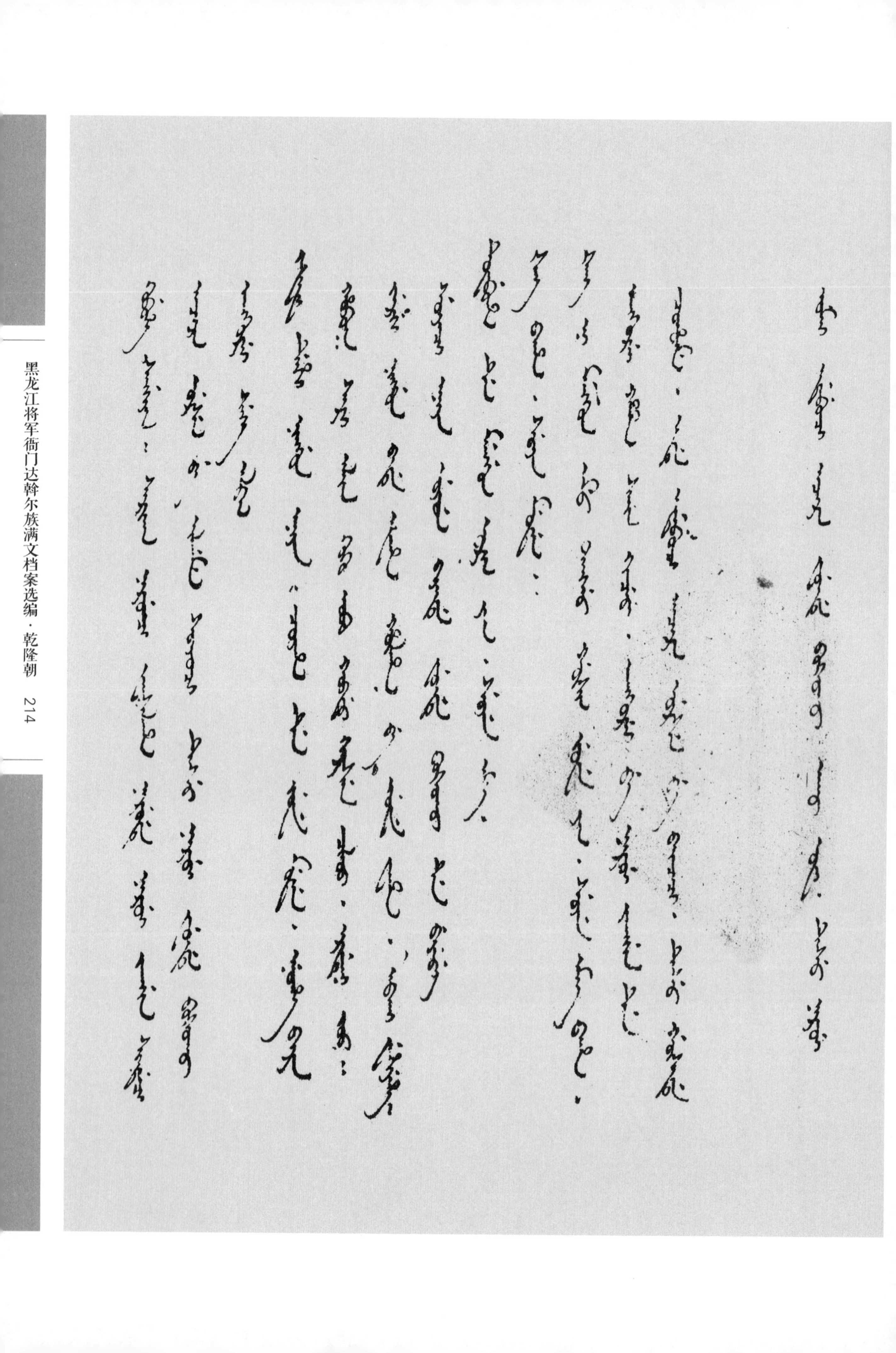

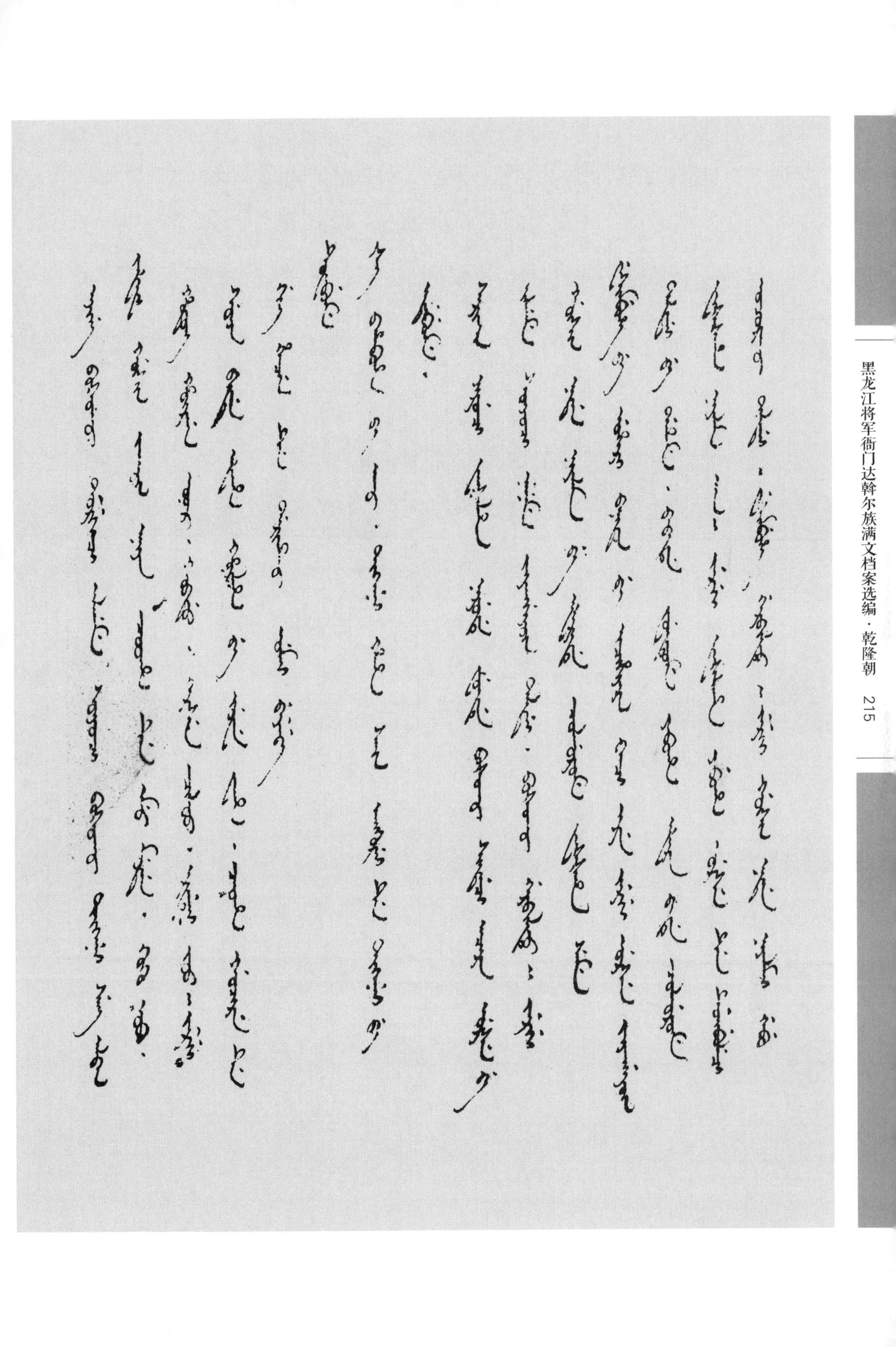

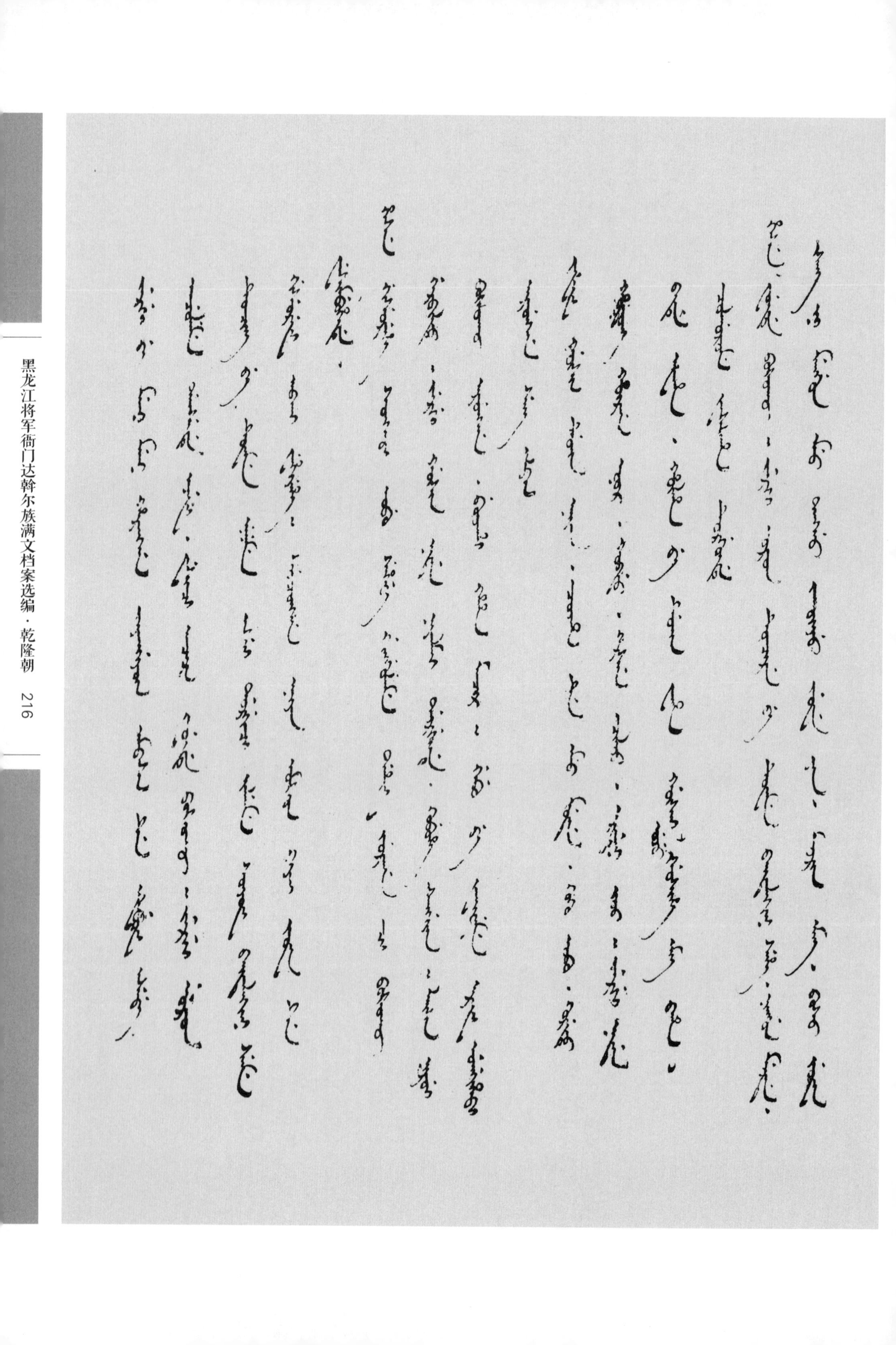

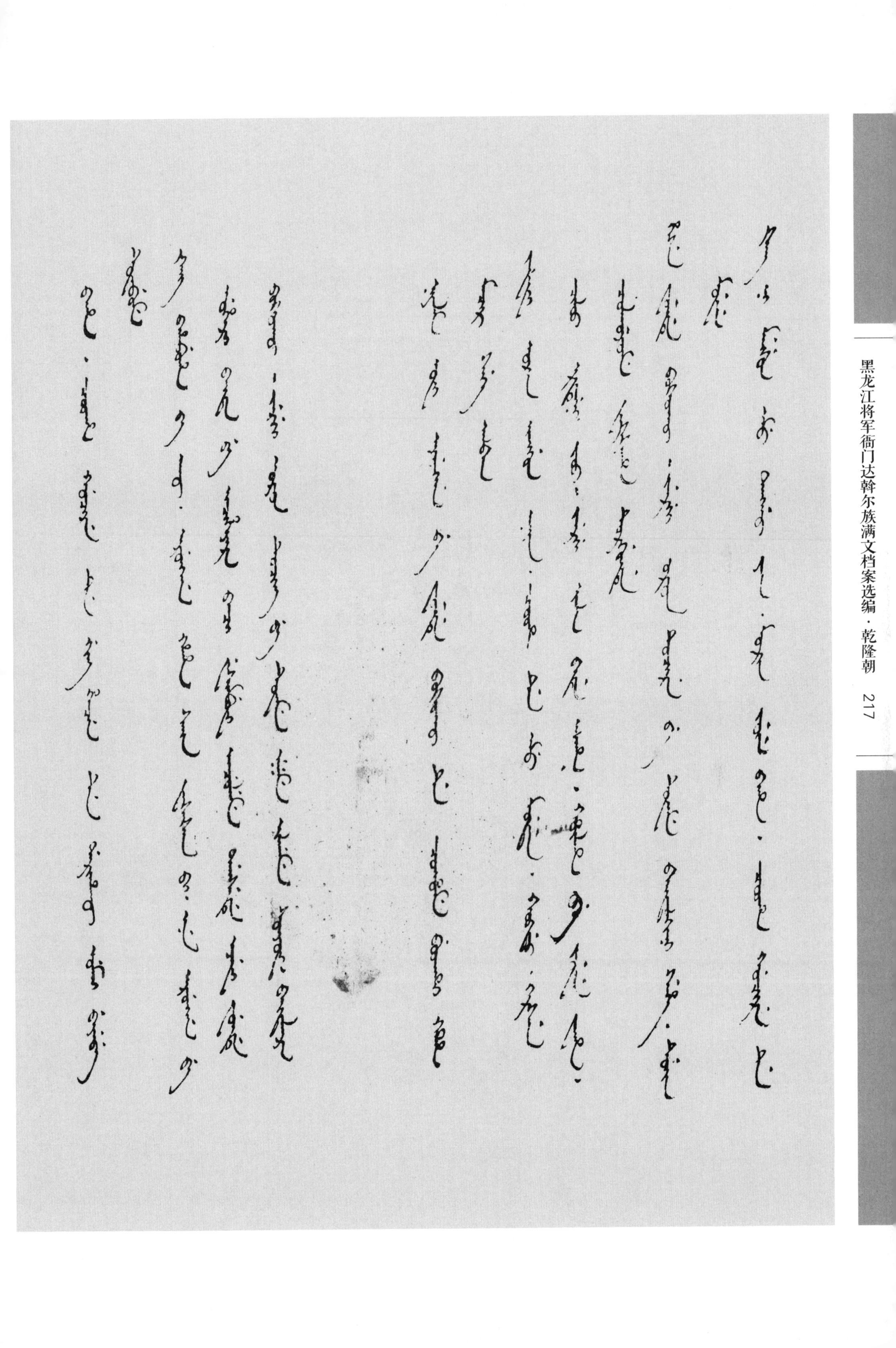

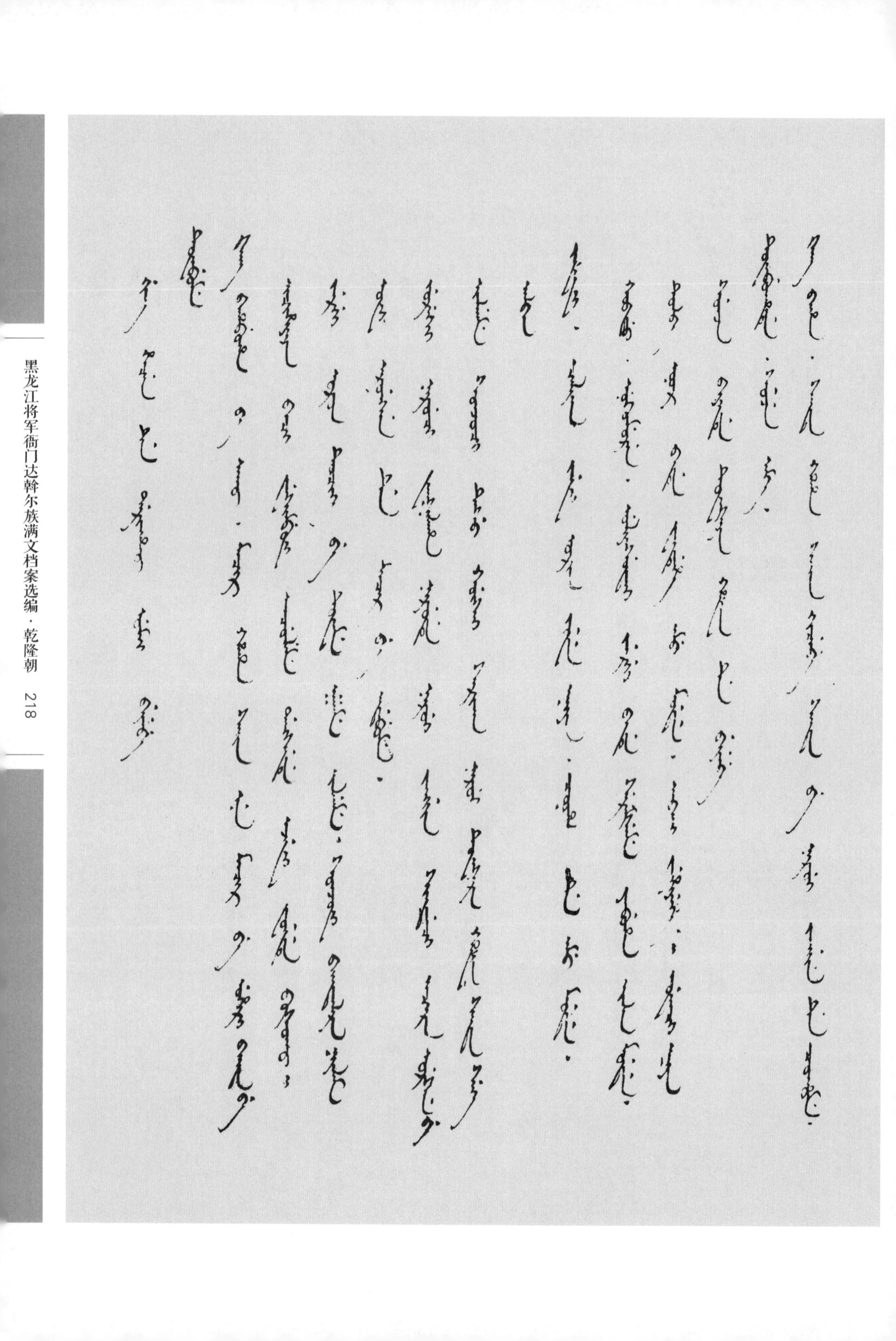

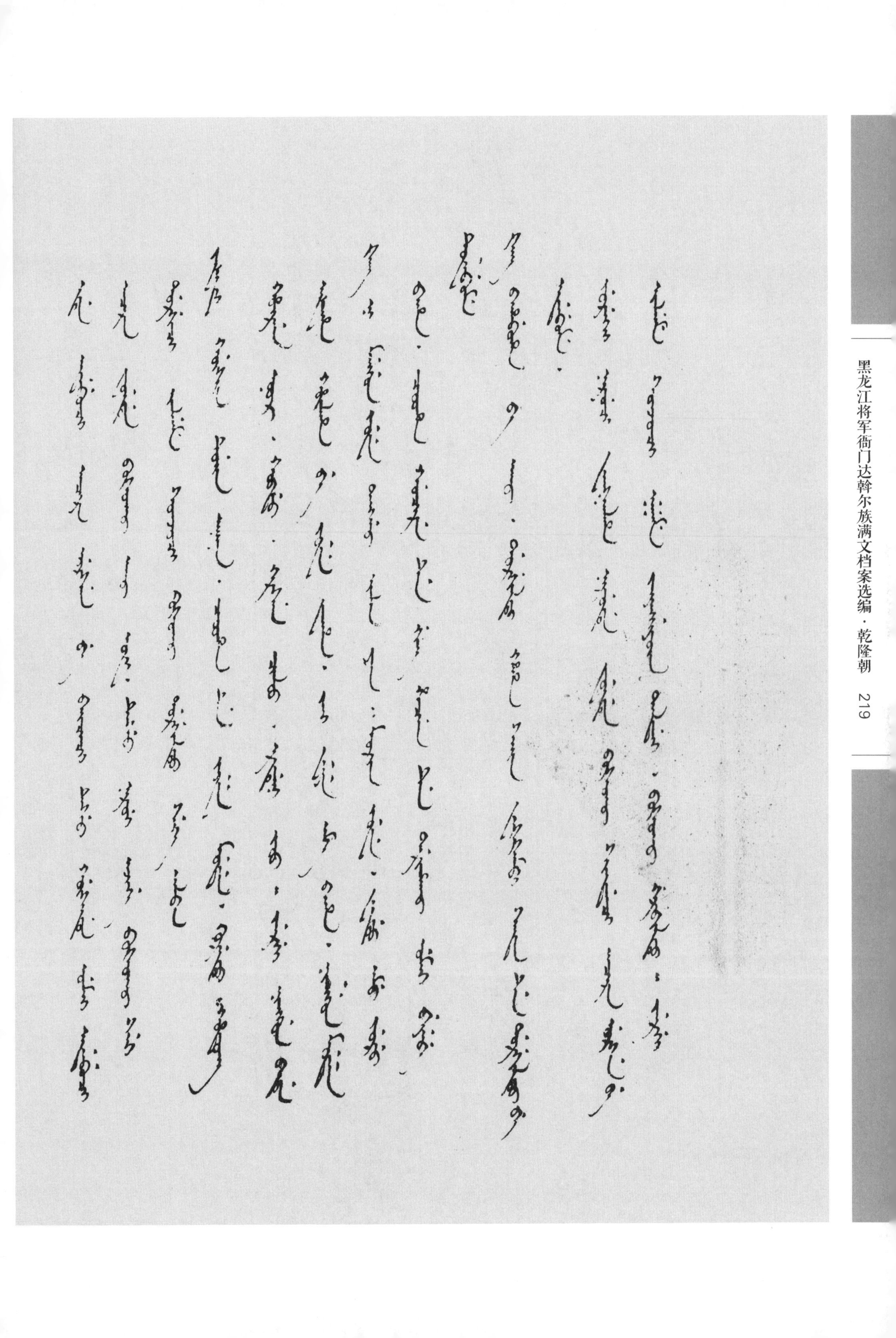

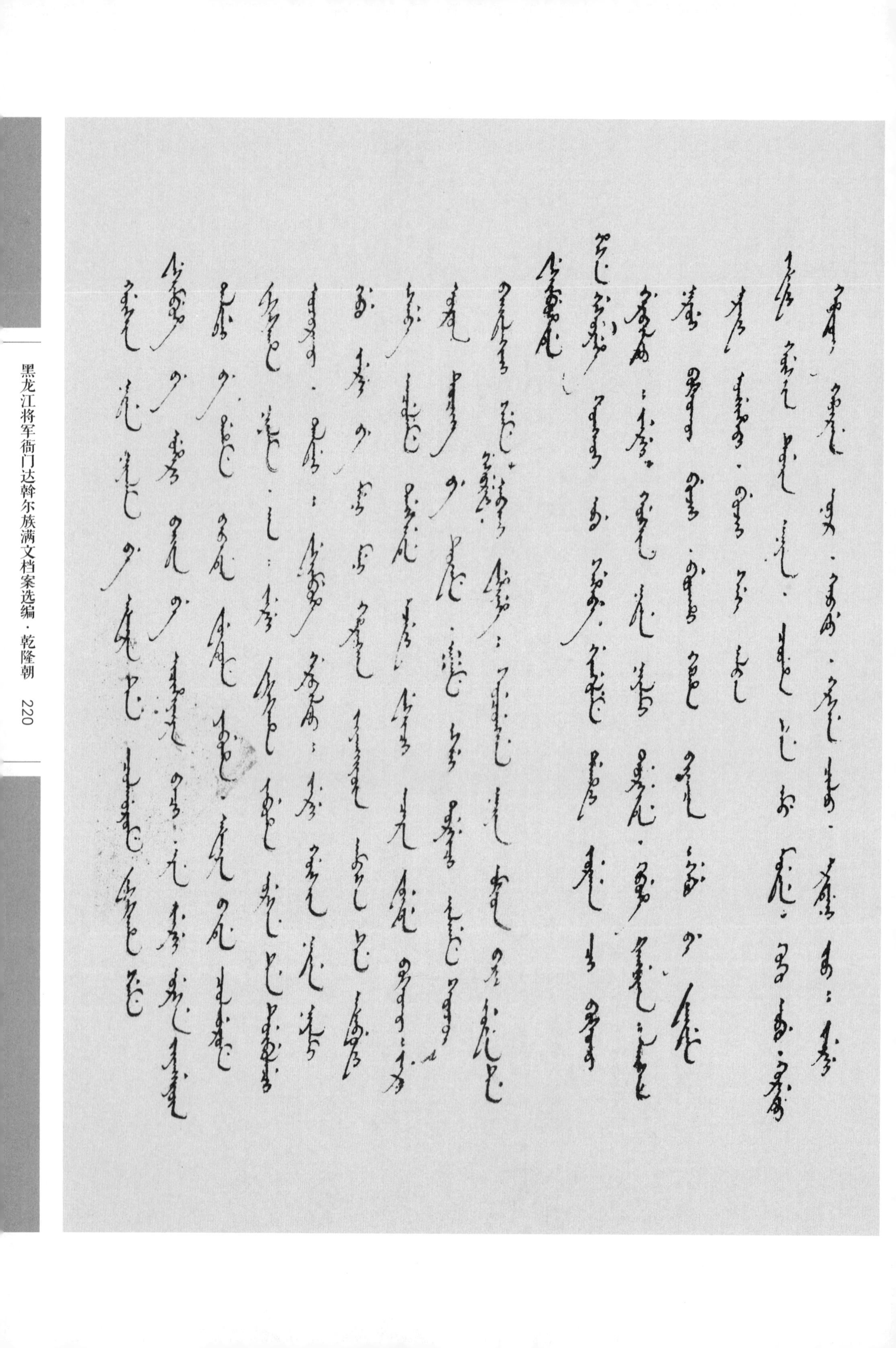

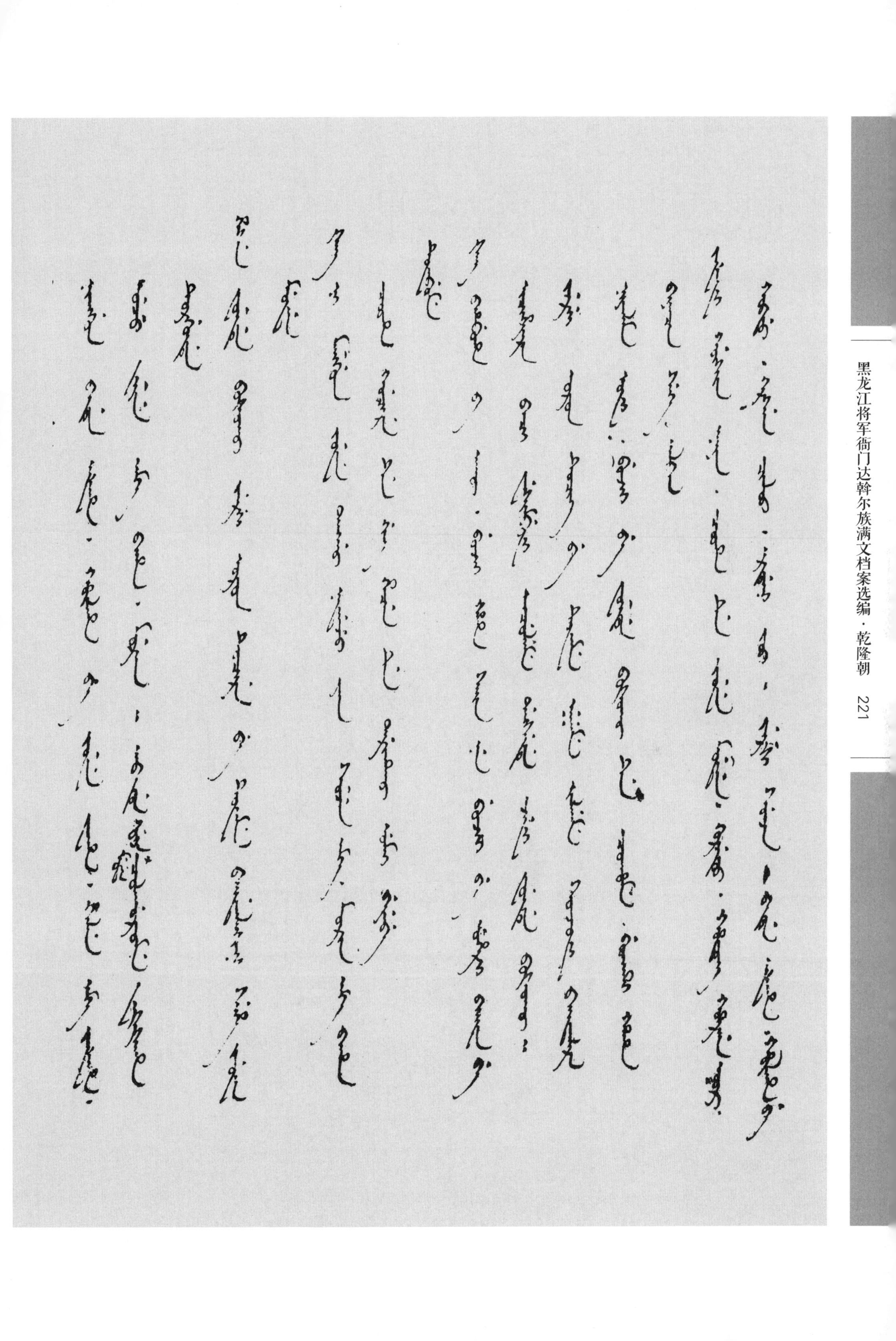

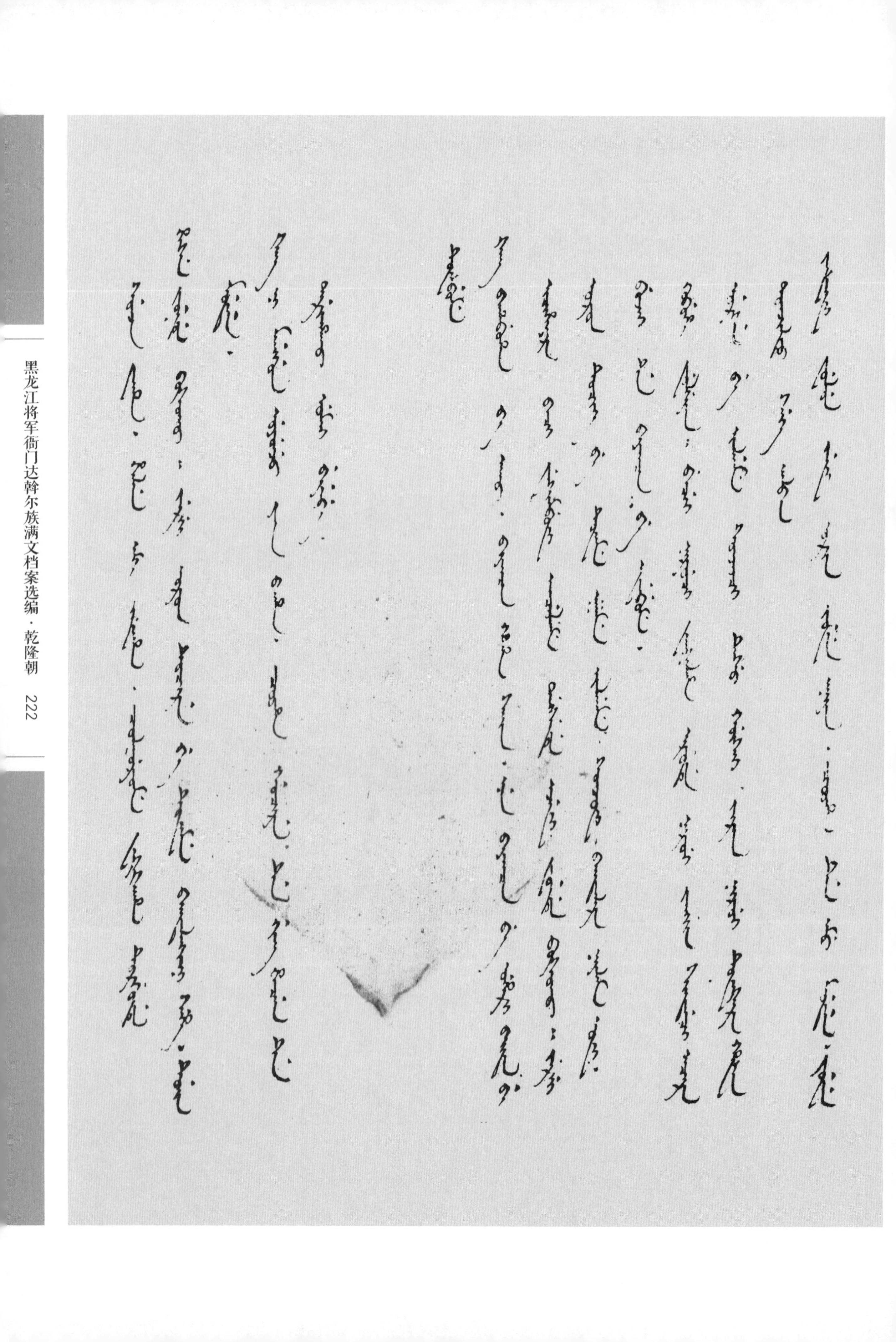

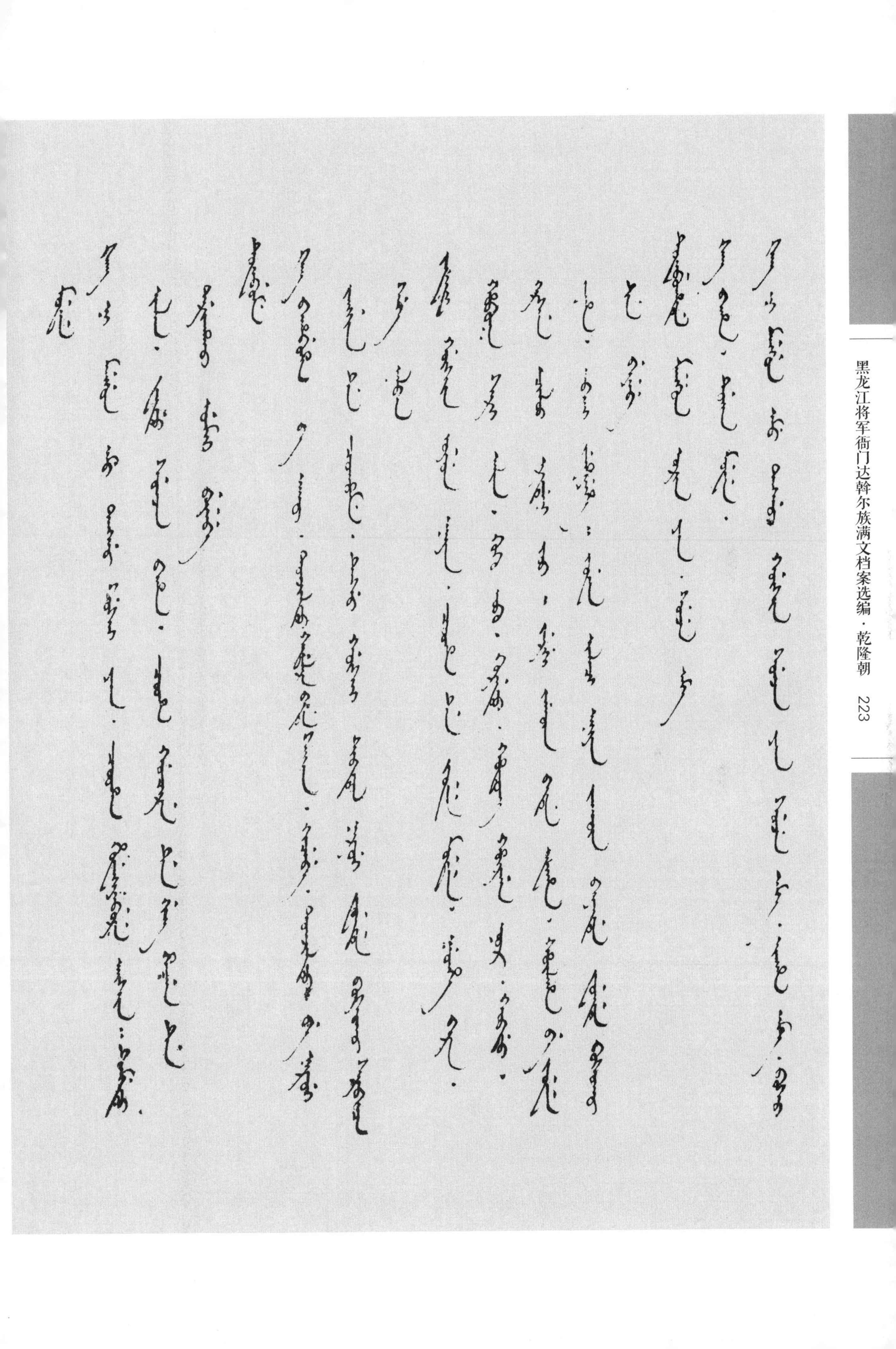

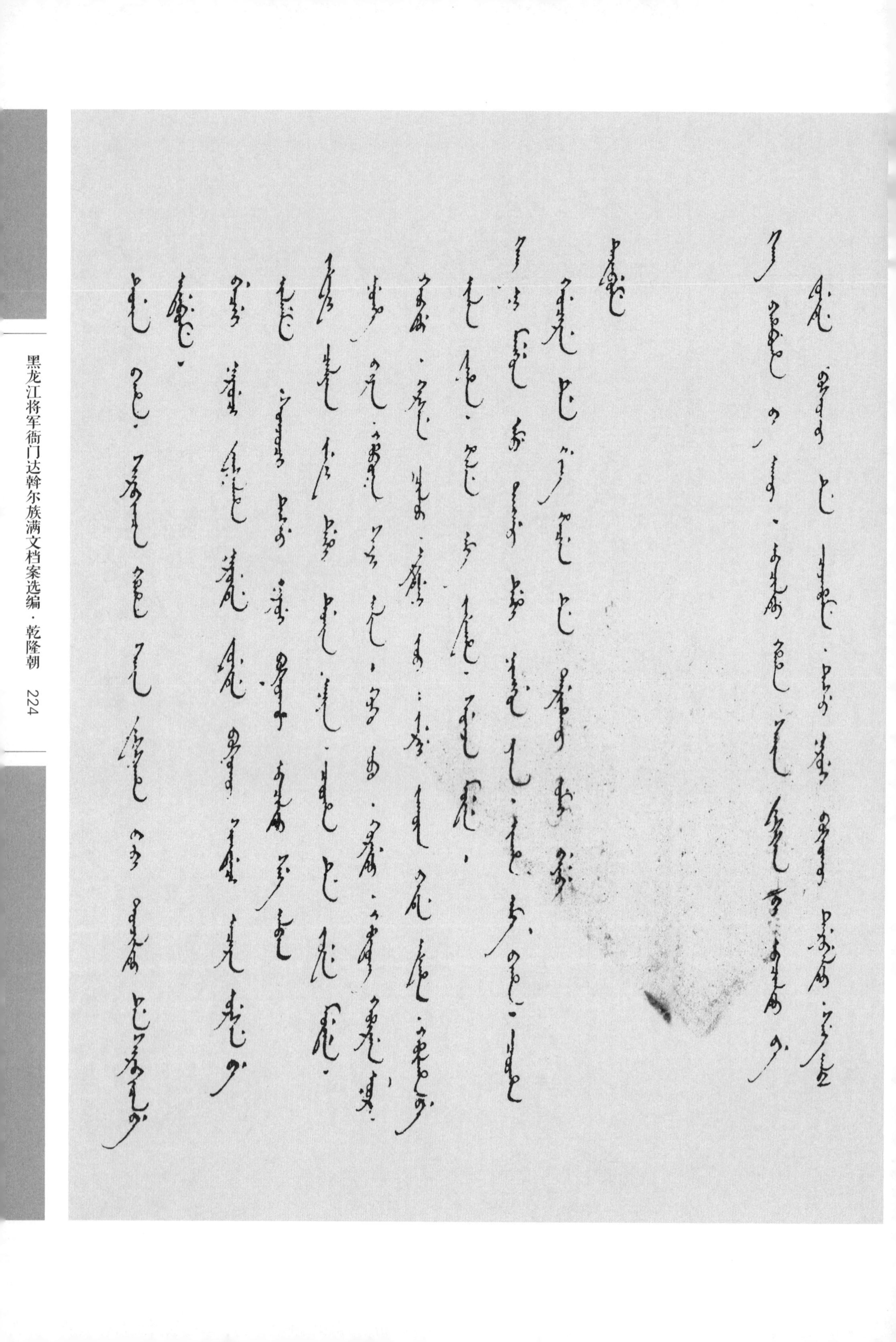

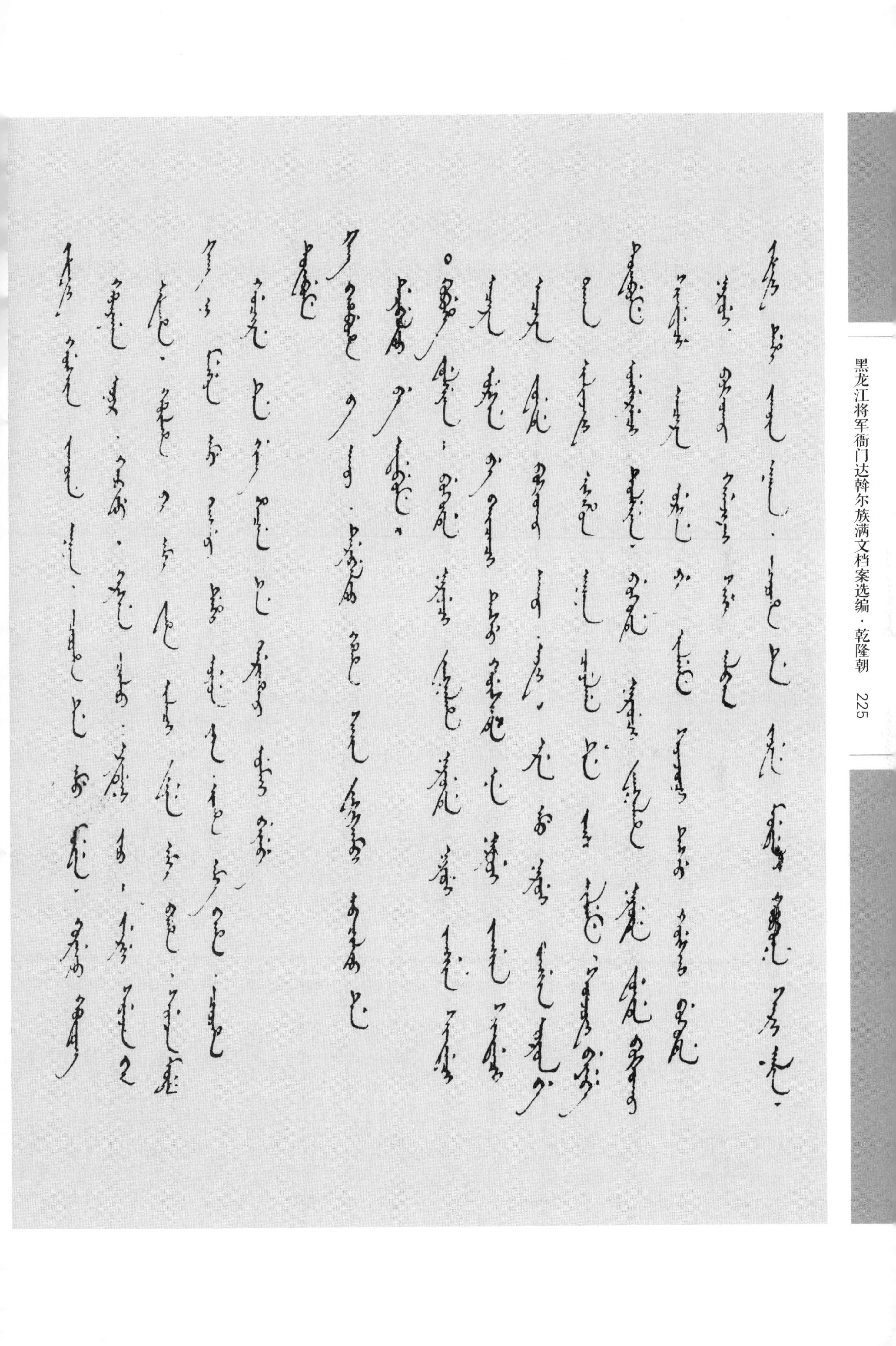

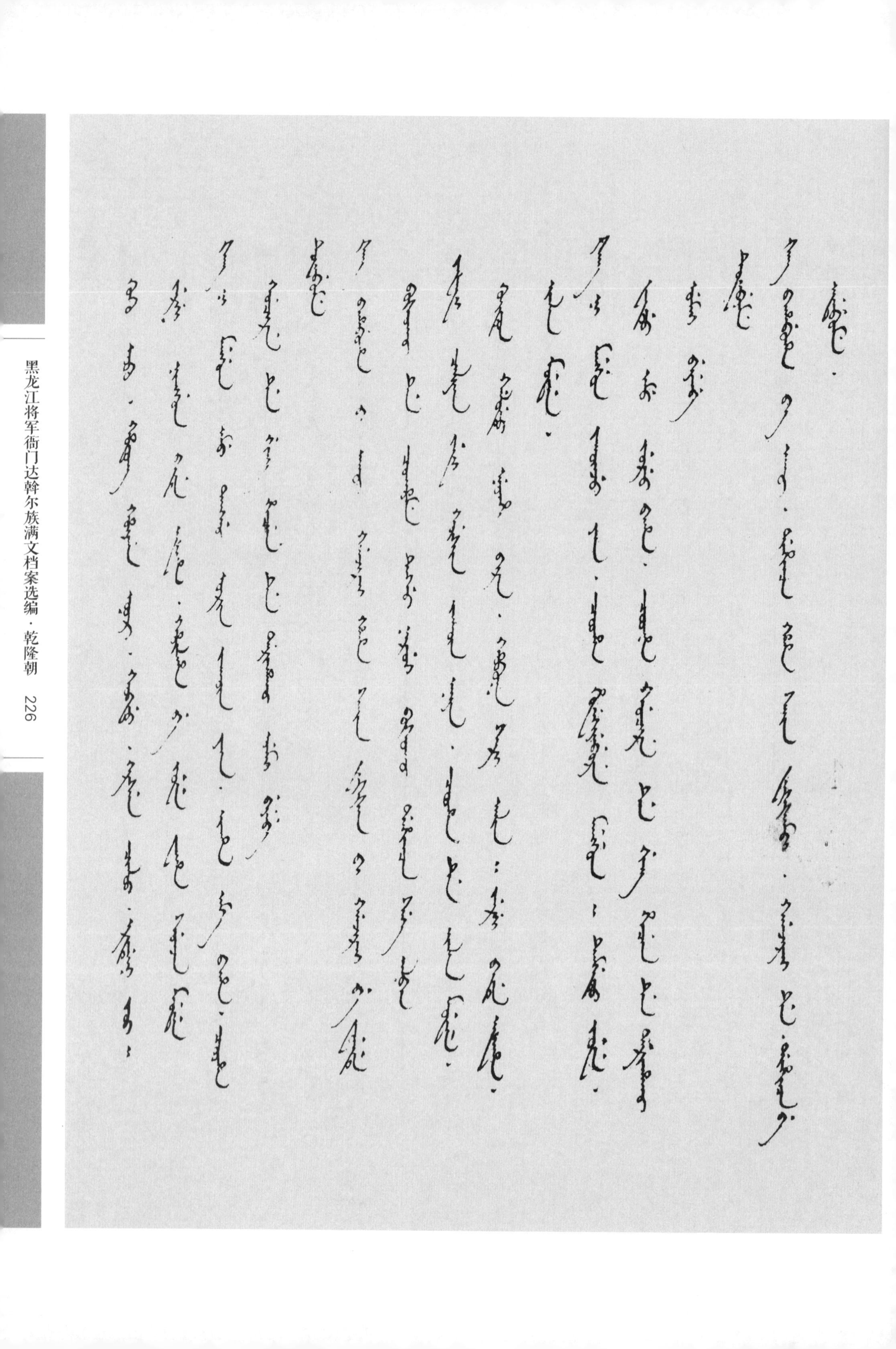

[illegible]

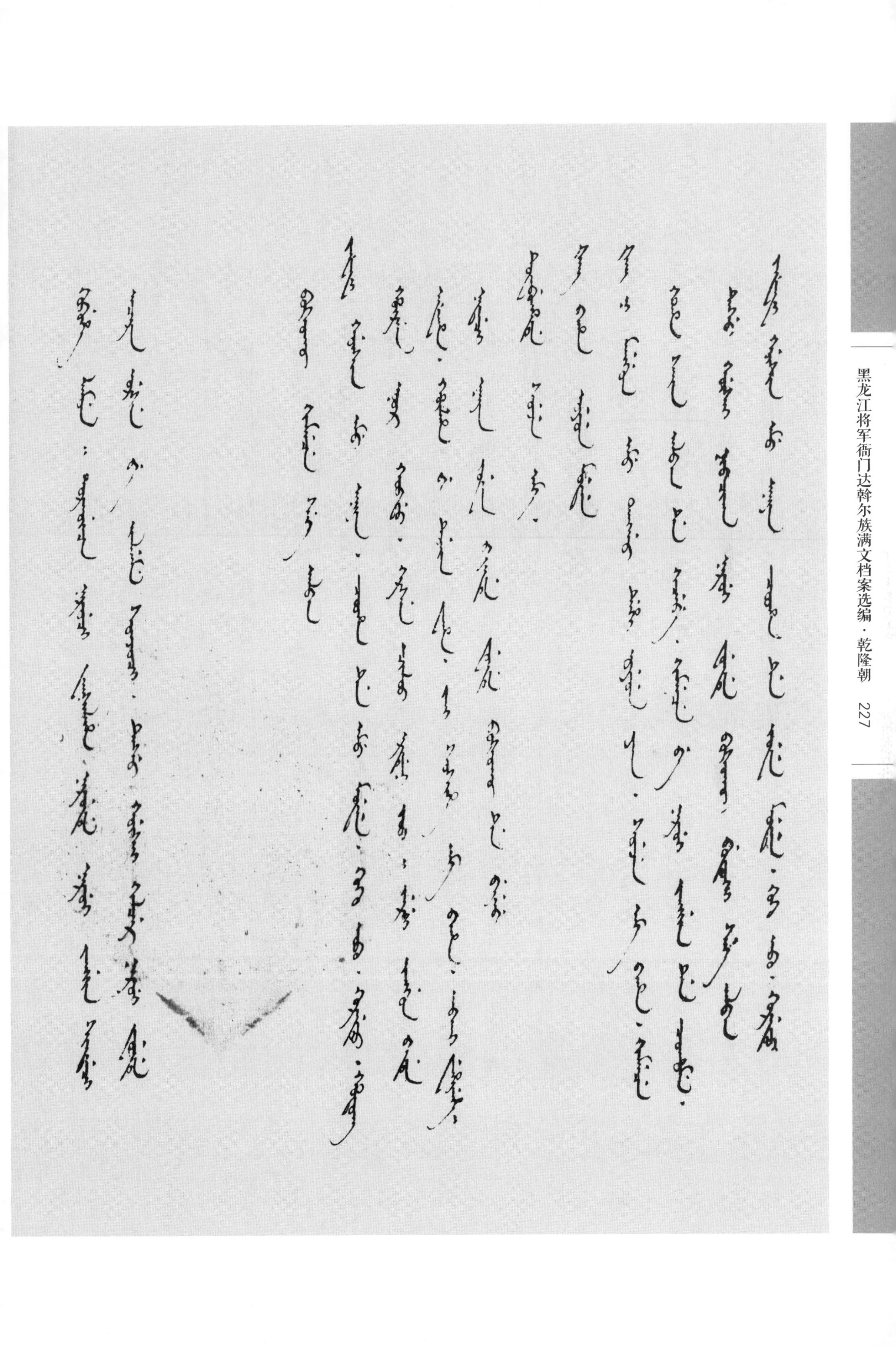

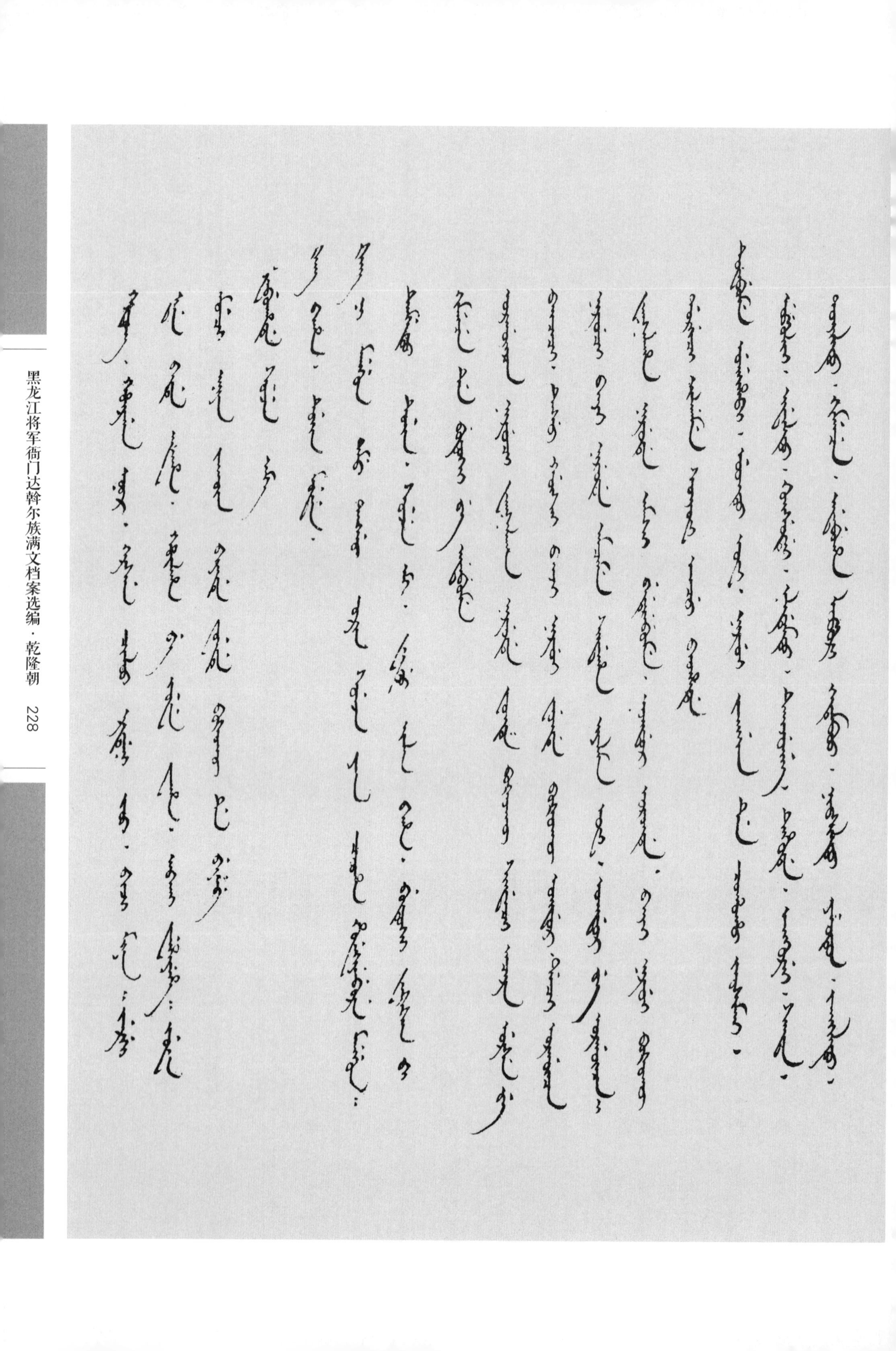

[illegible]

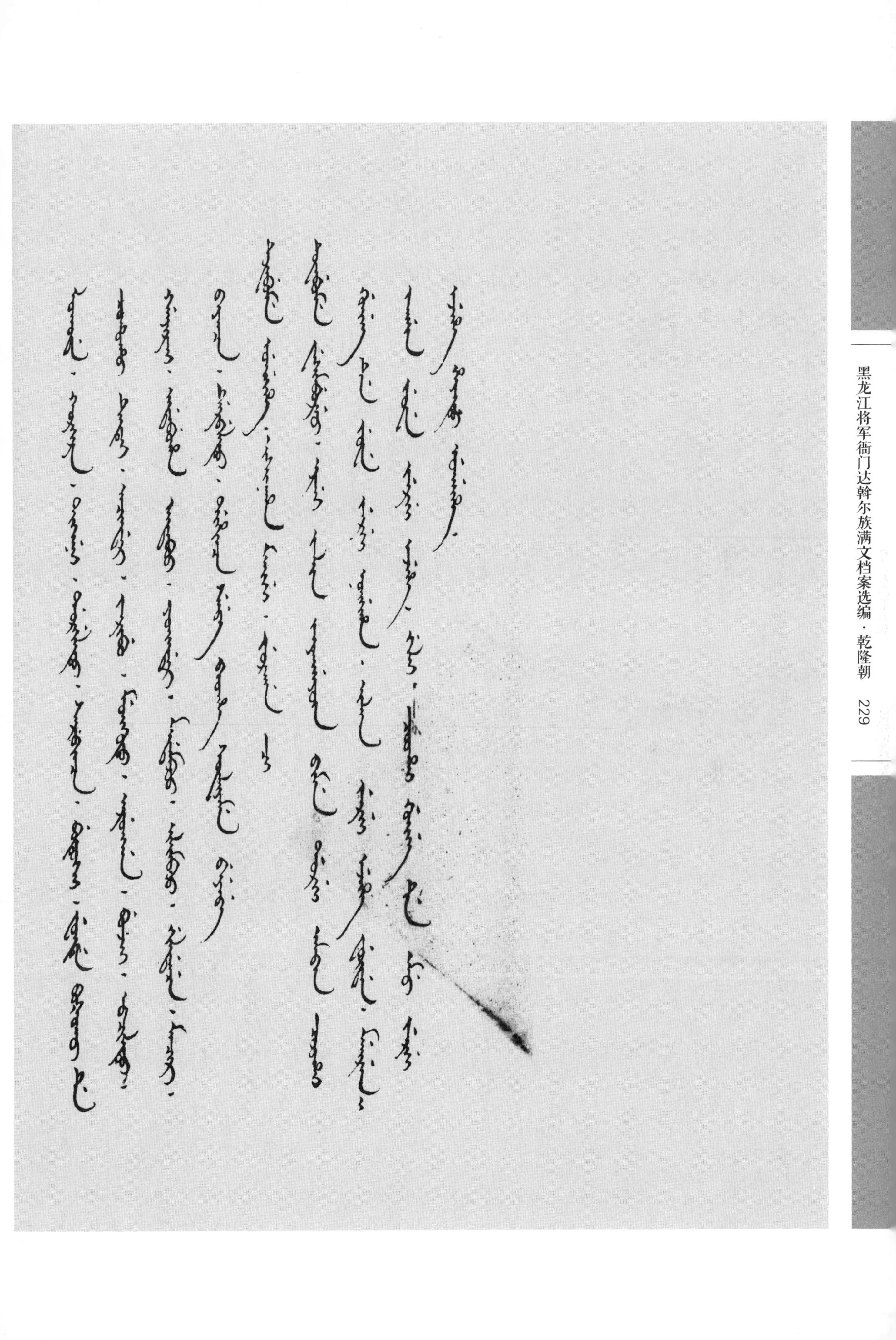

[illegible]

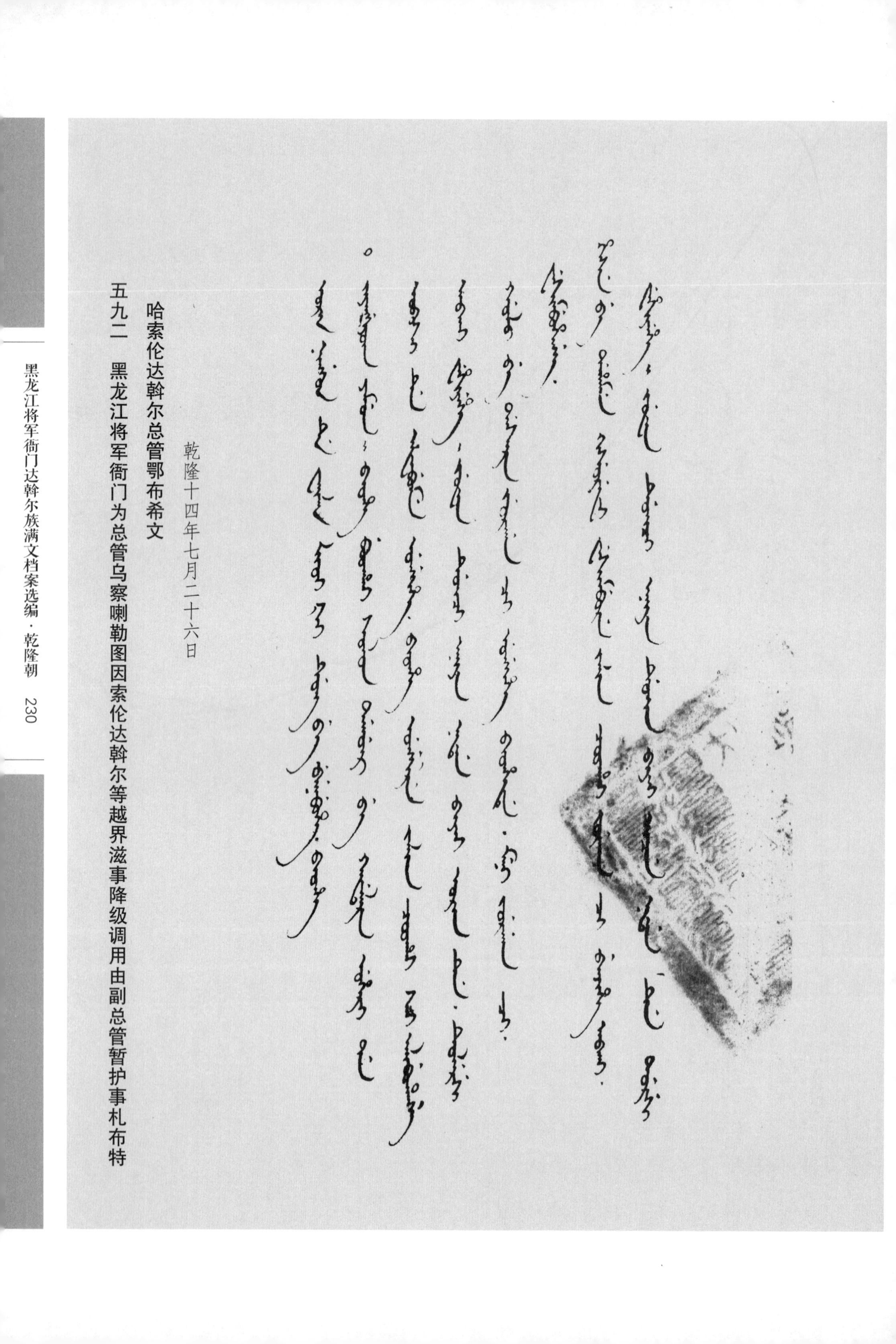

乾隆十四年七月二十六日

## 五九二 黑龙江将军衙门为总管乌察喇勒图因索伦达斡尔等越界滋事降级调用由副总管暂护事札布特哈索伦达斡尔总管鄂布希文

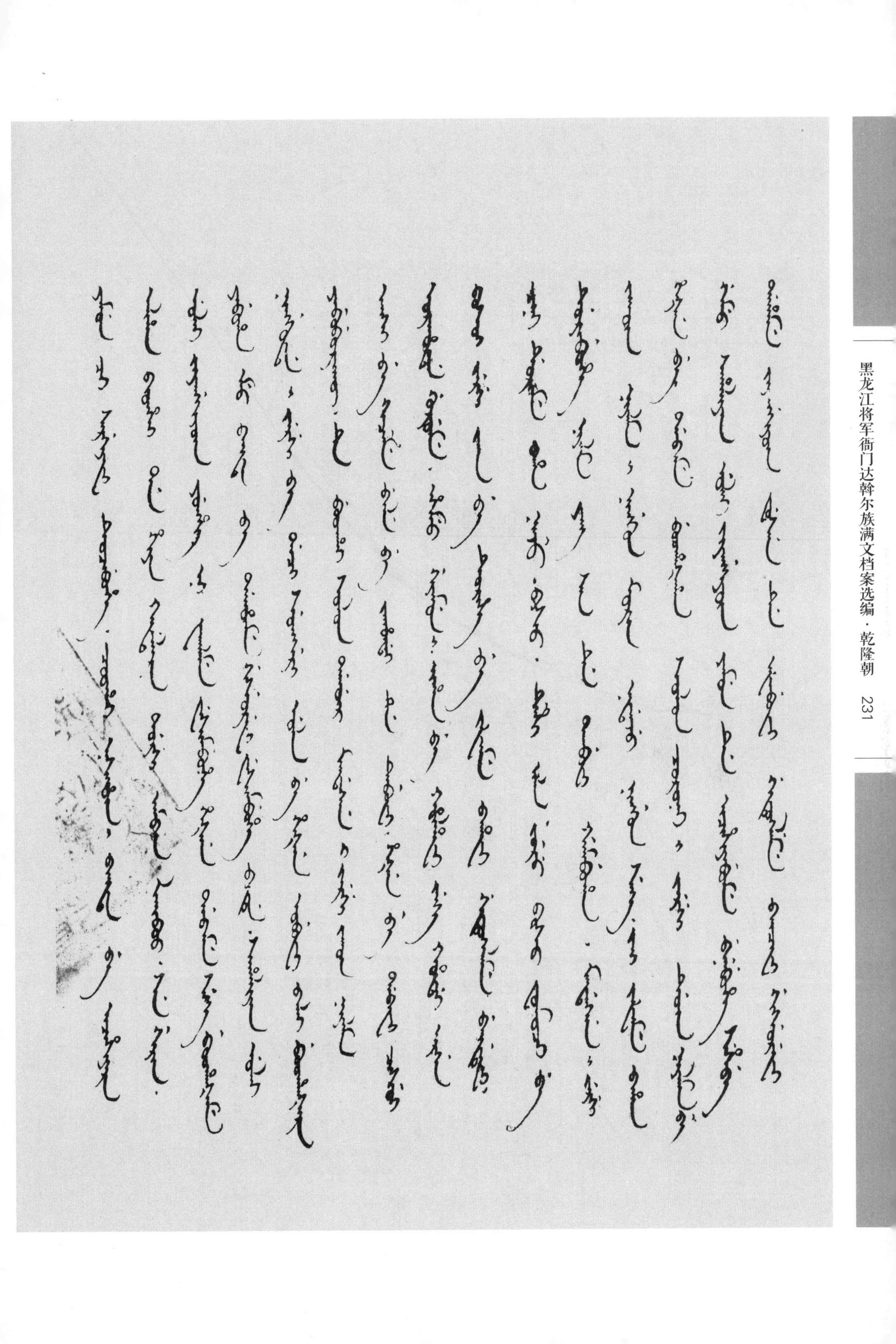

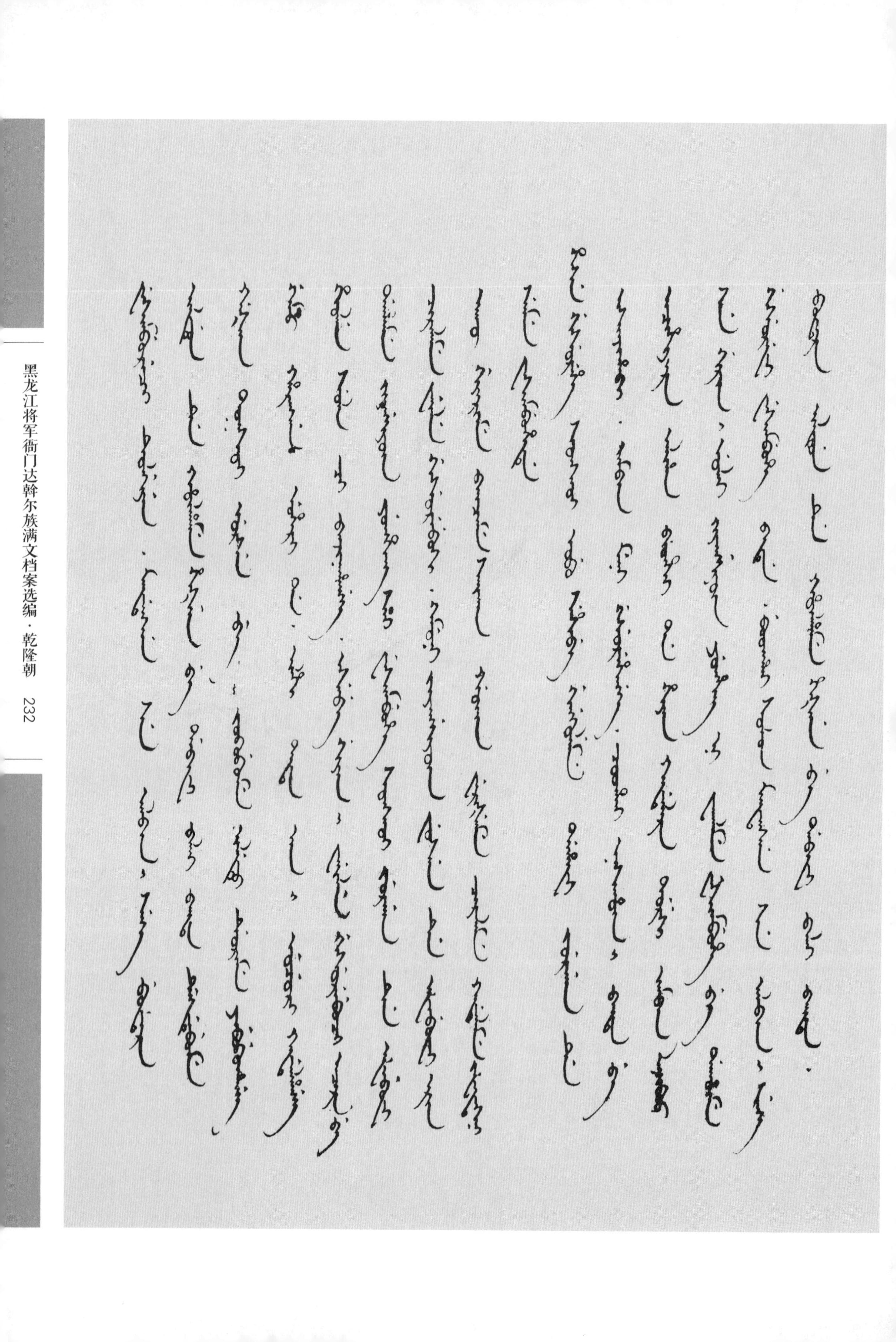

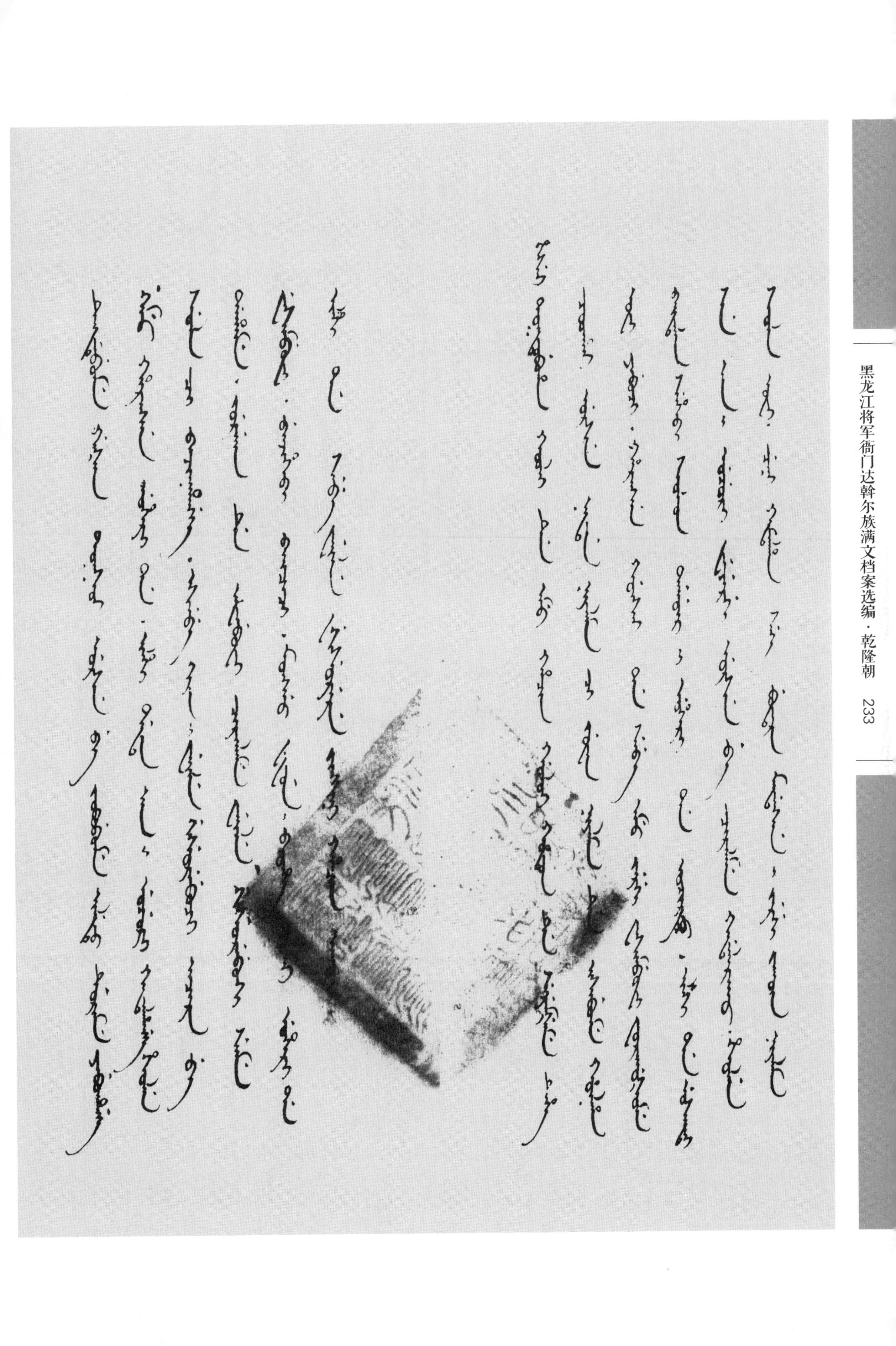

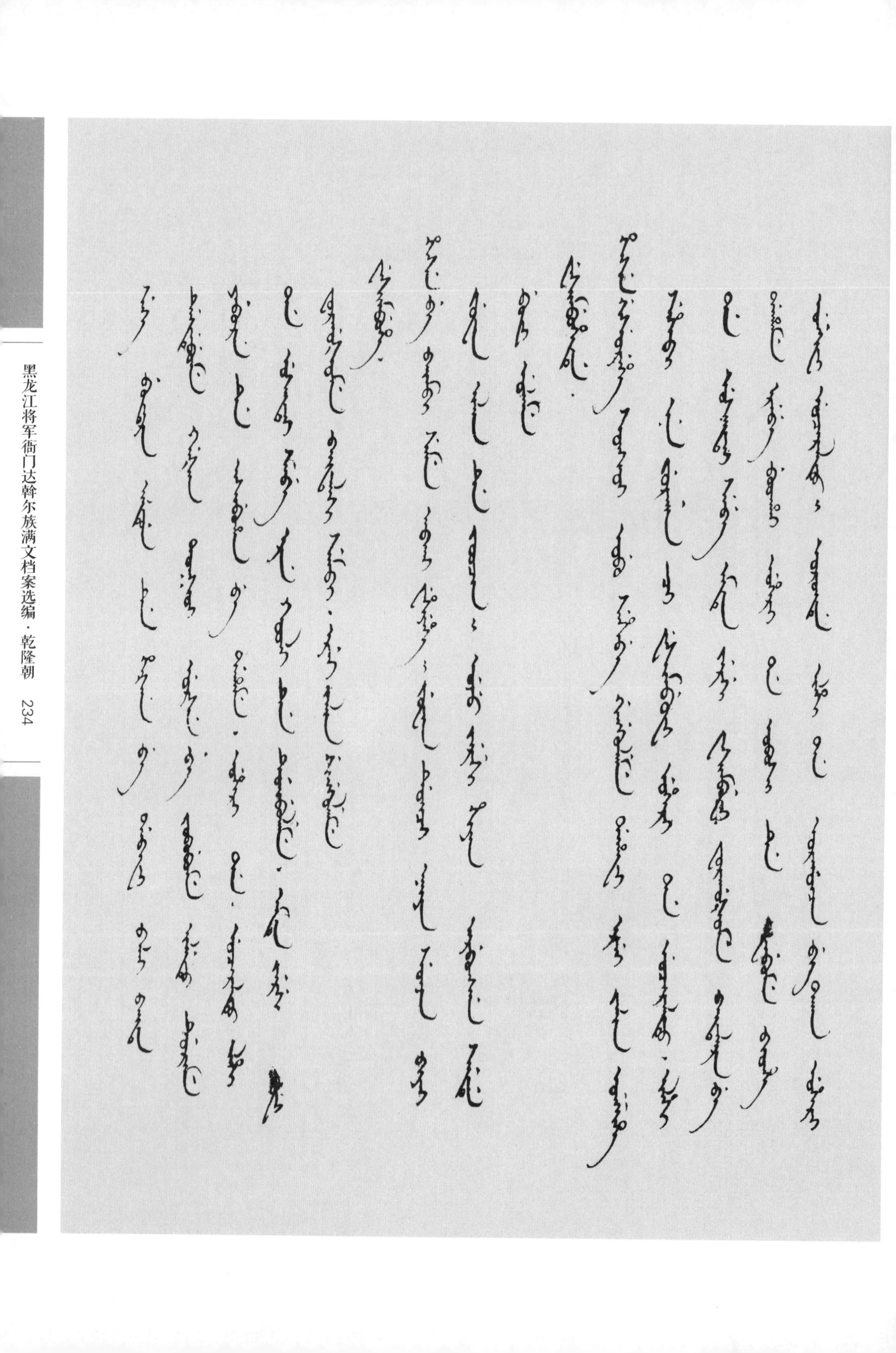

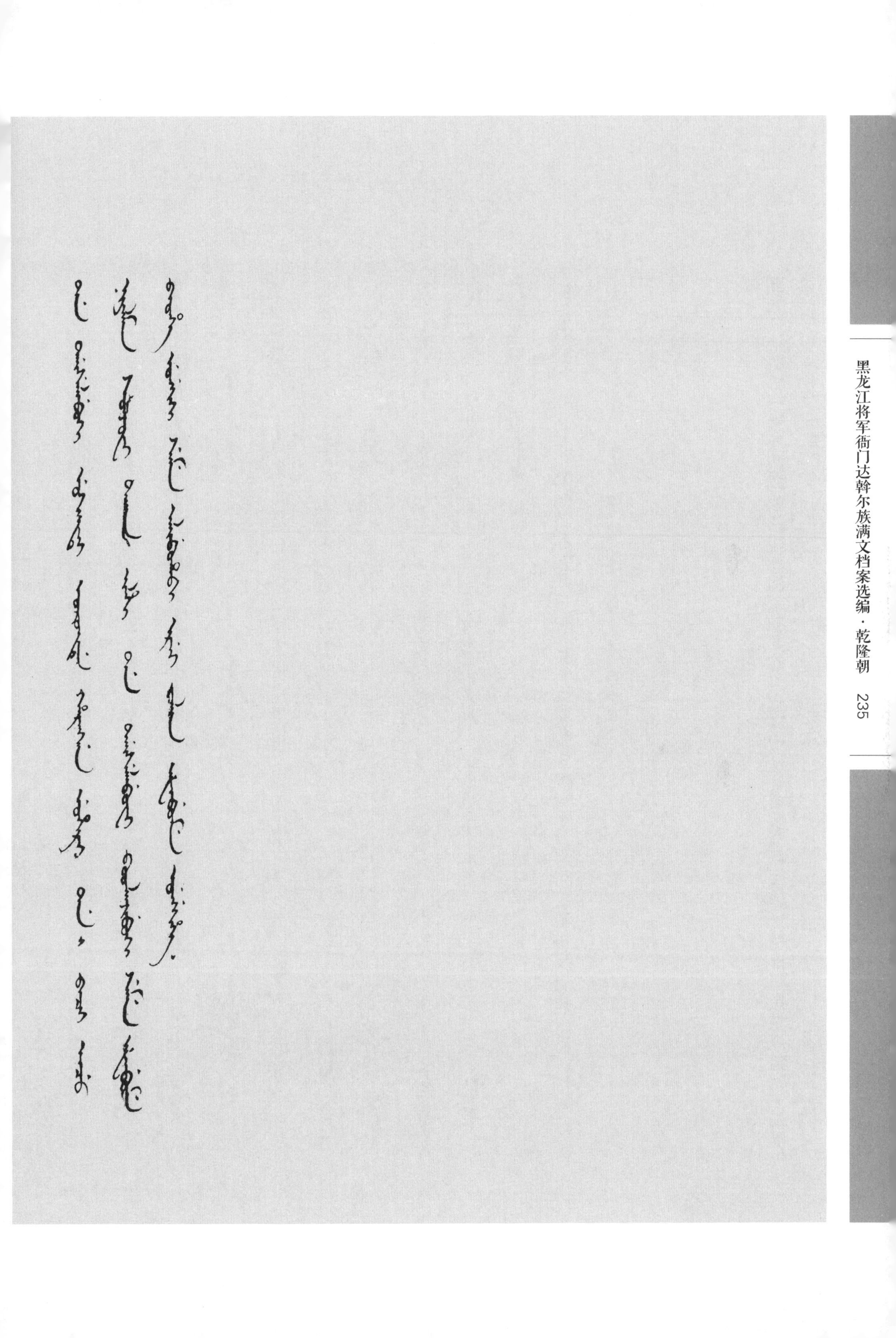

[illegible]

[illegible]

[illegible]

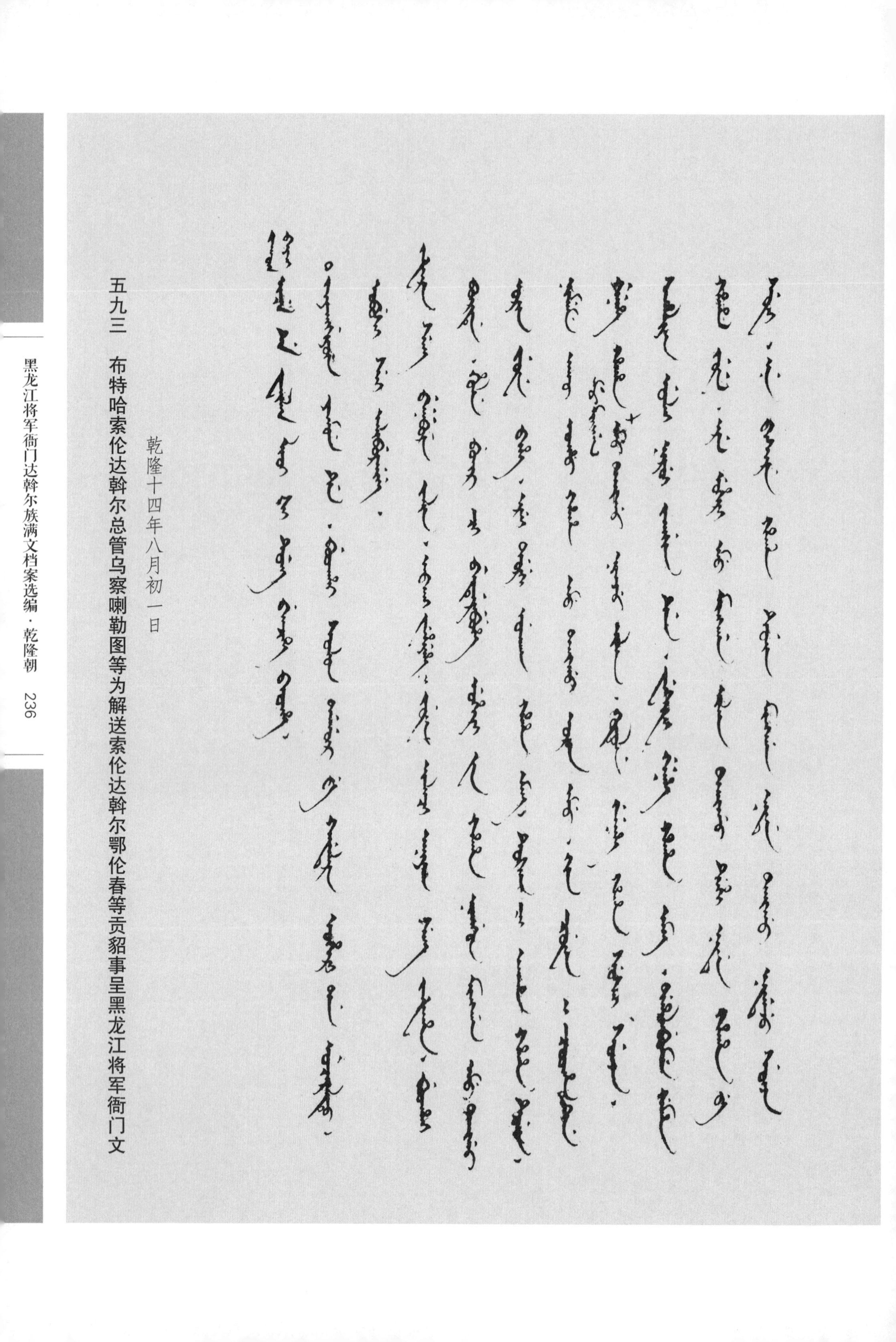

## 五九三 布特哈索伦达斡尔总管乌察喇勒图等为解送索伦达斡尔鄂伦春等贡貂事呈黑龙江将军衙门文

乾隆十四年八月初一日

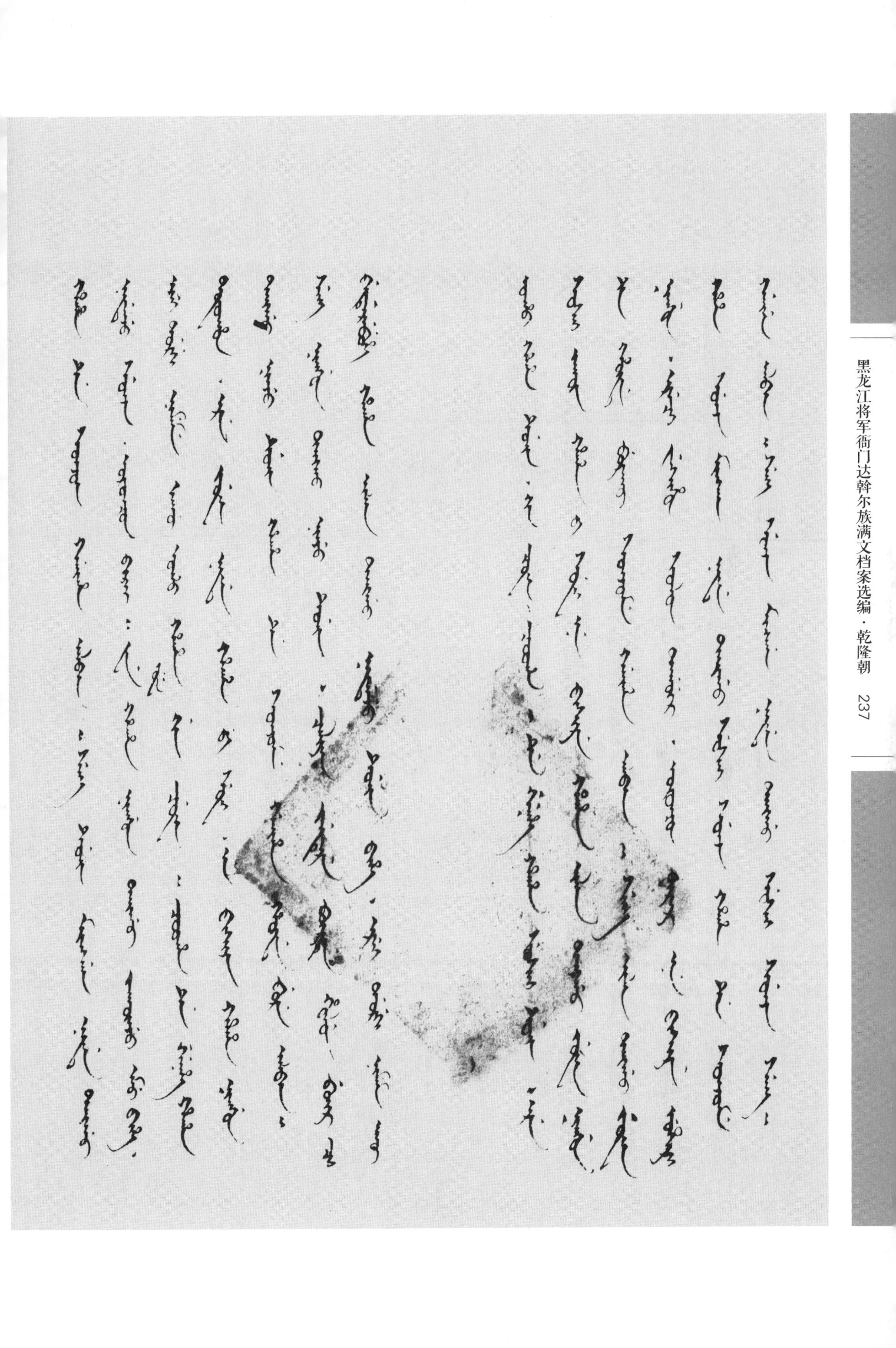

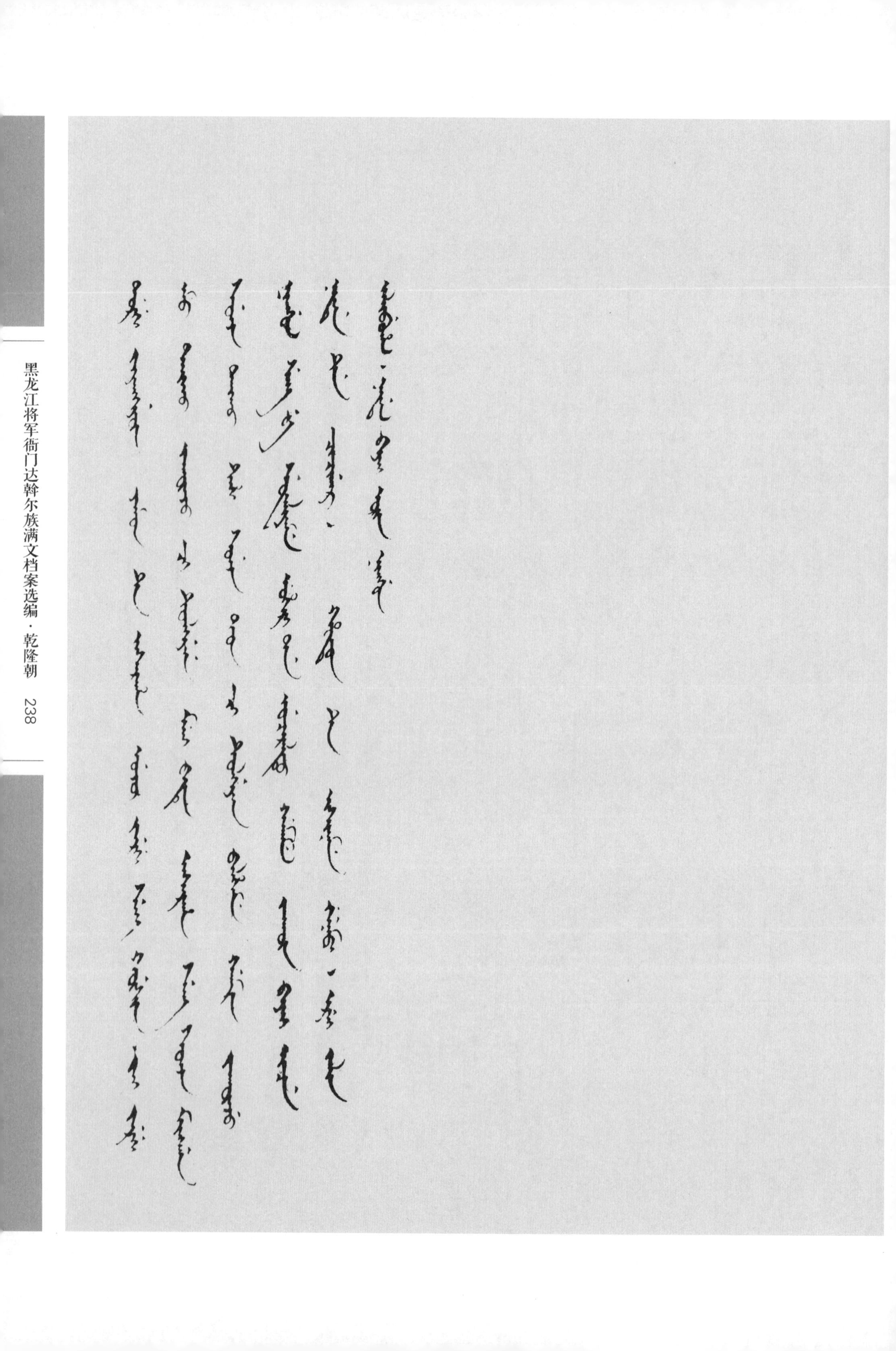

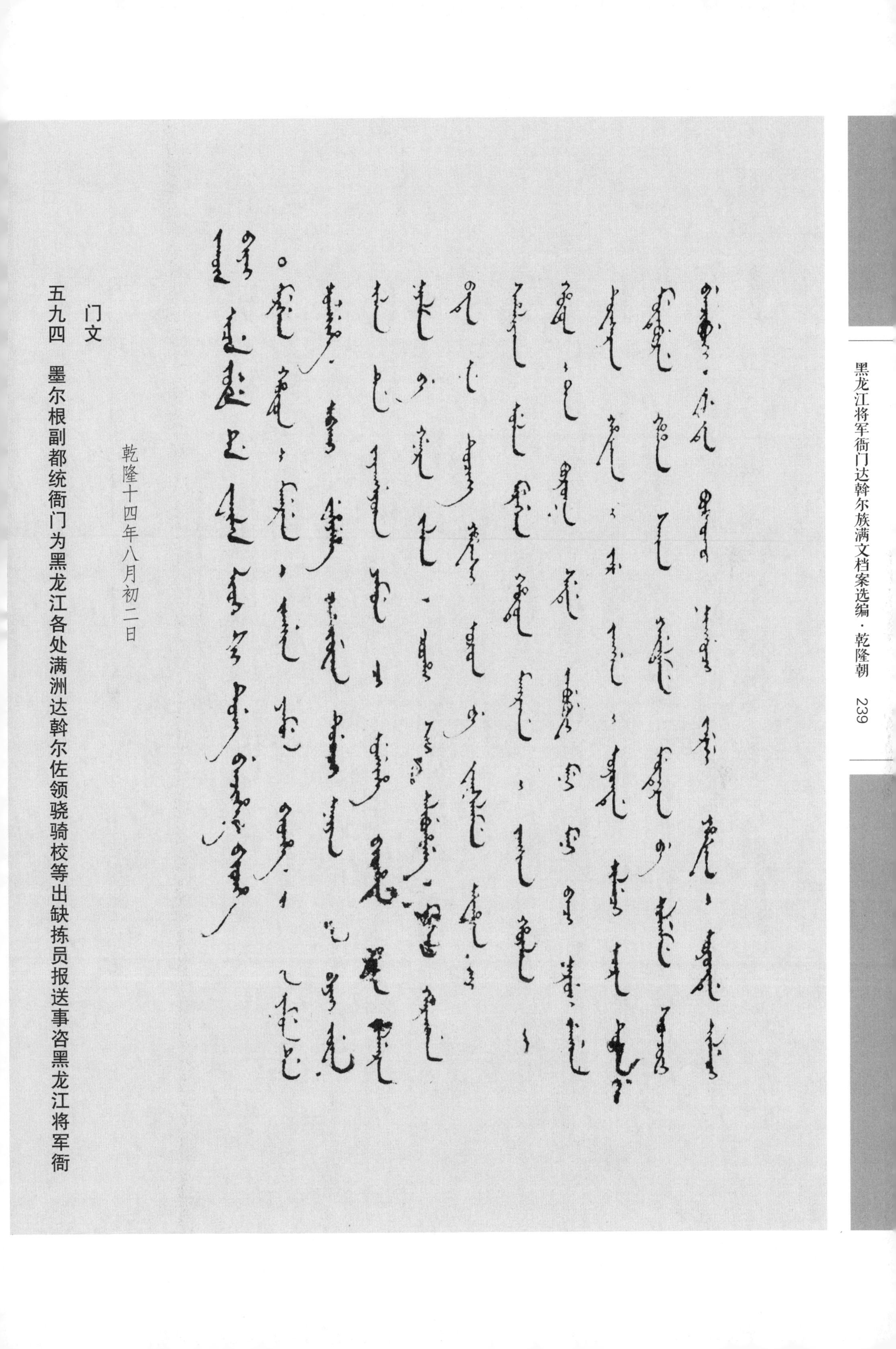

## 五九四　墨尔根副都统衙门为黑龙江各处满洲达斡尔佐领骁骑校等出缺拣员报送事咨黑龙江将军衙门文

乾隆十四年八月初二日

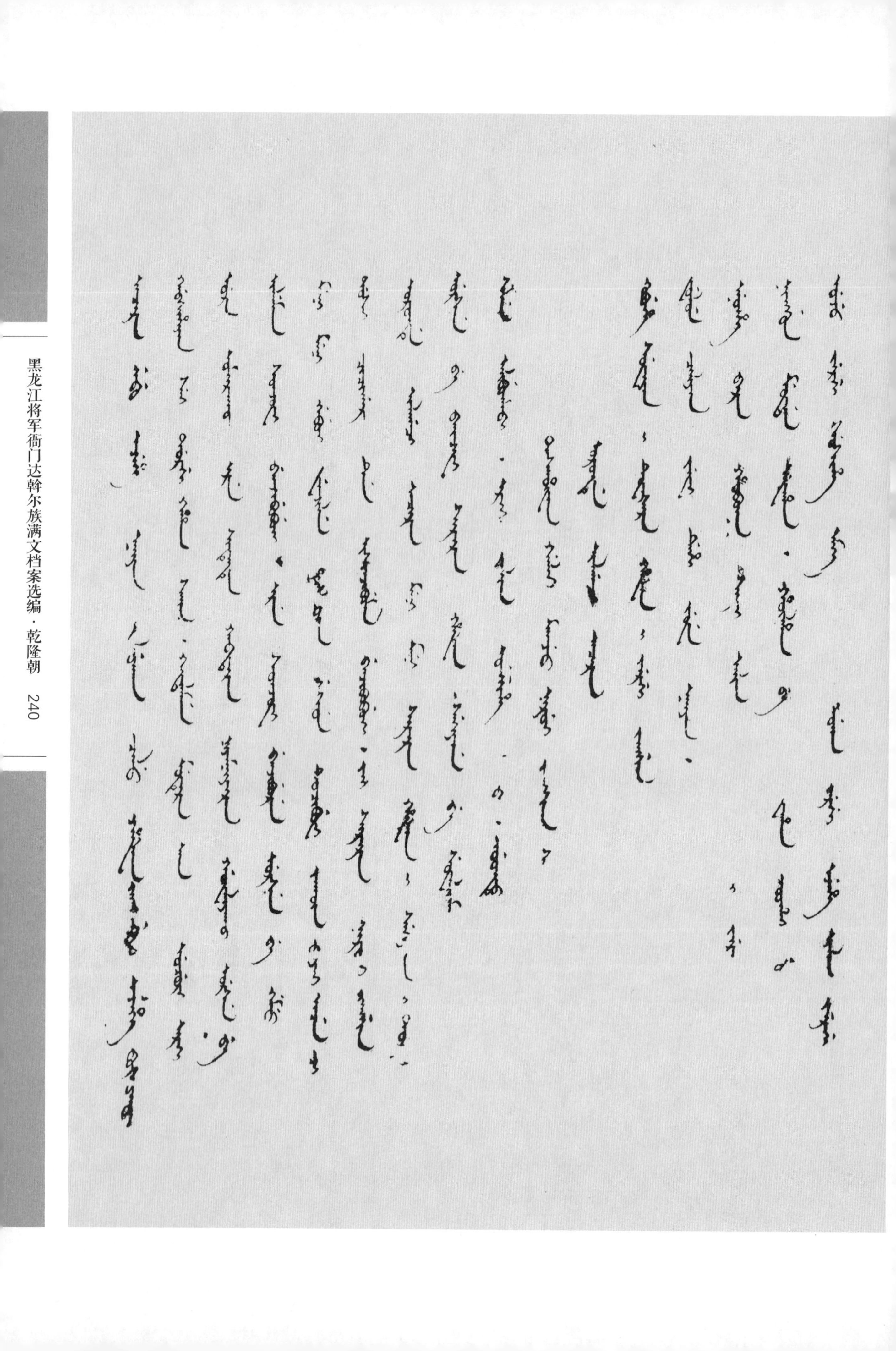

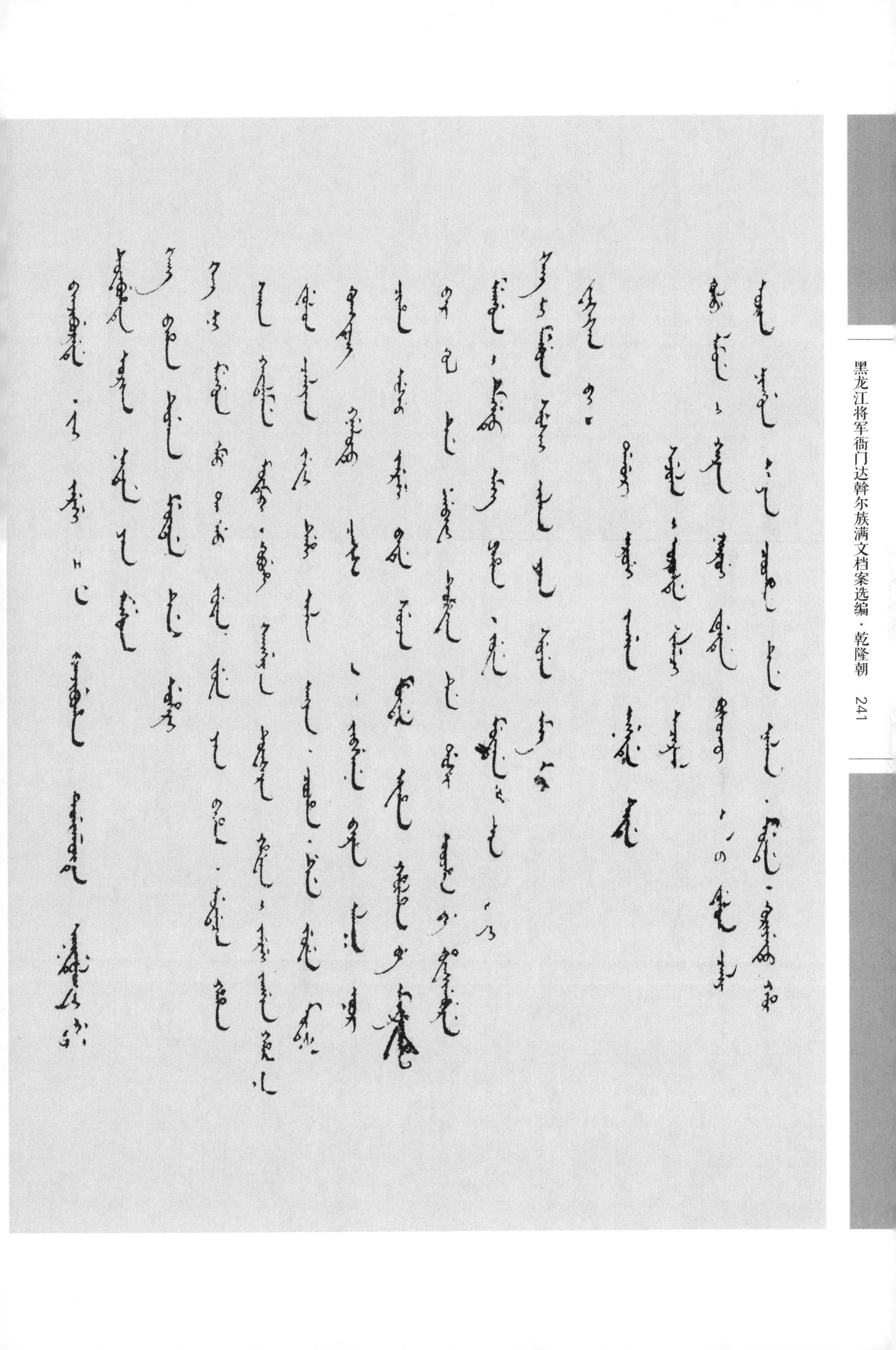

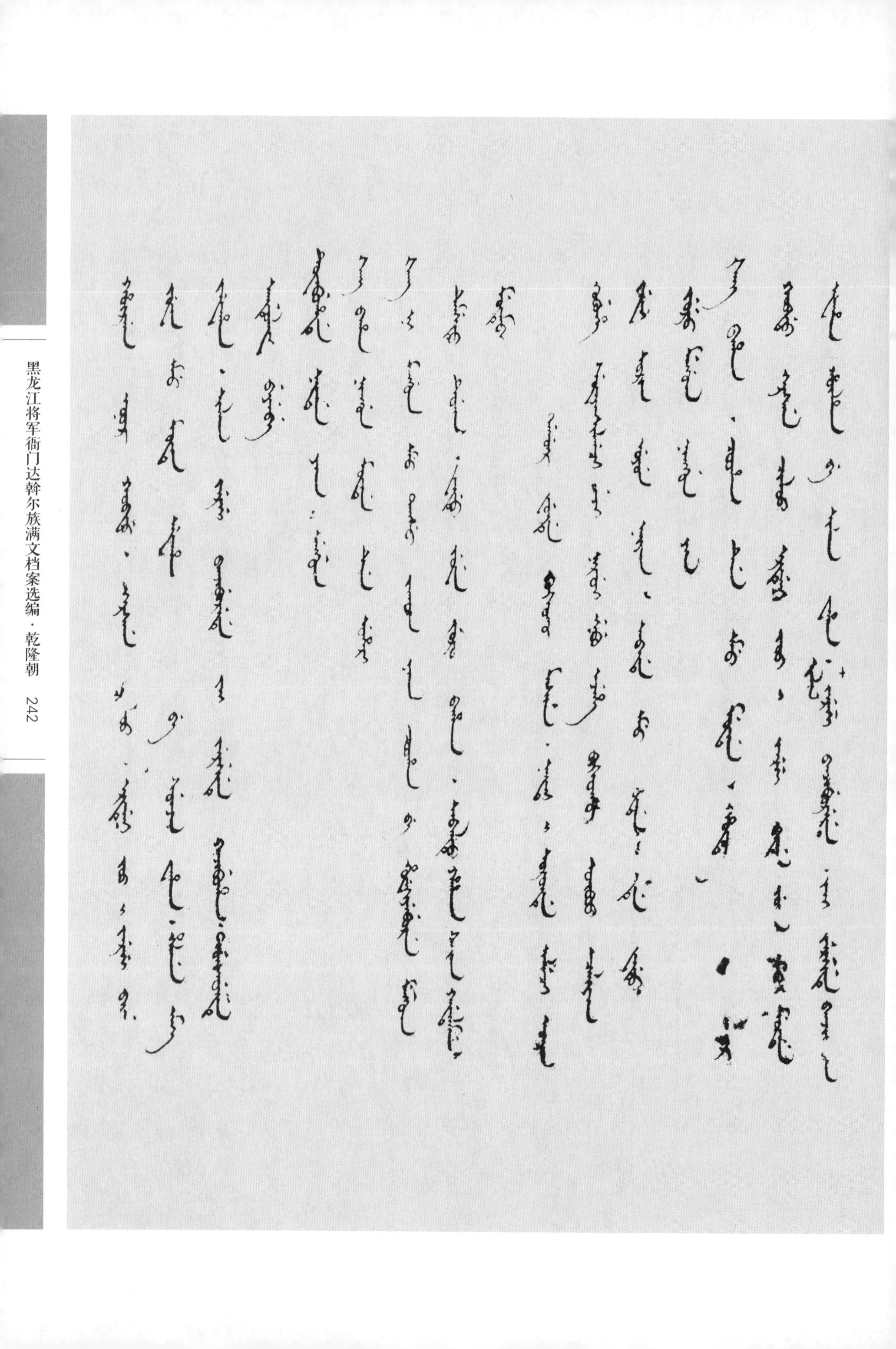

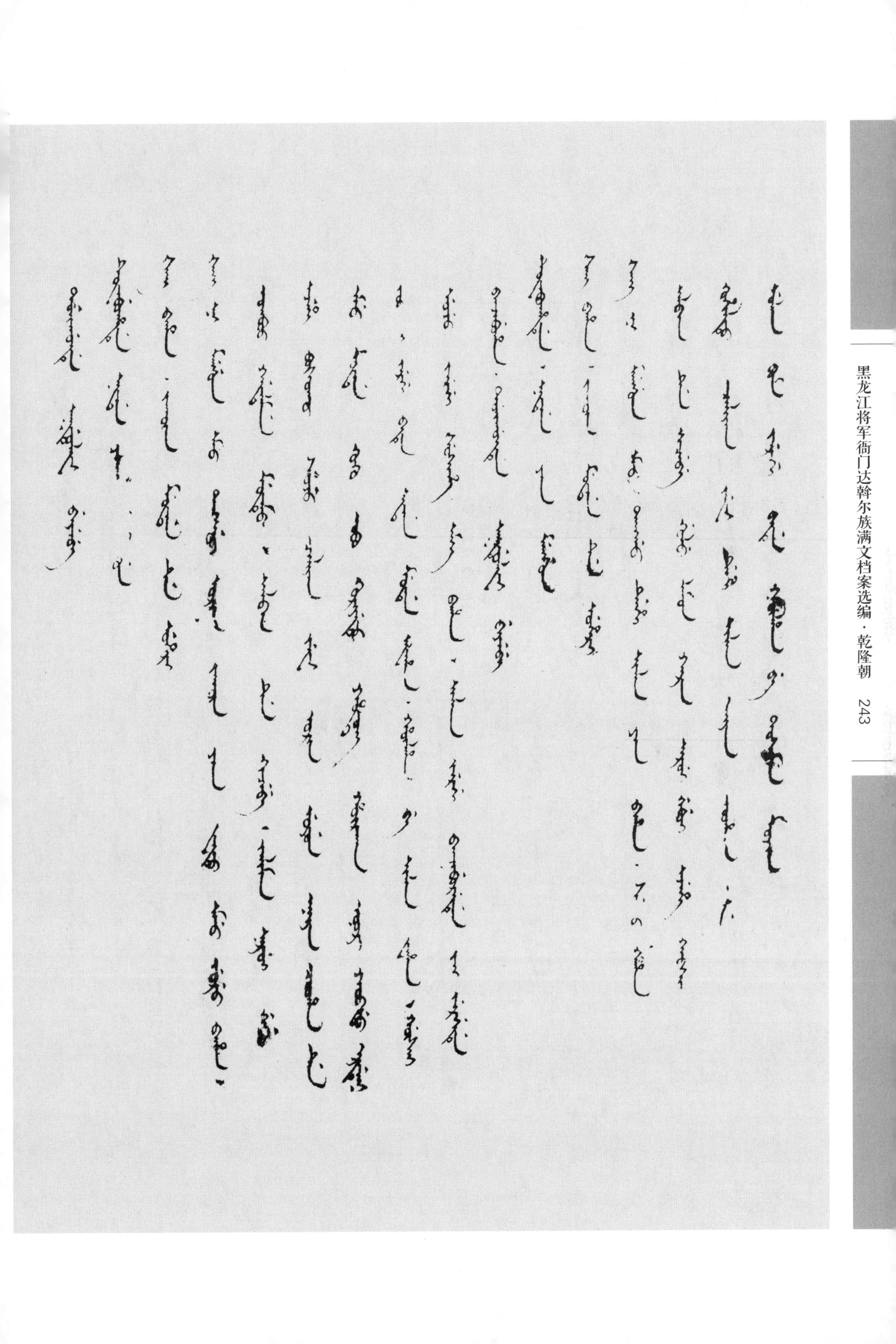

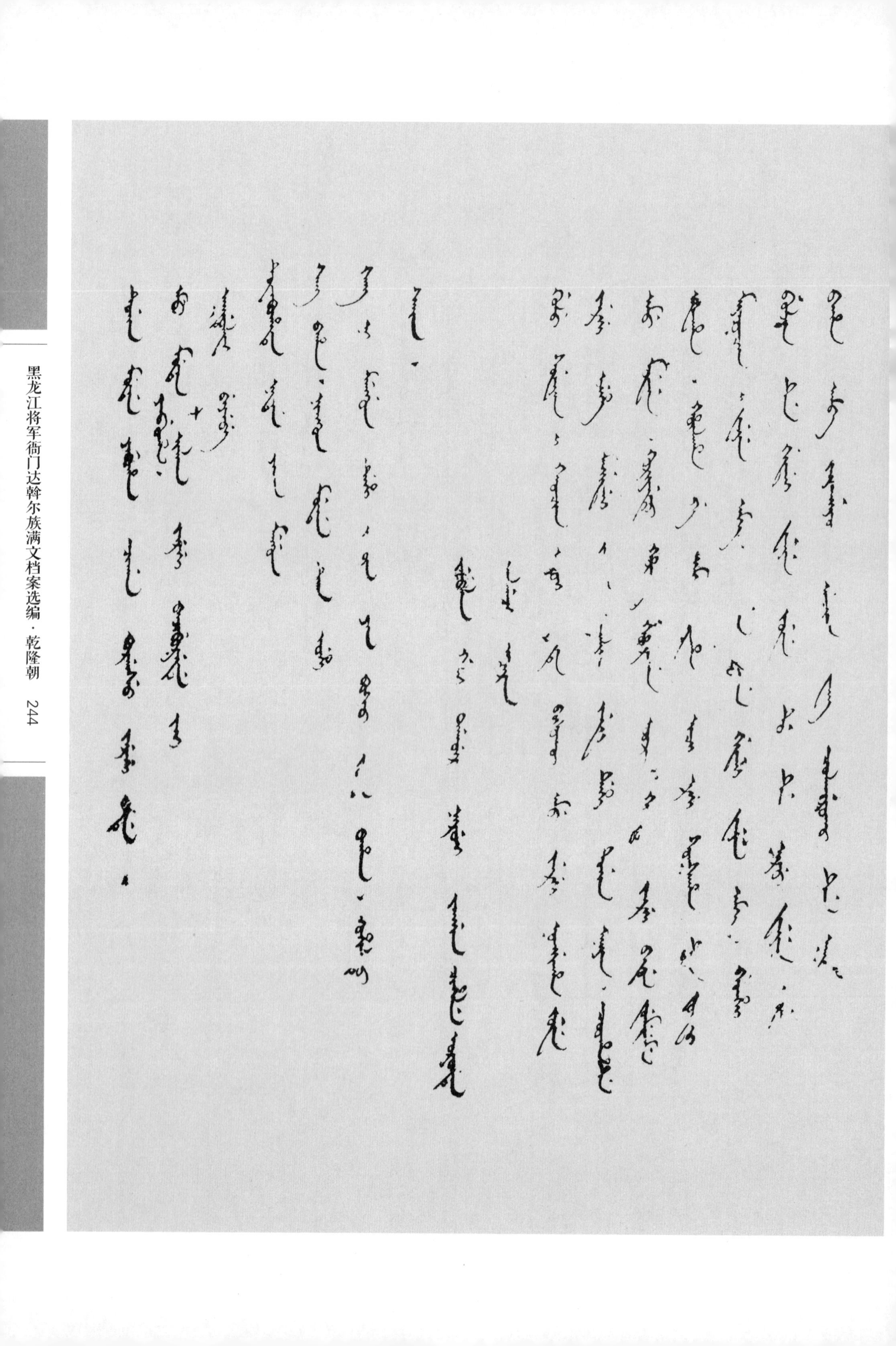

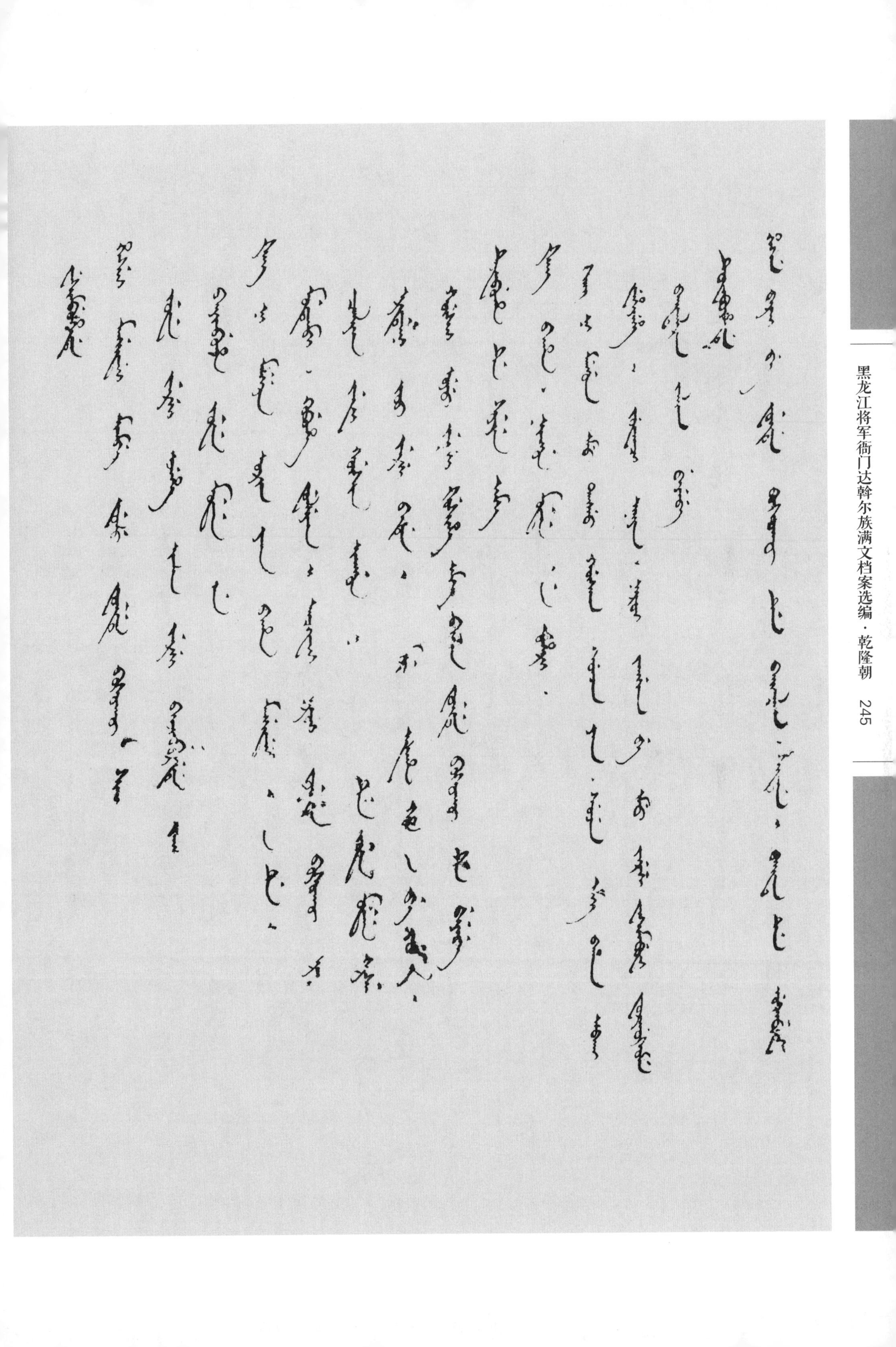

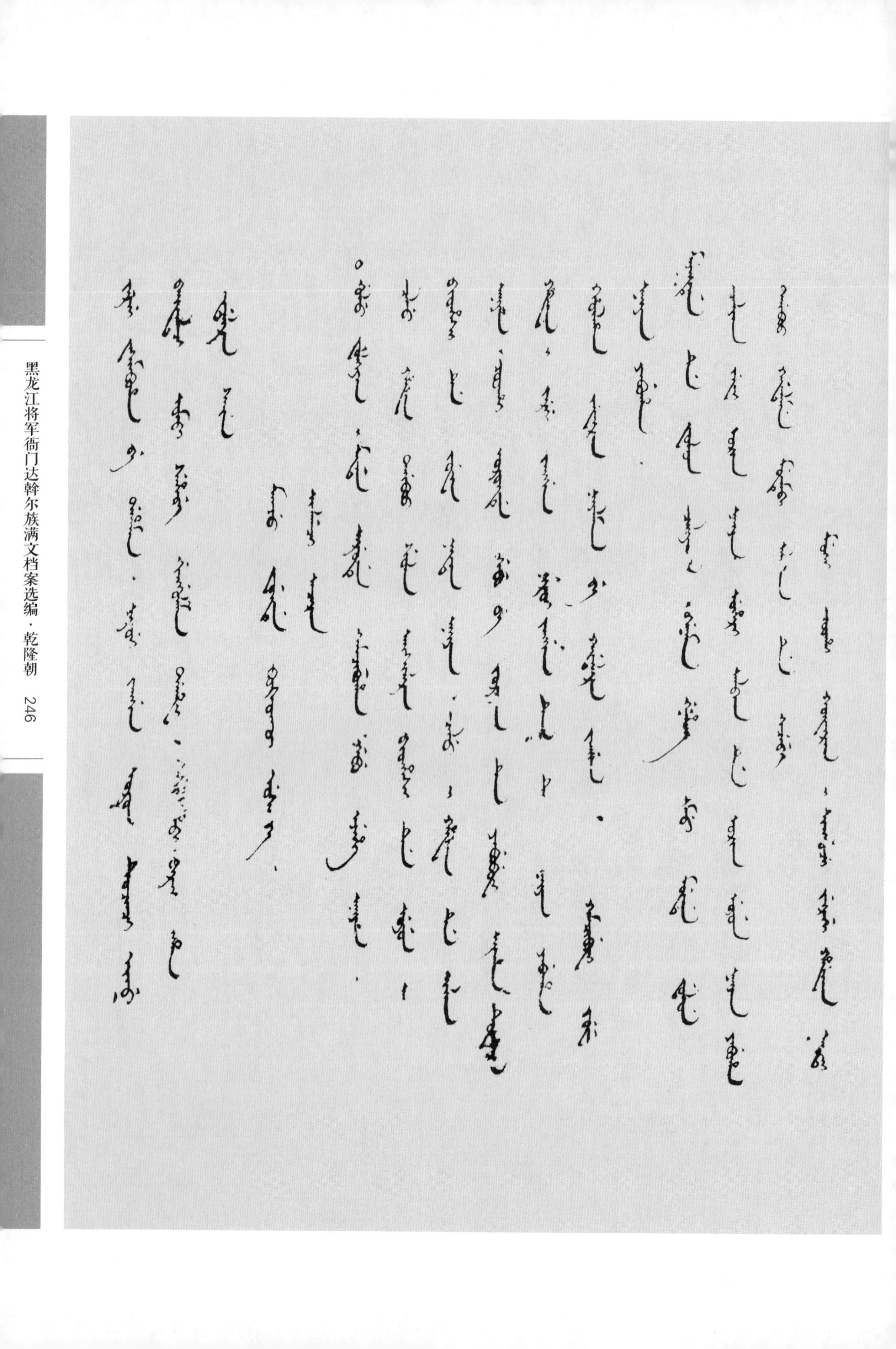

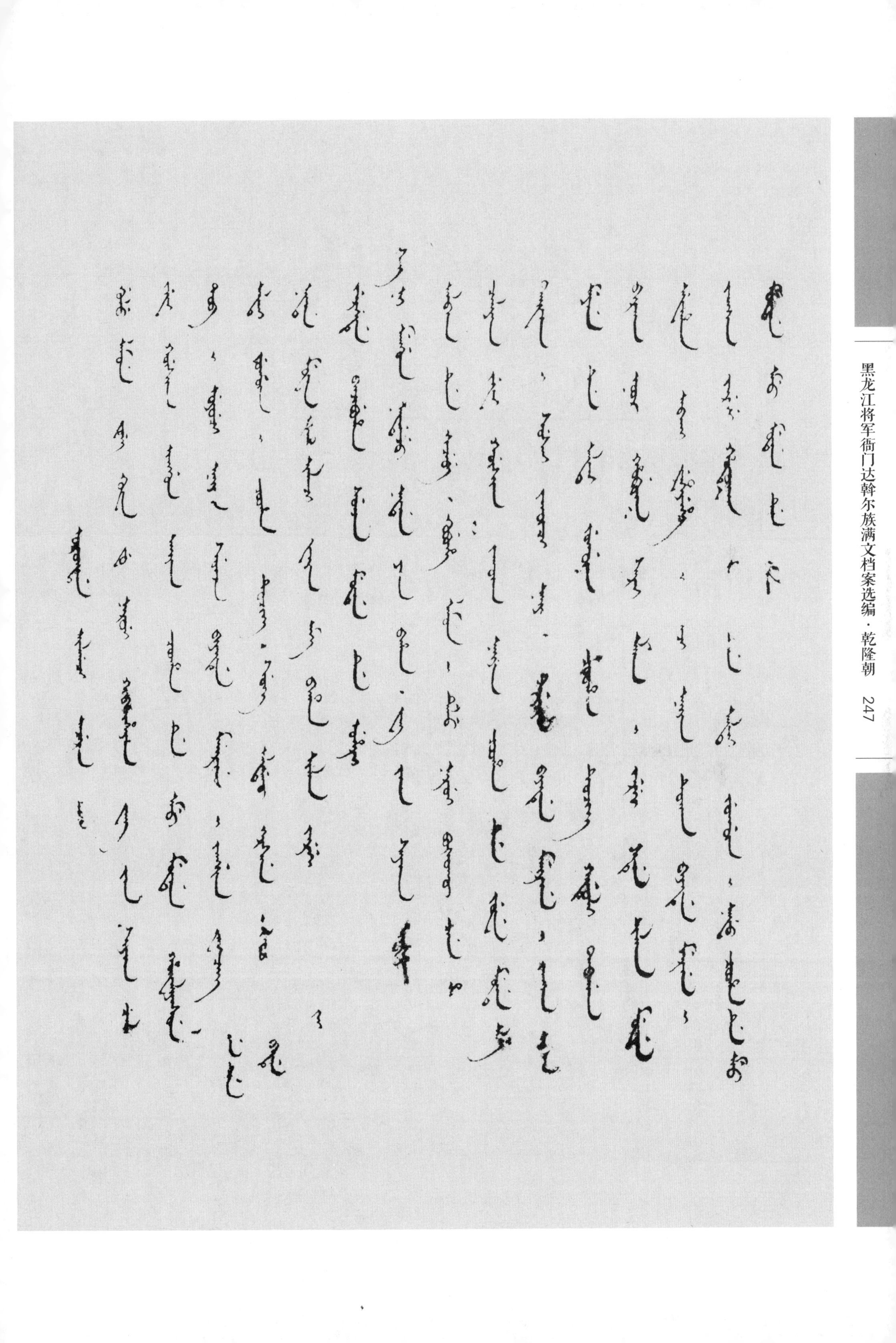

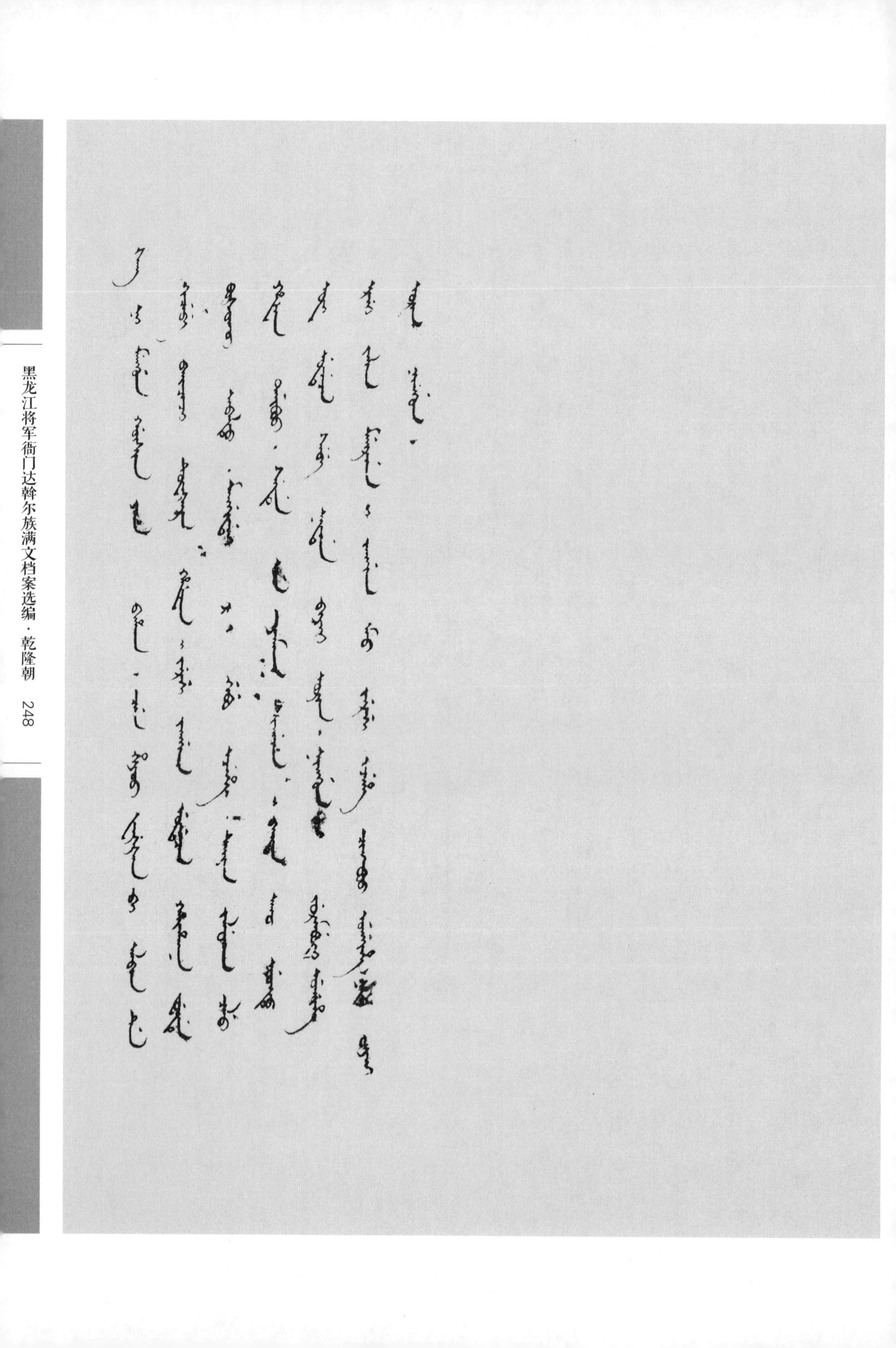

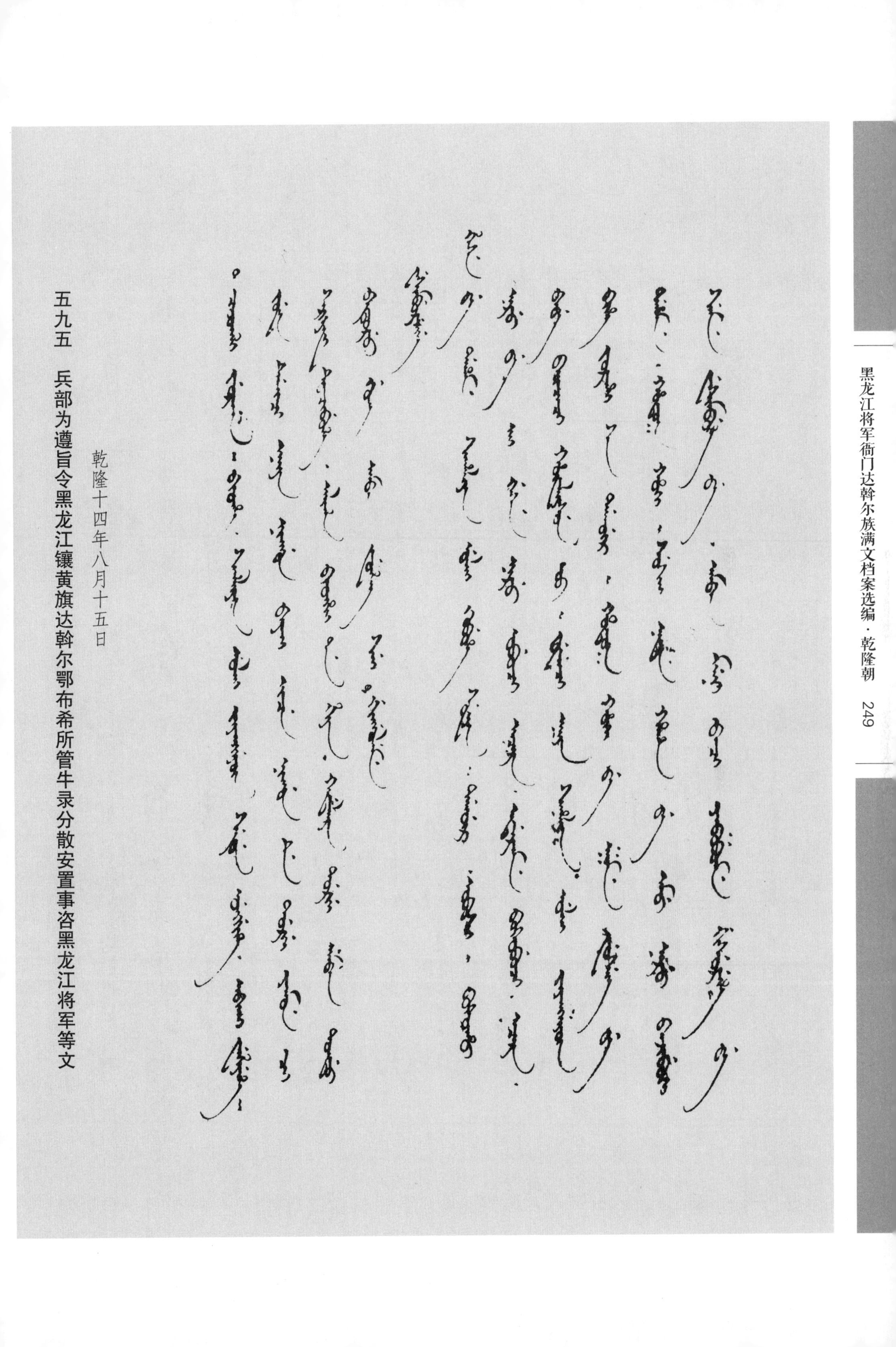

## 五九五　兵部为遵旨令黑龙江镶黄旗达斡尔鄂布希所管牛录分散安置事咨黑龙江将军等文

乾隆十四年八月十五日

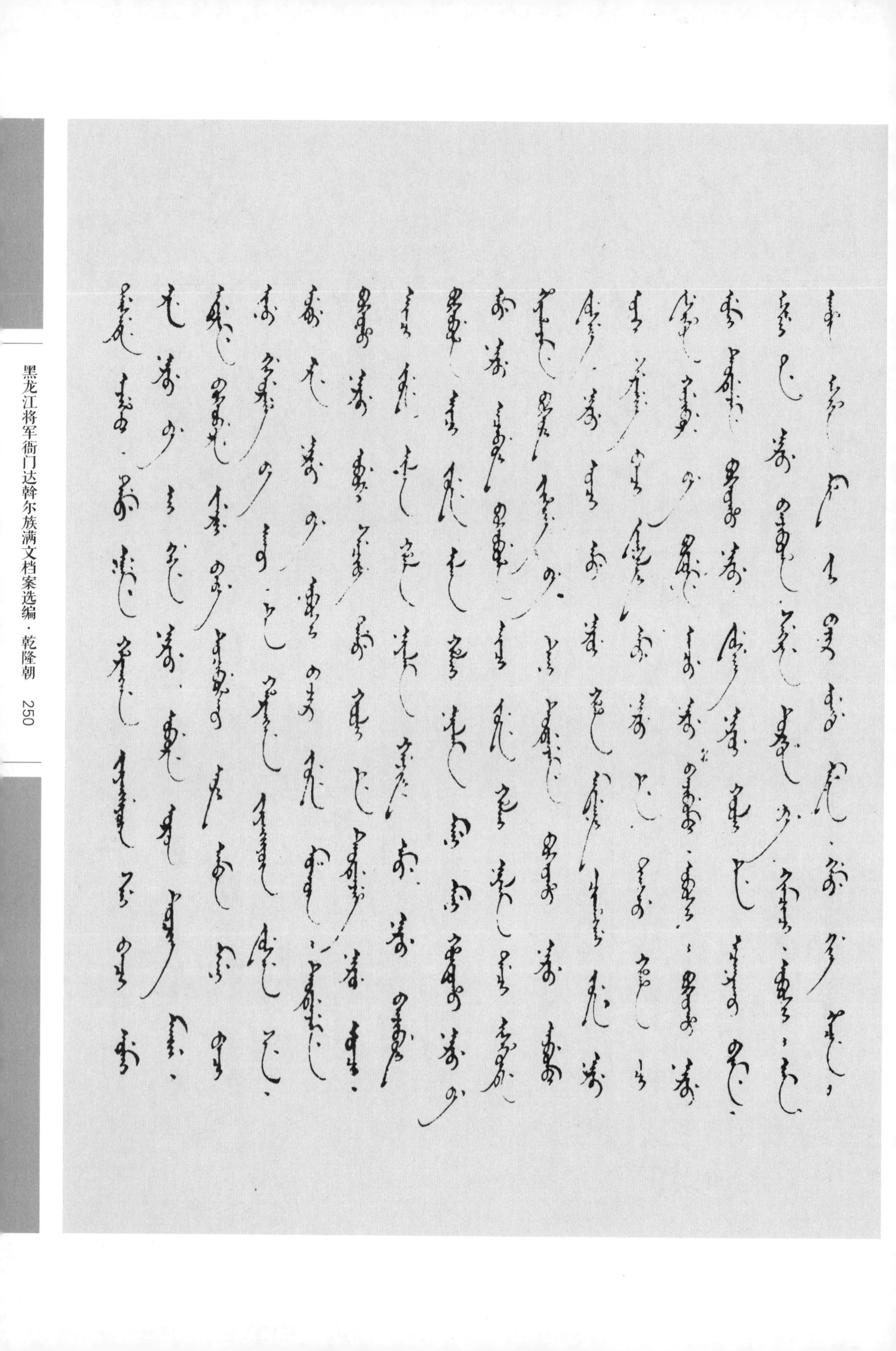

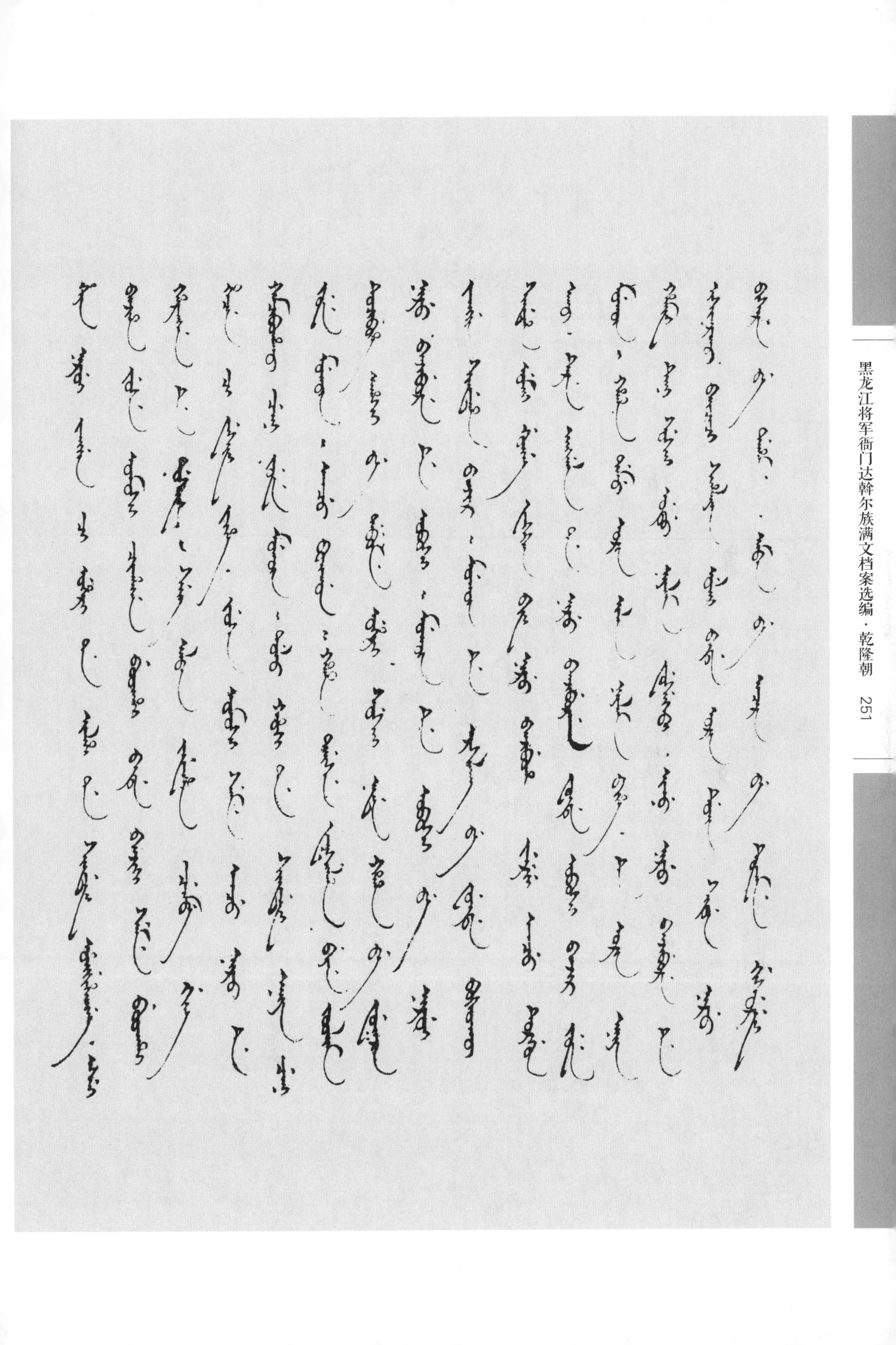

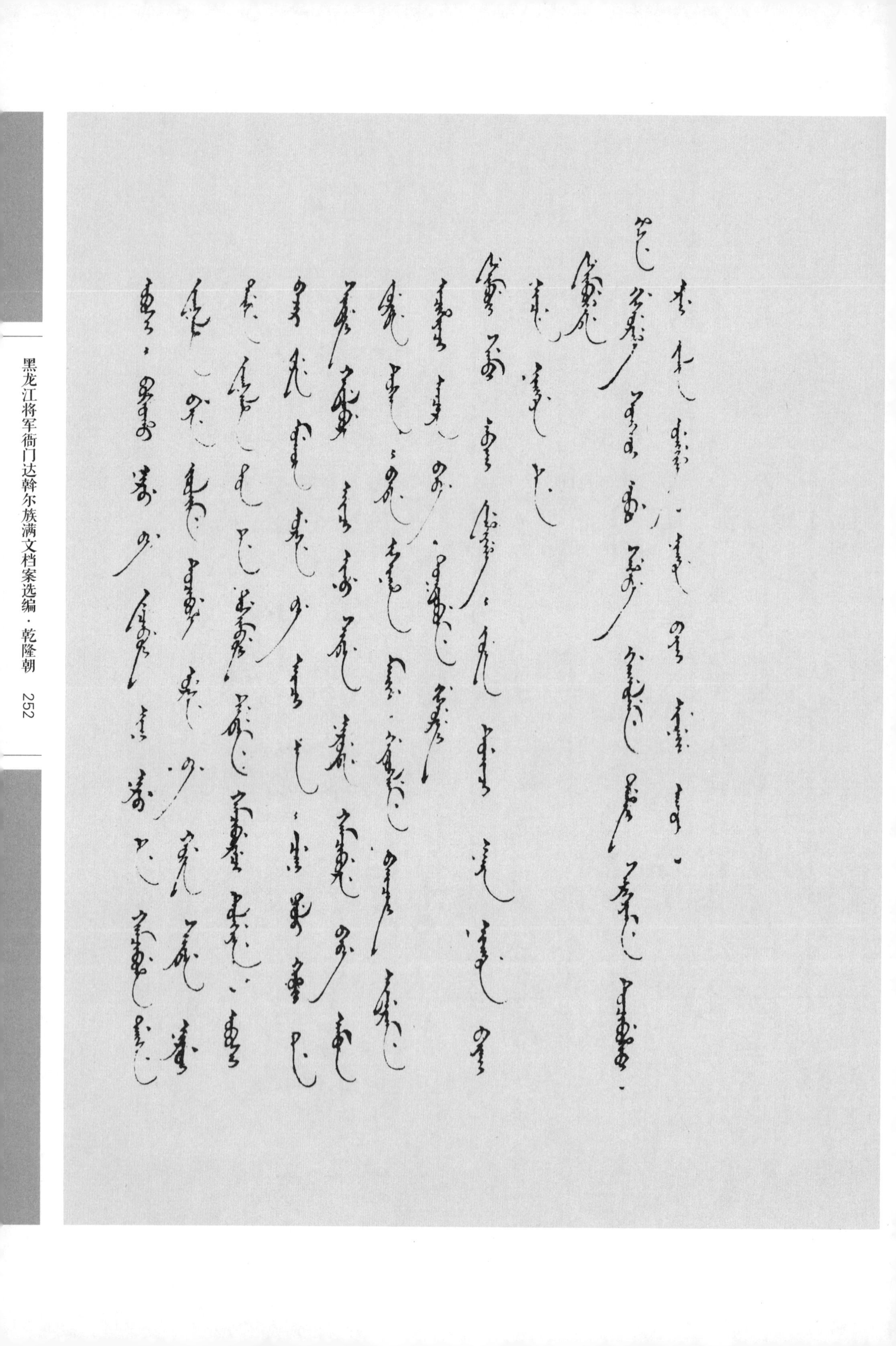

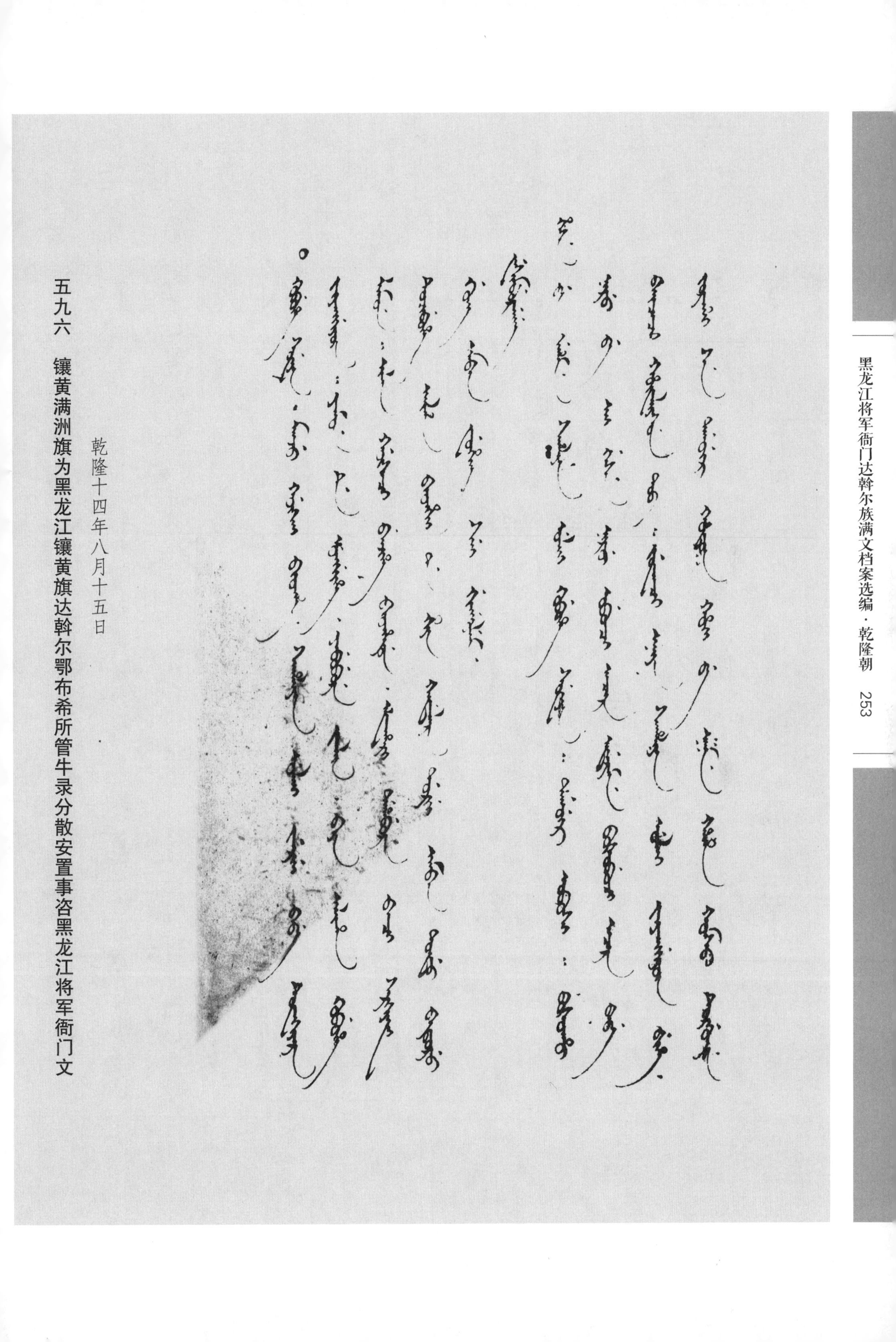

## 五九六　镶黄满洲旗为黑龙江镶黄旗达斡尔鄂布希所管牛录分散安置事咨黑龙江将军衙门文

乾隆十四年八月十五日

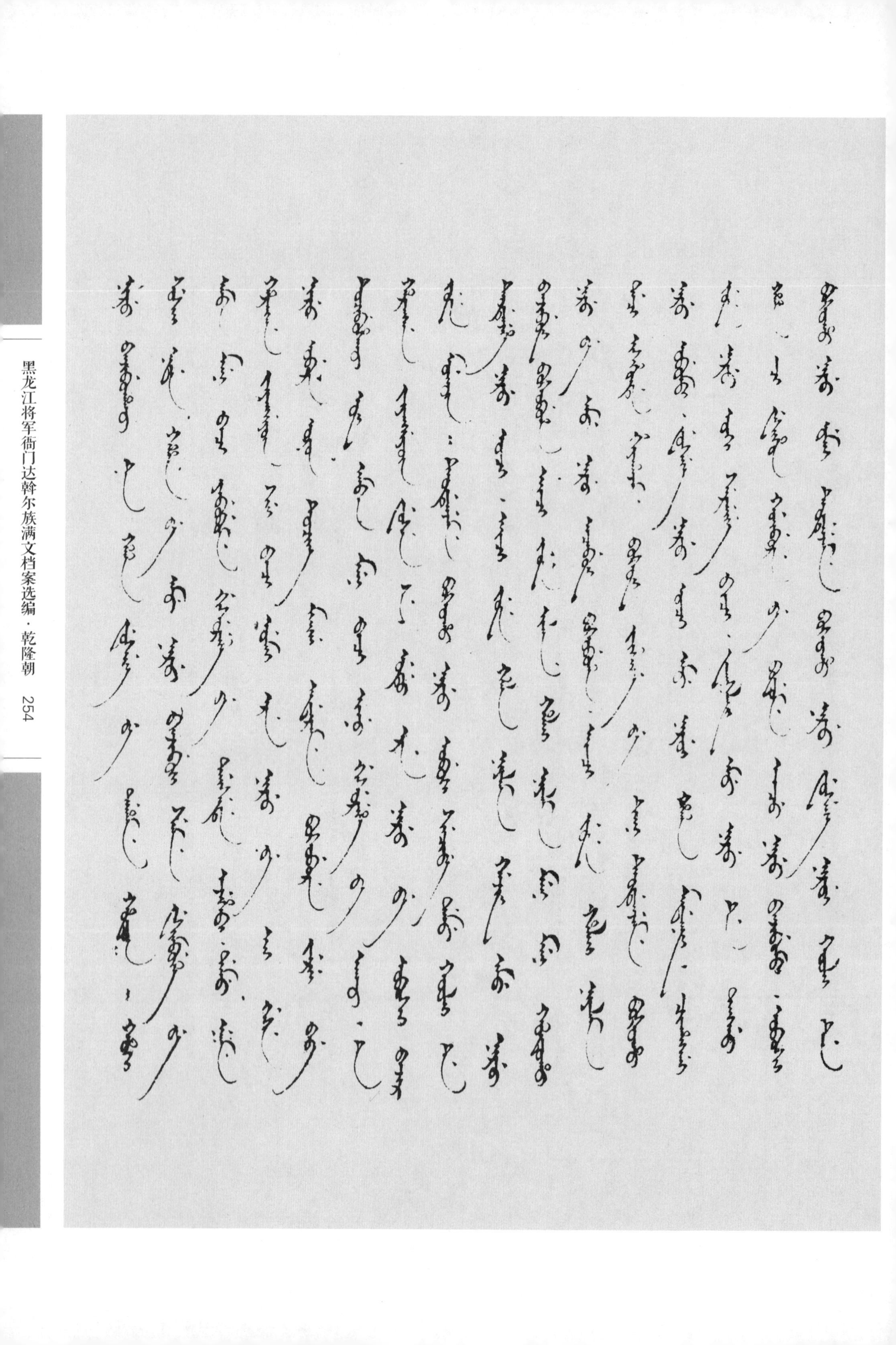

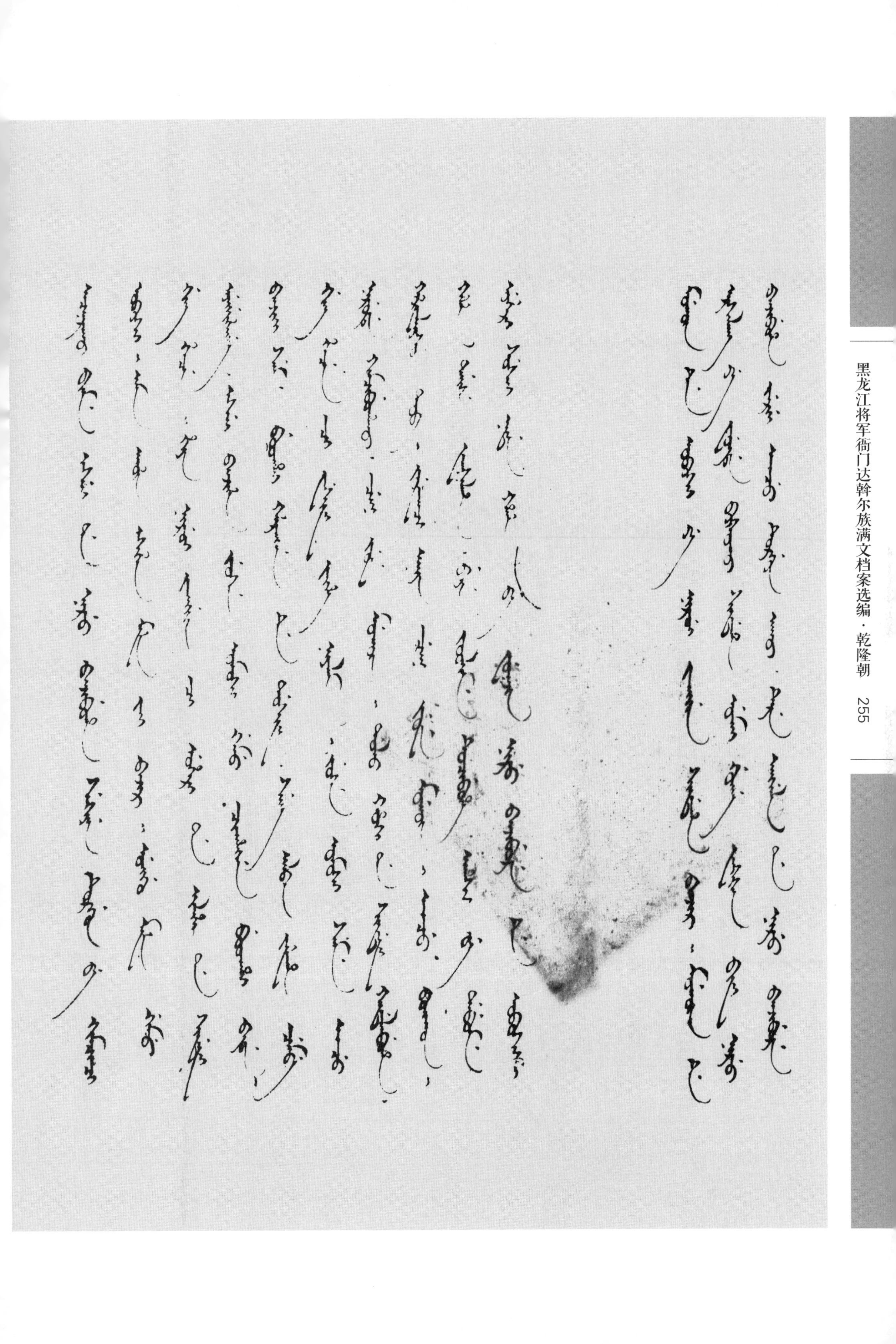

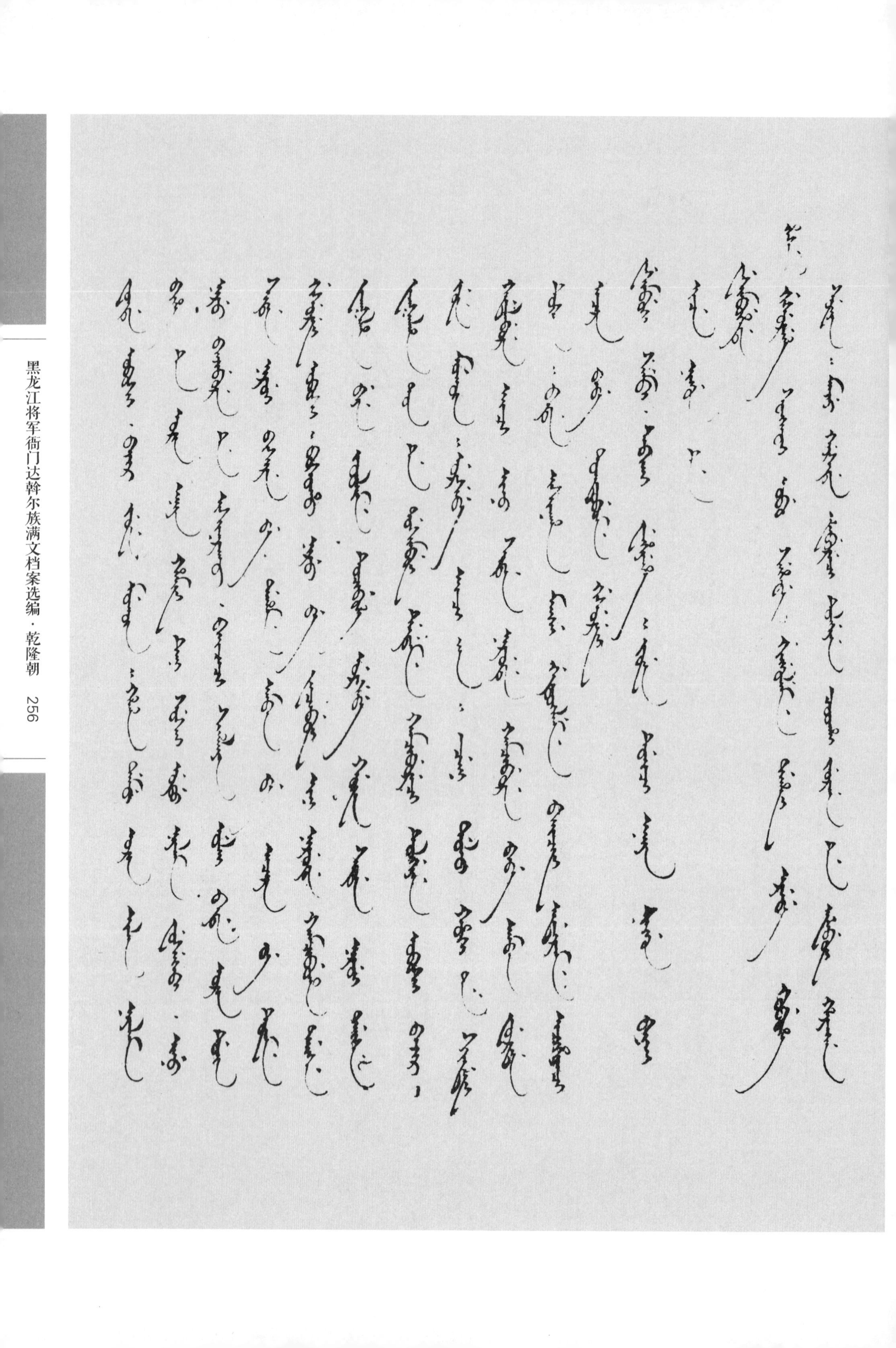

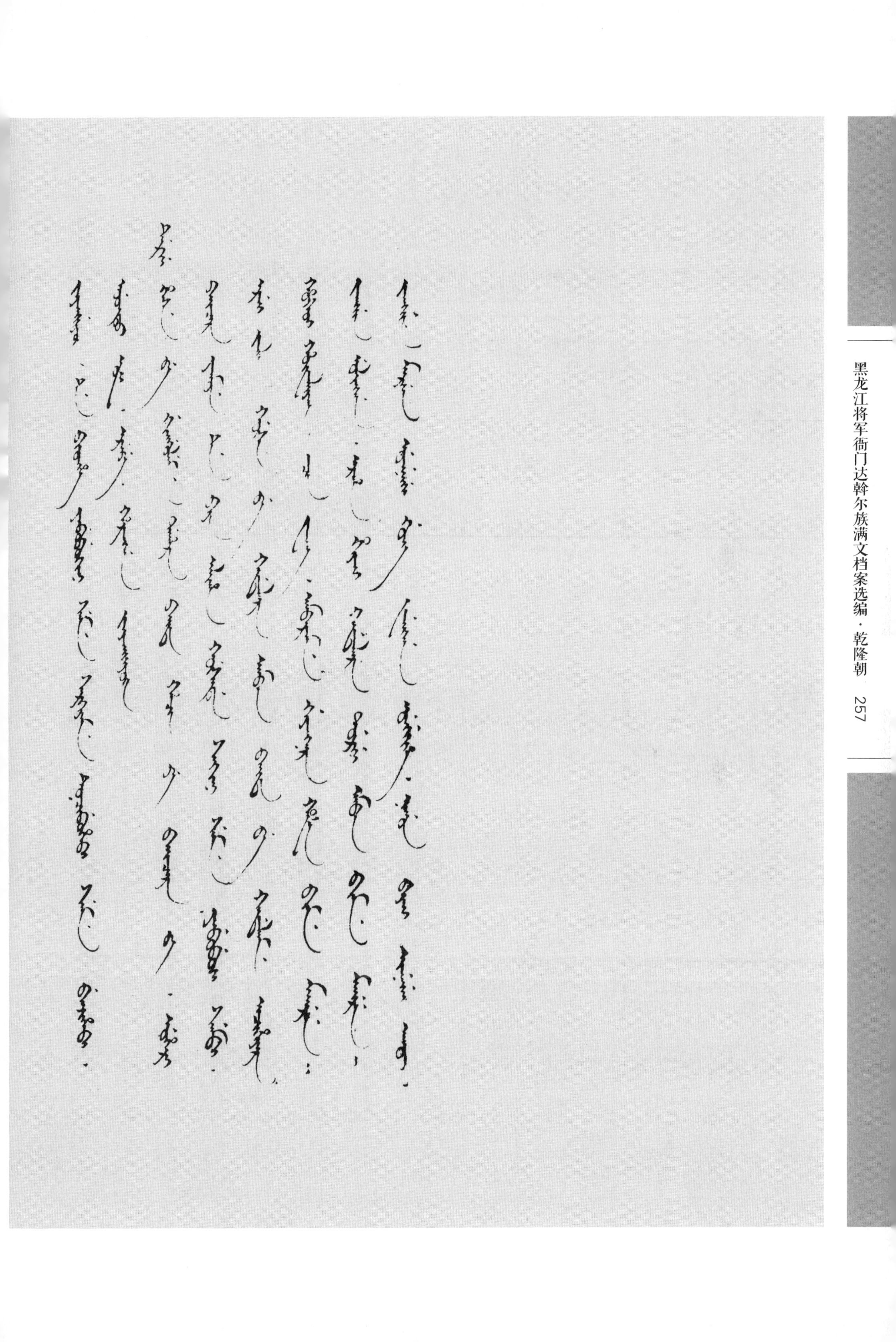

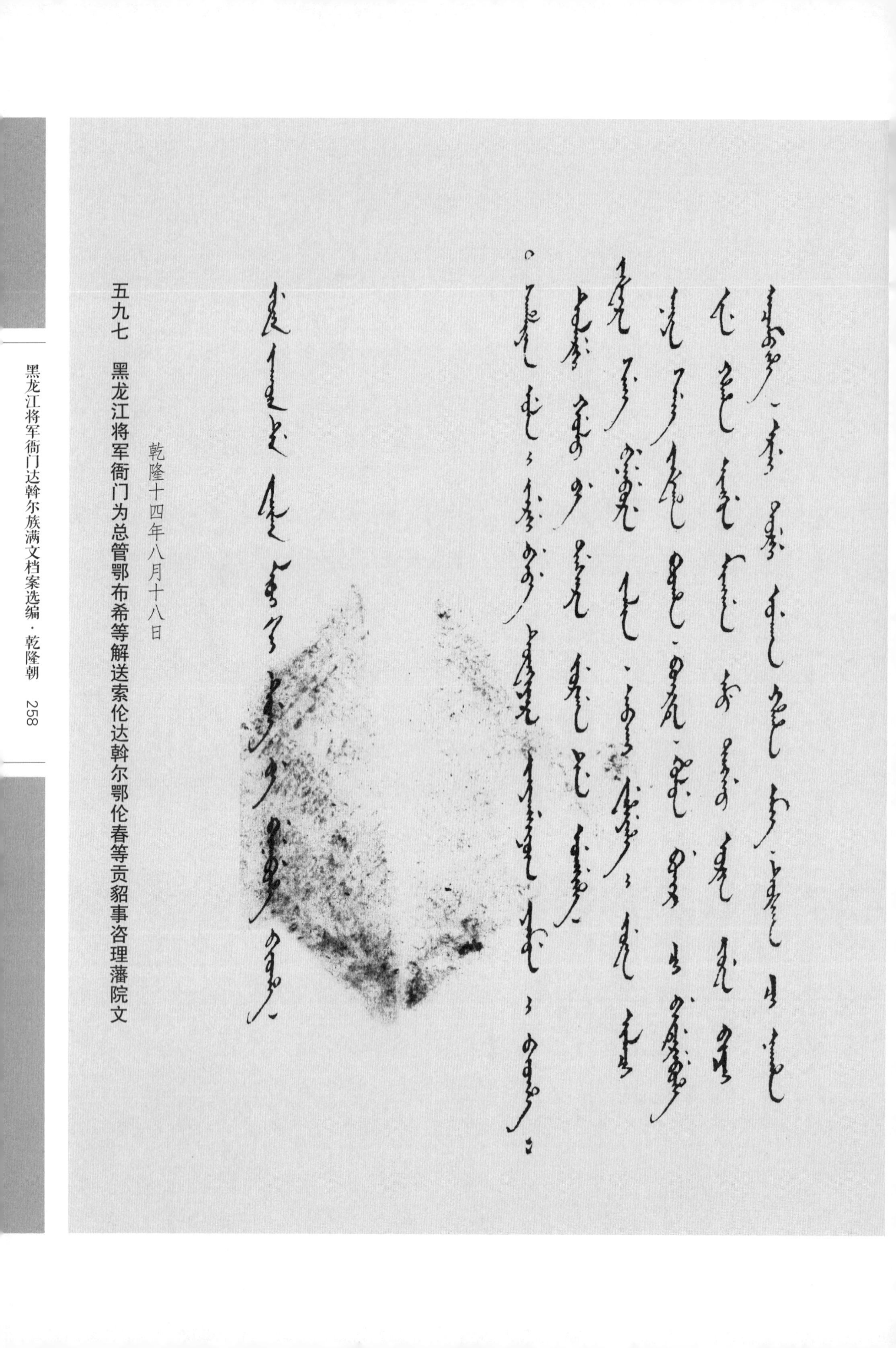

## 五九七　黑龙江将军衙门为总管鄂布希等解送索伦达斡尔鄂伦春等贡貂事咨理藩院文

乾隆十四年八月十八日

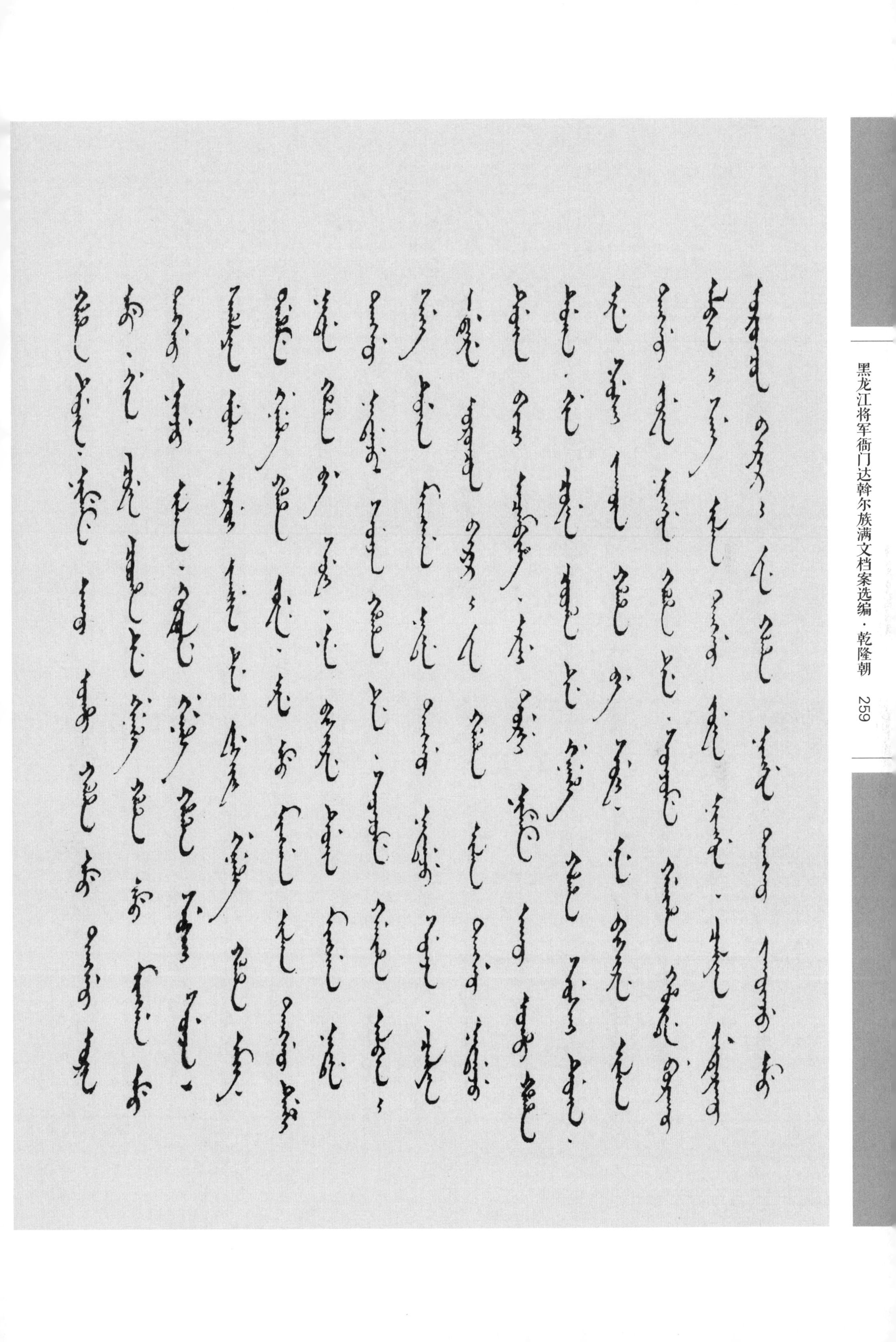

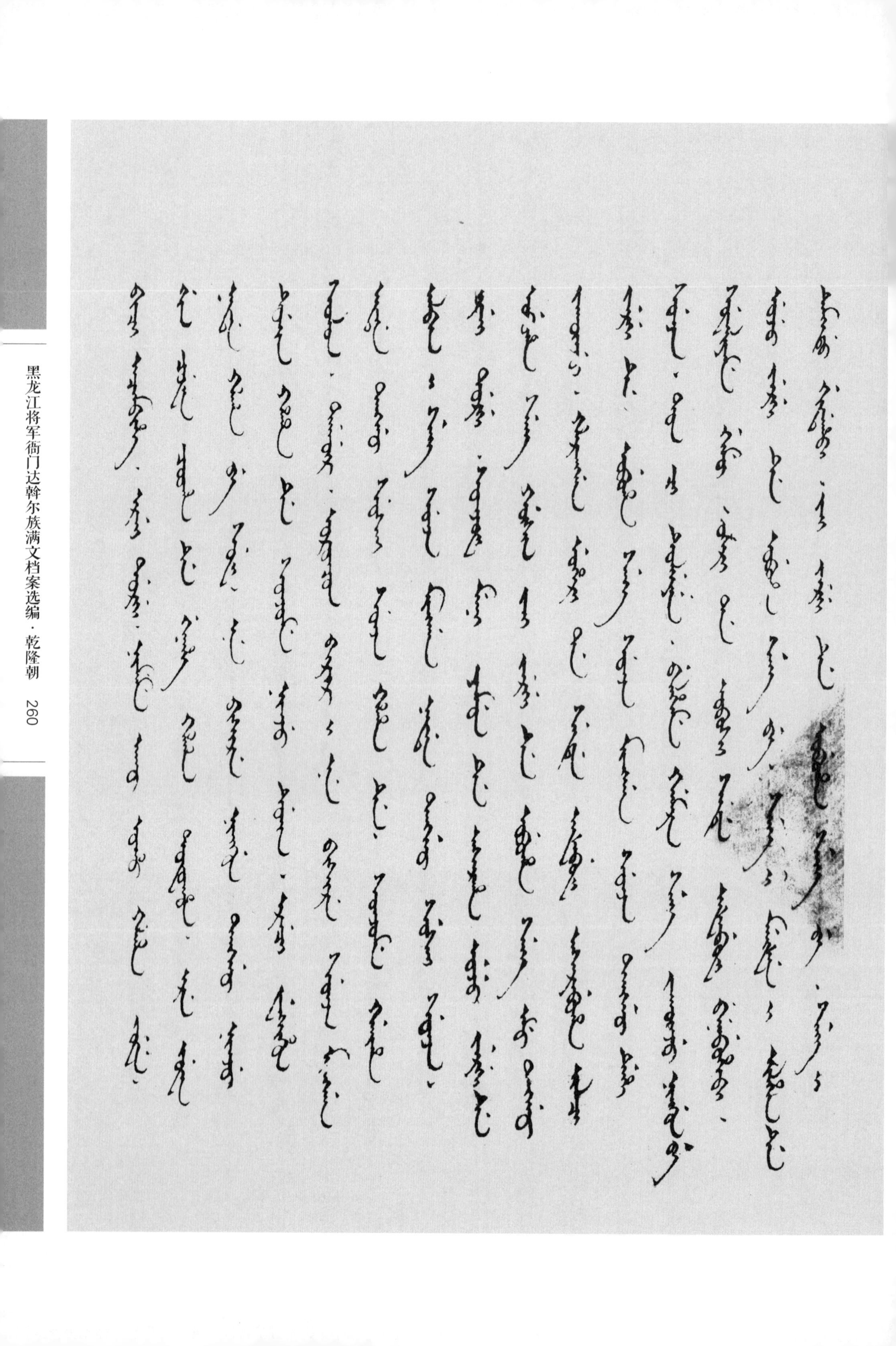

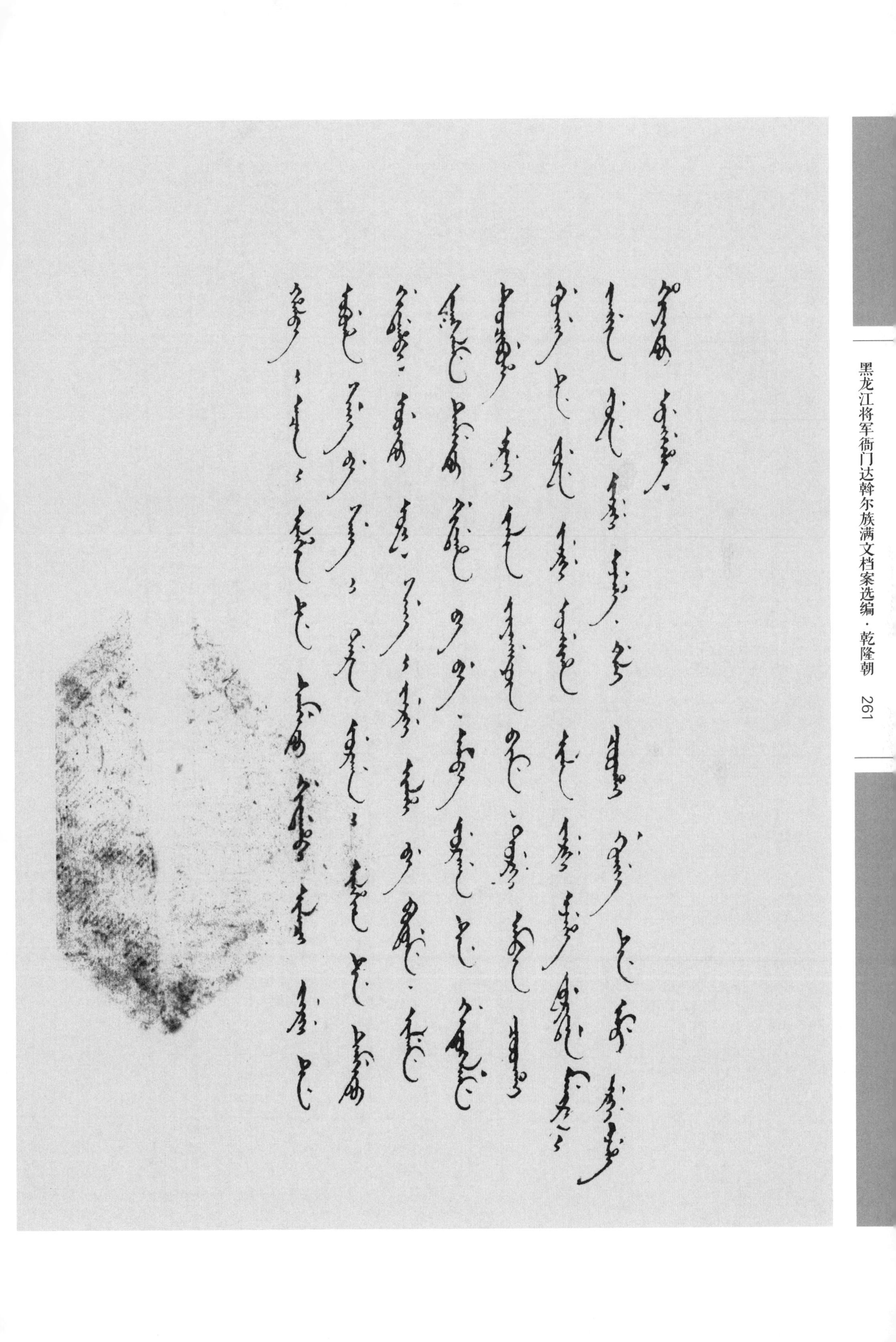

[illegible]

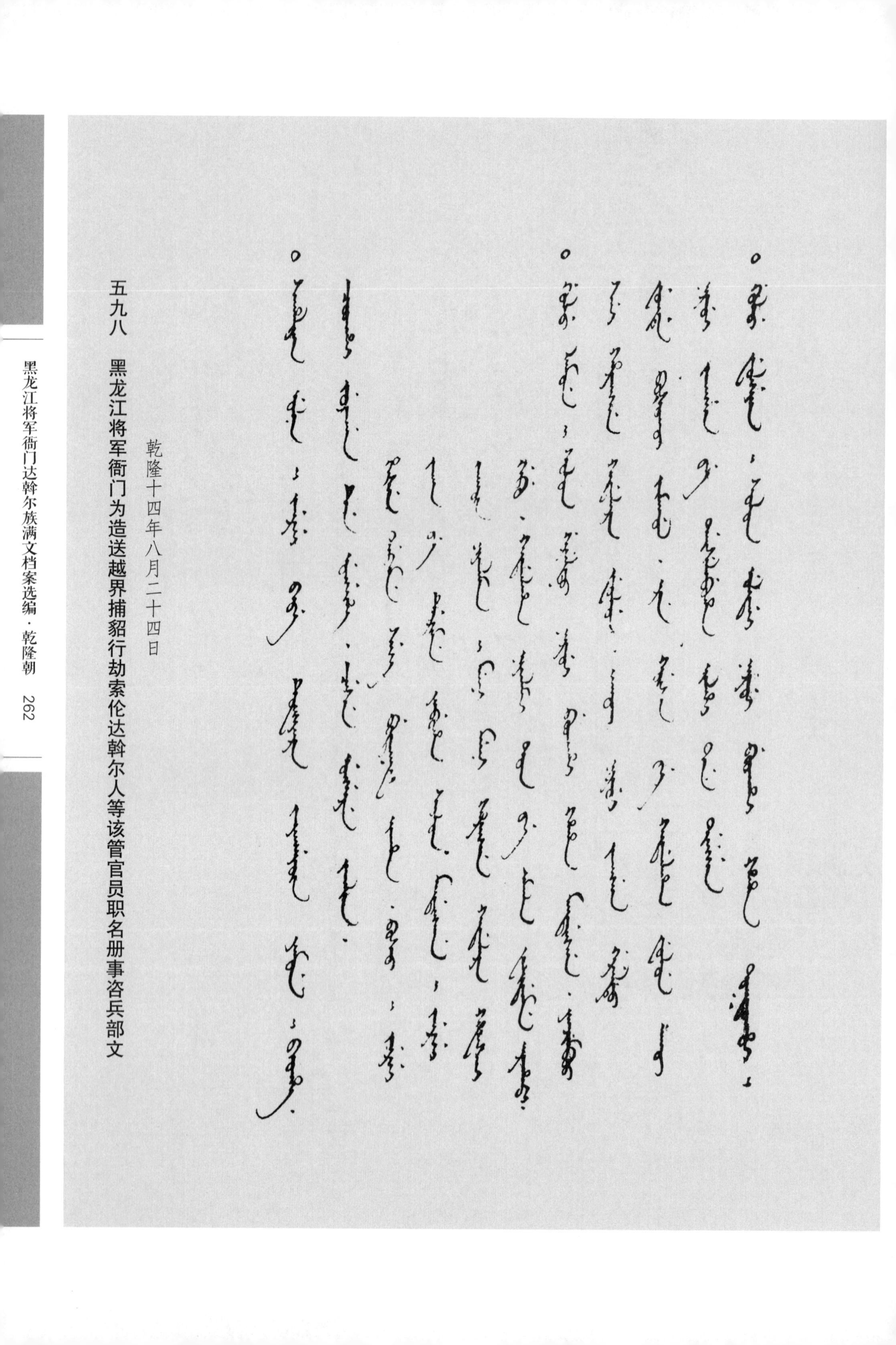

## 五九八 黑龙江将军衙门为造送越界捕貂行劫索伦达斡尔人等该管官员职名册事咨兵部文

乾隆十四年八月二十四日

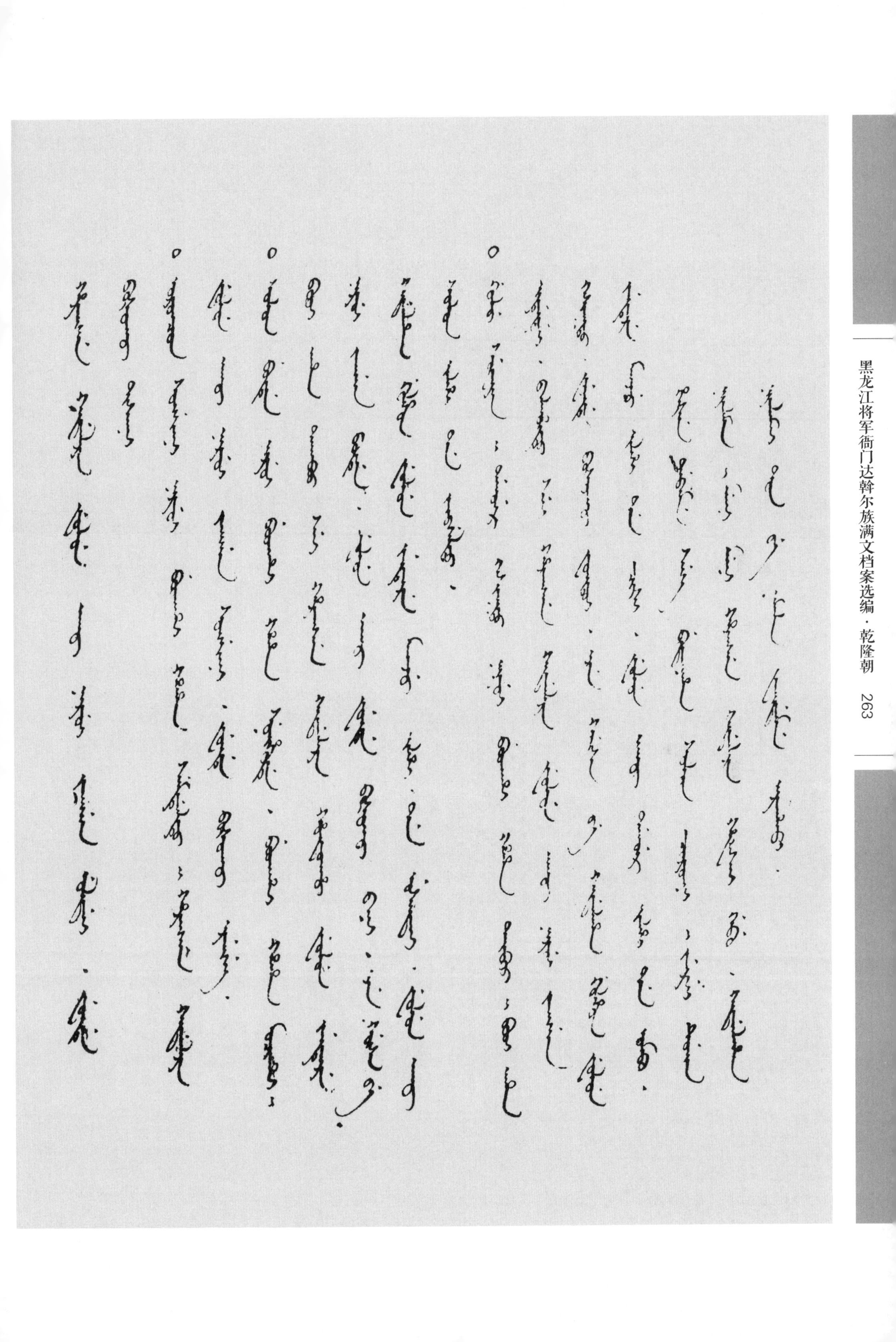

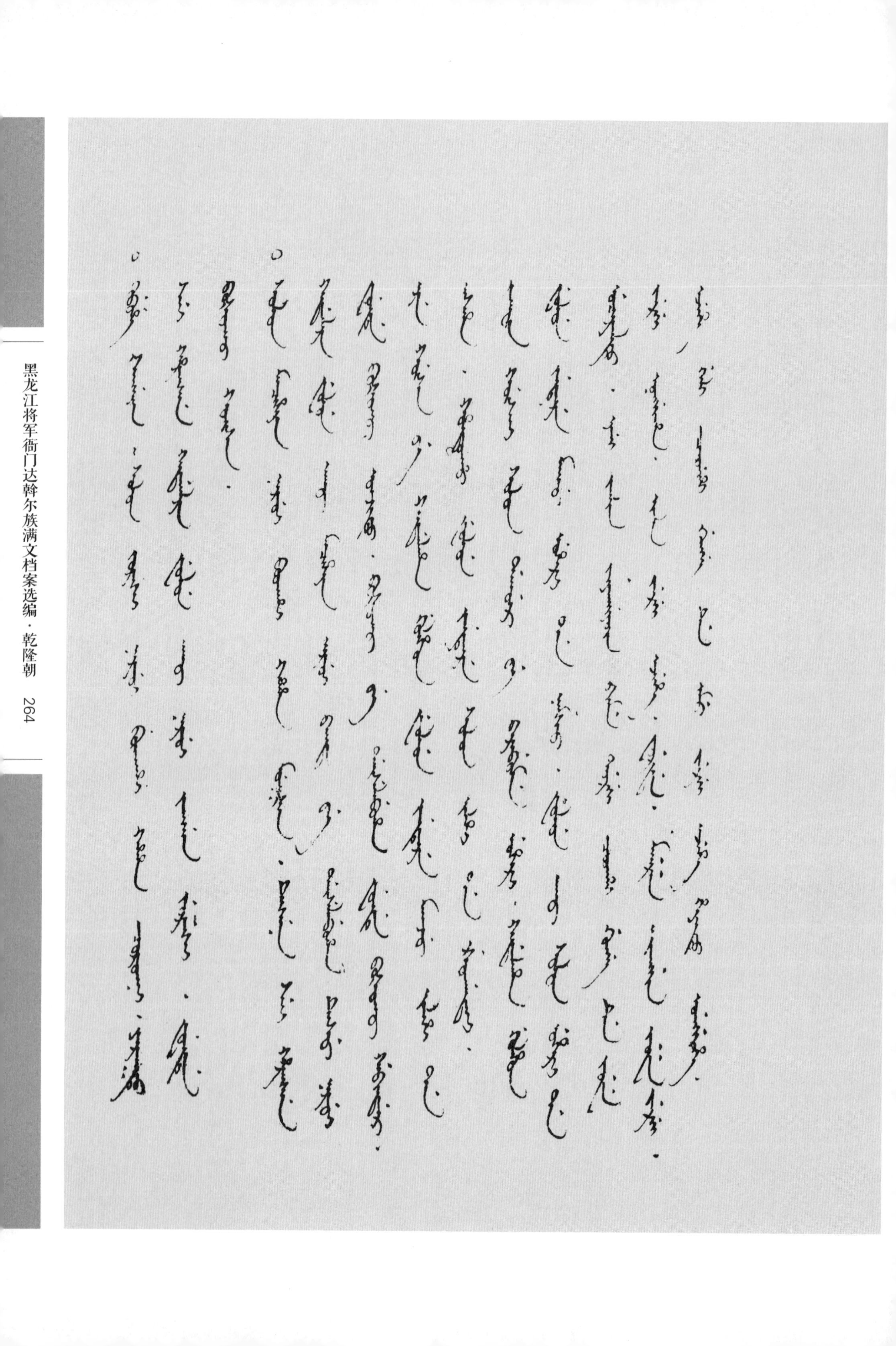

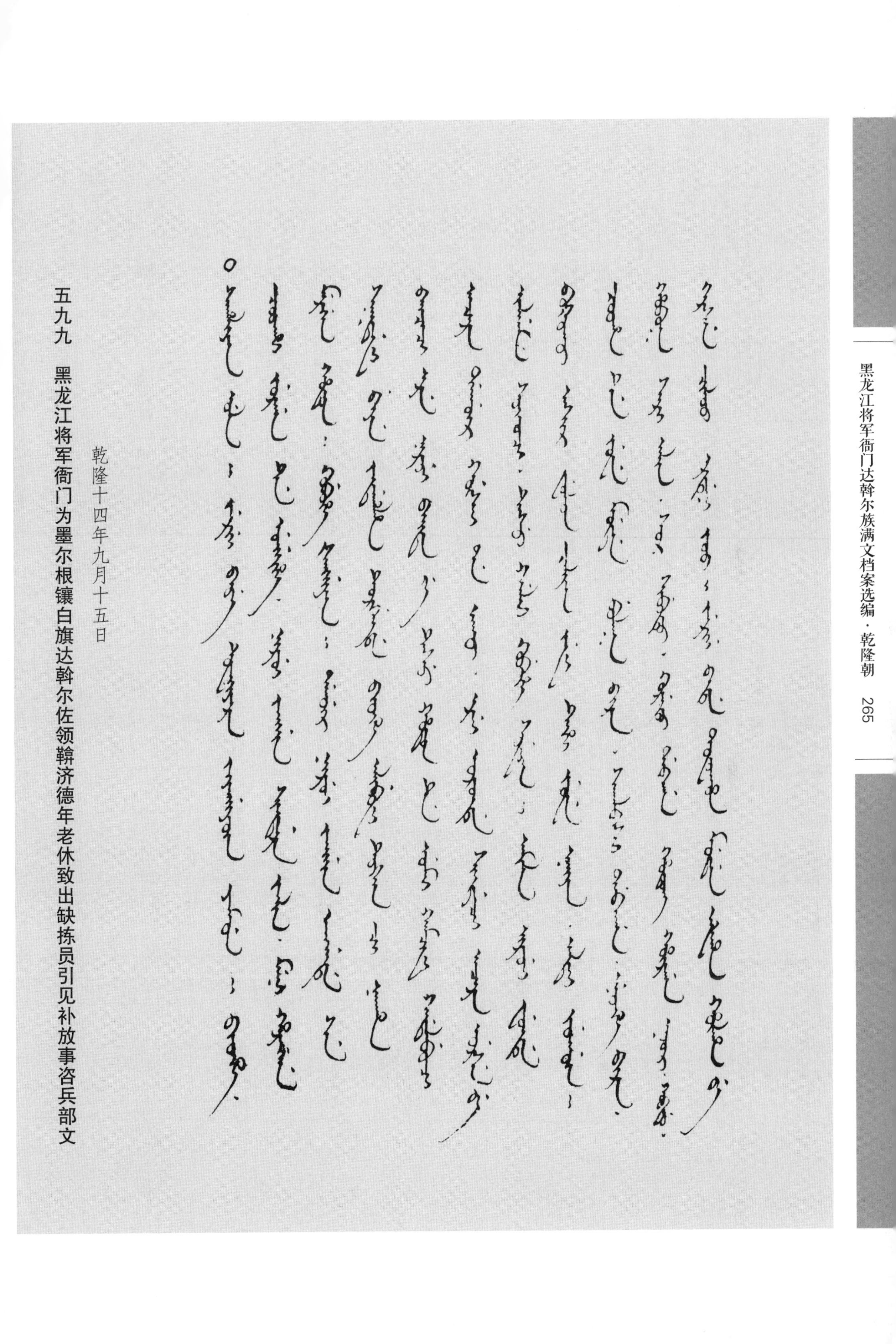

## 五九九 黑龙江将军衙门为墨尔根镶白旗达斡尔佐领鞥济德年老休致出缺拣员引见补放事咨兵部文

乾隆十四年九月十五日

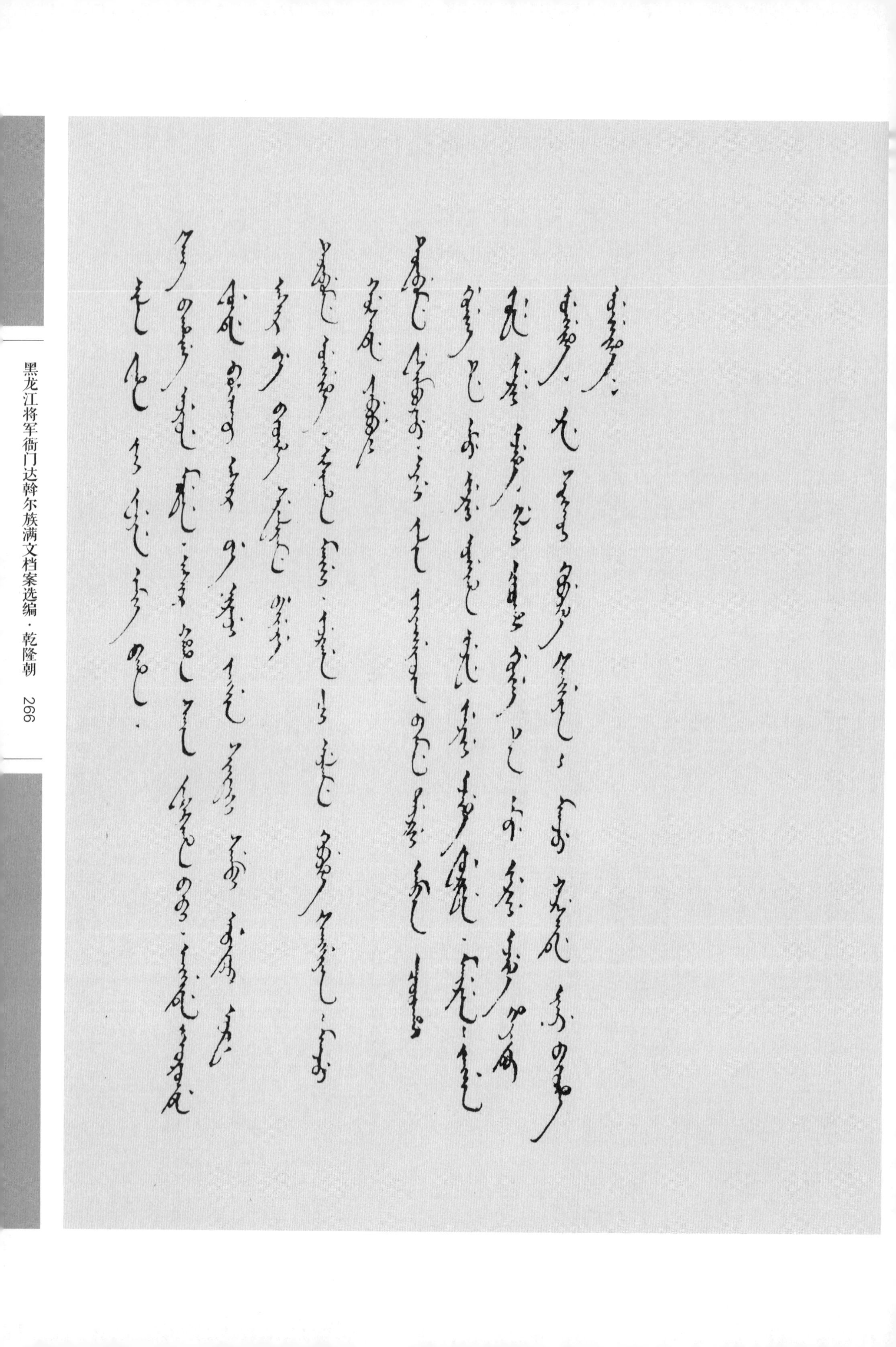

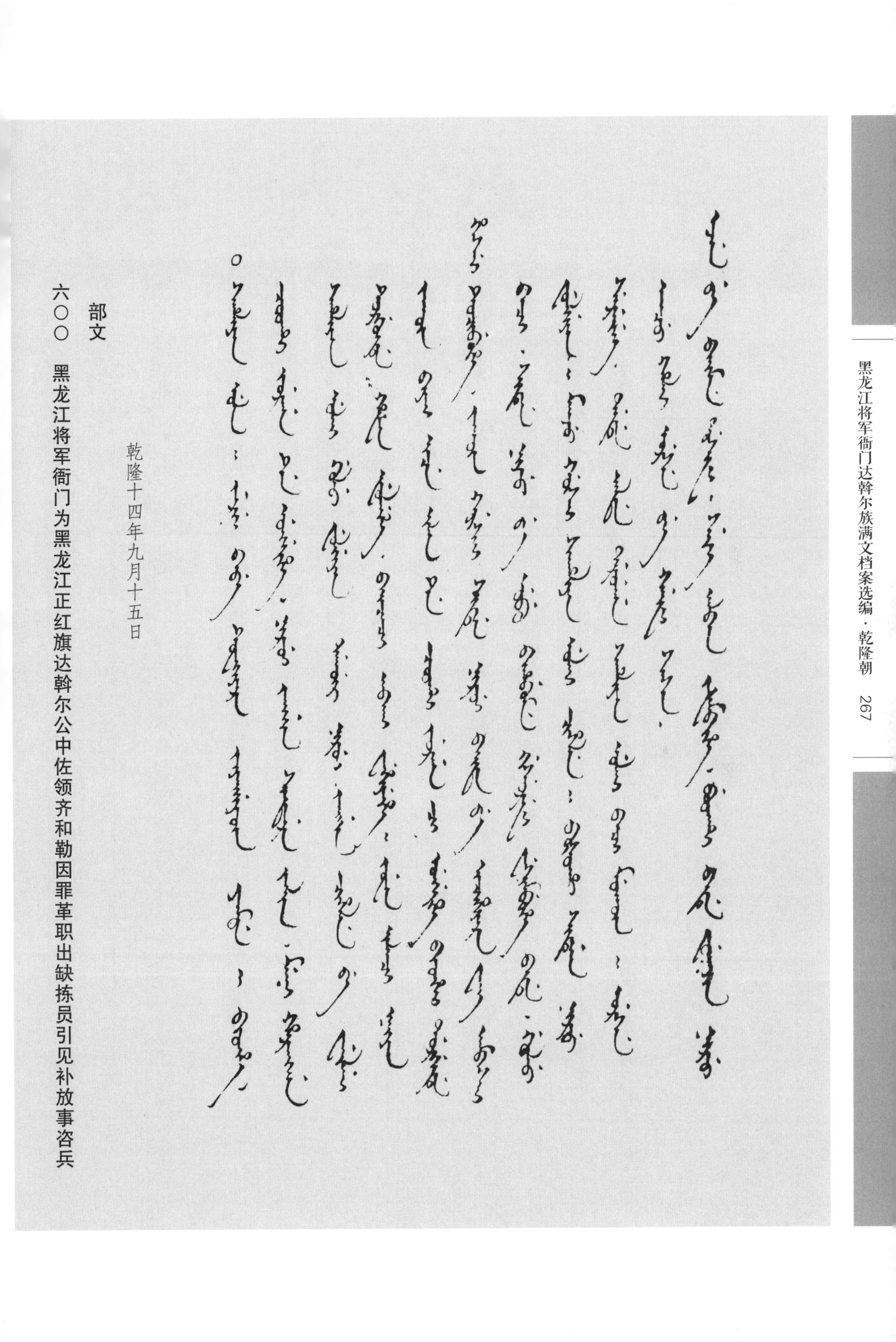

乾隆十四年九月十五日

## 六〇〇 黑龙江将军衙门为黑龙江正红旗达斡尔公中佐领齐和勒因罪革职出缺拣员引见补放事咨兵部文

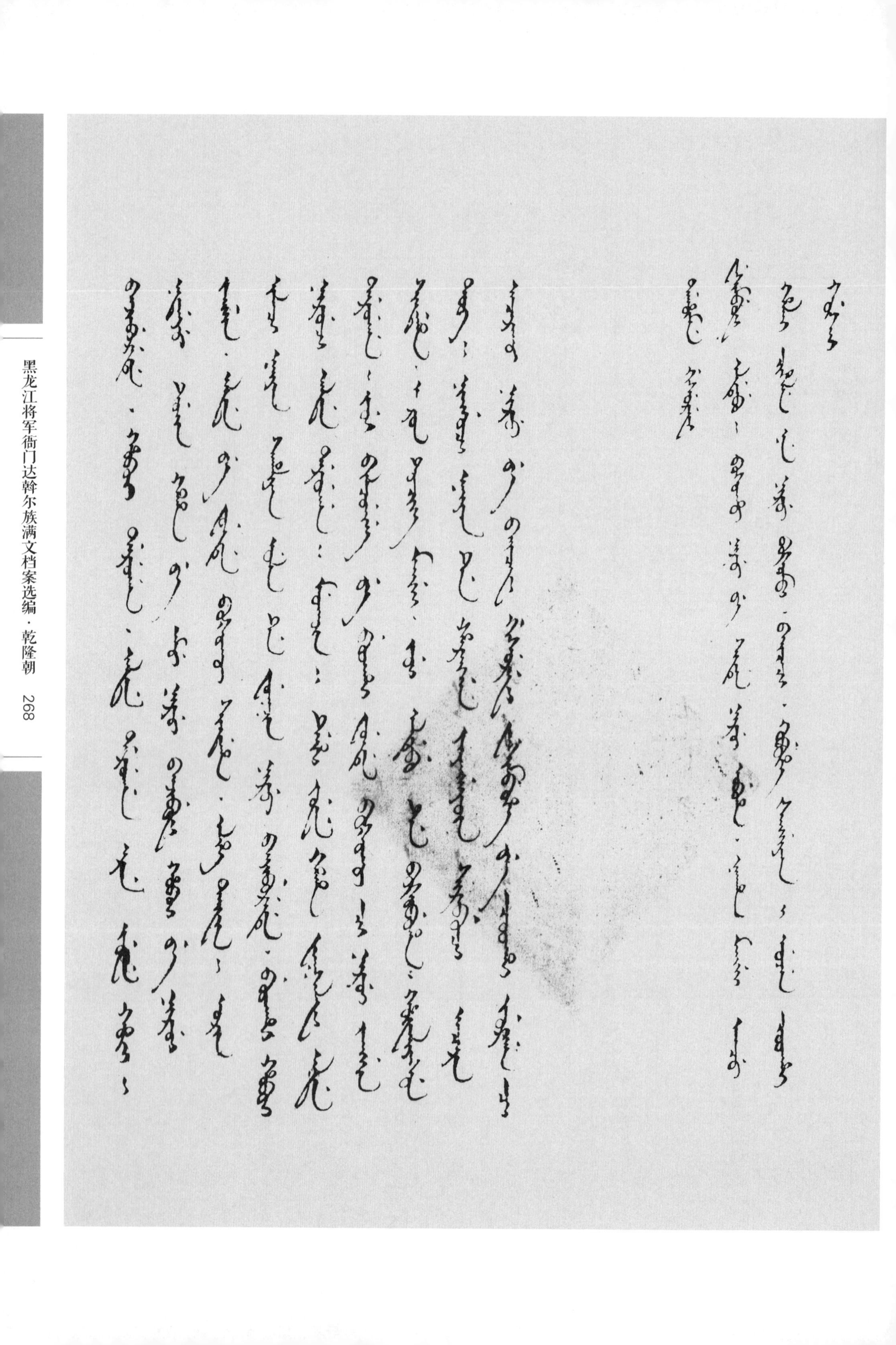

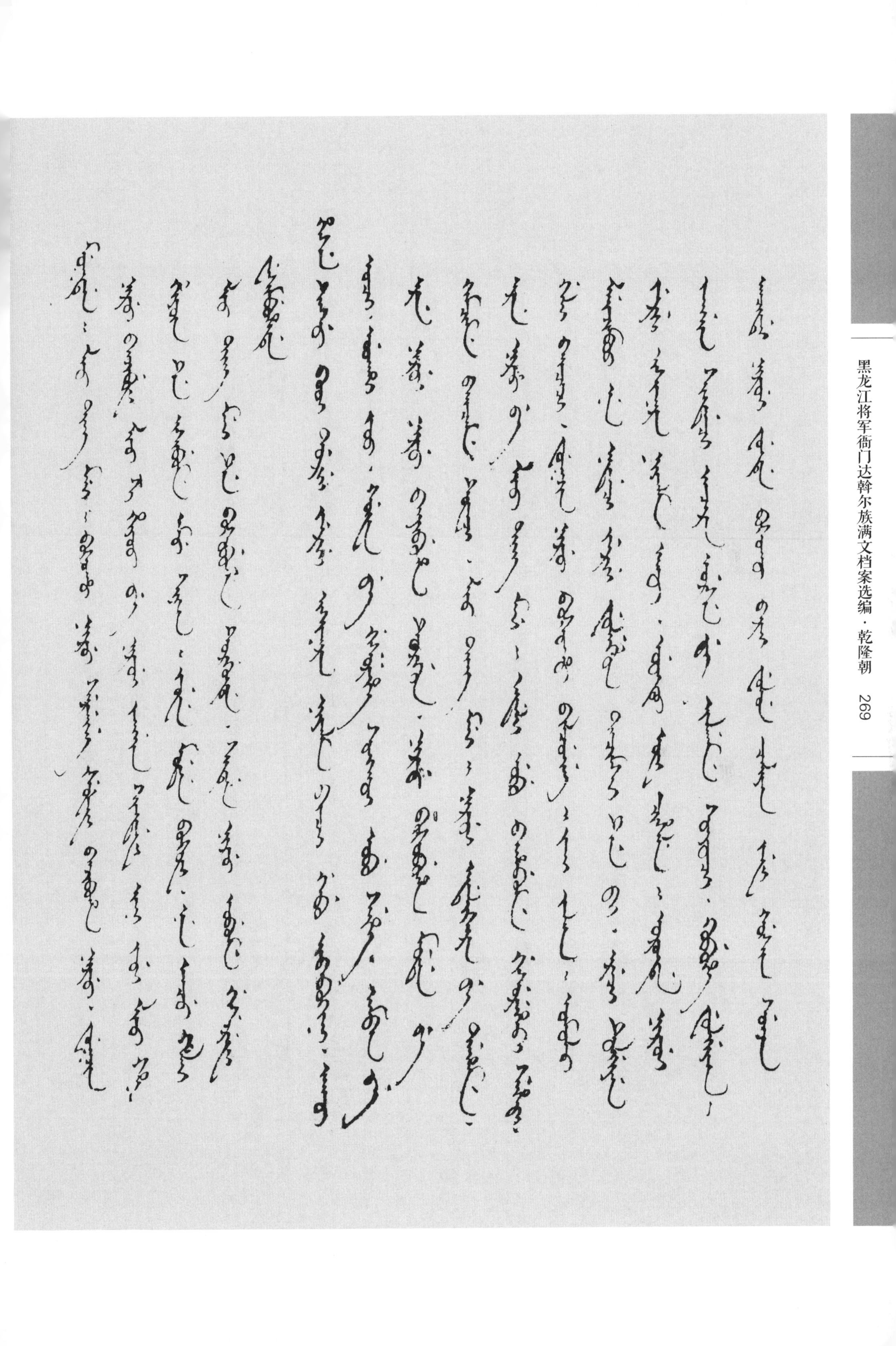

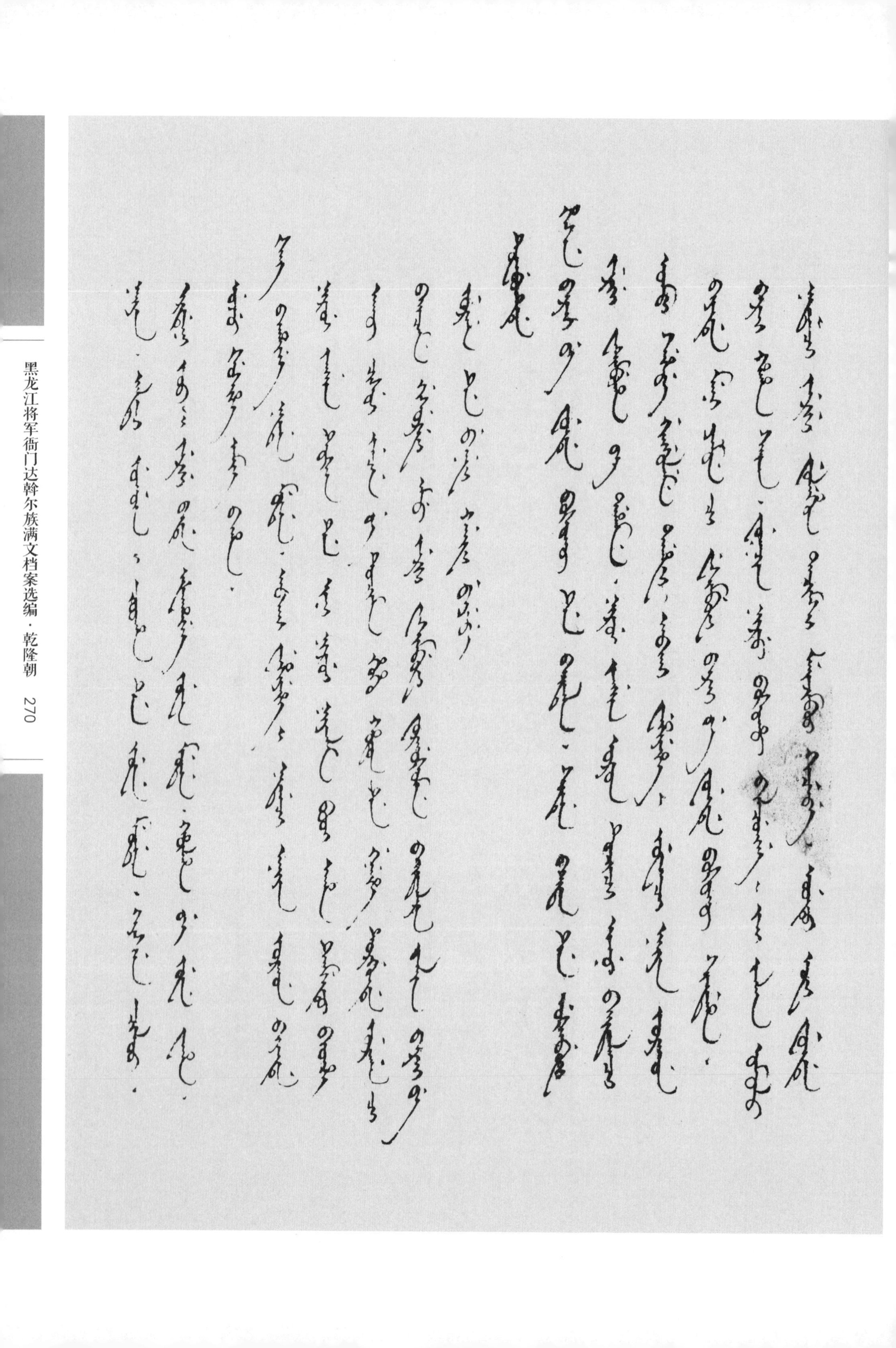

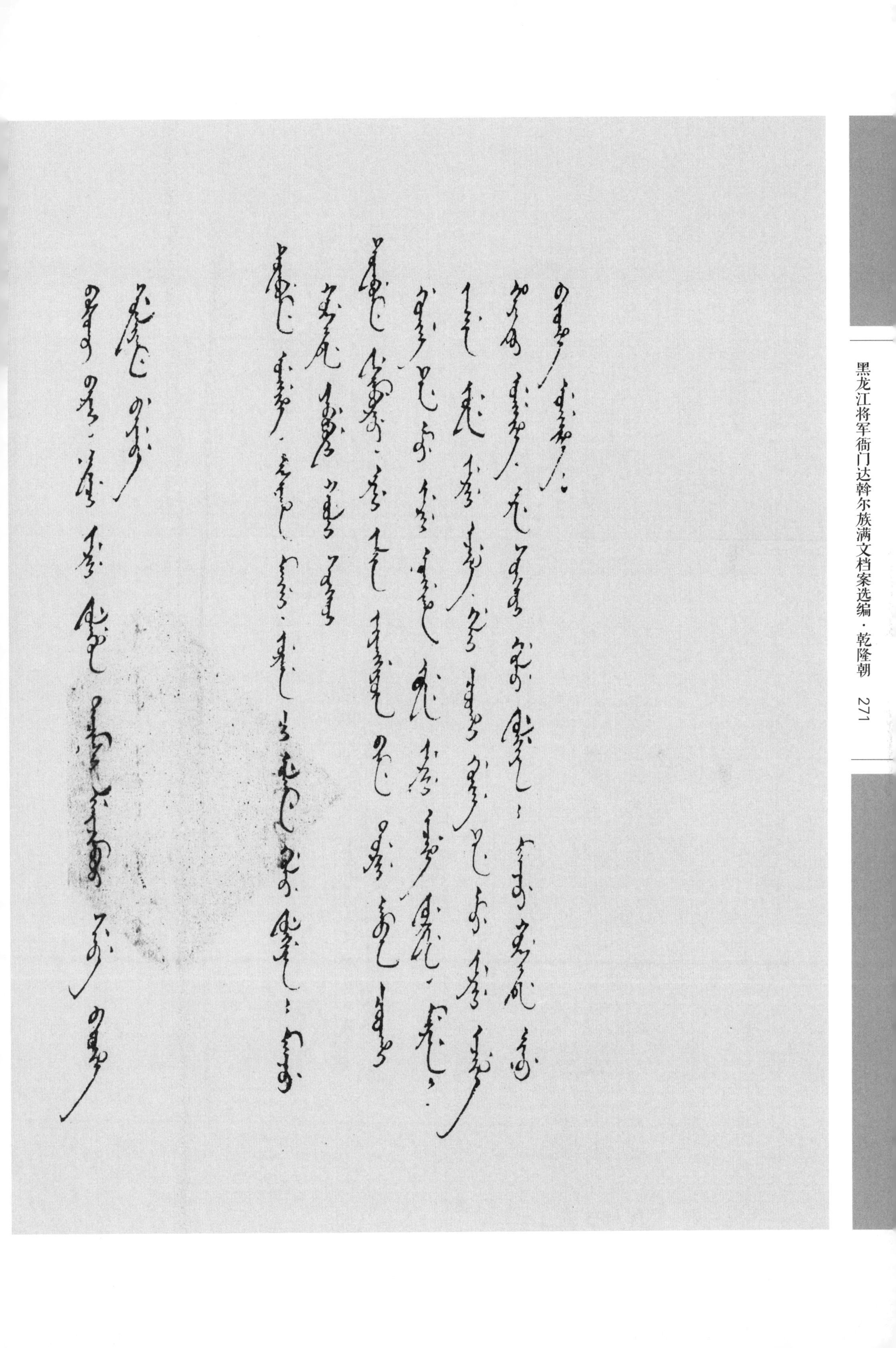

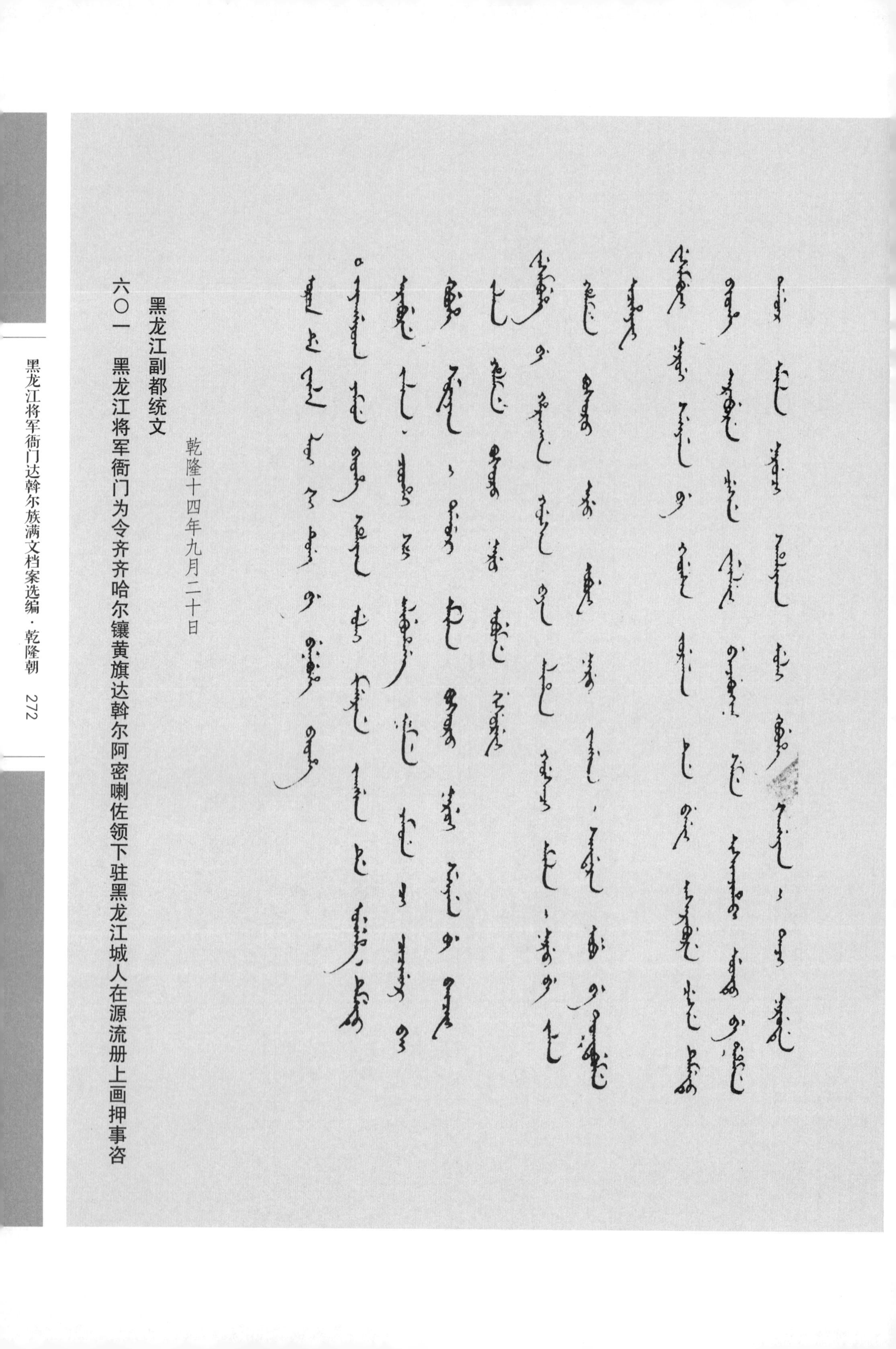

乾隆十四年九月二十日

## 六〇一　黑龙江将军衙门为令齐齐哈尔镶黄旗达斡尔阿密喇佐领下驻黑龙江城人在源流册上画押事咨黑龙江副都统文

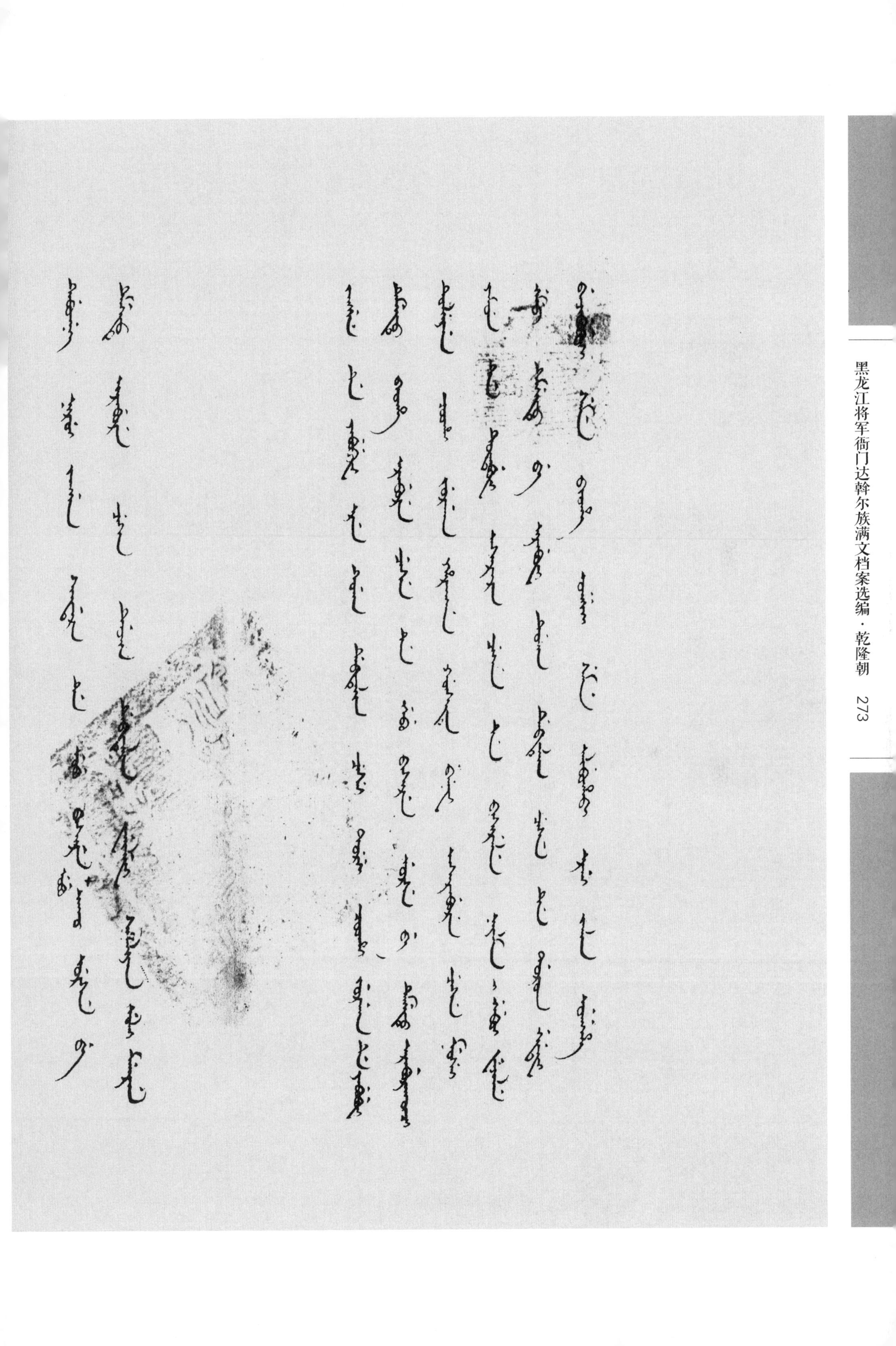

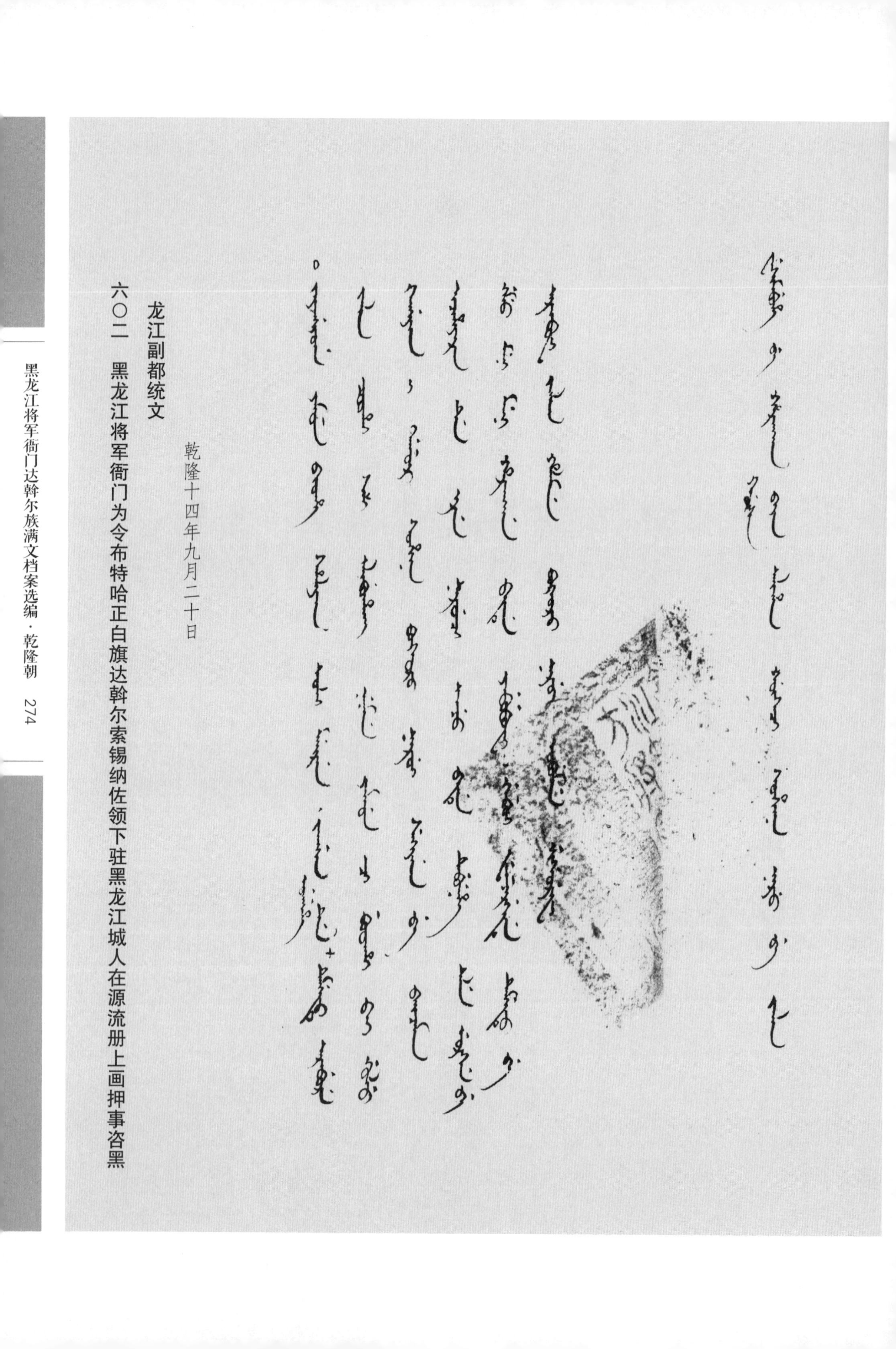

## 六〇二 黑龙江将军衙门为令布特哈正白旗达斡尔索锡纳佐领下驻黑龙江城人在源流册上画押事咨黑龙江副都统文

乾隆十四年九月二十日

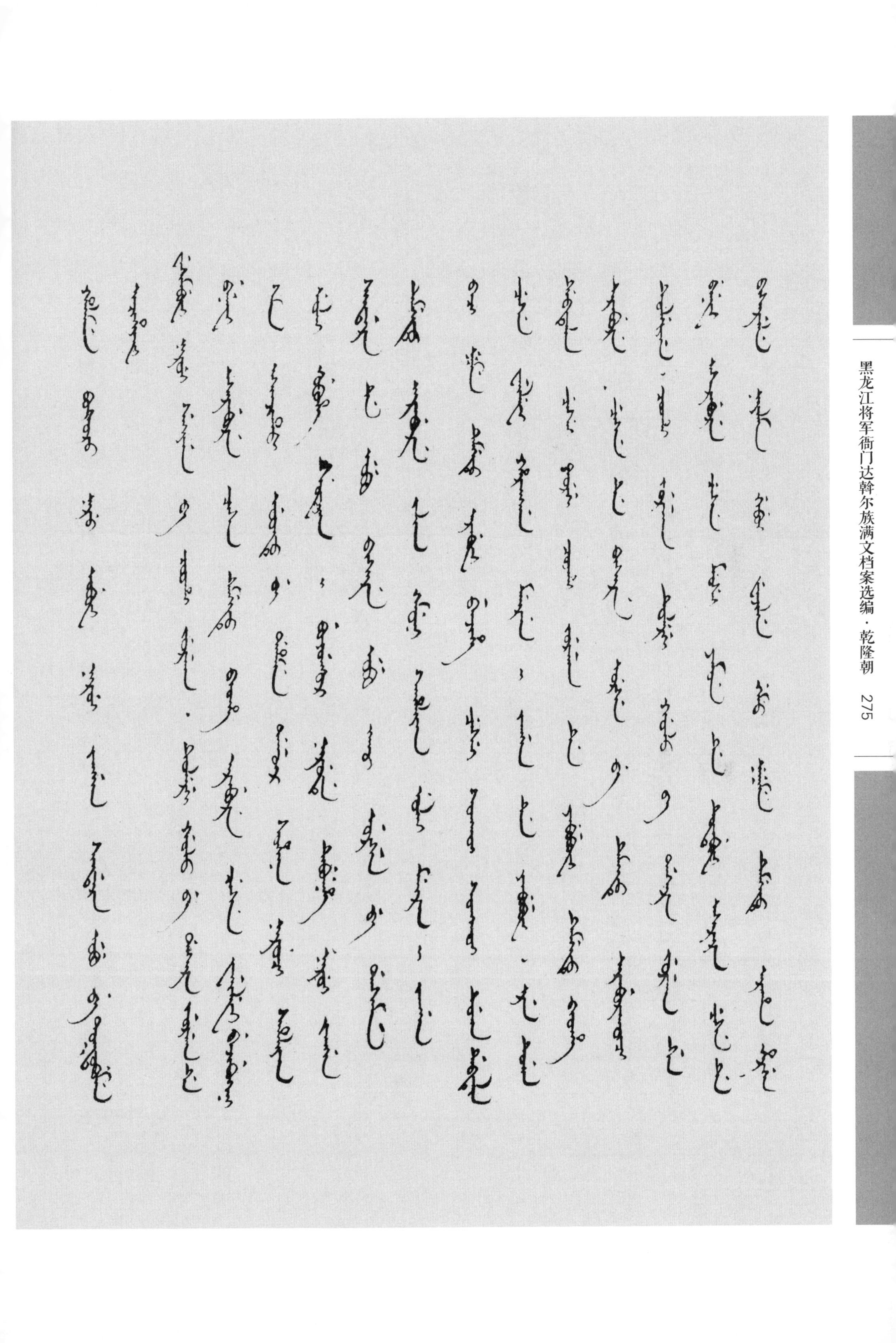

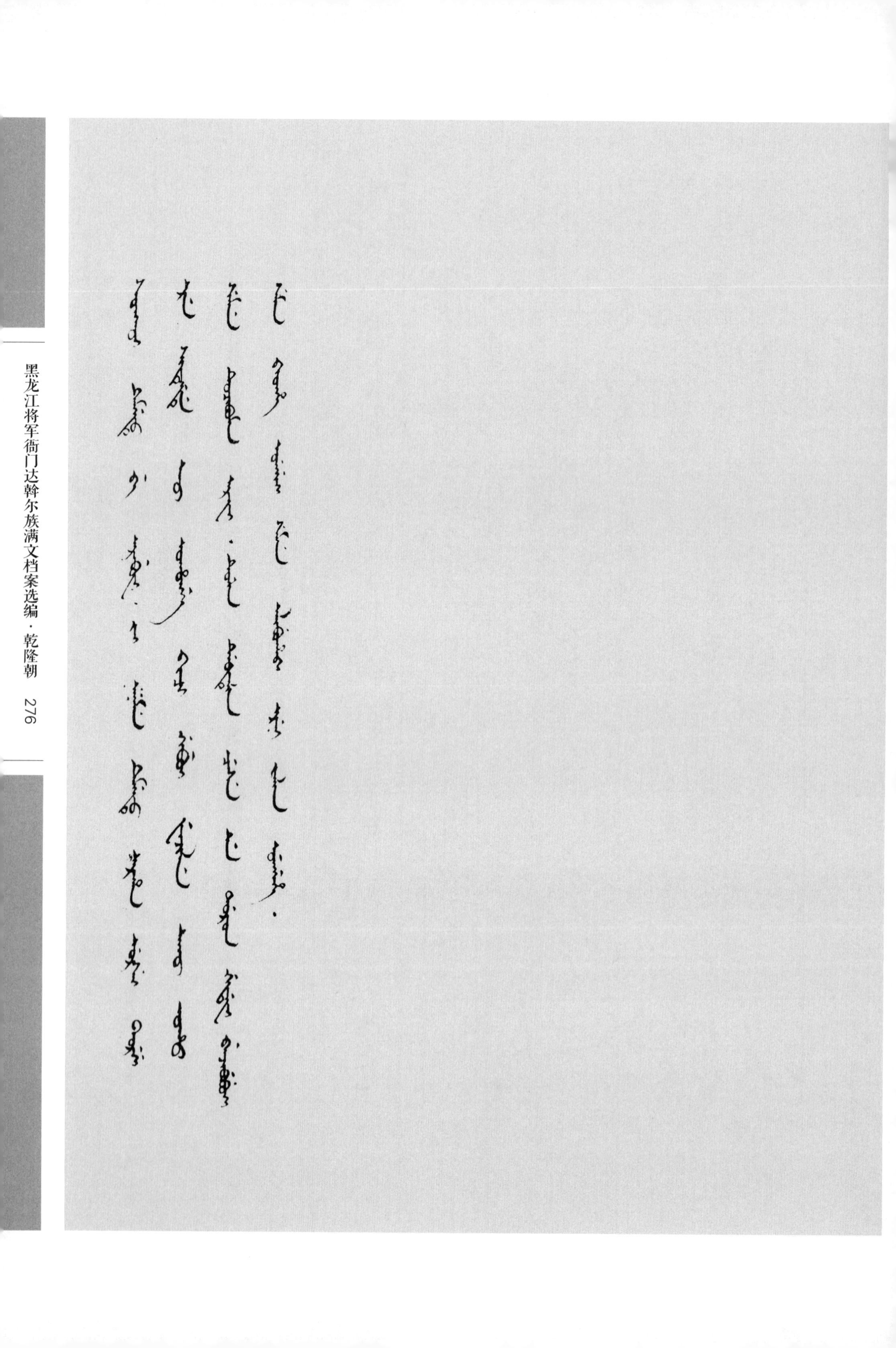

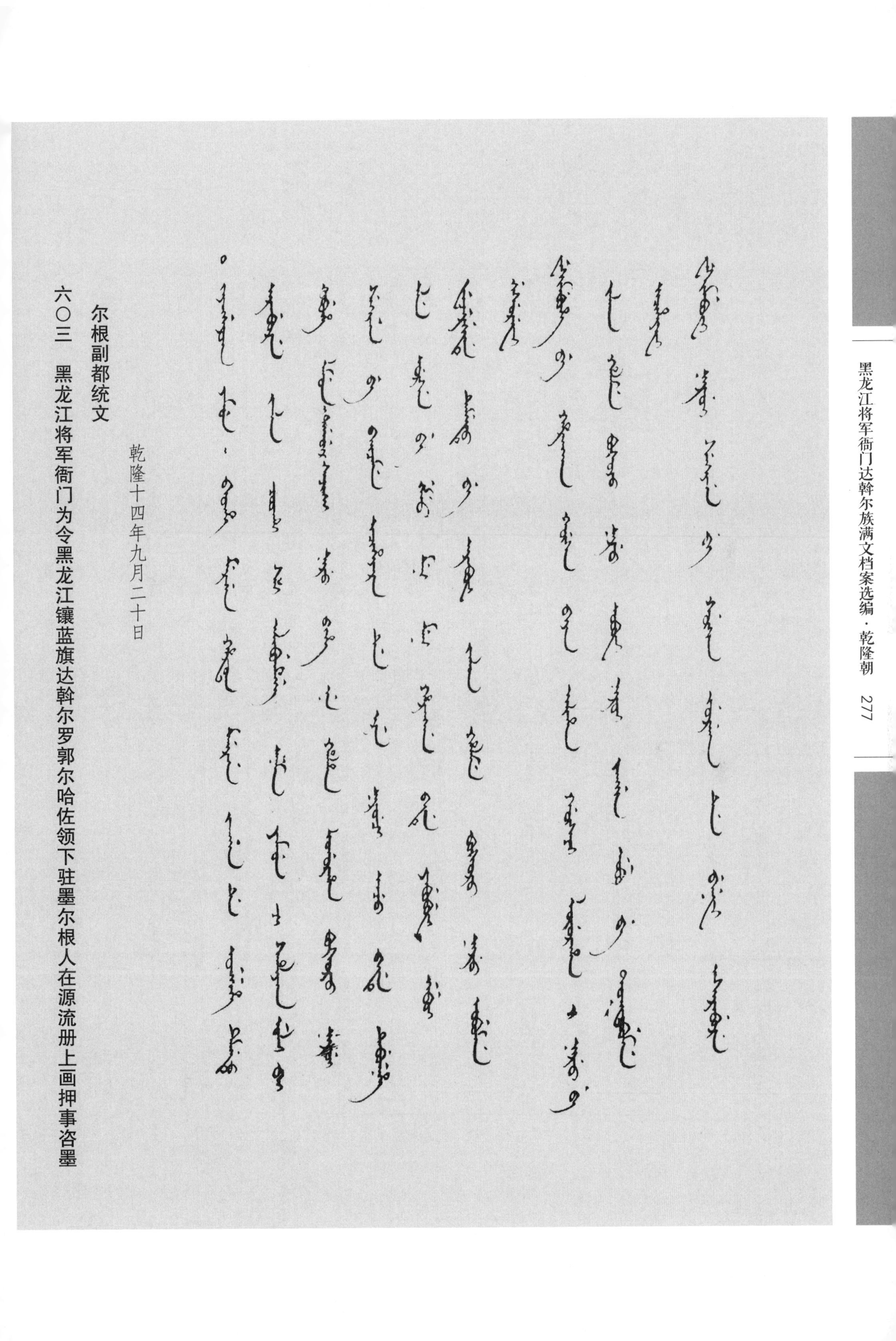

## 六〇三 黑龙江将军衙门为令黑龙江镶蓝旗达斡尔罗郭尔哈佐领下驻墨尔根人在源流册上画押事咨墨尔根副都统文

乾隆十四年九月二十日

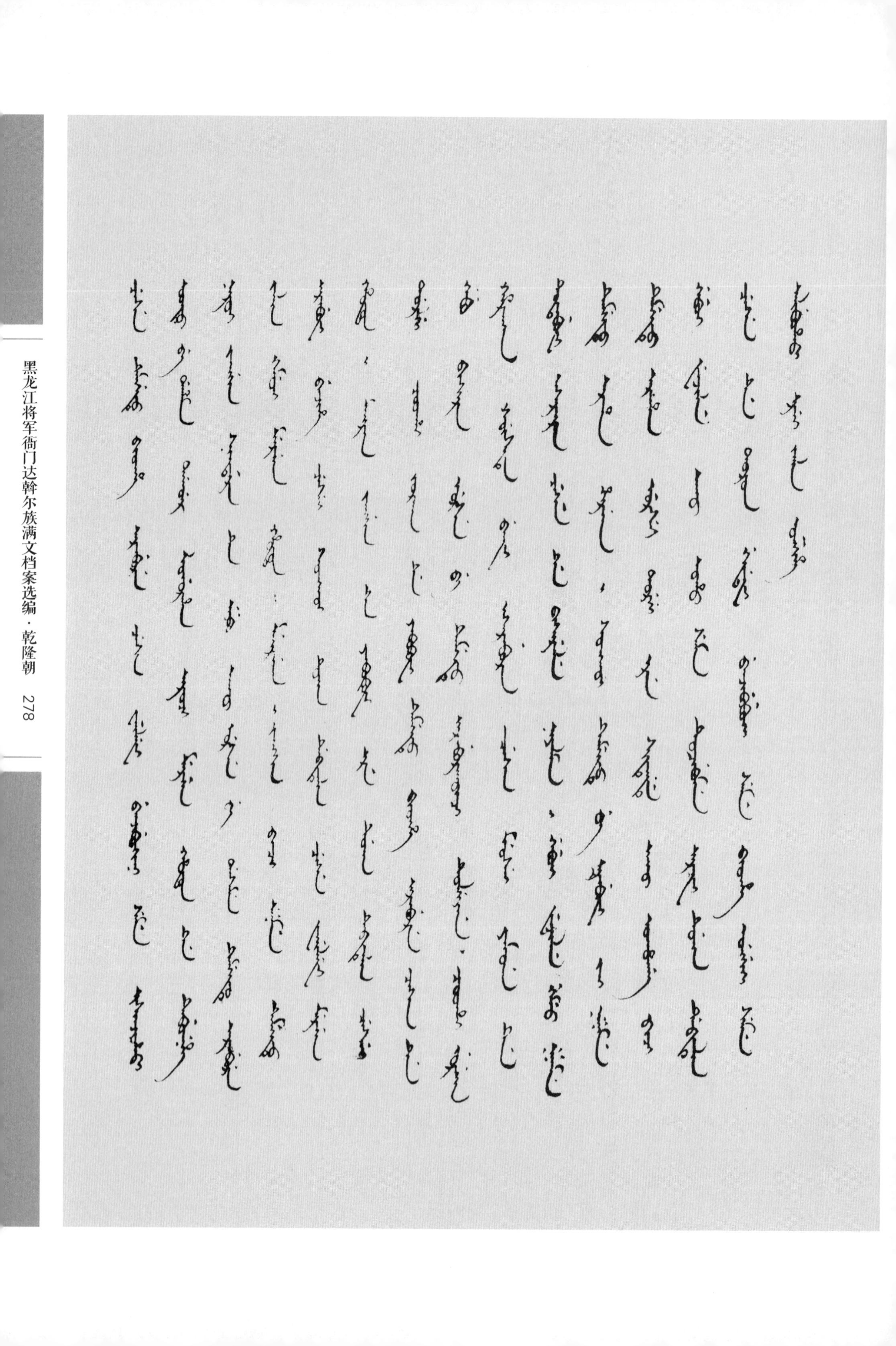

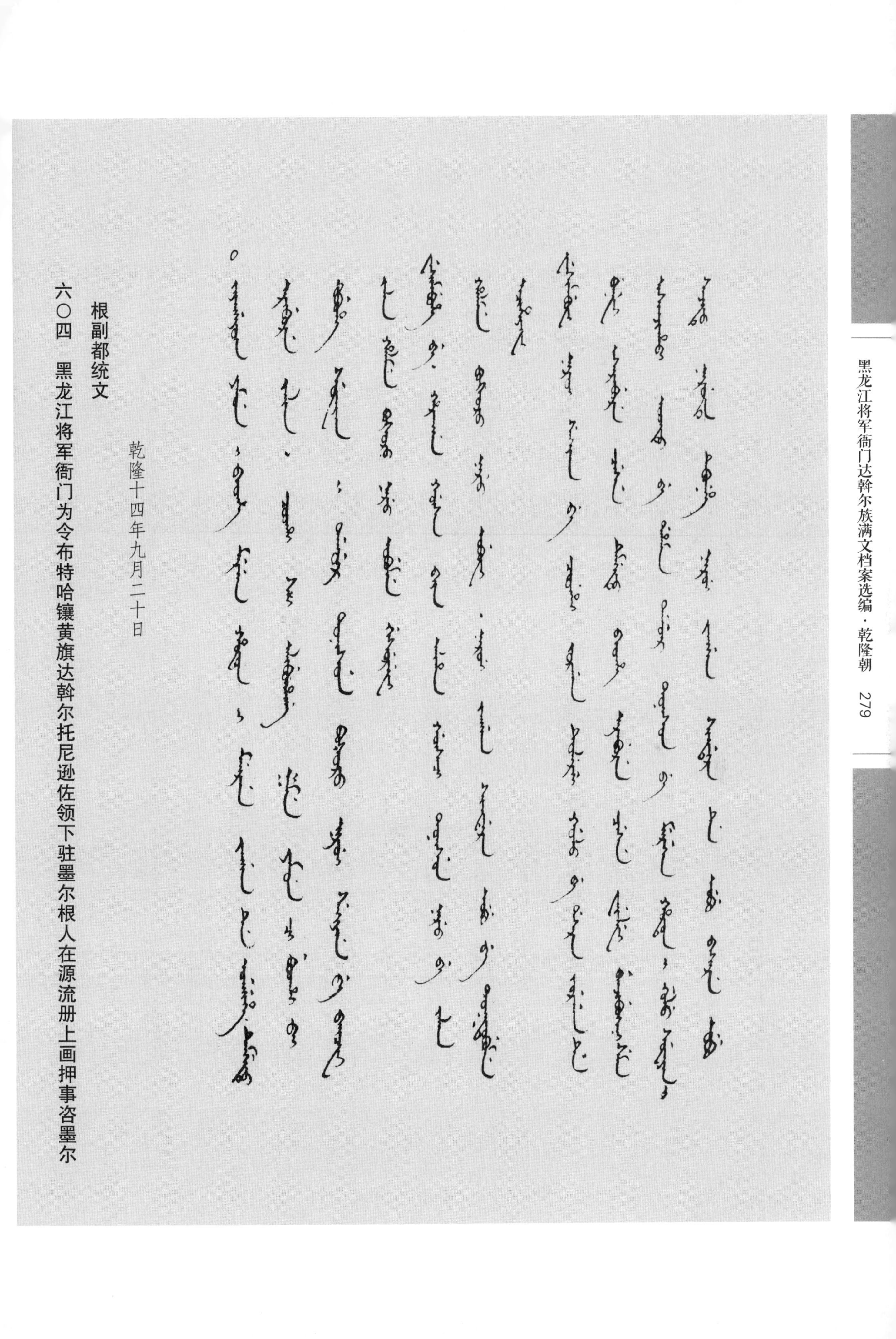

乾隆十四年九月二十日

## 六〇四　黑龙江将军衙门为令布特哈镶黄旗达斡尔托尼逊佐领下驻墨尔根人在源流册上画押事咨墨尔根副都统文

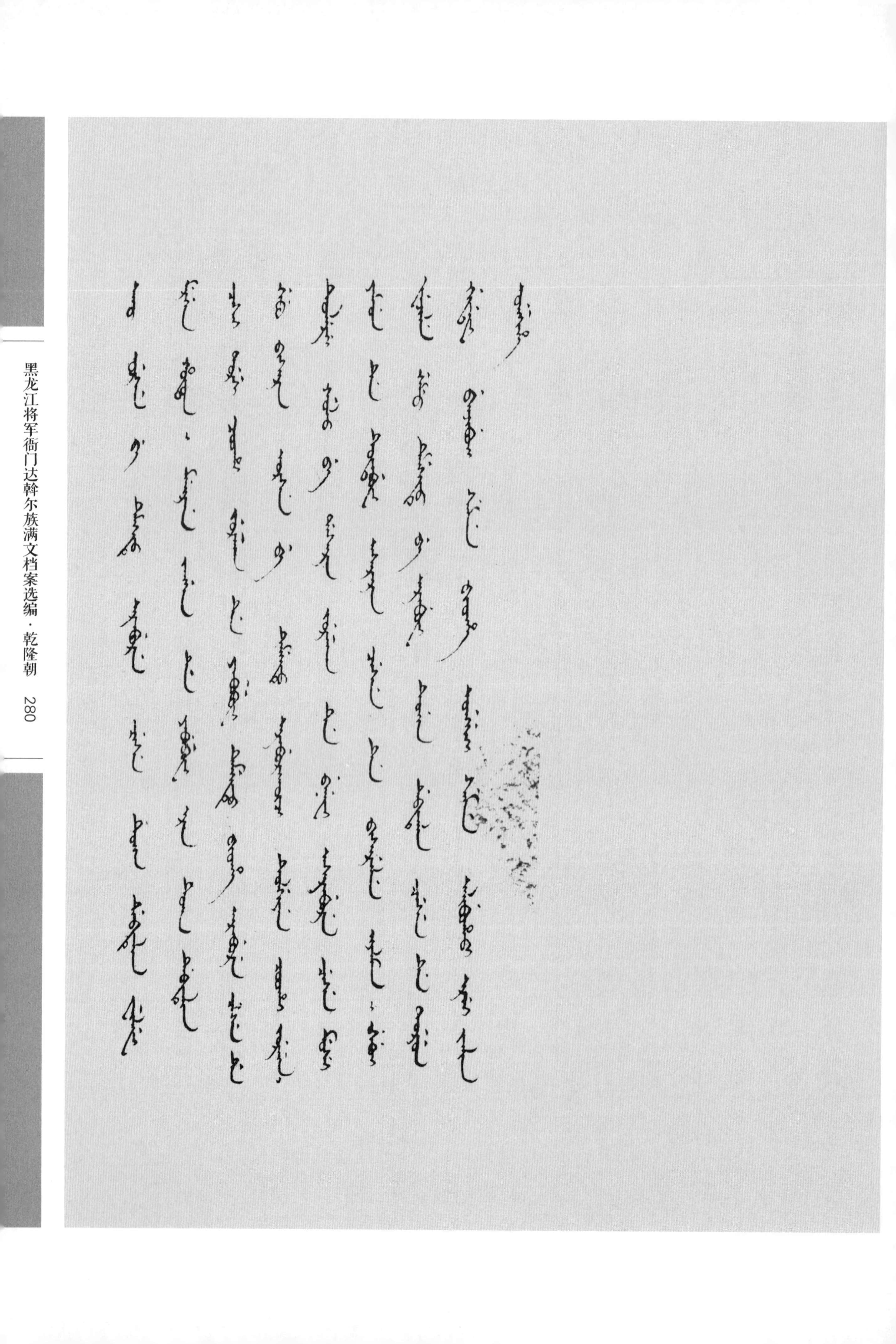

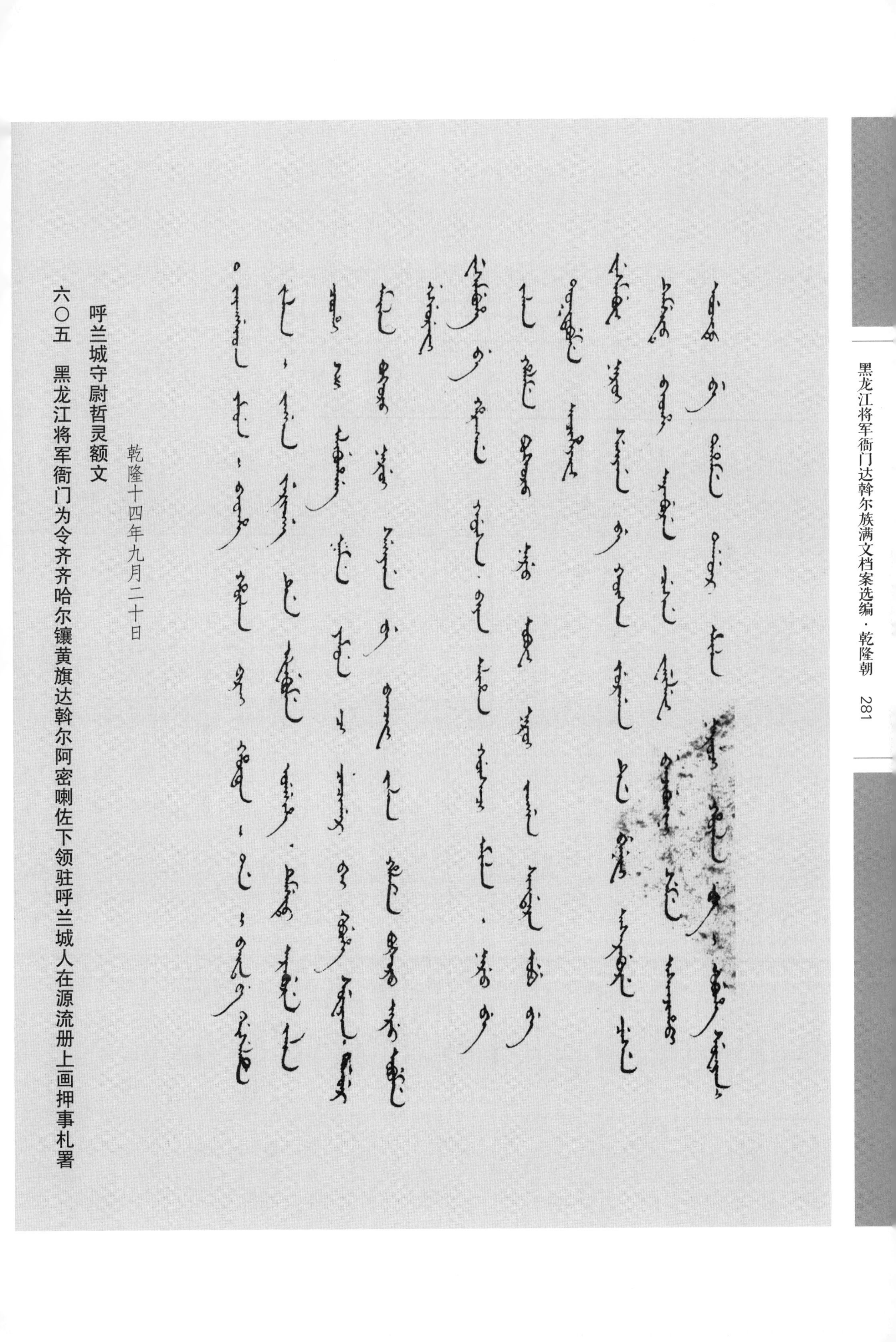

乾隆十四年九月二十日

呼兰城守尉哲灵额文

## 六〇五　黑龙江将军衙门为令齐齐哈尔镶黄旗达斡尔阿密喇佐下领驻呼兰城人在源流册上画押事札署

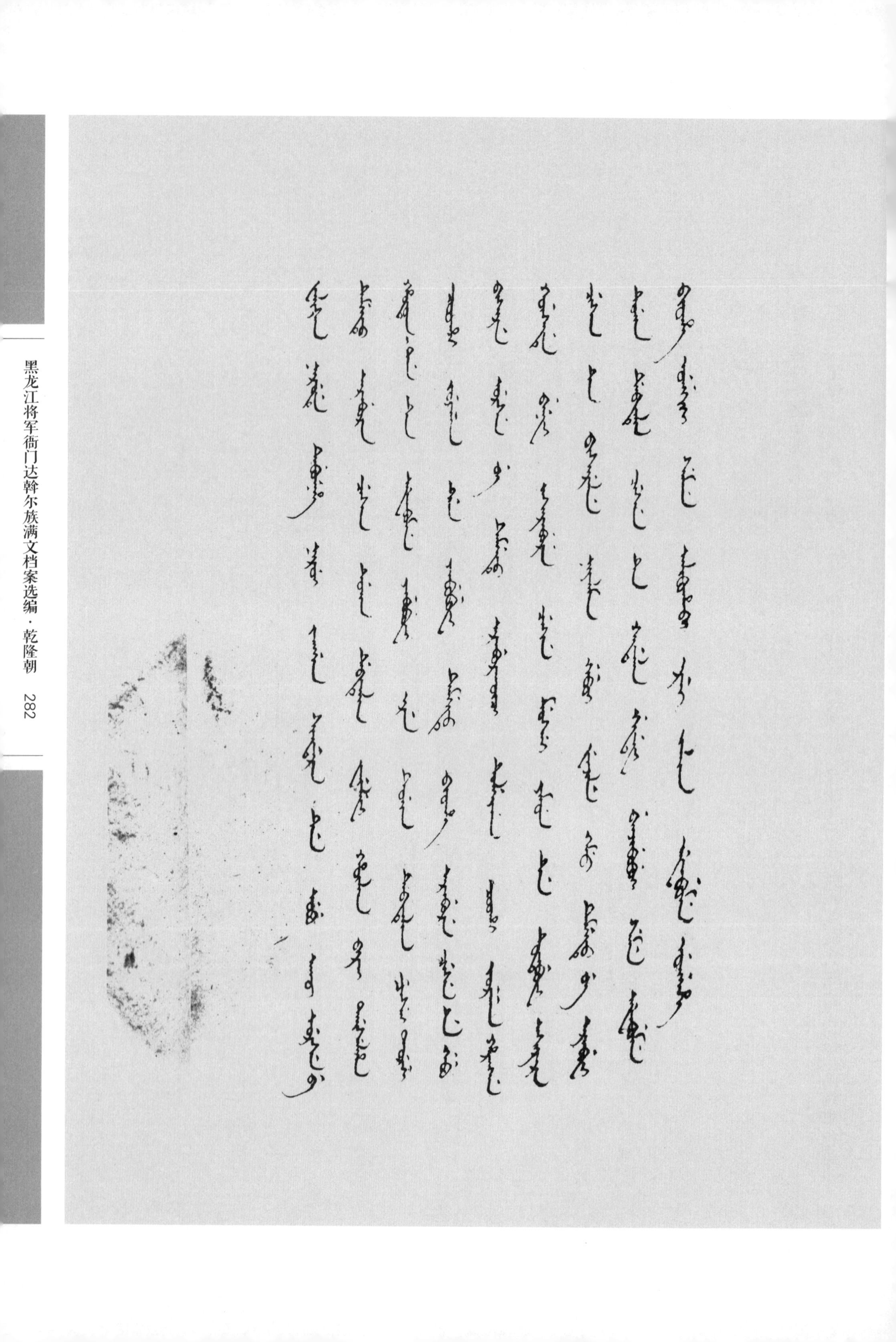

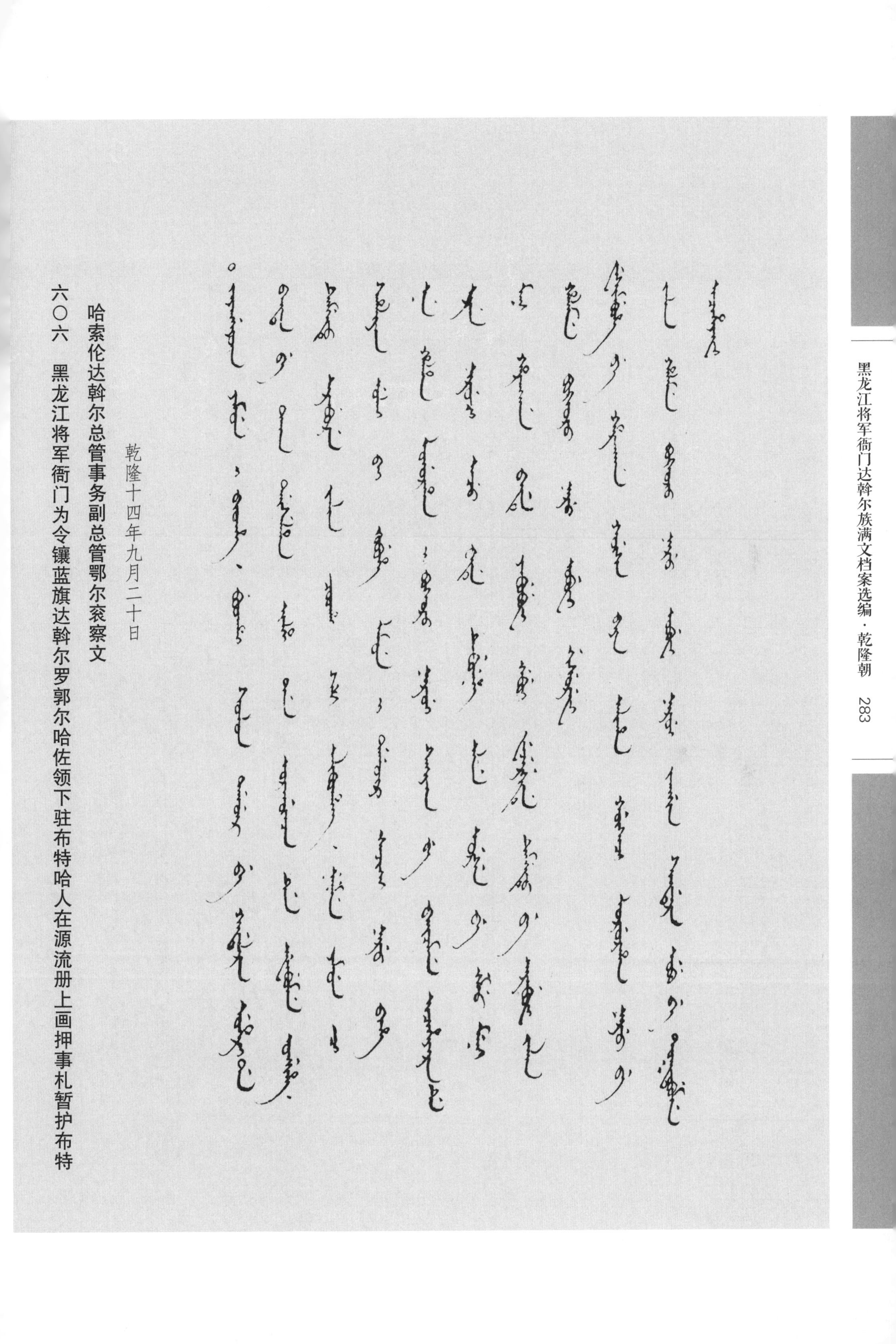

## 六〇六 黑龙江将军衙门为令镶蓝旗达斡尔罗郭尔哈佐领下驻布特哈人在源流册上画押事札暂护布特哈索伦达斡尔总管事务副总管鄂尔衮察文

乾隆十四年九月二十日

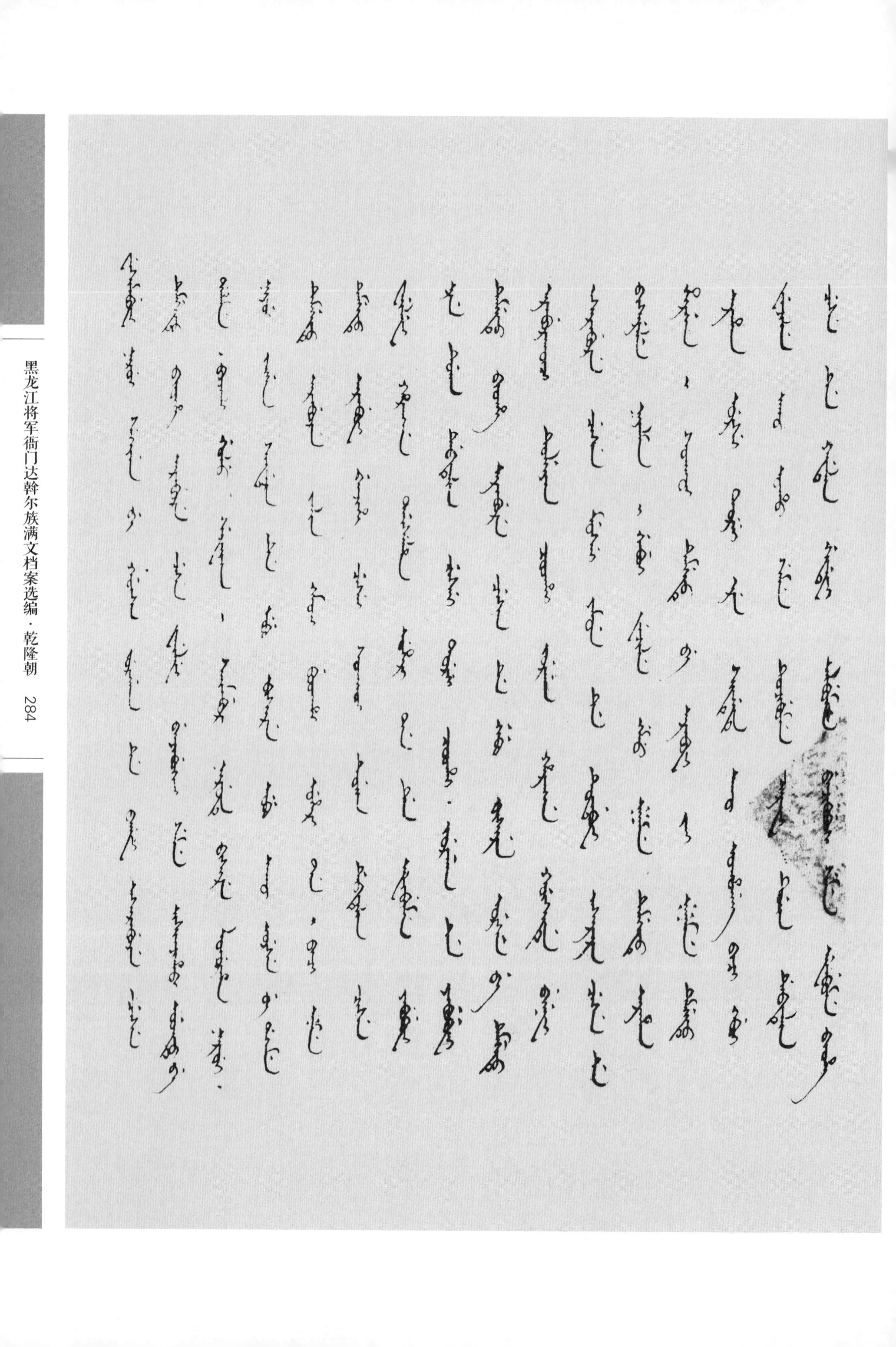

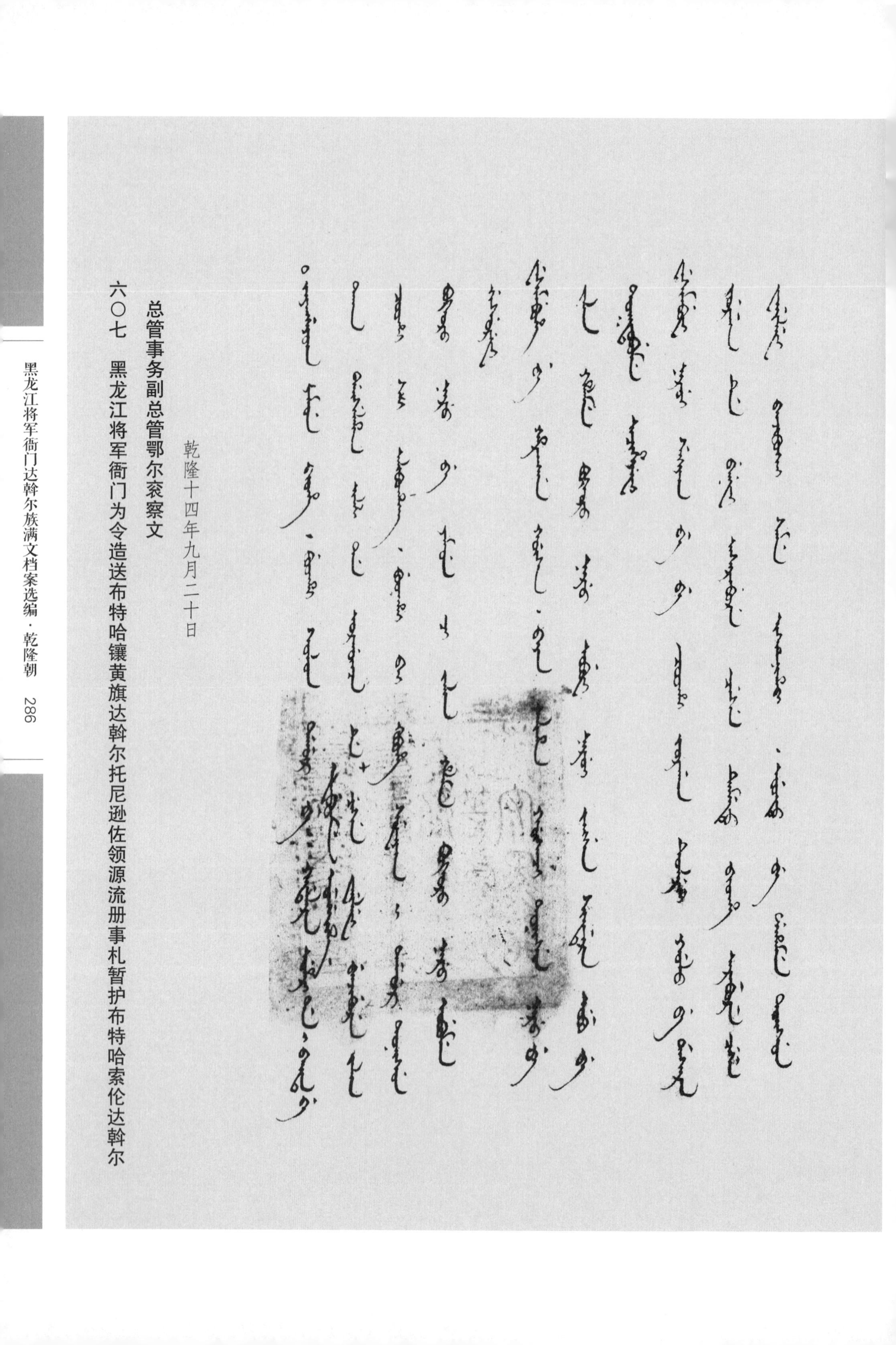

## 六〇七 黑龙江将军衙门为令造送布特哈镶黄旗达斡尔托尼逊佐领源流册事札暂护布特哈索伦达斡尔总管事务副总管鄂尔衮察文

乾隆十四年九月二十日

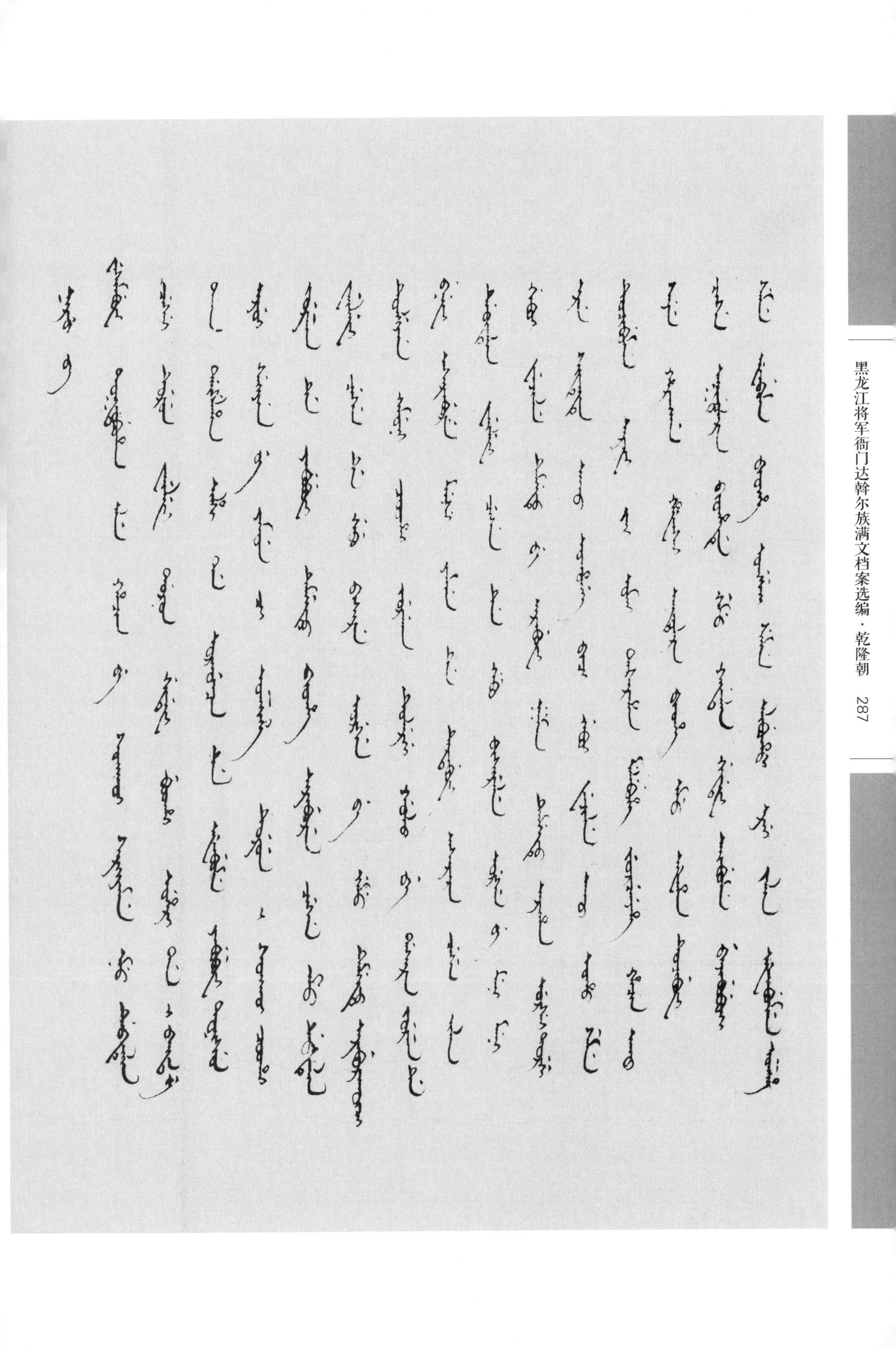

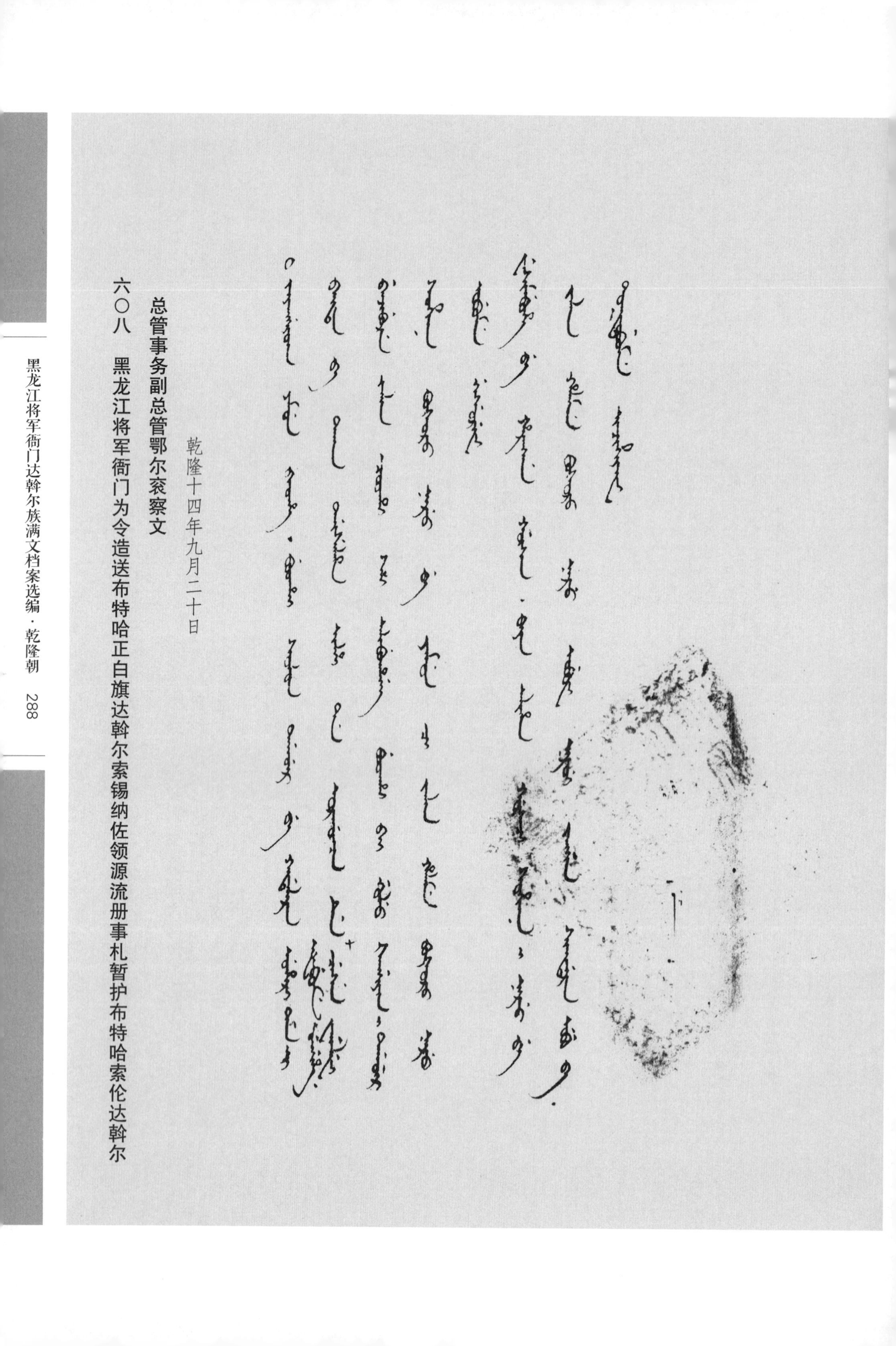

乾隆十四年九月二十日

总管事务副总管鄂尔衮察文

## 六〇八　黑龙江将军衙门为令造送布特哈正白旗达斡尔索锡纳佐领源流册事札暂护布特哈索伦达斡尔

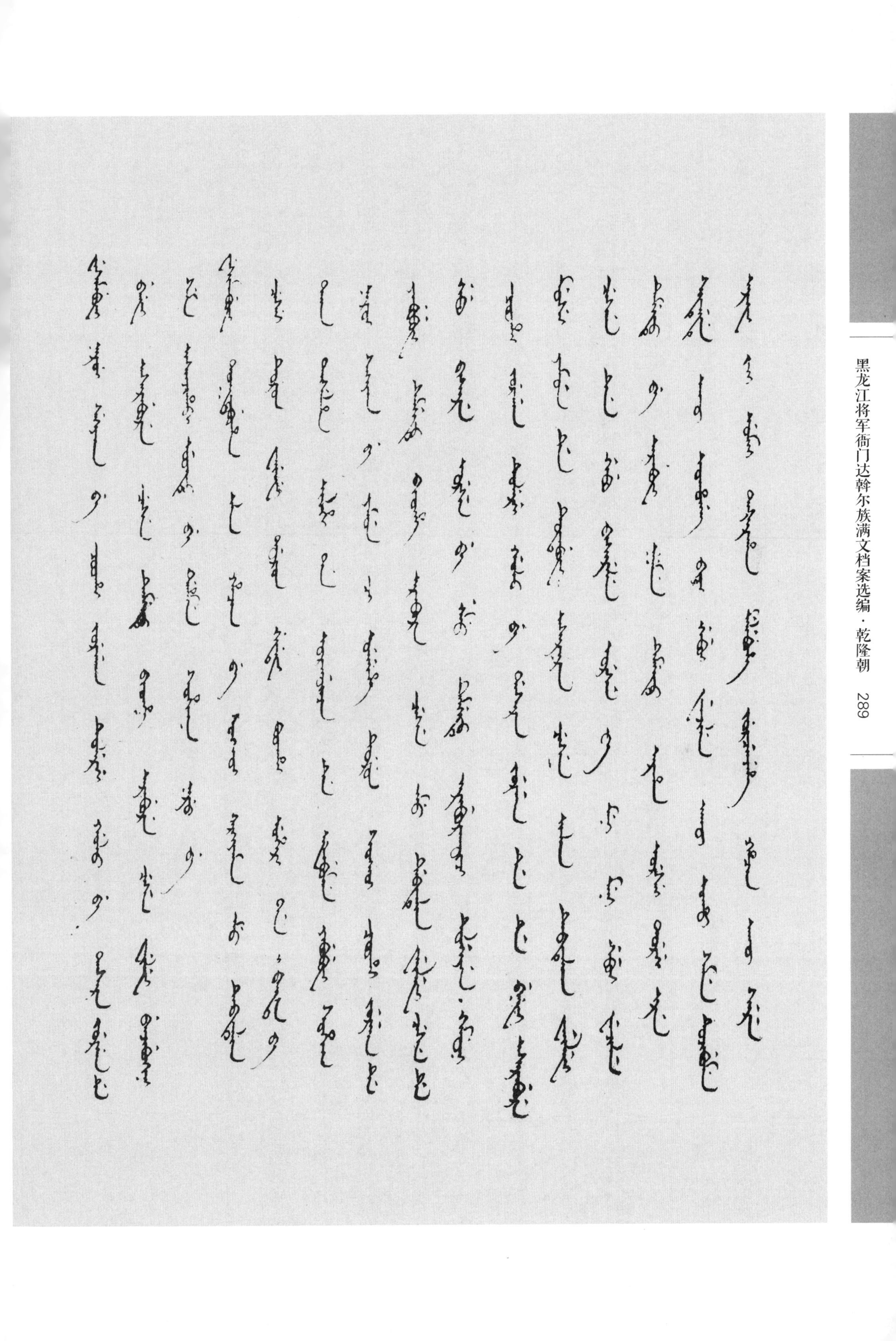

[illegible]

[illegible]

[illegible]

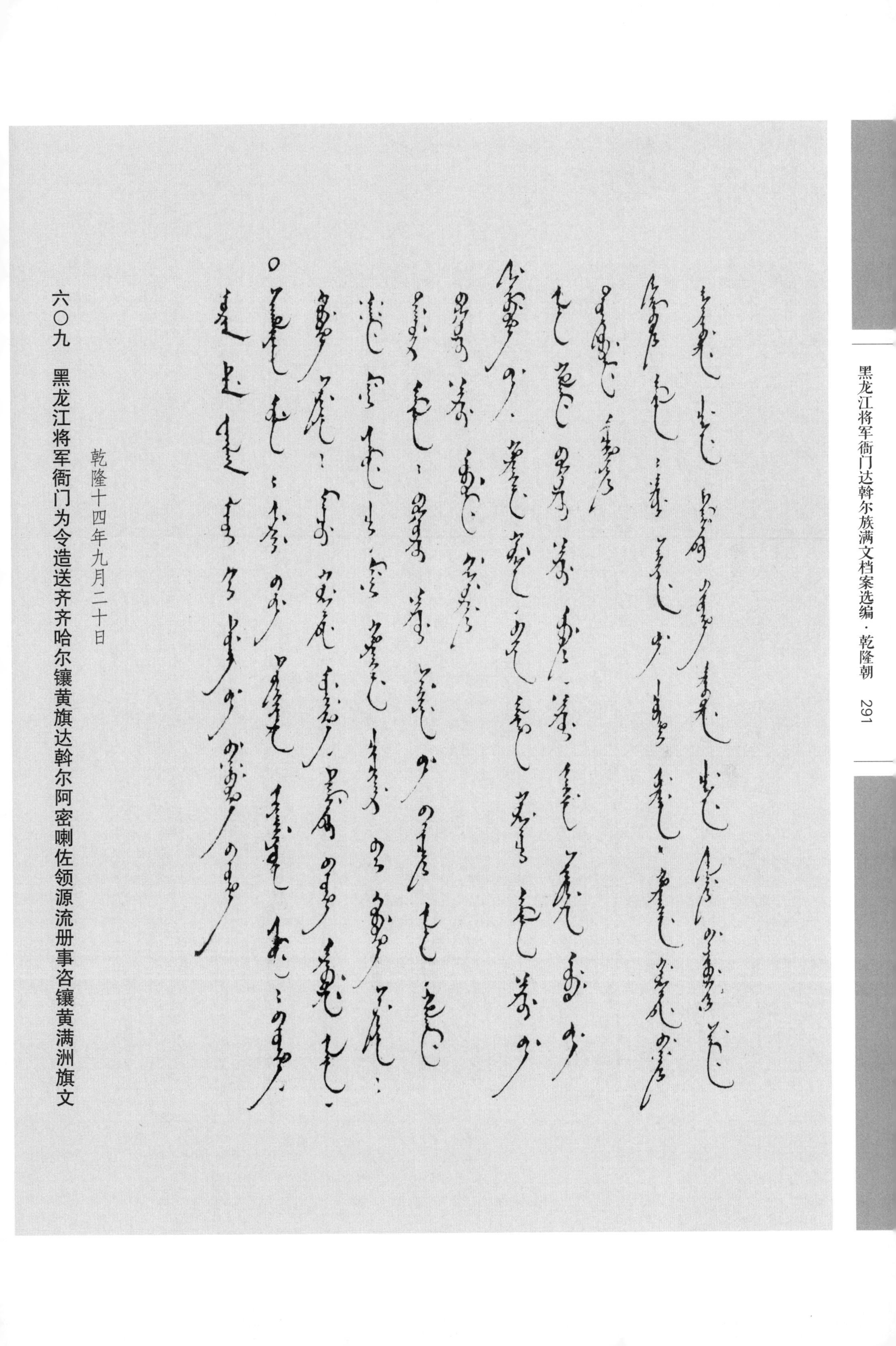

[illegible]

乾隆十四年九月二十日

六〇九 黑龙江将军衙门为令造送齐齐哈尔镶黄旗达斡尔阿密喇佐领源流册事咨镶黄满洲旗文

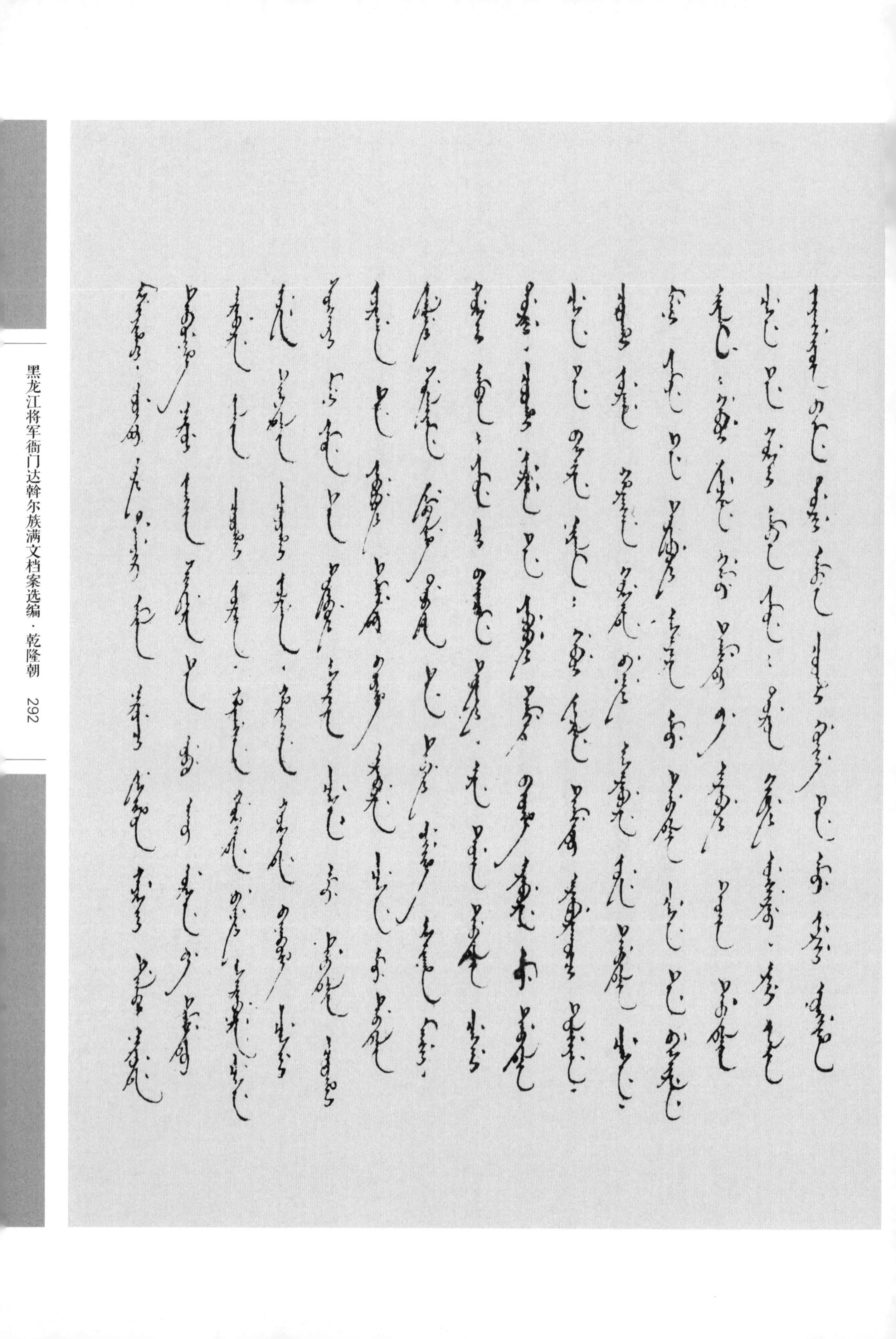

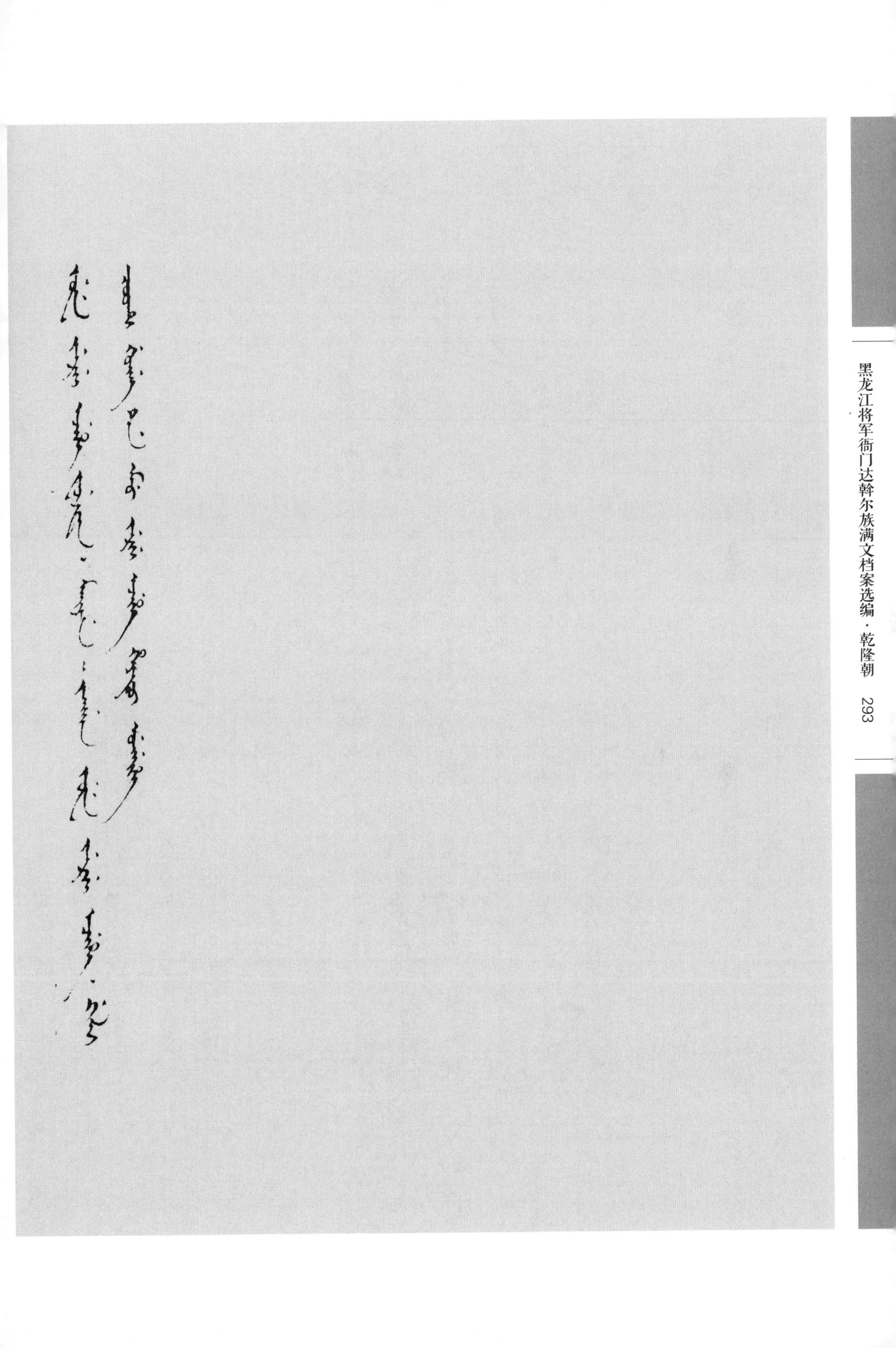

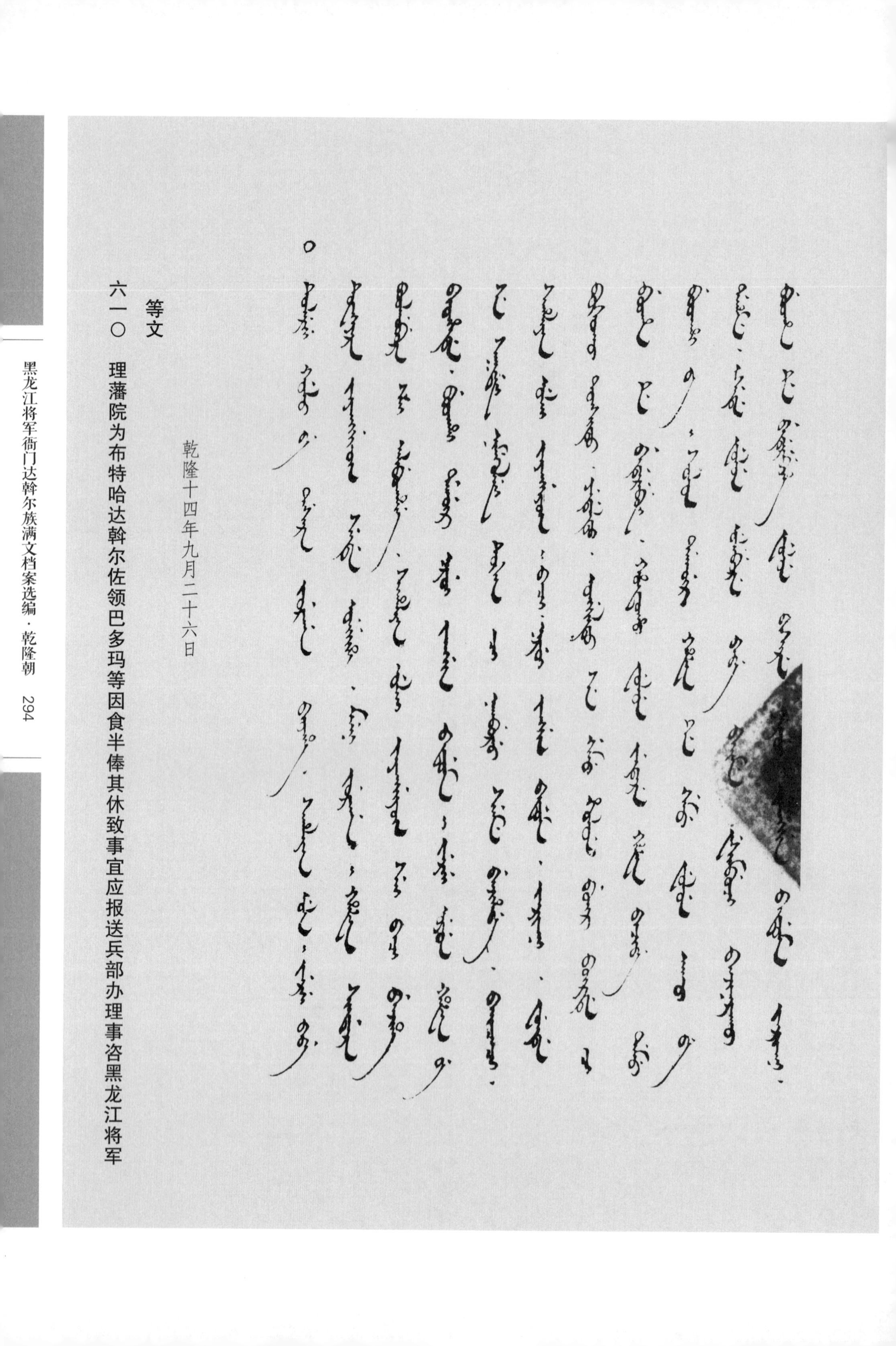

乾隆十四年九月二十六日

## 六一〇 理藩院为布特哈达斡尔佐领巴多玛等因食半俸其休致事宜应报送兵部办理事咨黑龙江将军等文

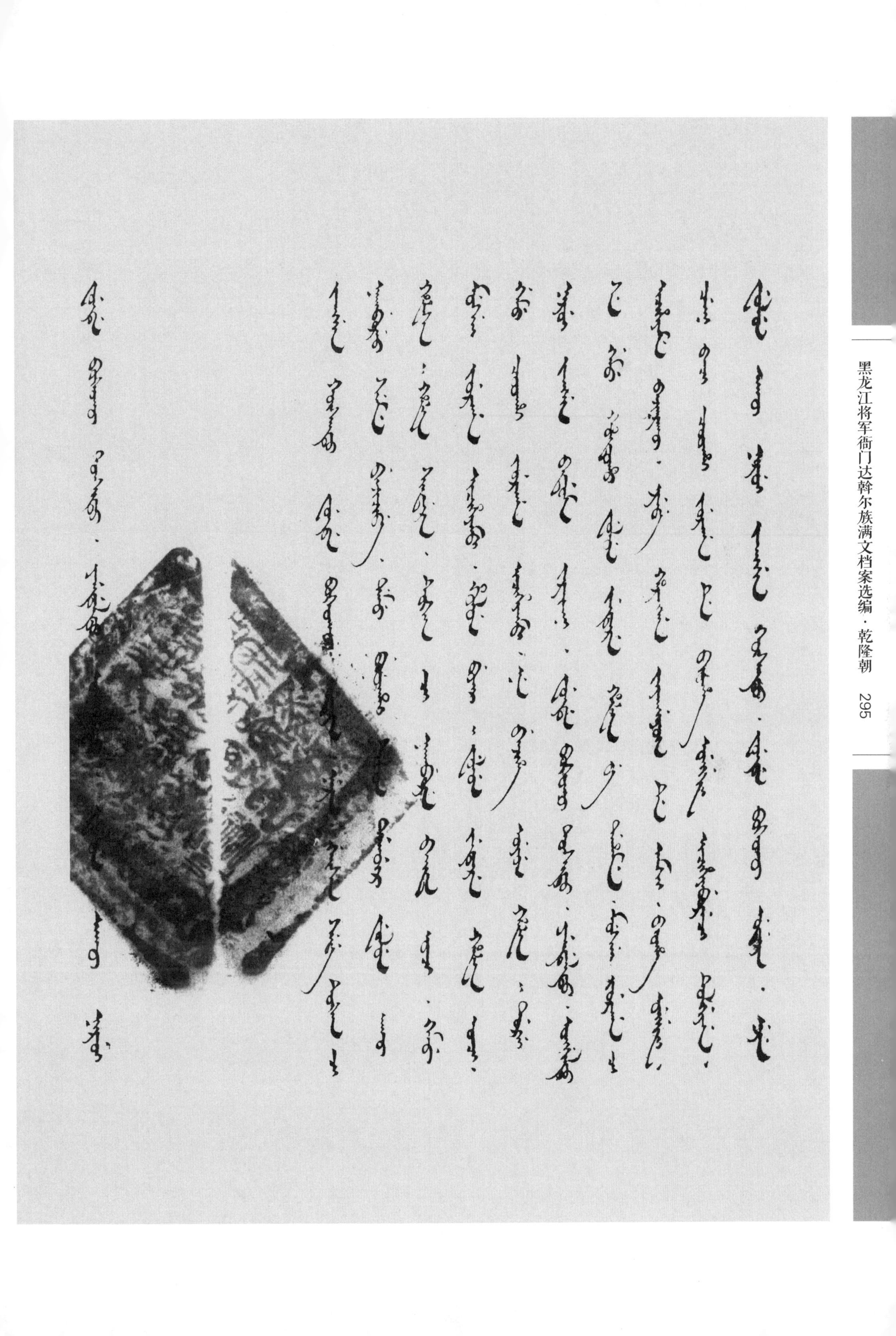

[illegible]

[illegible]

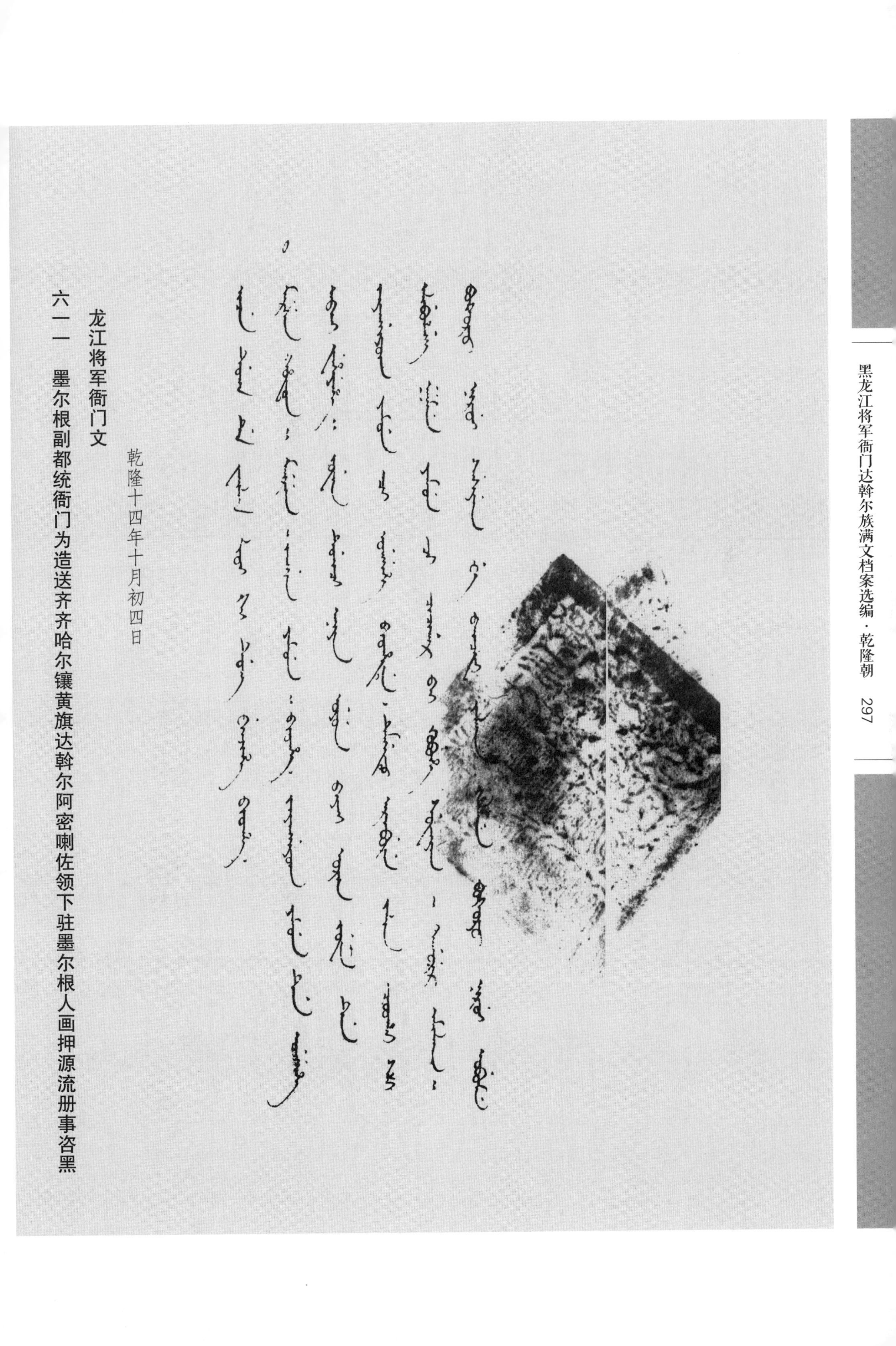

## 六一一　墨尔根副都统衙门为造送齐齐哈尔镶黄旗达斡尔阿密喇佐领下驻墨尔根人画押源流册事咨黑龙江将军衙门文

乾隆十四年十月初四日

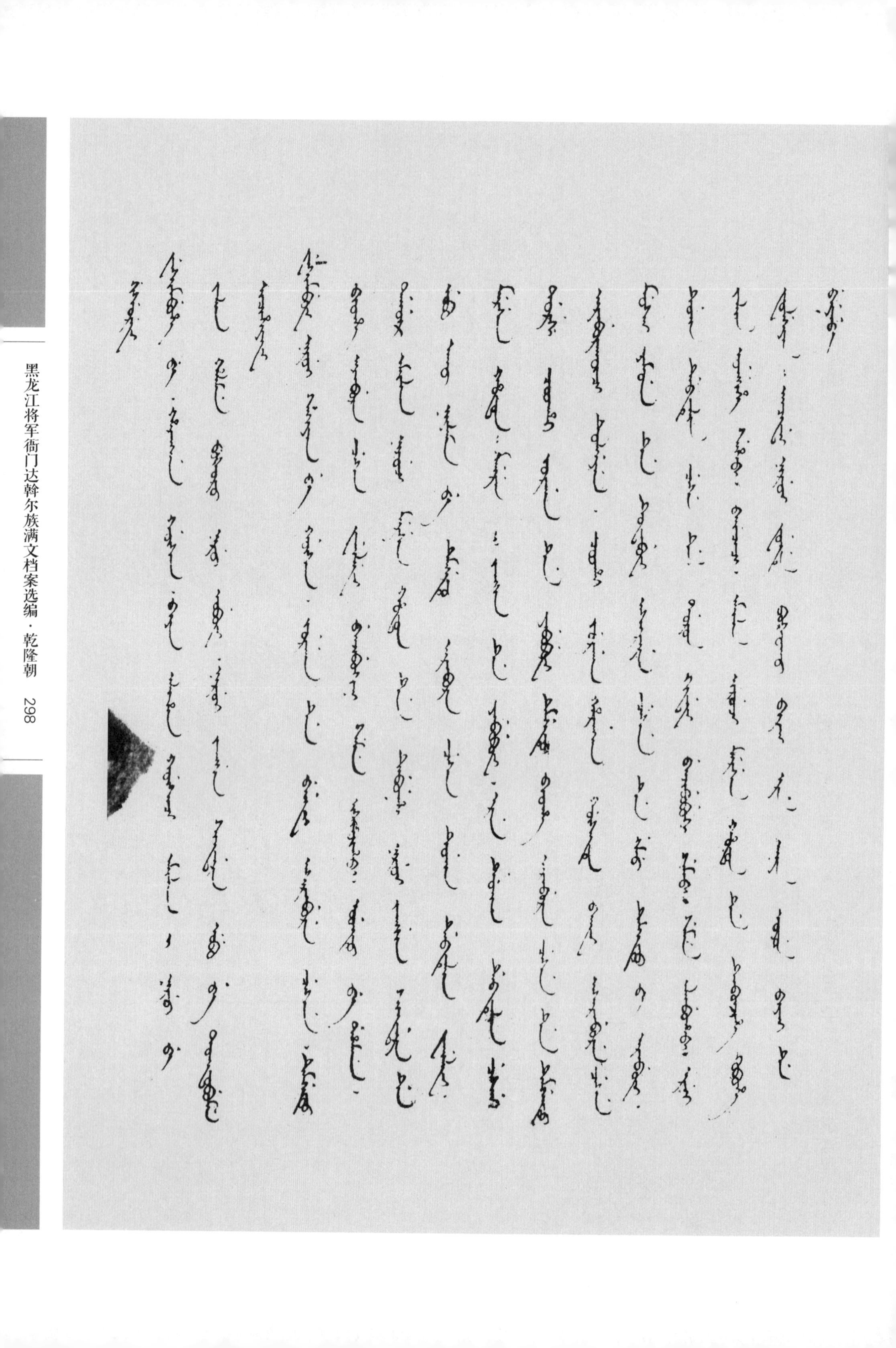

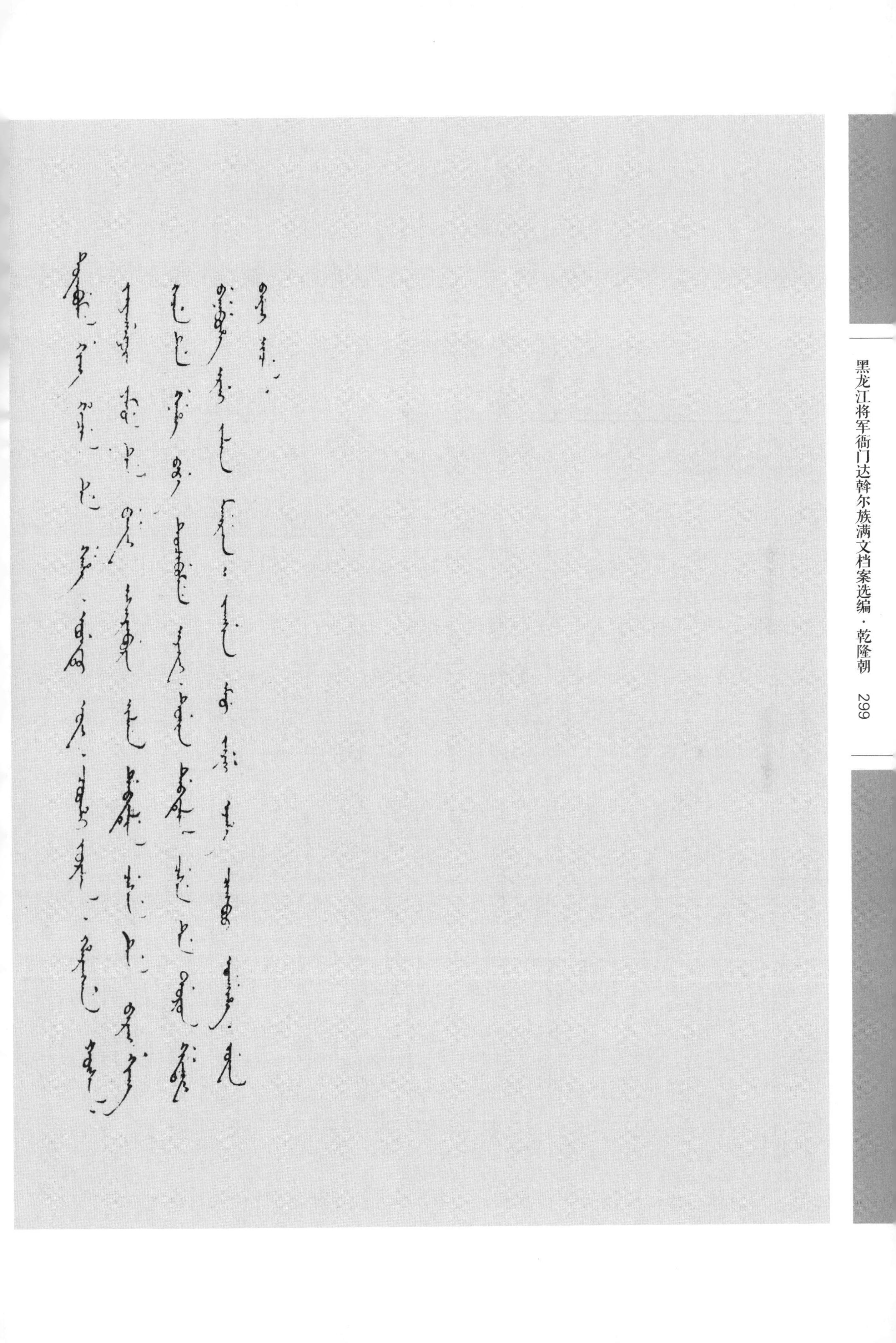

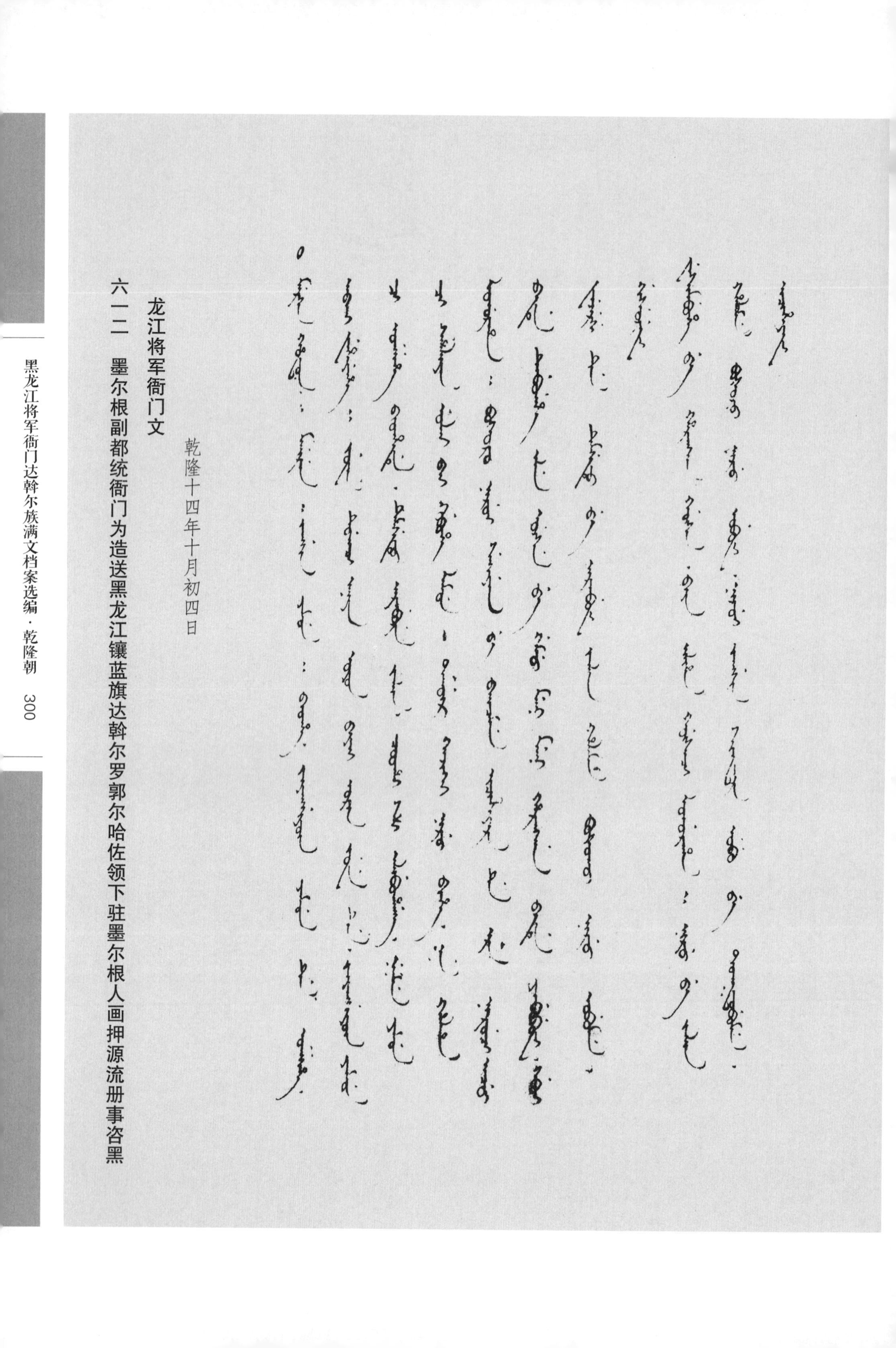

## 六一二 墨尔根副都统衙门为造送黑龙江镶蓝旗达斡尔罗郭尔哈佐领下驻墨尔根人画押源流册事咨黑龙江将军衙门文

乾隆十四年十月初四日

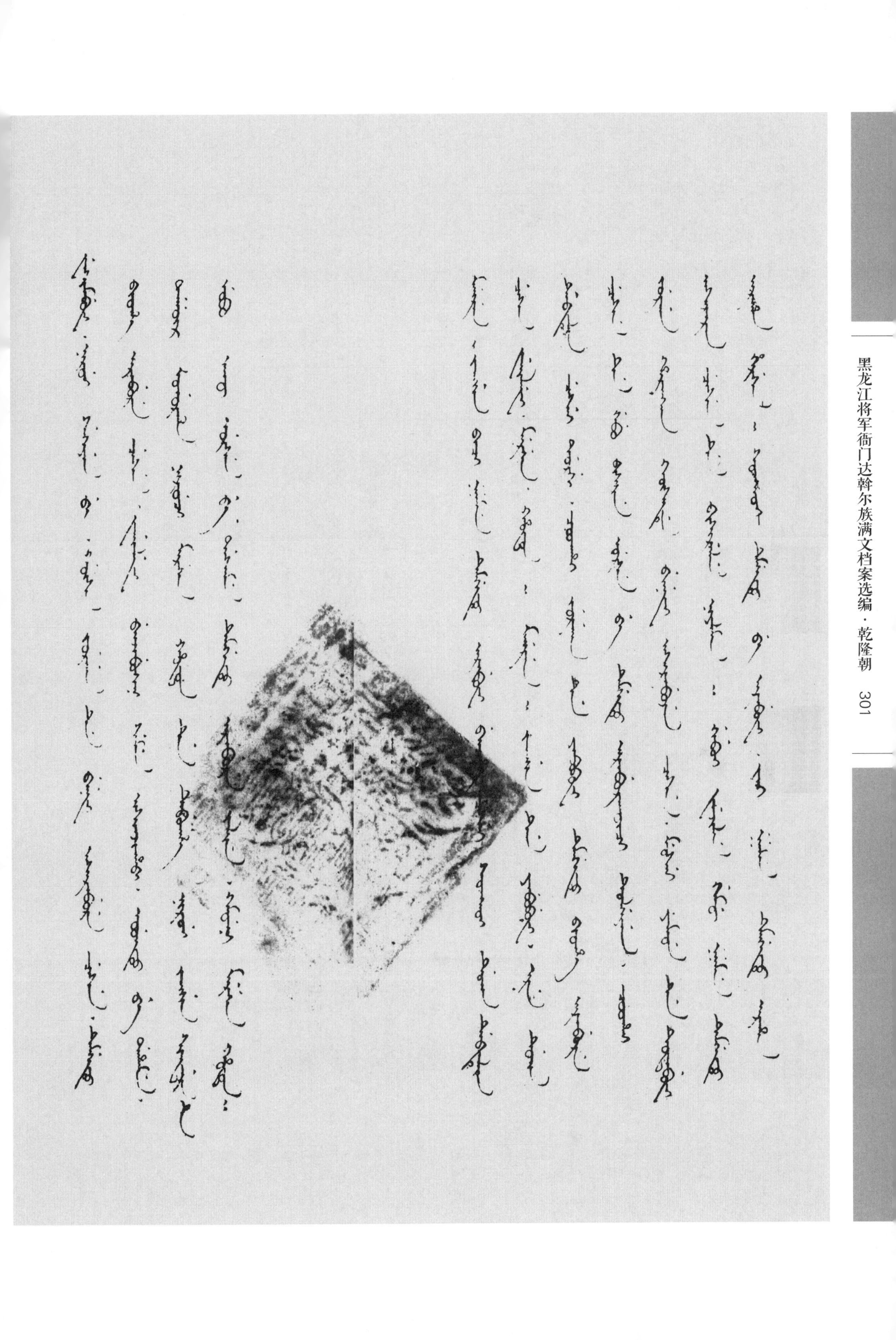

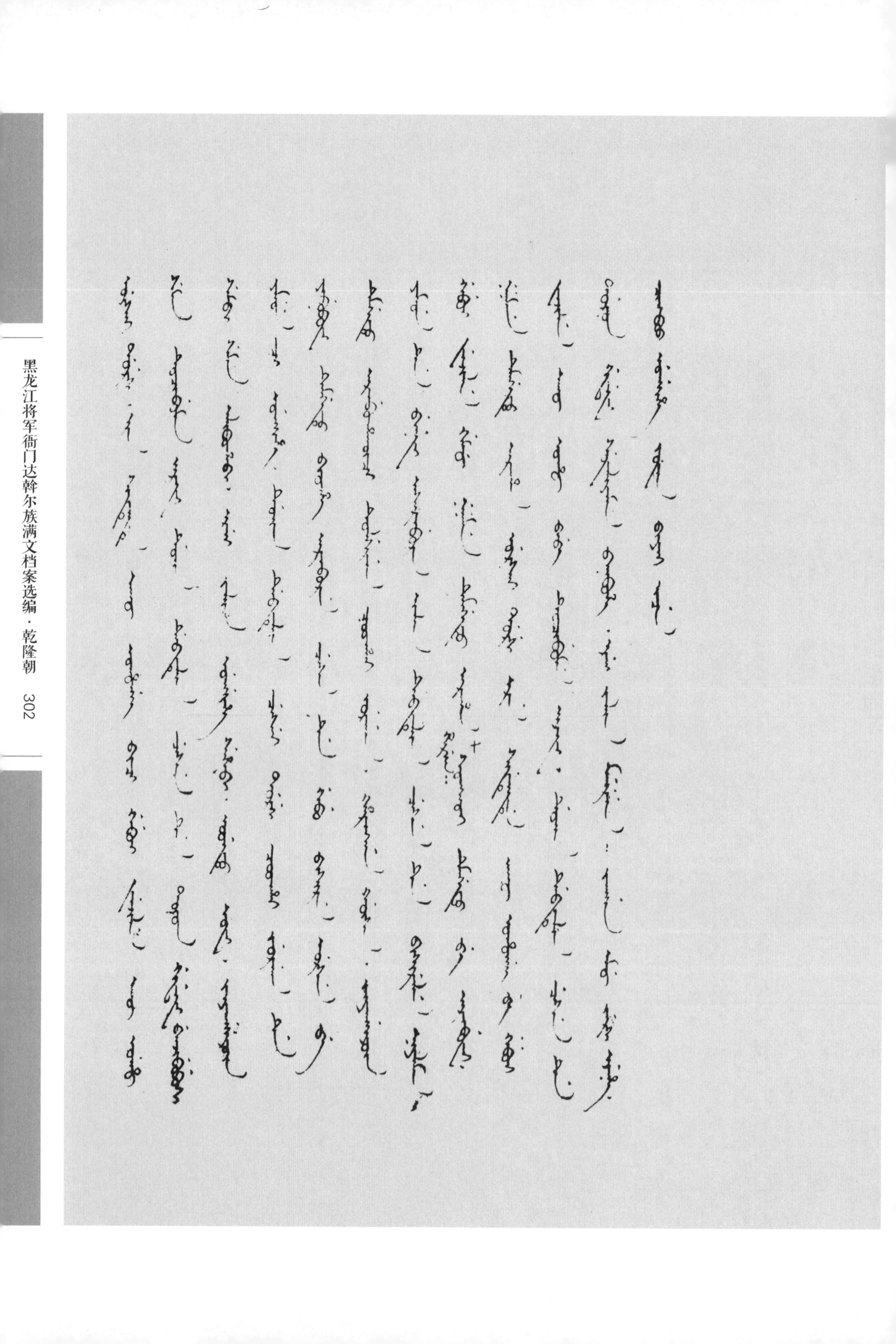

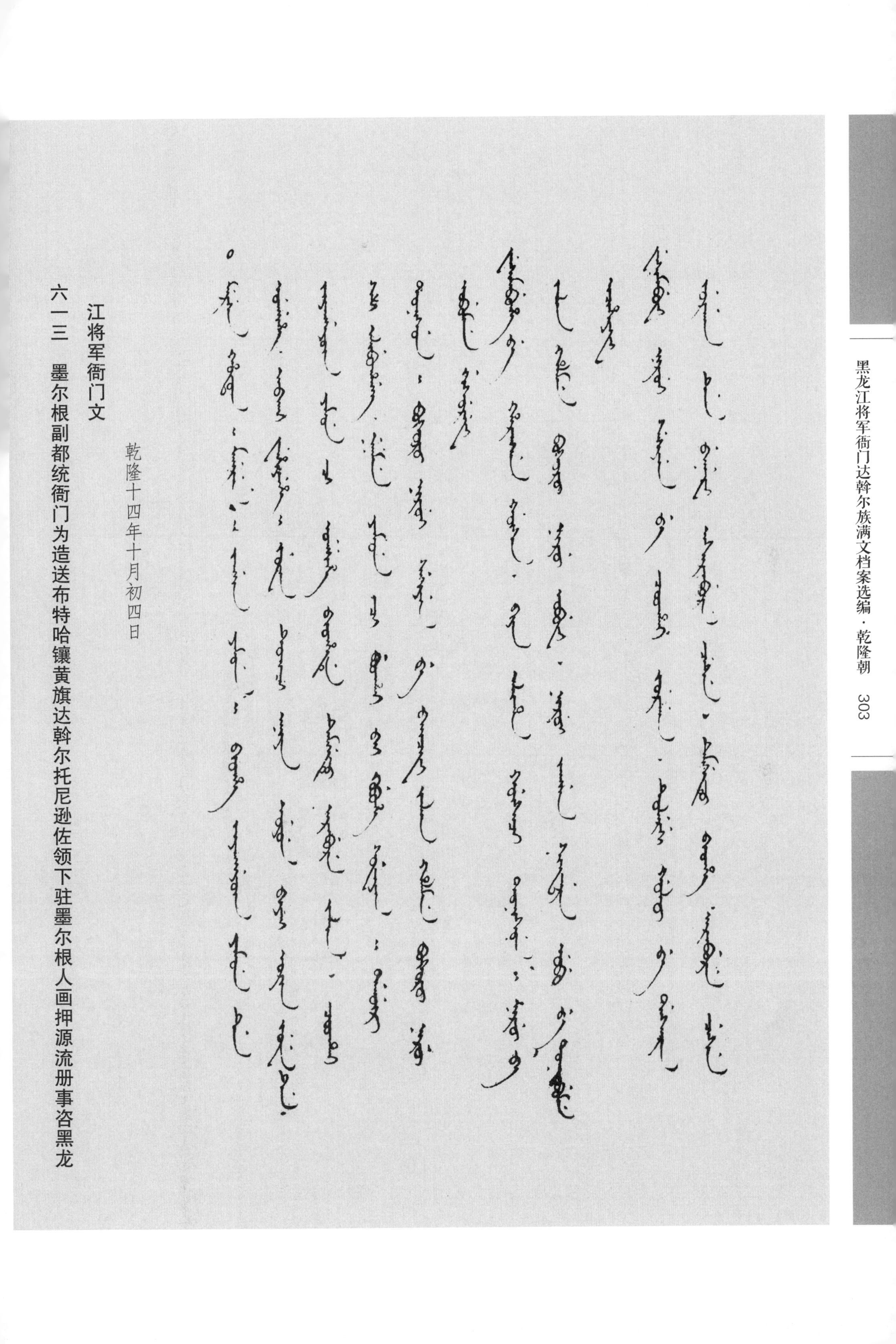

## 六一三　墨尔根副都统衙门为造送布特哈镶黄旗达斡尔托尼逊佐领下驻墨尔根人画押源流册事咨黑龙江将军衙门文

乾隆十四年十月初四日

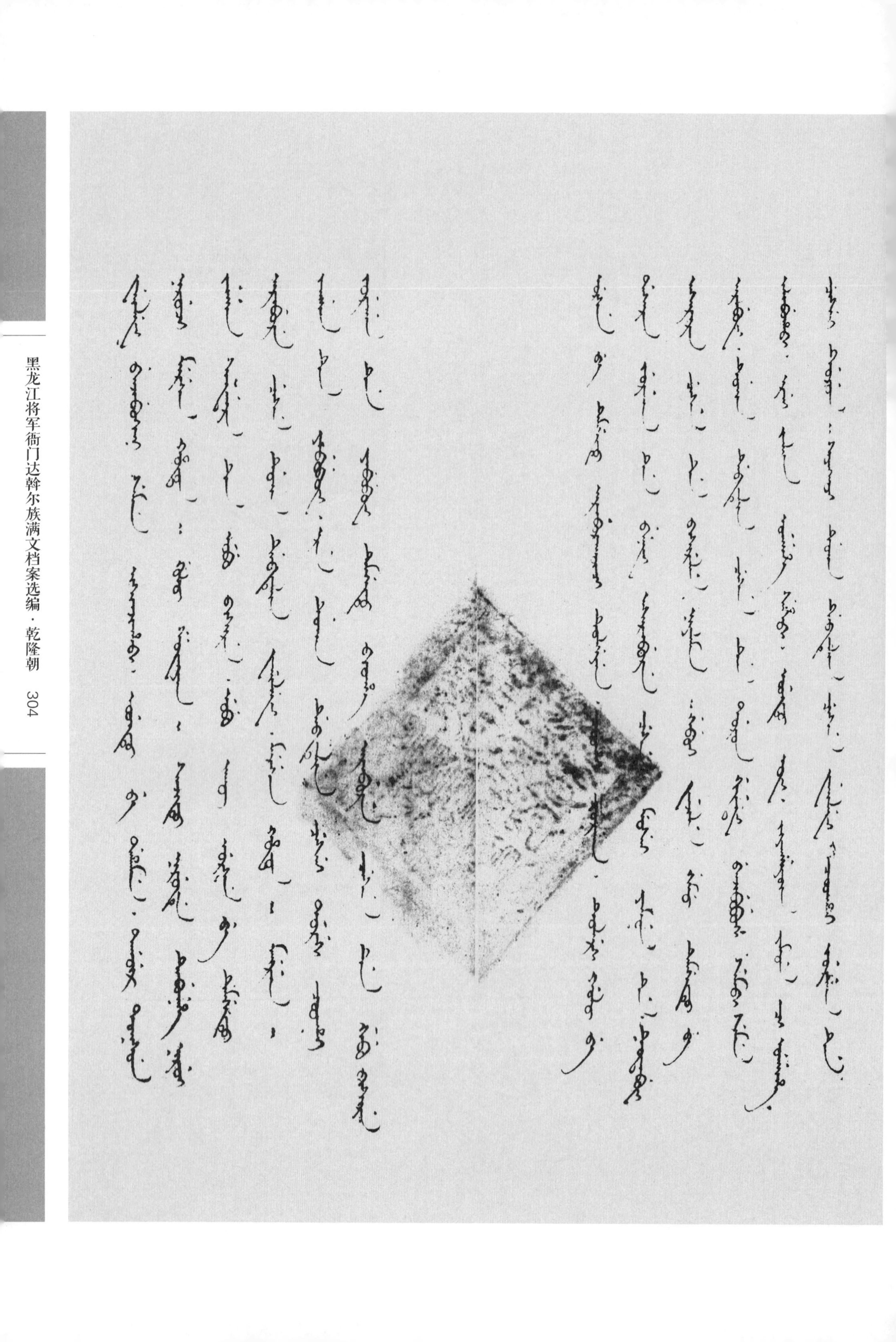

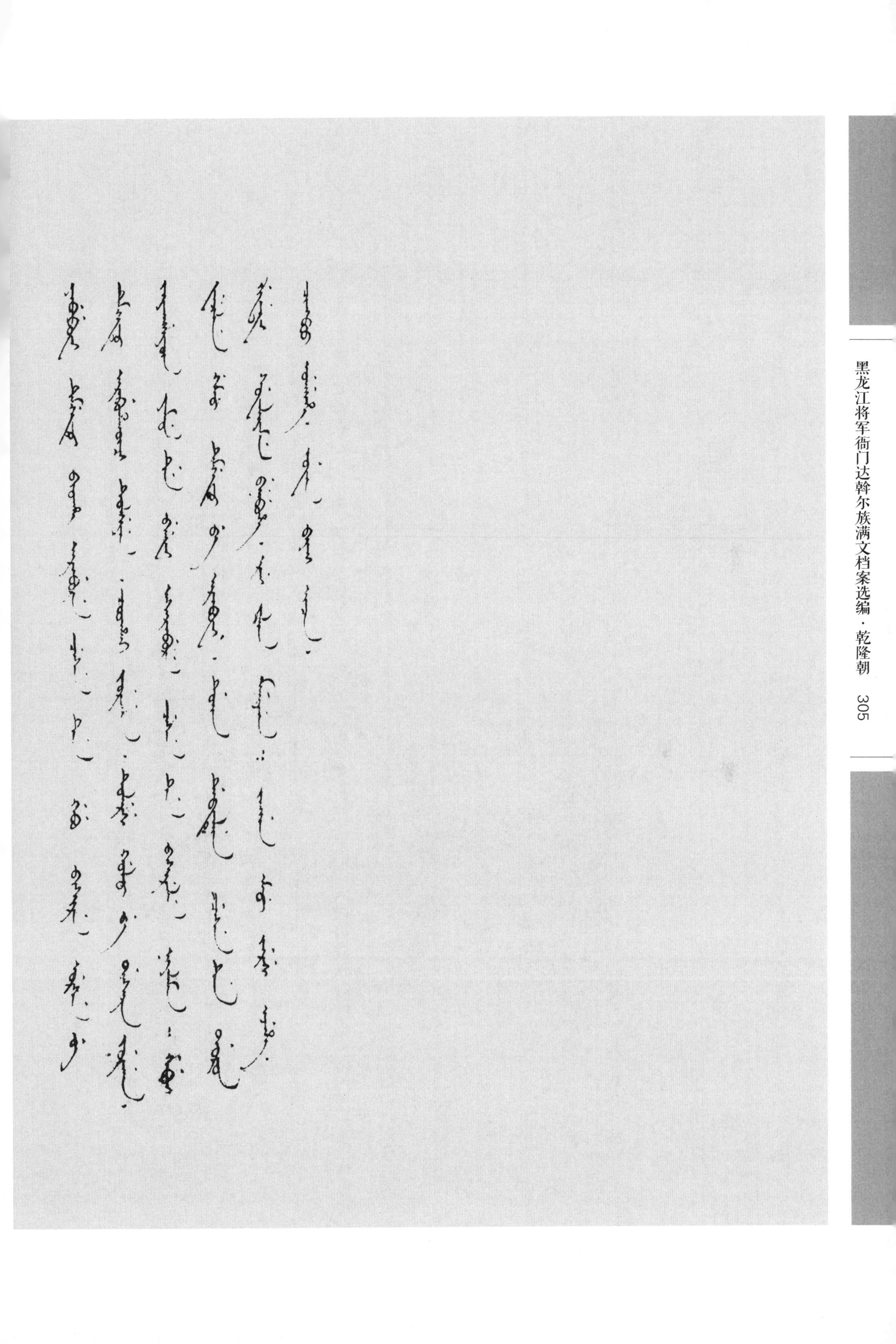

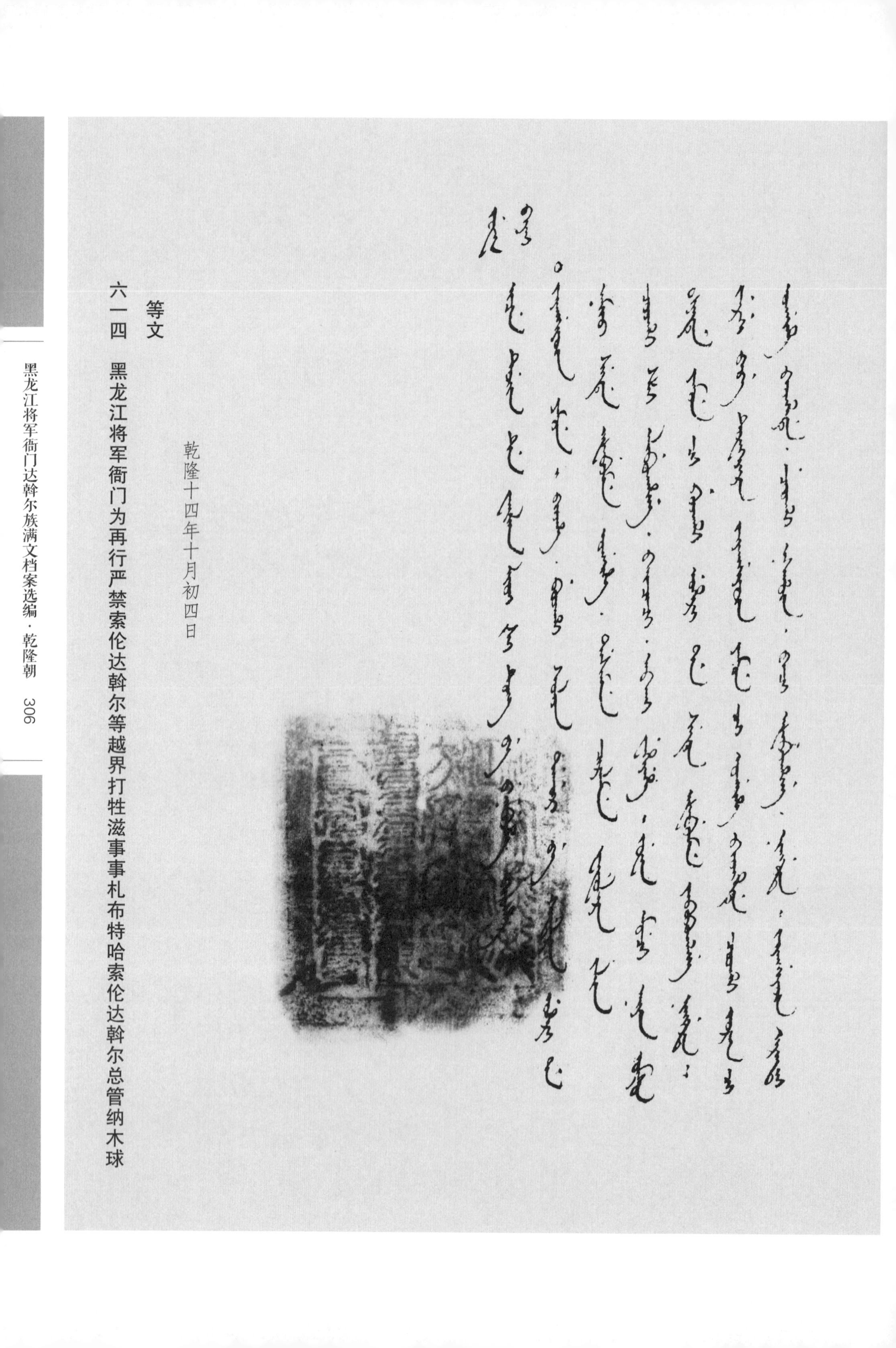

等文

六一四 黑龙江将军衙门为再行严禁索伦达斡尔等越界打牲滋事事札布特哈索伦达斡尔总管纳木球

乾隆十四年十月初四日

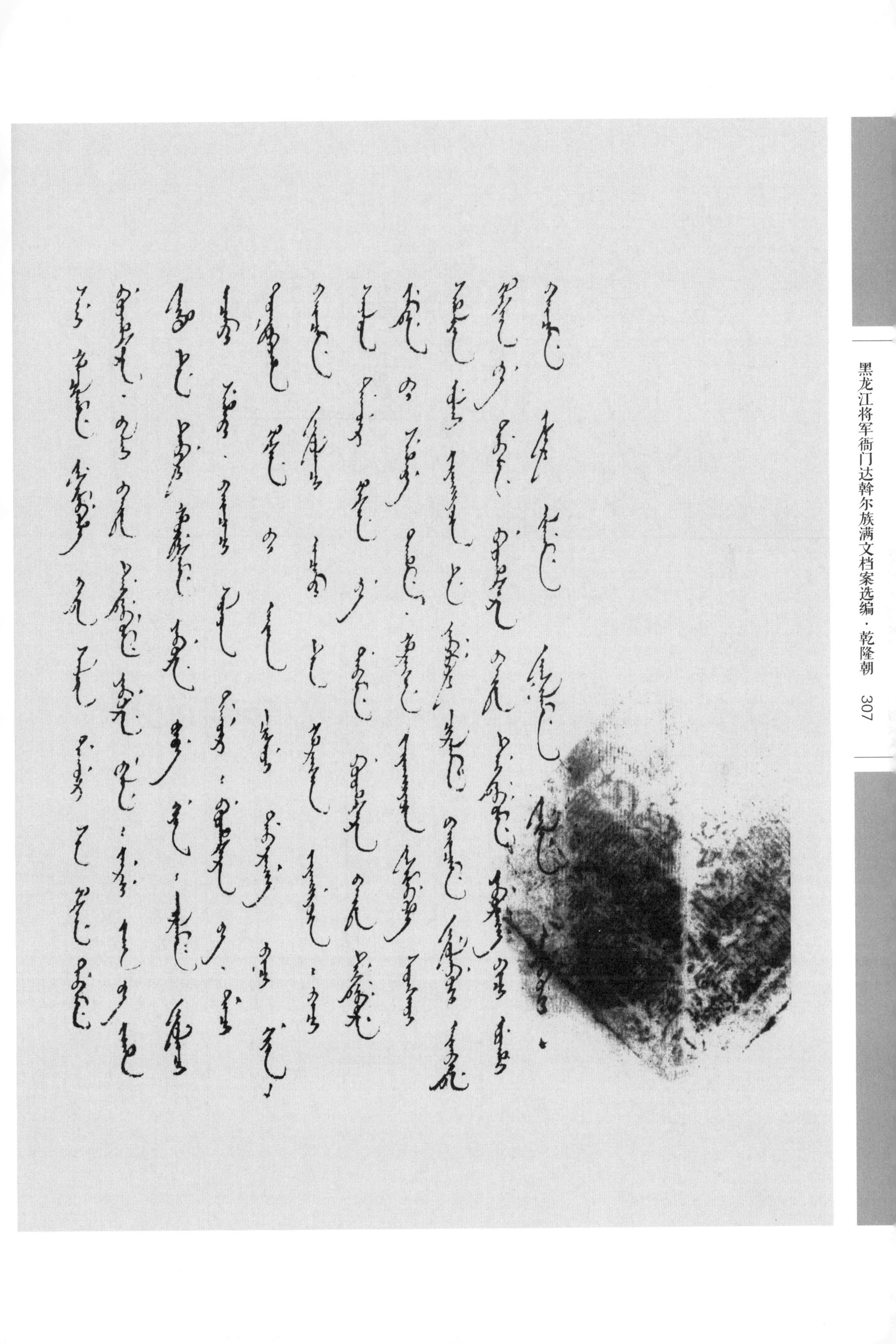

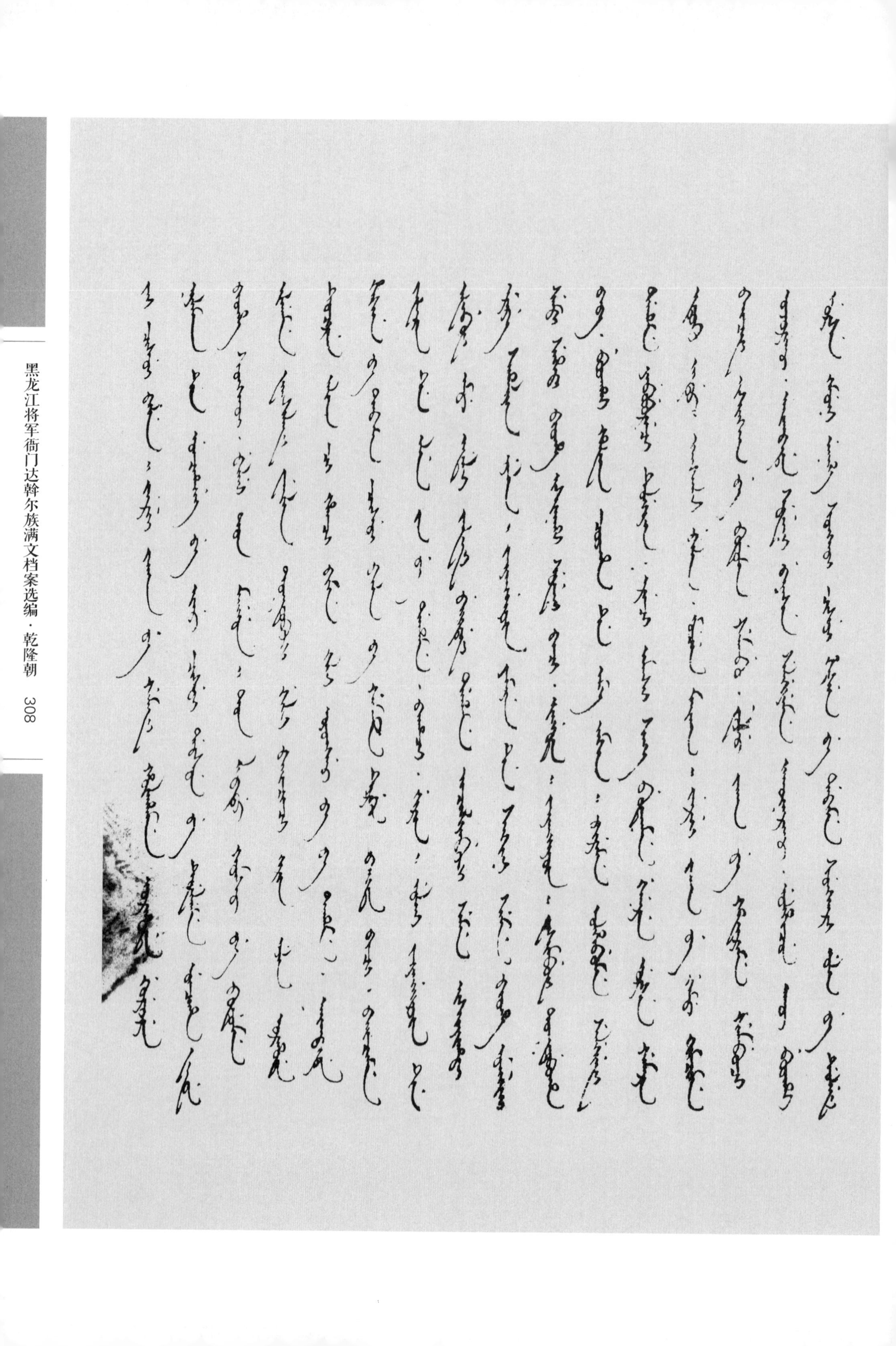

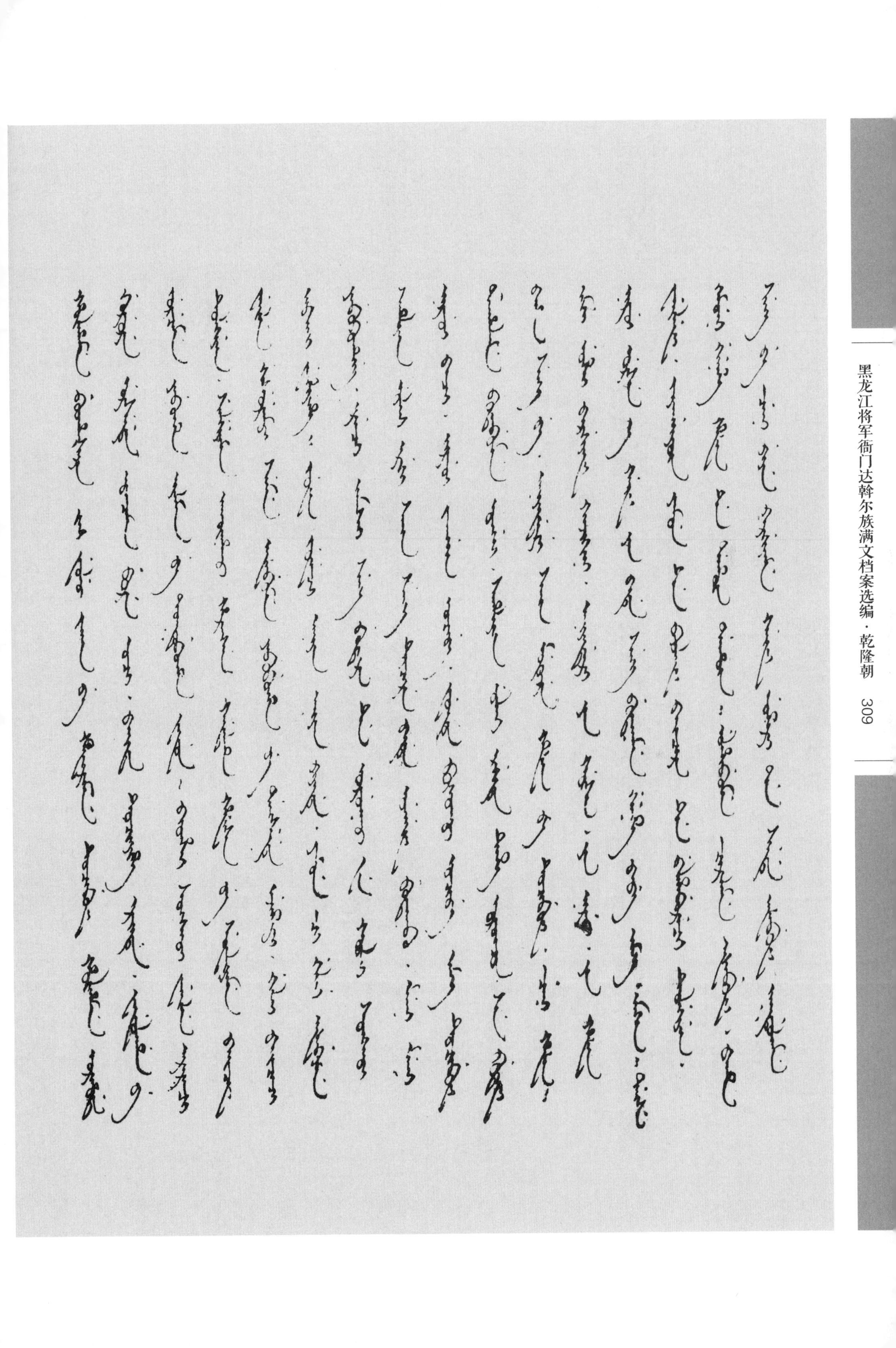

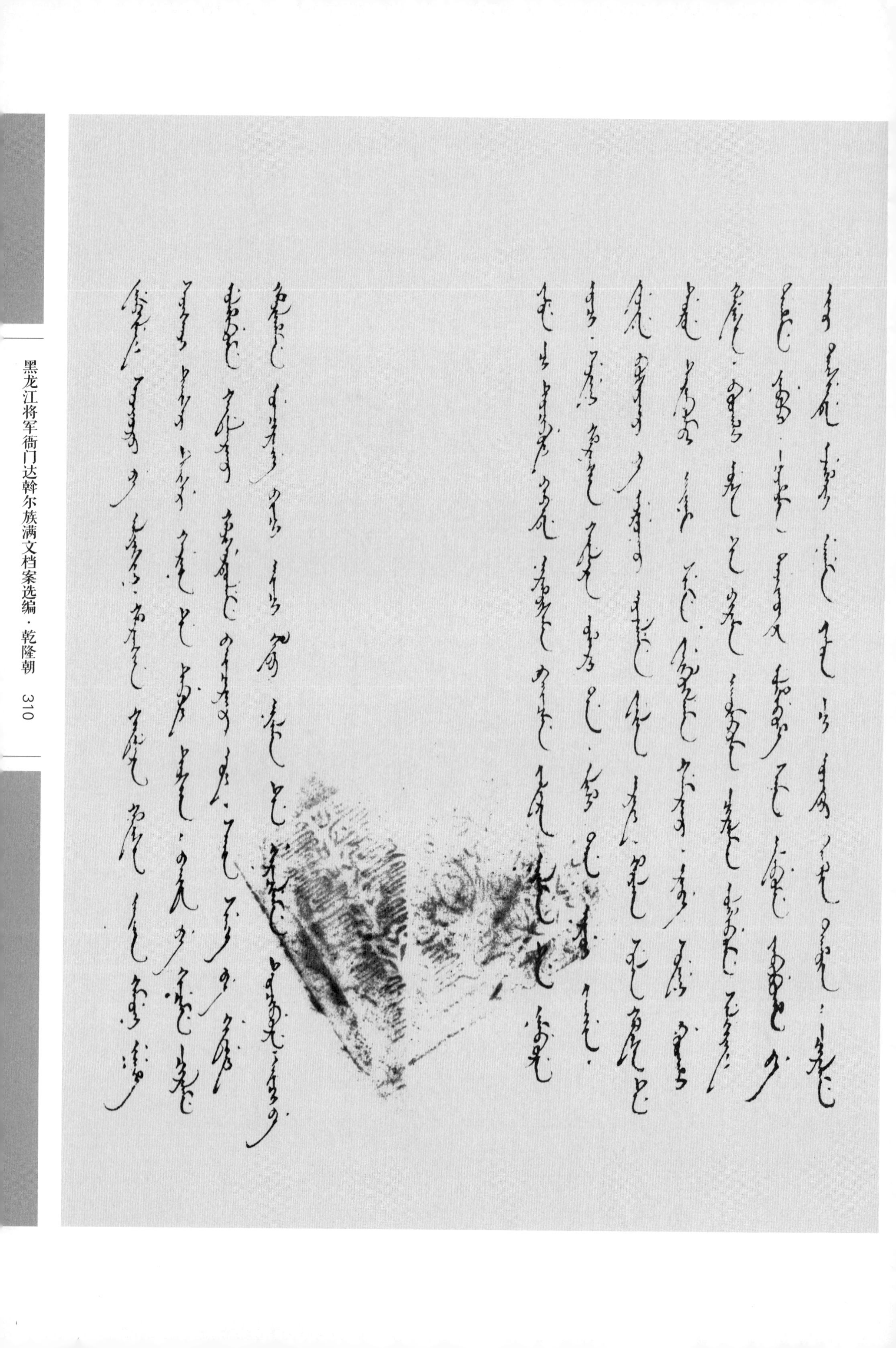

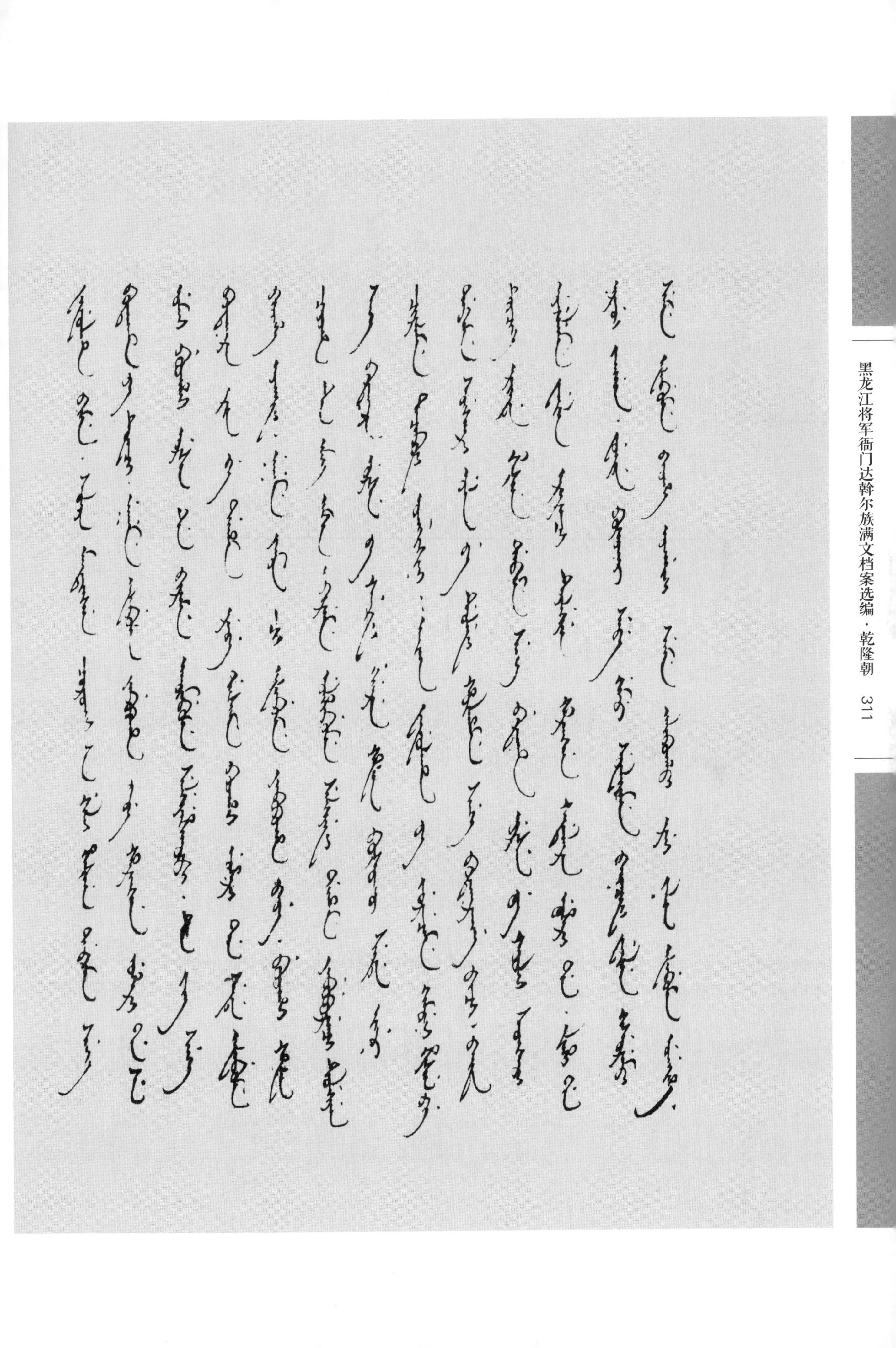

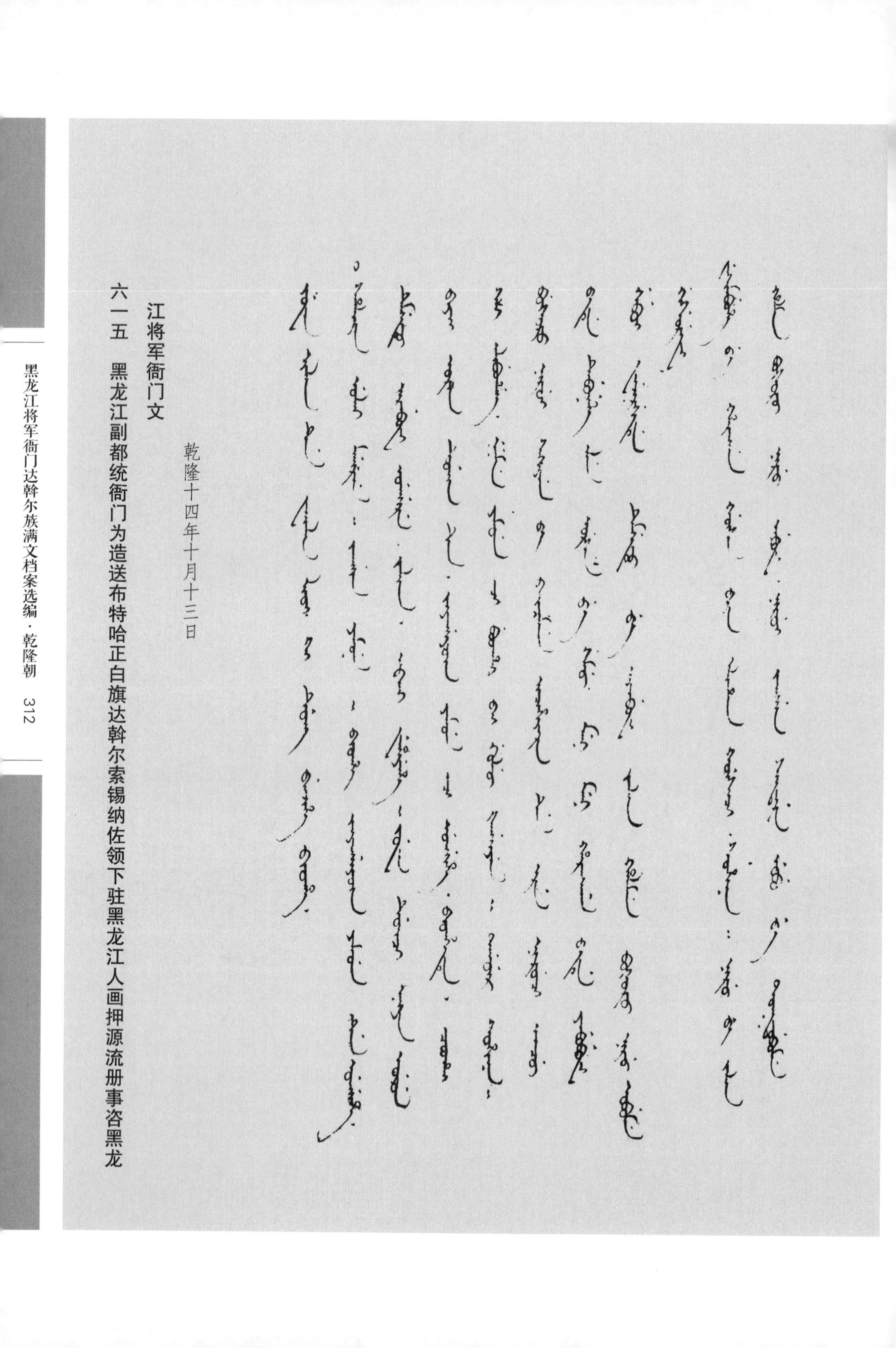

乾隆十四年十月十三日

## 六一五 黑龙江副都统衙门为造送布特哈正白旗达斡尔索锡纳佐领下驻黑龙江人画押源流册事咨黑龙江将军衙门文

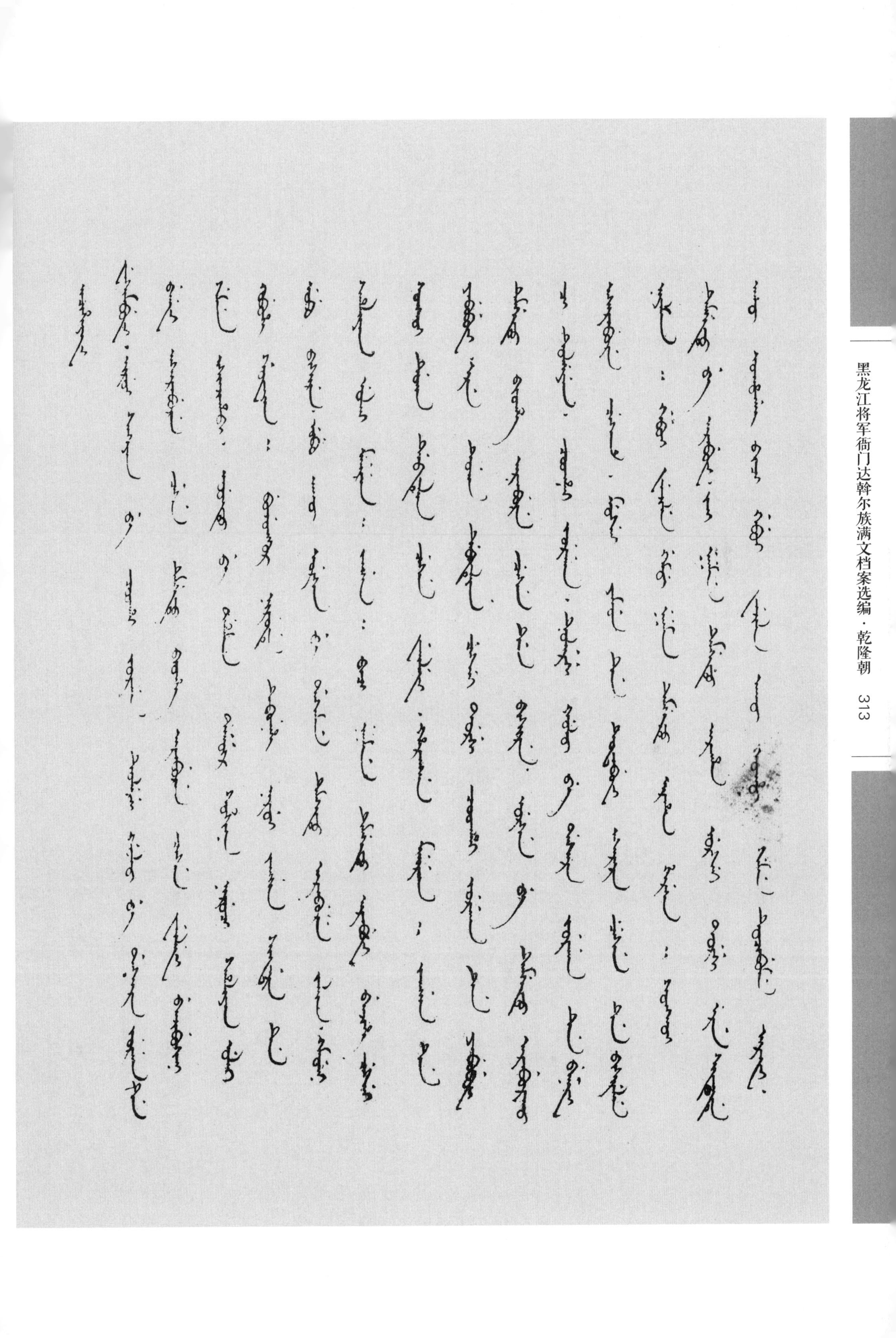

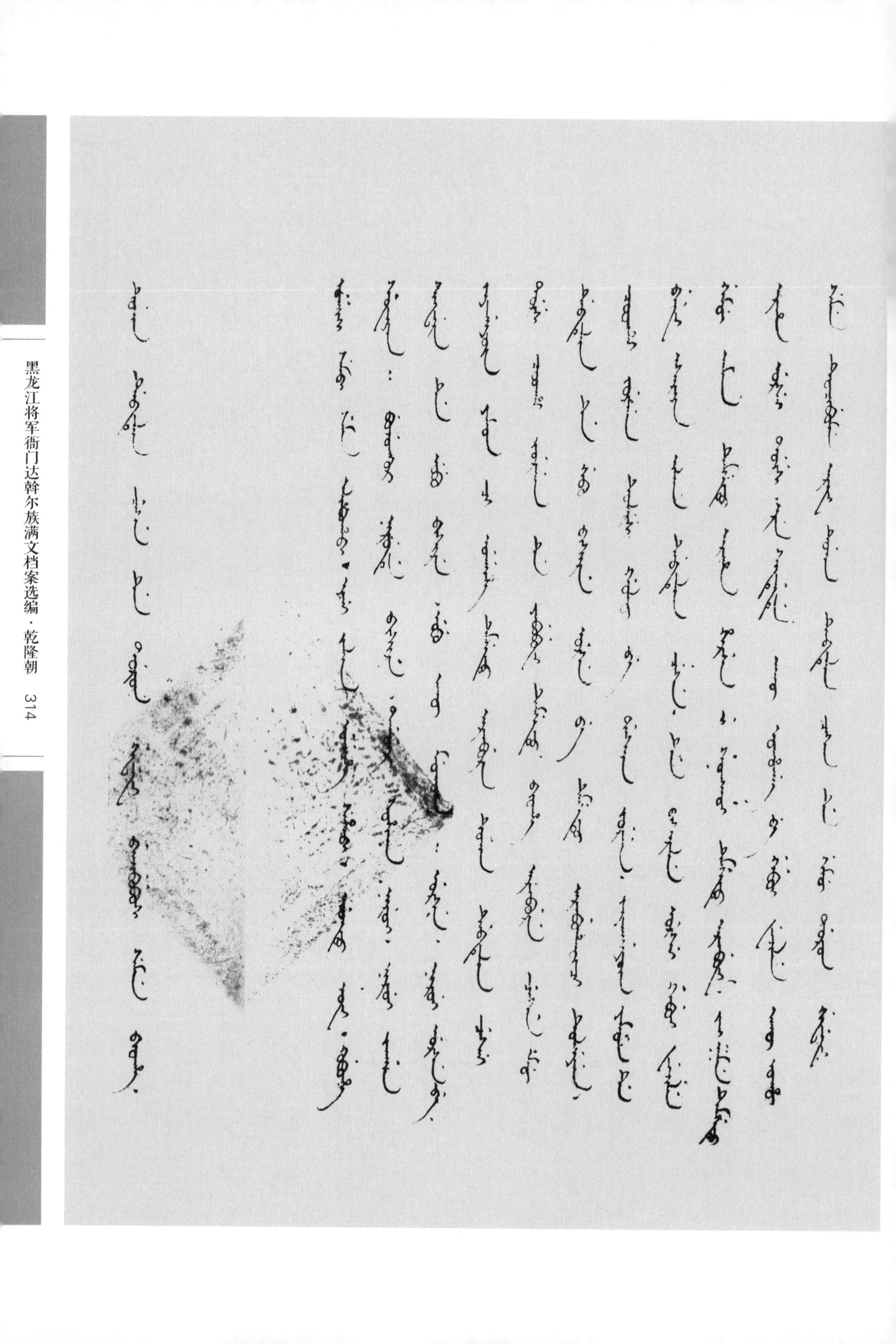

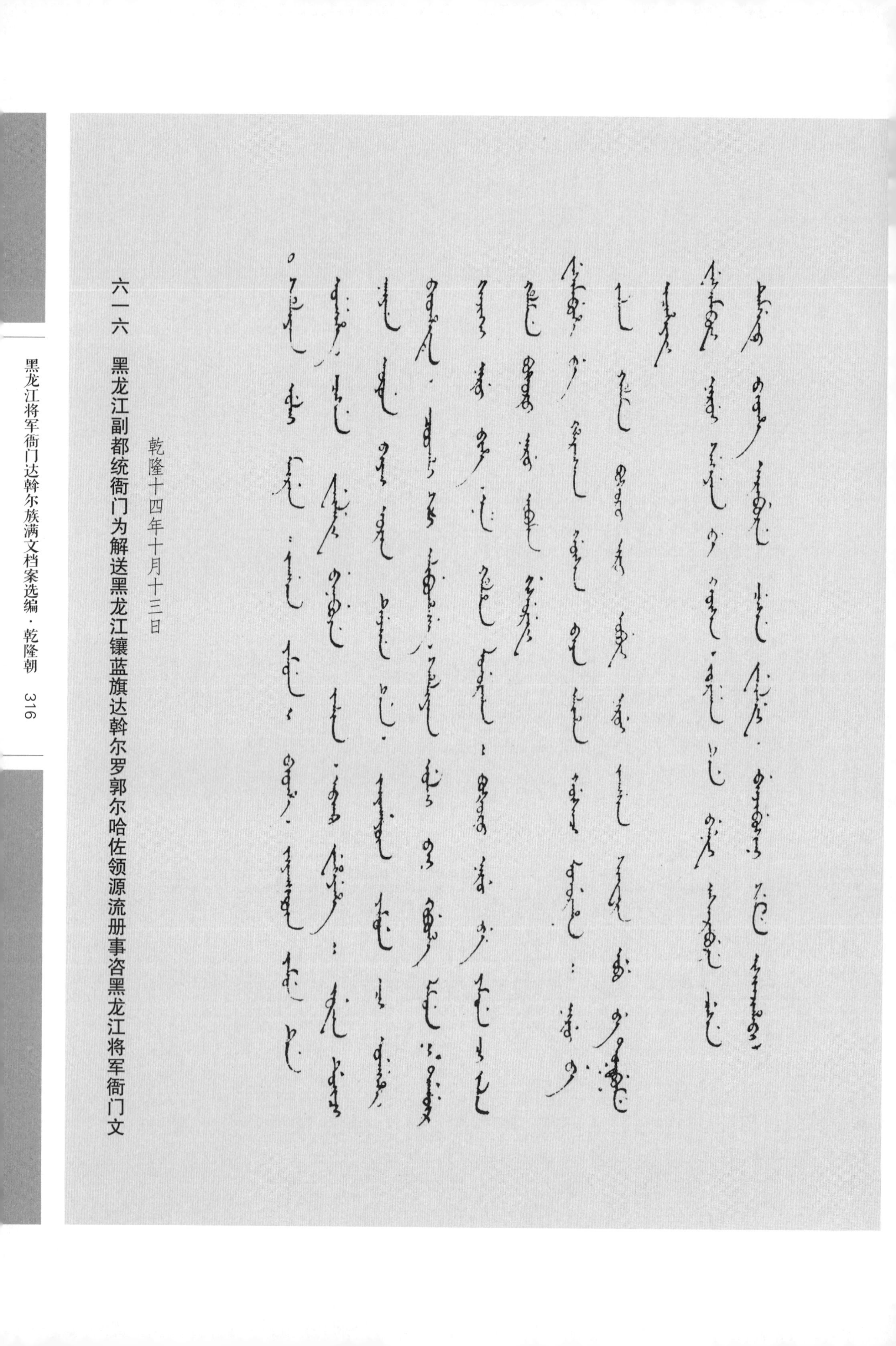

## 六一六　黑龙江副都统衙门为解送黑龙江镶蓝旗达斡尔罗郭尔哈佐领源流册事咨黑龙江将军衙门文

乾隆十四年十月十三日

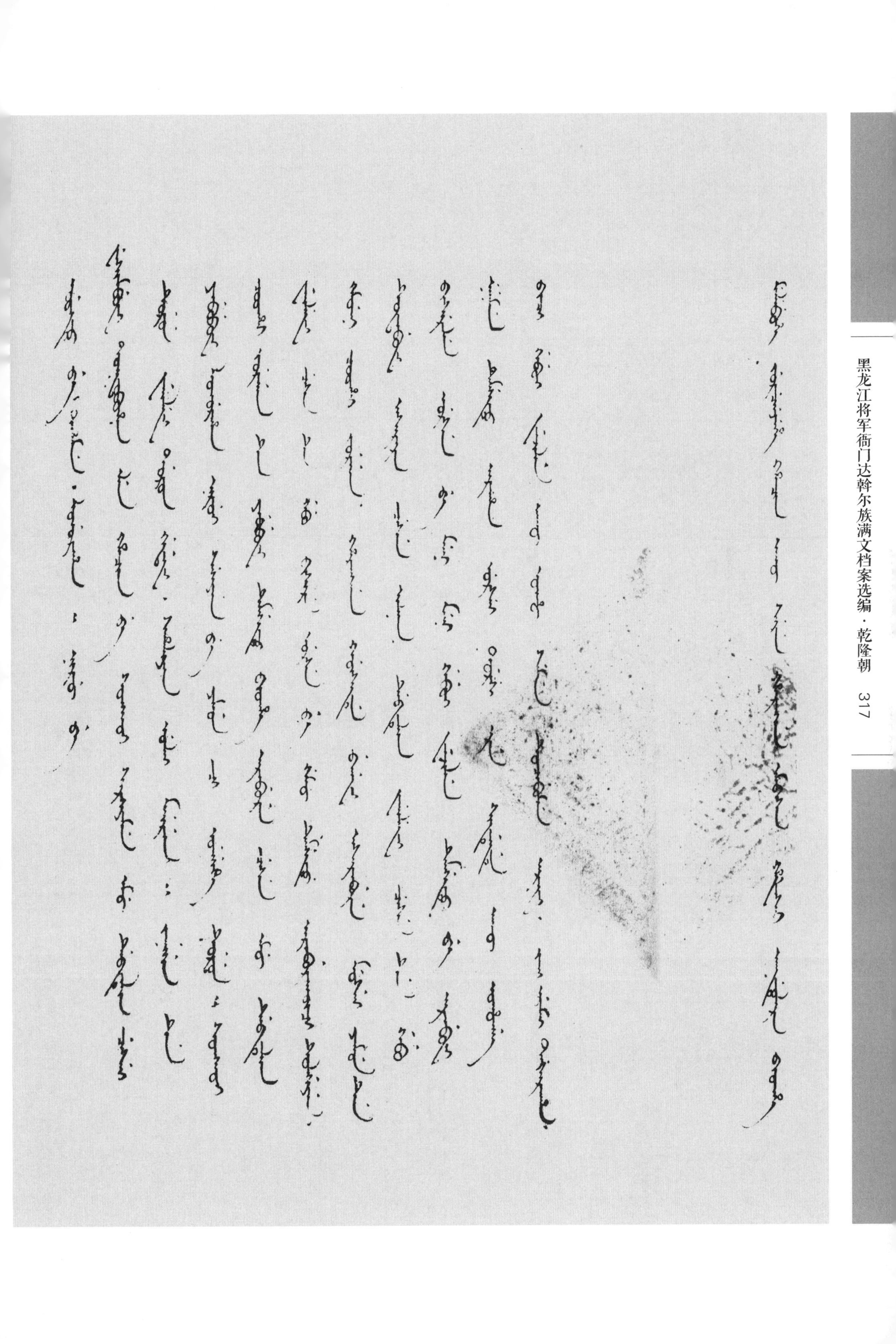

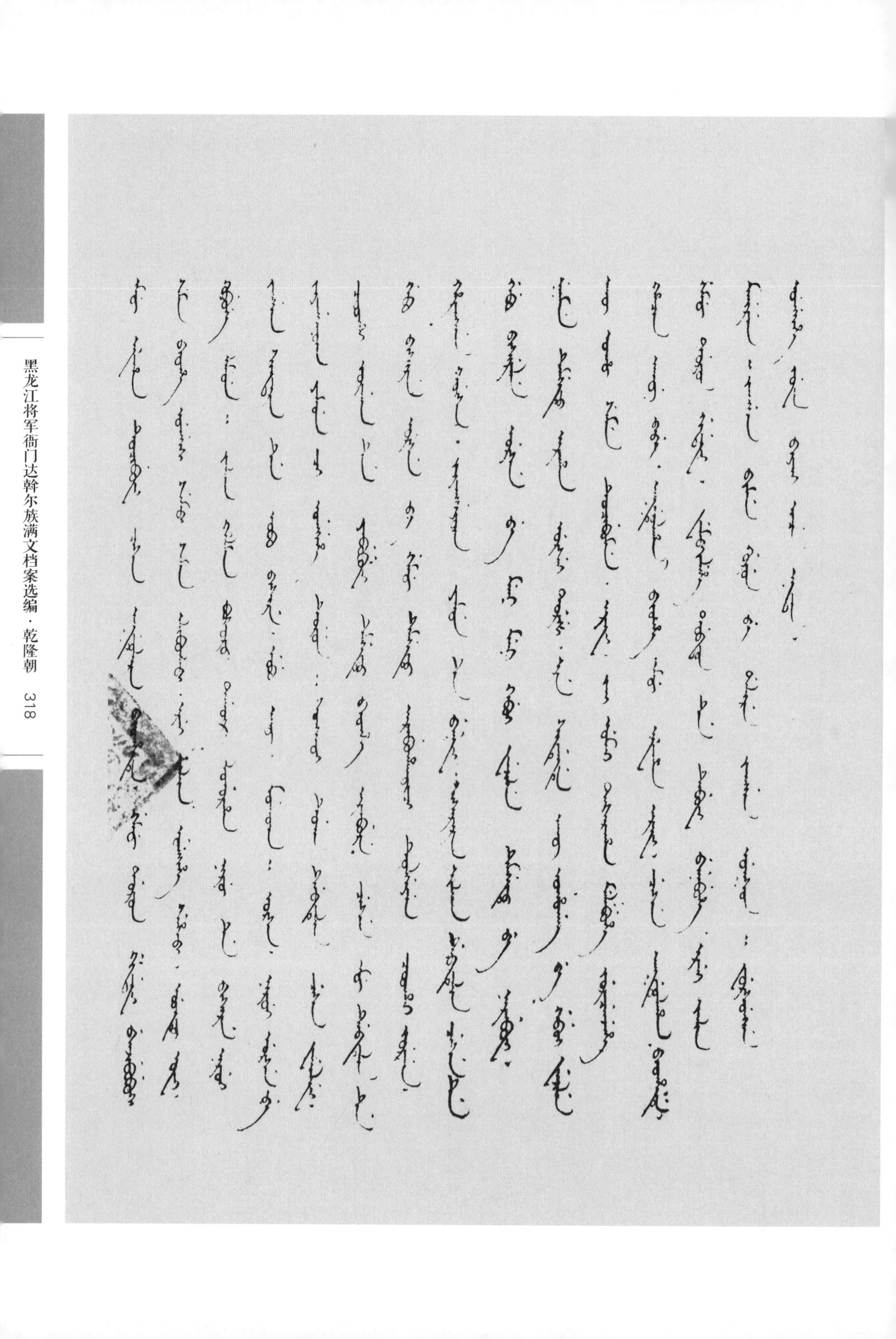

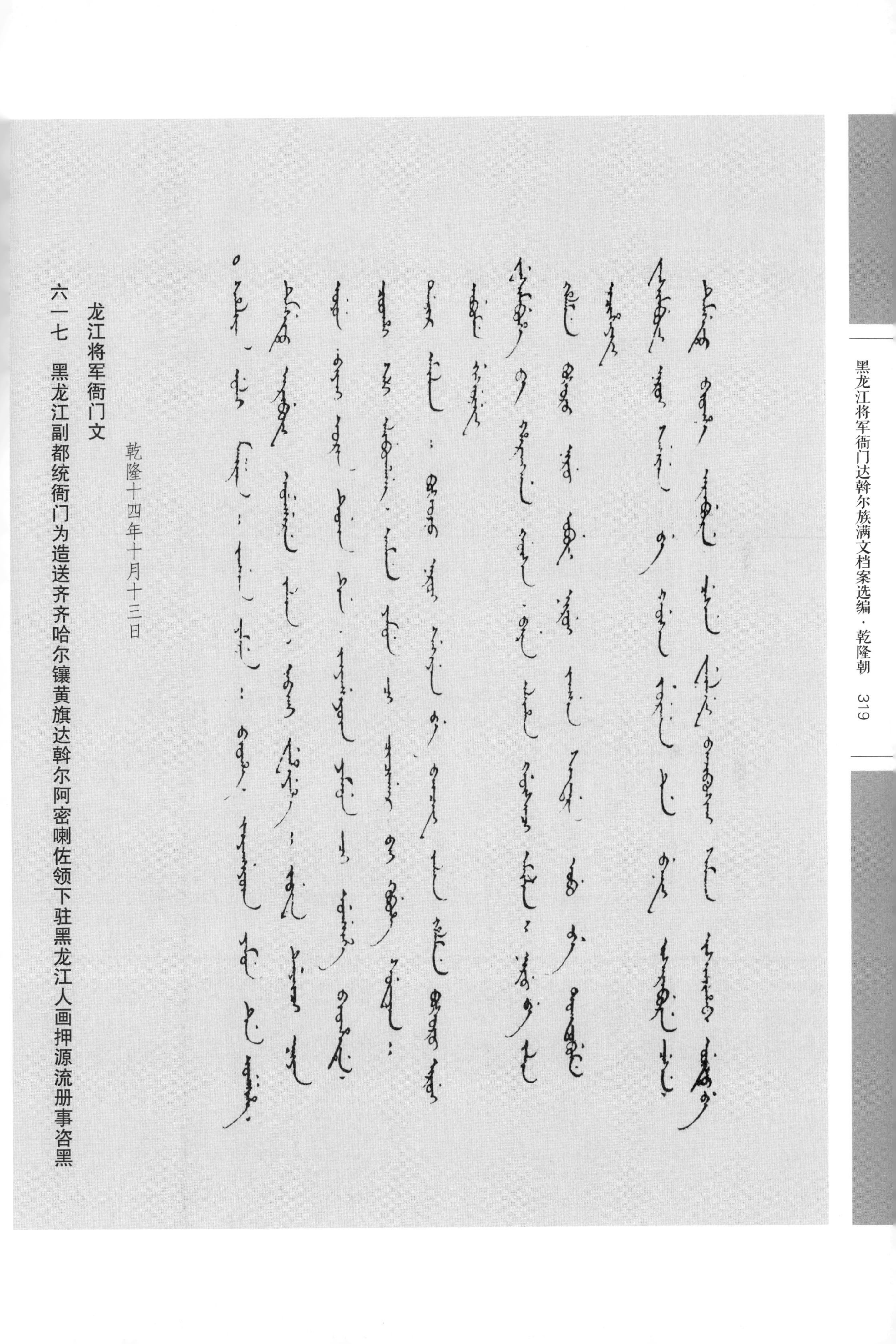

乾隆十四年十月十三日

龙江将军衙门文

六一七　黑龙江副都统衙门为造送齐齐哈尔镶黄旗达斡尔阿密喇佐领下驻黑龙江人画押源流册事咨黑

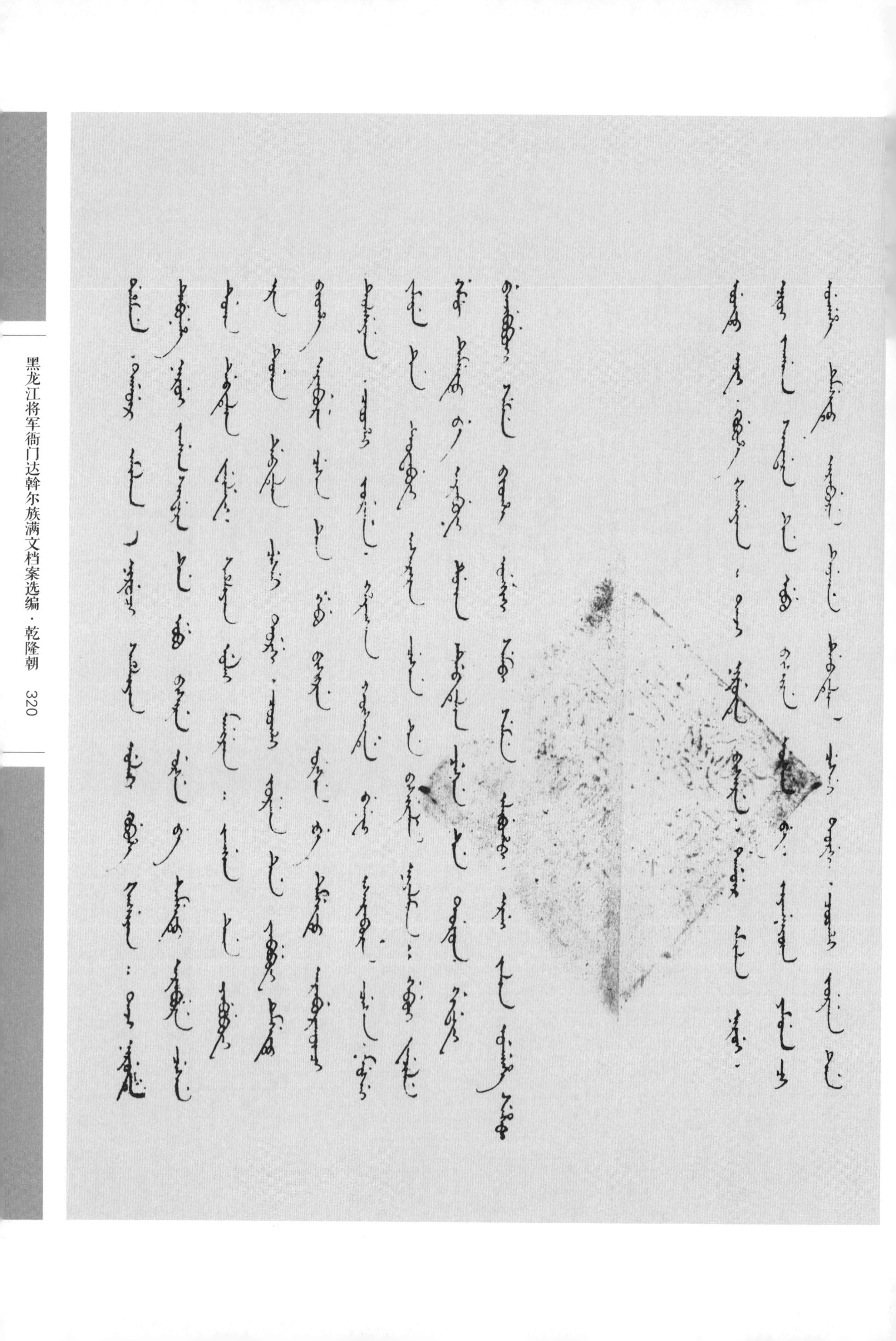

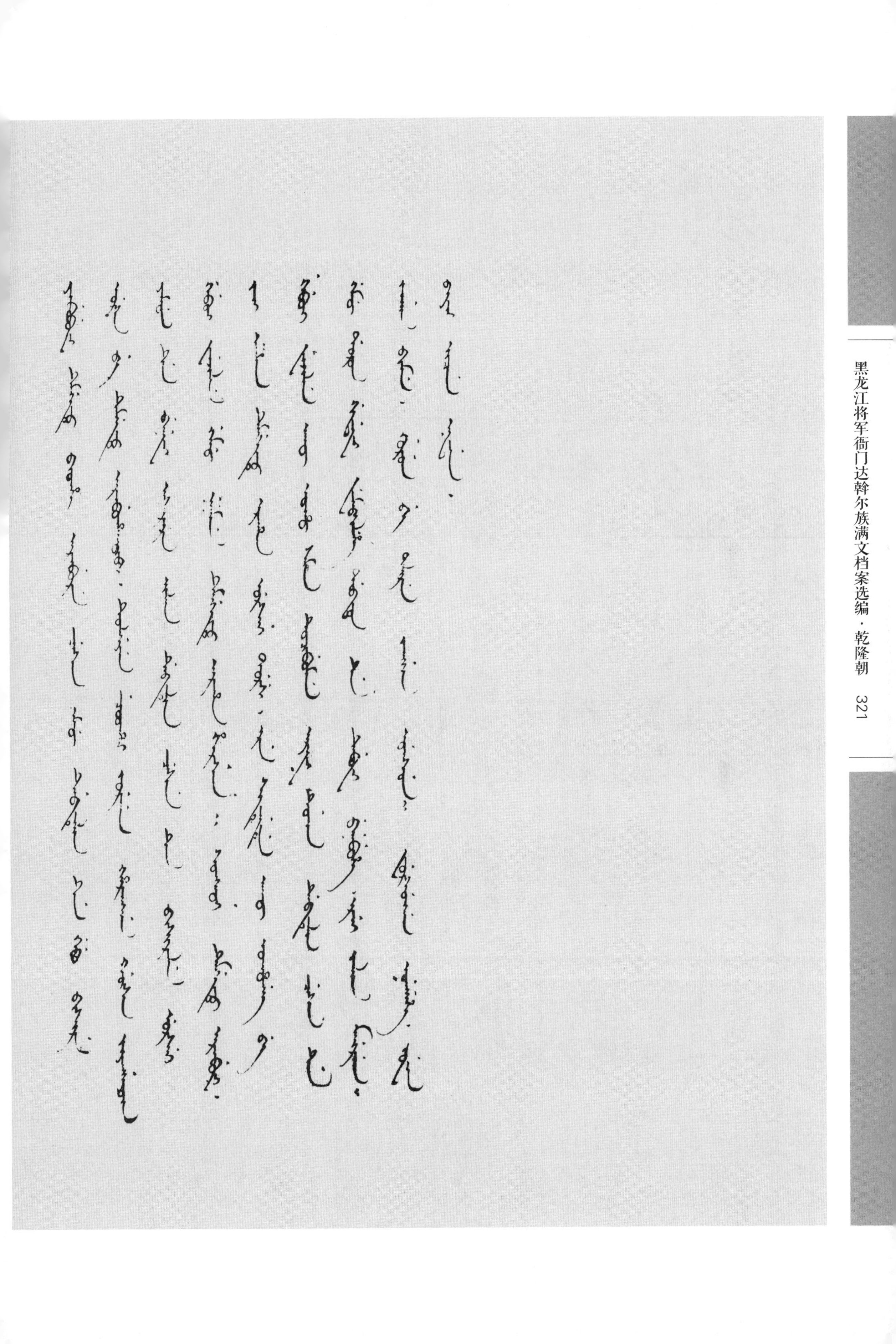

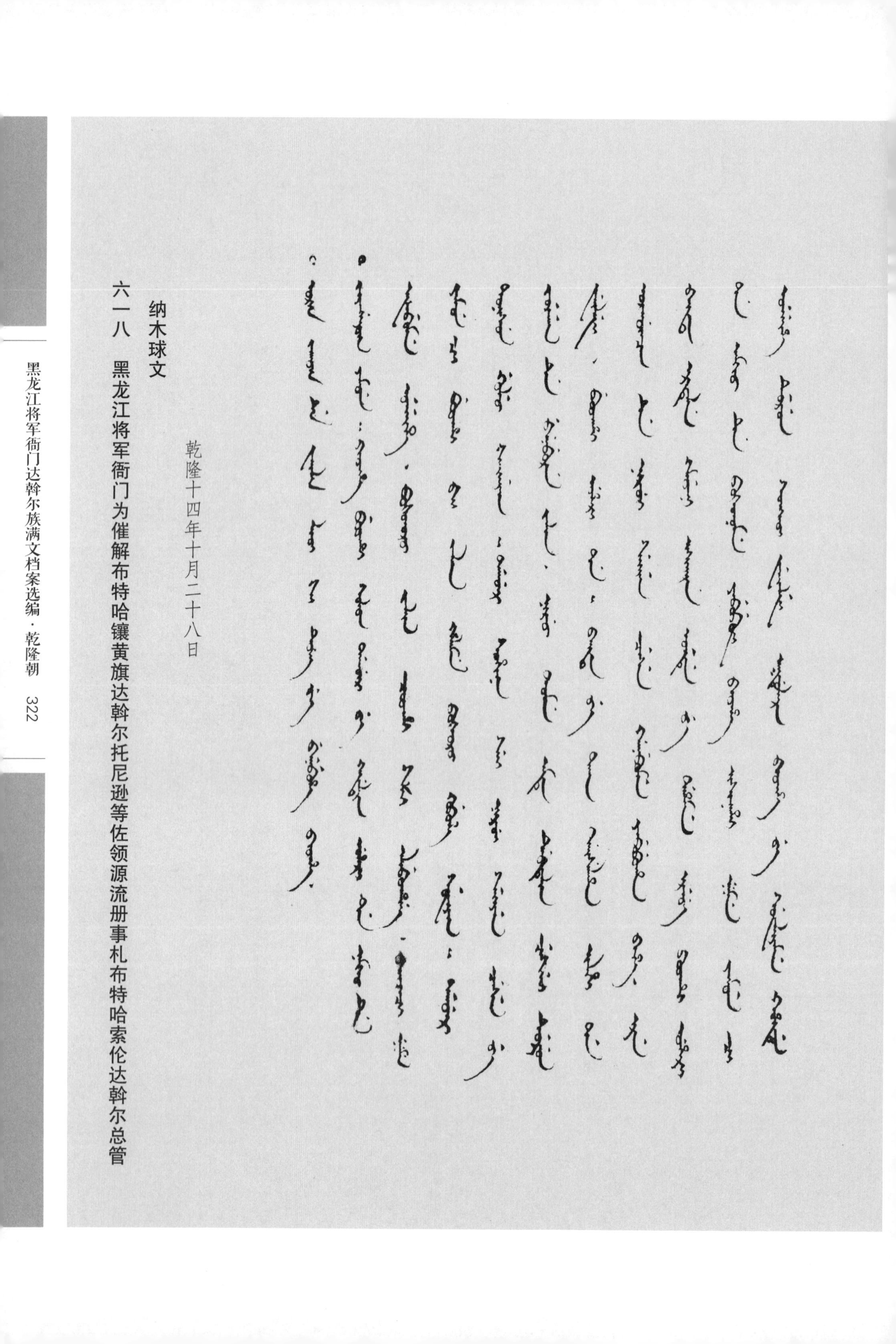

## 六一八 黑龙江将军衙门为催解布特哈镶黄旗达斡尔托尼逊等佐领源流册事札布特哈索伦达斡尔总管纳木球文

乾隆十四年十月二十八日

ᠪᠣᡩᡳ ᡤᡡᠰᡳᠨ ᠰᡝ ᠵᡠᠸᠠᠨ ᡤᡡᠰᡳᠨ ᡠᠶᡠᠨ ᠰᡝ ᠪᠣᡥᠣᡳ᠈ ᠮᡝ

ᠰᡝ ᡤᡡᠰᡳᠨ ᡠᠶᡠᠨ᠈

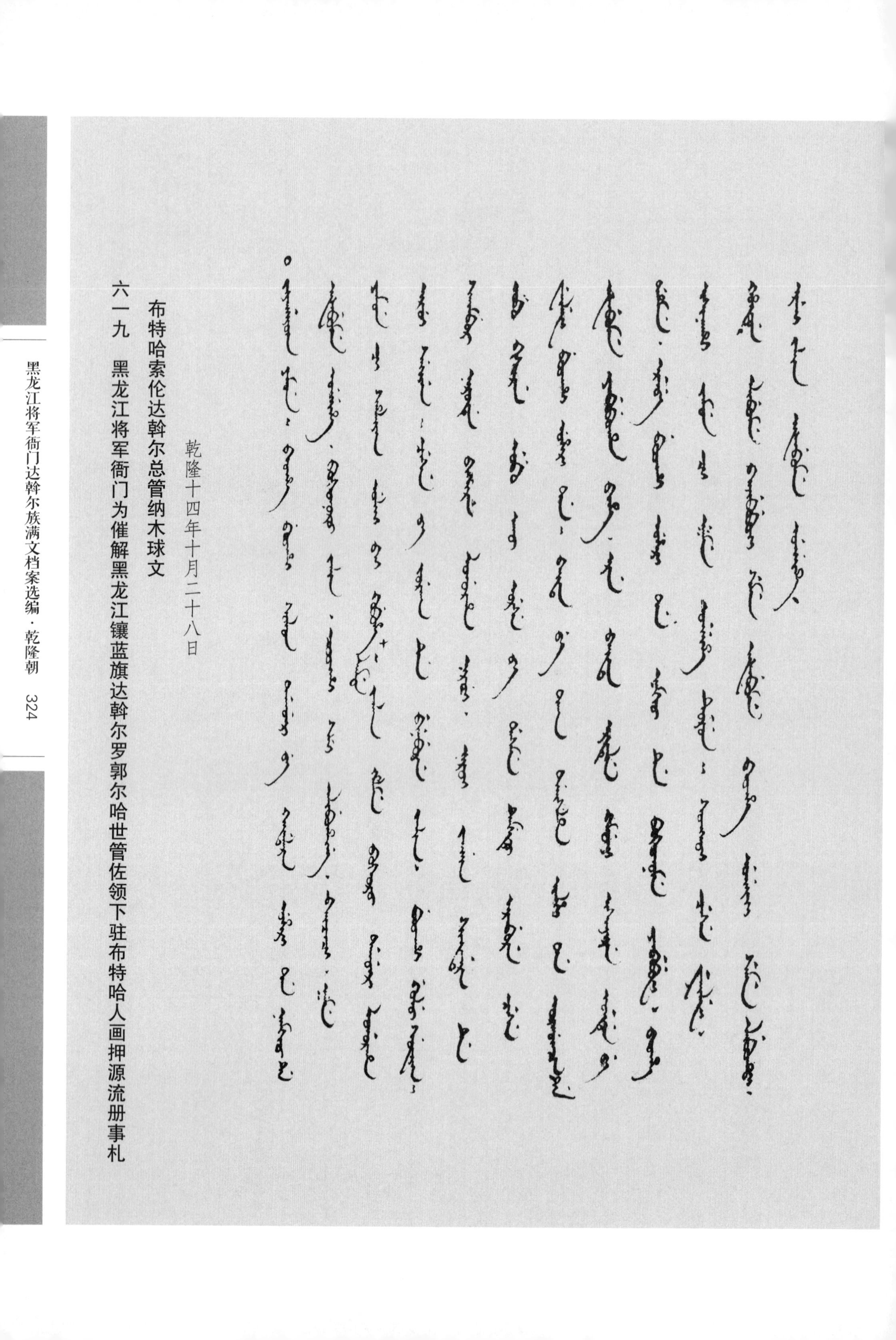

乾隆十四年十月二十八日

布特哈索伦达斡尔总管纳木球文

## 六一九　黑龙江将军衙门为催解黑龙江镶蓝旗达斡尔罗郭尔哈世管佐领下驻布特哈人画押源流册事札

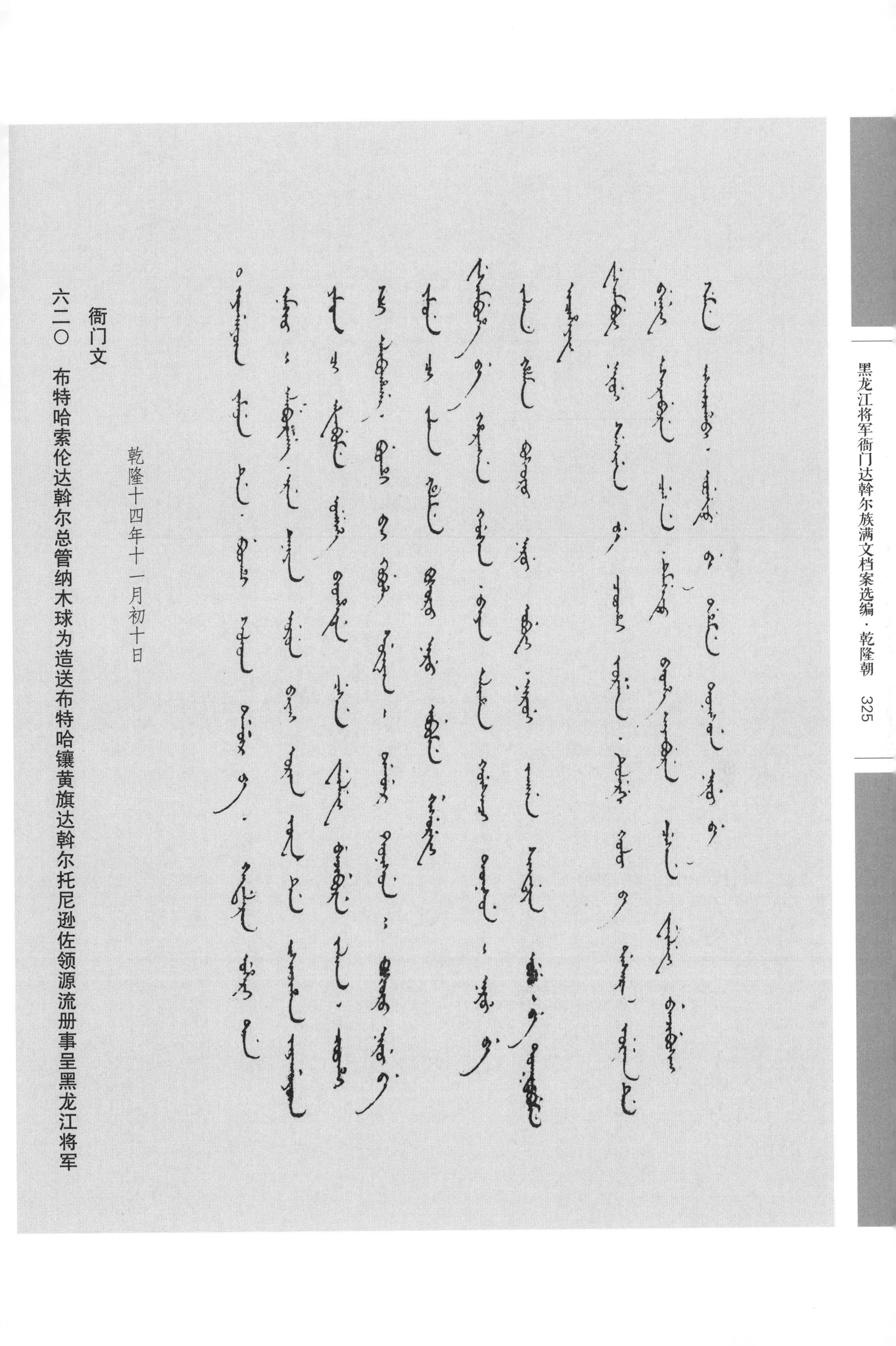

乾隆十四年十一月初十日

衙门文

六二〇 布特哈索伦达斡尔总管纳木球为造送布特哈镶黄旗达斡尔托尼逊佐领源流册事呈黑龙江将军

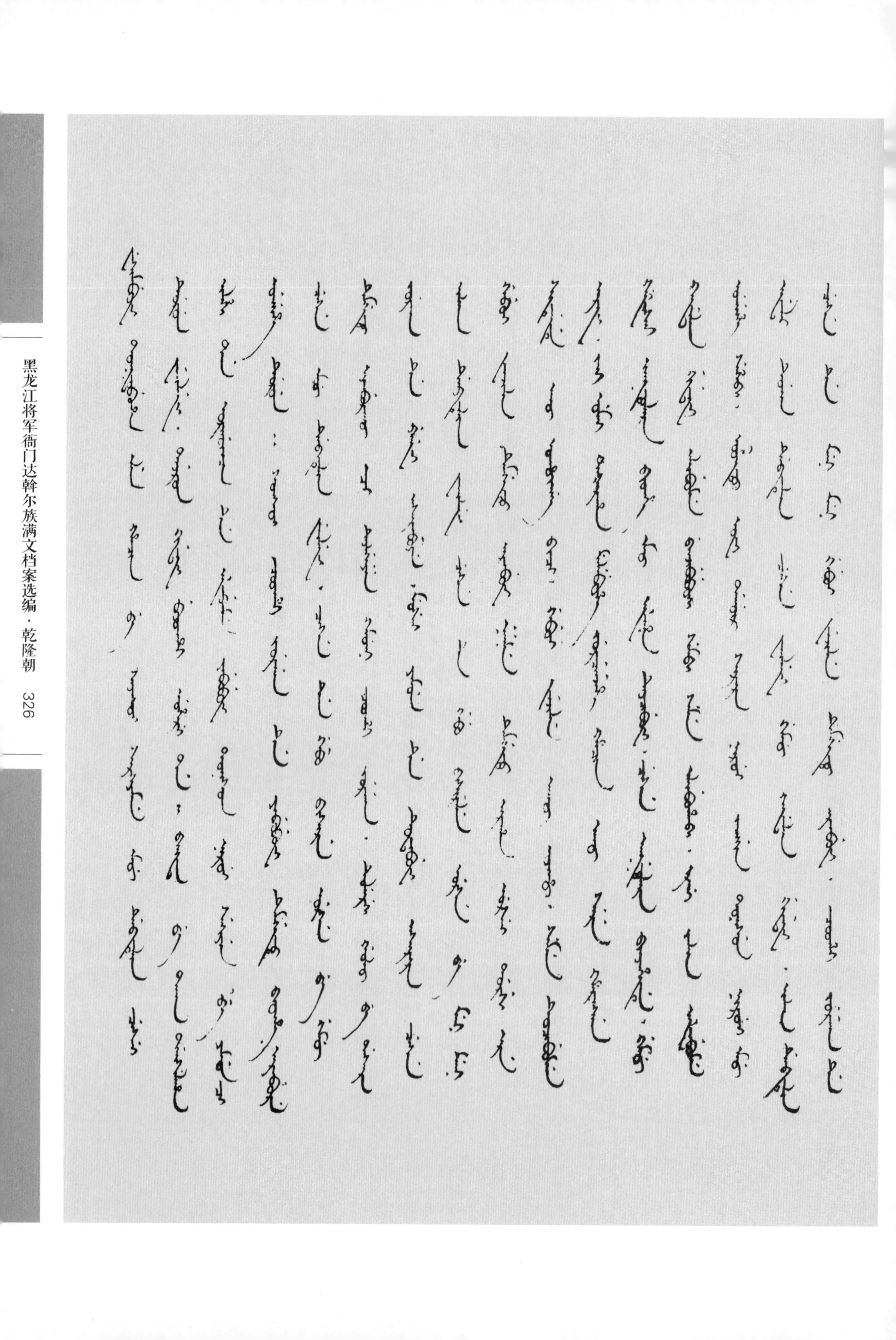

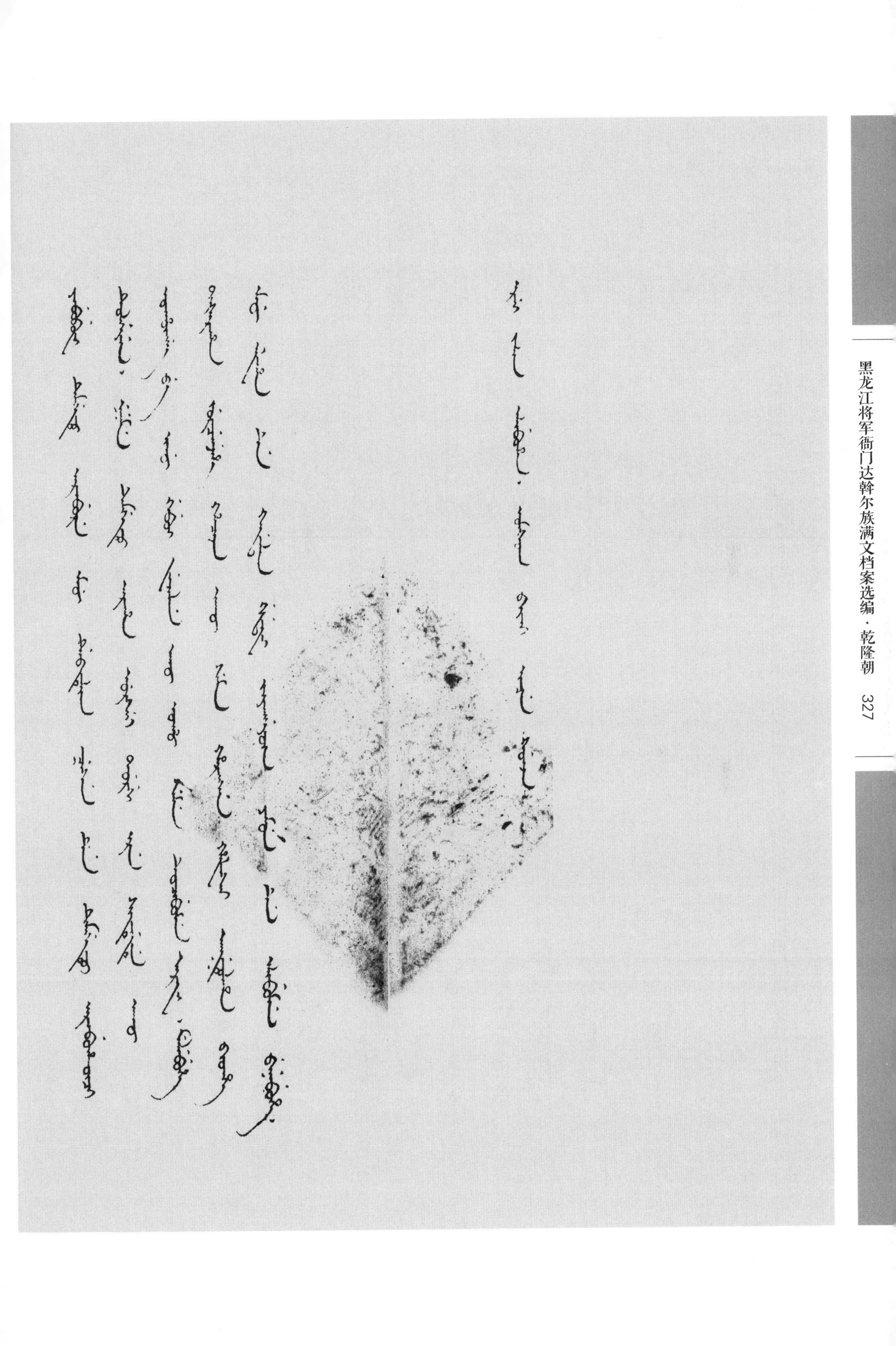

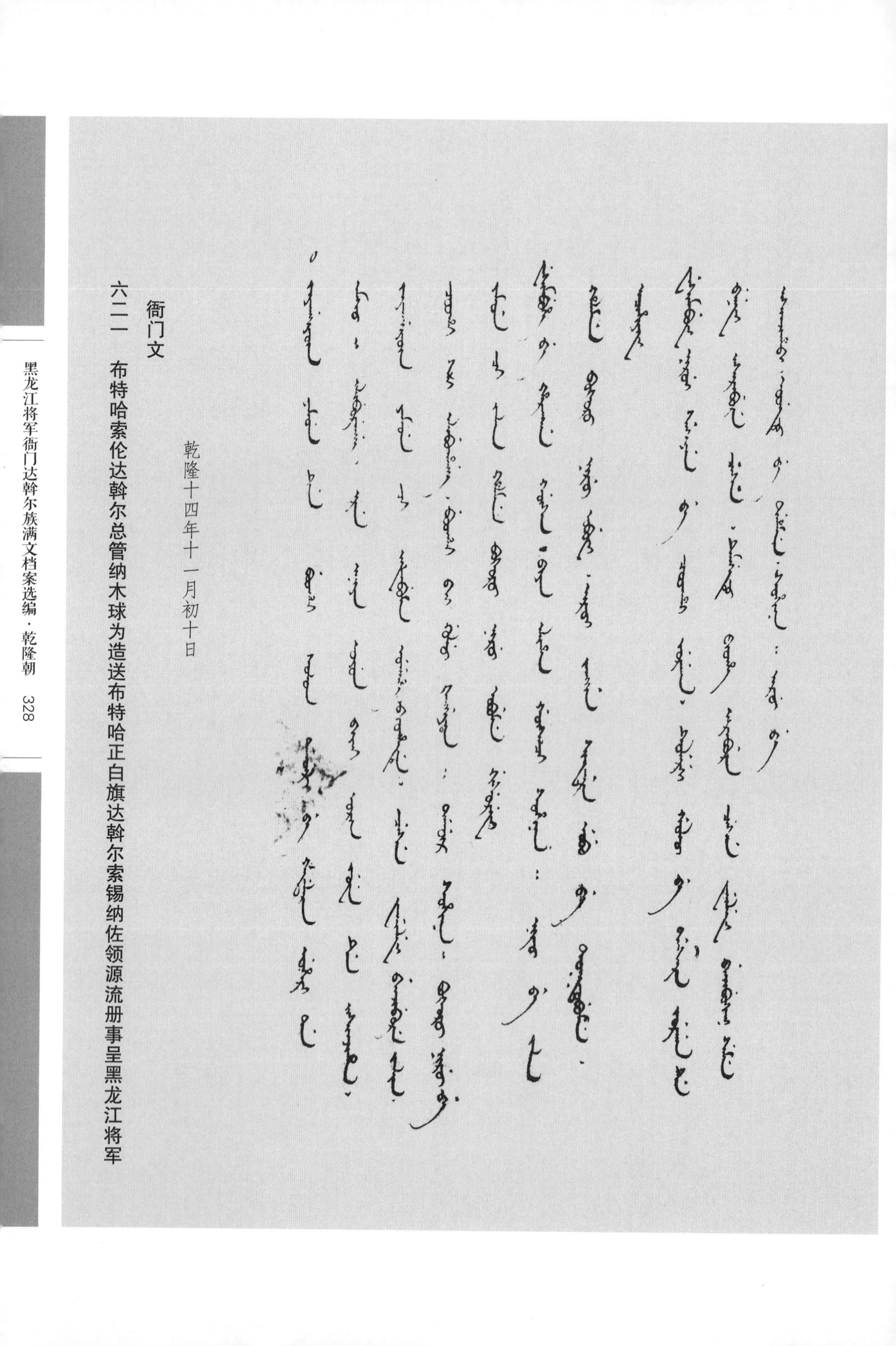

## 六二一 布特哈索伦达斡尔总管纳木球为造送布特哈正白旗达斡尔索锡纳佐领源流册事呈黑龙江将军衙门文

乾隆十四年十一月初十日

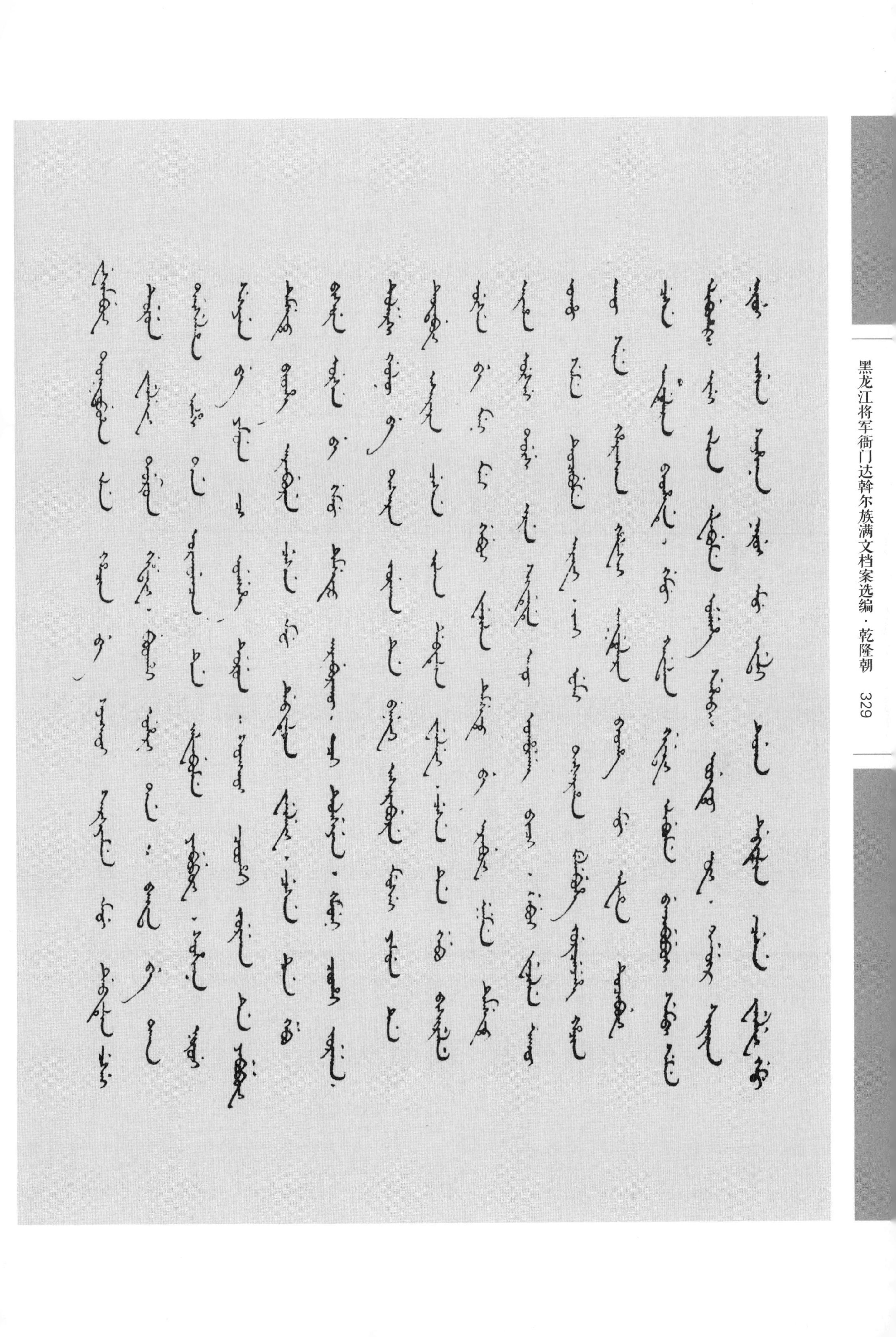

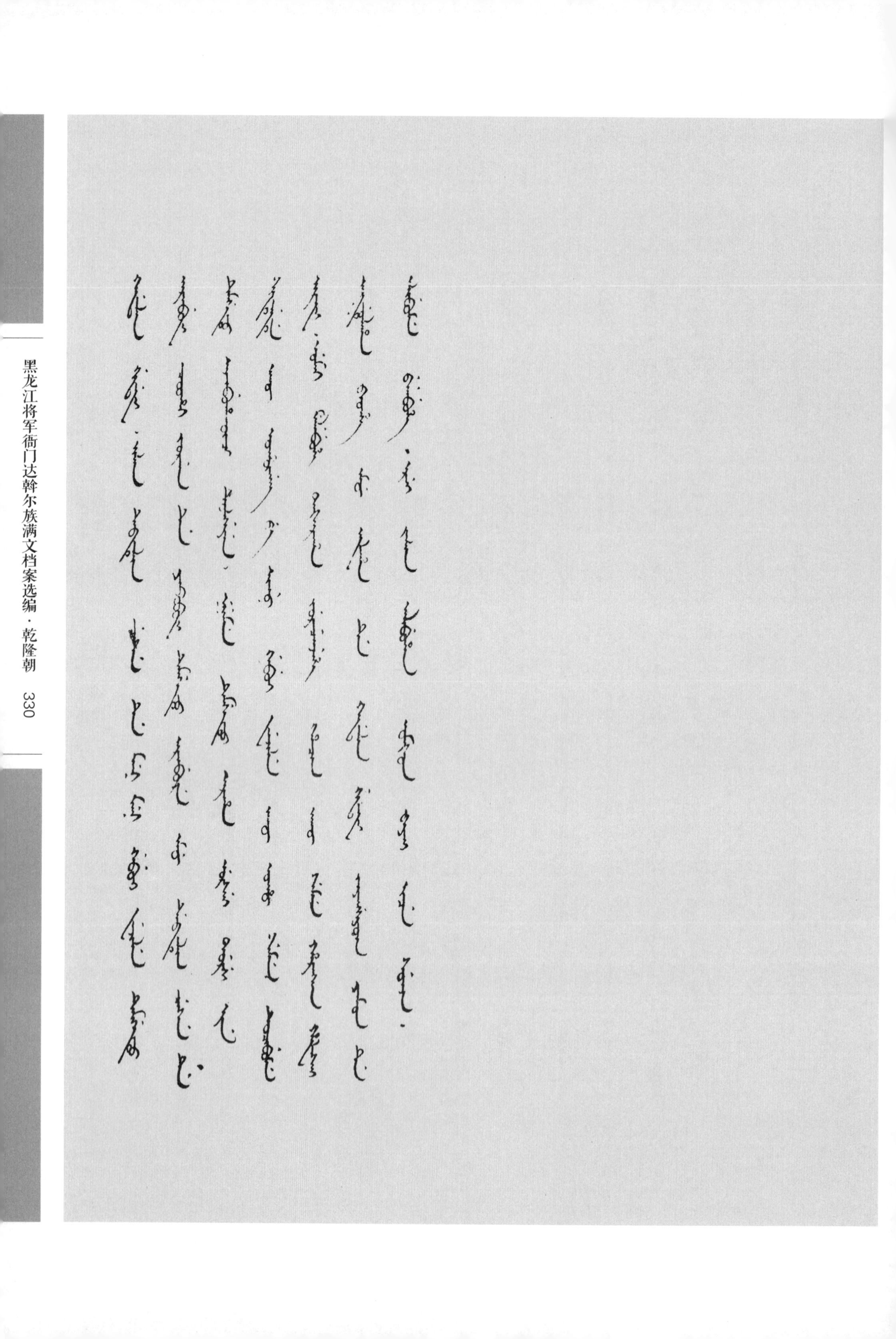

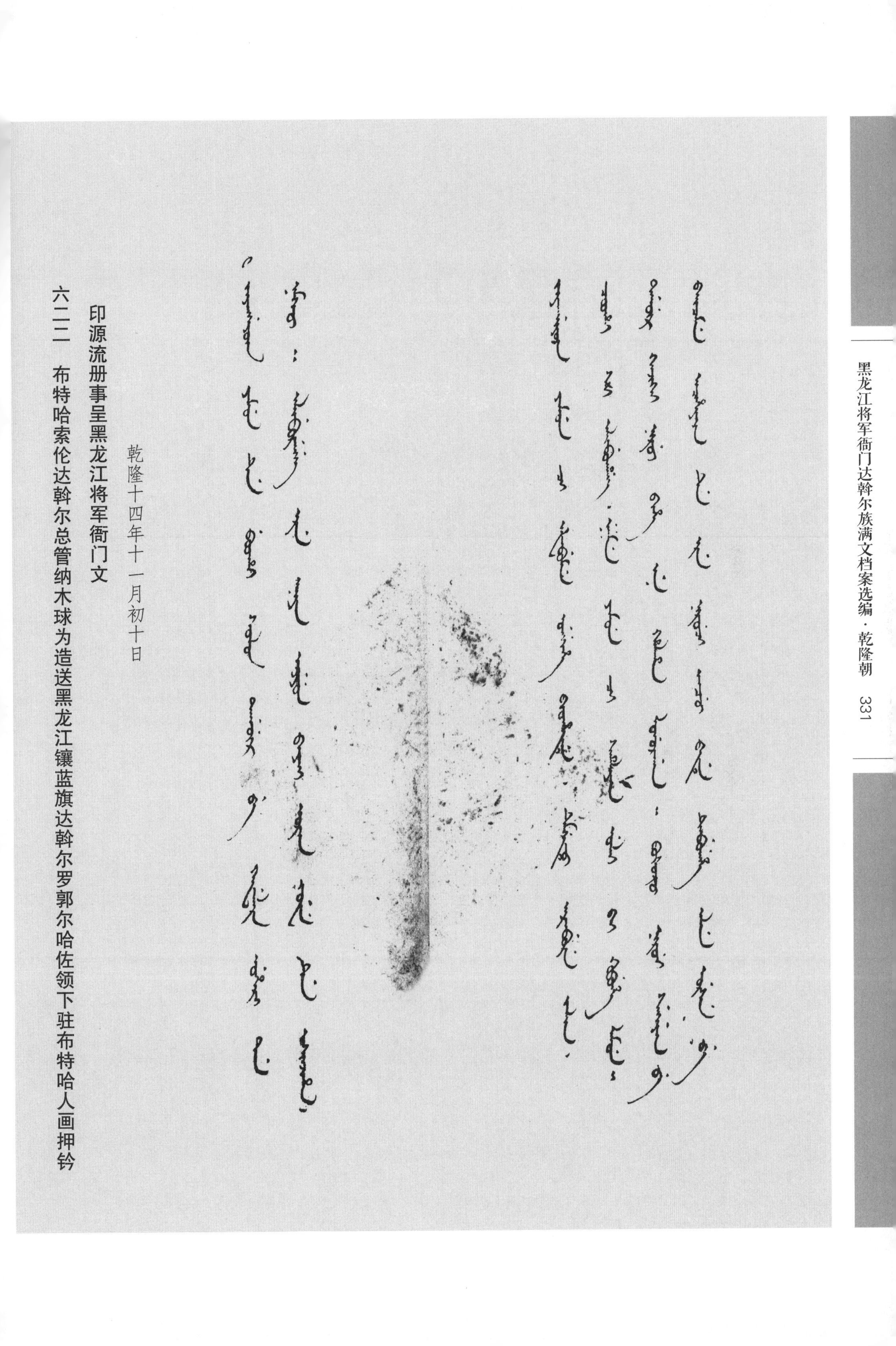

乾隆十四年十一月初十日

## 六二二　布特哈索伦达斡尔总管纳木球为造送黑龙江镶蓝旗达斡尔罗郭尔哈佐领下驻布特哈人画押钤印源流册事呈黑龙江将军衙门文

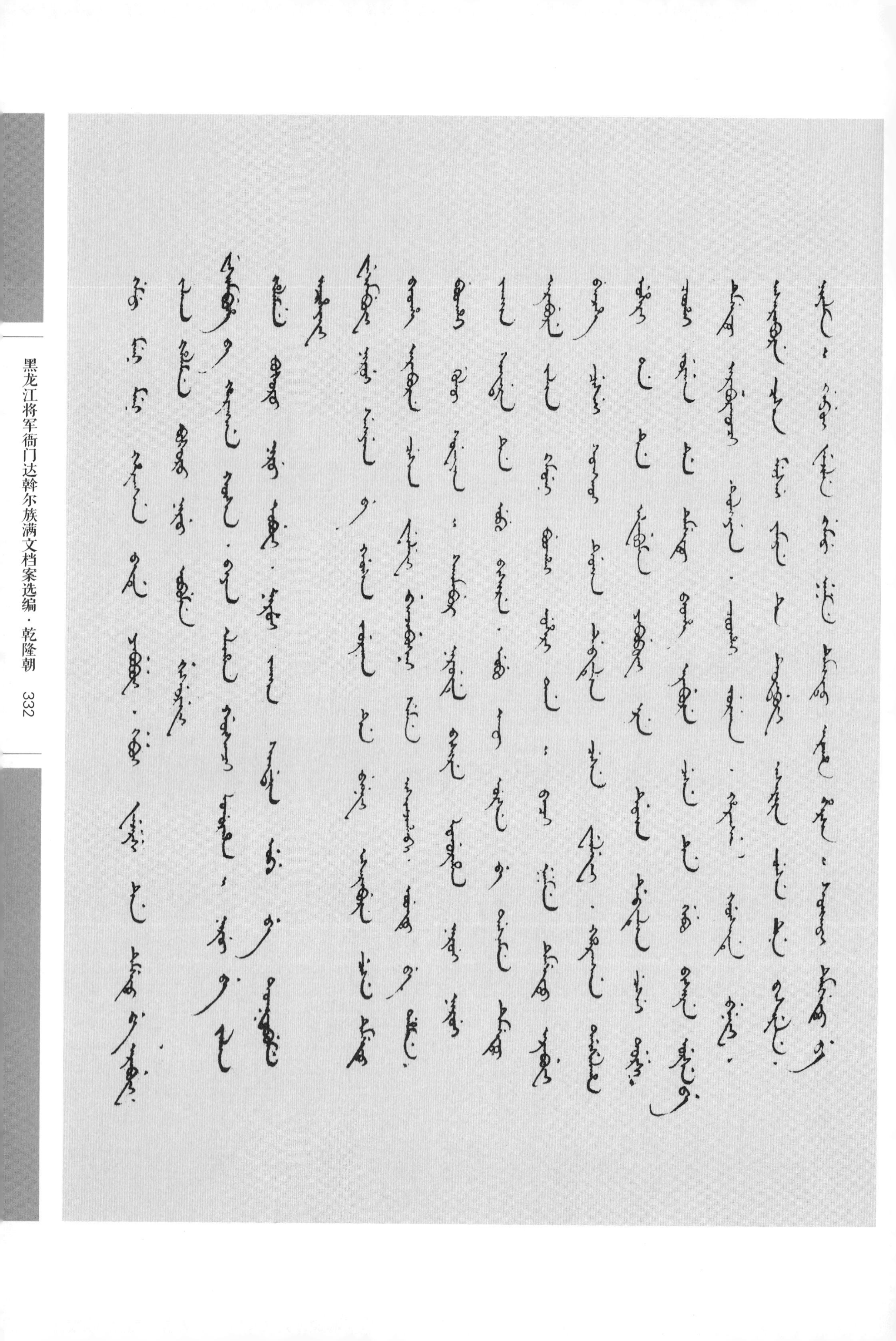

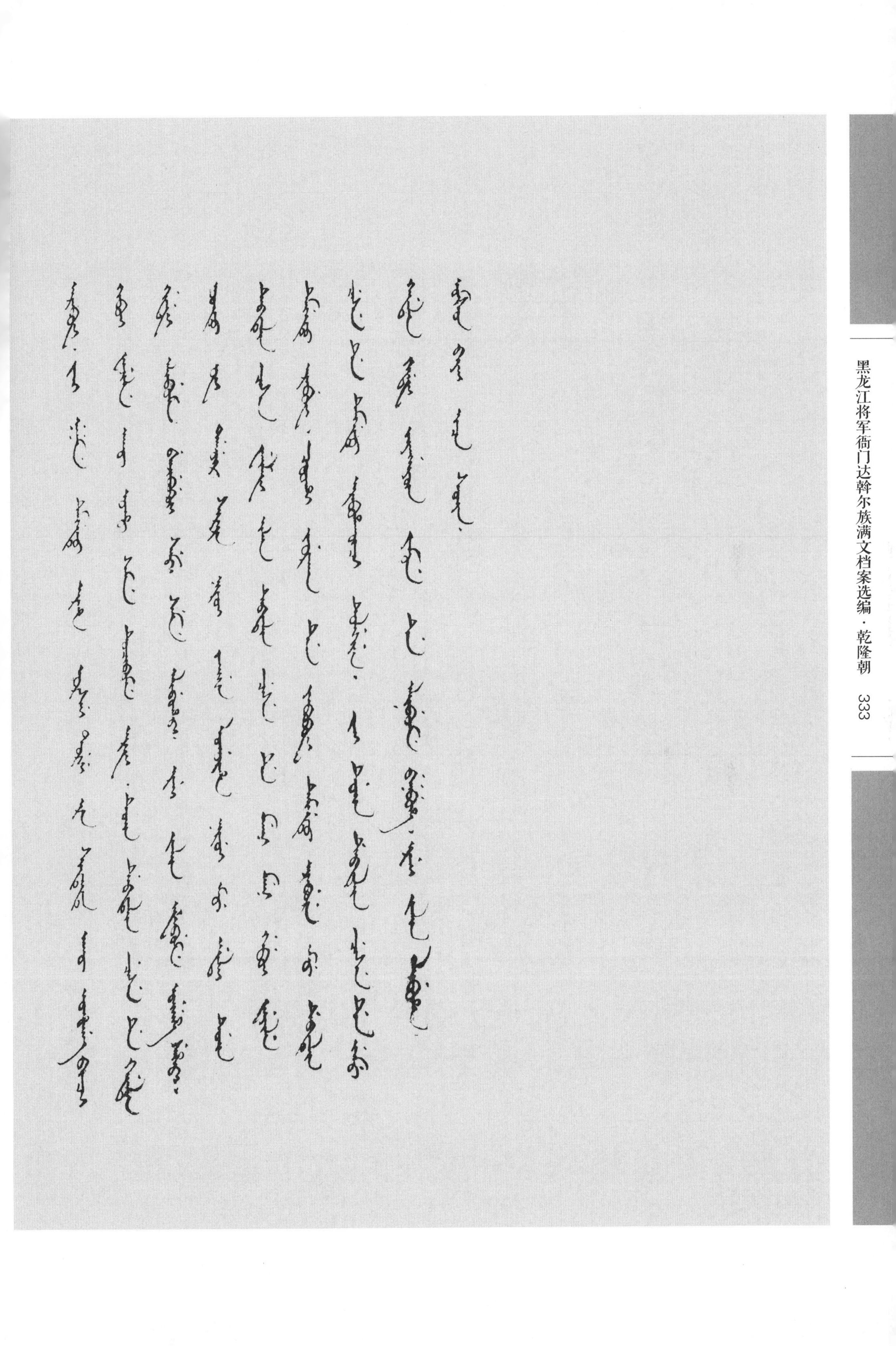

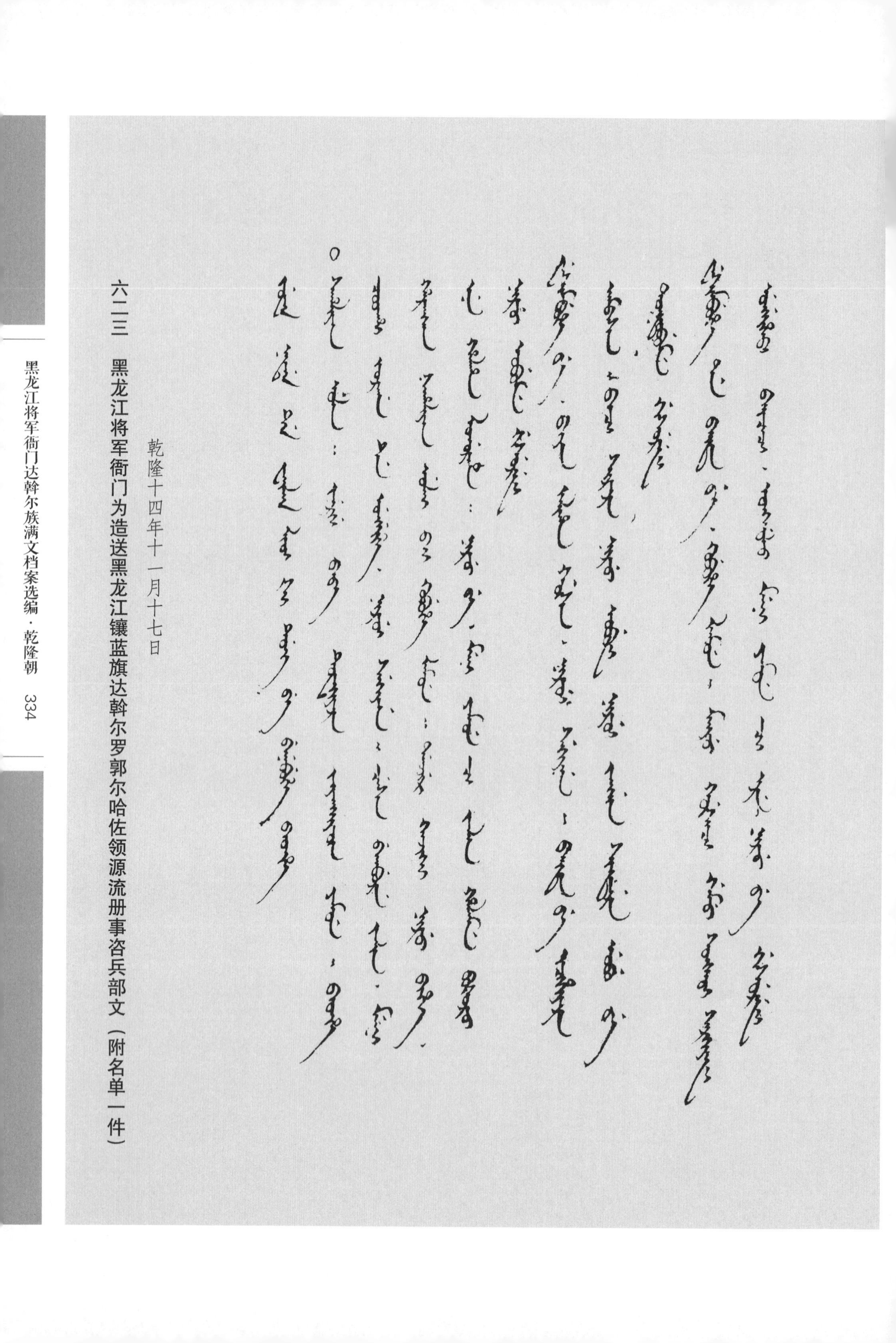

## 六二三　黑龙江将军衙门为造送黑龙江镶蓝旗达斡尔罗郭尔哈佐领源流册事咨兵部文（附名单一件）

乾隆十四年十一月十七日

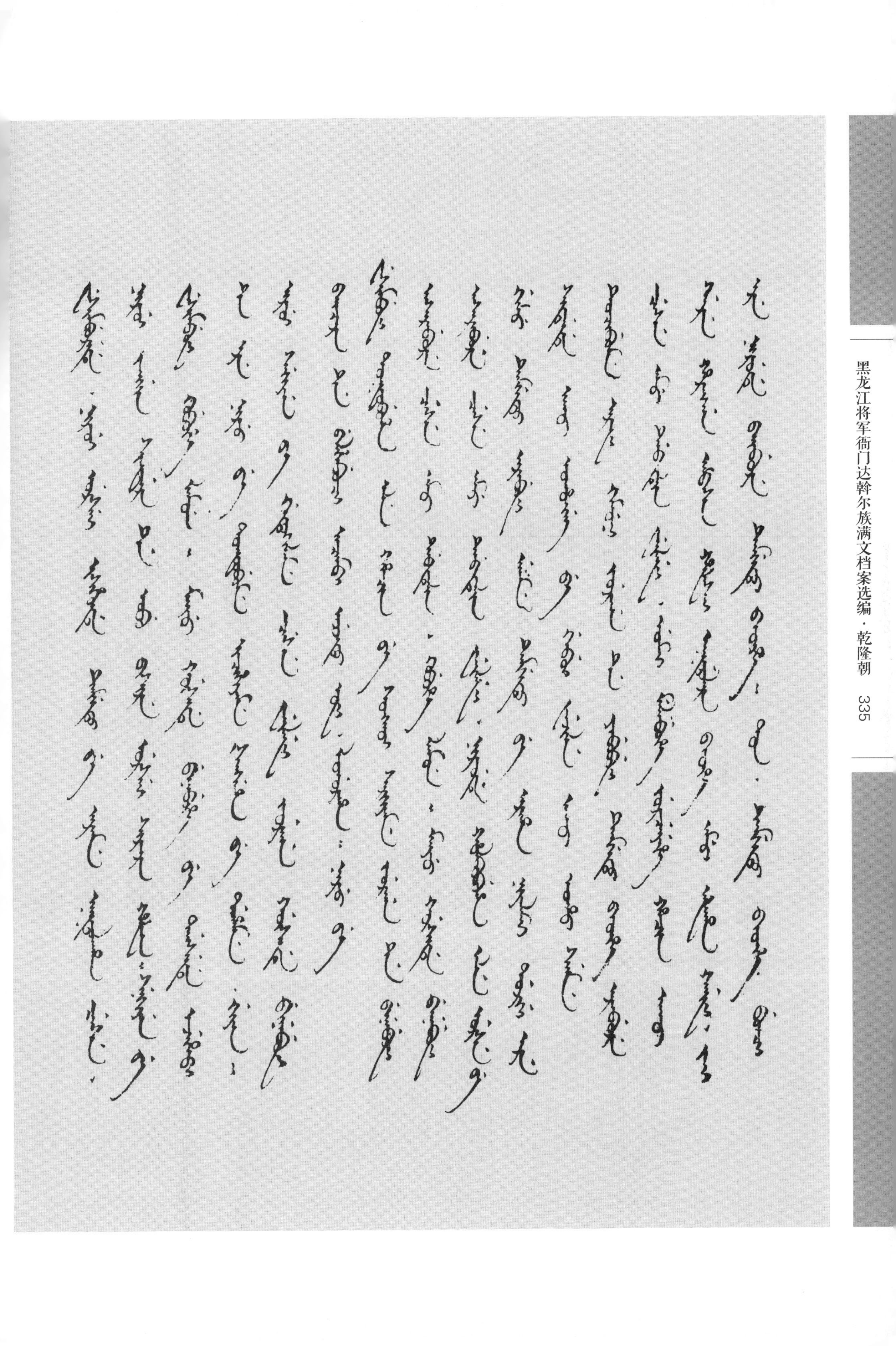

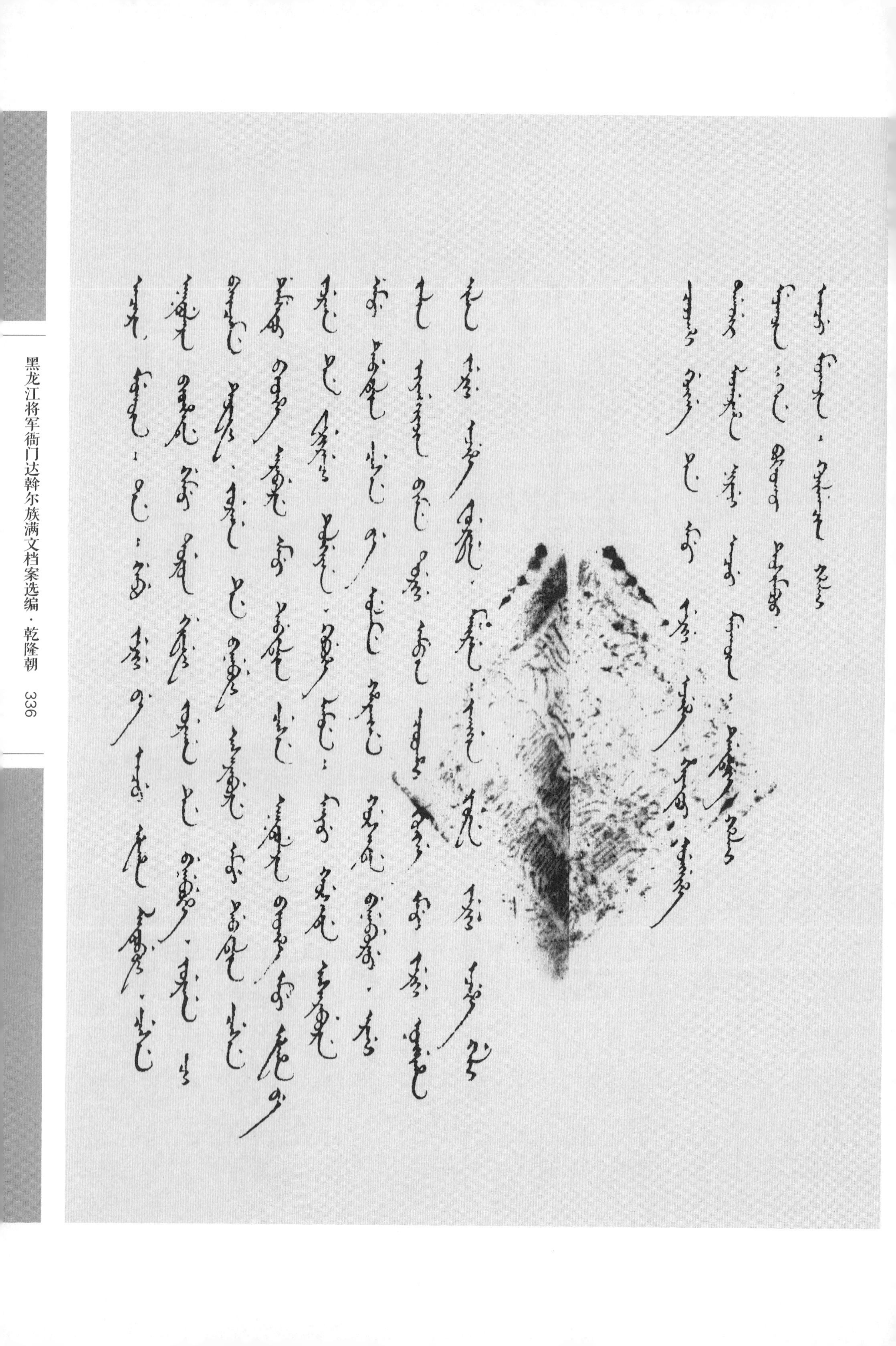

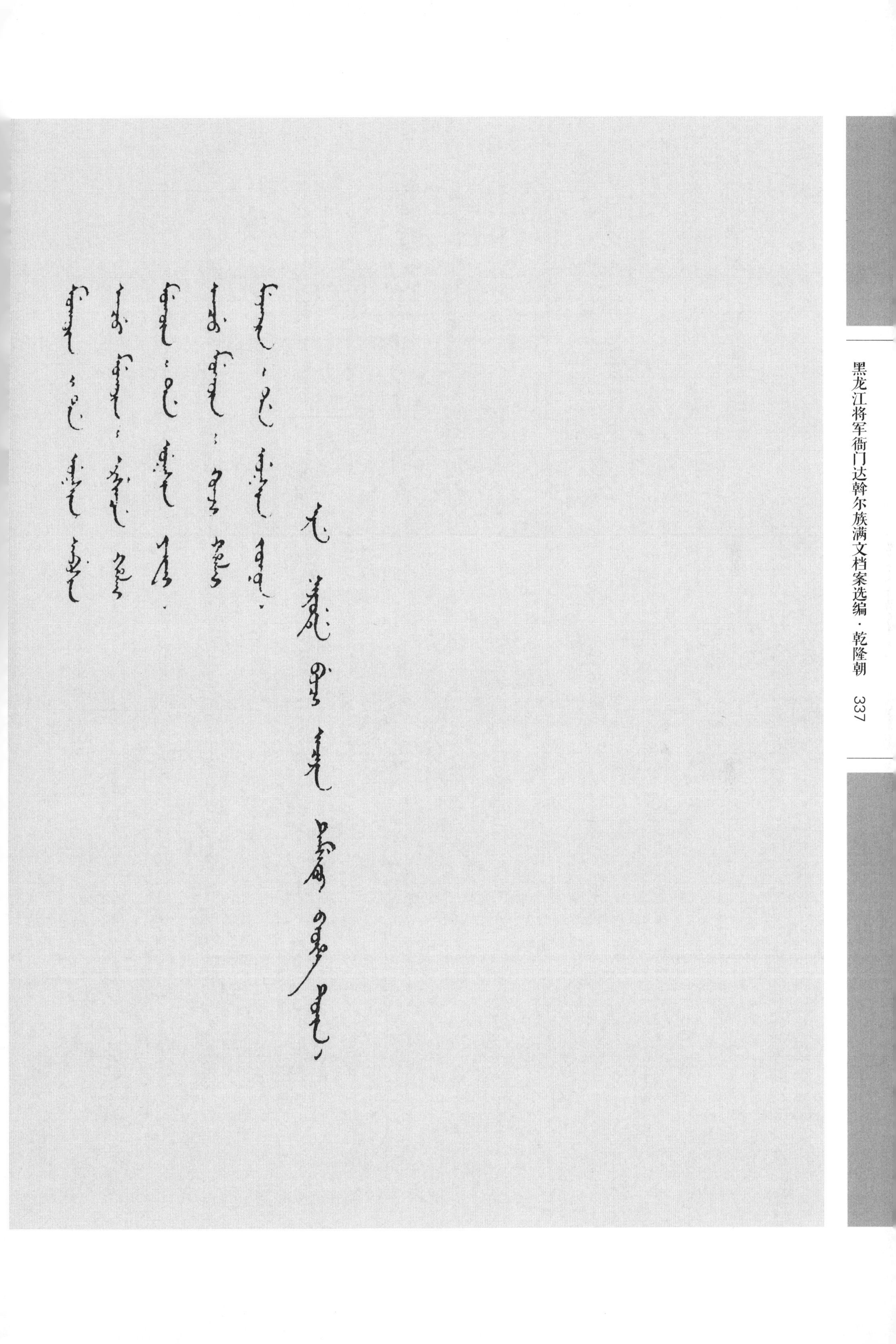

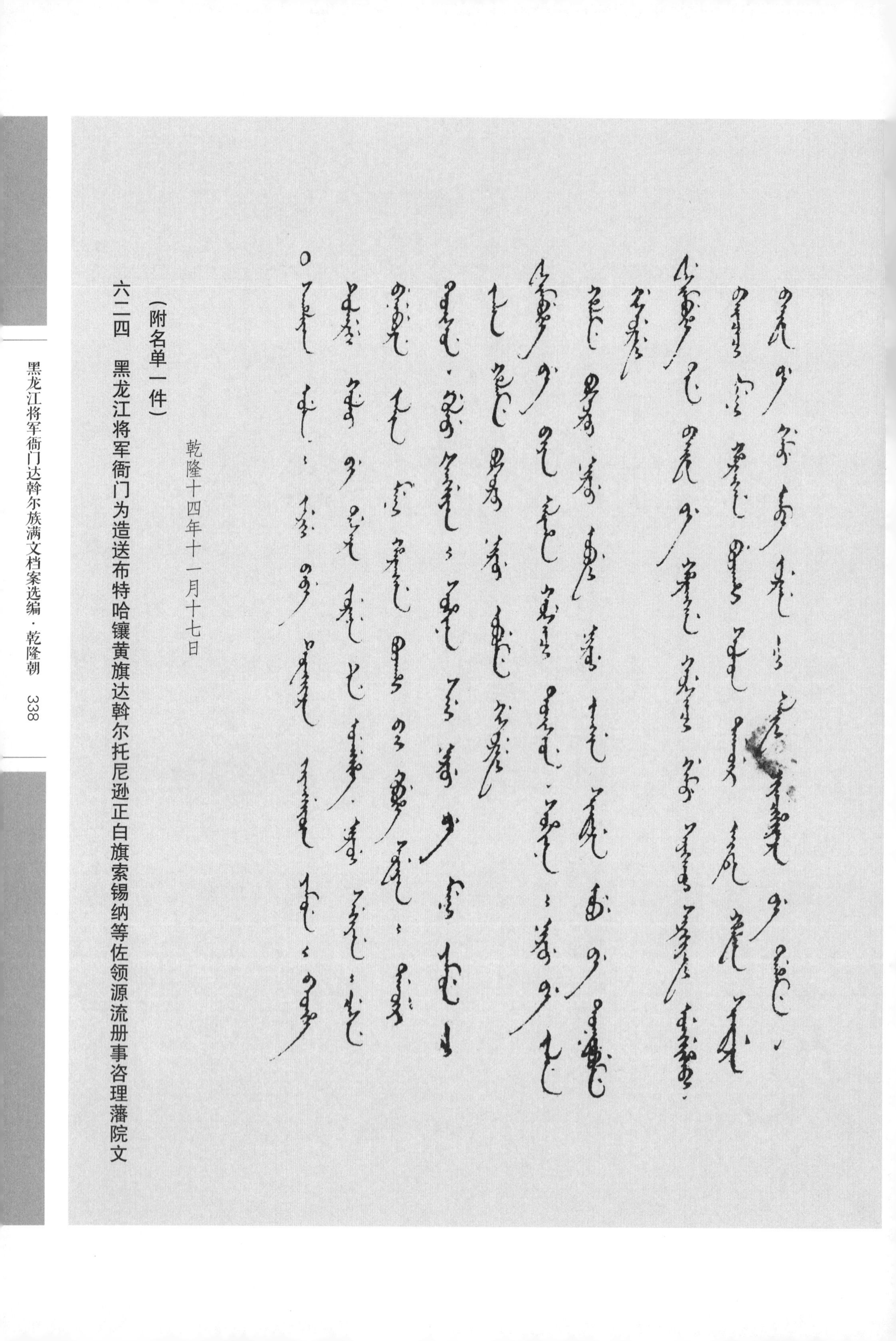

乾隆十四年十一月十七日

（附名单一件）

## 六二四　黑龙江将军衙门为造送布特哈镶黄旗达斡尔托尼逊正白旗索锡纳等佐领源流册事咨理藩院文

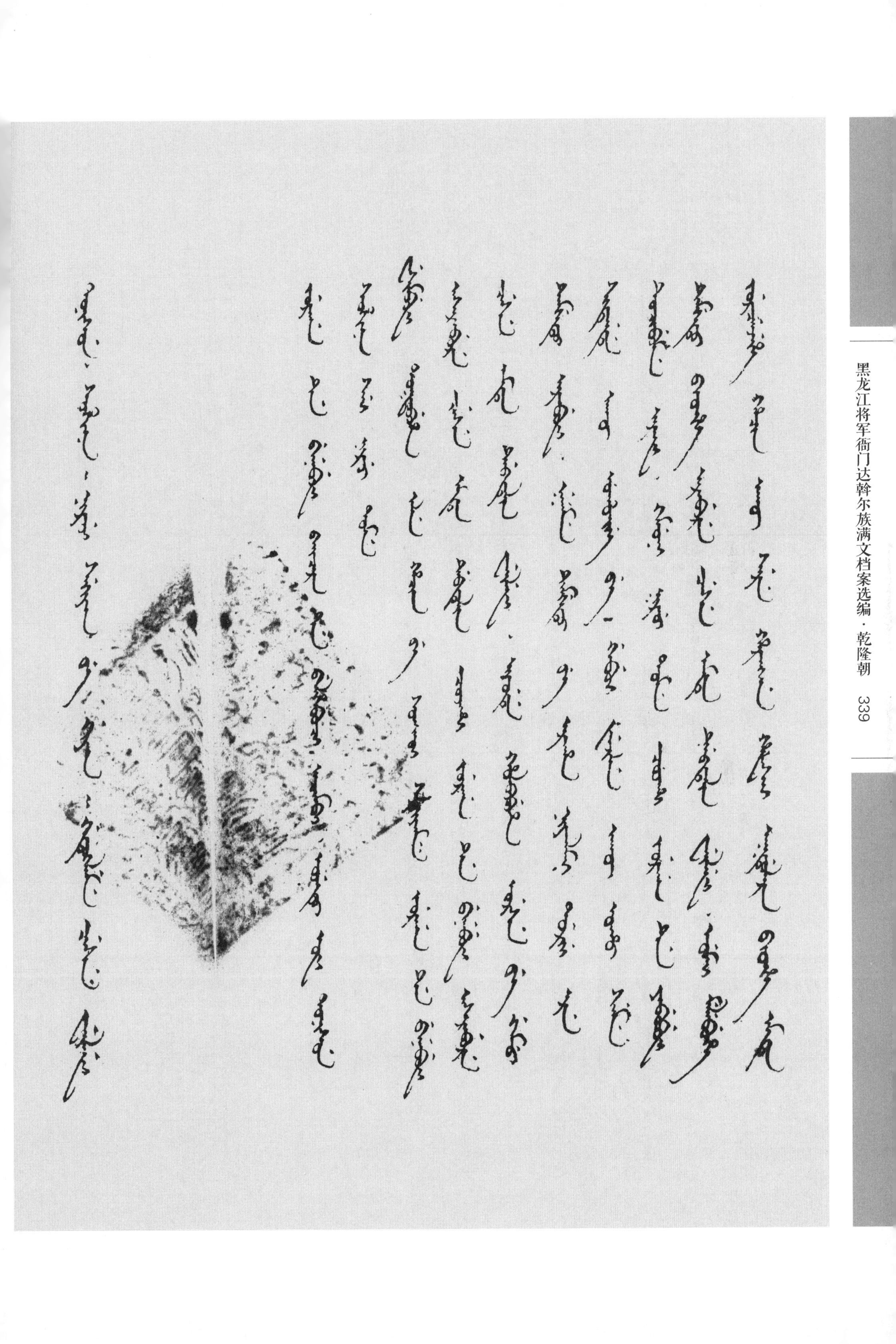

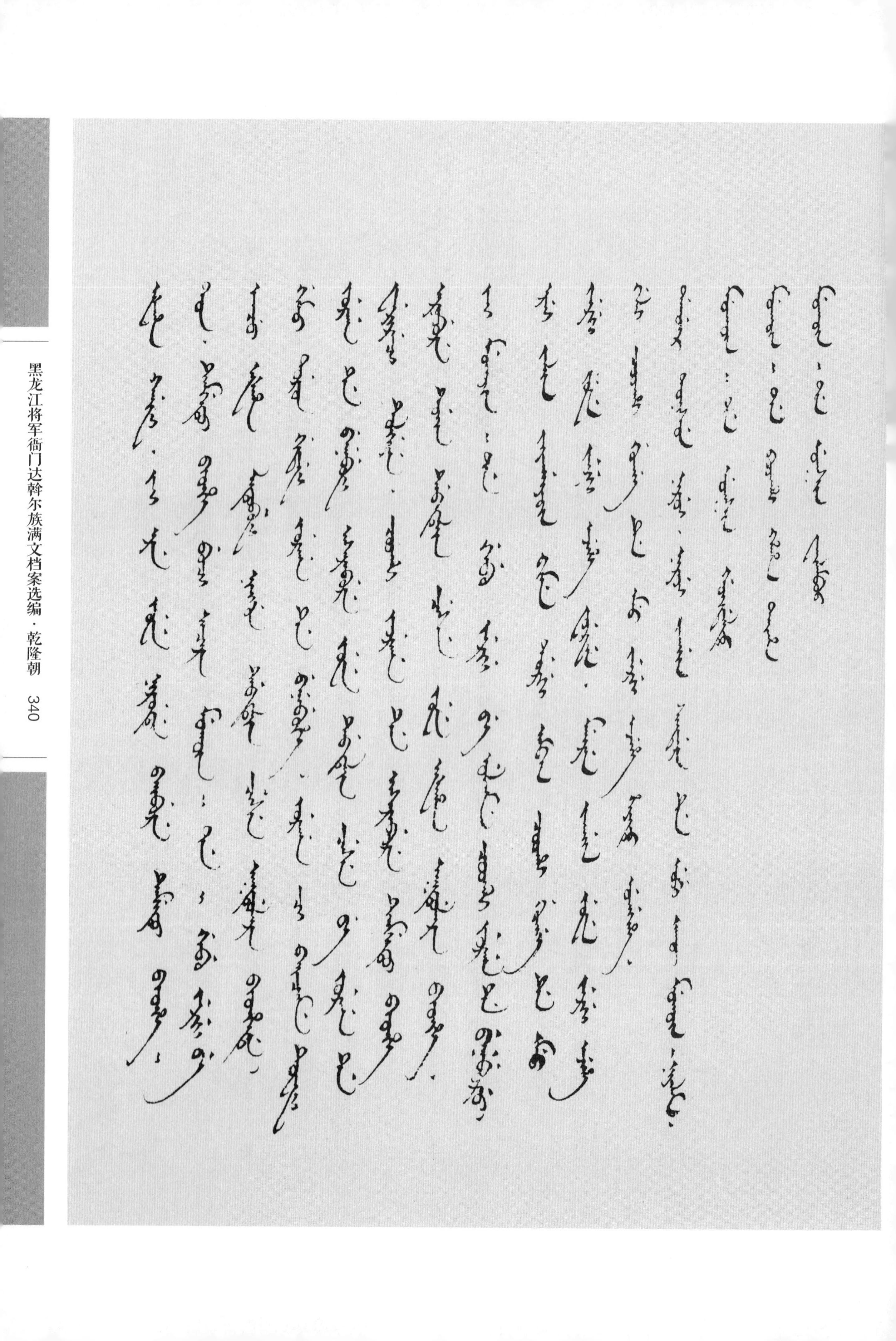

[illegible]

ᠮᡝᡳᡵᡝᠨ ᡳ ᠵᠠᠩᡤᡳᠨ [illegible]

[illegible]

[illegible]

ᠮᡝᡳᡵᡝᠨ ᡳ ᠵᠠᠩᡤᡳᠨ ᠪᠣᡧᠣᡴᡡ [illegible]

ᠮᡝᡳᡵᡝᠨ ᡳ ᠵᠠᠩᡤᡳᠨ [illegible]

ᠮᡝᡳᡵᡝᠨ ᡳ ᠵᠠᠩᡤᡳᠨ [illegible]

ᠮᡝᡳᡵᡝᠨ ᡳ ᠵᠠᠩᡤᡳᠨ [illegible]

[illegible]

## 六二五　兵部为从金川撤回索伦达斡尔等官兵内择员驻京引见事咨黑龙江将军等文（附名单一件）

乾隆十四年十二月初五日

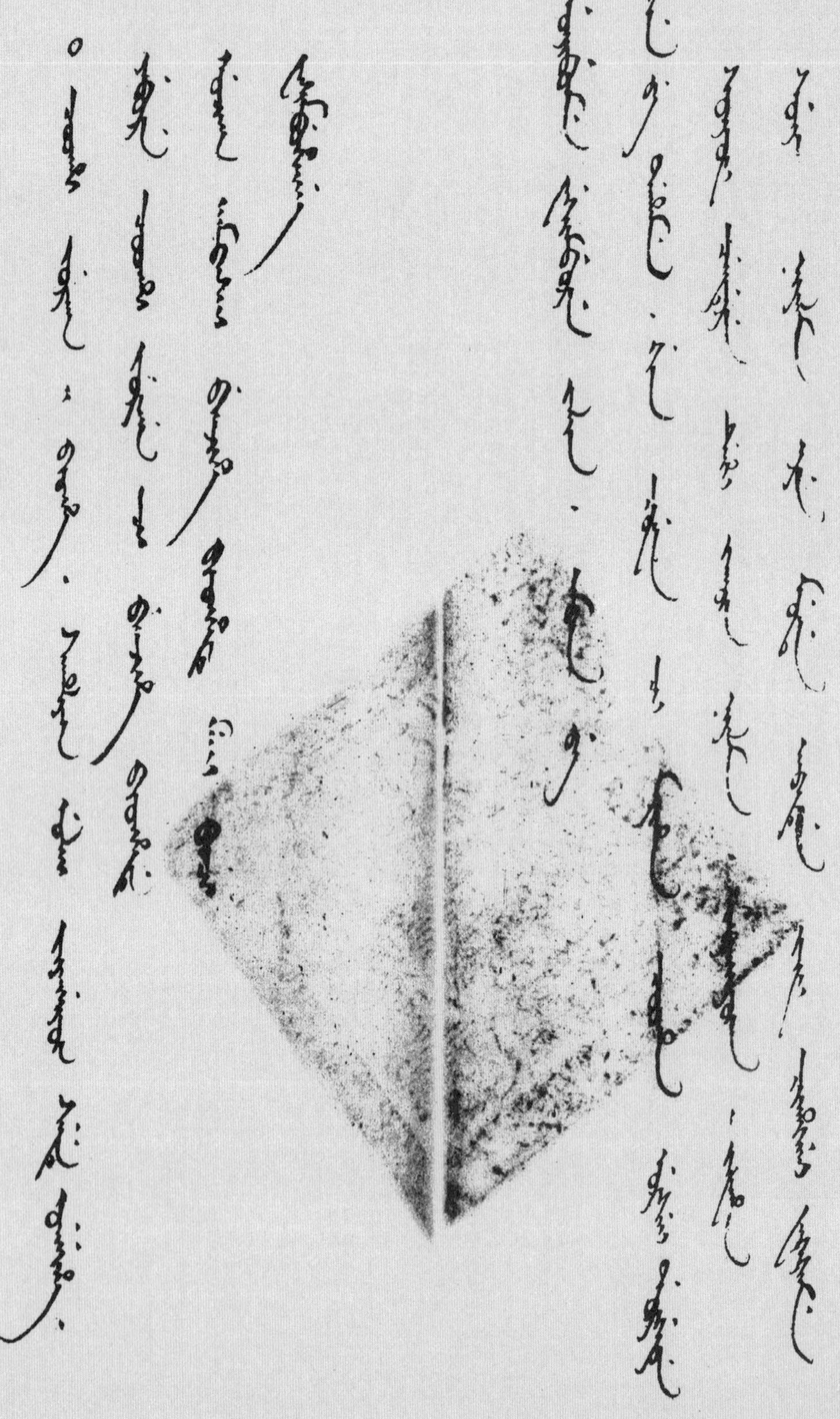

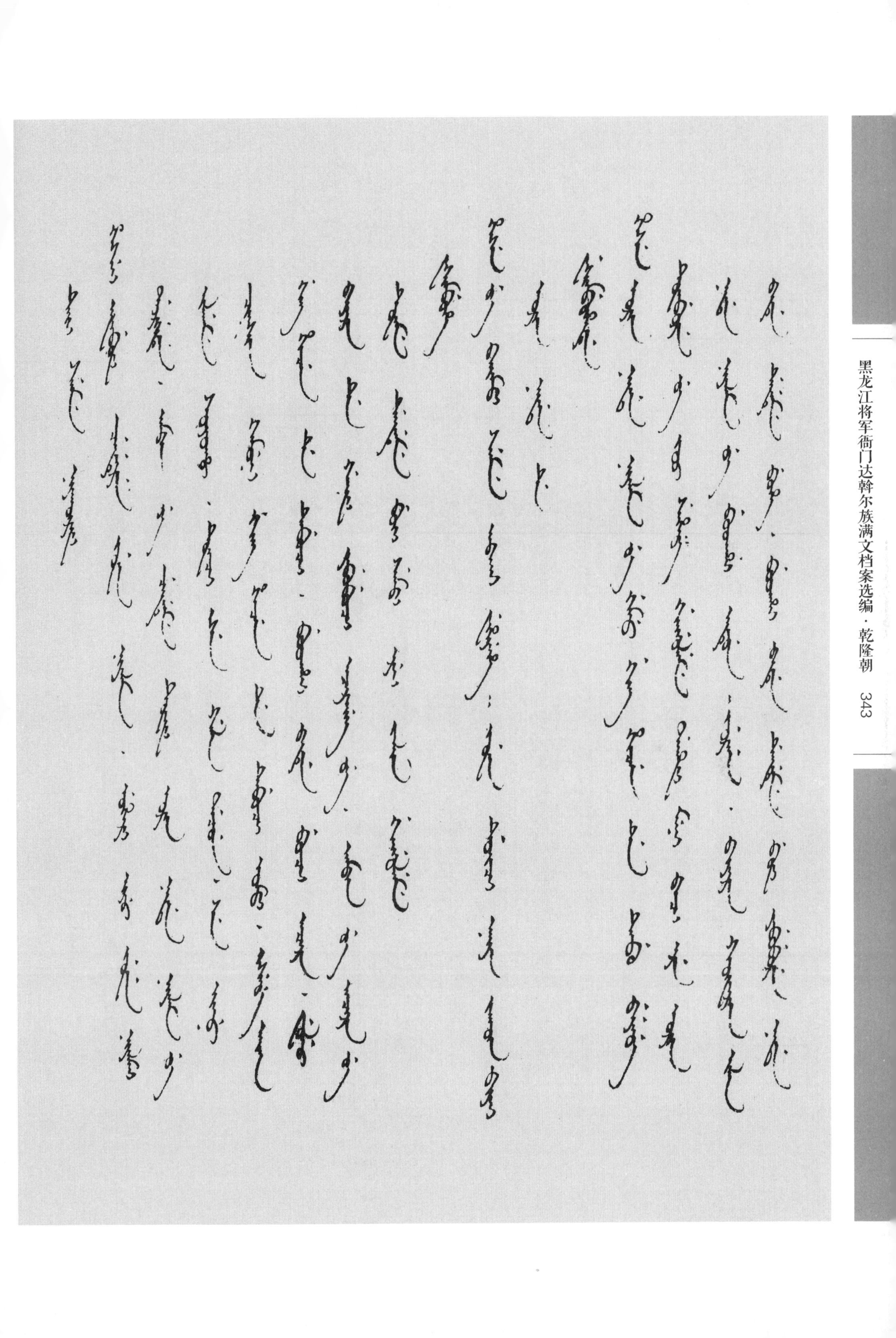

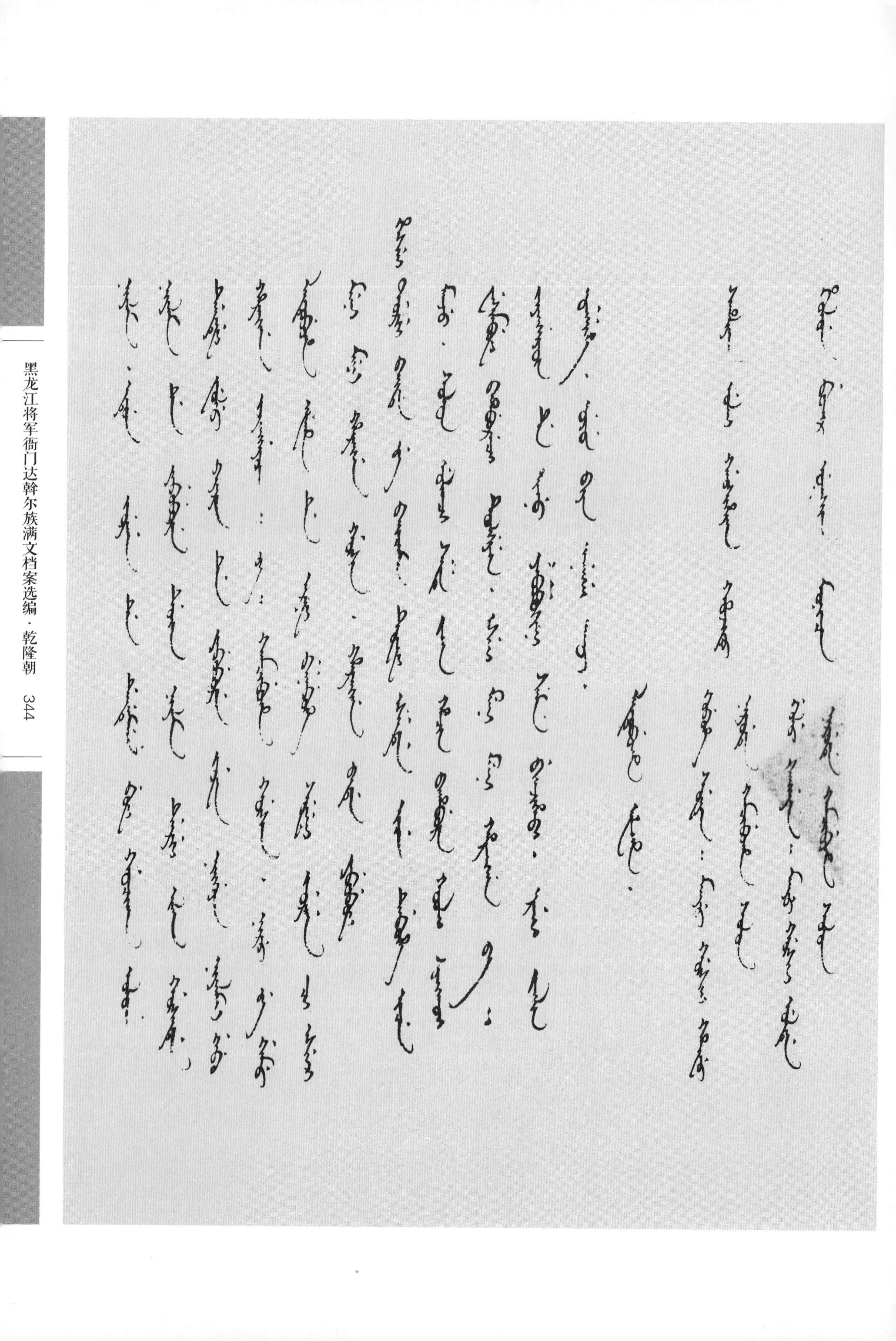

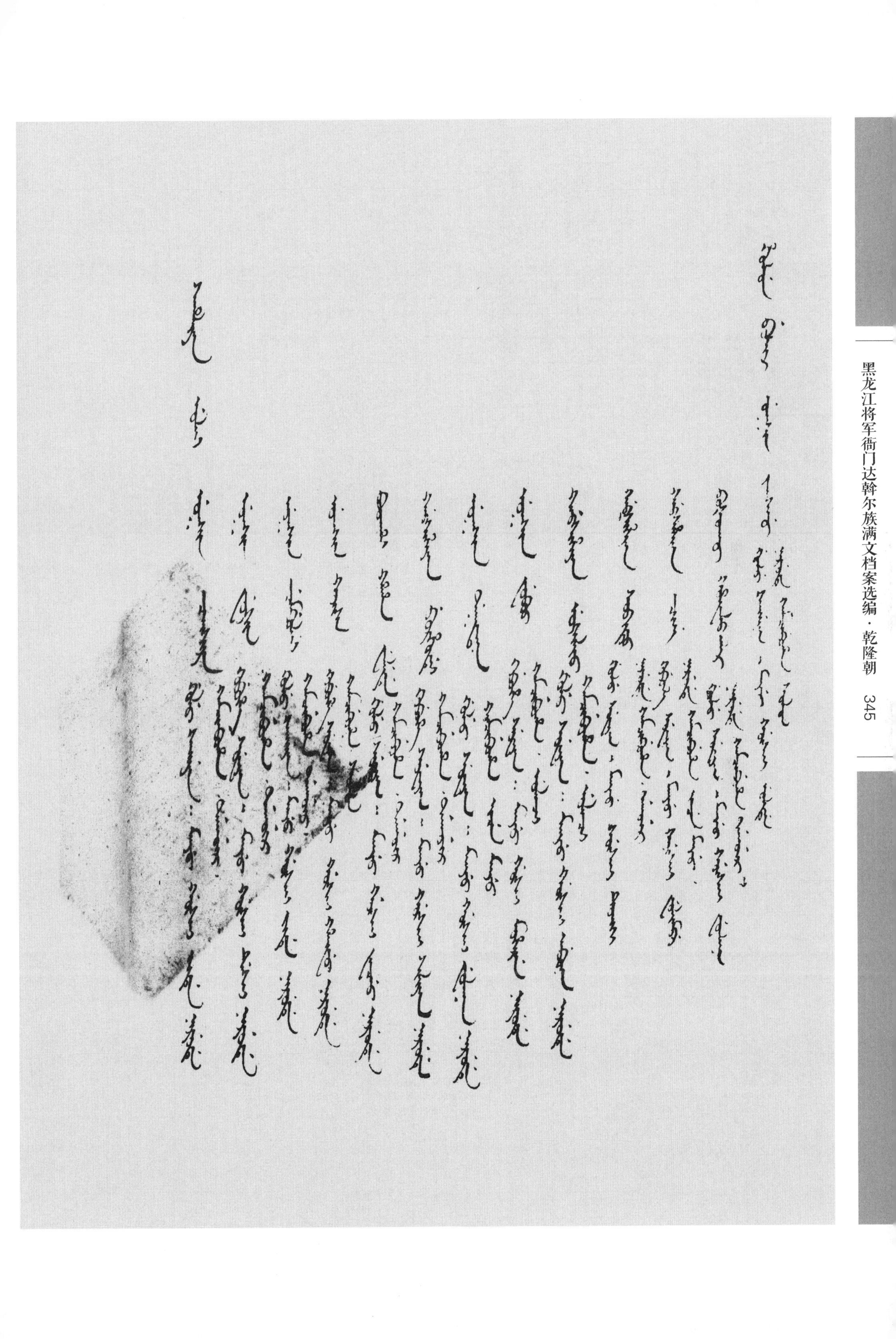

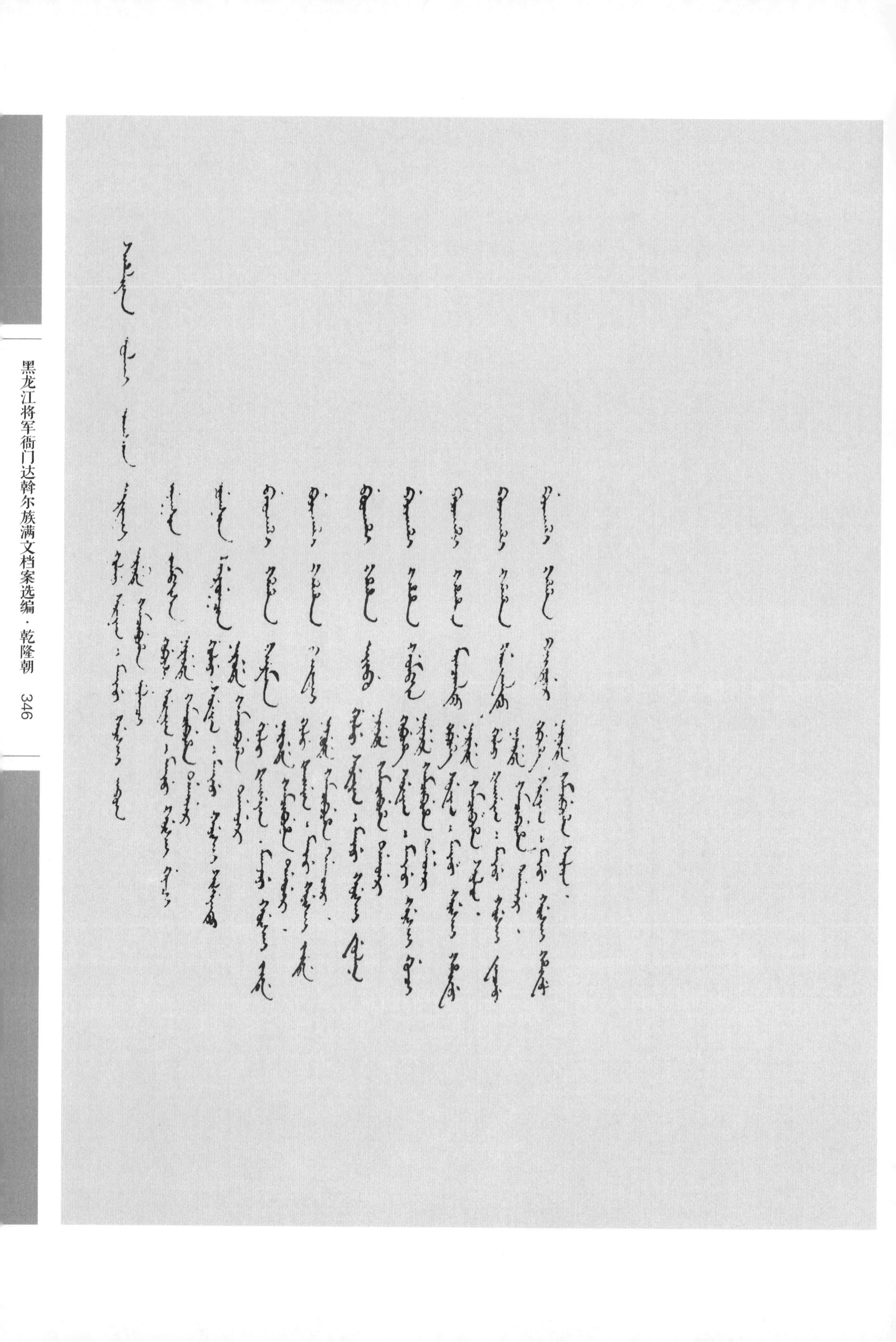

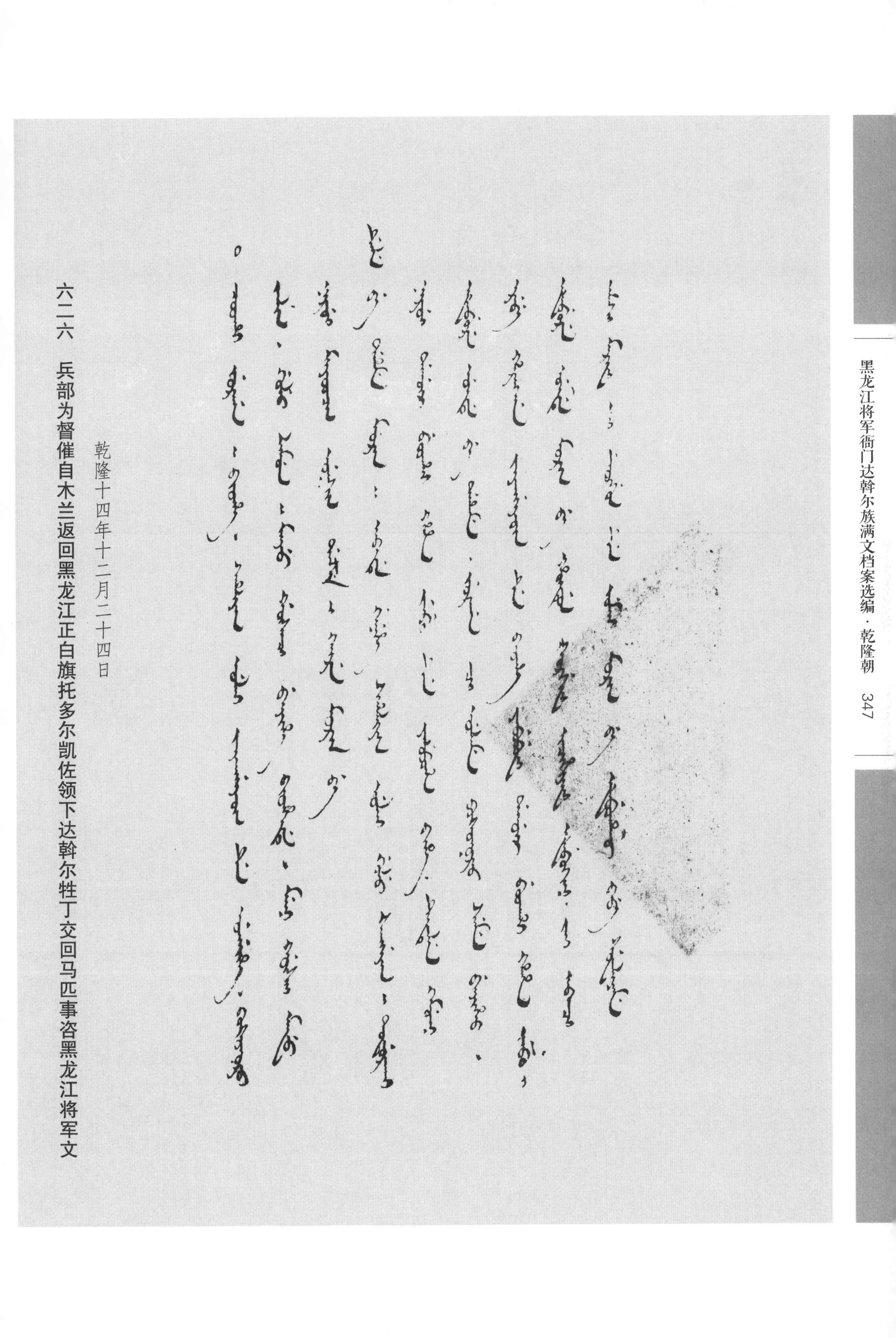

## 六二六　兵部为督催自木兰返回黑龙江正白旗托多尔凯佐领下达斡尔牲丁交回马匹事咨黑龙江将军文

乾隆十四年十二月二十四日

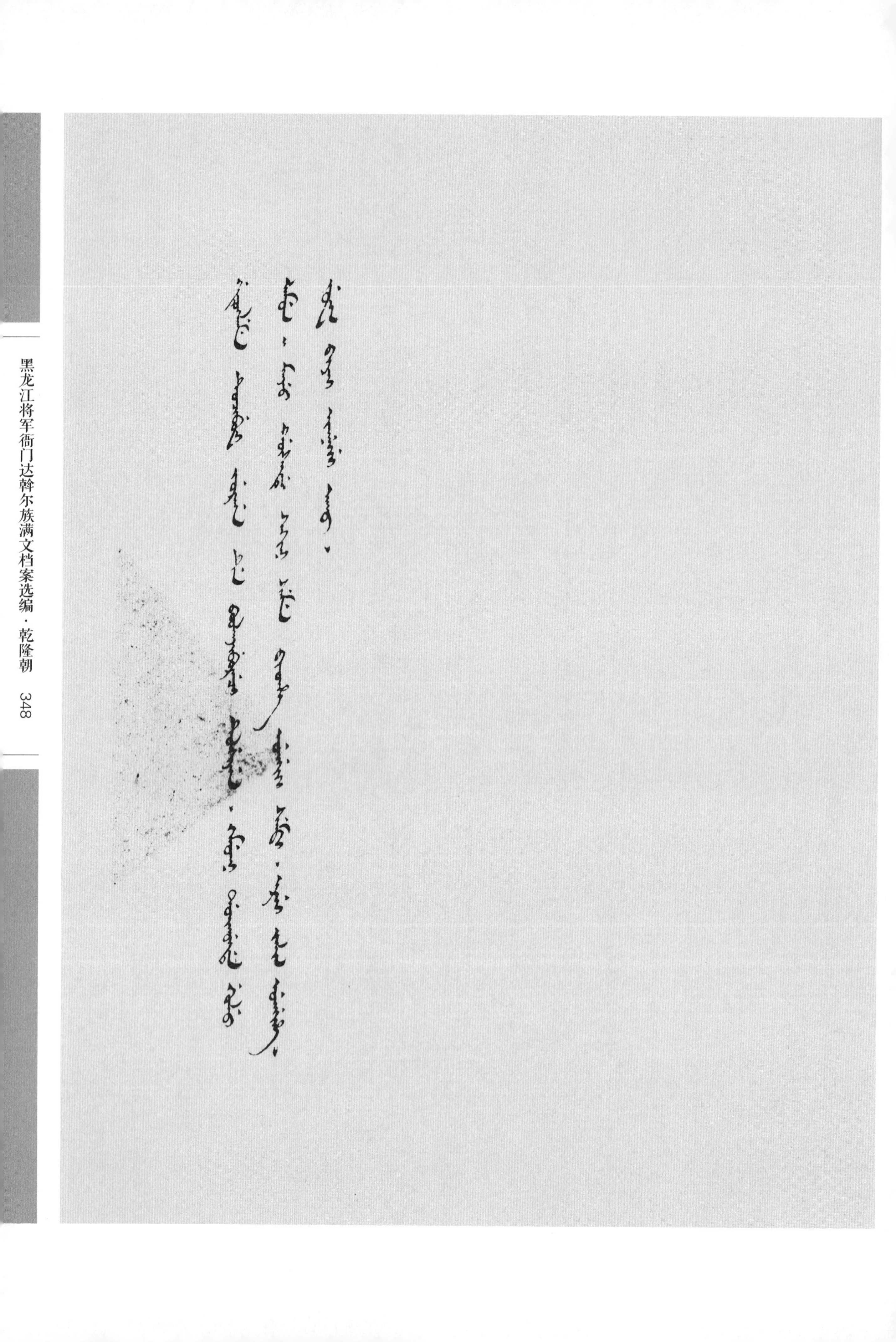

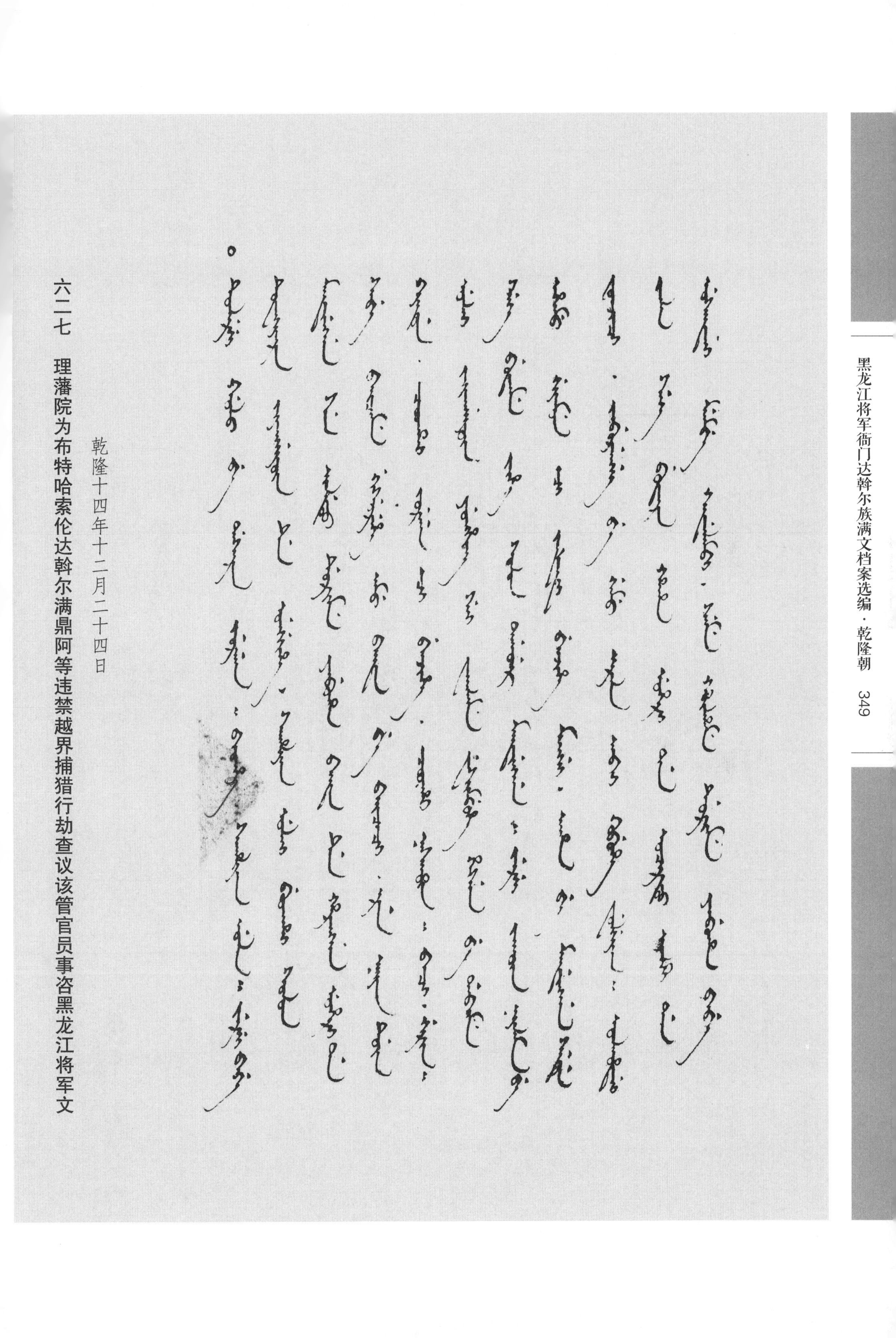

## 六二七 理藩院为布特哈索伦达斡尔满鼎阿等违禁越界捕猎行劫查议该管官员事咨黑龙江将军文

乾隆十四年十二月二十四日

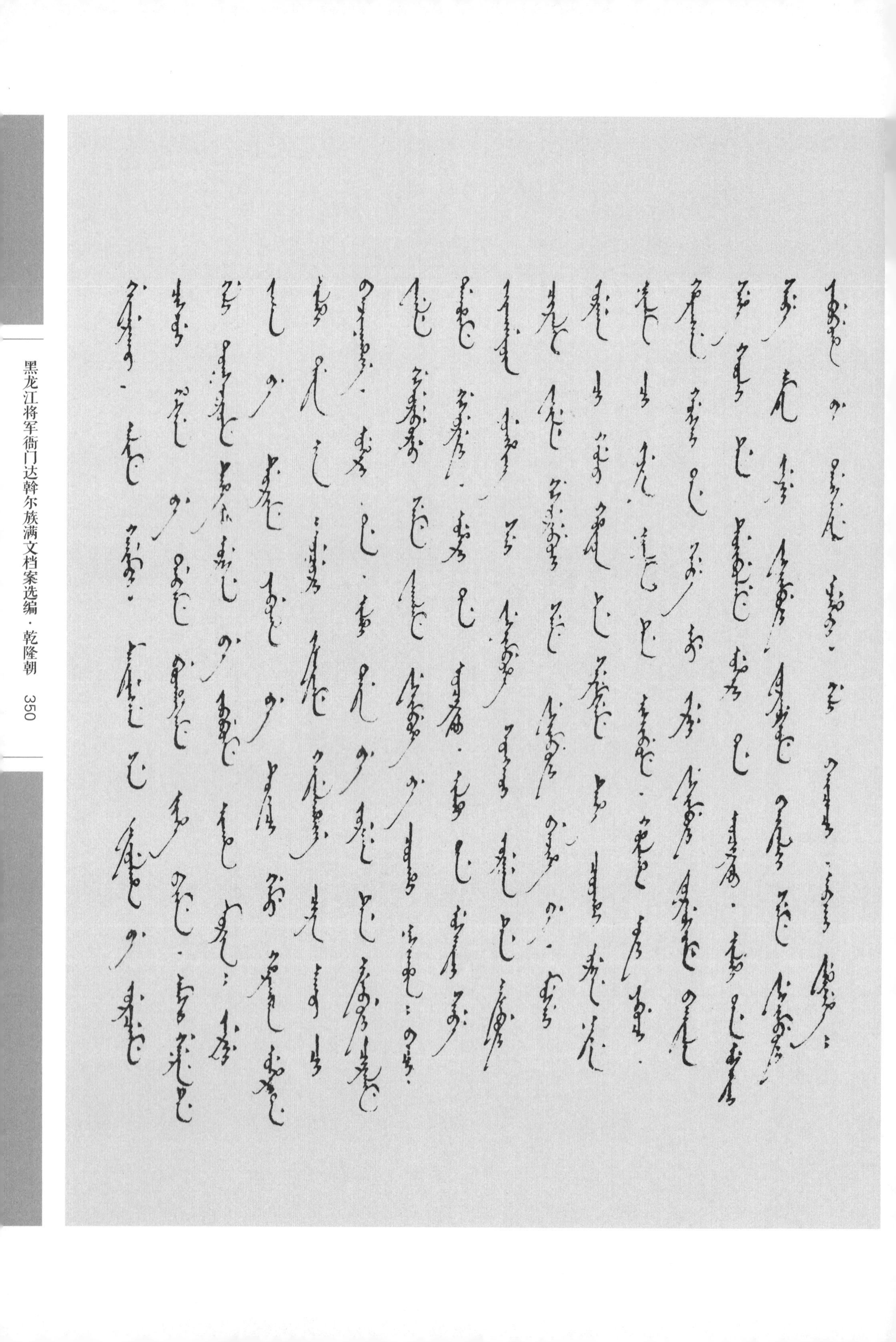

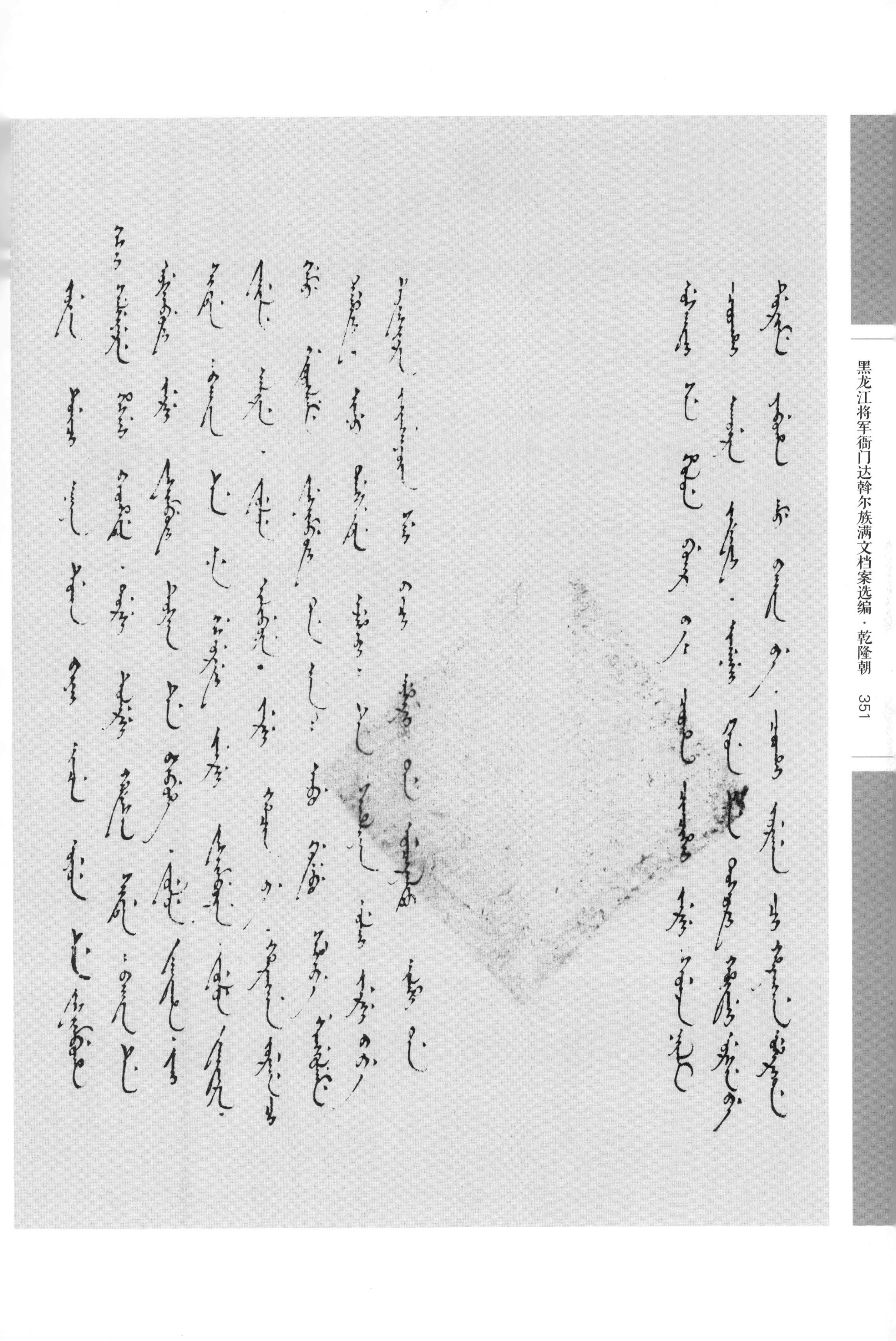

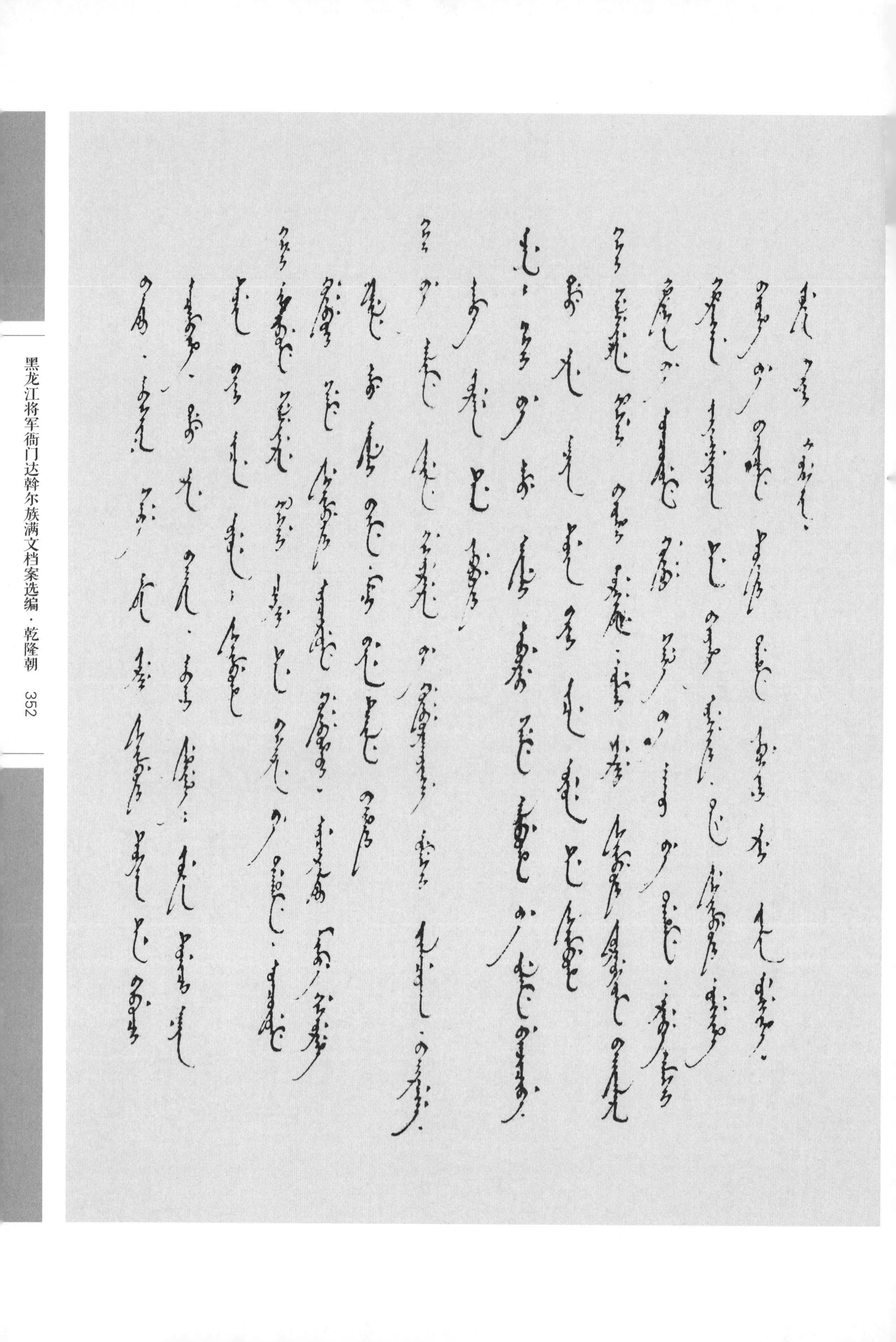

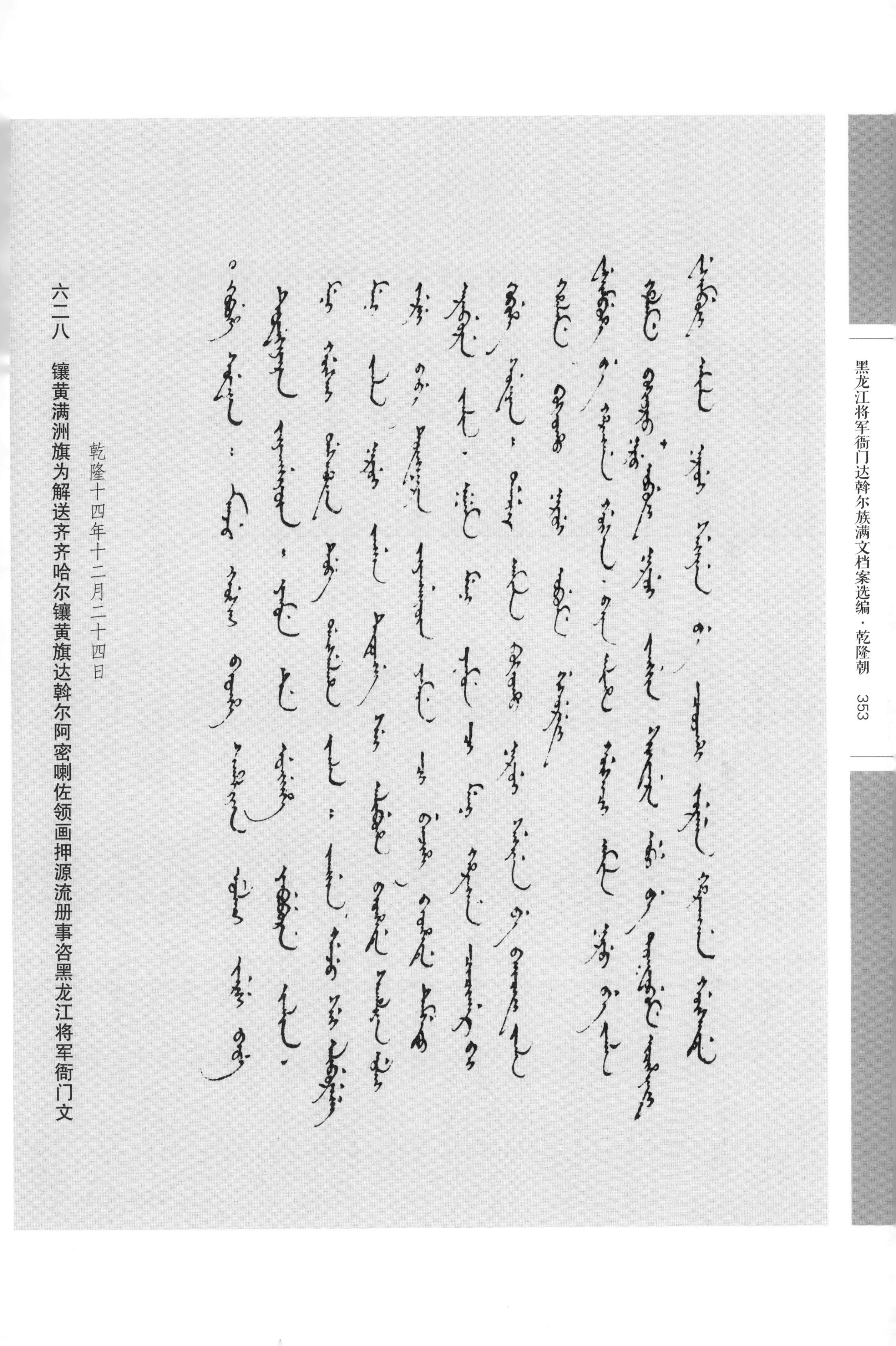

## 六二八 镶黄满洲旗为解送齐齐哈尔镶黄旗达斡尔阿密喇佐领画押源流册事咨黑龙江将军衙门文

乾隆十四年十二月二十四日

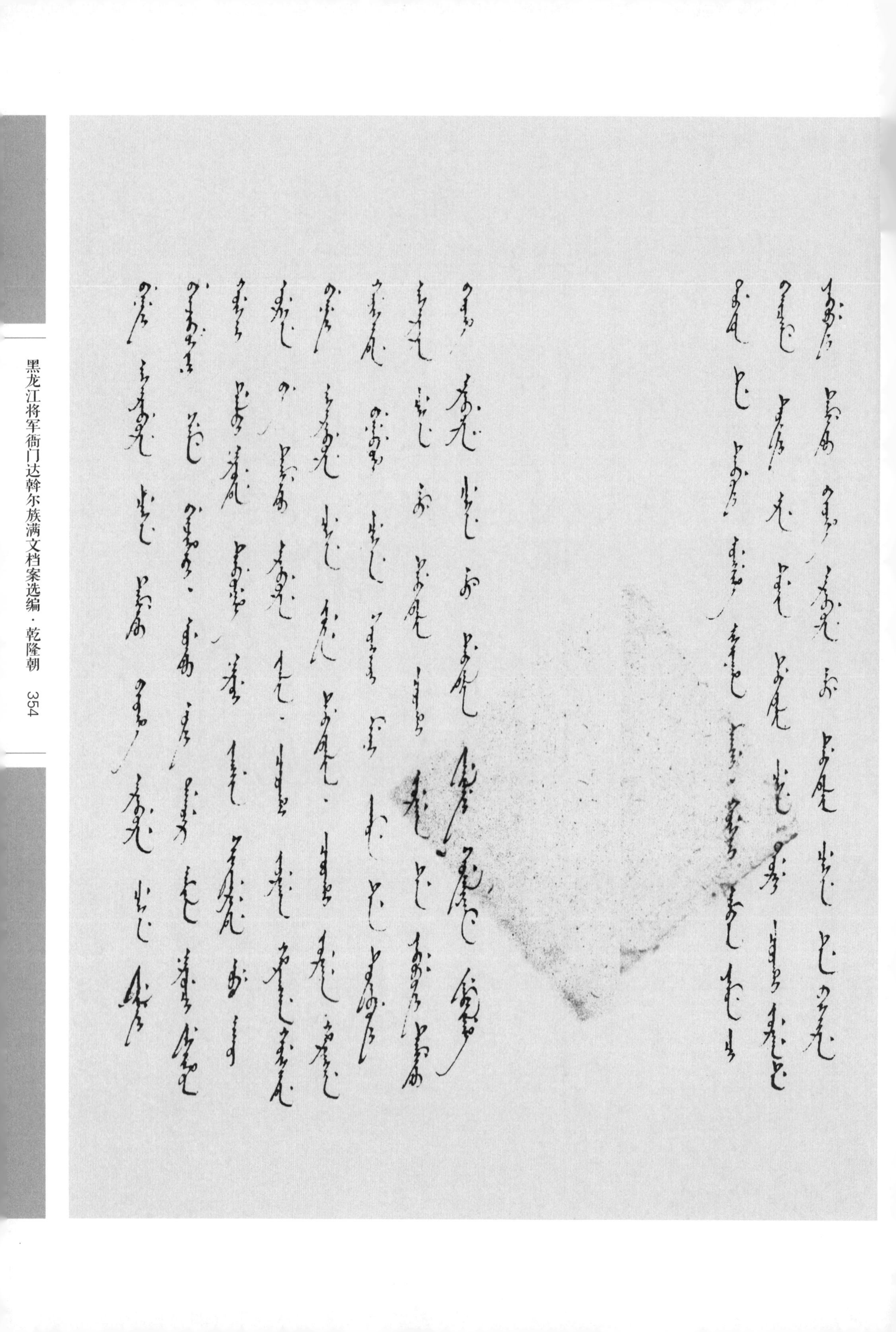

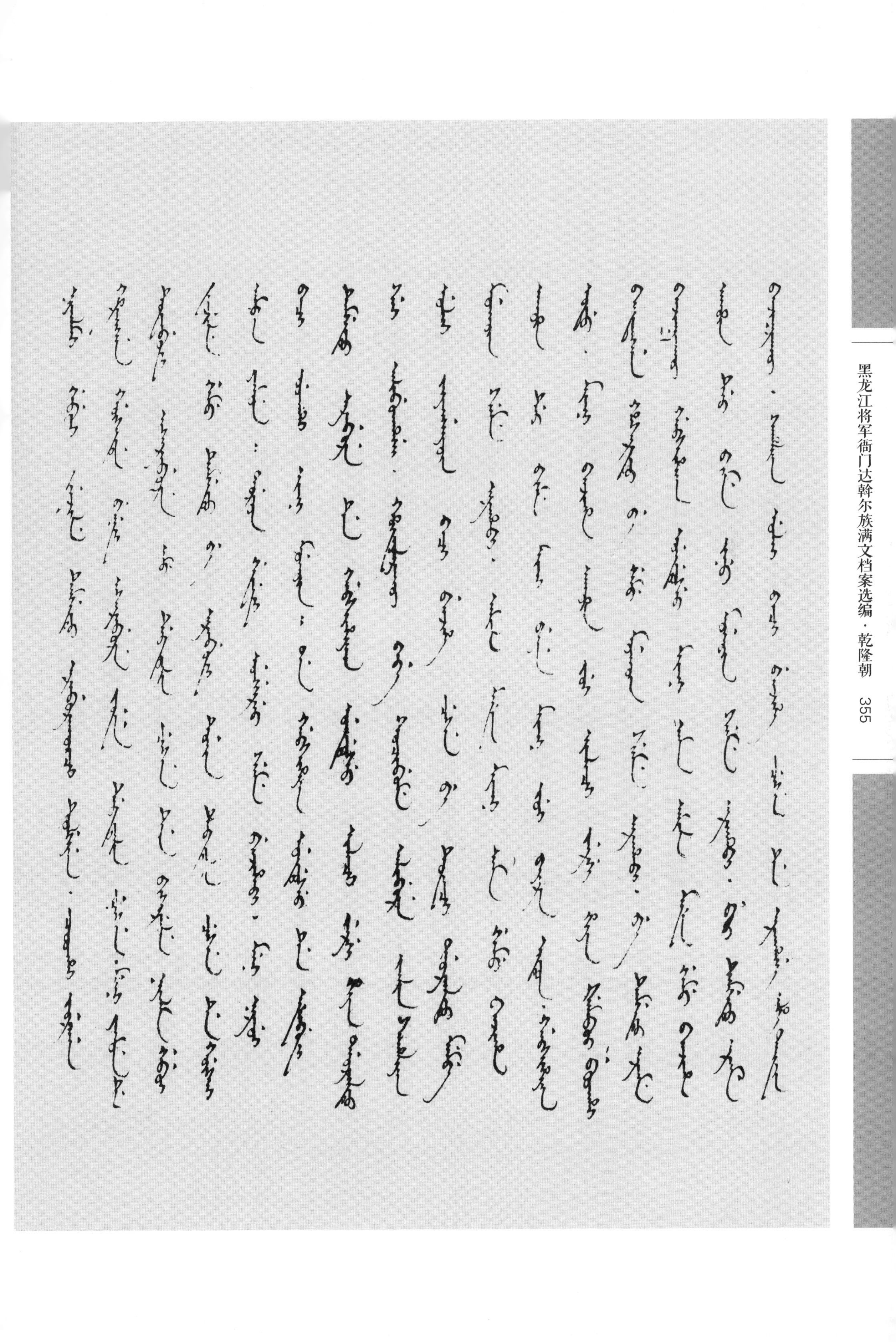

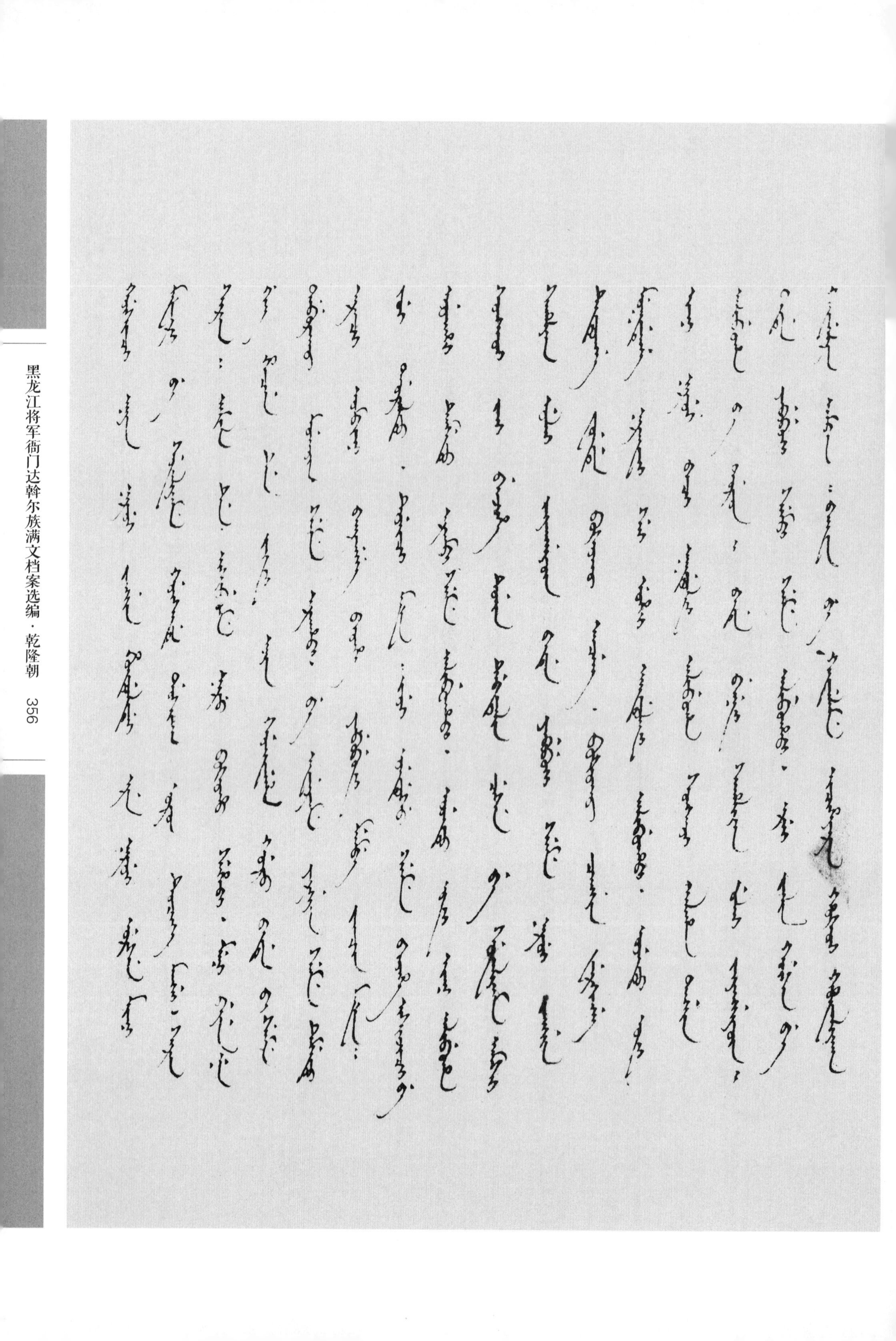

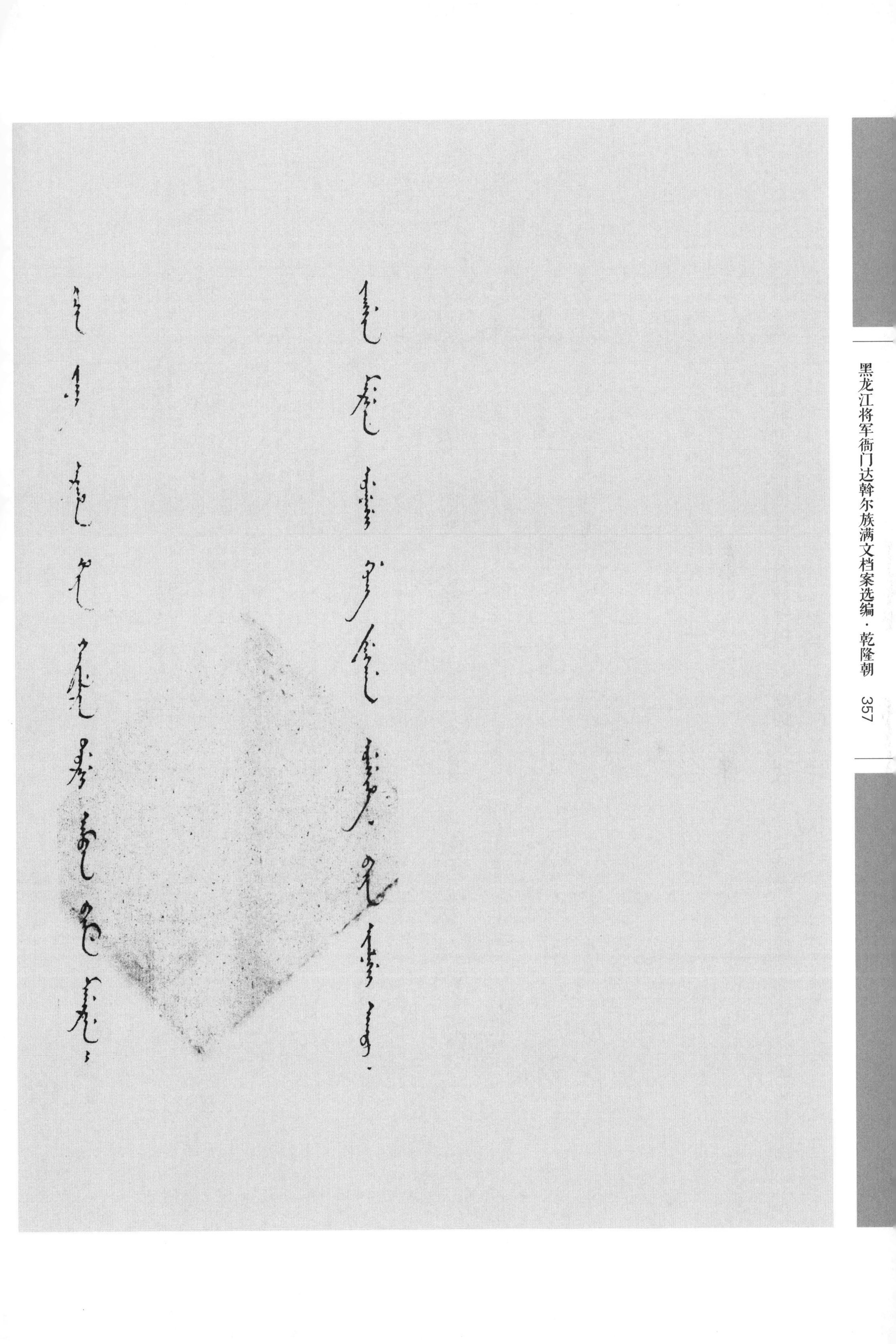

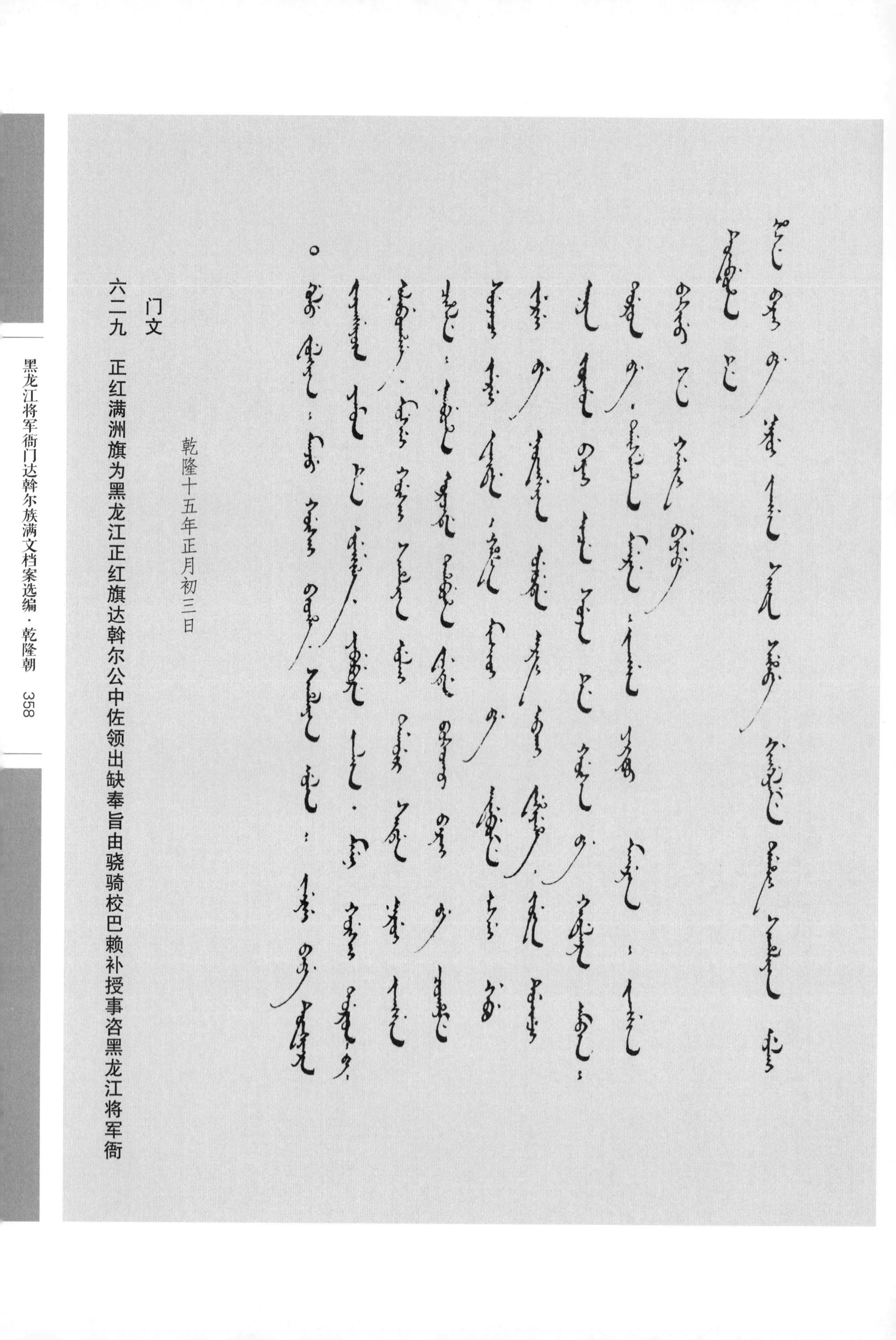

乾隆十五年正月初三日

## 六二九　正红满洲旗为黑龙江正红旗达斡尔公中佐领出缺奉旨由骁骑校巴赖补授事咨黑龙江将军衙门文

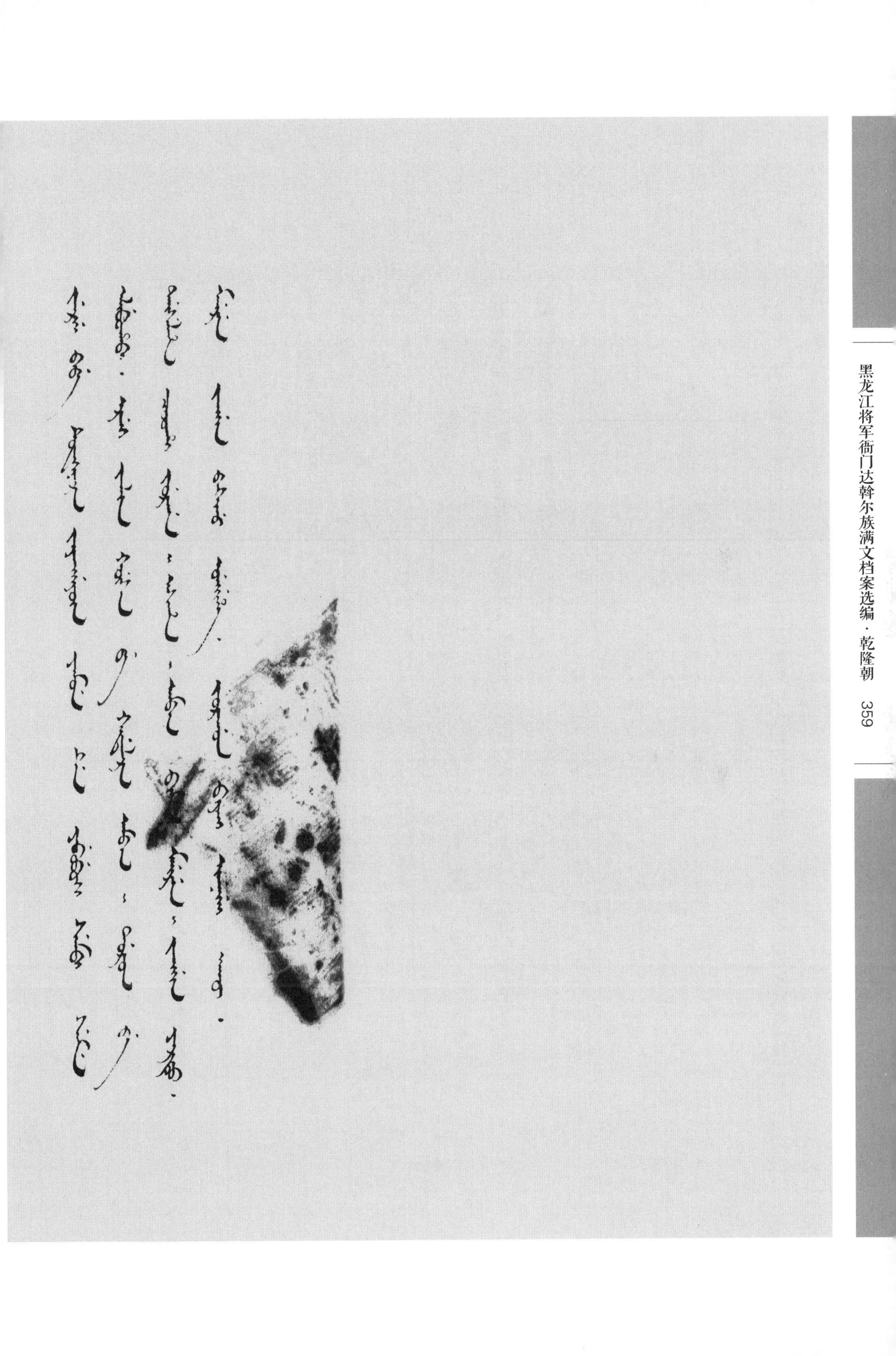

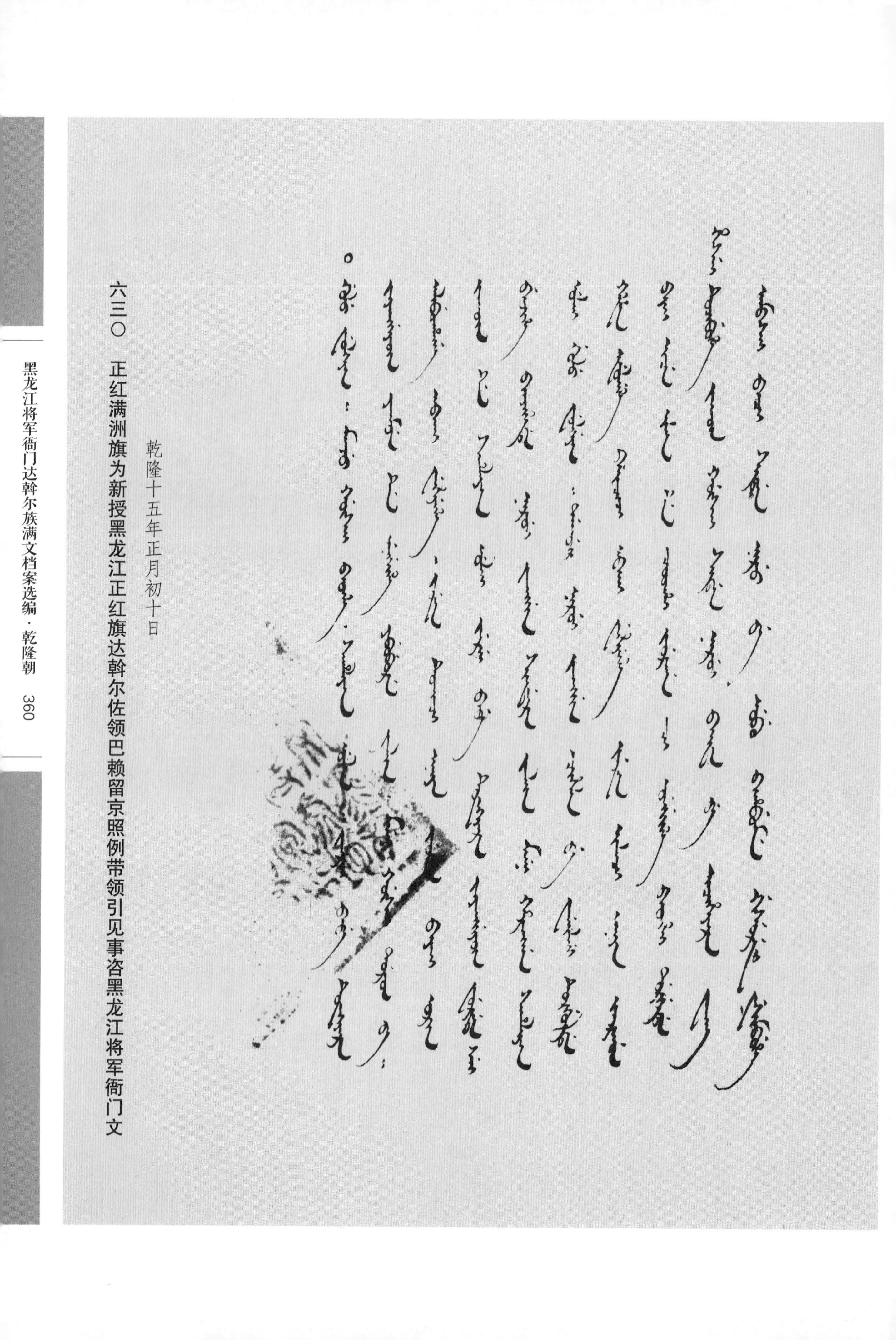

## 六三〇　正红满洲旗为新授黑龙江正红旗达斡尔佐领巴赖留京照例带领引见事咨黑龙江将军衙门文

乾隆十五年正月初十日

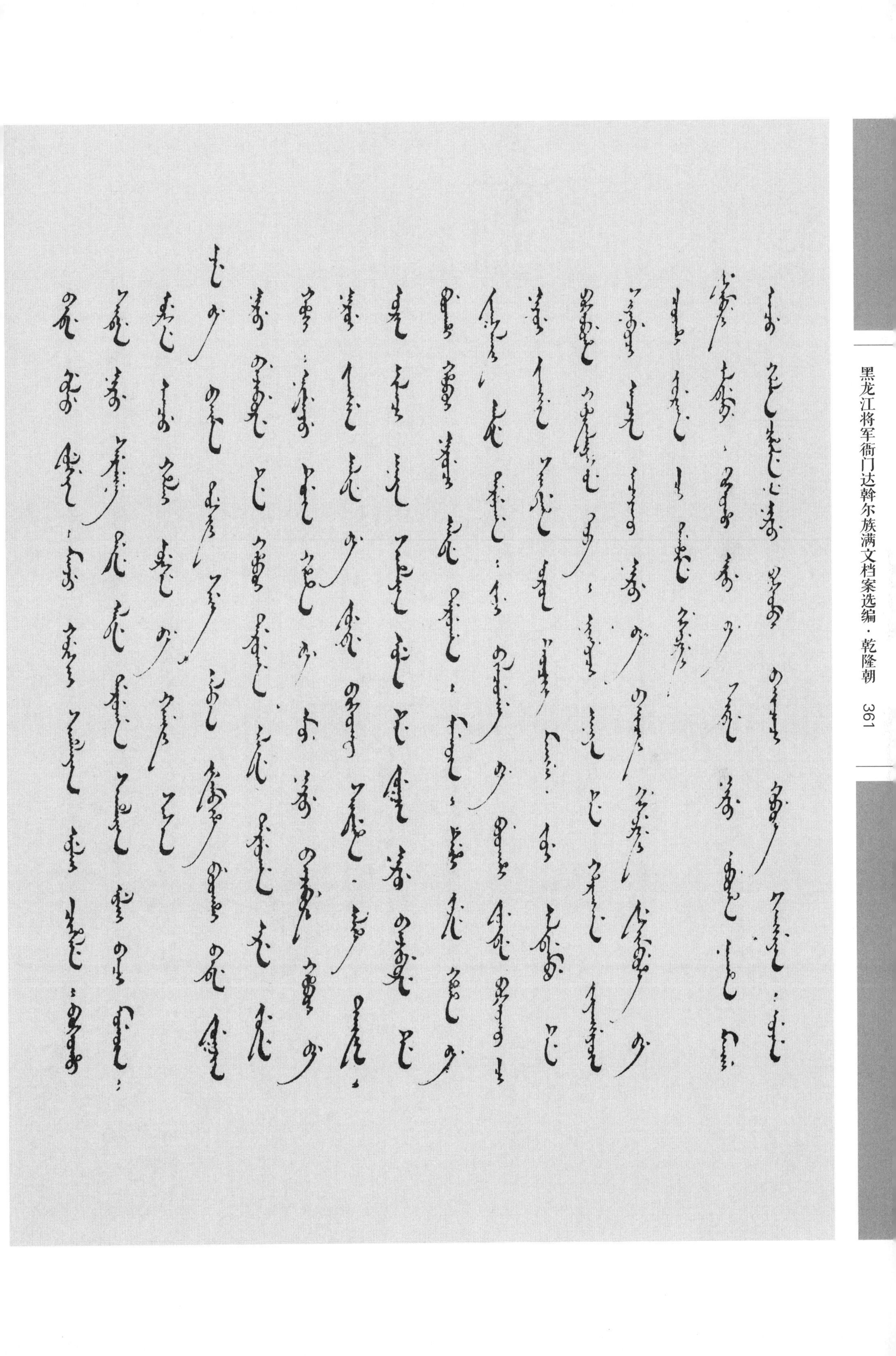

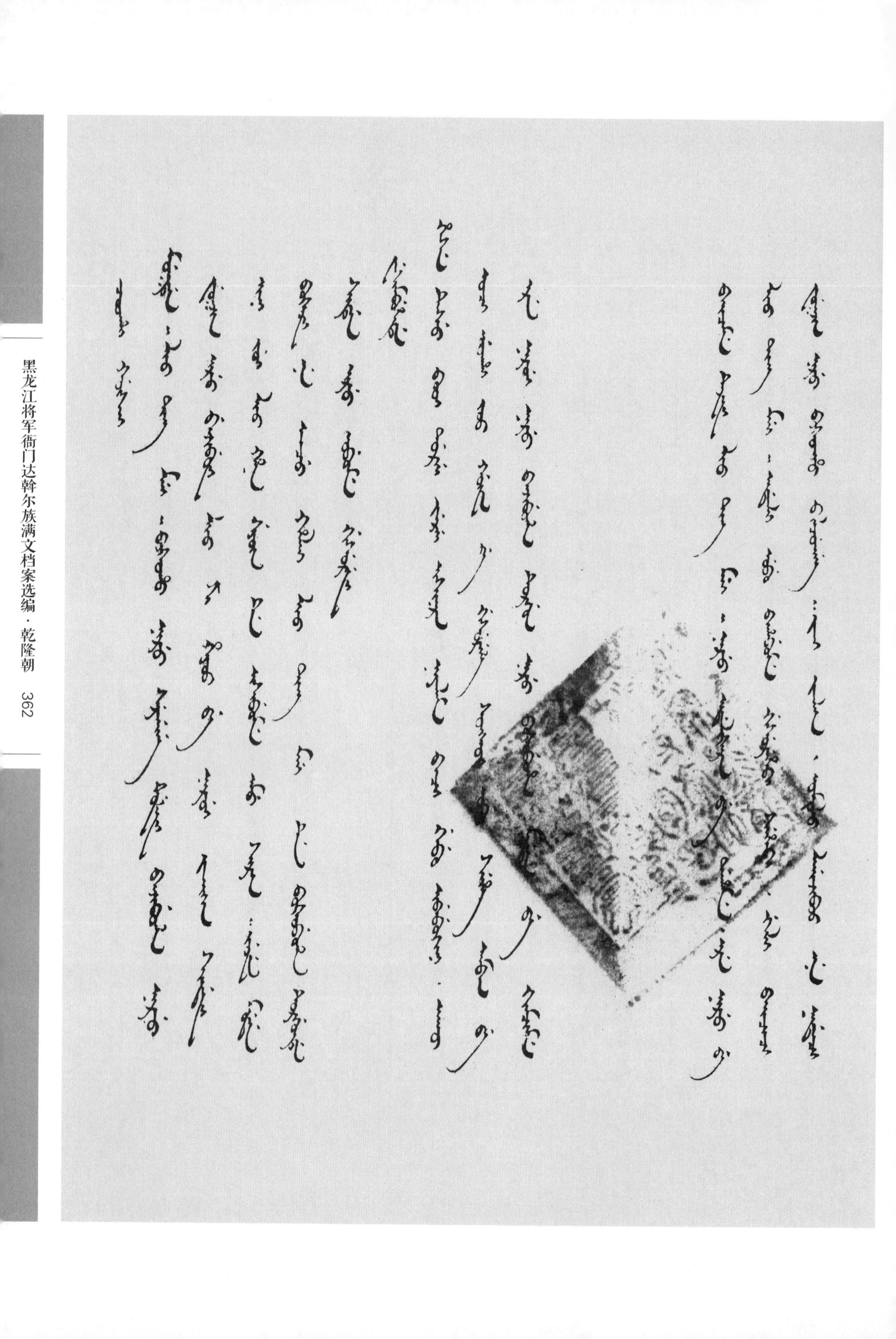

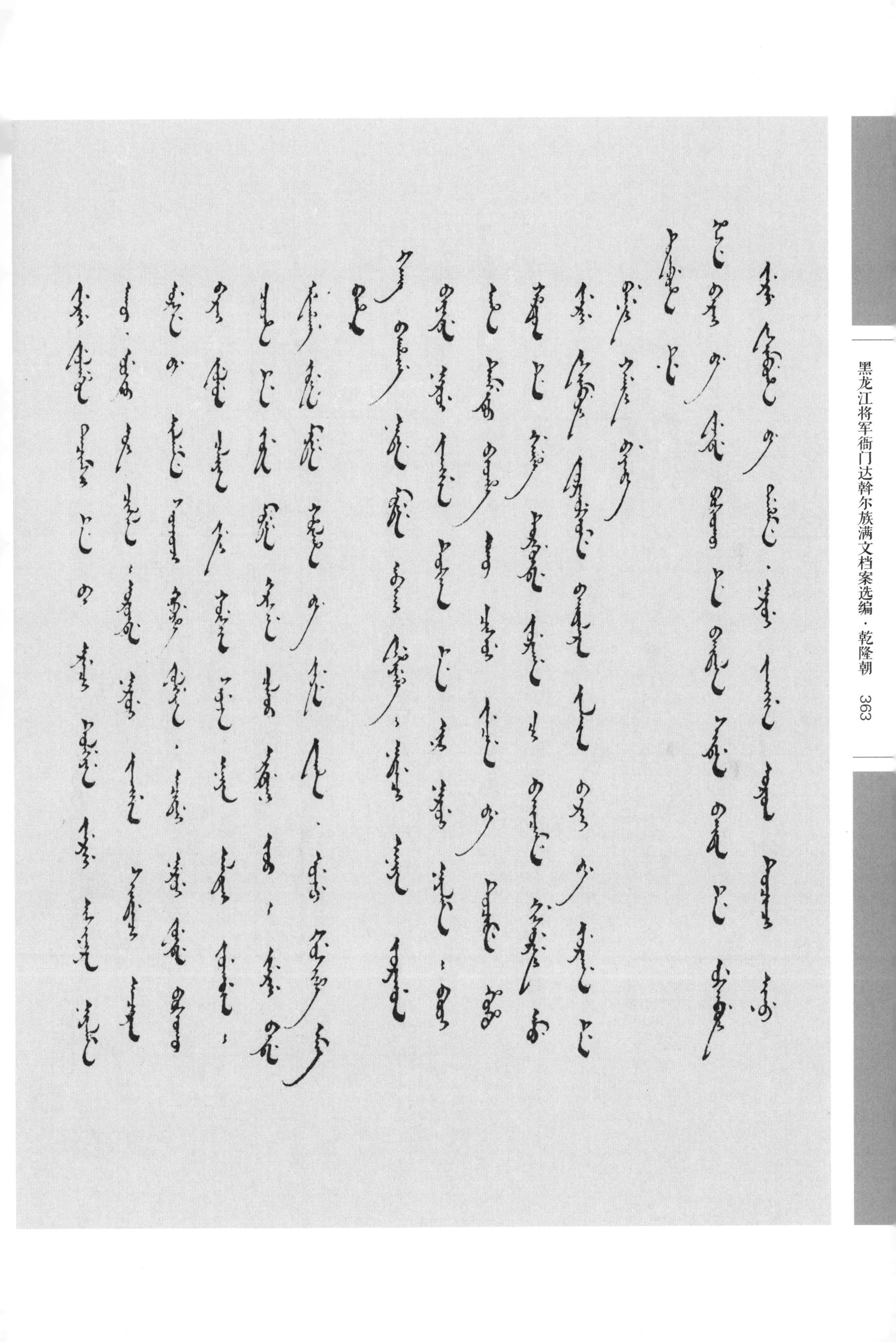

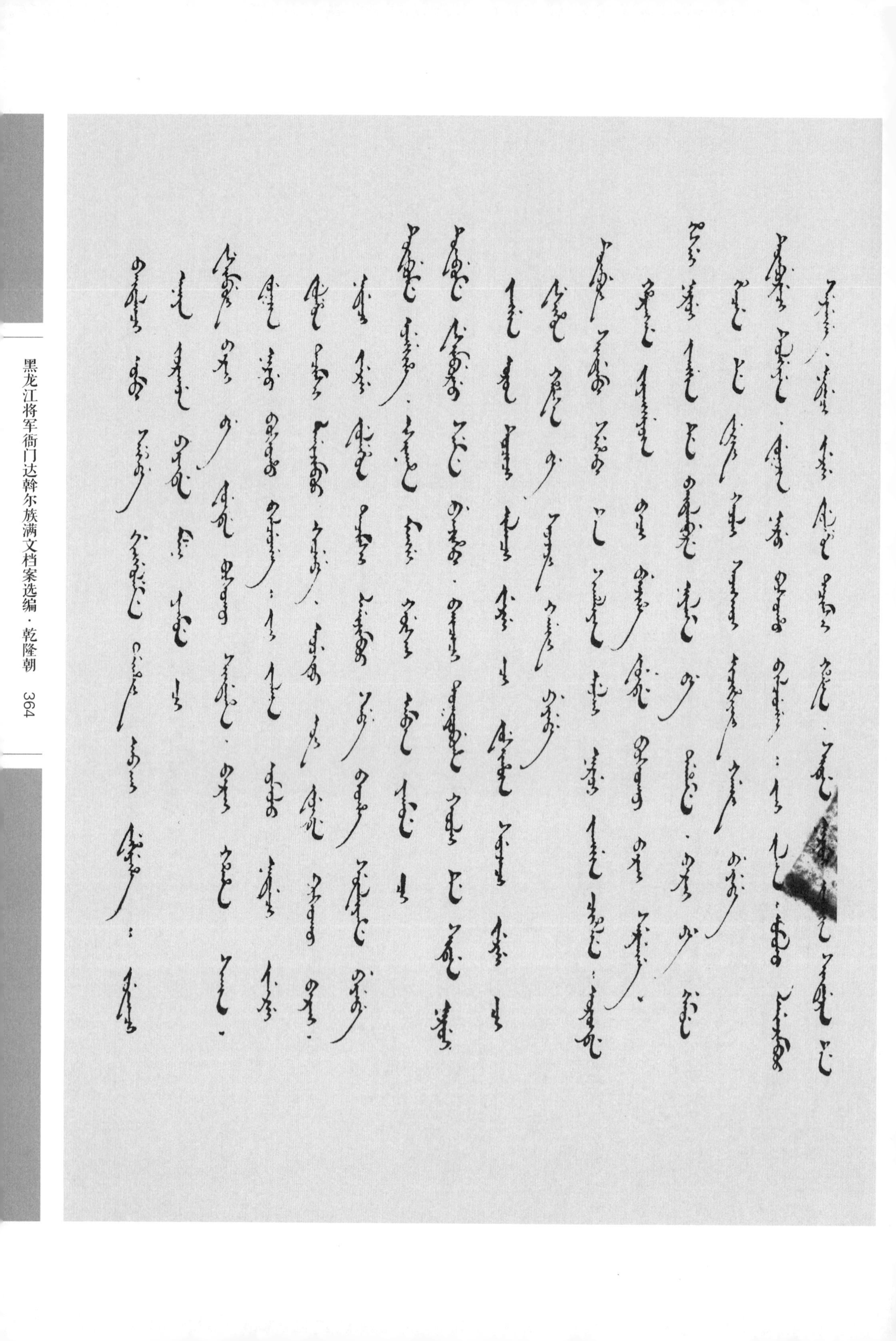

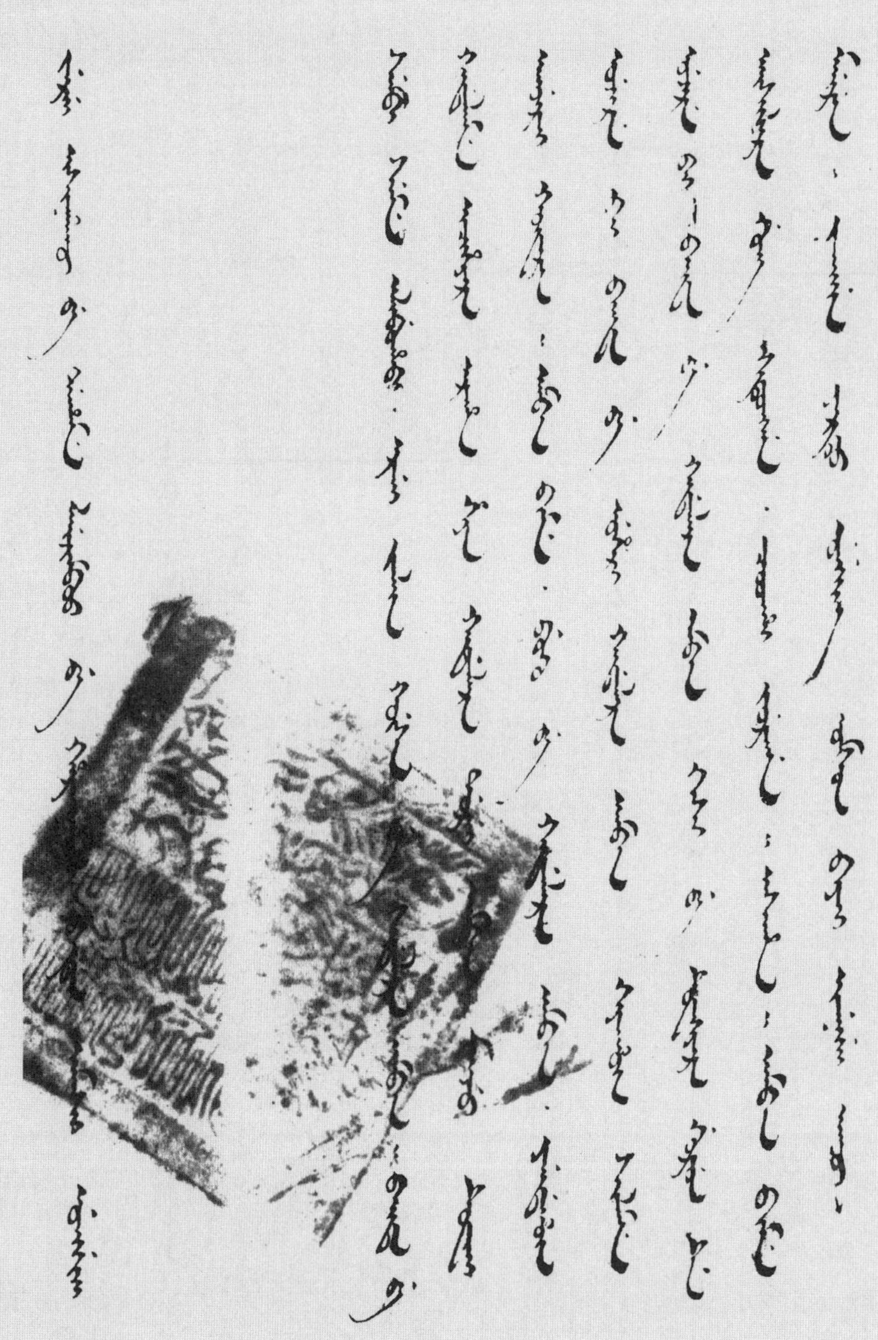

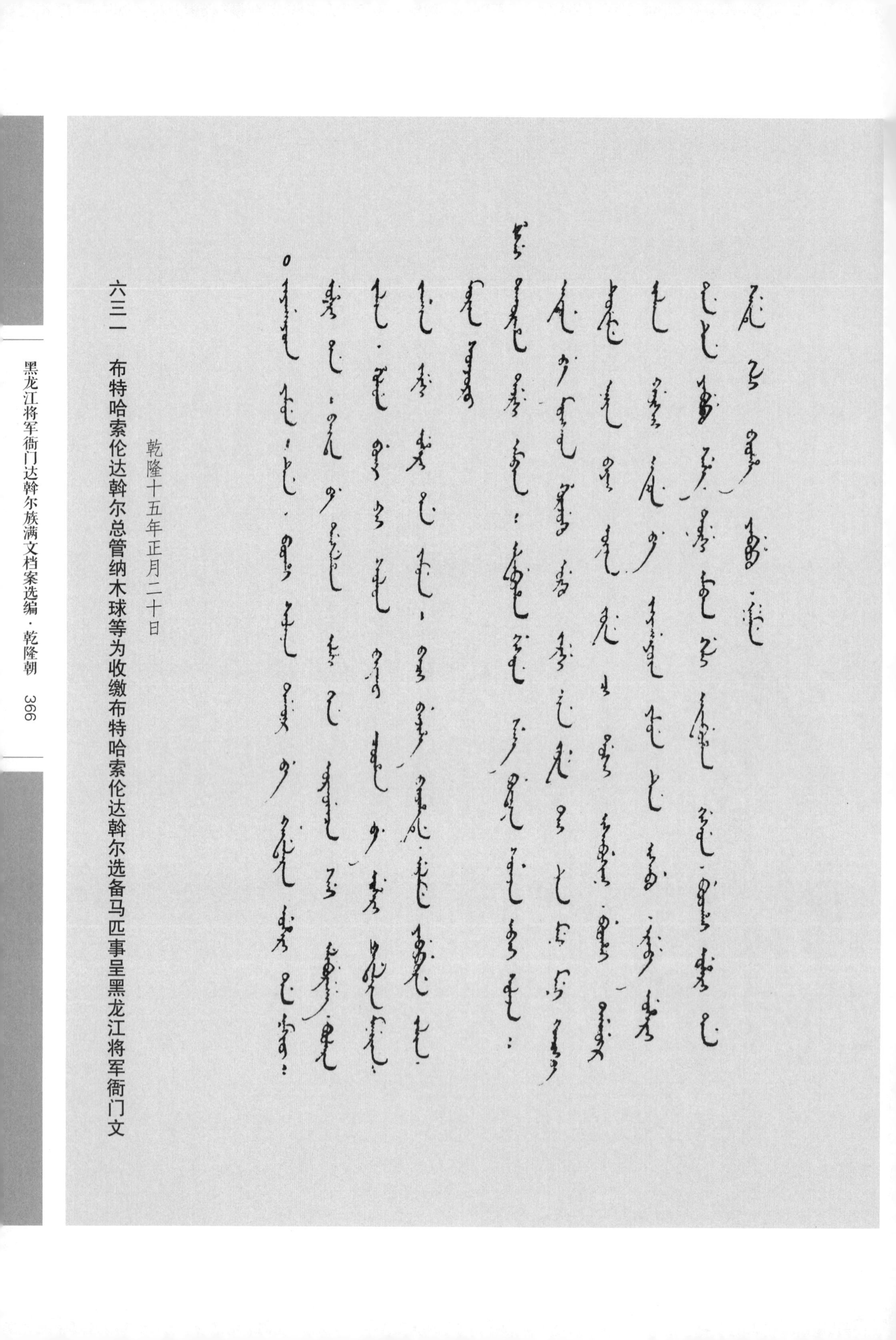

## 六三一　布特哈索伦达斡尔总管纳木球等为收缴布特哈索伦达斡尔选备马匹事呈黑龙江将军衙门文

乾隆十五年正月二十日

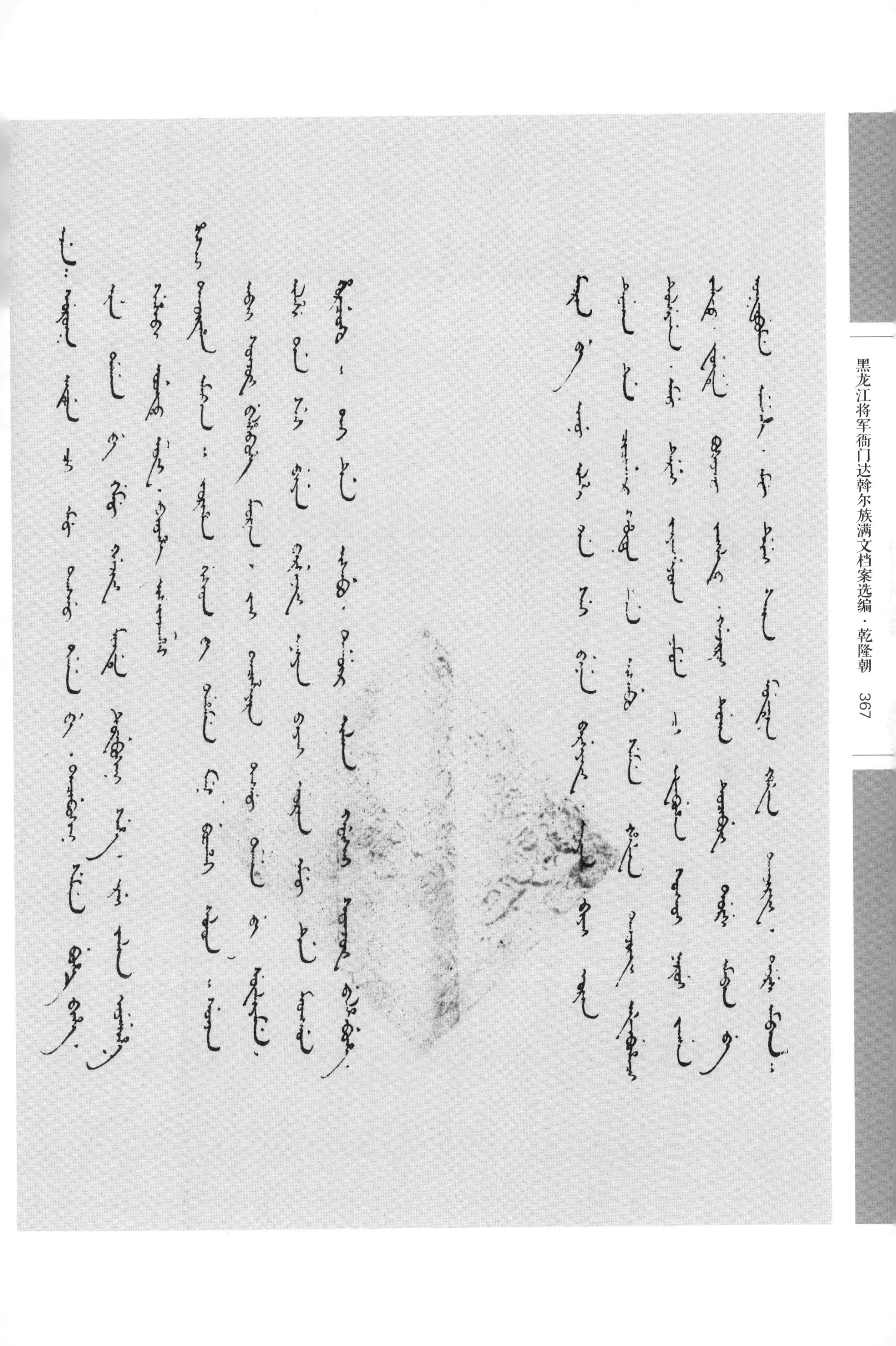

[illegible]

[illegible]

[illegible]

[illegible]

[illegible]

[illegible]

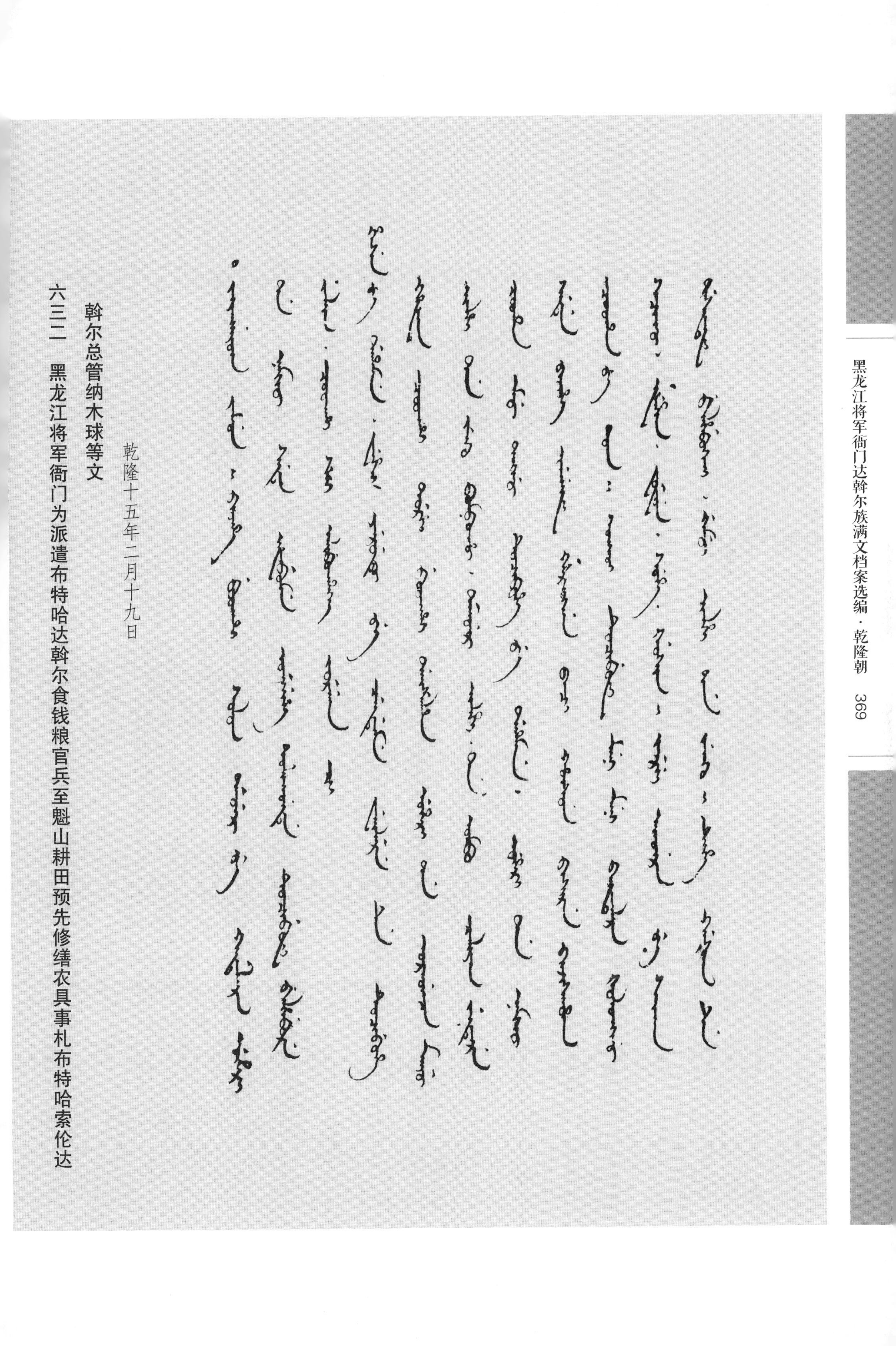

## 六三二　黑龙江将军衙门为派遣布特哈达斡尔食钱粮官兵至魁山耕田预先修缮农具事札布特哈索伦达斡尔总管纳木球等文

乾隆十五年二月十九日

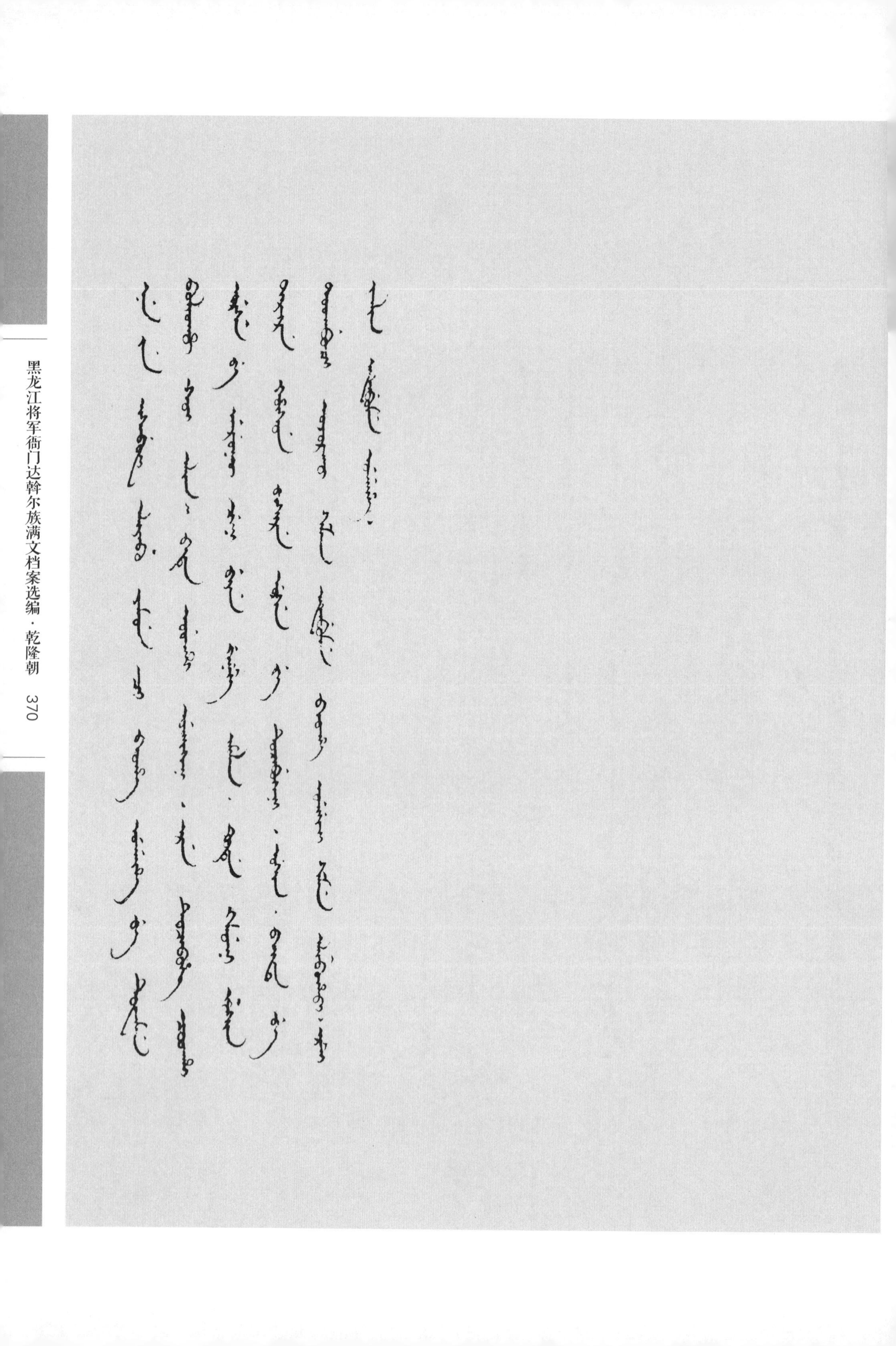

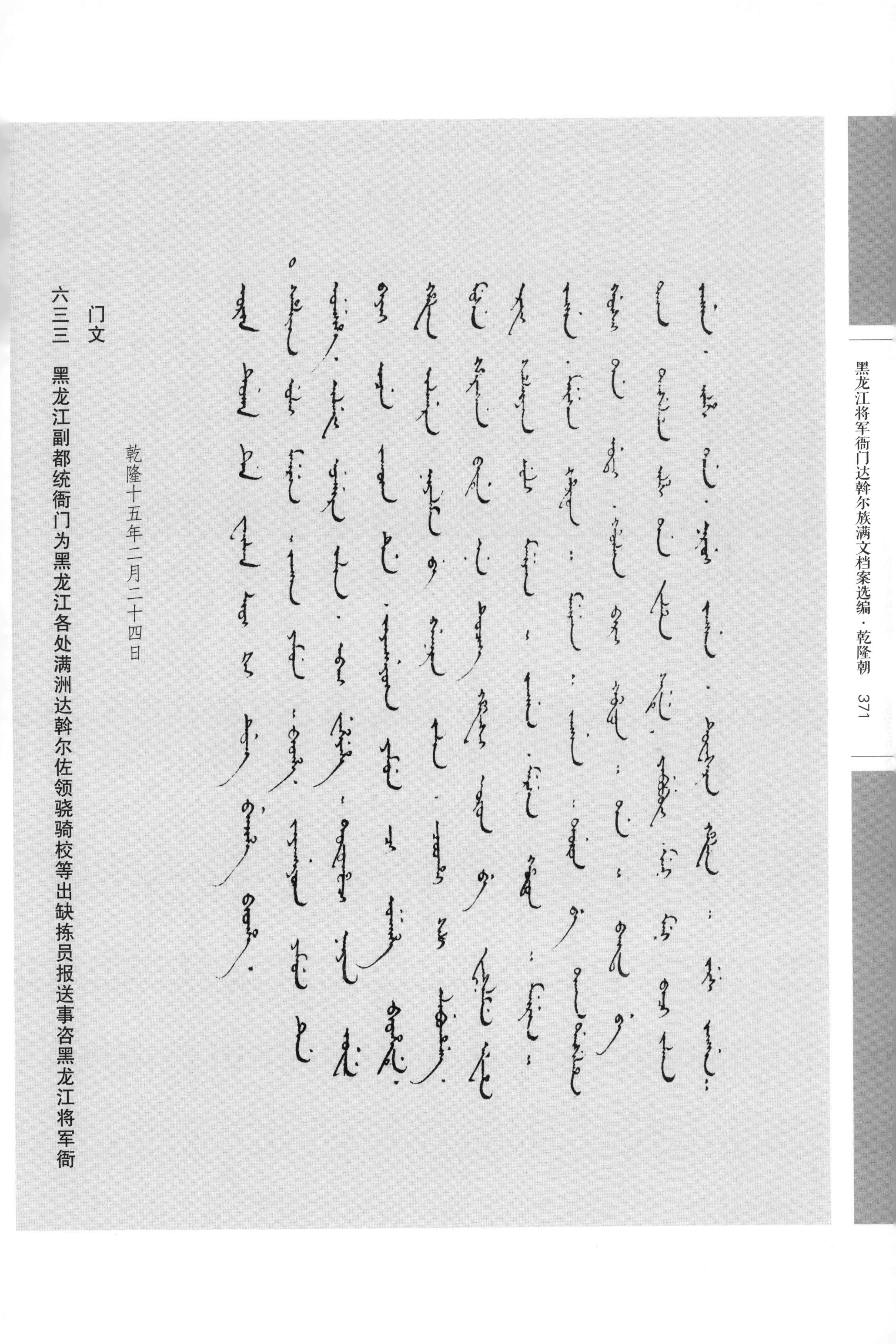

## 六三三 黑龙江副都统衙门为黑龙江各处满洲达斡尔佐领骁骑校等出缺拣员报送事咨黑龙江将军衙门文

乾隆十五年二月二十四日

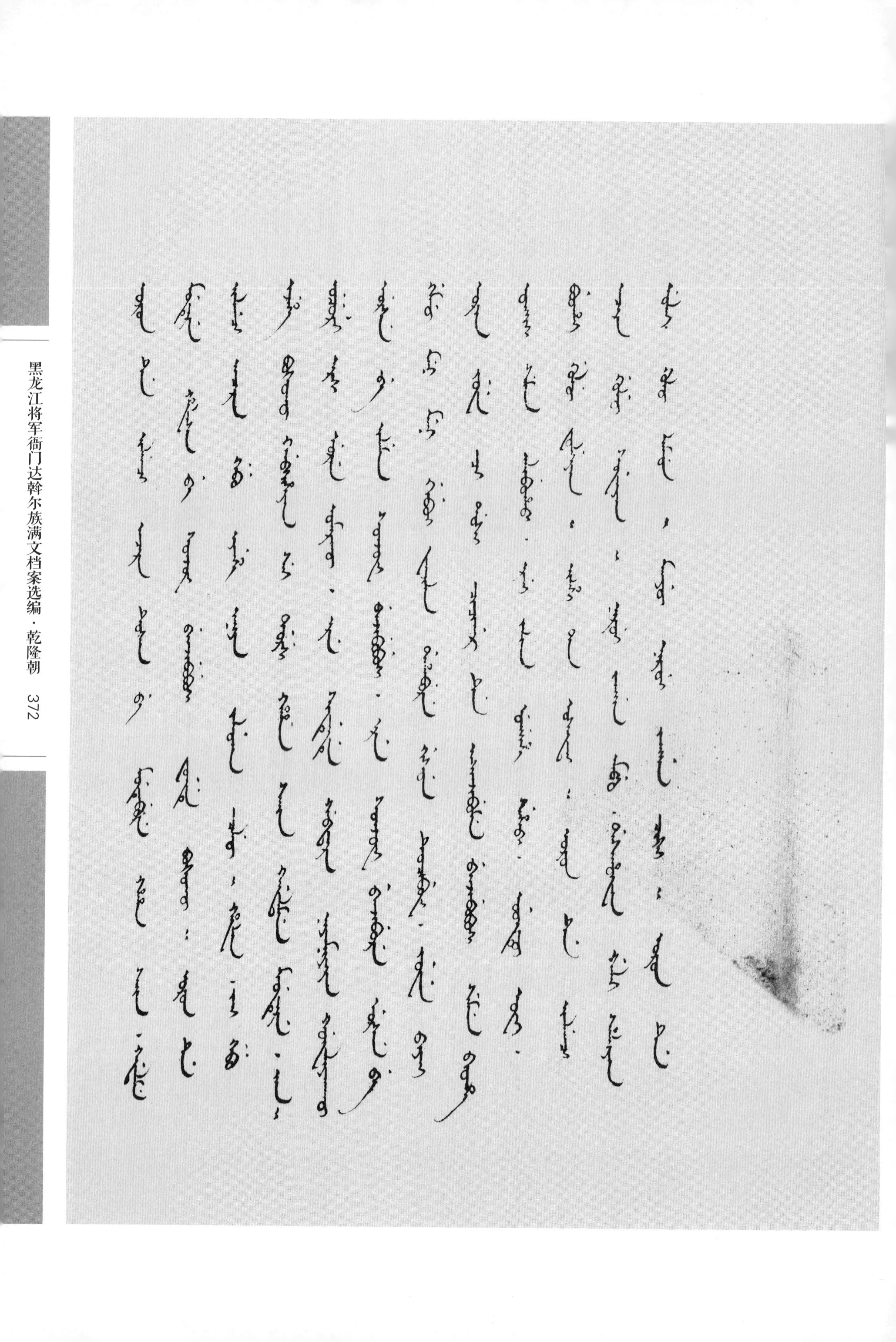

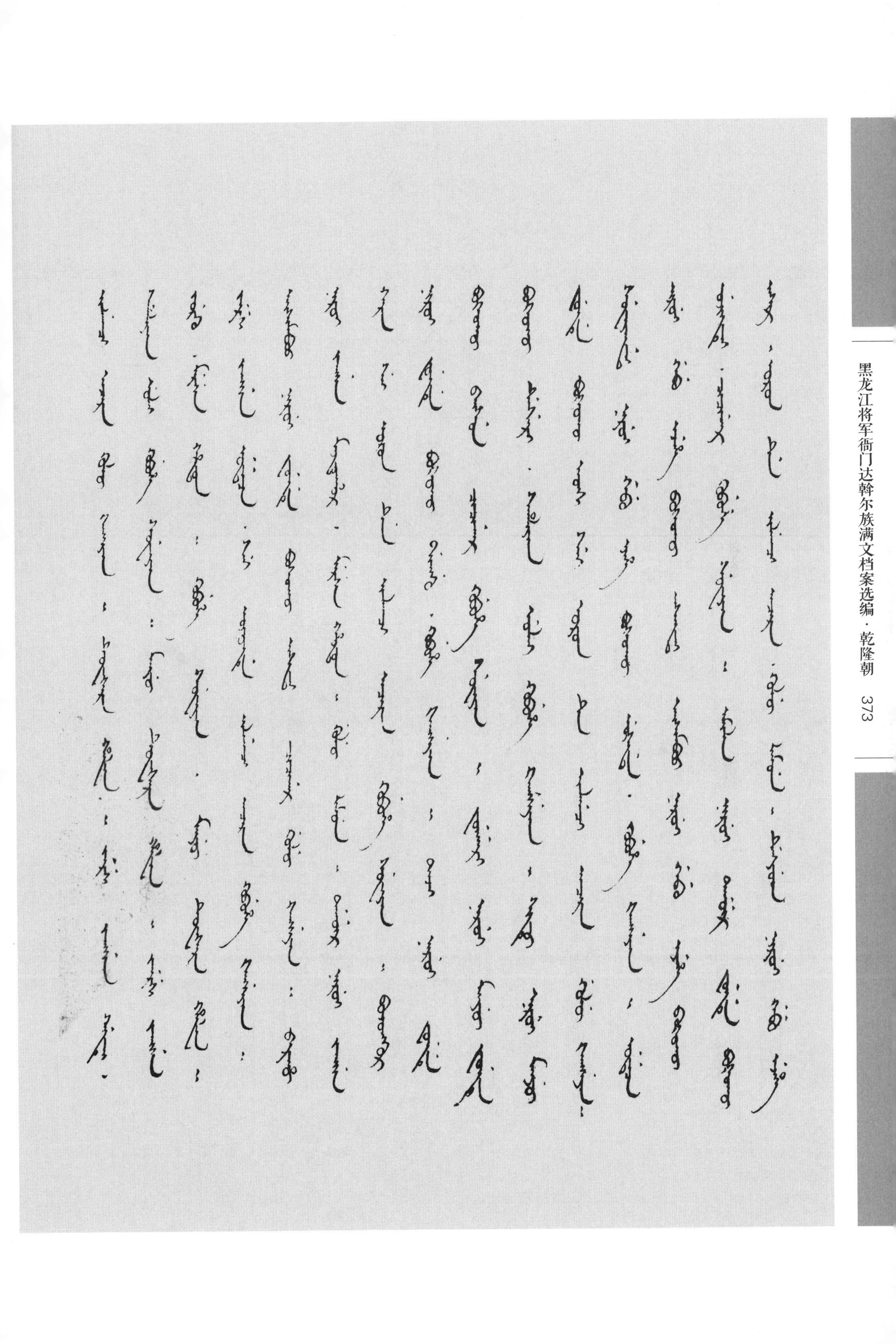

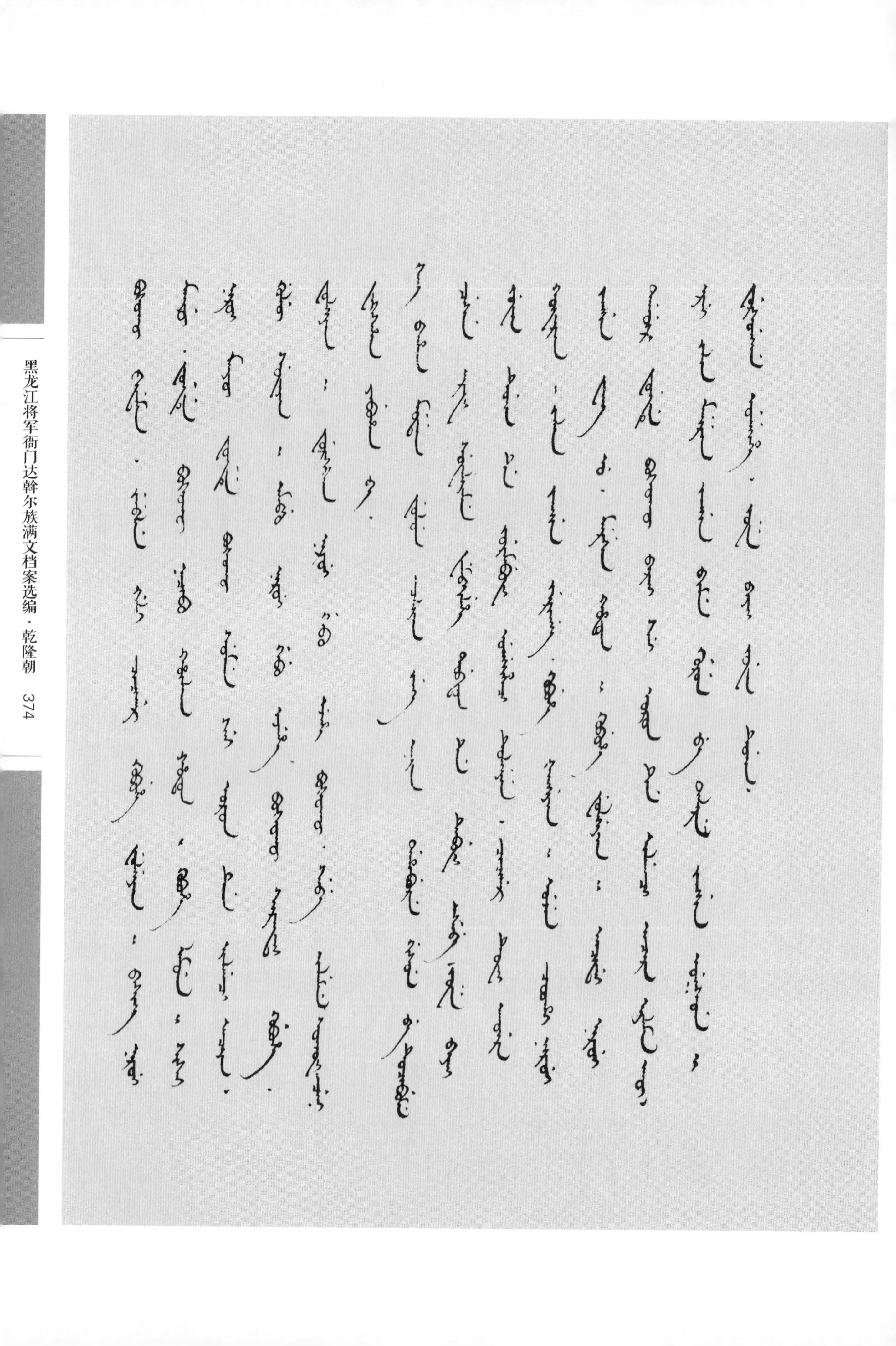

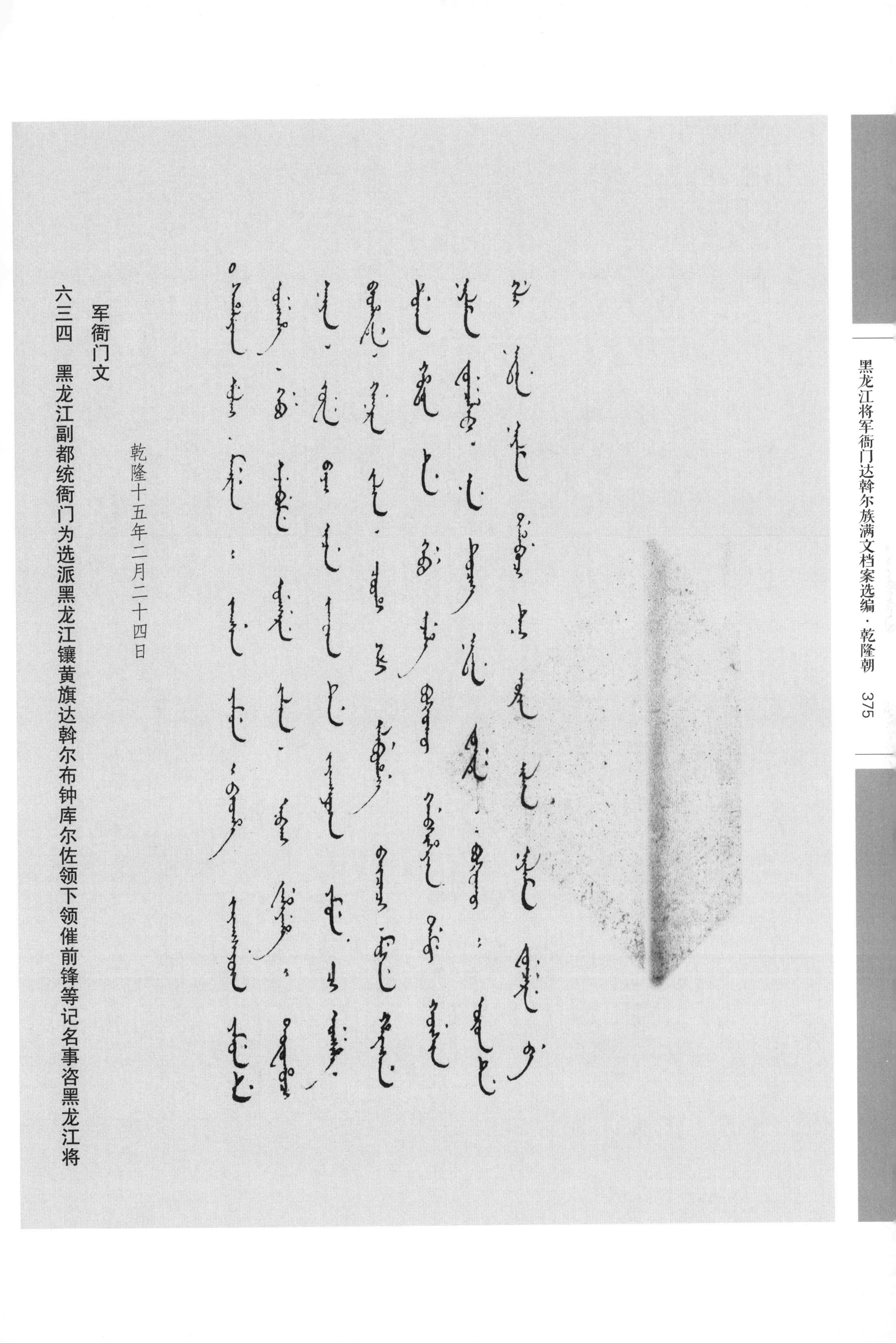

## 六三四　黑龙江副都统衙门为选派黑龙江镶黄旗达斡尔布钟库尔佐领下领催前锋等记名事咨黑龙江将军衙门文

乾隆十五年二月二十四日

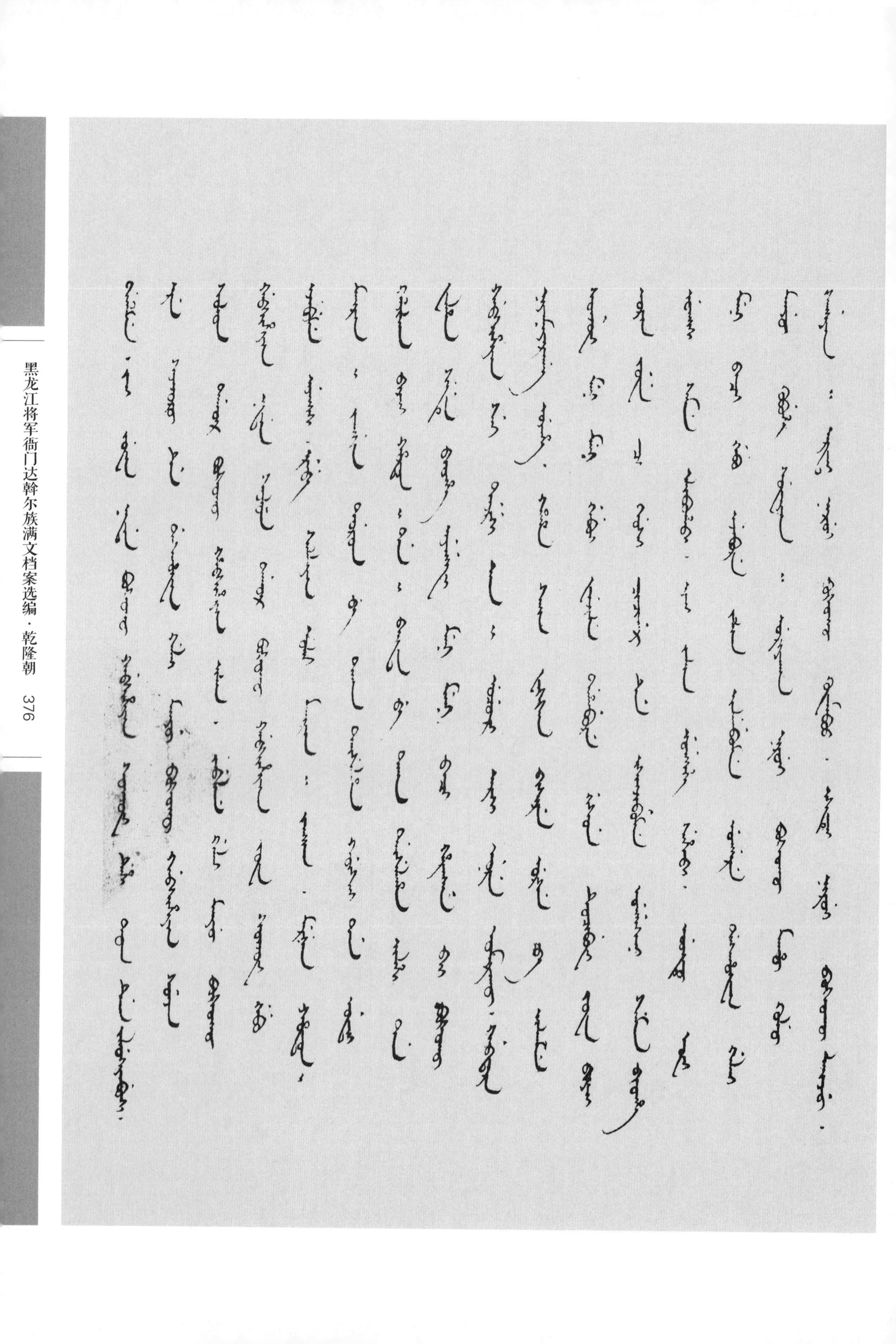

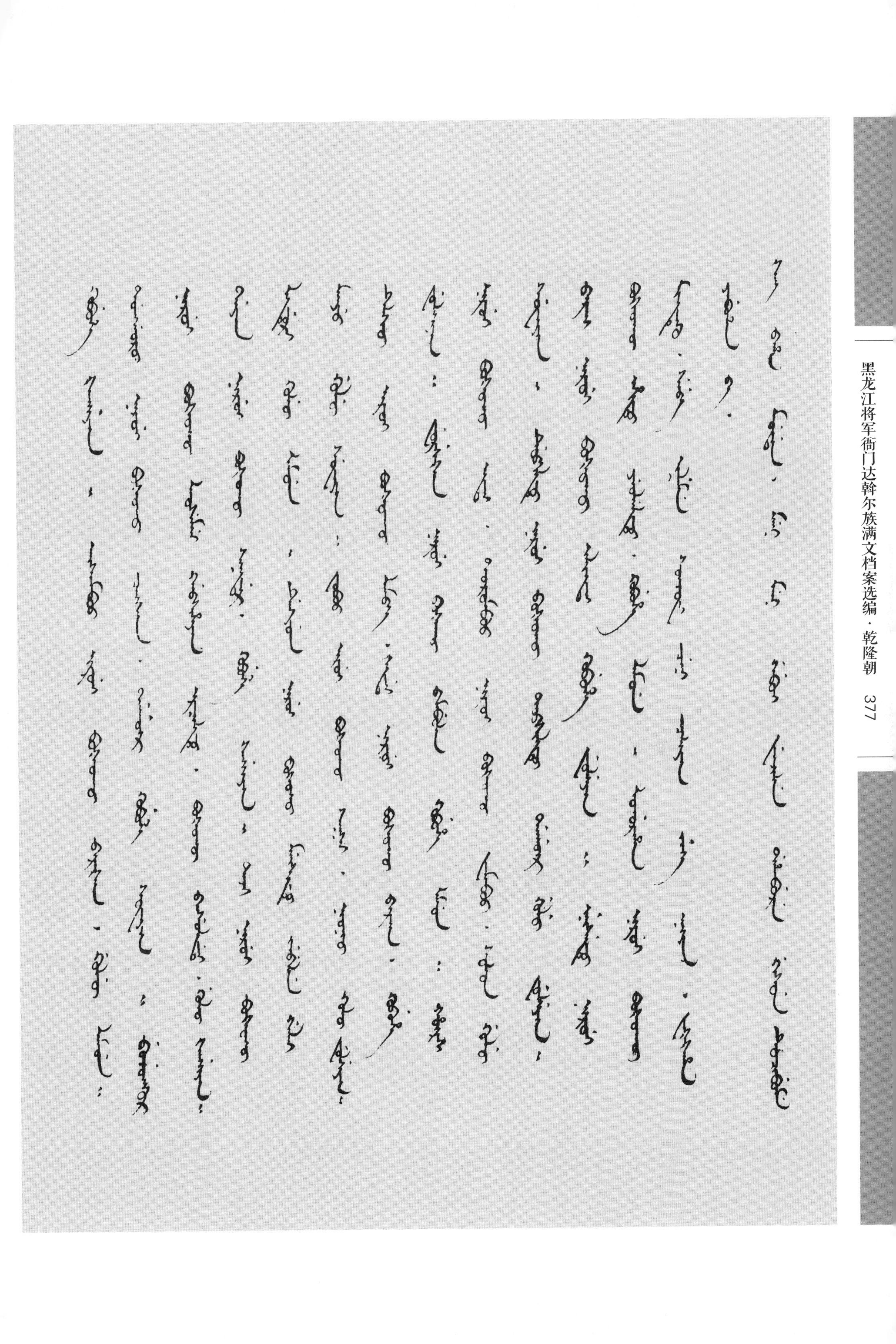

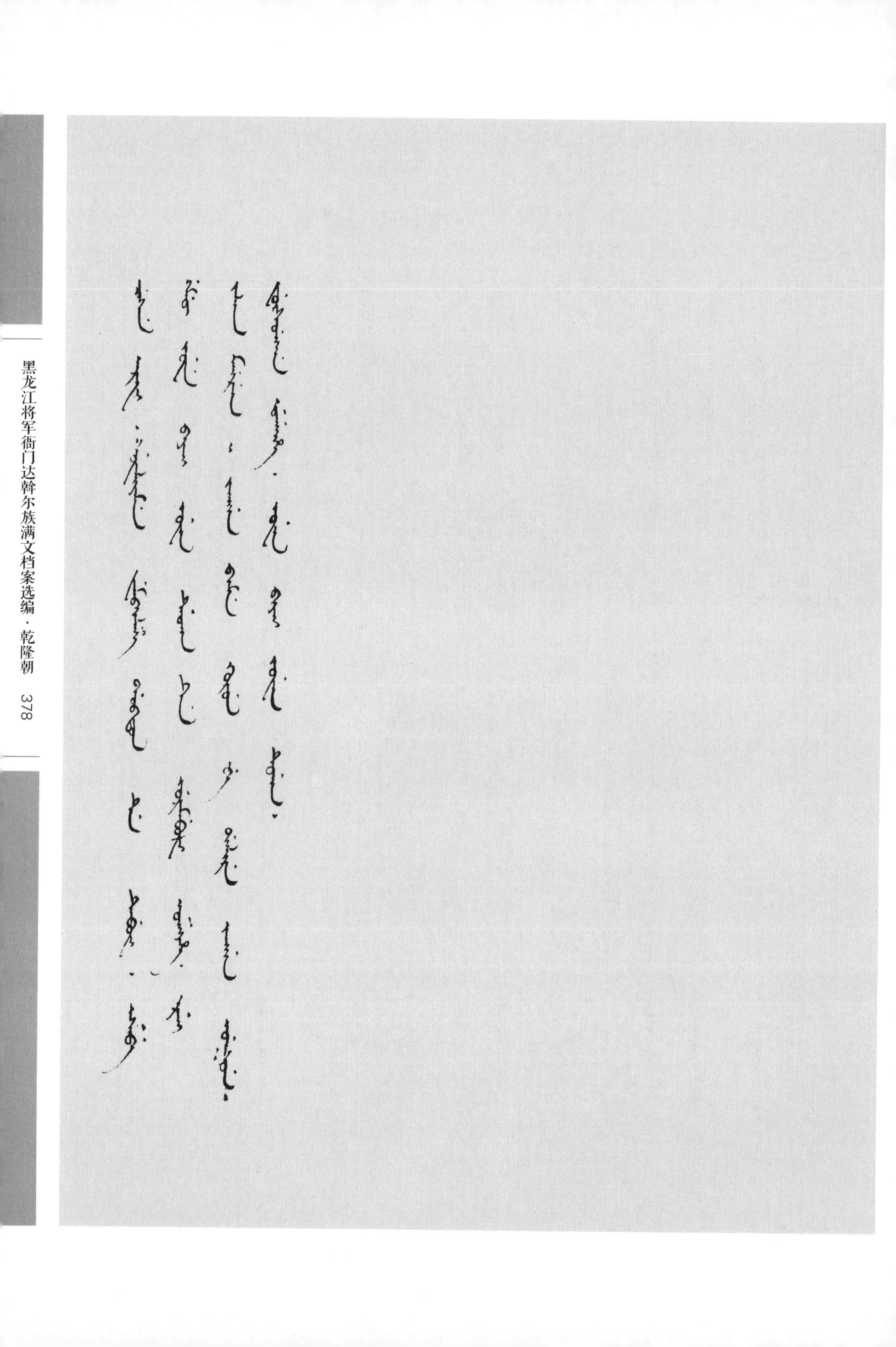

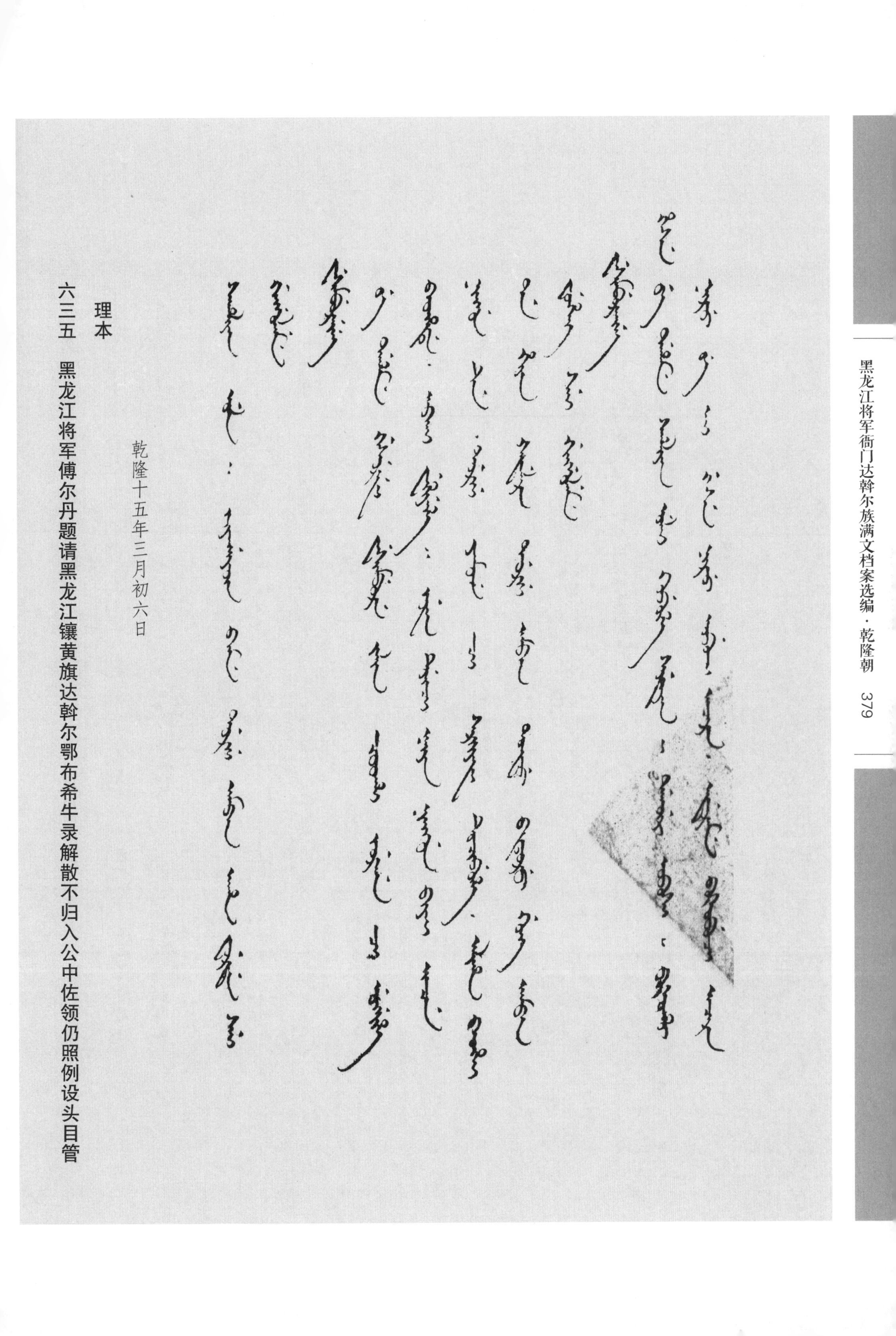

乾隆十五年三月初六日

## 六三五 黑龙江将军傅尔丹题请黑龙江镶黄旗达斡尔鄂布希牛录解散不归入公中佐领仍照例设头目管理本

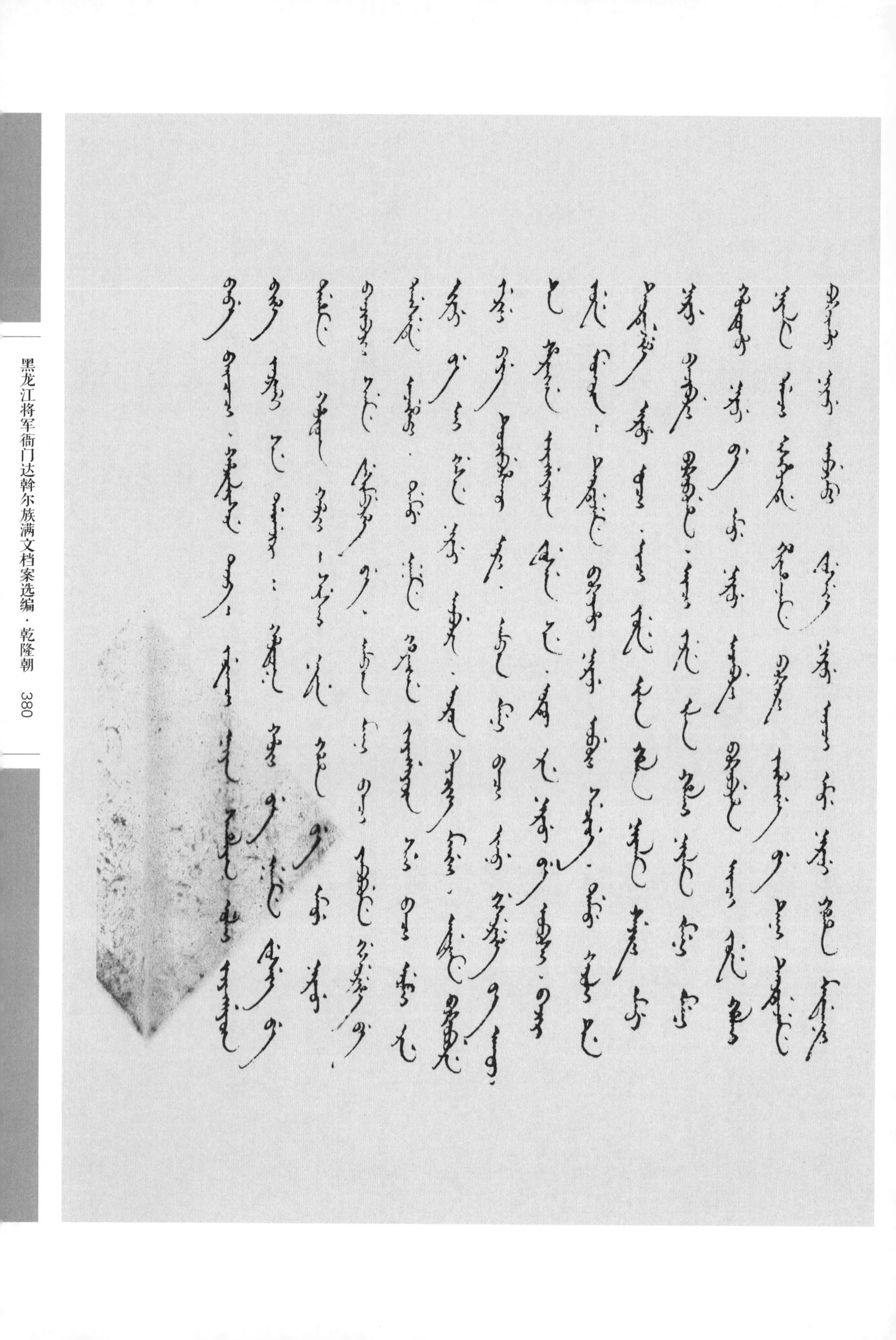

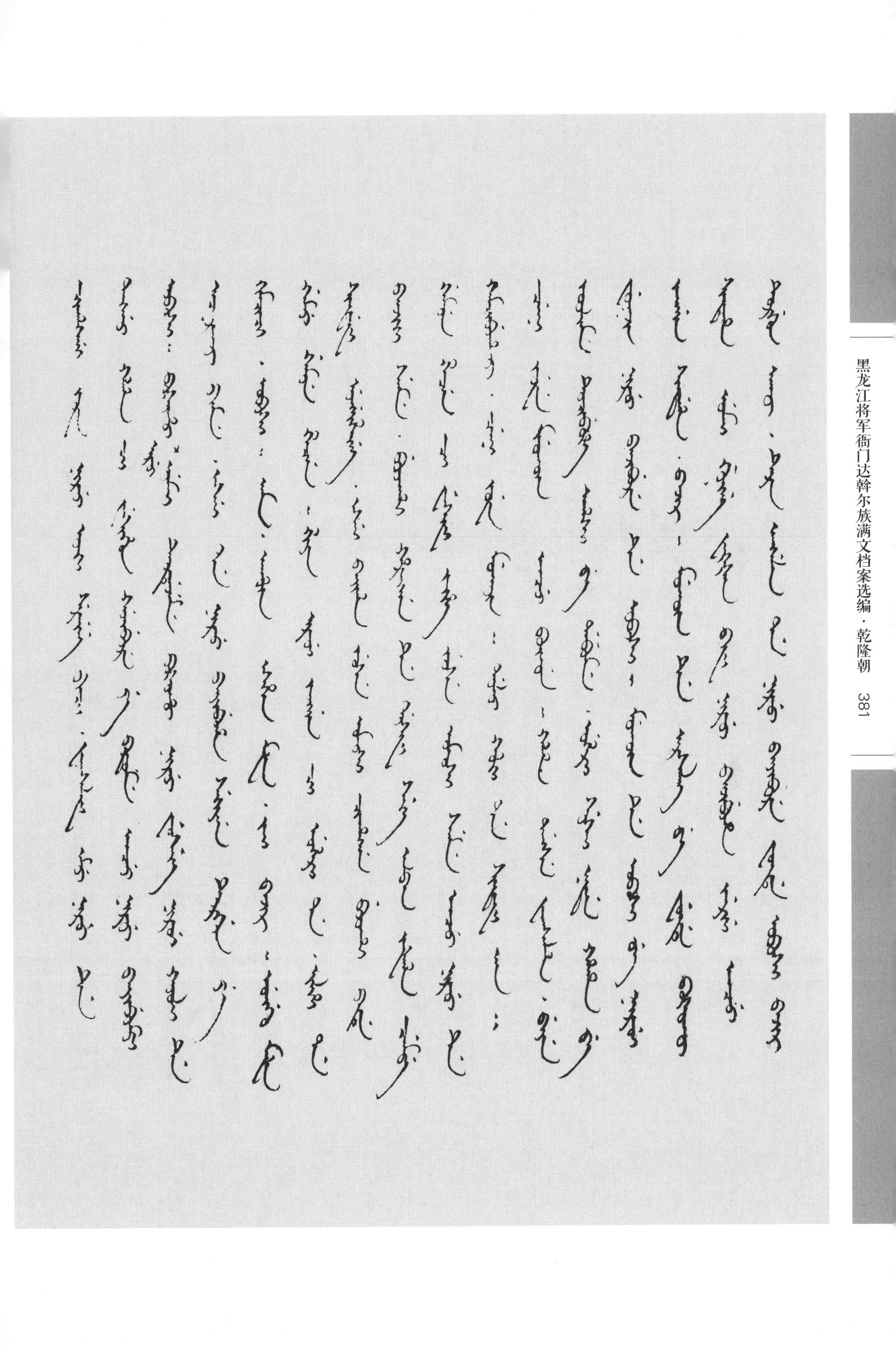

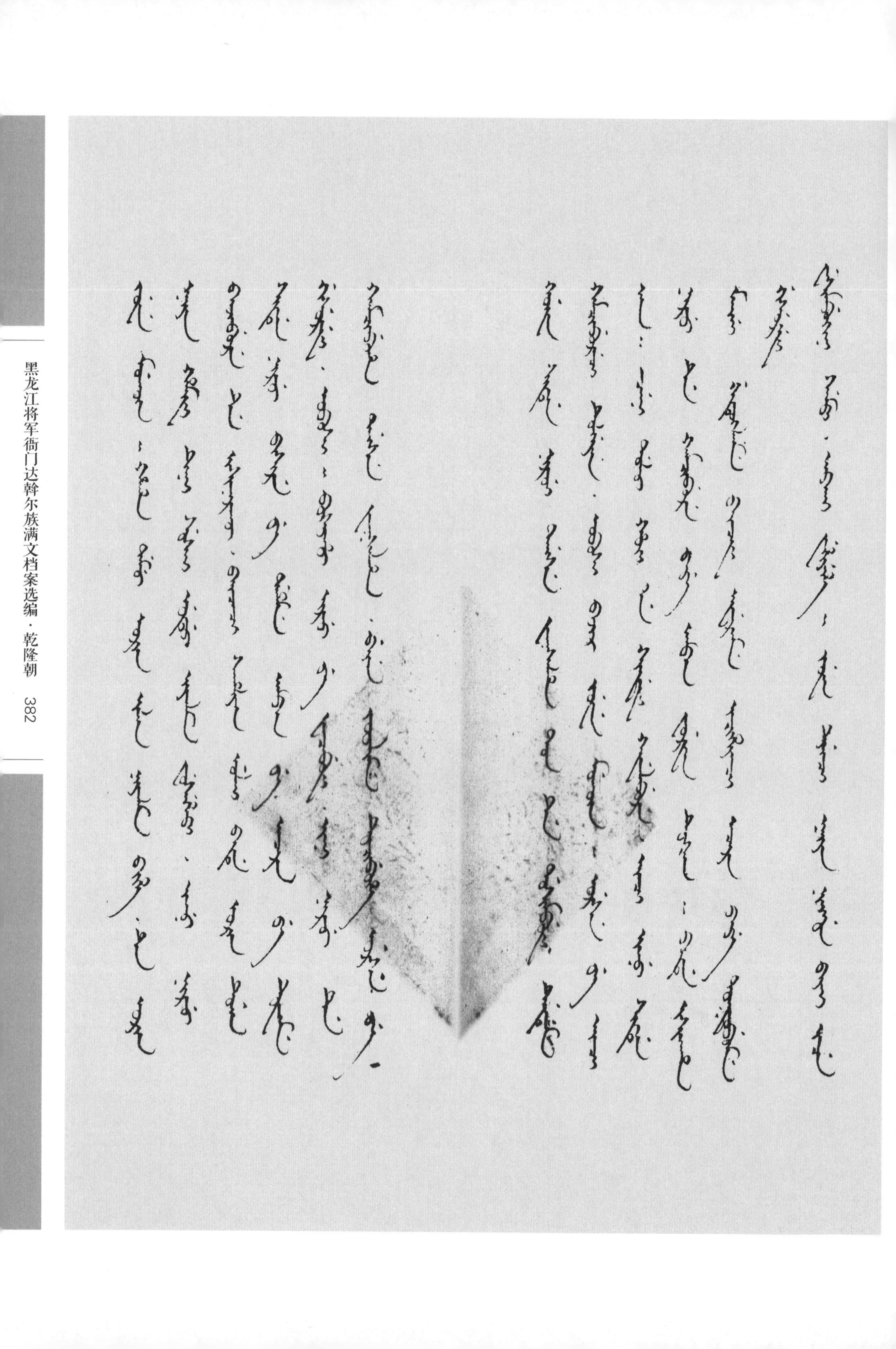

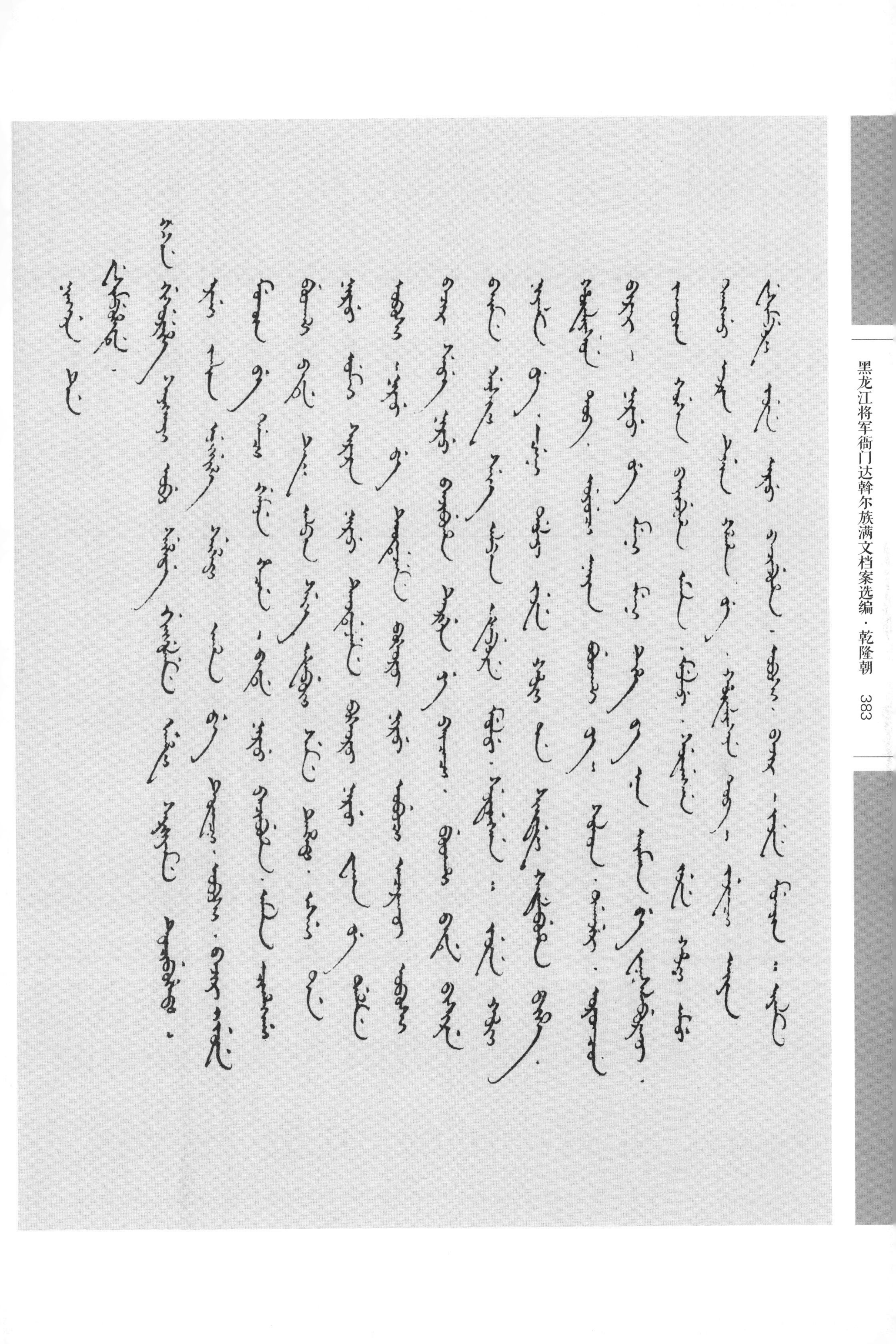

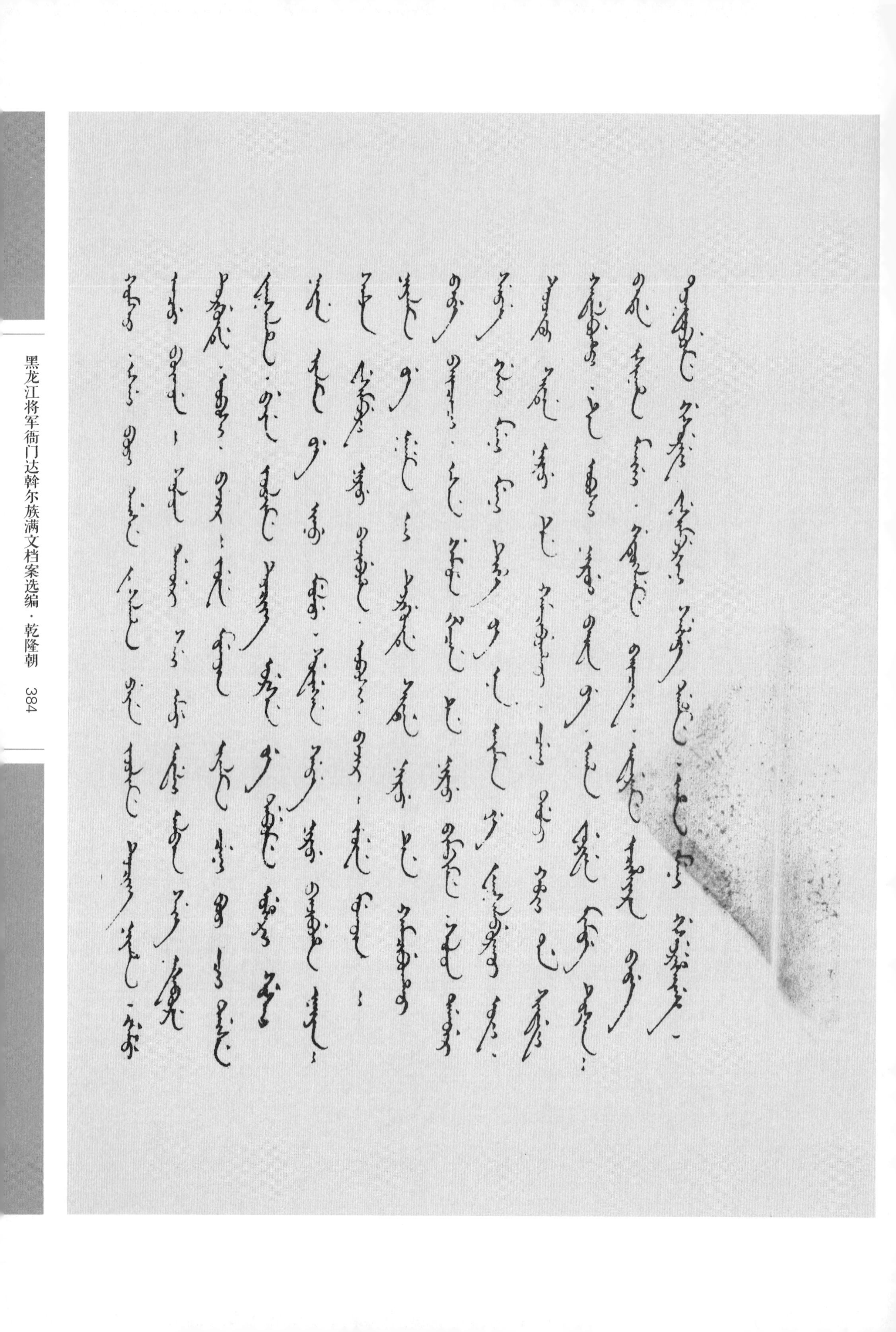

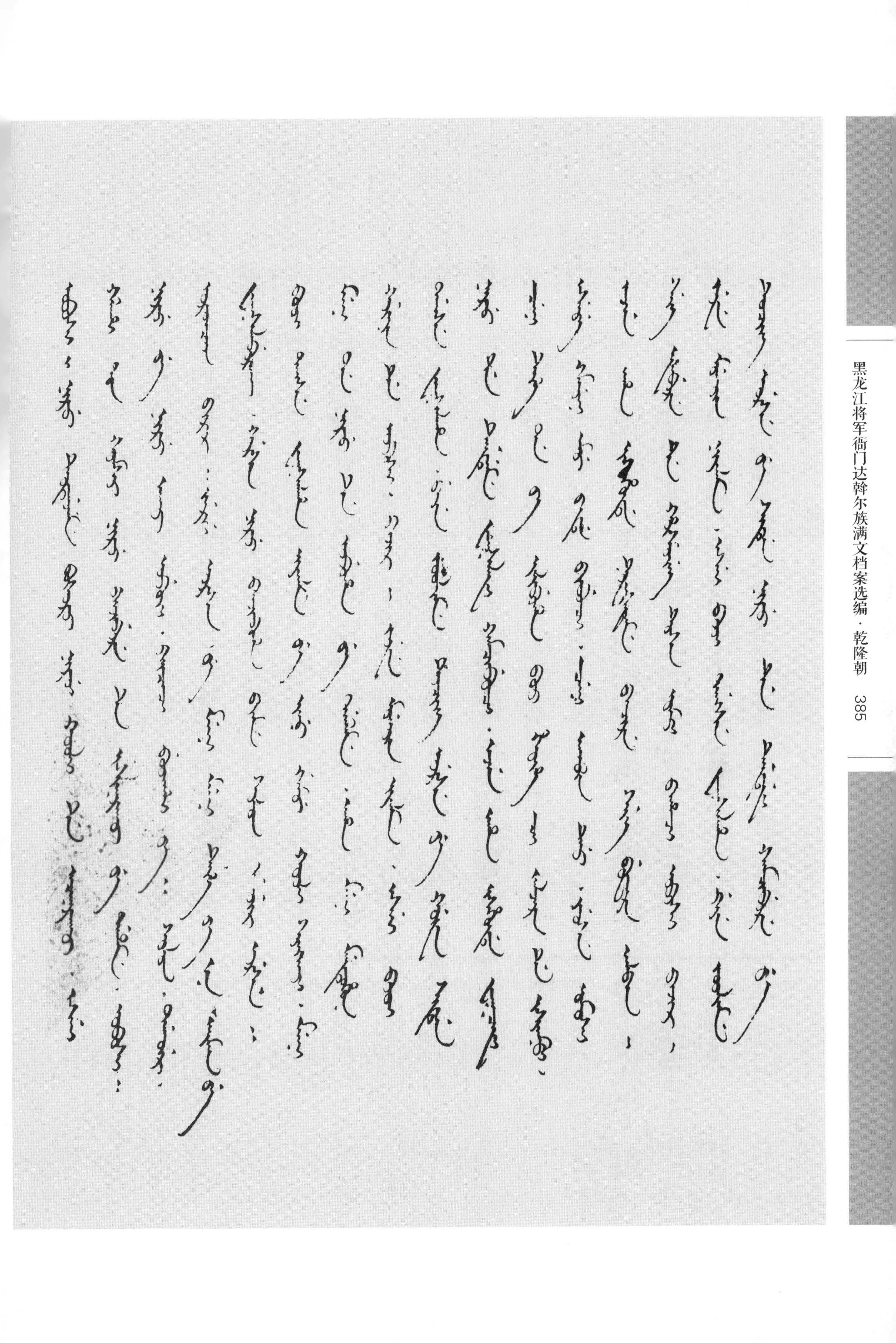

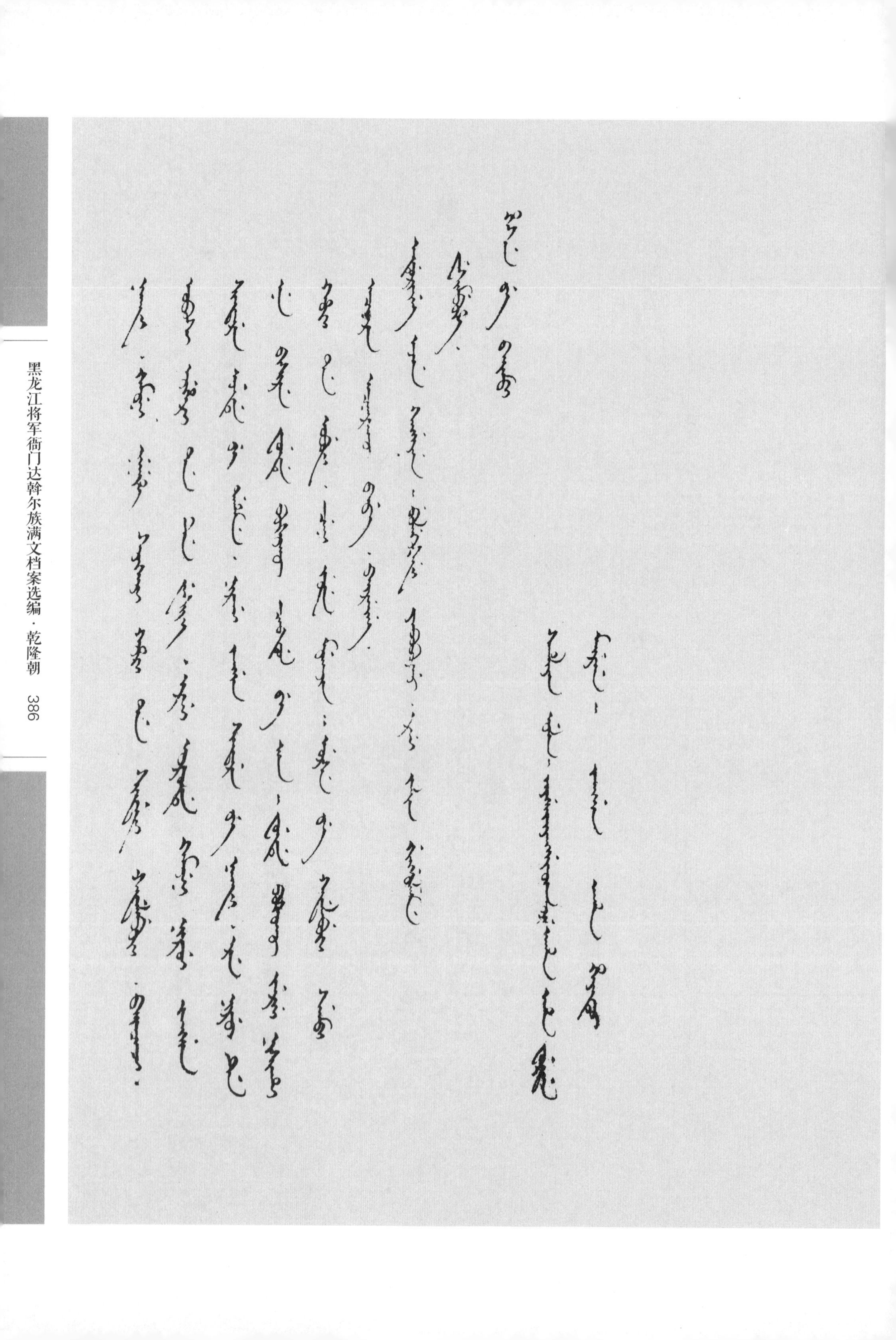

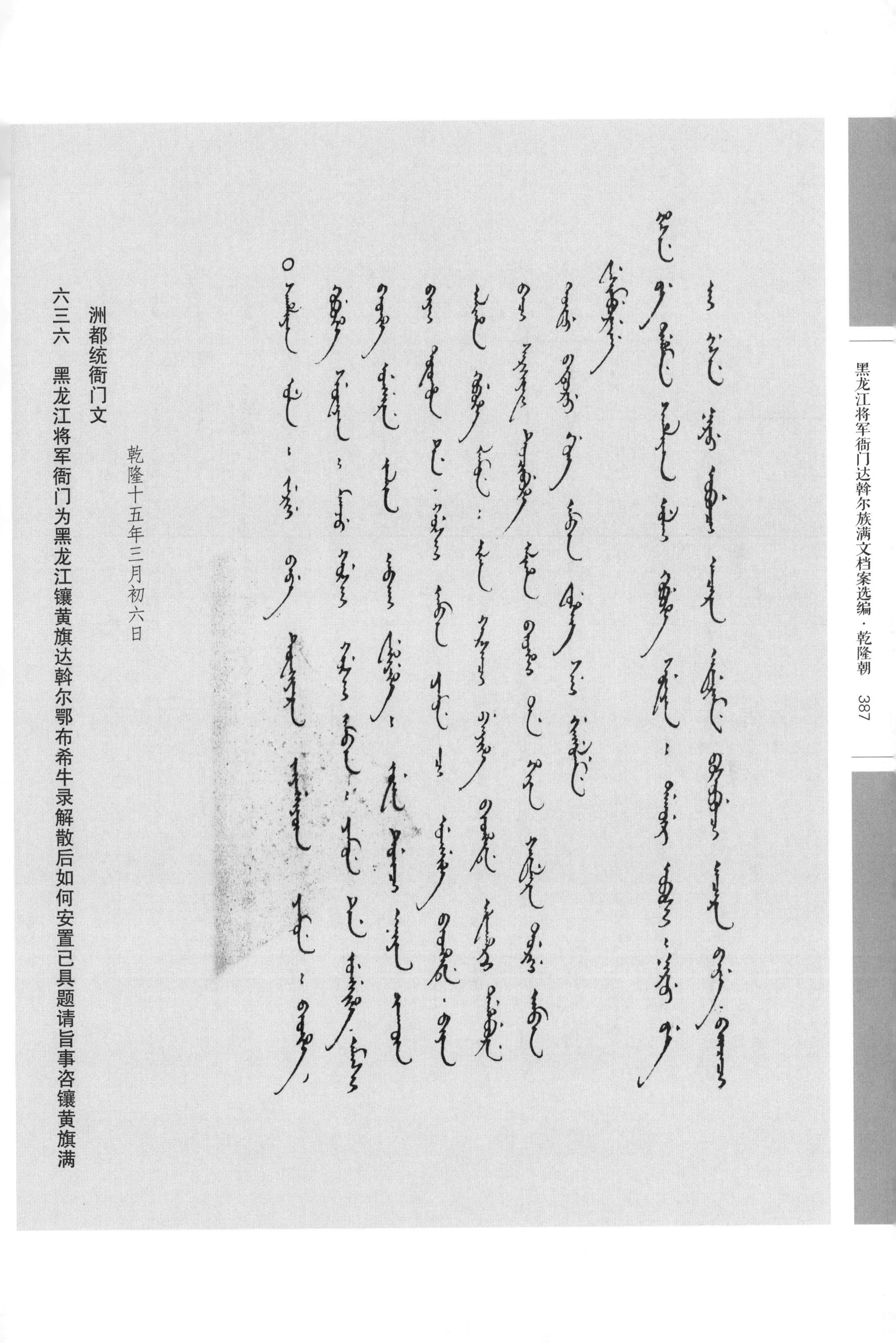

乾隆十五年三月初六日

## 六三六　黑龙江将军衙门为黑龙江镶黄旗达斡尔鄂布希牛录解散后如何安置已具题请旨事咨镶黄旗满洲都统衙门文

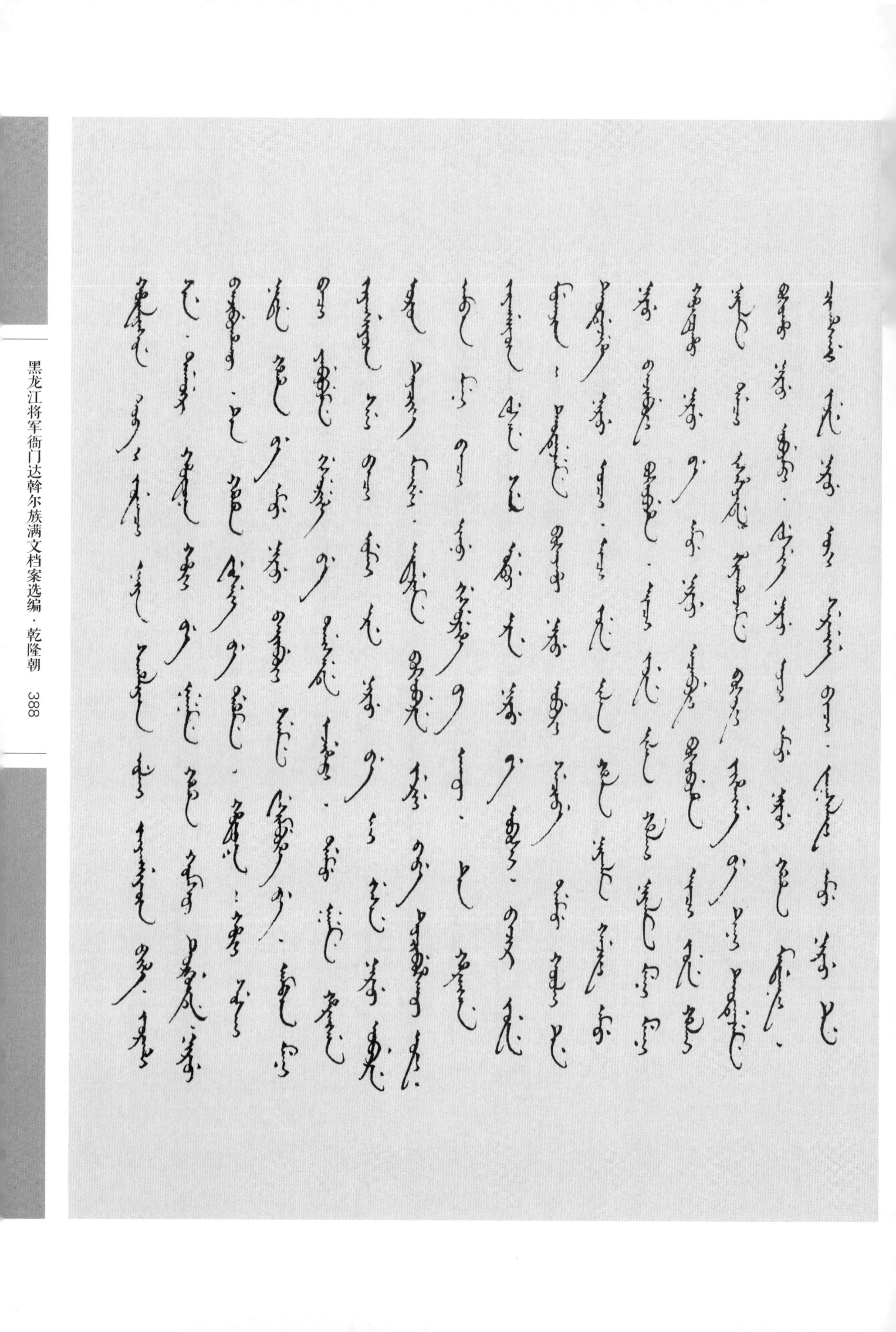

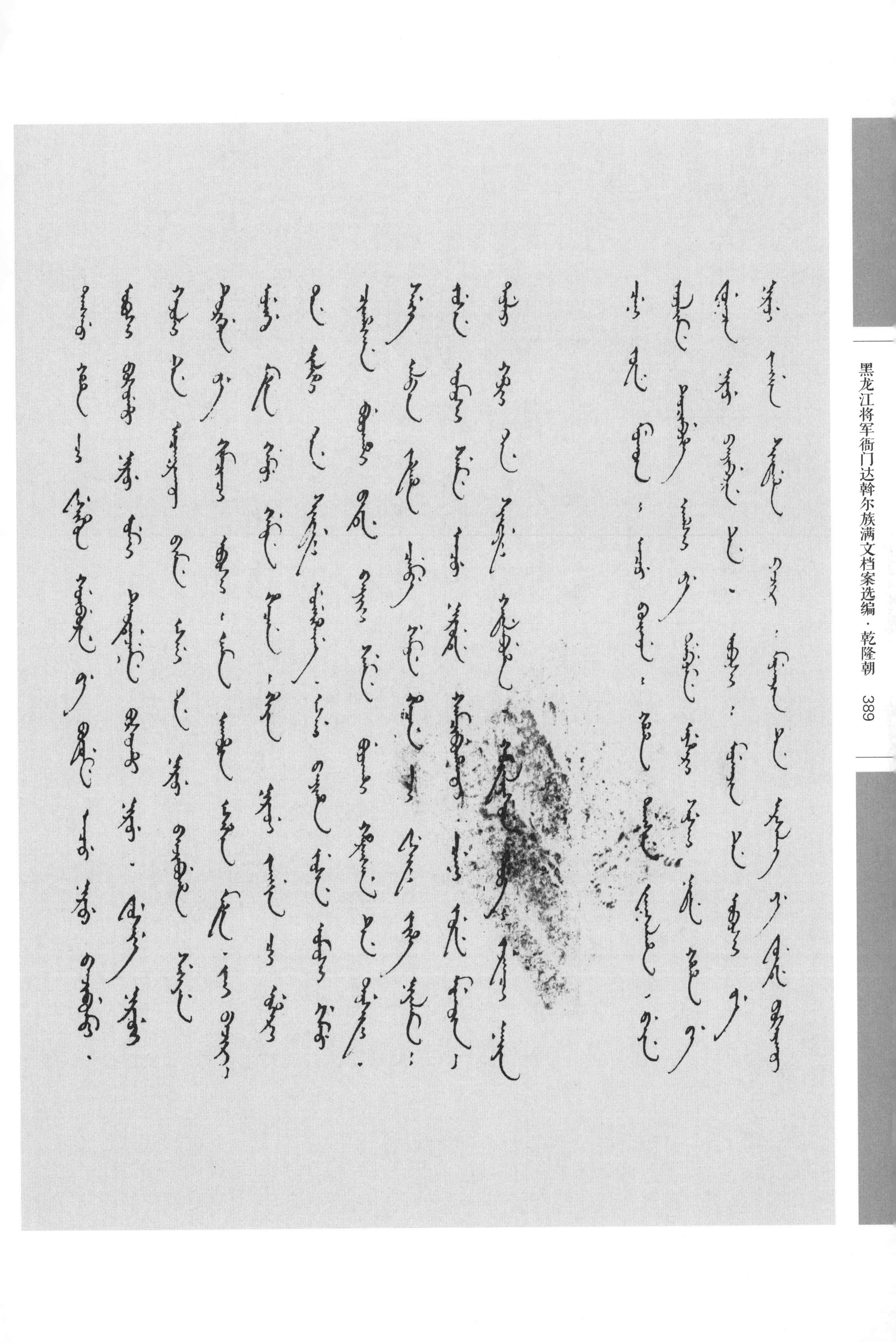

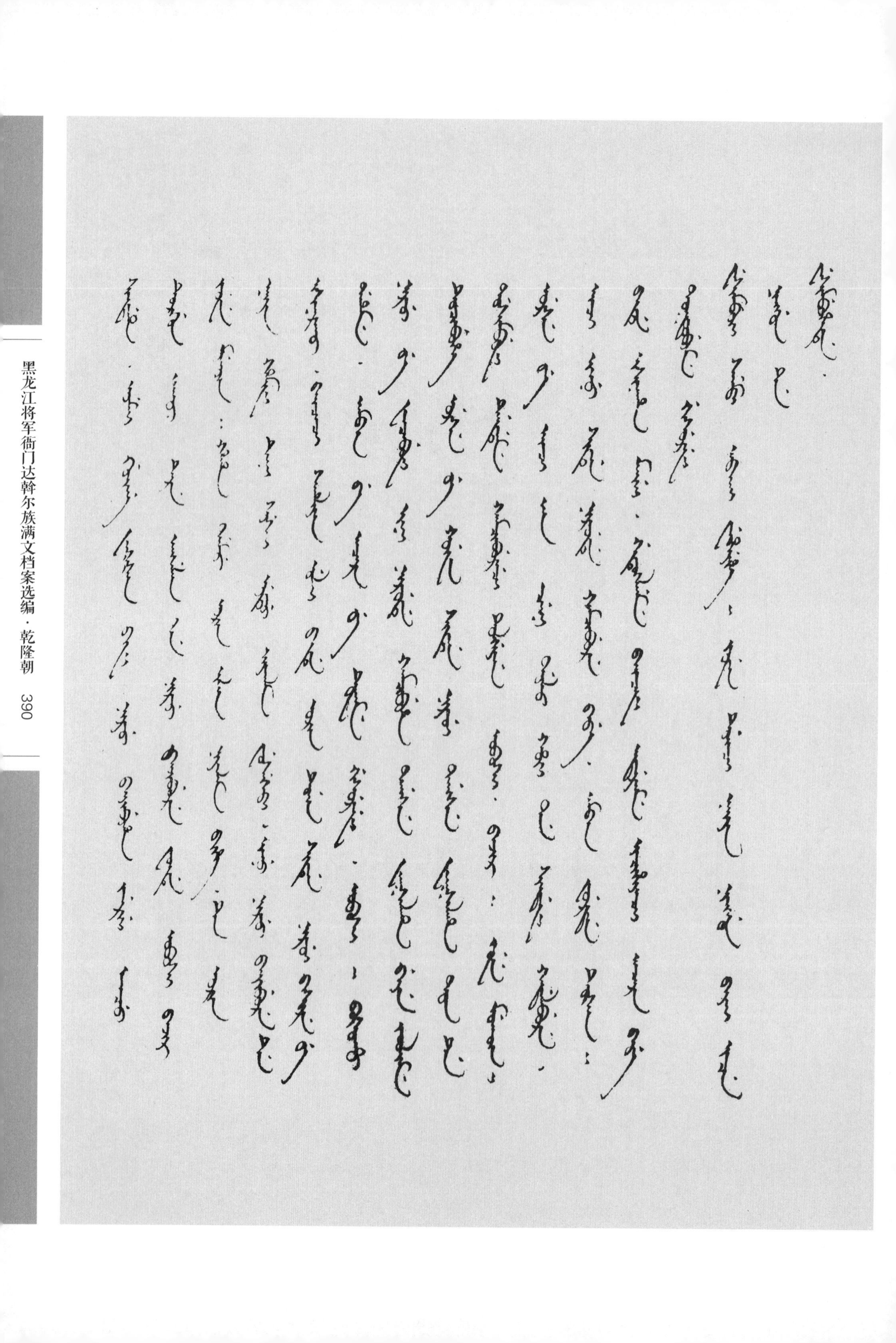

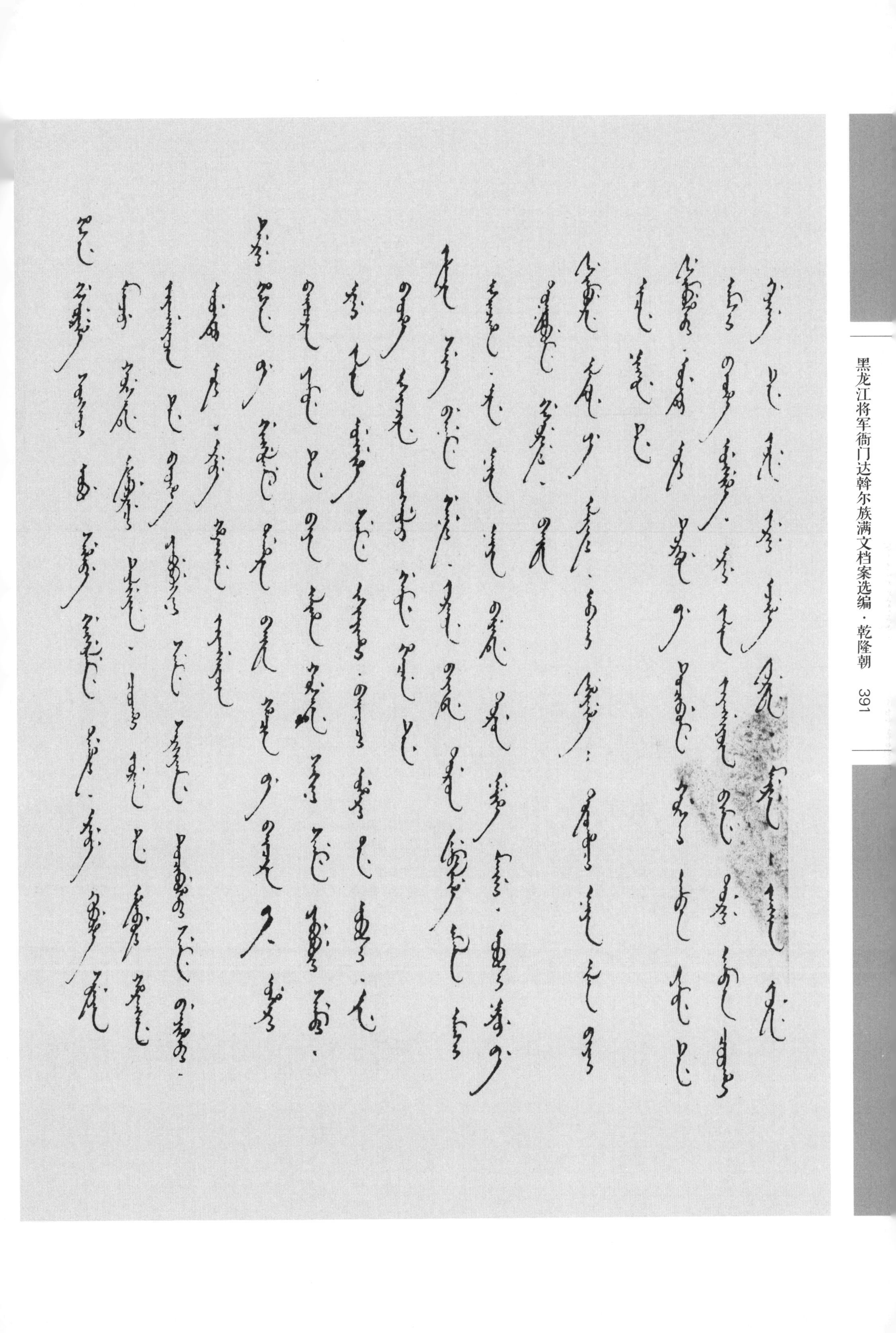

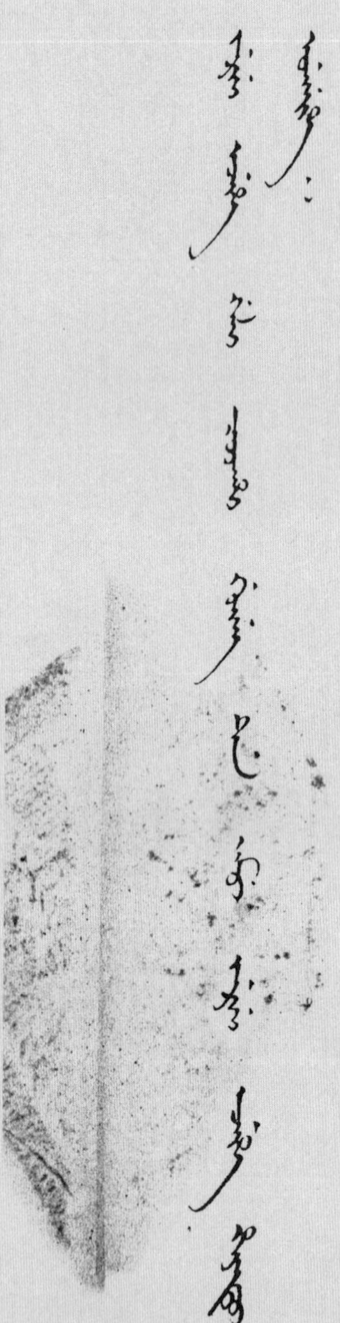

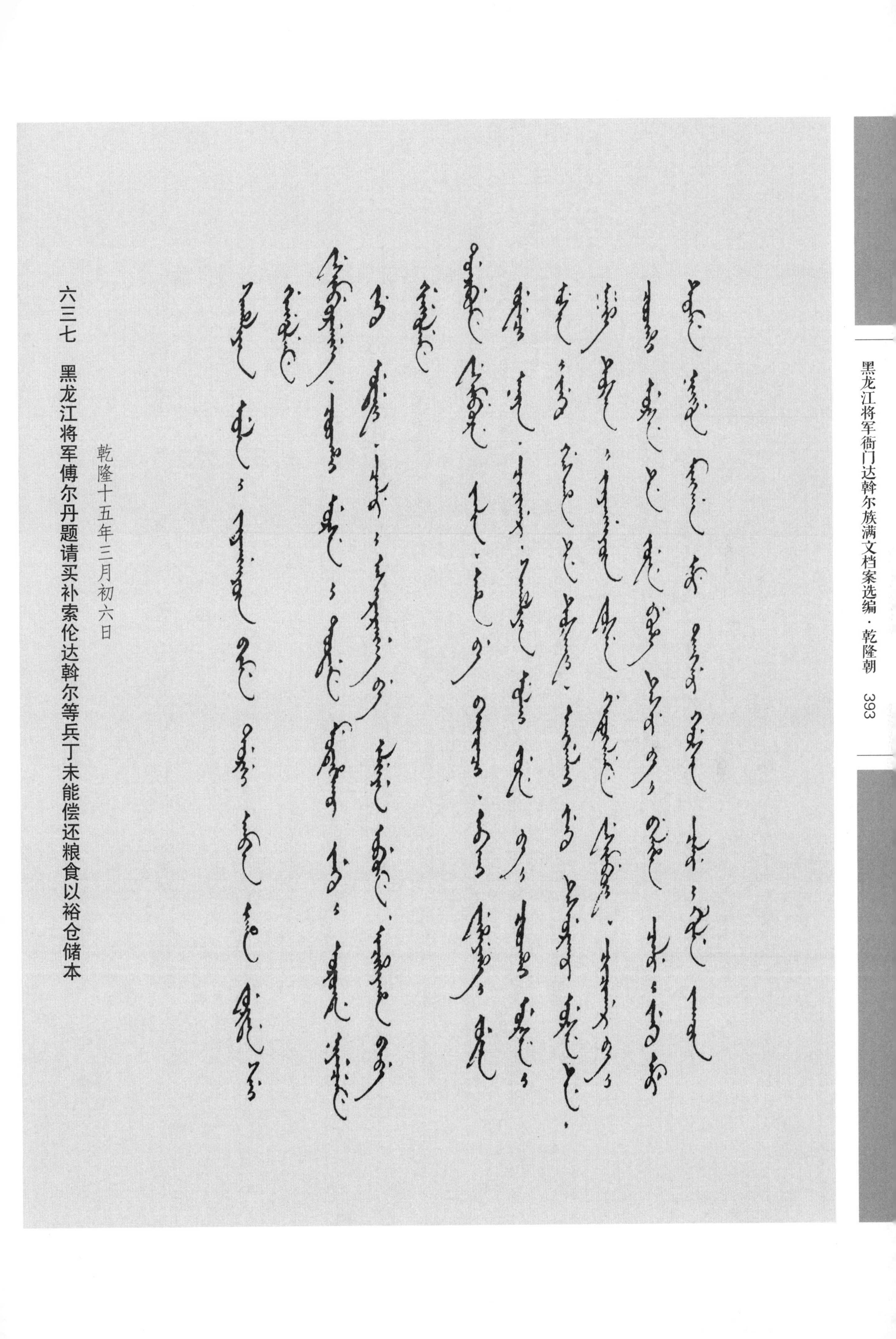

## 六三七 黑龙江将军傅尔丹题请买补索伦达斡尔等兵丁未能偿还粮食以裕仓储本

乾隆十五年三月初六日

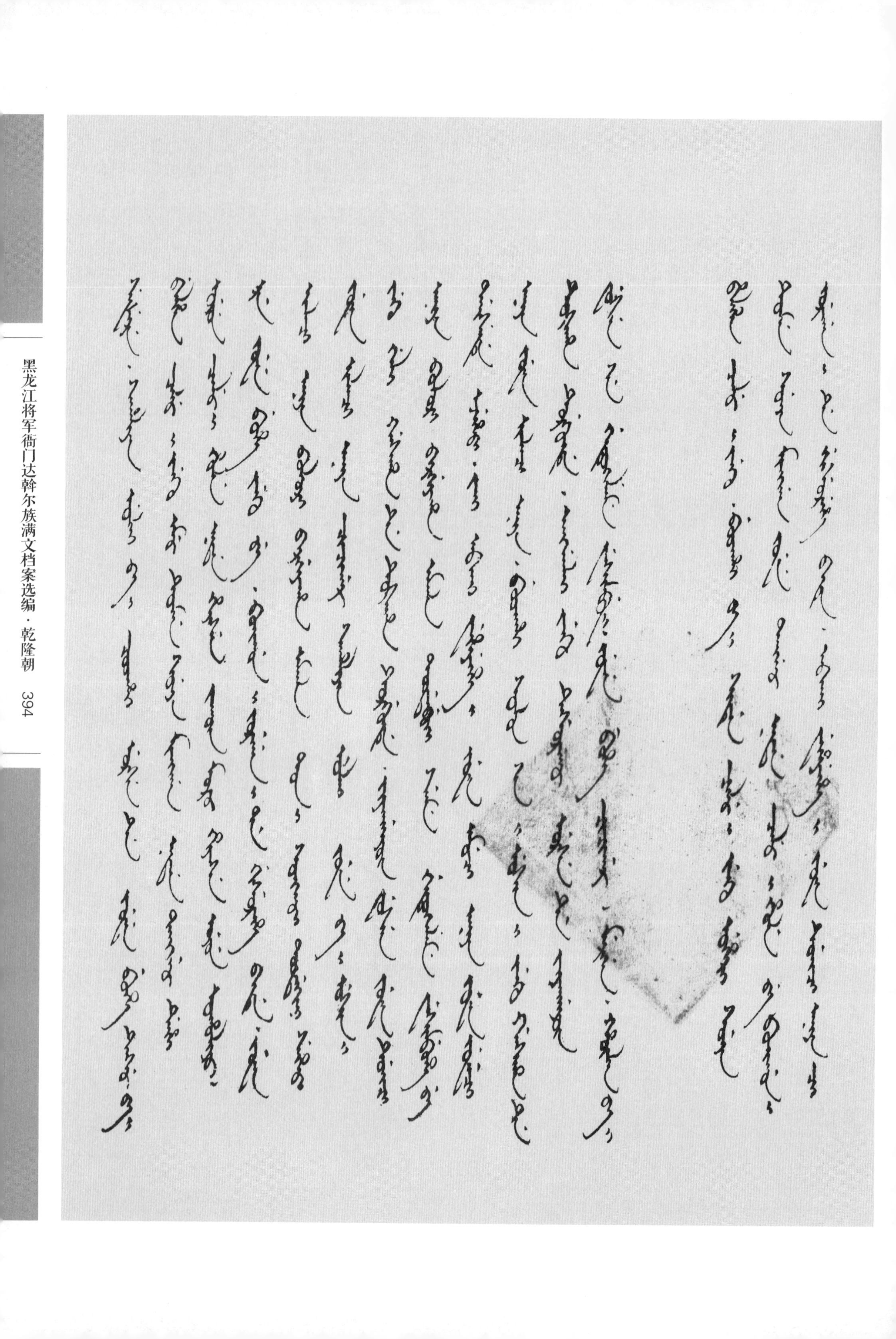

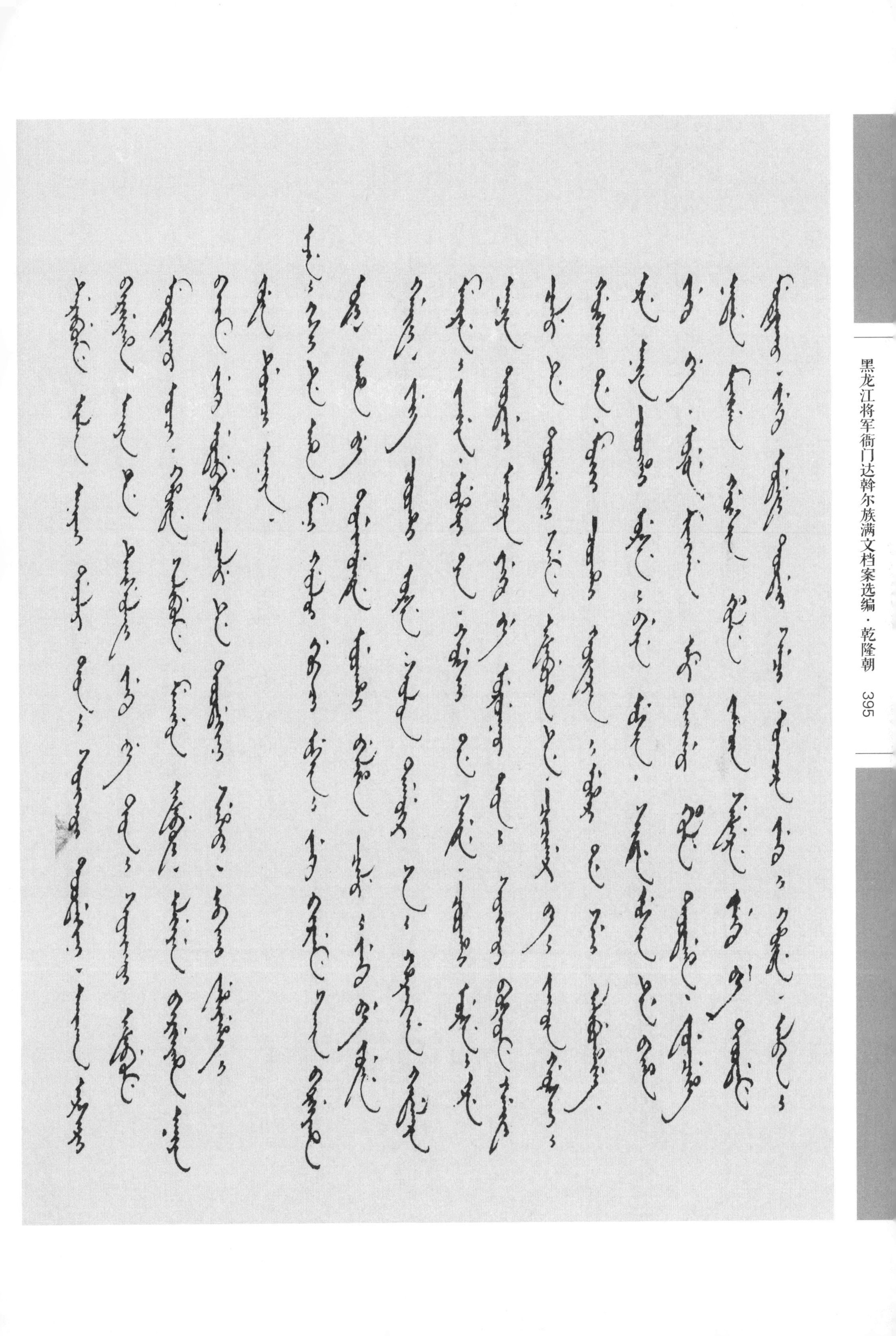

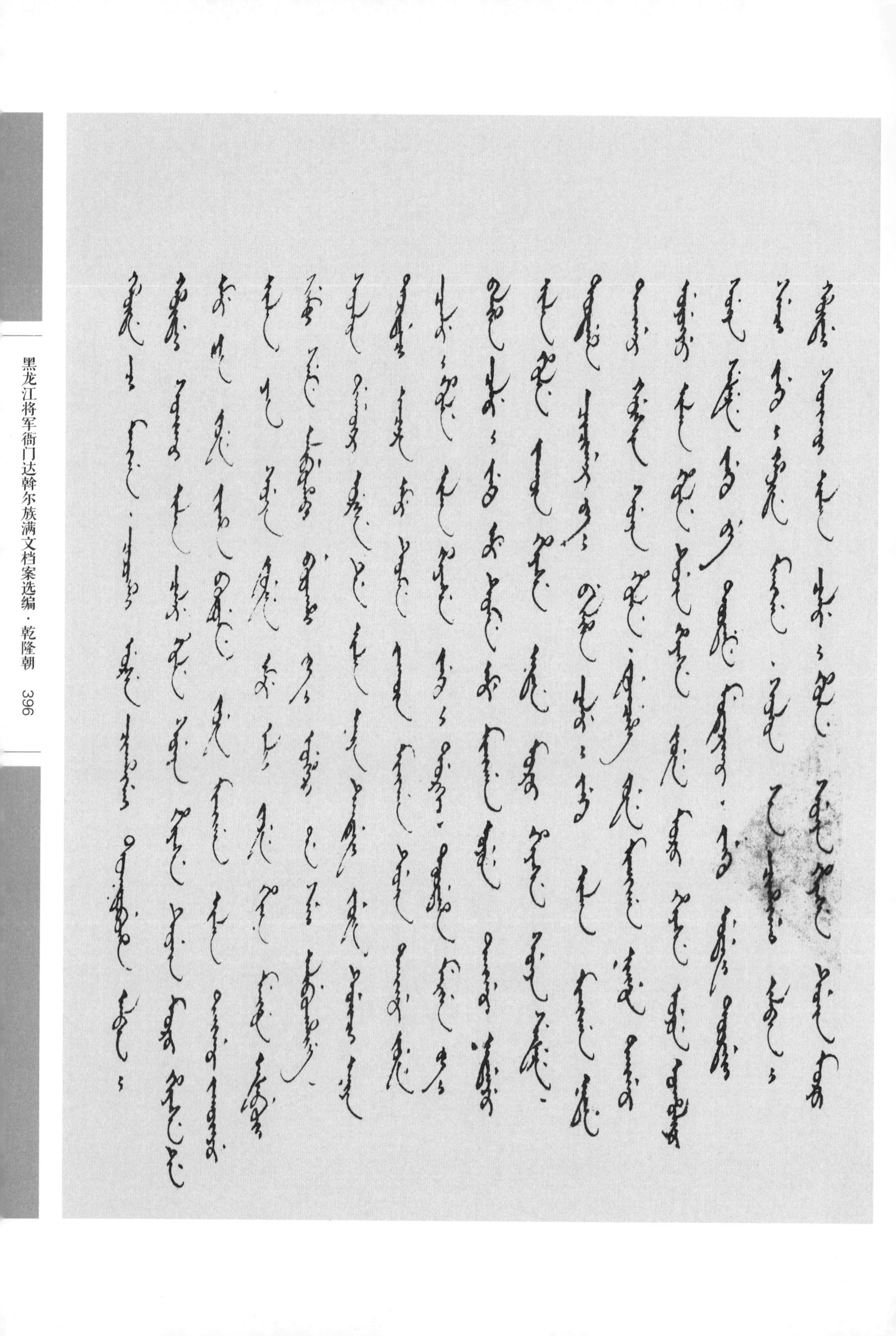

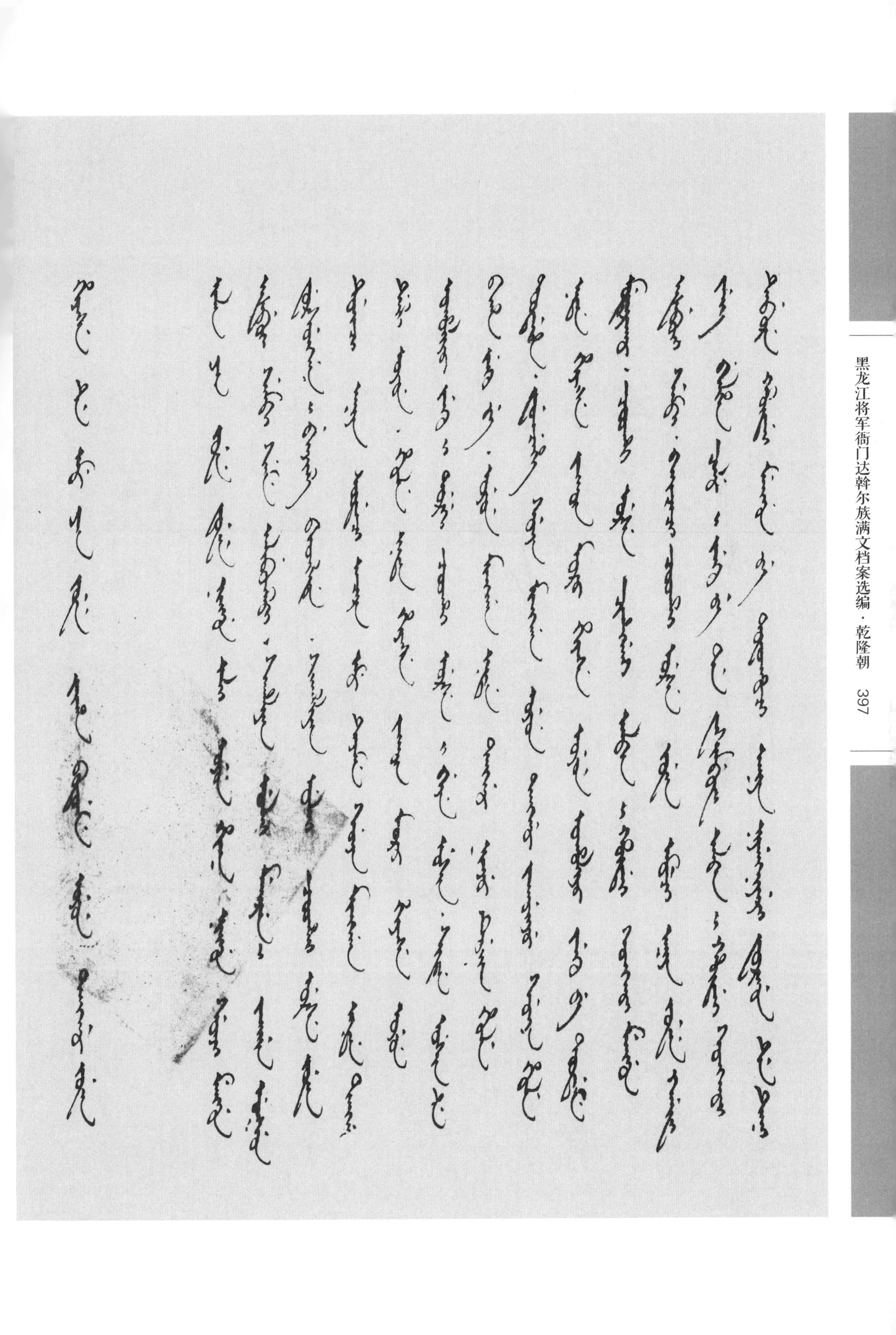

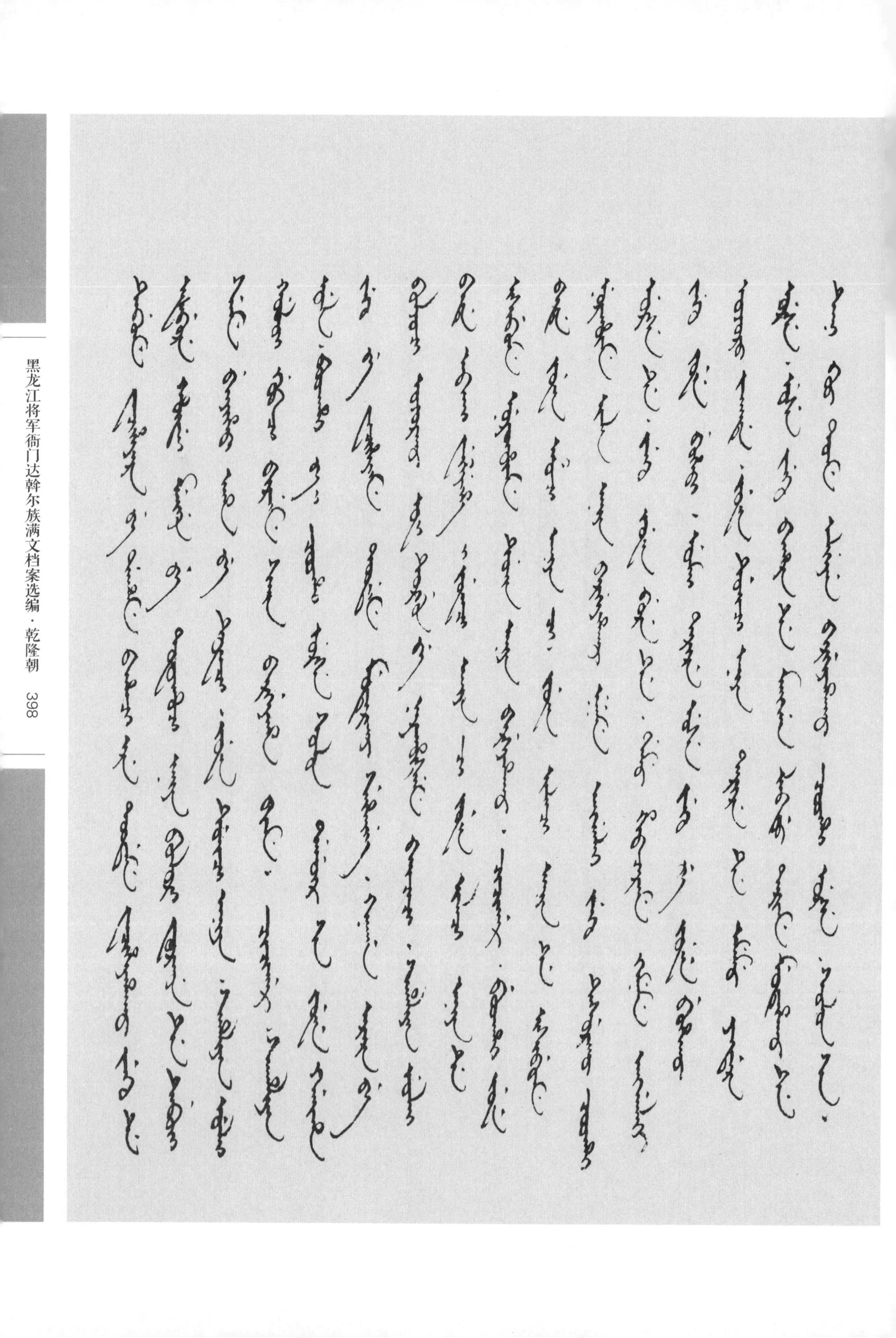

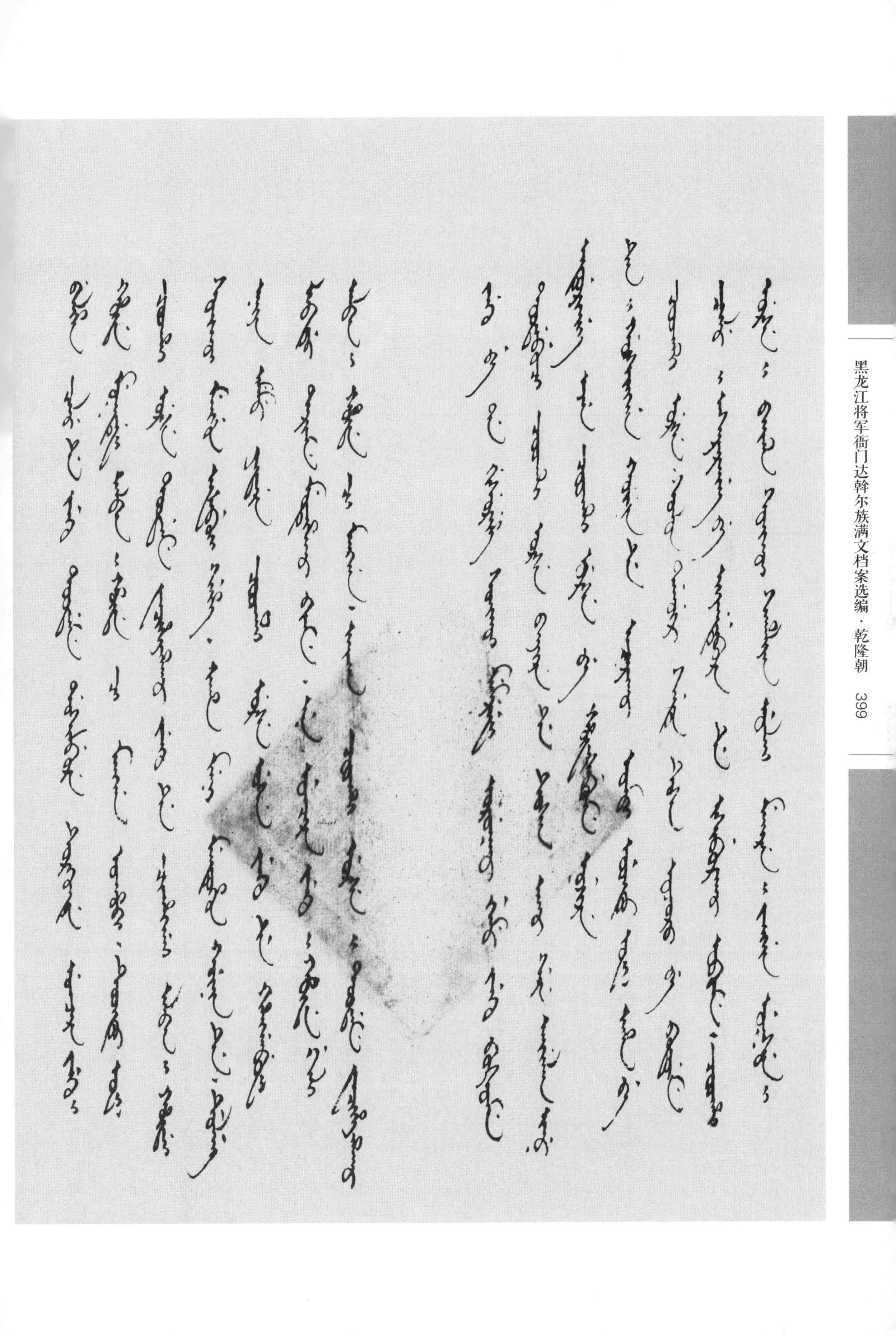

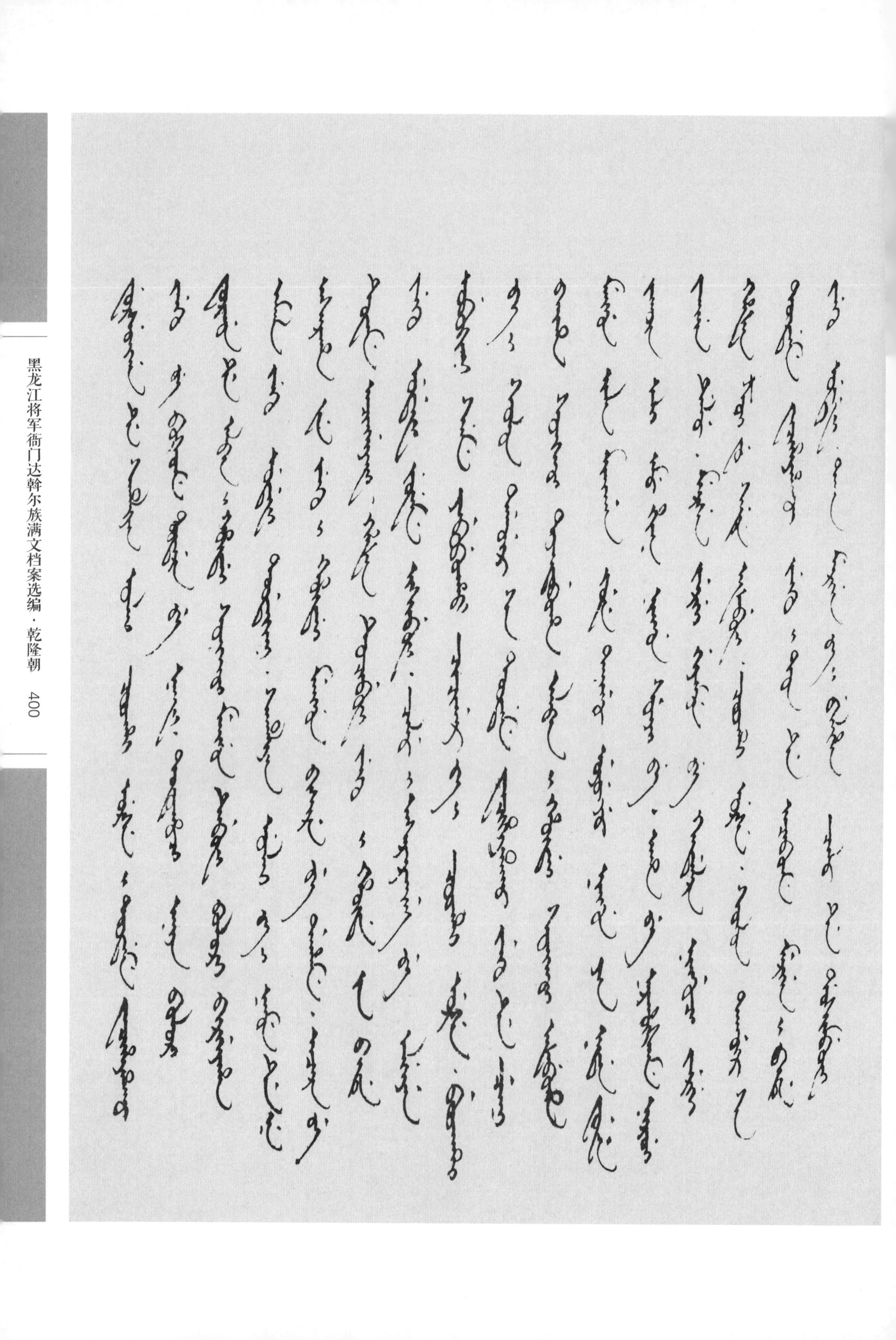

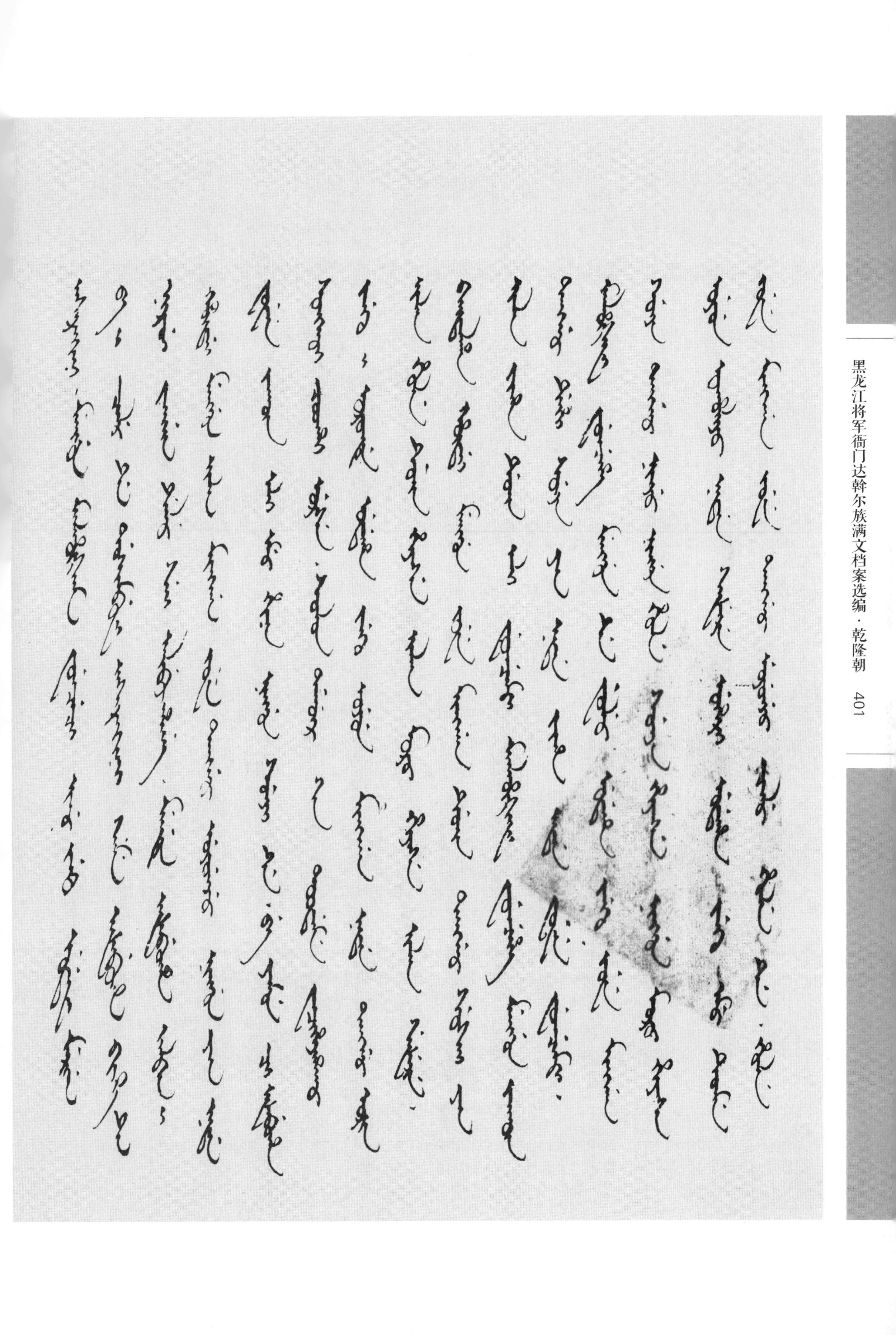

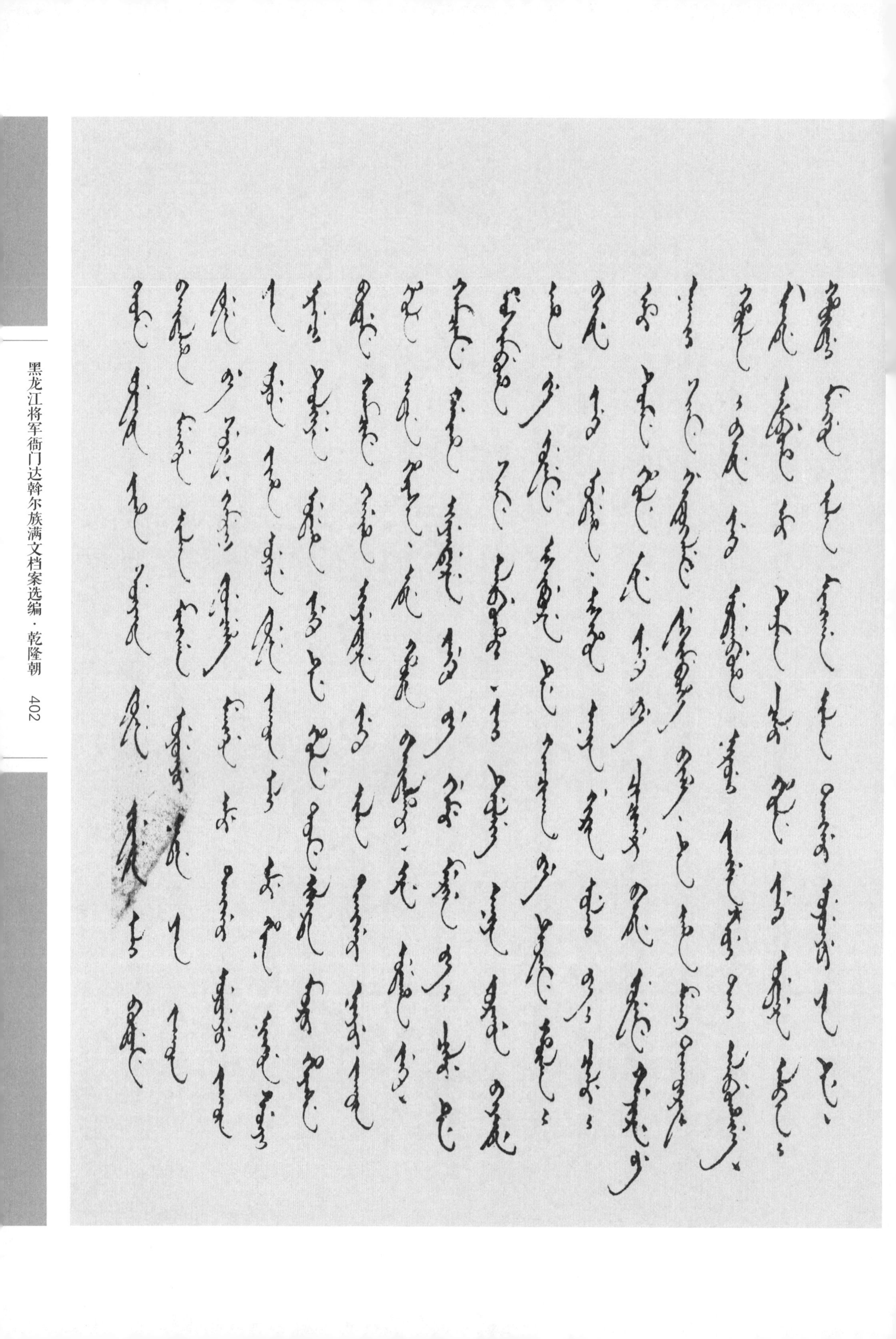

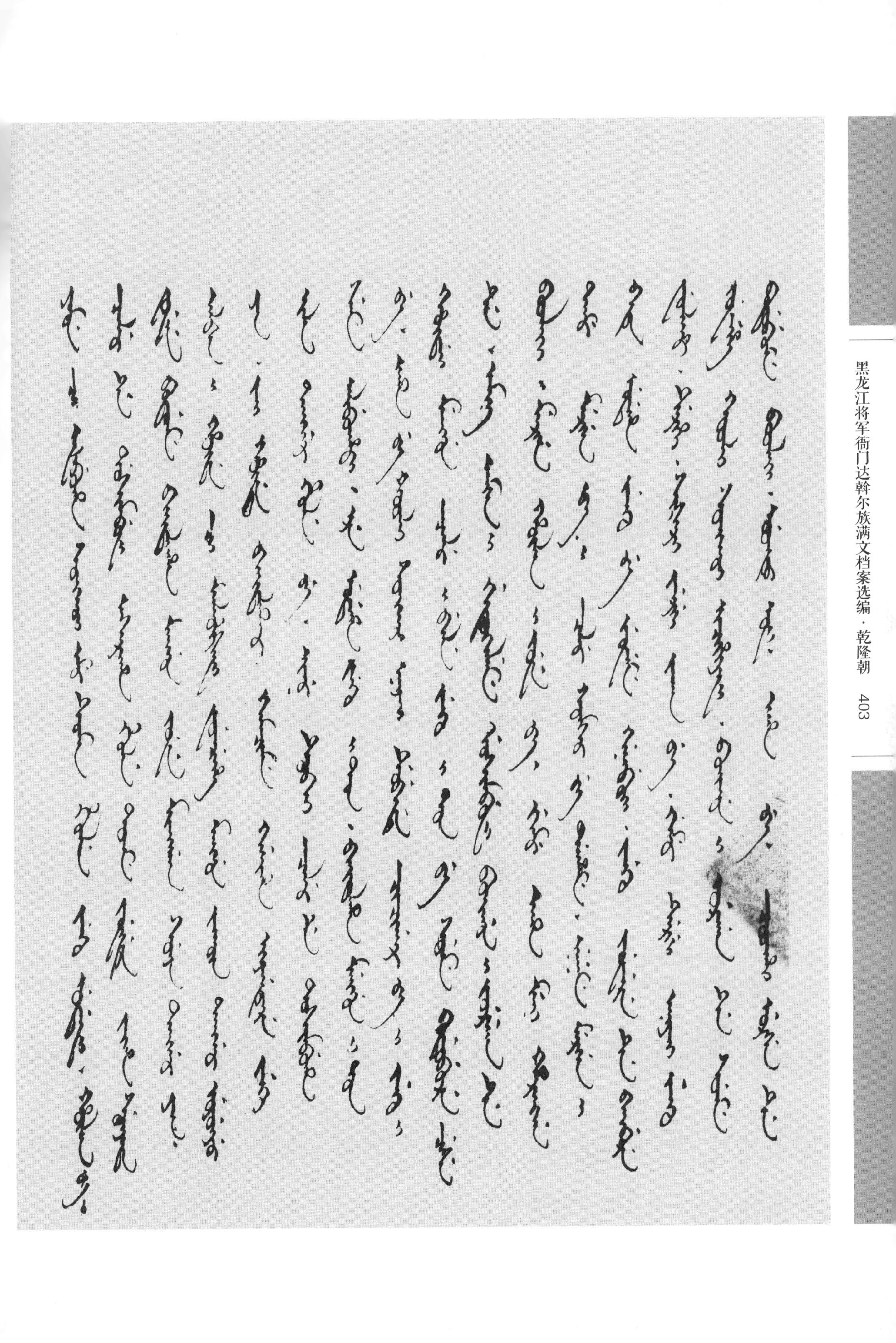

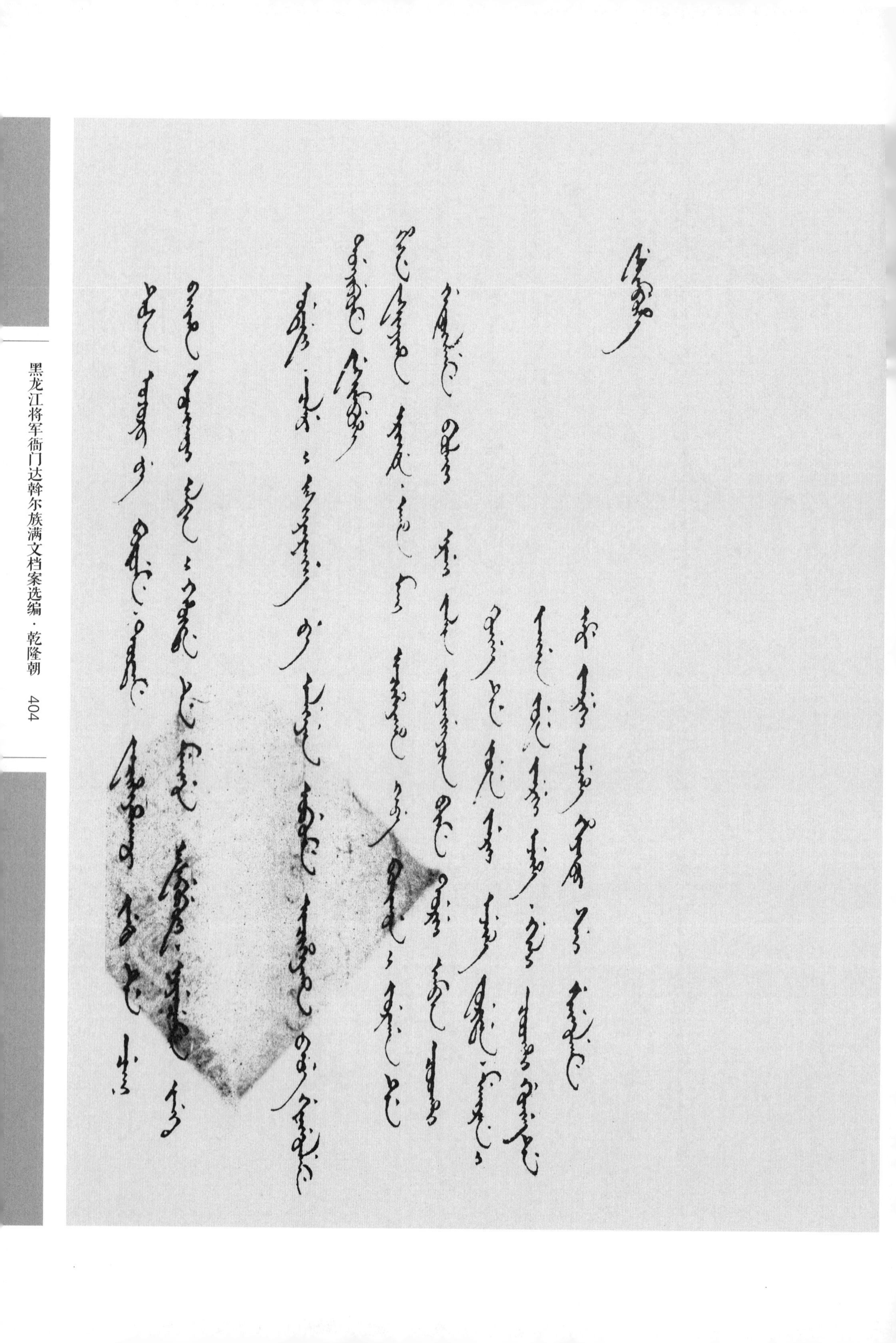

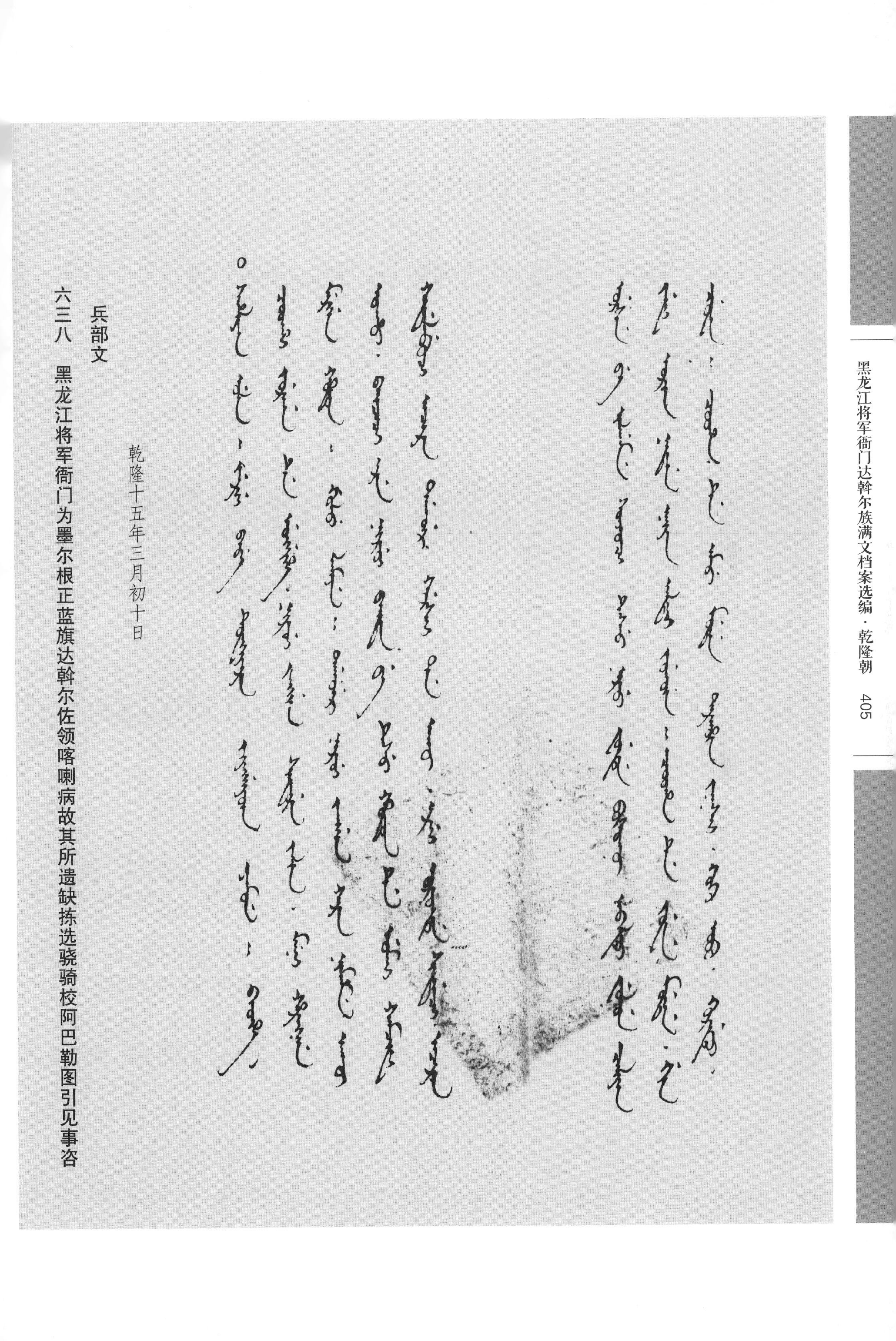

六三八 黑龙江将军衙门为墨尔根正蓝旗达斡尔佐领喀喇病故其所遗缺拣选骁骑校阿巴勒图引见事咨兵部文

乾隆十五年三月初十日

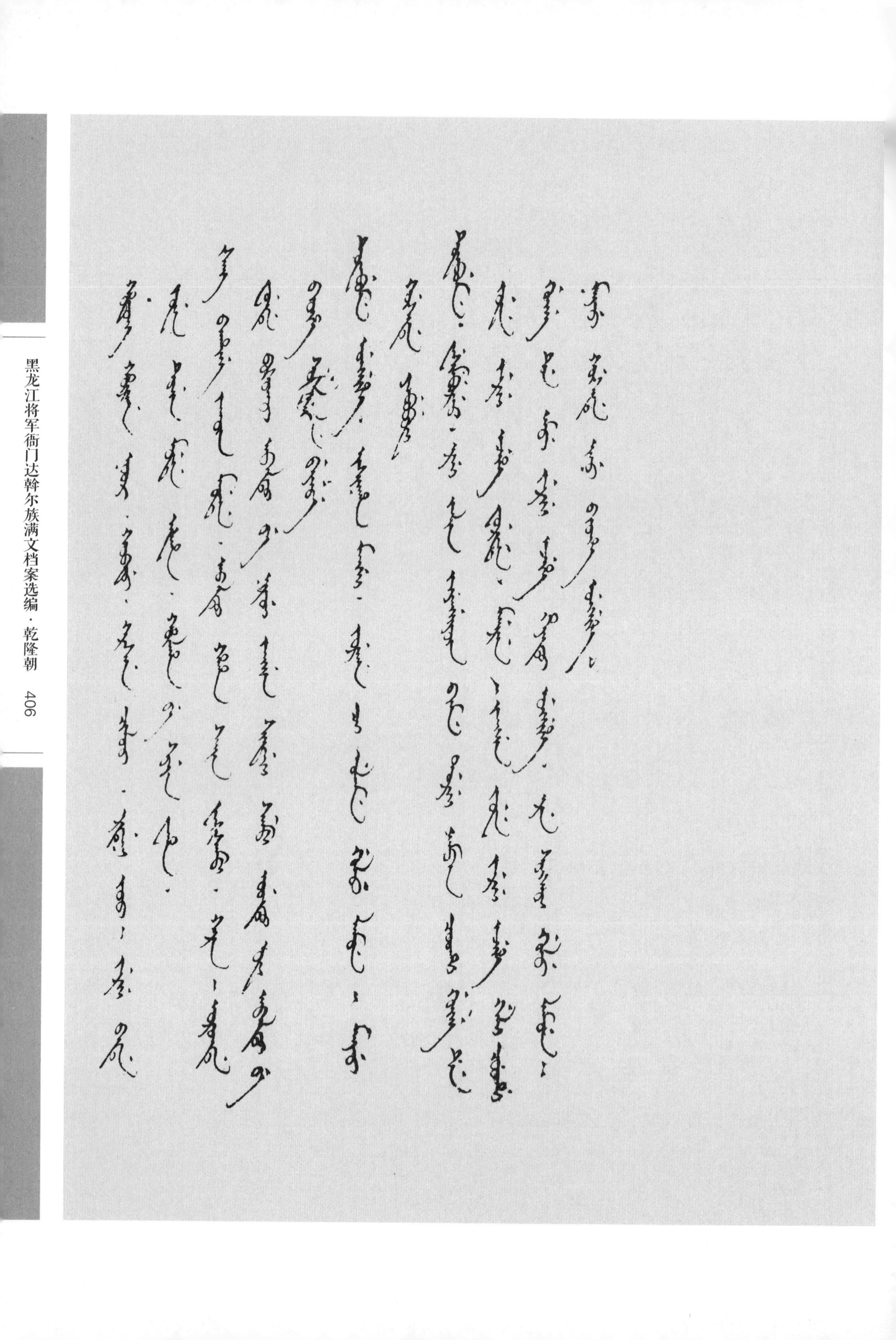

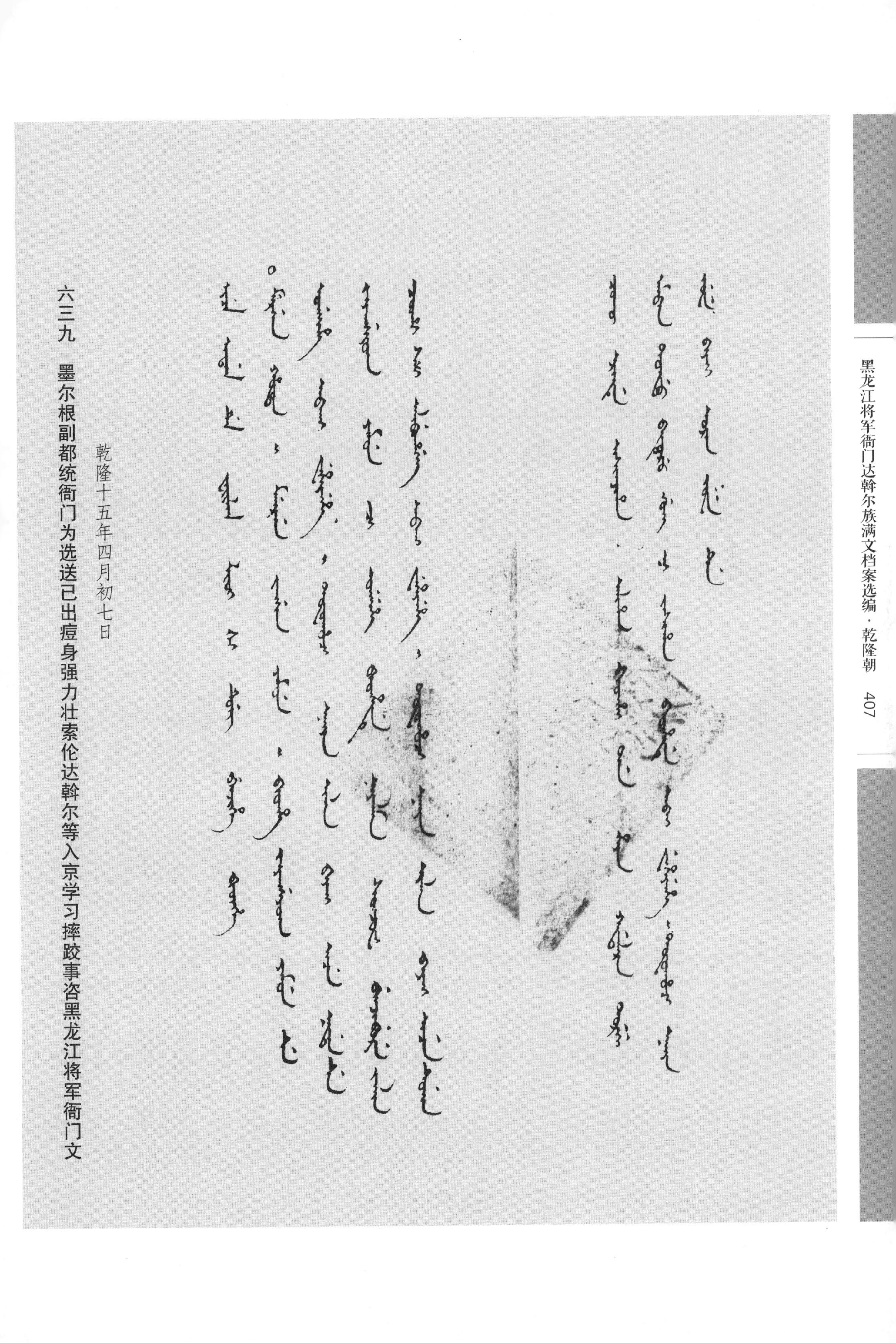

## 六三九 墨尔根副都统衙门为选送已出痘身强力壮索伦达斡尔等入京学习摔跤事咨黑龙江将军衙门文

乾隆十五年四月初七日

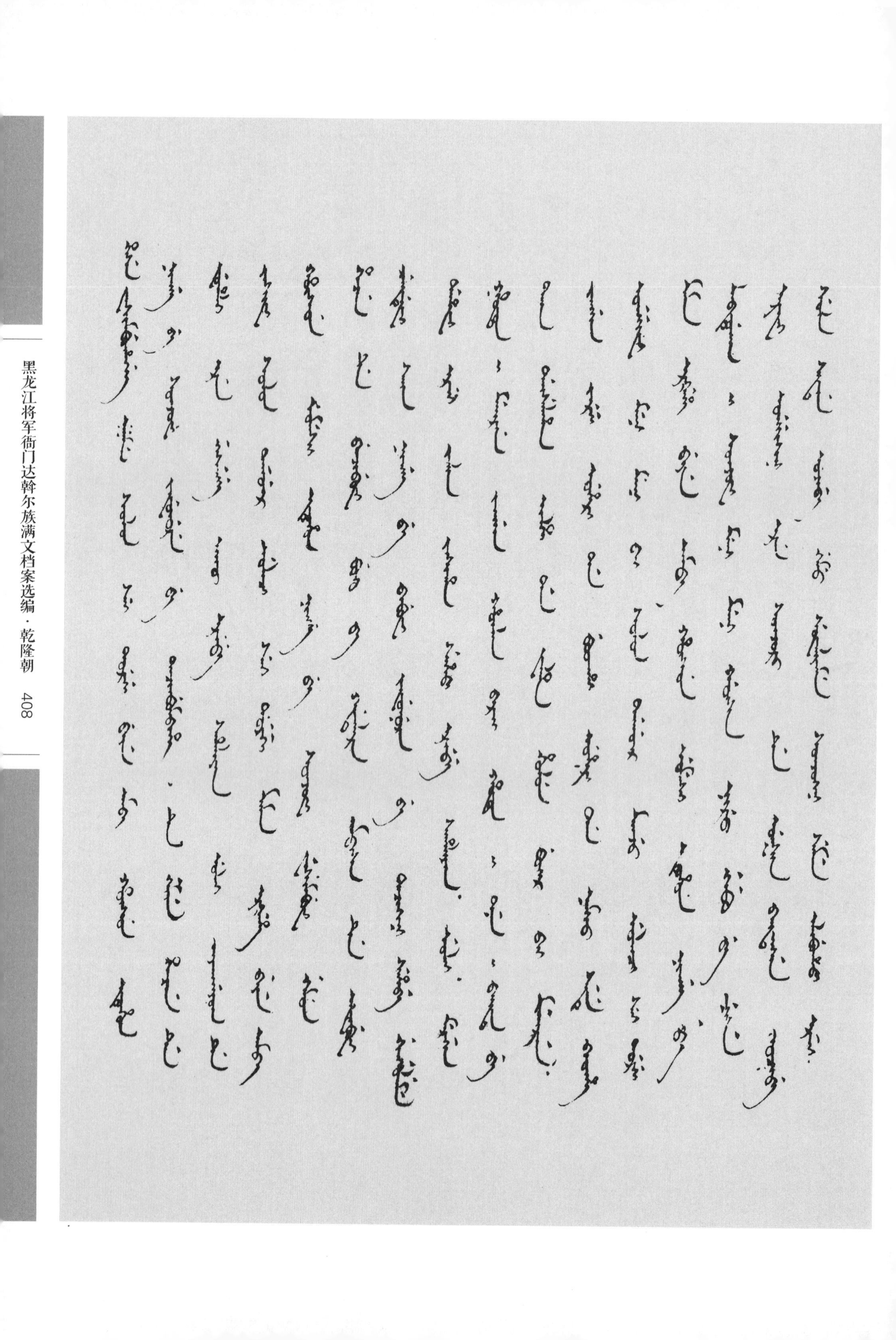

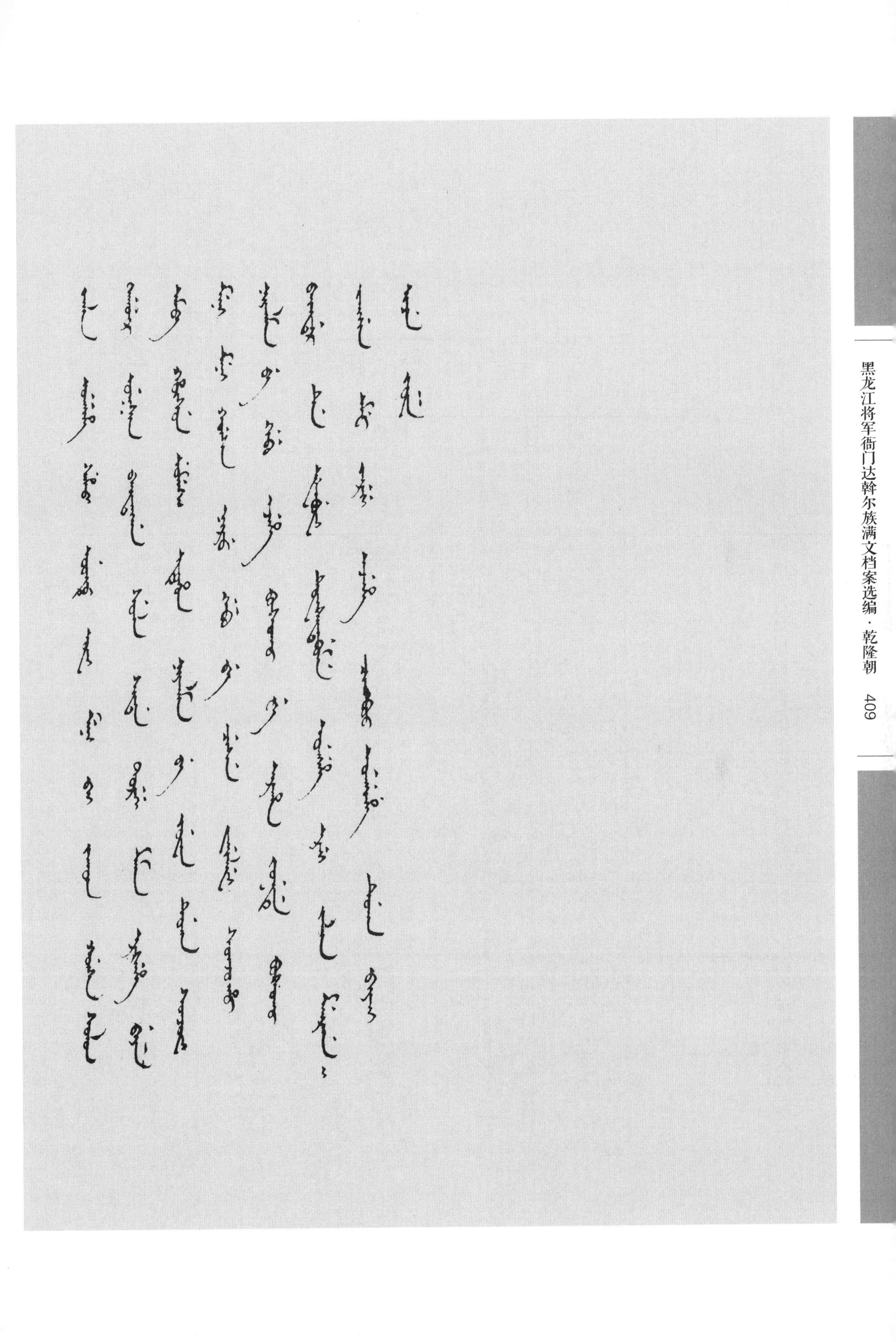

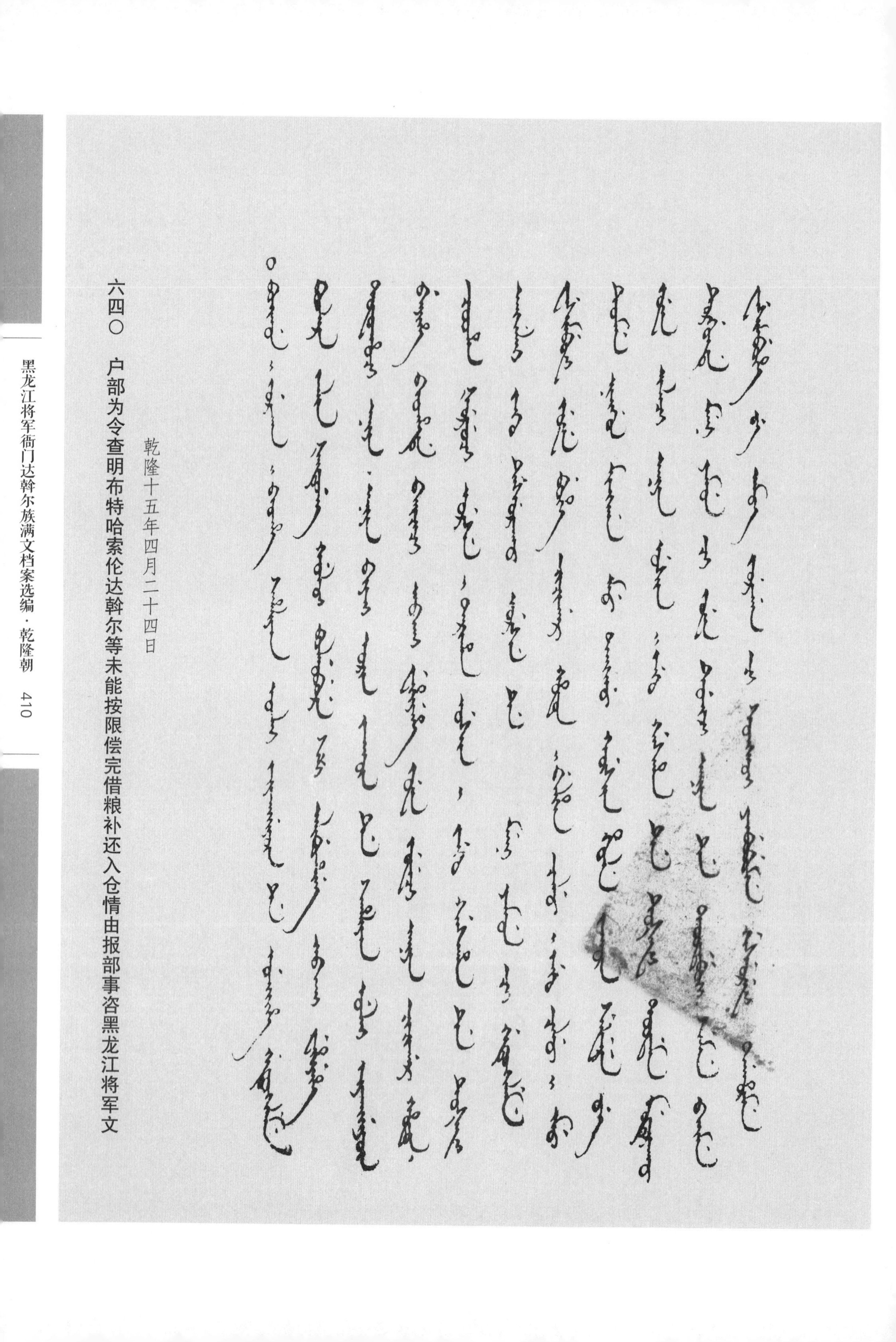

## 六四〇　户部为令查明布特哈索伦达斡尔等未能按限偿完借粮补还入仓情由报部事咨黑龙江将军文

乾隆十五年四月二十四日

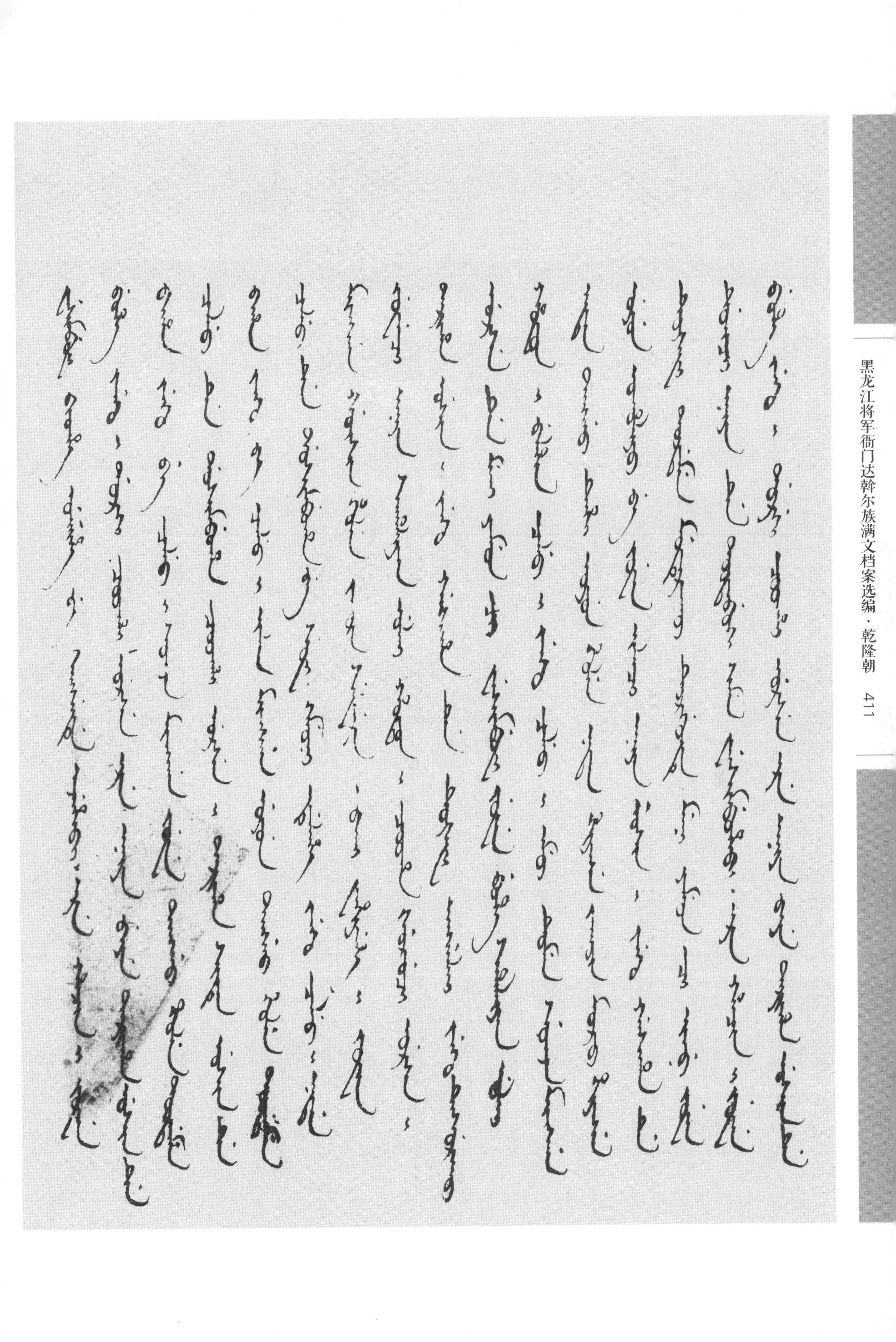

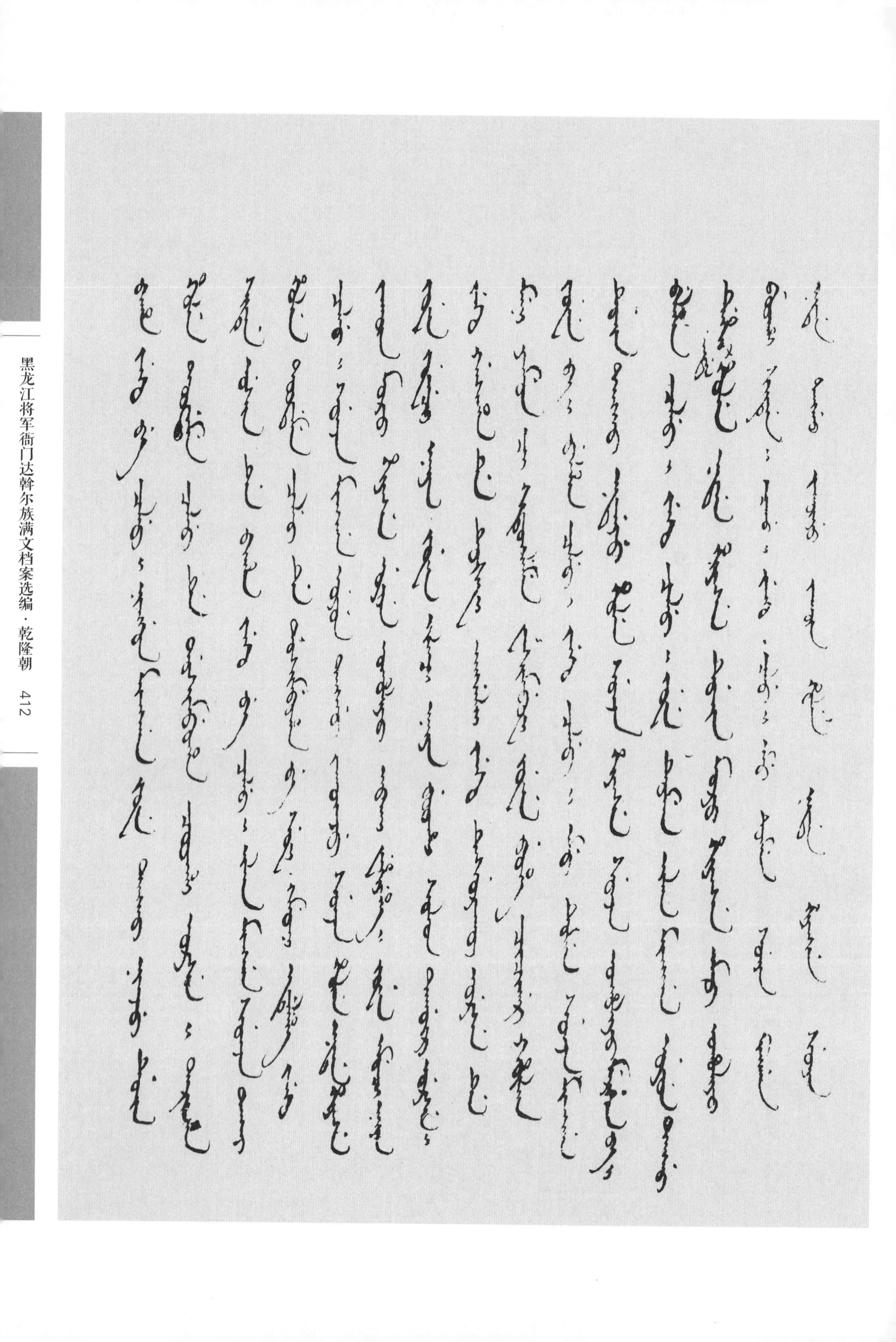

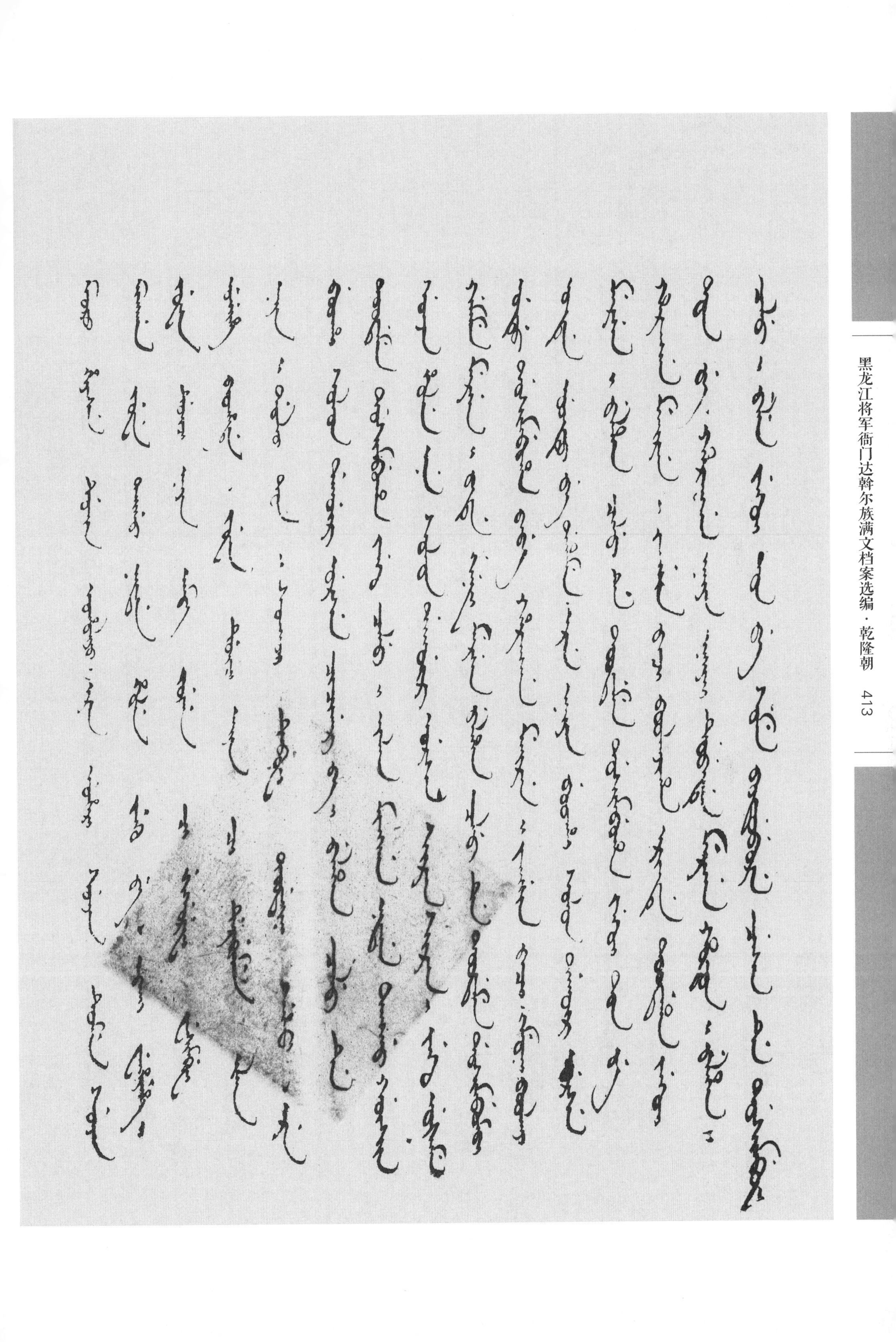

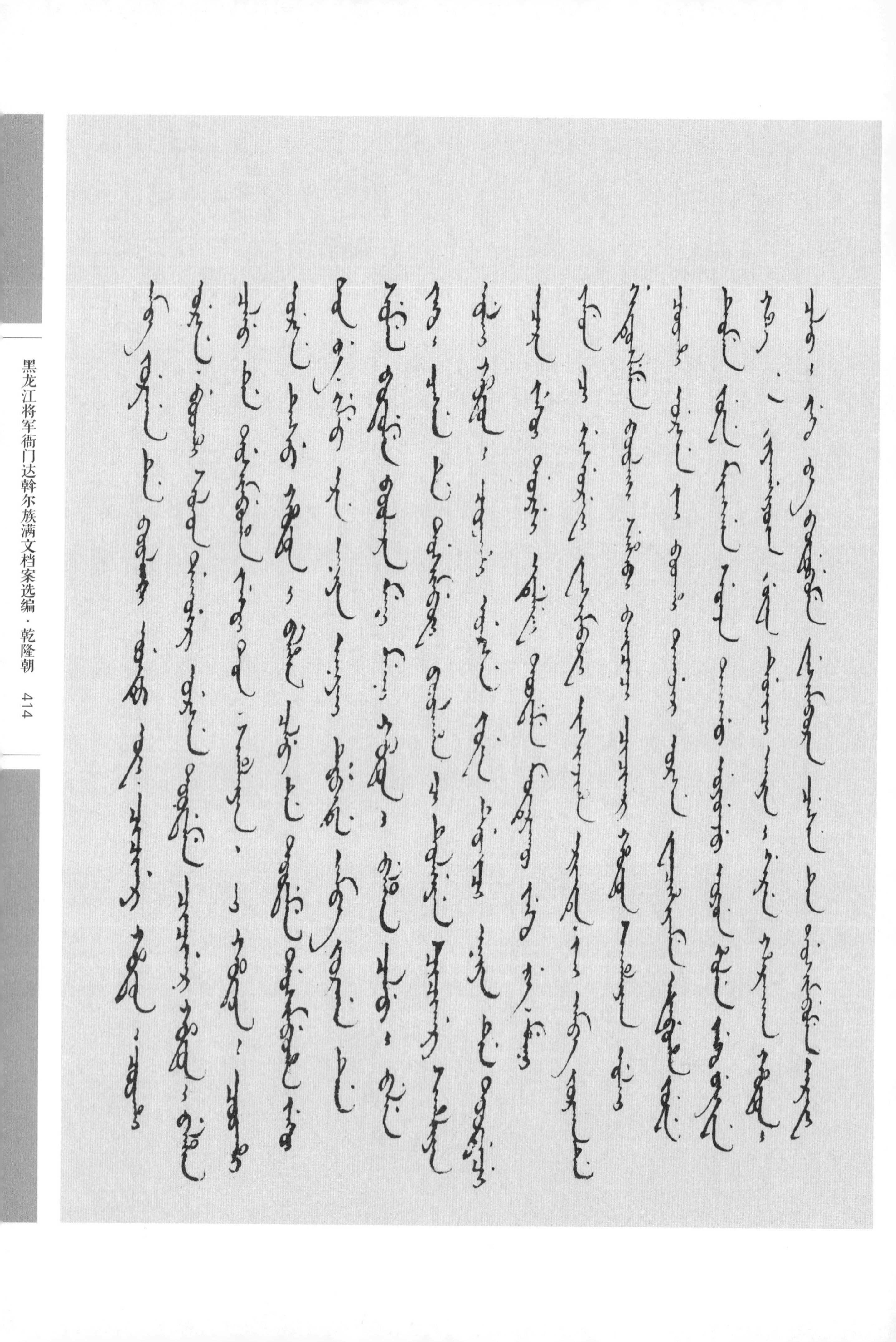

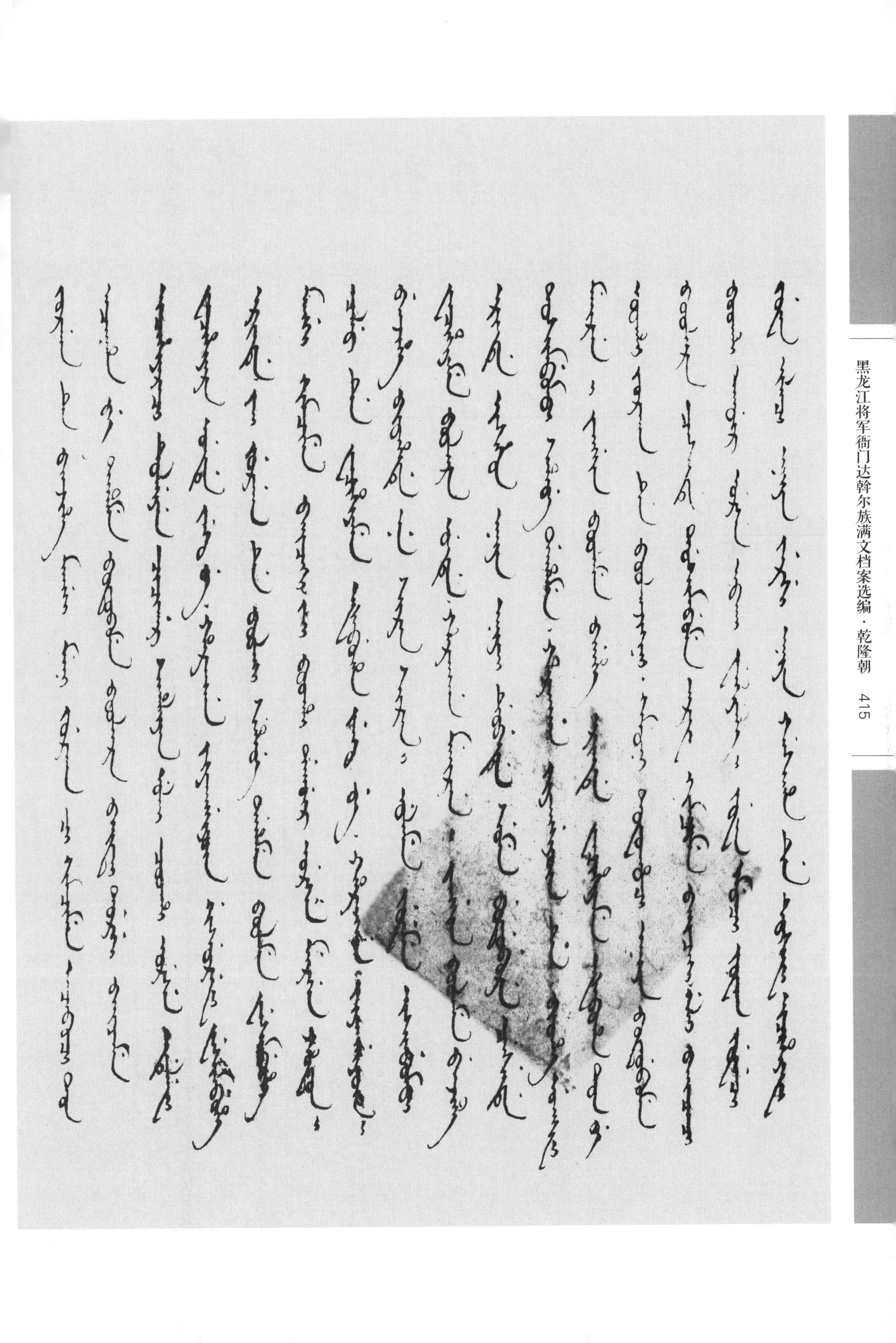

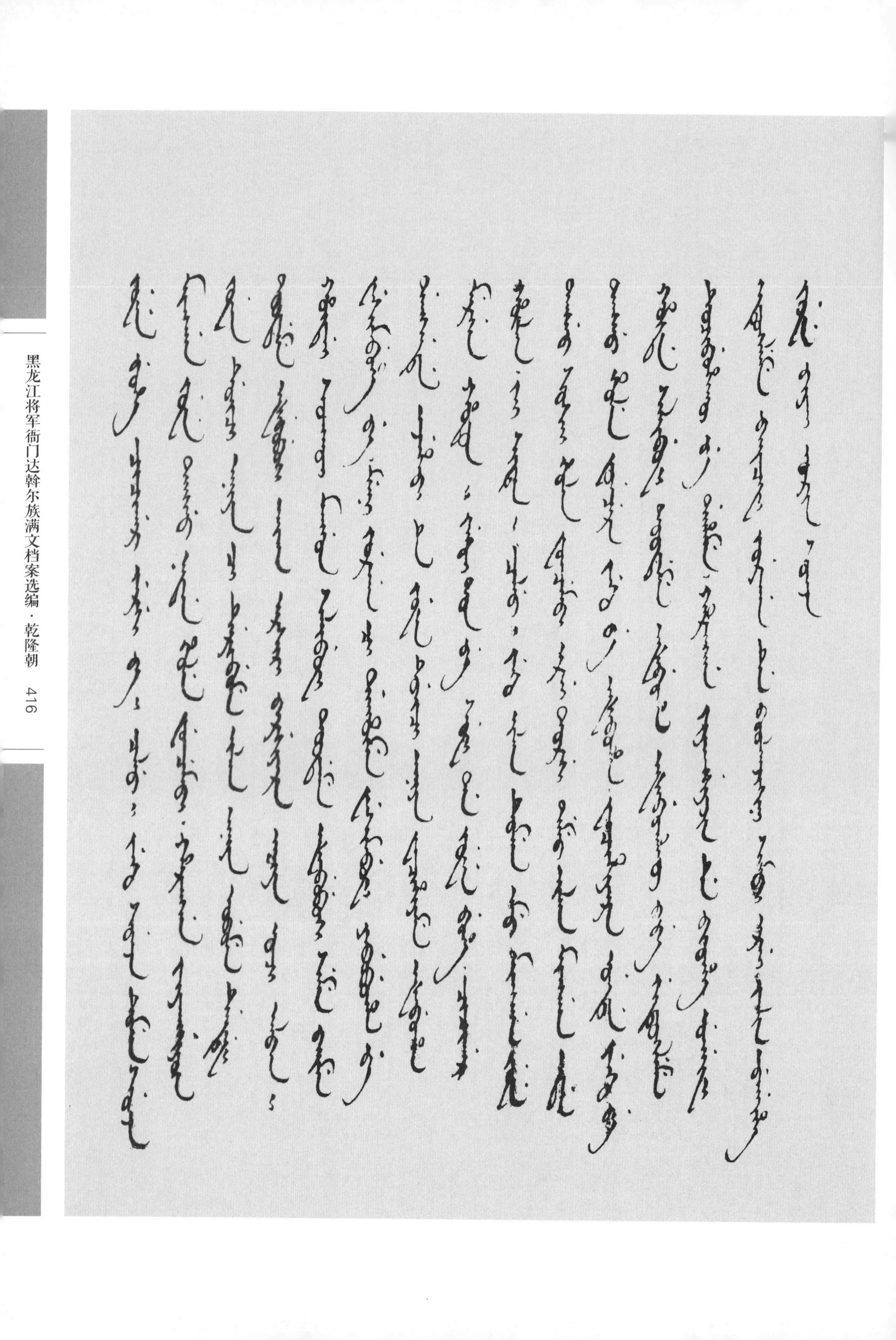

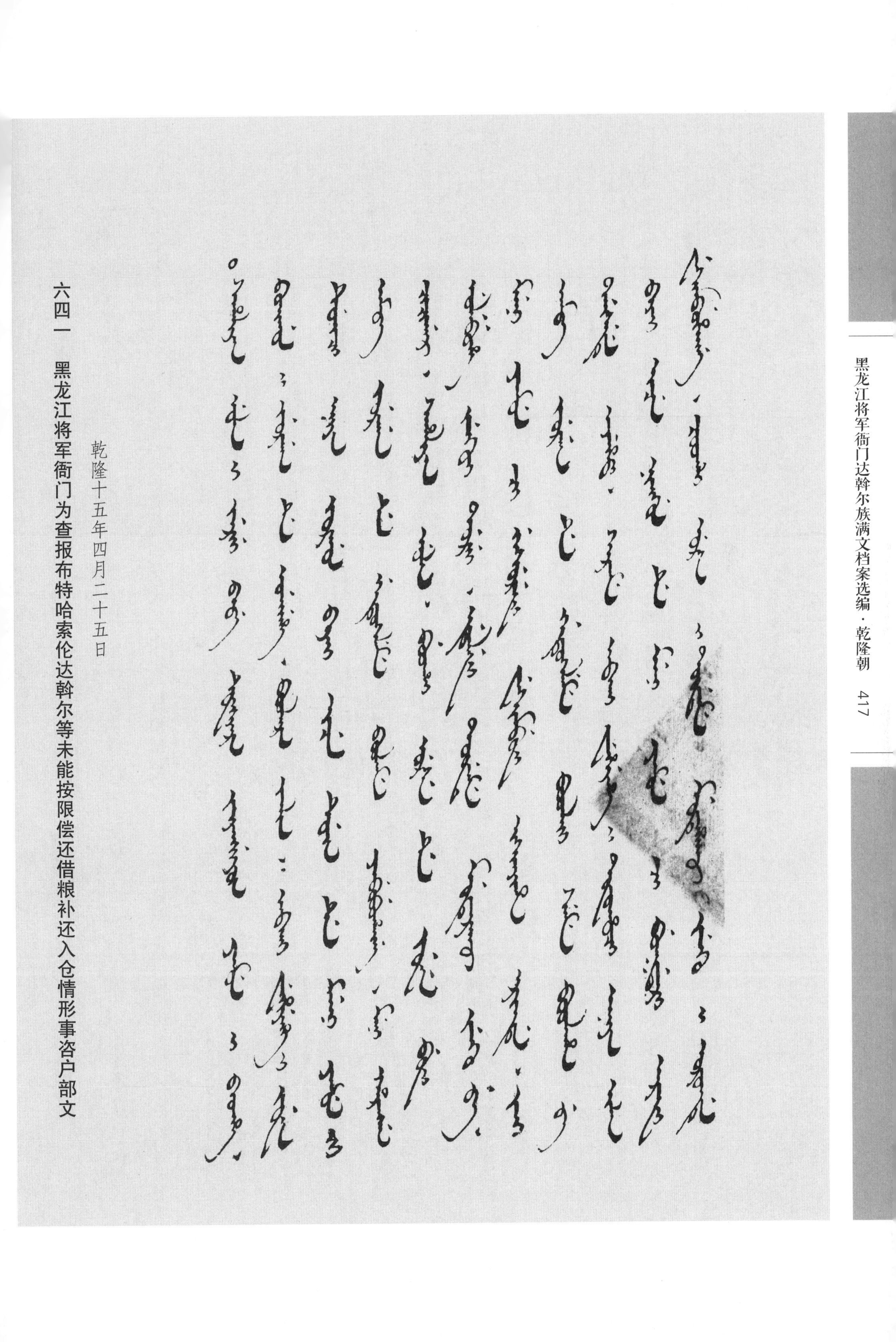

## 六四一 黑龙江将军衙门为查报布特哈索伦达斡尔等未能按限偿还借粮补还入仓情形事咨户部文

乾隆十五年四月二十五日

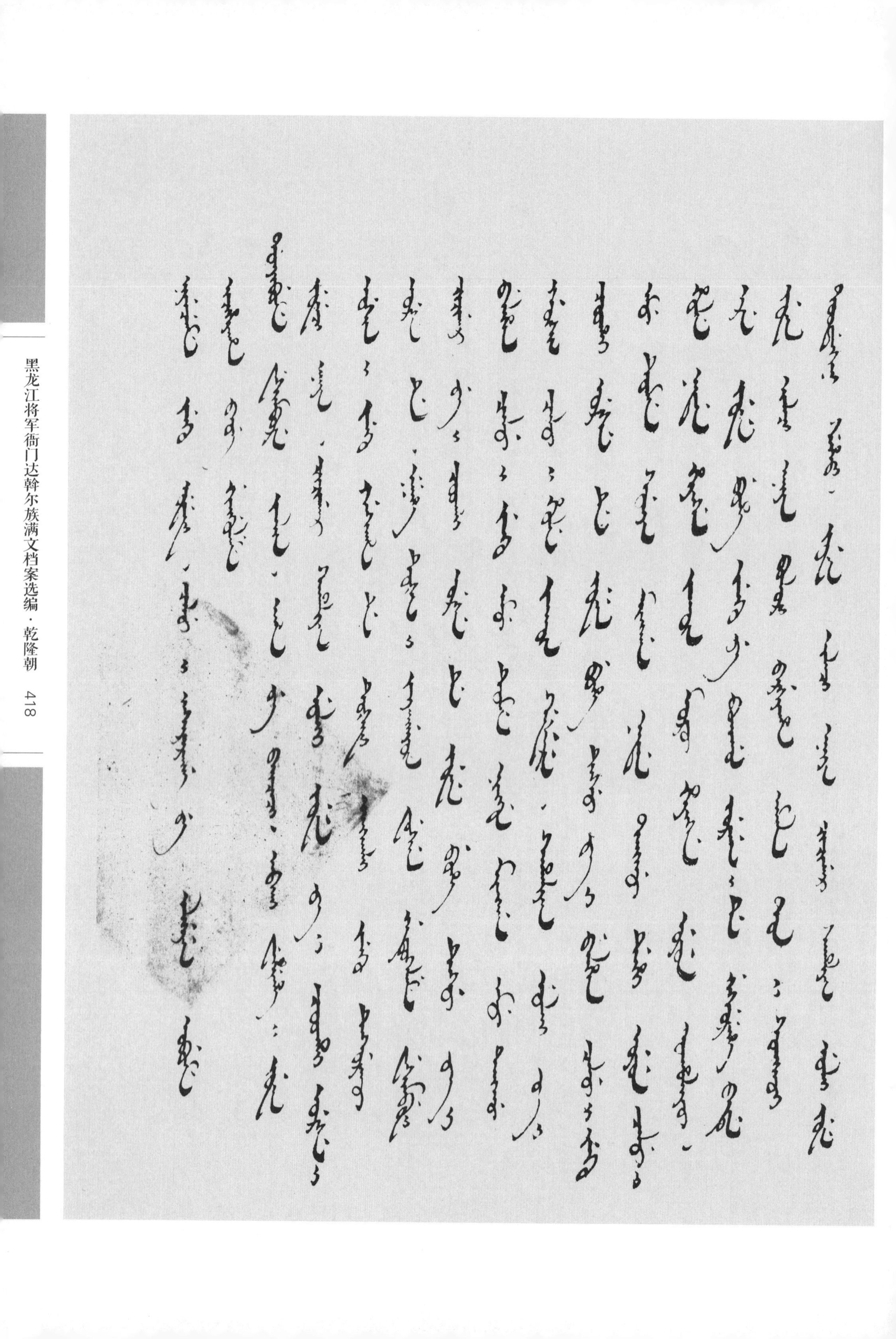

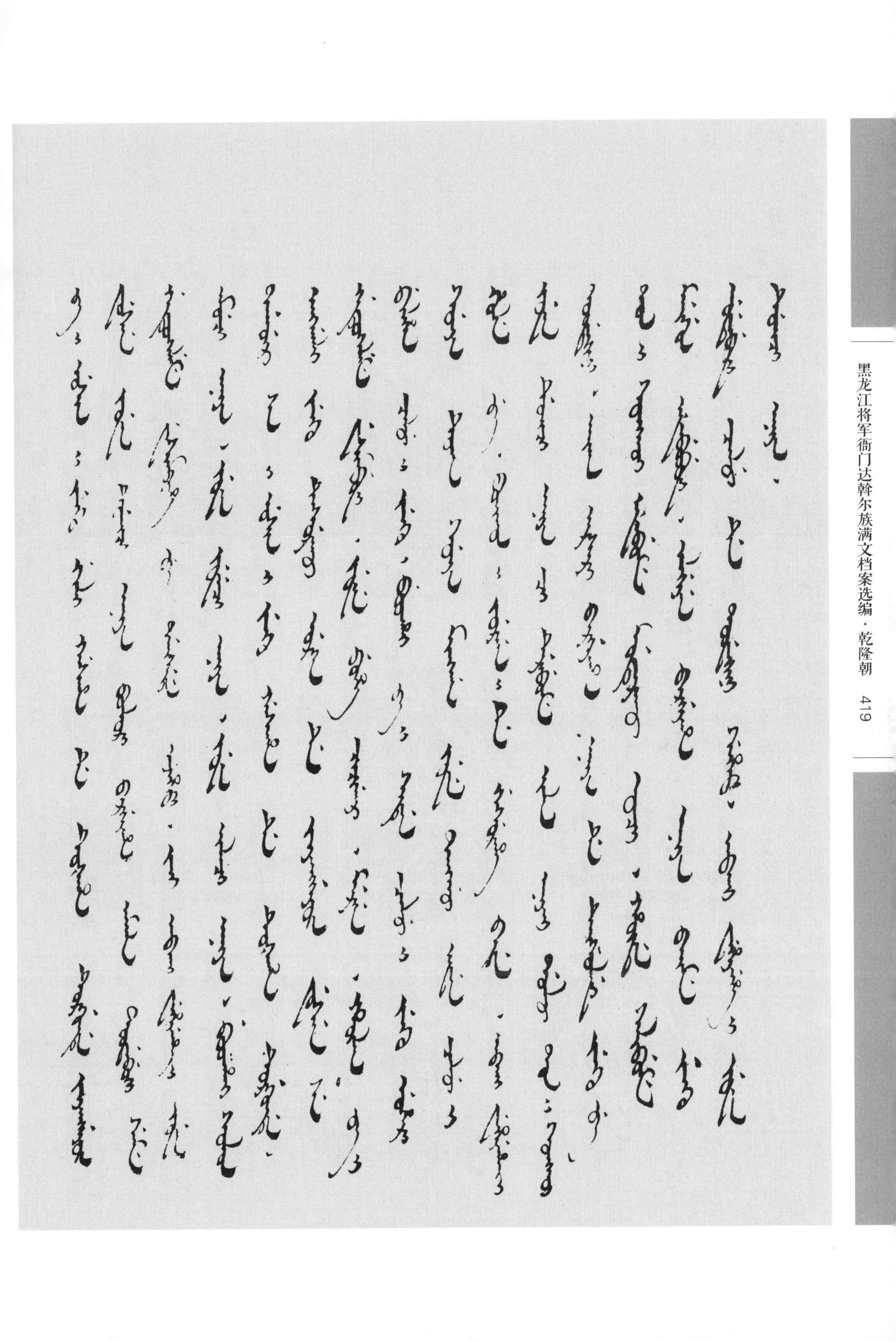

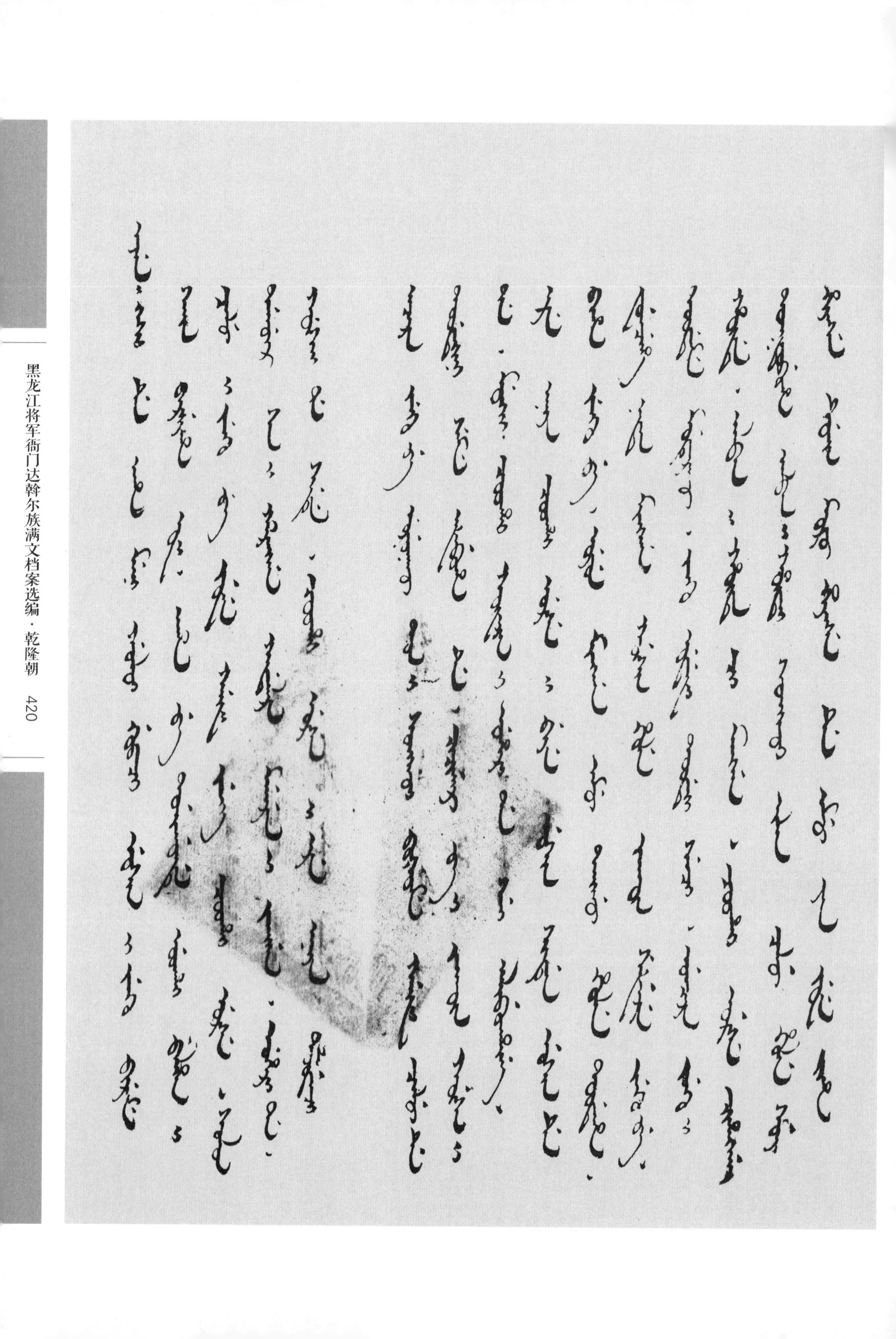

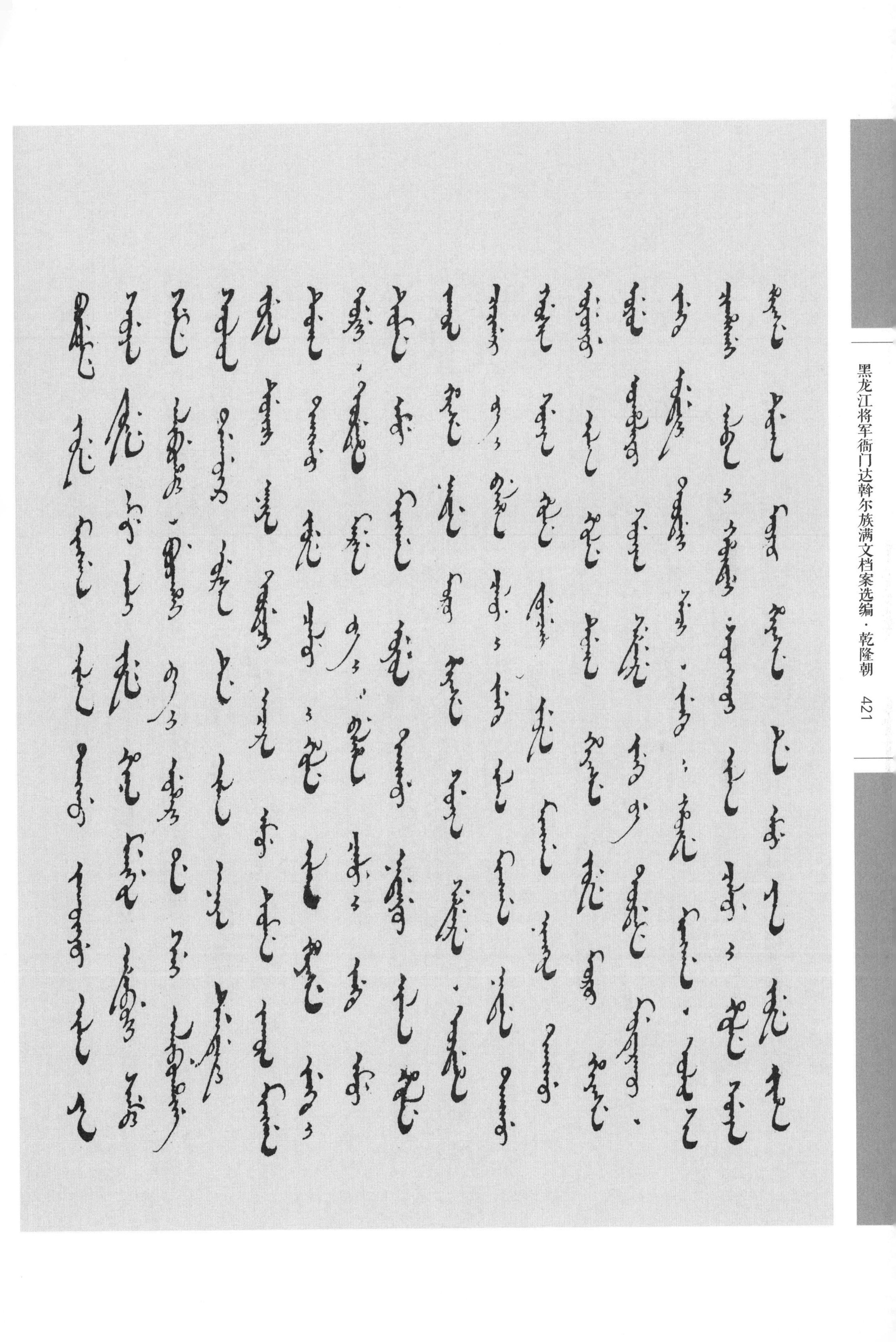

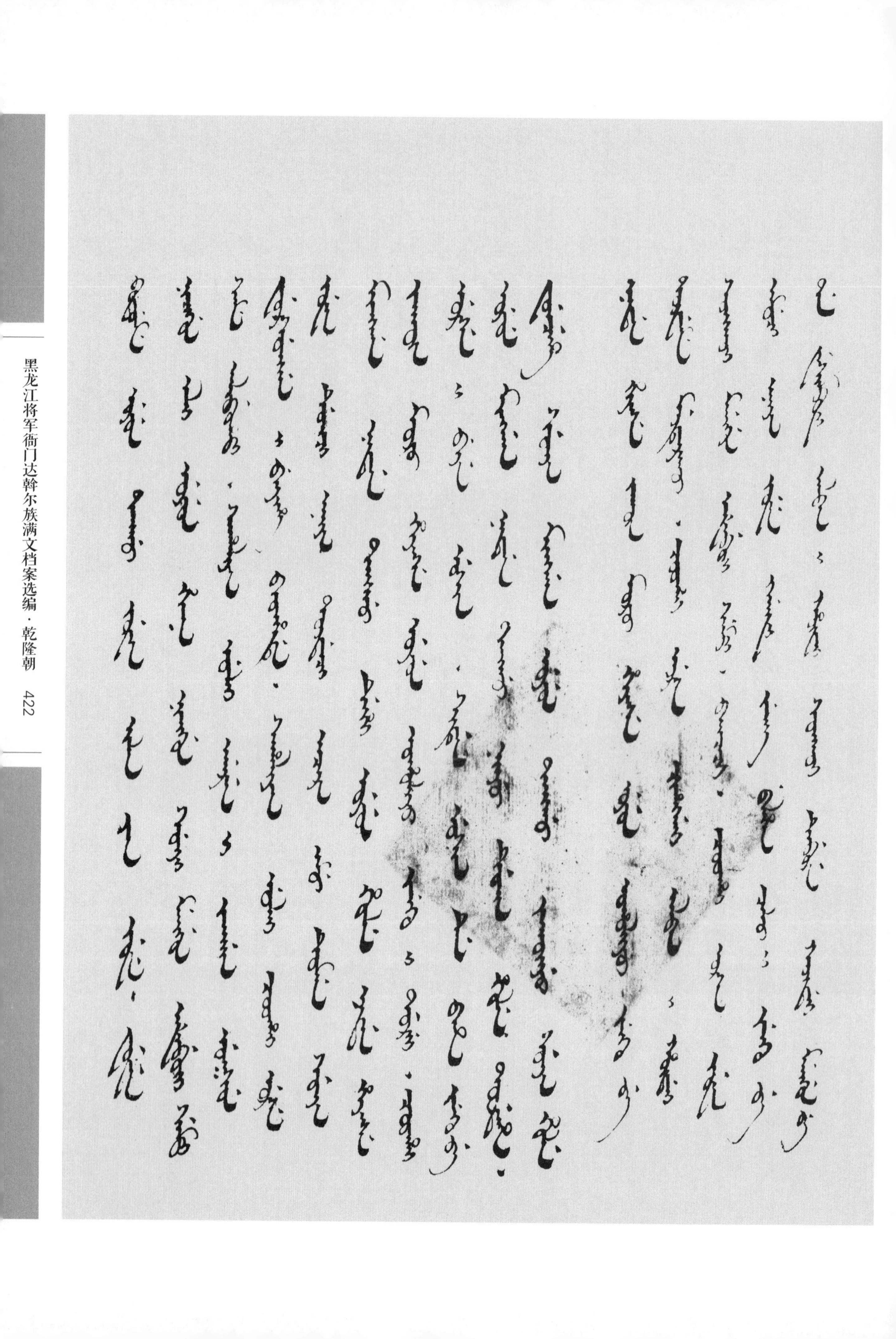

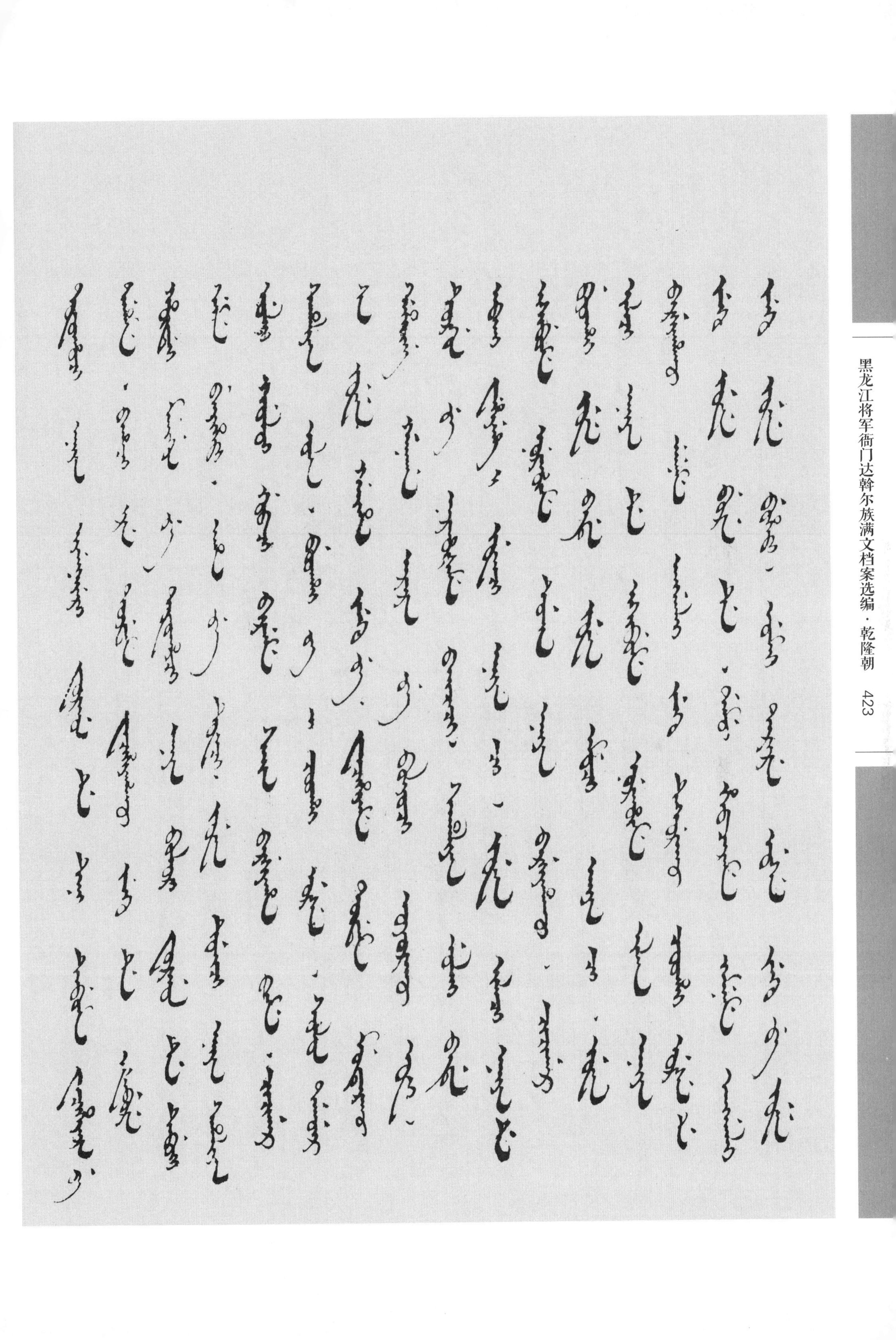

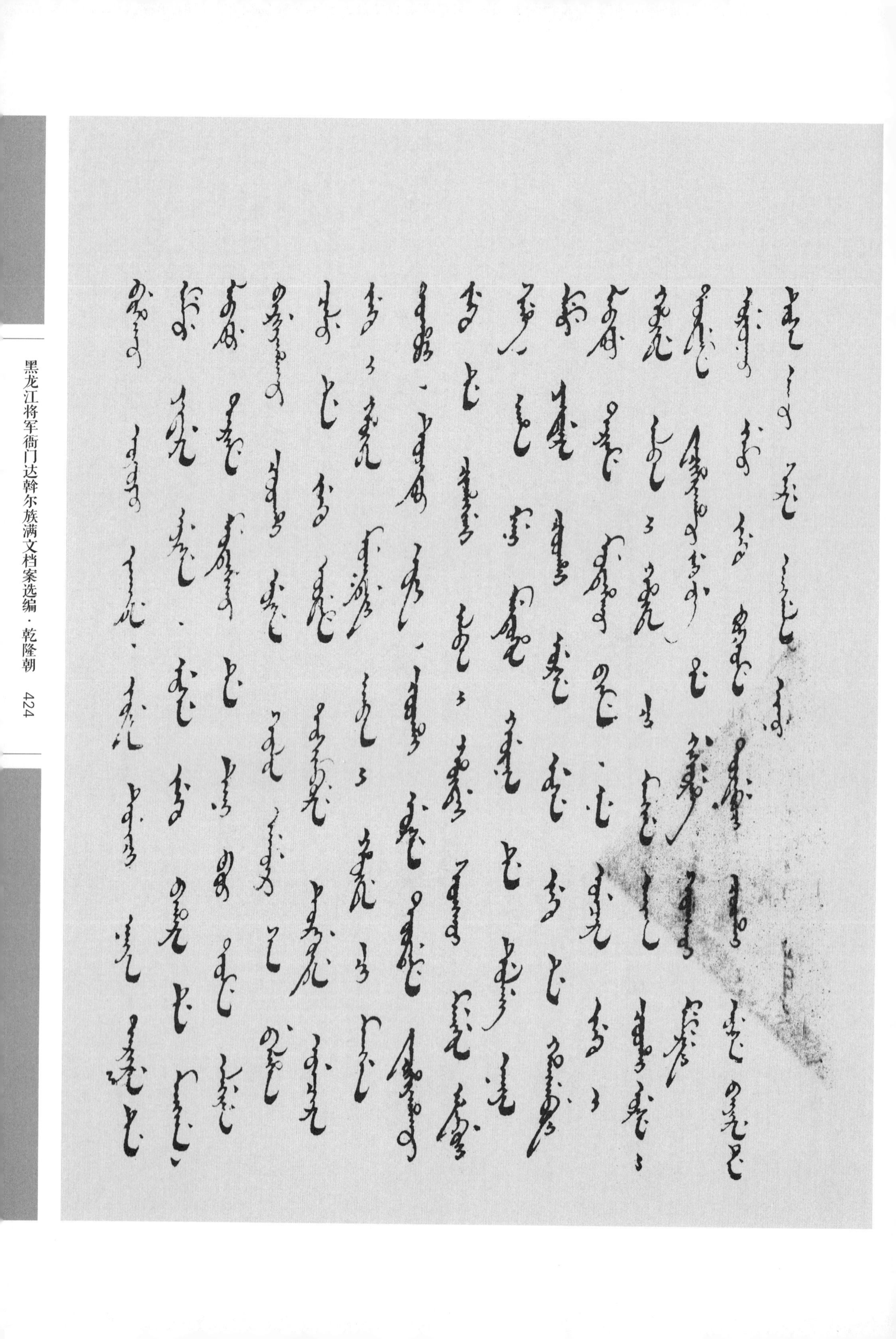

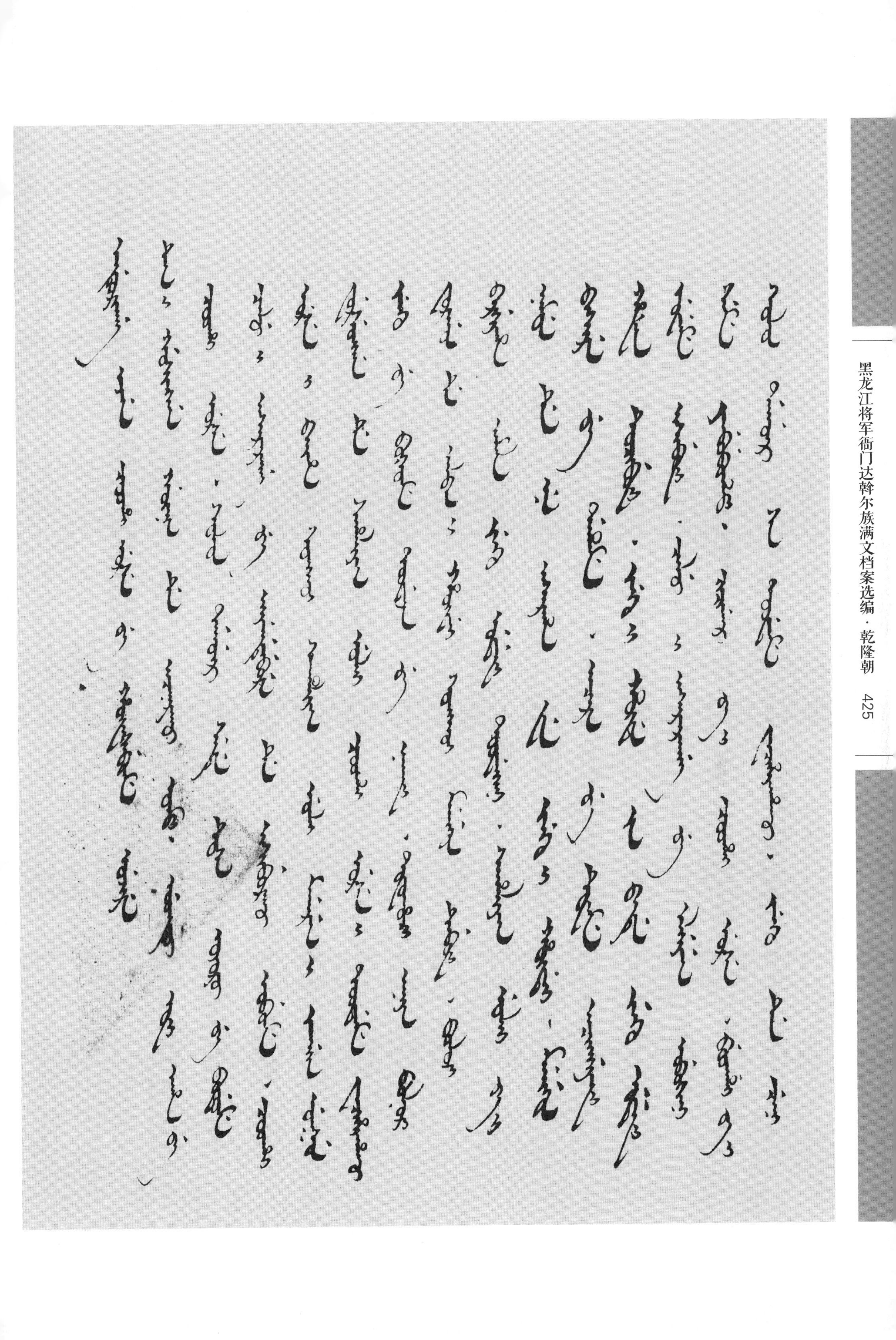

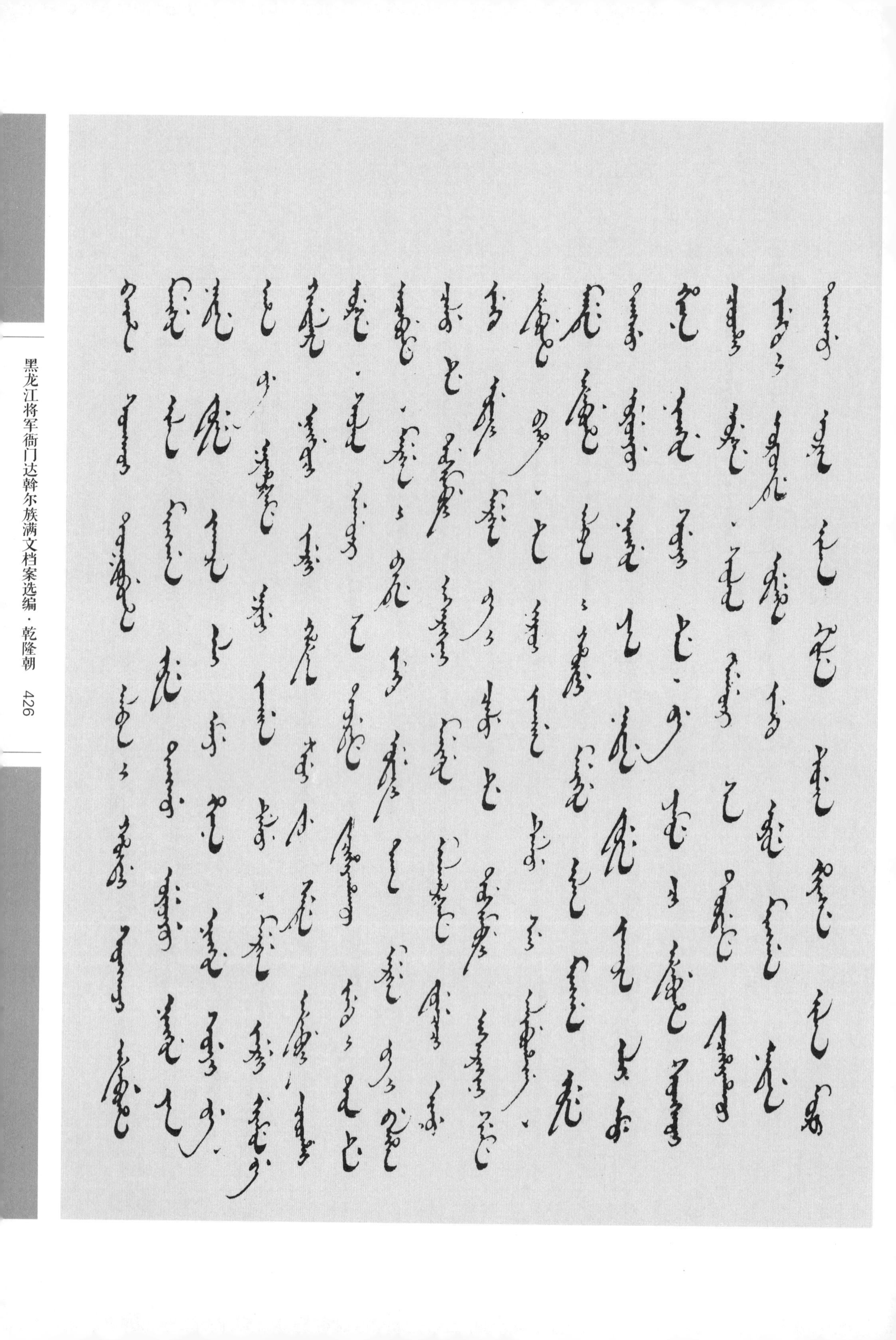

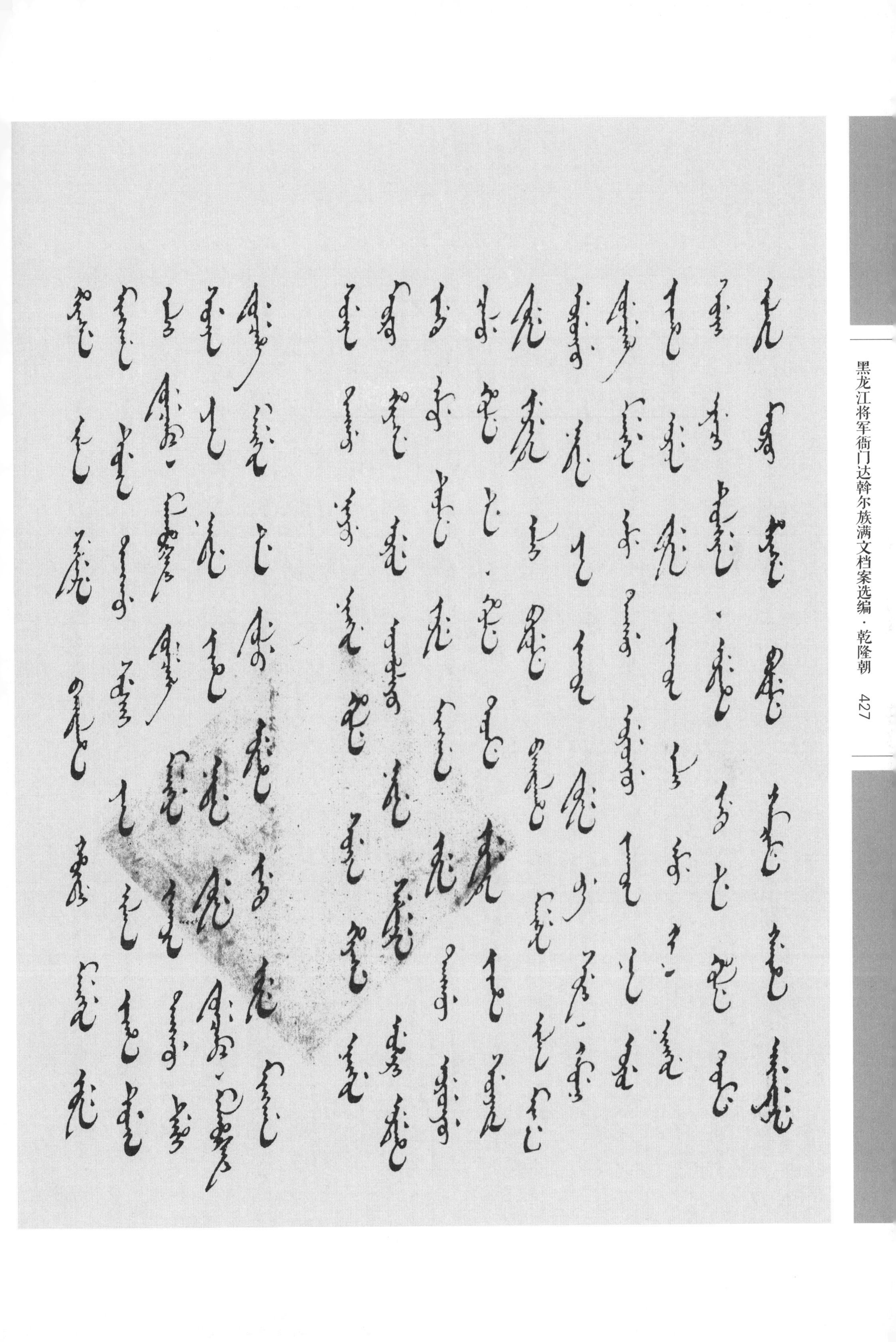

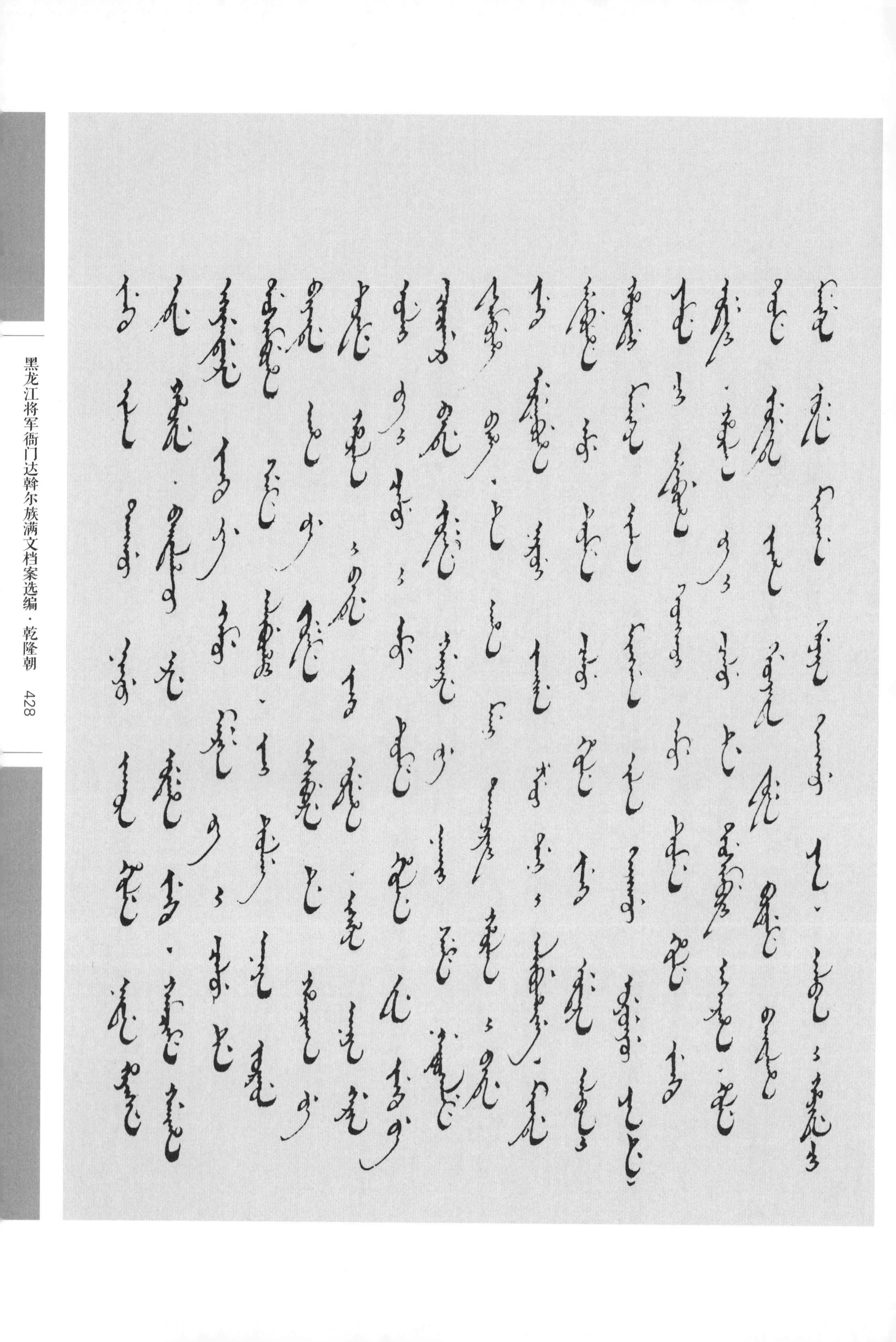

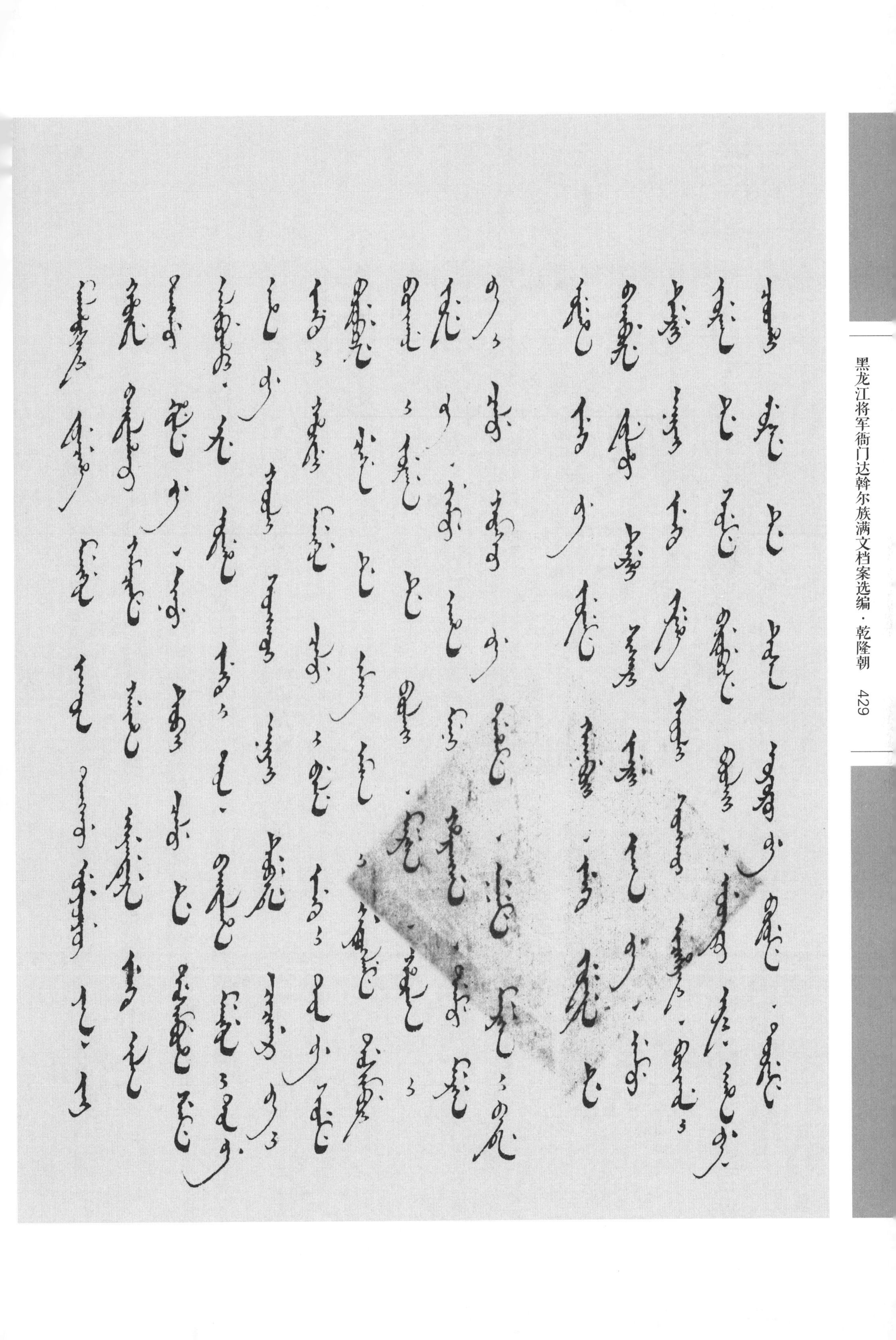

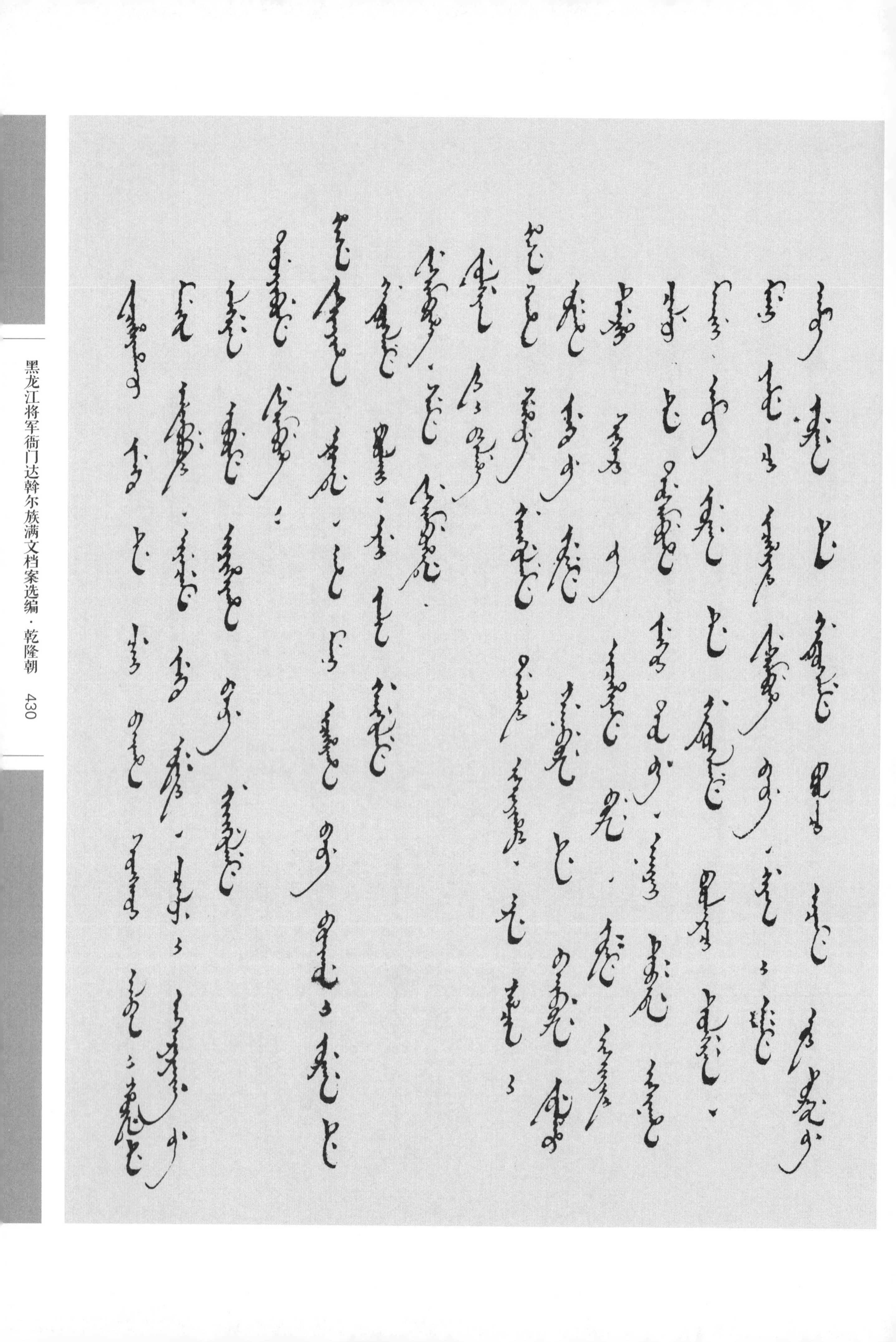

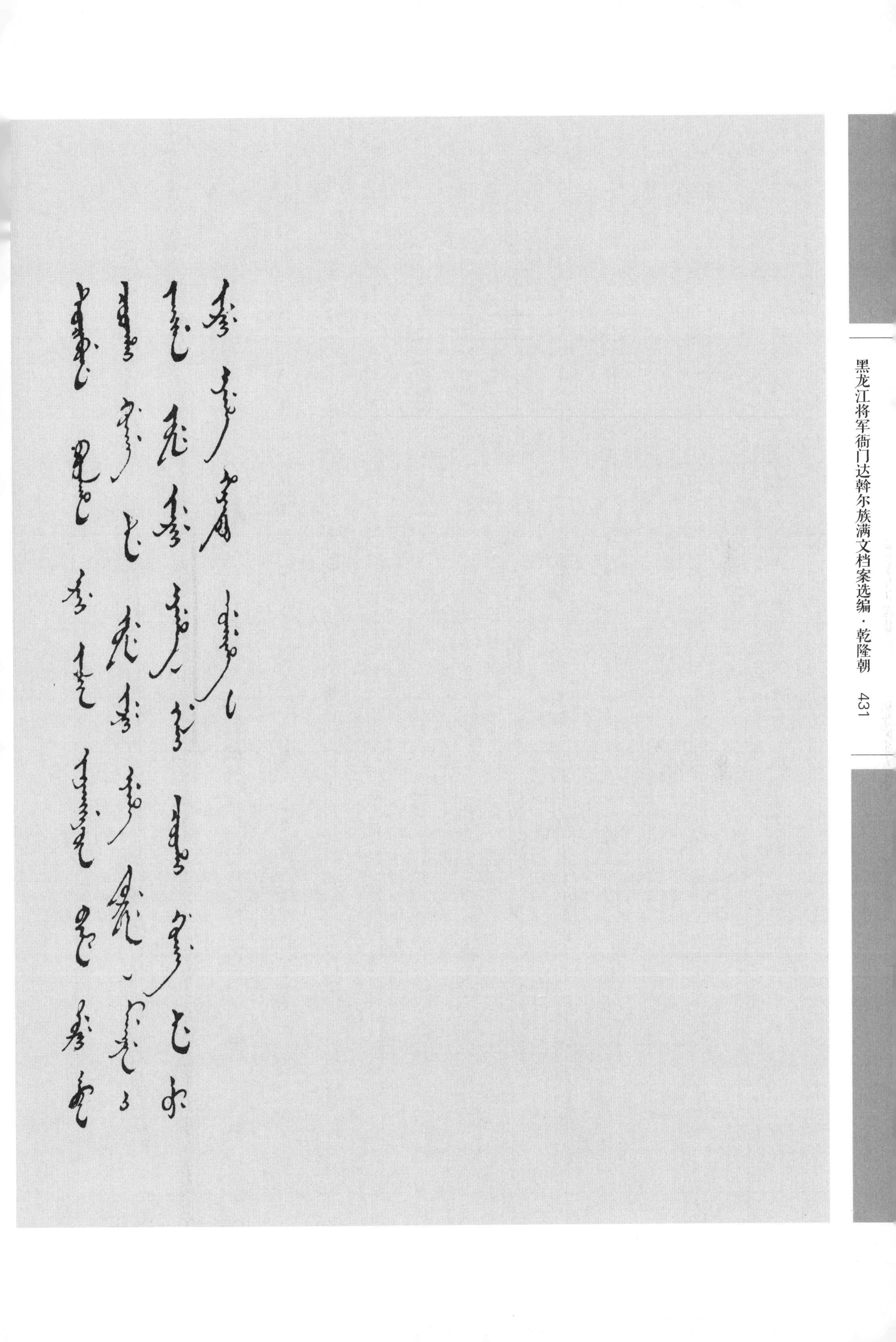

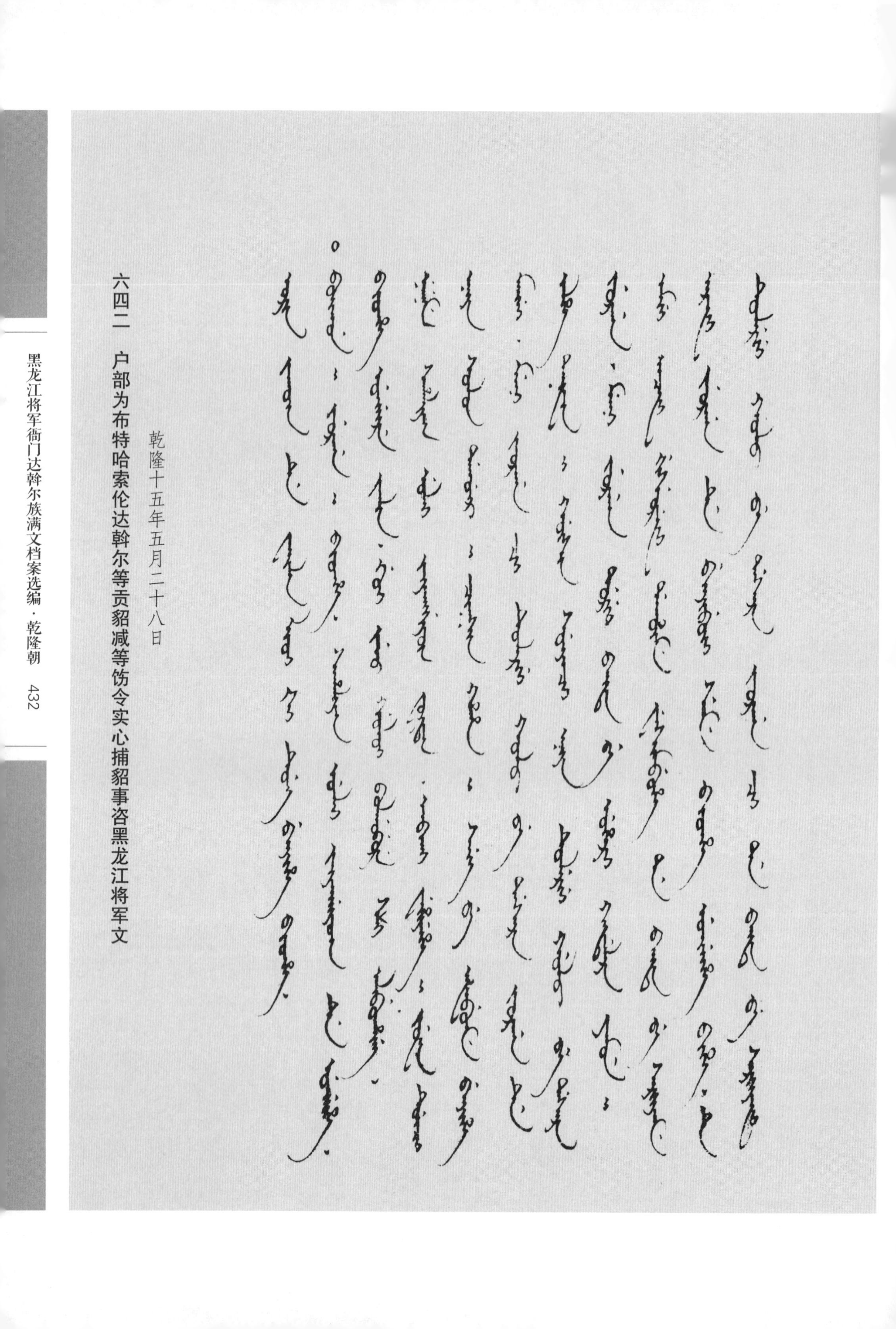

## 六四二 户部为布特哈索伦达斡尔等贡貂减等饬令实心捕貂事咨黑龙江将军文

乾隆十五年五月二十八日

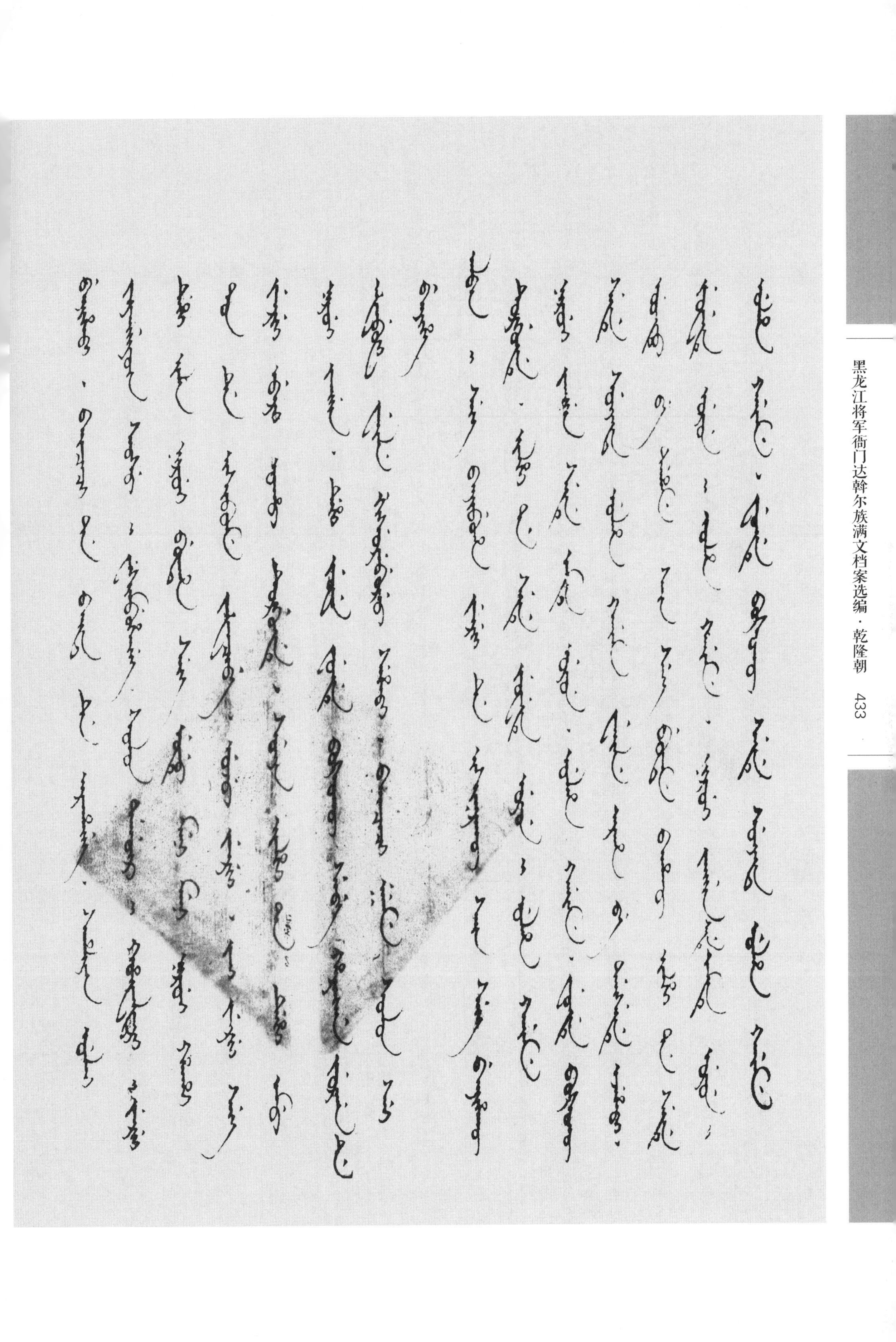

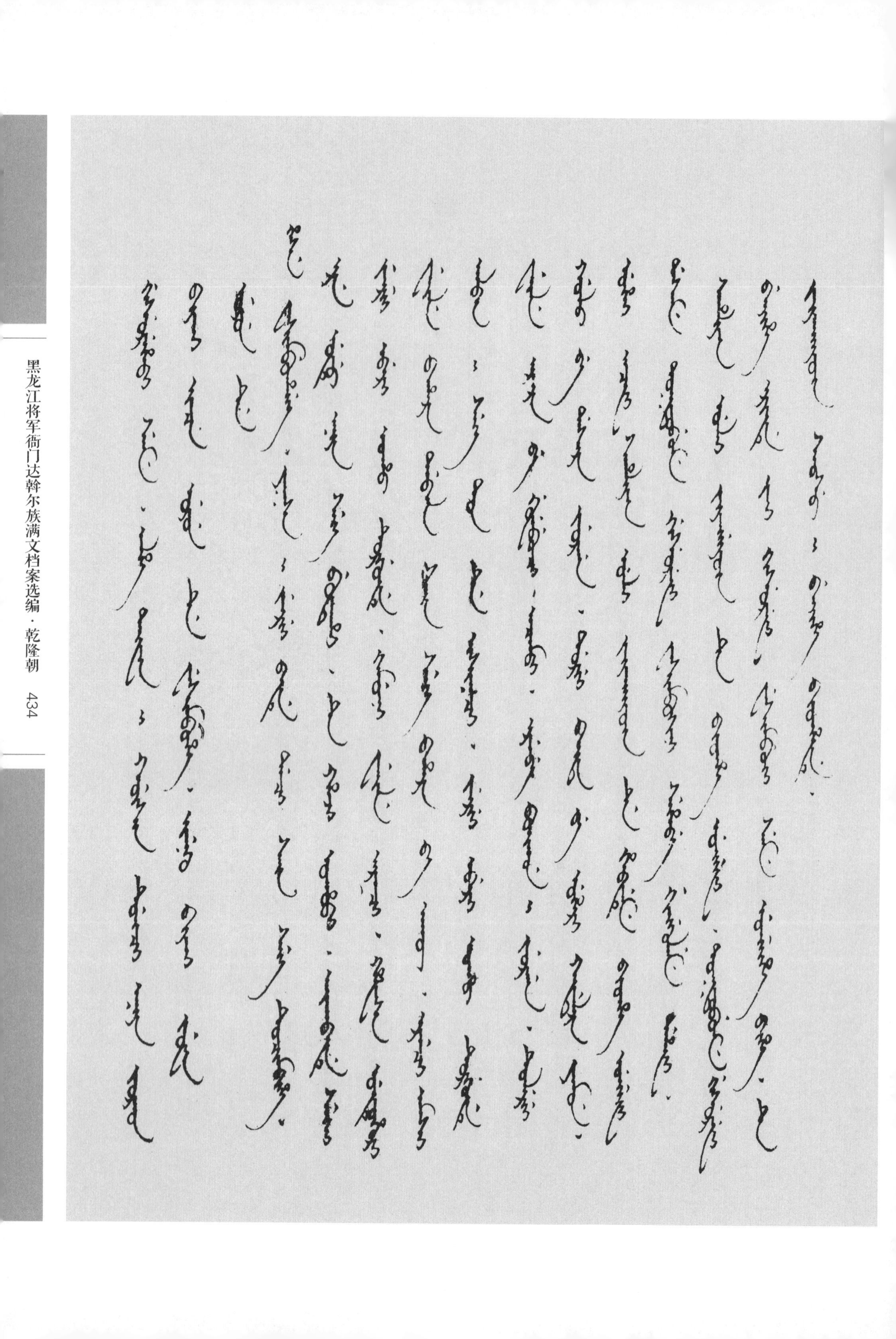

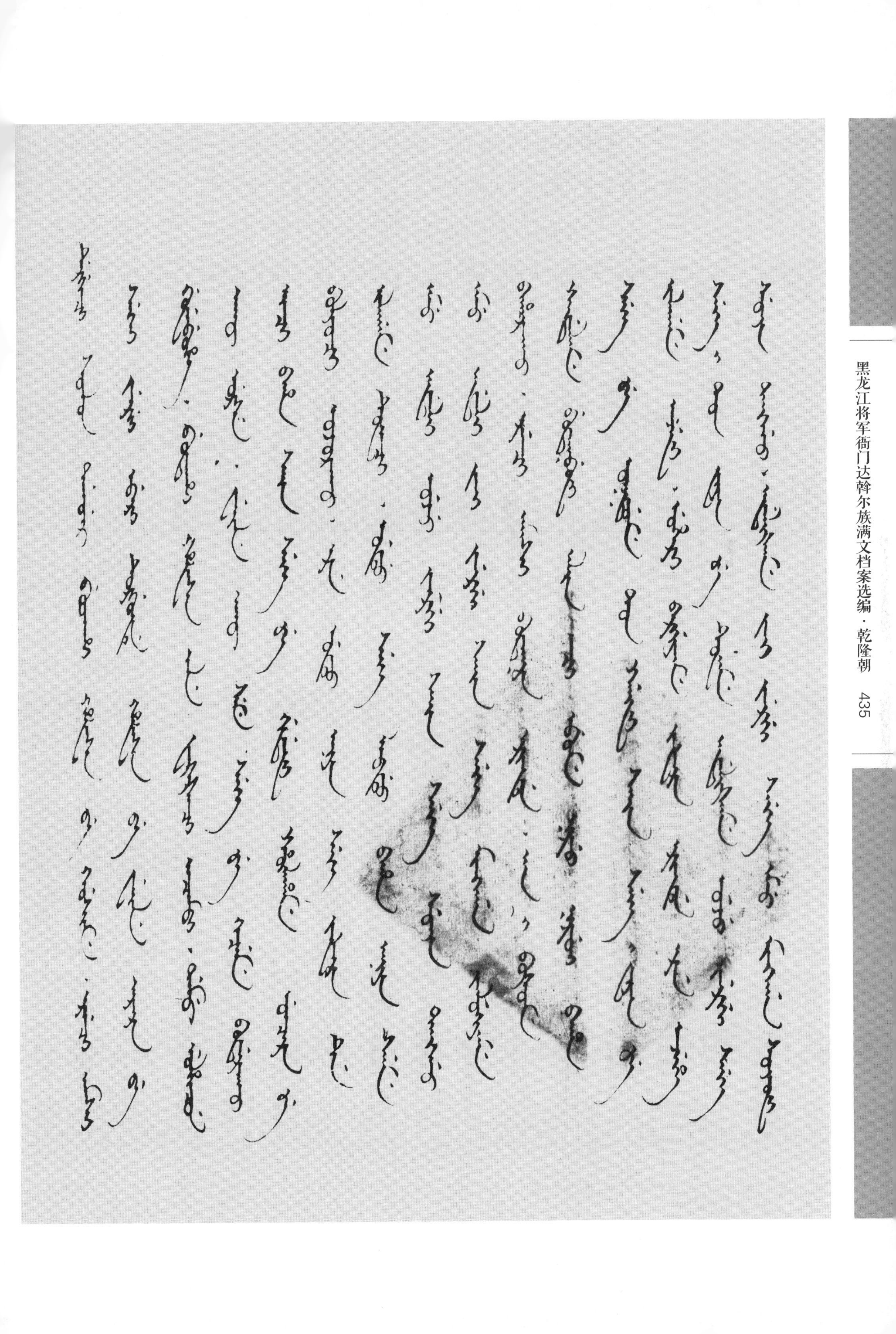

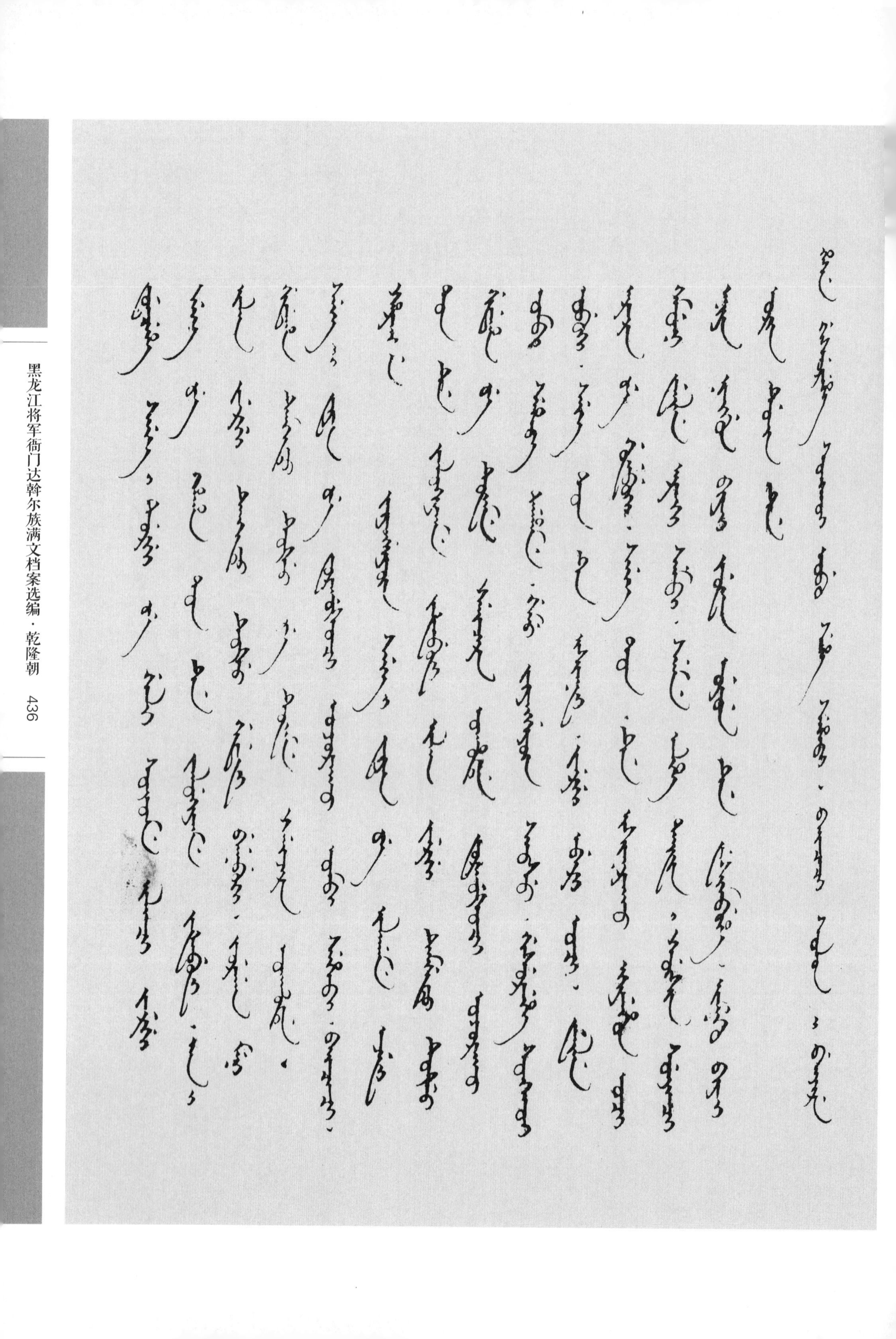

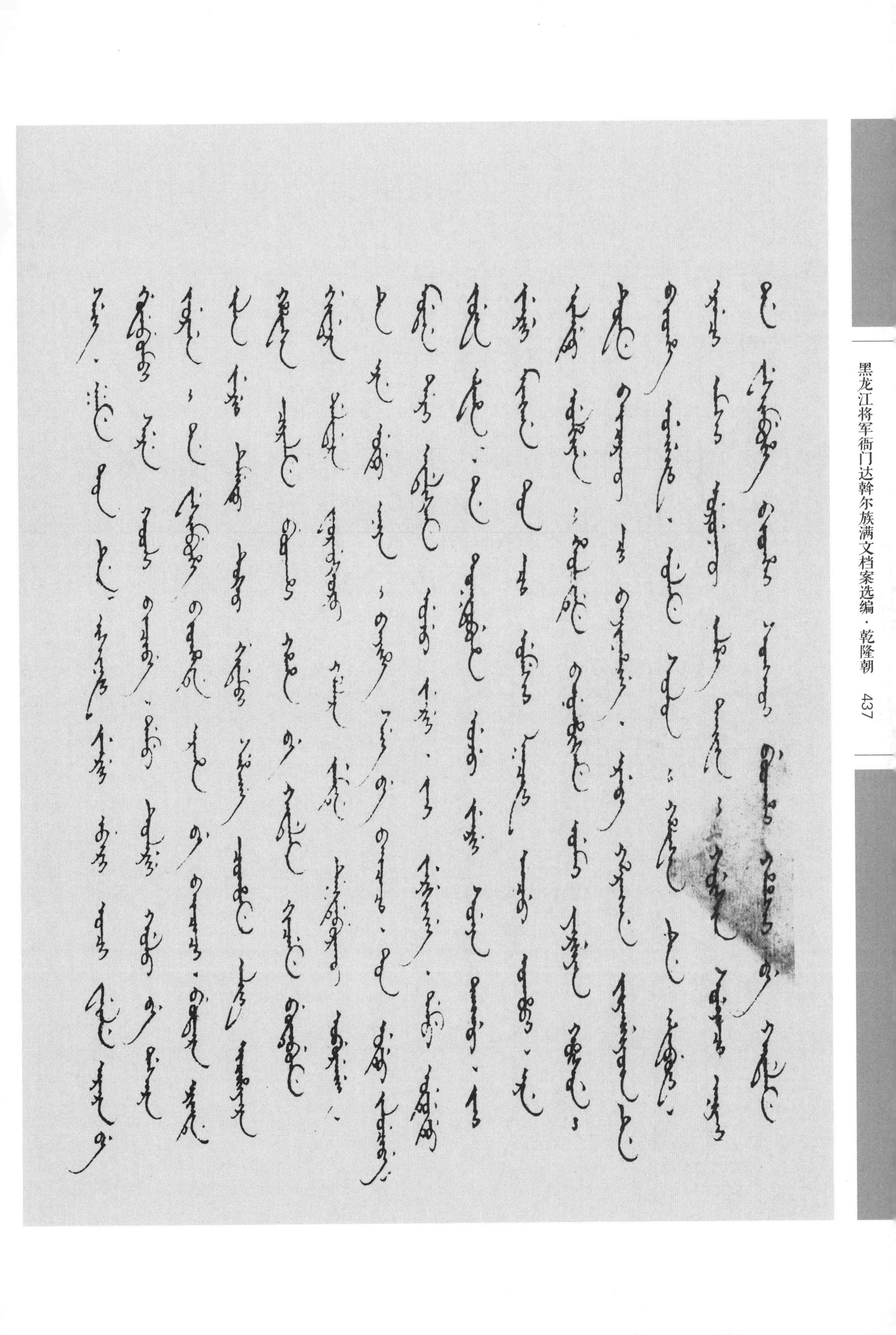

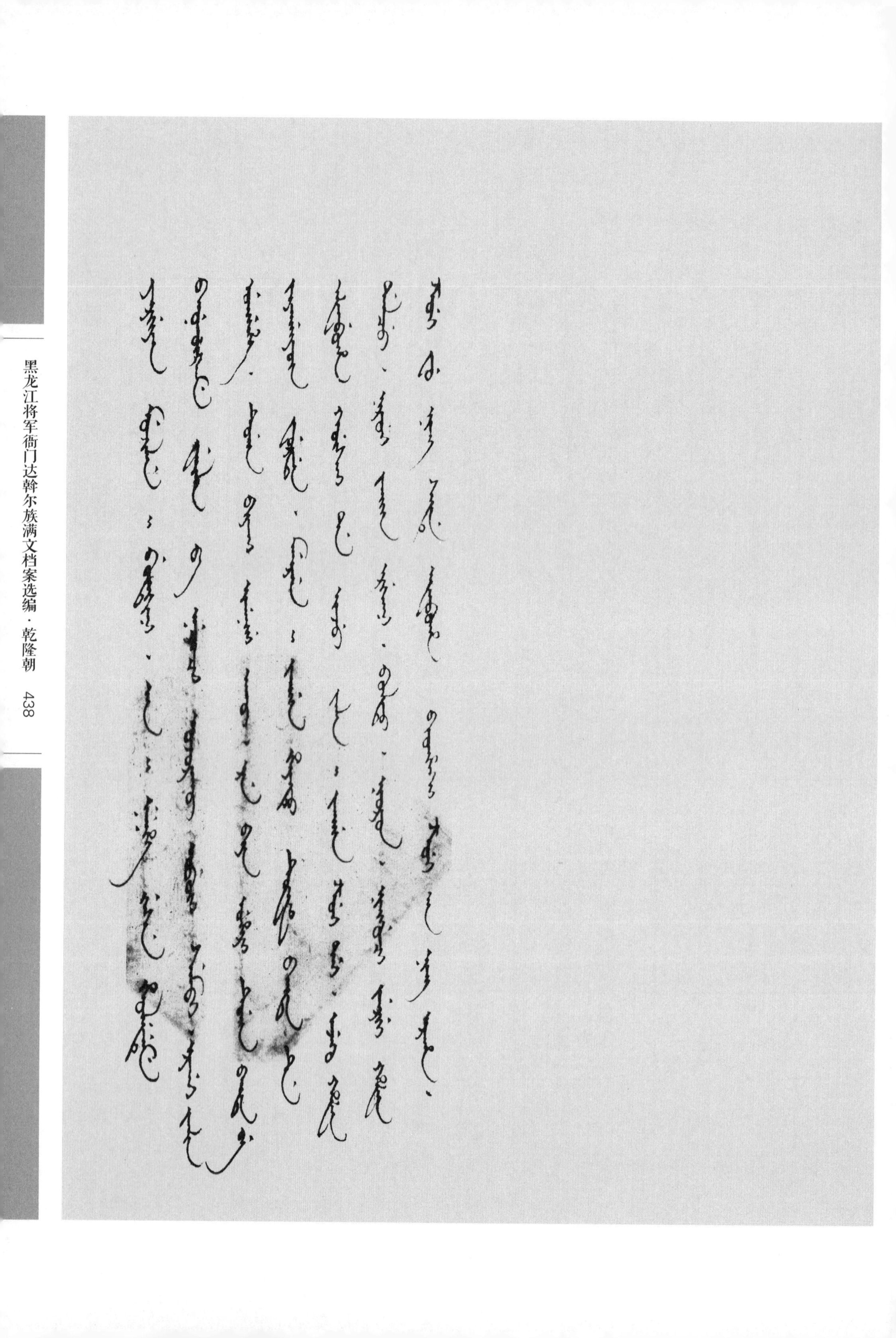

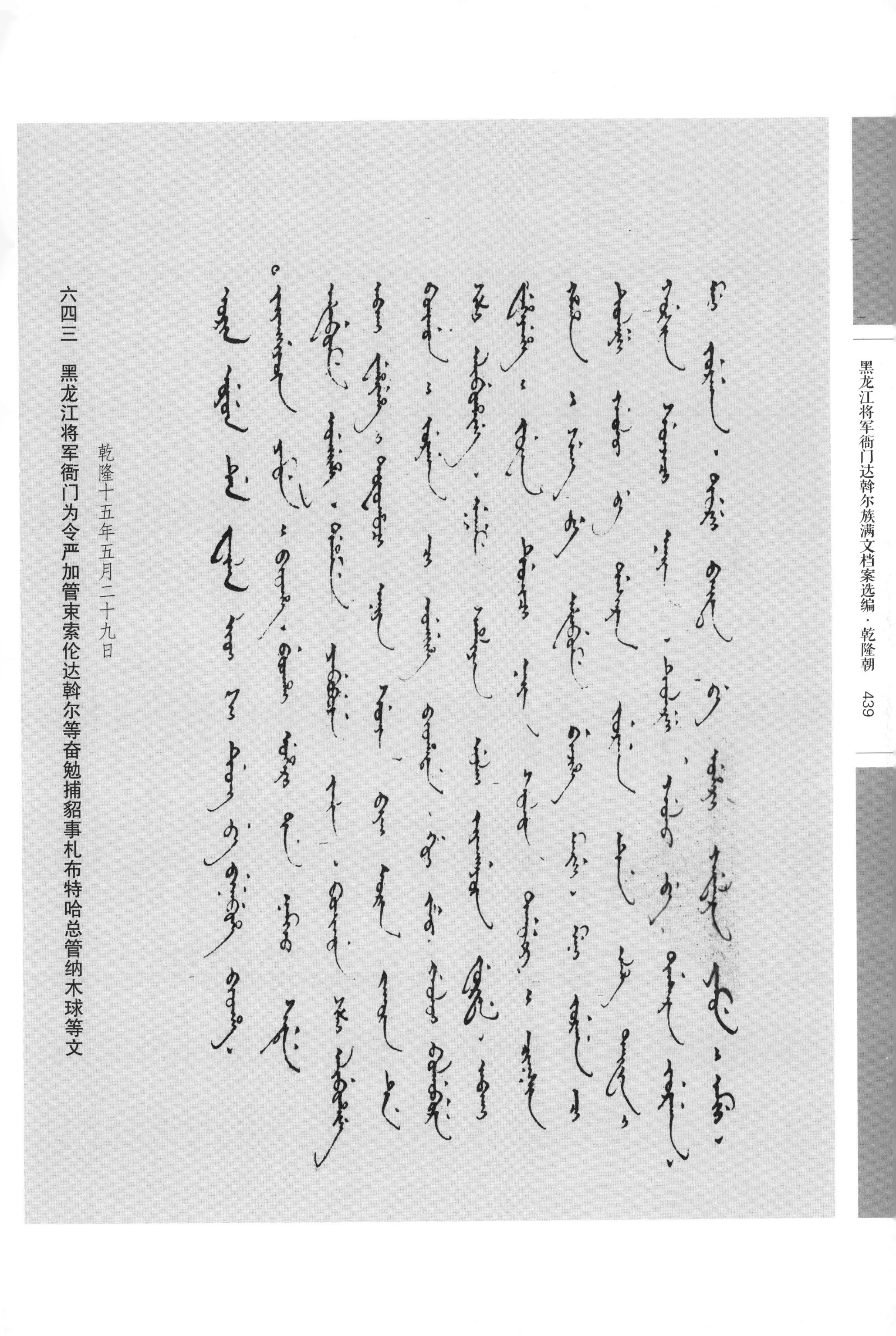

六四三　黑龙江将军衙门为令严加管束索伦达斡尔等奋勉捕貂事札布特哈总管纳木球等文

乾隆十五年五月二十九日

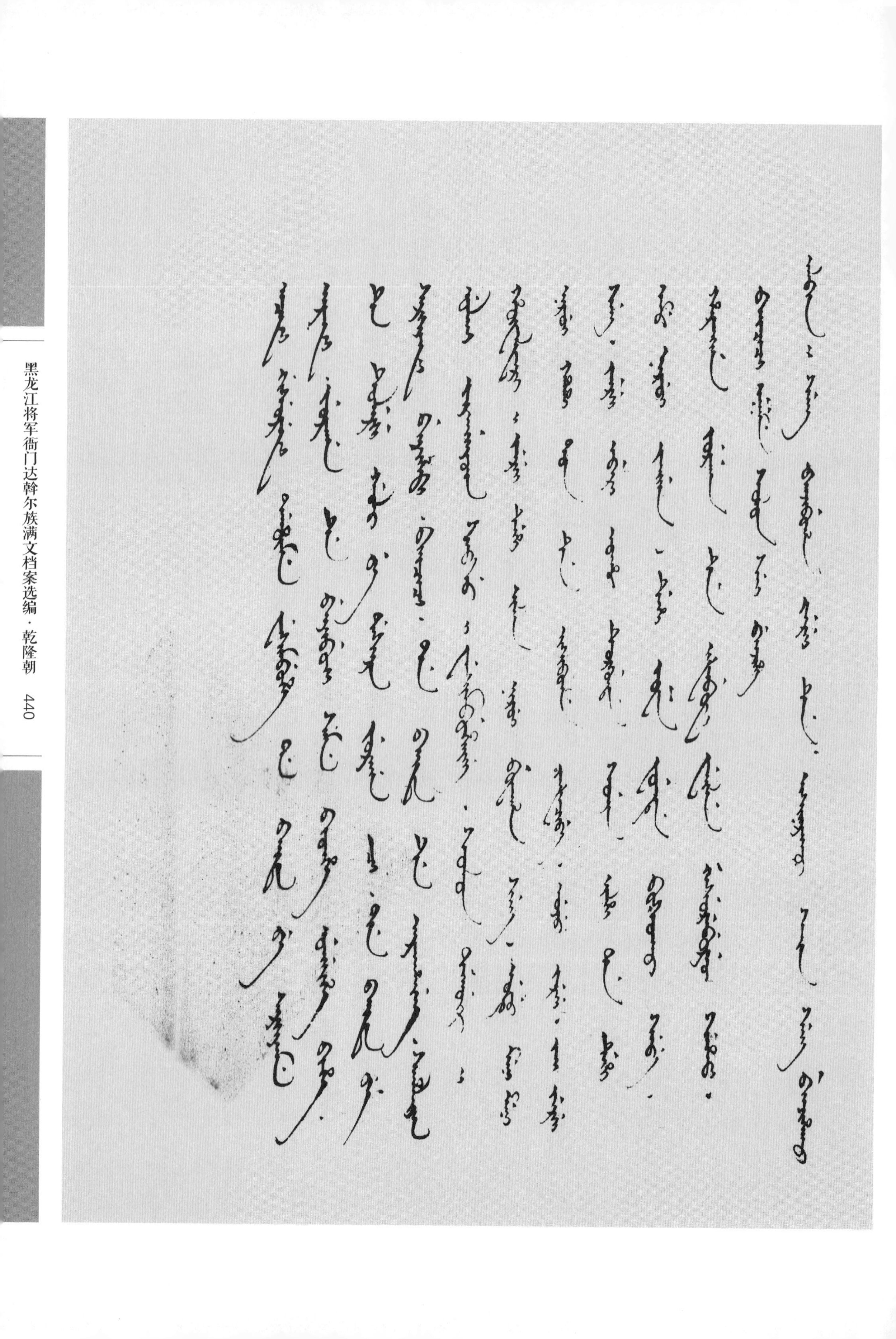

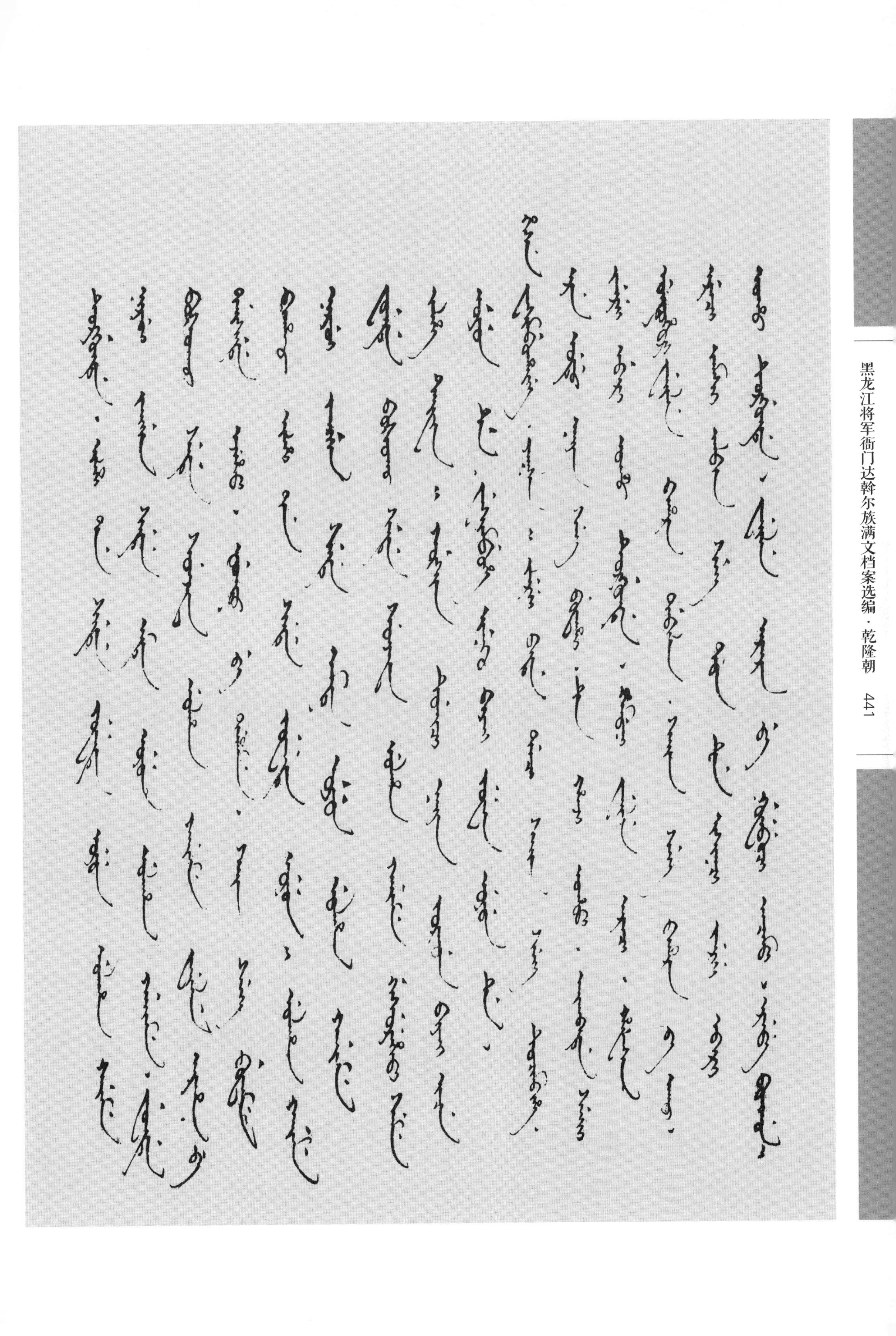

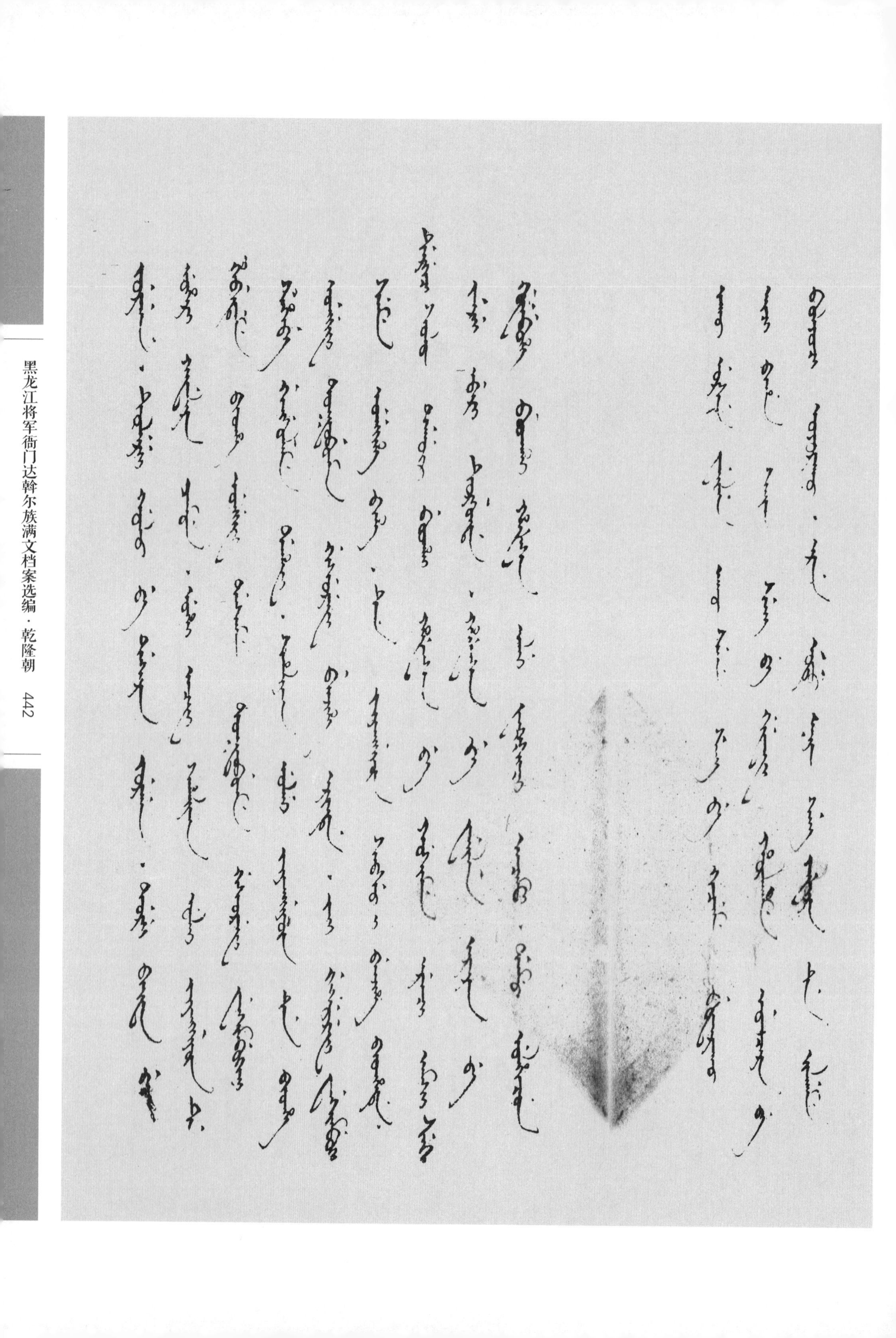

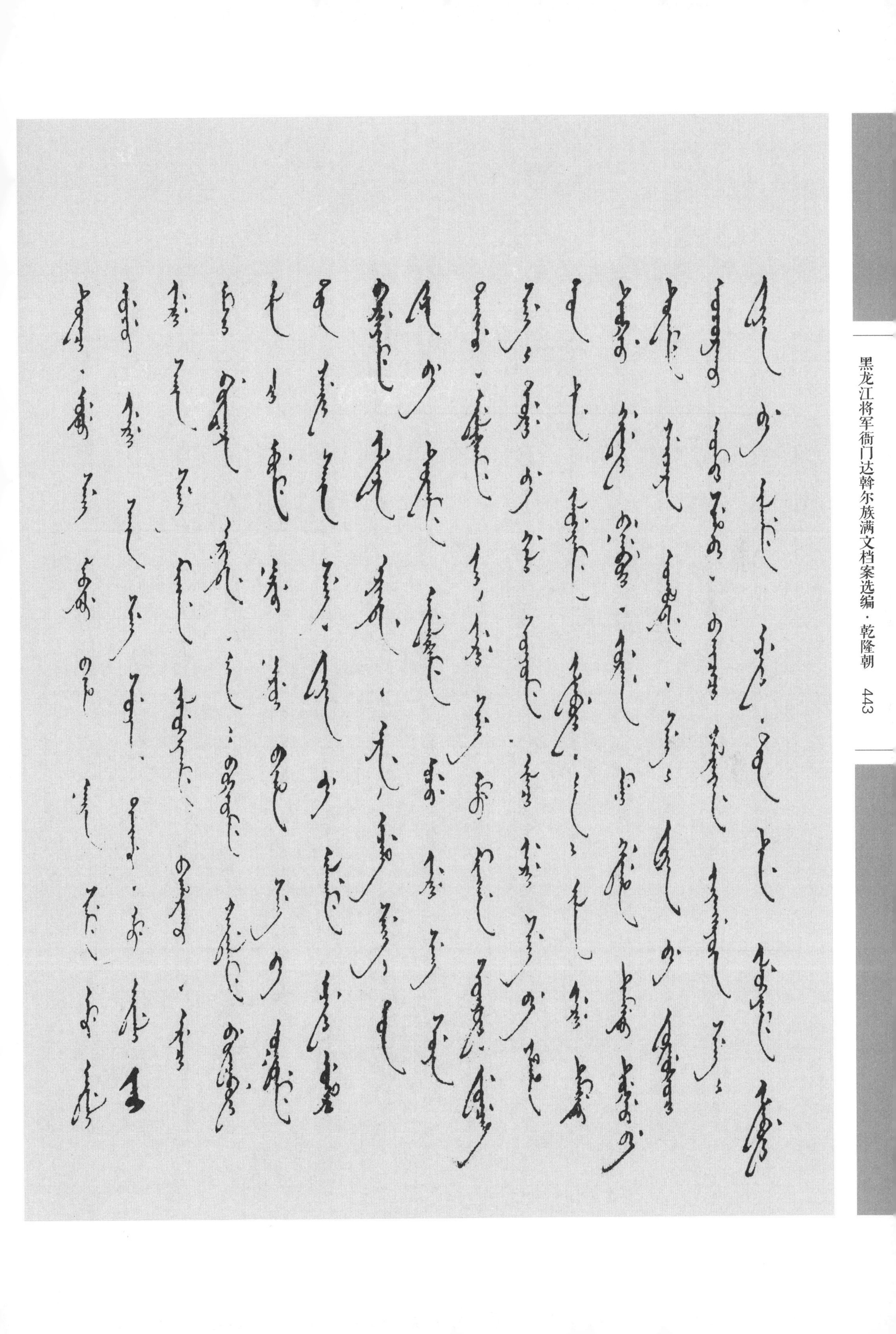

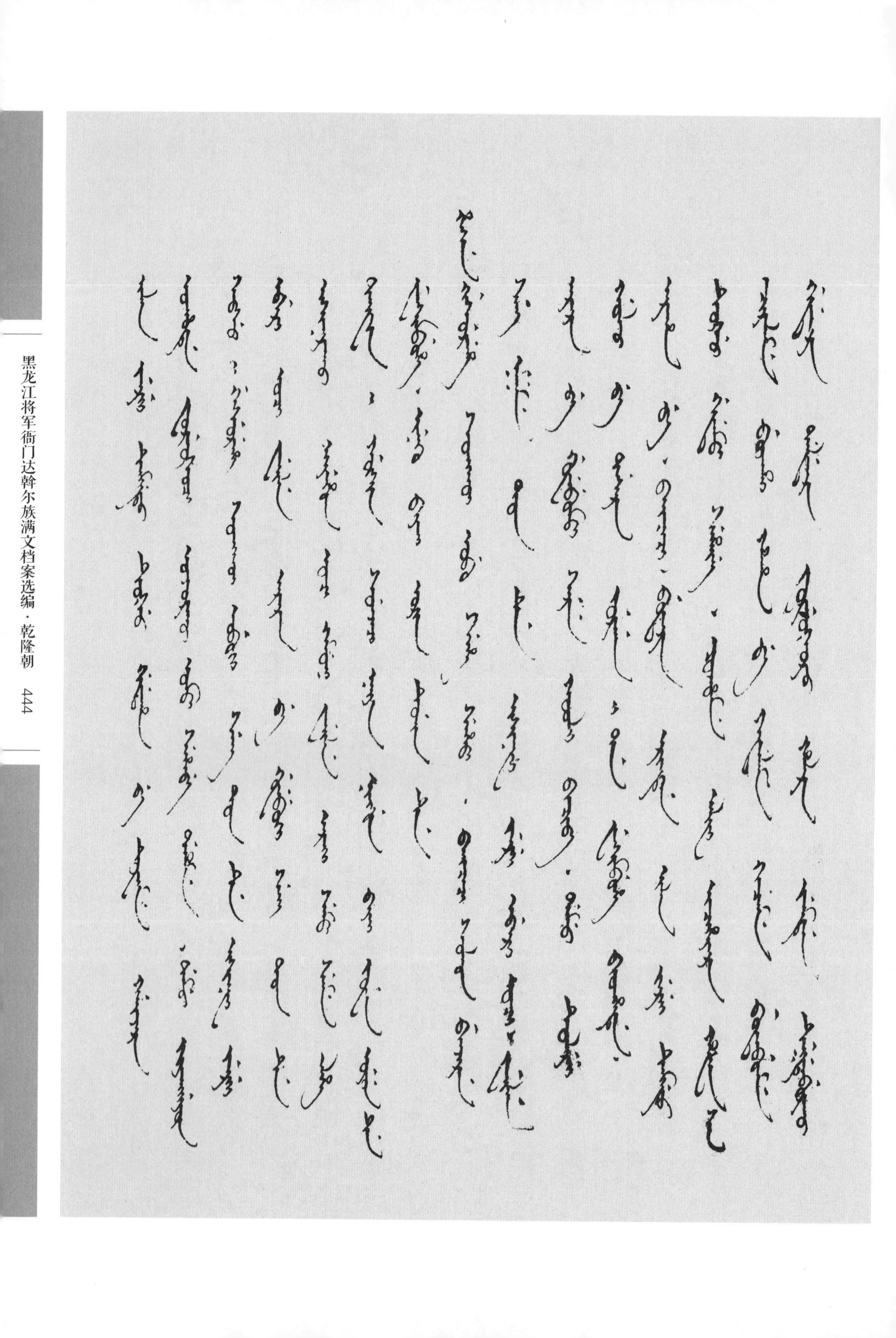

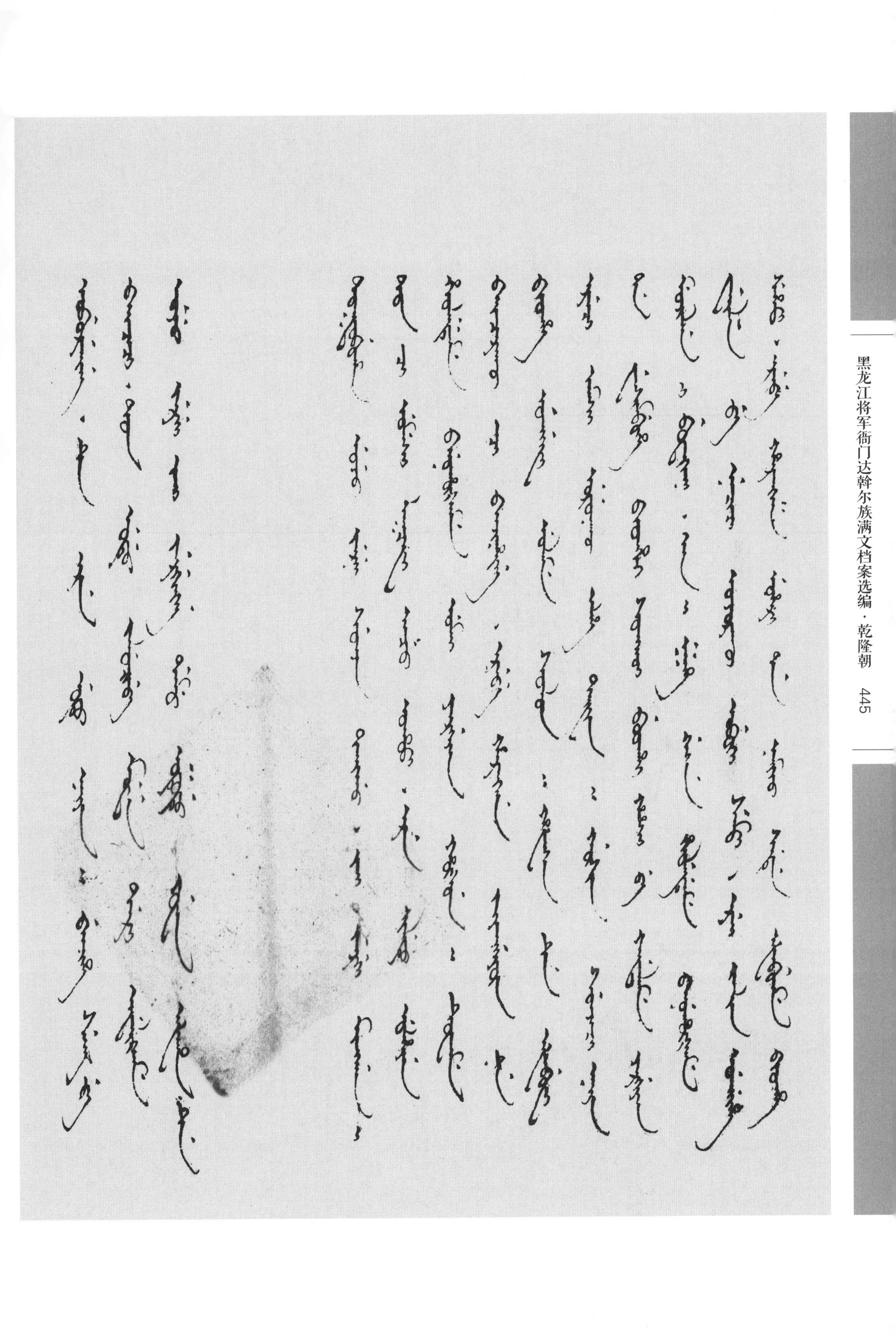

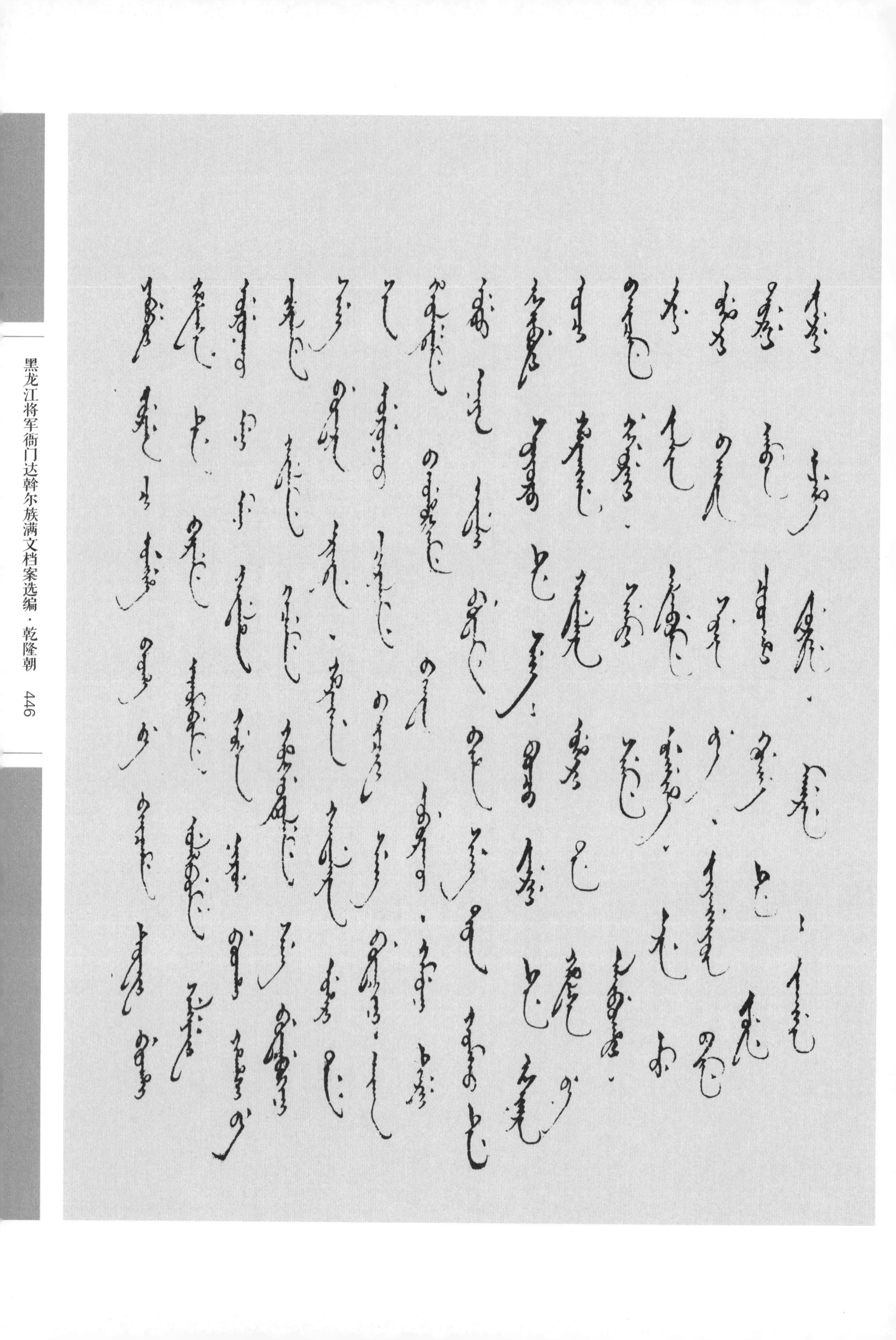

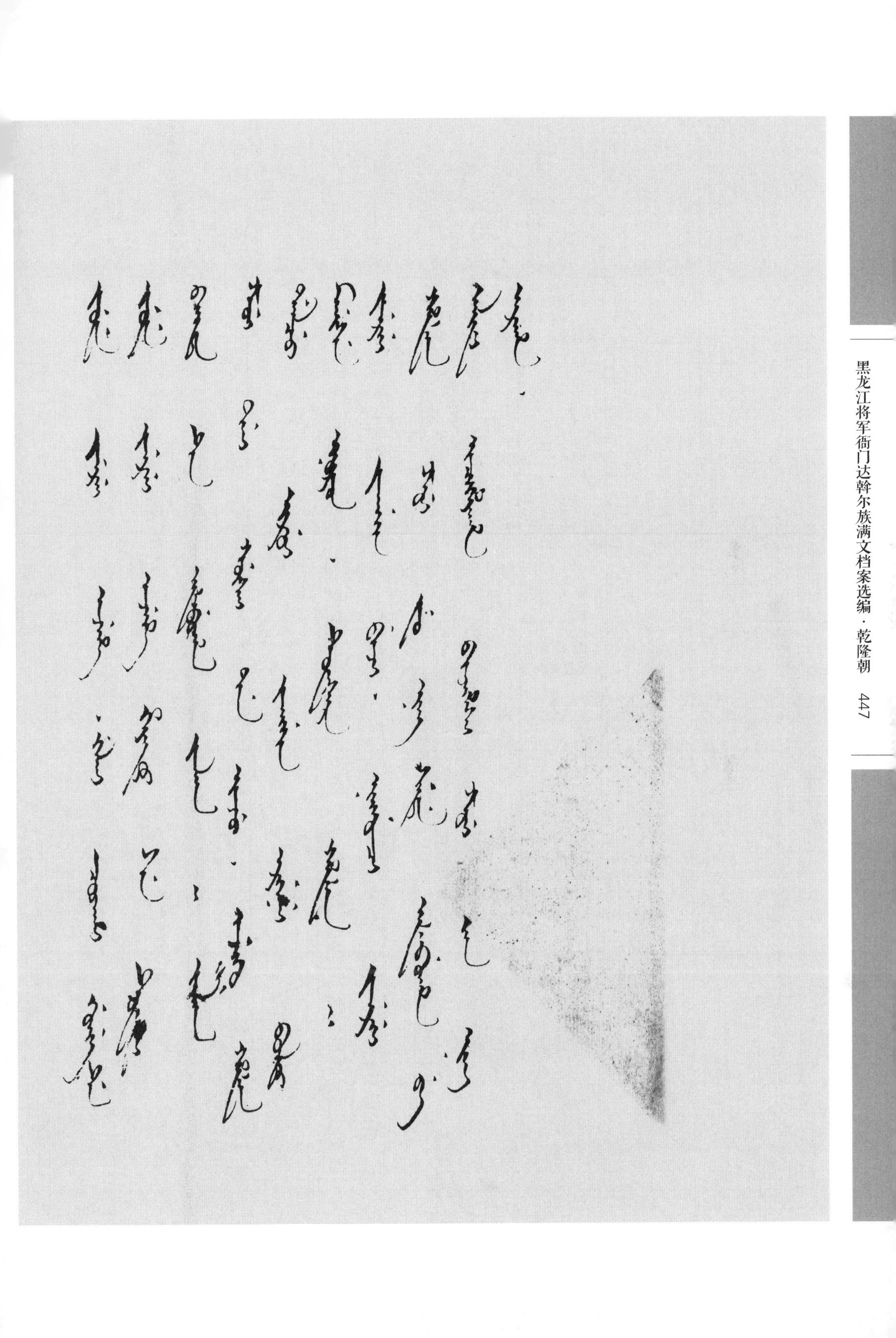

[illegible]

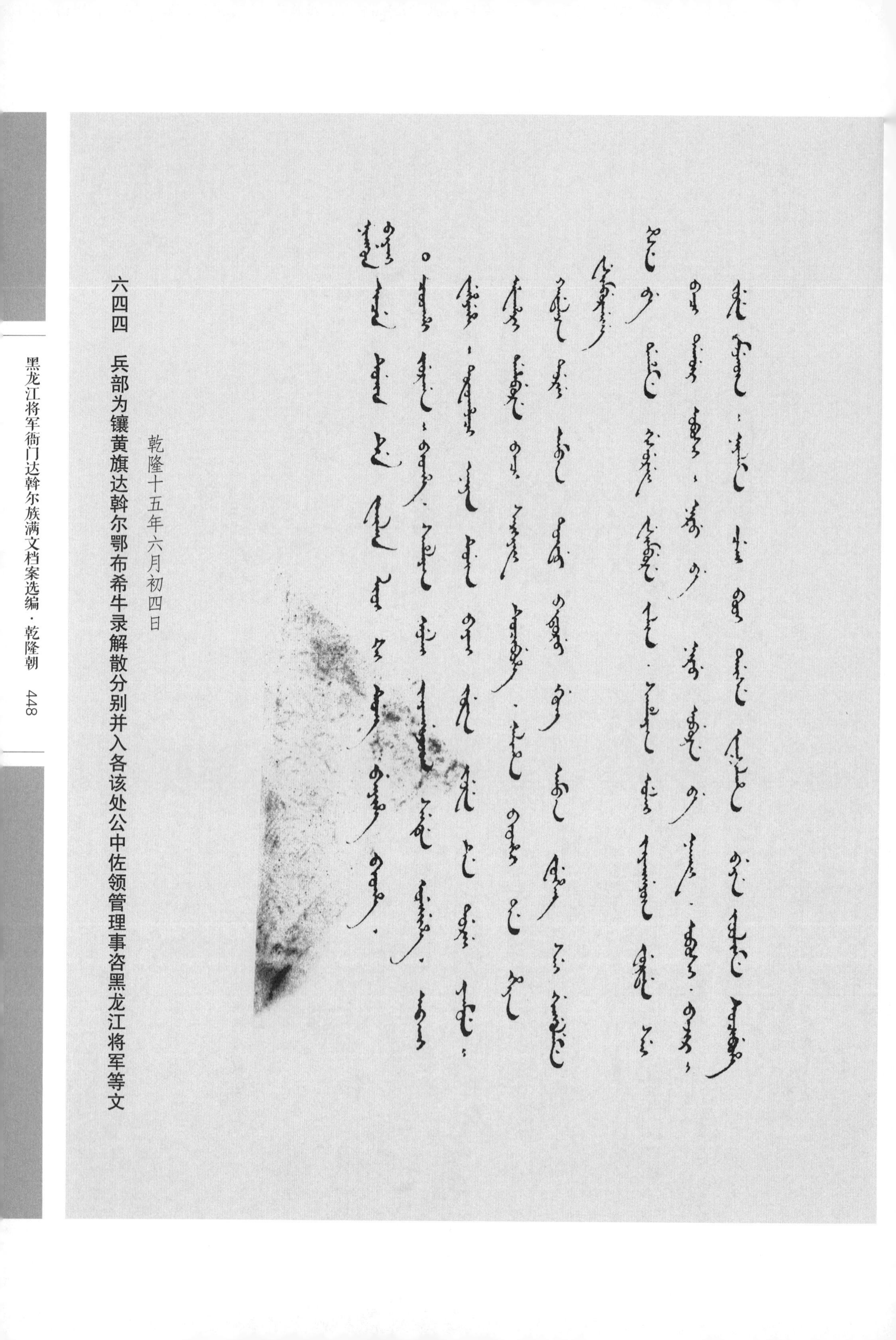

## 六四四　兵部为镶黄旗达斡尔鄂布希牛录解散分别并入各该处公中佐领管理事咨黑龙江将军等文

乾隆十五年六月初四日

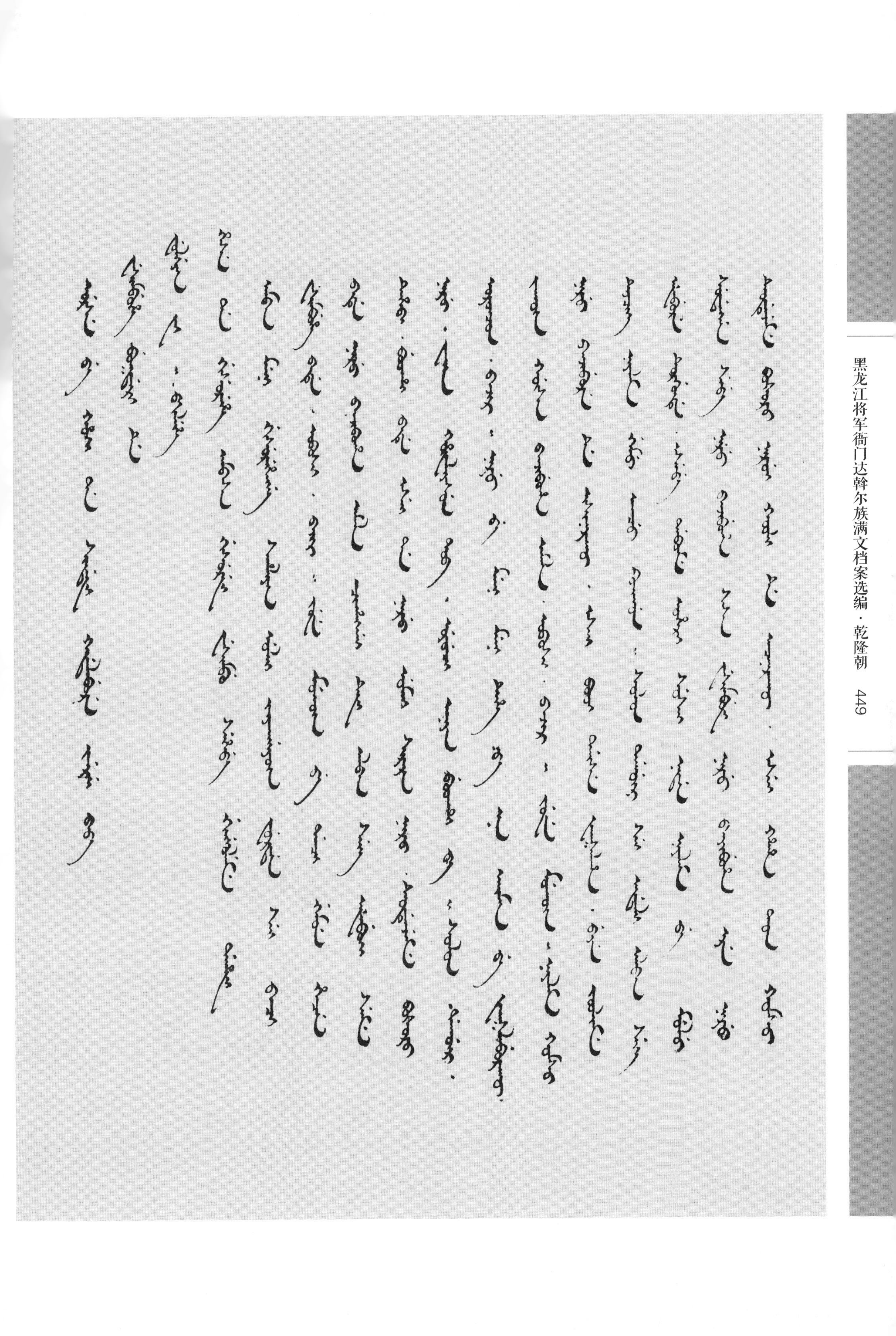

[illegible]

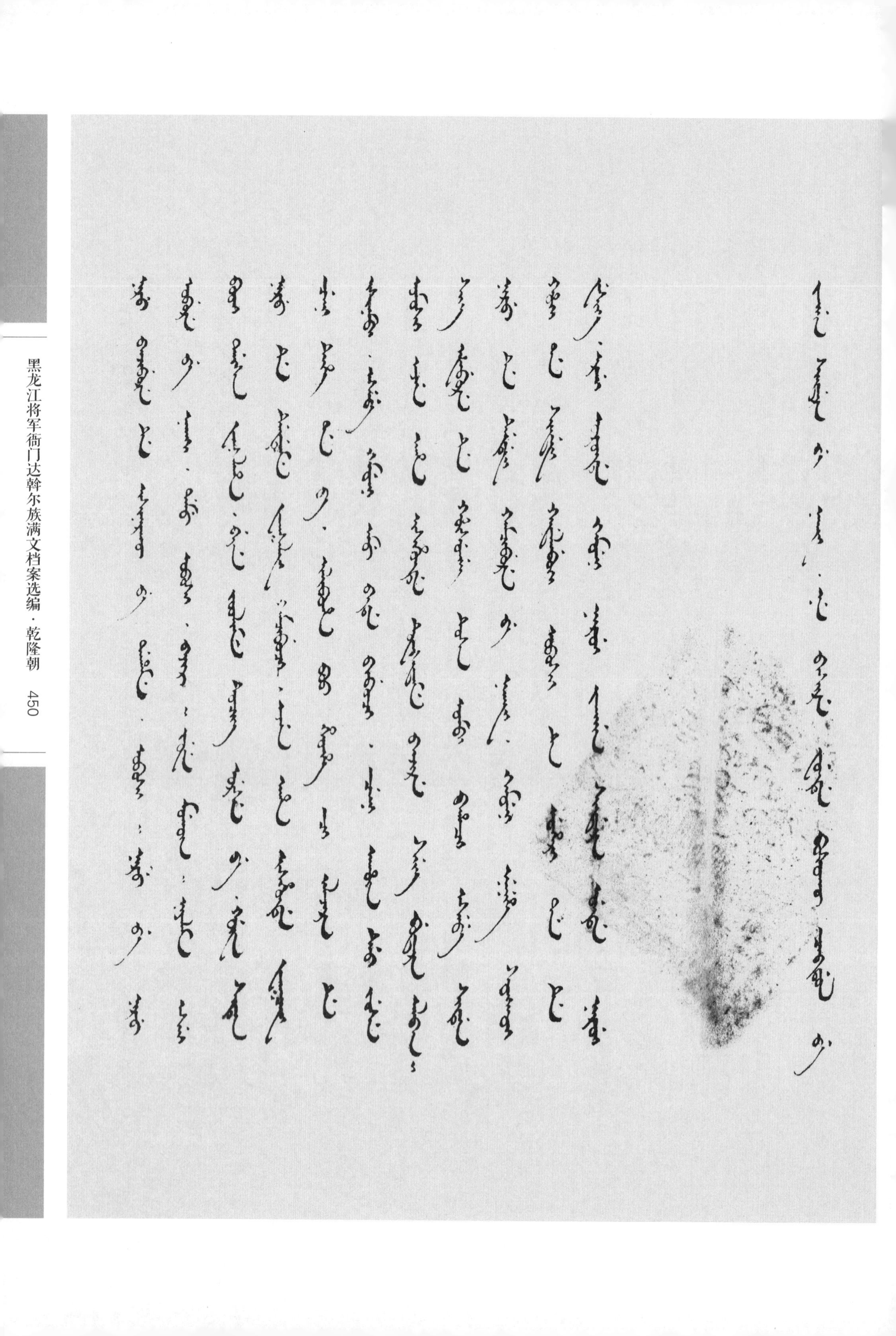

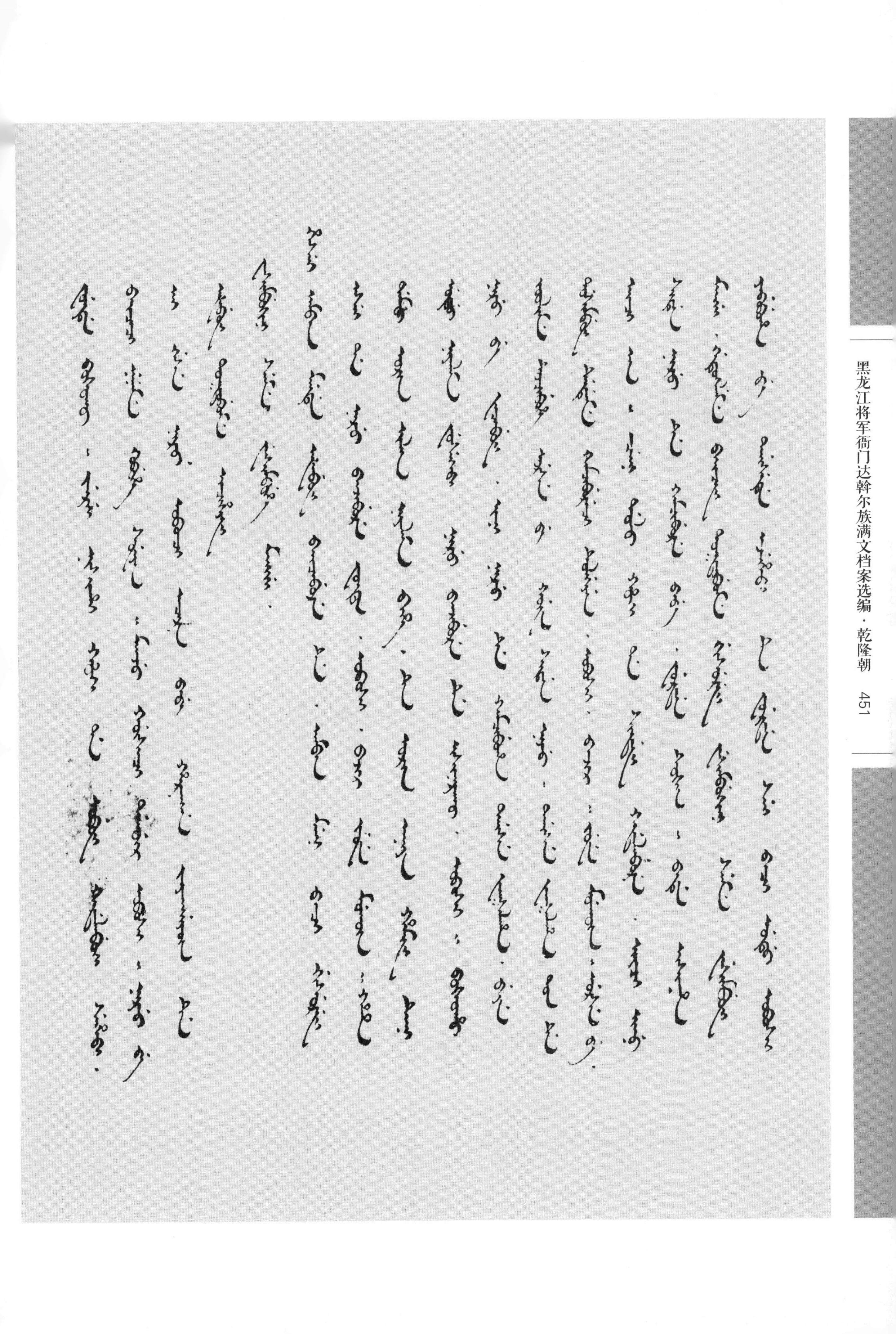

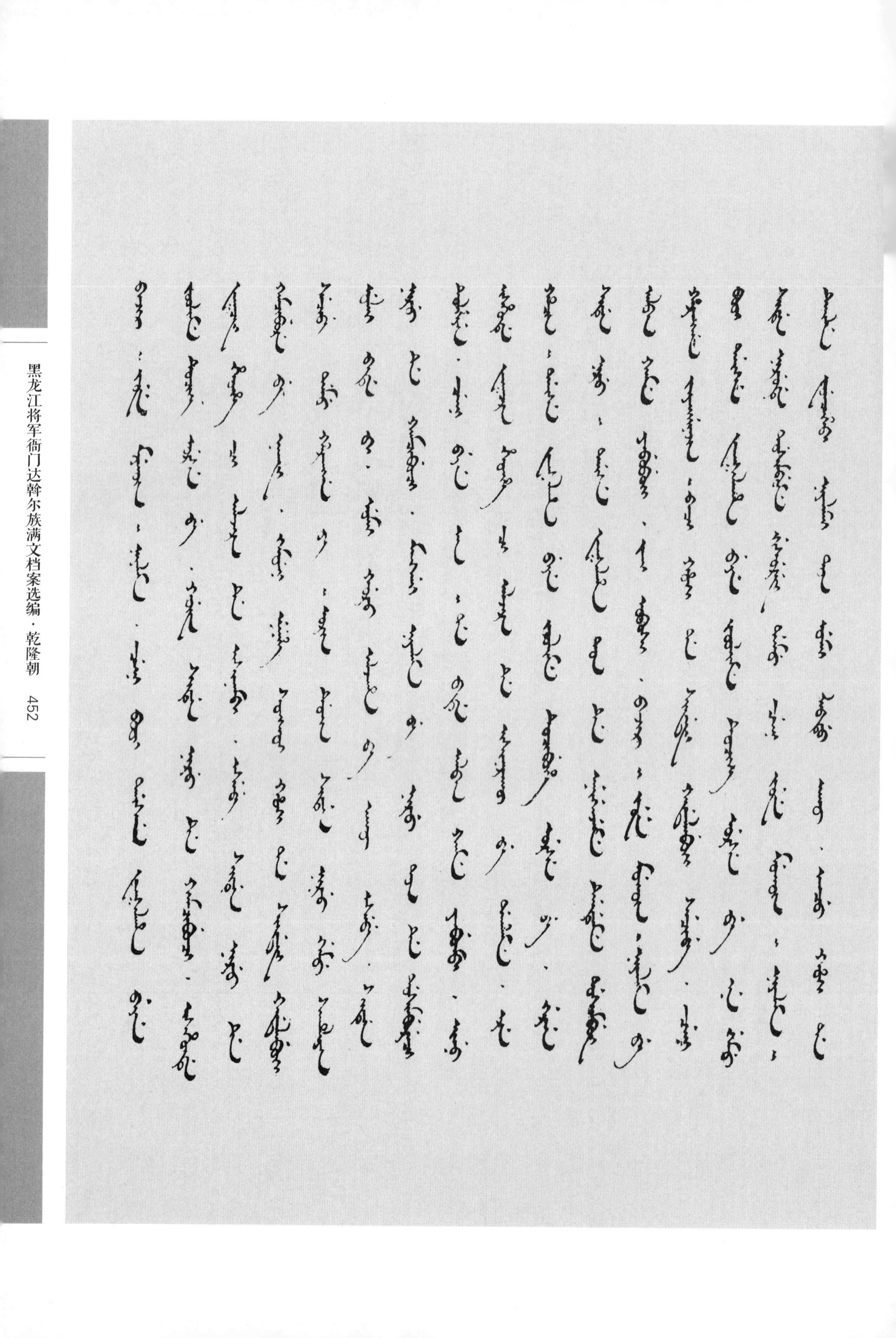

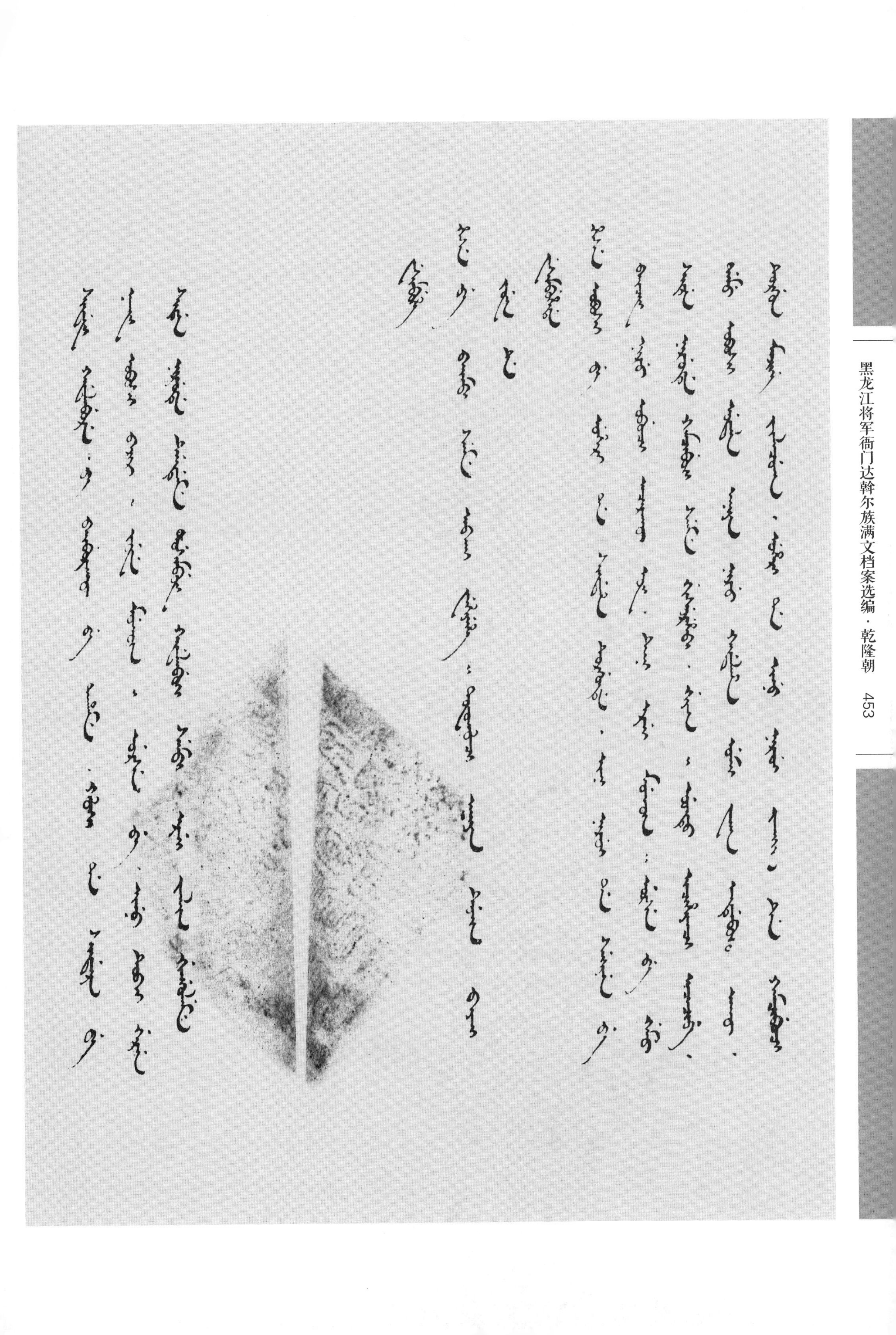

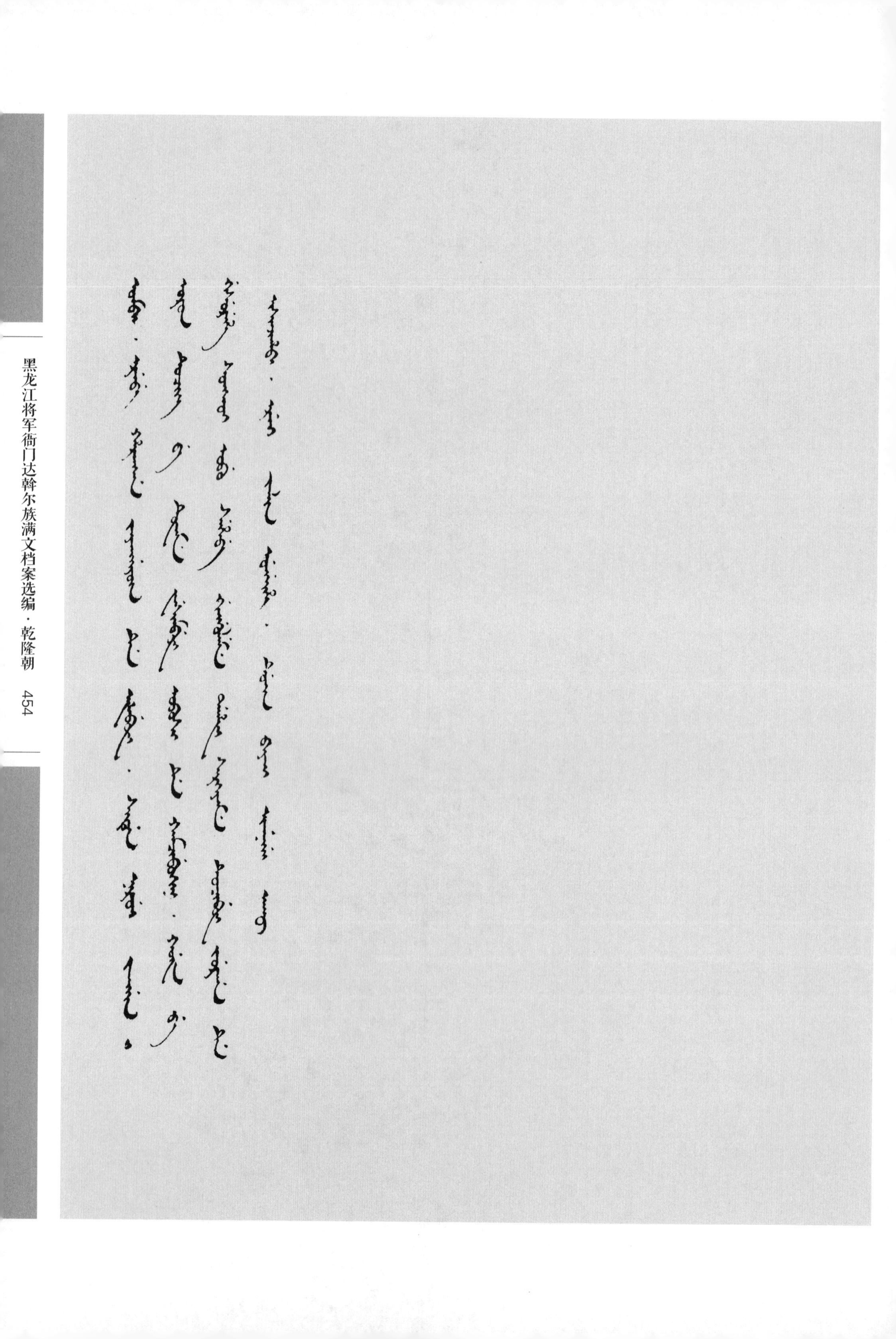

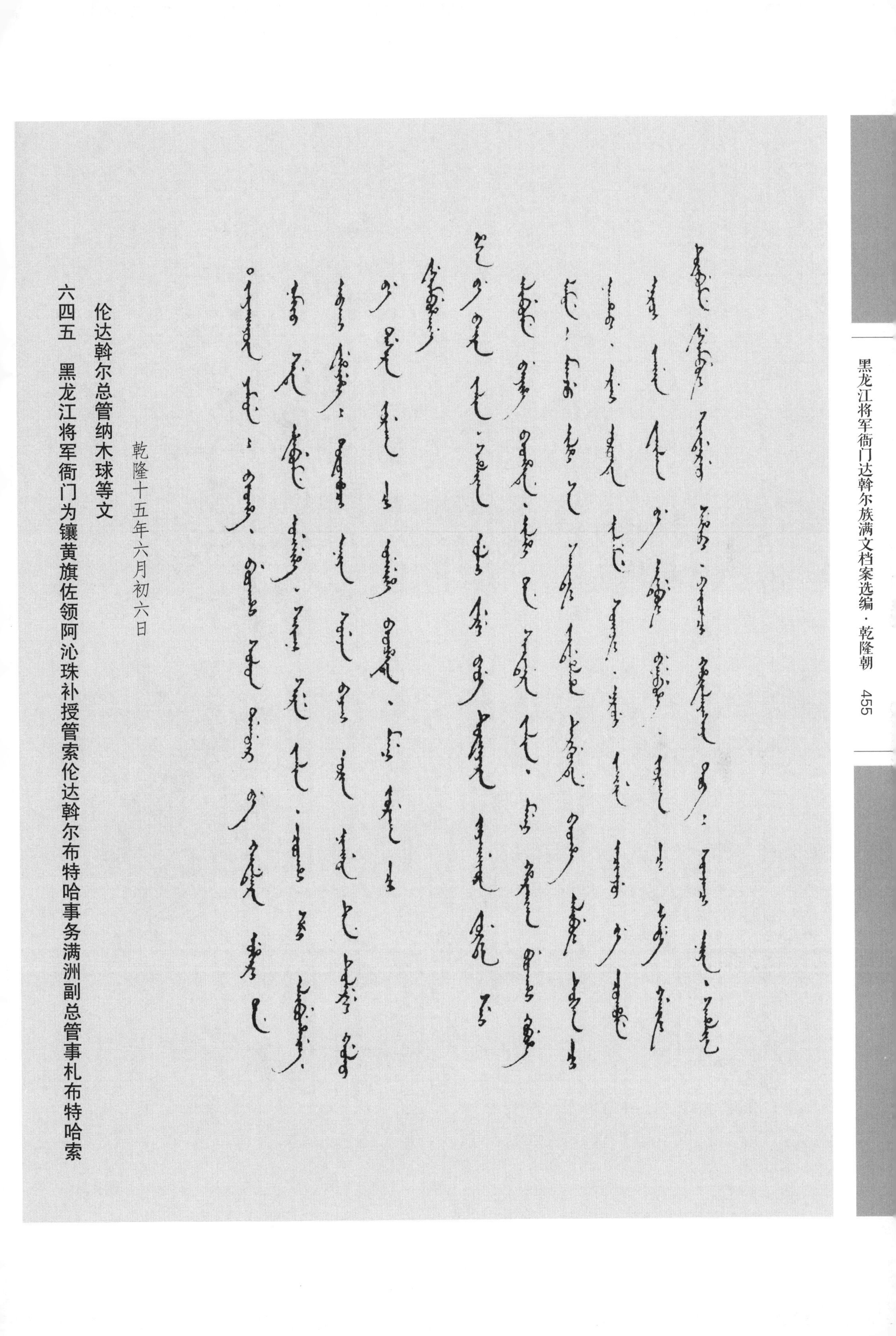

## 六四五 黑龙江将军衙门为镶黄旗佐领阿沁珠补授管索伦达斡尔布特哈事务满洲副总管事札布特哈索伦达斡尔总管纳木球等文

乾隆十五年六月初六日

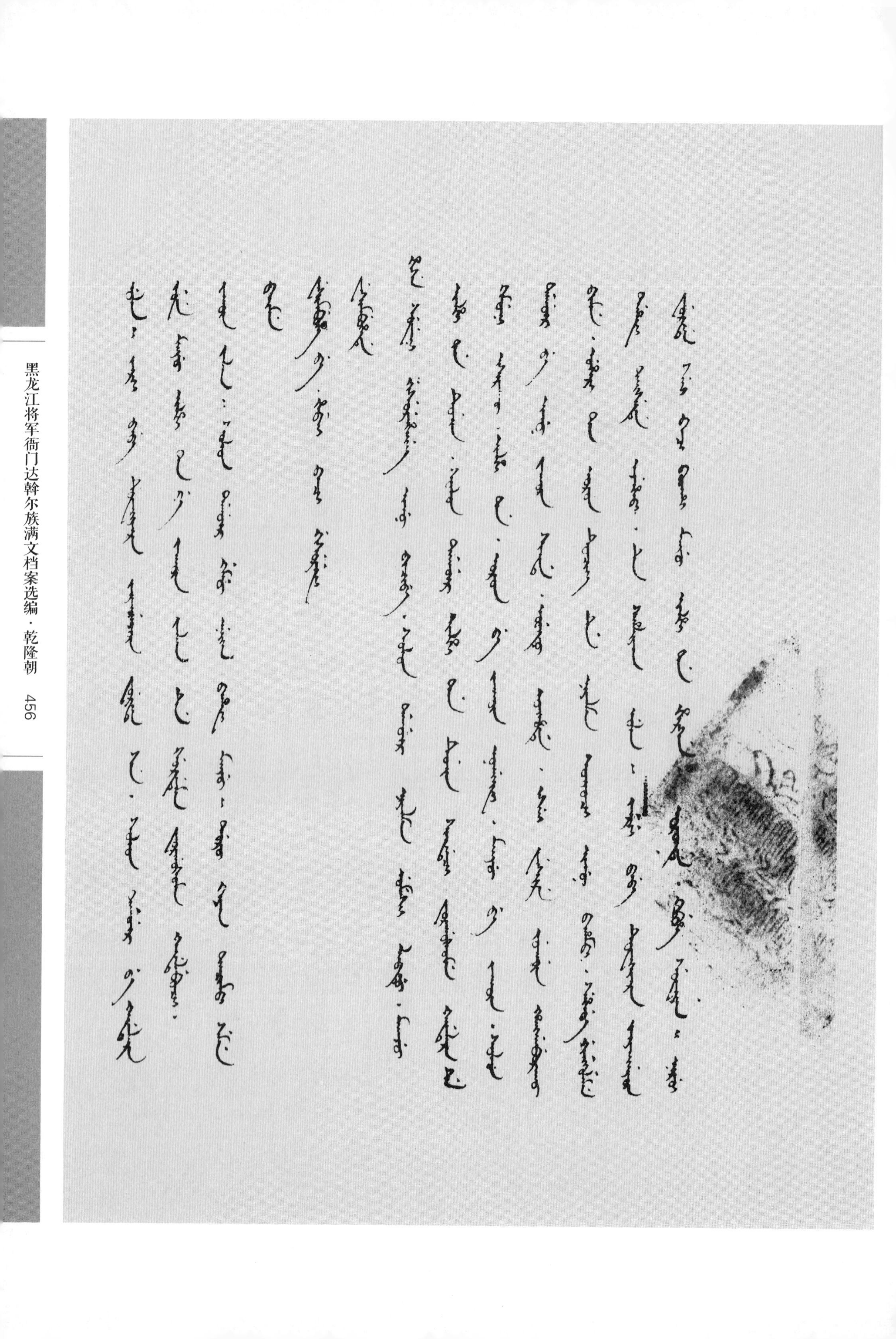

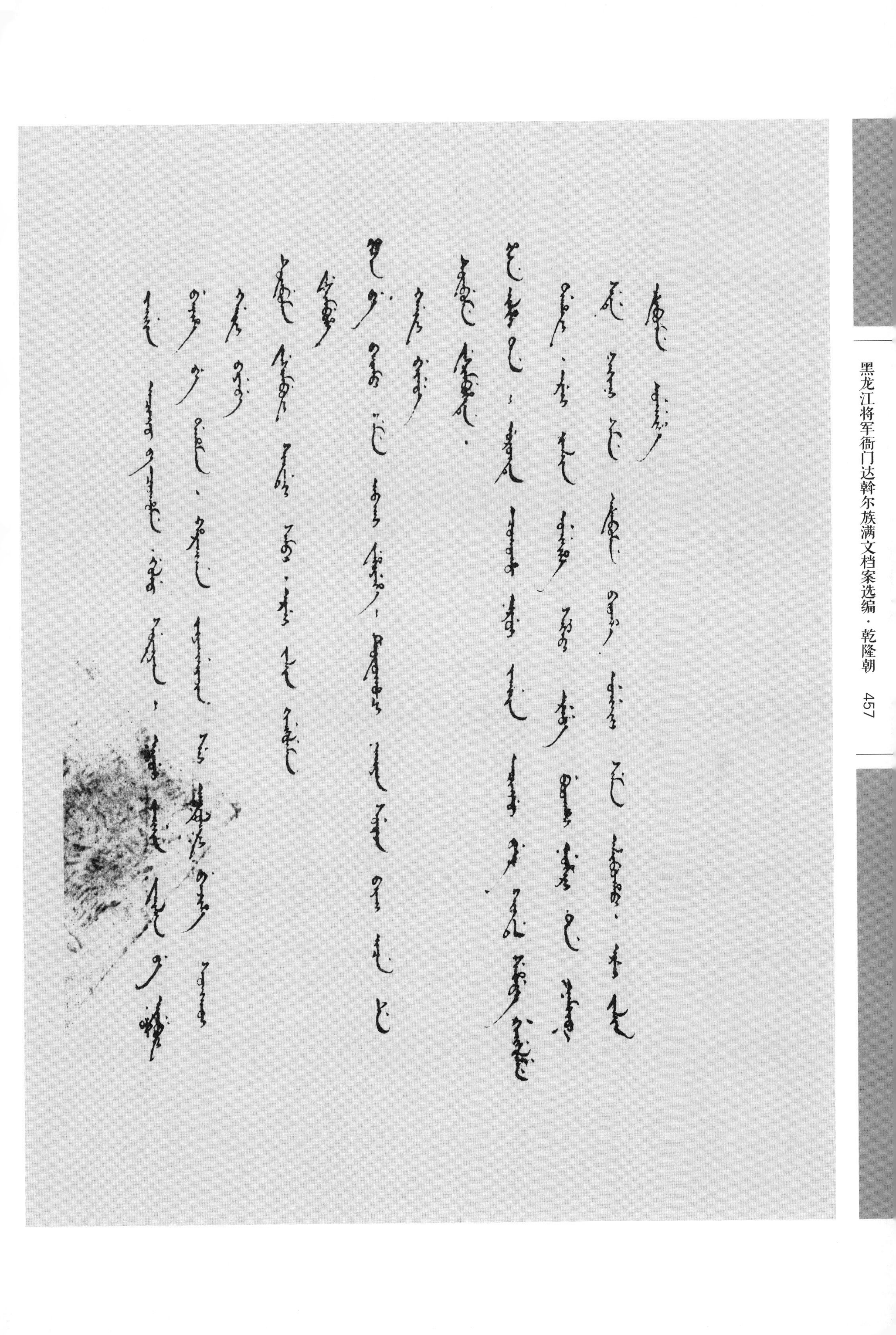

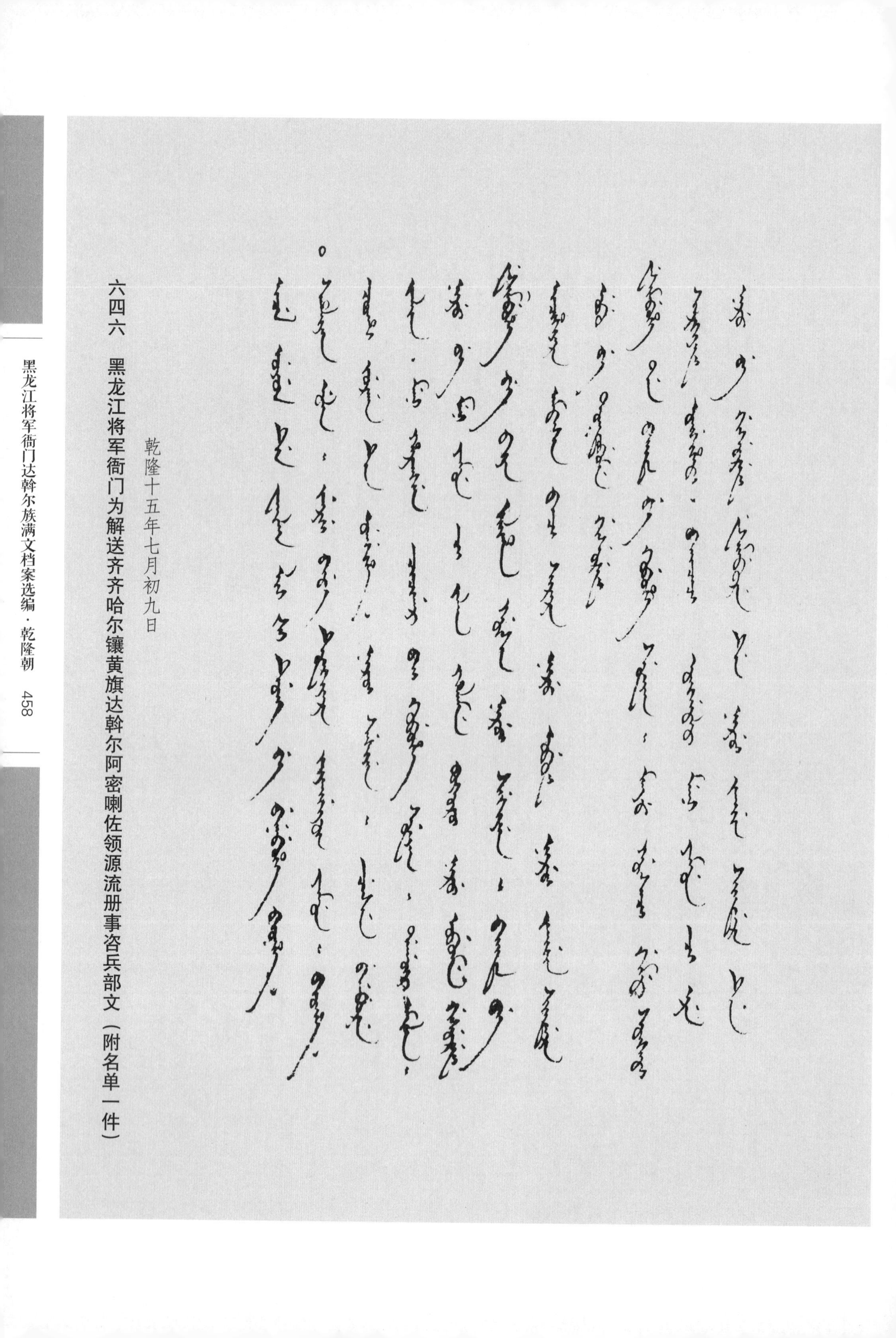

## 六四六　黑龙江将军衙门为解送齐齐哈尔镶黄旗达斡尔阿密喇佐领源流册事咨兵部文（附名单一件）

乾隆十五年七月初九日

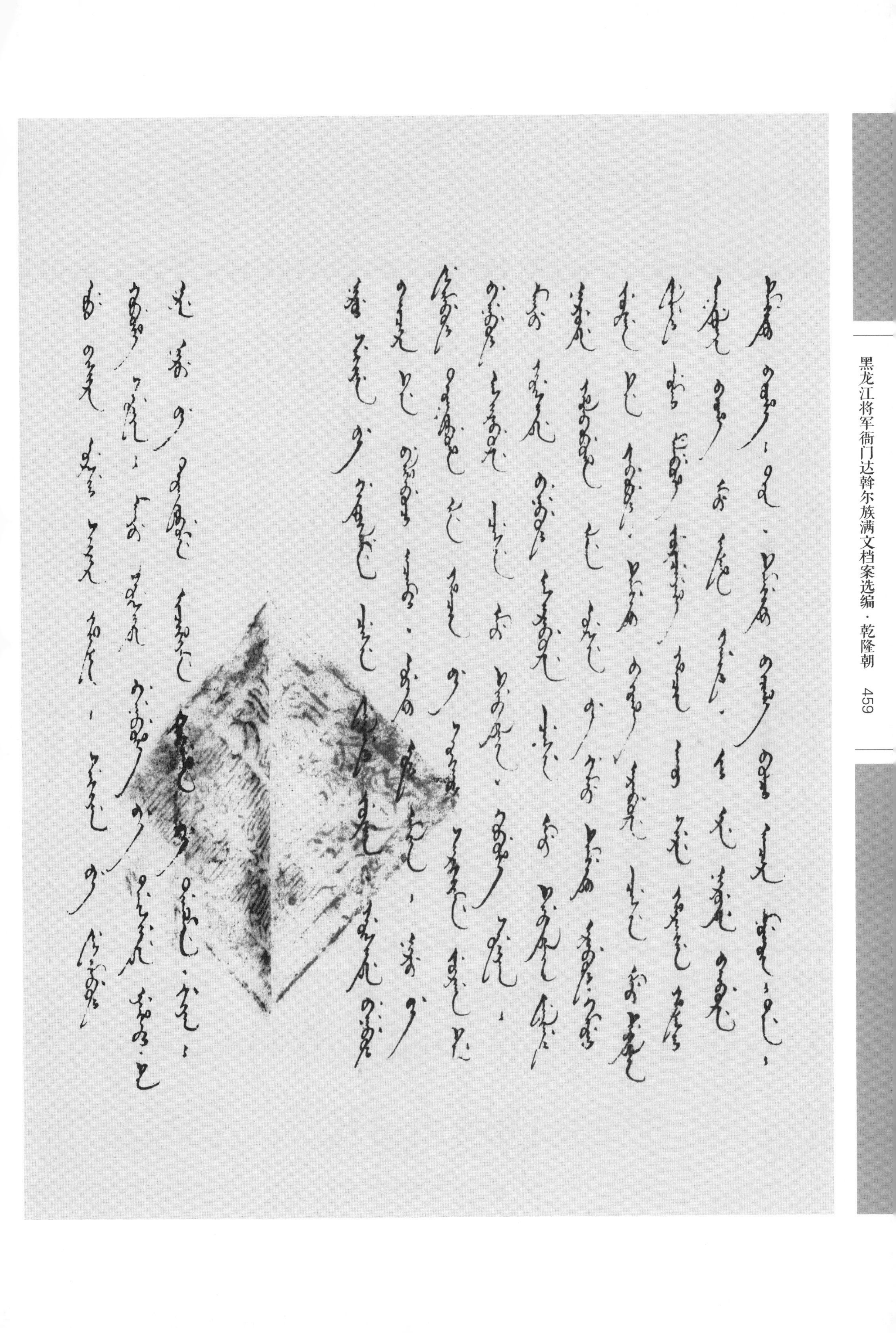

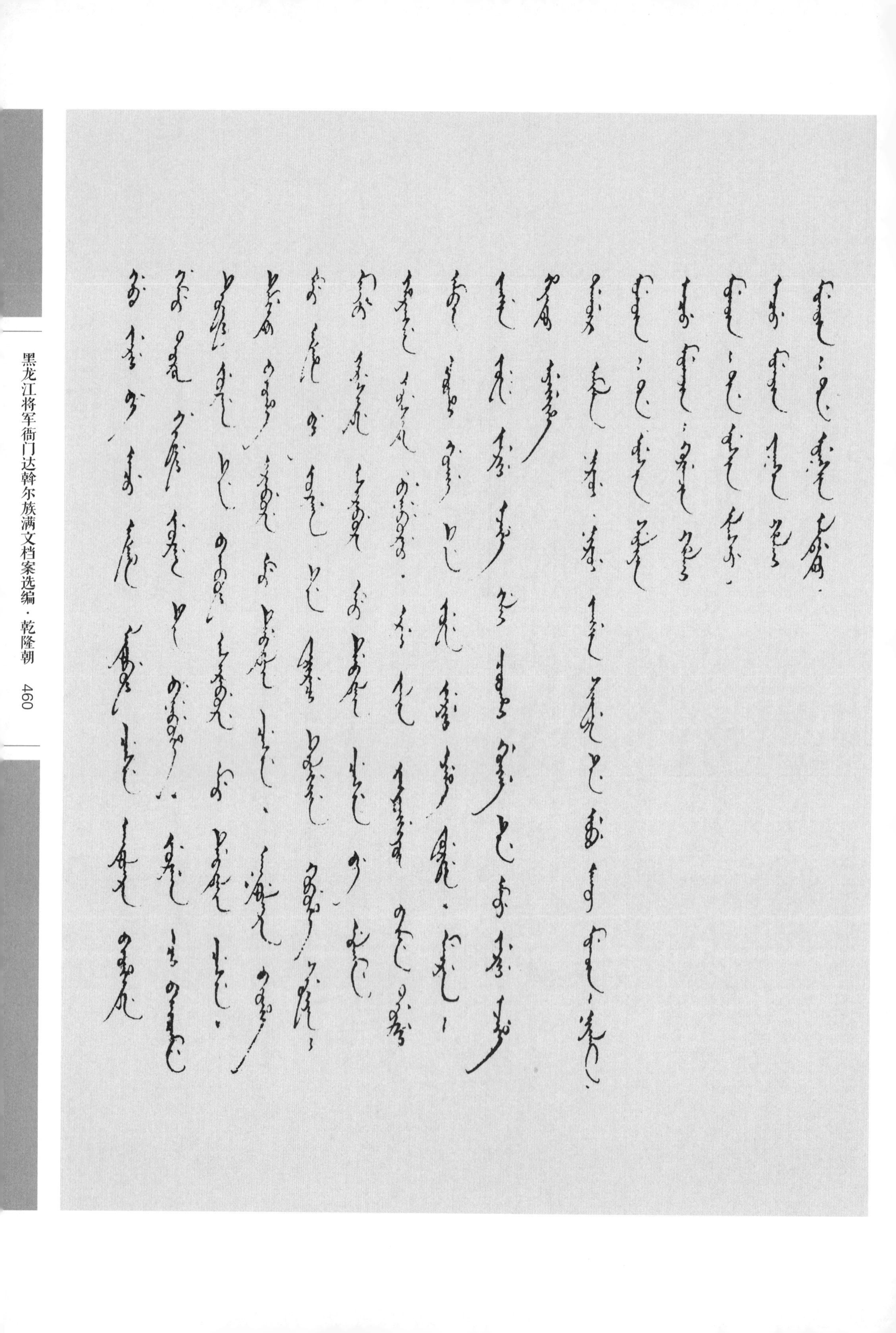

[illegible]

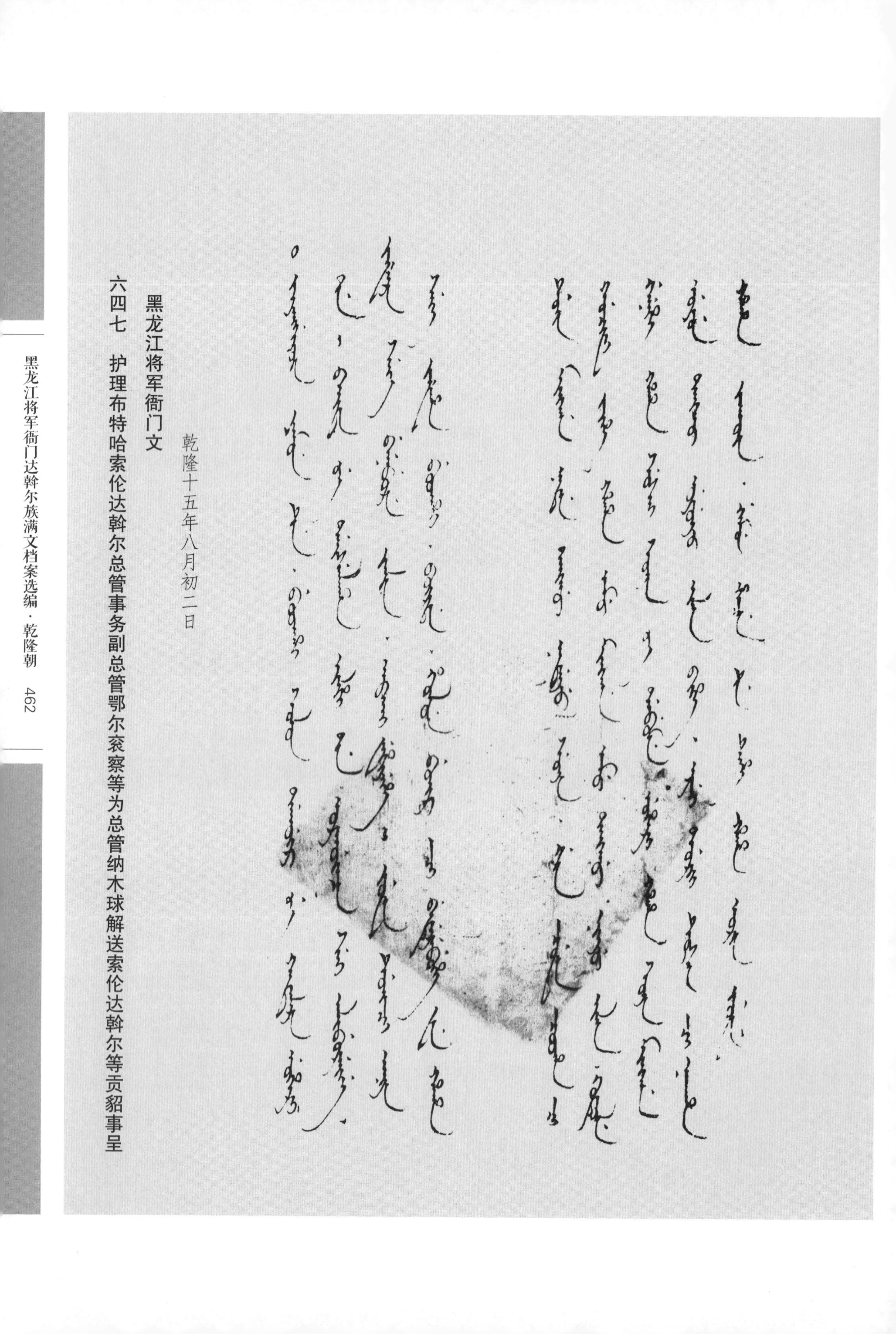

## 六四七 护理布特哈索伦达斡尔总管事务副总管鄂尔衮察等为总管纳木球解送索伦达斡尔等贡貂事呈黑龙江将军衙门文

乾隆十五年八月初二日

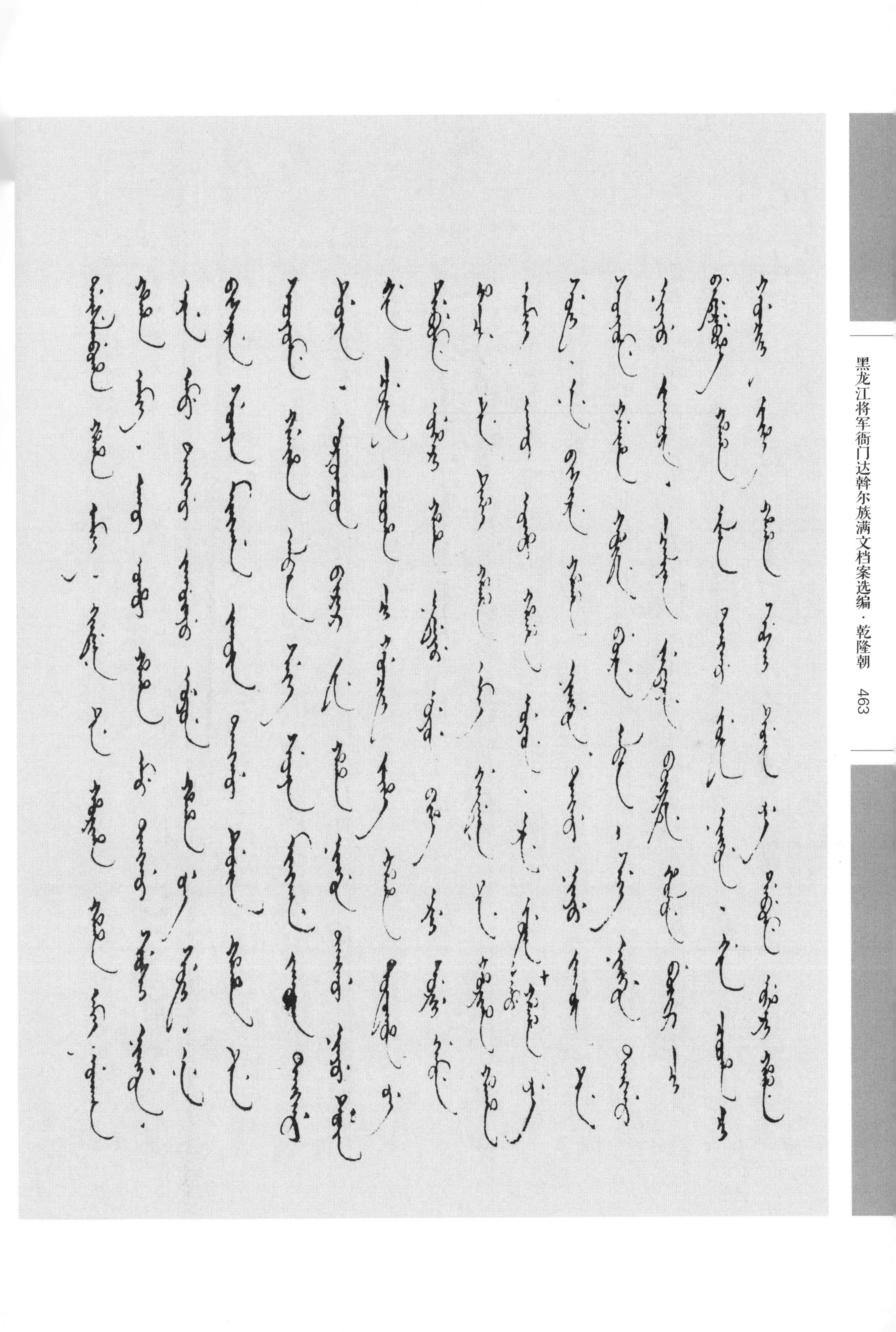

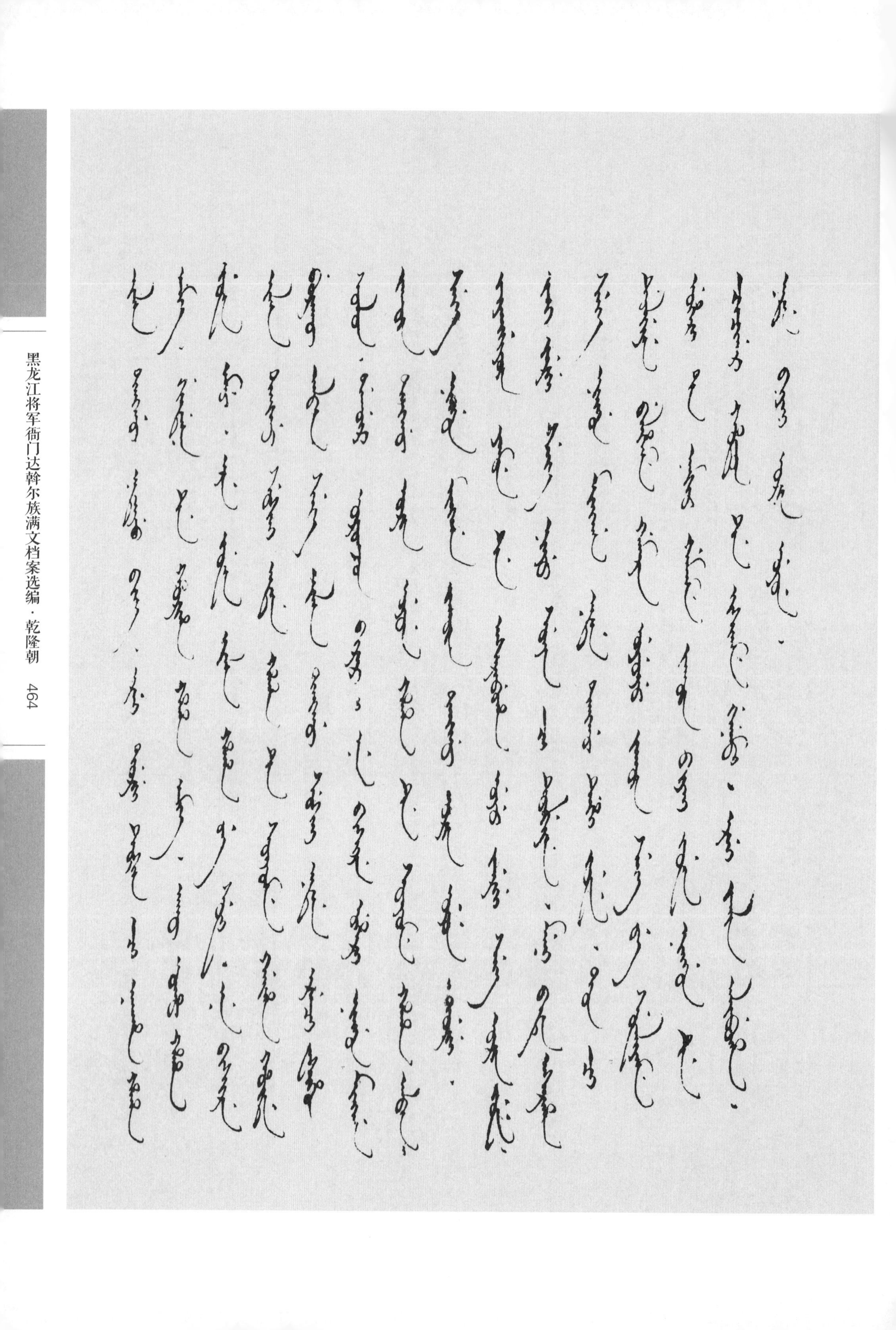

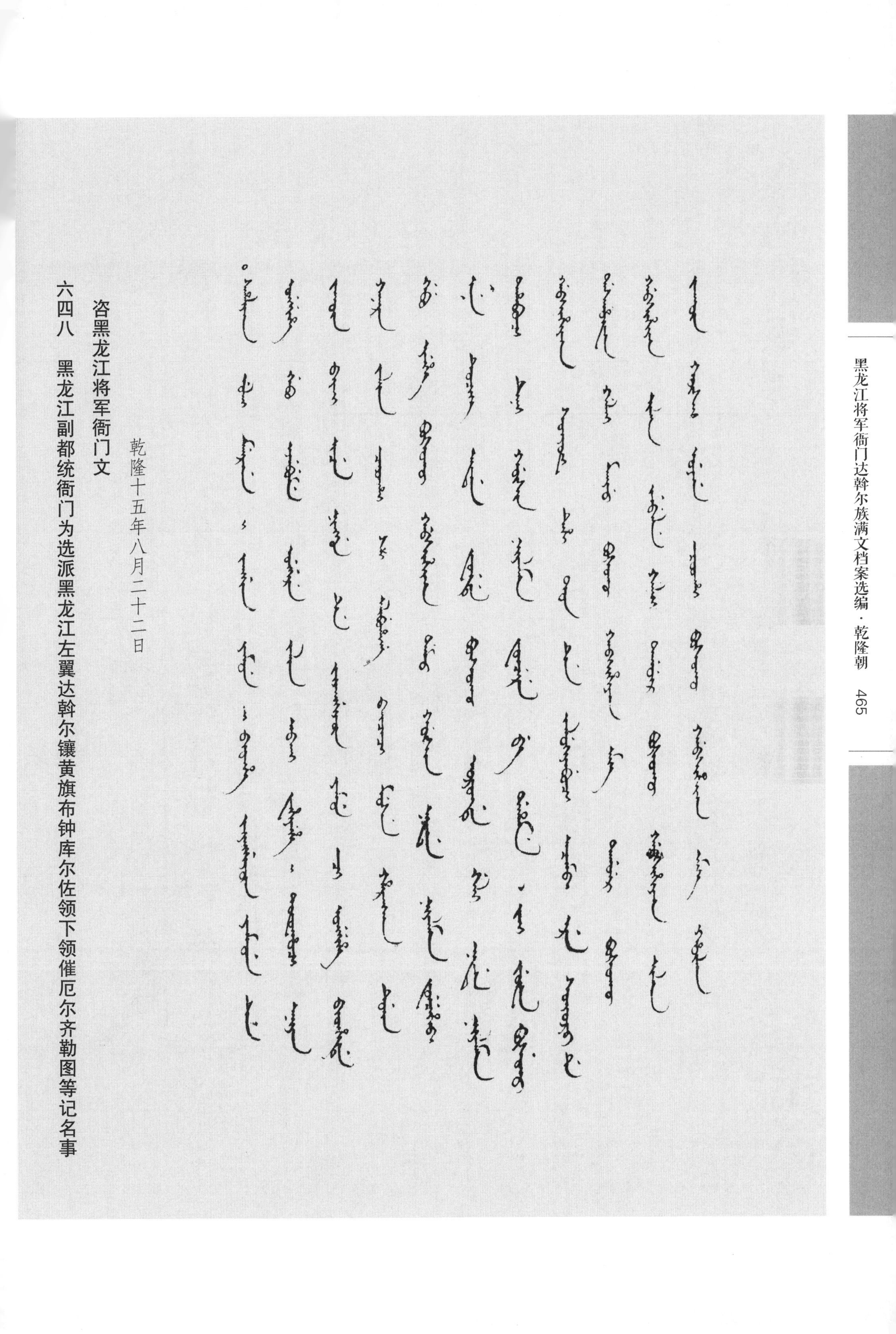

乾隆十五年八月二十二日

咨黑龙江将军衙门文

## 六四八 黑龙江副都统衙门为选派黑龙江左翼达斡尔镶黄旗布钟库尔佐领下领催厄尔齐勒图等记名事

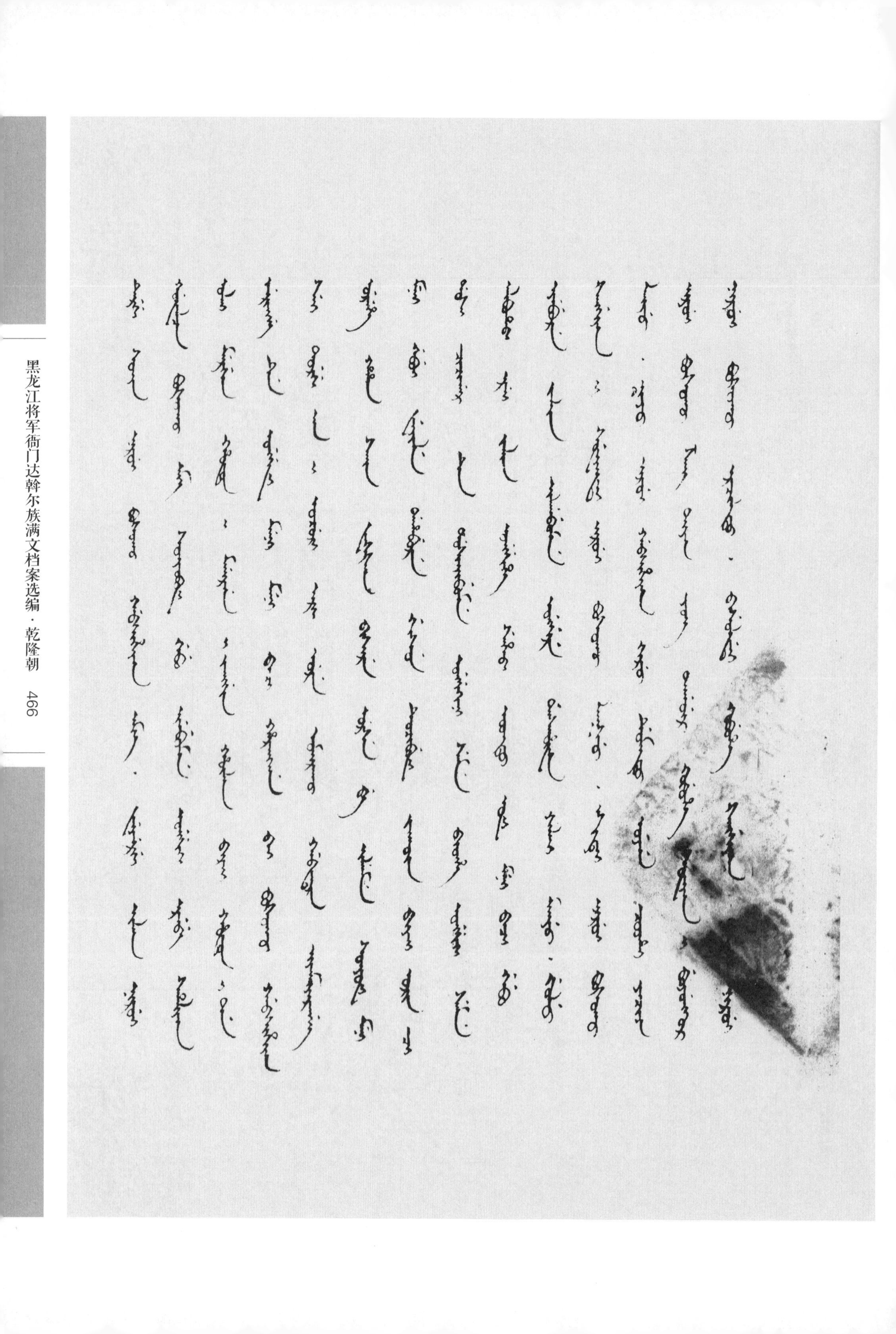

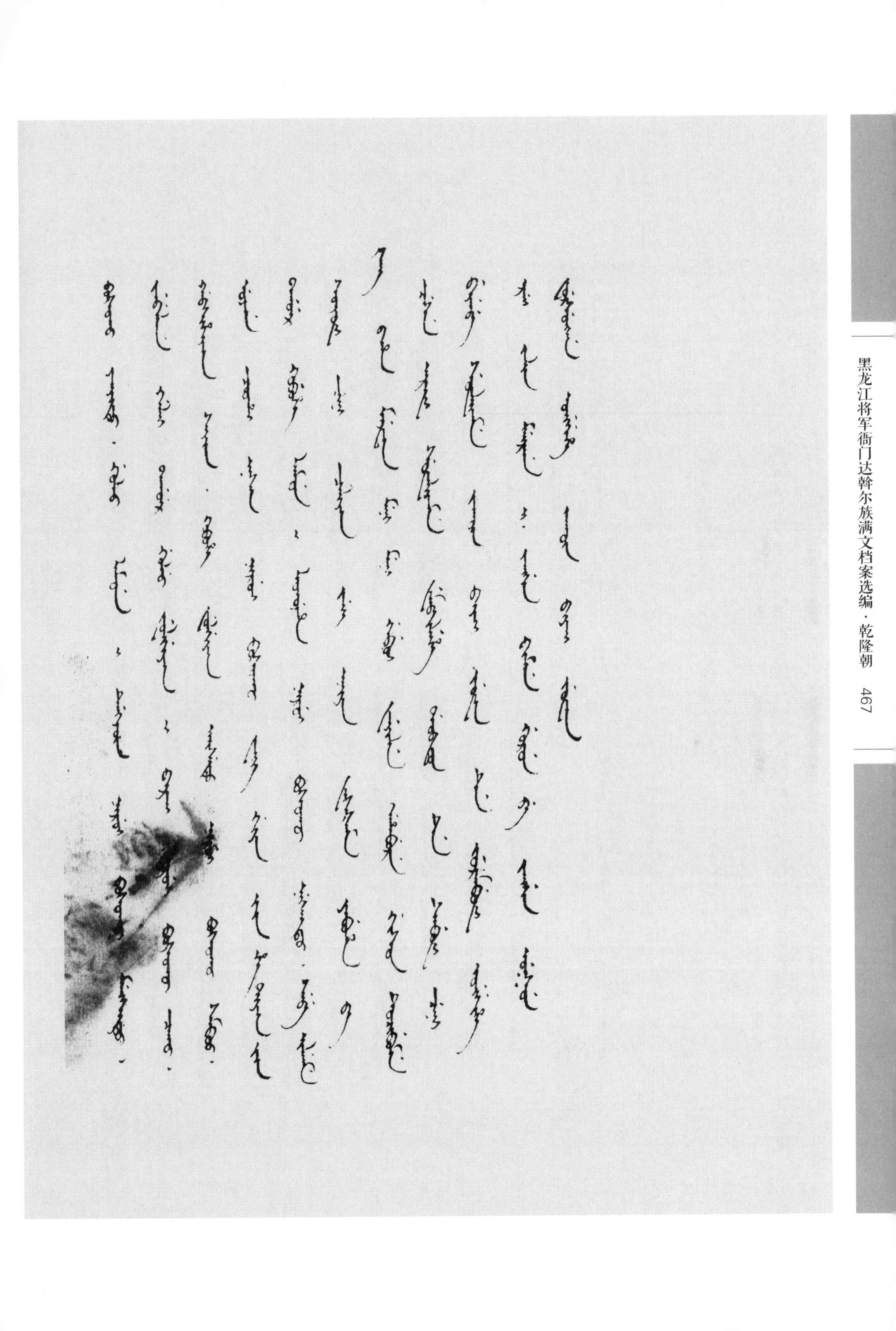

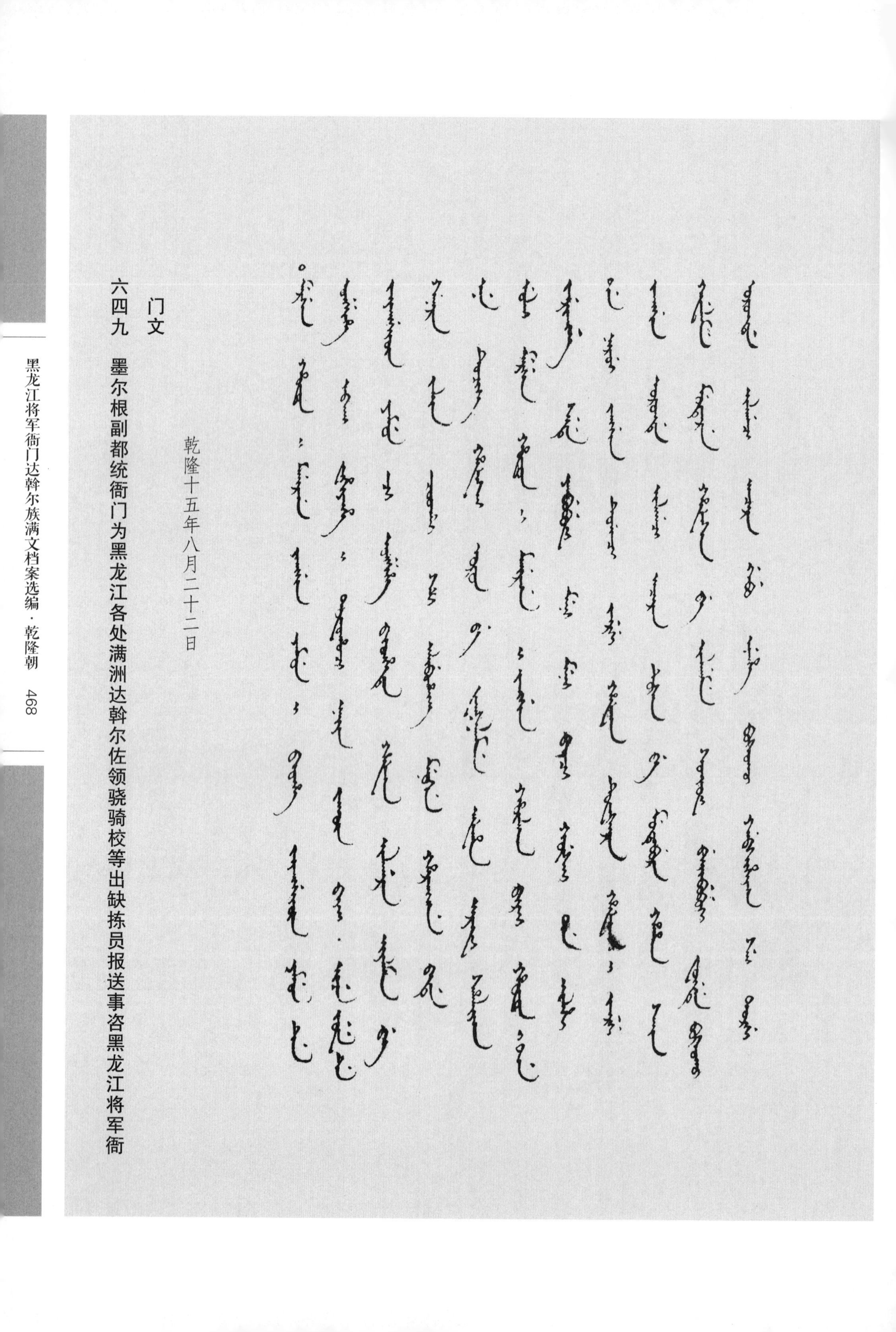

## 六四九　墨尔根副都统衙门为黑龙江各处满洲达斡尔佐领骁骑校等出缺拣员报送事咨黑龙江将军衙门文

乾隆十五年八月二十二日

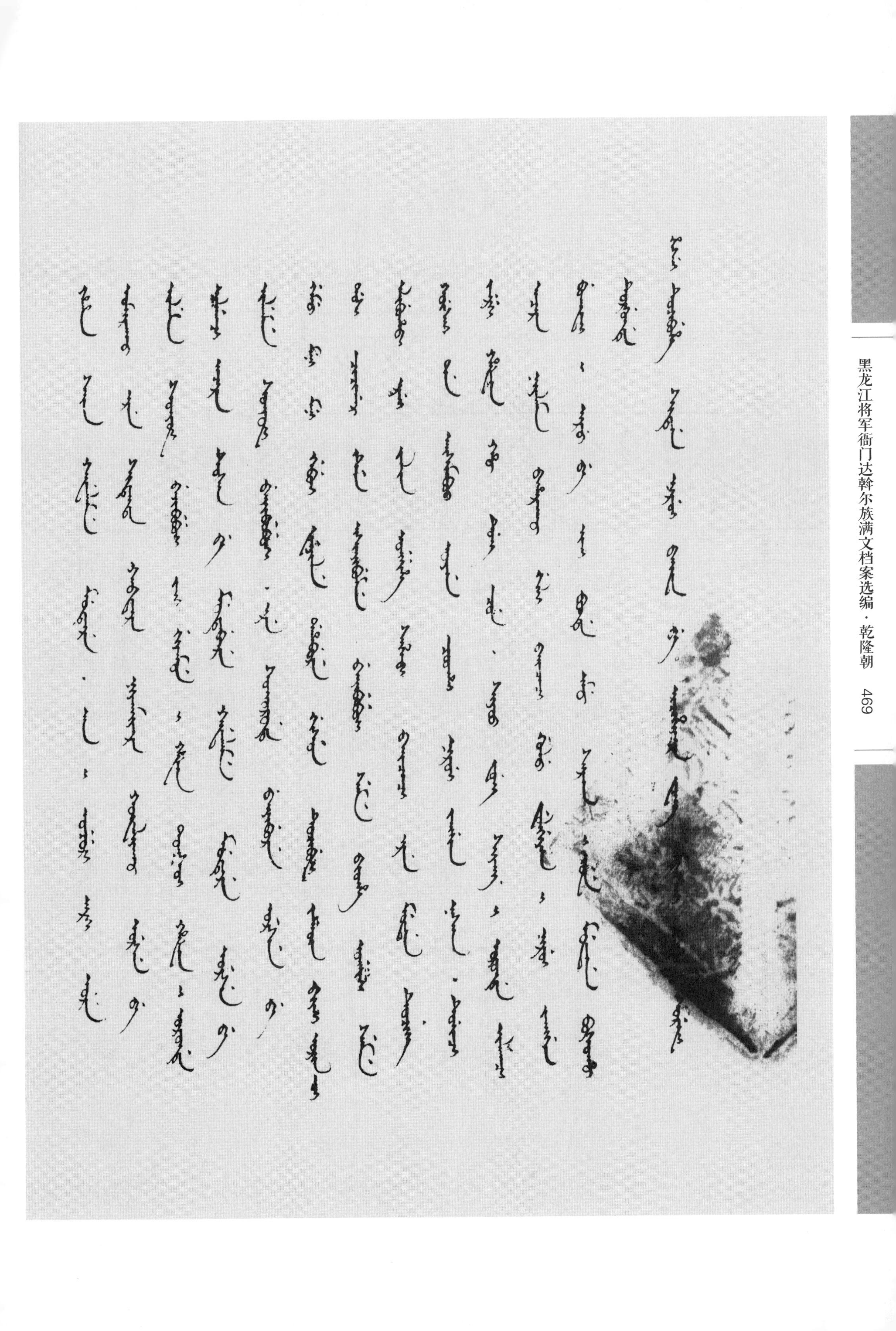

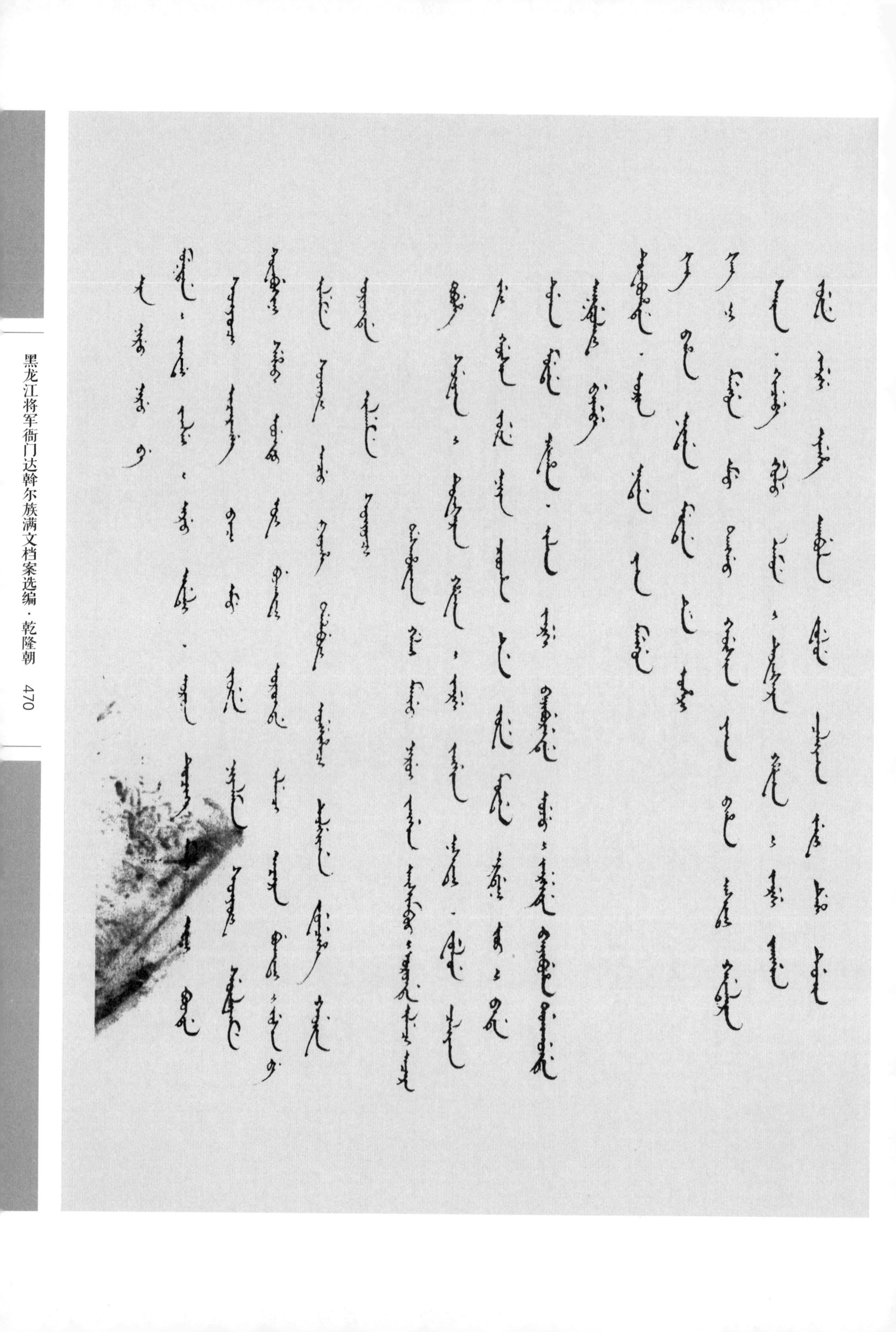

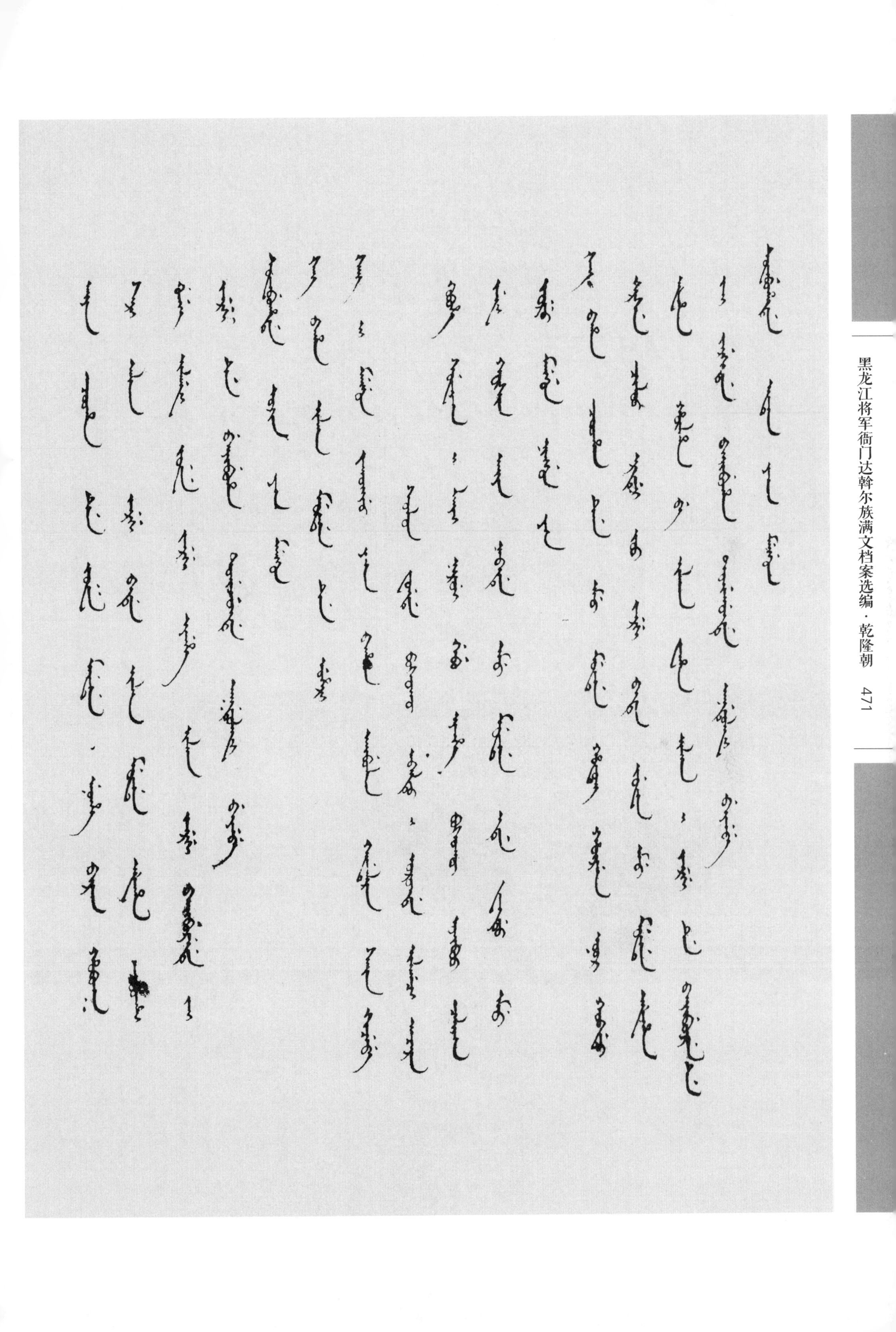

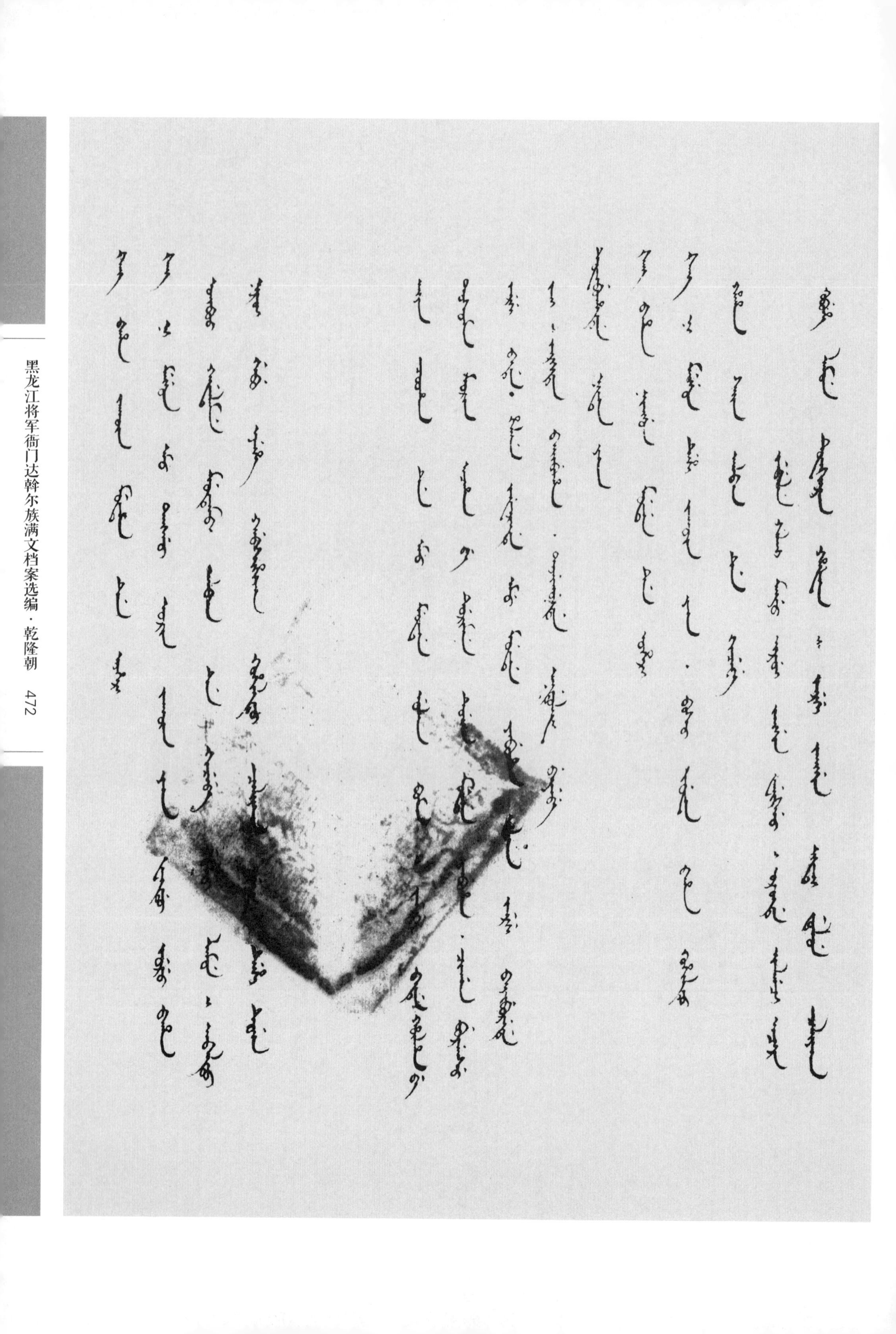

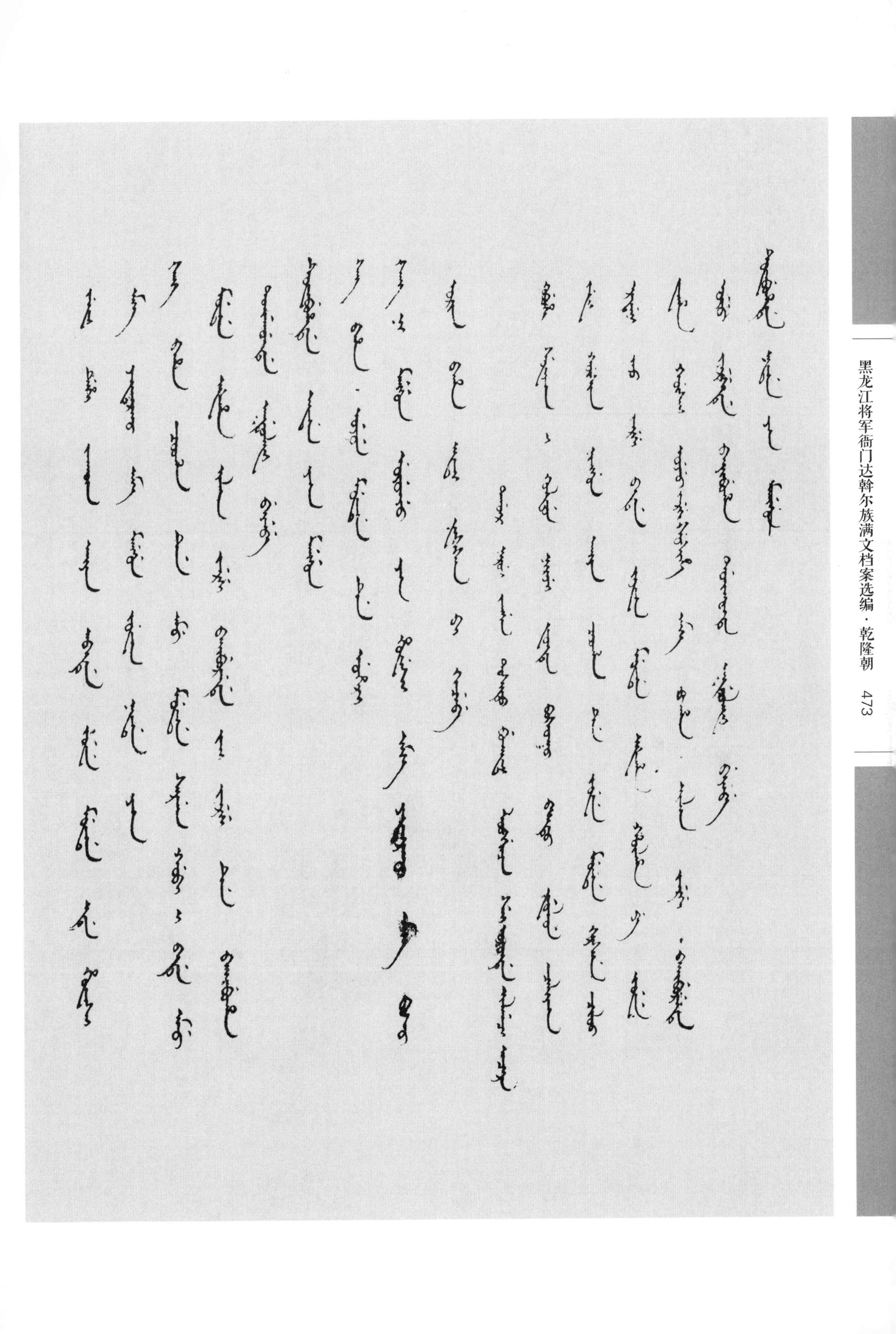

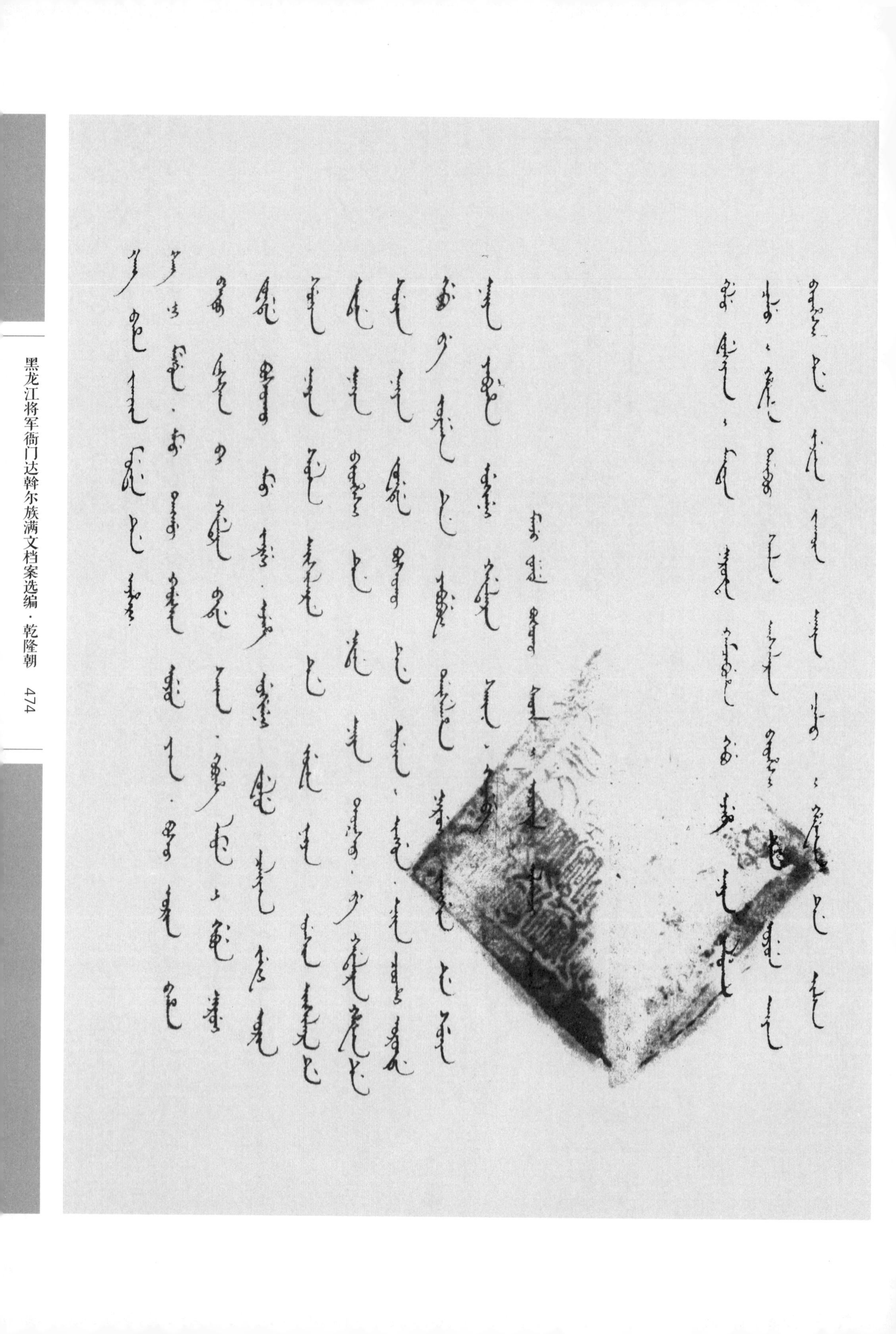

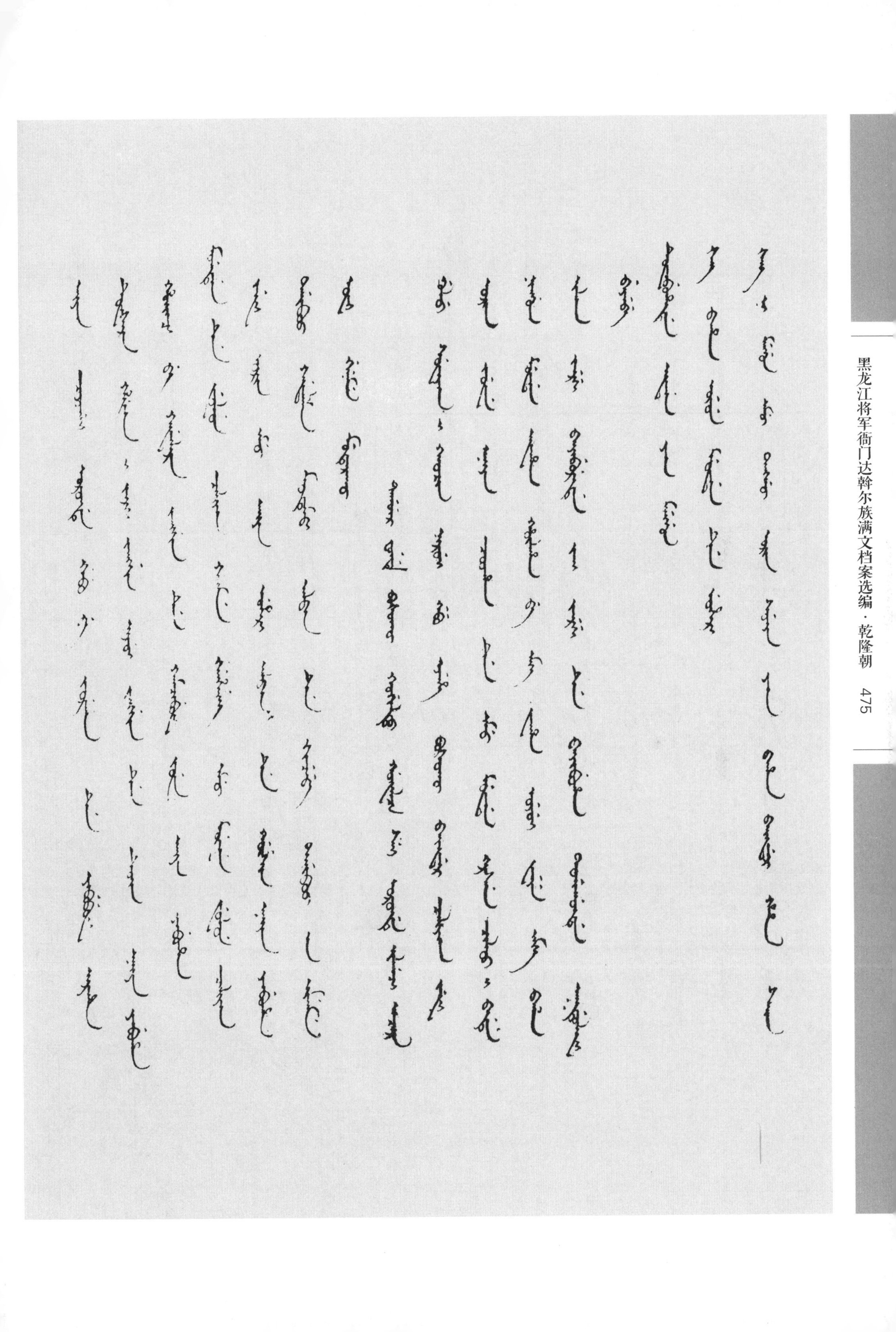

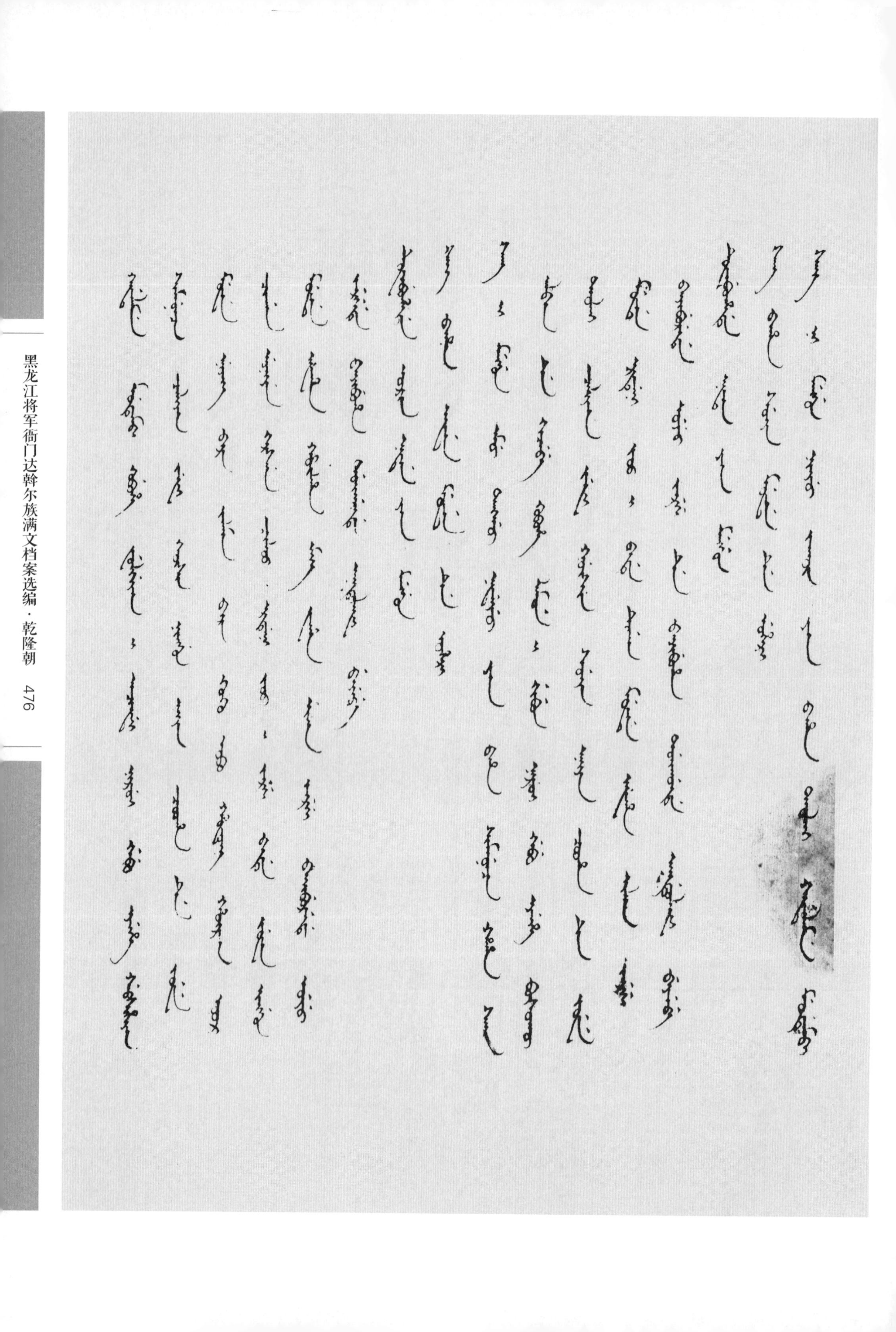

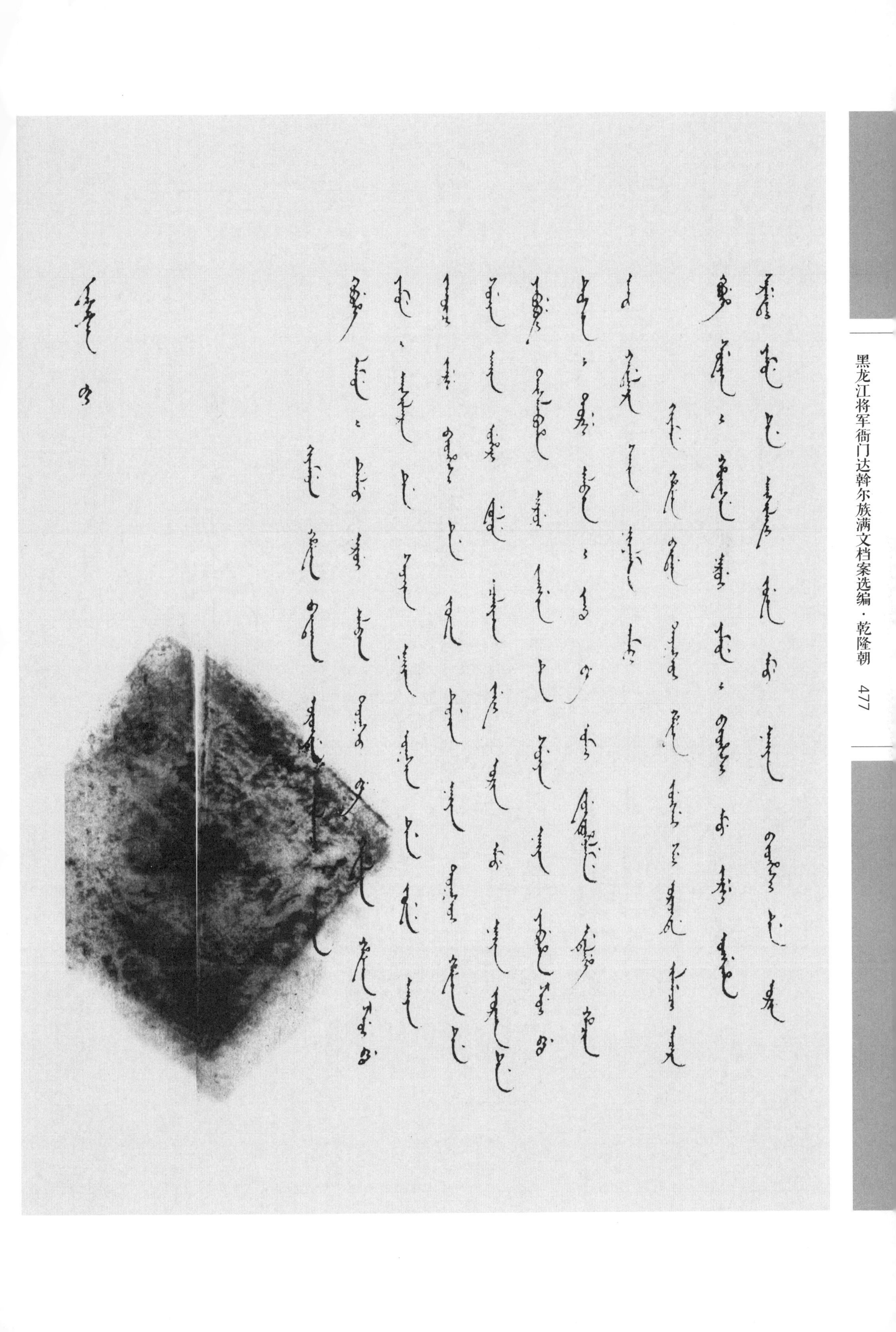

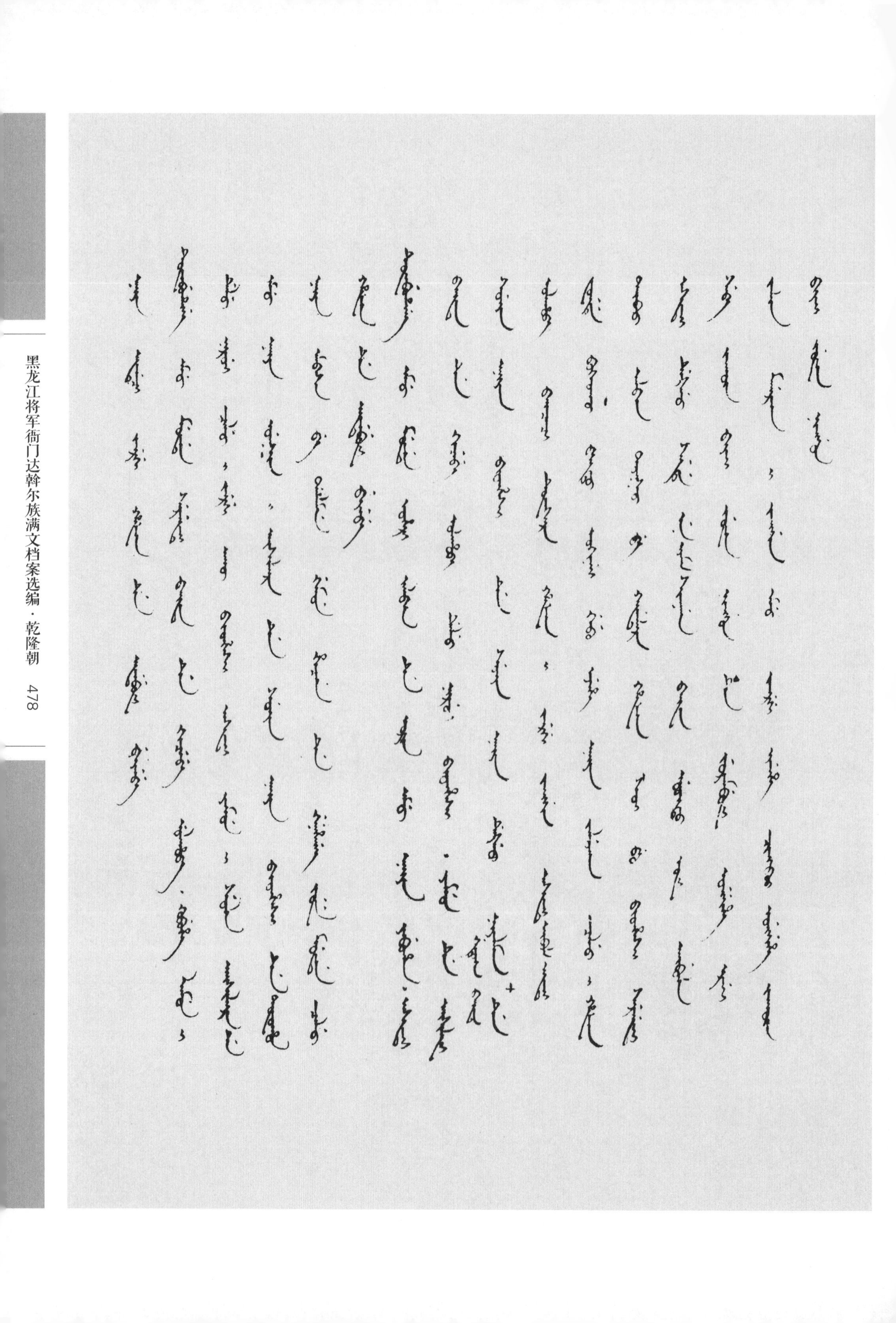

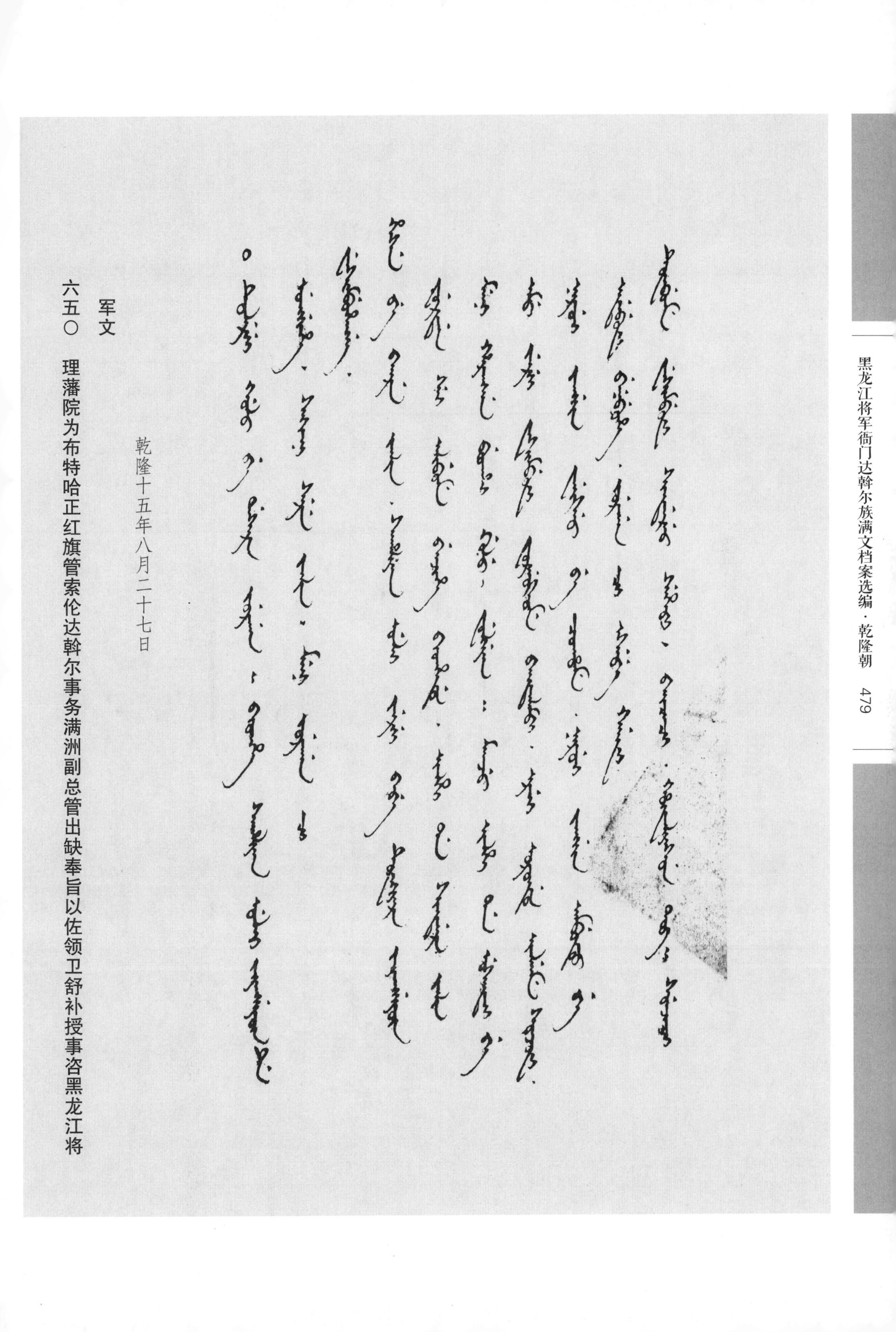

## 六五〇 理藩院为布特哈正红旗管索伦达斡尔事务满洲副总管出缺奉旨以佐领卫舒补授事咨黑龙江将军文

乾隆十五年八月二十七日

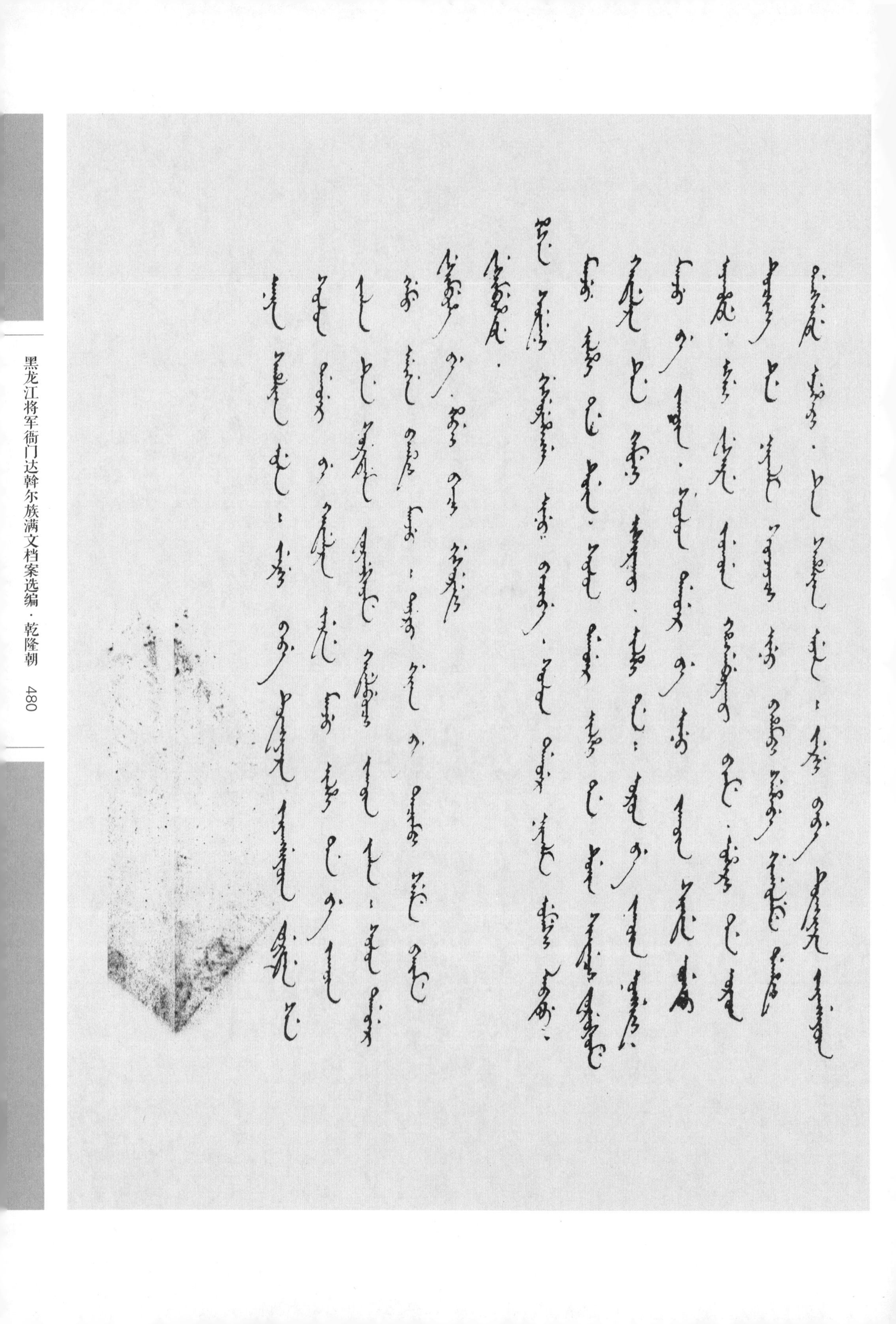

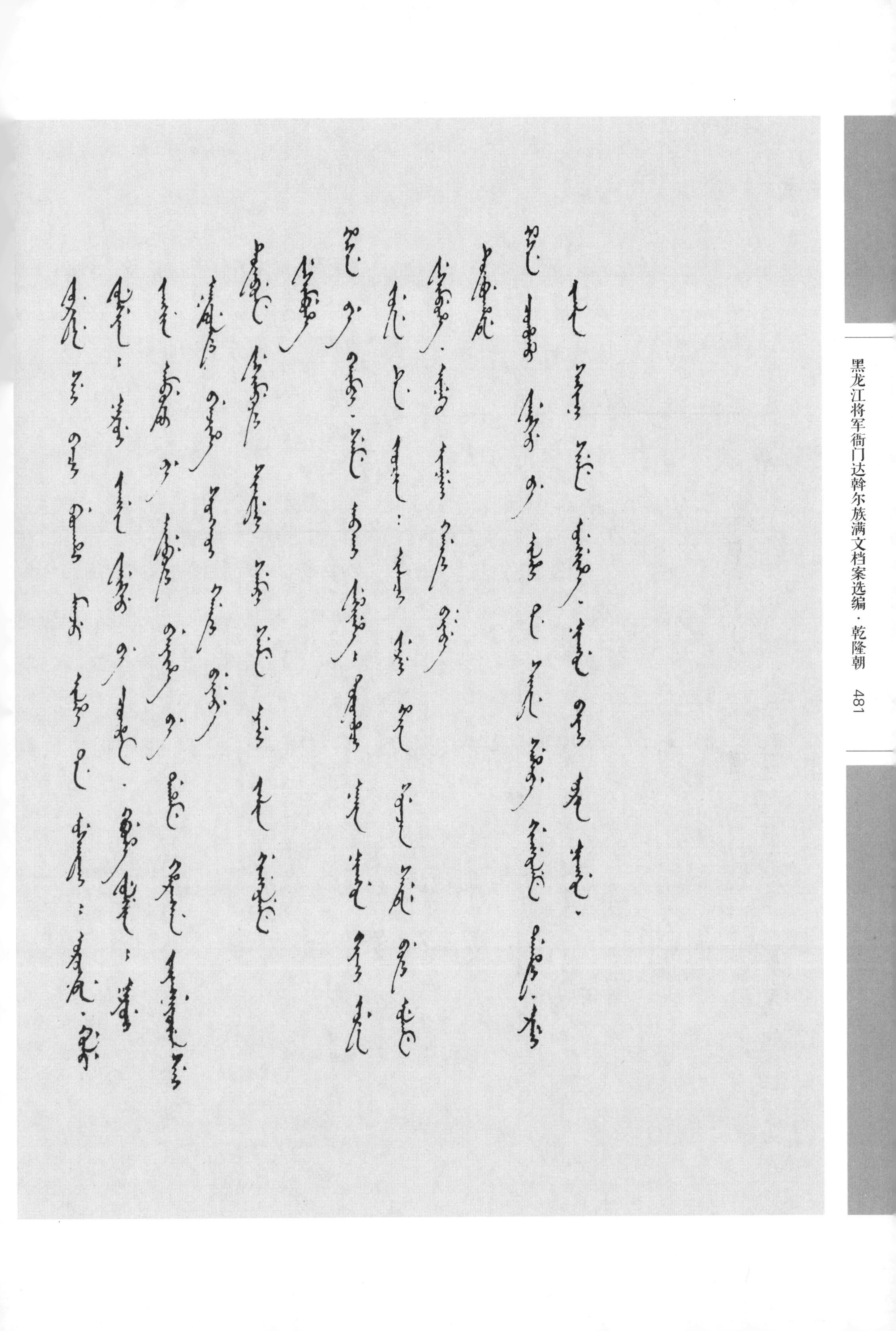

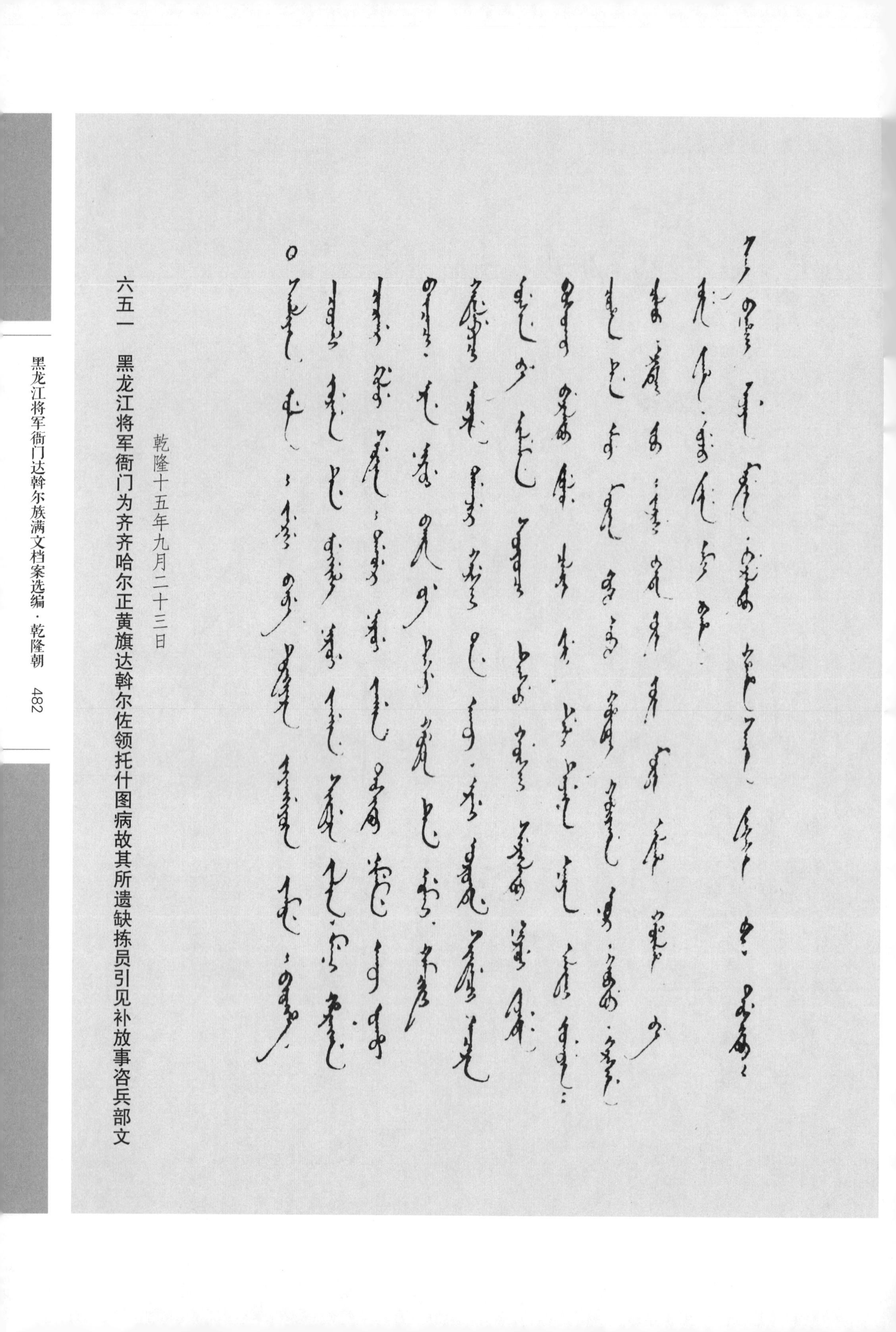

## 六五一 黑龙江将军衙门为齐齐哈尔正黄旗达斡尔佐领托什图病故其所遗缺拣员引见补放事咨兵部文

乾隆十五年九月二十三日

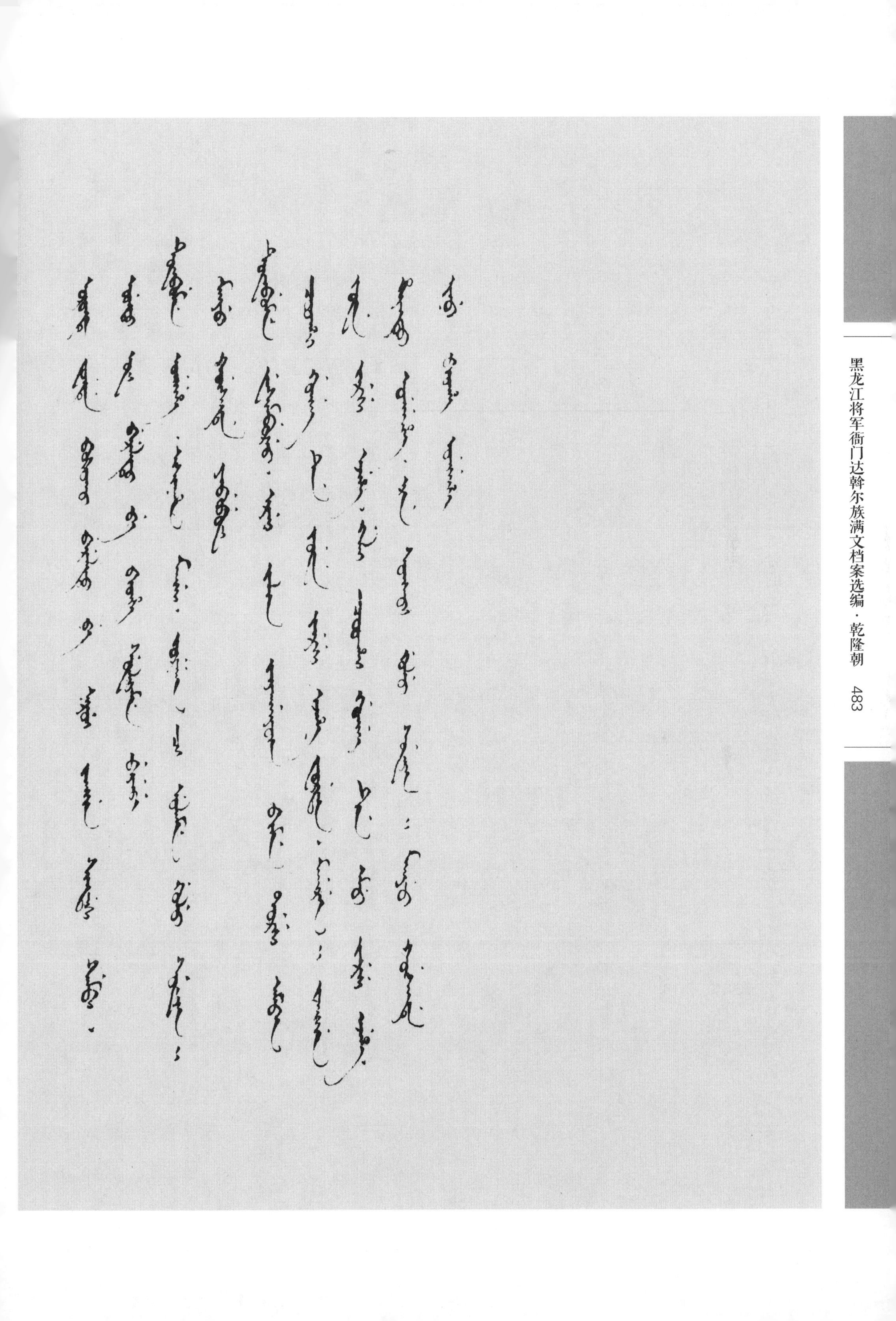

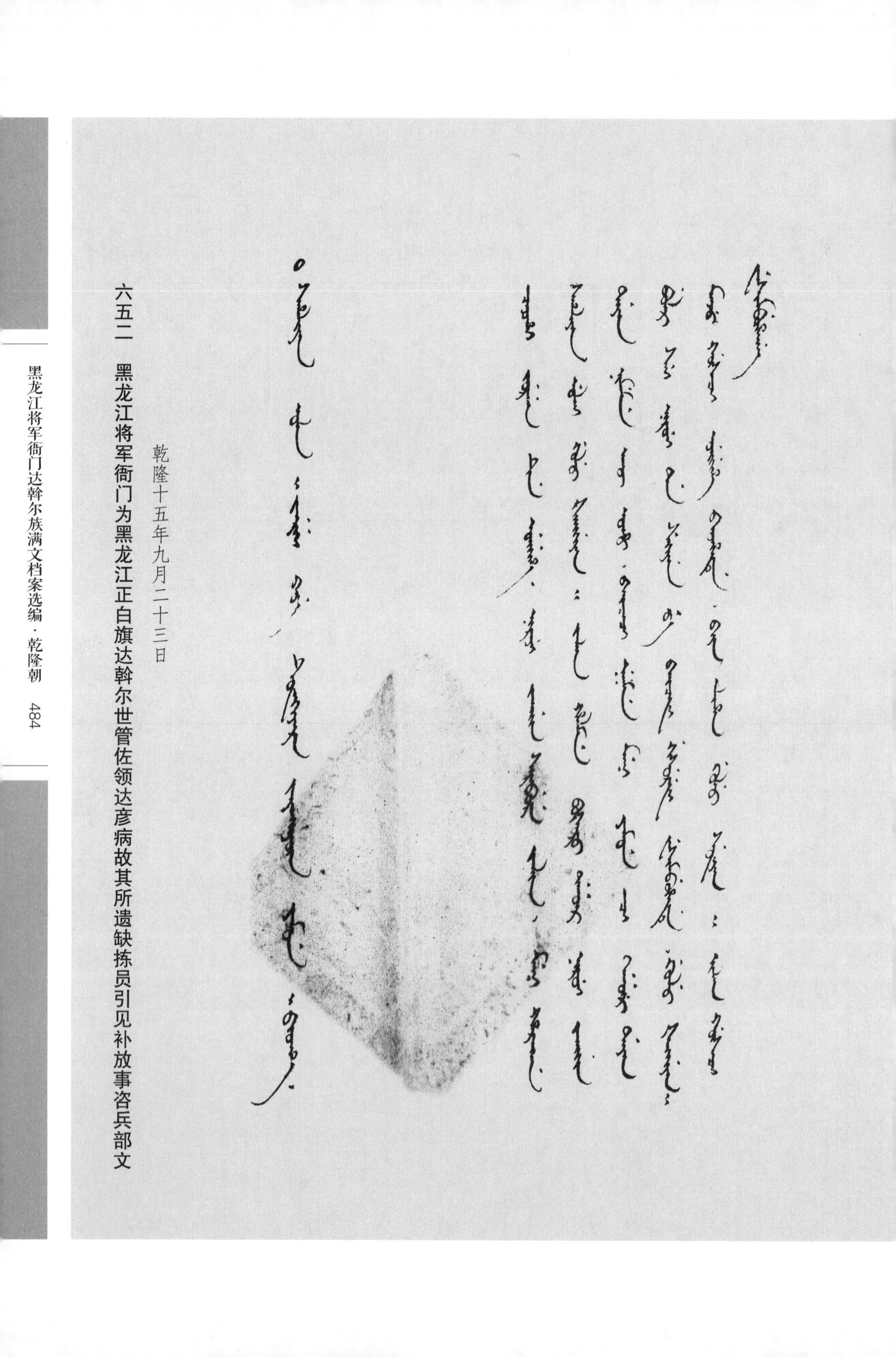

## 六五二　黑龙江将军衙门为黑龙江正白旗达斡尔世管佐领达彦病故其所遗缺拣员引见补放事咨兵部文

乾隆十五年九月二十三日

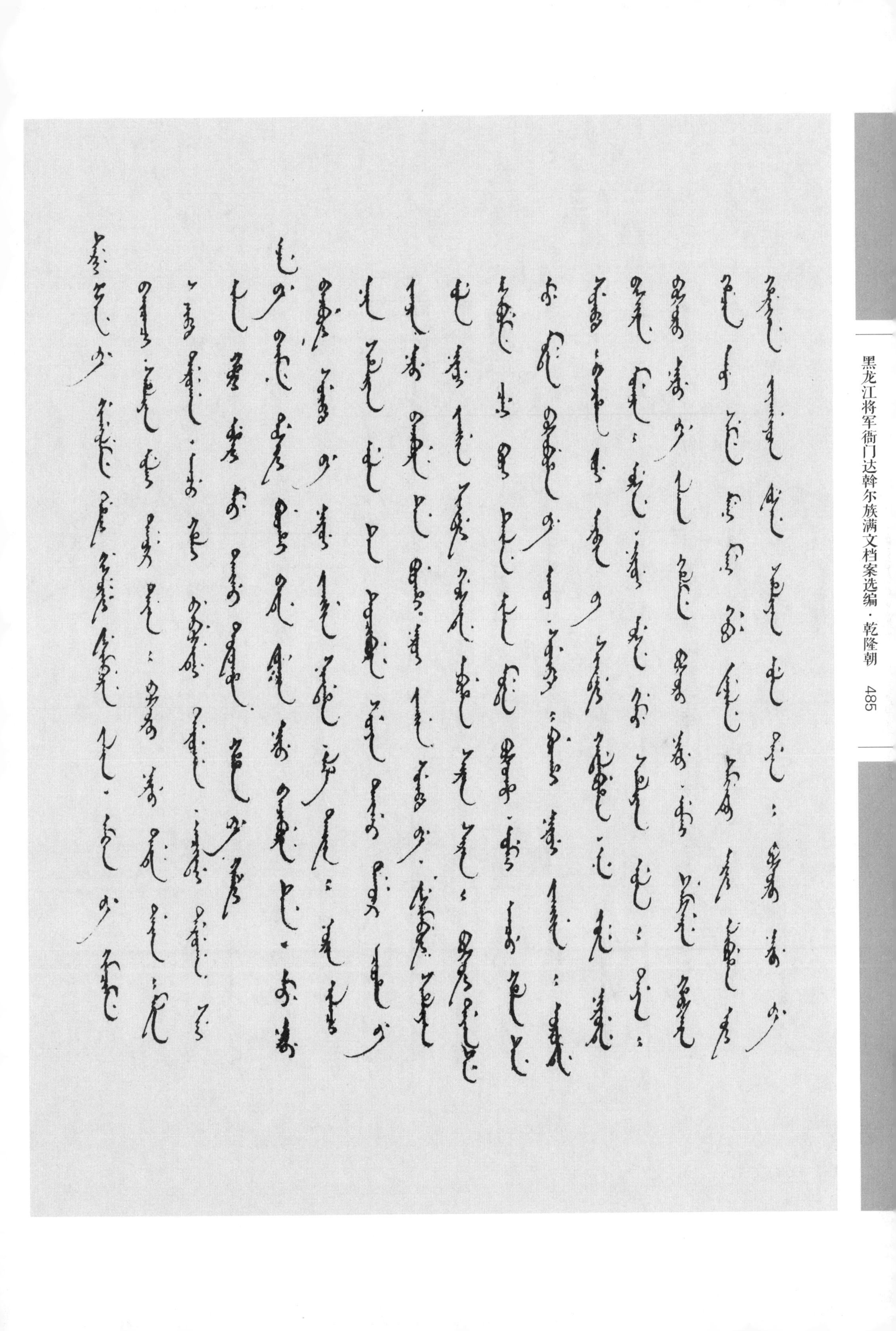

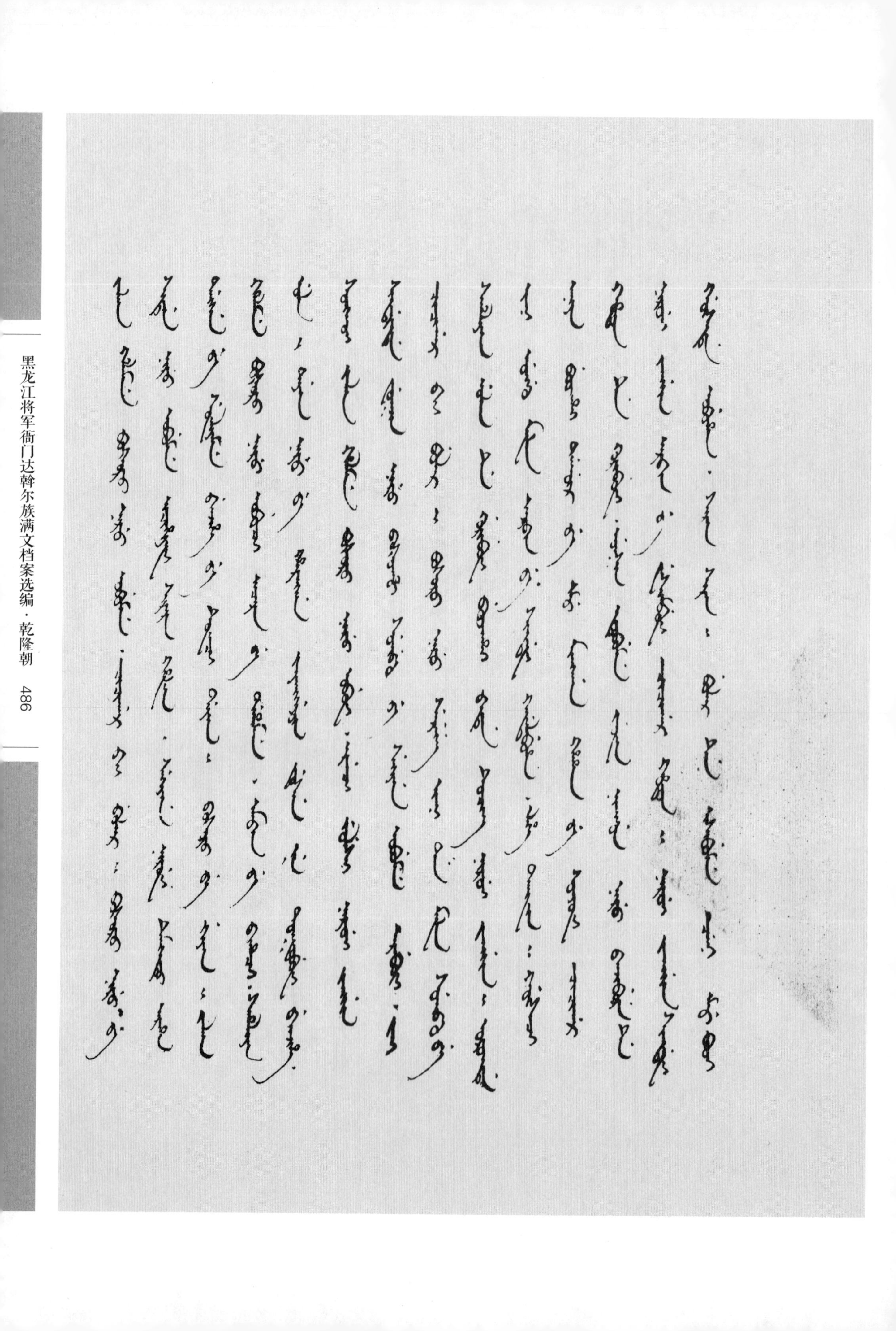

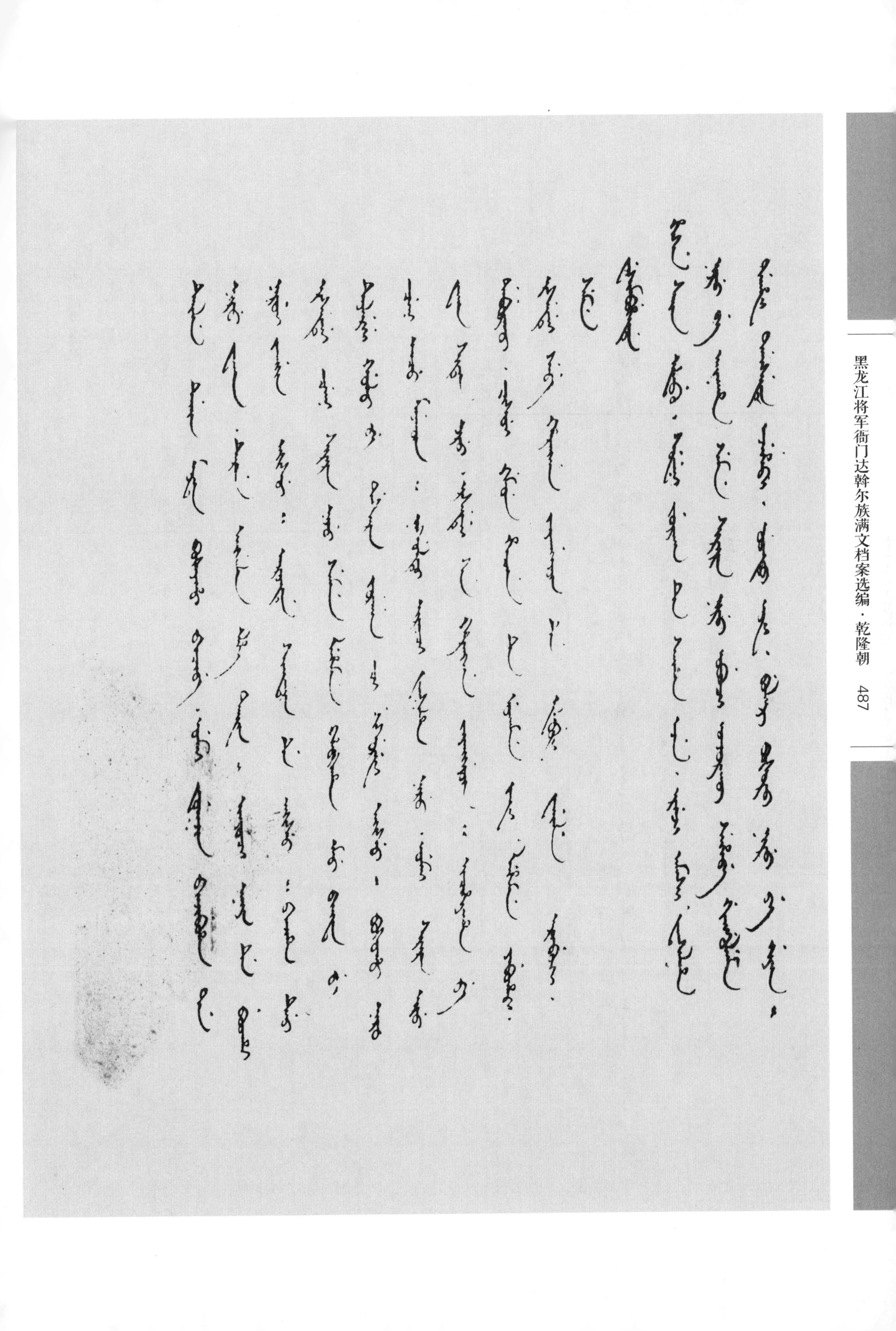

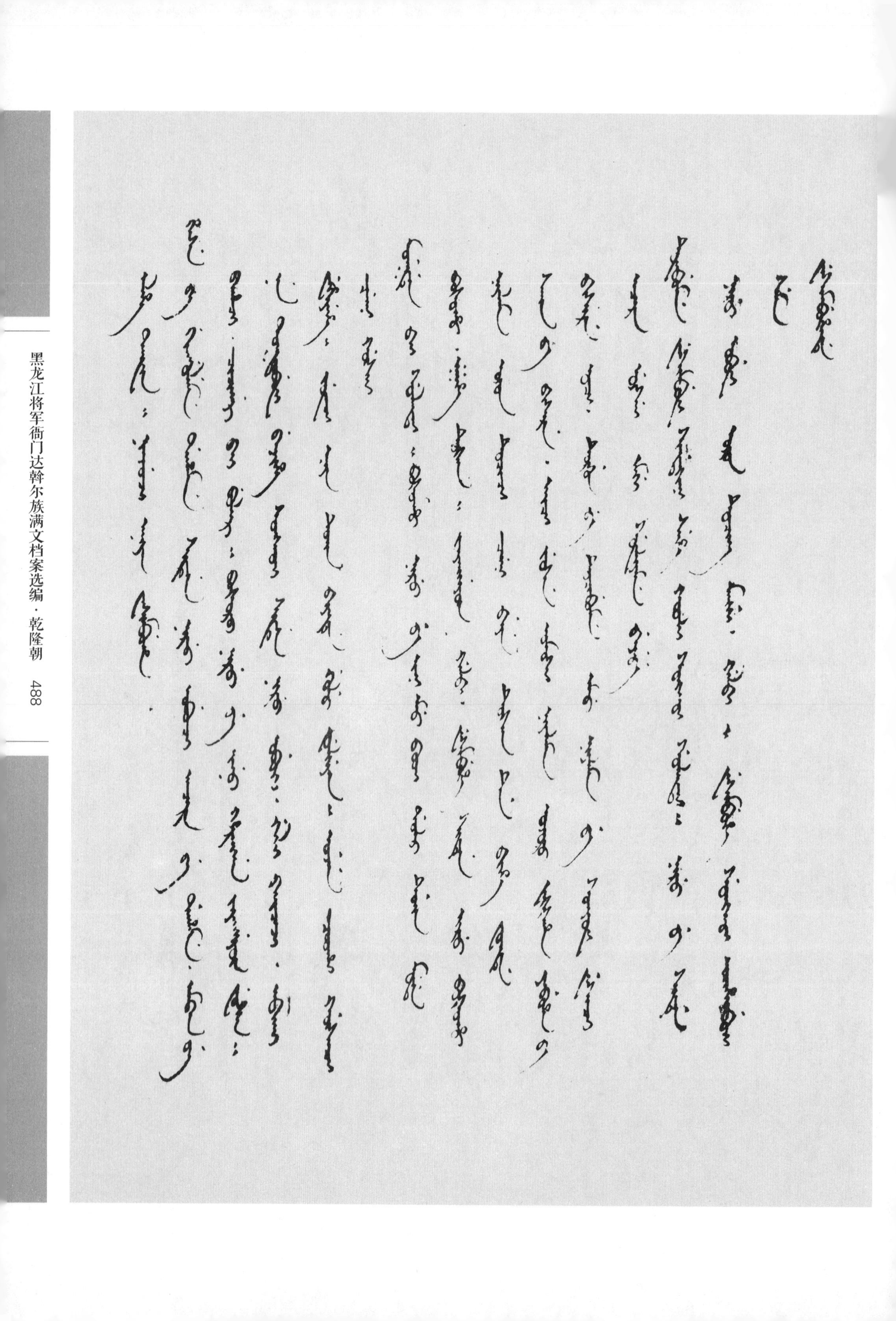

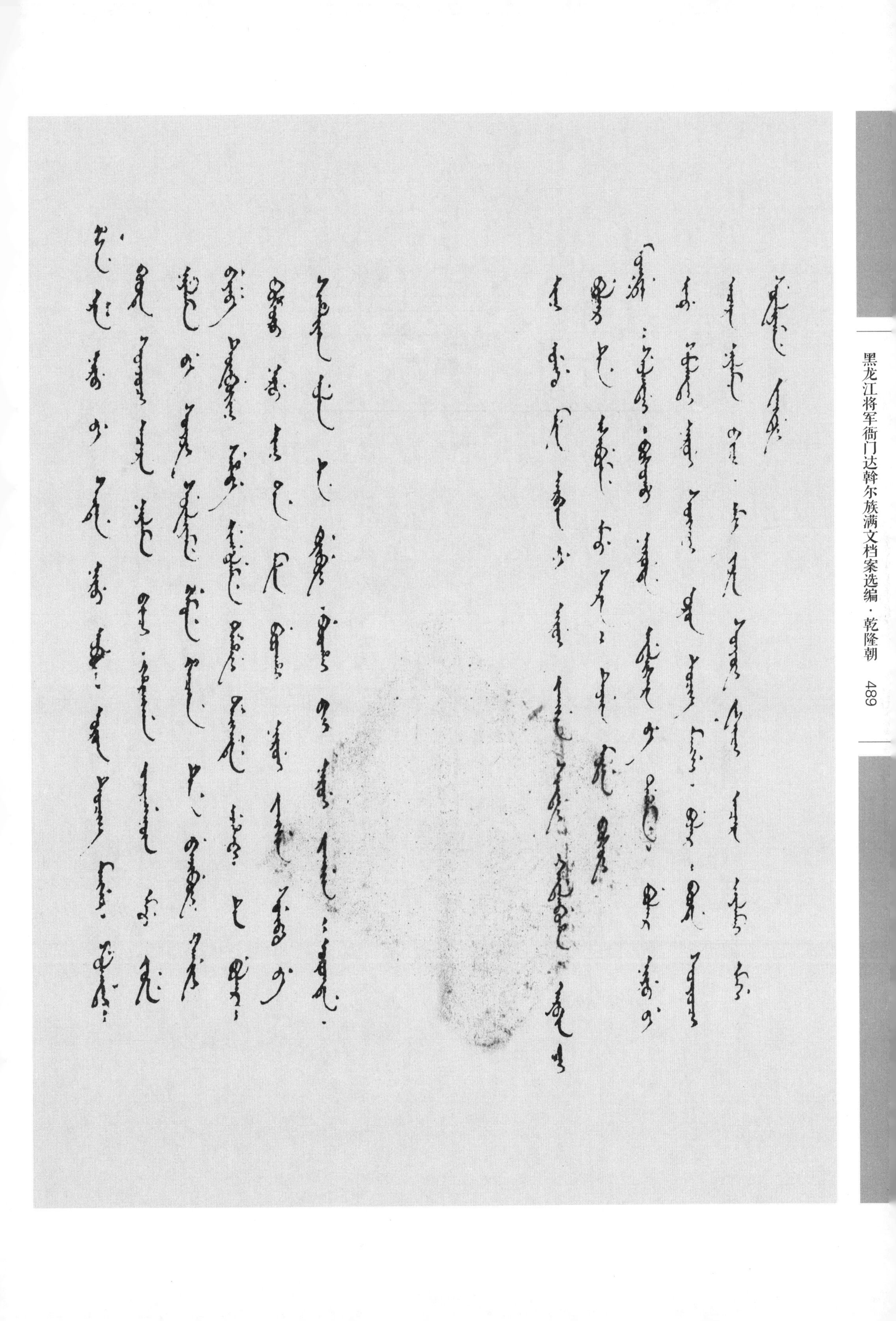

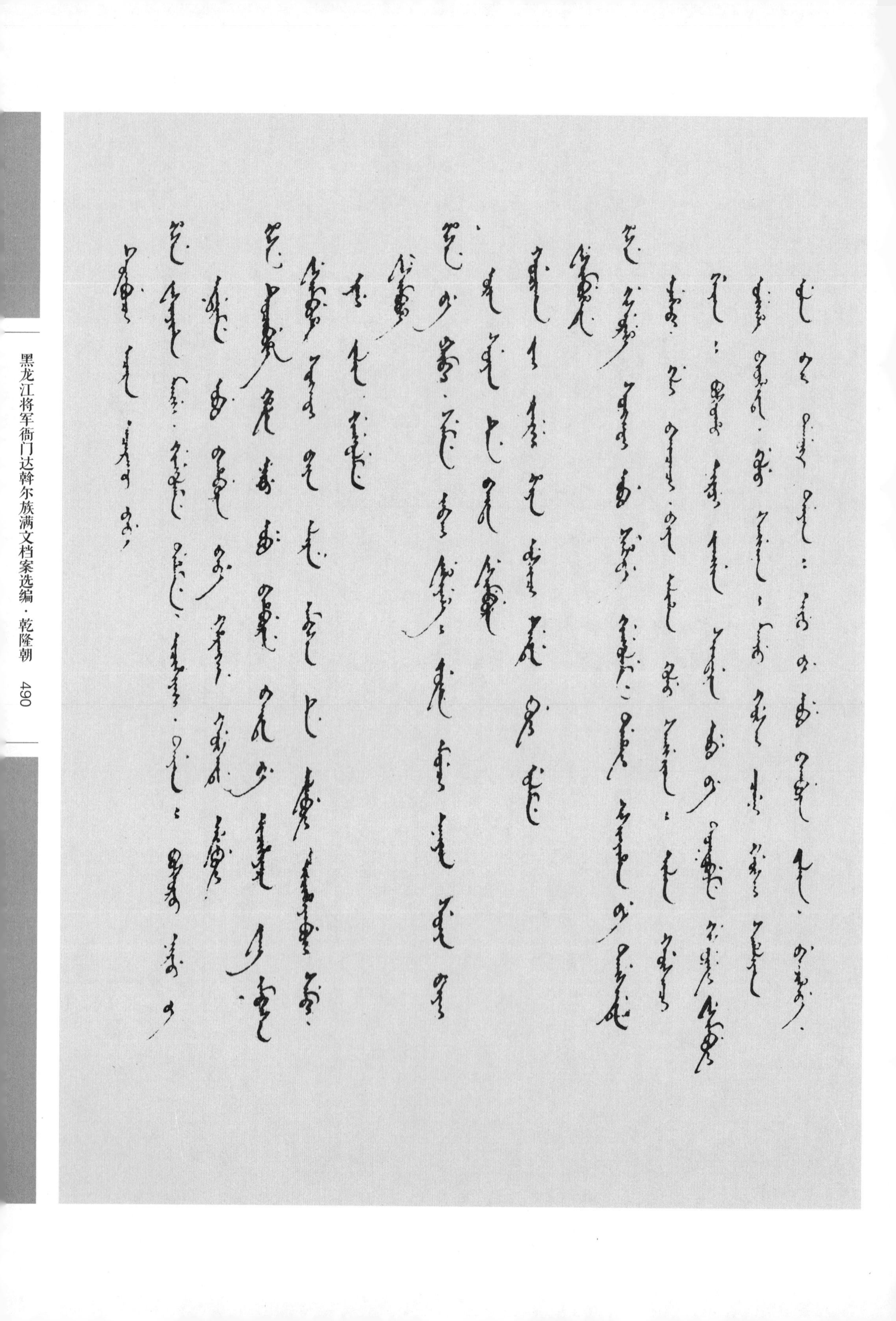

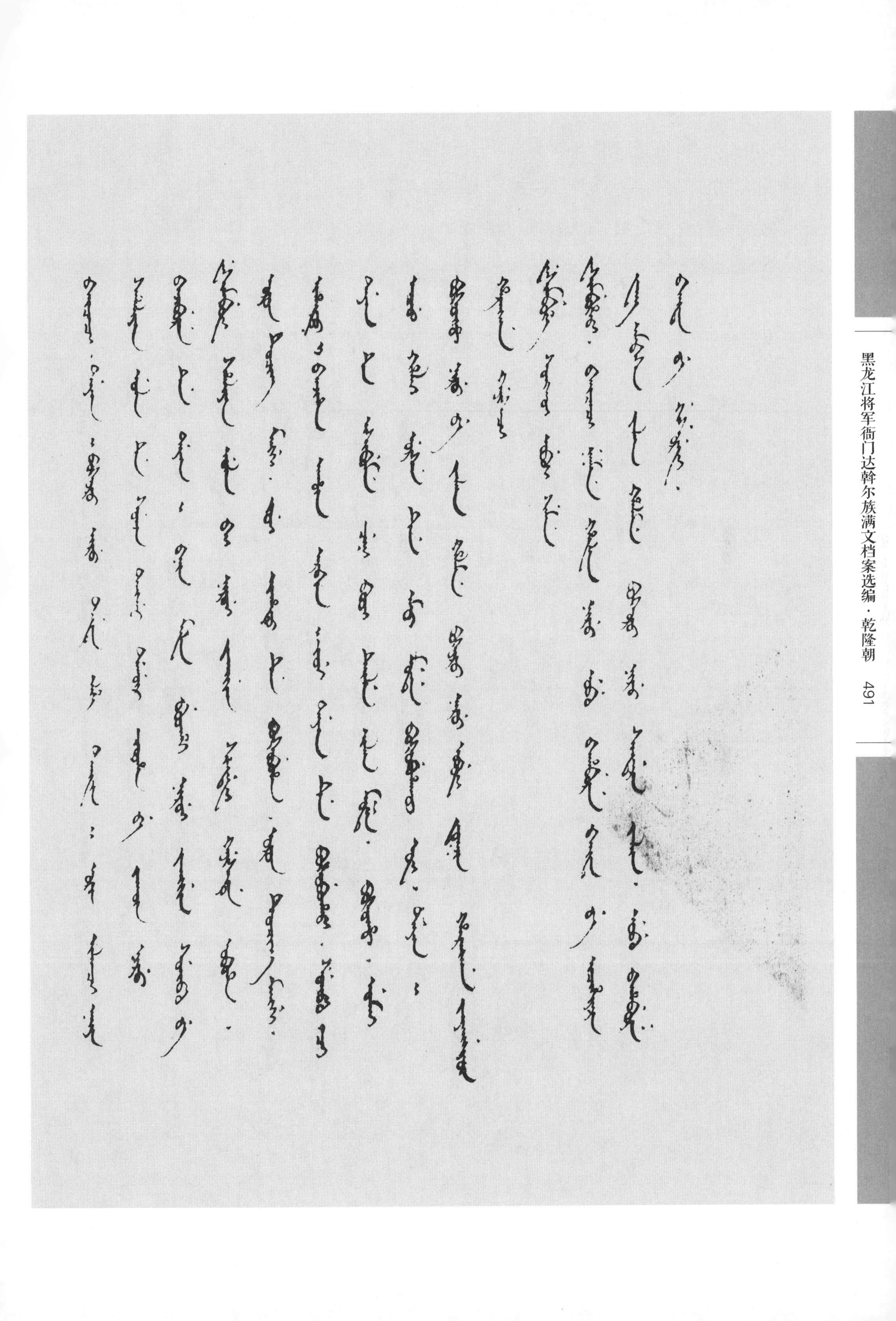

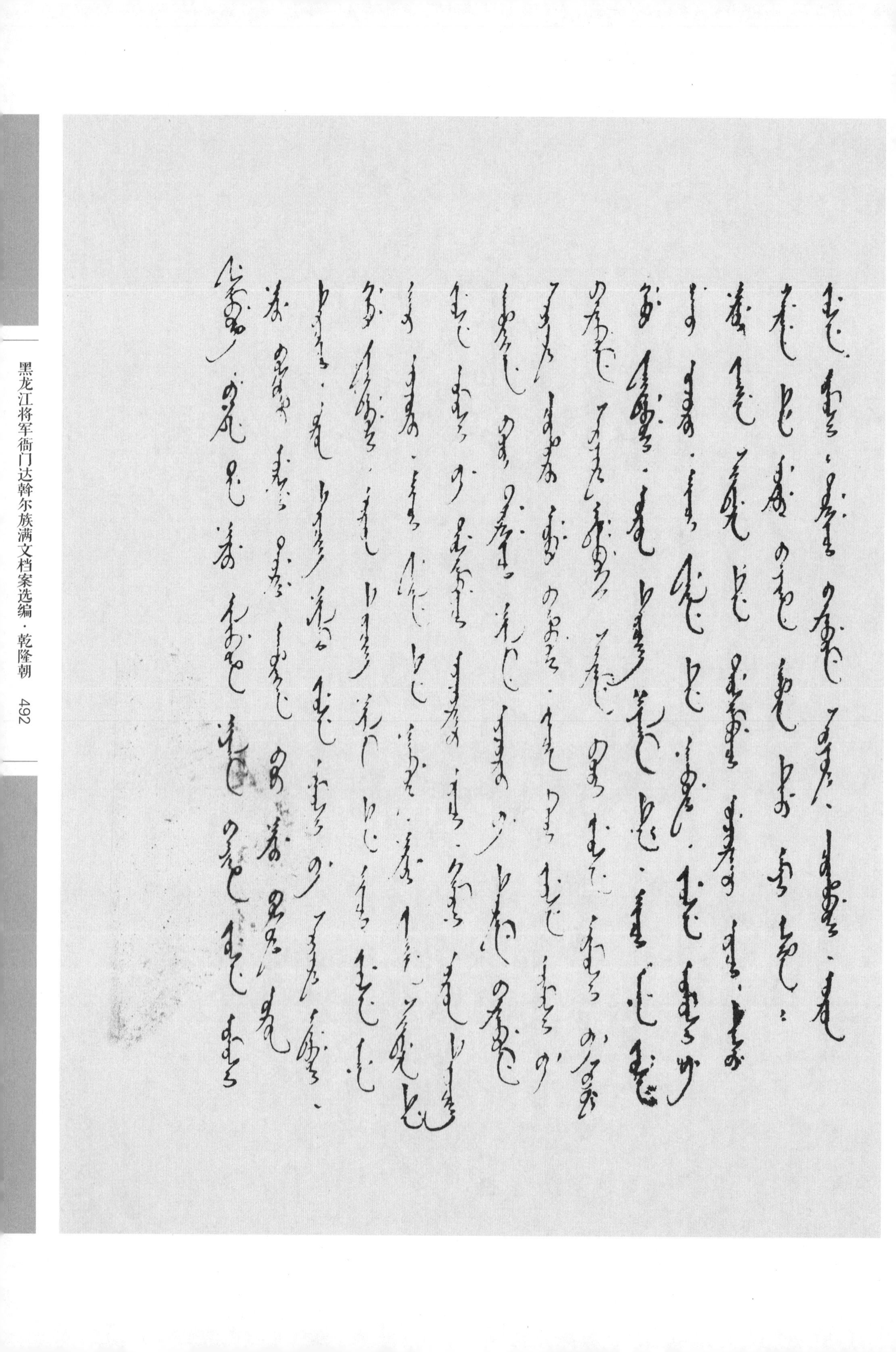

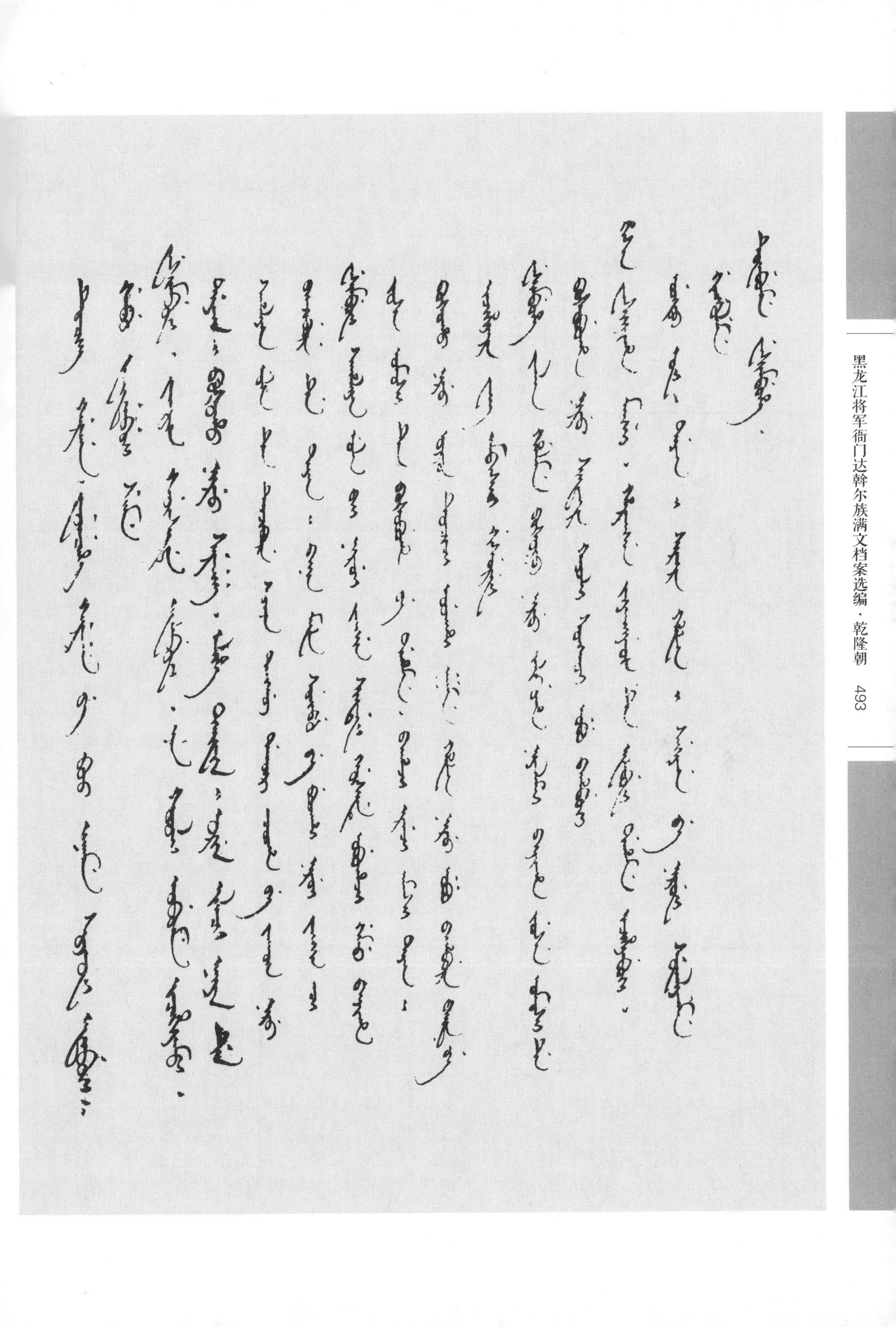

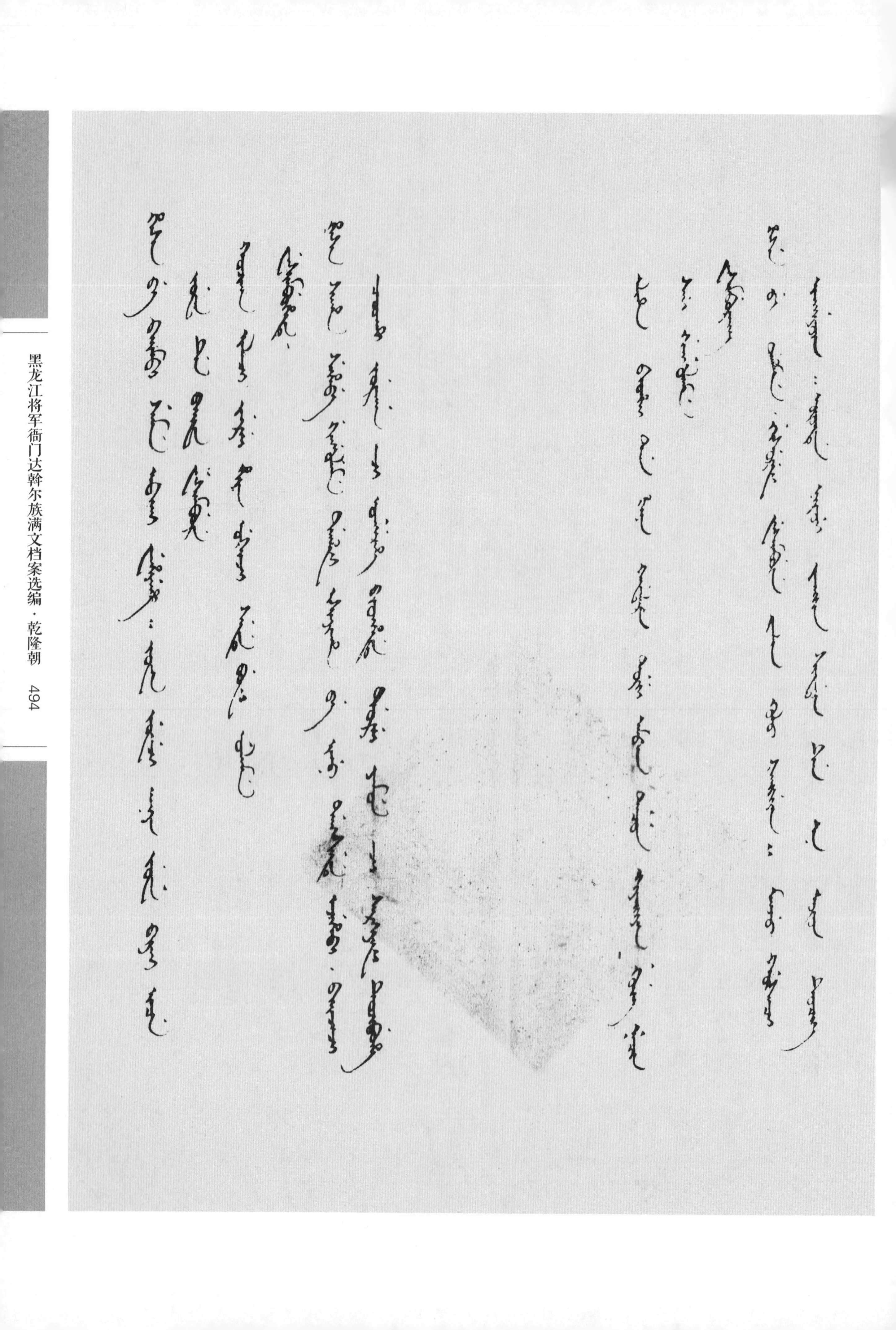

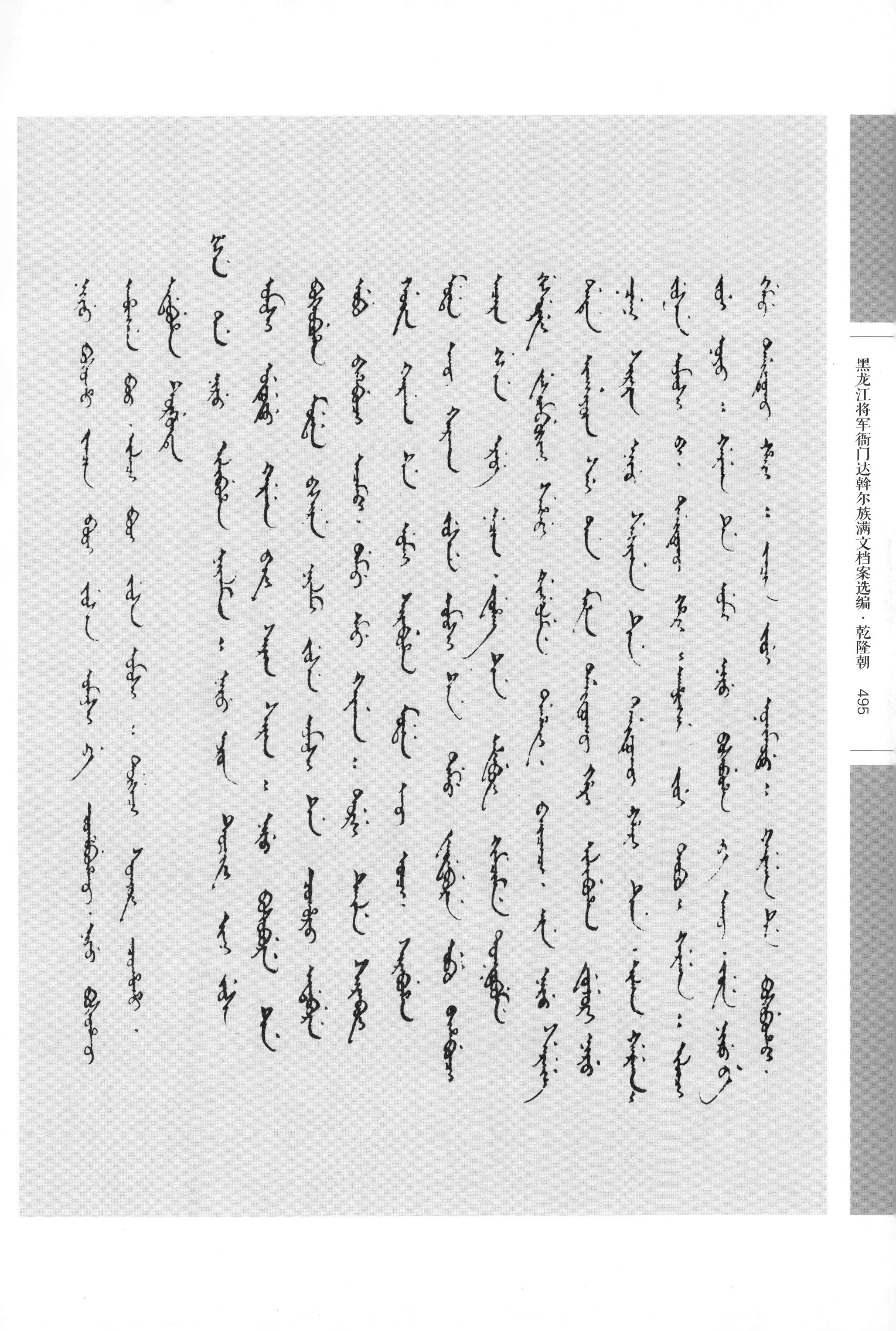

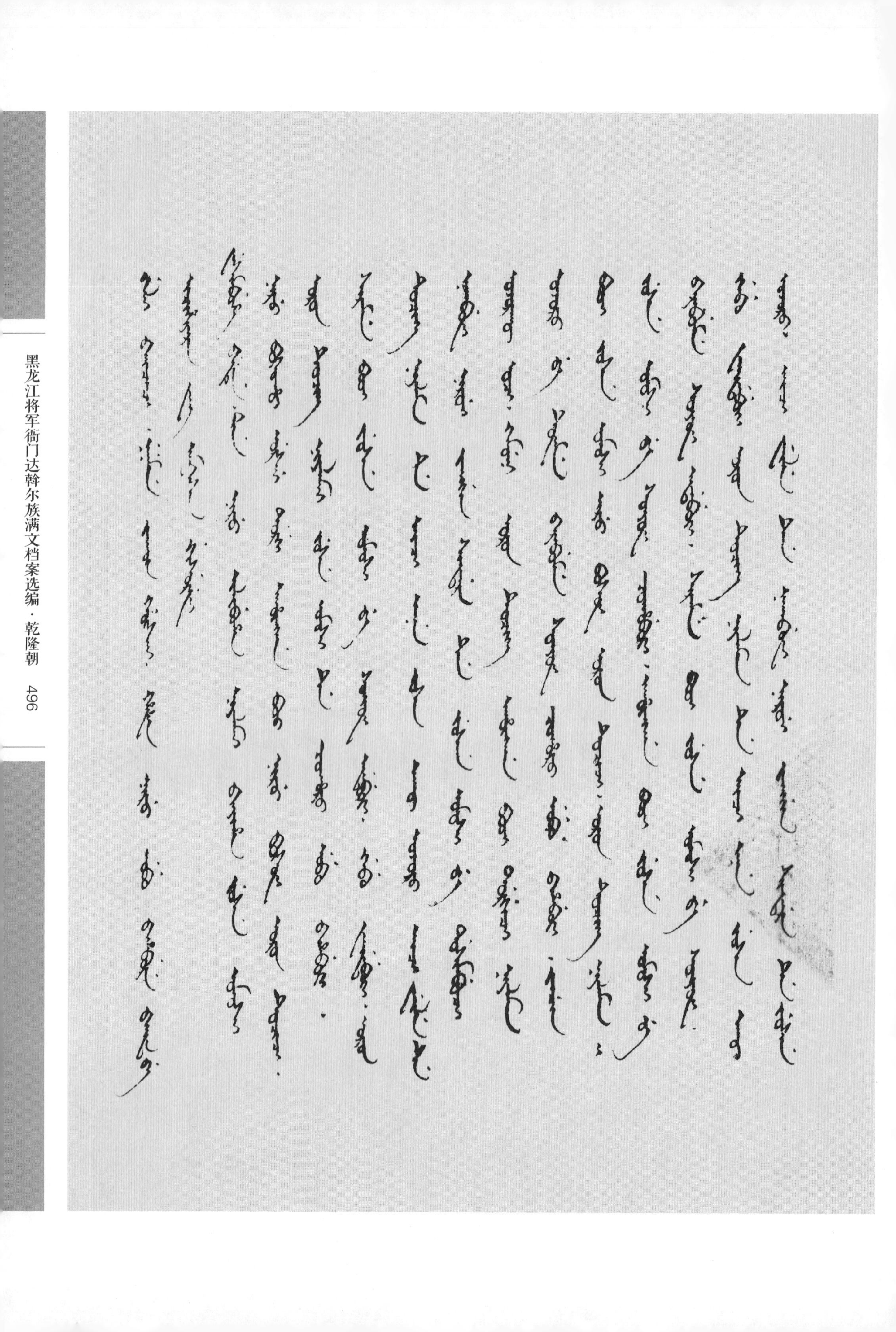

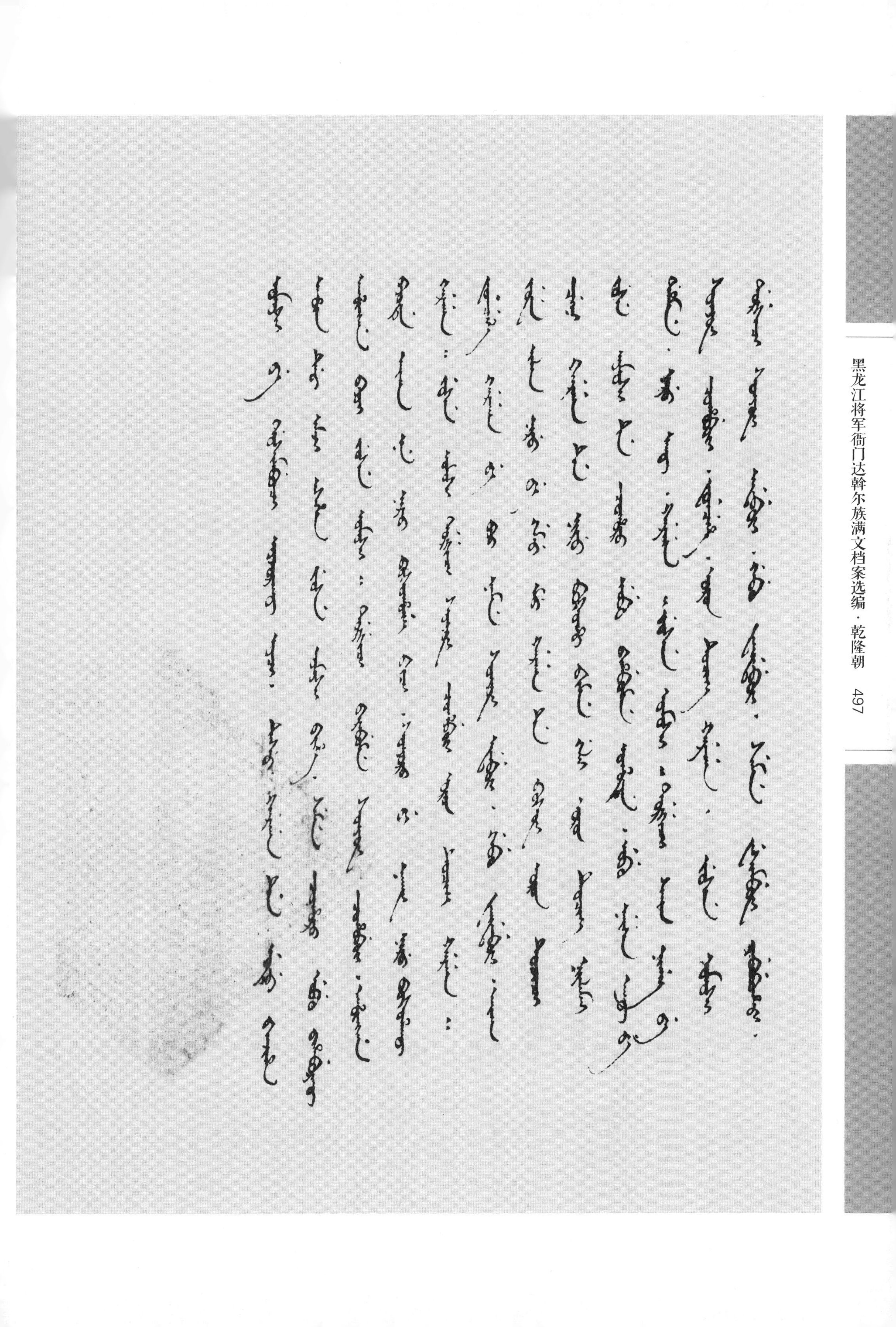

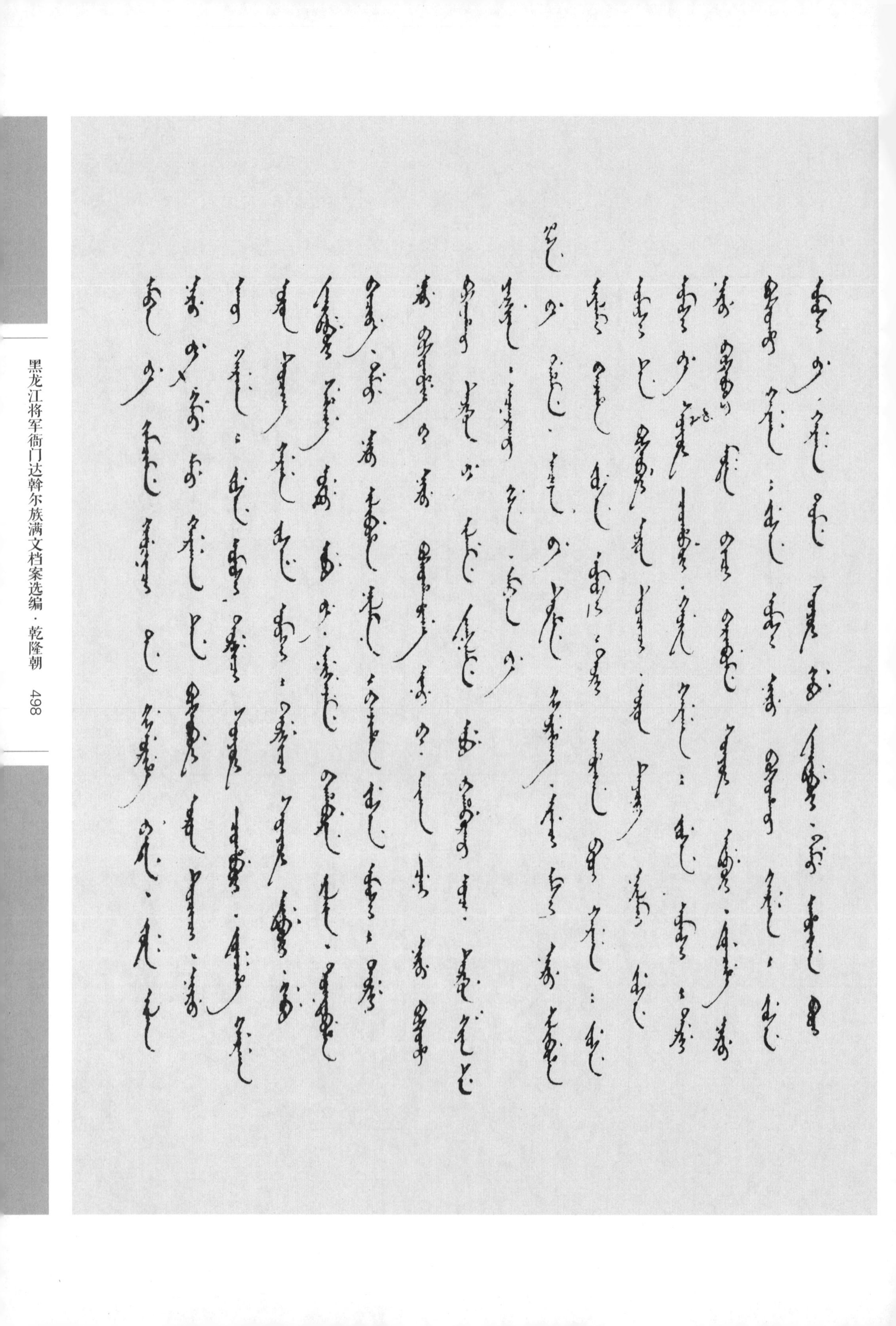

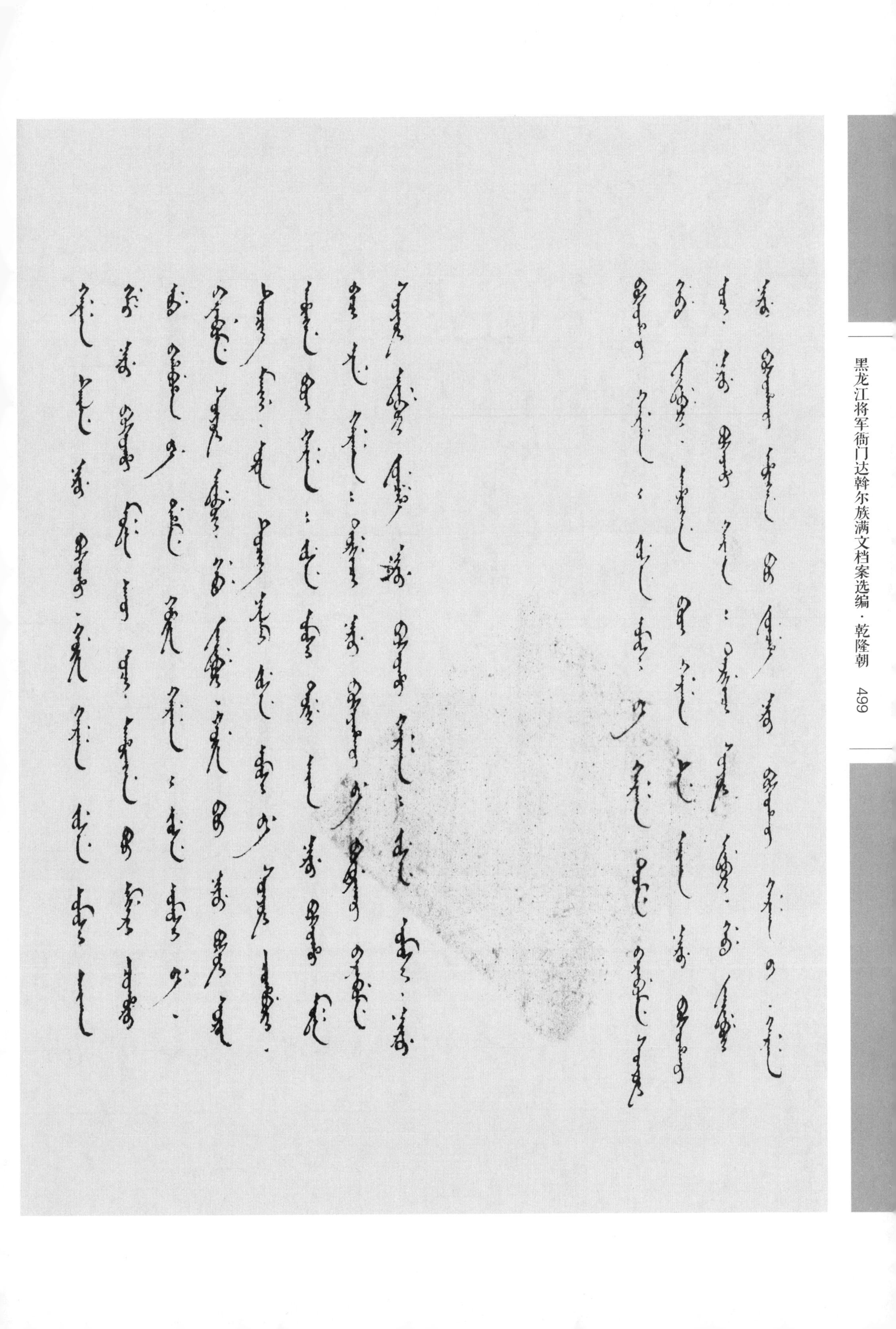

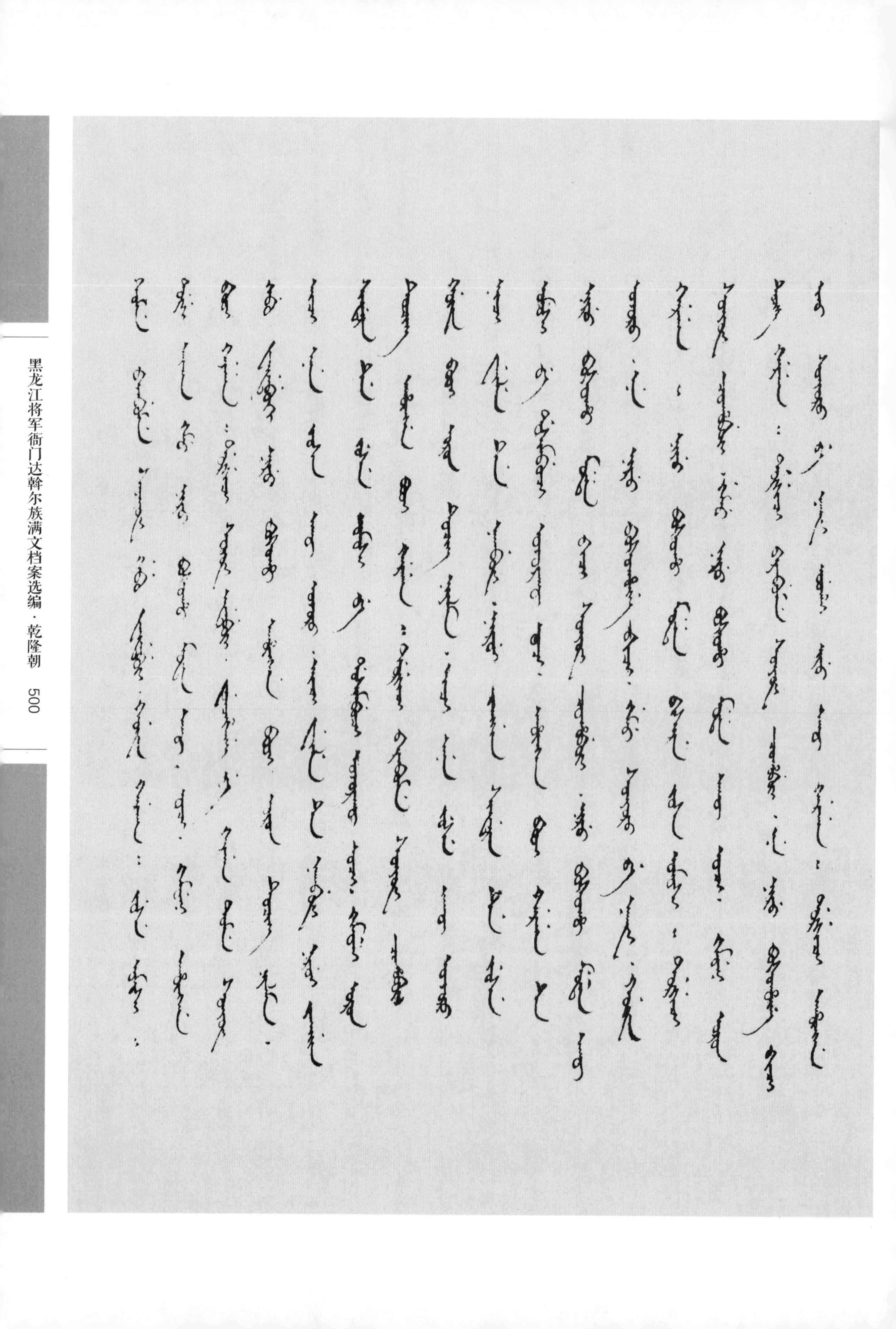

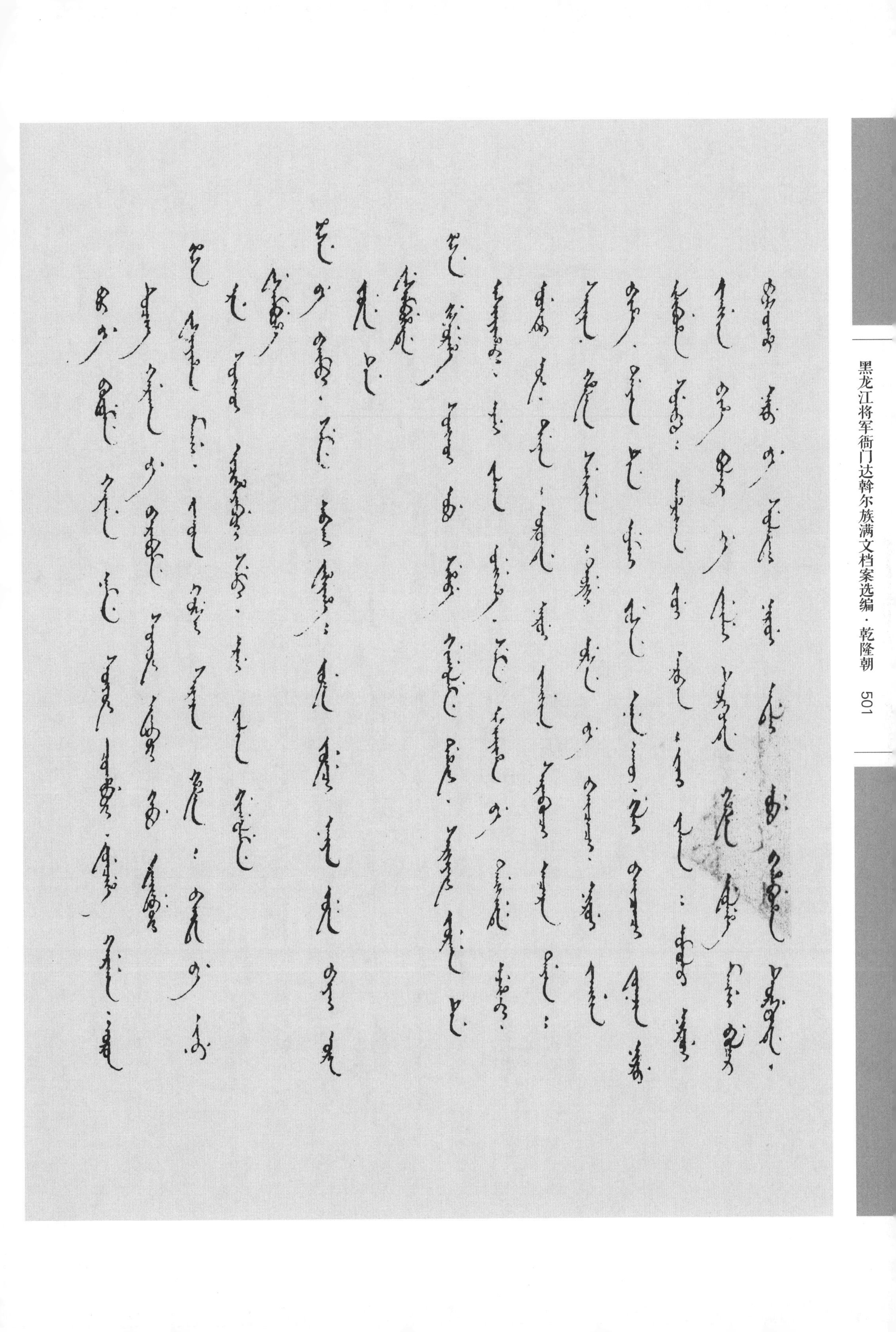

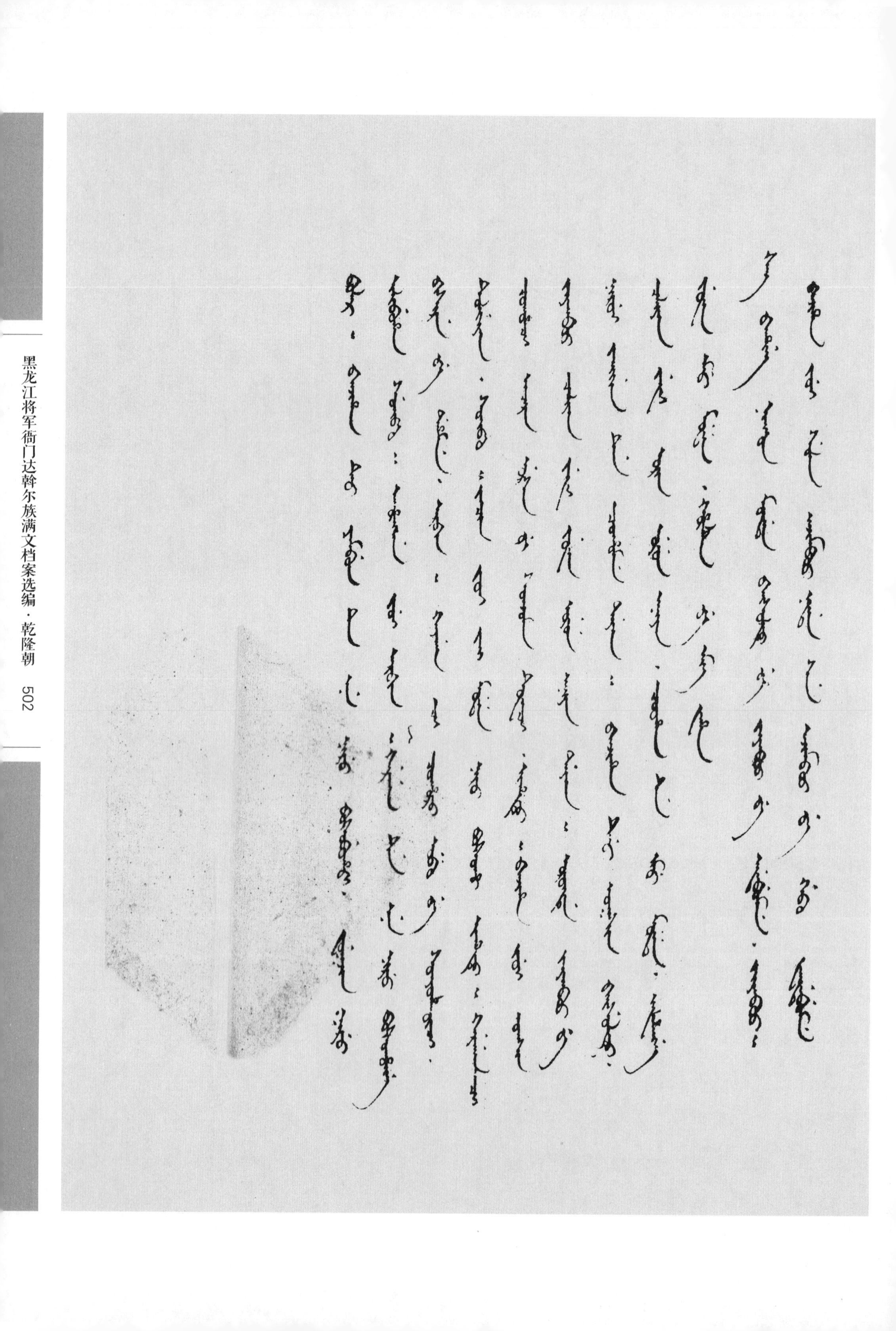

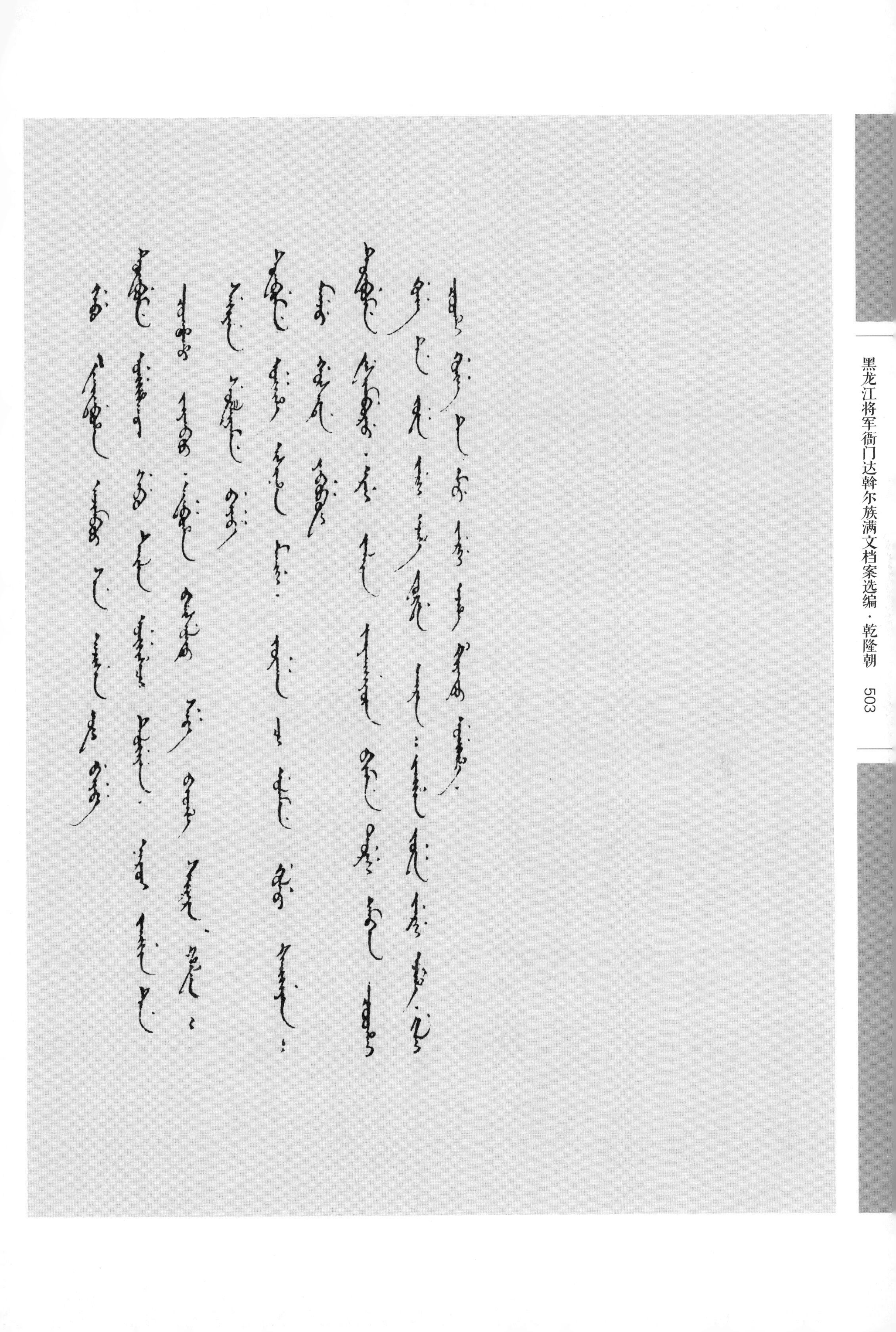

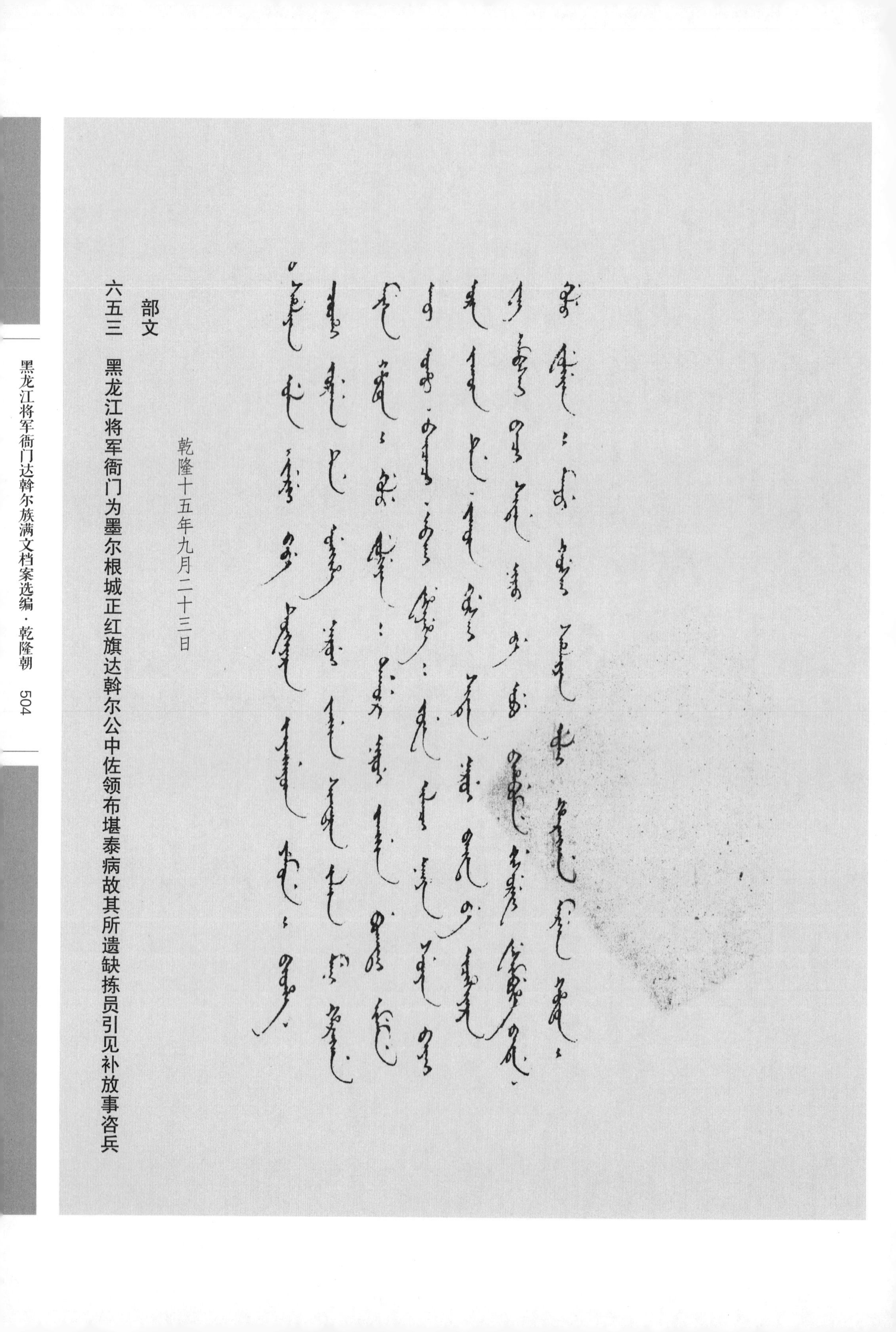

## 六五三　黑龙江将军衙门为墨尔根城正红旗达斡尔公中佐领布堪泰病故其所遗缺拣员引见补放事咨兵部文

乾隆十五年九月二十三日

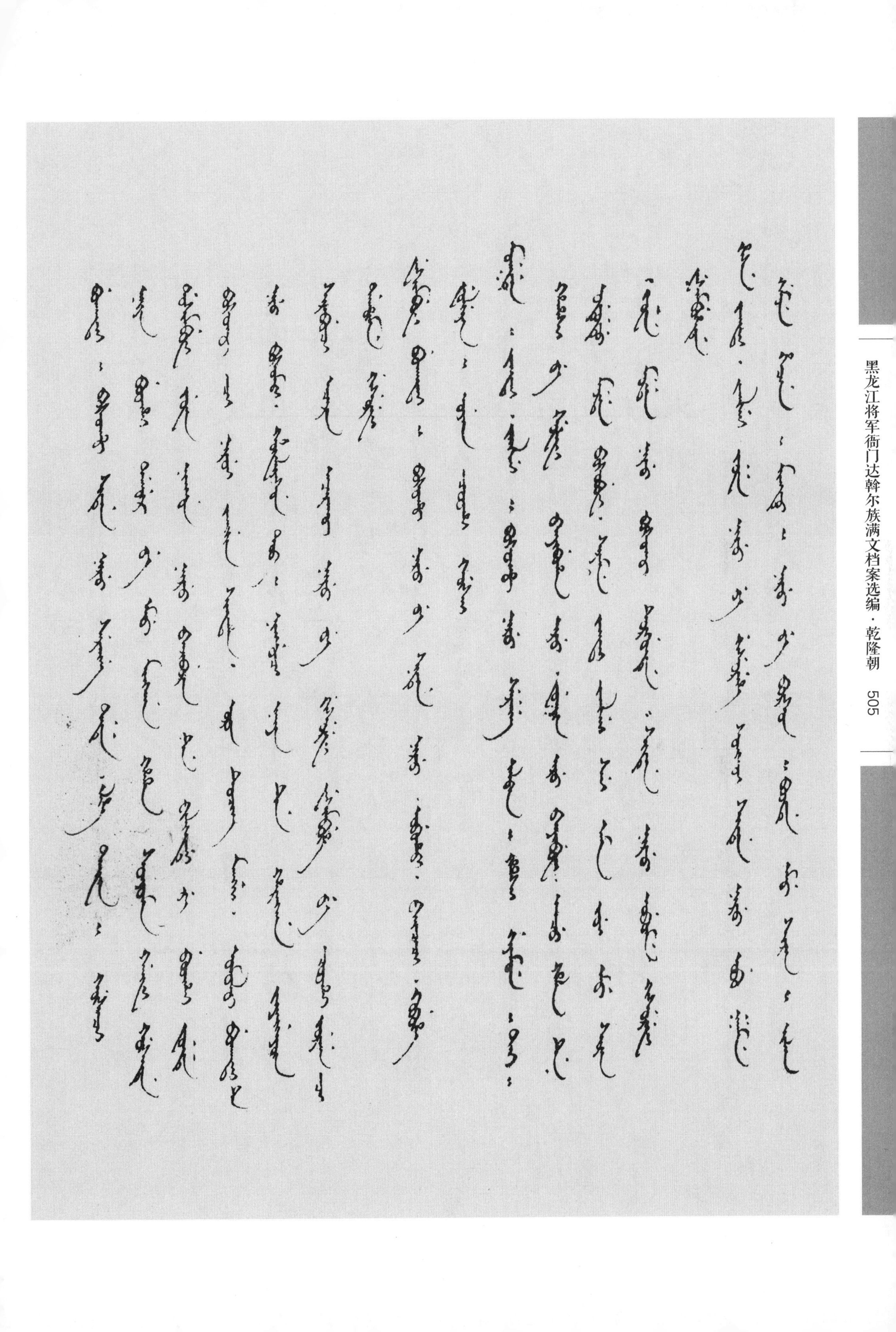

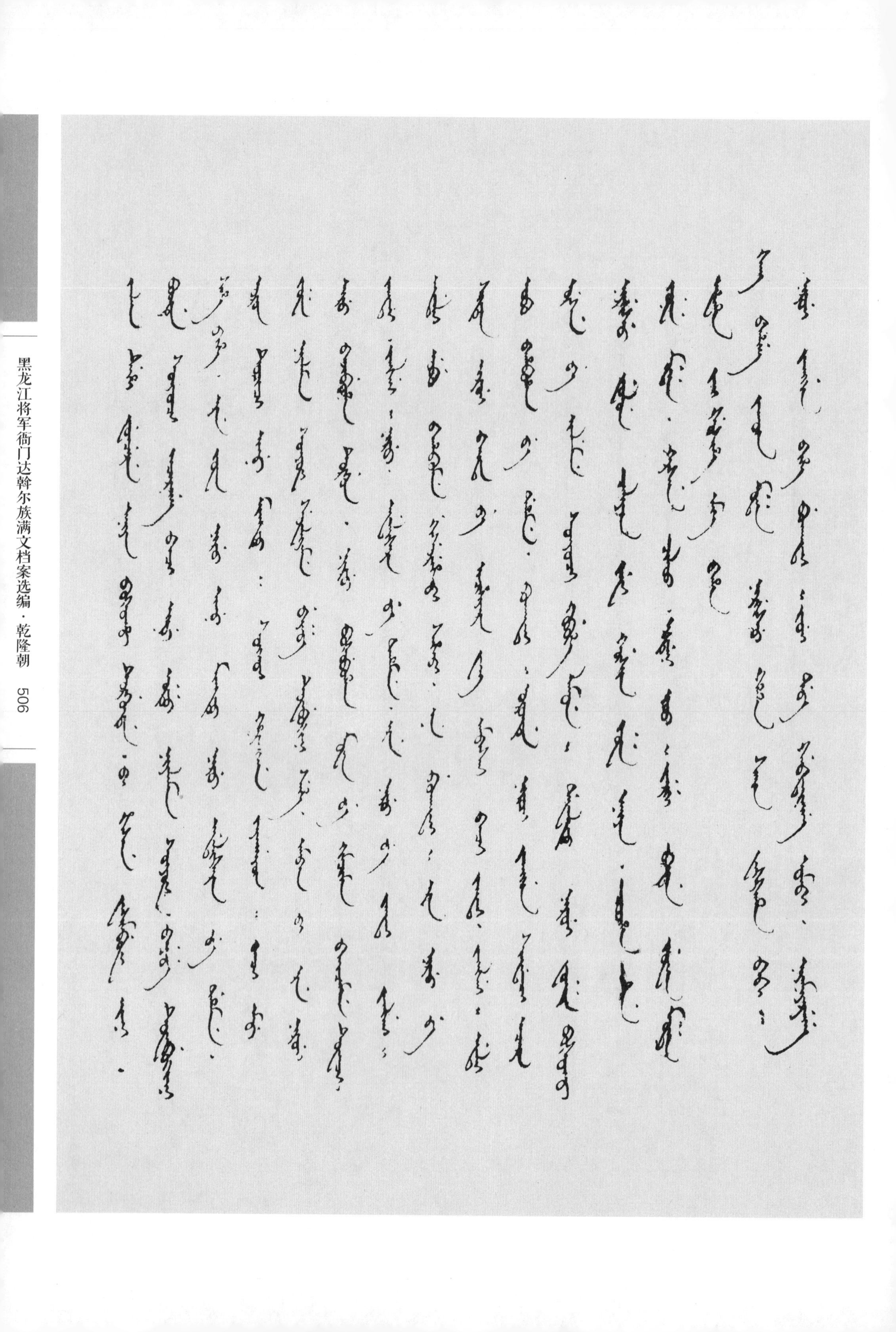

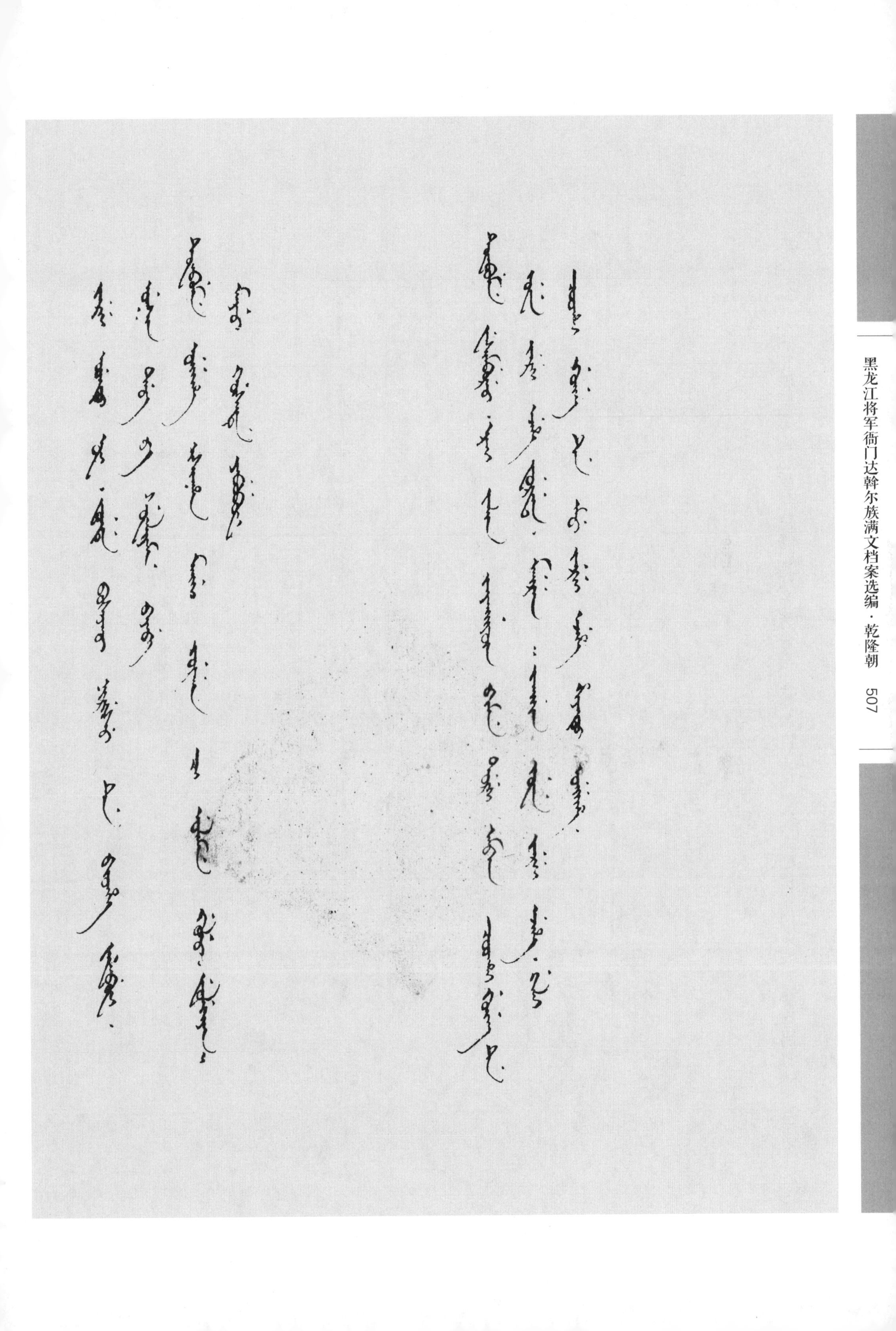

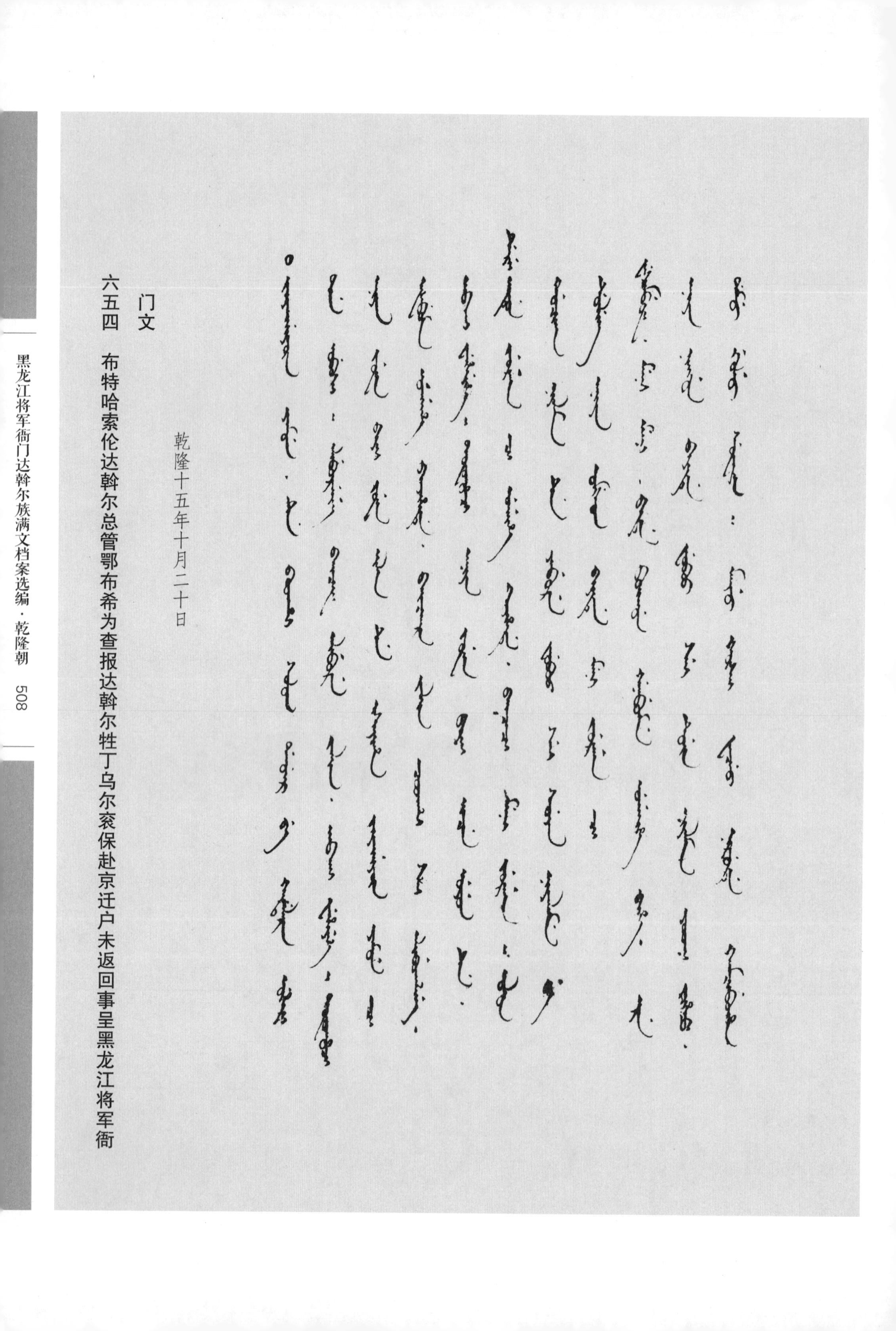

## 六五四 布特哈索伦达斡尔总管鄂布希为查报达斡尔牲丁乌尔衮保赴京迁户未返回事呈黑龙江将军衙门文

乾隆十五年十月二十日

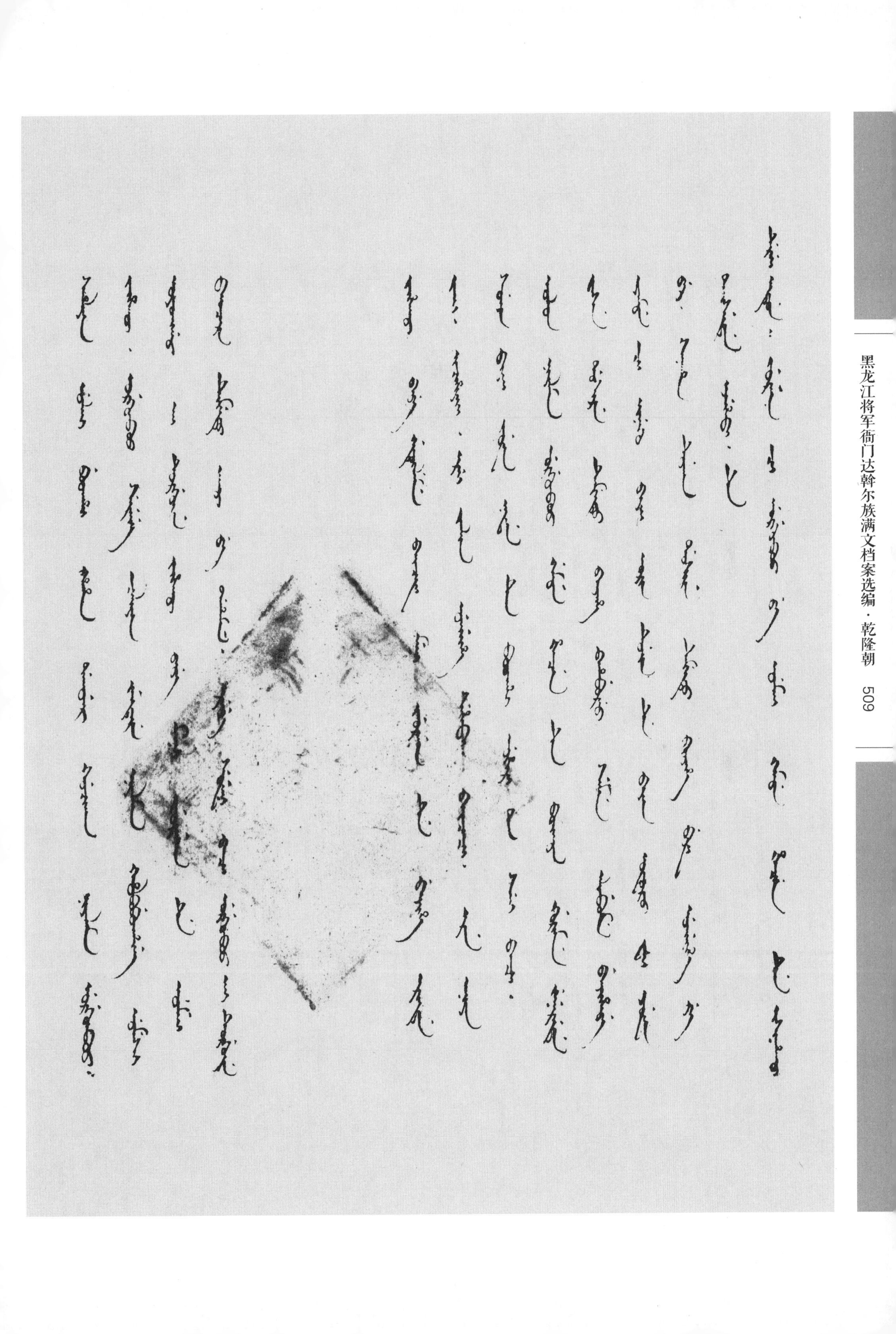

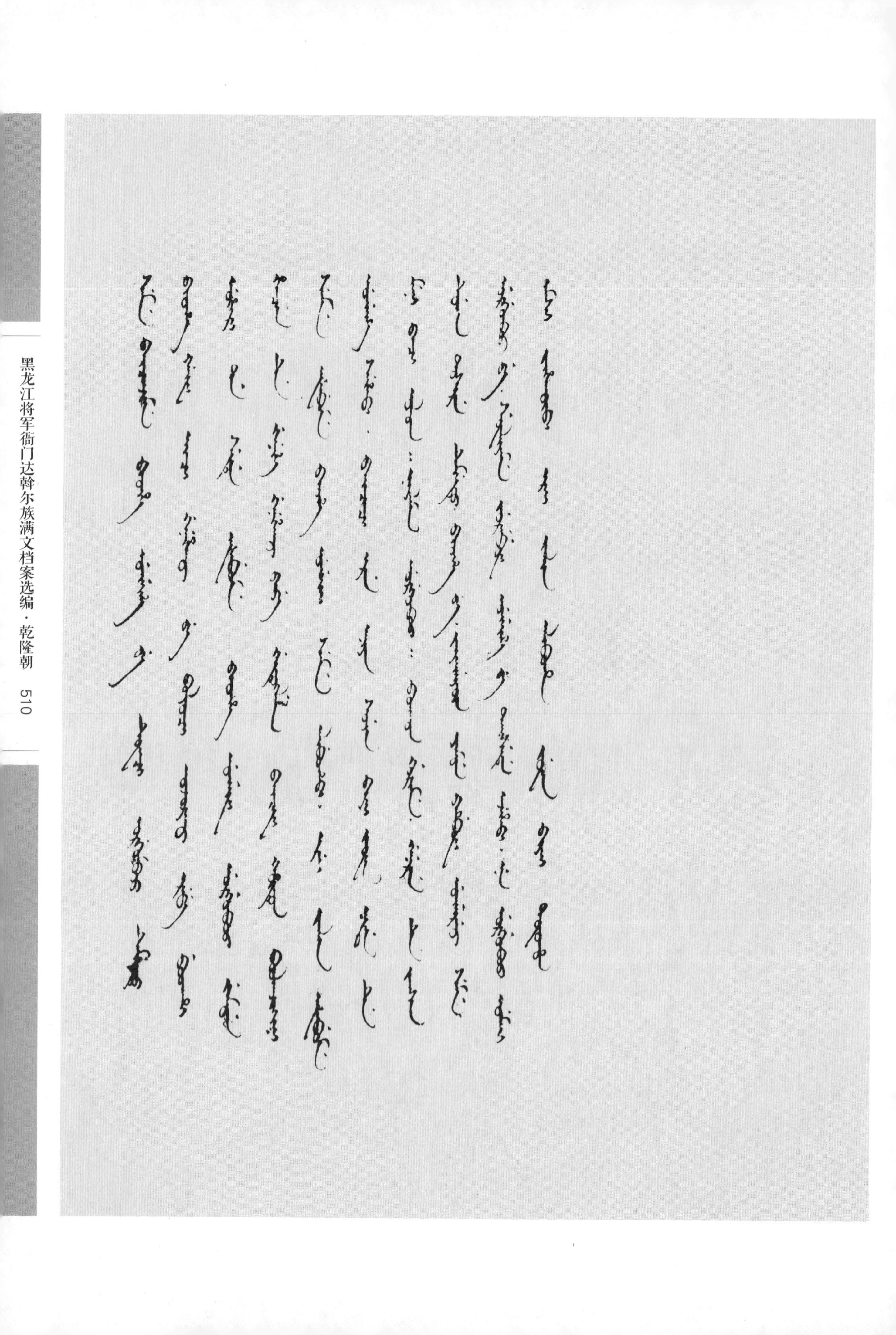

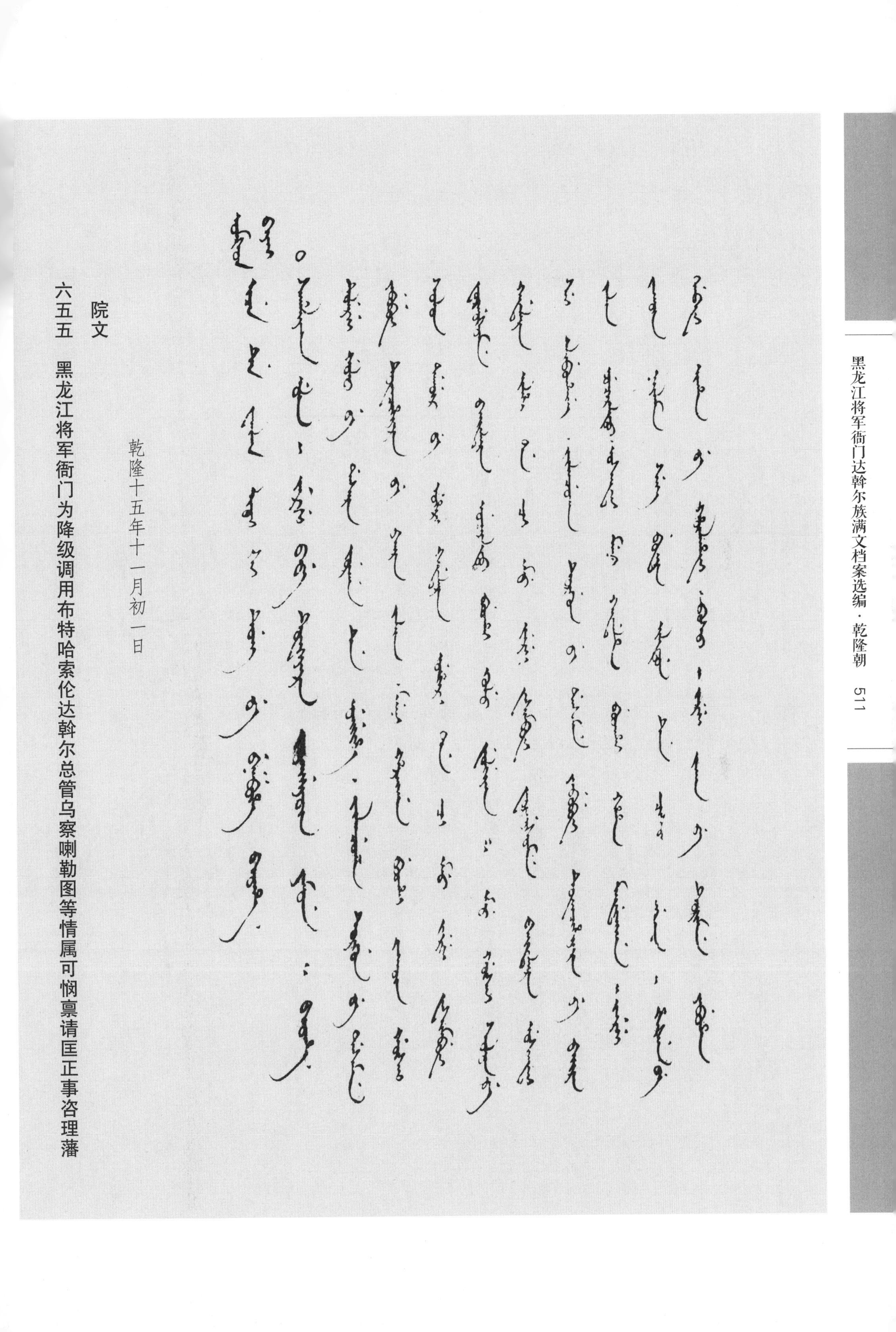

## 六五五 黑龙江将军衙门为降级调用布特哈索伦达斡尔总管乌察喇勒图等情属可悯禀请匡正事咨理藩院文

乾隆十五年十一月初一日

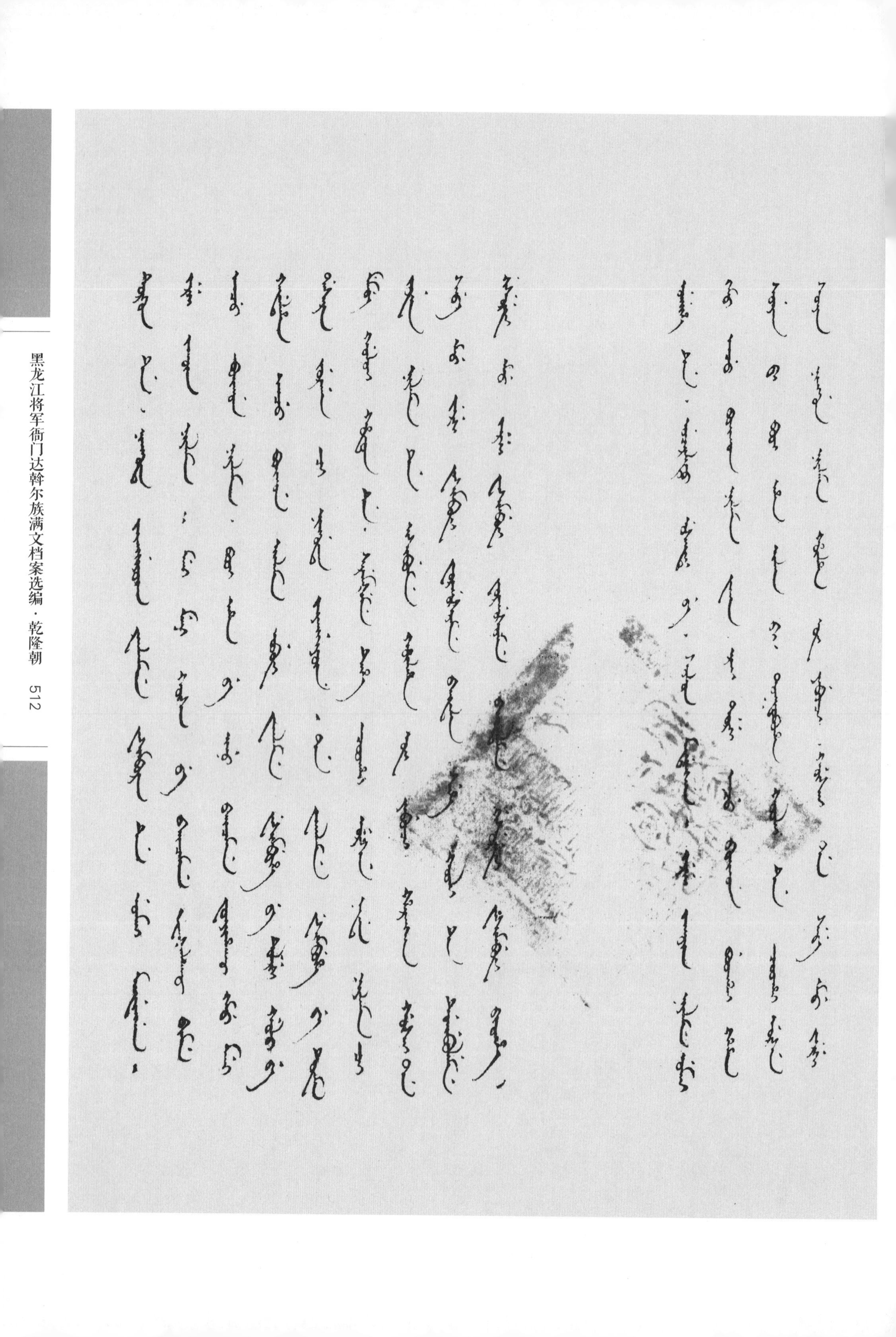

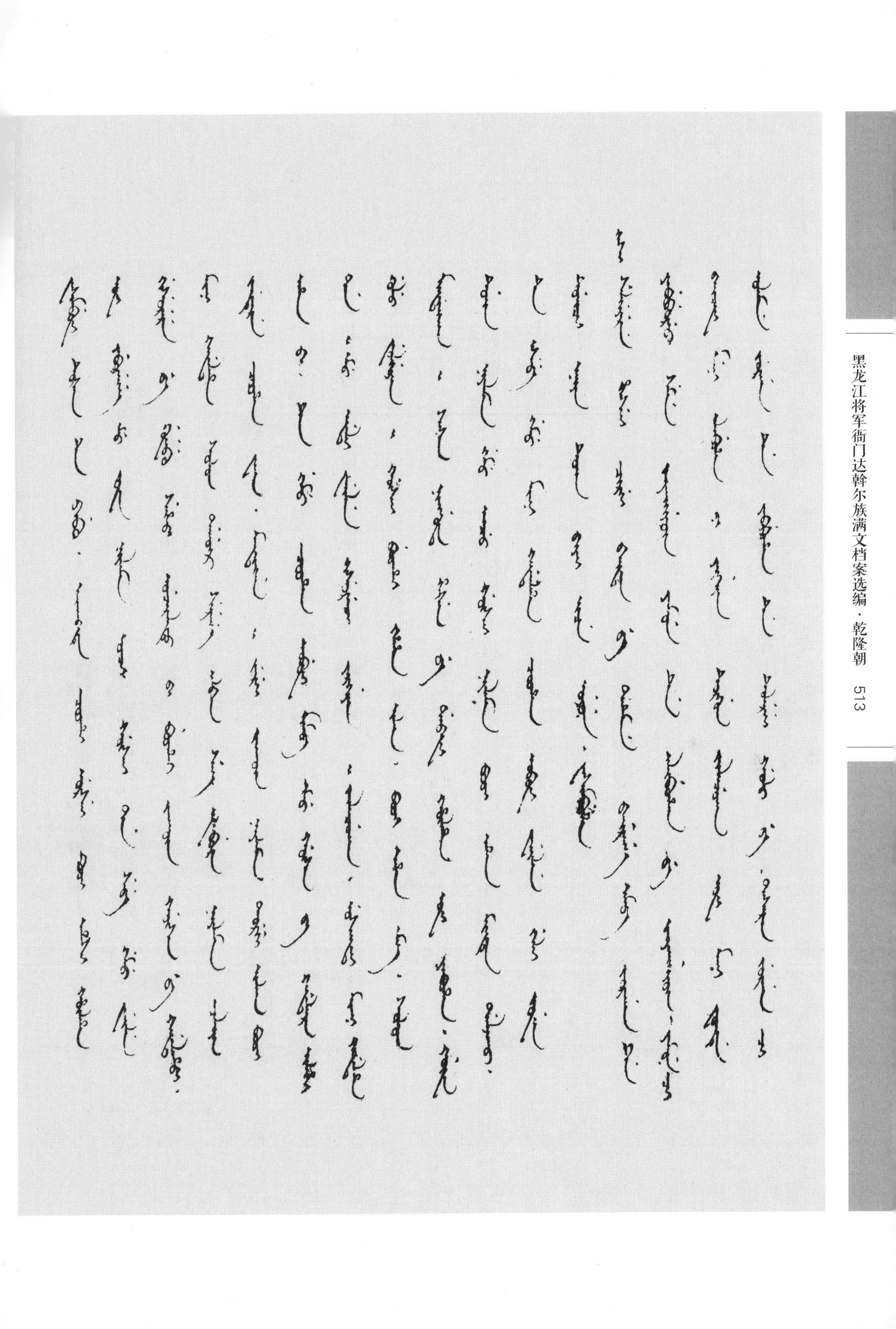

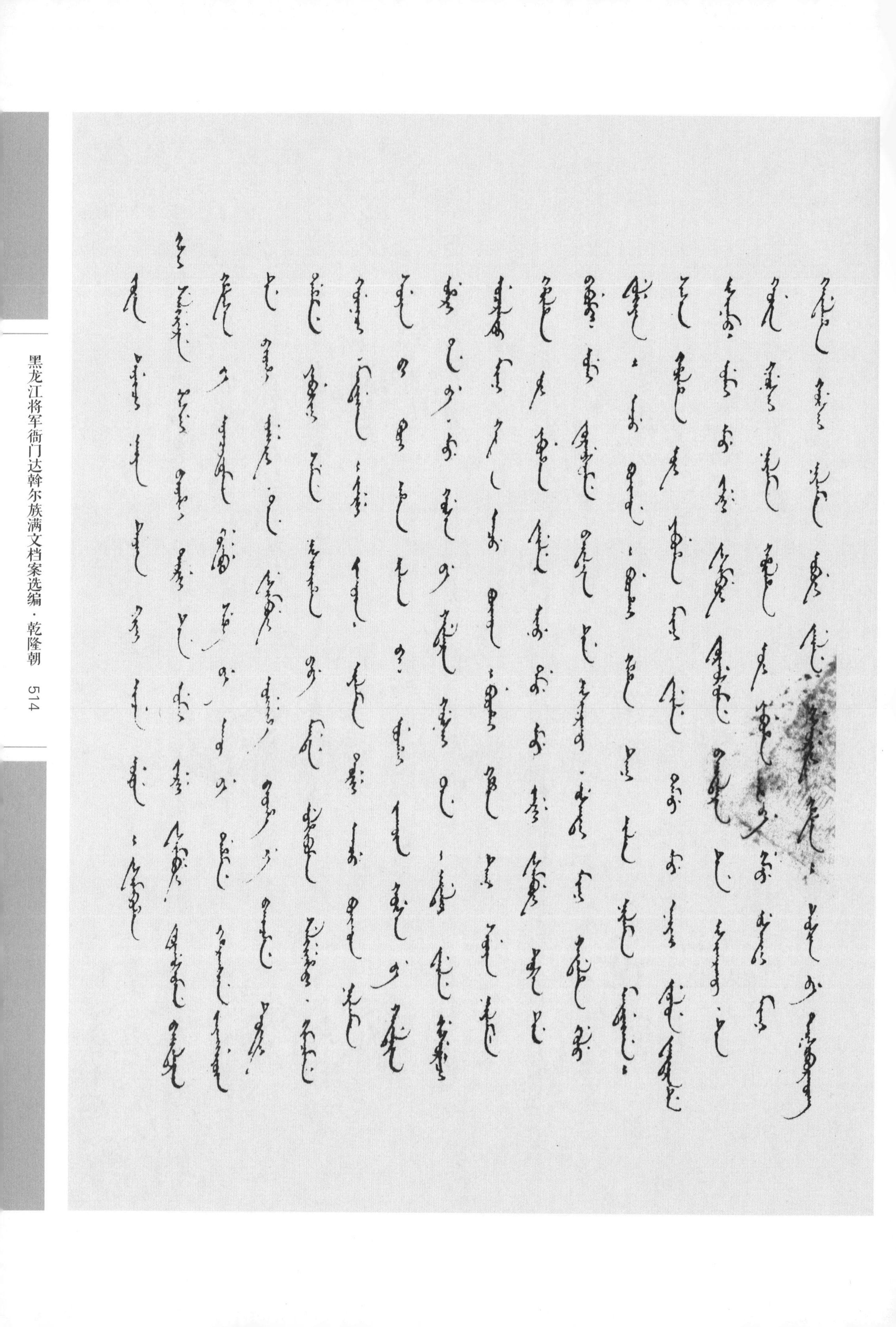

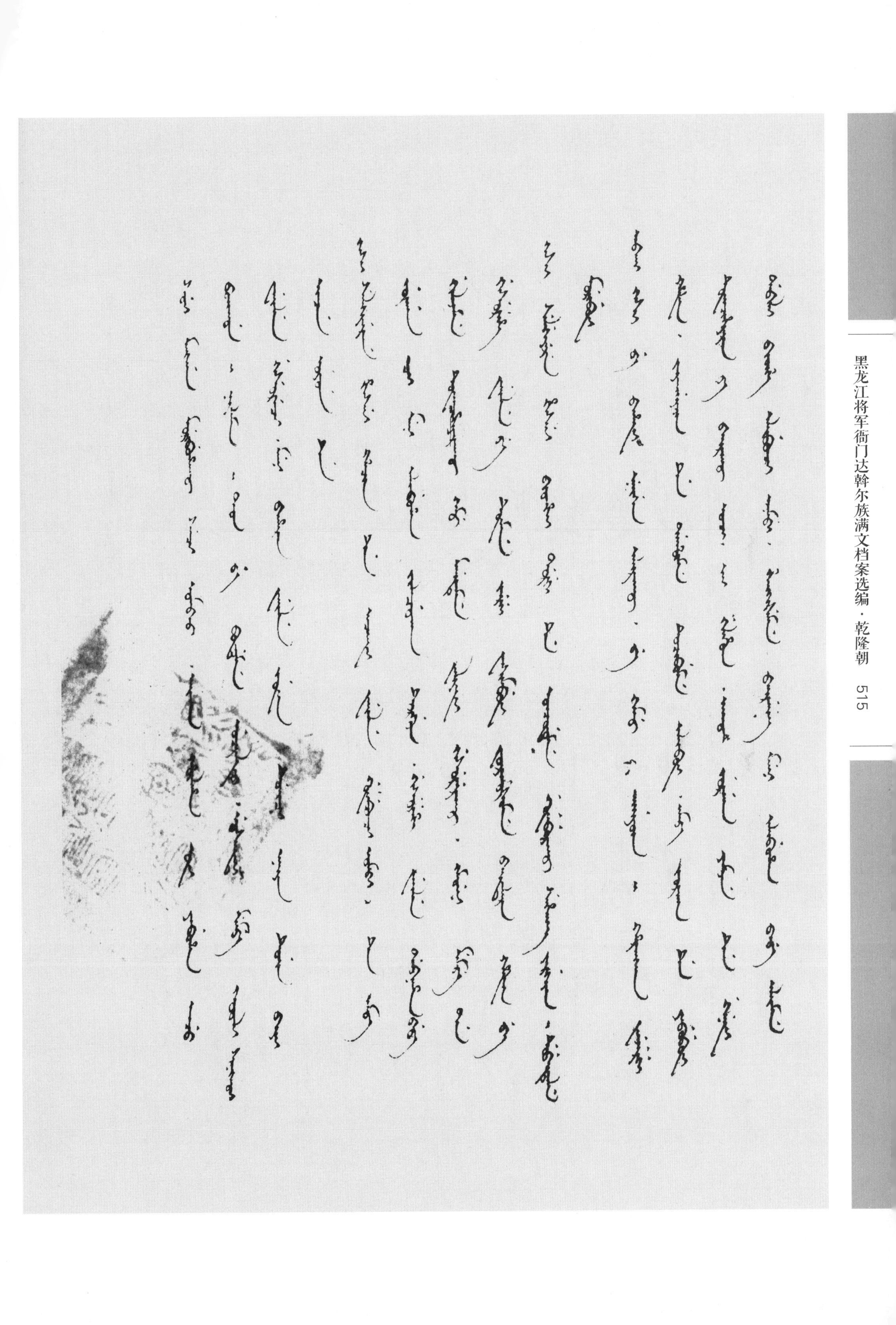

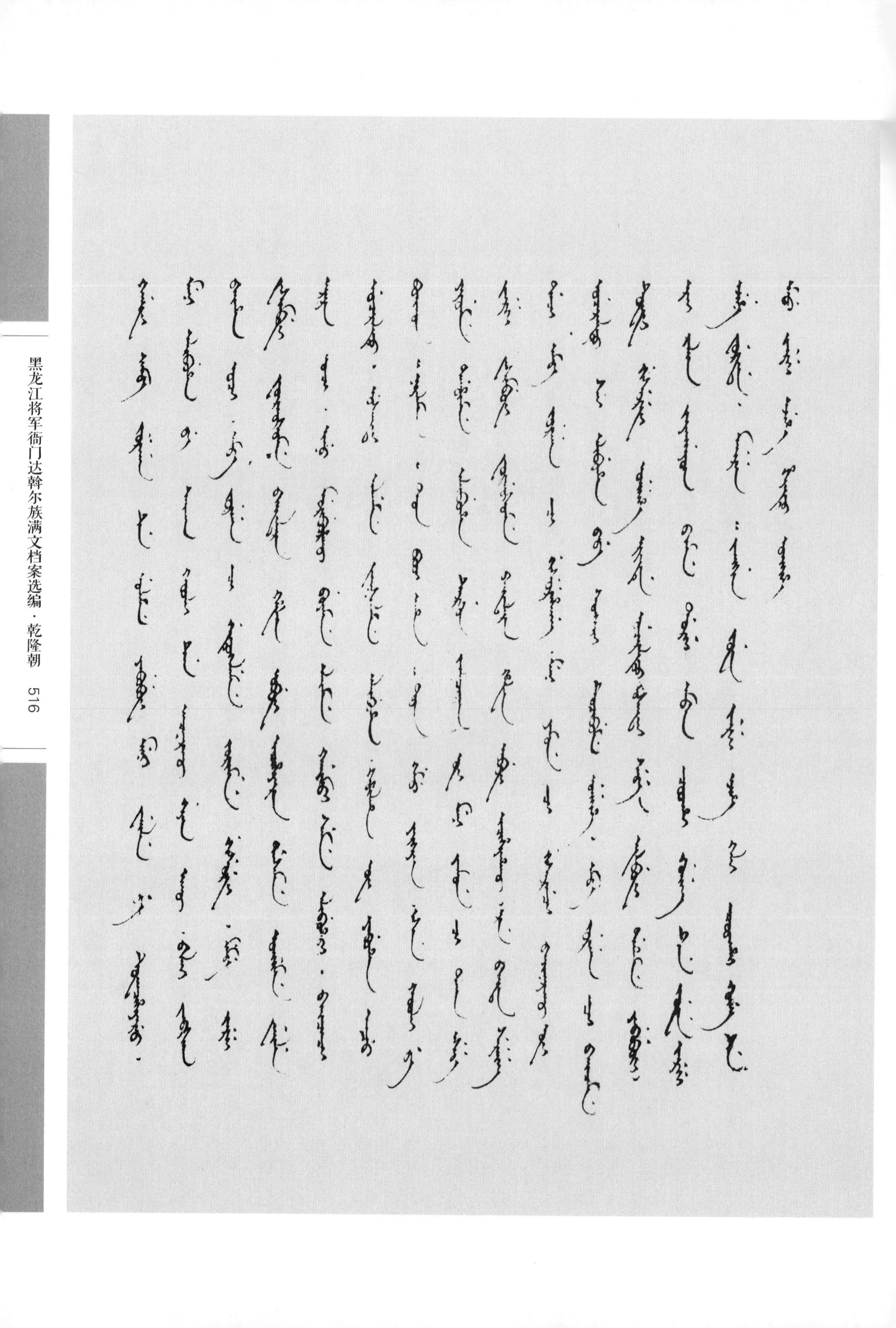

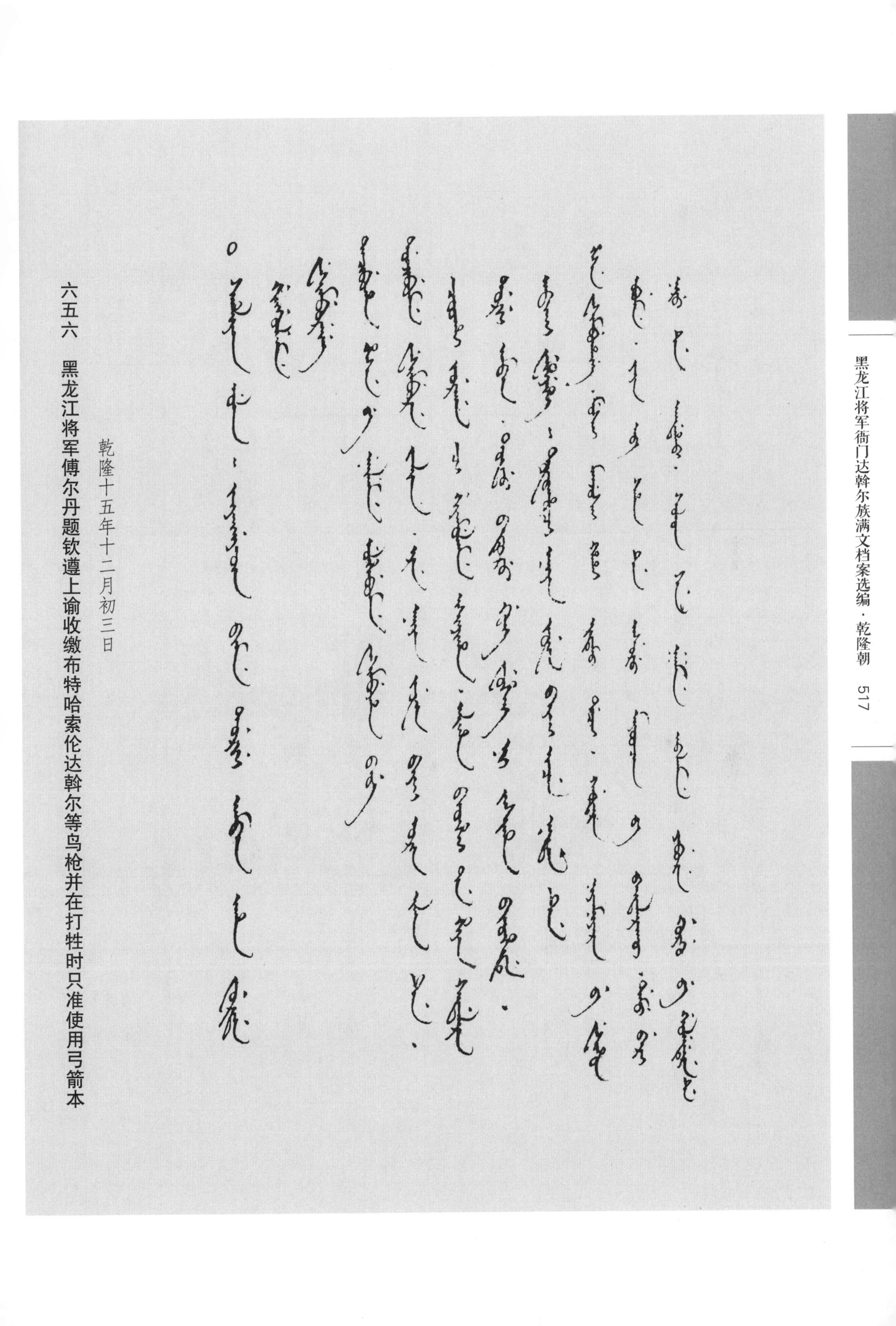

## 六五六 黑龙江将军傅尔丹题钦遵上谕收缴布特哈索伦达斡尔等乌枪并在打牲时只准使用弓箭本

乾隆十五年十二月初三日

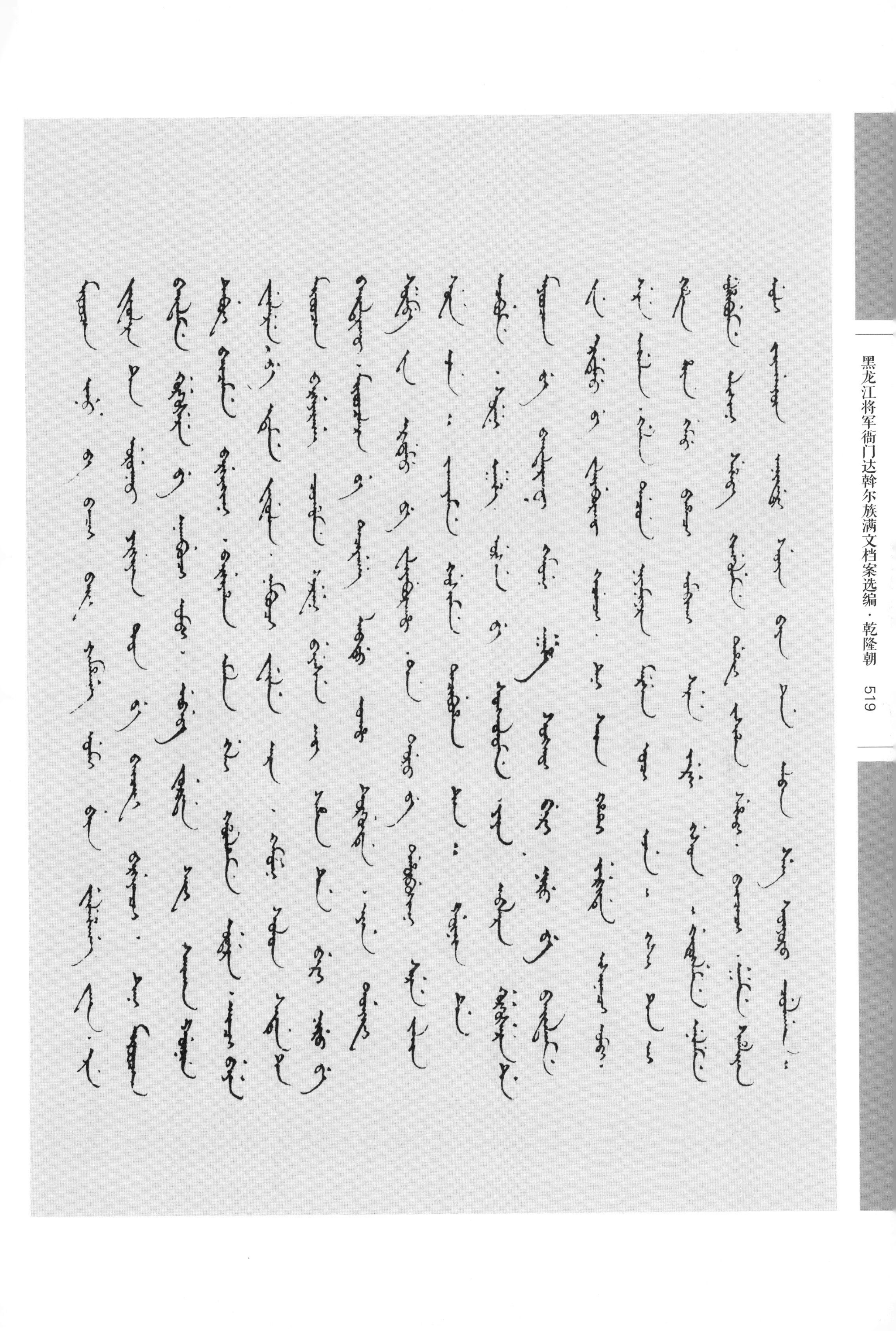

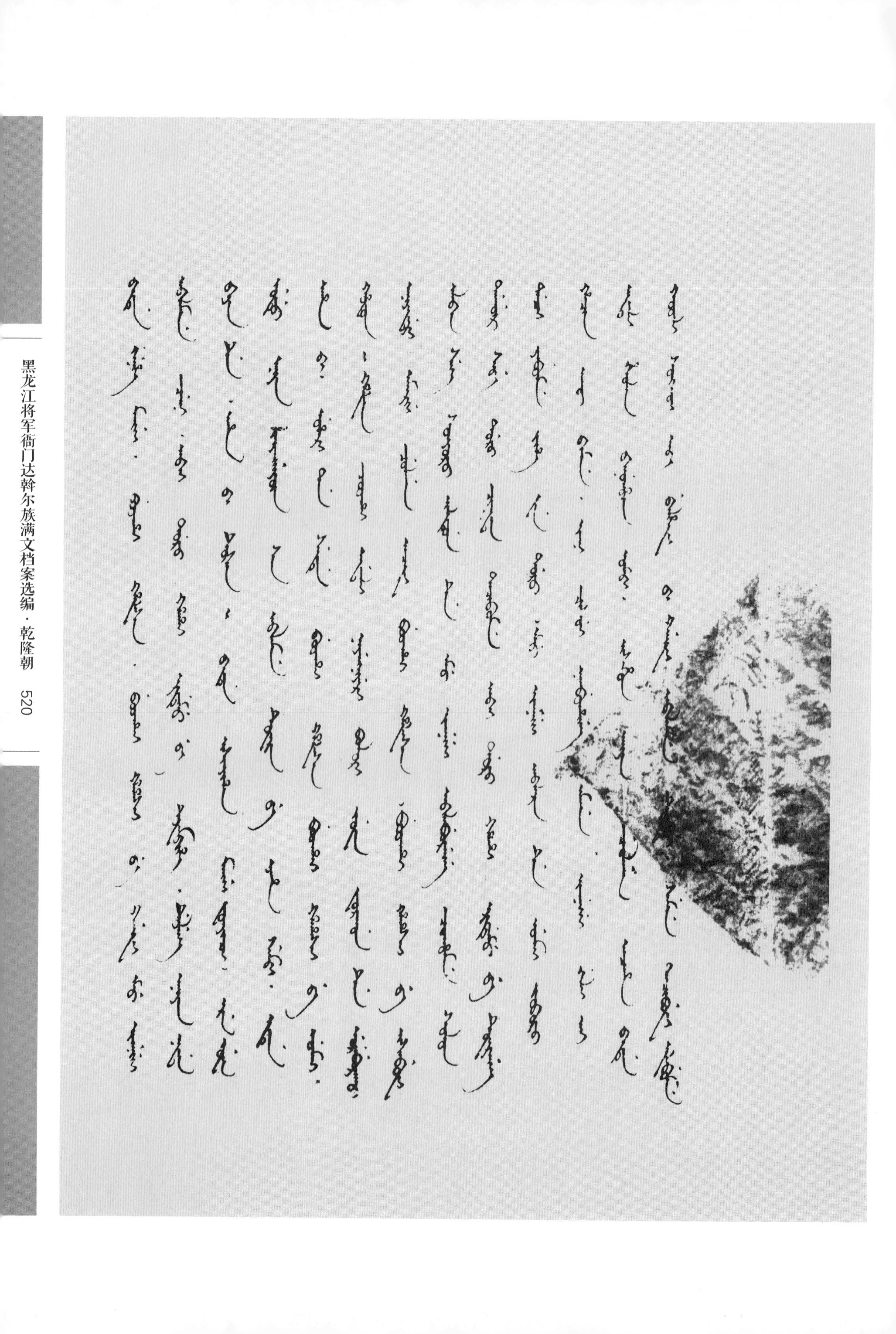

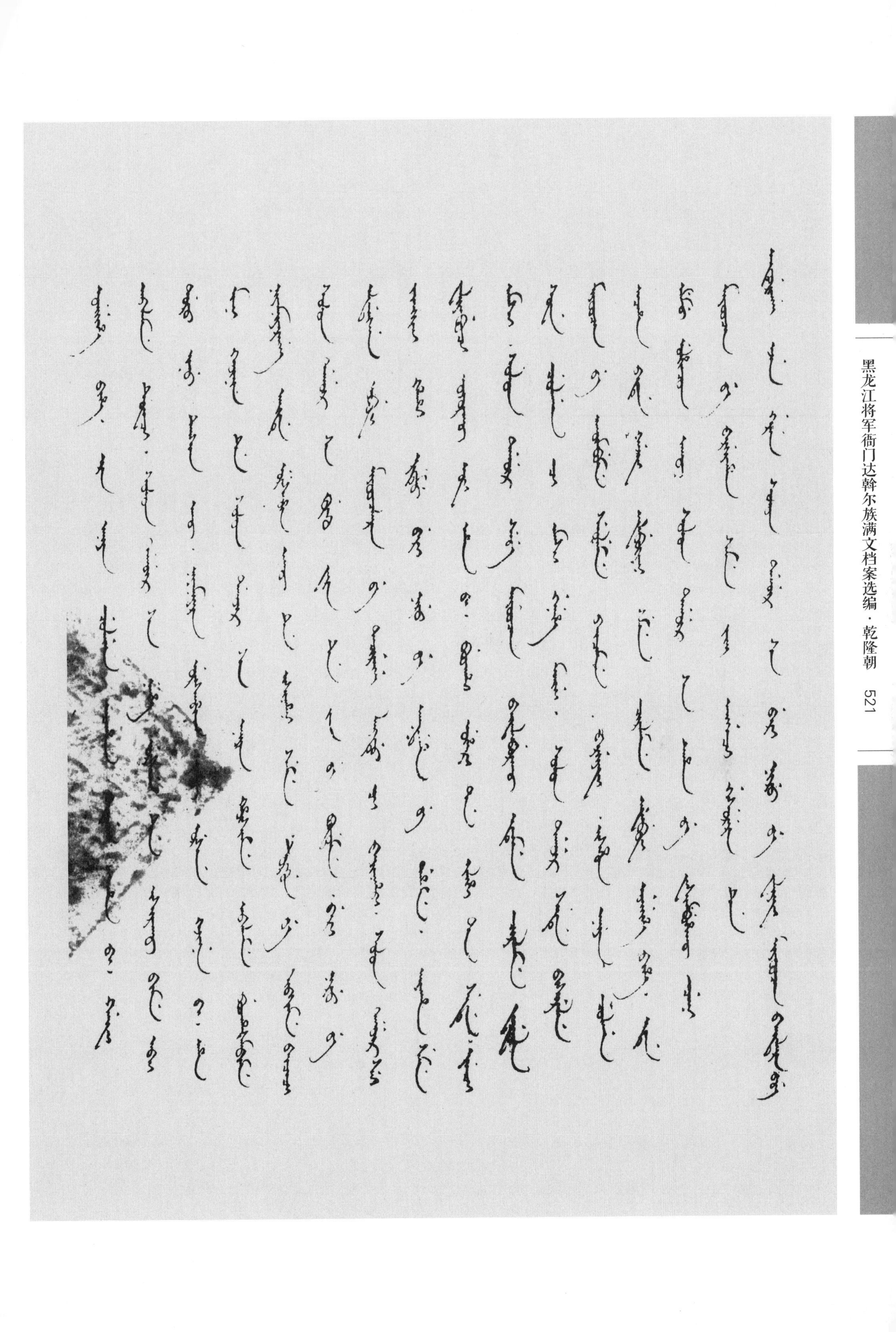

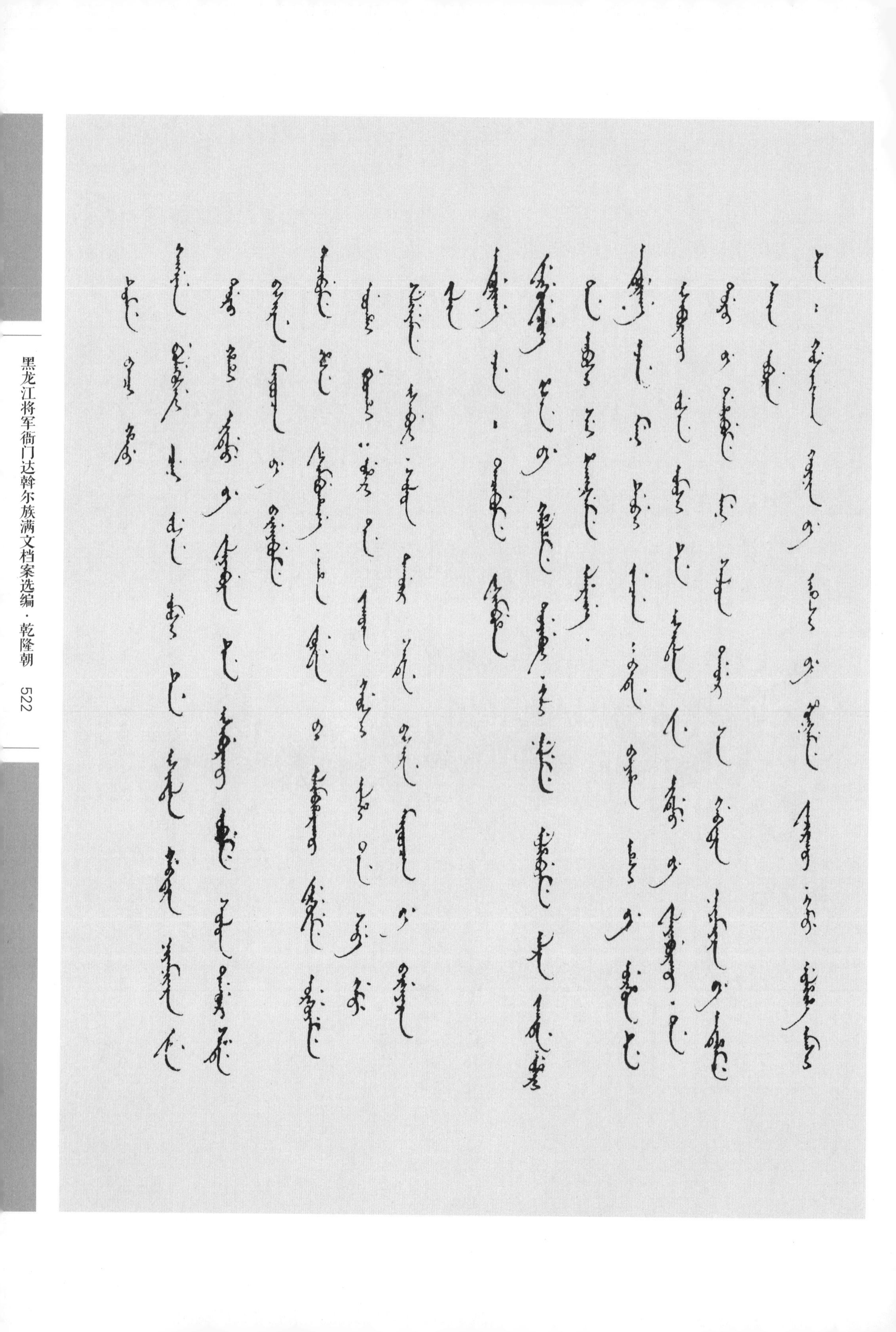

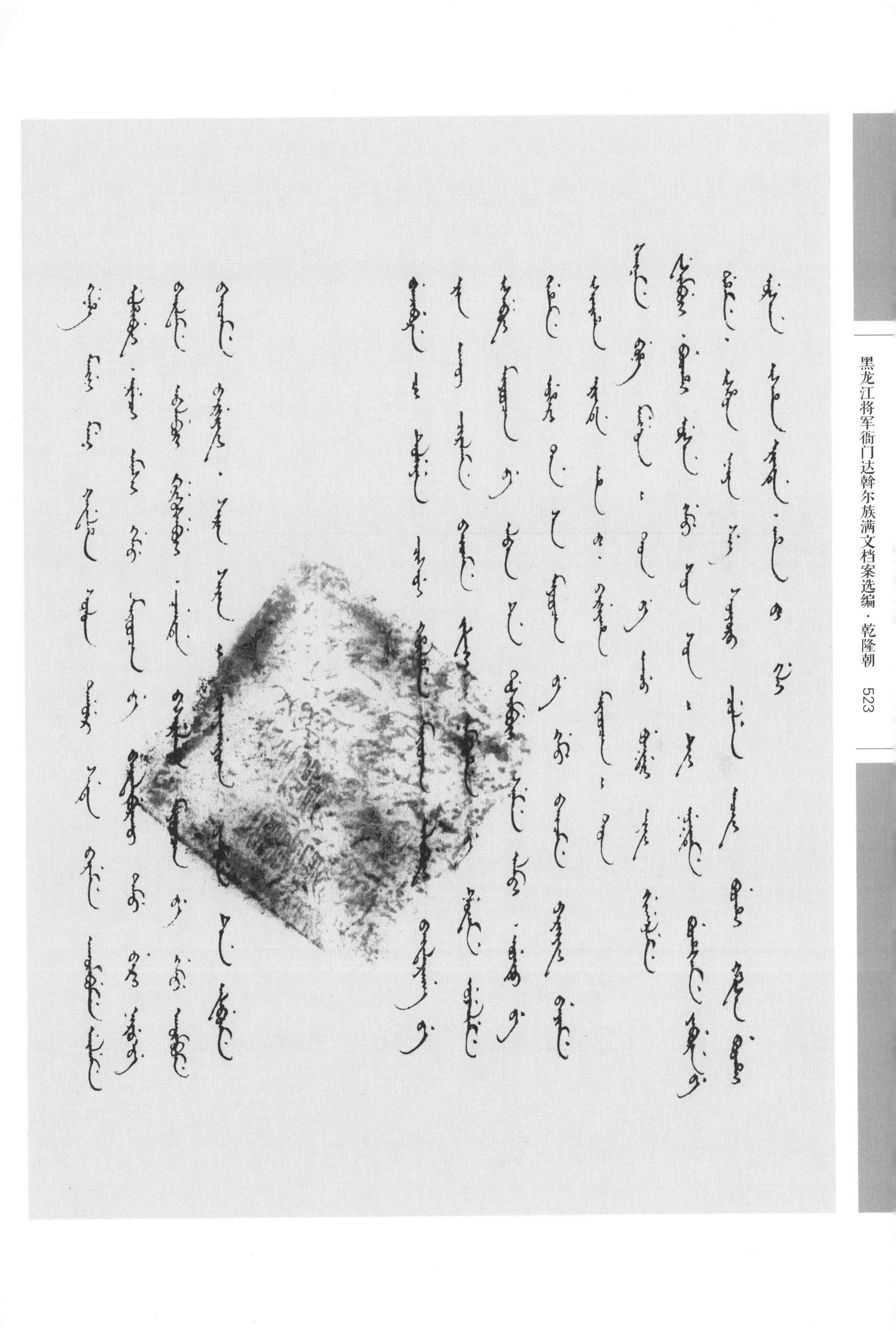

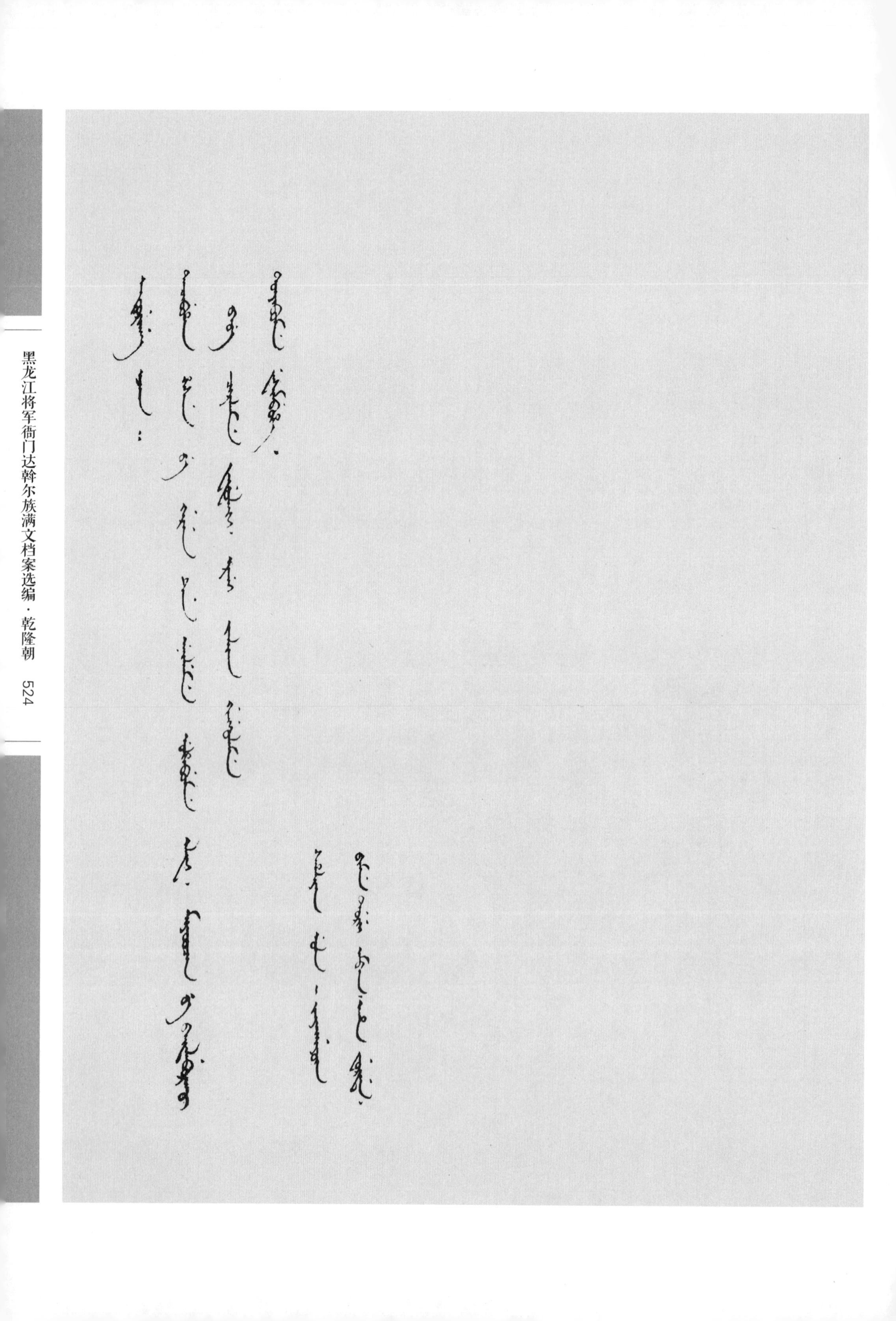

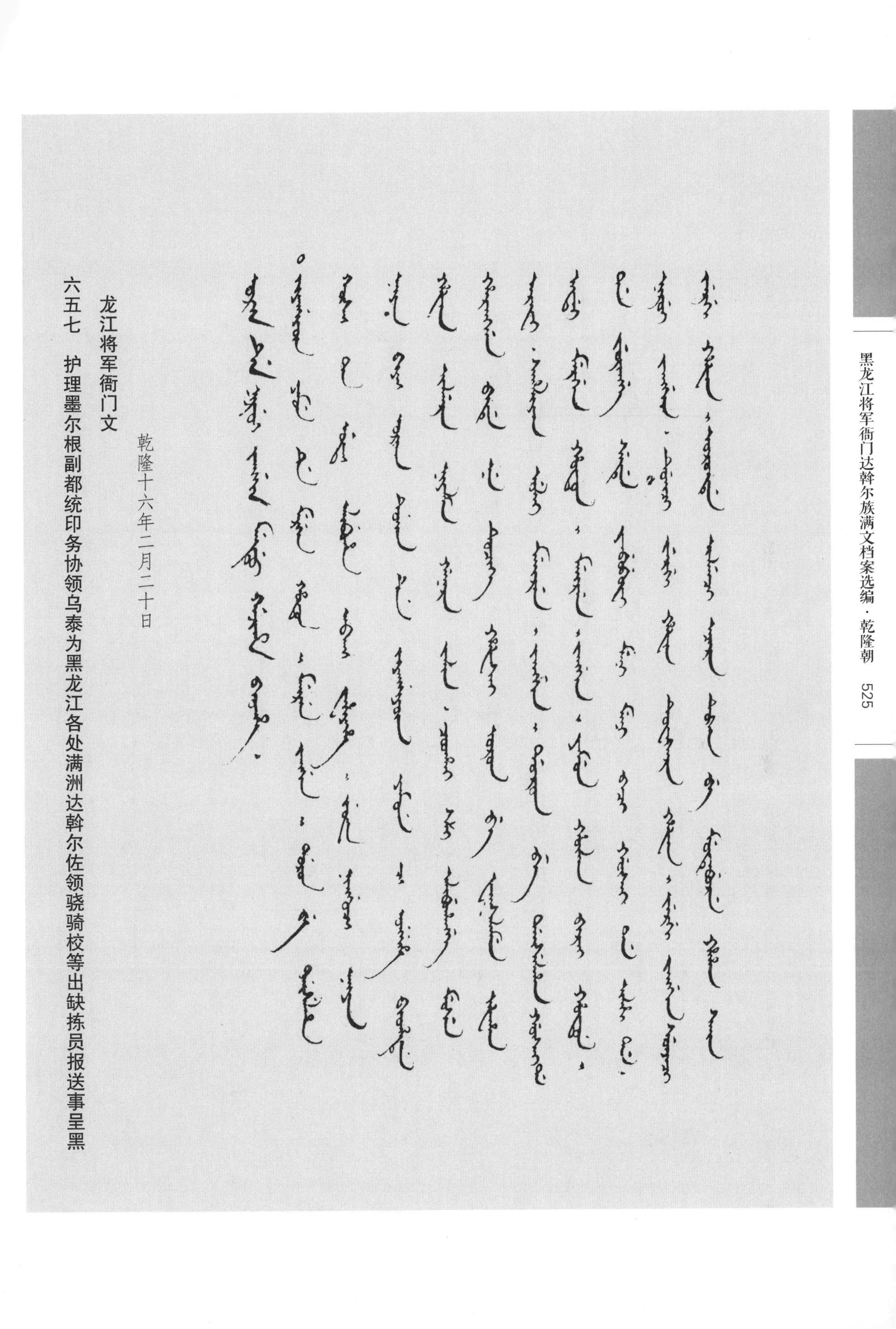

## 六五七 护理墨尔根副都统印务协领乌泰为黑龙江各处满洲达斡尔佐领骁骑校等出缺拣员报送事呈黑龙江将军衙门文

乾隆十六年二月二十日

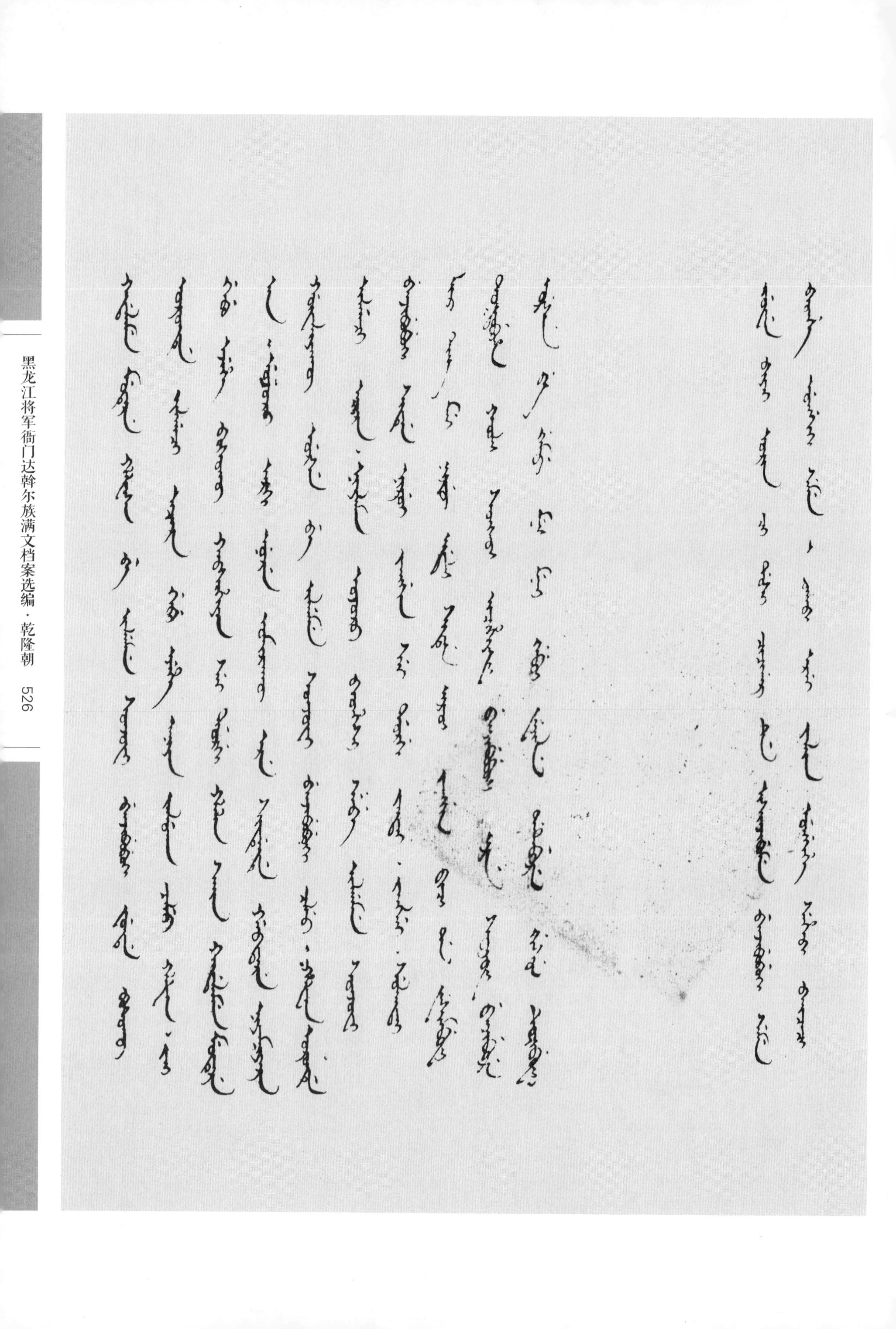

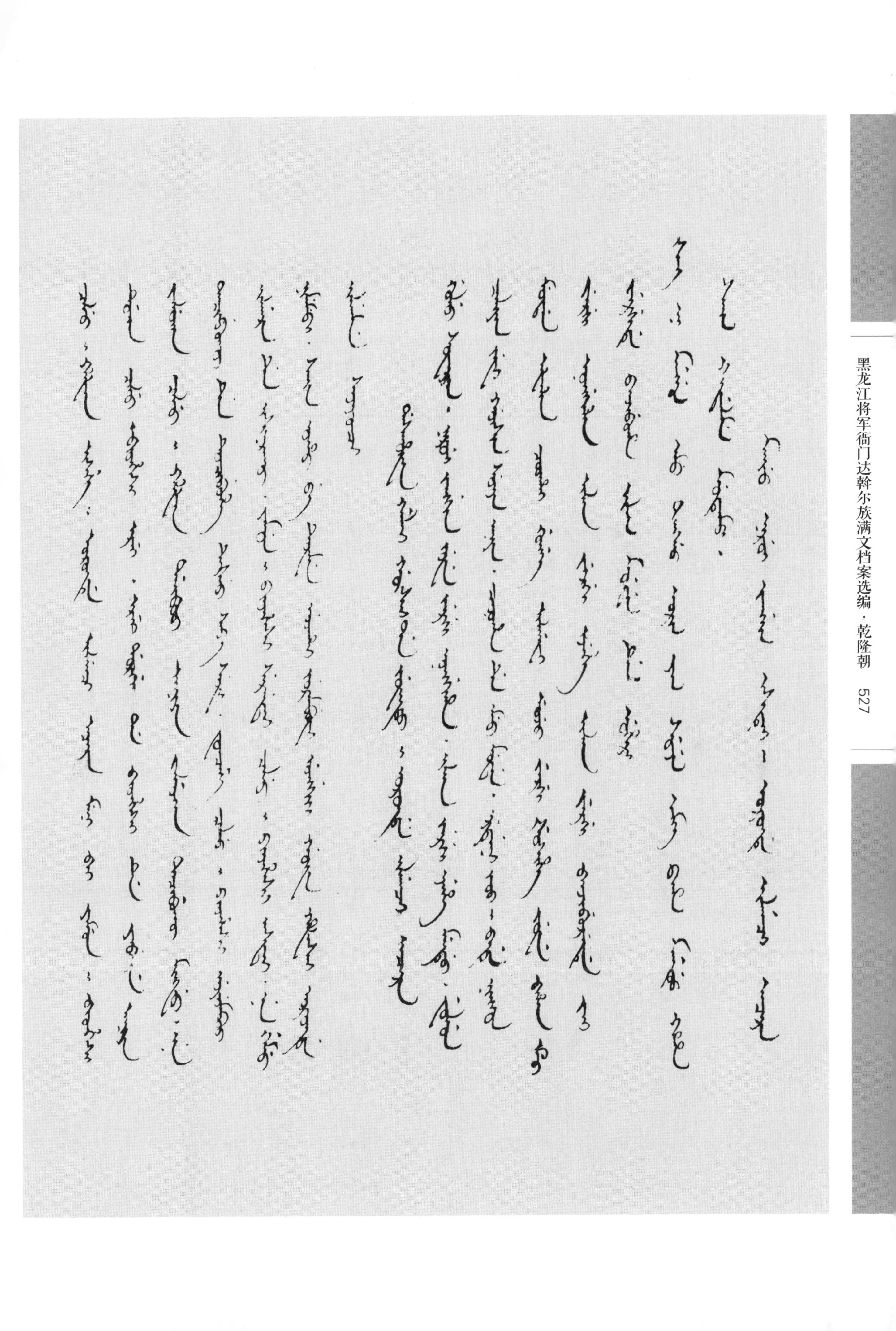

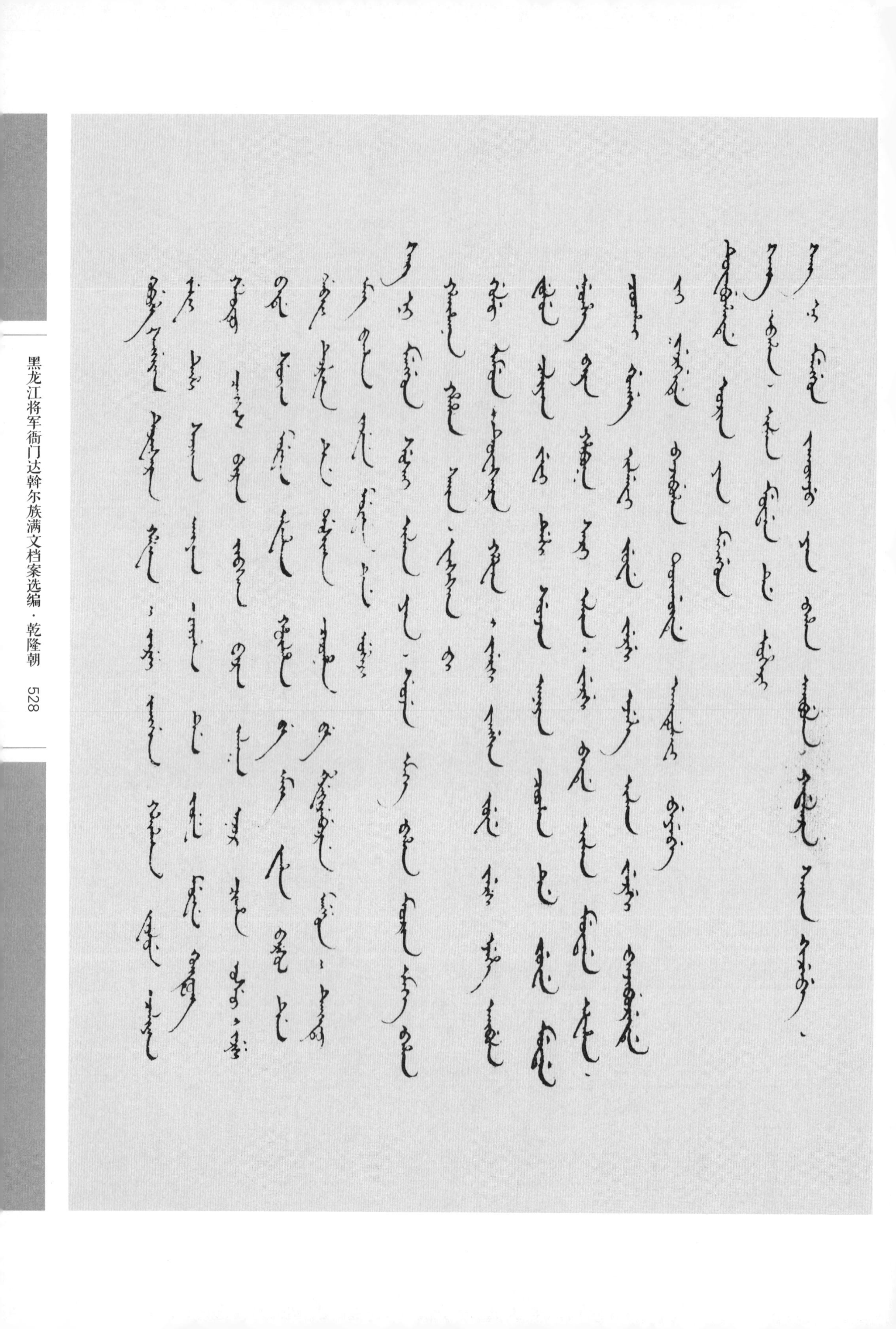

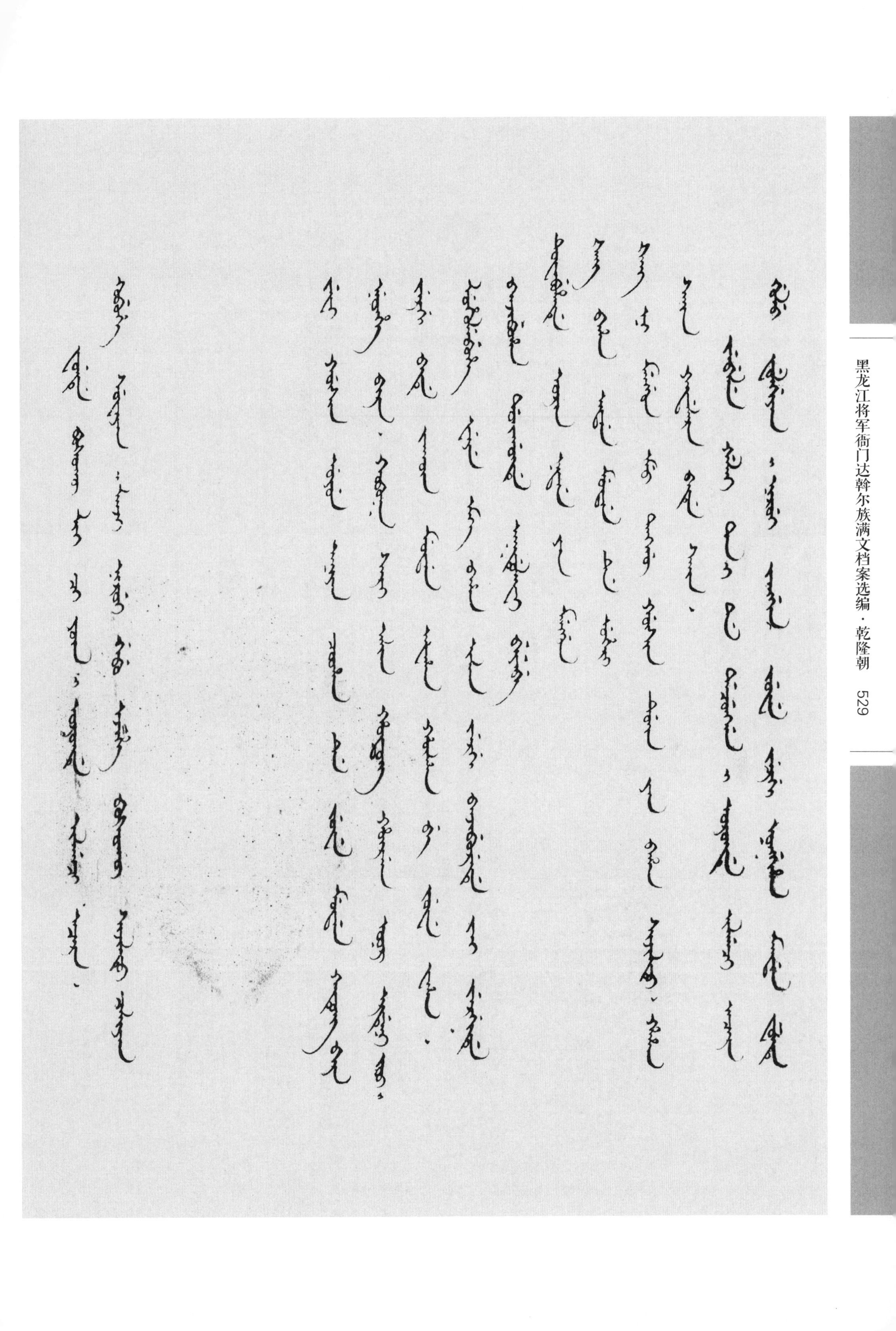

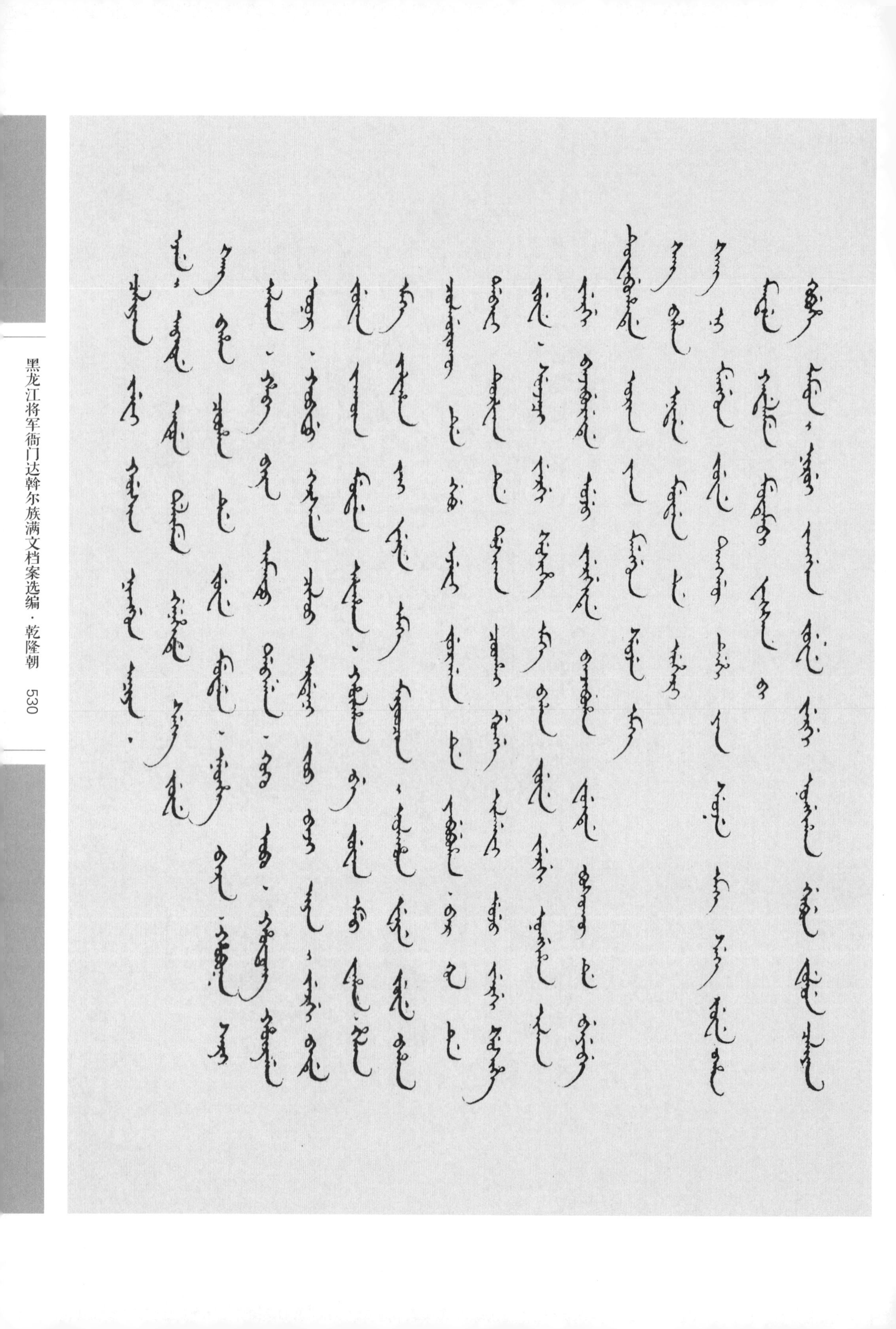

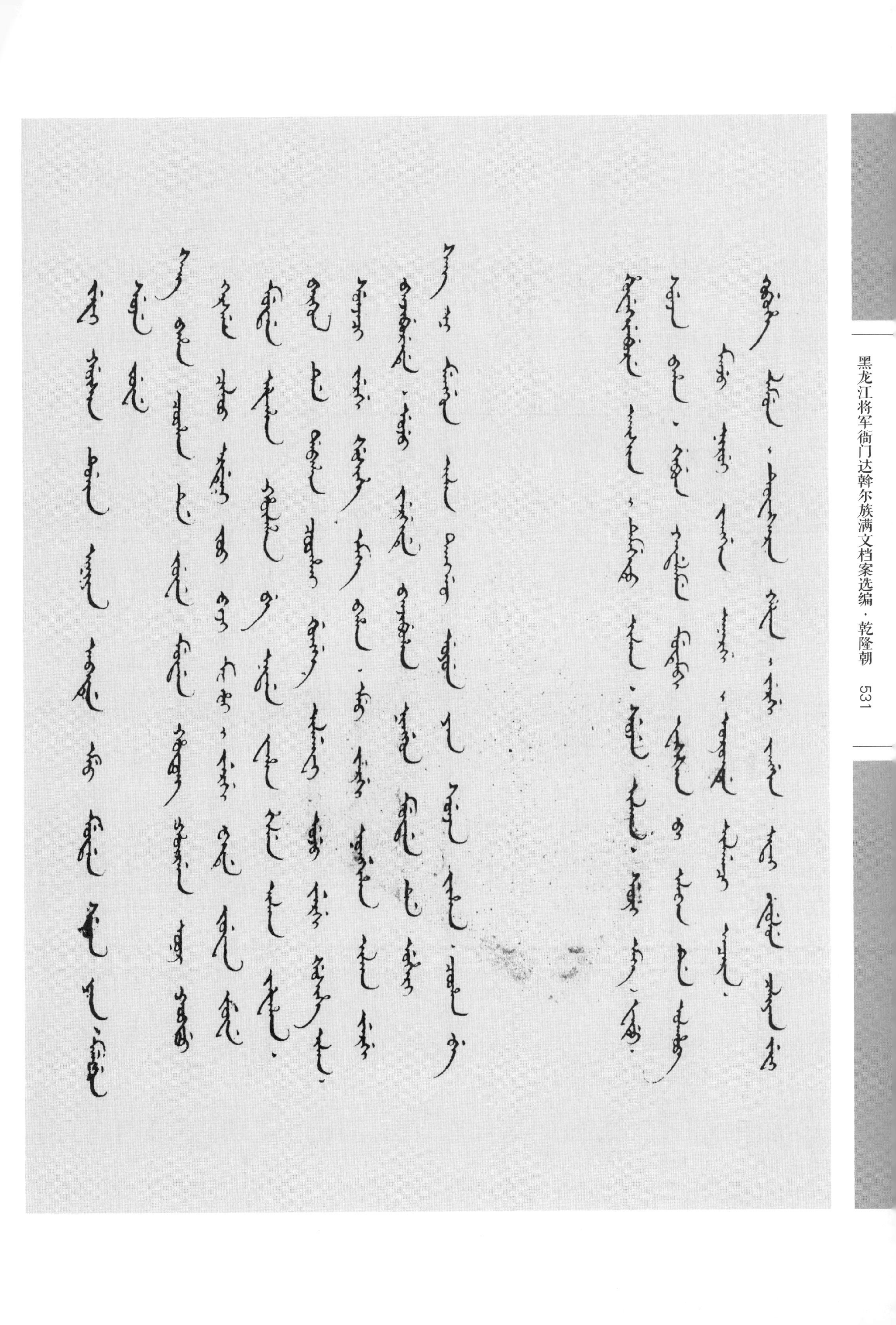

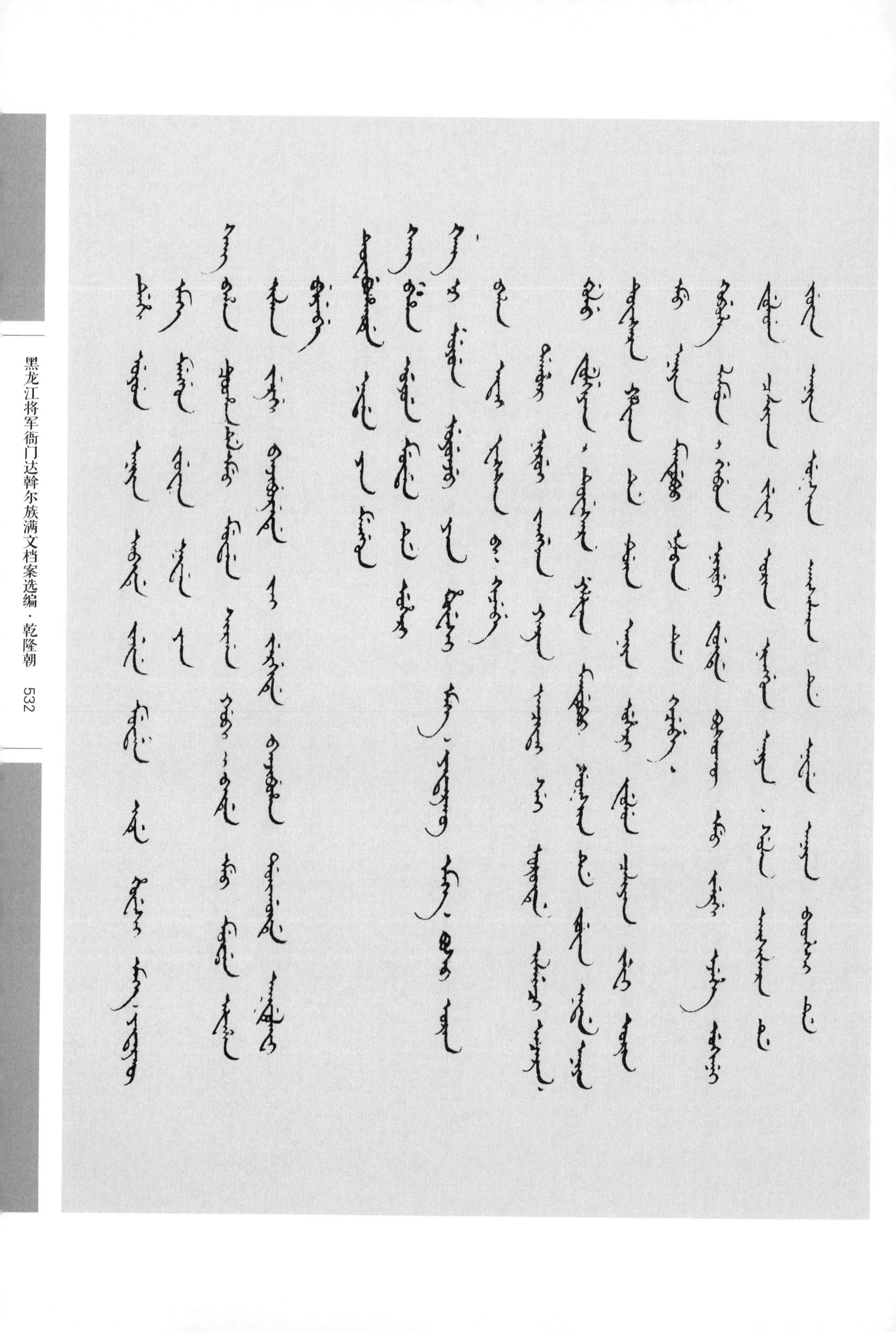

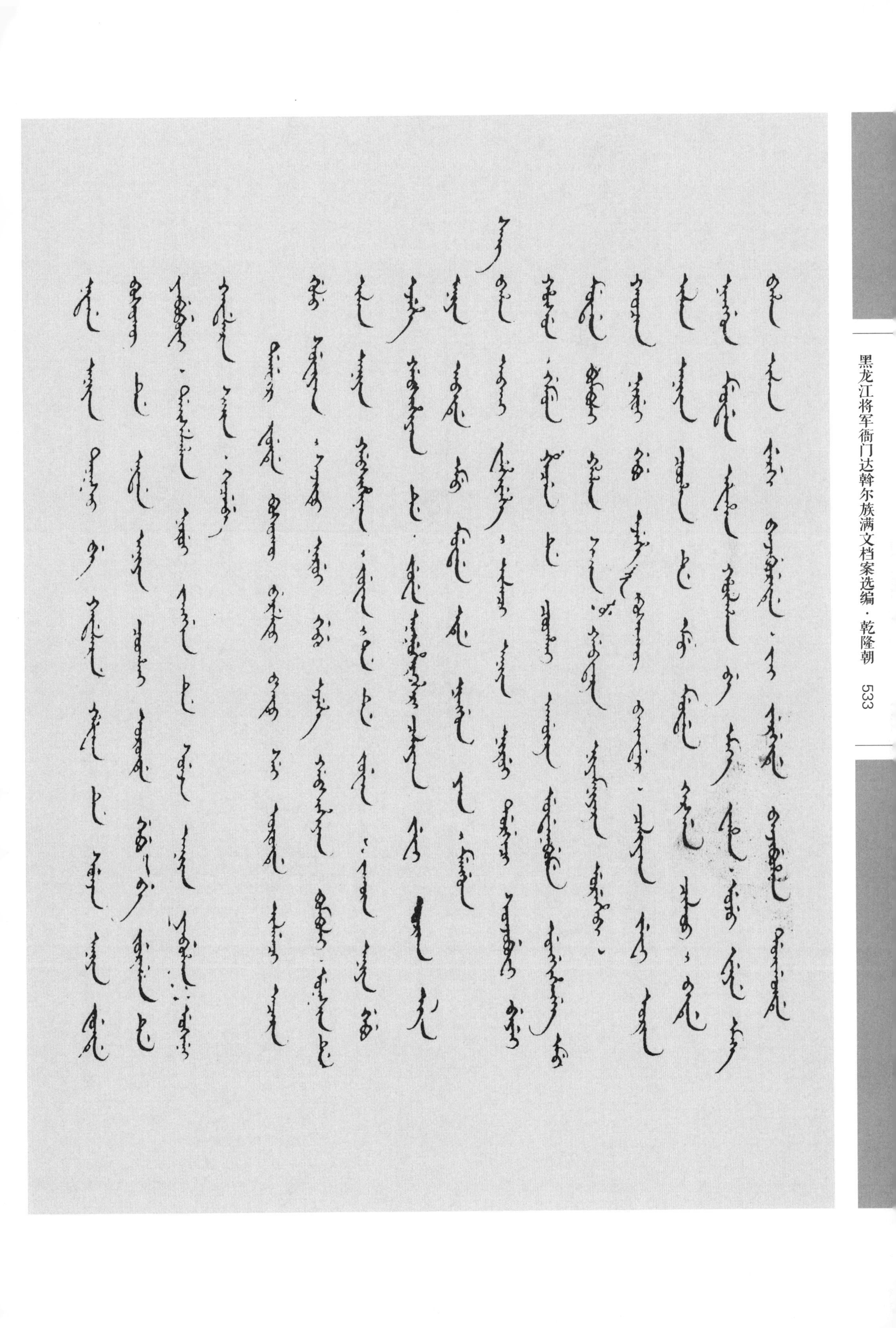

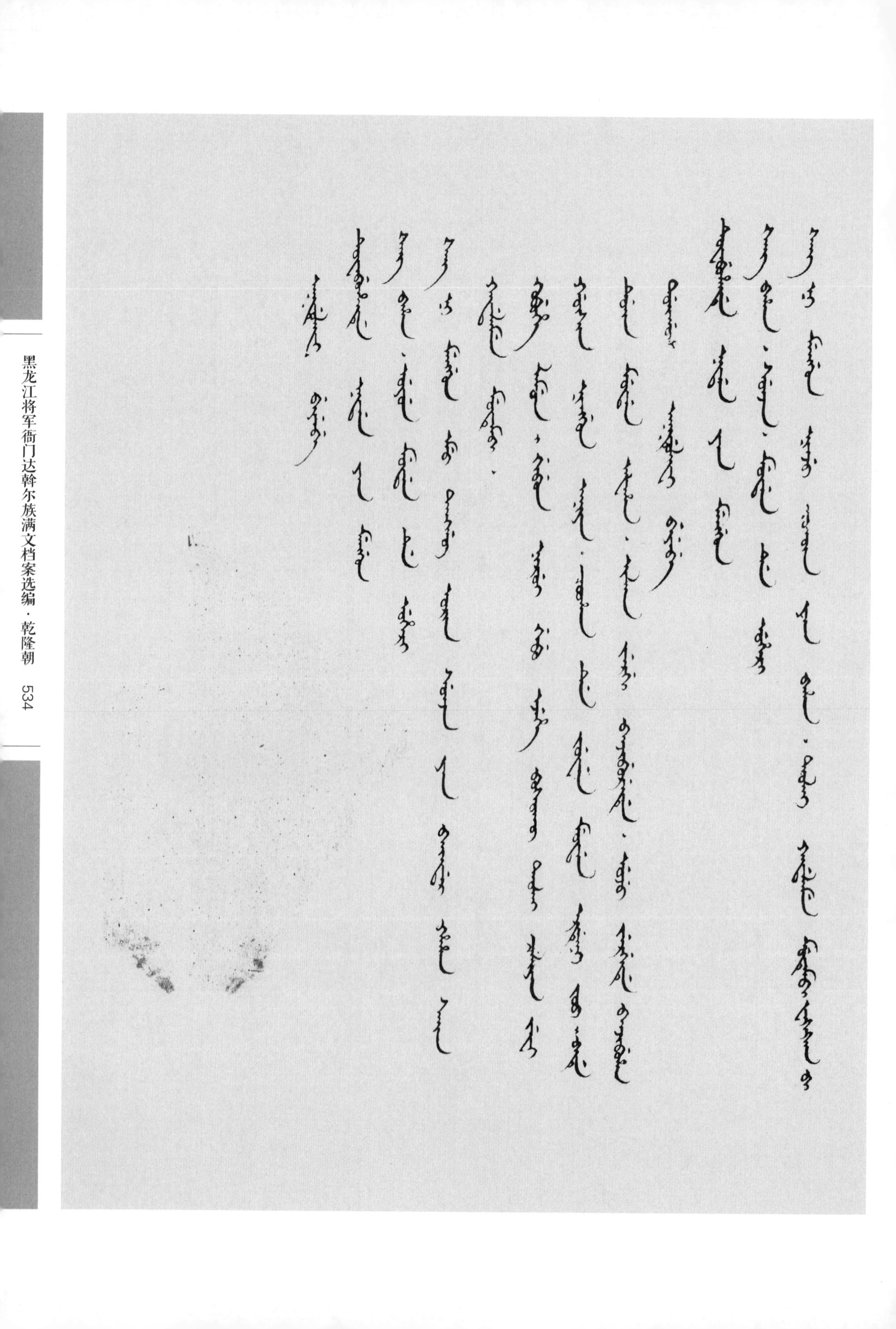

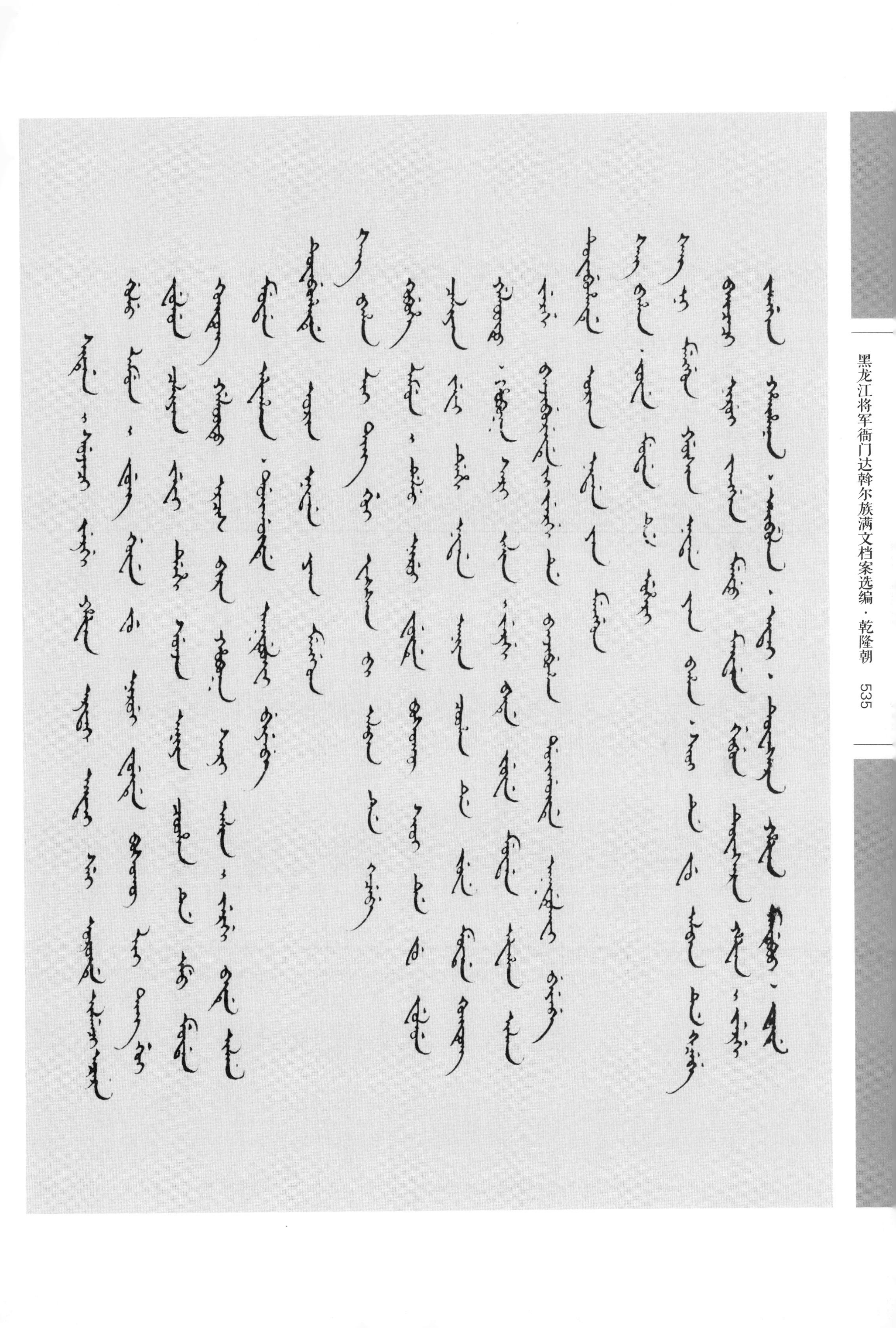

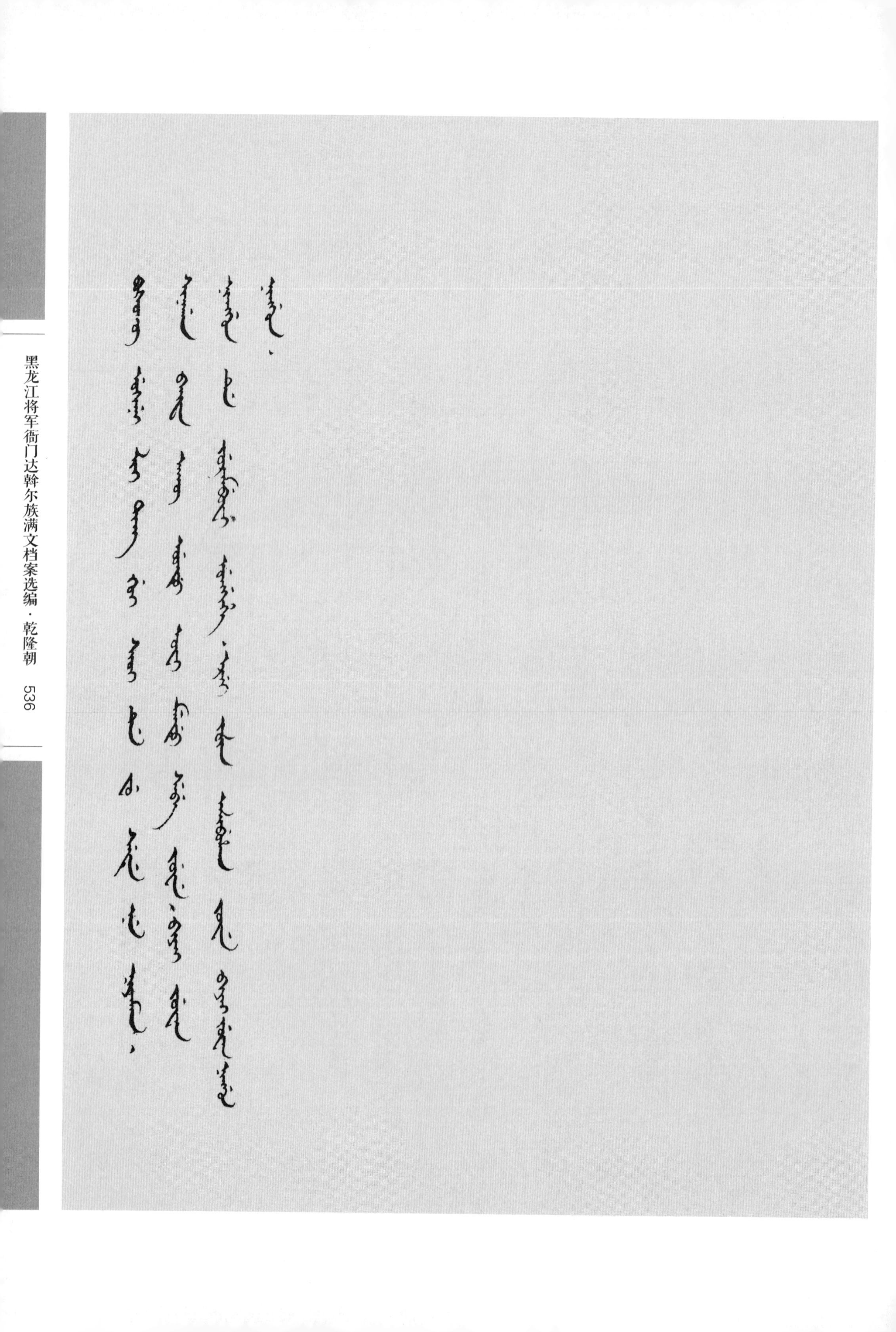

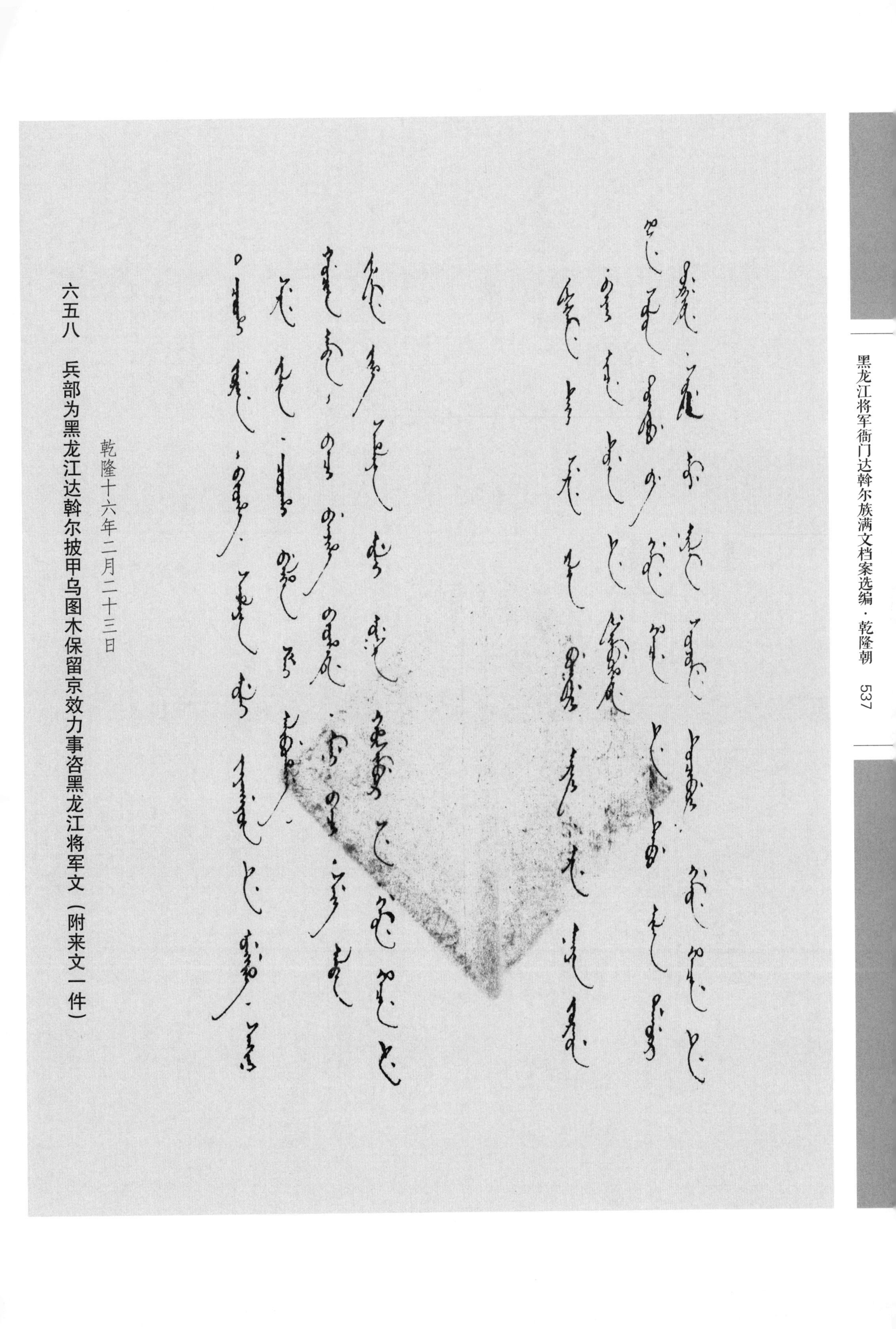

## 六五八　兵部为黑龙江达斡尔披甲乌图木保留京效力事咨黑龙江将军文（附来文一件）

乾隆十六年二月二十三日

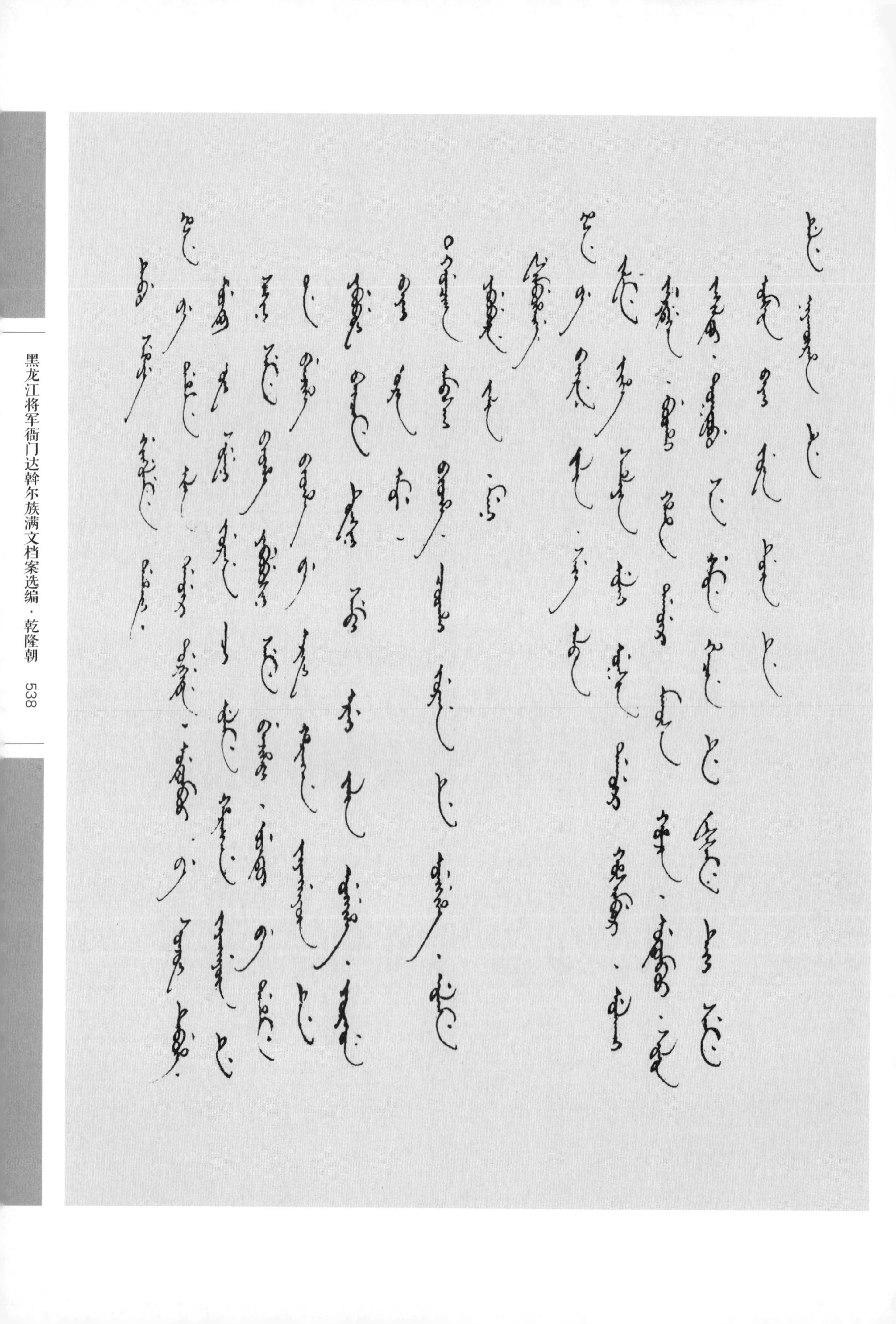

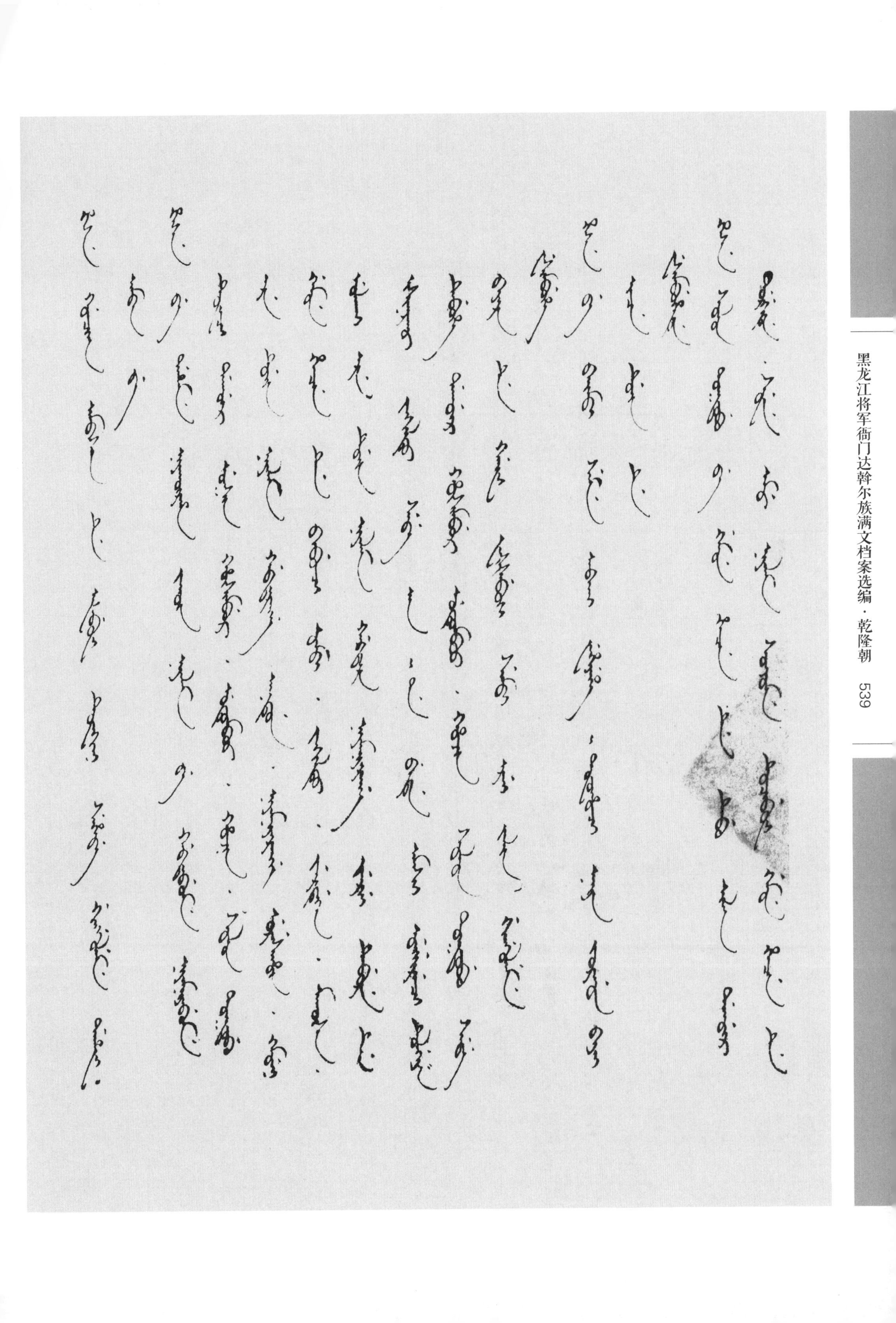

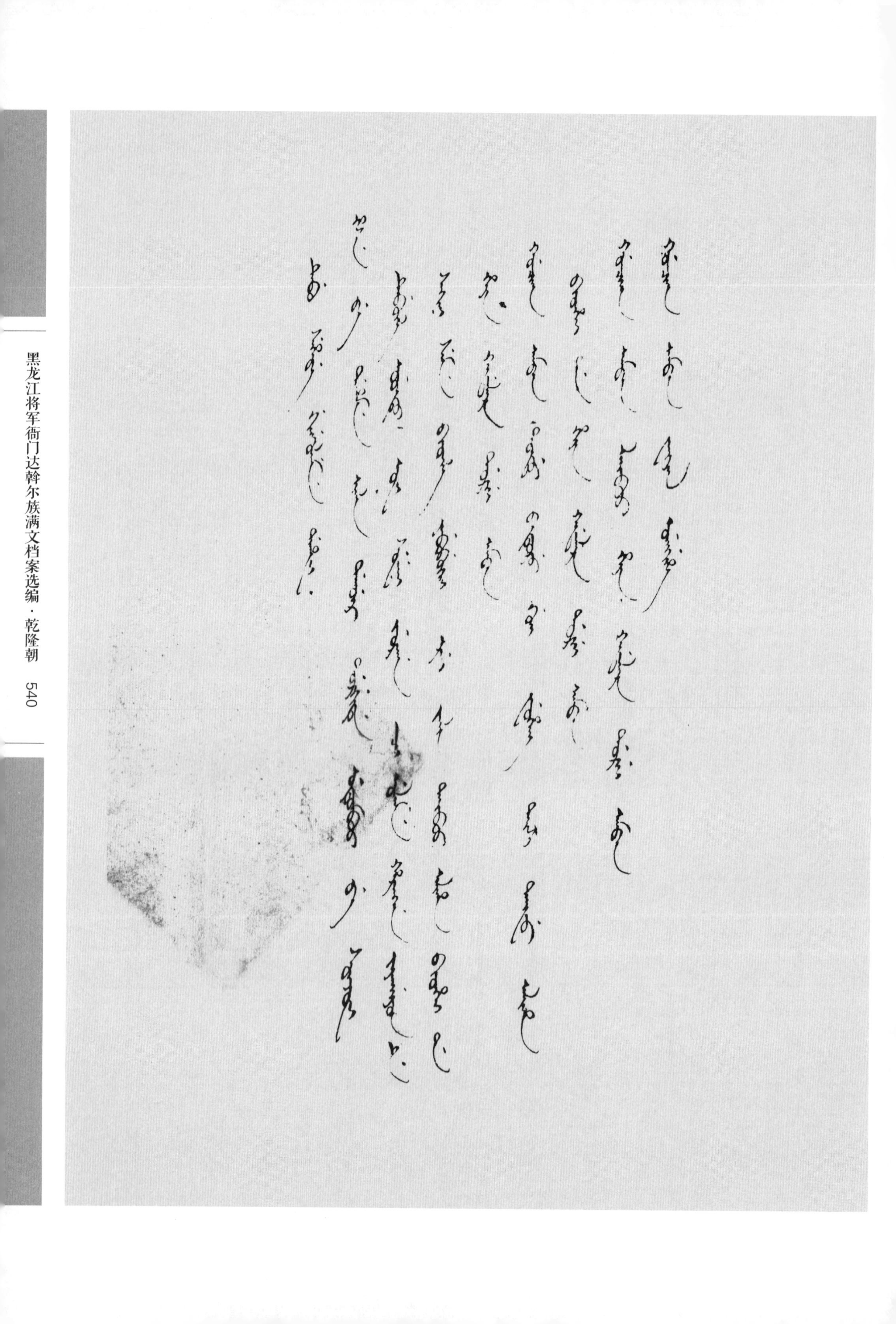

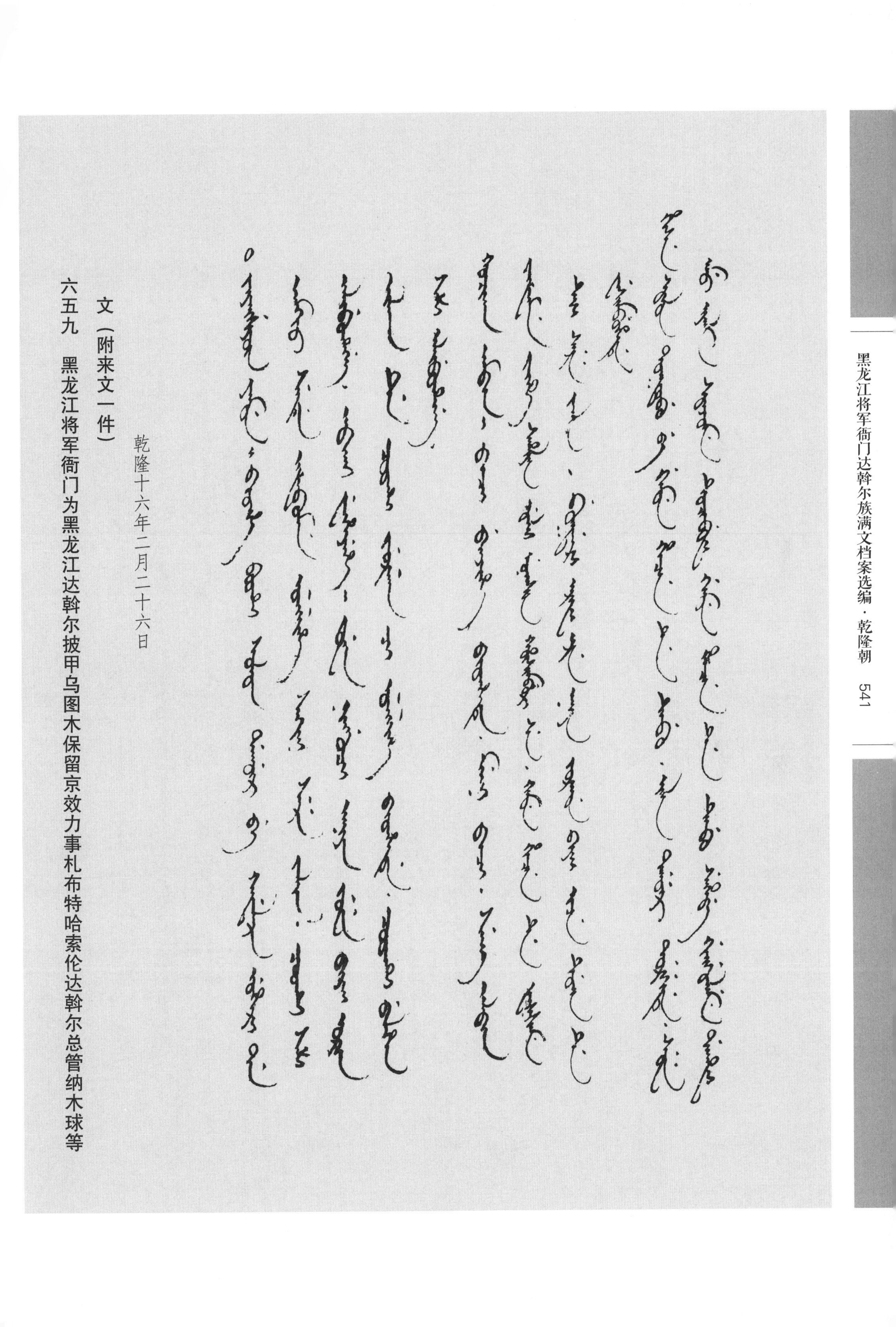

乾隆十六年二月二十六日

## 六五九 黑龙江将军衙门为黑龙江达斡尔披甲乌图木保留京效力事札布特哈索伦达斡尔总管纳木球等文（附来文一件）

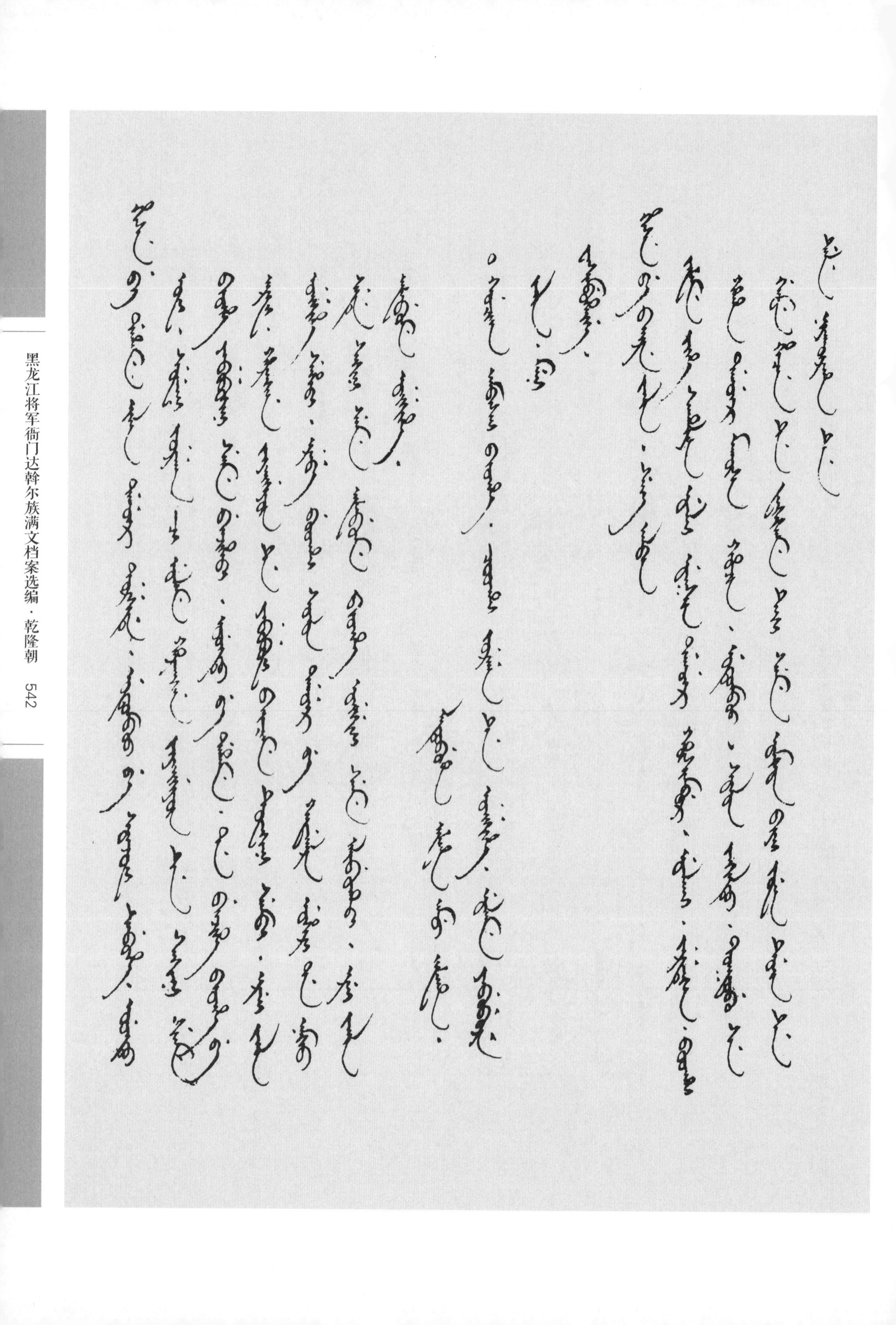

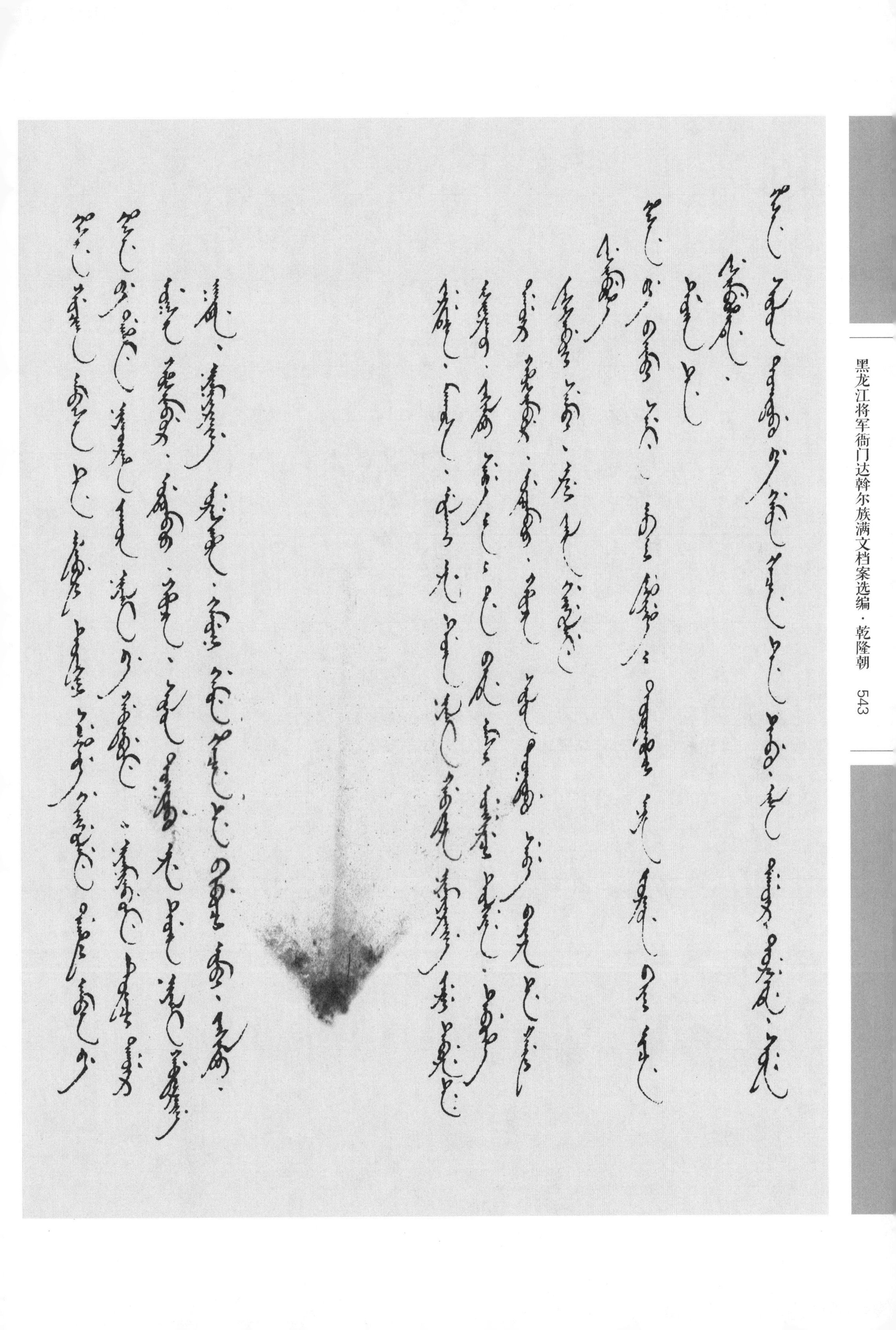

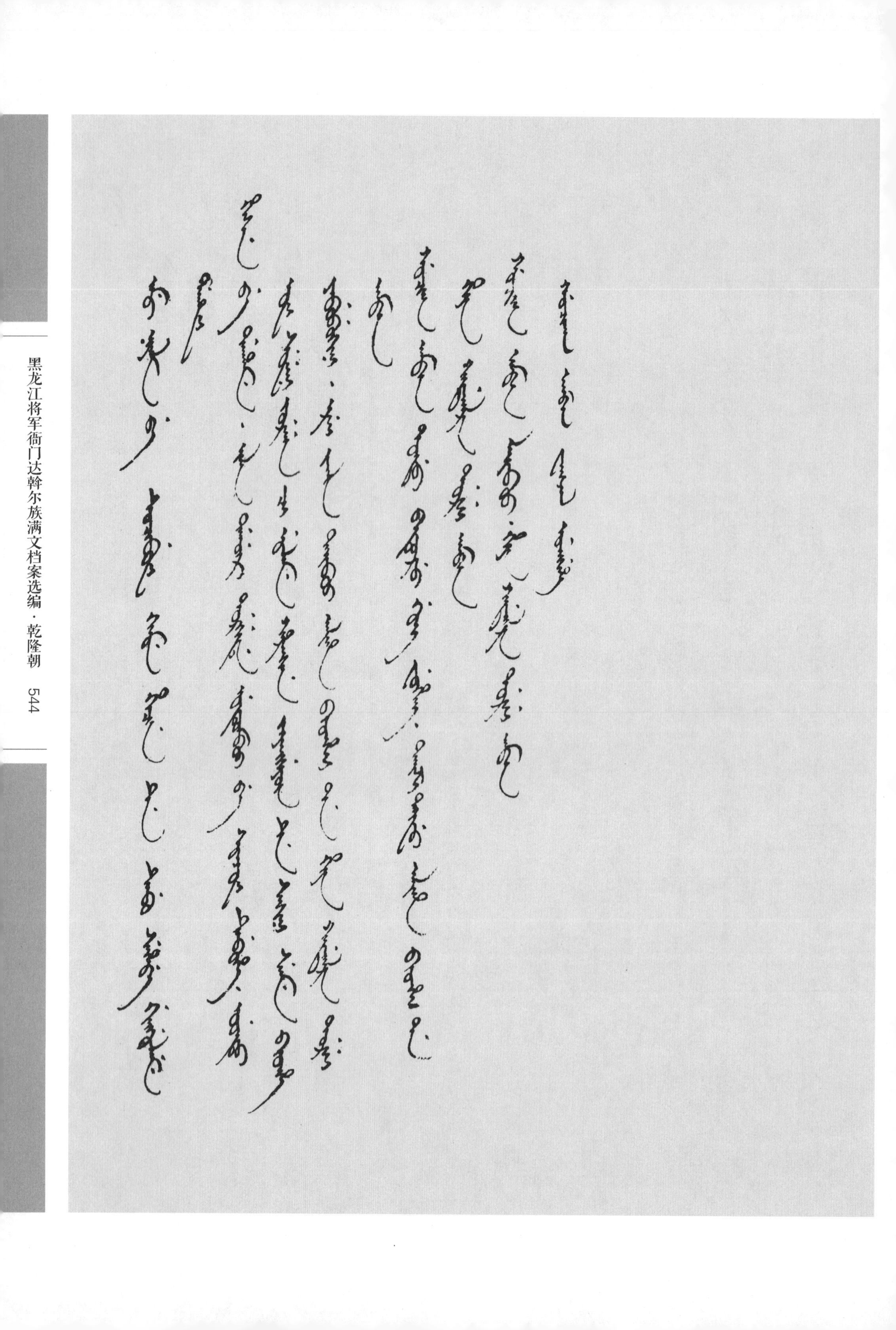

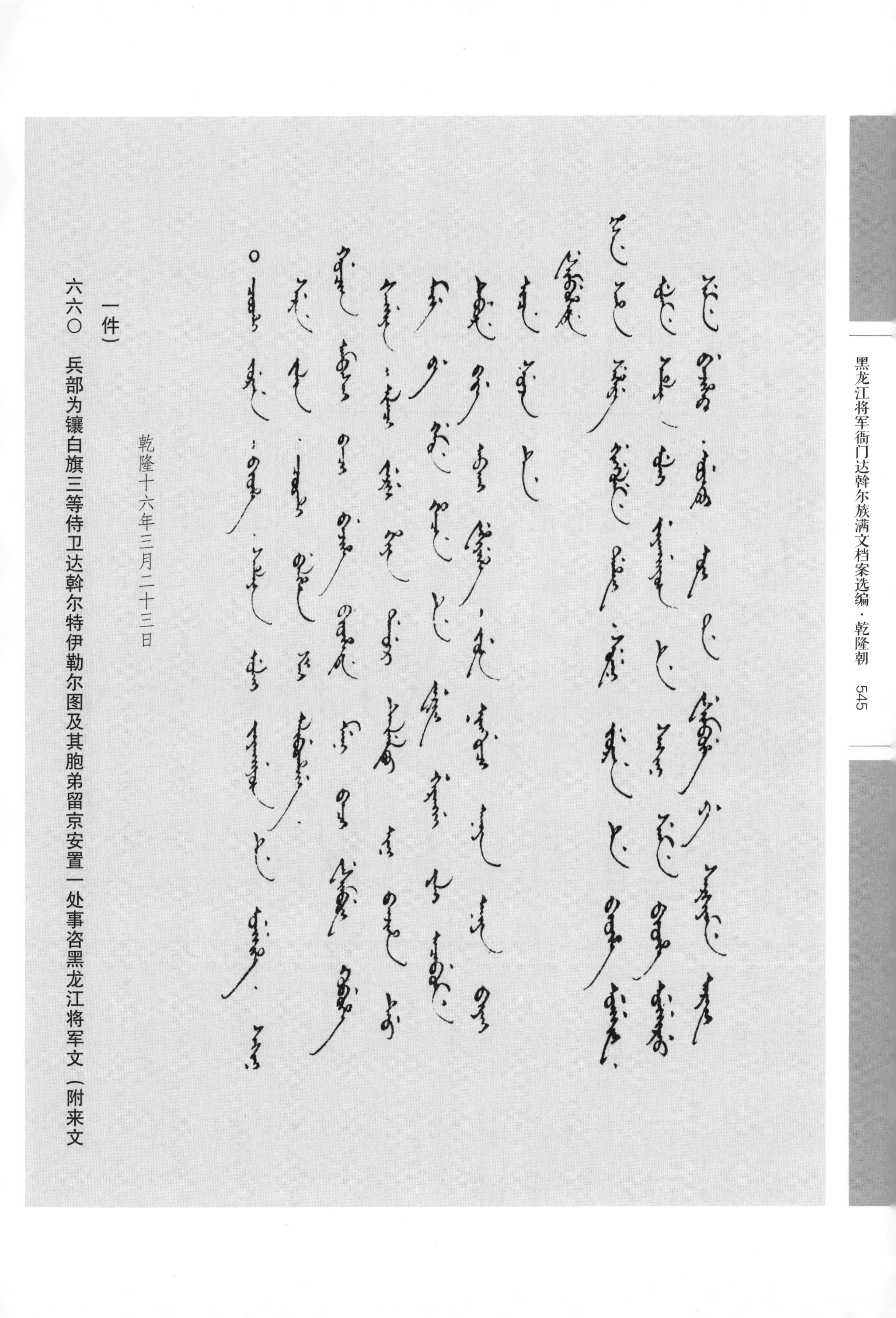

## 六六〇 兵部为镶白旗三等侍卫达斡尔特伊勒尔图及其胞弟留京安置一处事咨黑龙江将军文（附来文一件）

乾隆十六年三月二十三日

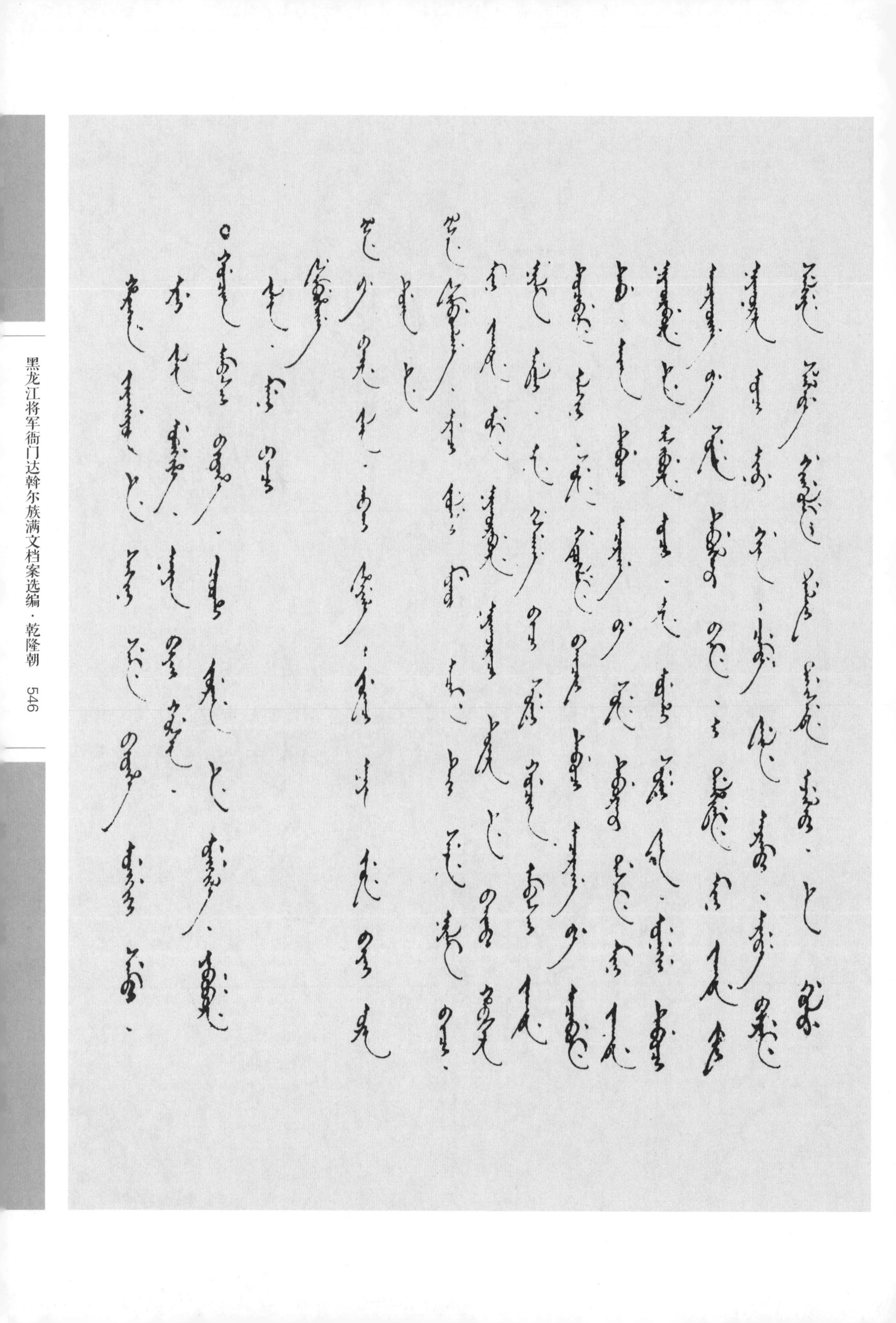

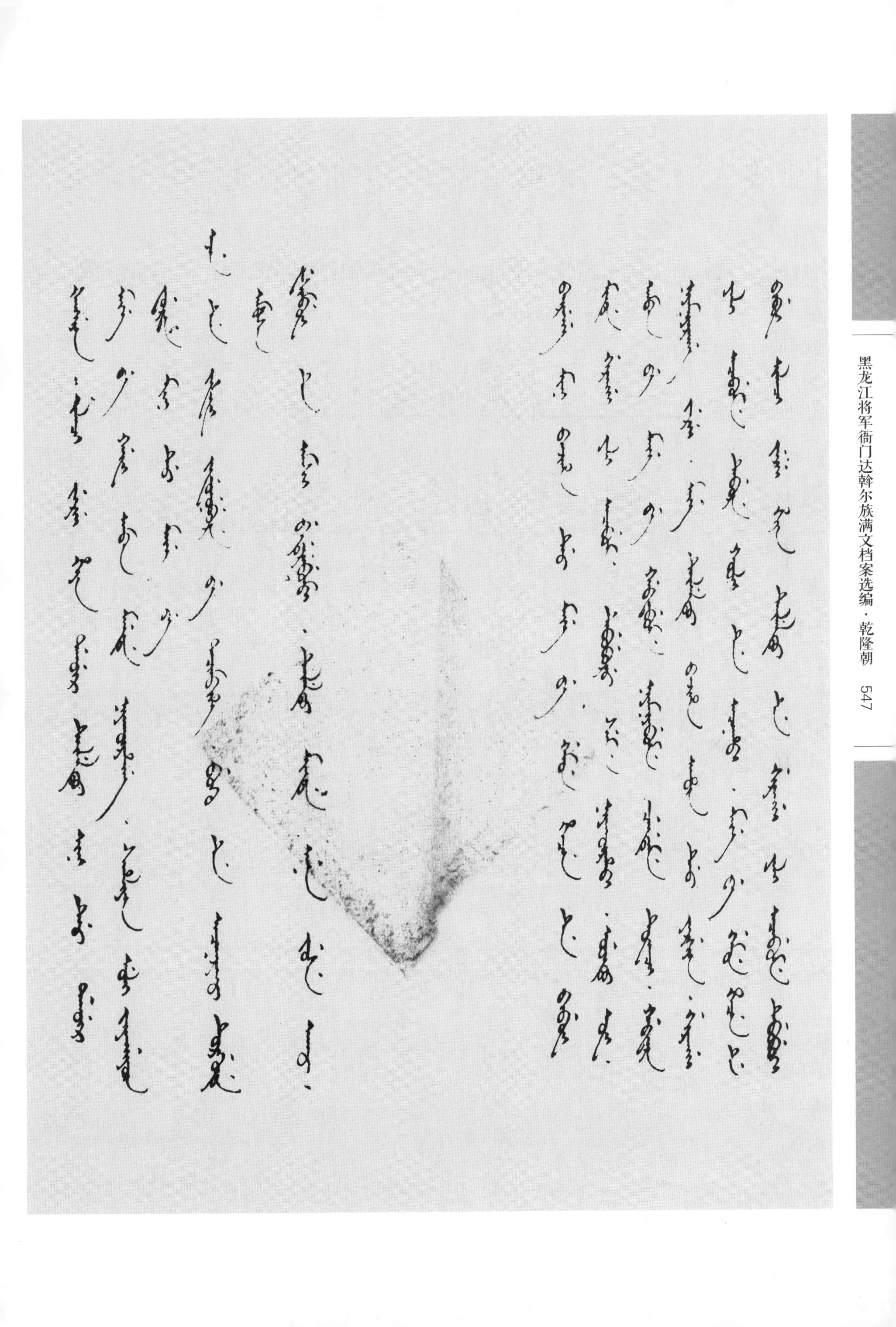

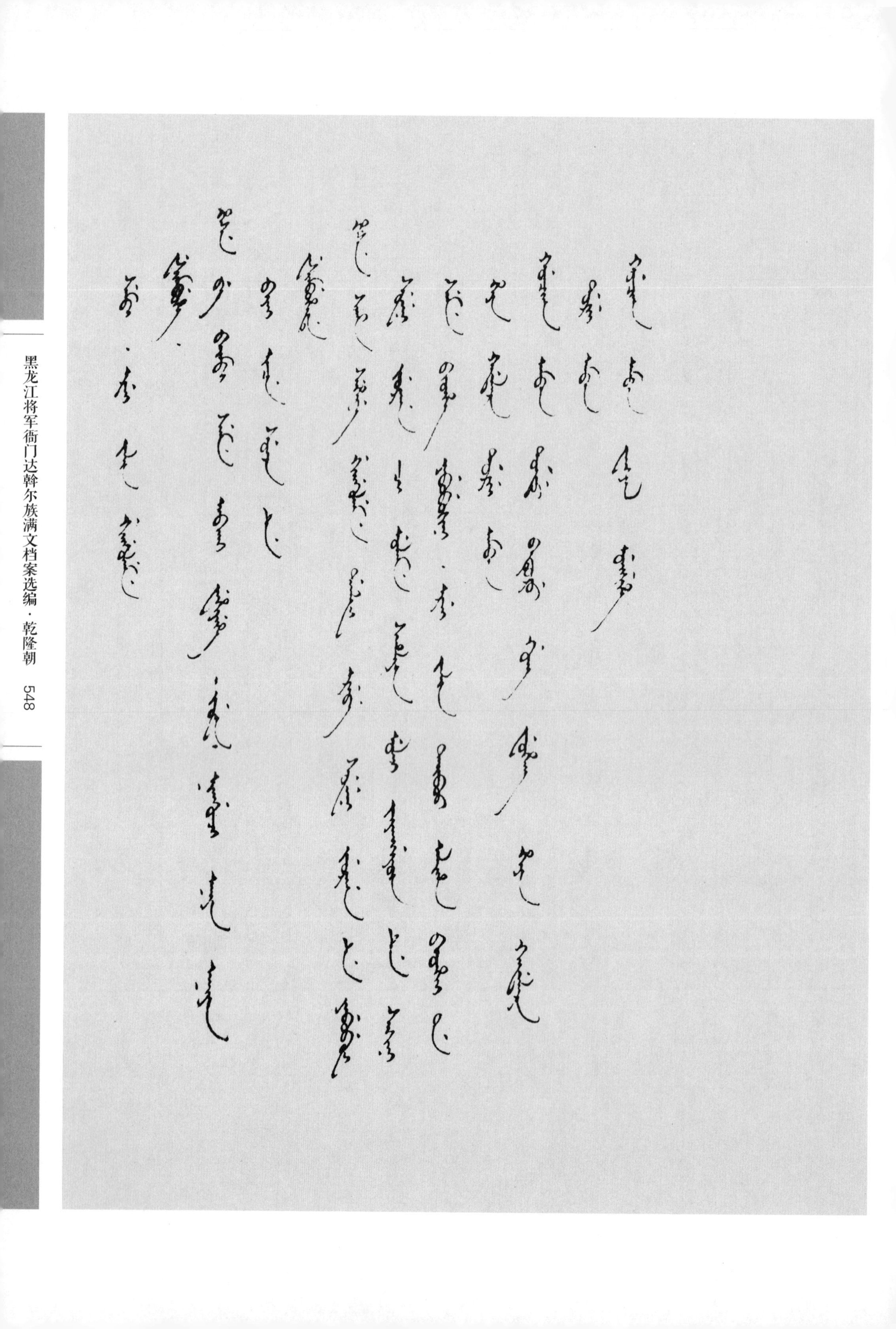

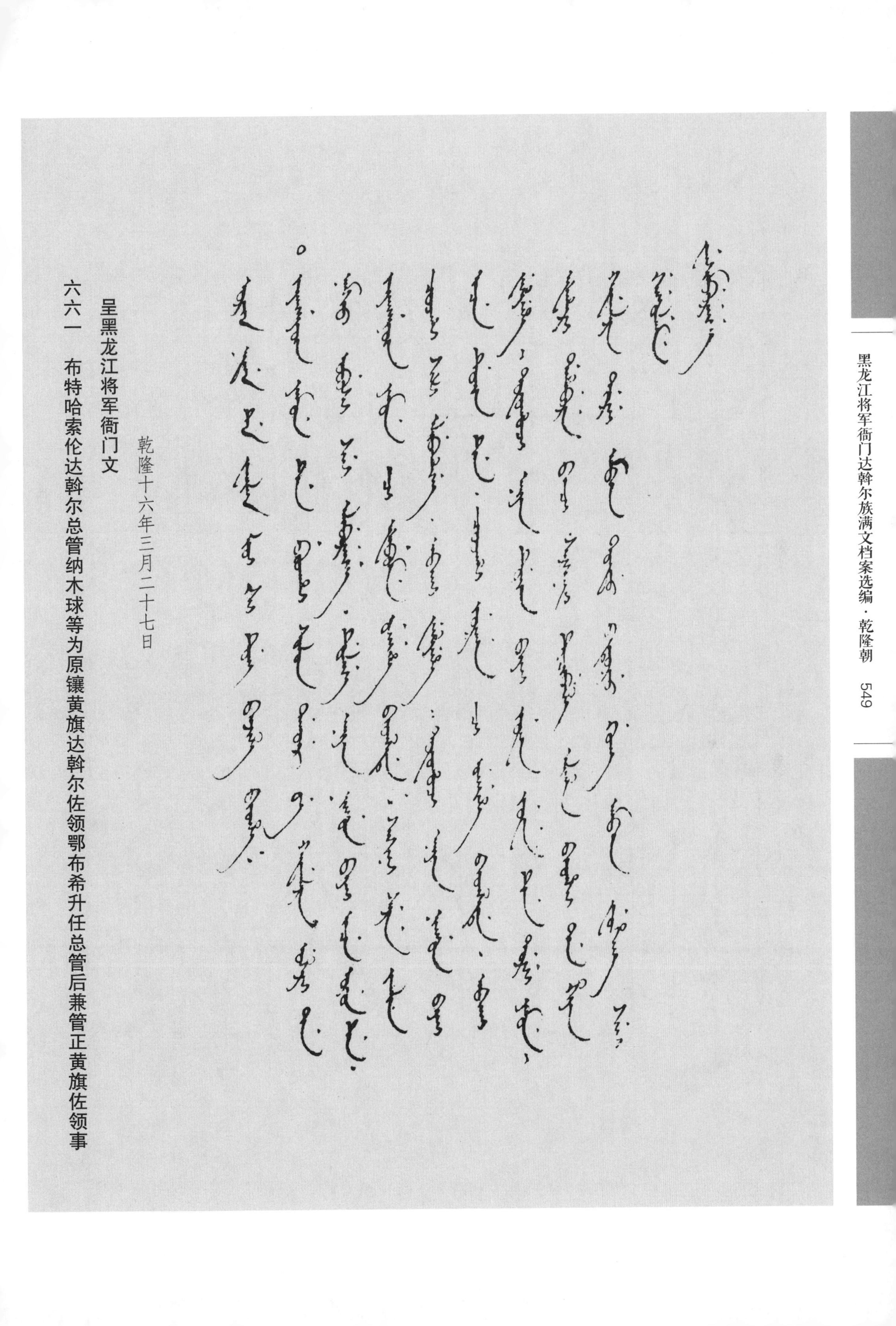

## 六六一　布特哈索伦达斡尔总管纳木球等为原镶黄旗达斡尔佐领鄂布希升任总管后兼管正黄旗佐领事呈黑龙江将军衙门文

乾隆十六年三月二十七日

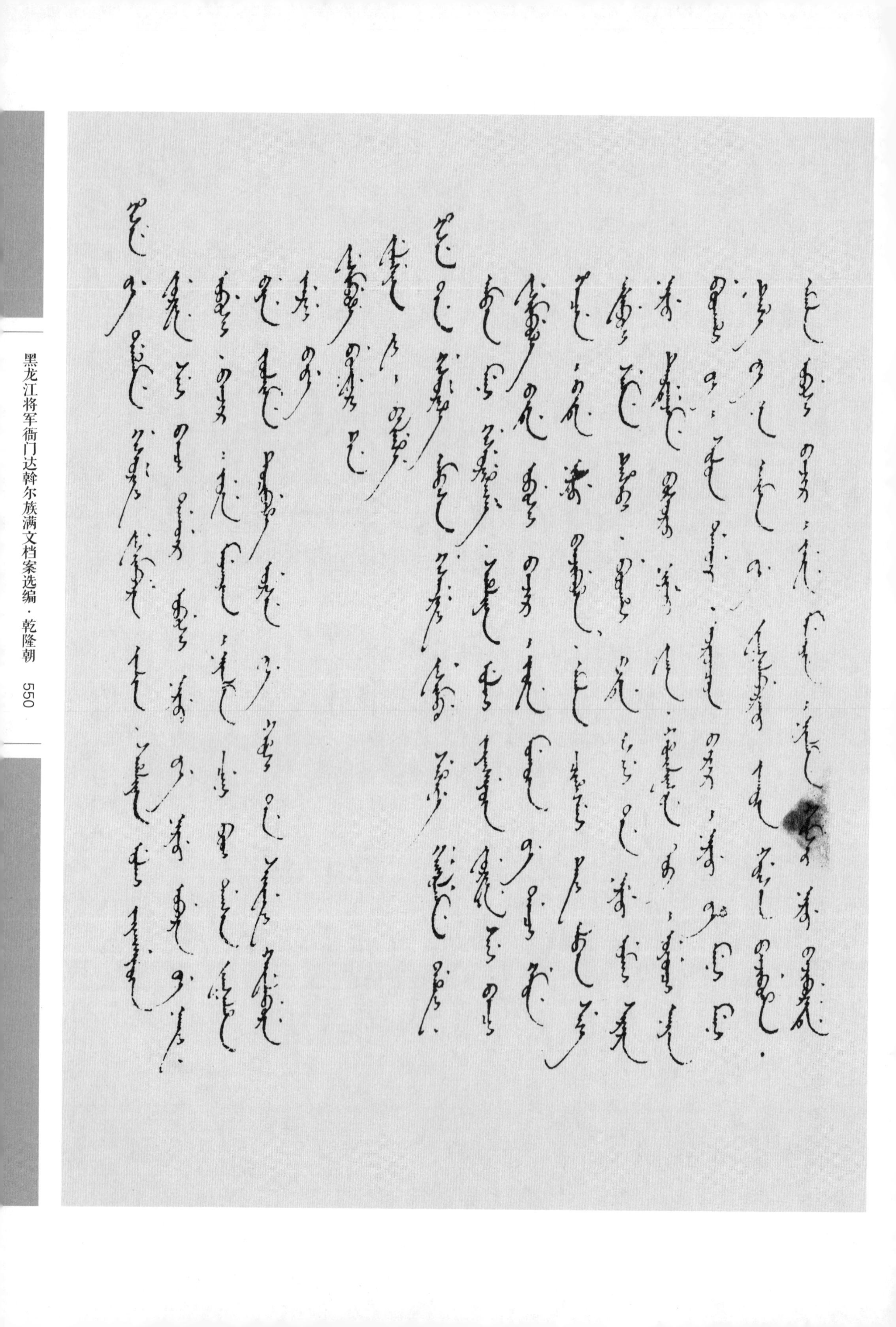

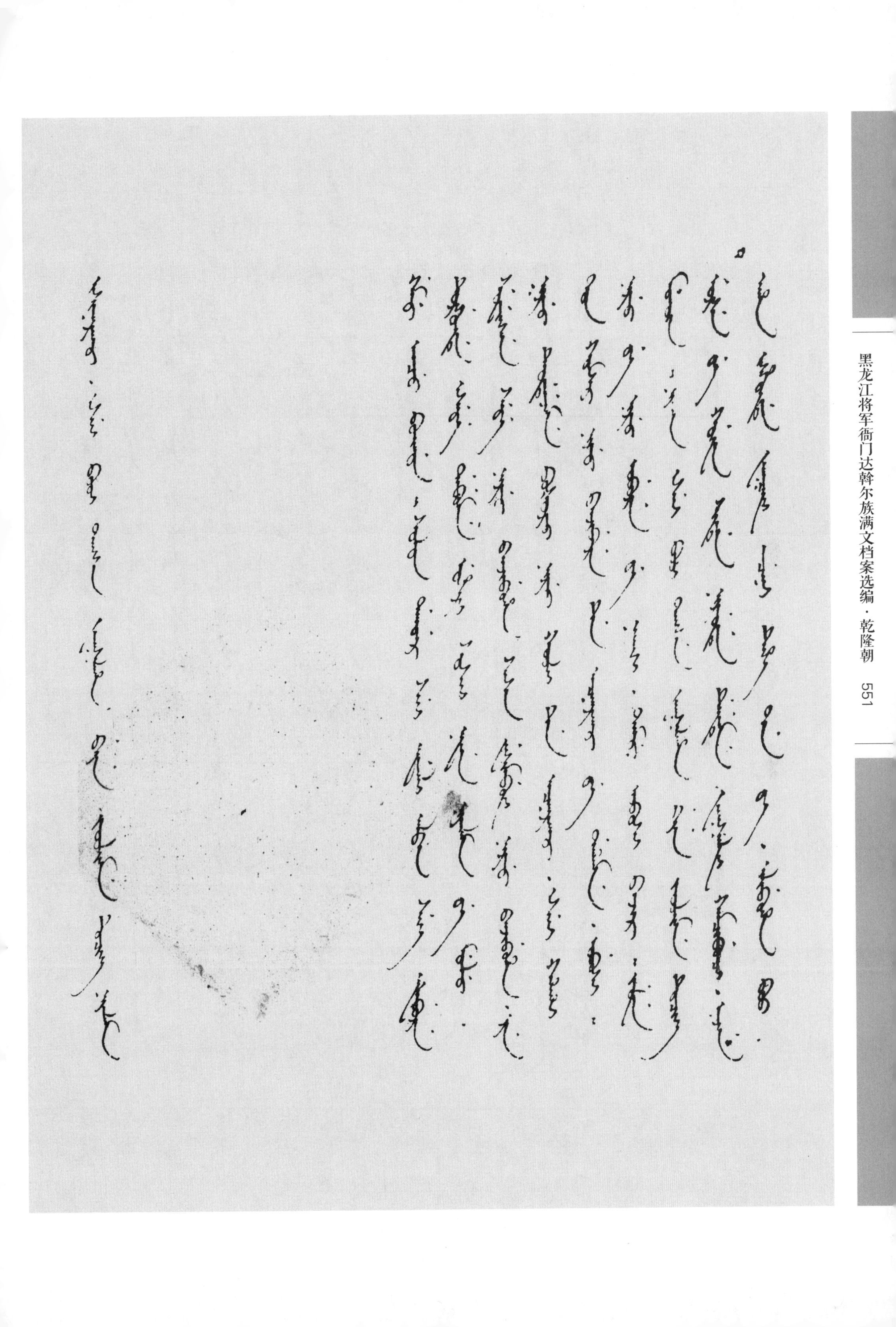

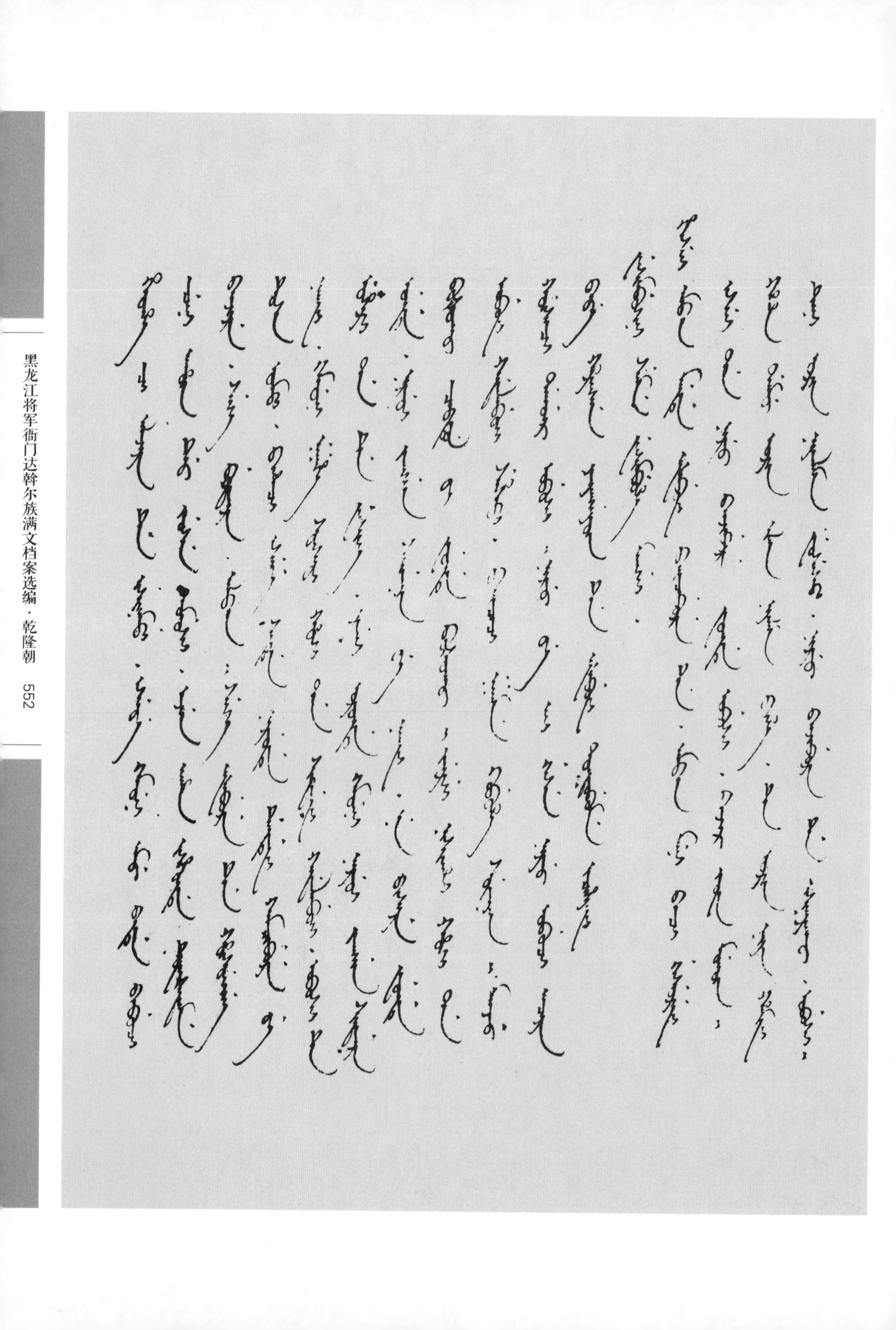

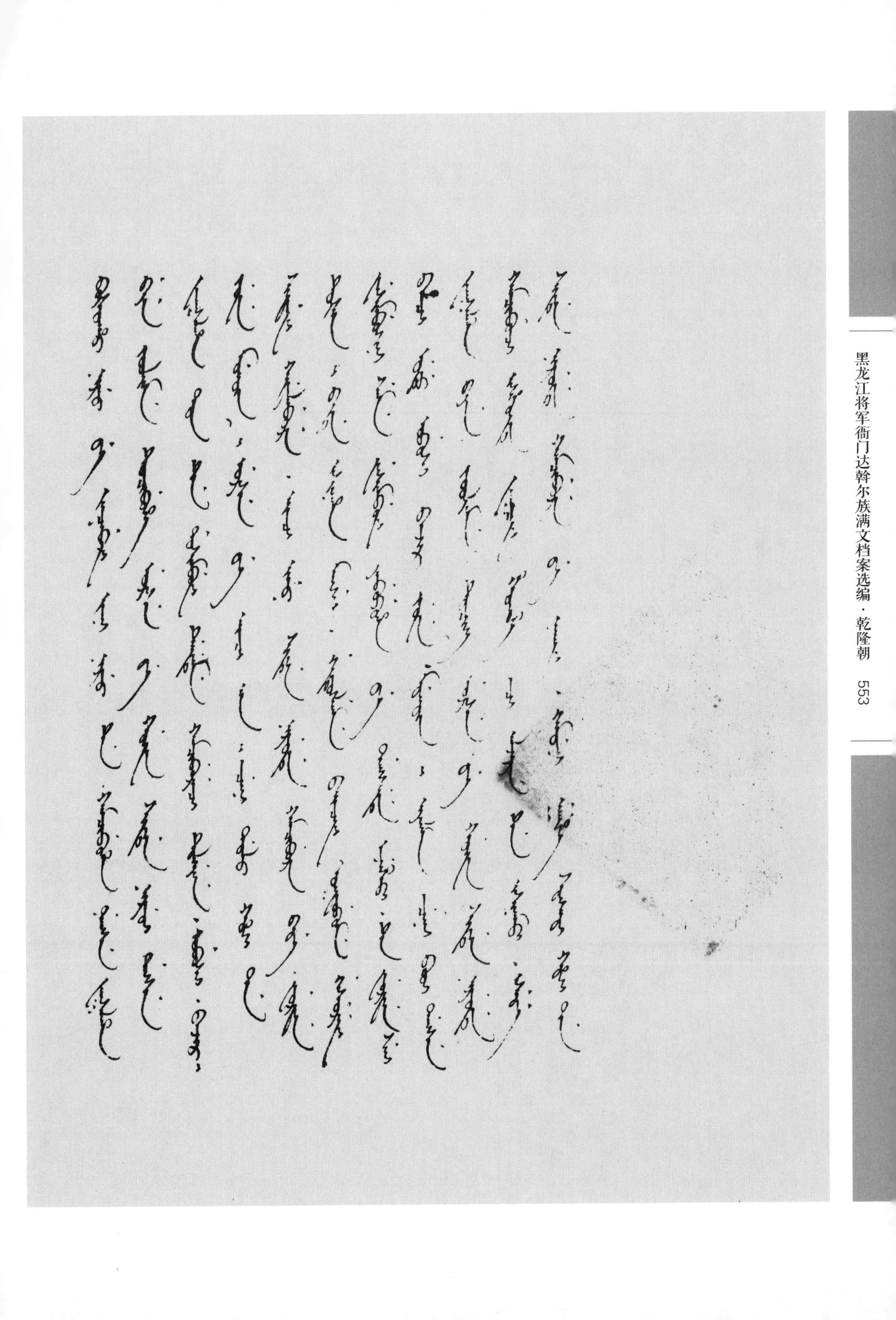

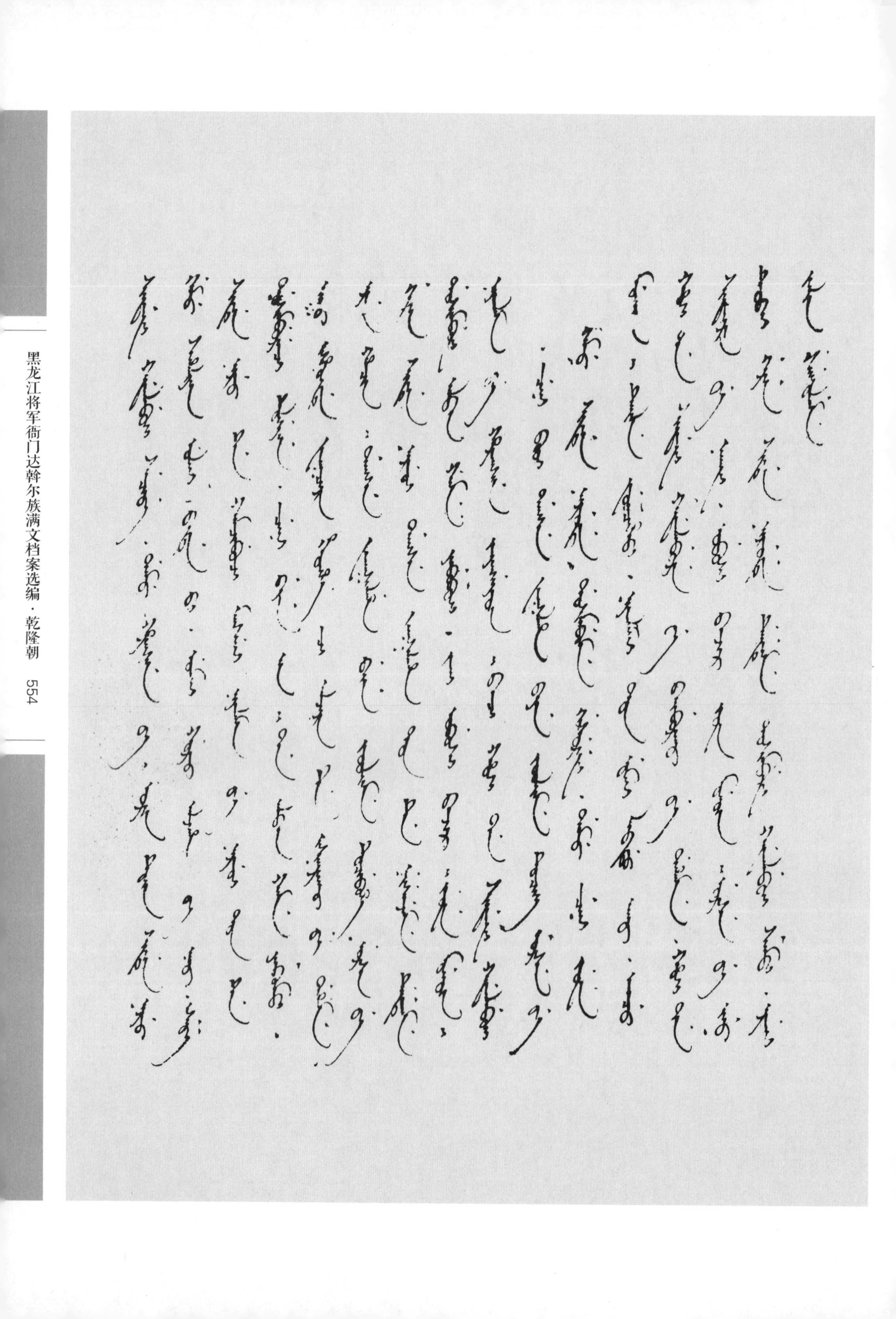

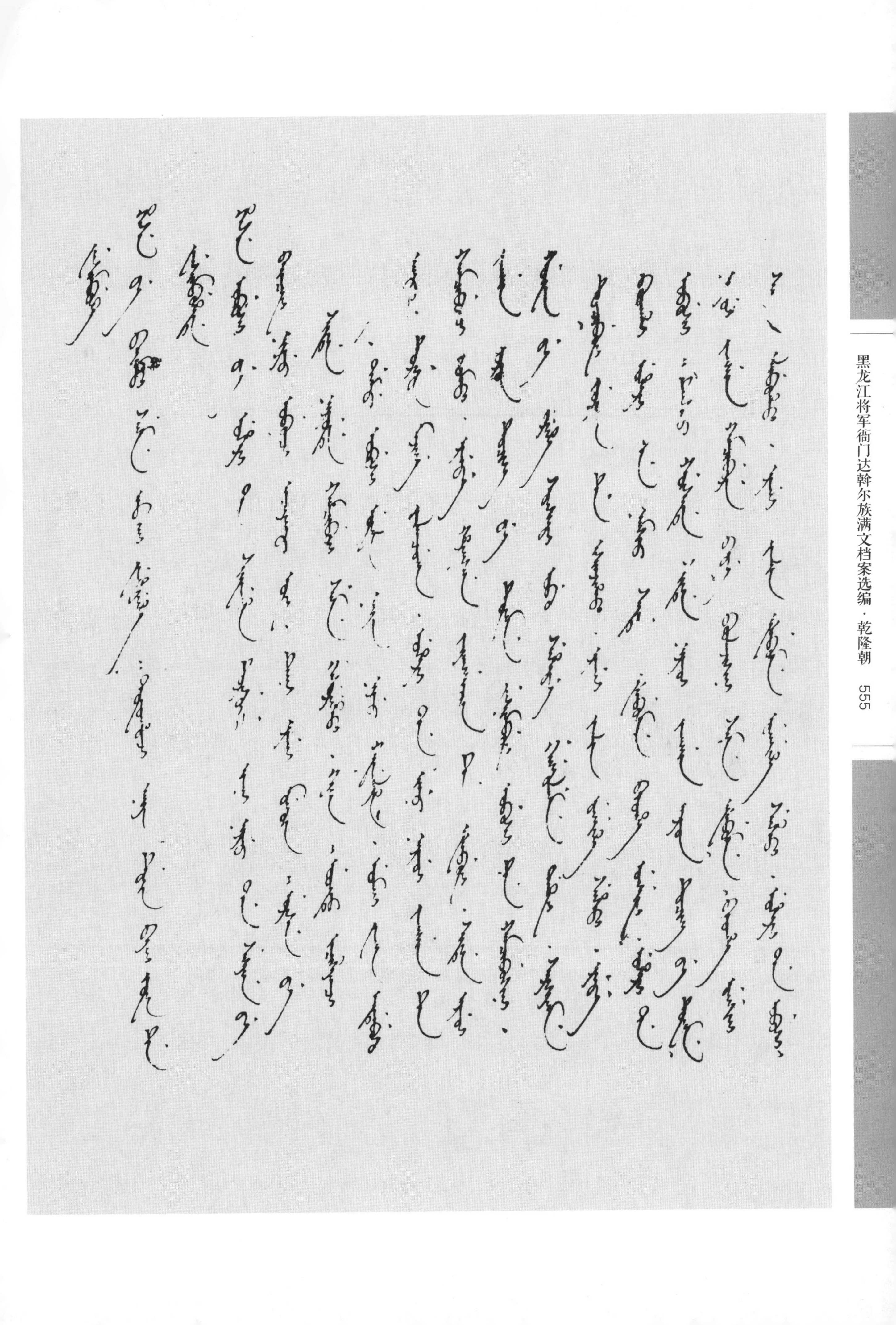

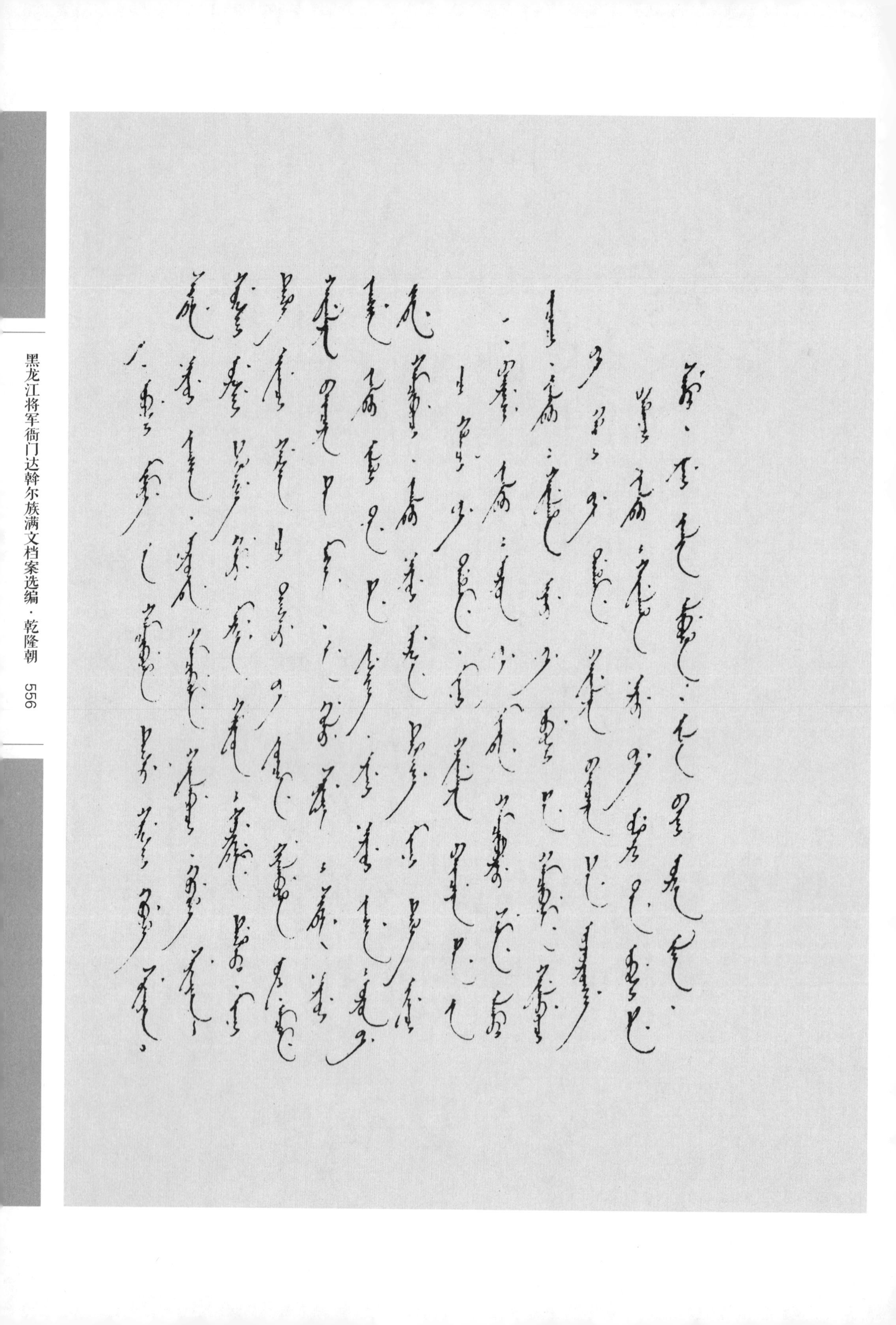

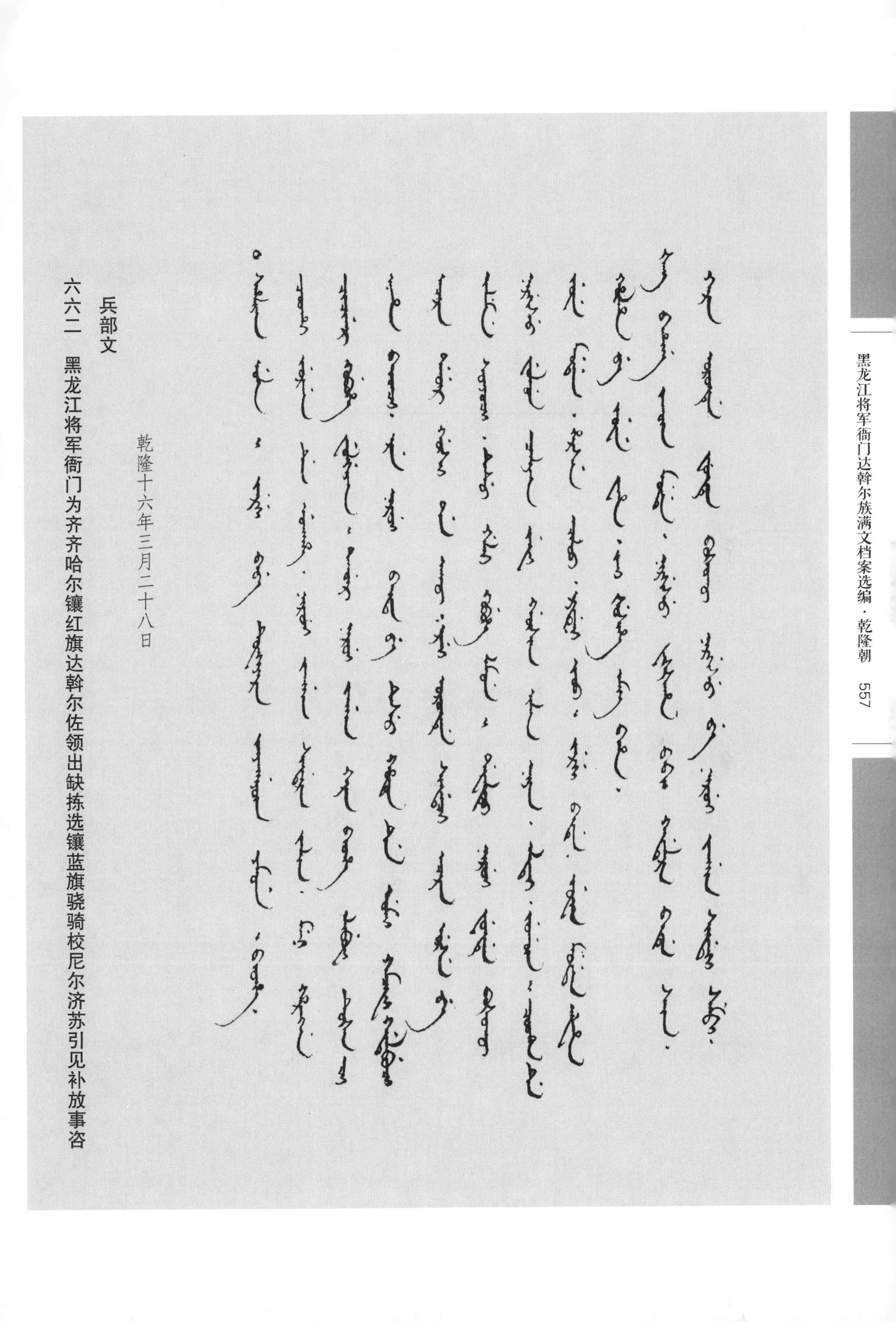

## 六六二 黑龙江将军衙门为齐齐哈尔镶红旗达斡尔佐领出缺拣选镶蓝旗骁骑校尼尔济苏引见补放事咨兵部文

乾隆十六年三月二十八日

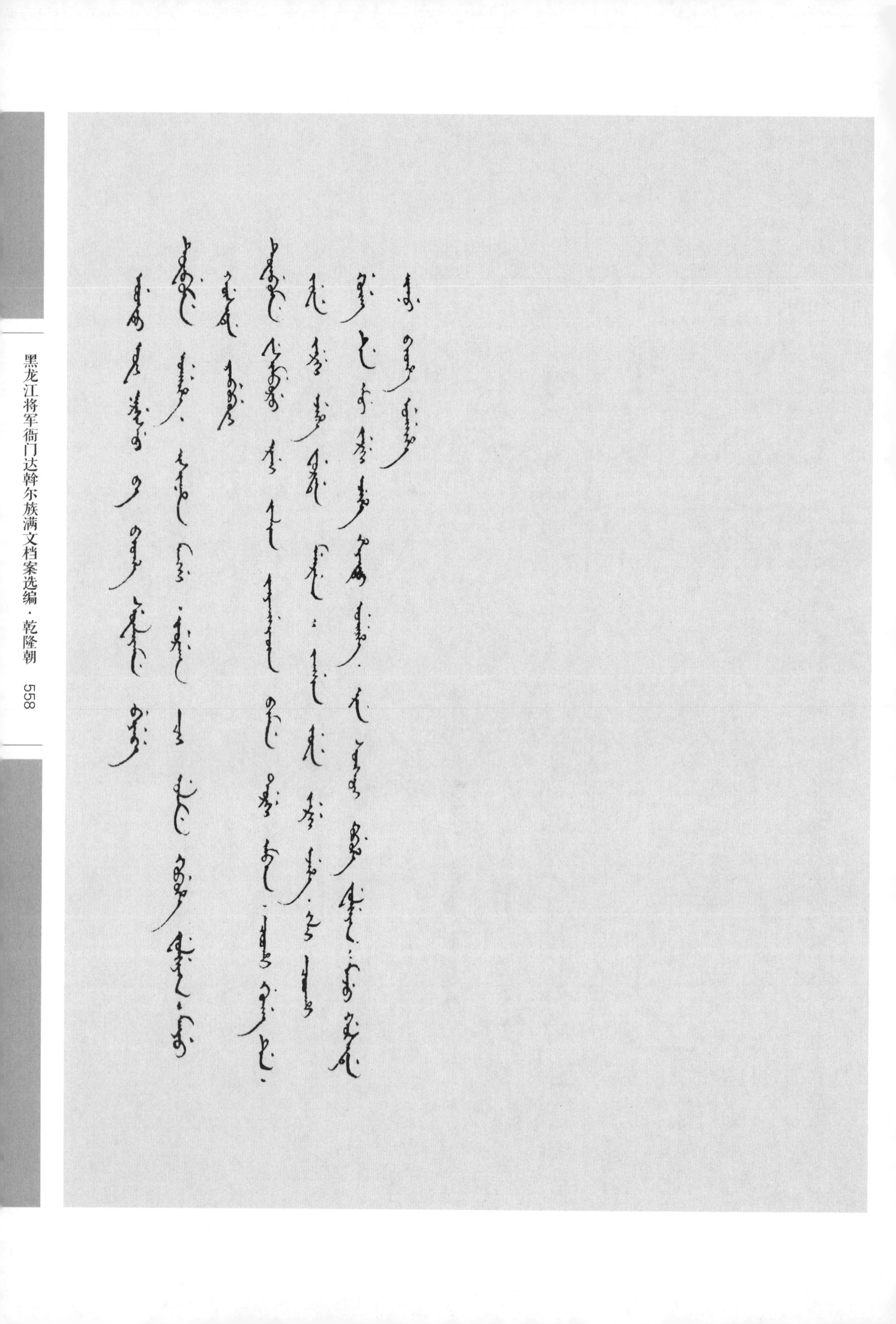

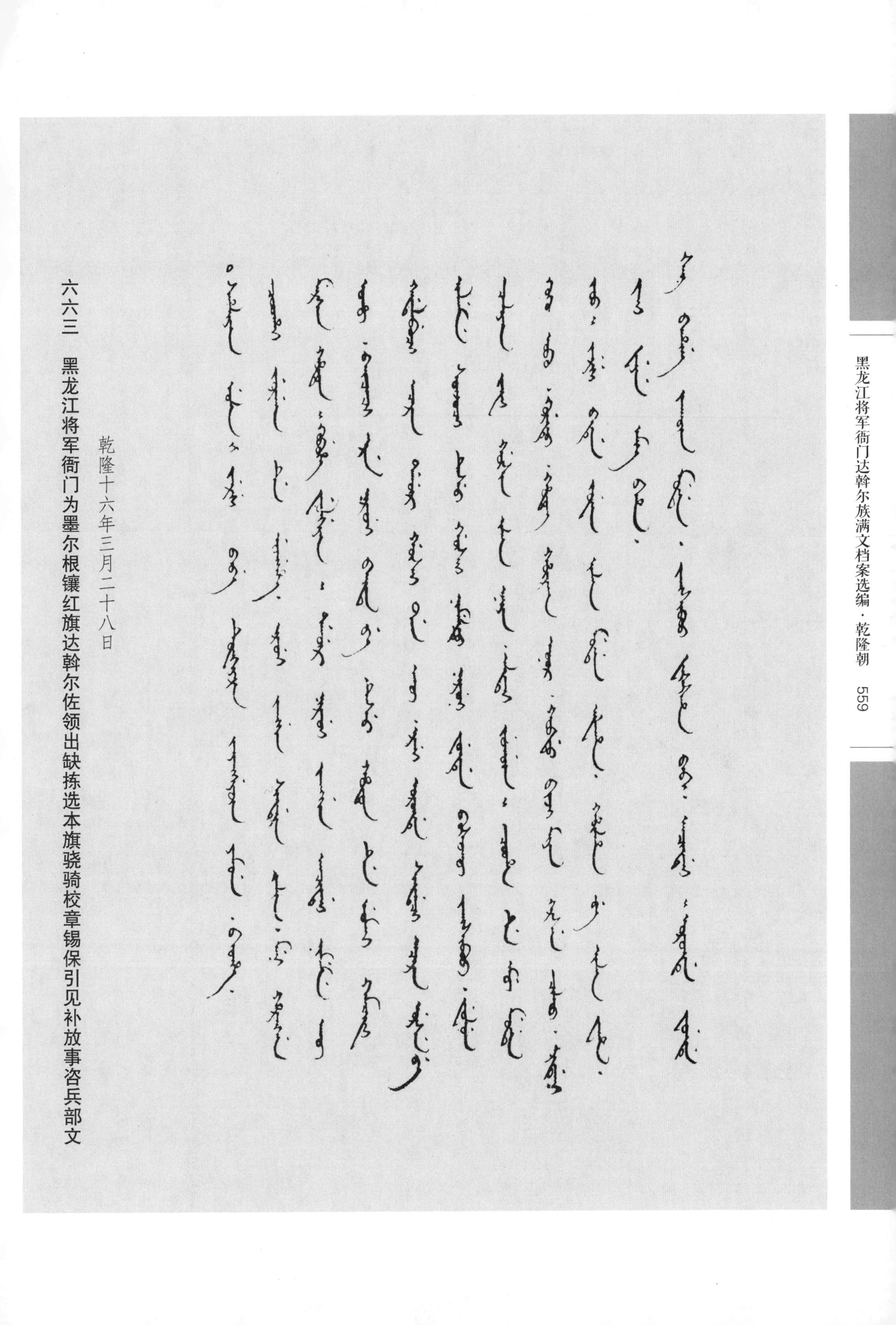

## 六六三 黑龙江将军衙门为墨尔根镶红旗达斡尔佐领出缺拣选本旗骁骑校章锡保引见补放事咨兵部文

乾隆十六年三月二十八日

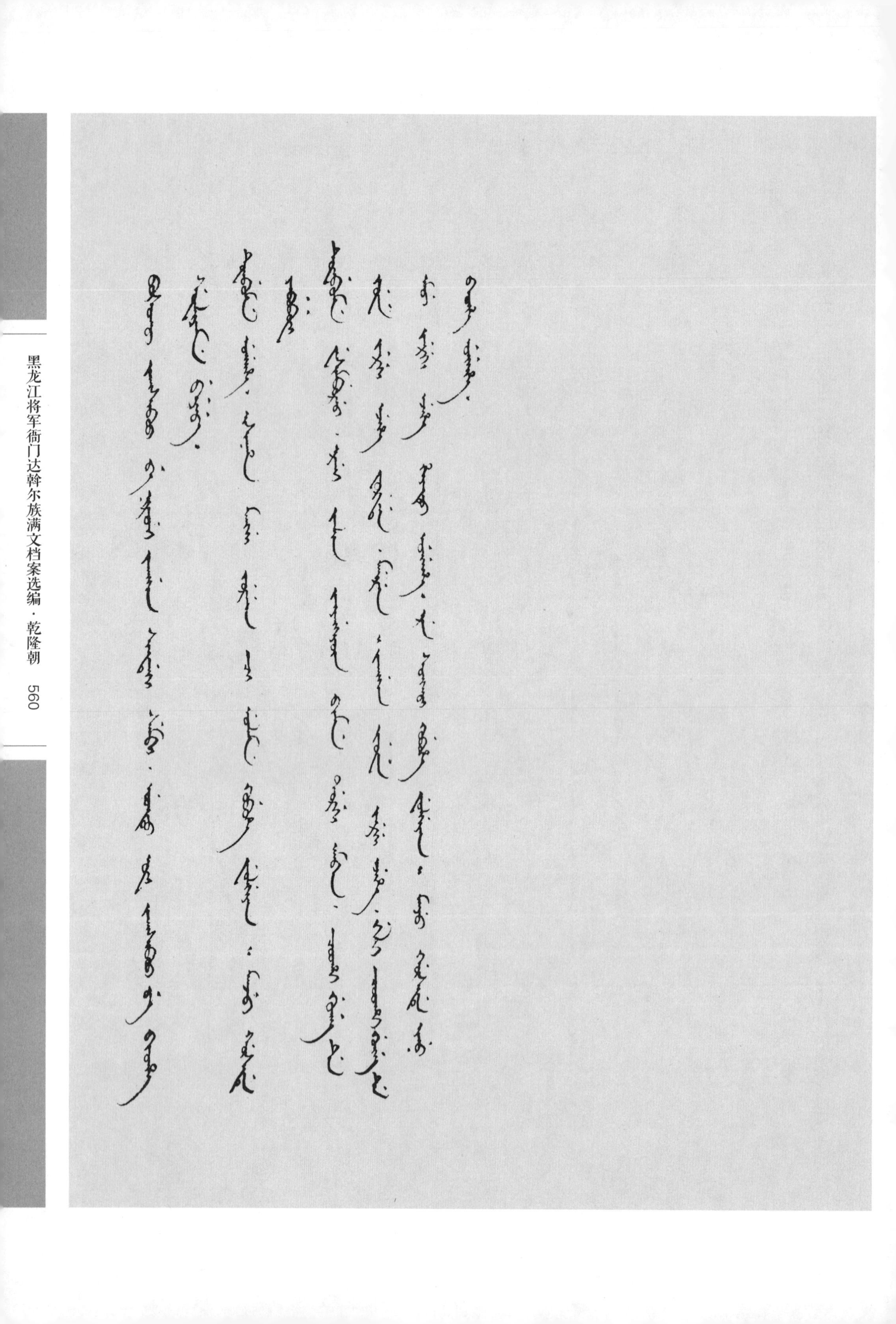

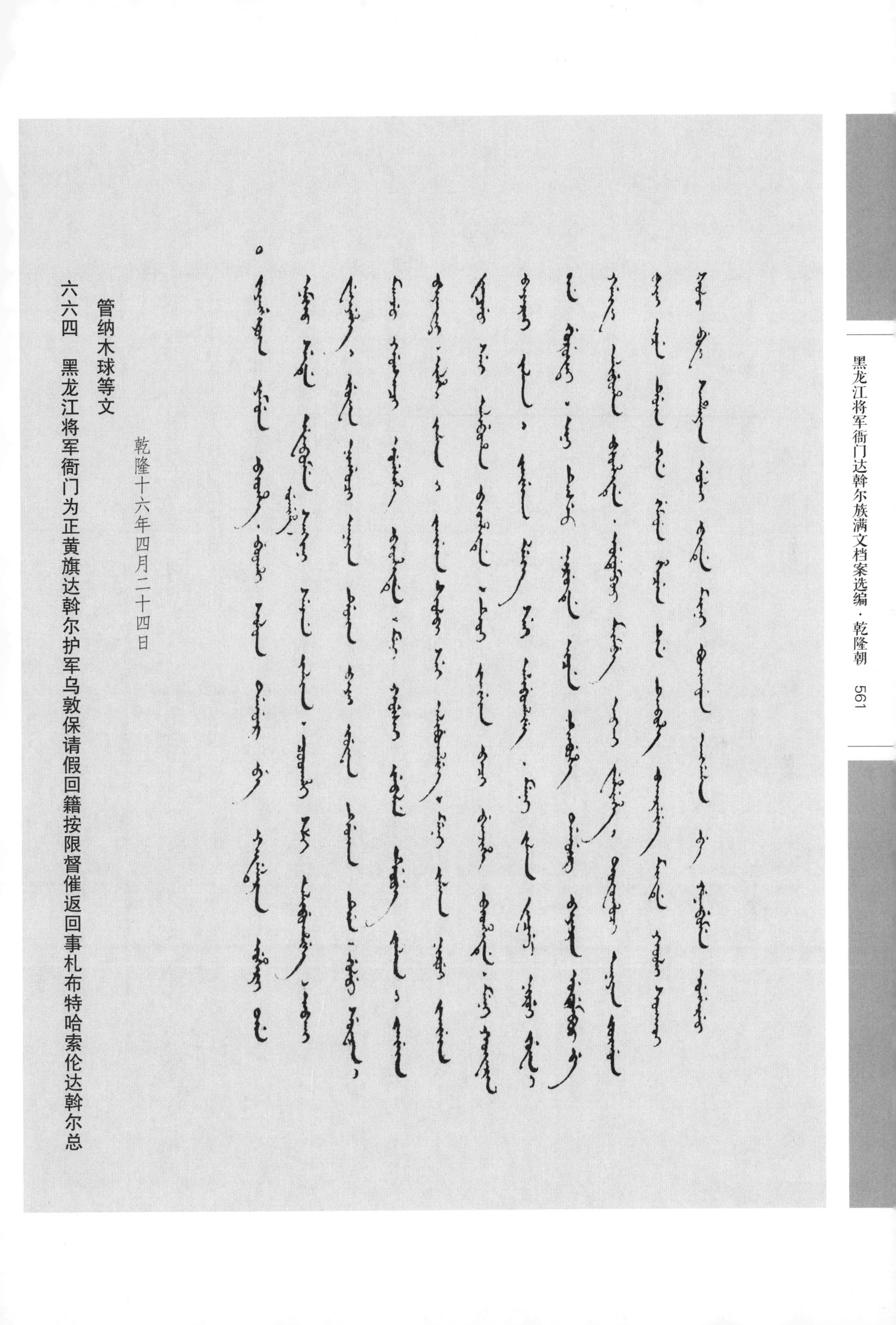

## 六六四　黑龙江将军衙门为正黄旗达斡尔护军乌敦保请假回籍按限督催返回事札布特哈索伦达斡尔总管纳木球等文

乾隆十六年四月二十四日

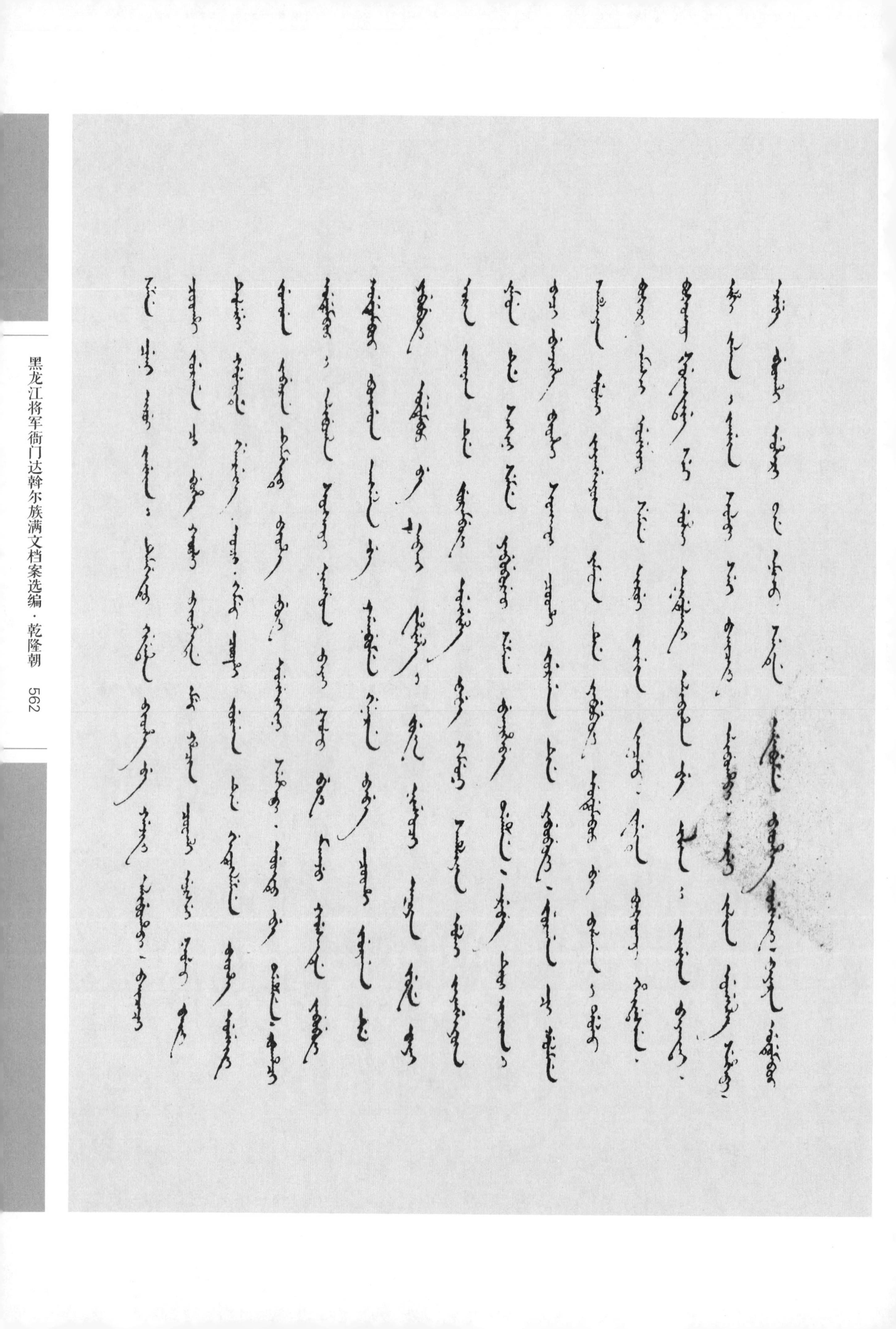

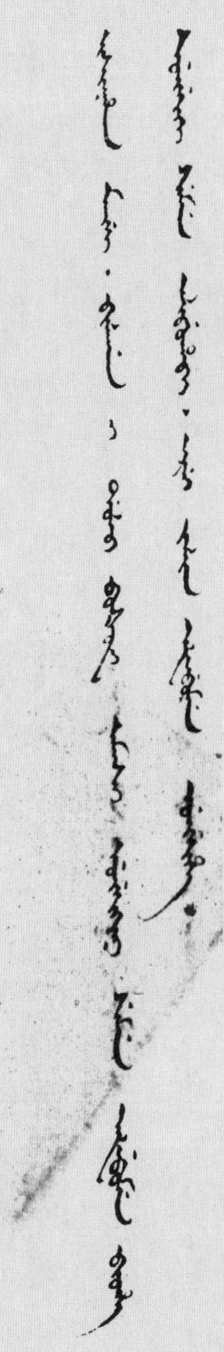

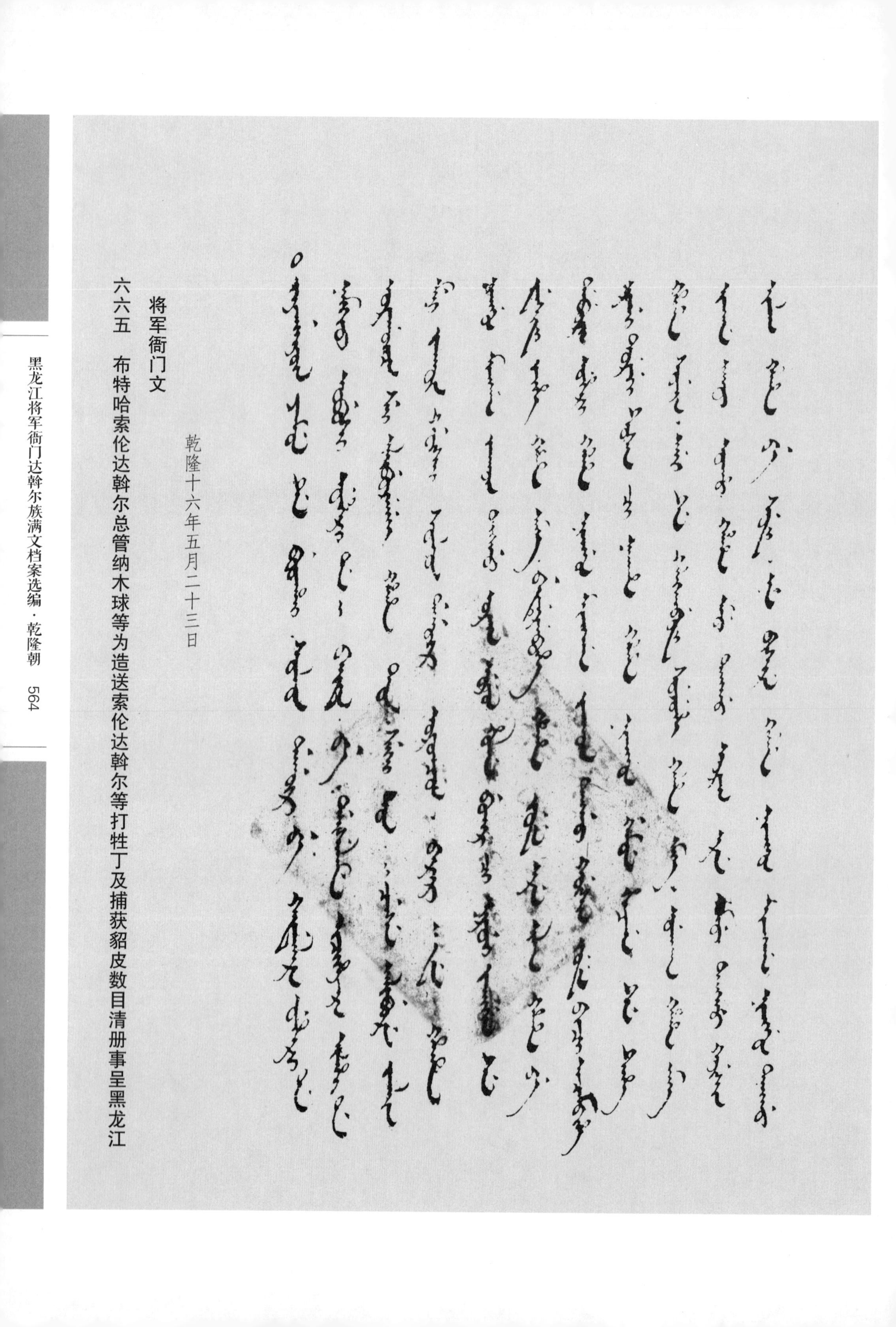

## 六六五　布特哈索伦达斡尔总管纳木球等为造送索伦达斡尔等打牲丁及捕获貂皮数目清册事呈黑龙江将军衙门文

乾隆十六年五月二十三日

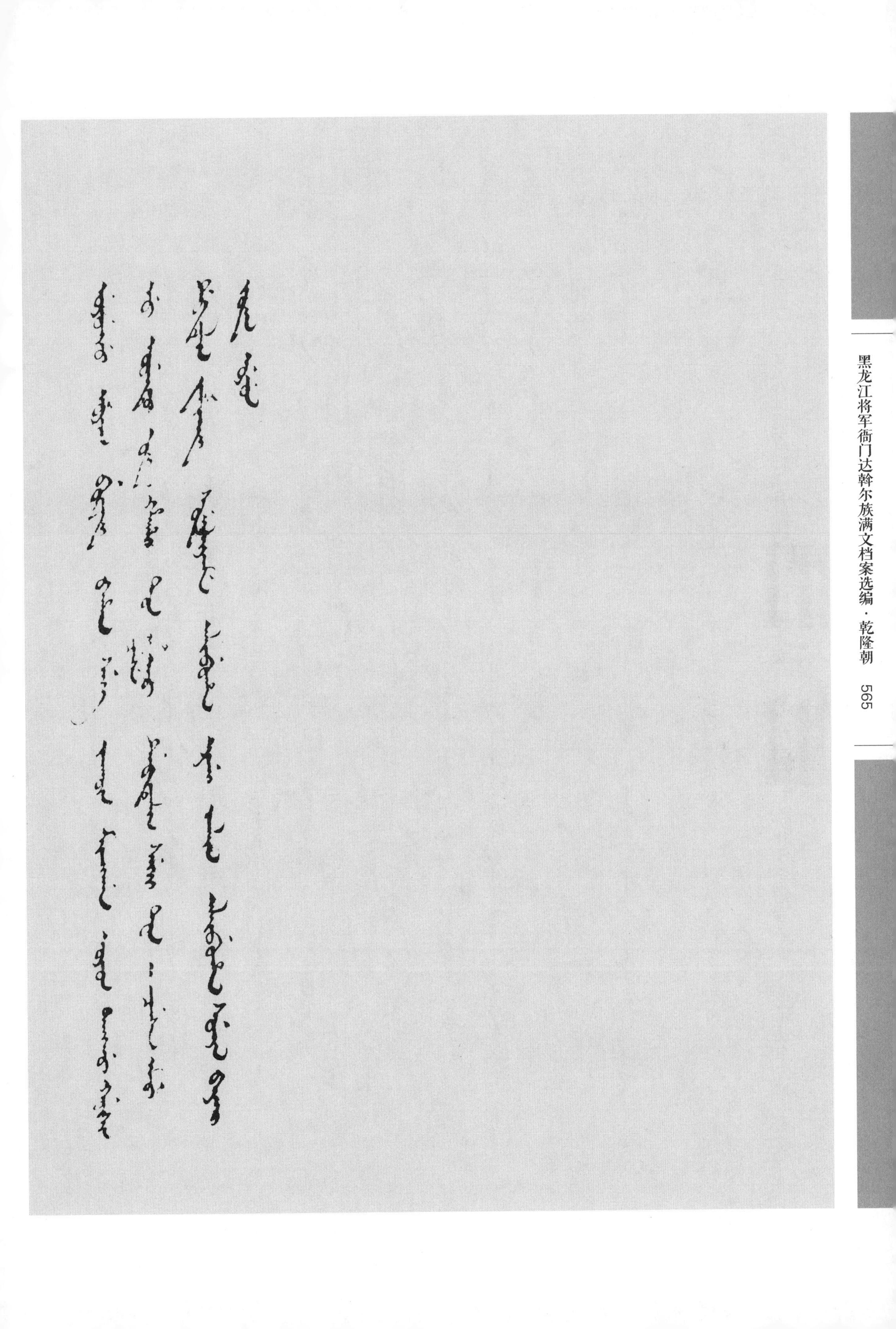

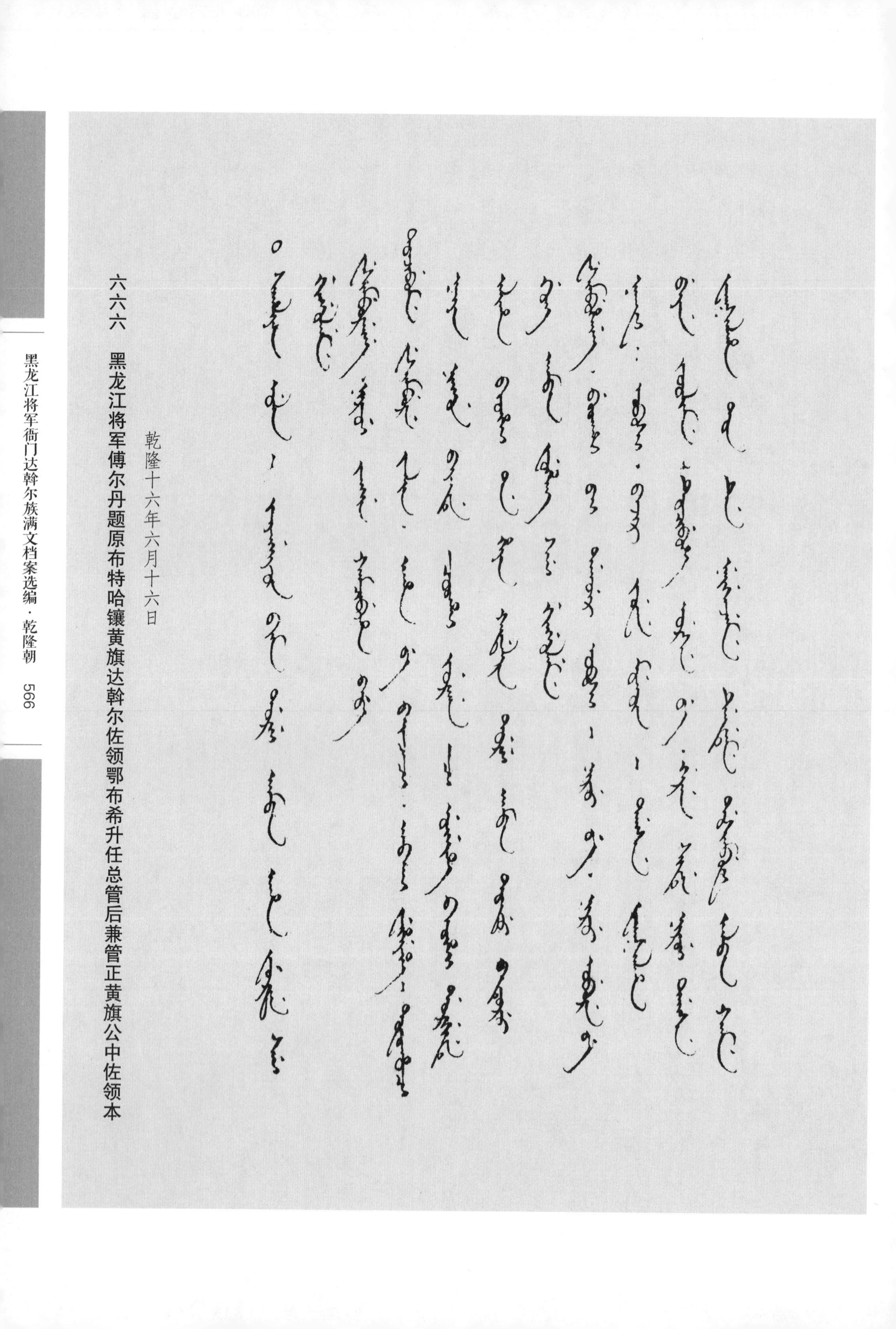

## 六六六 黑龙江将军傅尔丹题原布特哈镶黄旗达斡尔佐领鄂布希升任总管后兼管正黄旗公中佐领本

乾隆十六年六月十六日

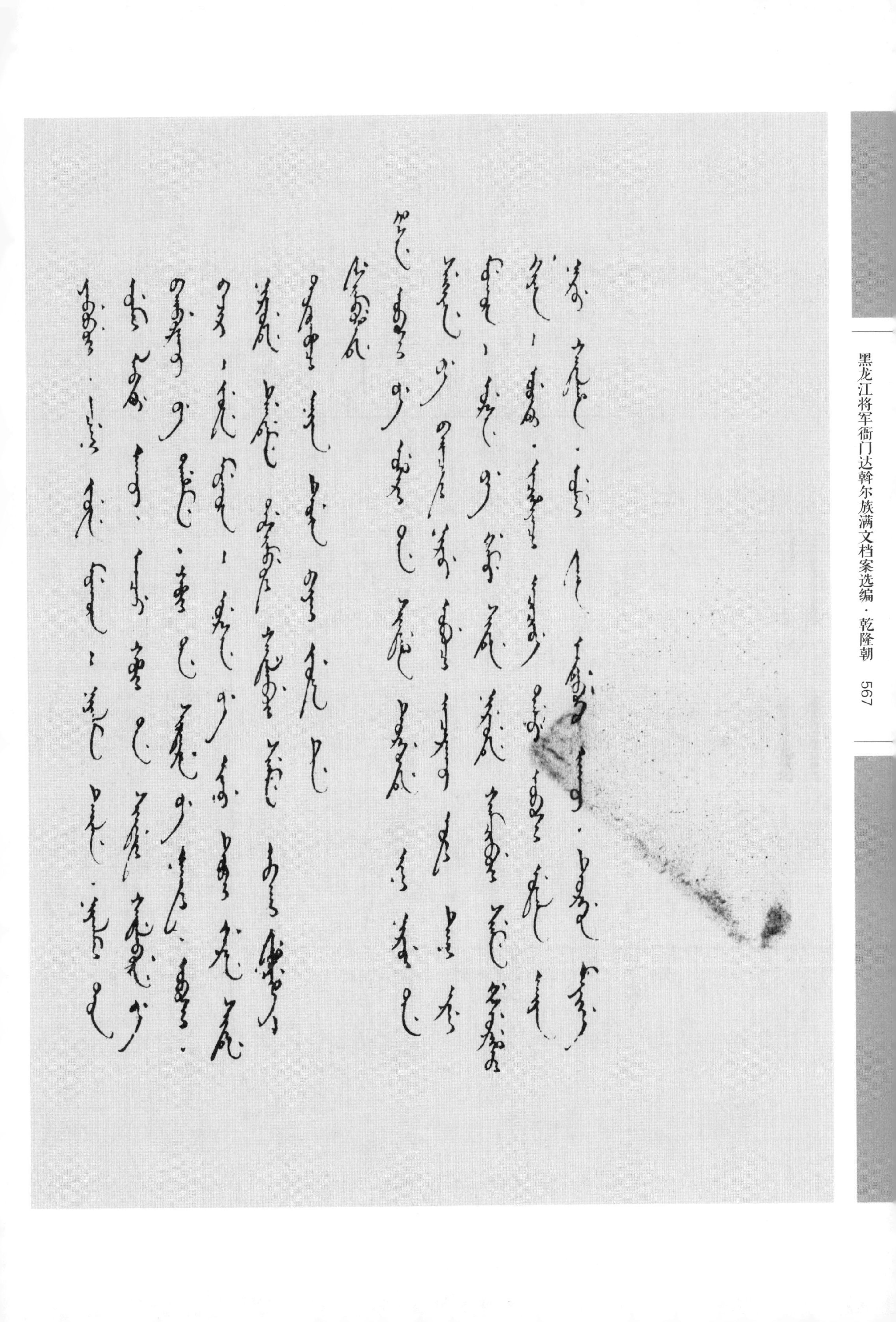

[illegible]

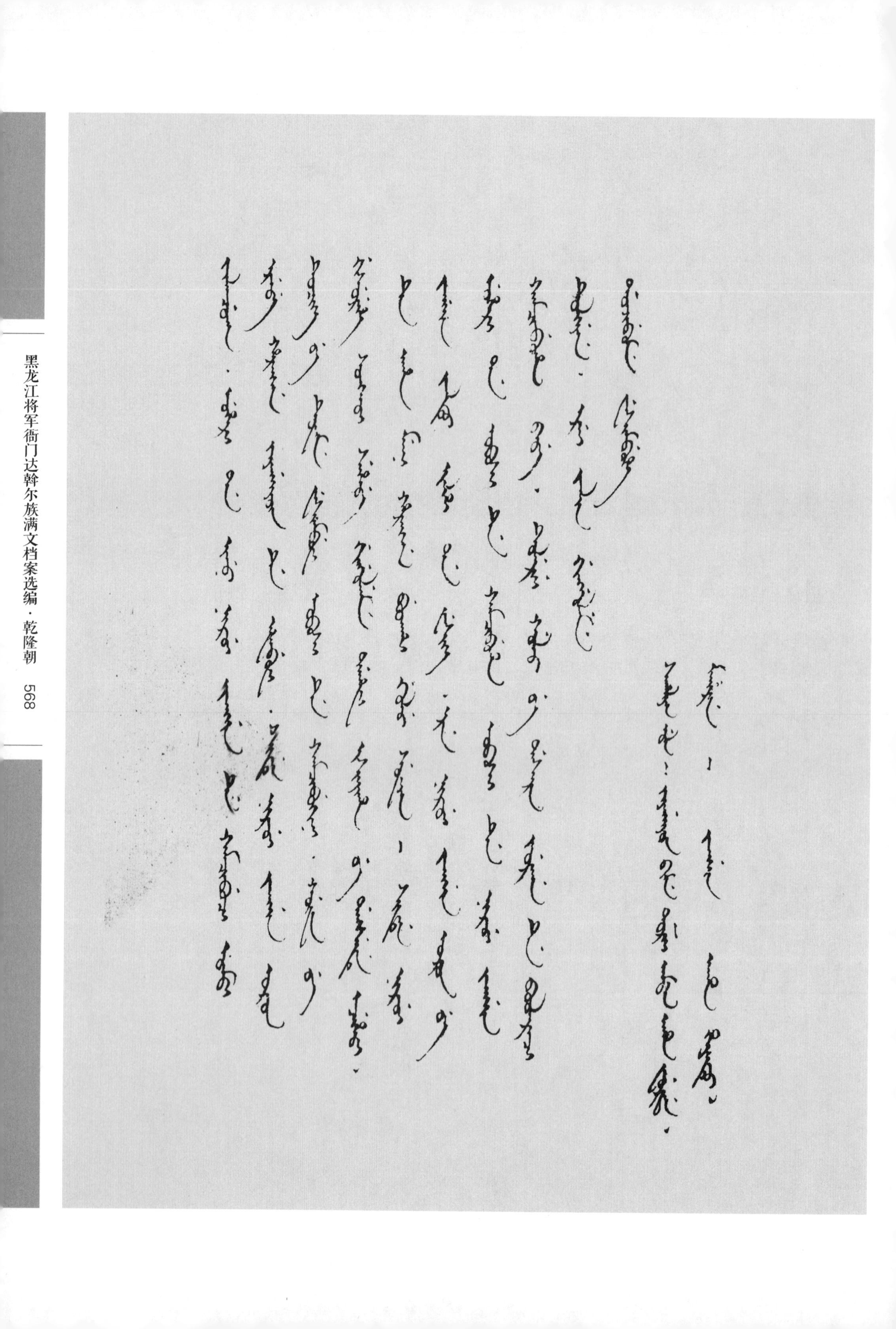

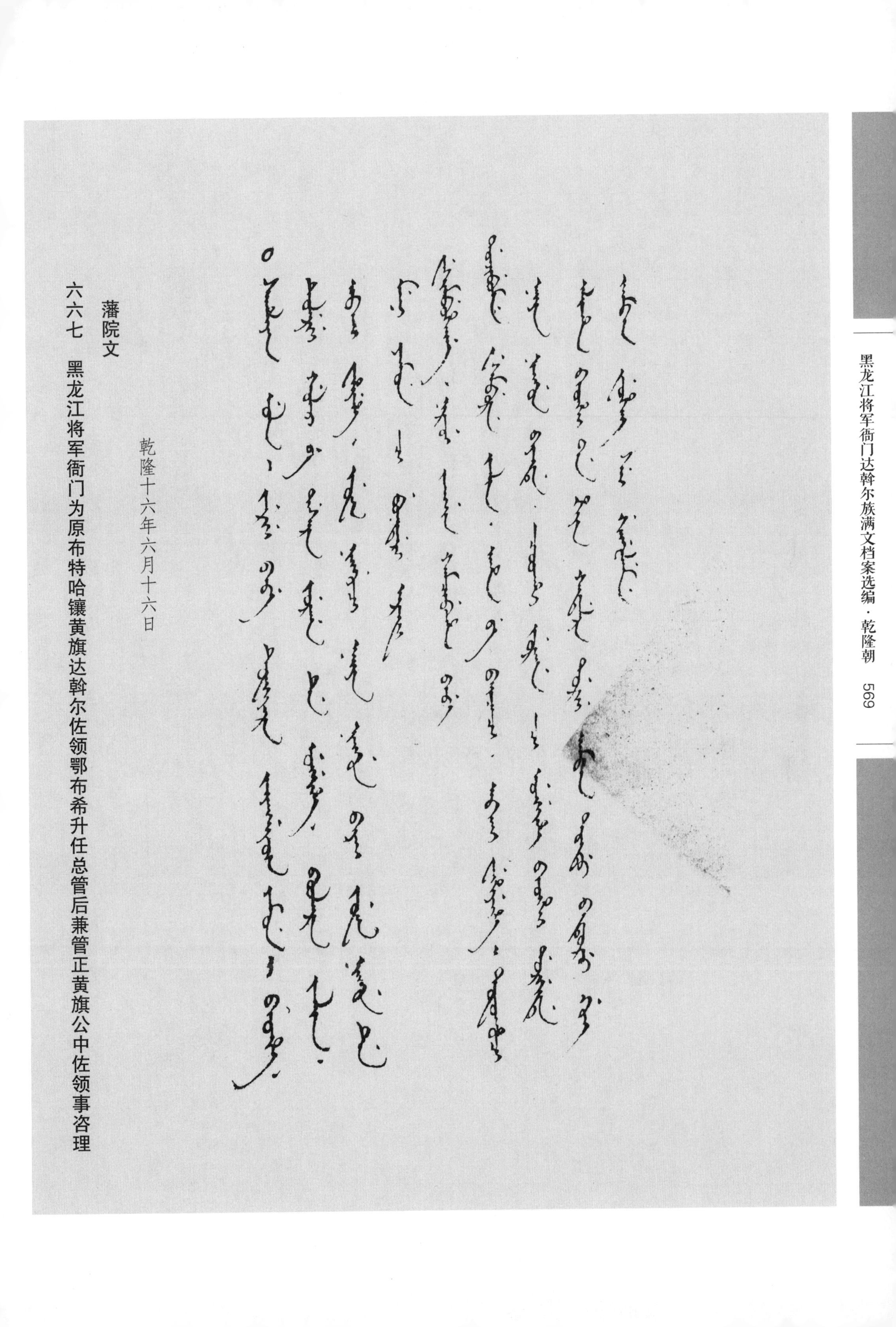

乾隆十六年六月十六日

藩院文

## 六六七　黑龙江将军衙门为原布特哈镶黄旗达斡尔佐领鄂布希升任总管后兼管正黄旗公中佐领事咨理

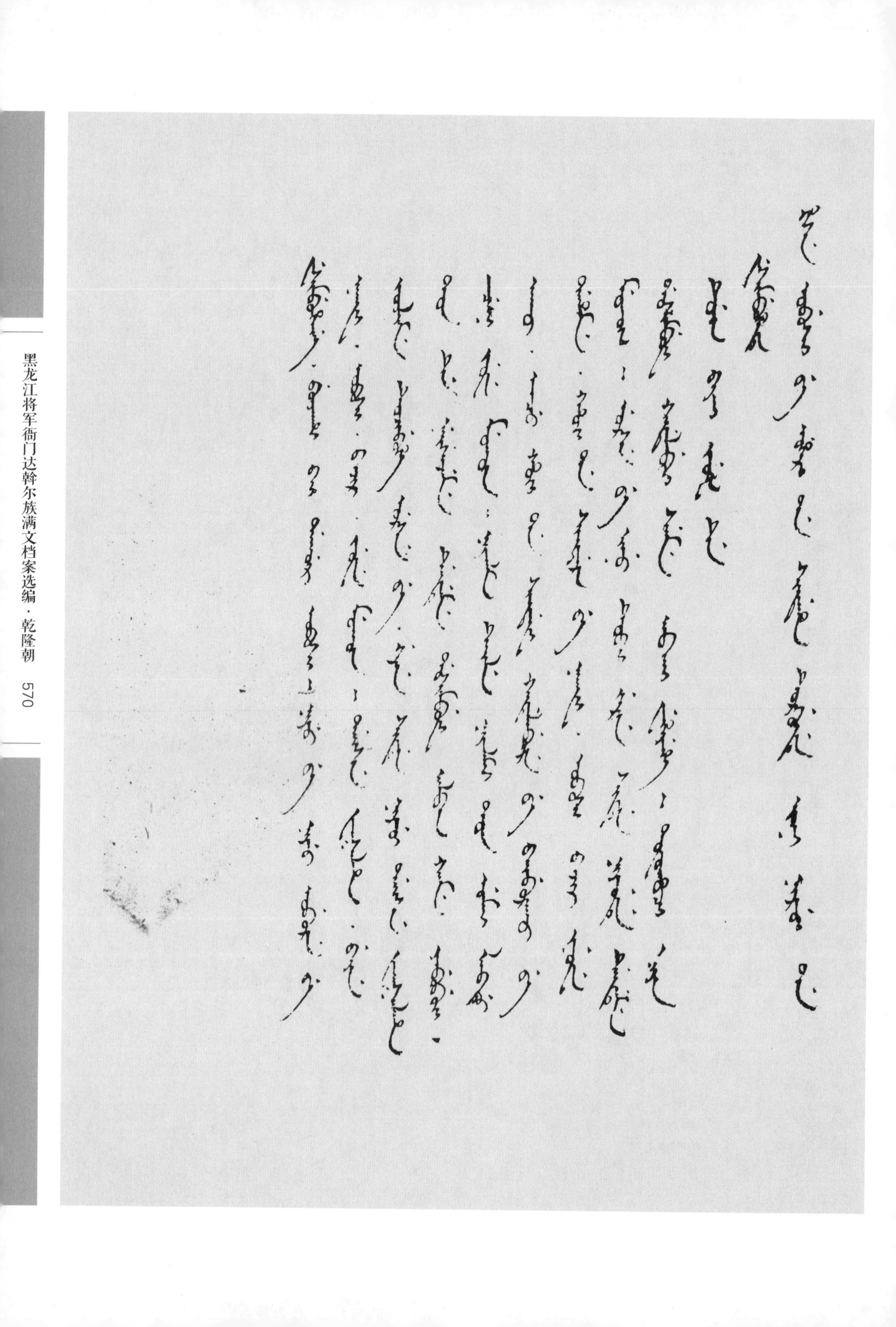

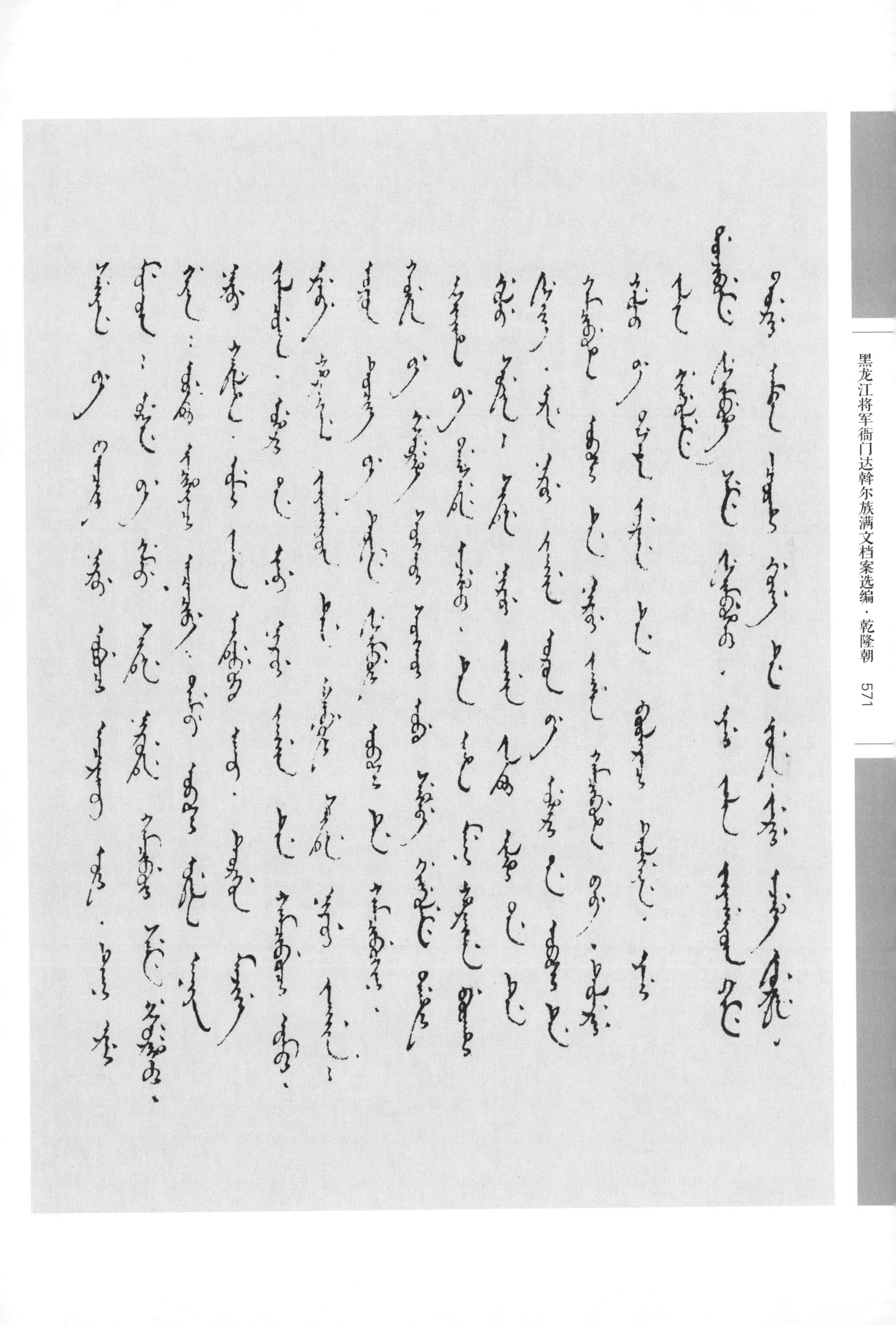

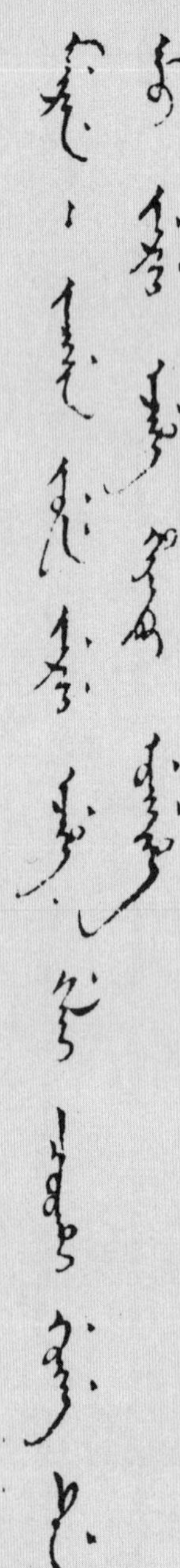

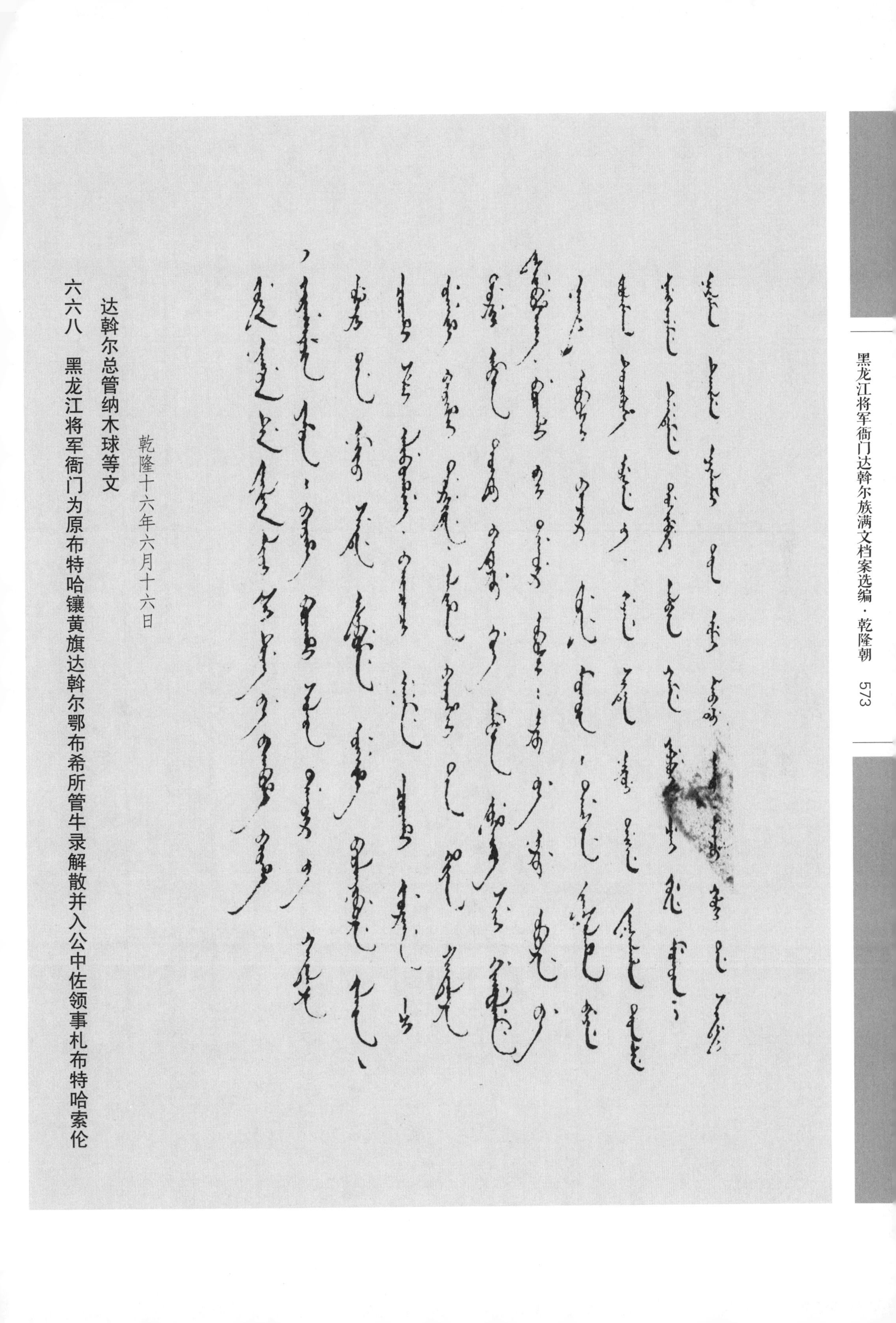

## 六六八　黑龙江将军衙门为原布特哈镶黄旗达斡尔鄂布希所管牛录解散并入公中佐领事札布特哈索伦达斡尔总管纳木球等文

乾隆十六年六月十六日

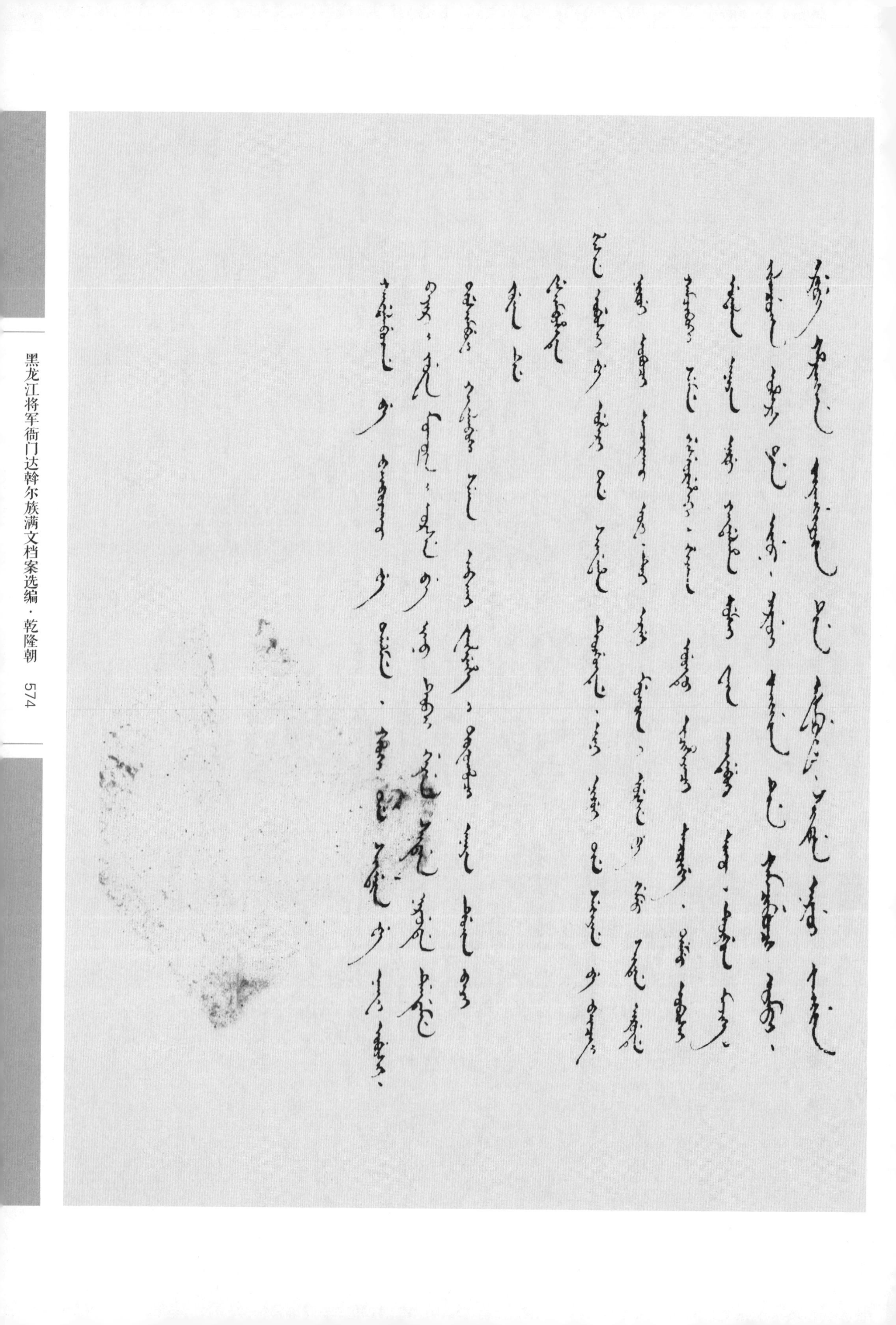

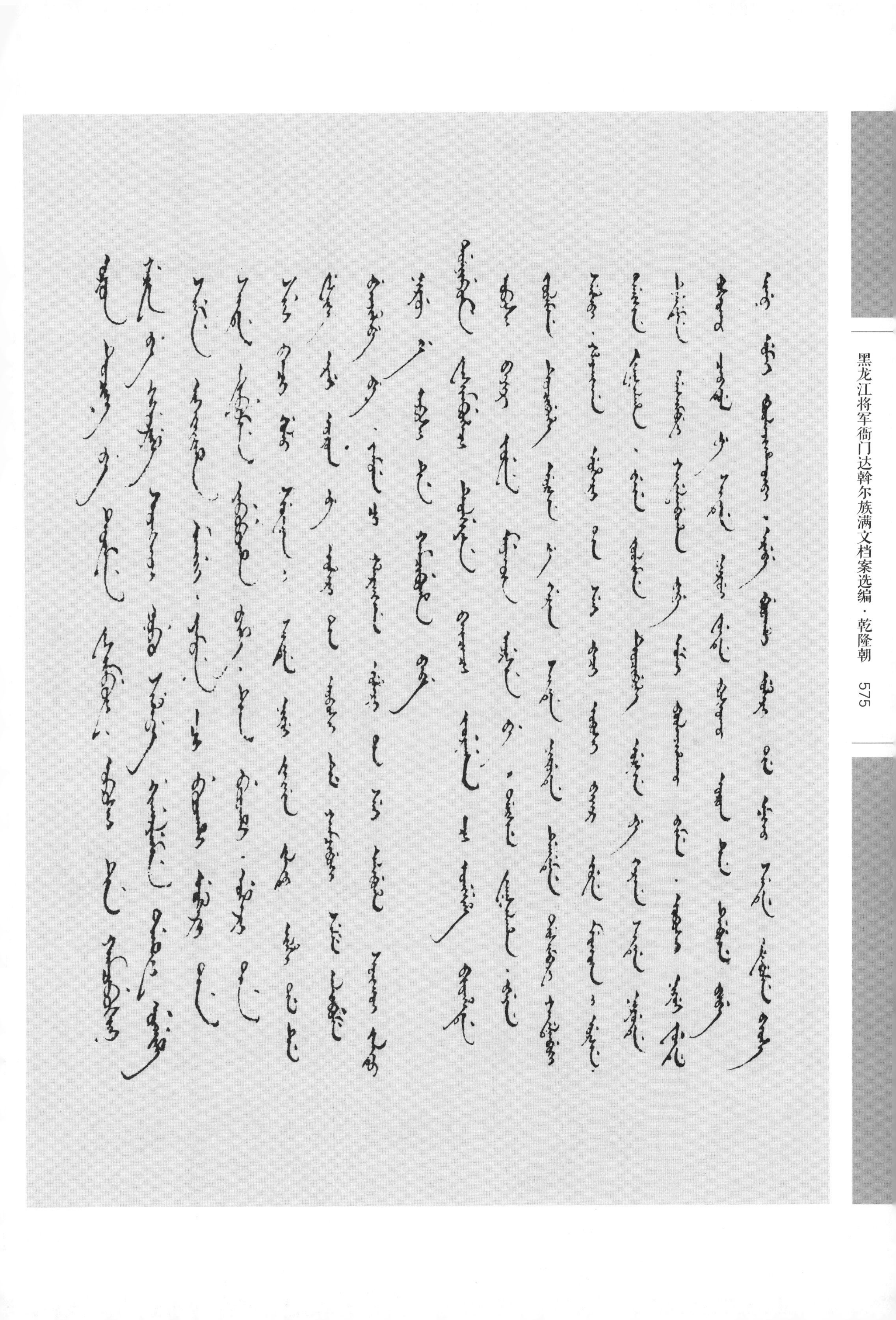

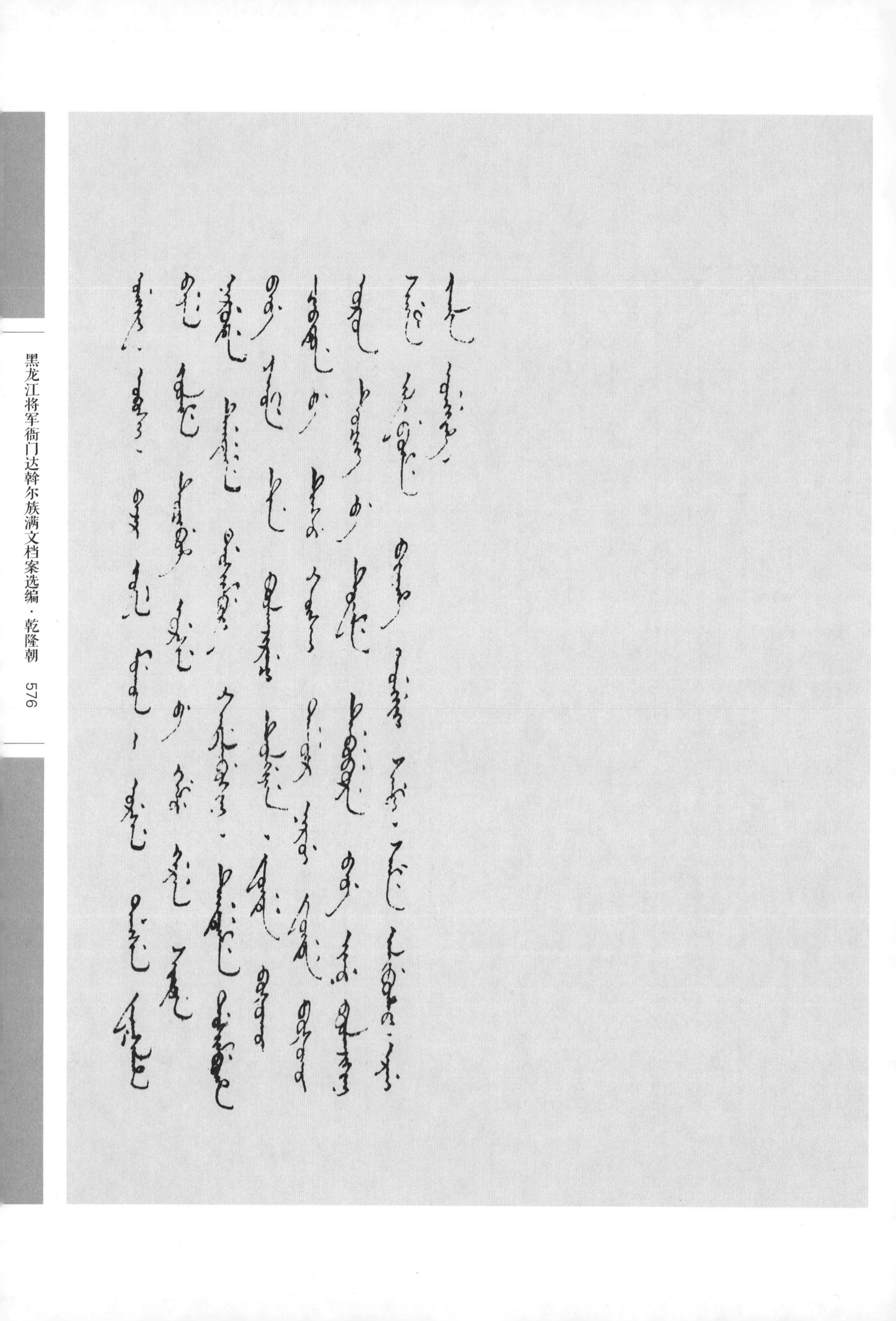

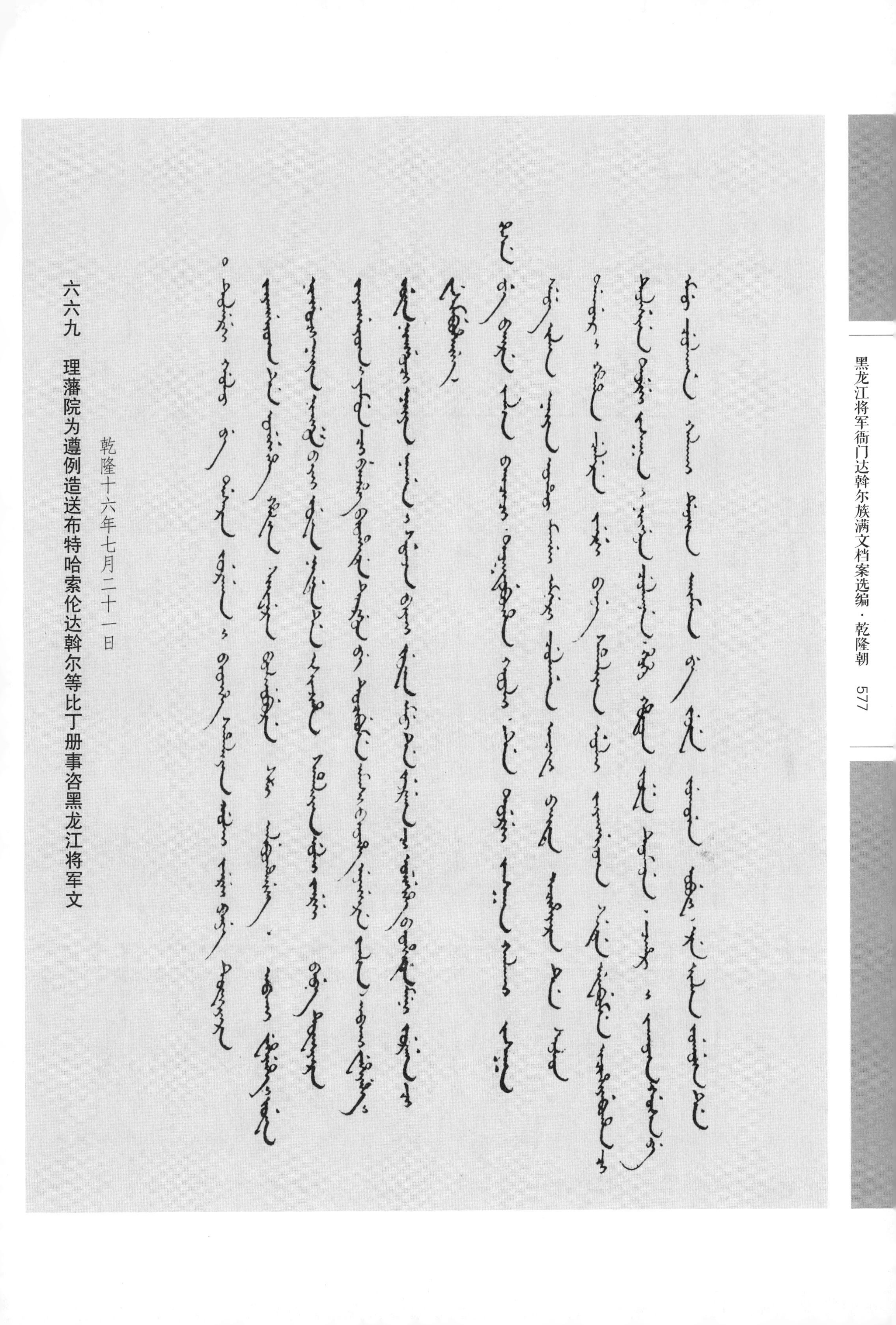

## 六六九 理藩院为遵例造送布特哈索伦达斡尔等比丁册事咨黑龙江将军文

乾隆十六年七月二十一日

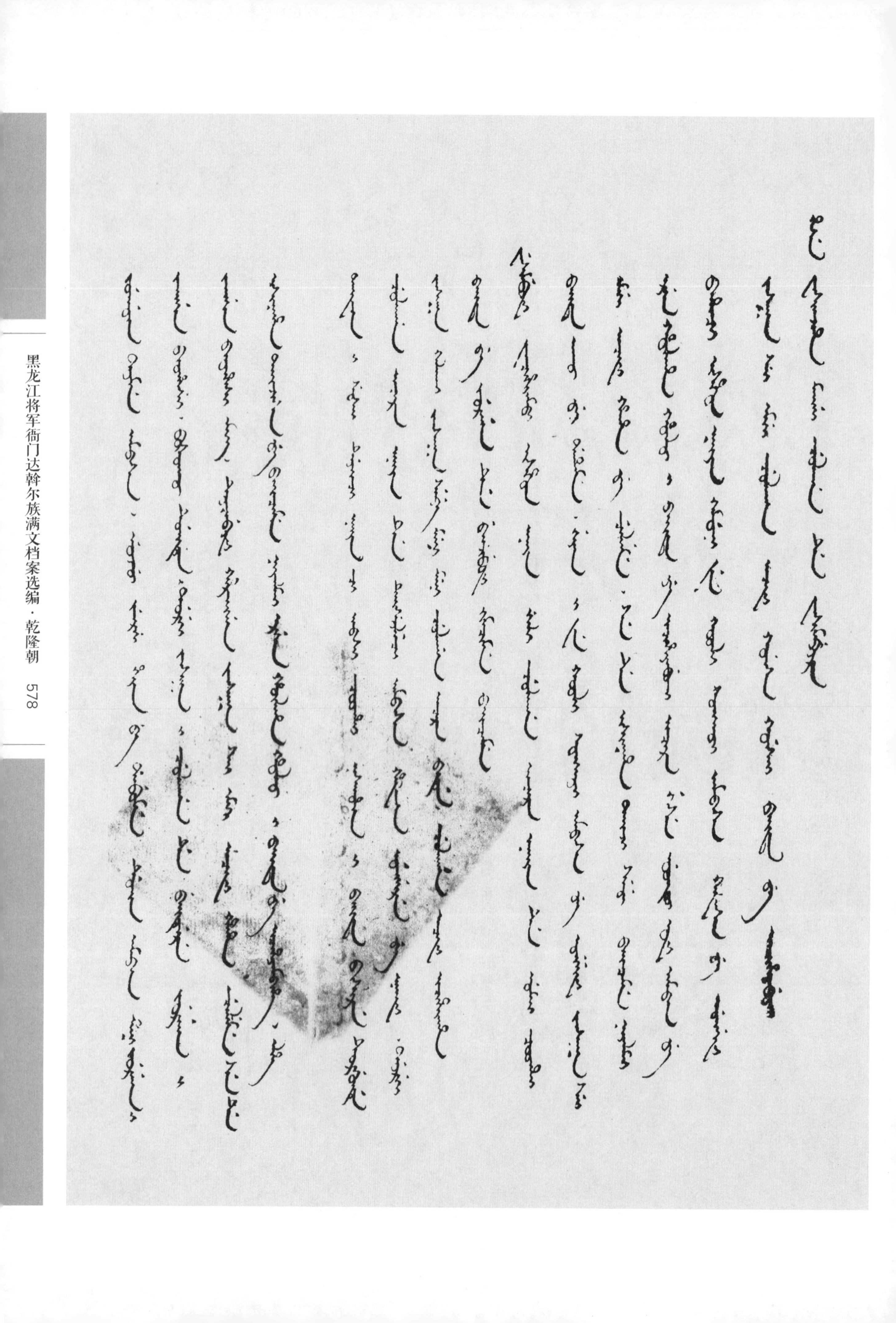

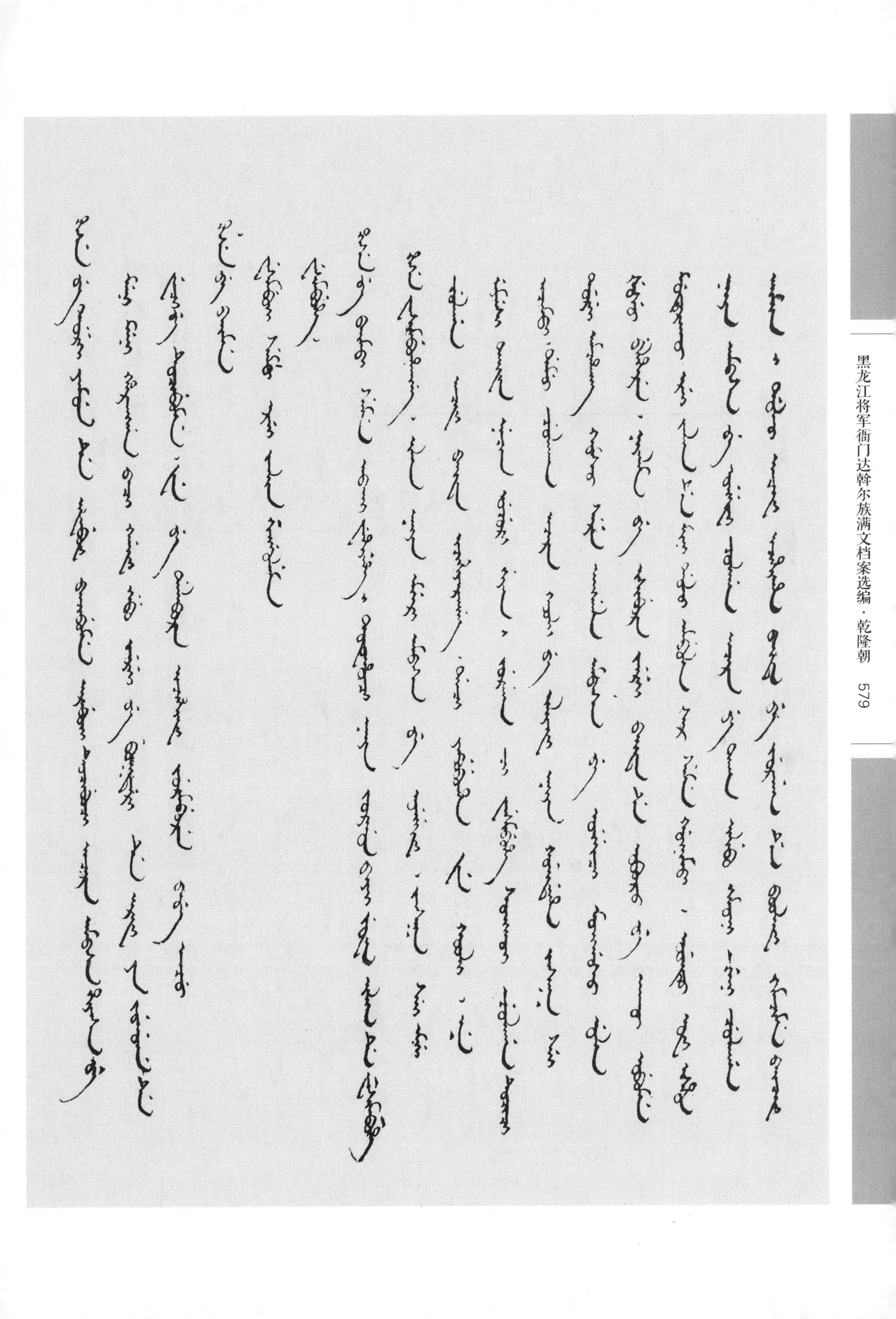

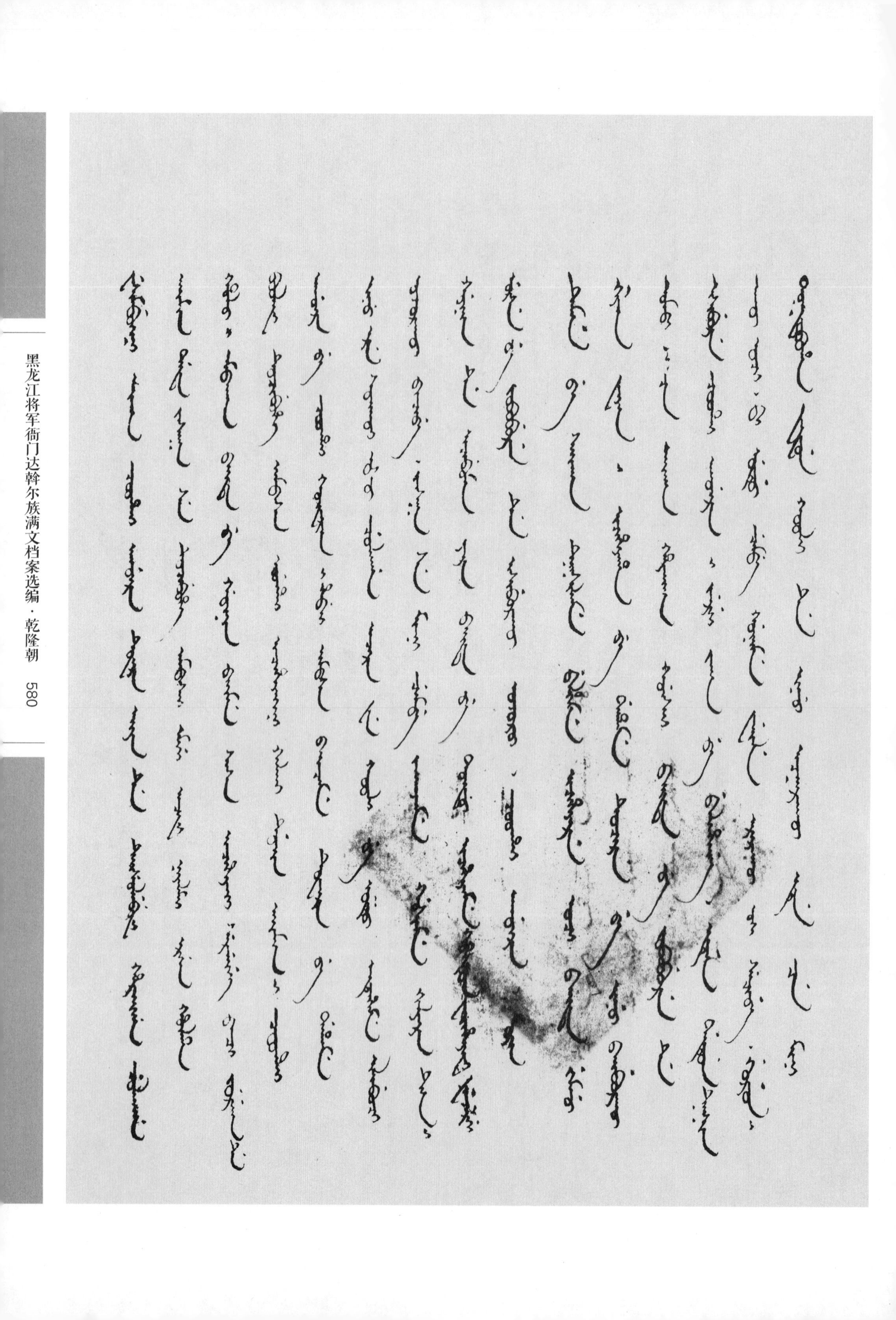

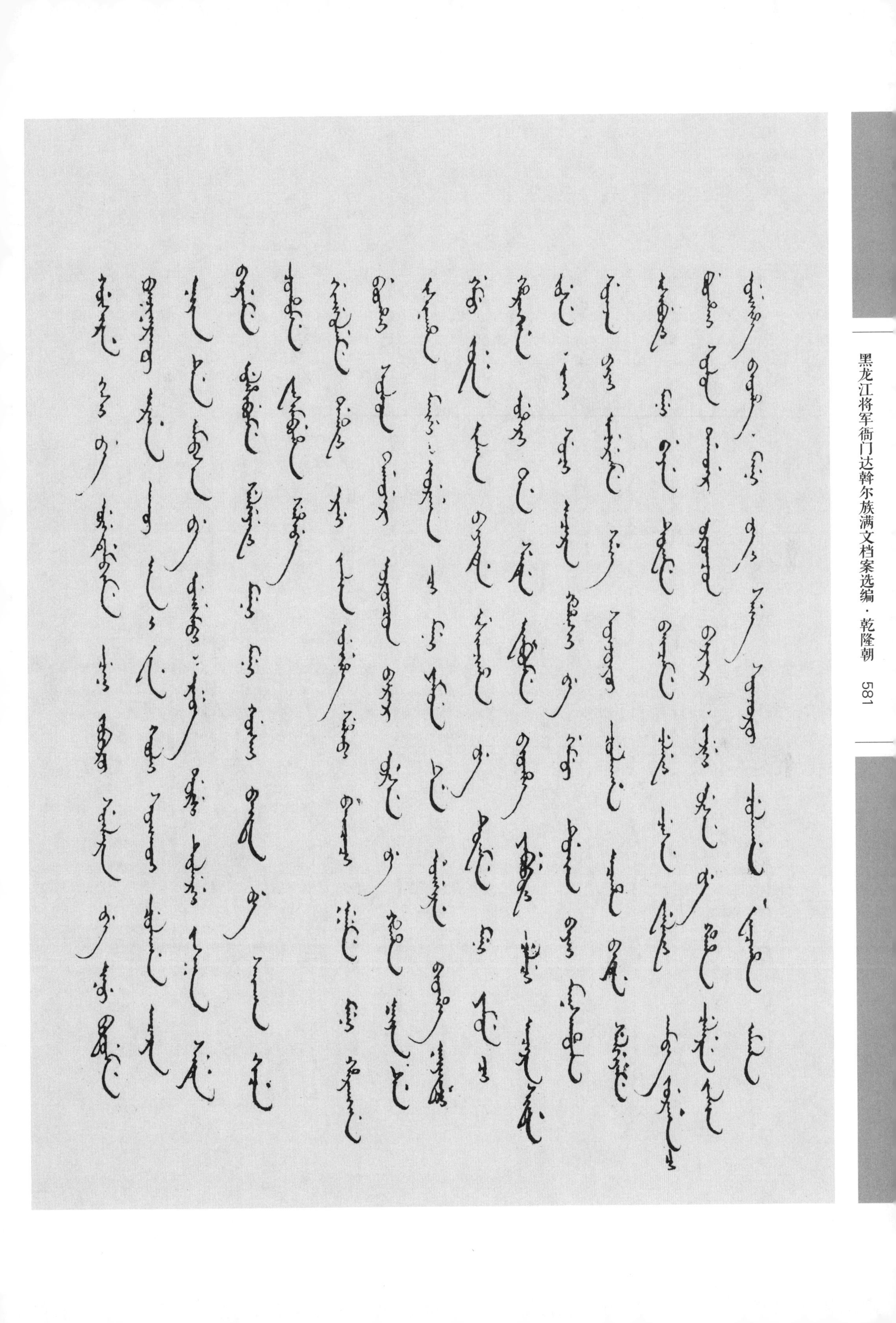

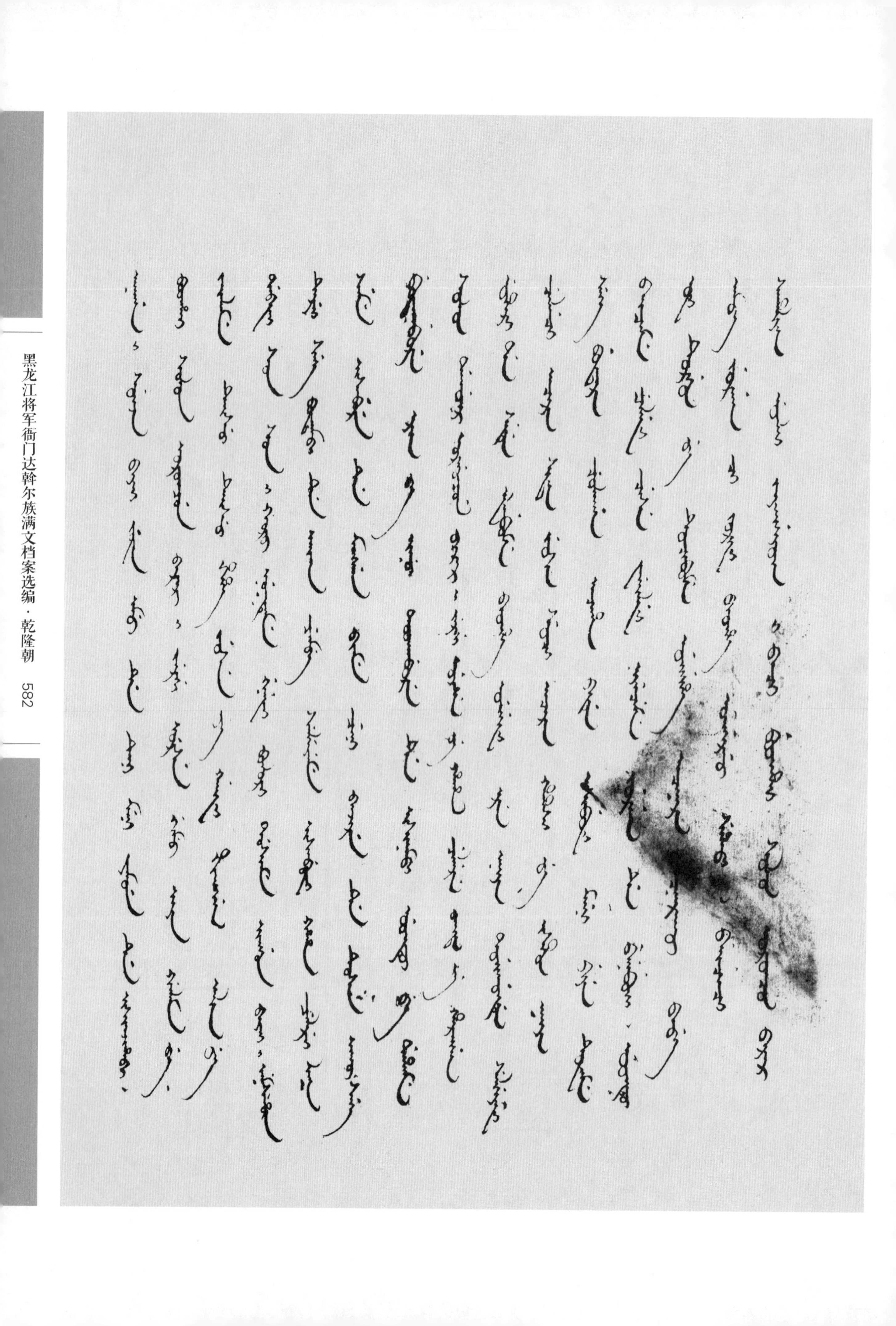

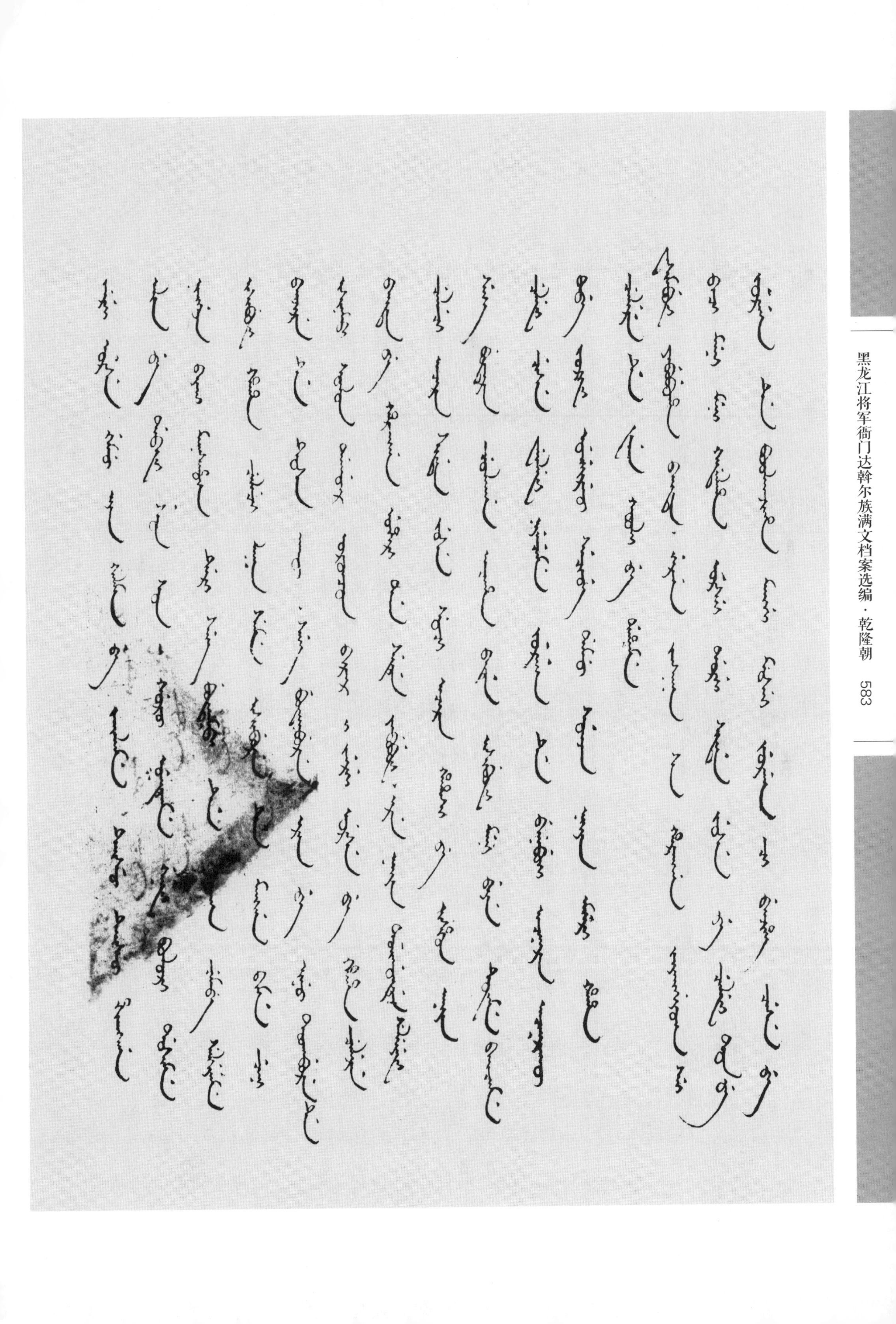

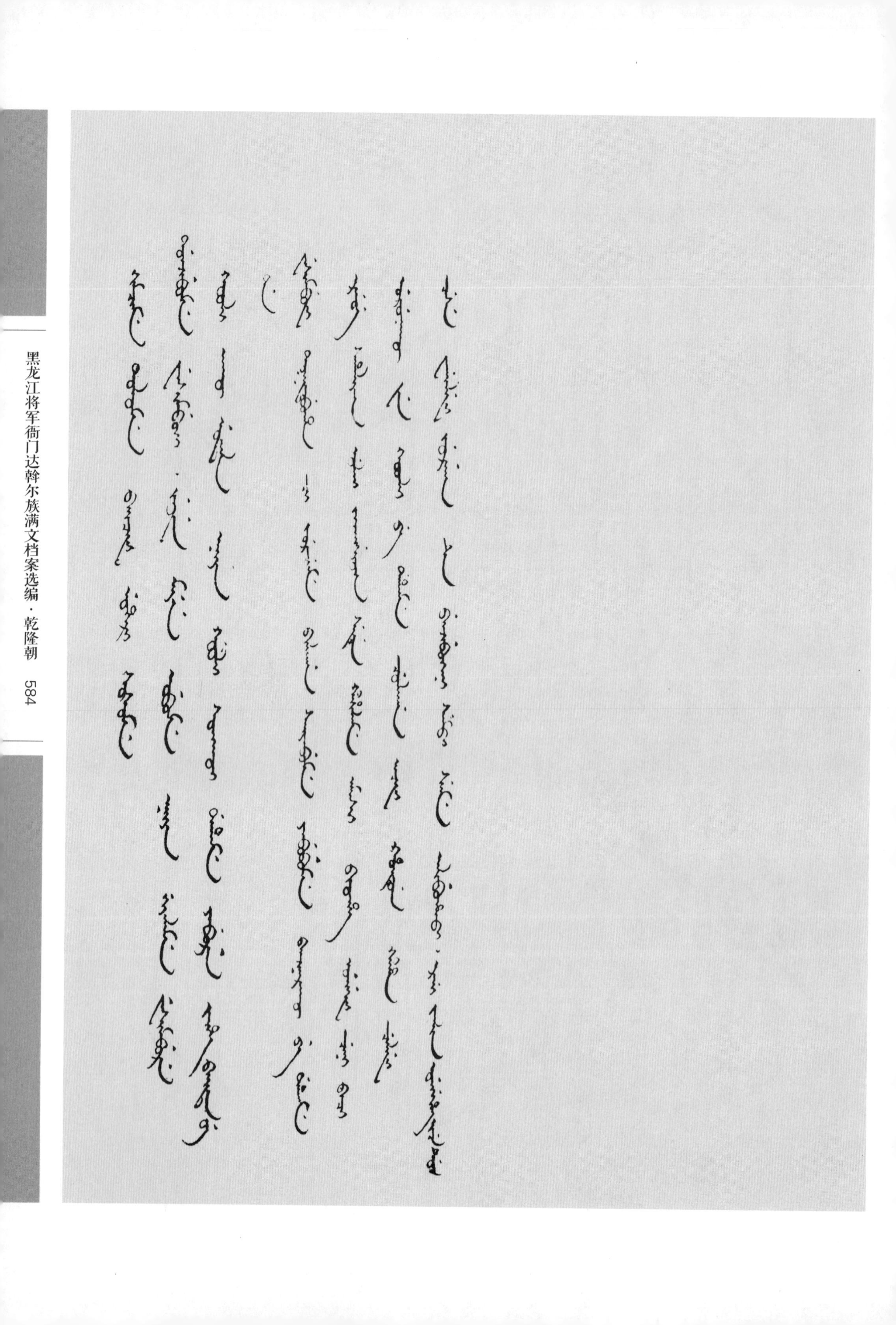

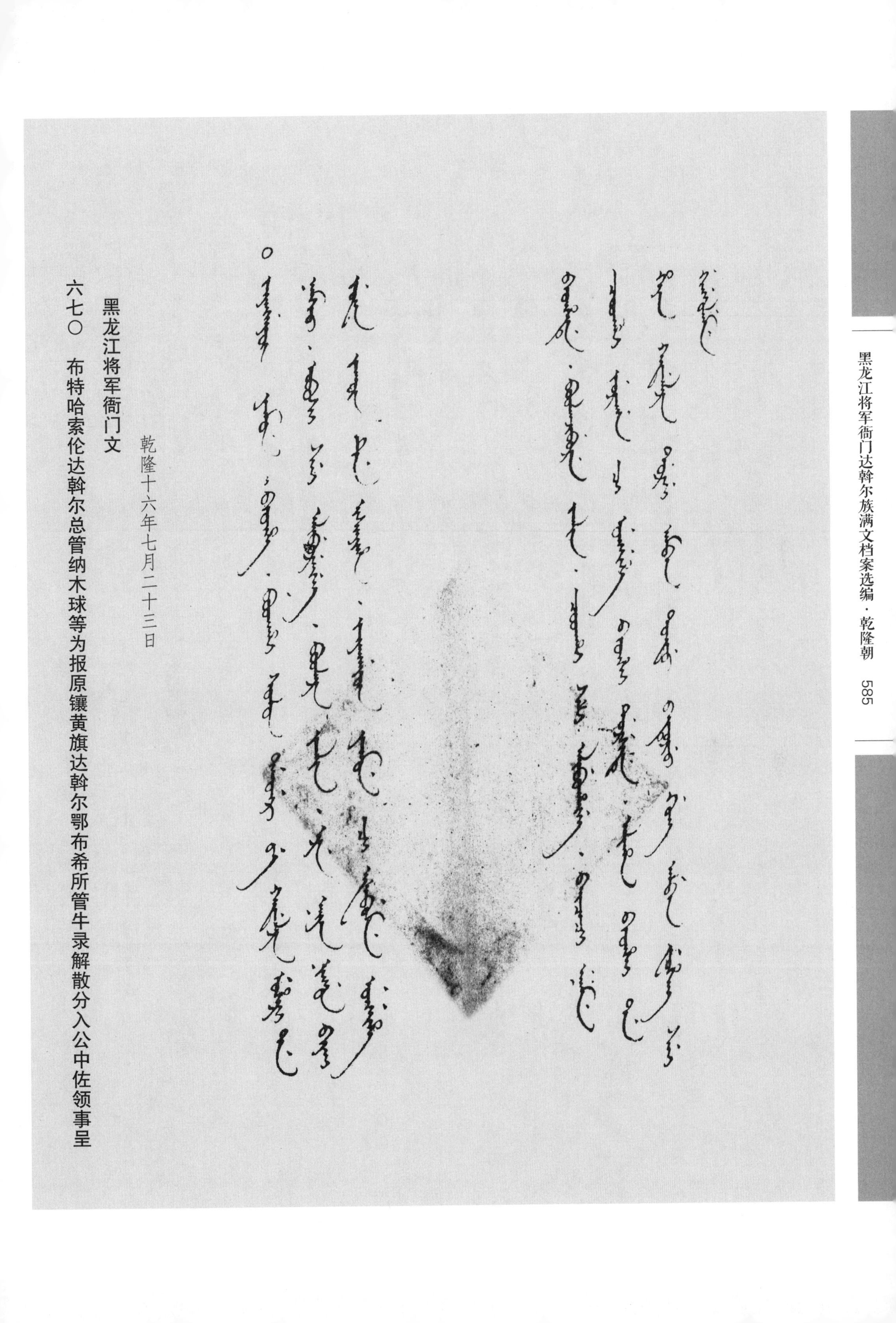

## 六七〇 布特哈索伦达斡尔总管纳木球等为报原镶黄旗达斡尔鄂布希所管牛录解散分入公中佐领事呈黑龙江将军衙门文

乾隆十六年七月二十三日

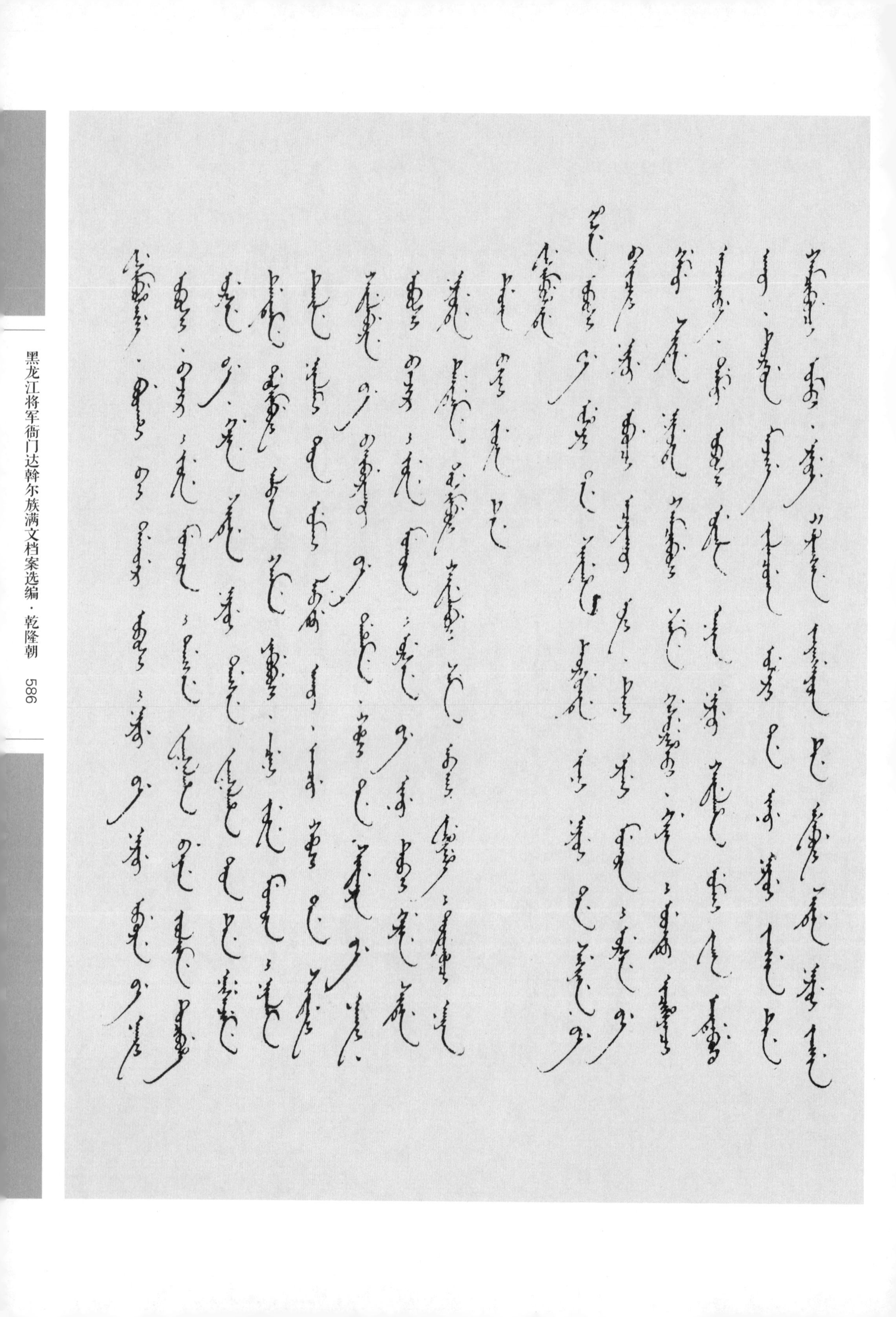

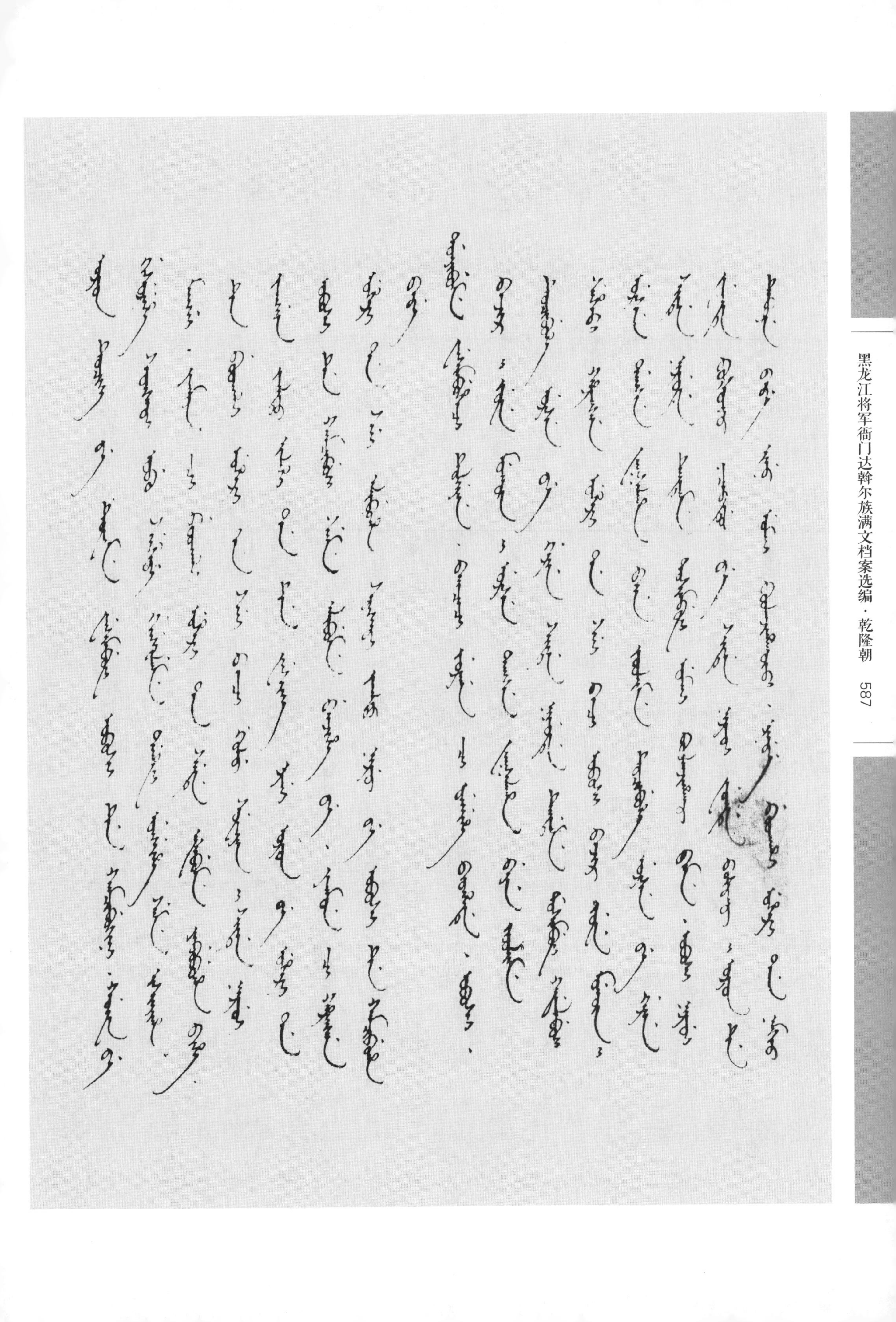

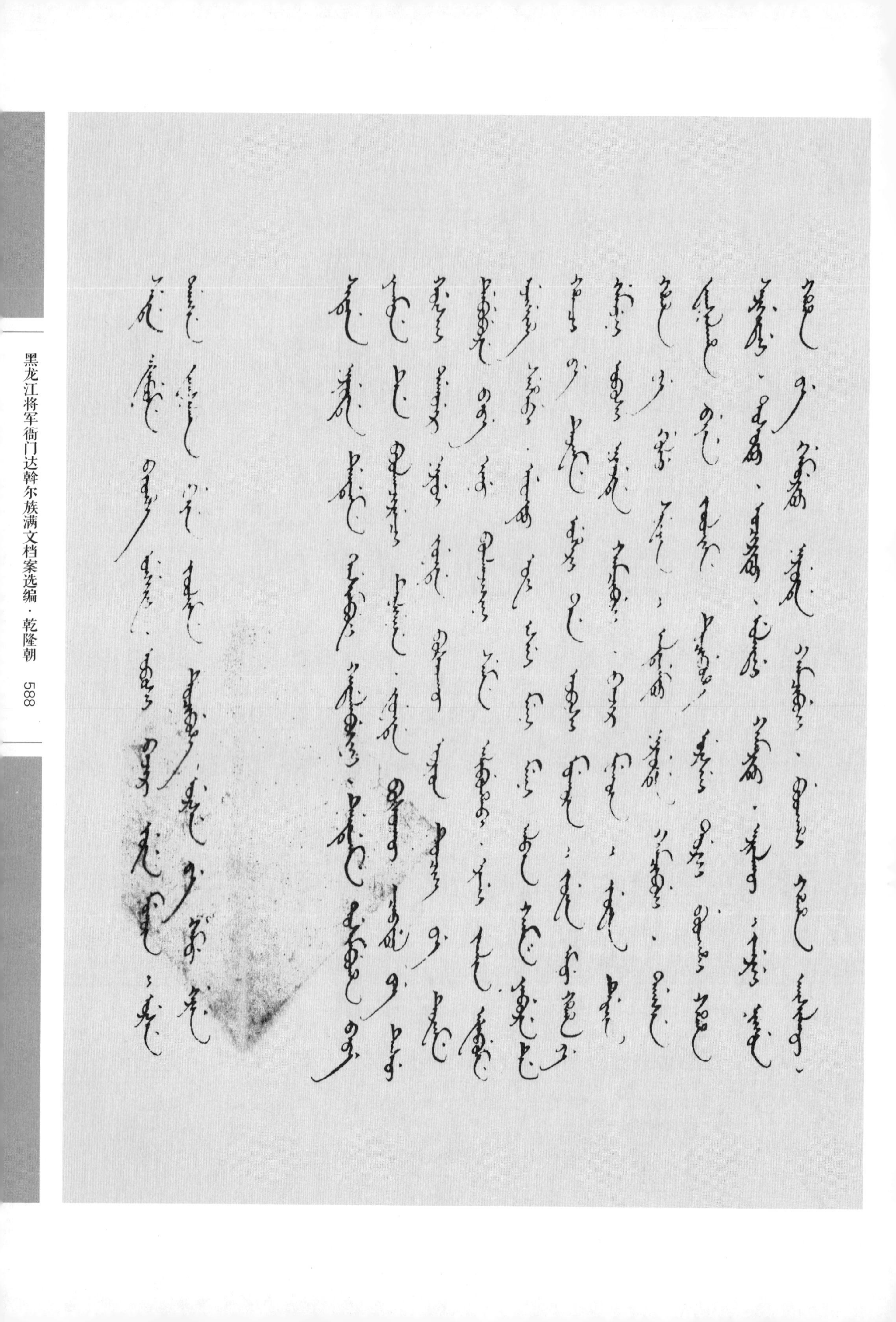

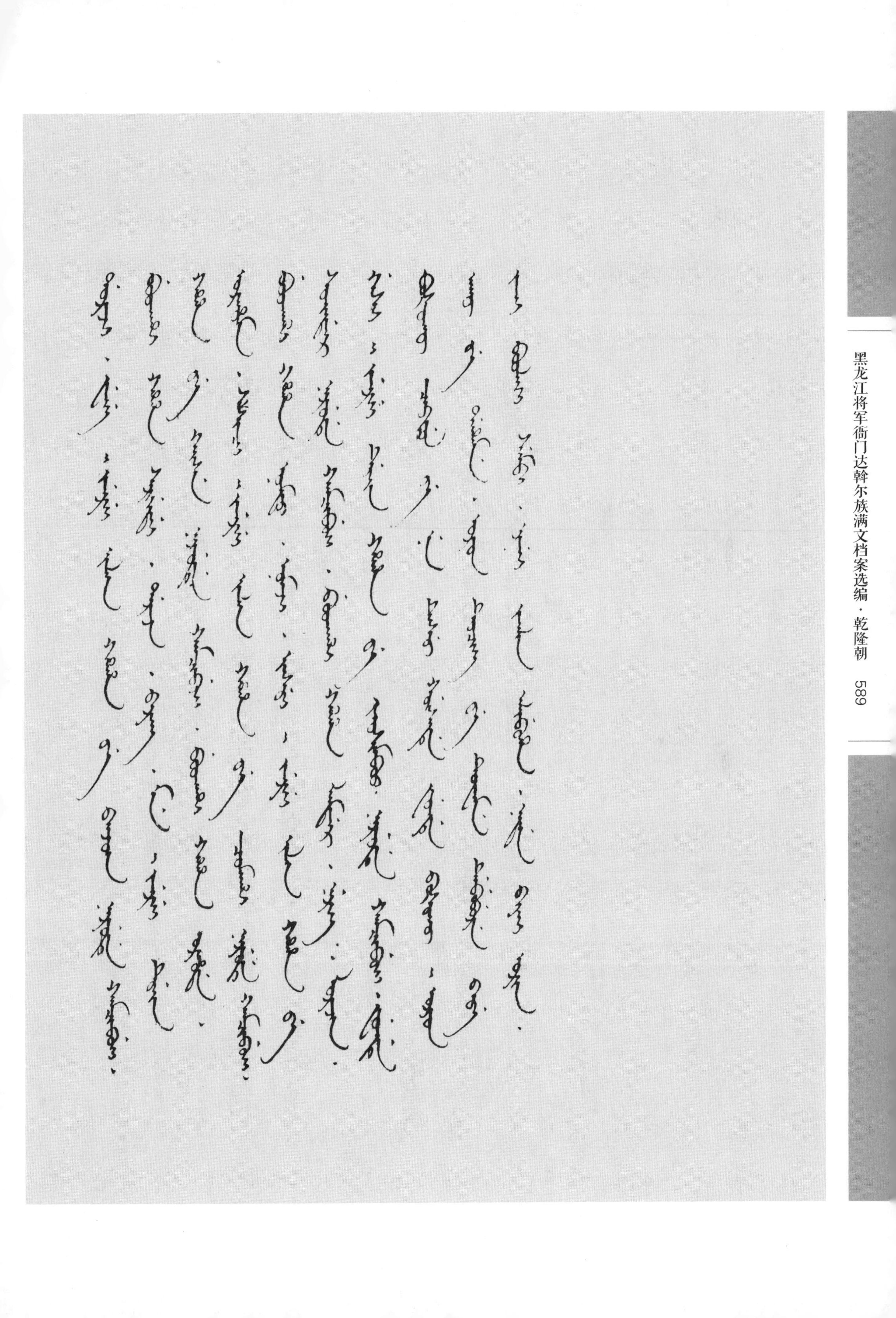

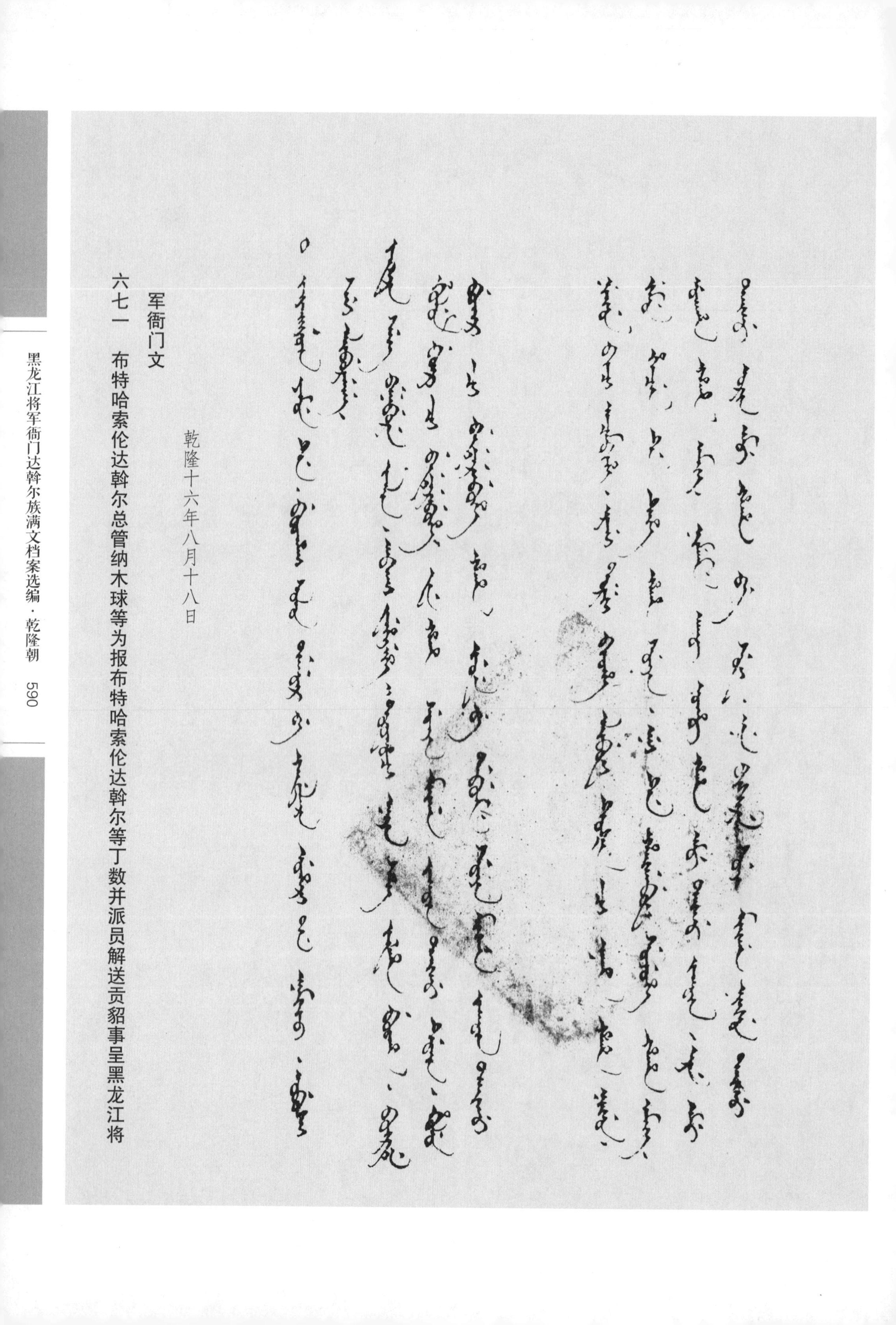

## 六七一　布特哈索伦达斡尔总管纳木球等为报布特哈索伦达斡尔等丁数并派员解送贡貂事呈黑龙江将军衙门文

乾隆十六年八月十八日

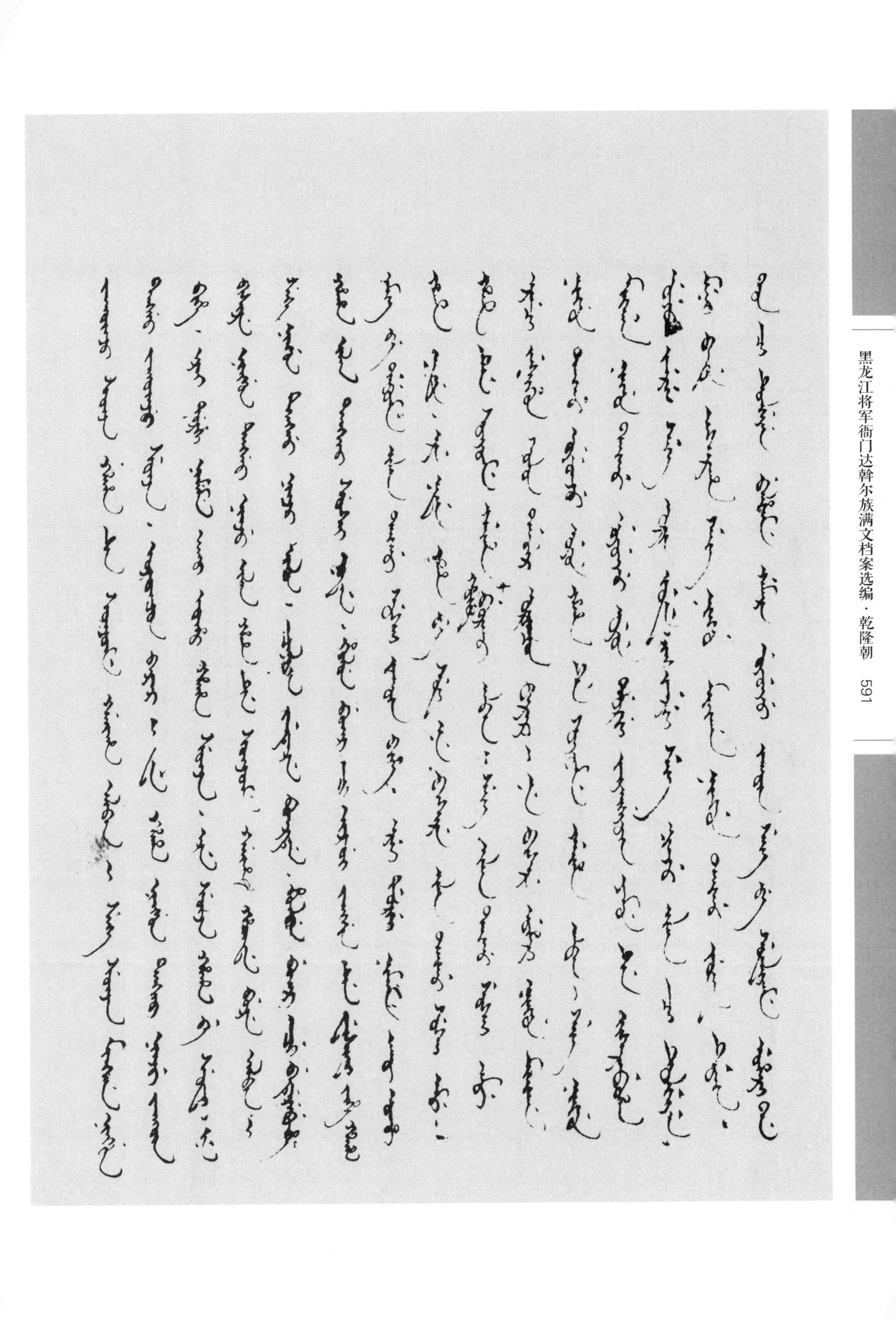

[illegible]

[illegible]

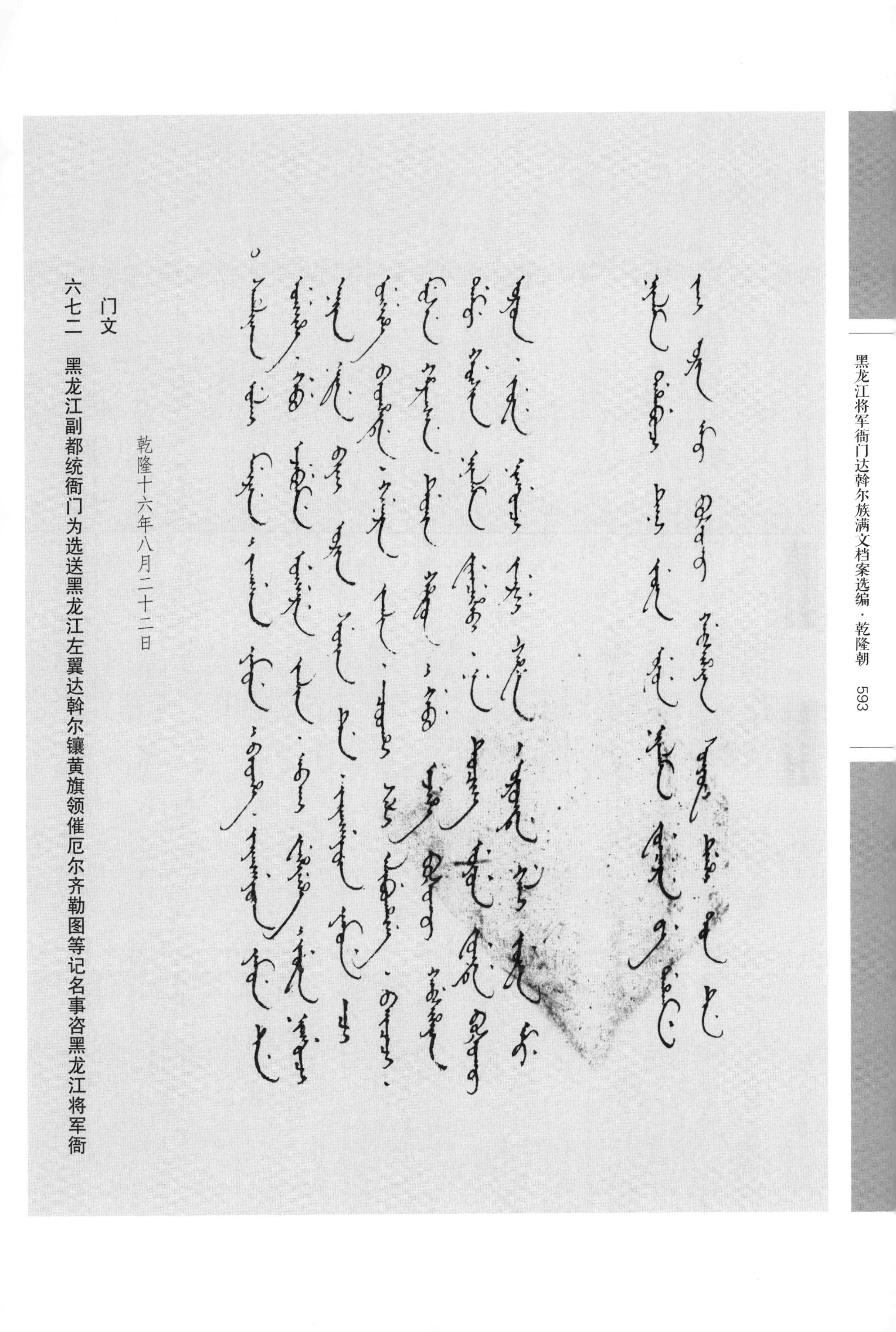

乾隆十六年八月二十二日

## 六七二　黑龙江副都统衙门为选送黑龙江左翼达斡尔镶黄旗领催厄尔齐勒图等记名事咨黑龙江将军衙门文

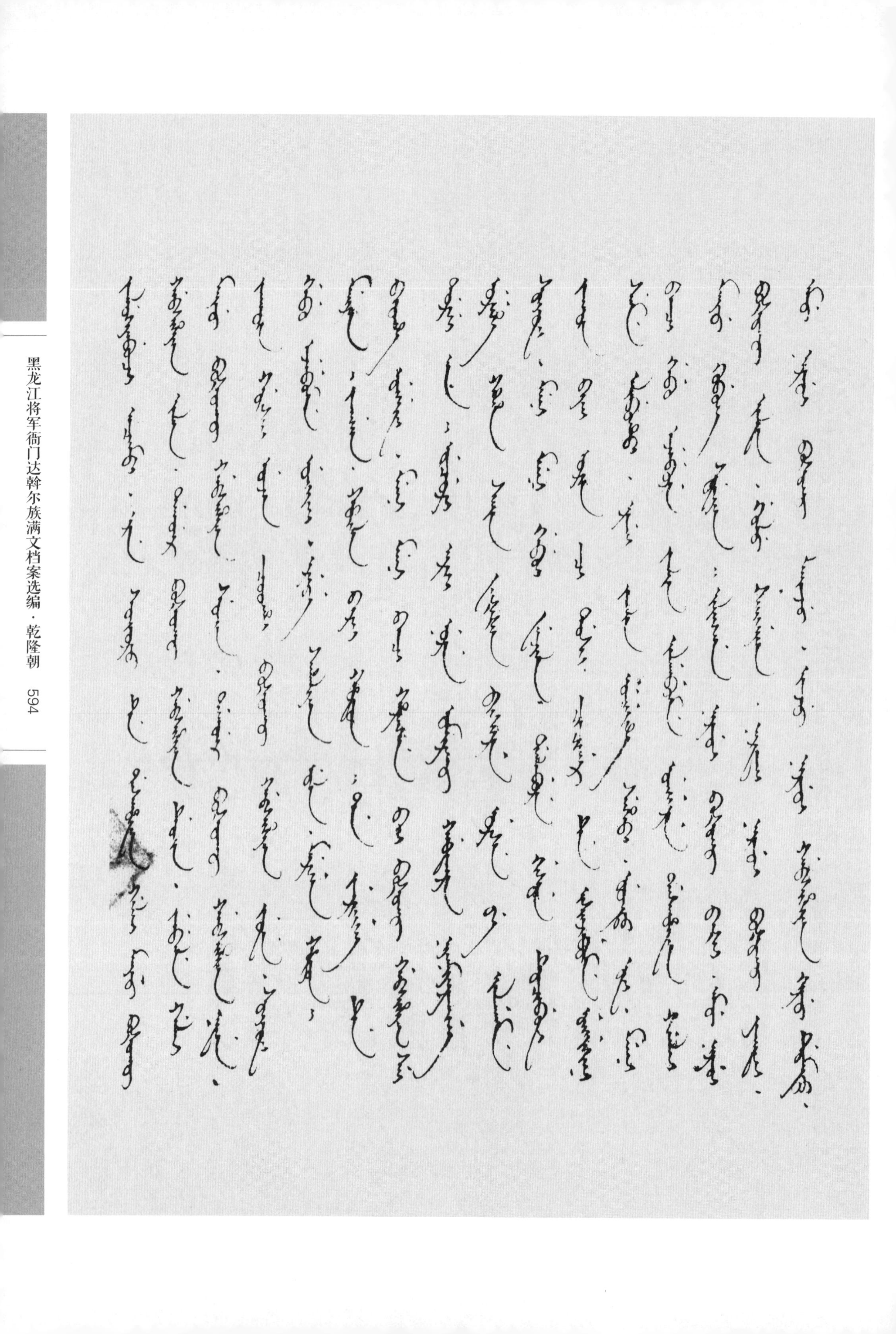

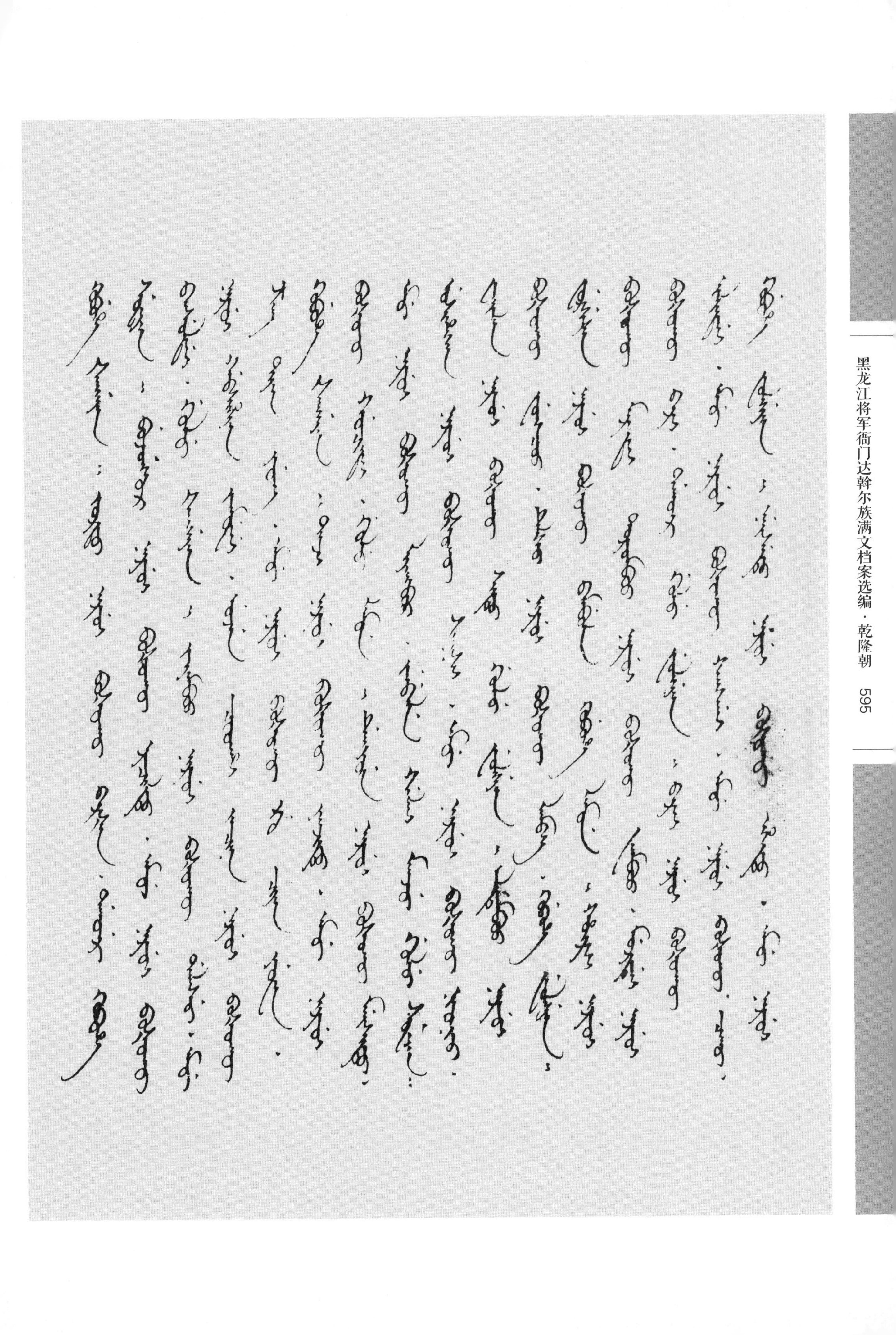

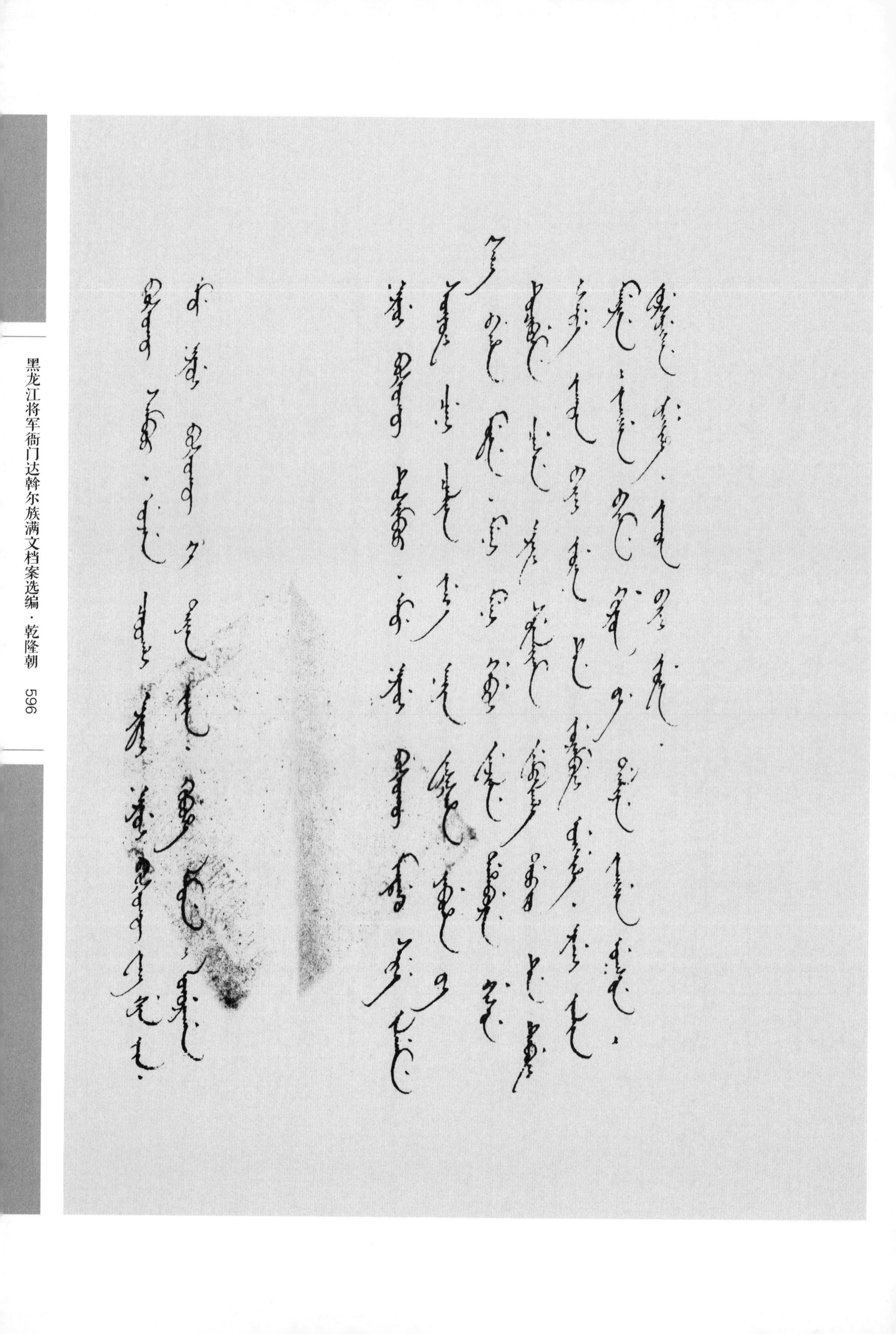

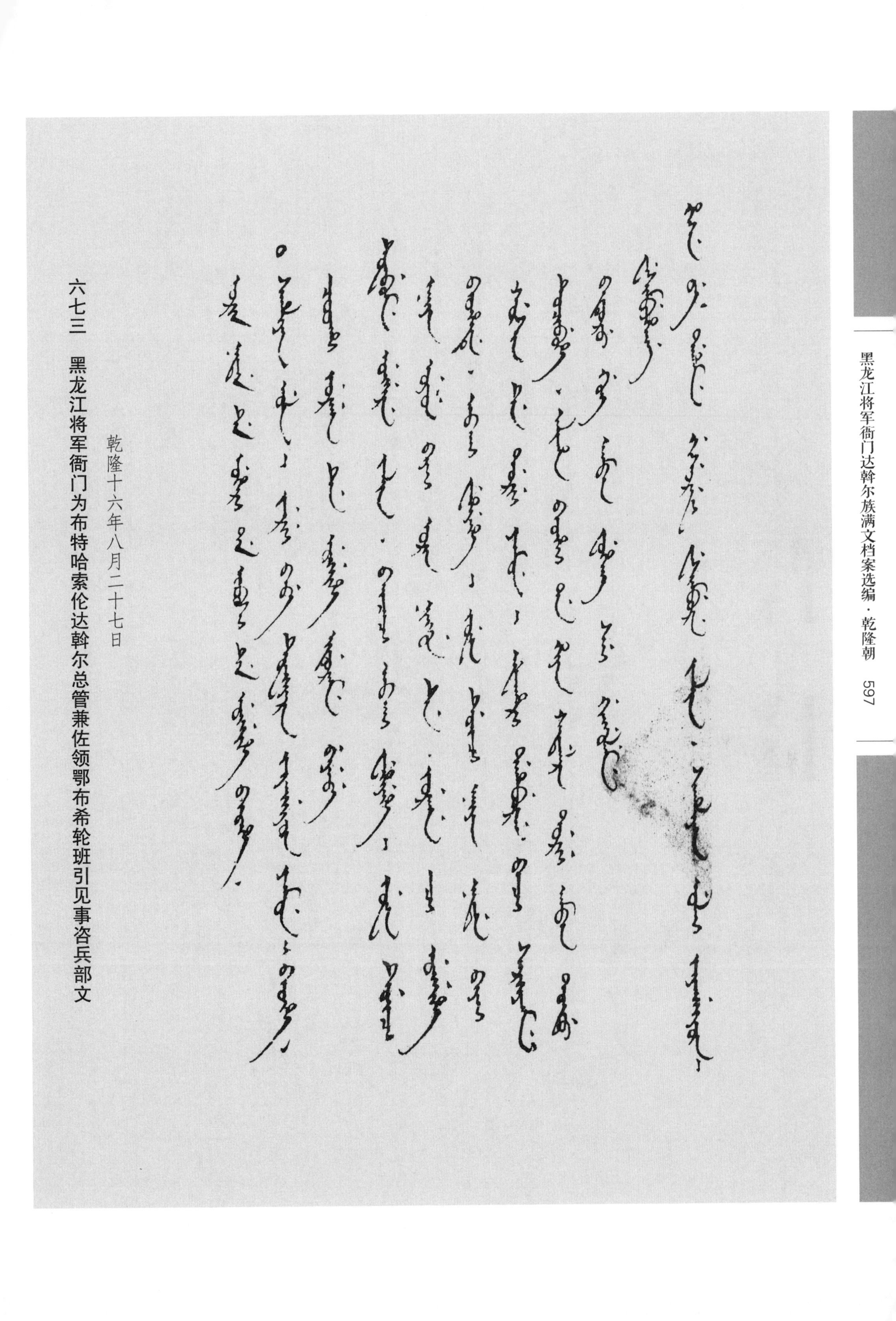

## 六七三 黑龙江将军衙门为布特哈索伦达斡尔总管兼佐领鄂布希轮班引见事咨兵部文

乾隆十六年八月二十七日

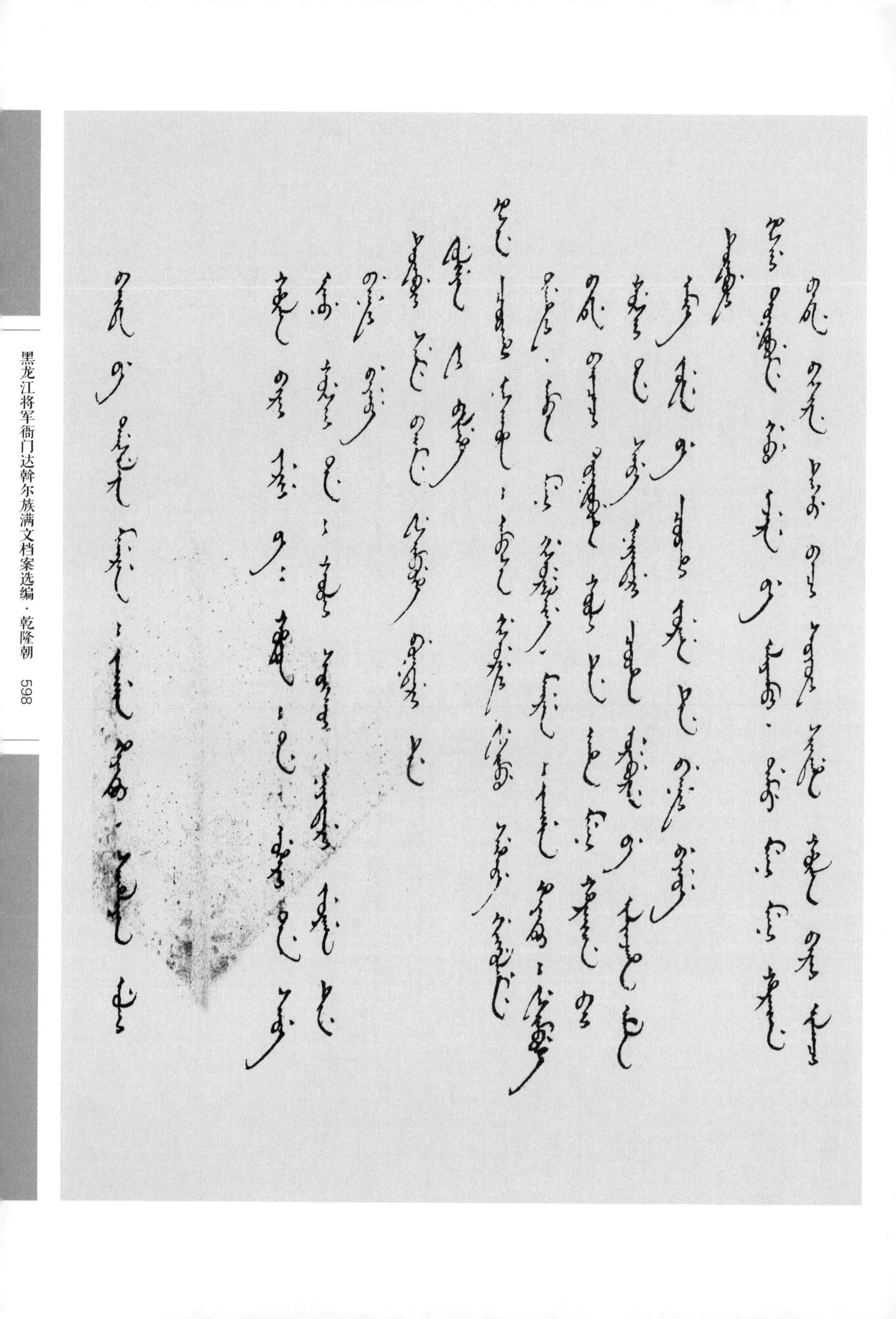

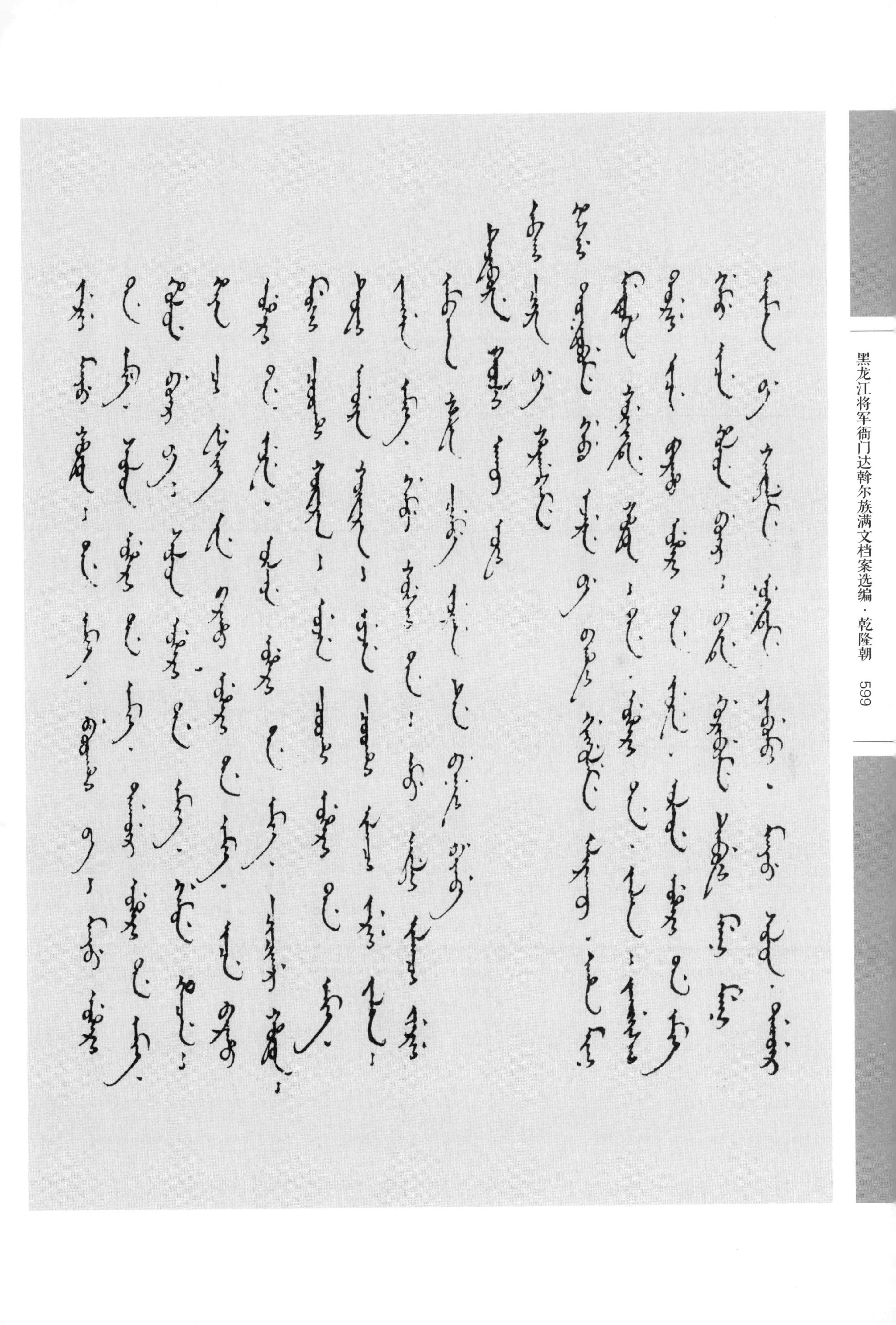

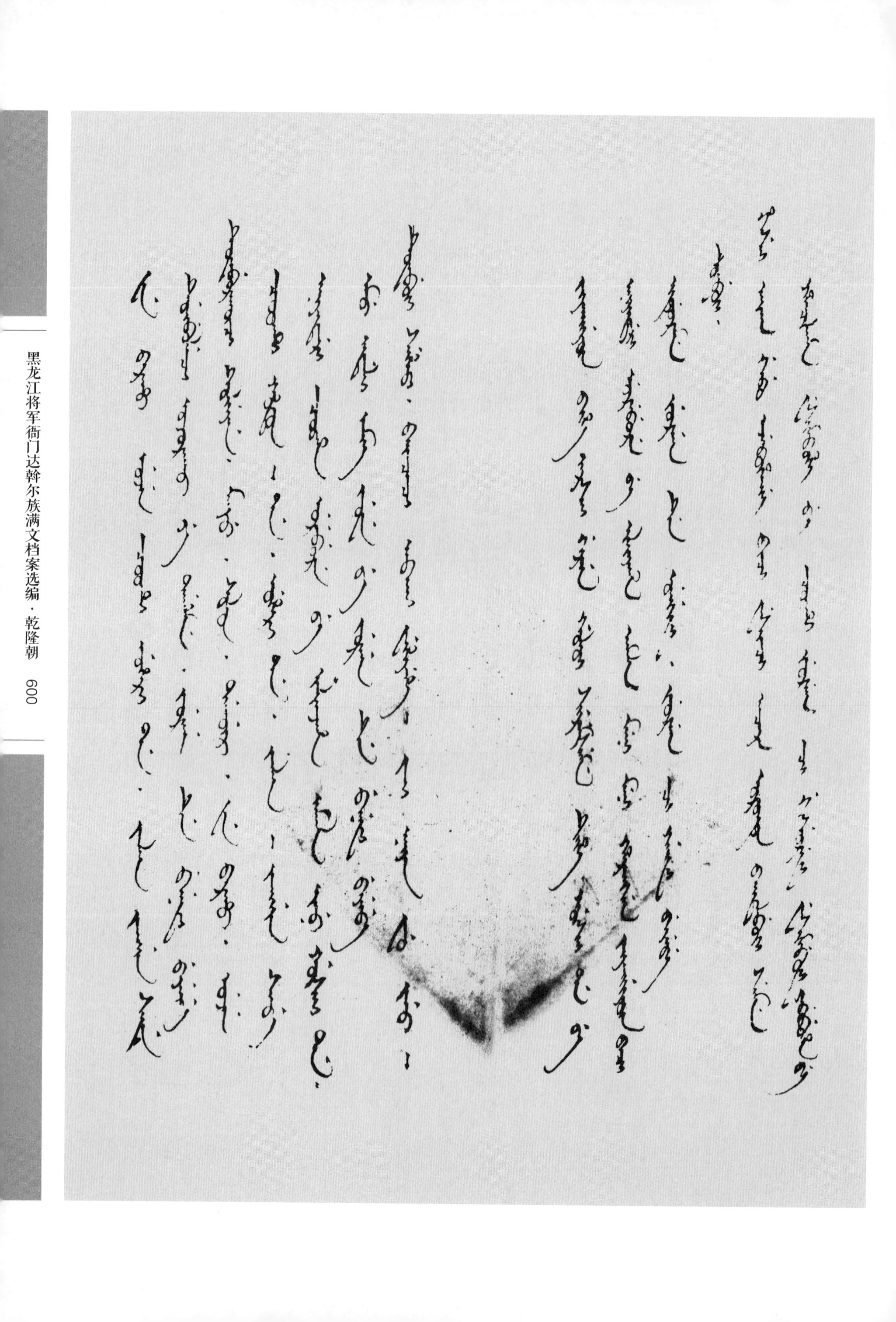

[illegible]

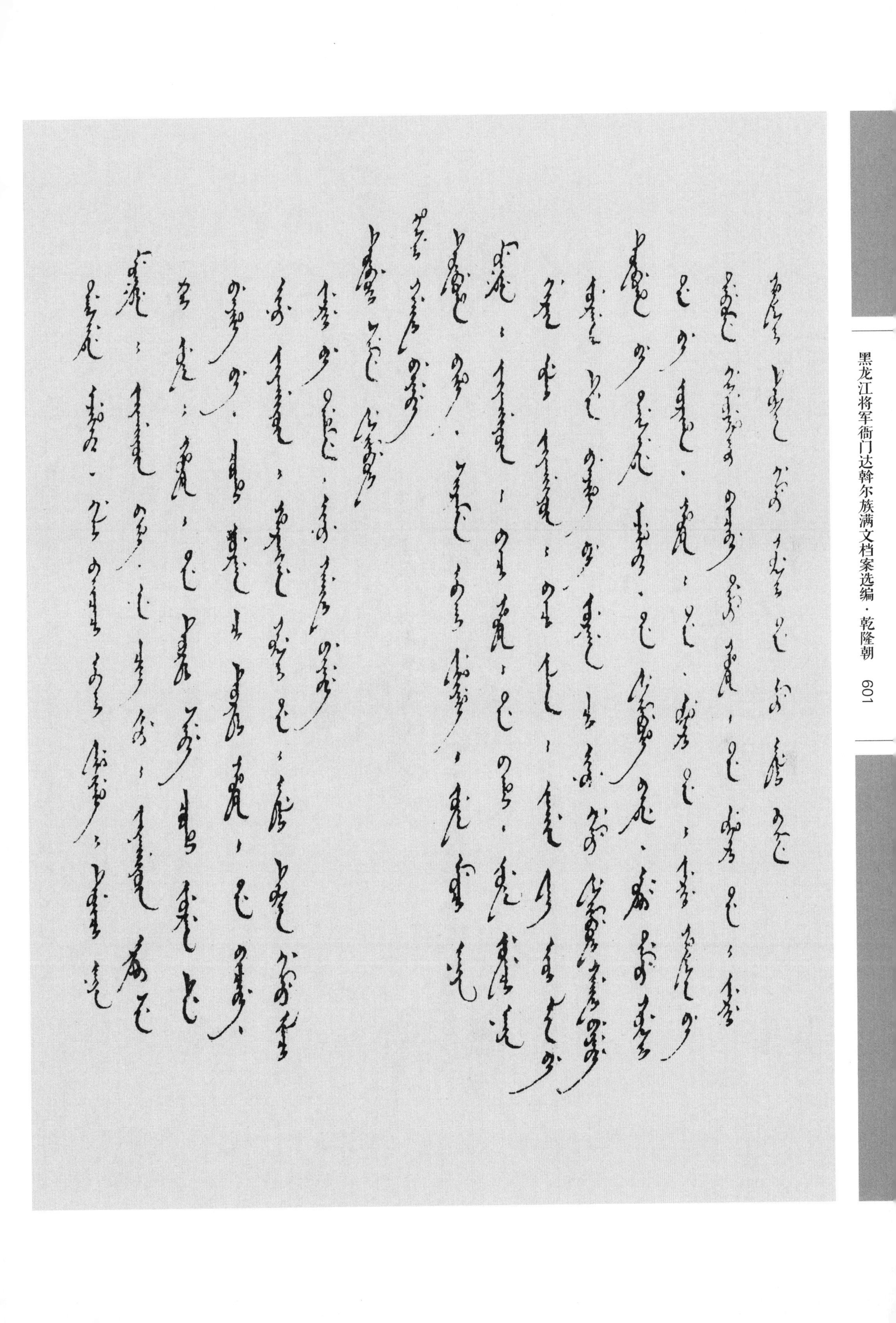

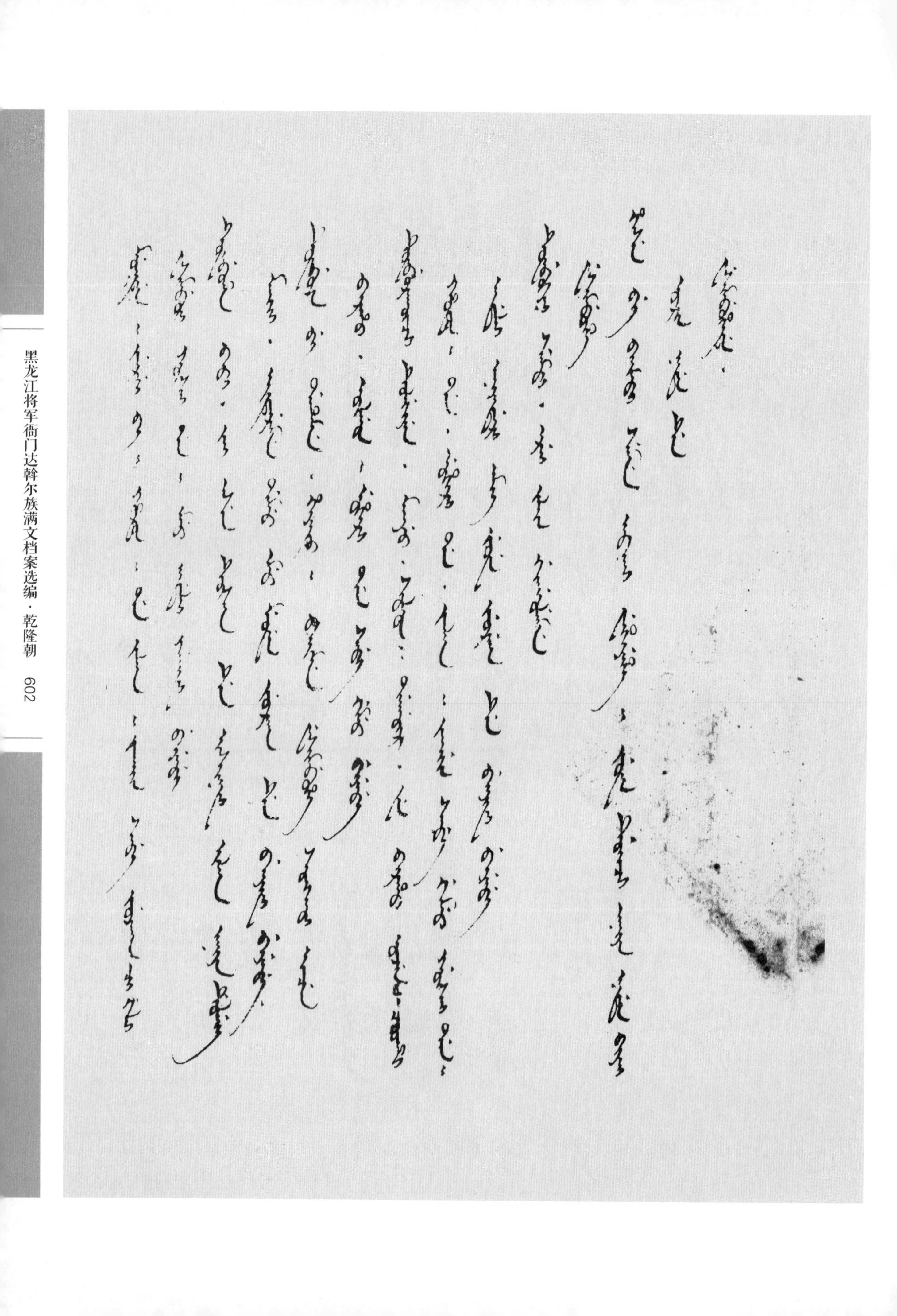

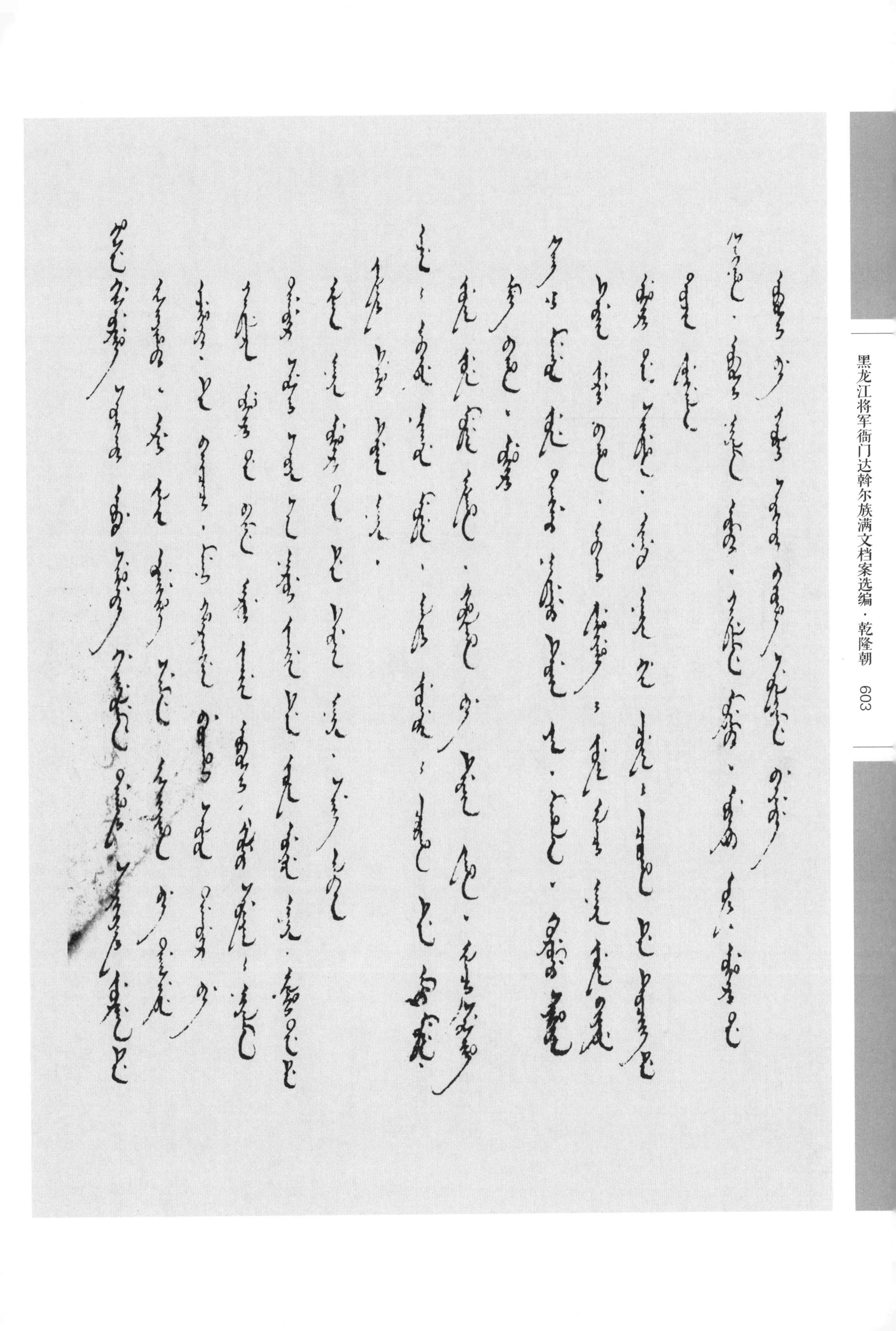

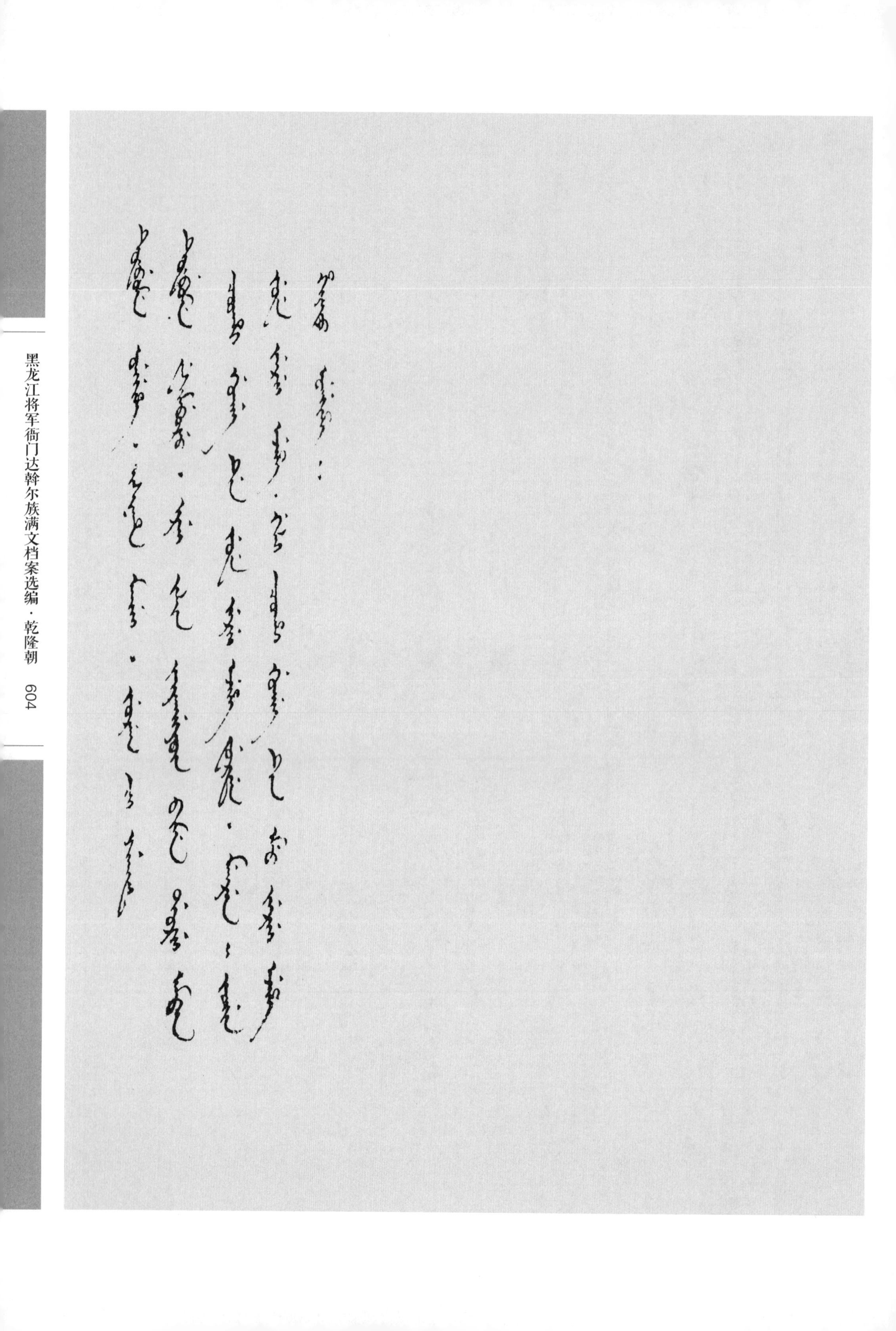

[illegible]

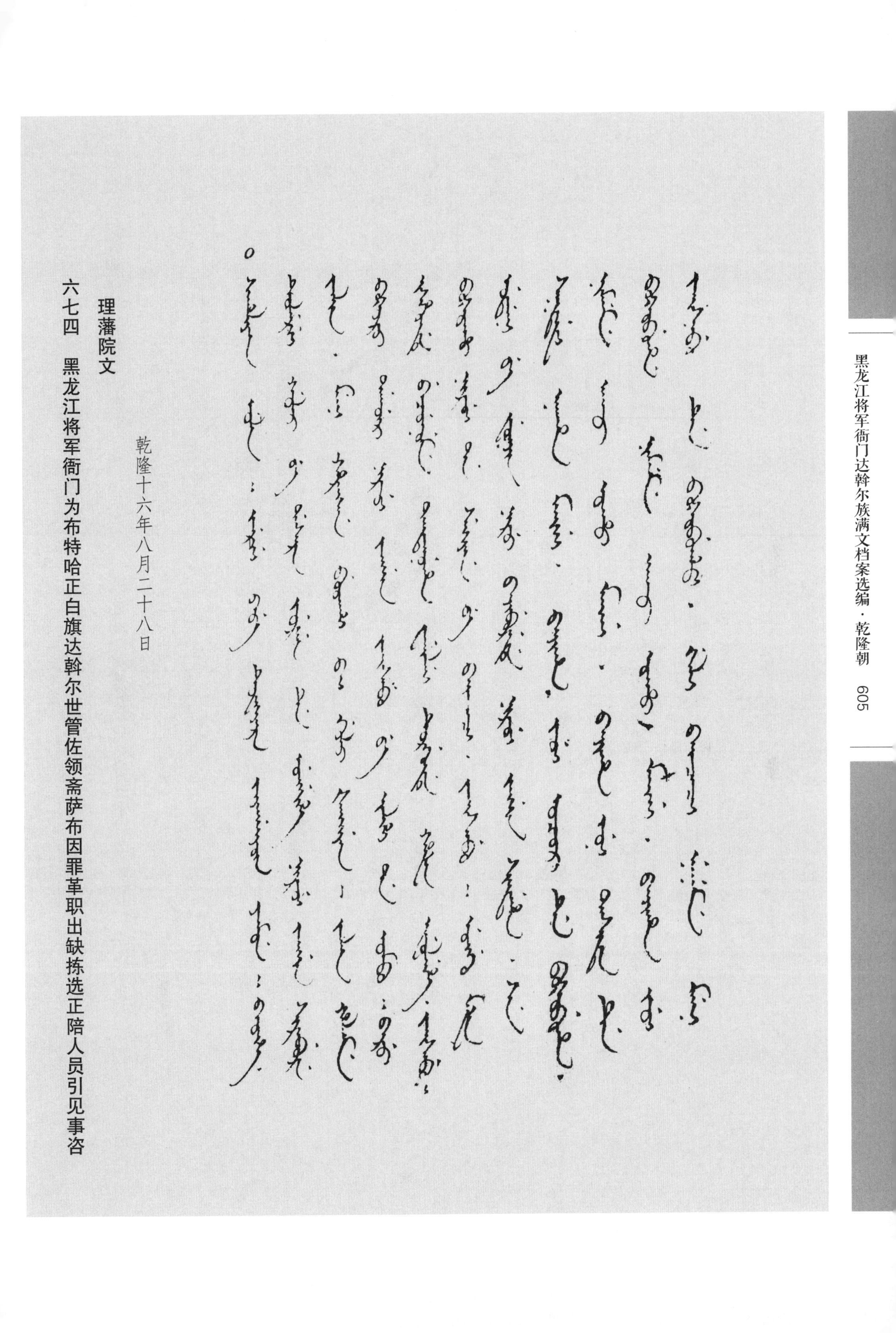

乾隆十六年八月二十八日

## 六七四　黑龙江将军衙门为布特哈正白旗达斡尔世管佐领斋萨布因罪革职出缺拣选正陪人员引见事咨

理藩院文

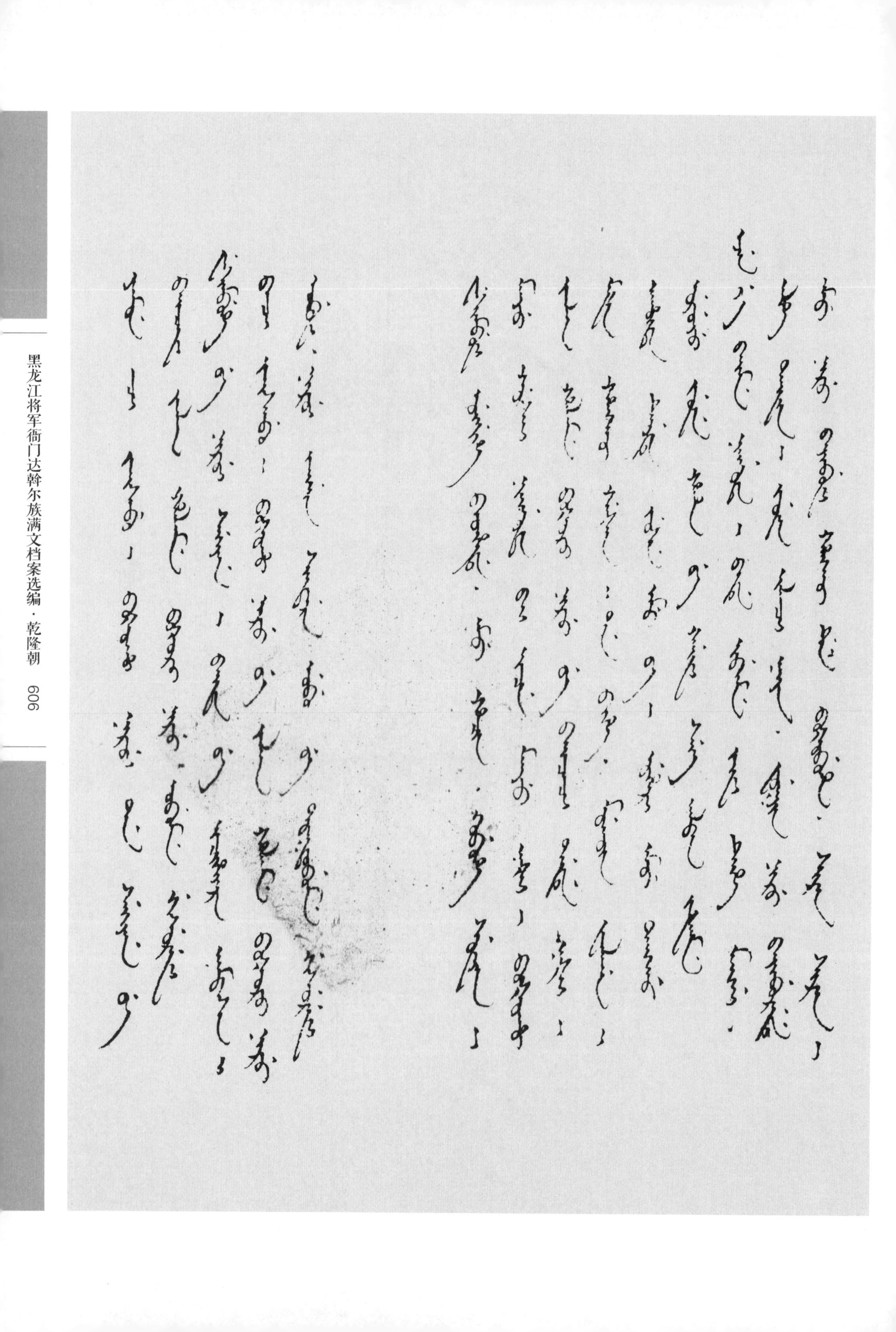

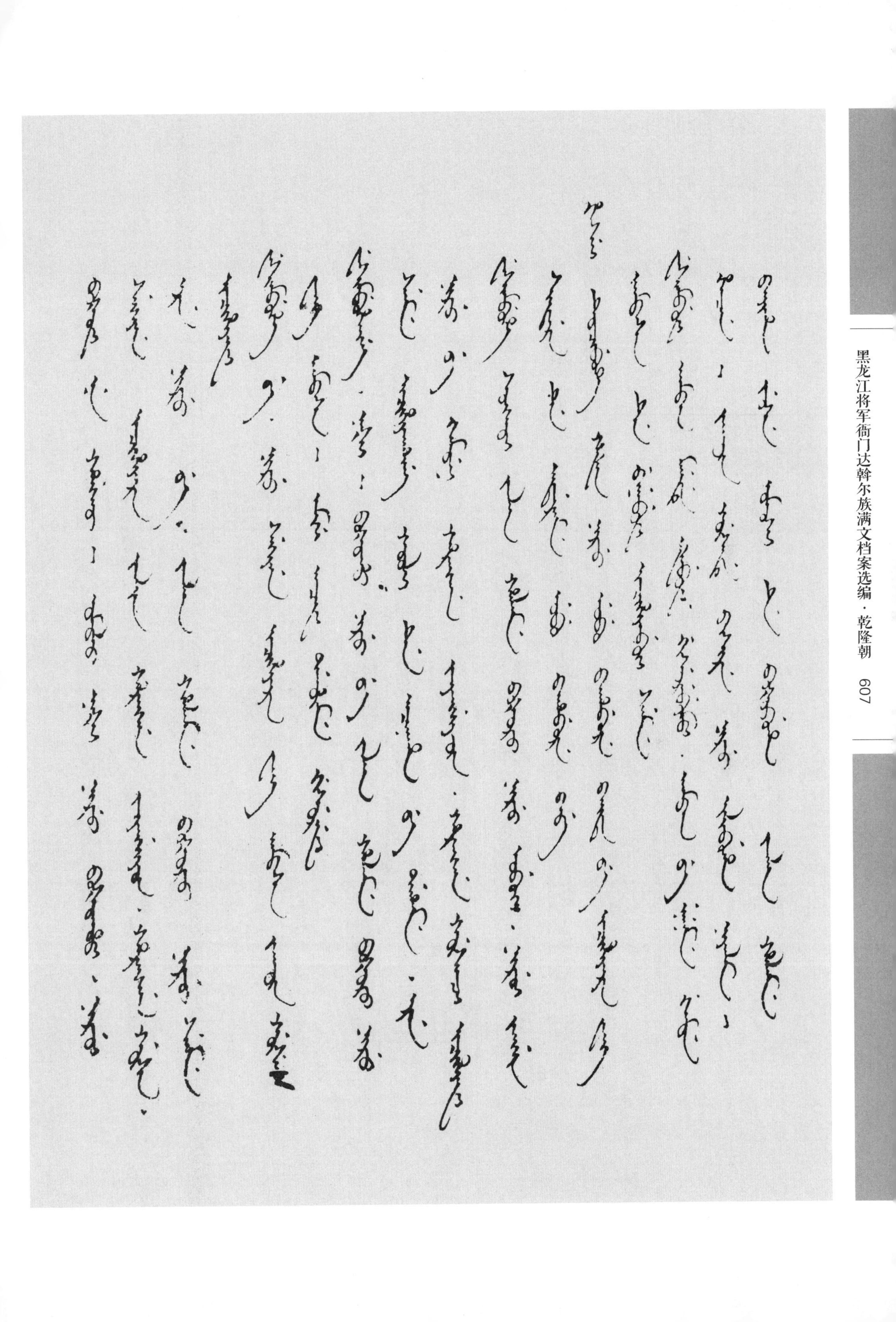

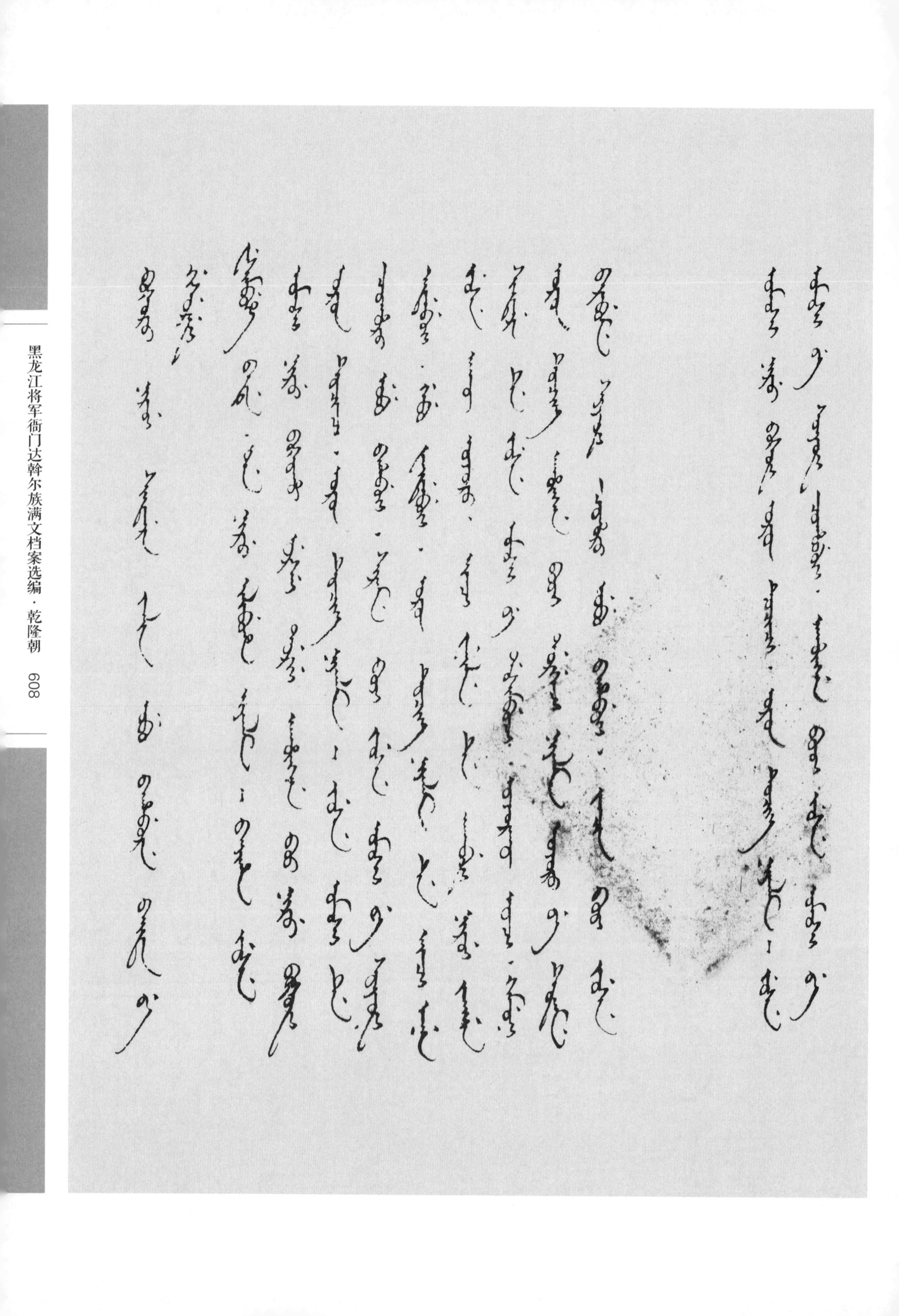

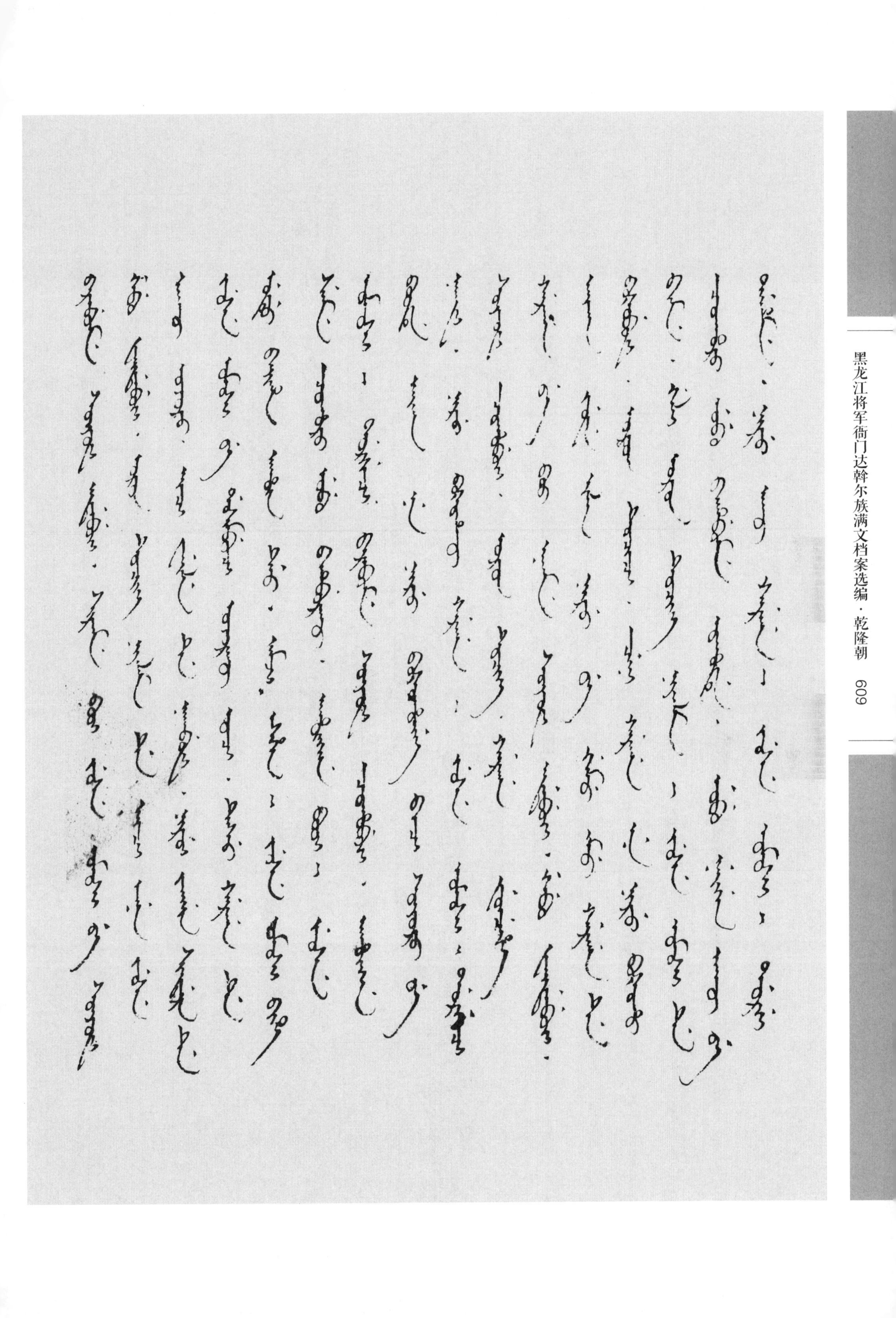

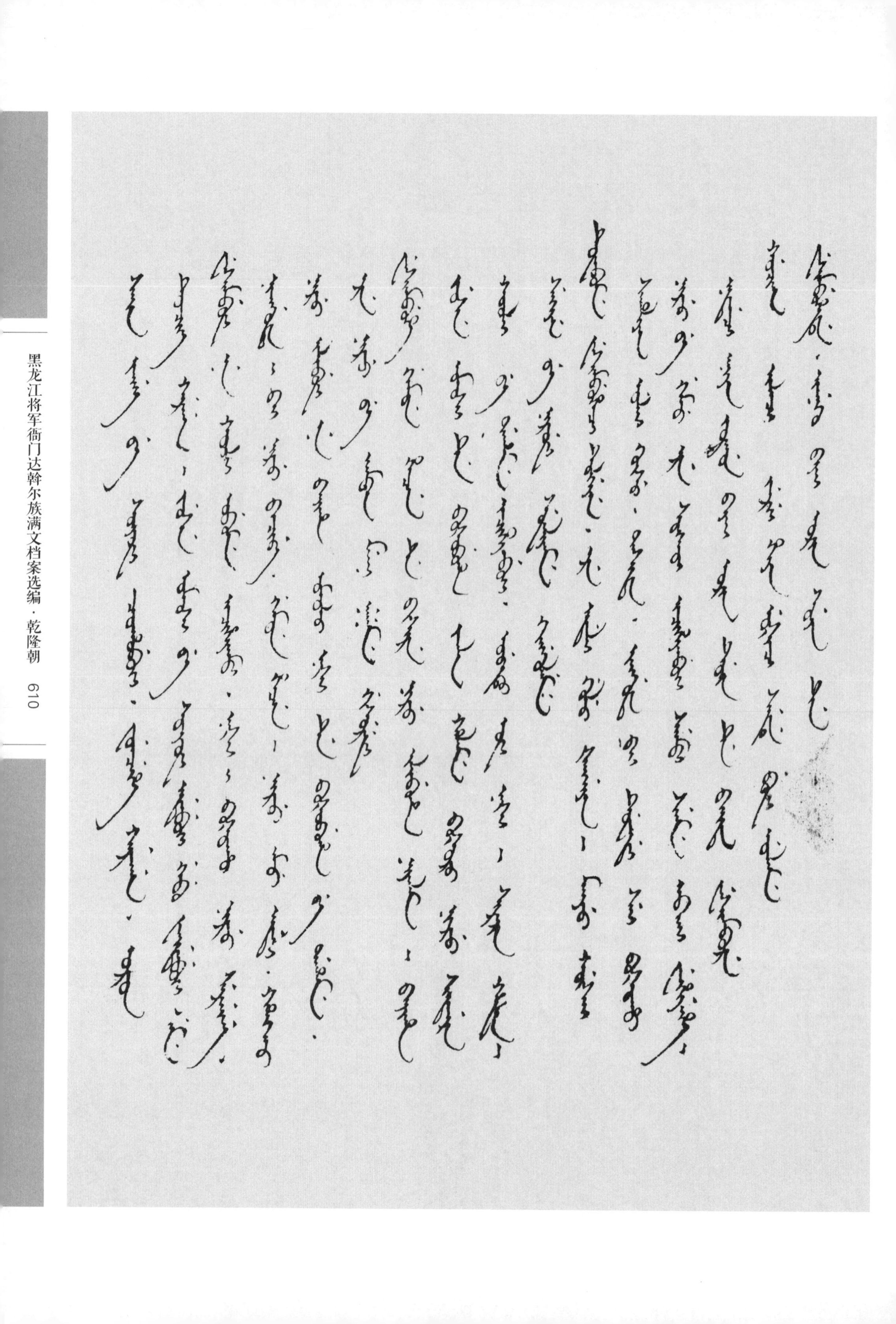

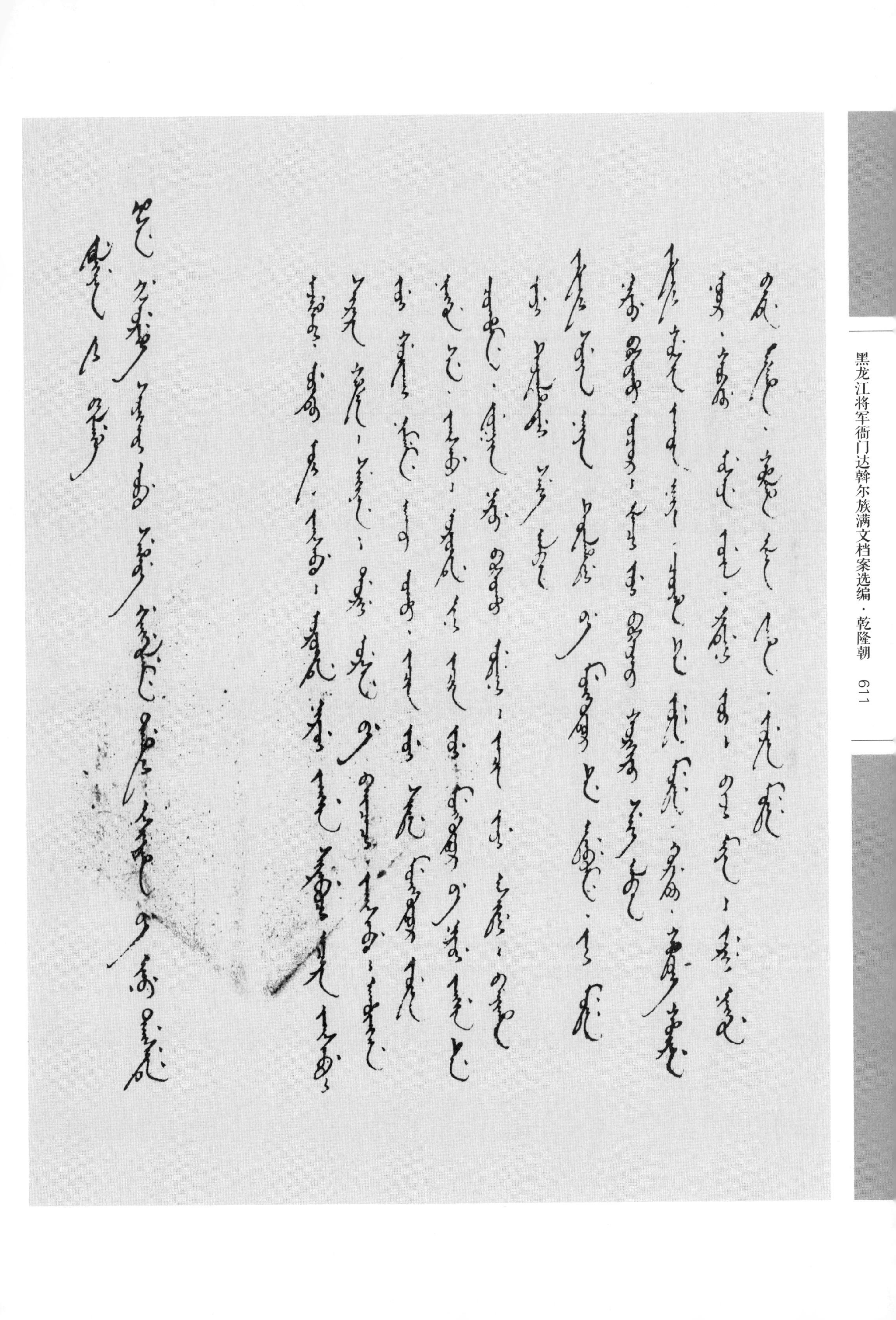

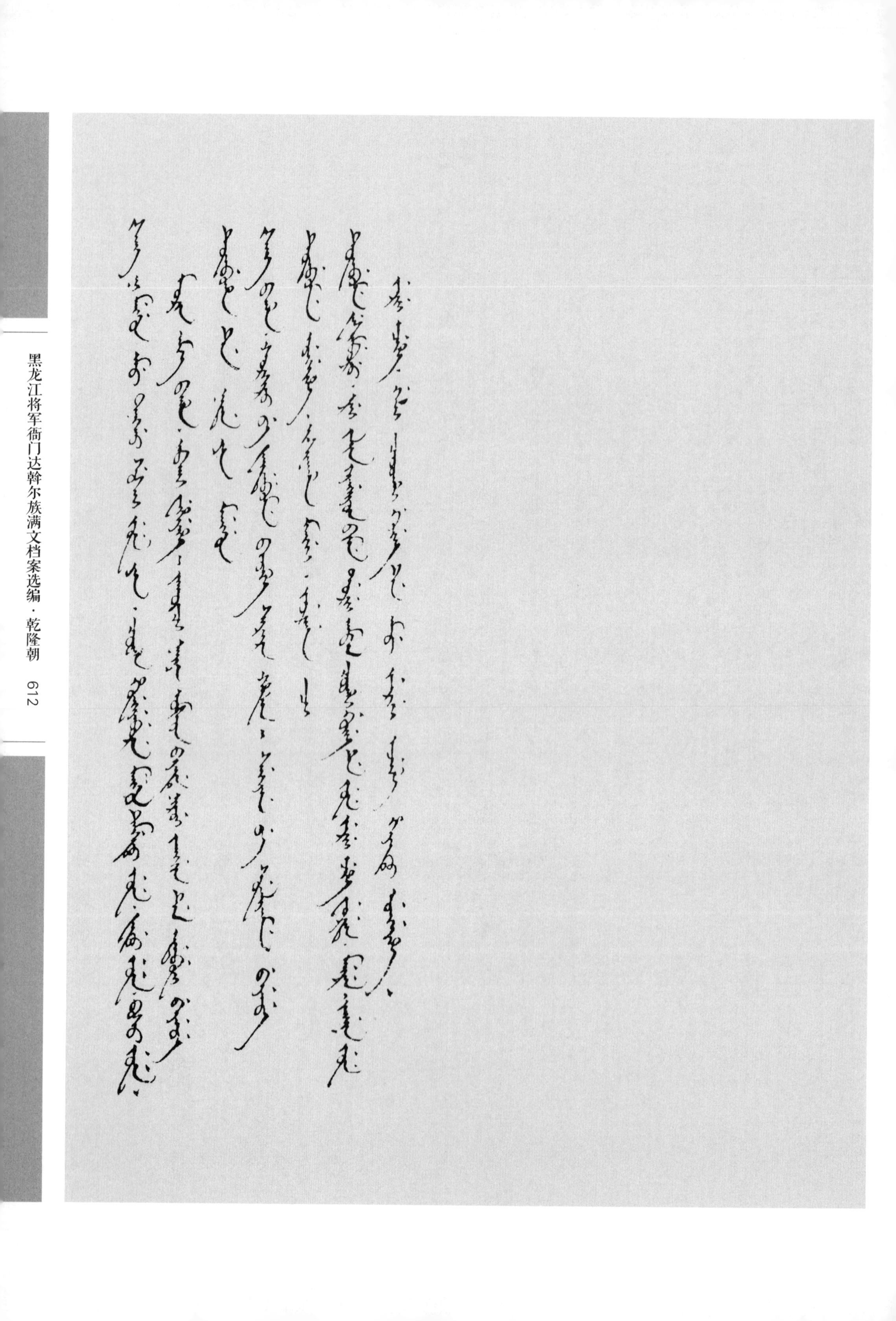

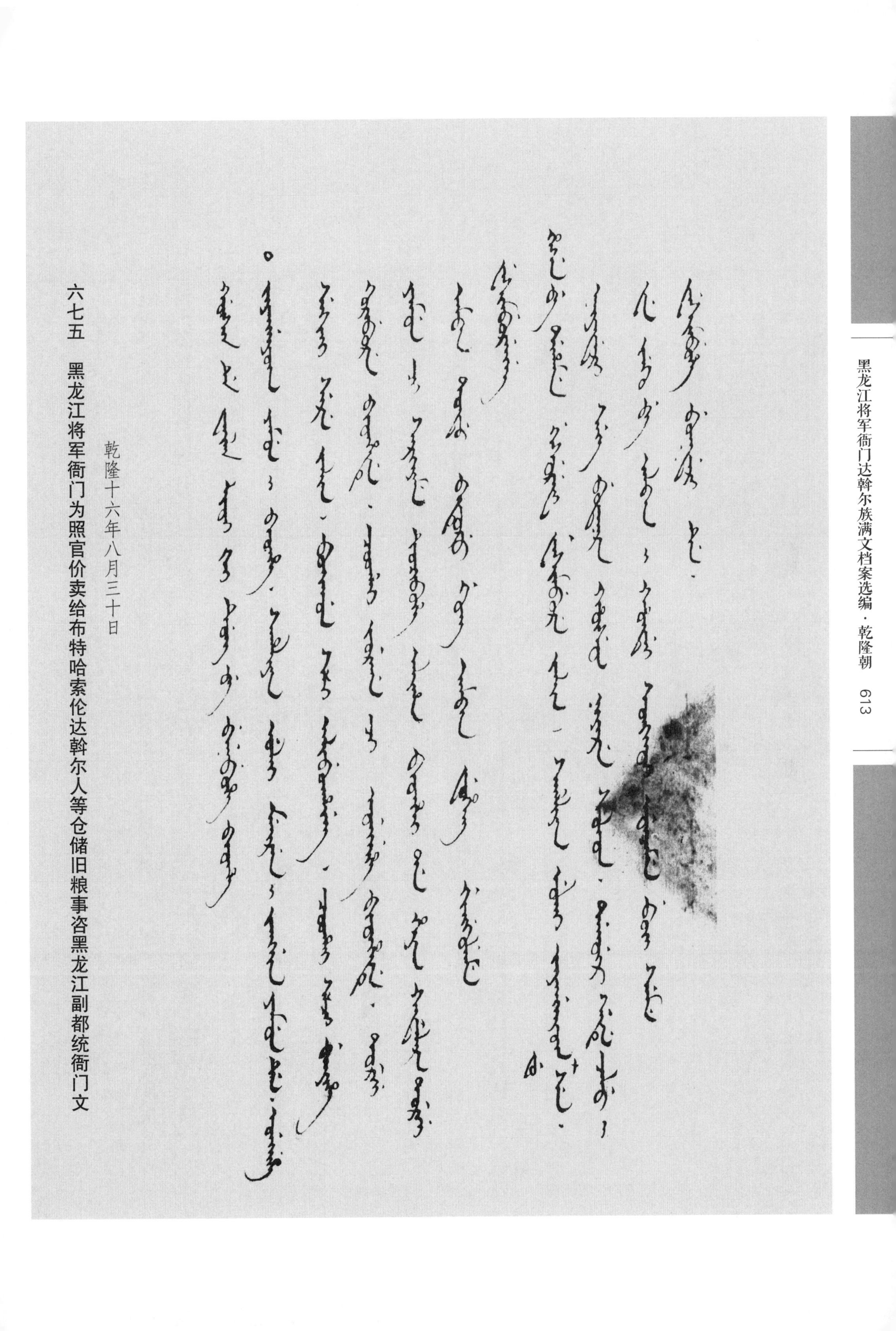

## 六七五 黑龙江将军衙门为照官价卖给布特哈索伦达斡尔人等仓储旧粮事咨黑龙江副都统衙门文

乾隆十六年八月三十日

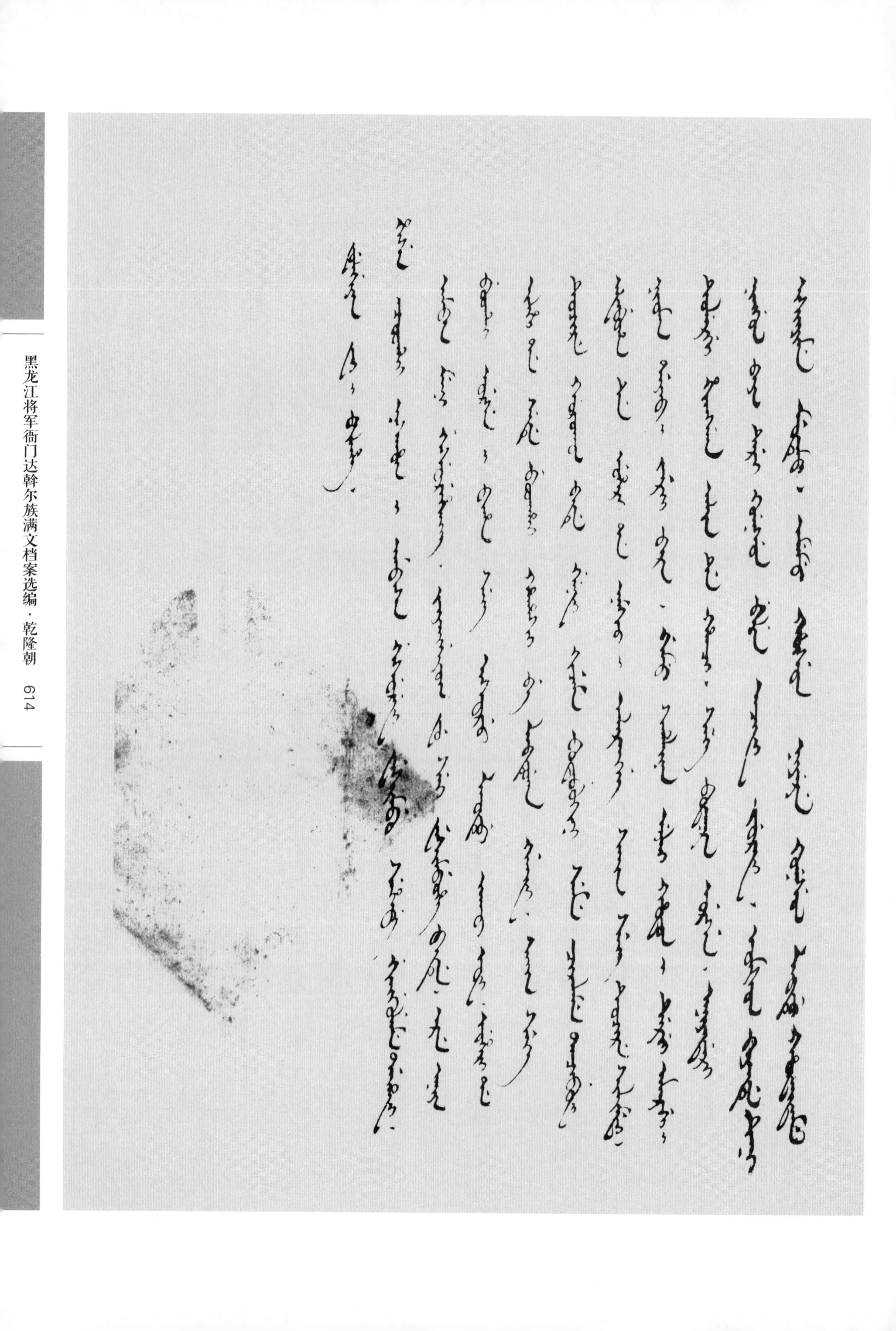

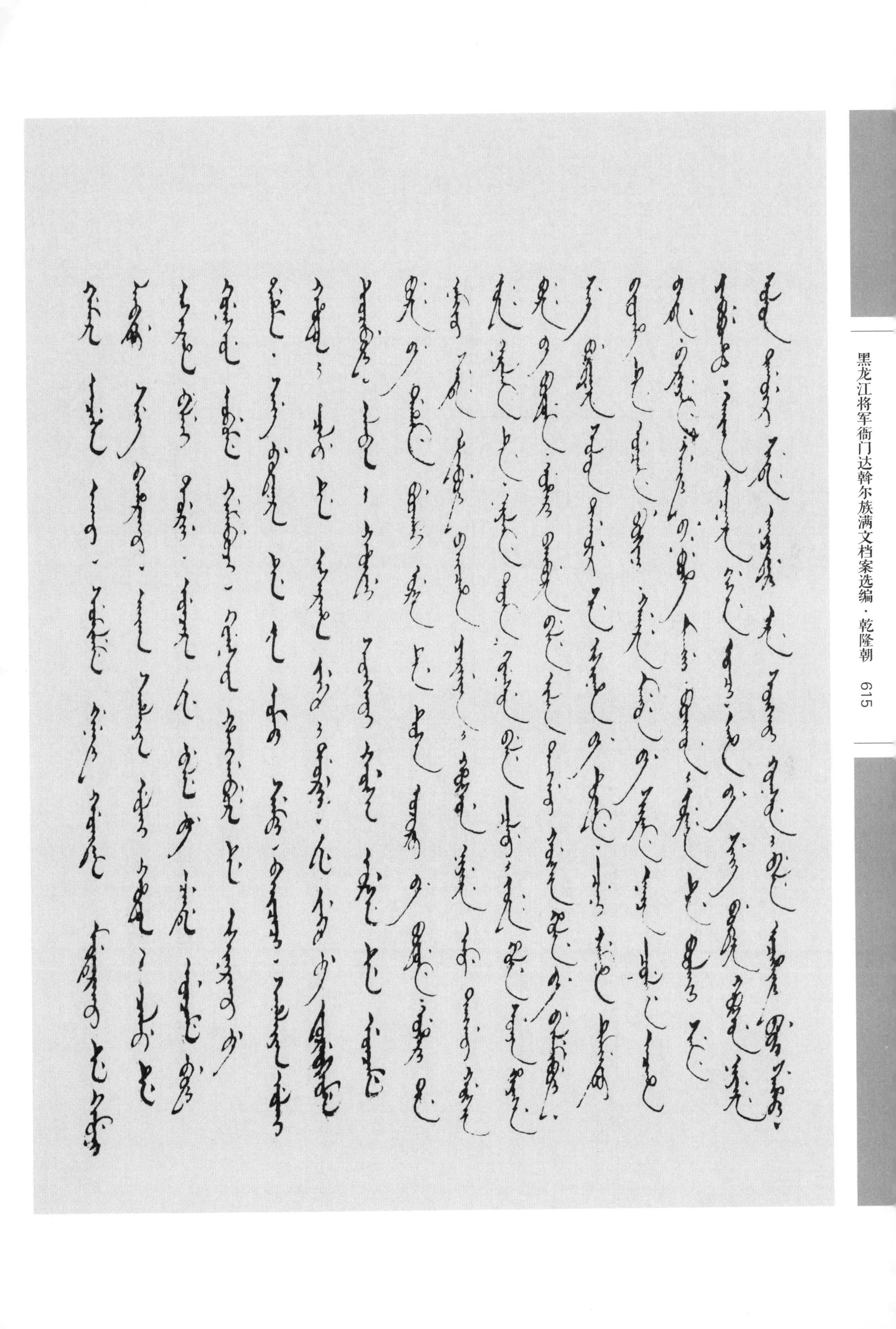

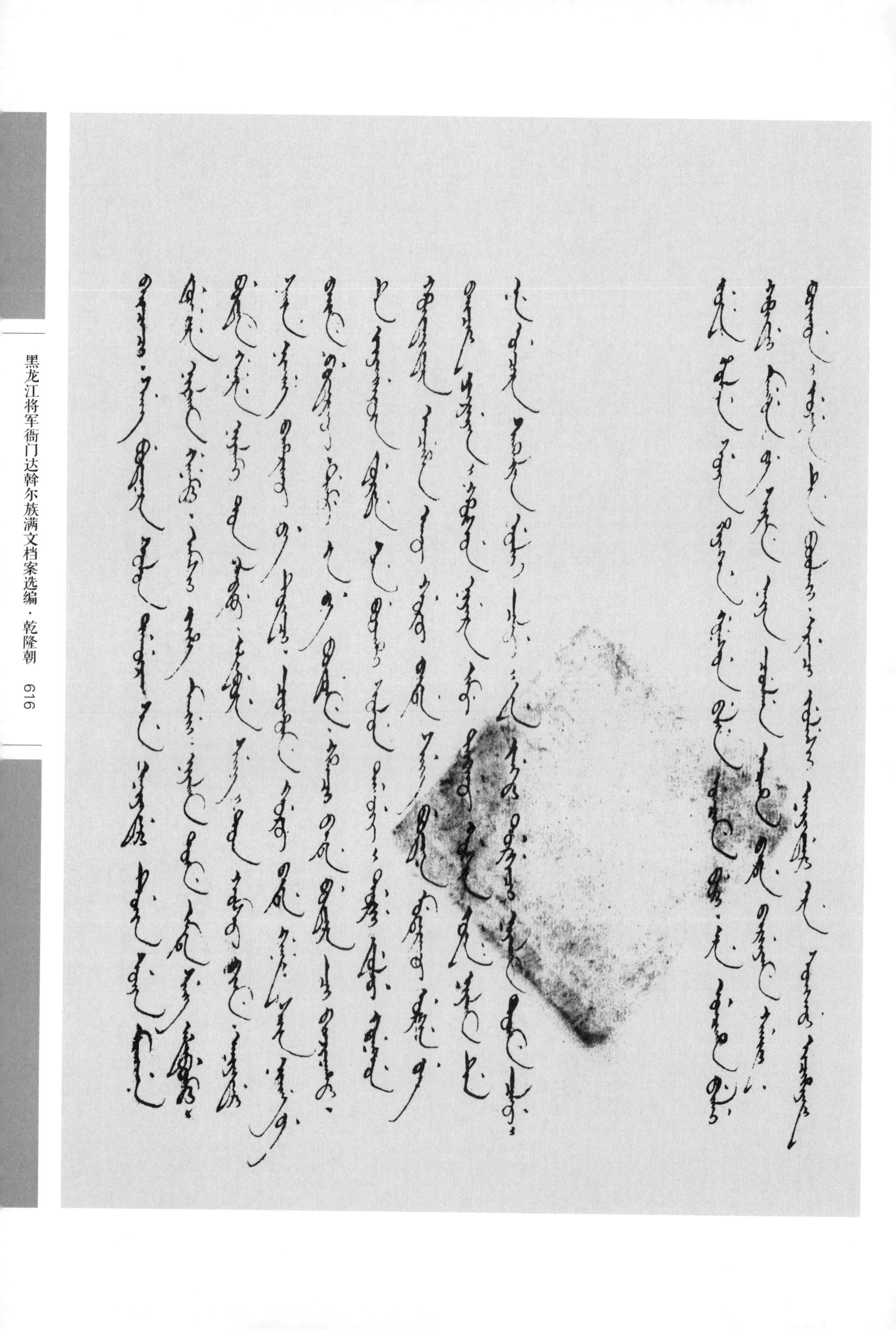

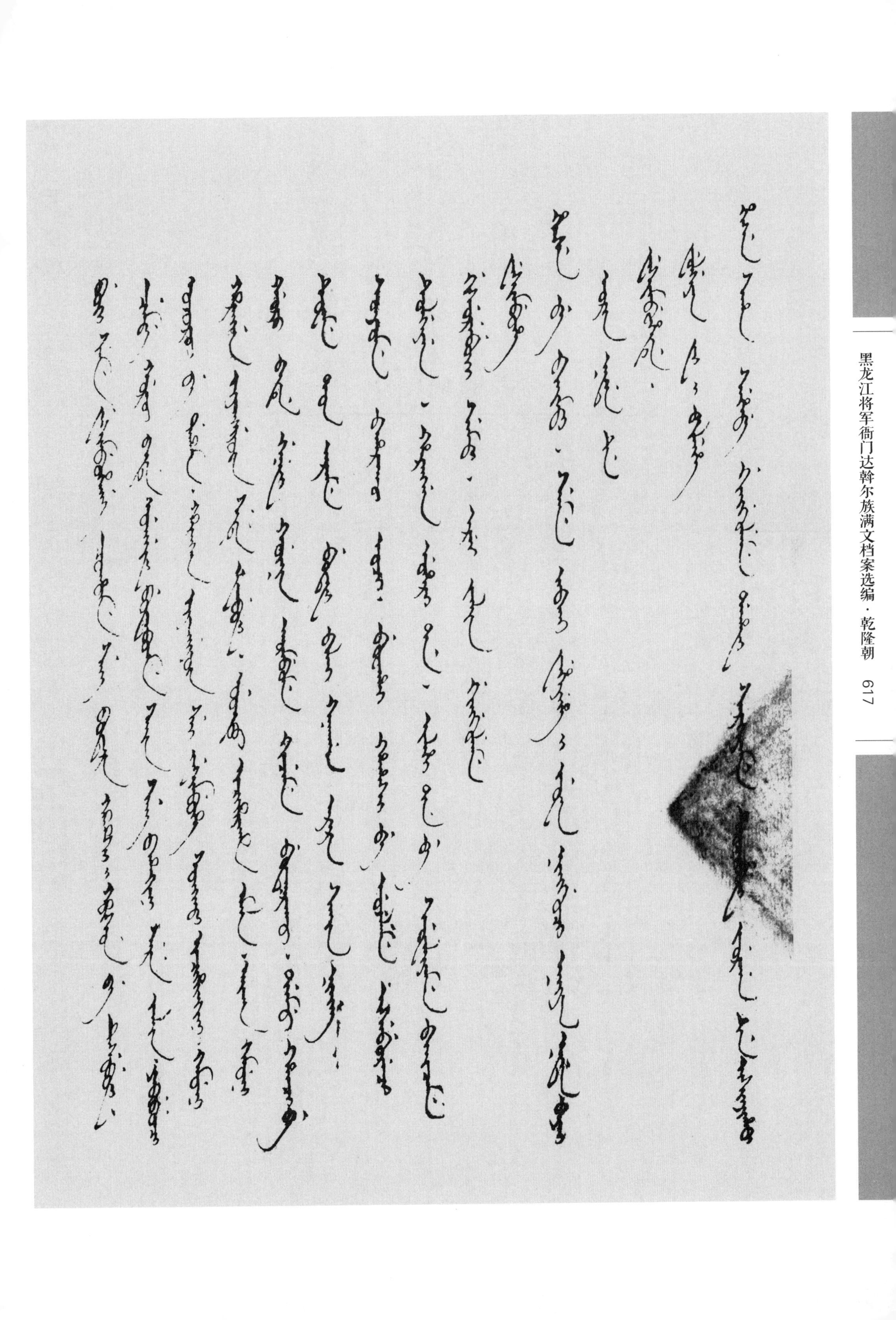

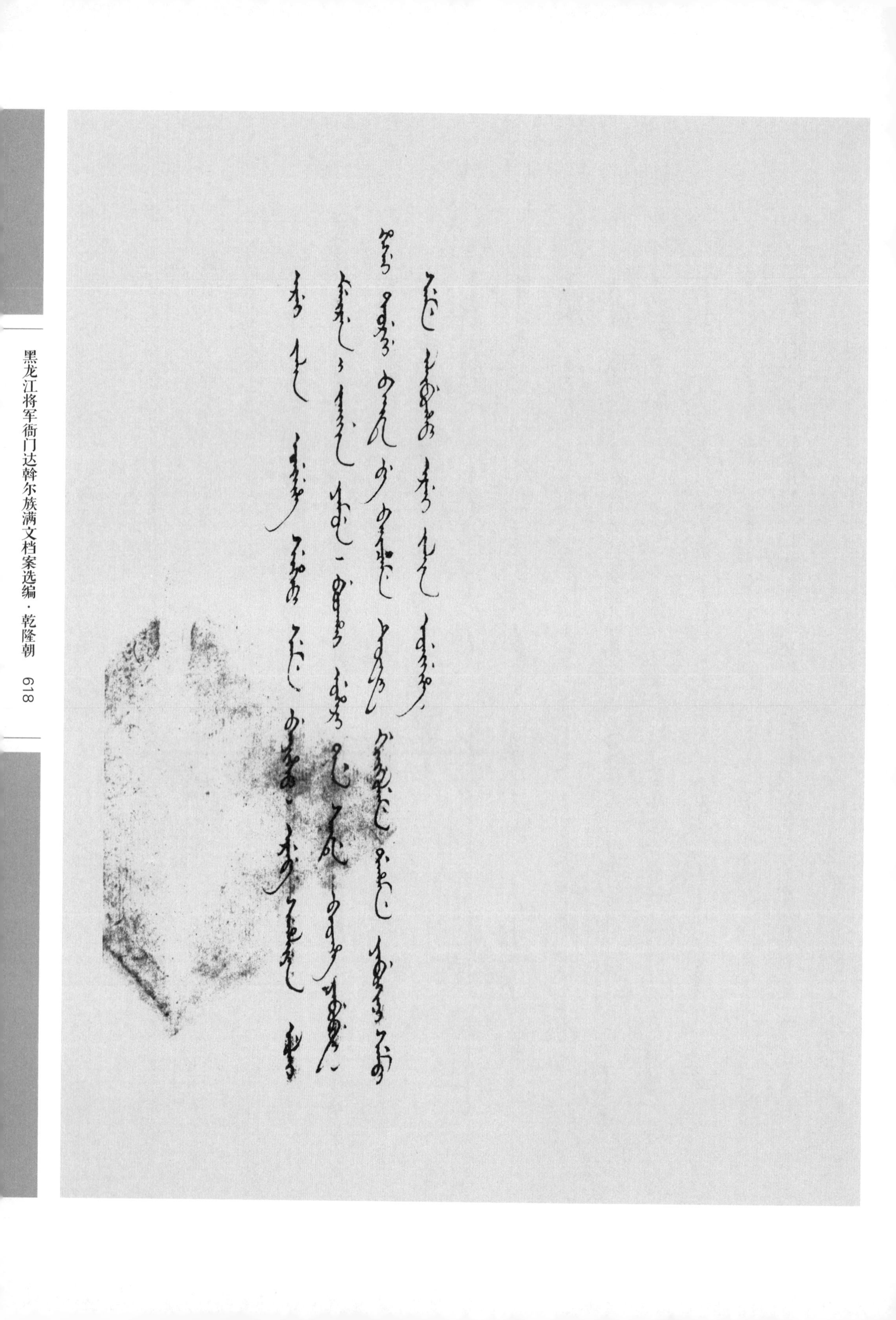

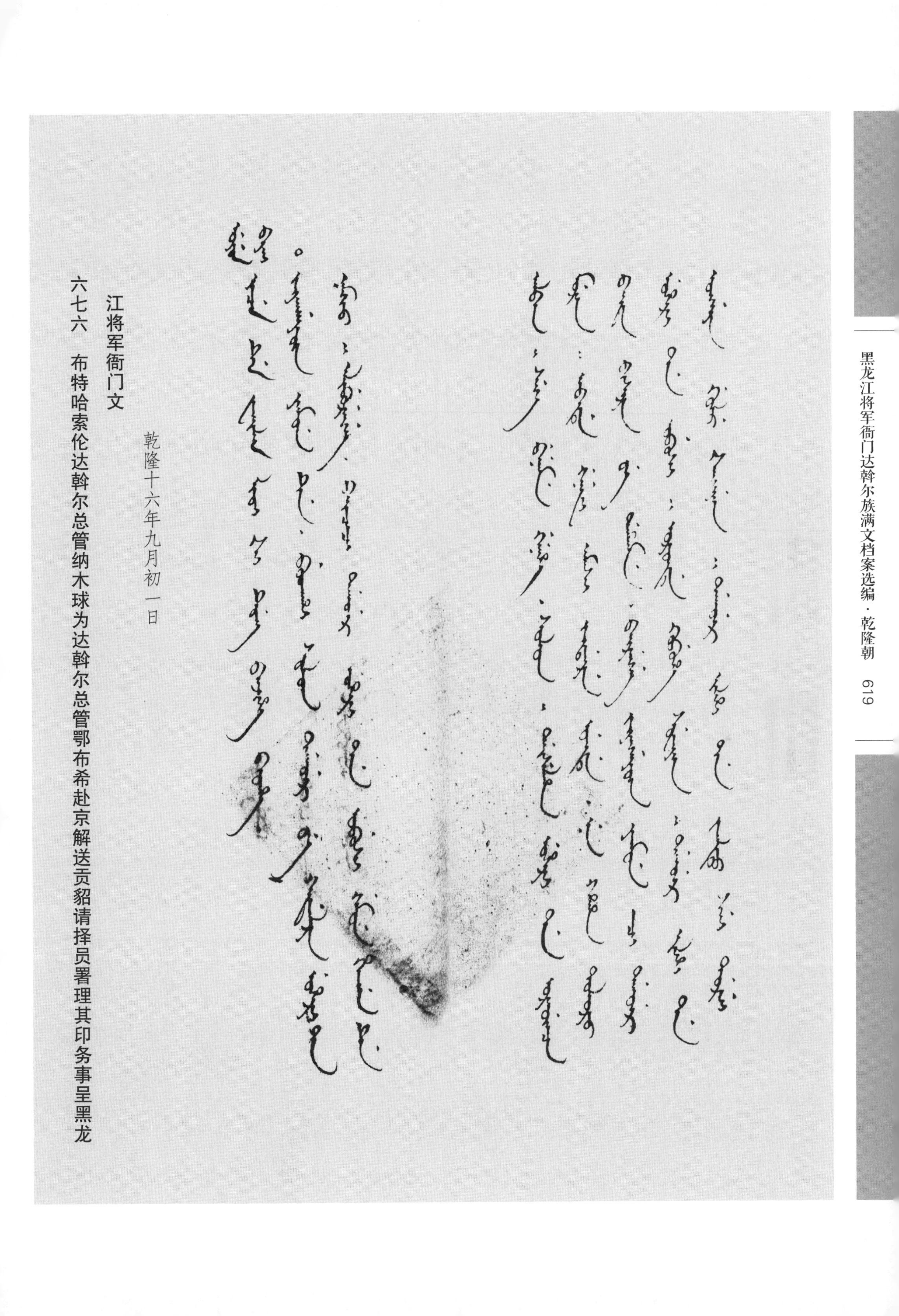

六七六 布特哈索伦达斡尔总管纳木球为达斡尔总管鄂布希赴京解送贡貂请择员署理其印务事呈黑龙江将军衙门文

乾隆十六年九月初一日

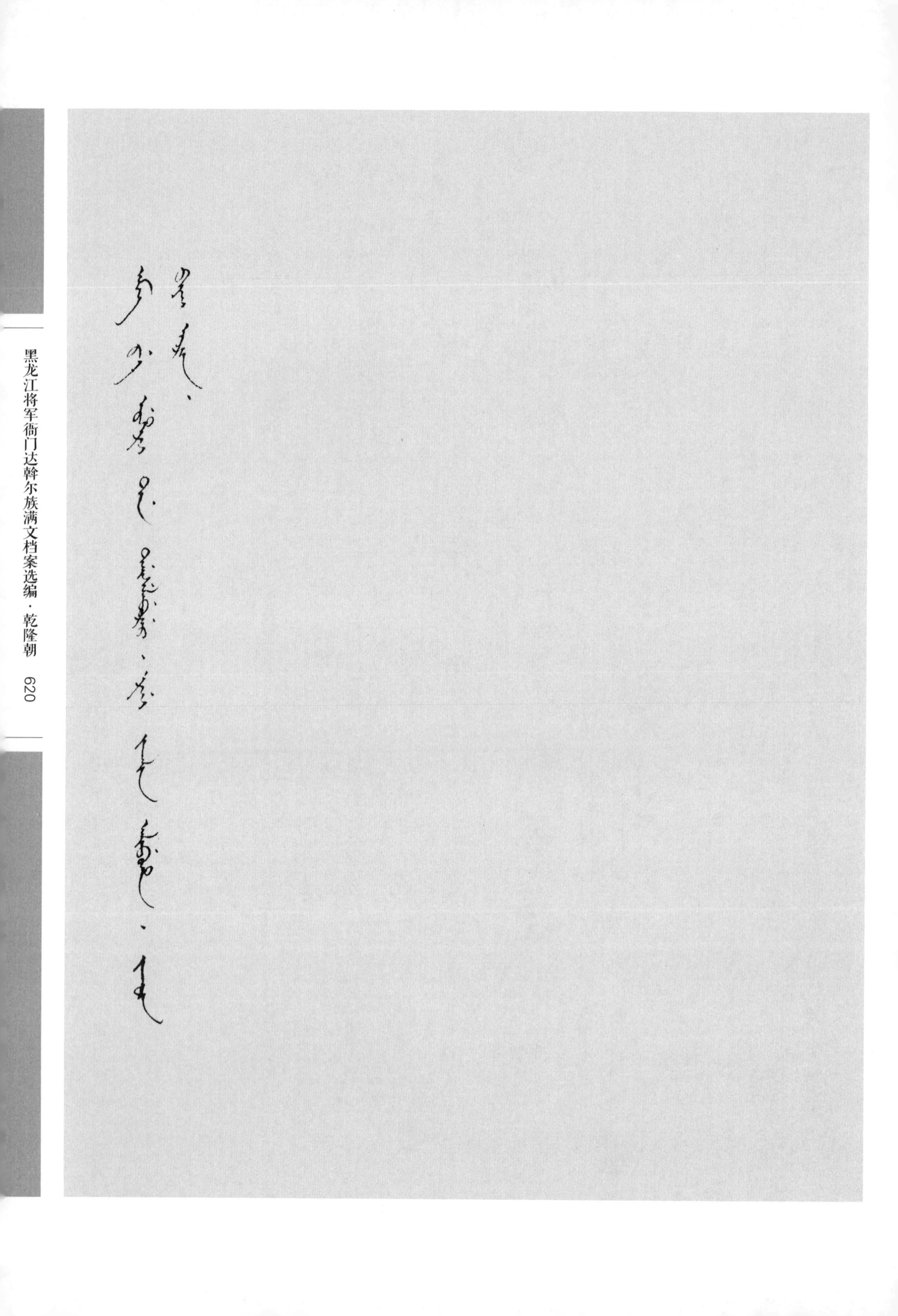

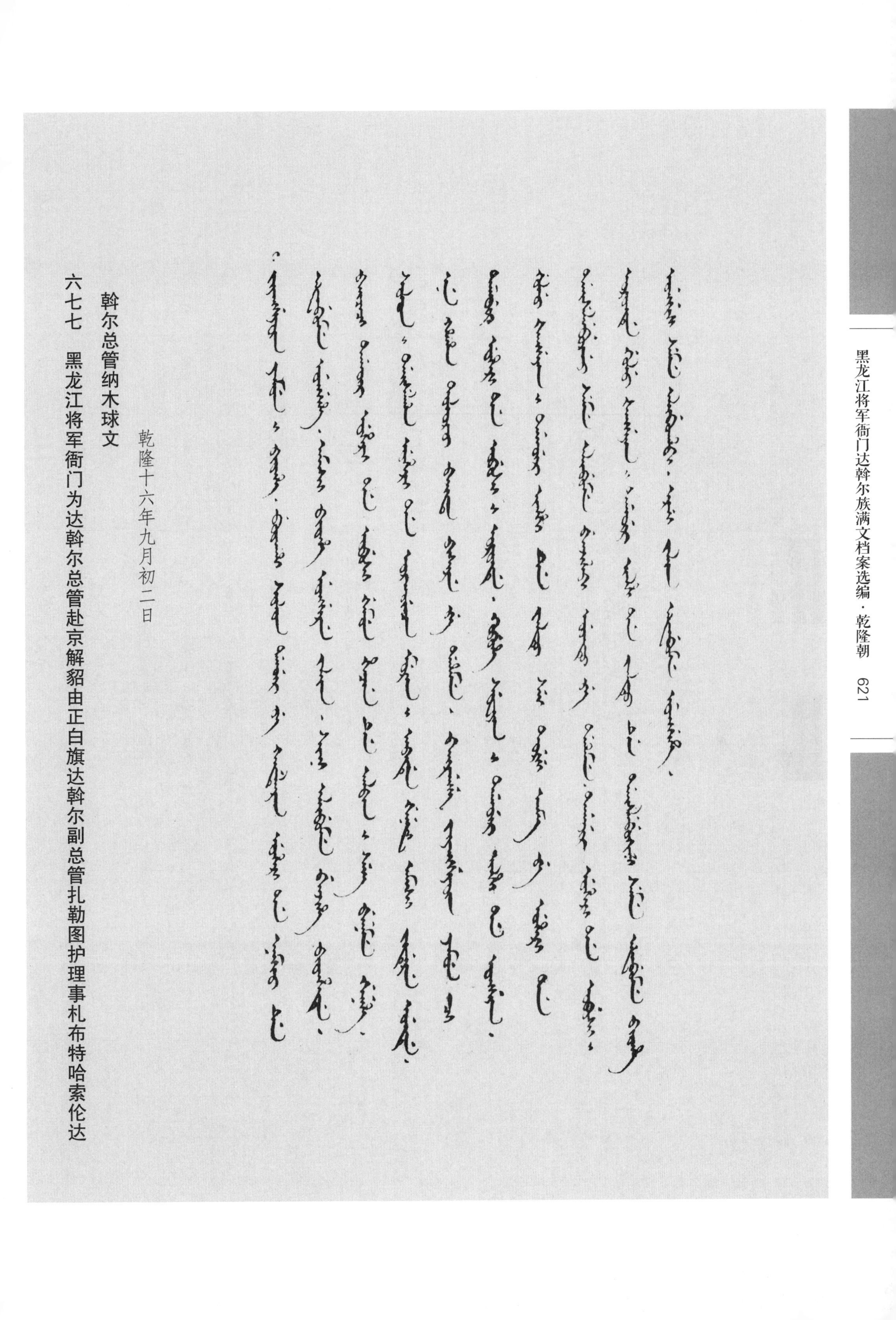

## 六七七　黑龙江将军衙门为达斡尔总管赴京解貂由正白旗达斡尔副总管扎勒图护理事札布特哈索伦达斡尔总管纳木球文

乾隆十六年九月初二日

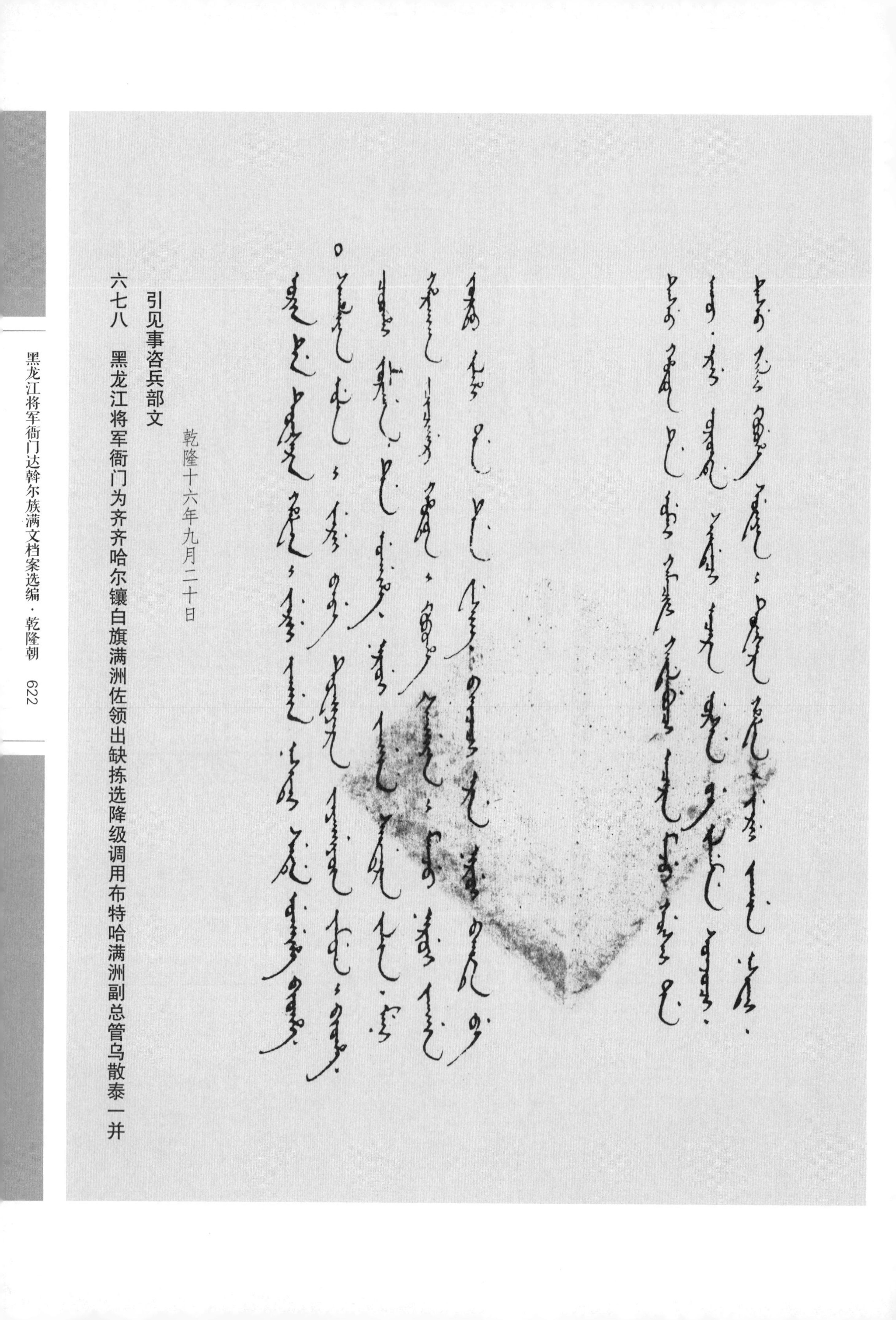

## 六七八　黑龙江将军衙门为齐齐哈尔镶白旗满洲佐领出缺拣选降级调用布特哈满洲副总管乌散泰一并引见事咨兵部文

乾隆十六年九月二十日

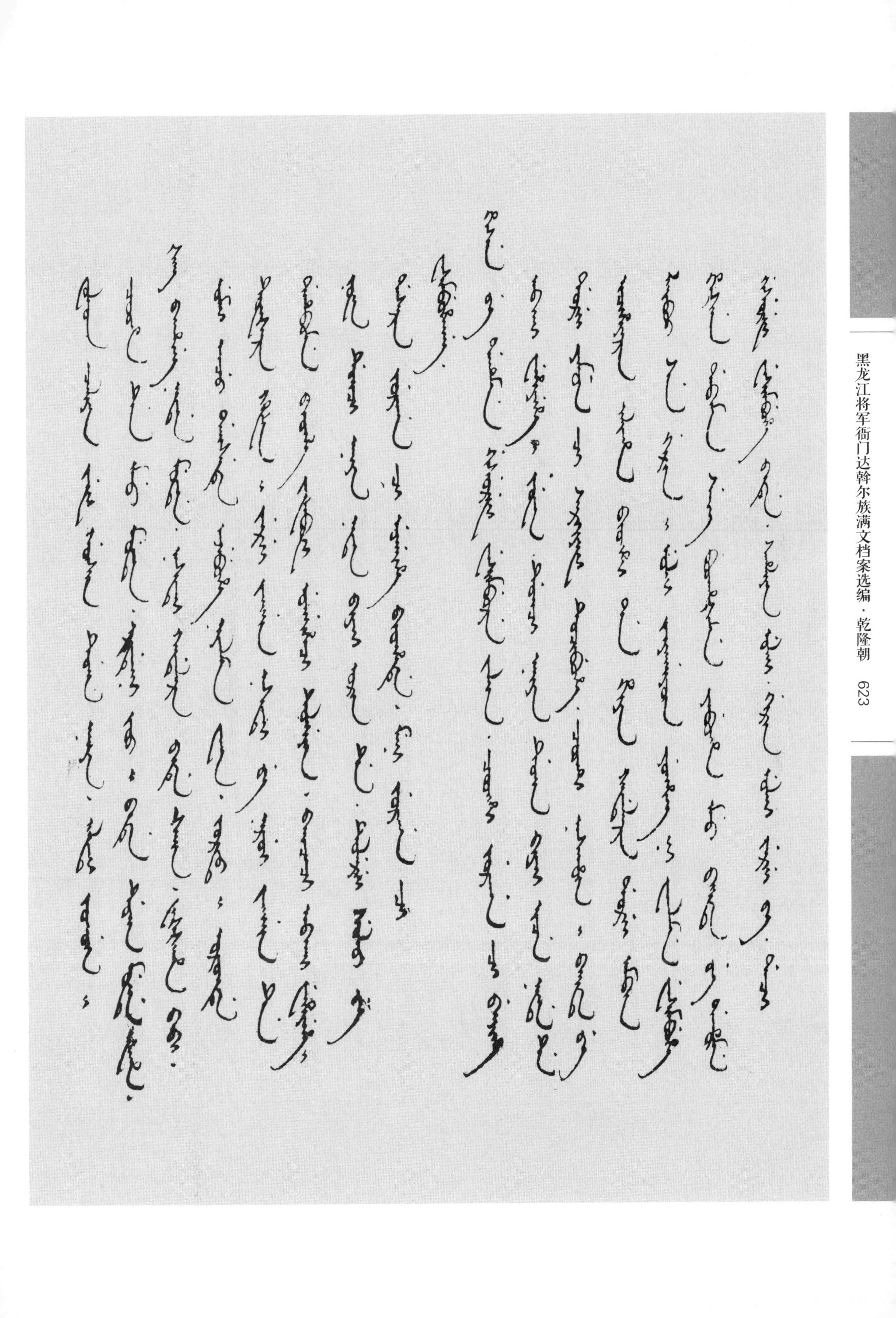

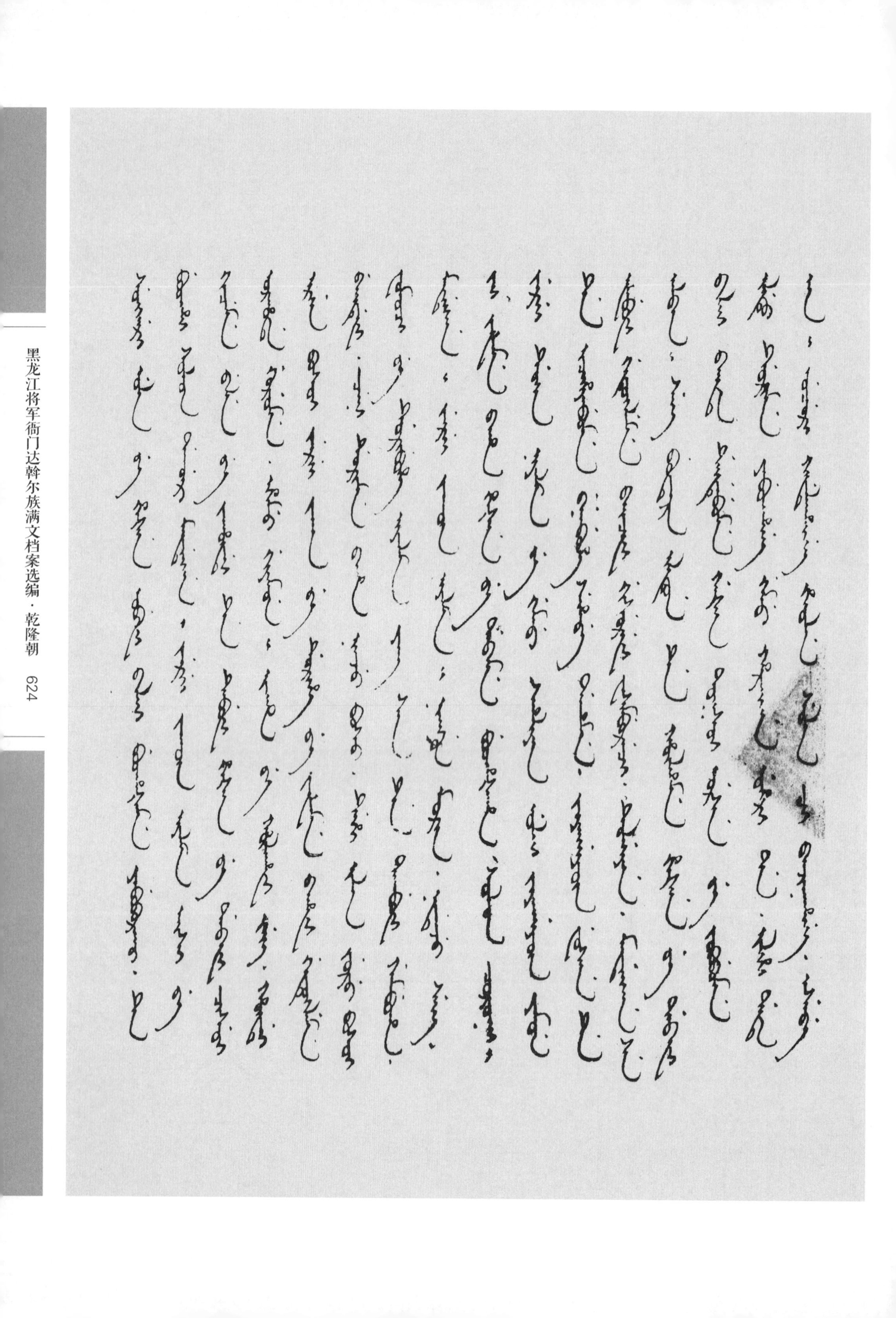

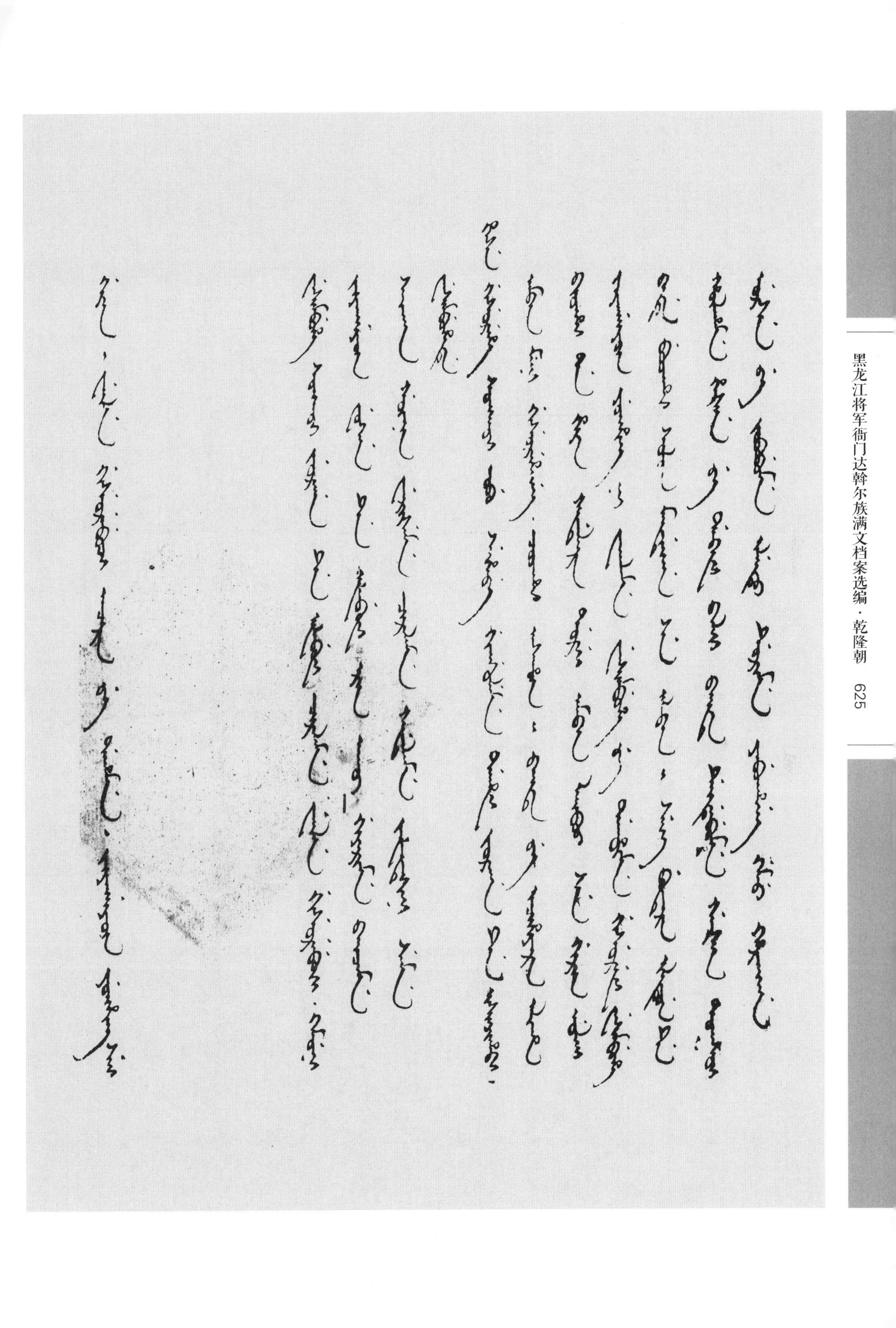

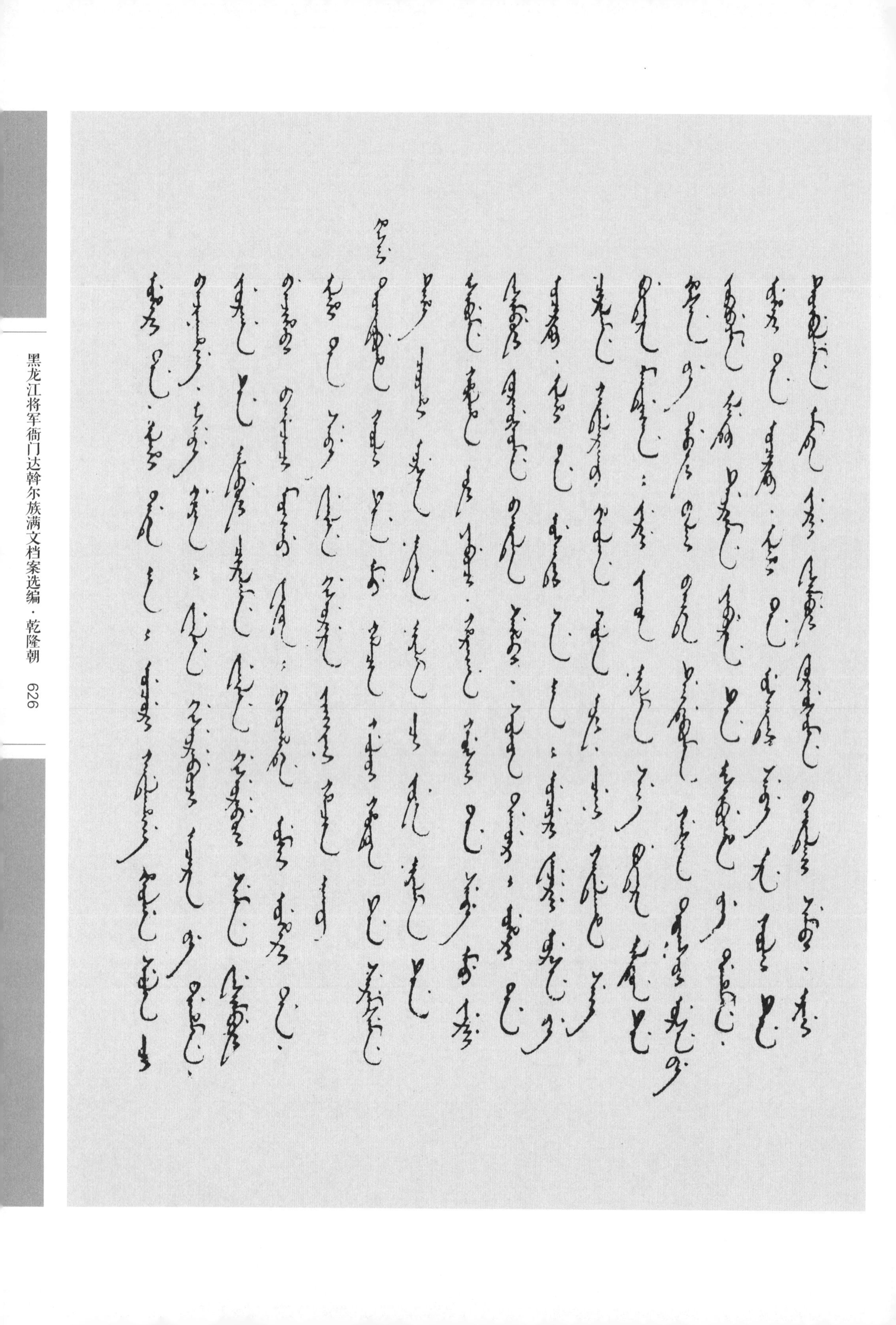

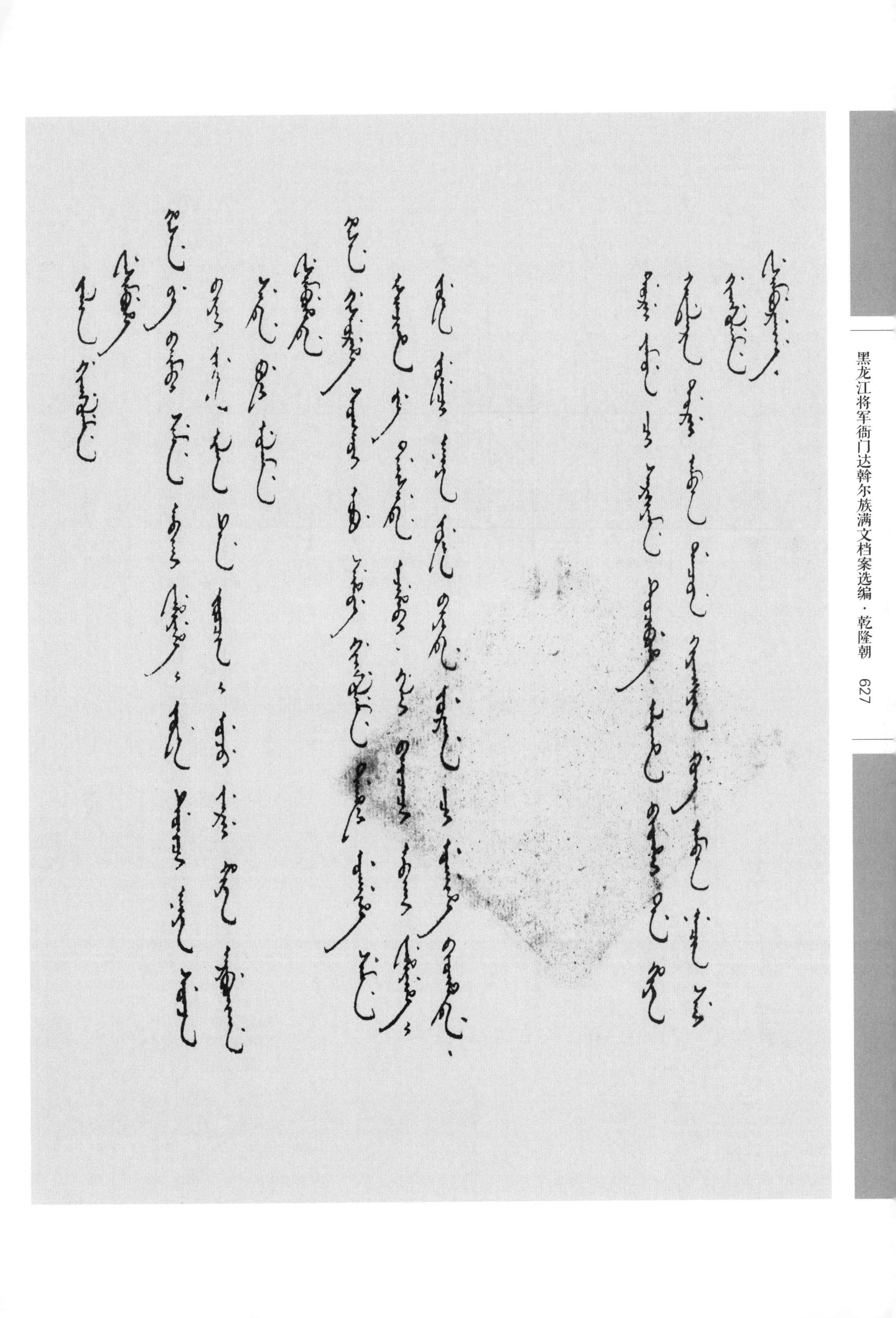

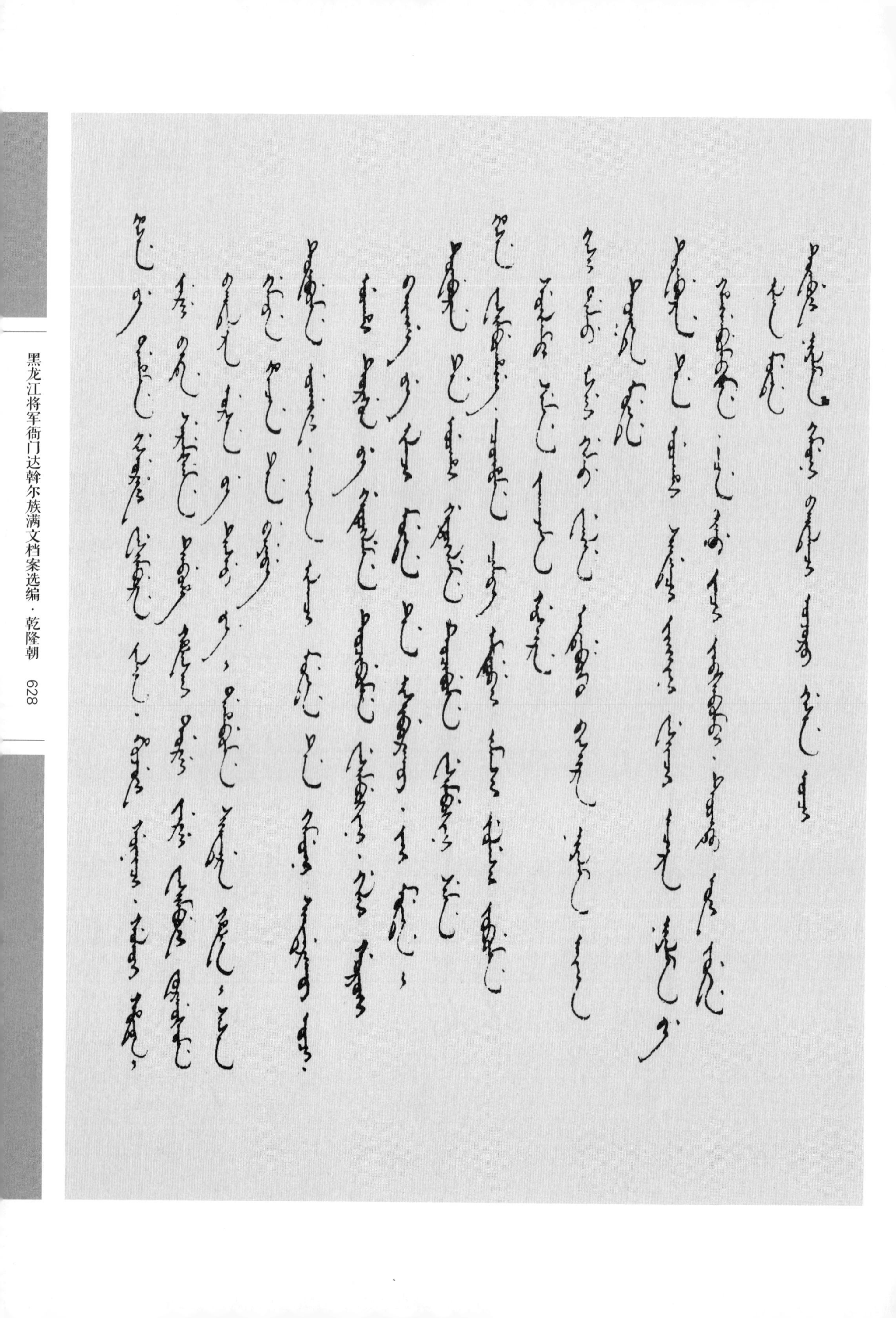

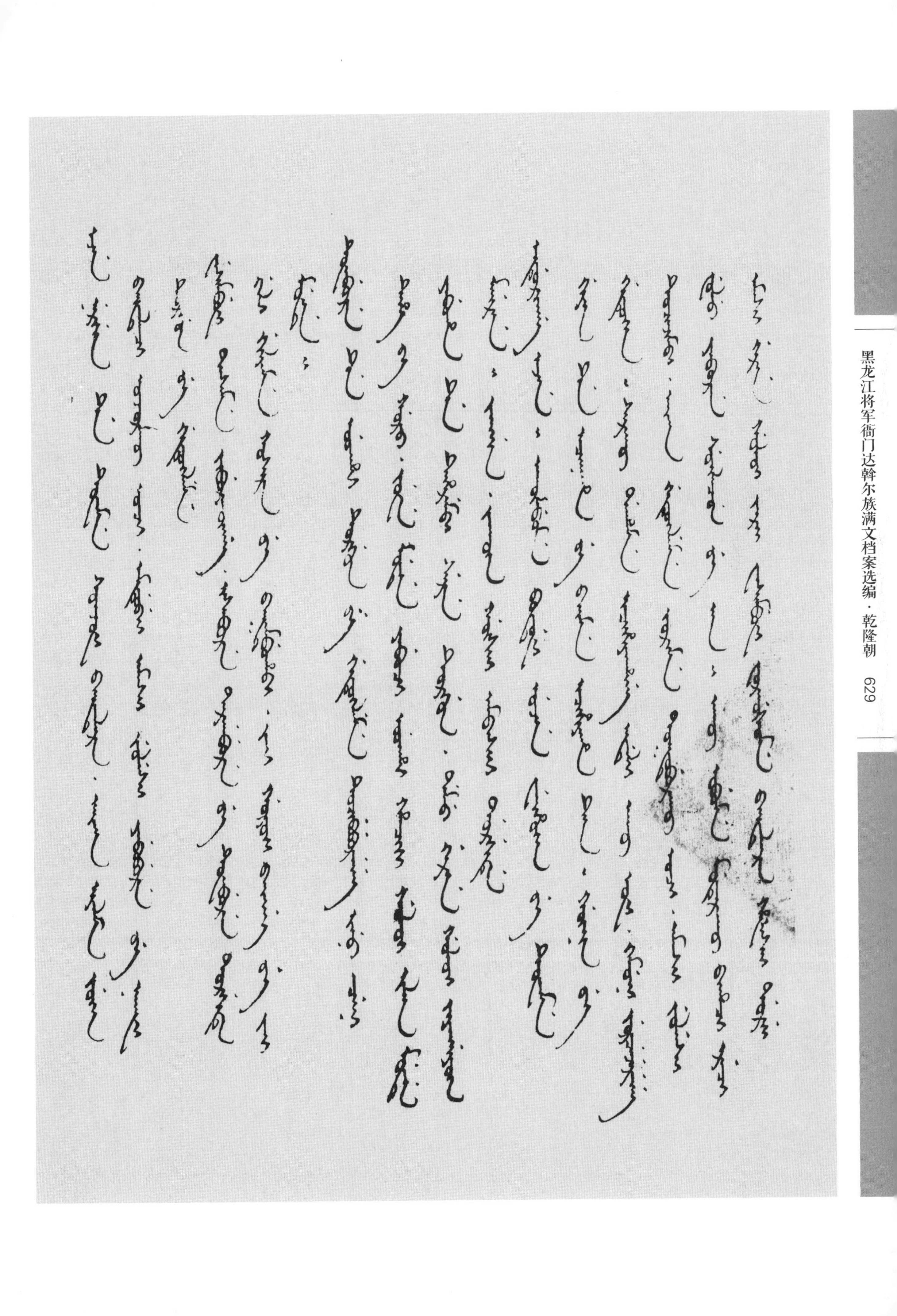

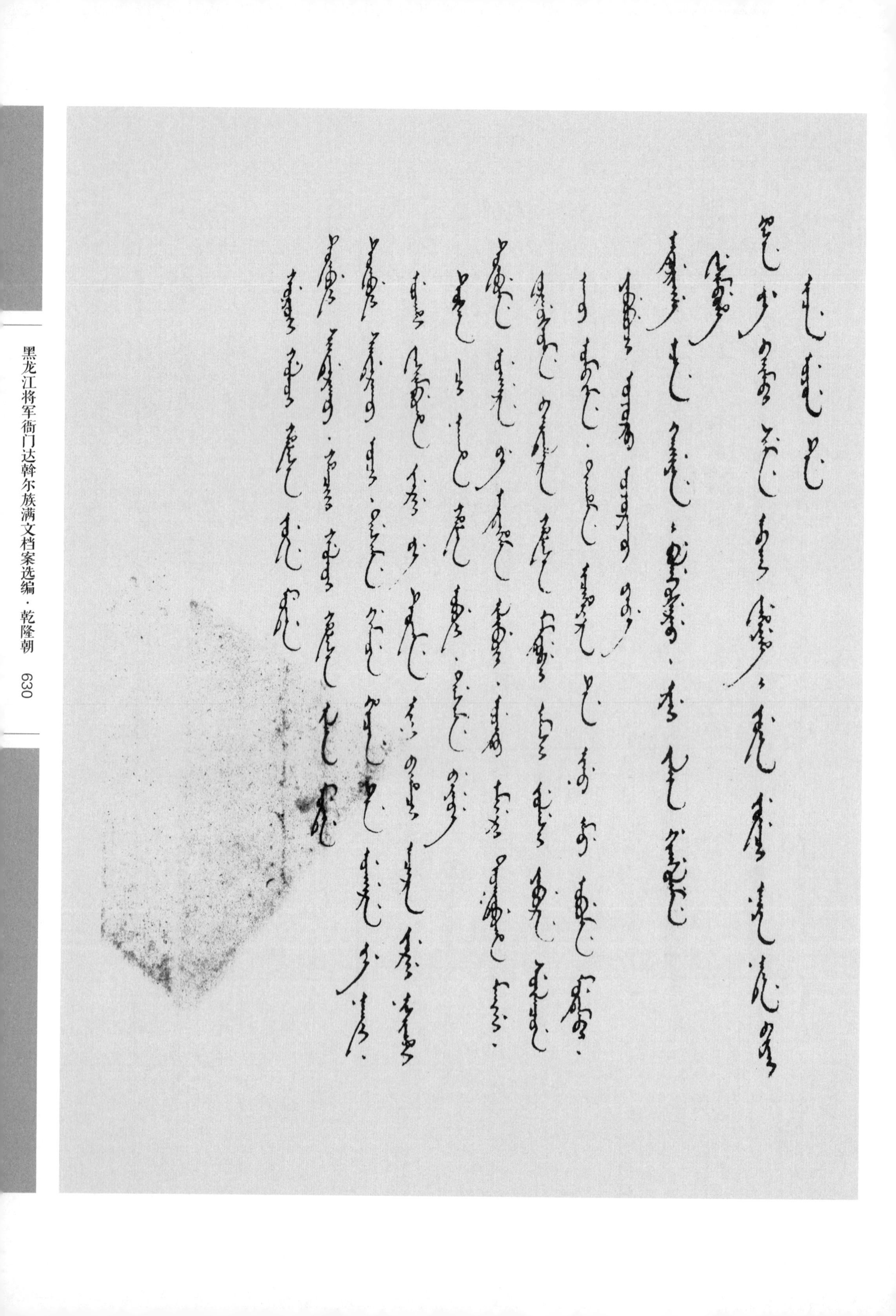

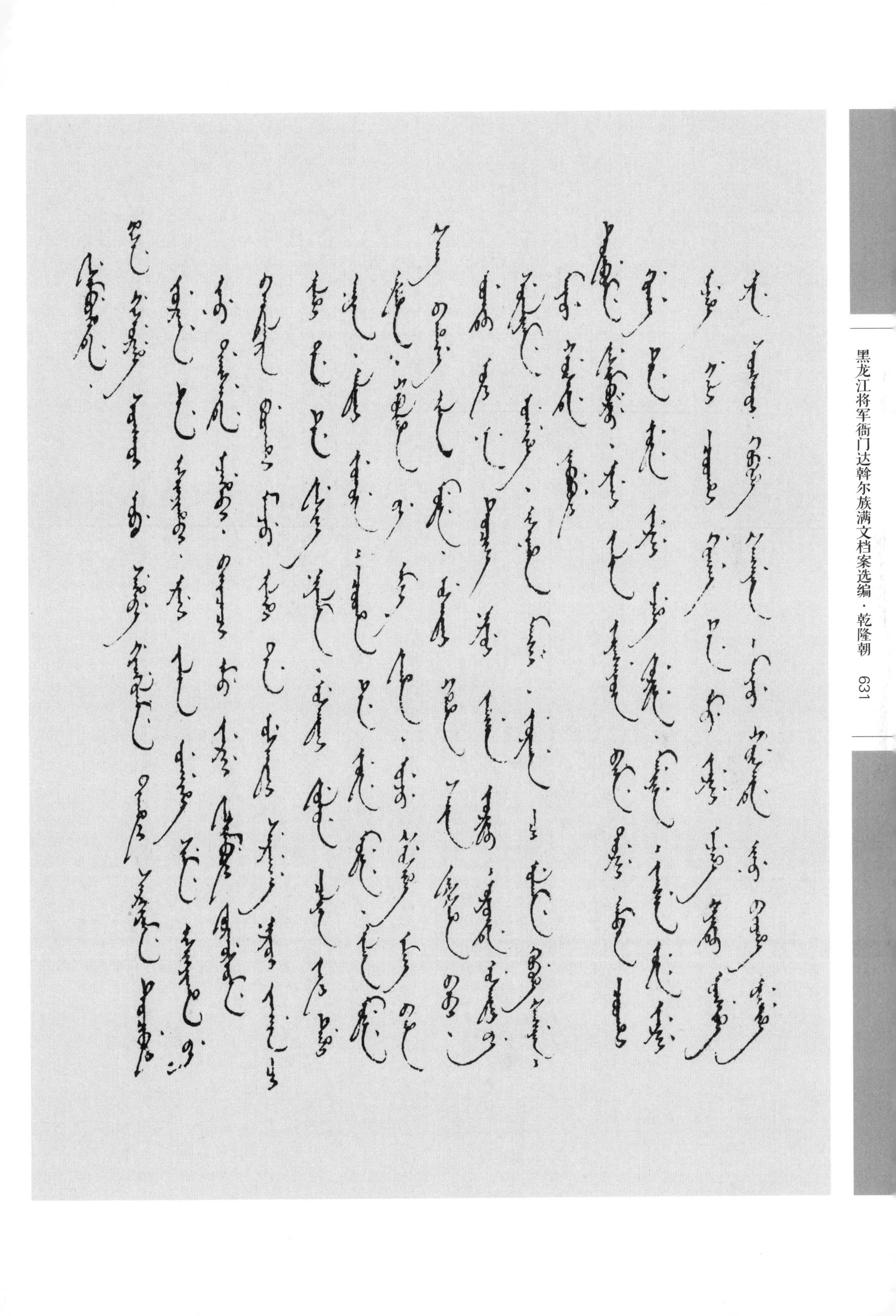

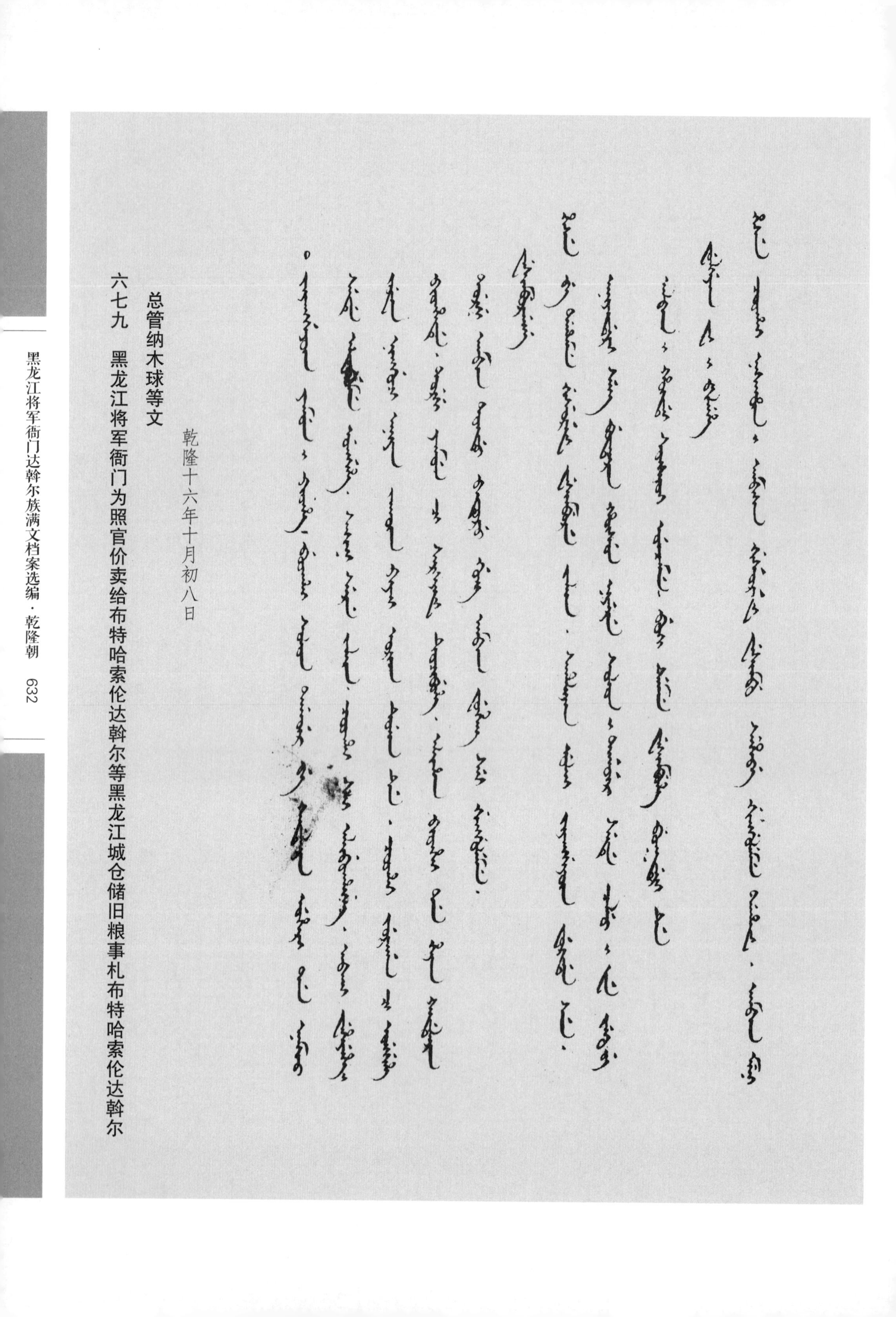

## 六七九　黑龙江将军衙门为照官价卖给布特哈索伦达斡尔等黑龙江城仓储旧粮事札布特哈索伦达斡尔总管纳木球等文

乾隆十六年十月初八日

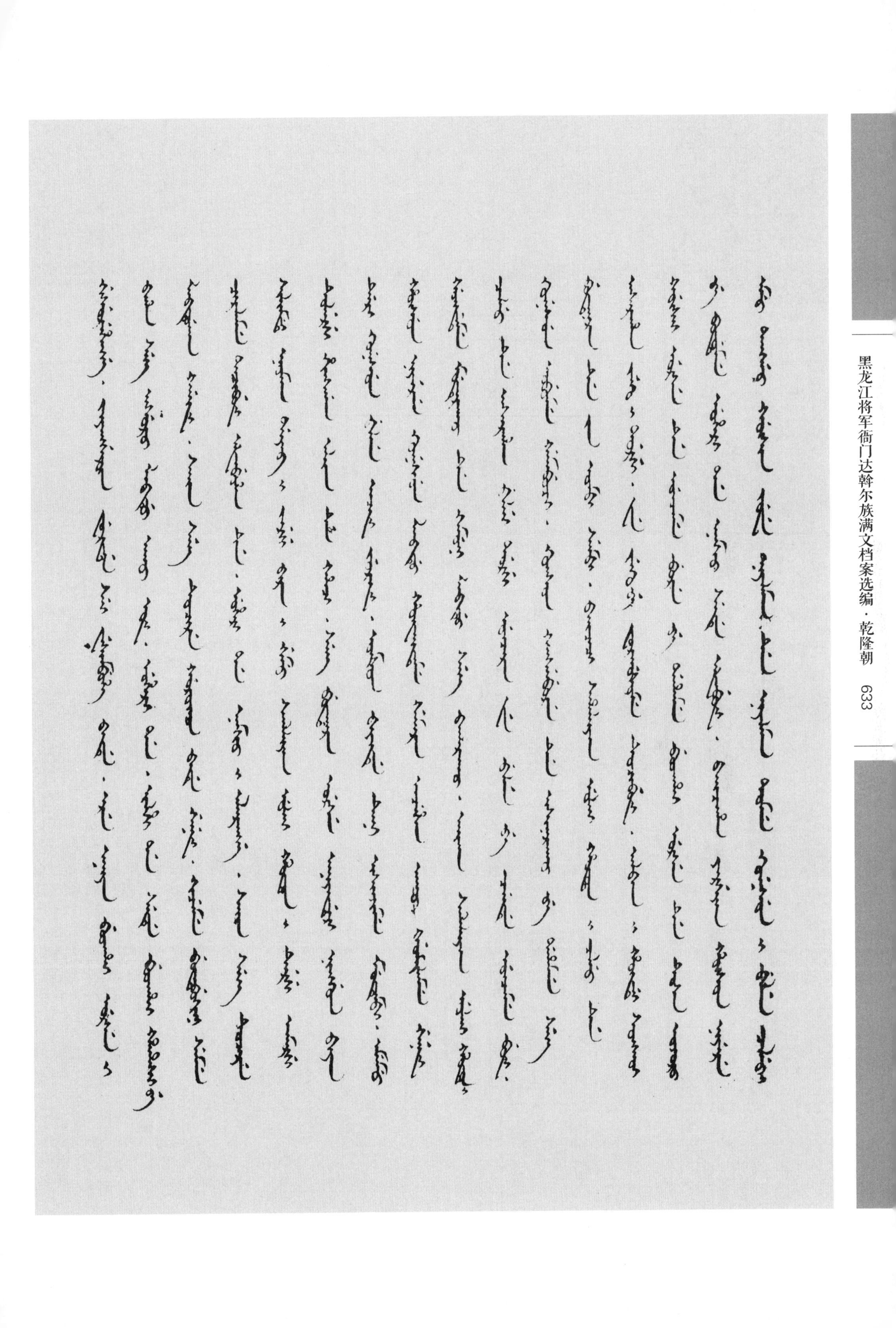

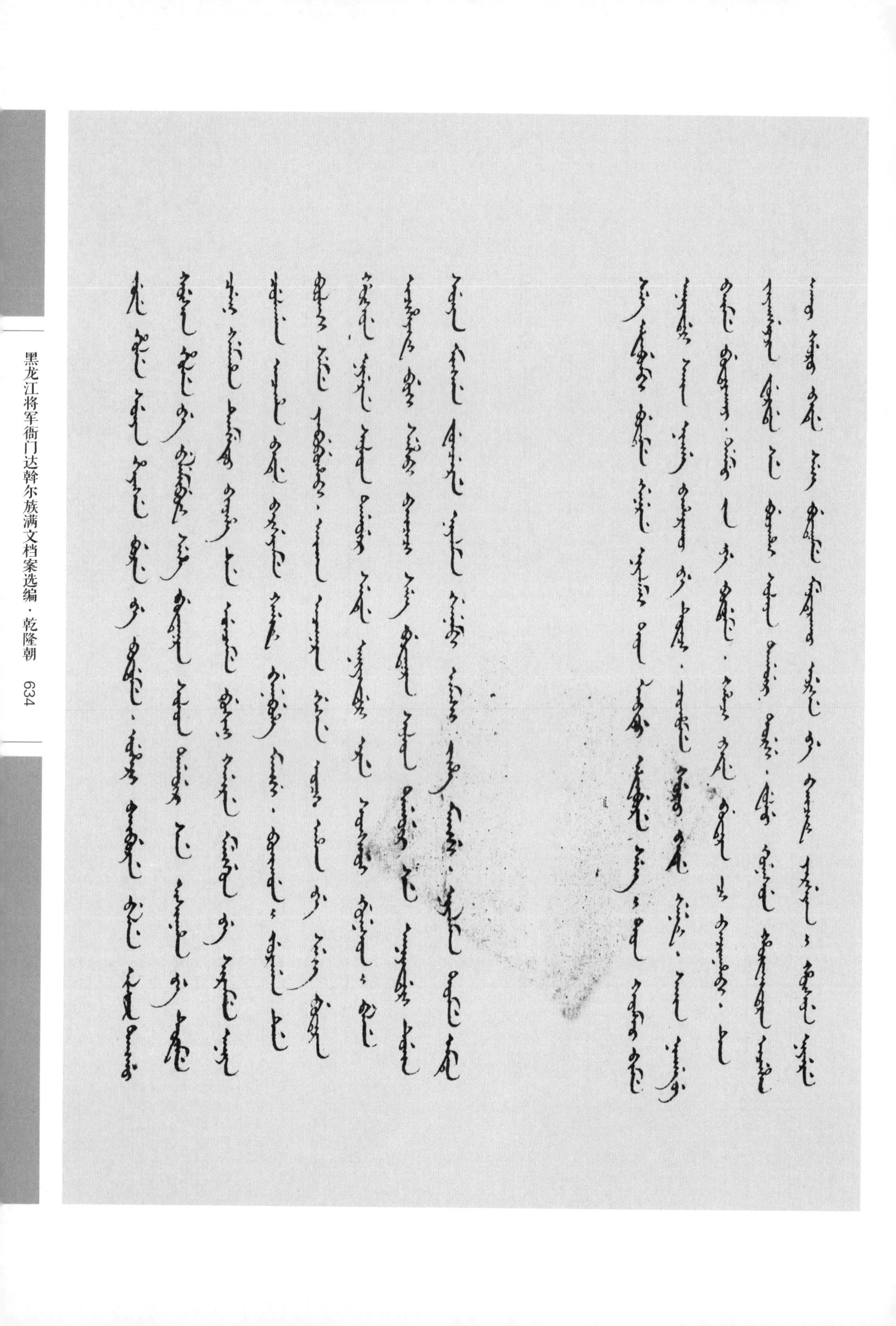

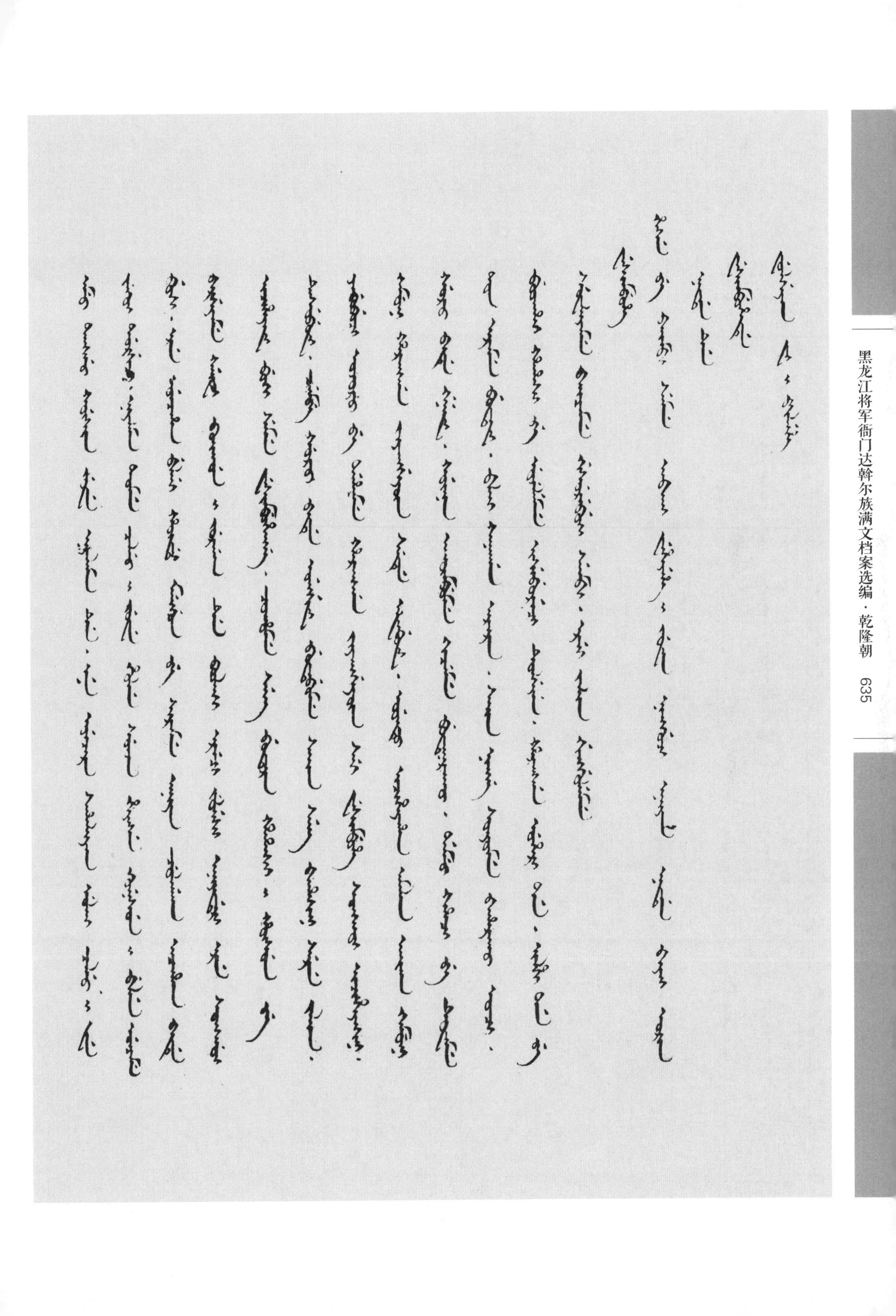

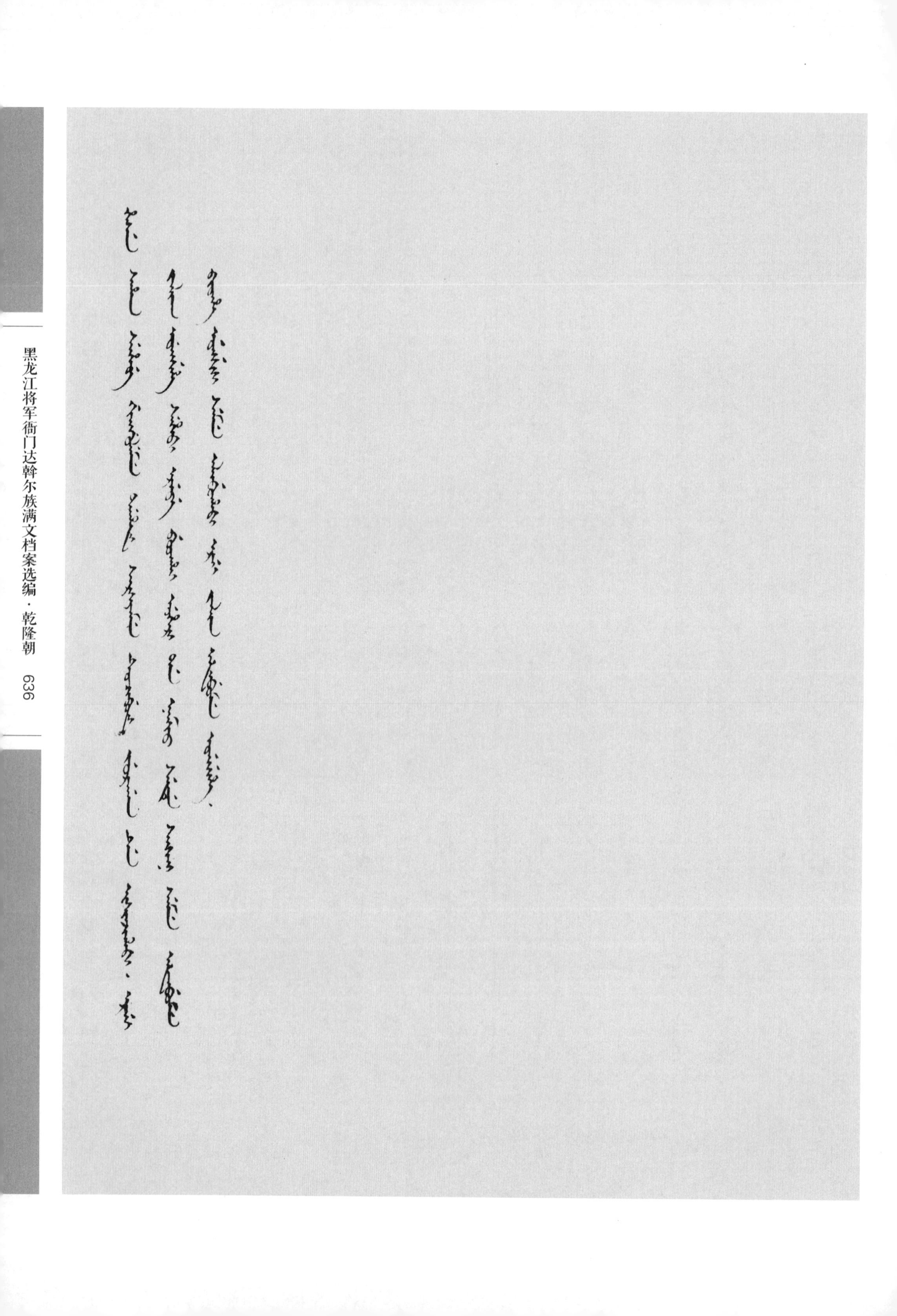

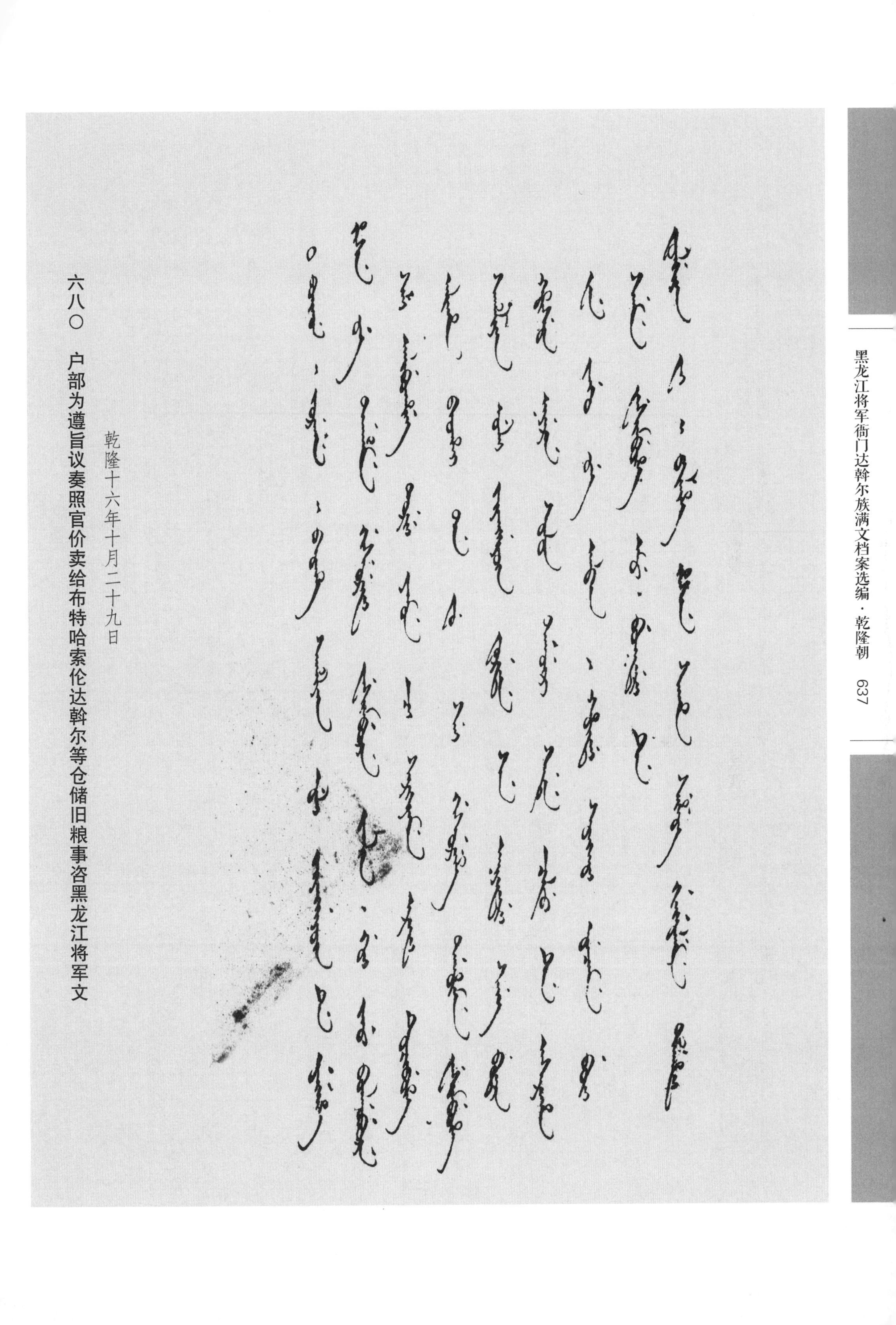

## 六八〇　户部为遵旨议奏照官价卖给布特哈索伦达斡尔等仓储旧粮事咨黑龙江将军文

乾隆十六年十月二十九日

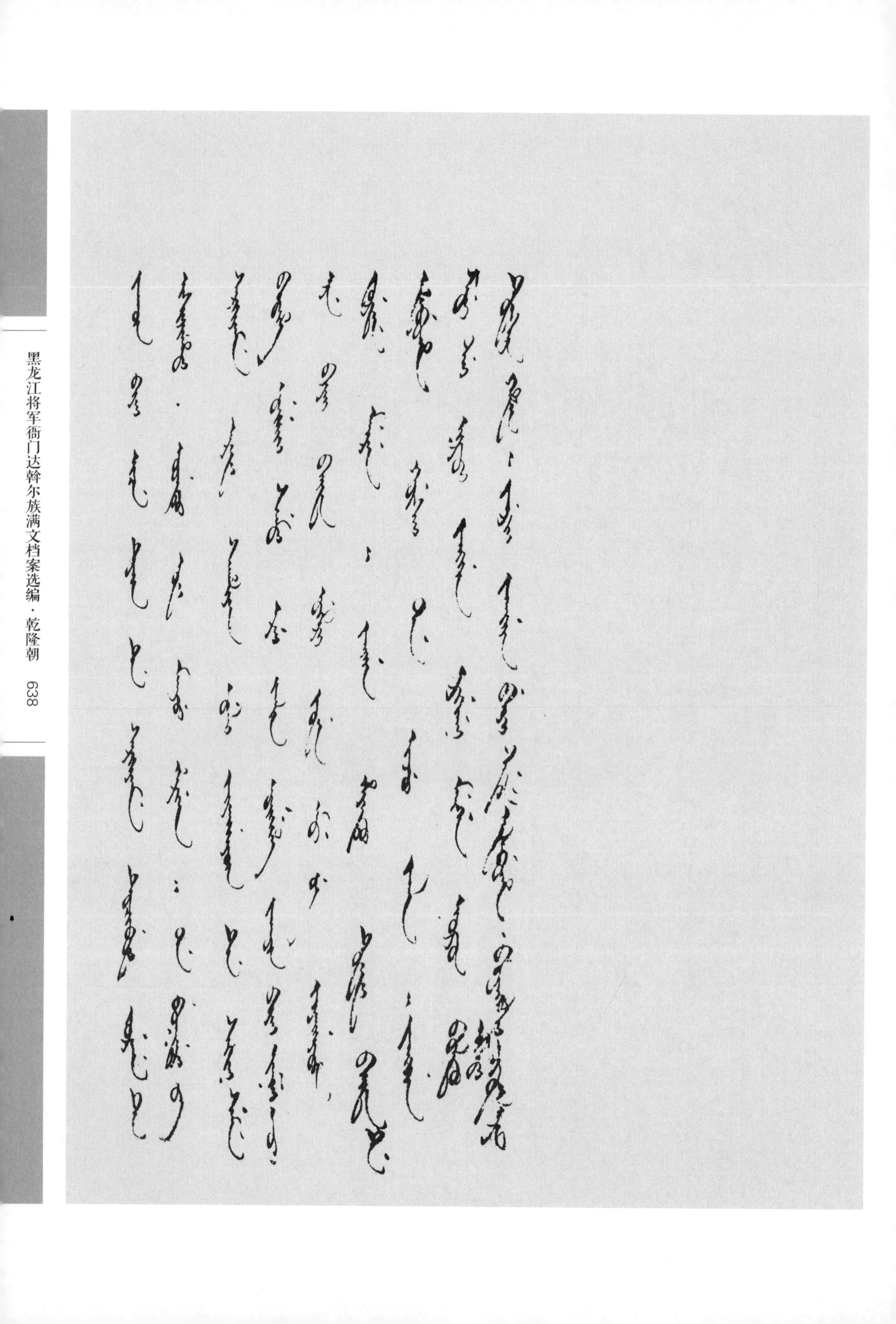

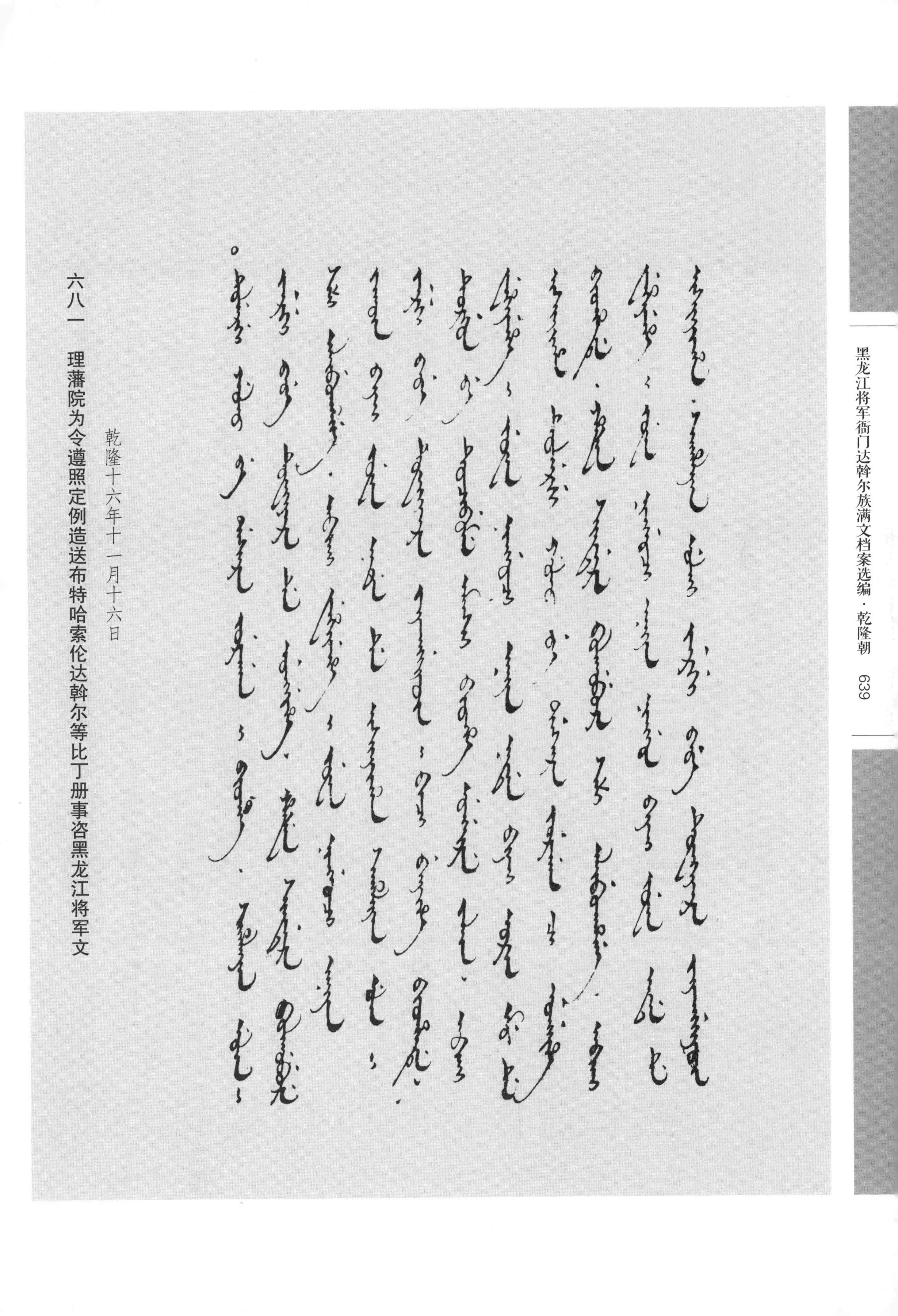

## 六八一 理藩院为令遵照定例造送布特哈索伦达斡尔等比丁册事咨黑龙江将军文

乾隆十六年十一月十六日

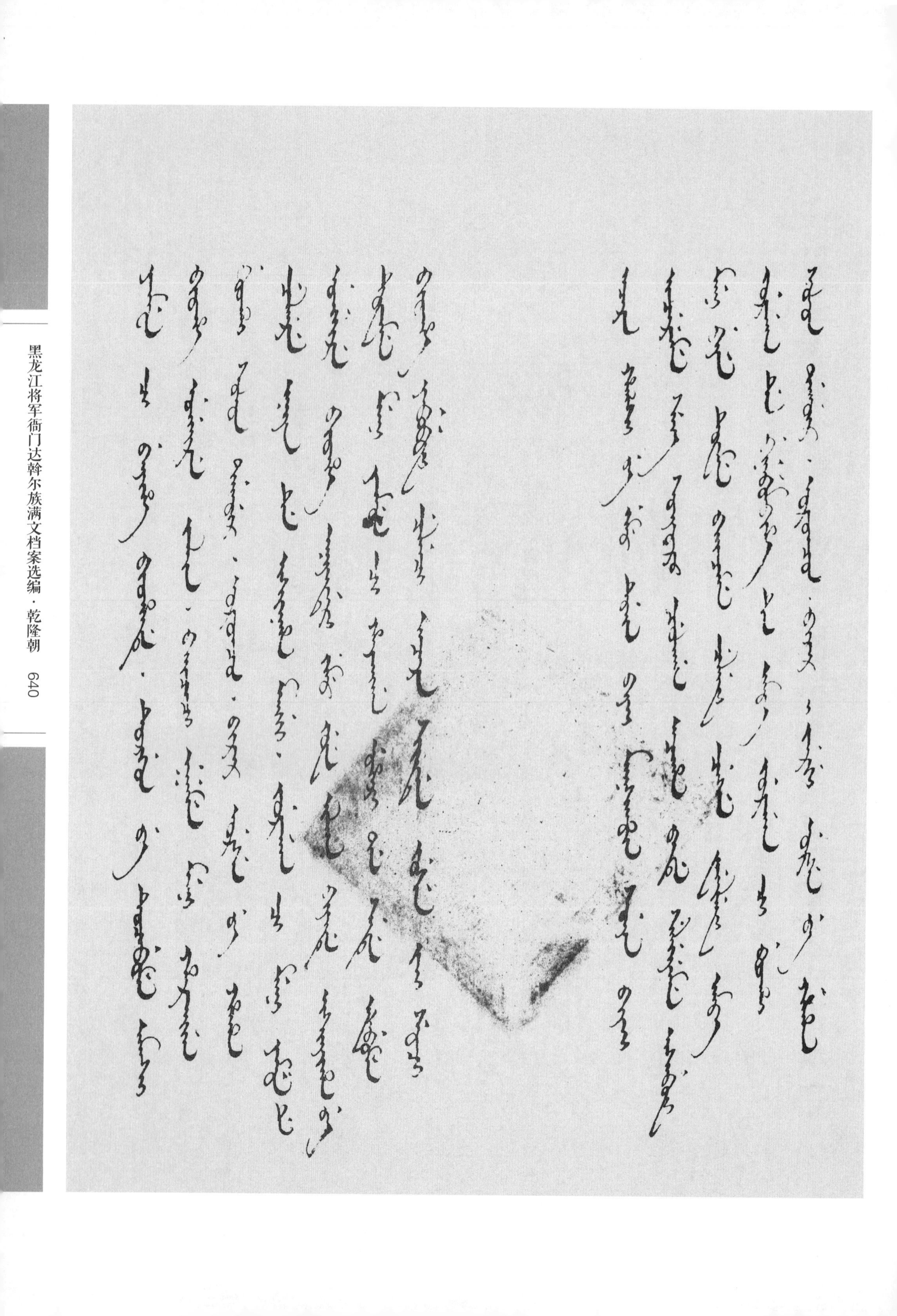

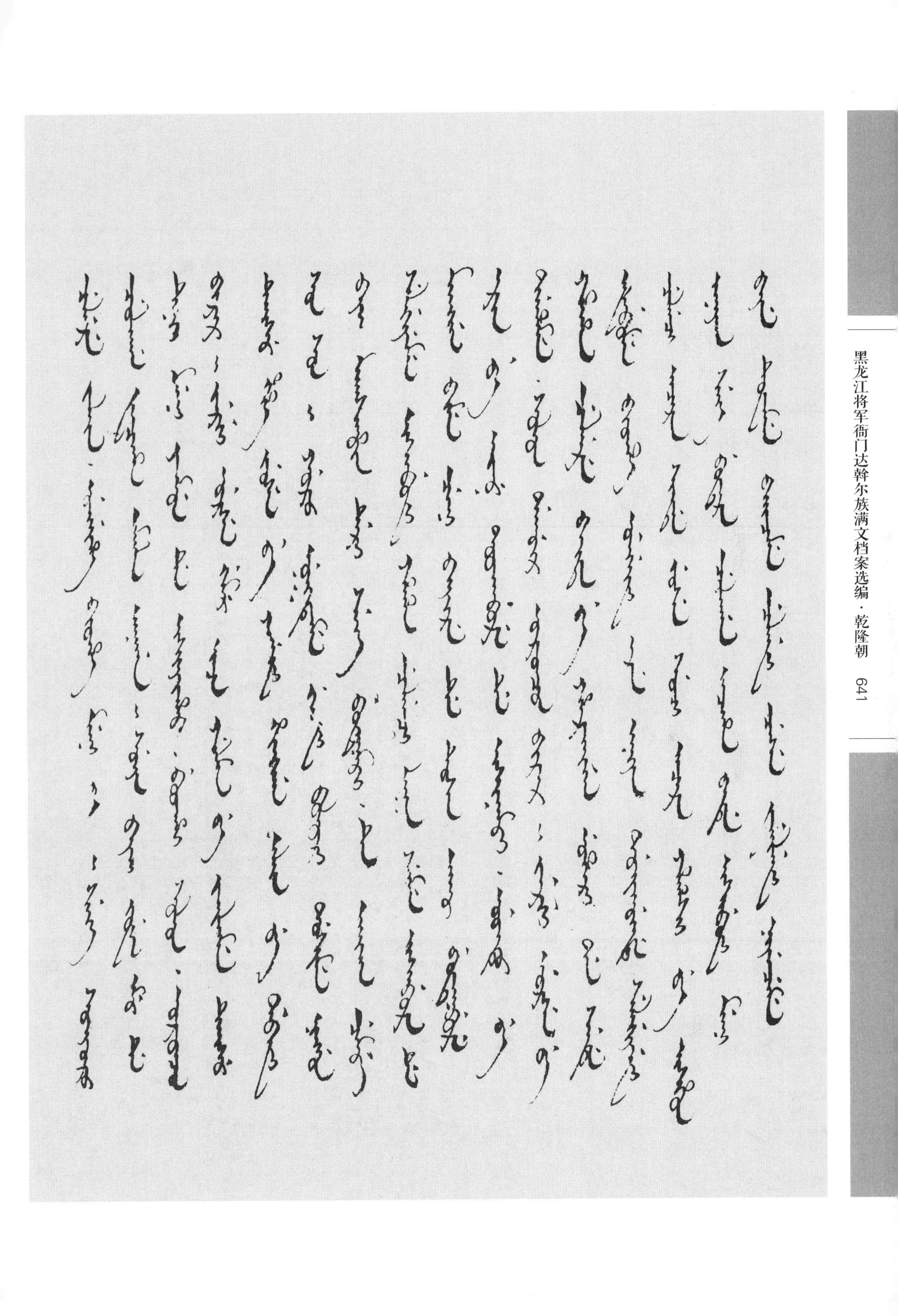

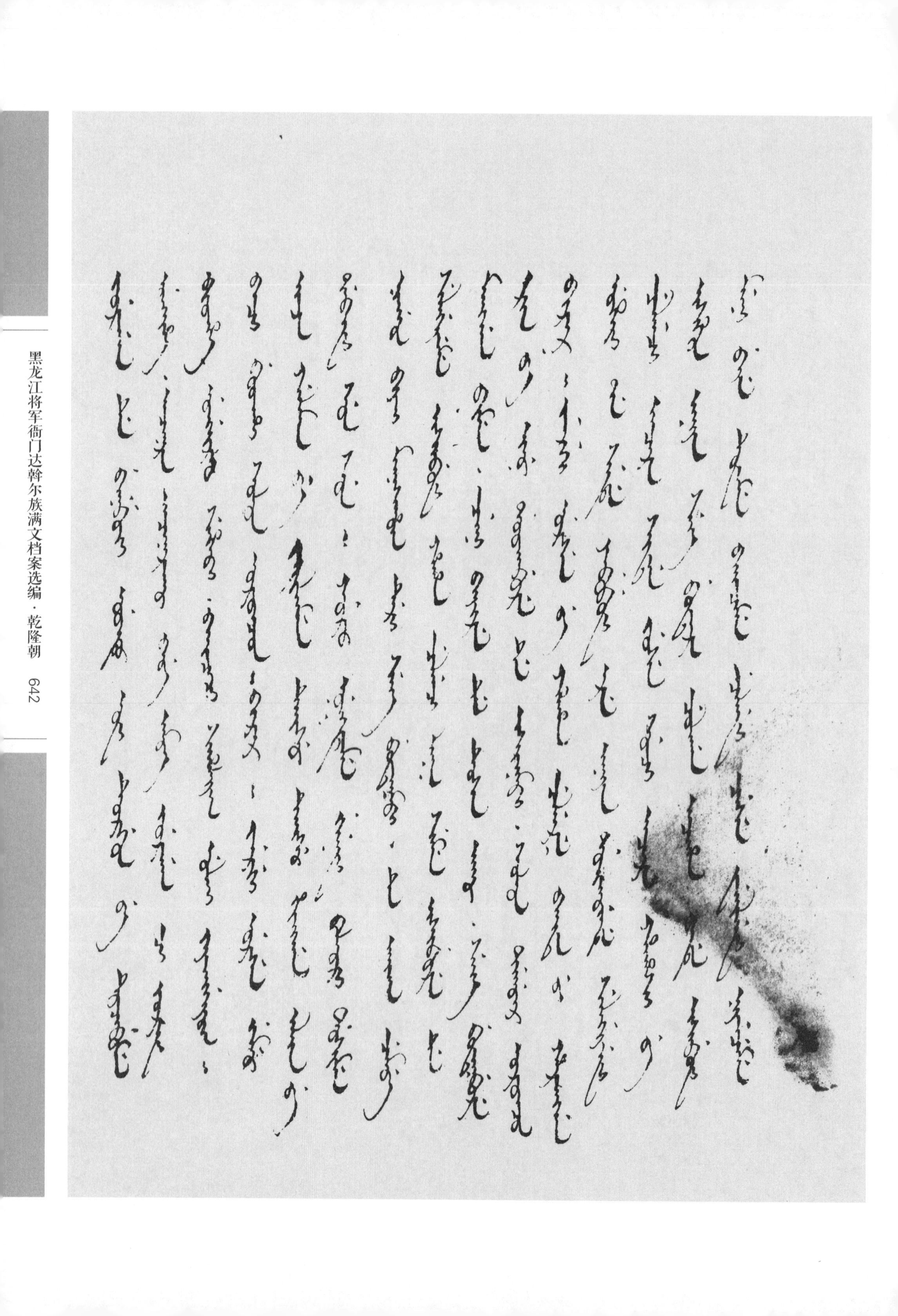

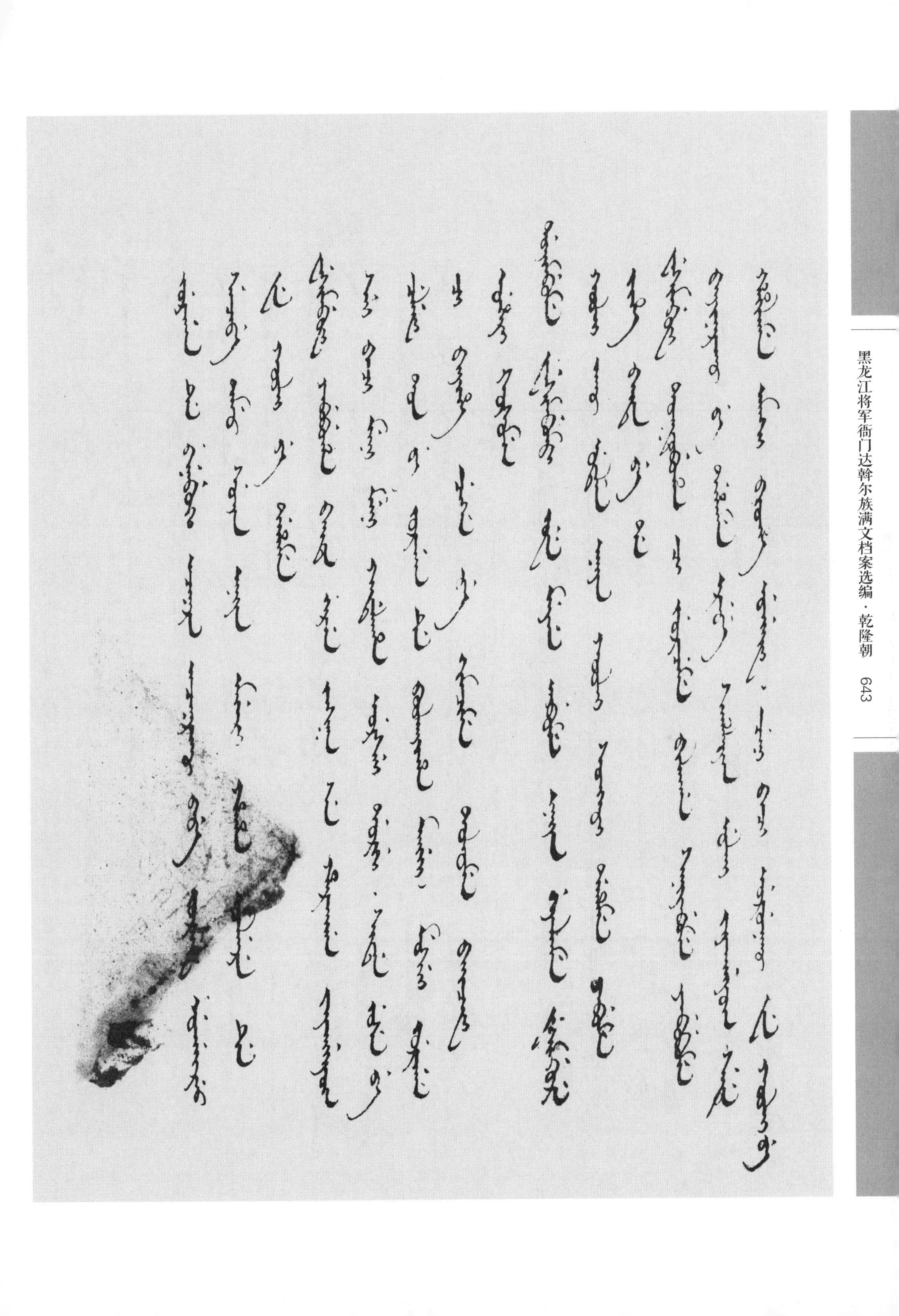

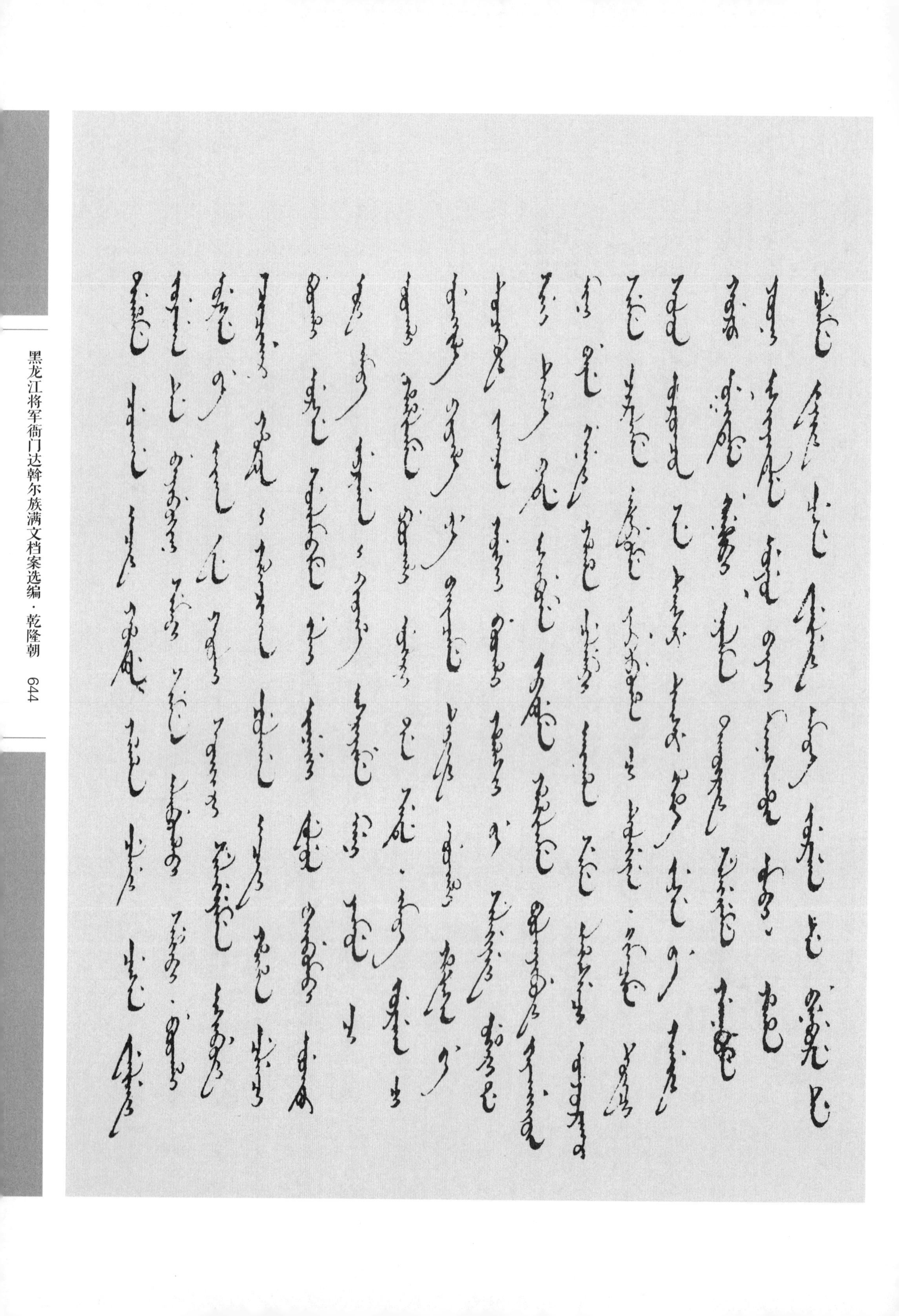

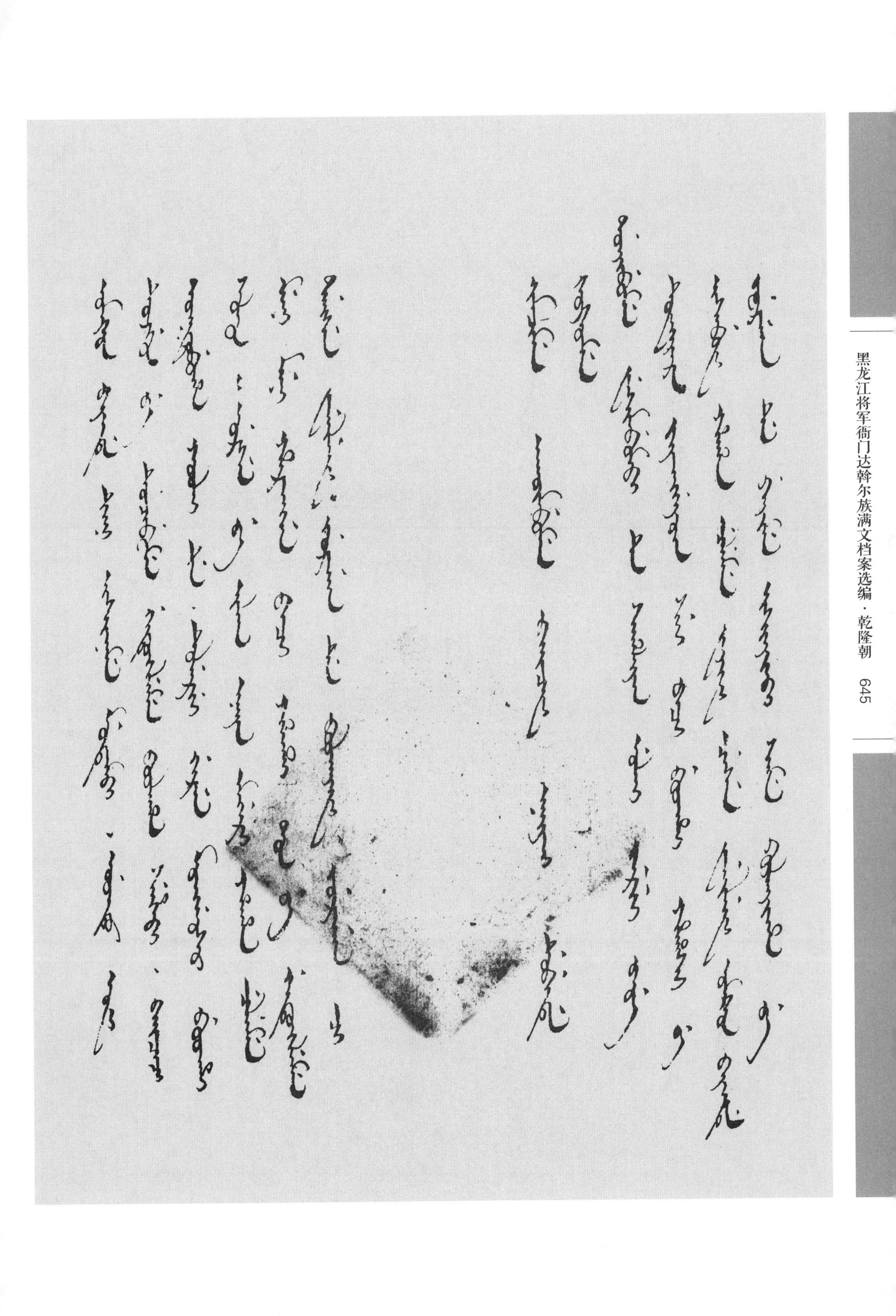

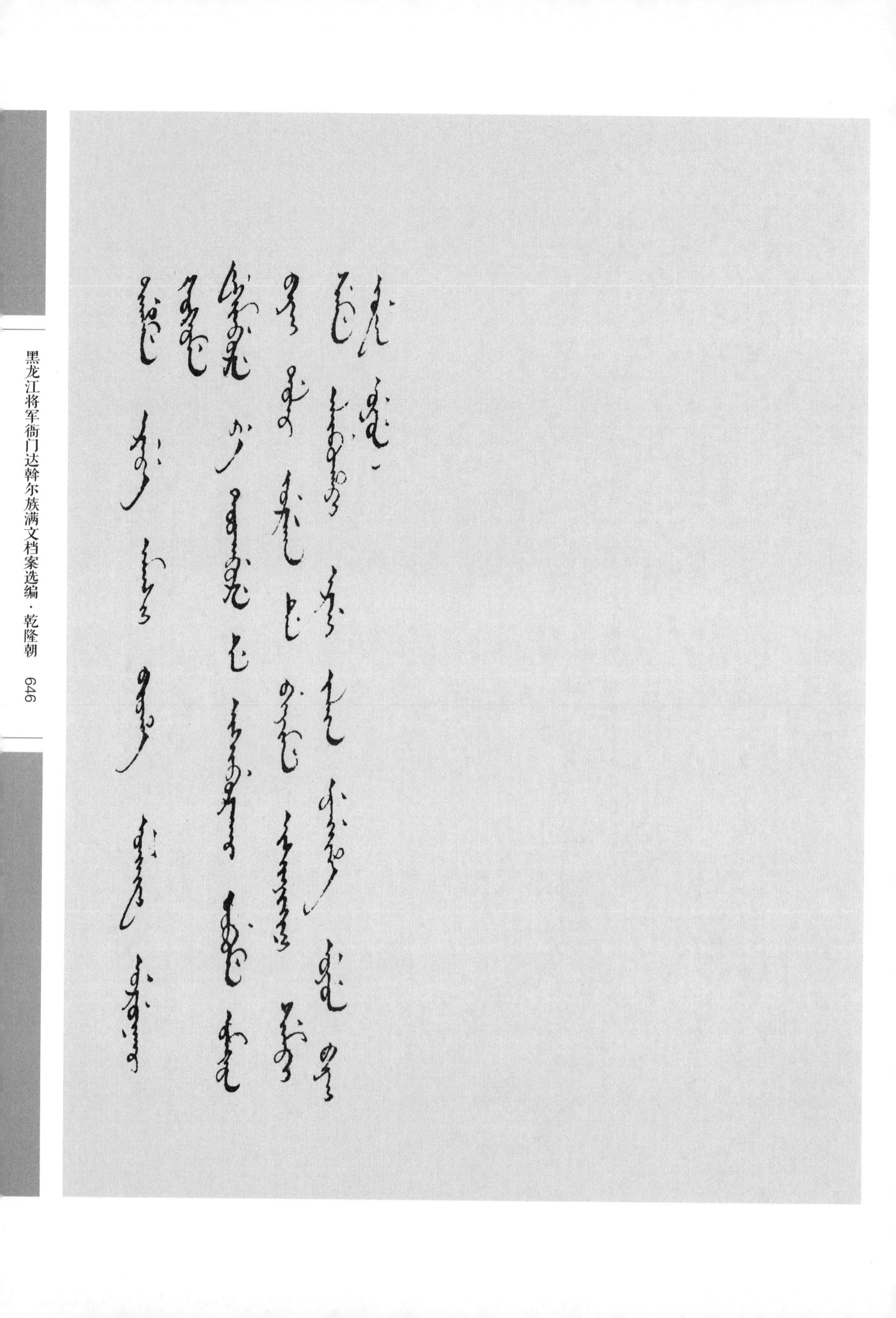

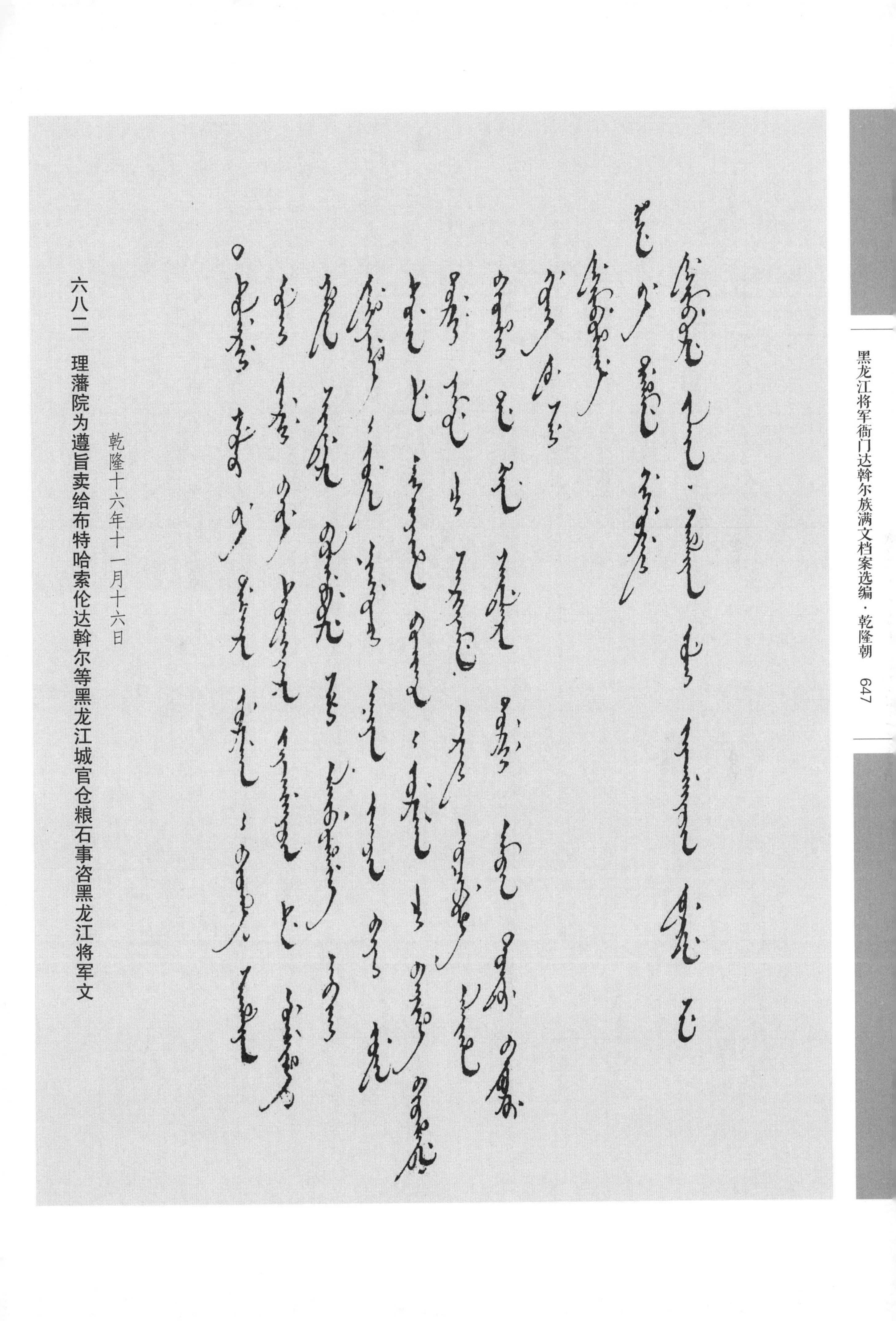

## 六八二 理藩院为遵旨卖给布特哈索伦达斡尔等黑龙江城官仓粮石事咨黑龙江将军文

乾隆十六年十一月十六日

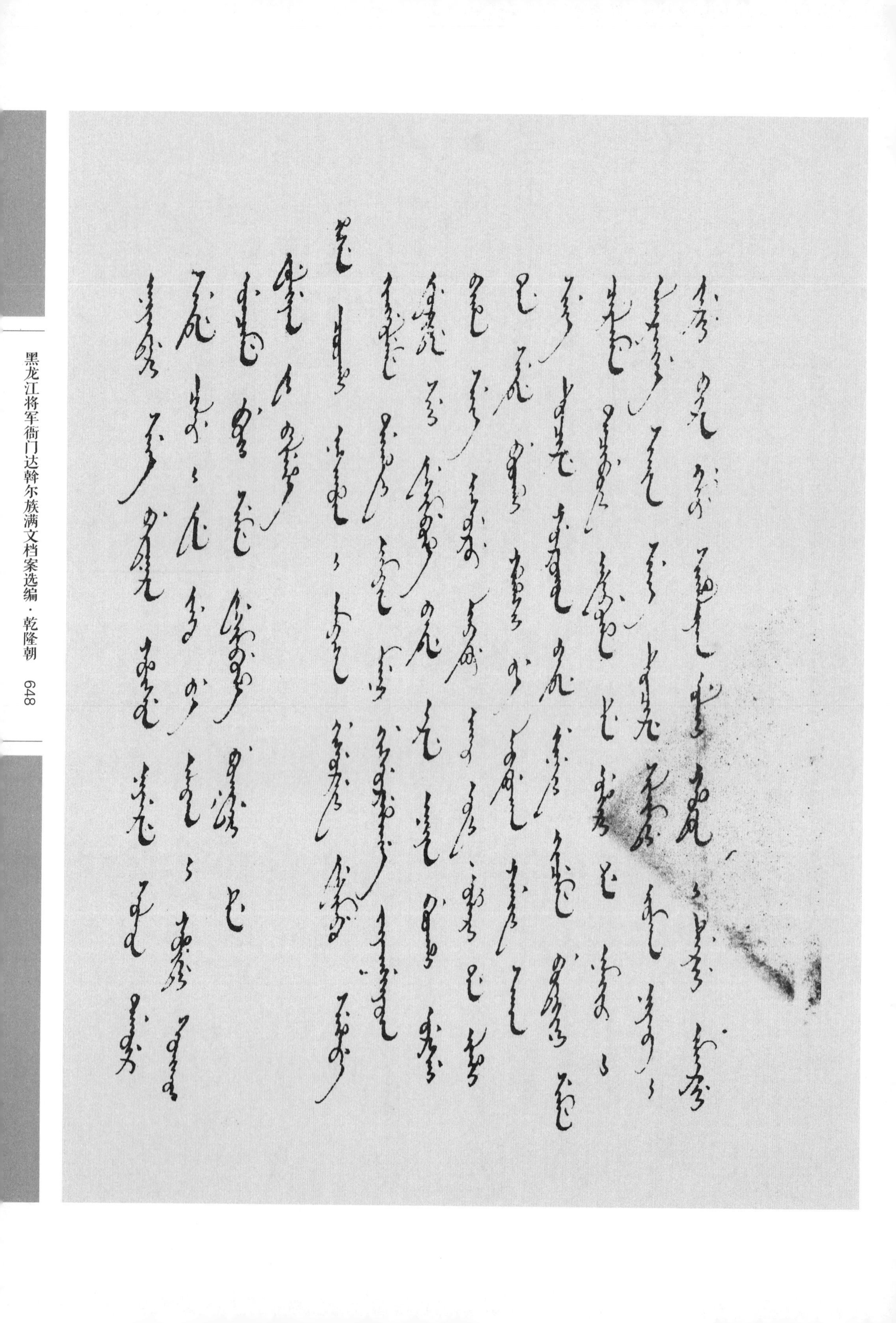

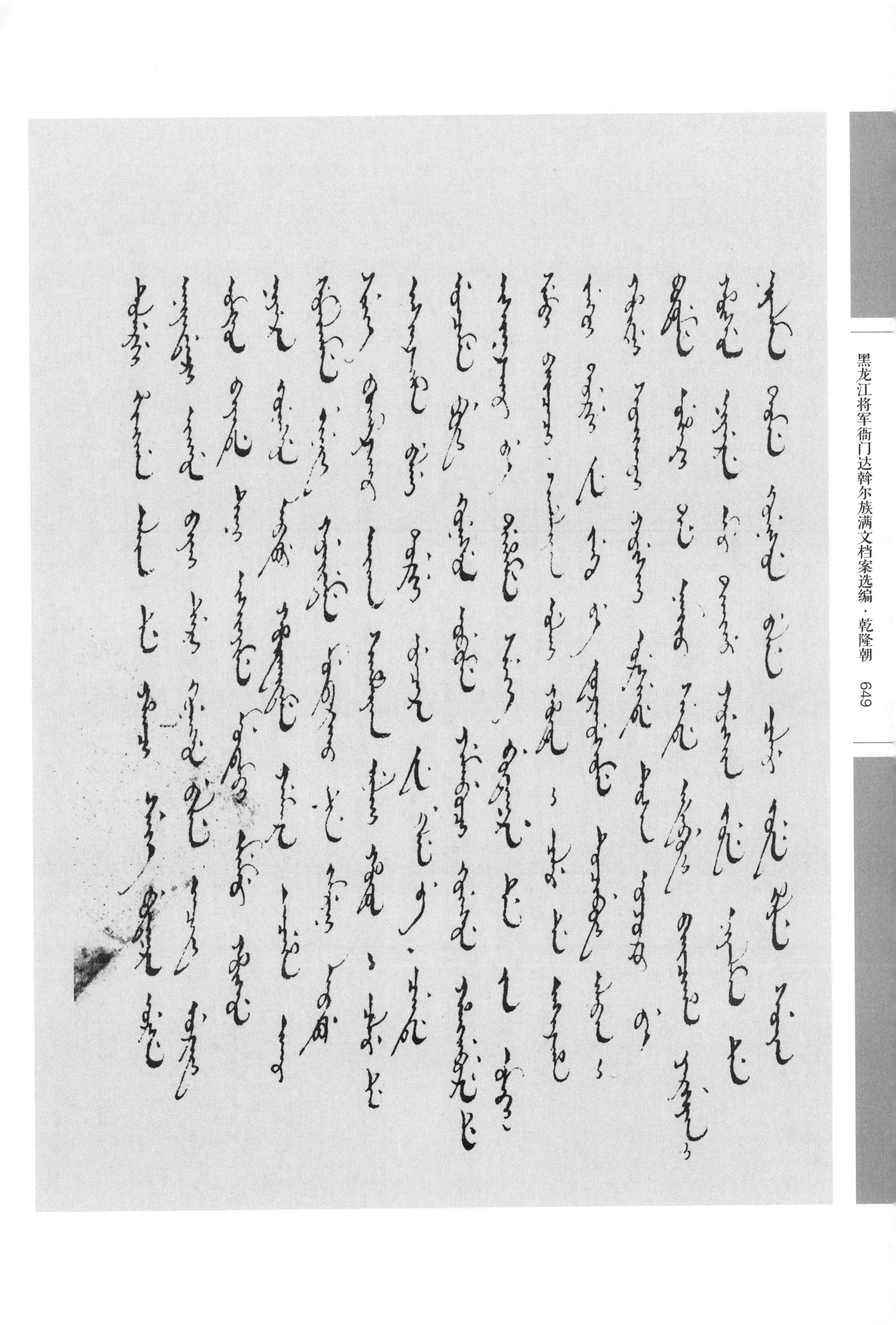

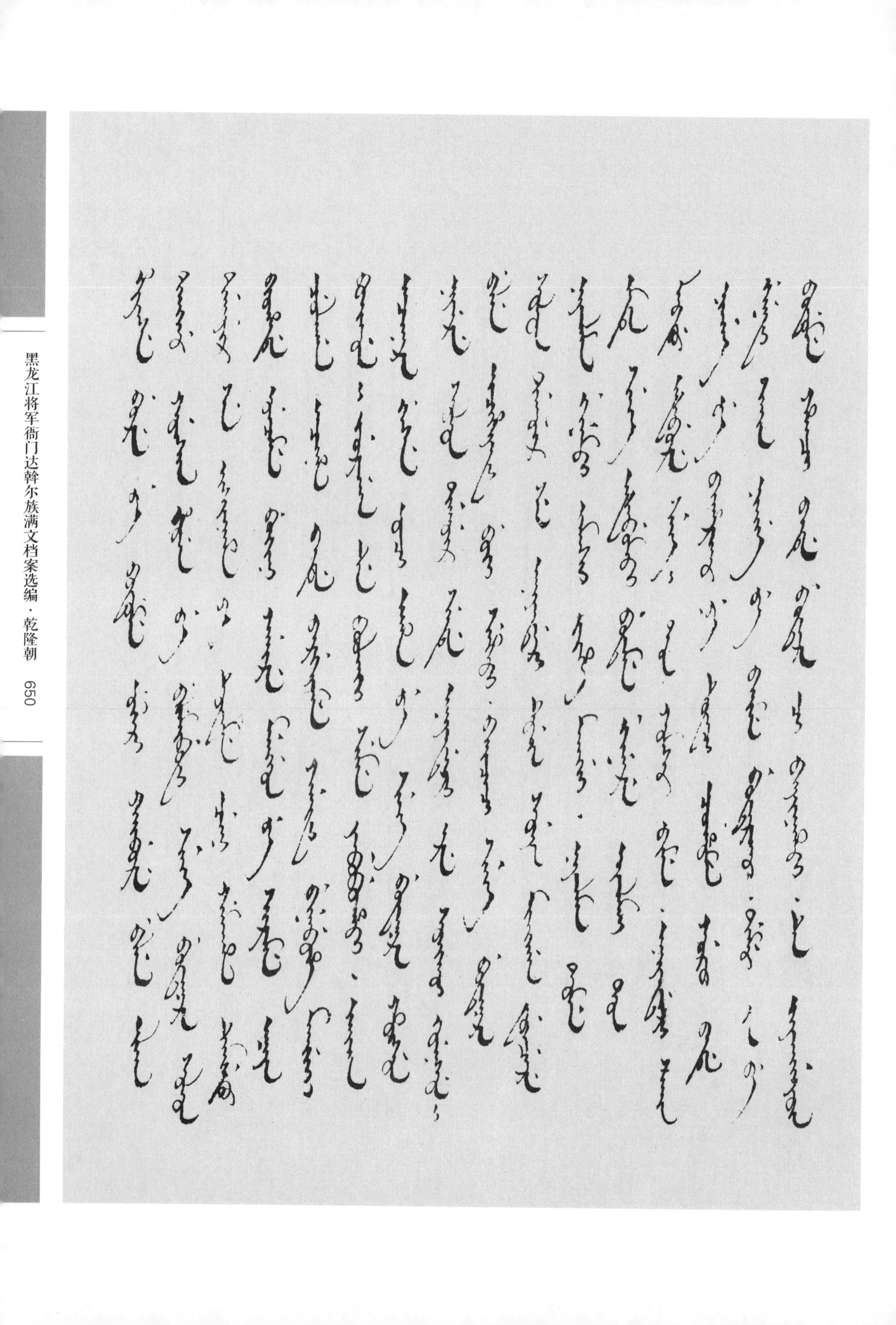

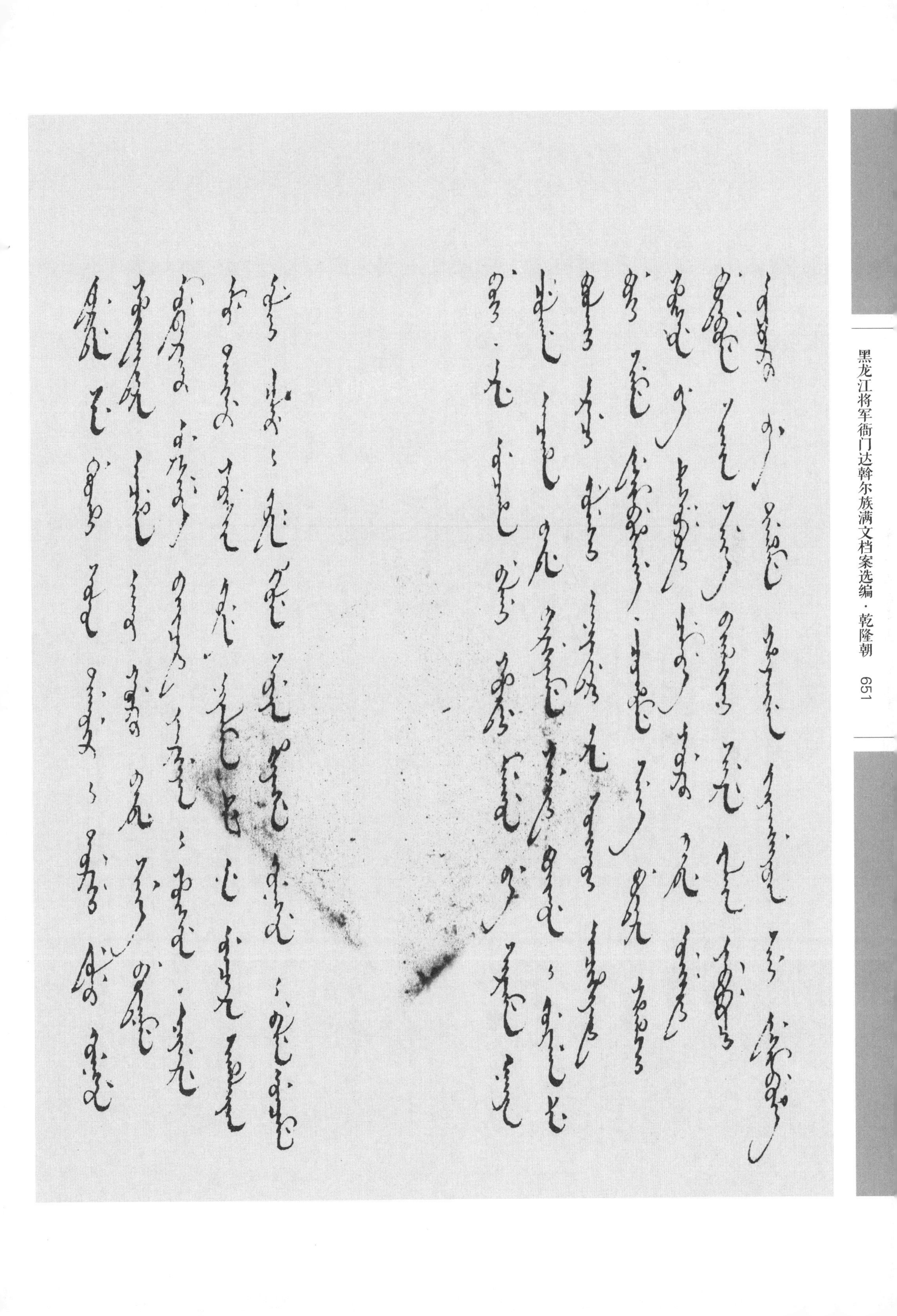

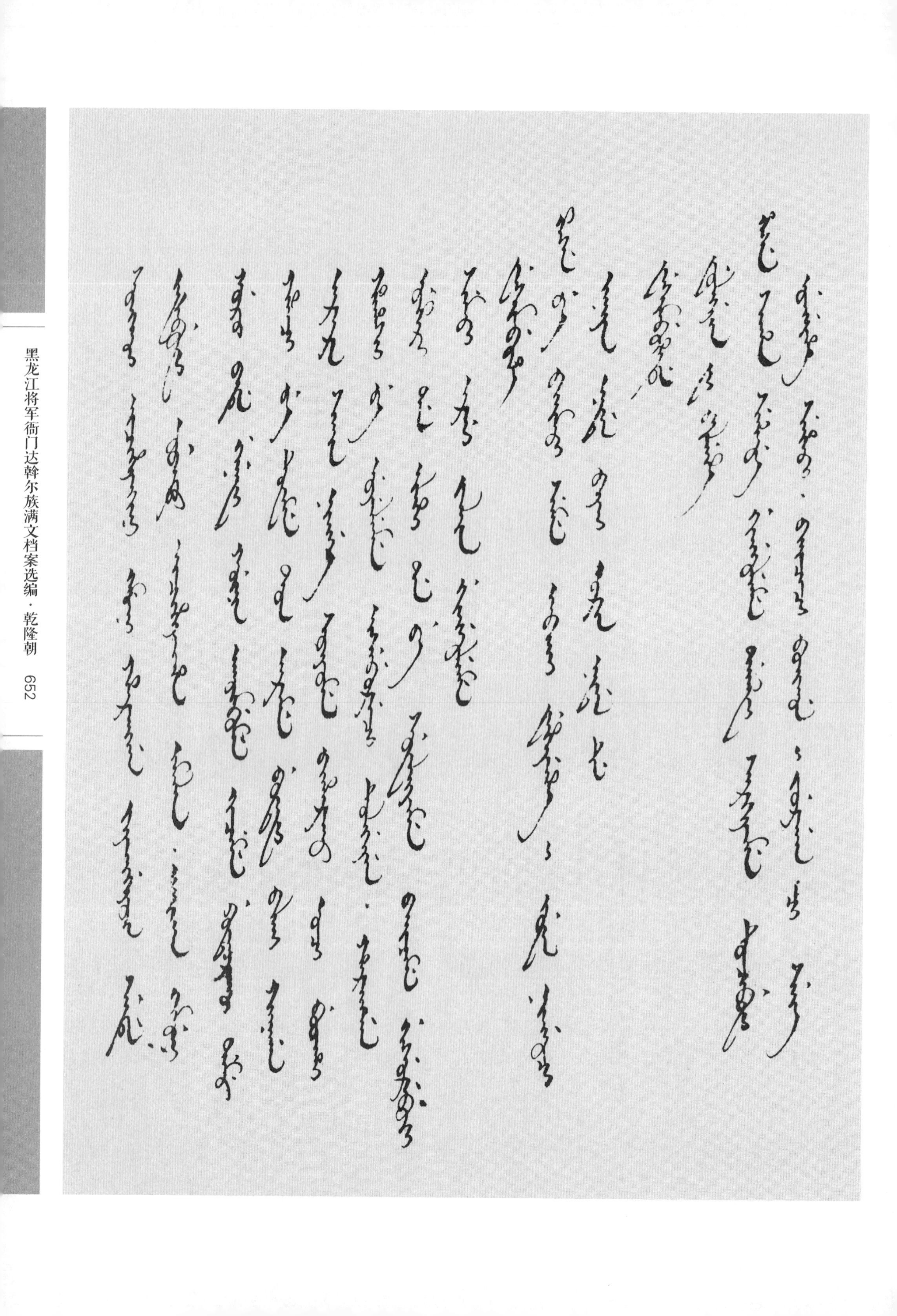

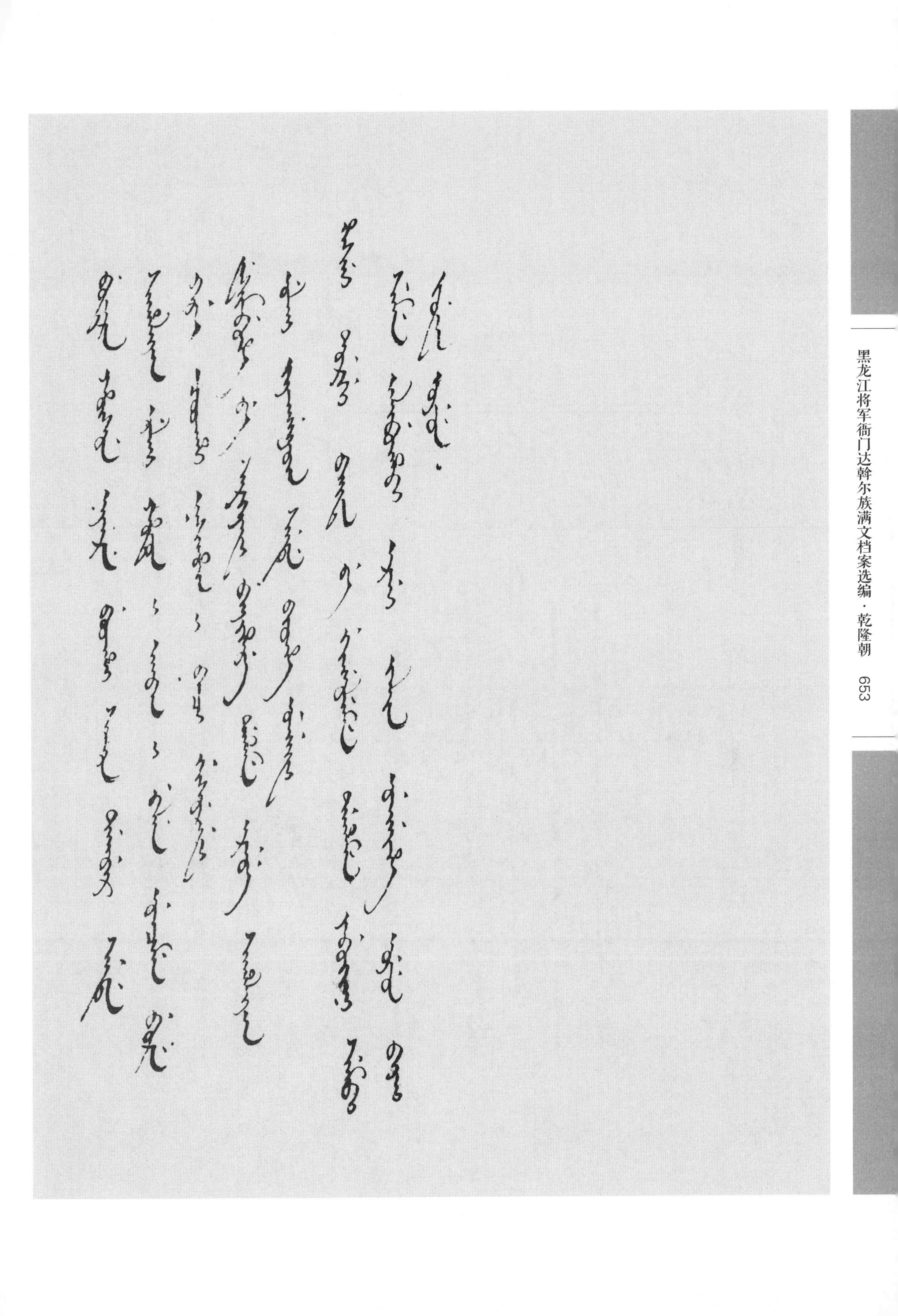

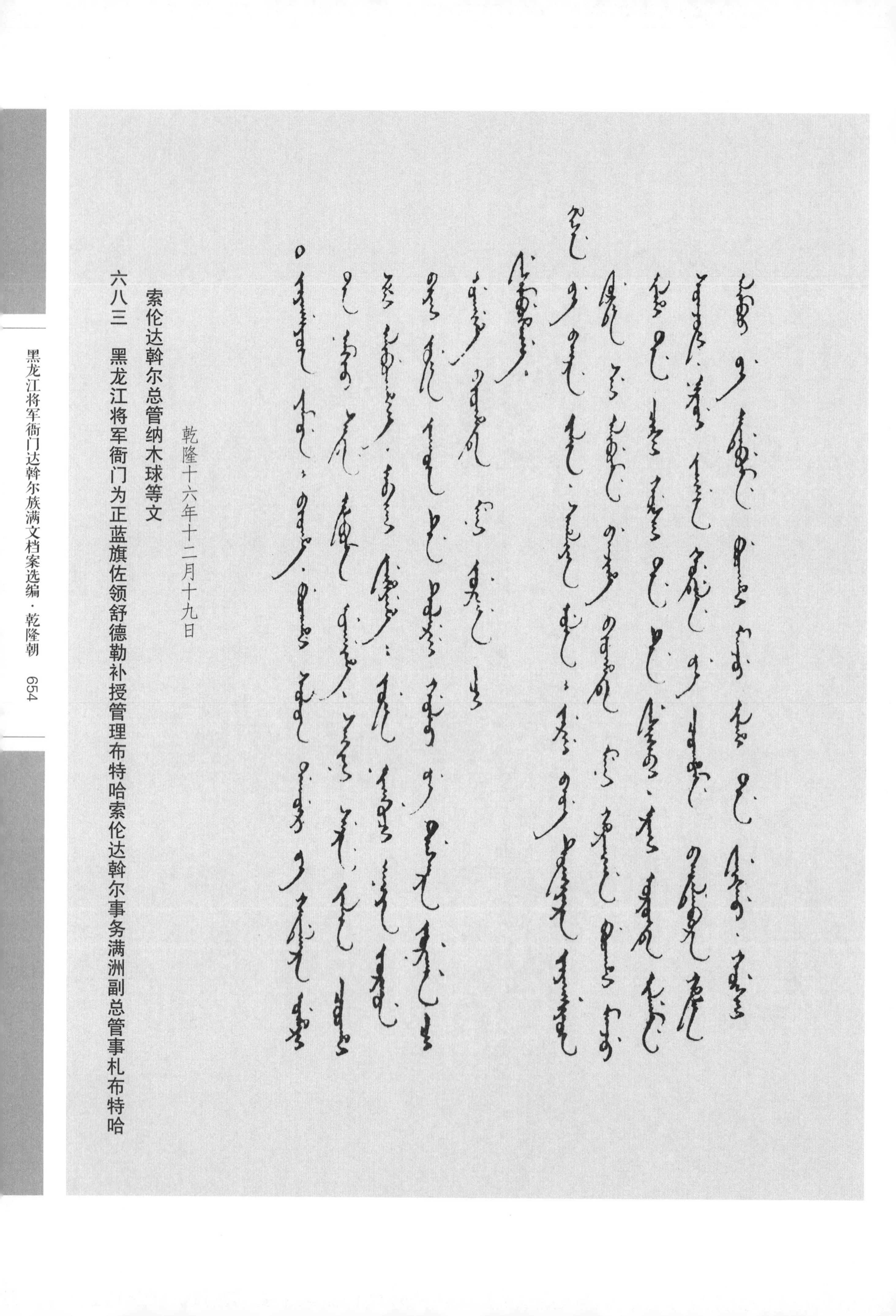

## 六八三 黑龙江将军衙门为正蓝旗佐领舒德勒补授管理布特哈索伦达斡尔事务满洲副总管事札布特哈索伦达斡尔总管纳木球等文

乾隆十六年十二月十九日

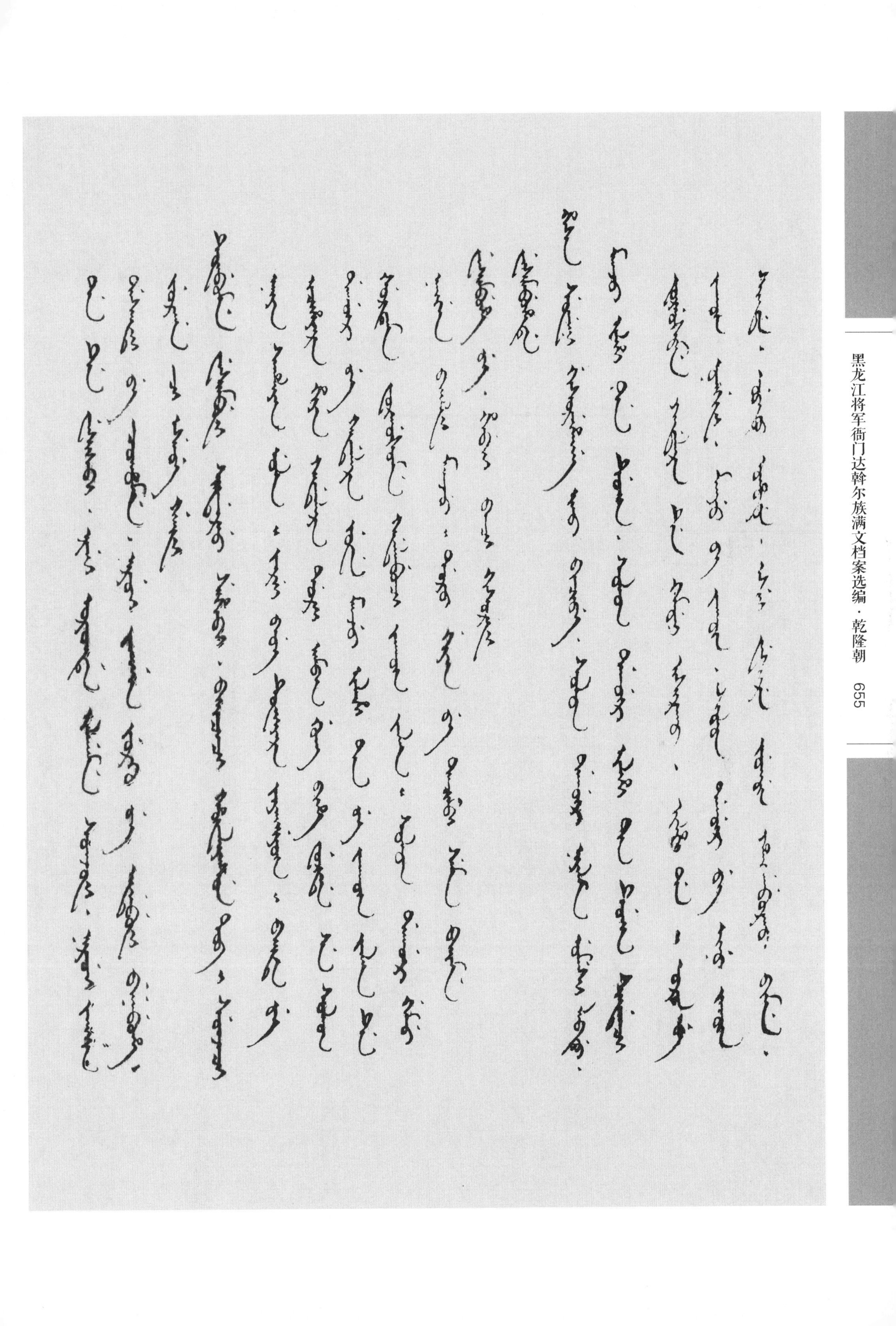

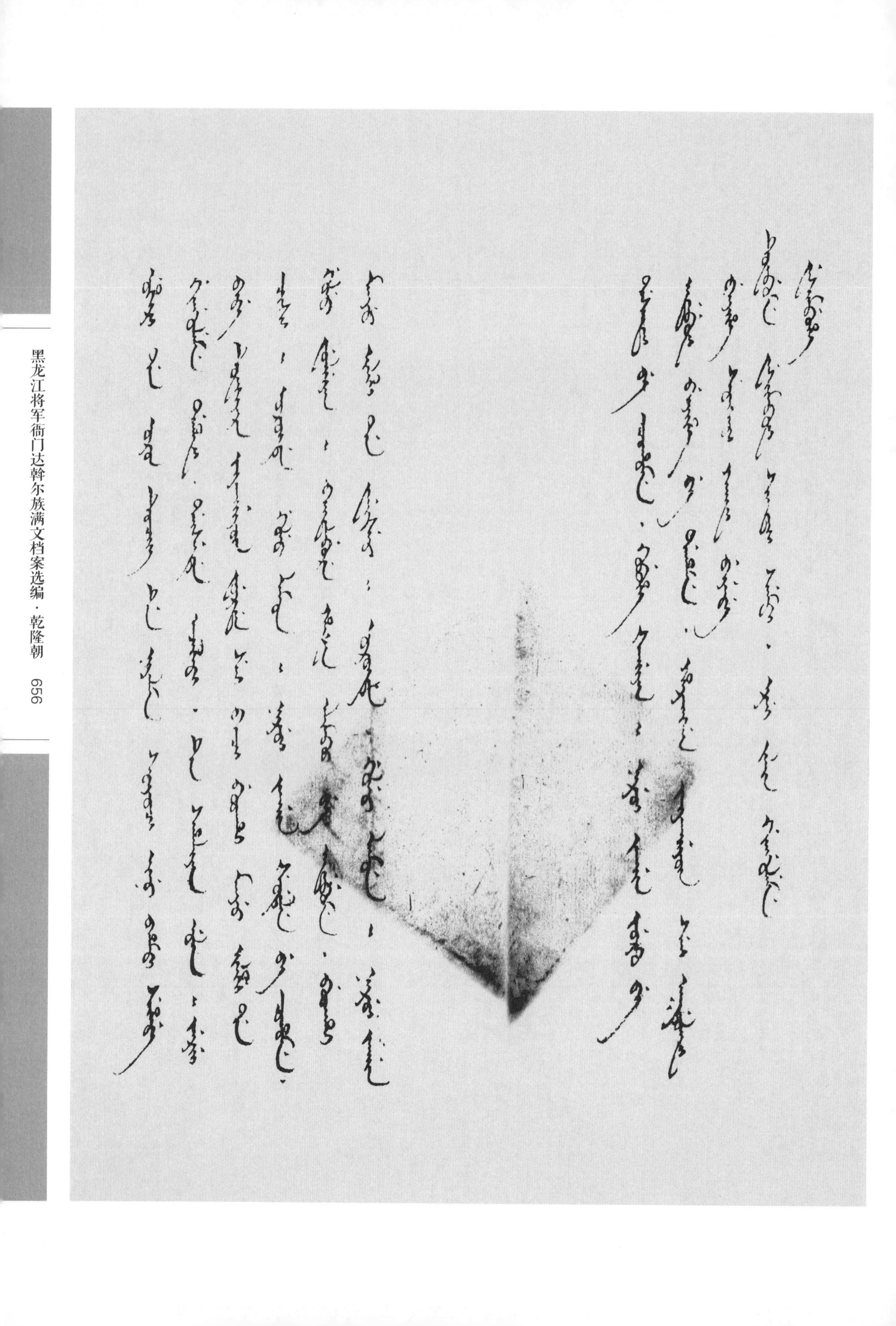

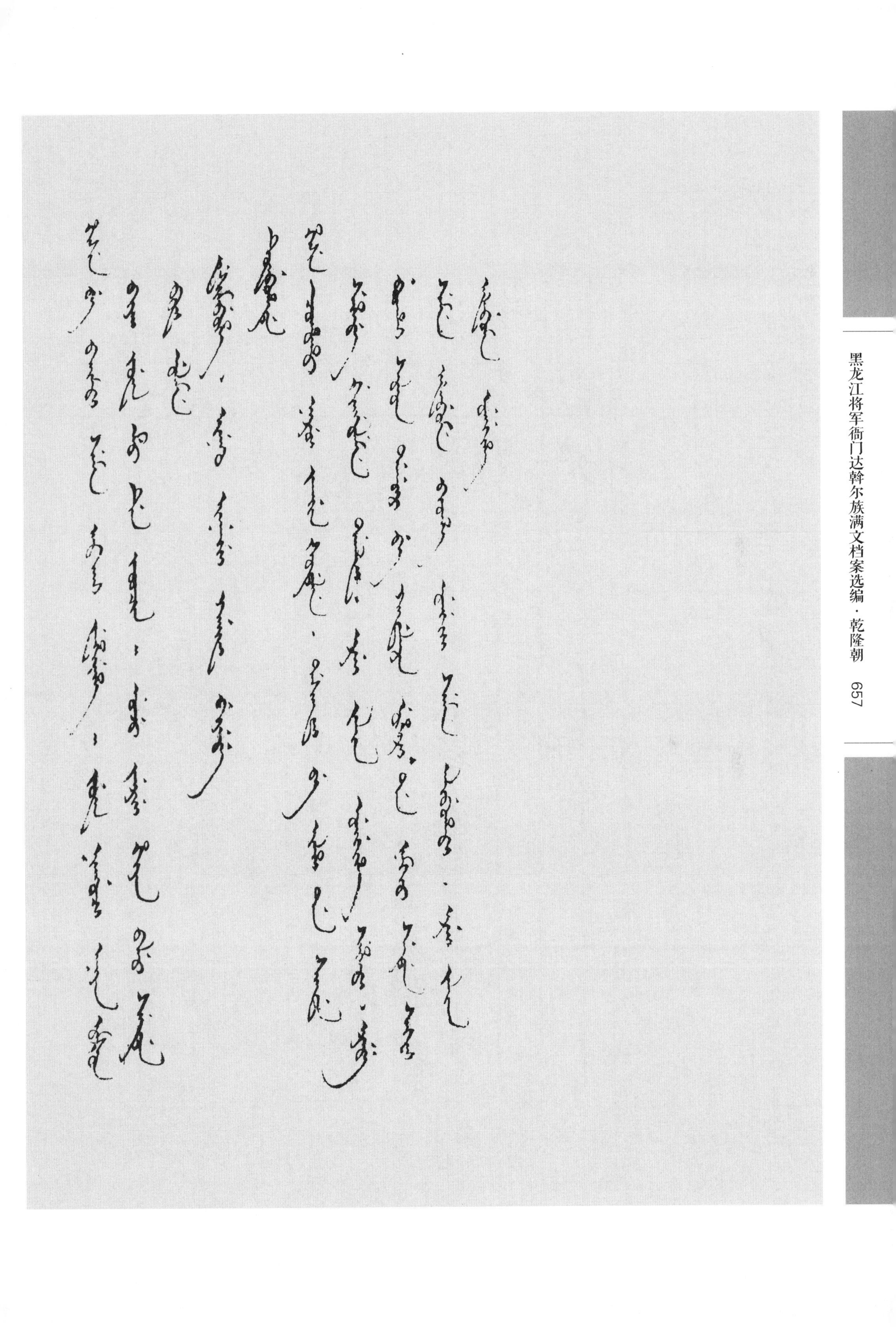

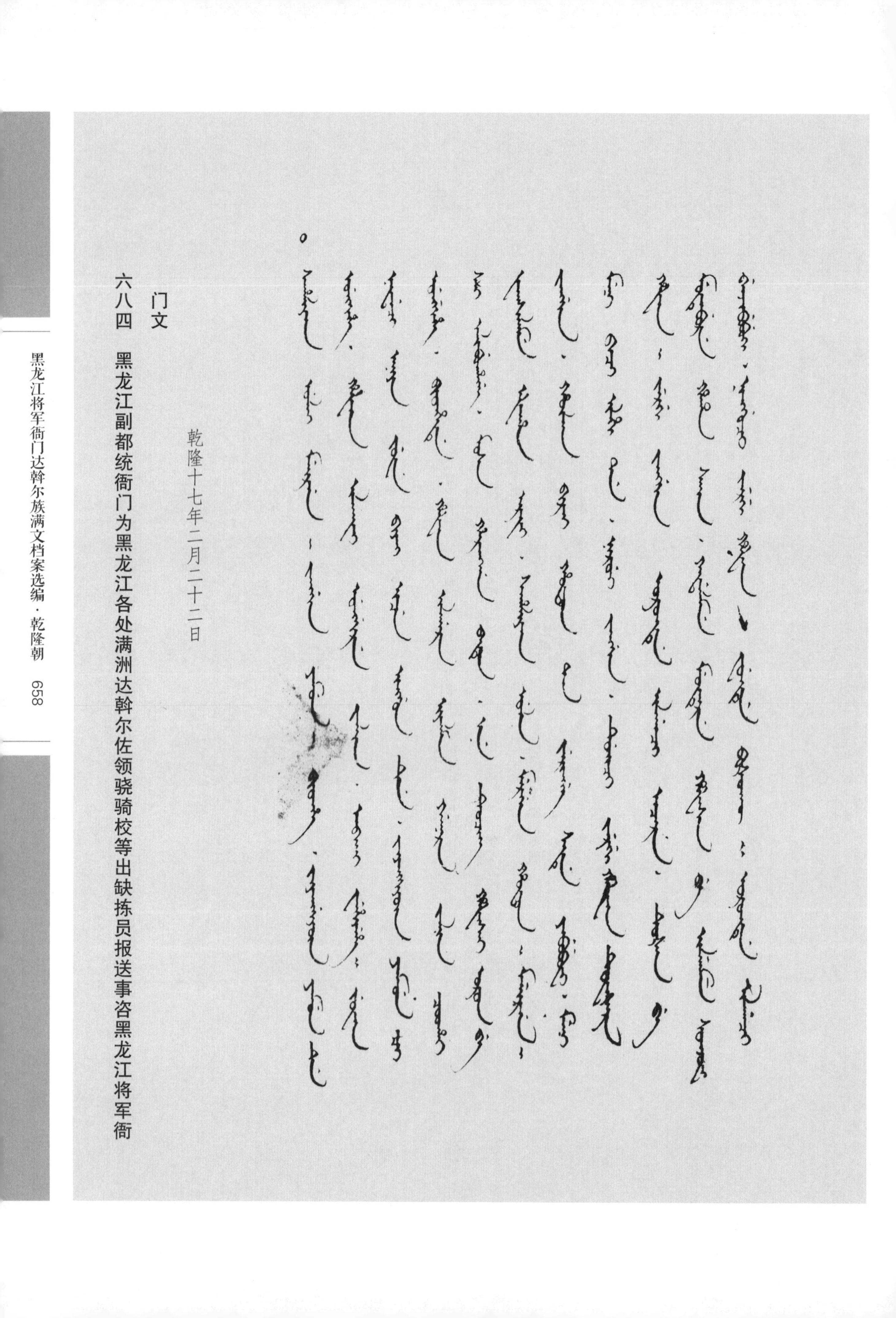

乾隆十七年二月二十二日

门文

## 六八四　黑龙江副都统衙门为黑龙江各处满洲达斡尔佐领骁骑校等出缺拣员报送事咨黑龙江将军衙

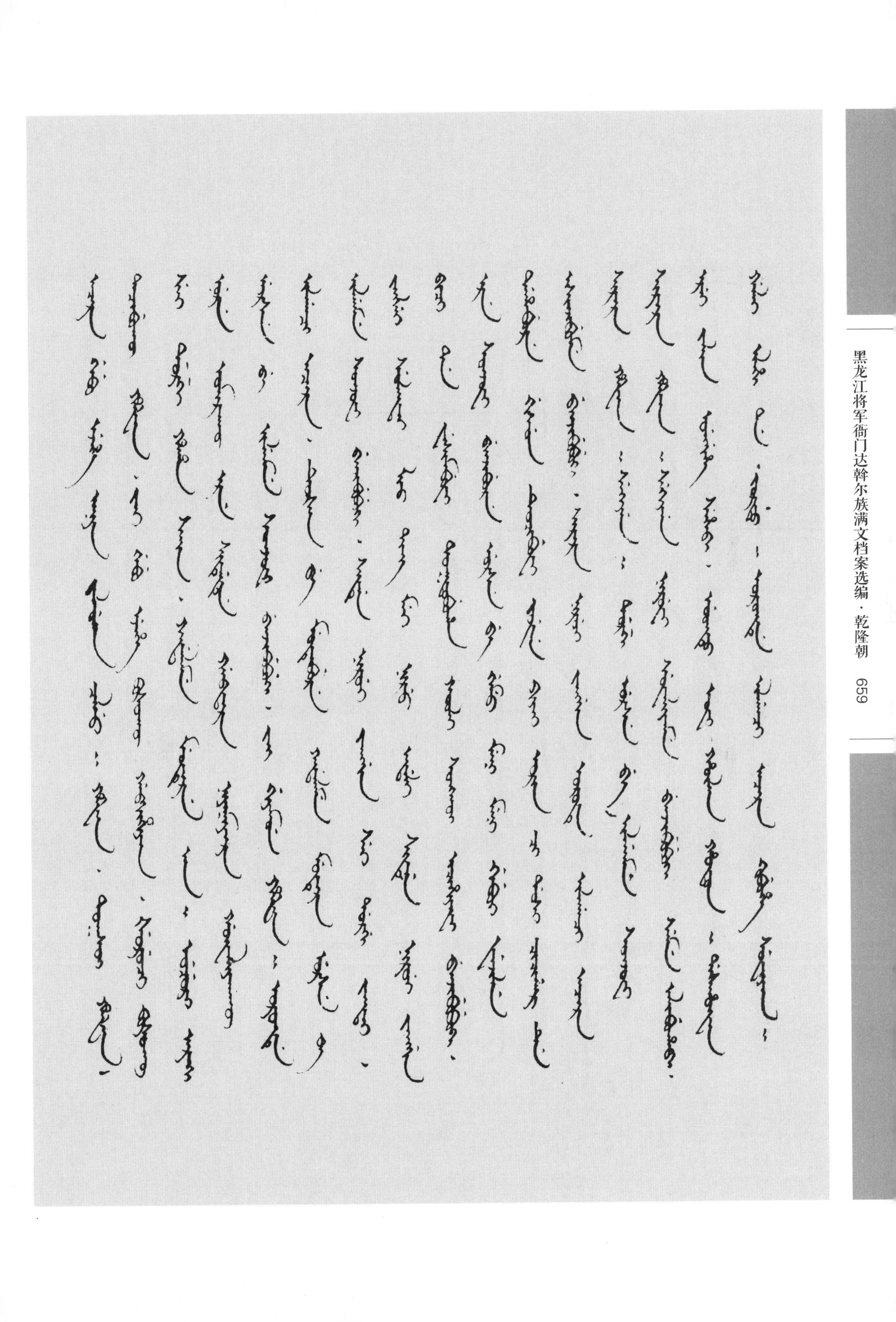

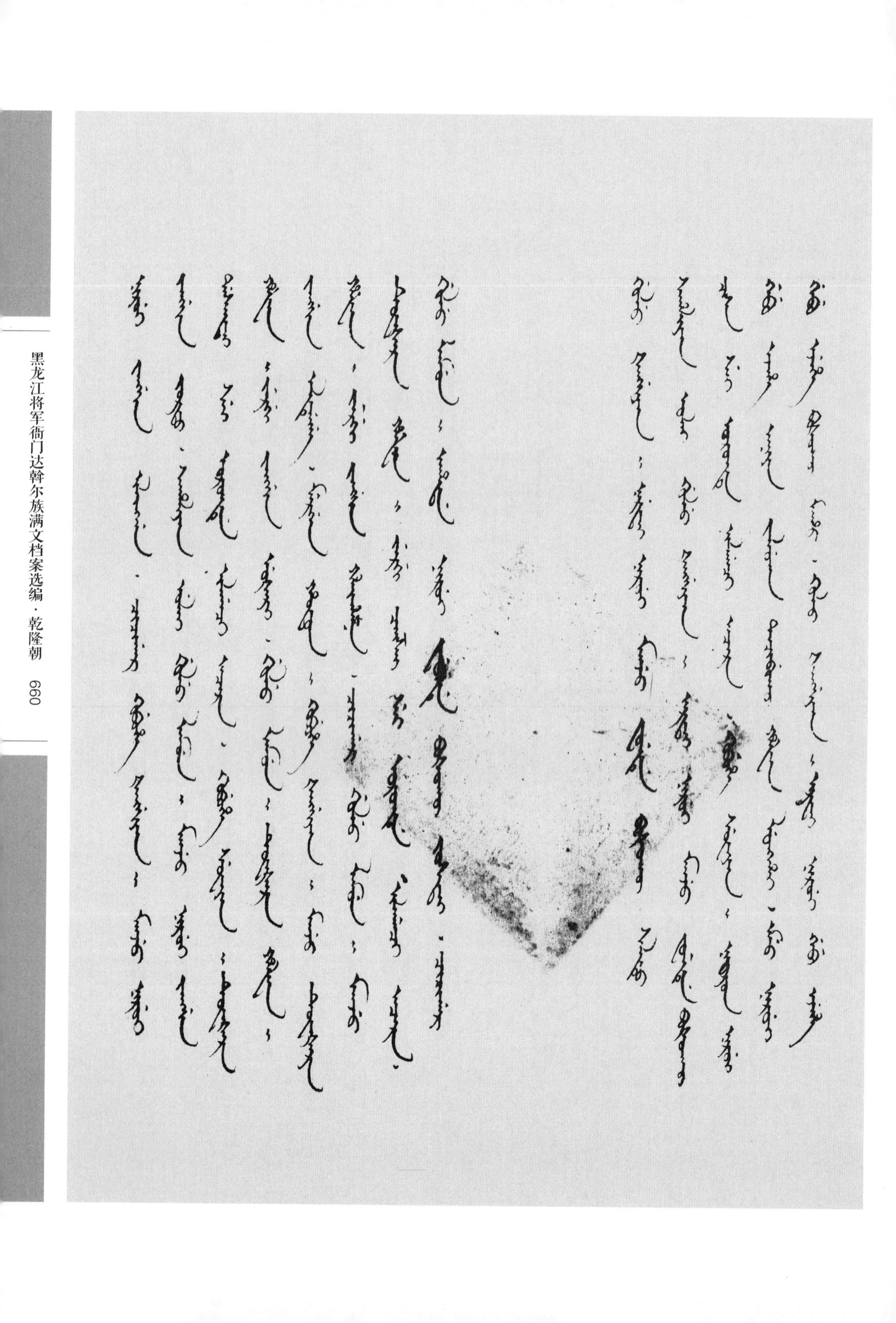

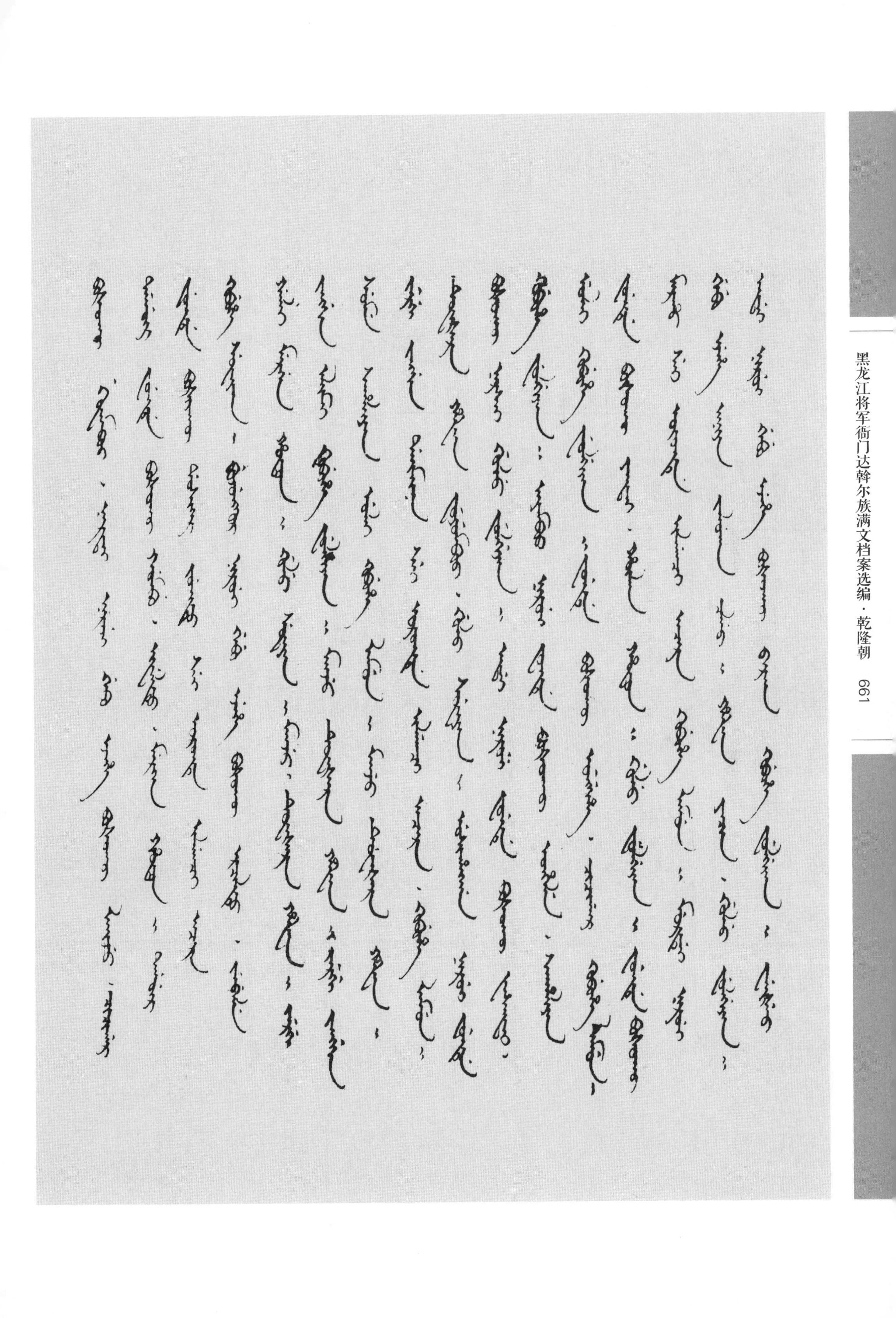

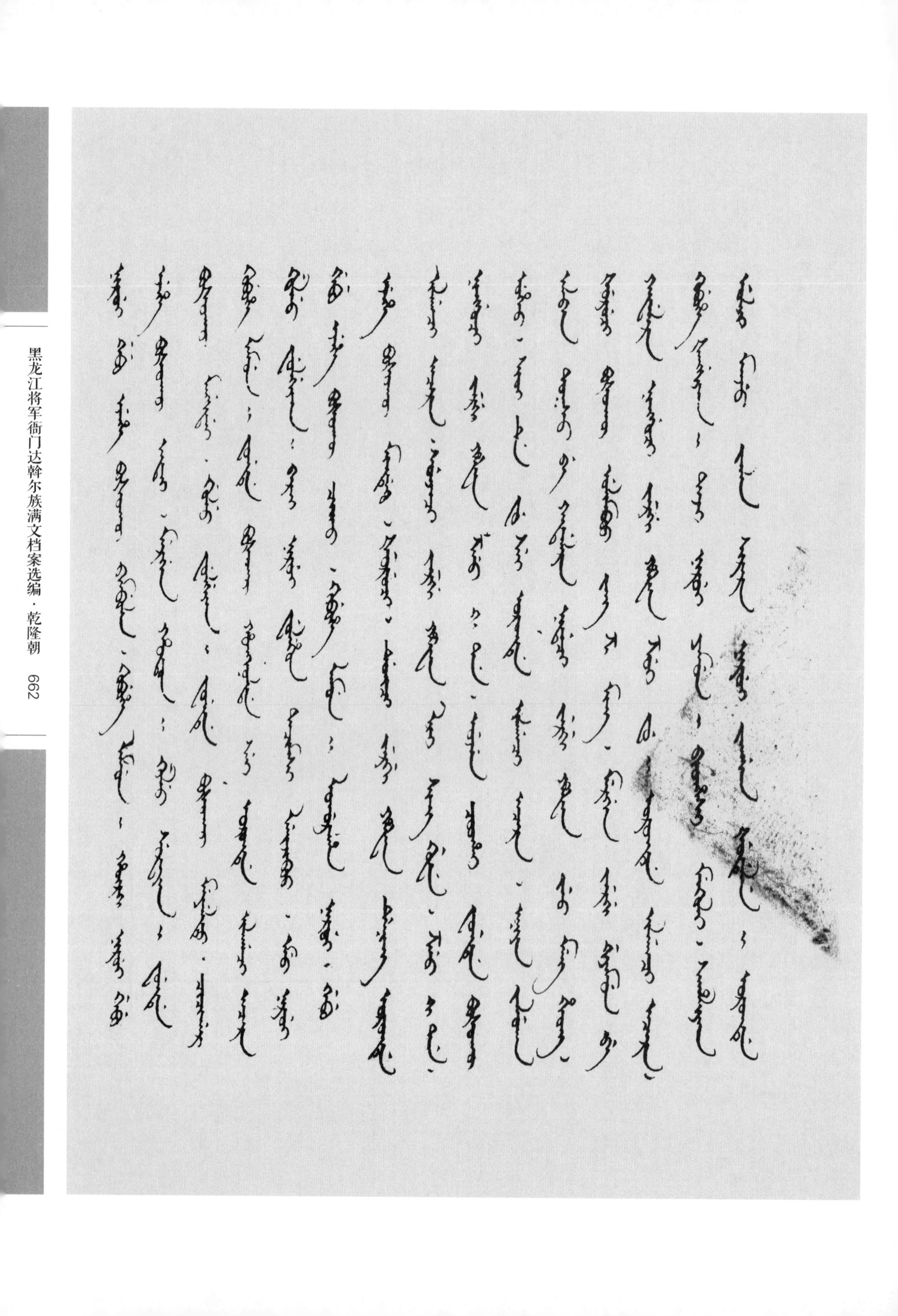

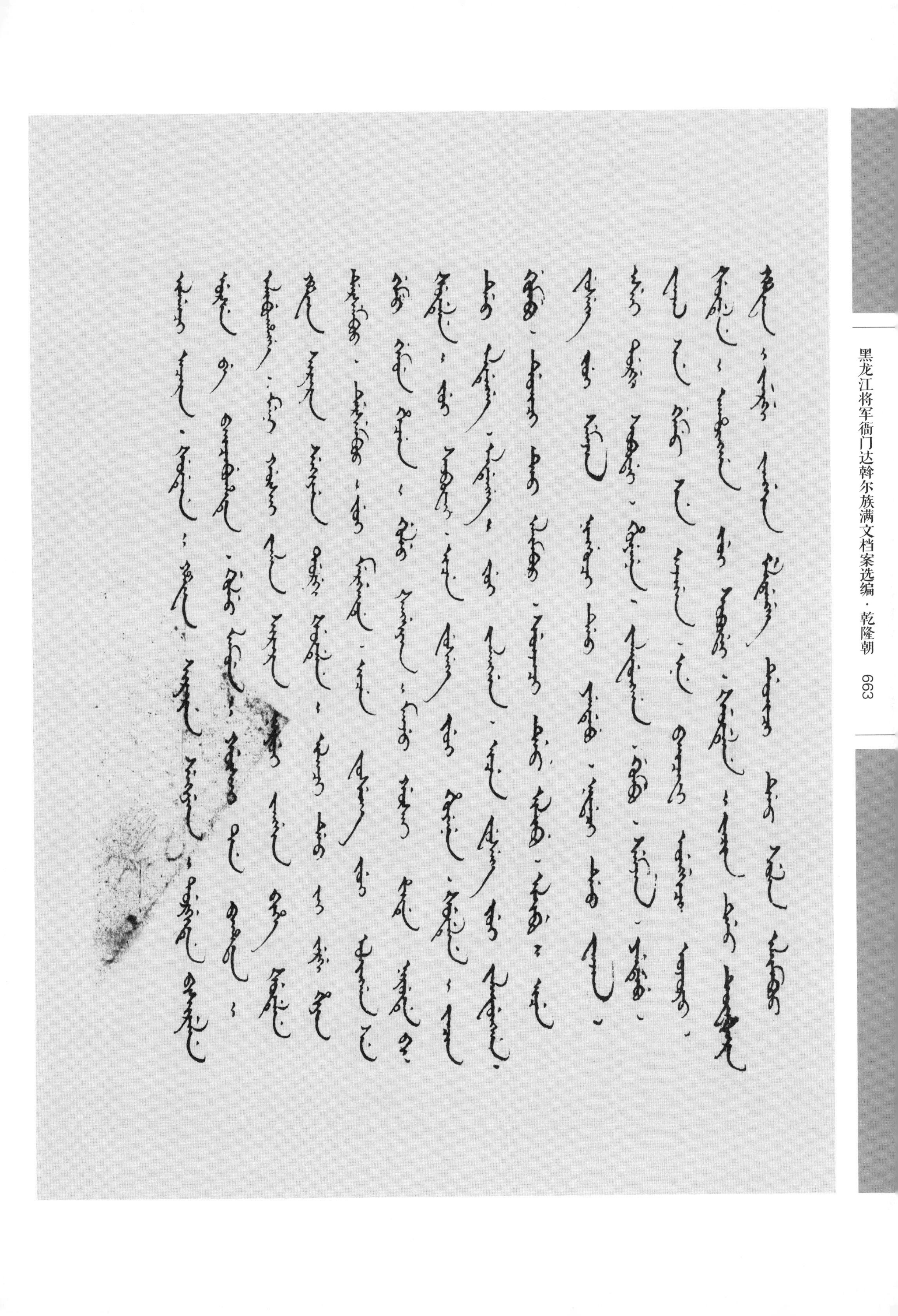

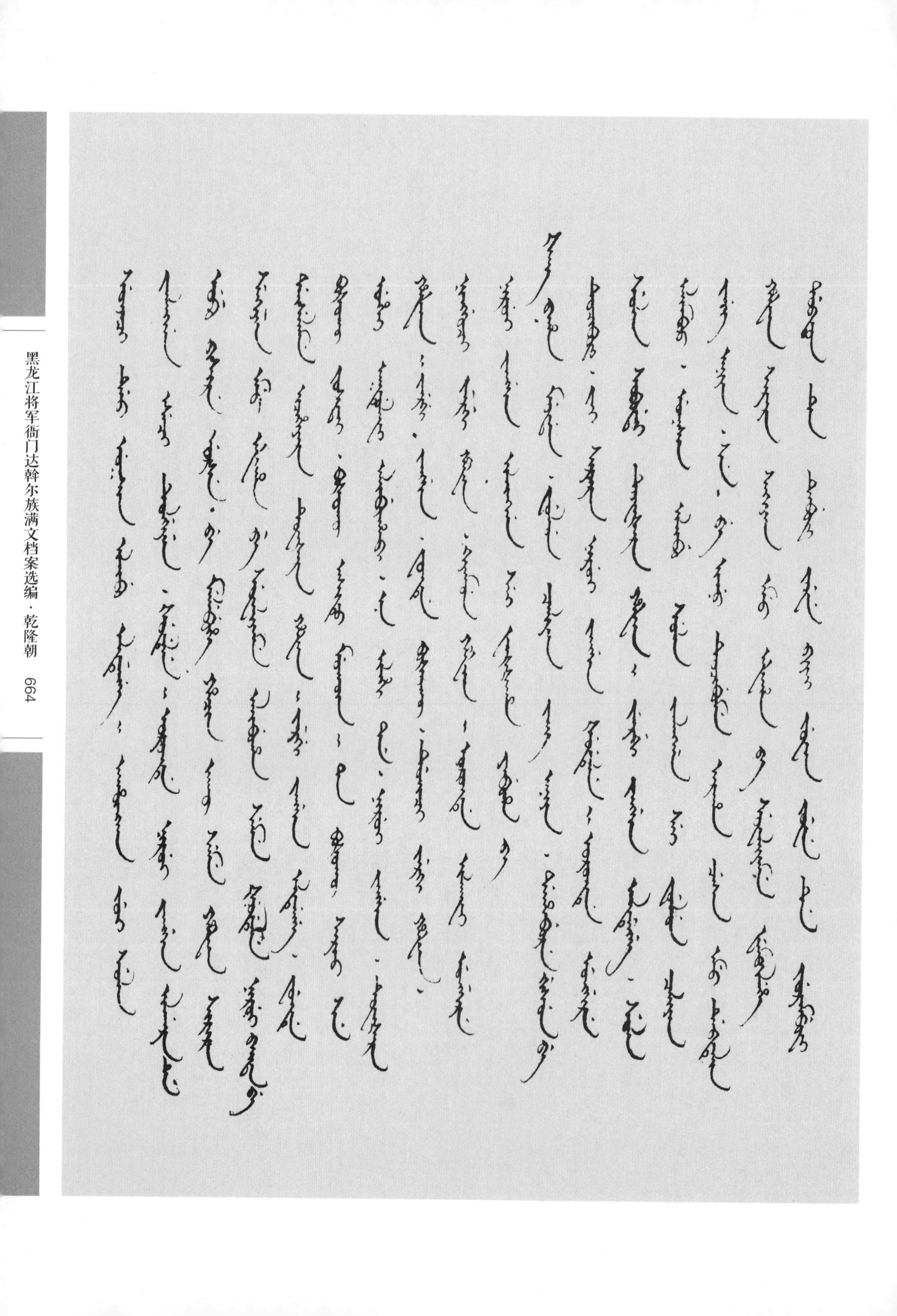

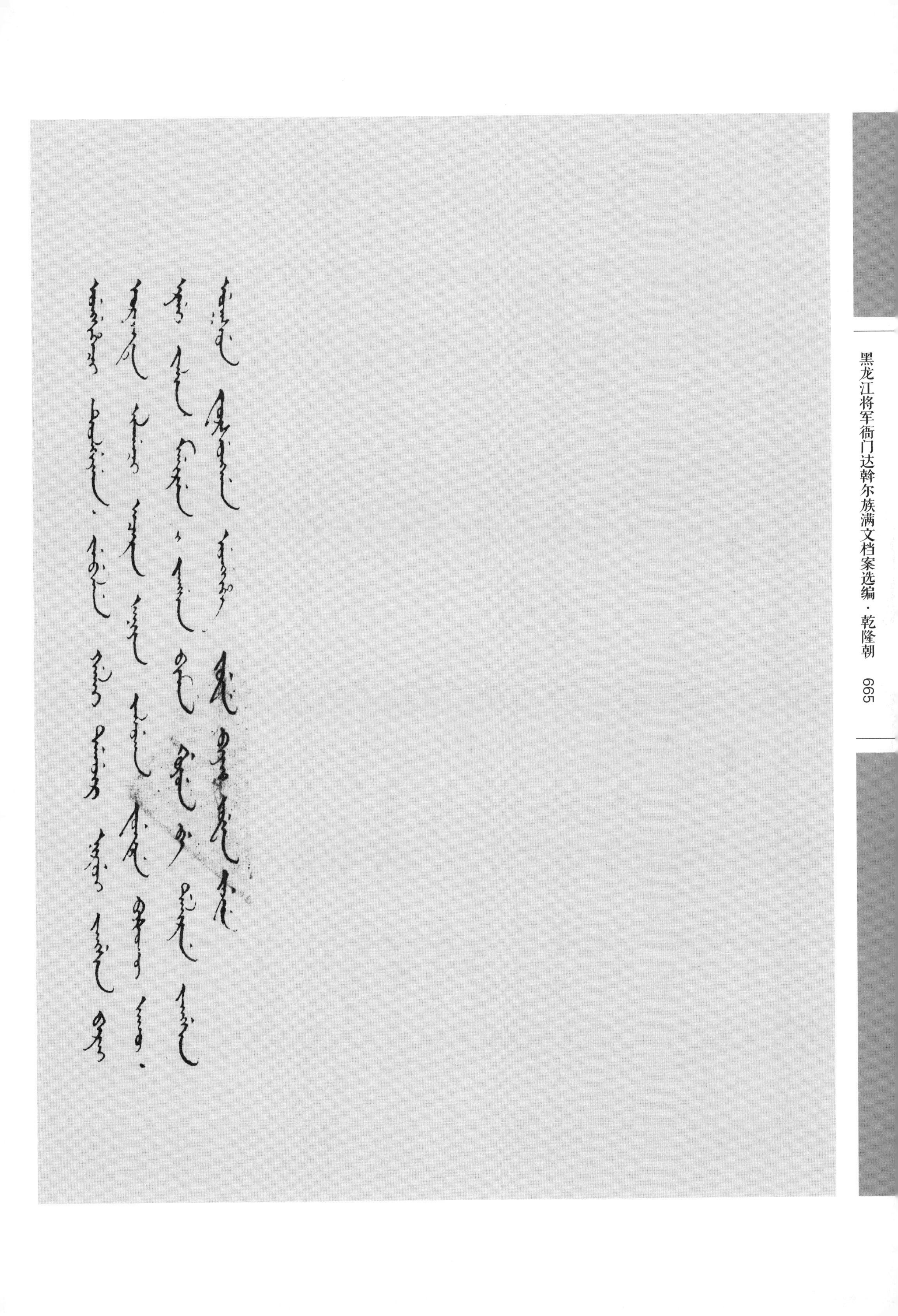

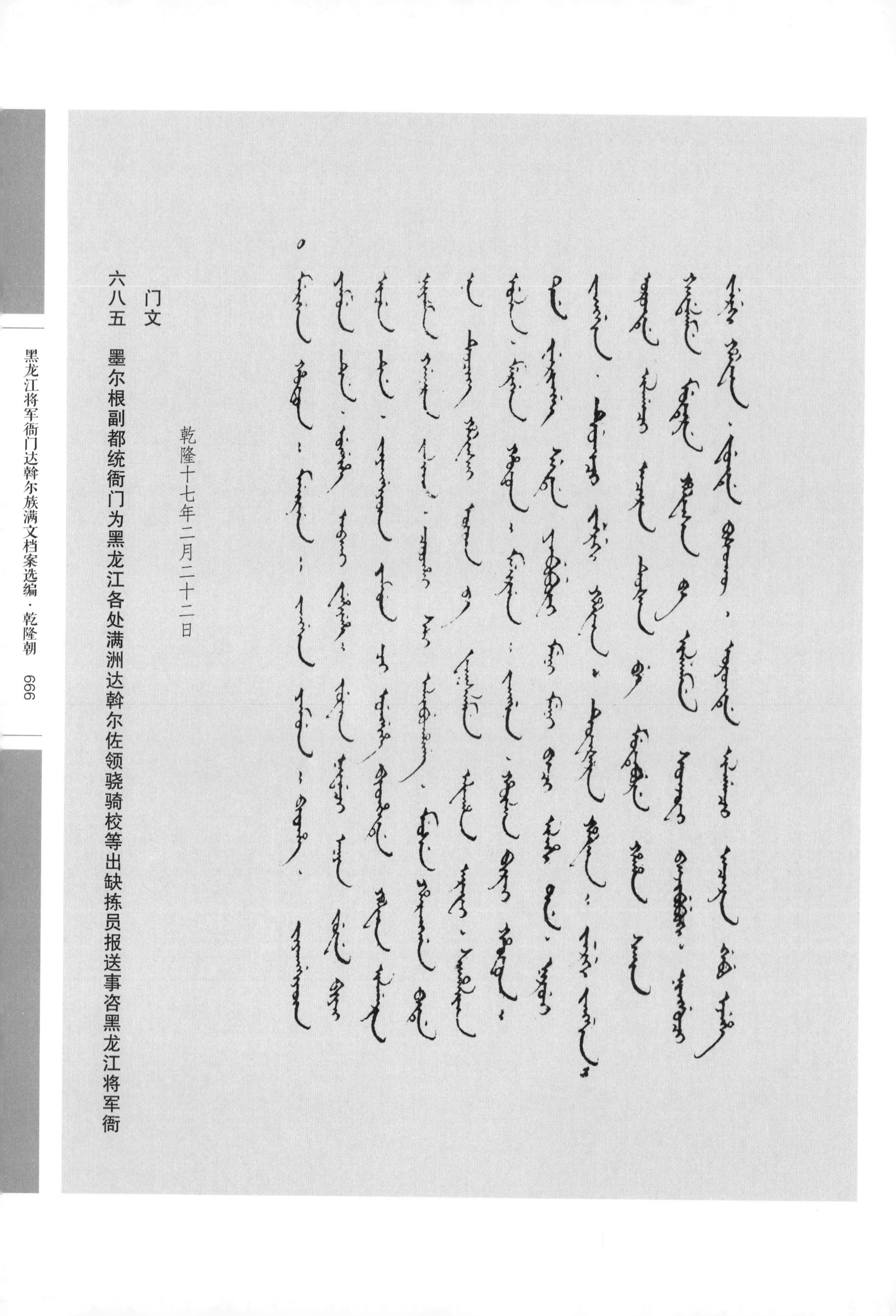

六八五 墨尔根副都统衙门为黑龙江各处满洲达斡尔佐领骁骑校等出缺拣员报送事咨黑龙江将军衙门文

乾隆十七年二月二十二日

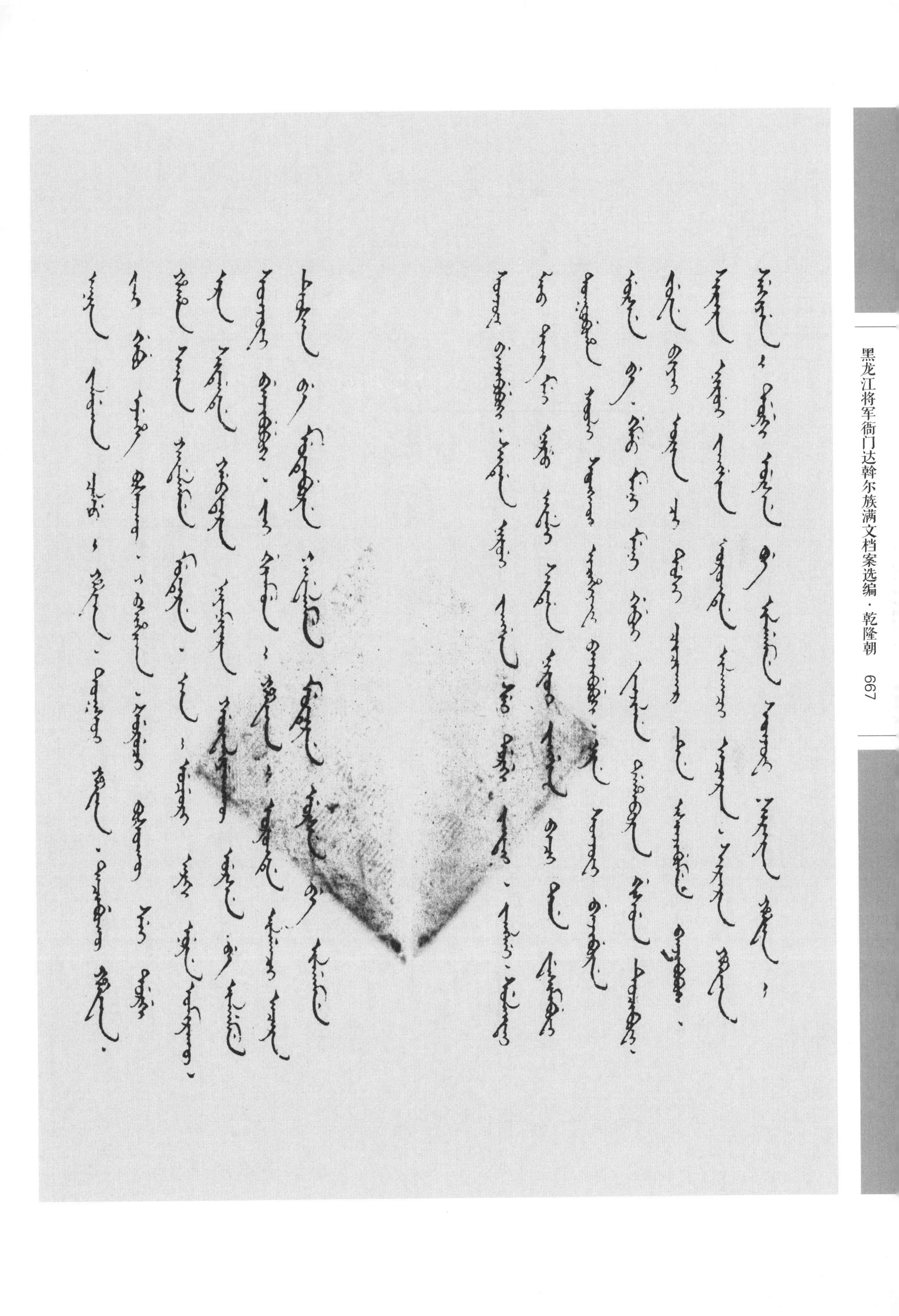

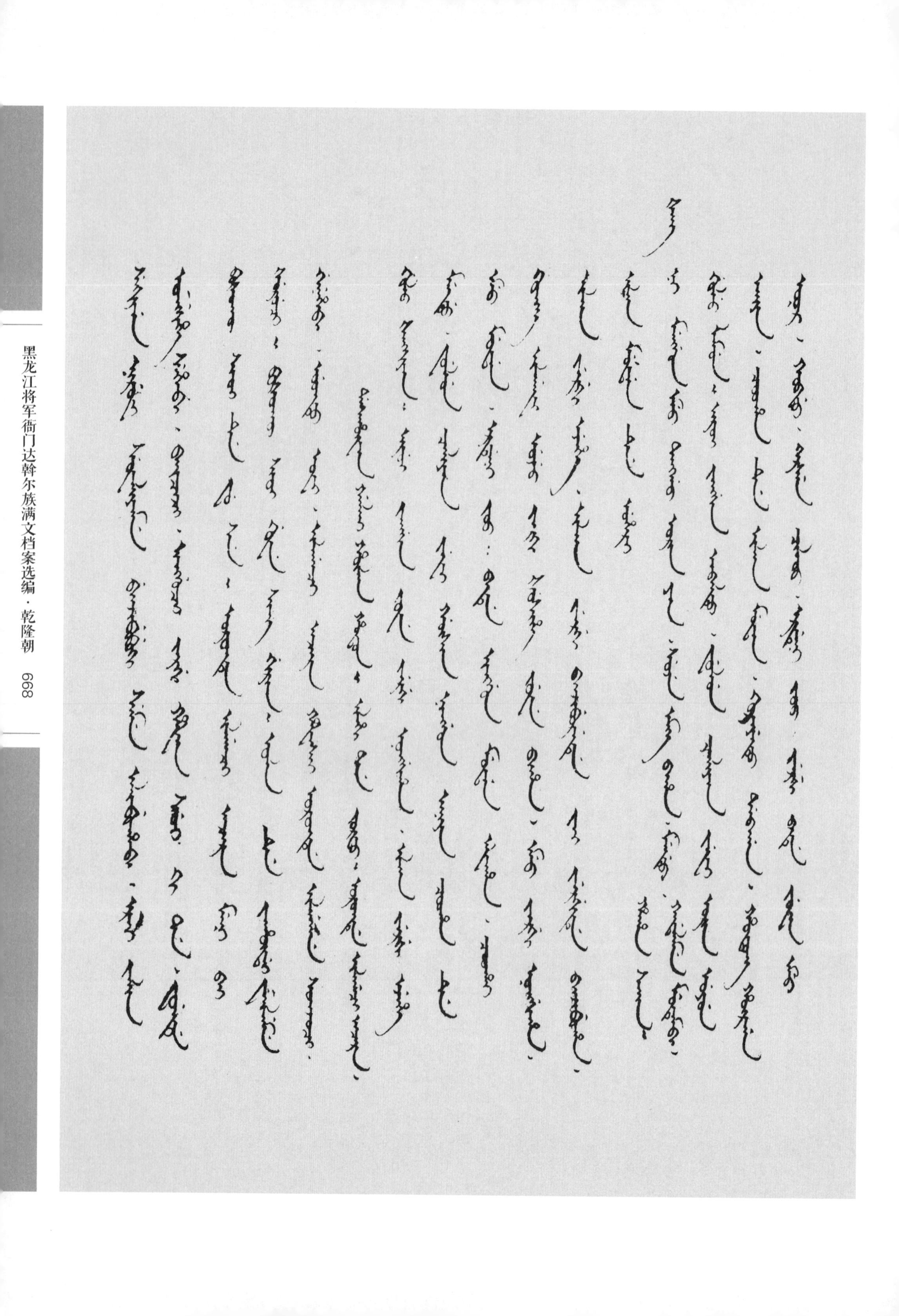

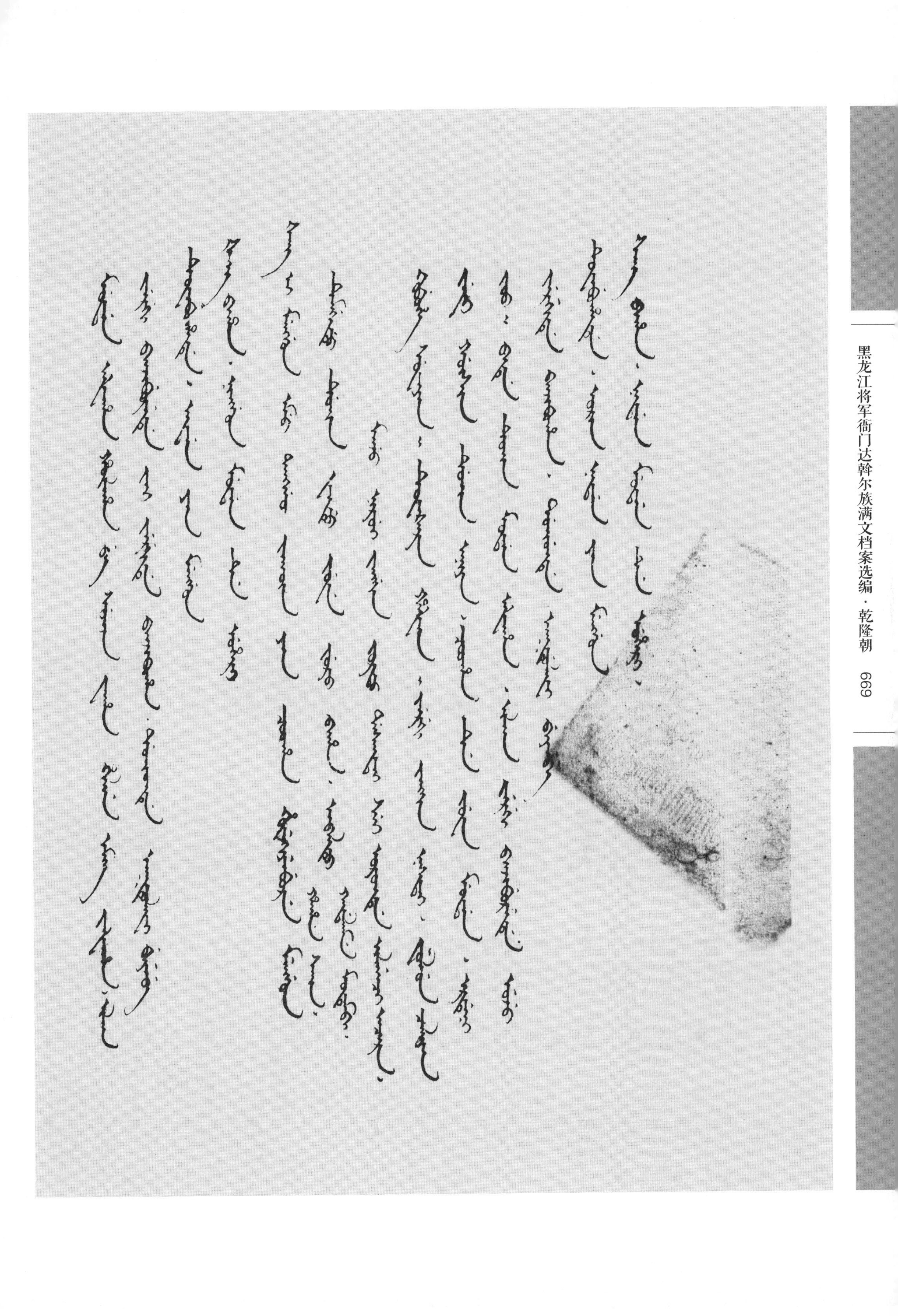

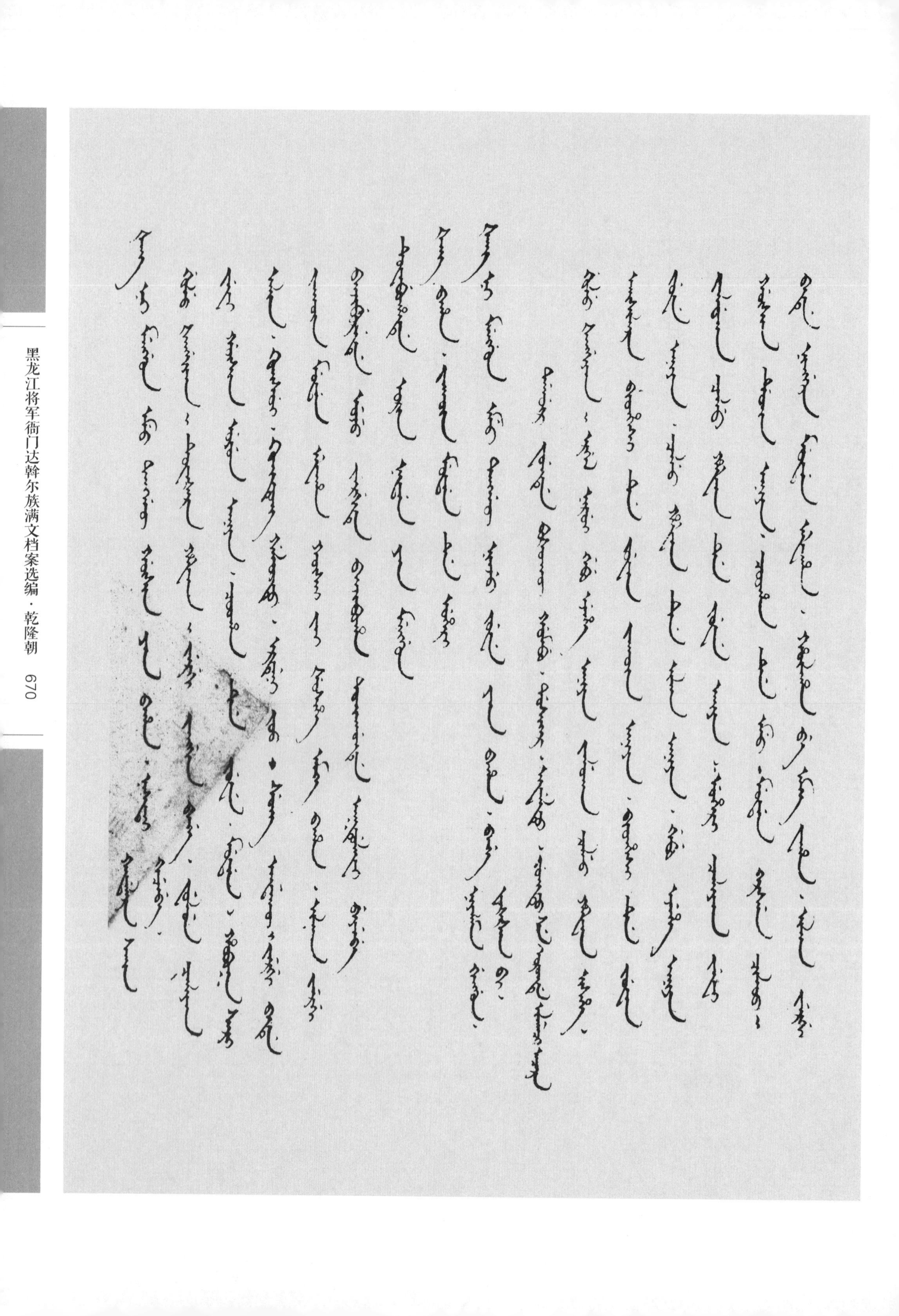

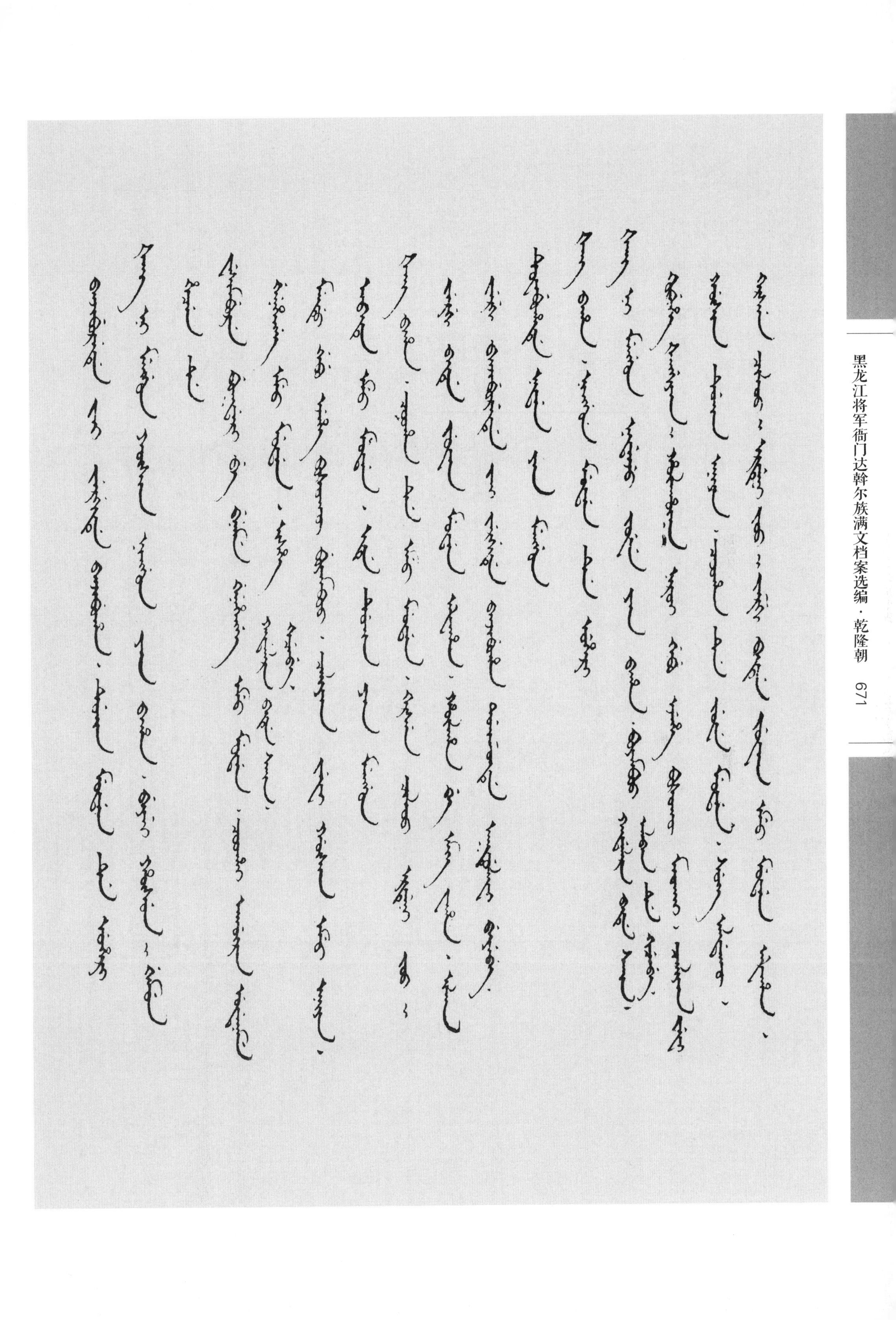

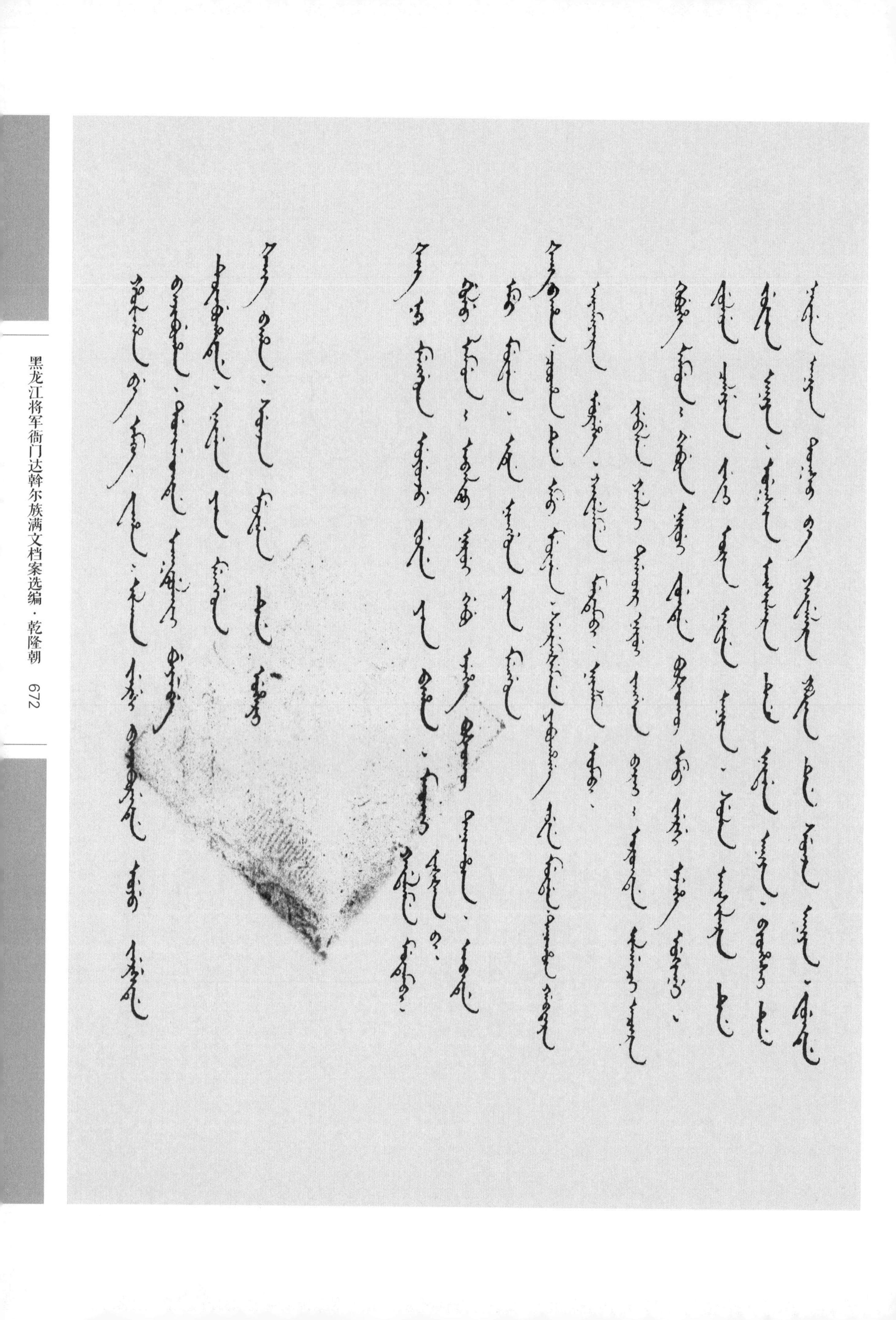

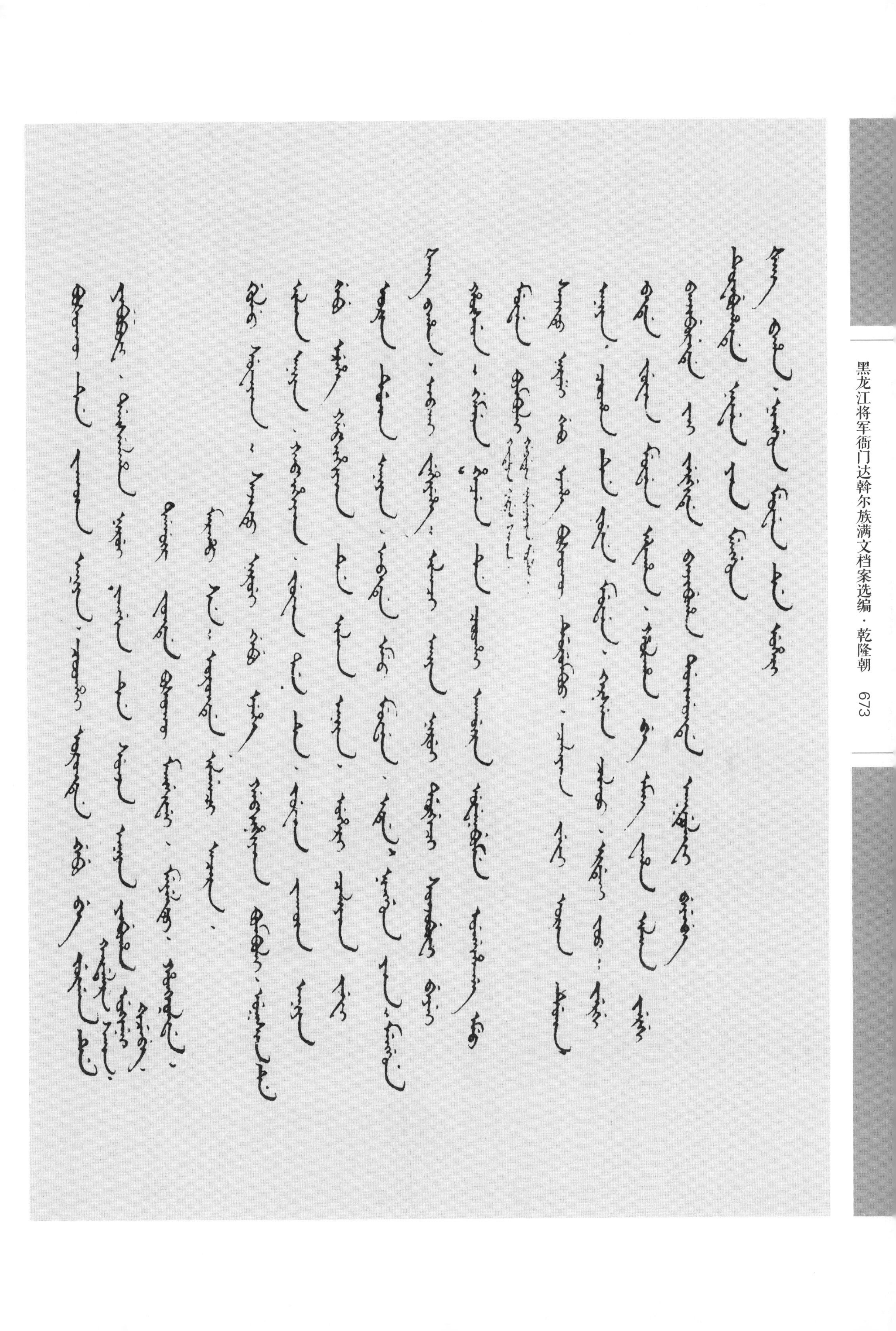

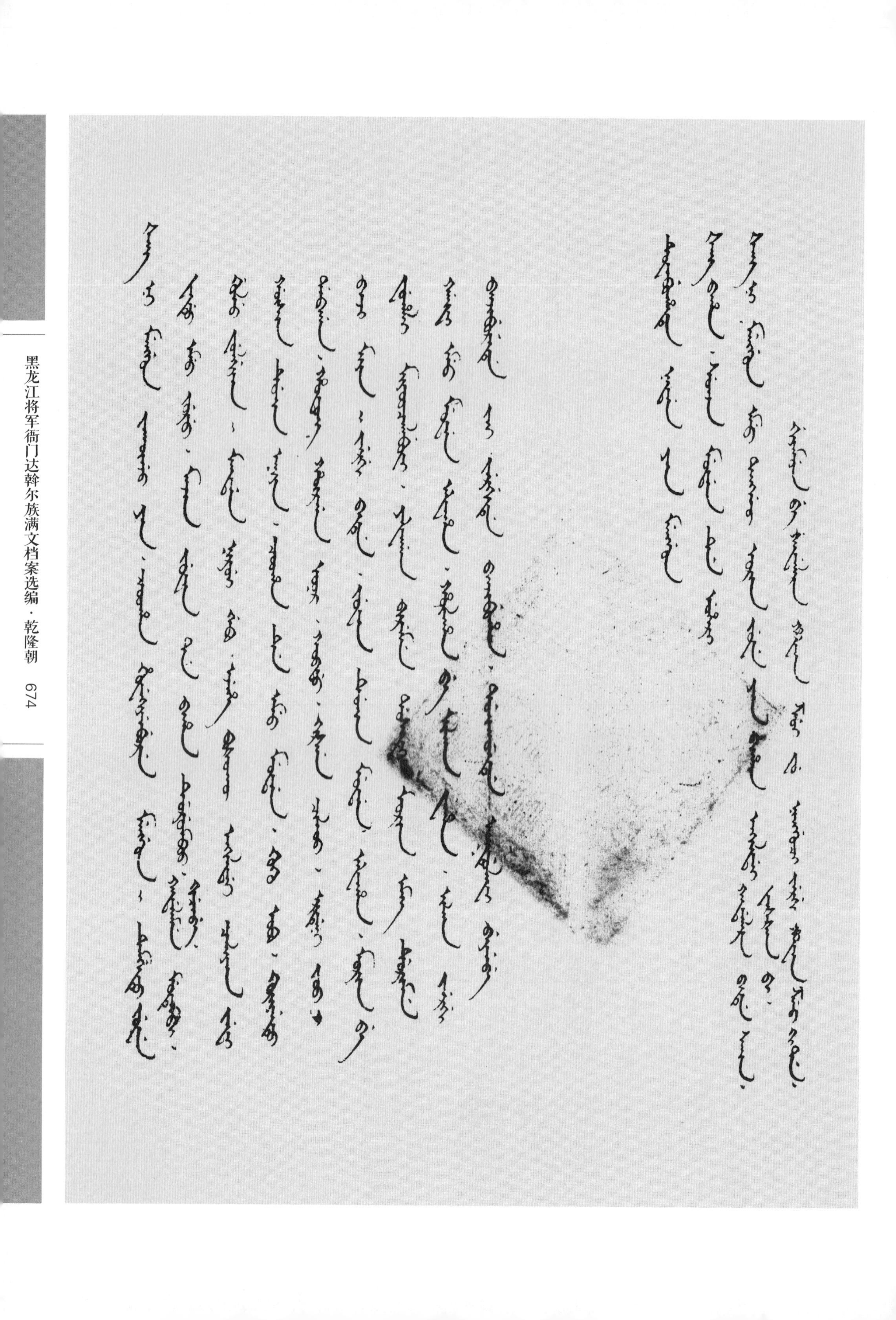

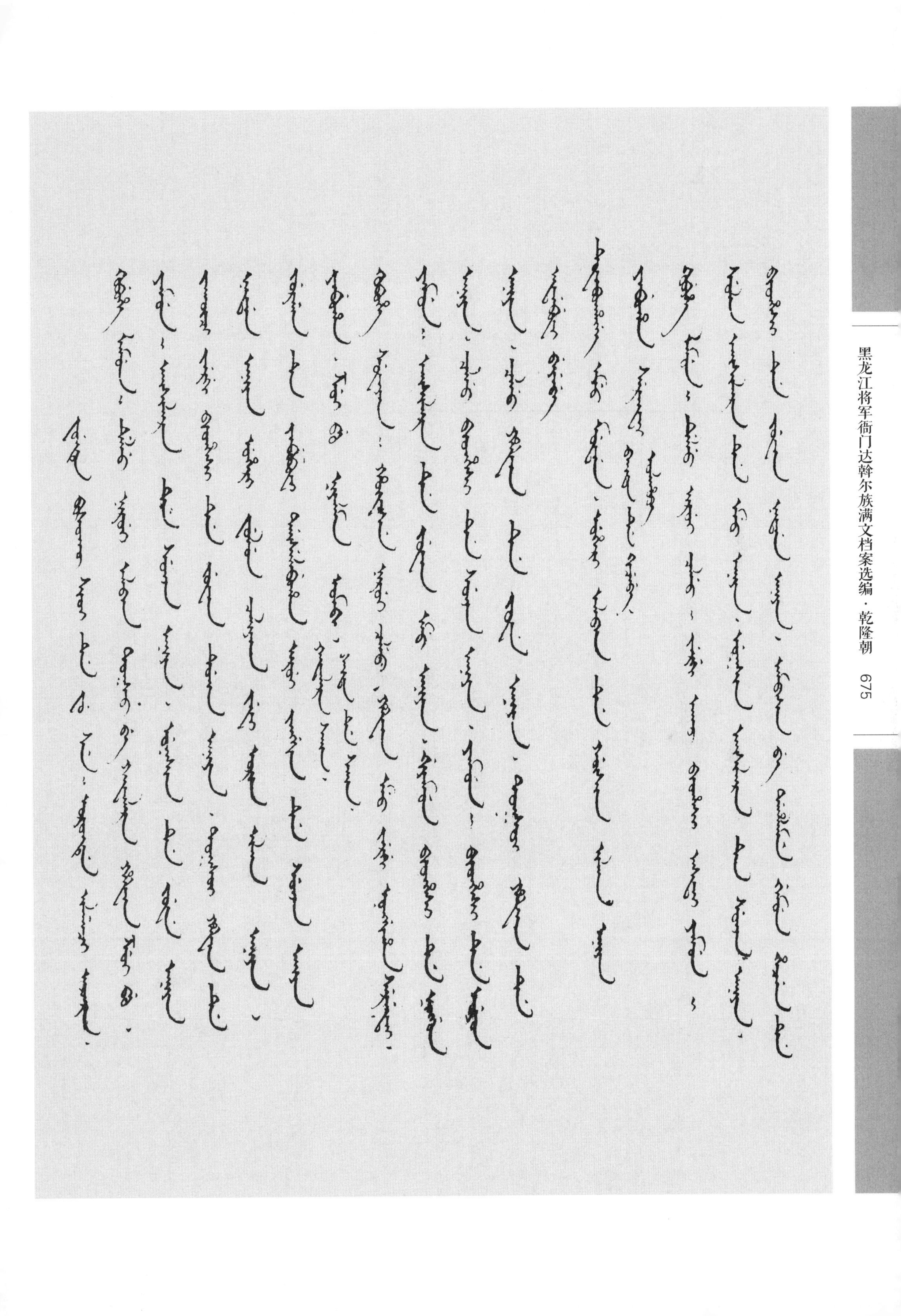

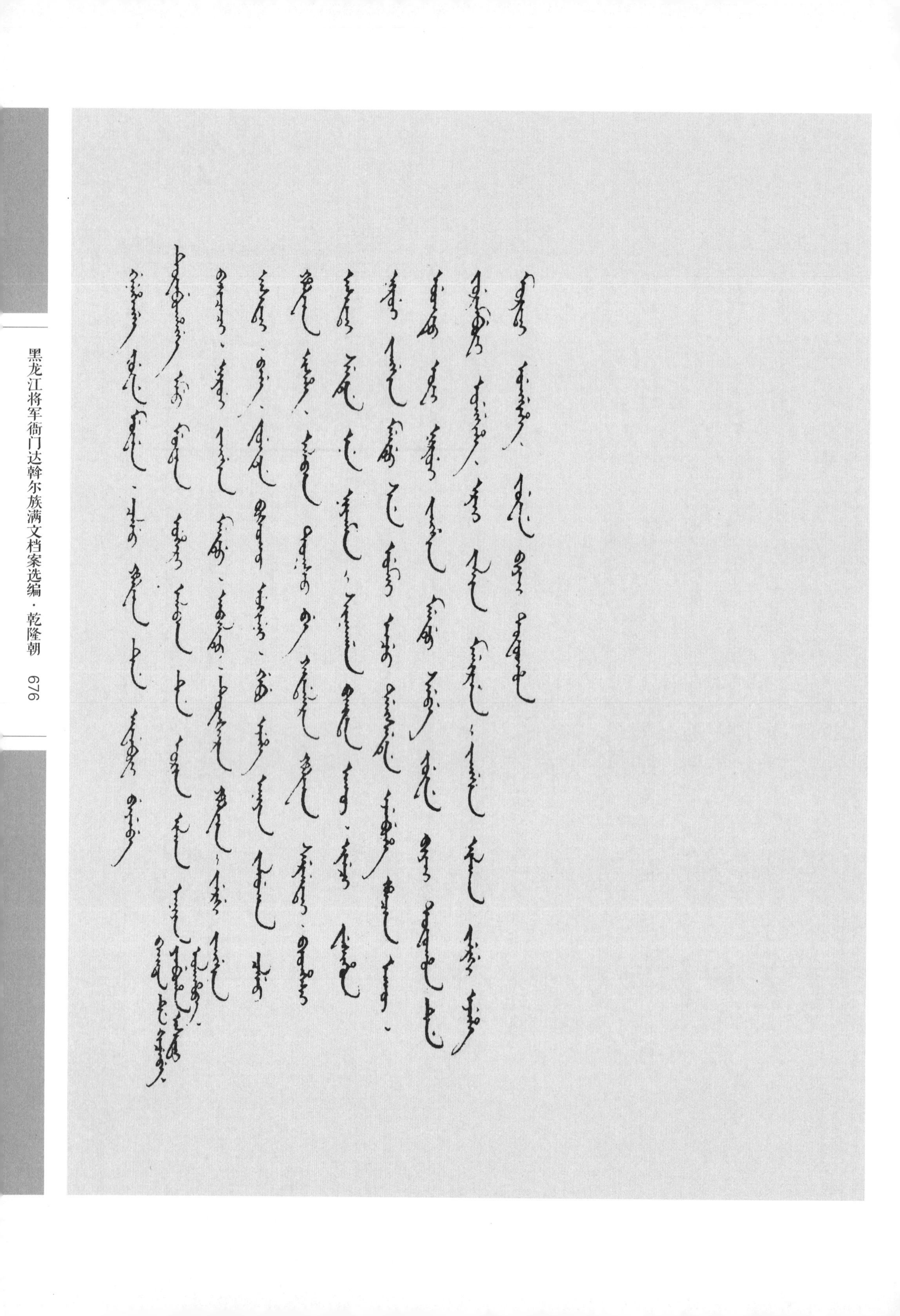

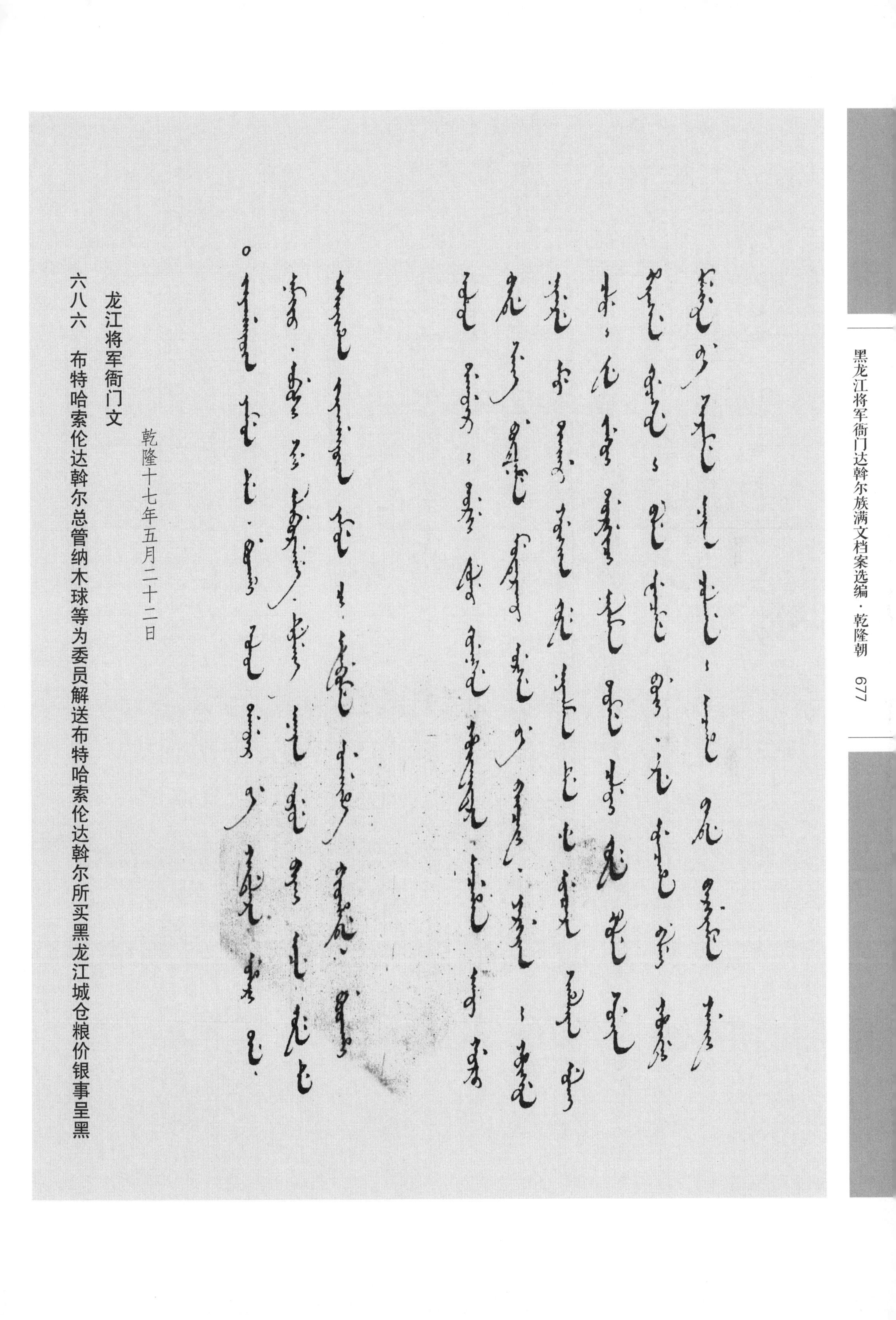

乾隆十七年五月二十二日

## 六八六　布特哈索伦达斡尔总管纳木球等为委员解送布特哈索伦达斡尔所买黑龙江城仓粮价银事呈黑龙江将军衙门文

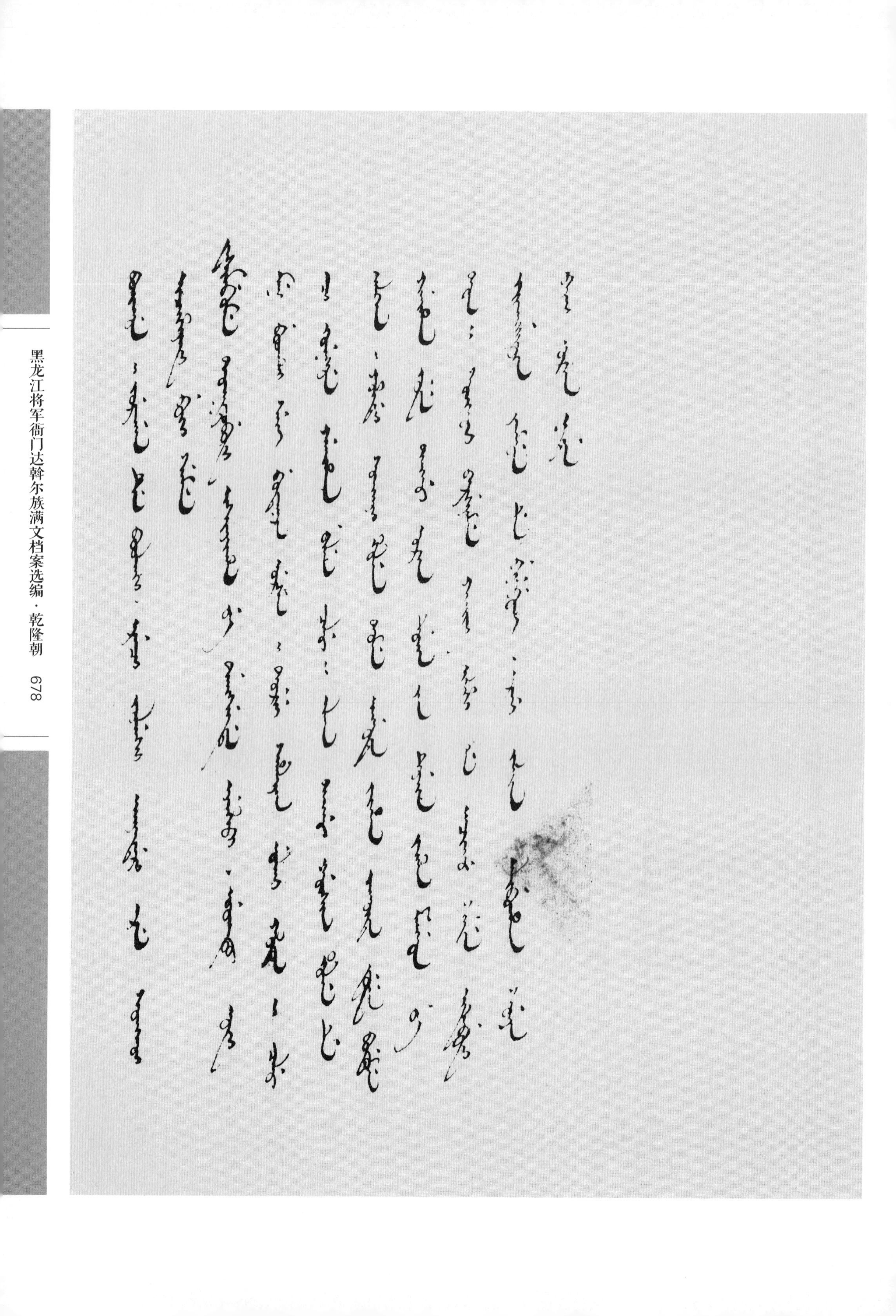

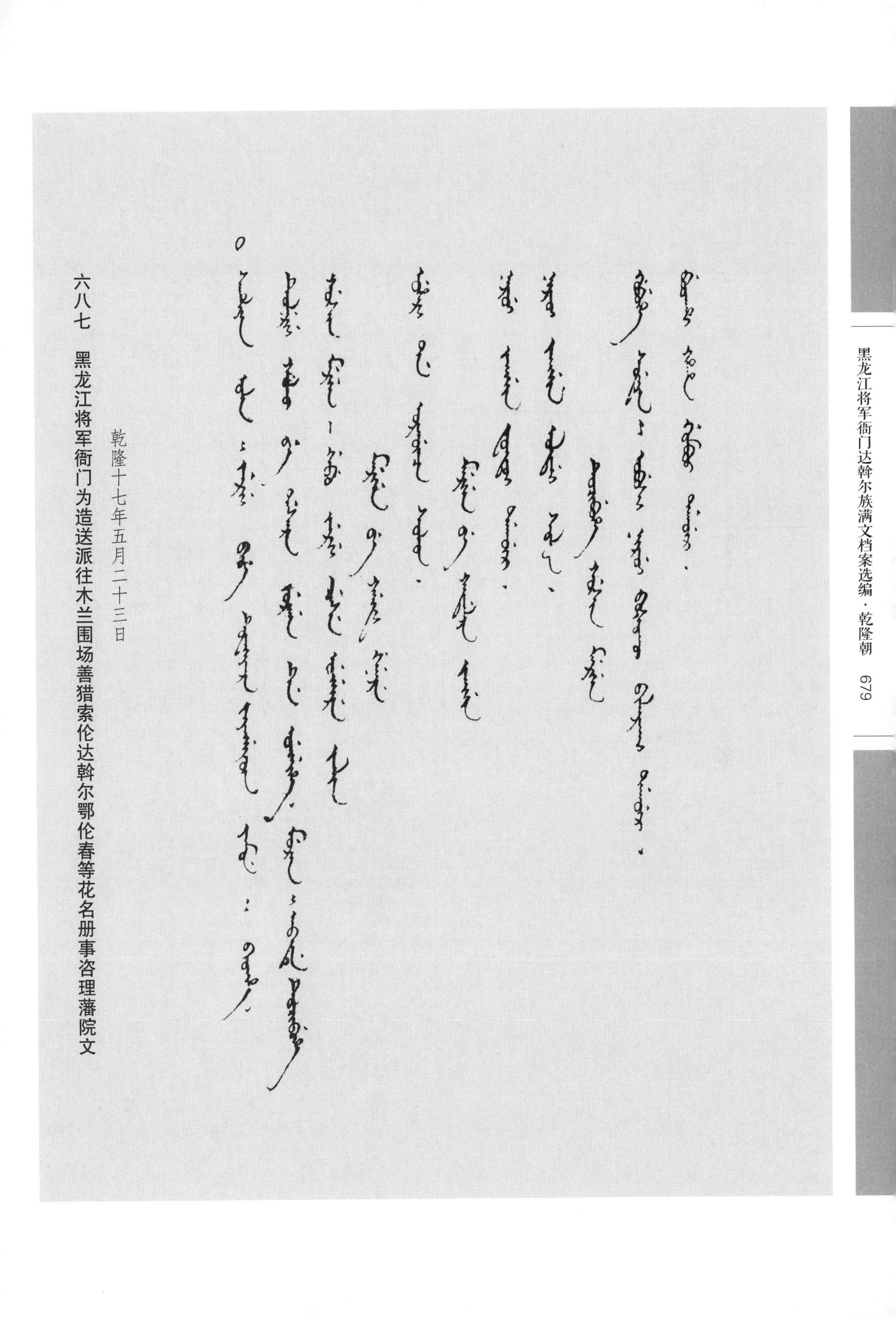

## 六八七 黑龙江将军衙门为造送派往木兰围场善猎索伦达斡尔鄂伦春等花名册事咨理藩院文

乾隆十七年五月二十三日

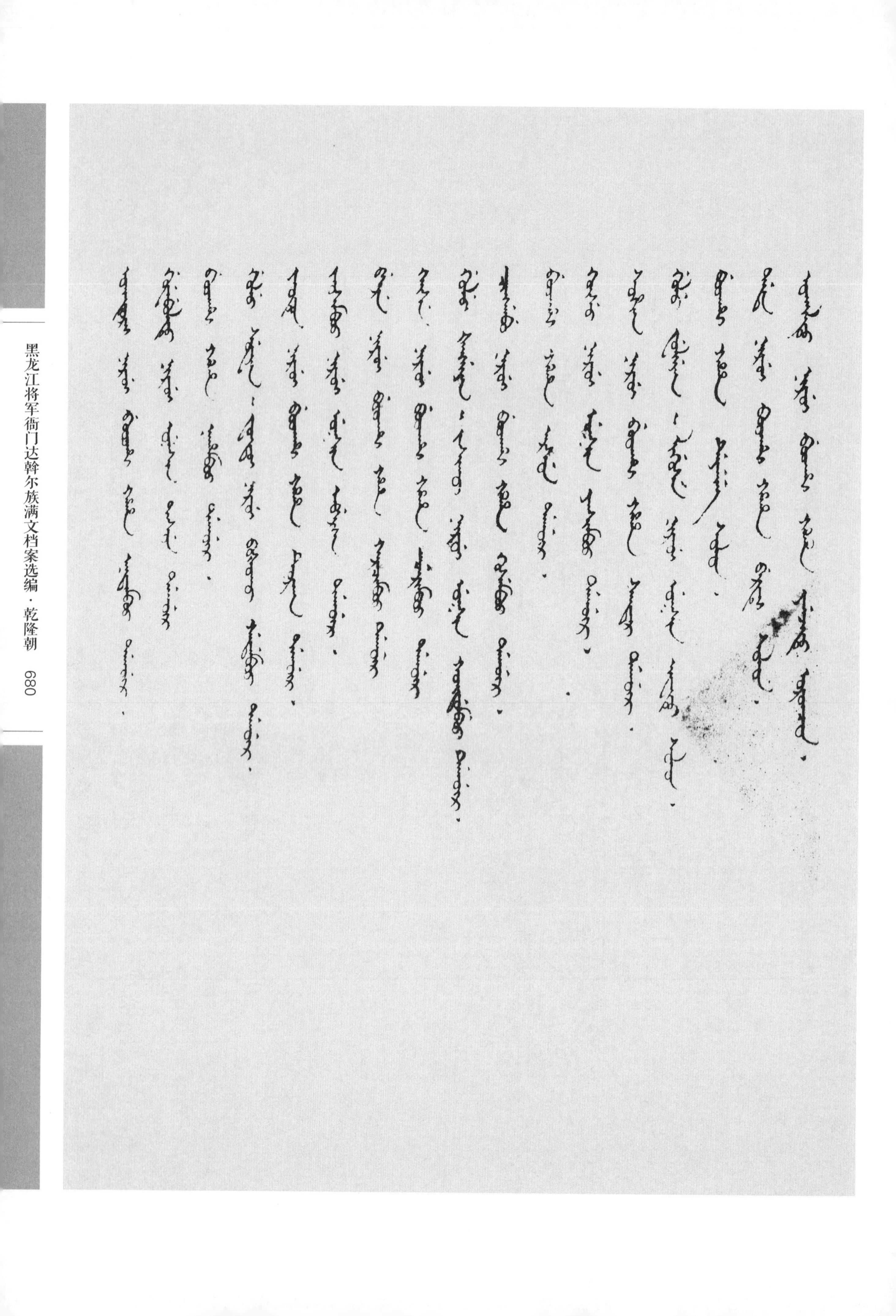

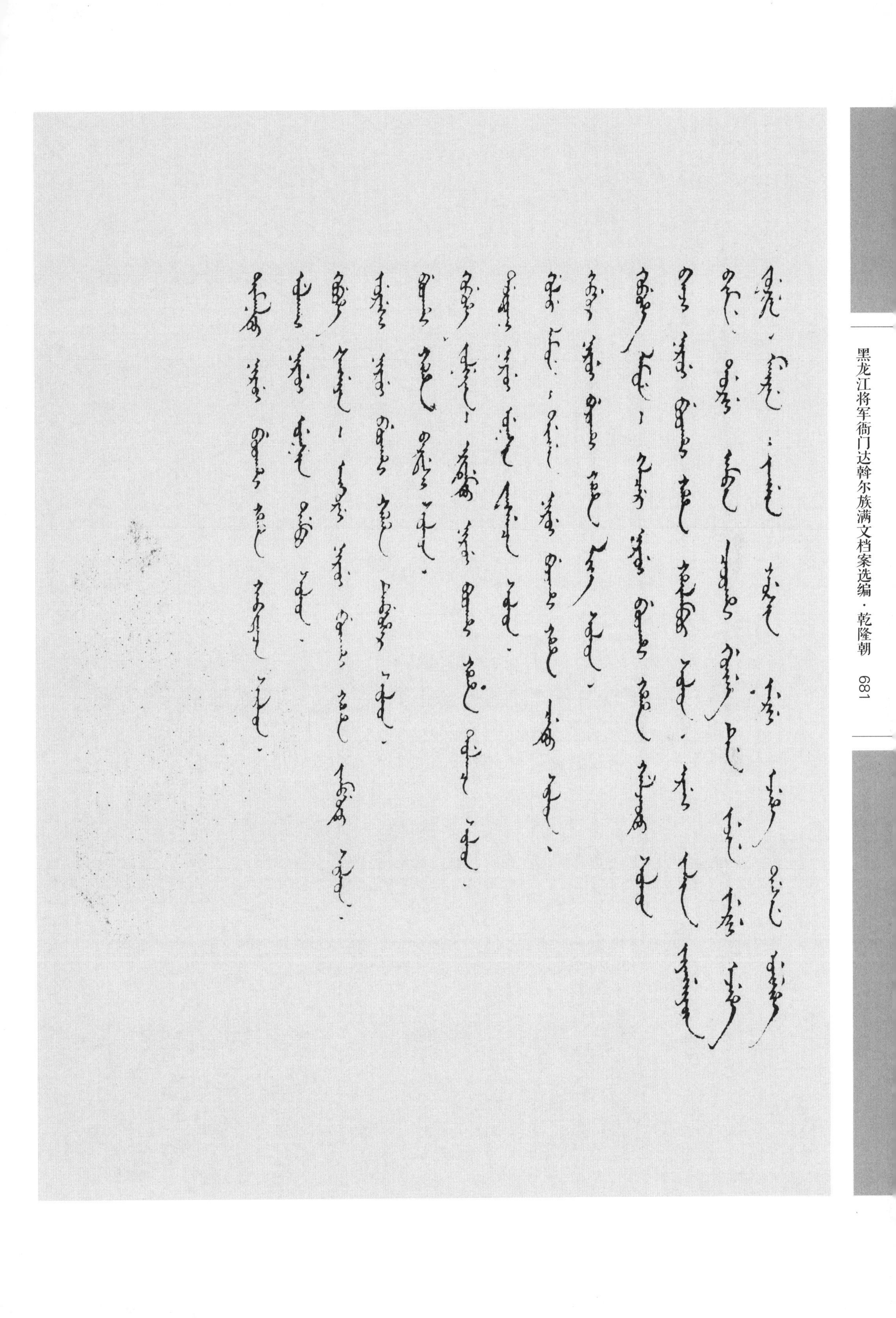

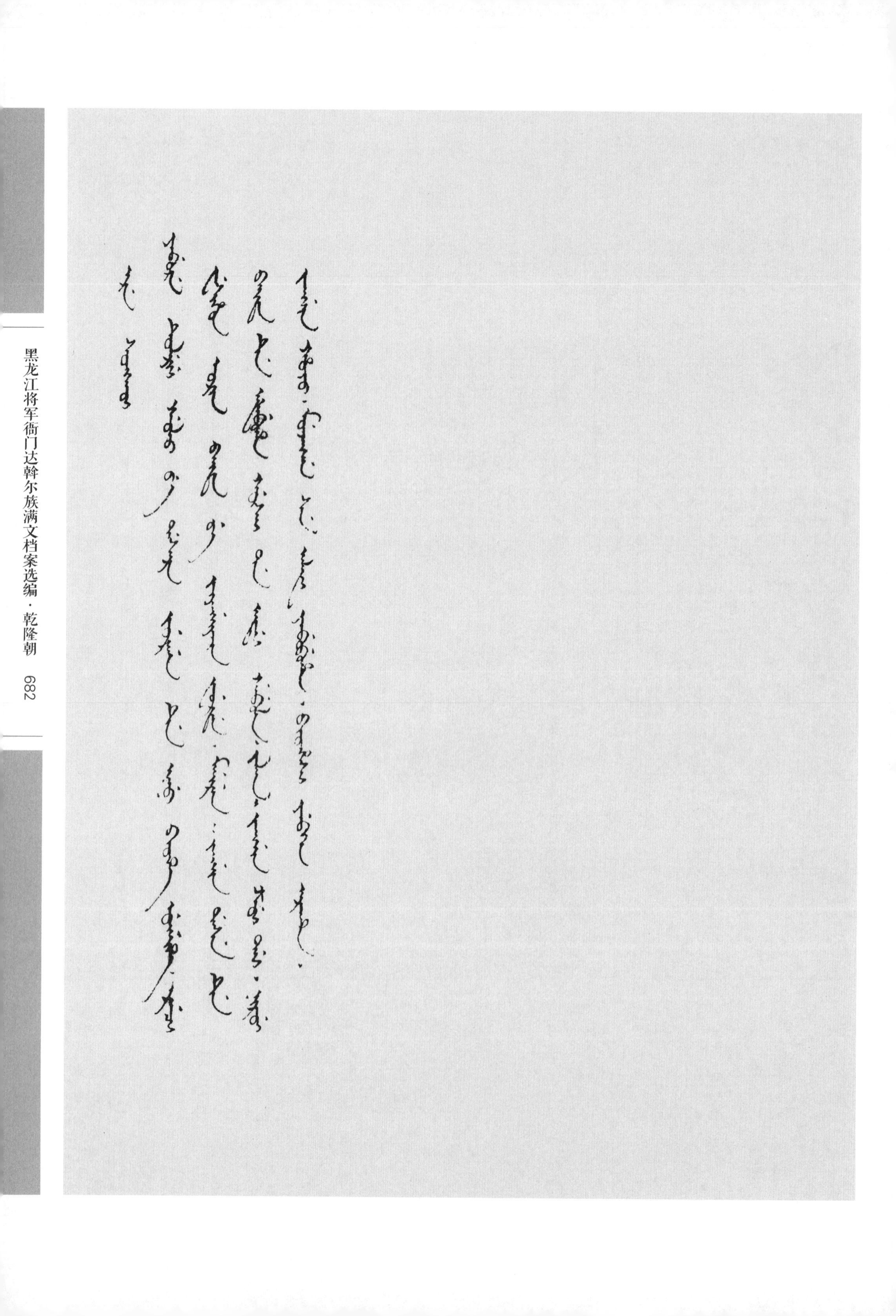

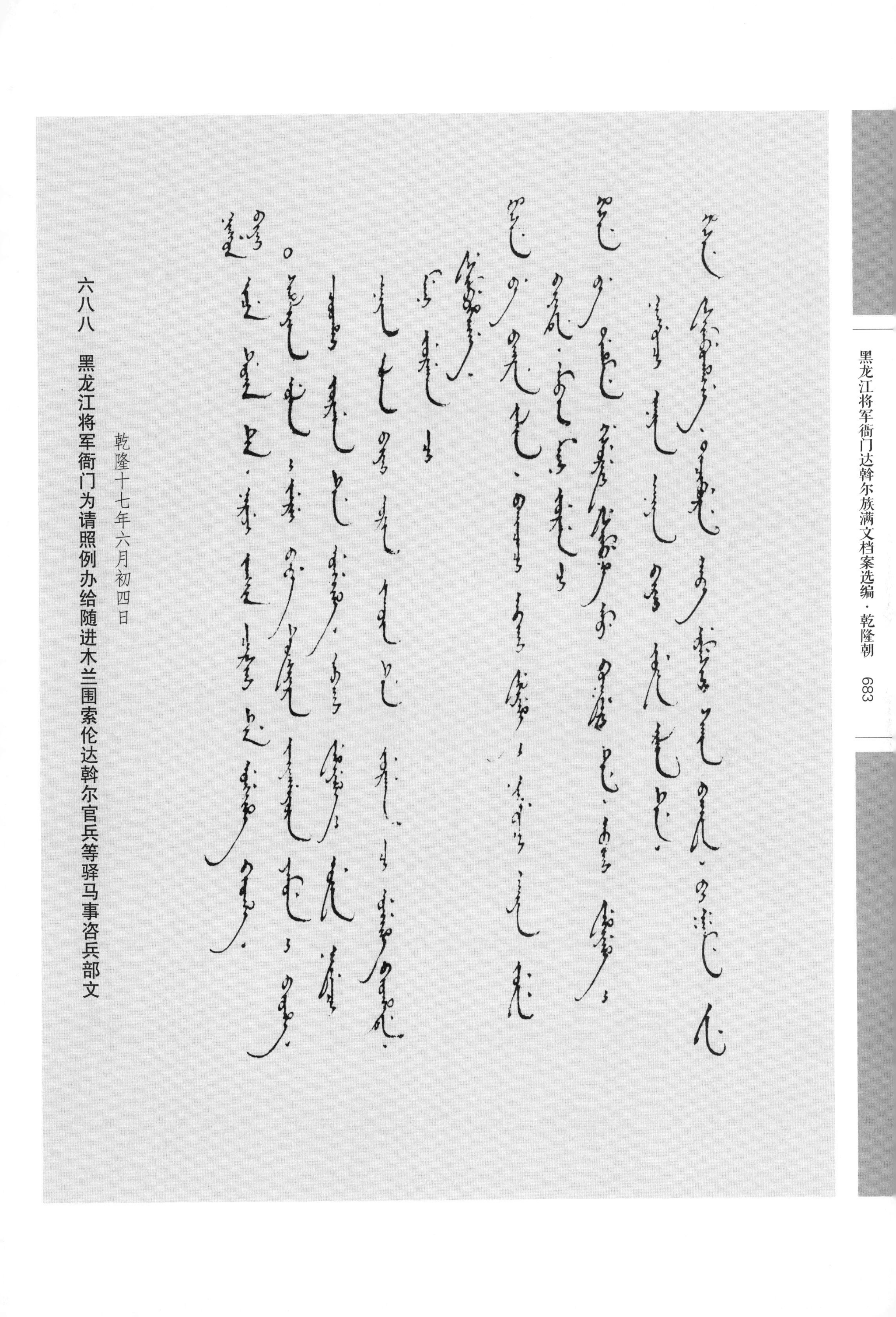

## 六八八 黑龙江将军衙门为请照例办给随进木兰围索伦达斡尔官兵等驿马事咨兵部文

乾隆十七年六月初四日

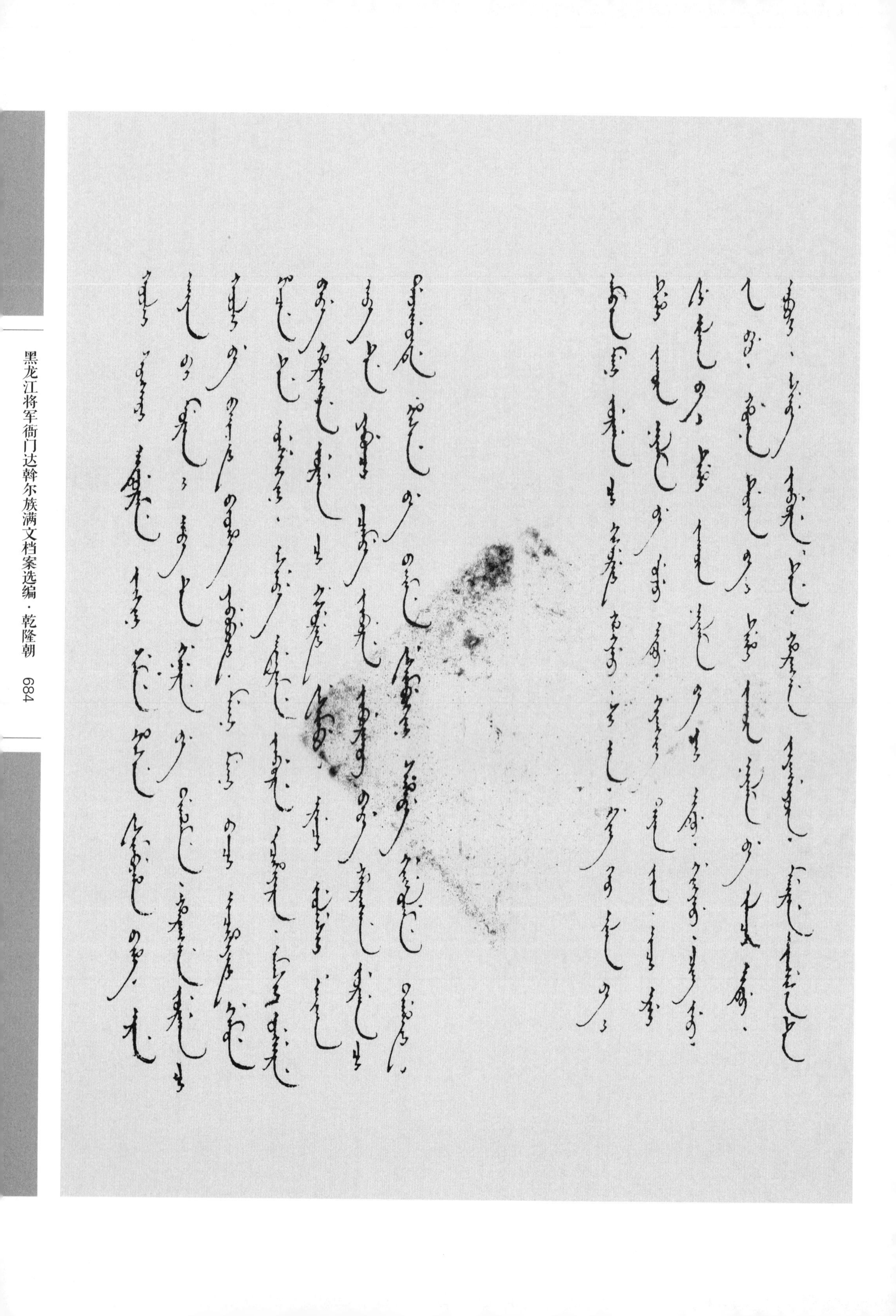

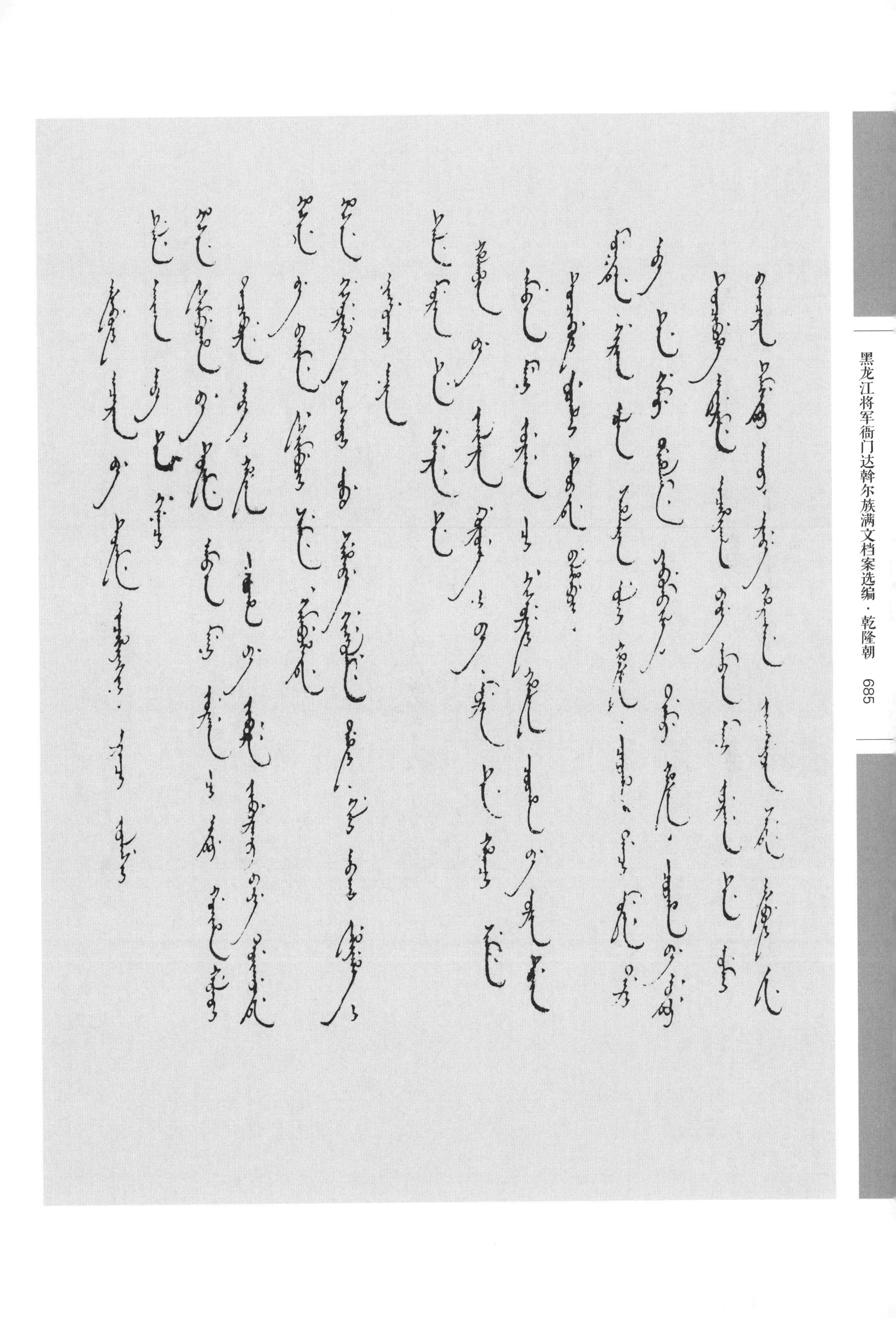

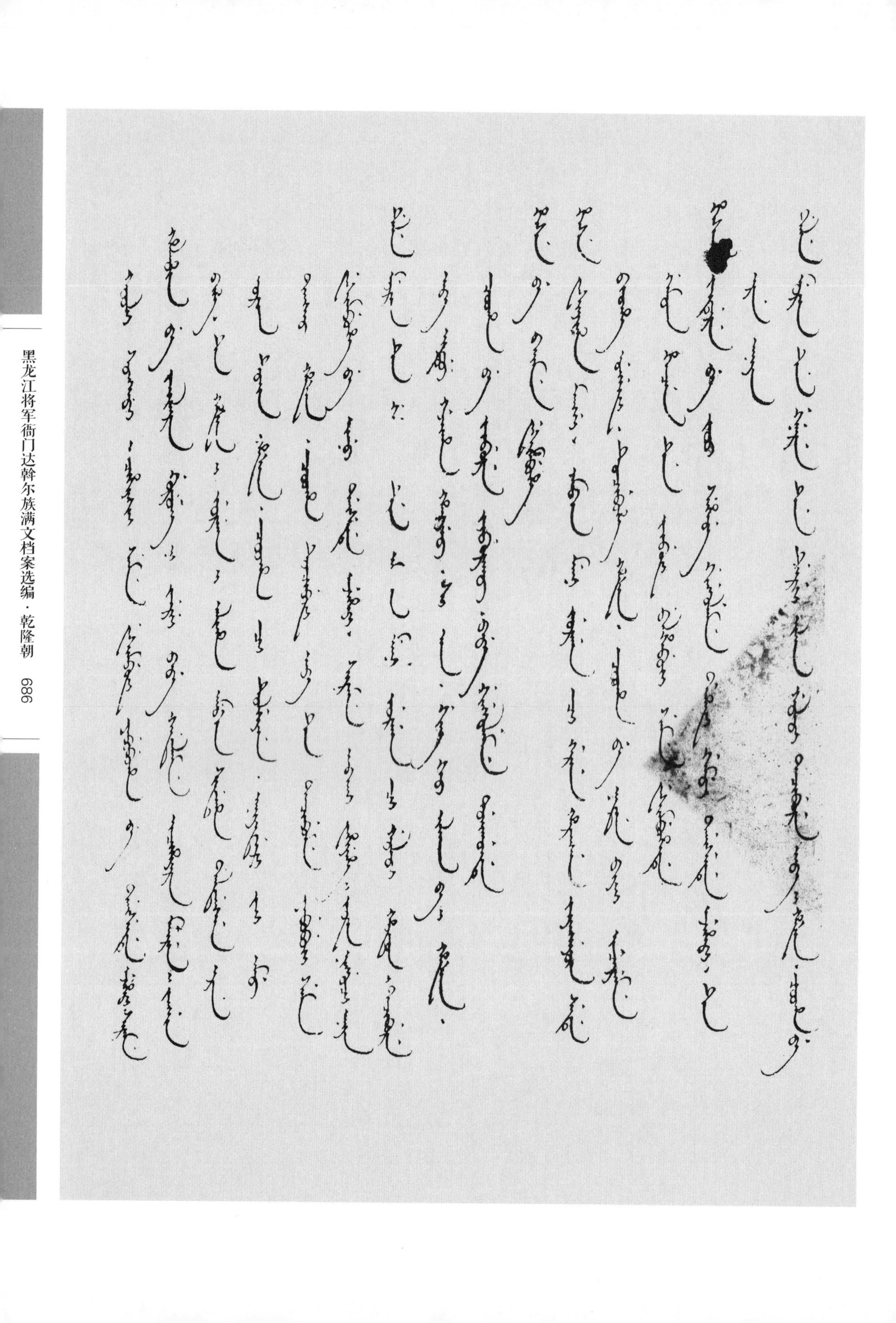

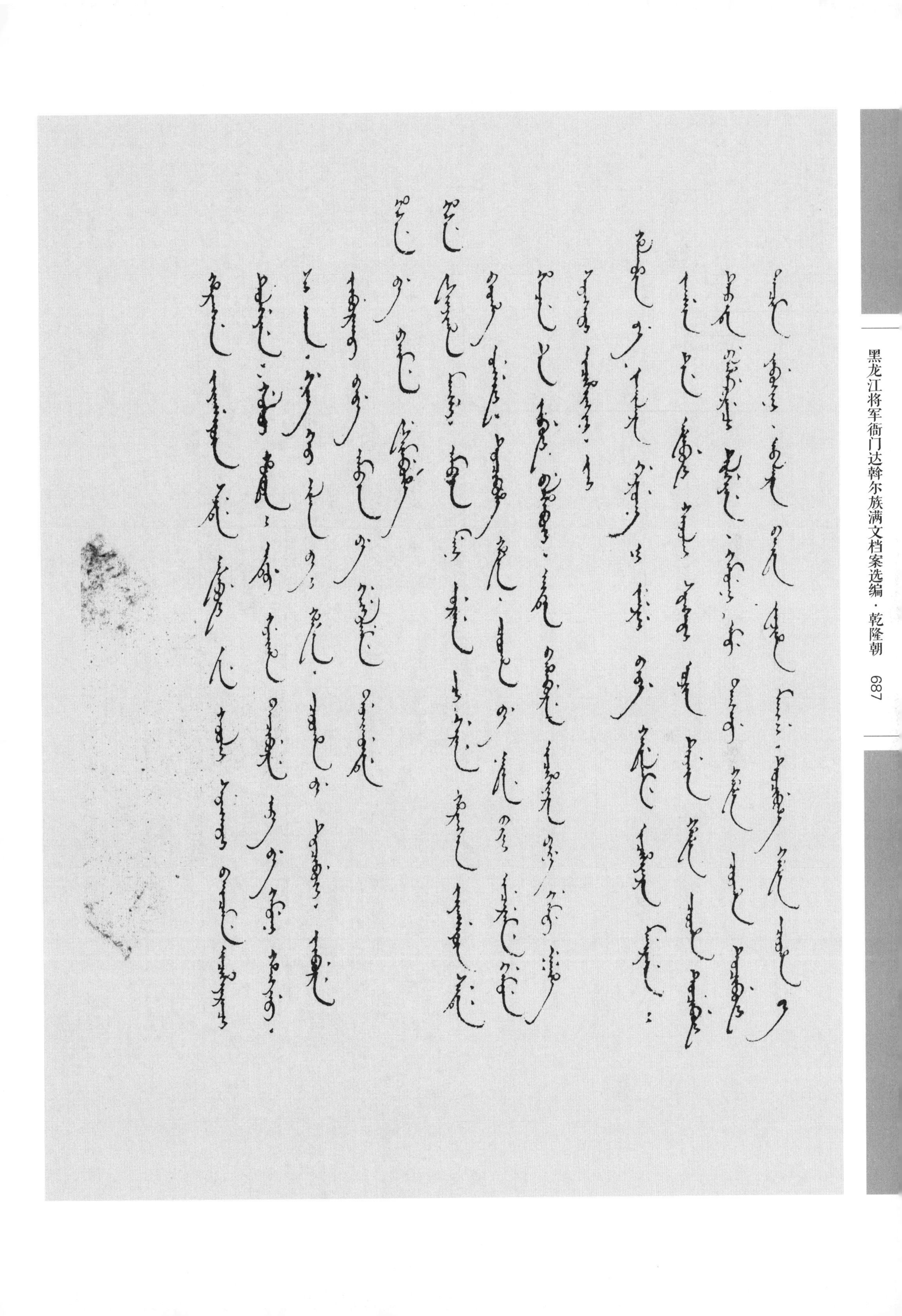

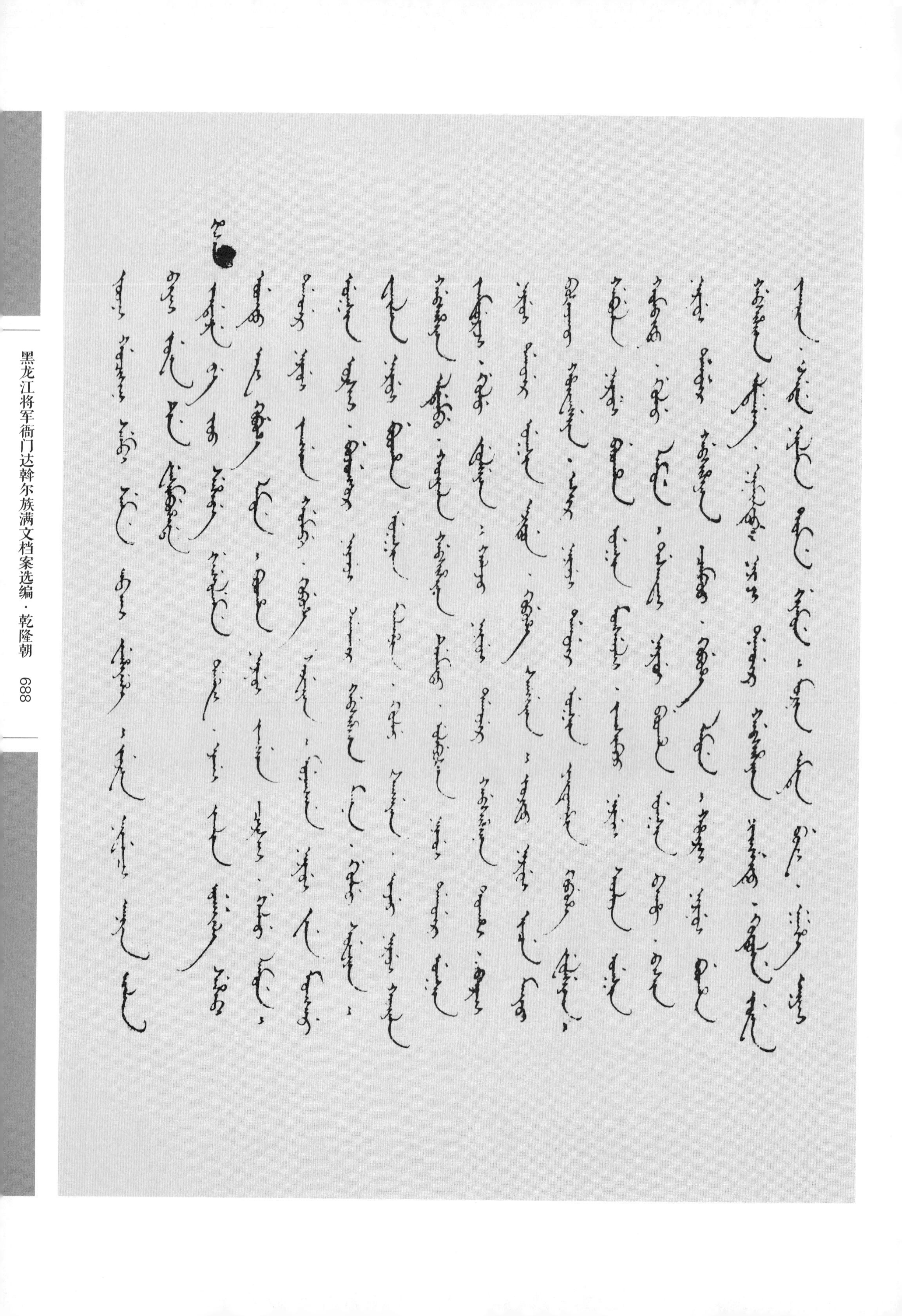

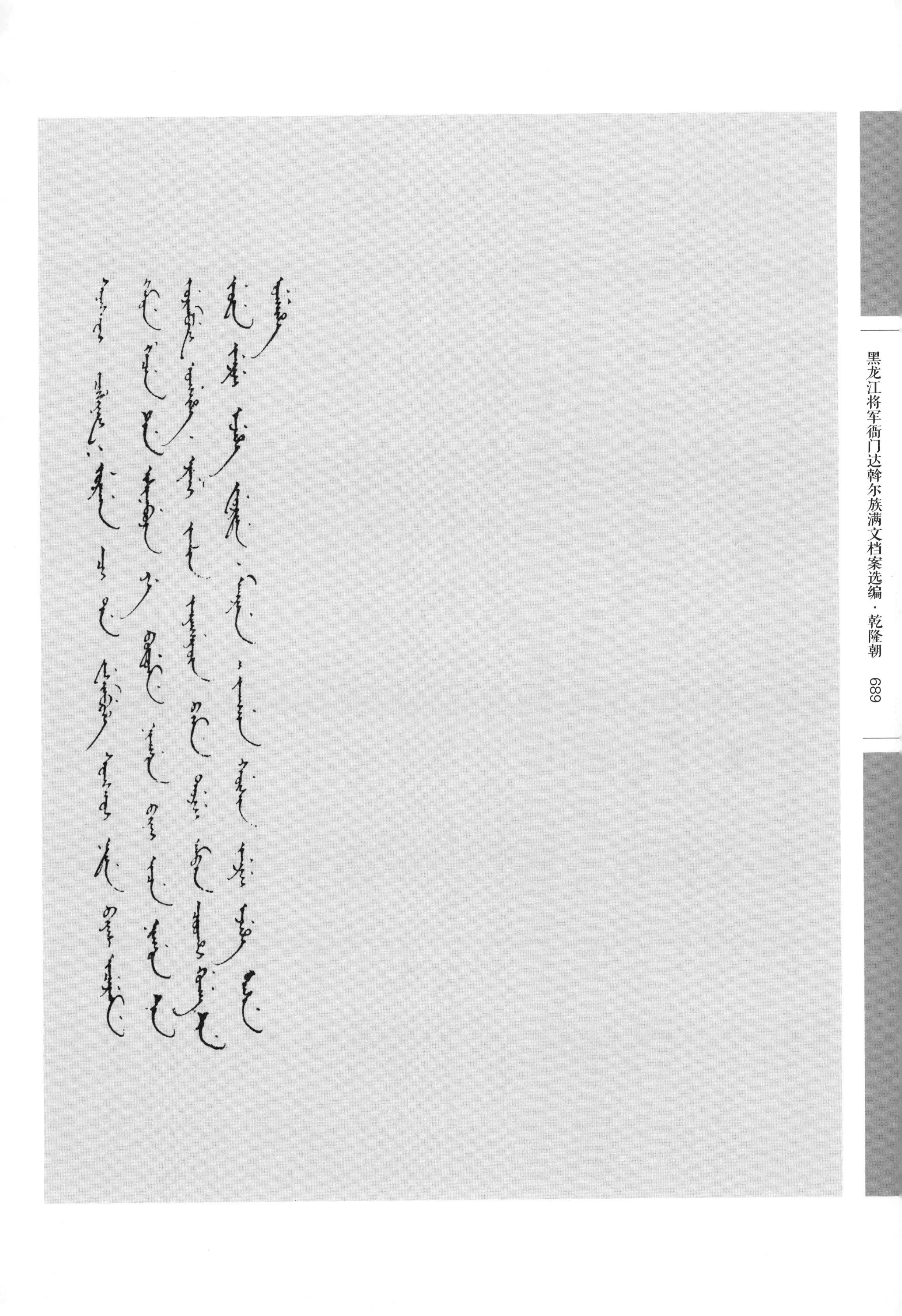

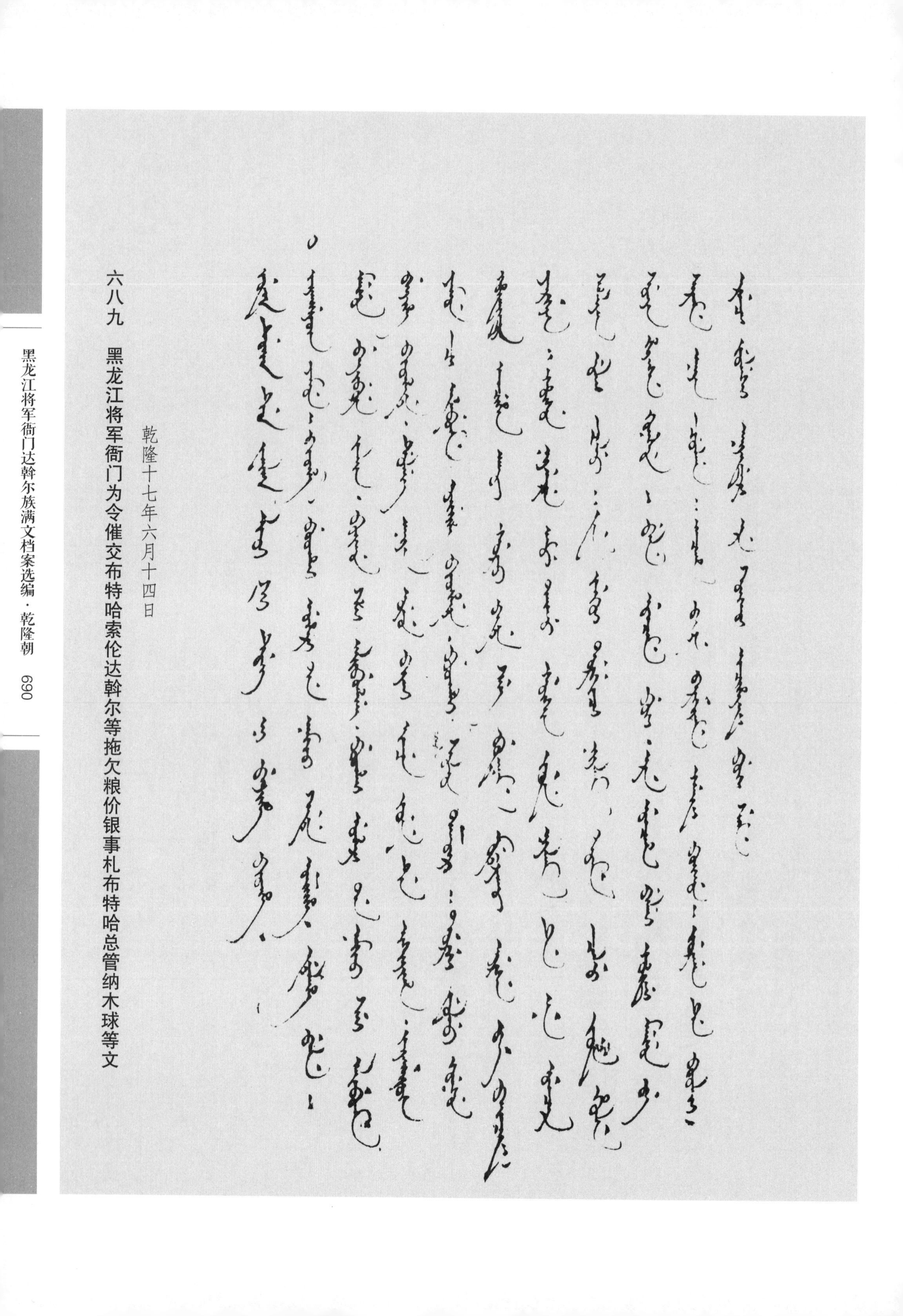

## 六八九 黑龙江将军衙门为令催交布特哈索伦达斡尔等拖欠粮价银事札布特哈总管纳木球等文

乾隆十七年六月十四日

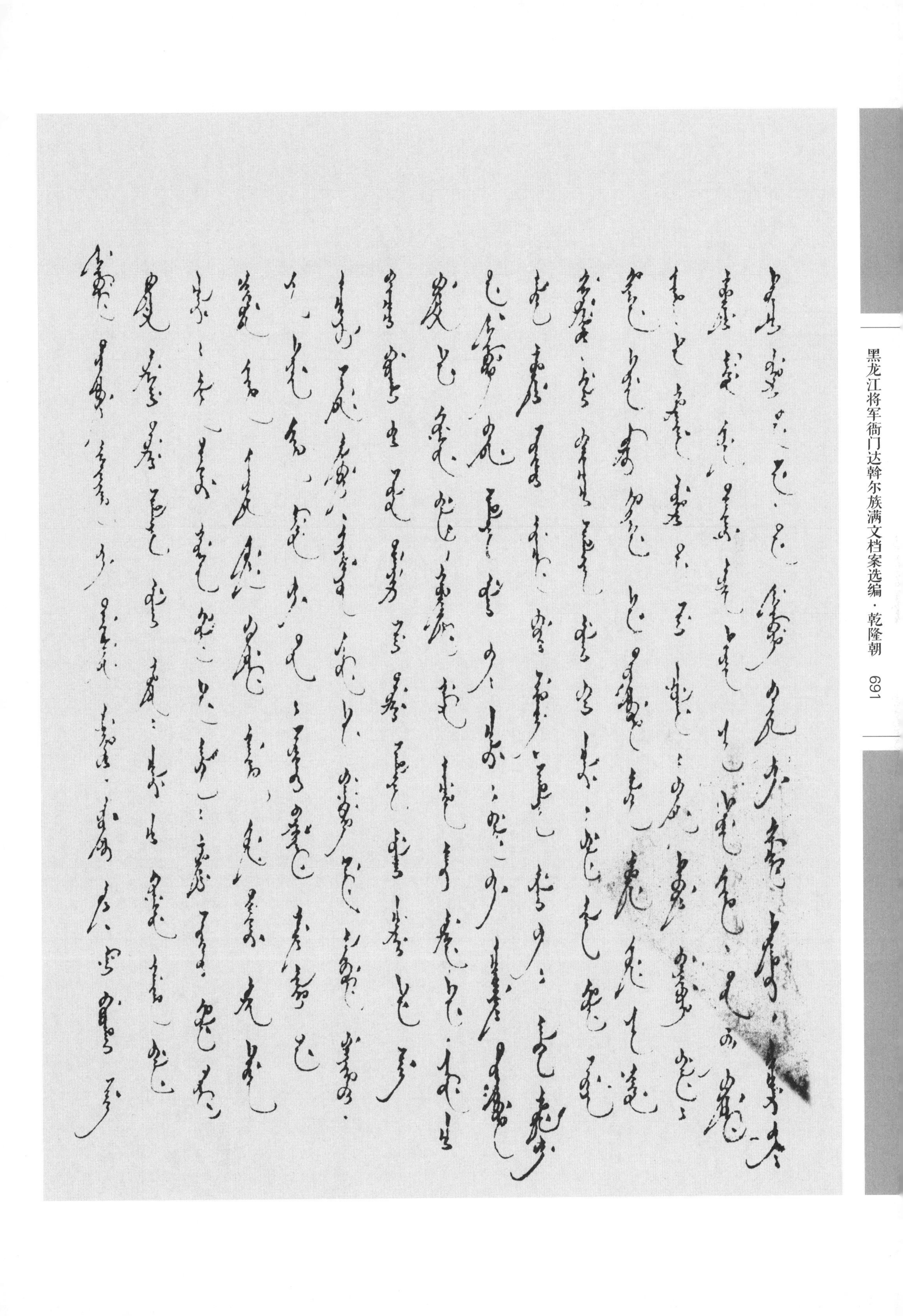

[illegible]

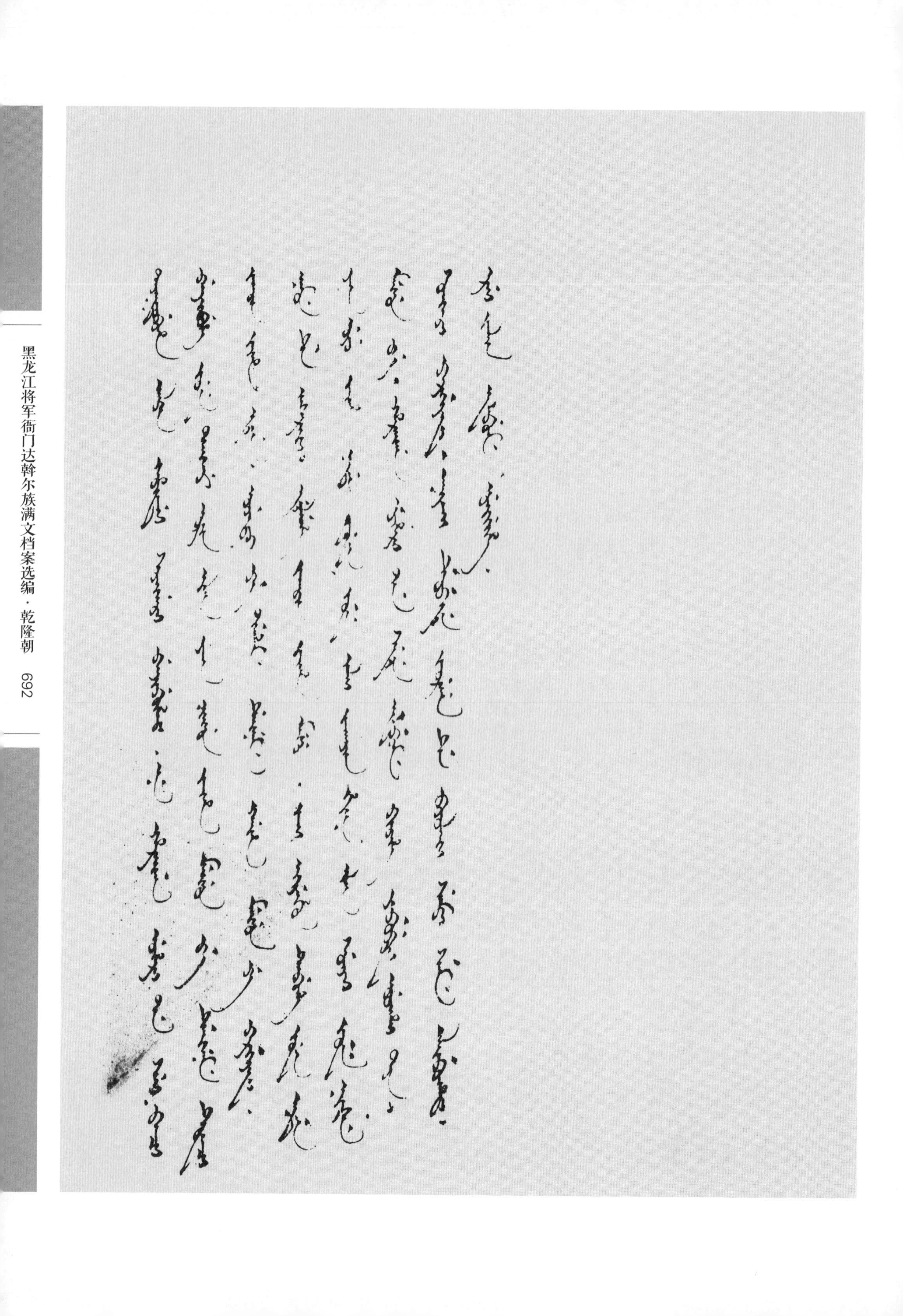

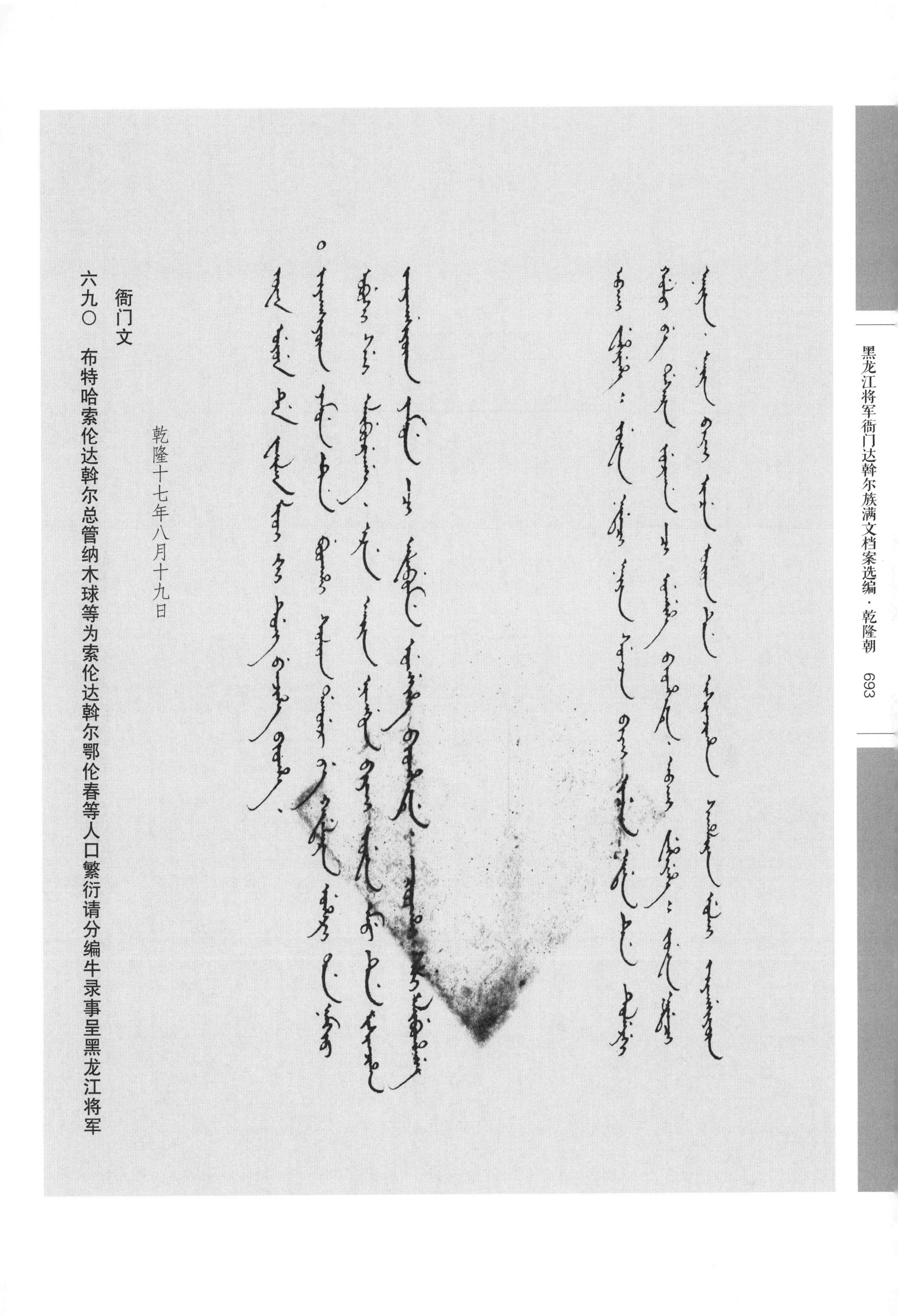

乾隆十七年八月十九日

## 六九〇 布特哈索伦达斡尔总管纳木球等为索伦达斡尔鄂伦春等人口繁衍请分编牛录事呈黑龙江将军衙门文

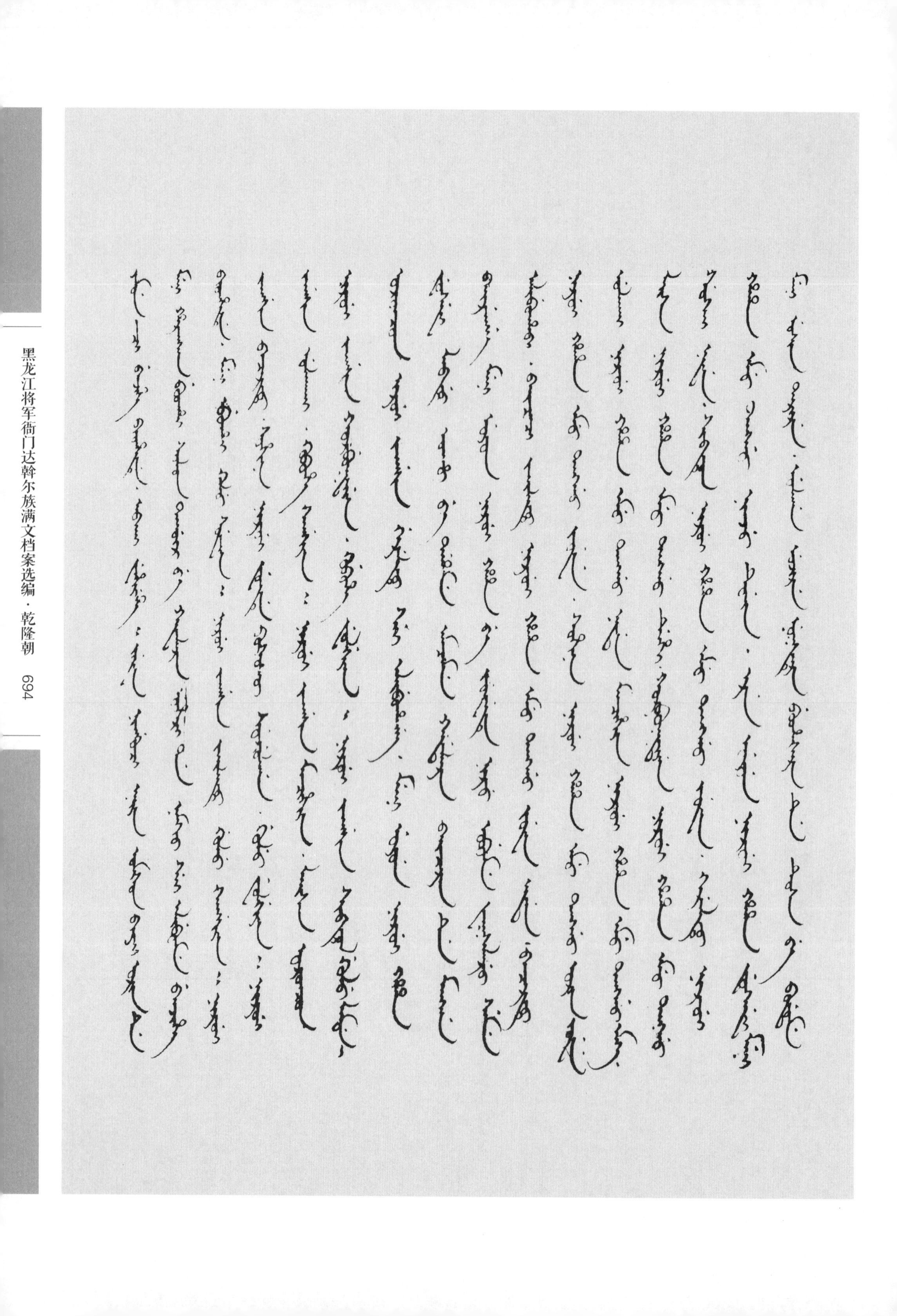

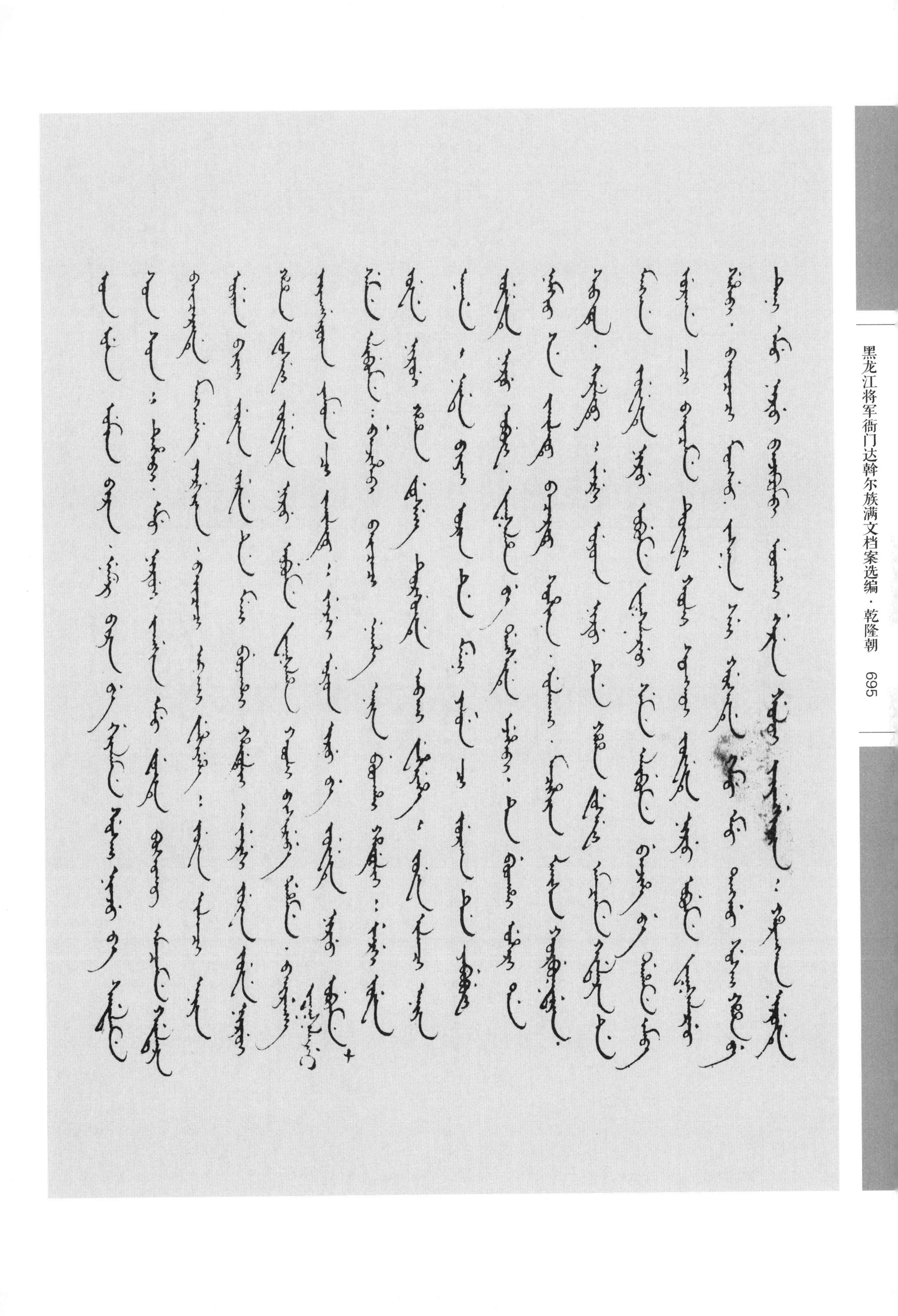

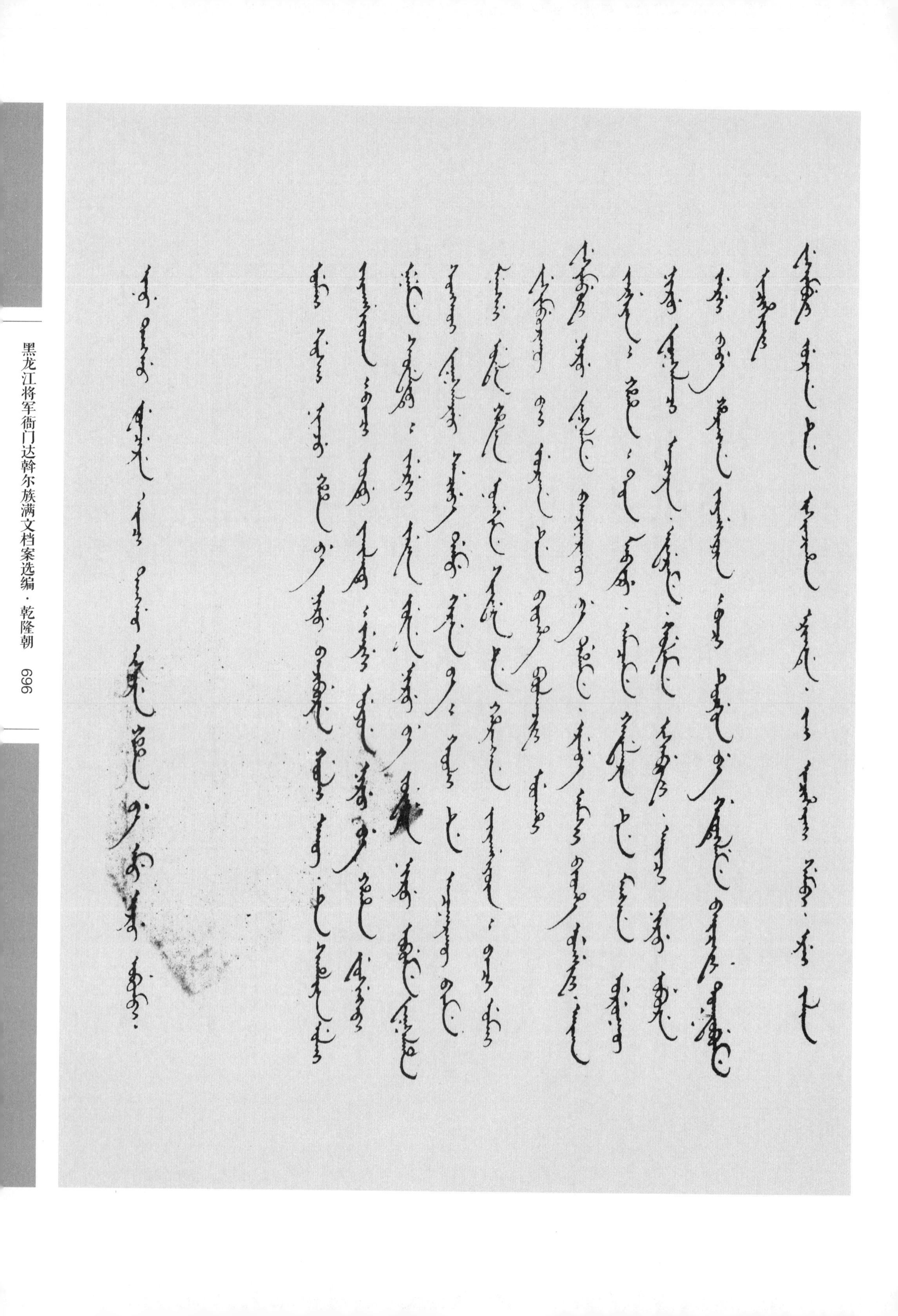

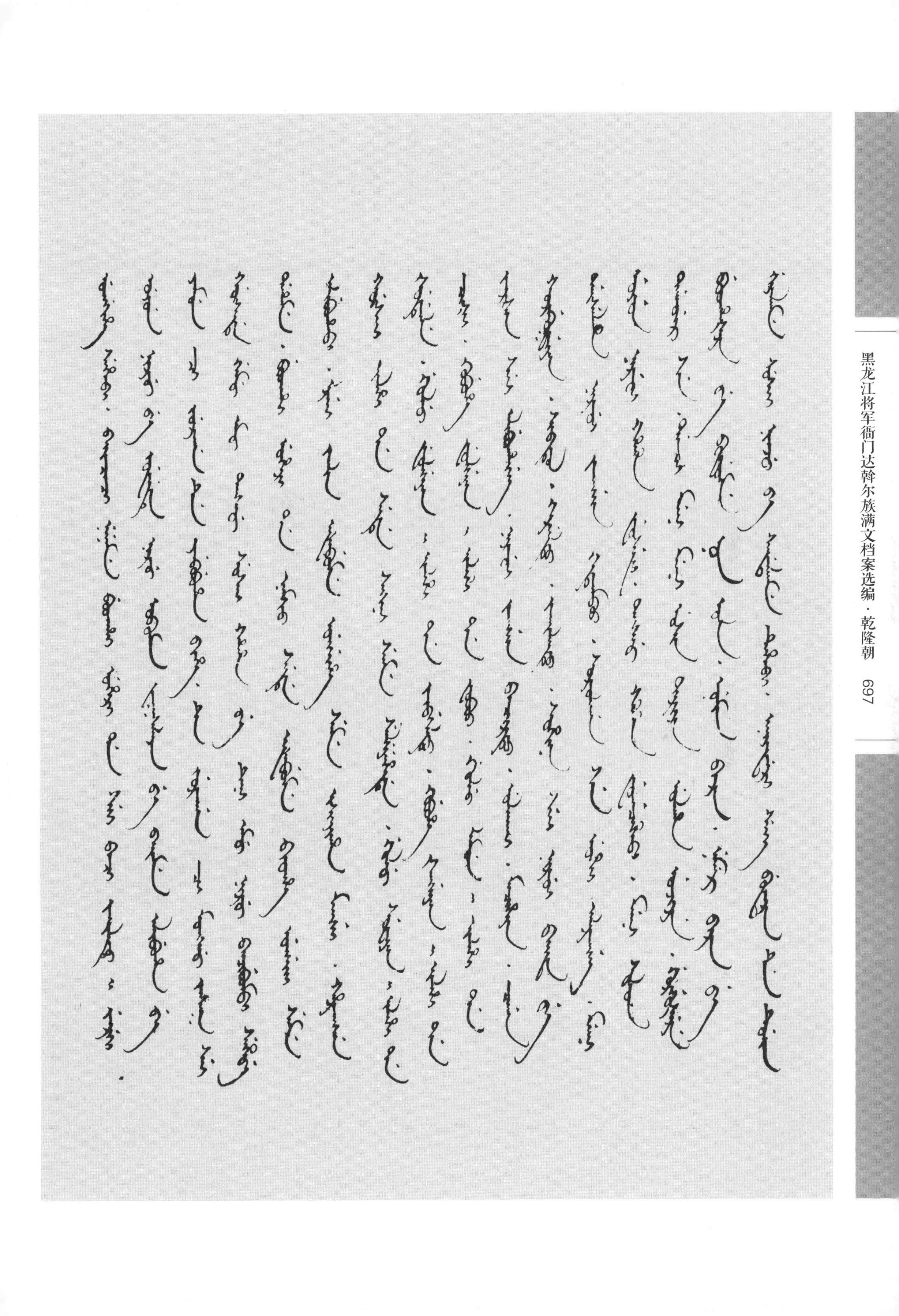

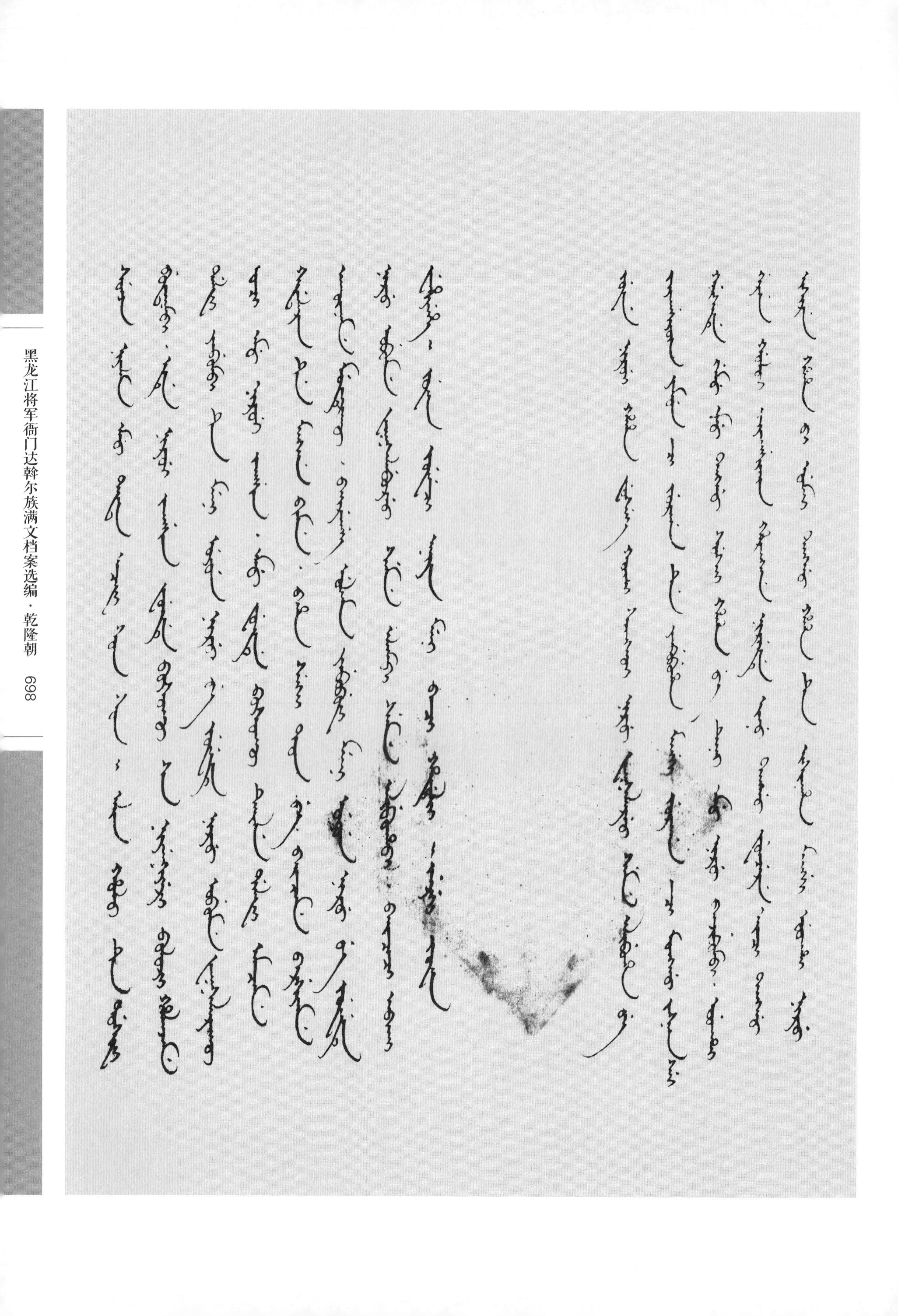

[illegible]

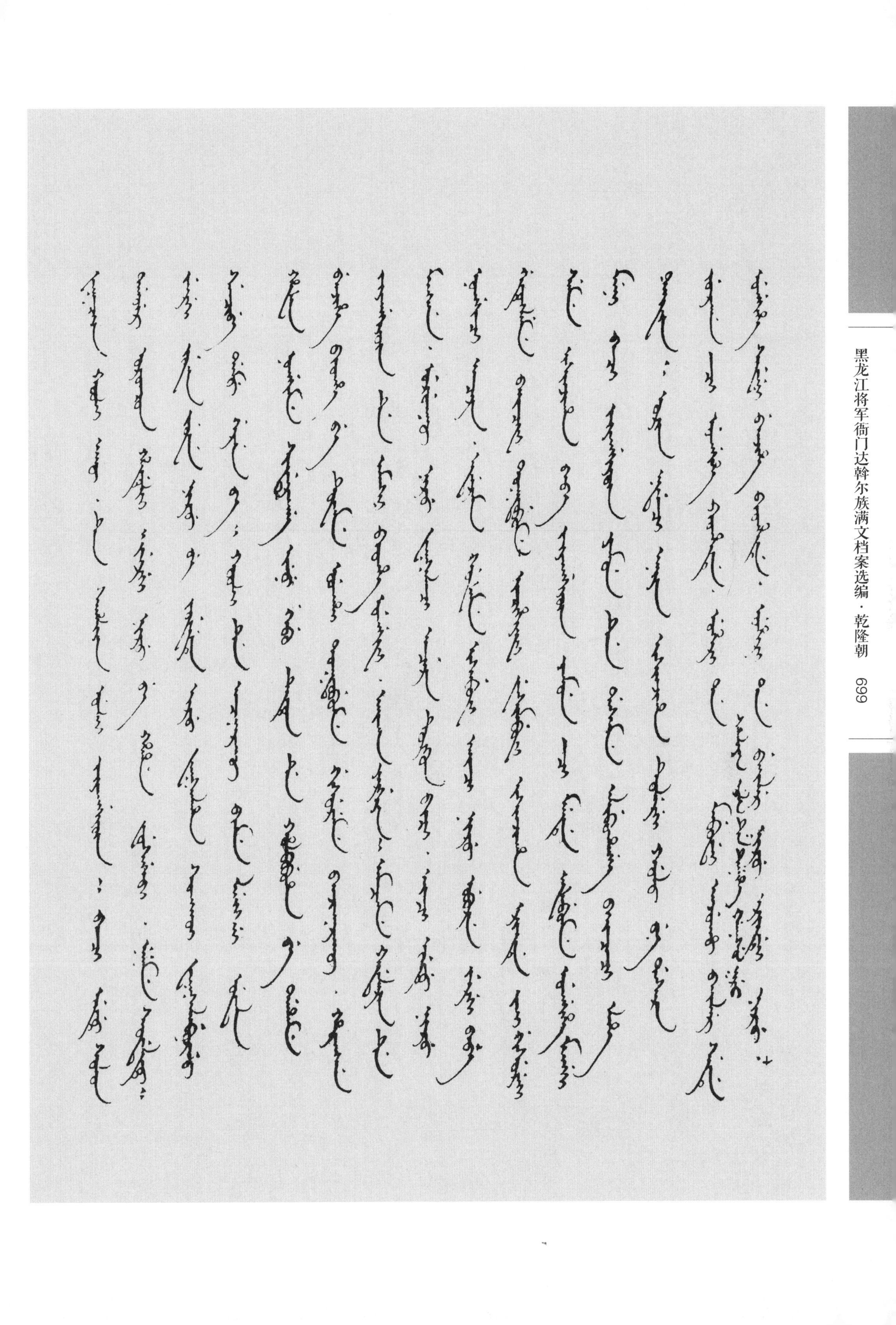

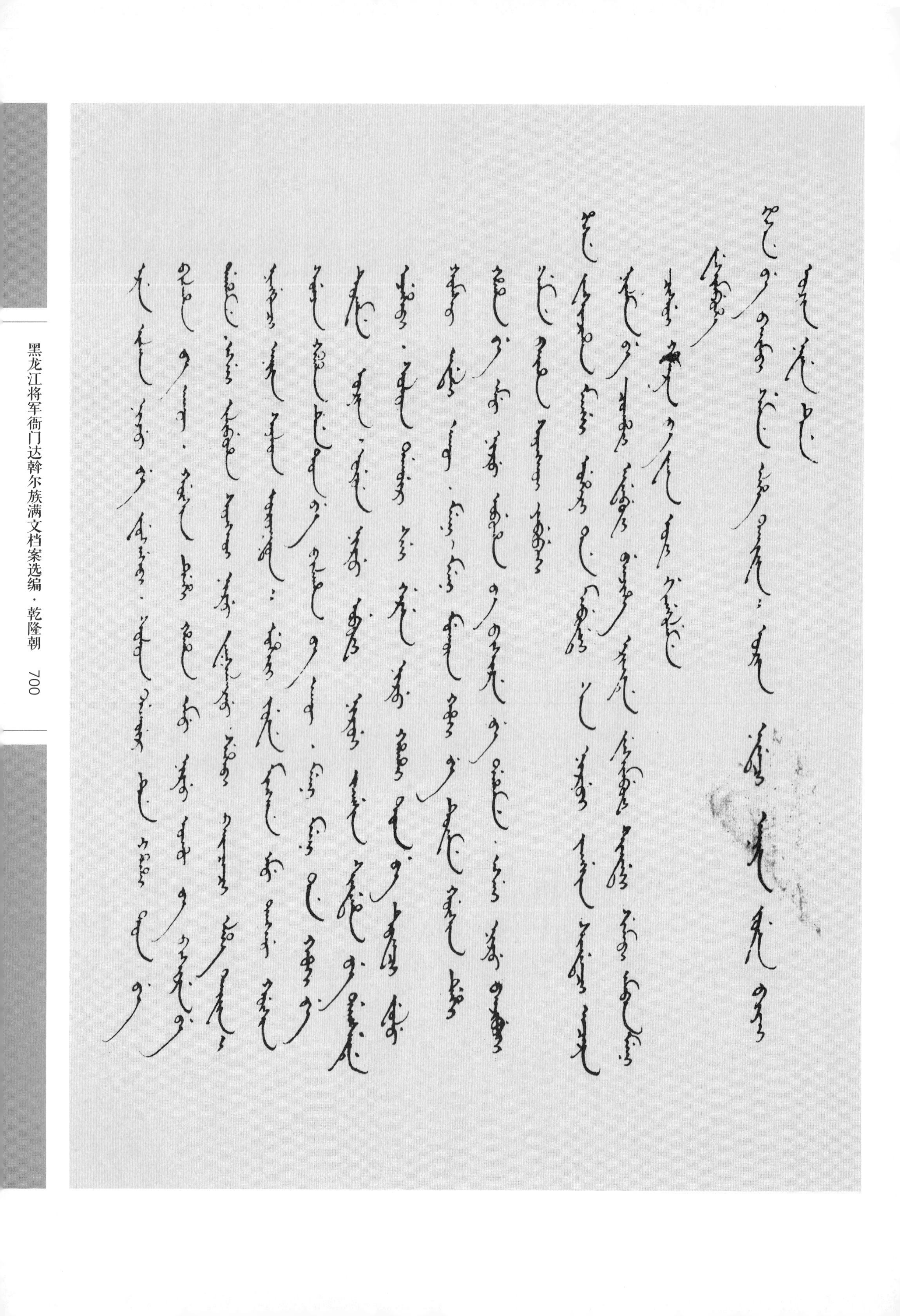

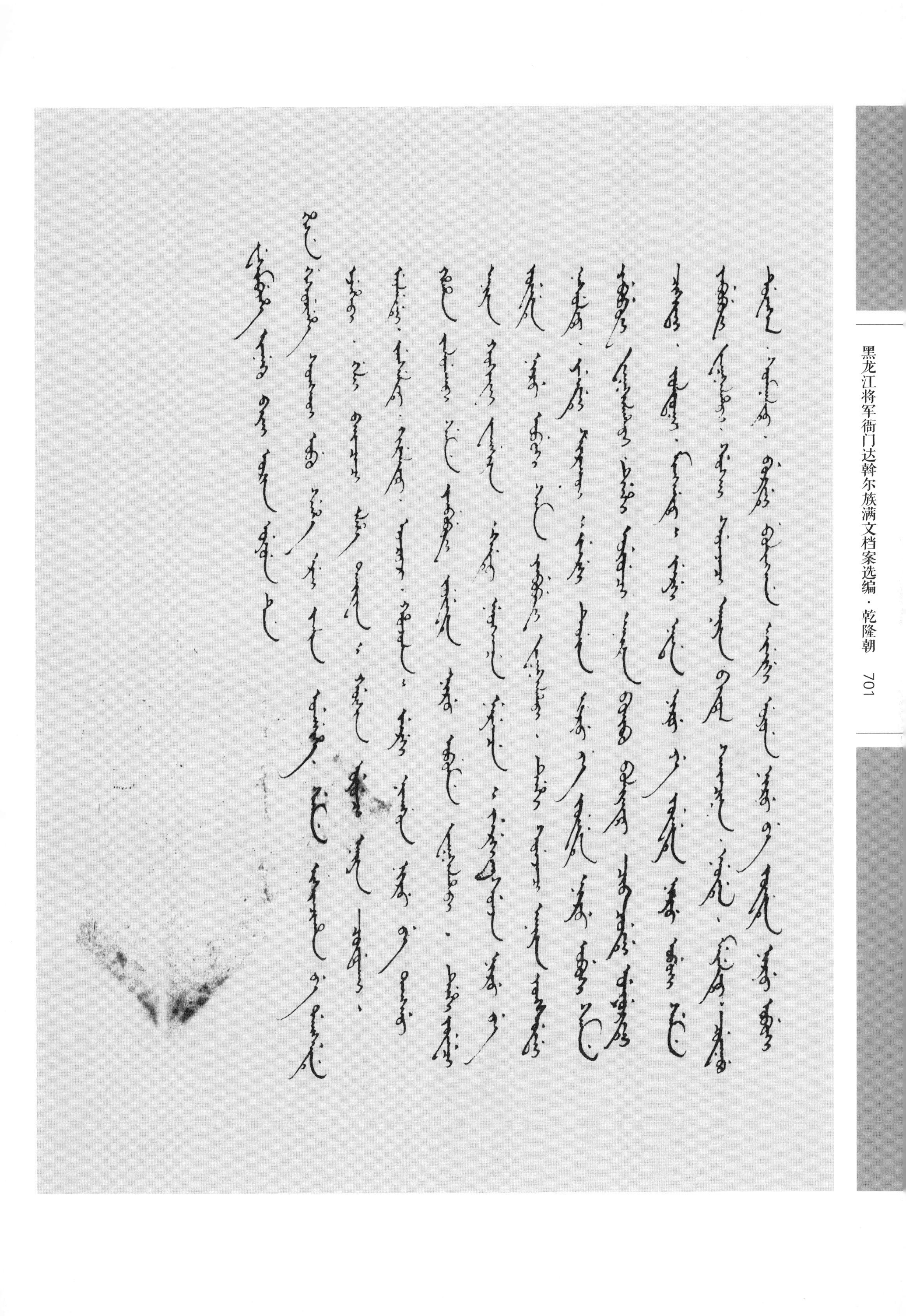

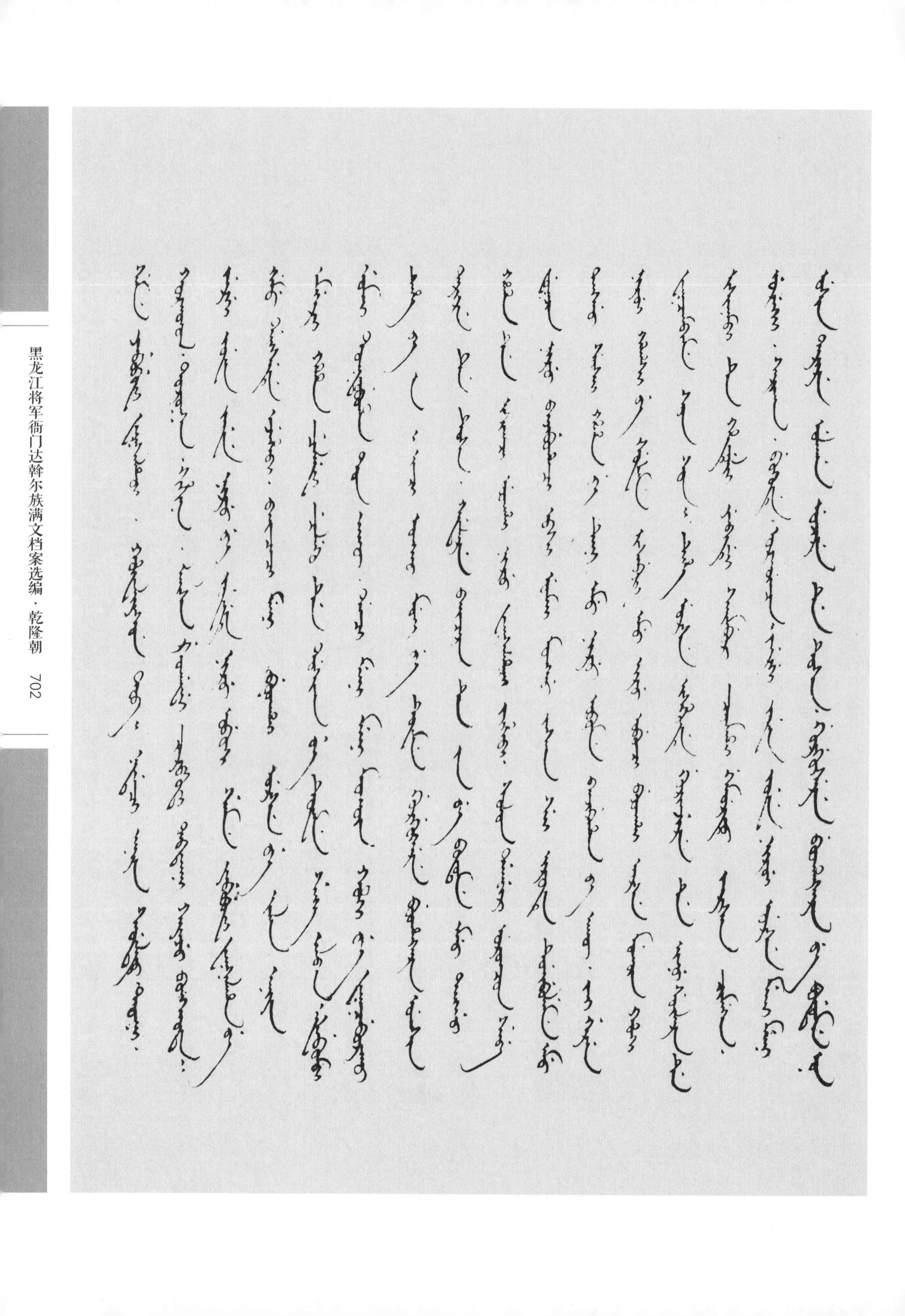

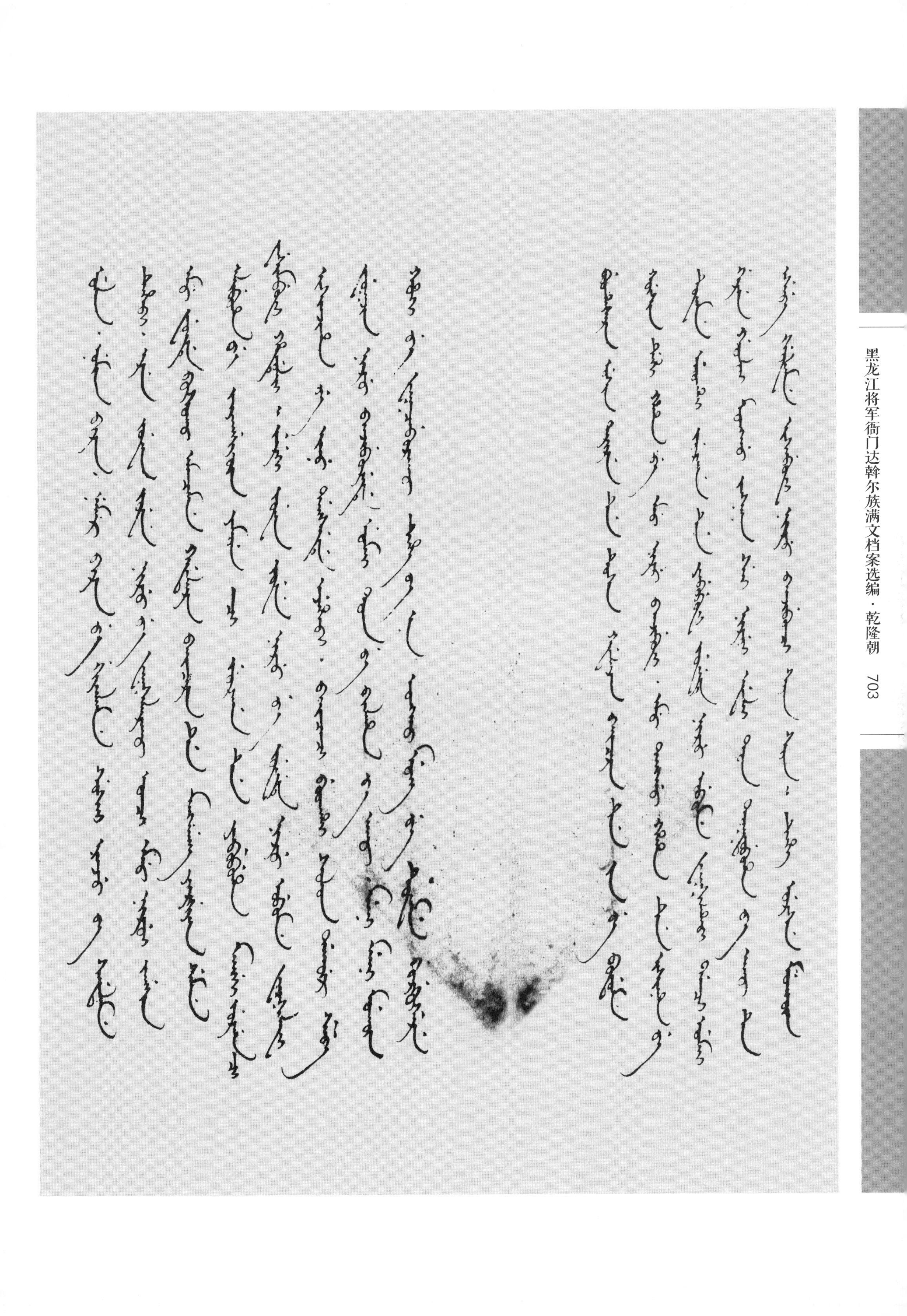

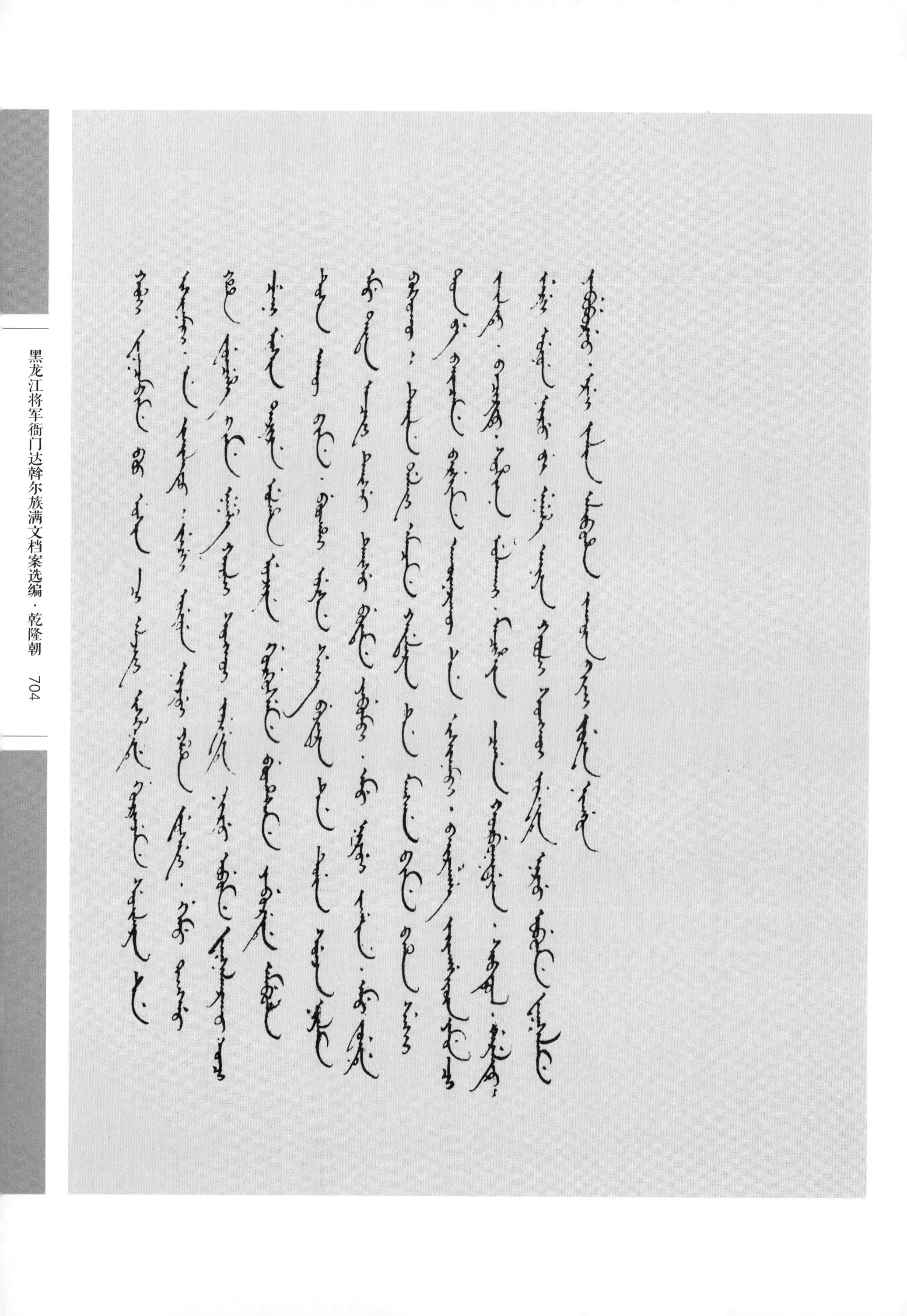

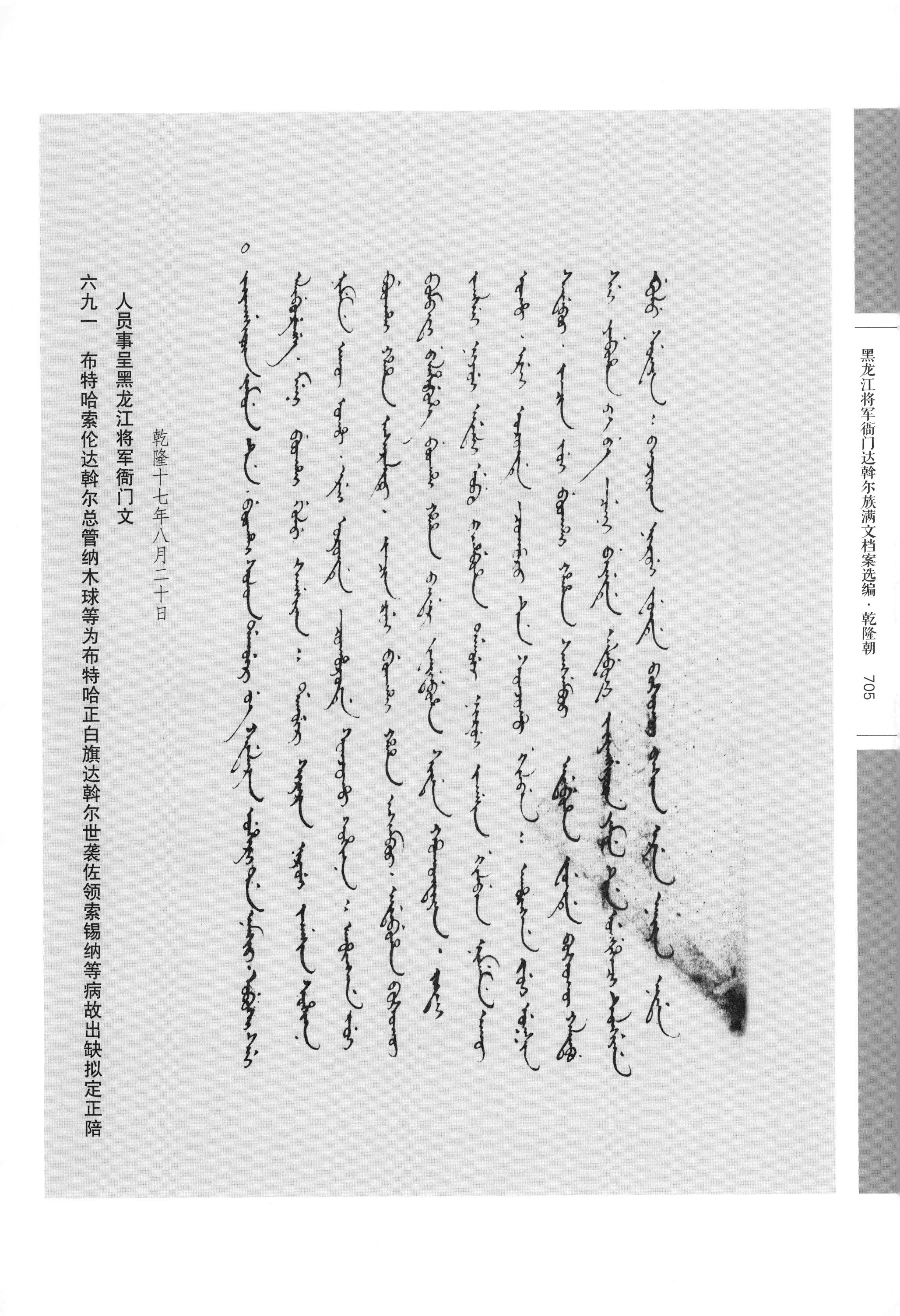

## 六九一　布特哈索伦达斡尔总管纳木球等为布特哈正白旗达斡尔世袭佐领索锡纳等病故出缺拟定正陪人员事呈黑龙江将军衙门文

乾隆十七年八月二十日

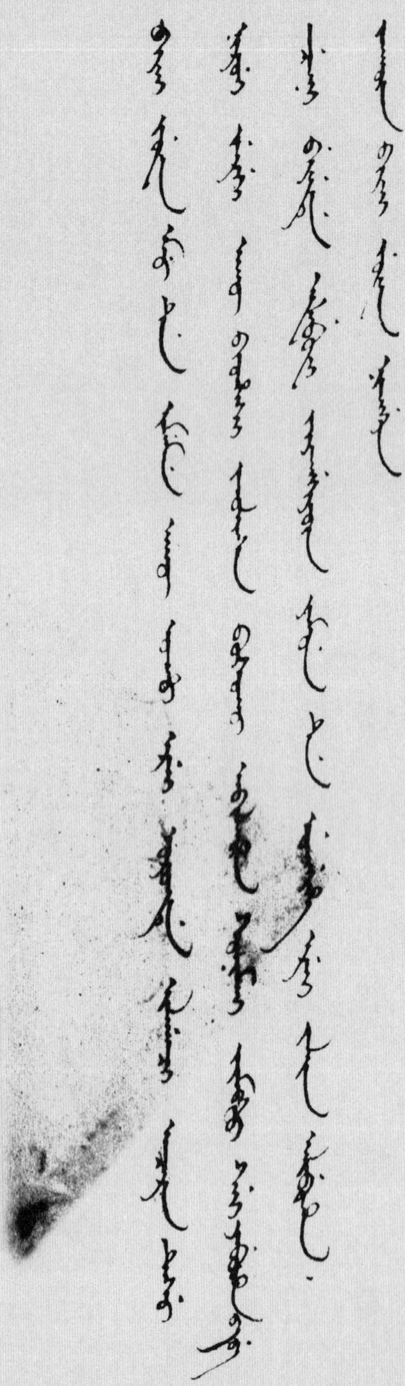

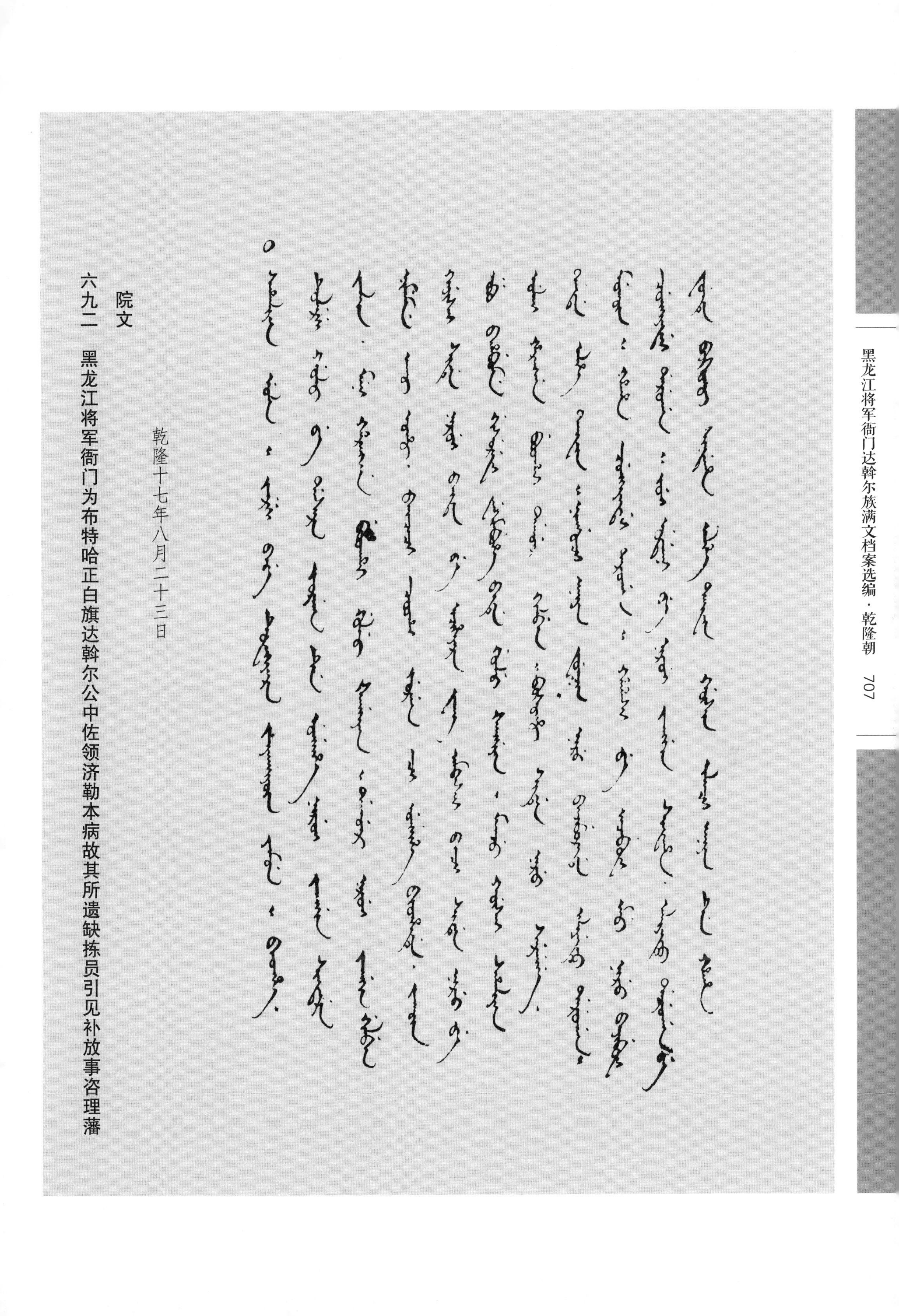

乾隆十七年八月二十三日

## 六九二　黑龙江将军衙门为布特哈正白旗达斡尔公中佐领济勒本病故其所遗缺拣员引见补放事咨理藩院文

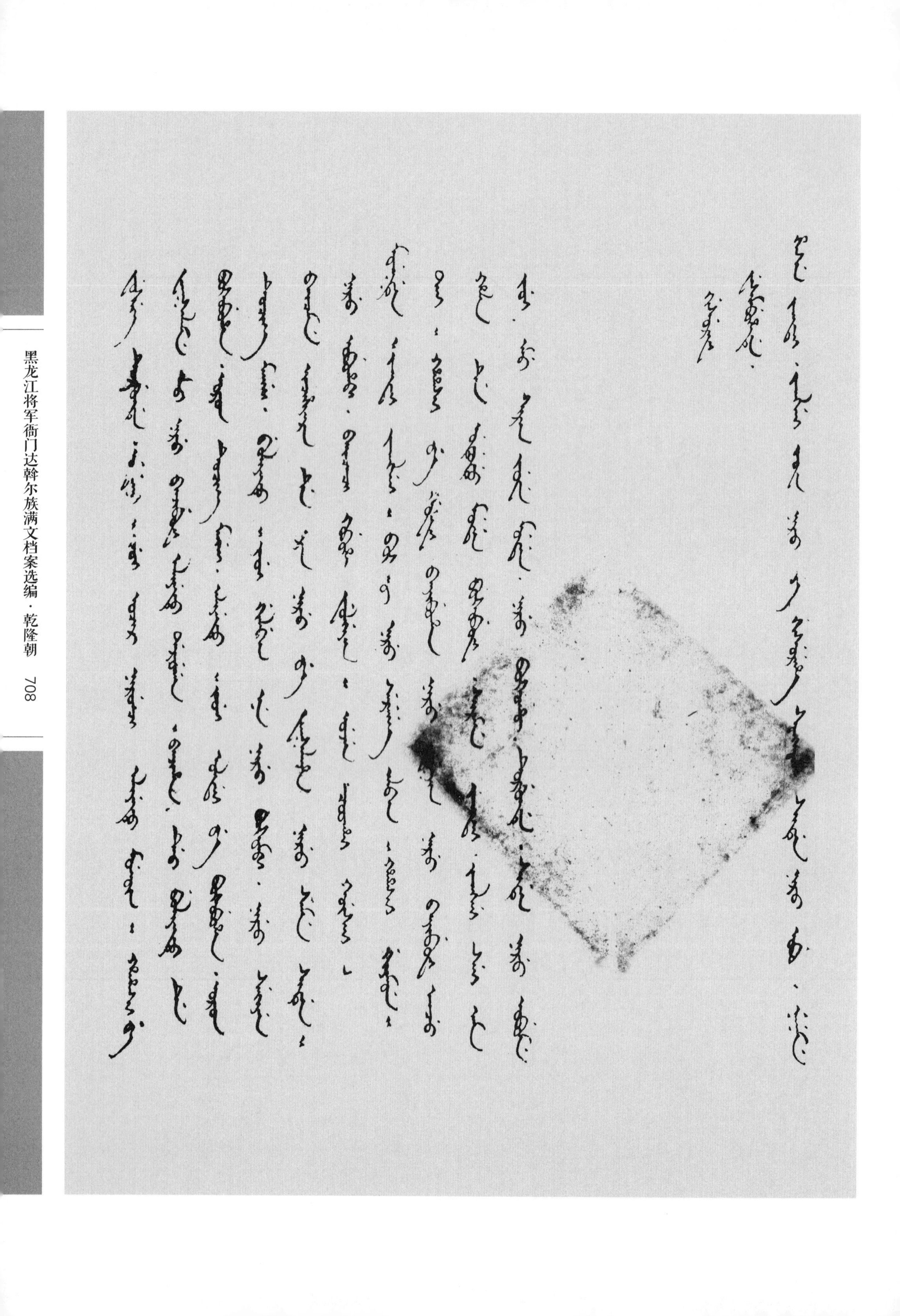

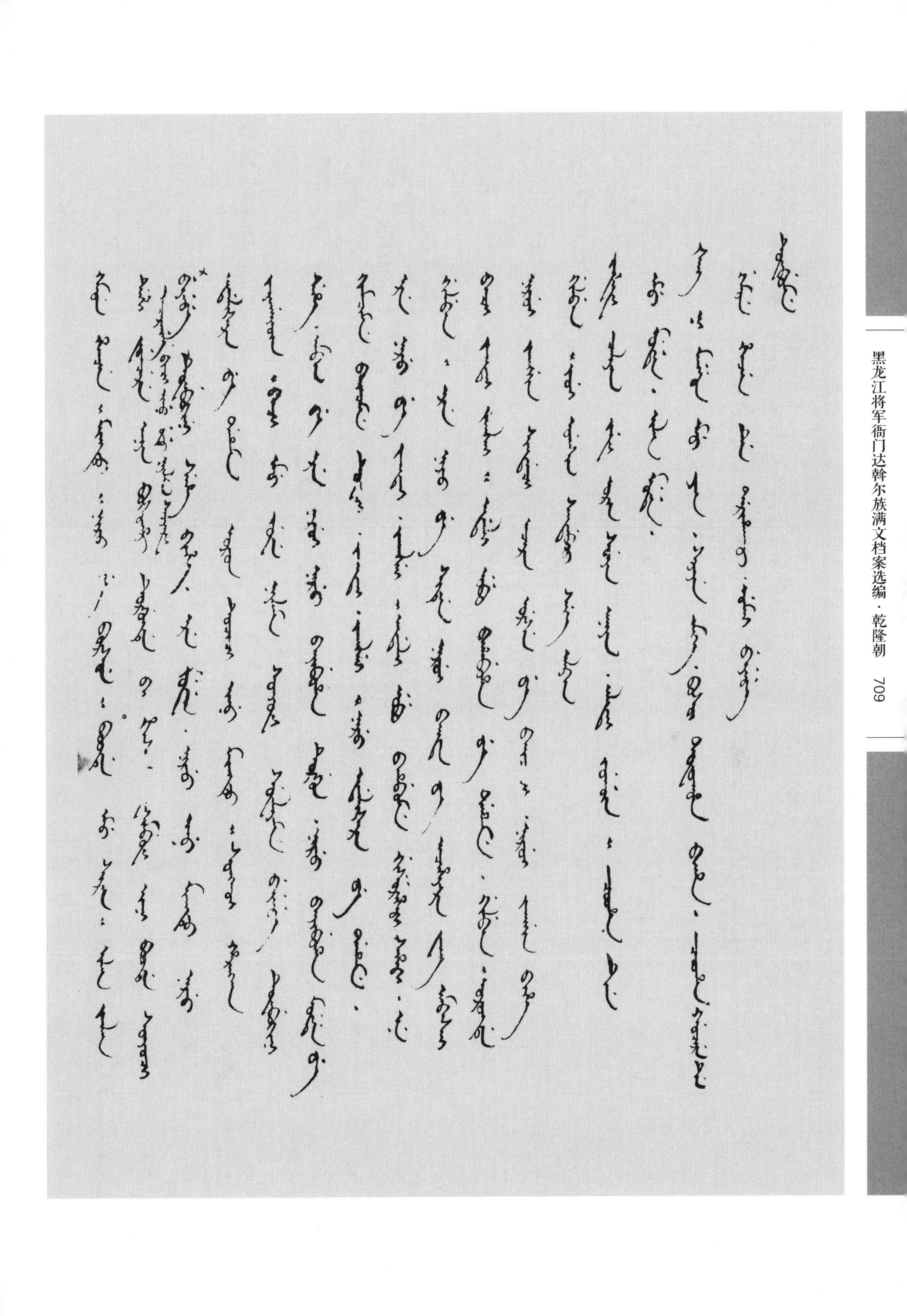

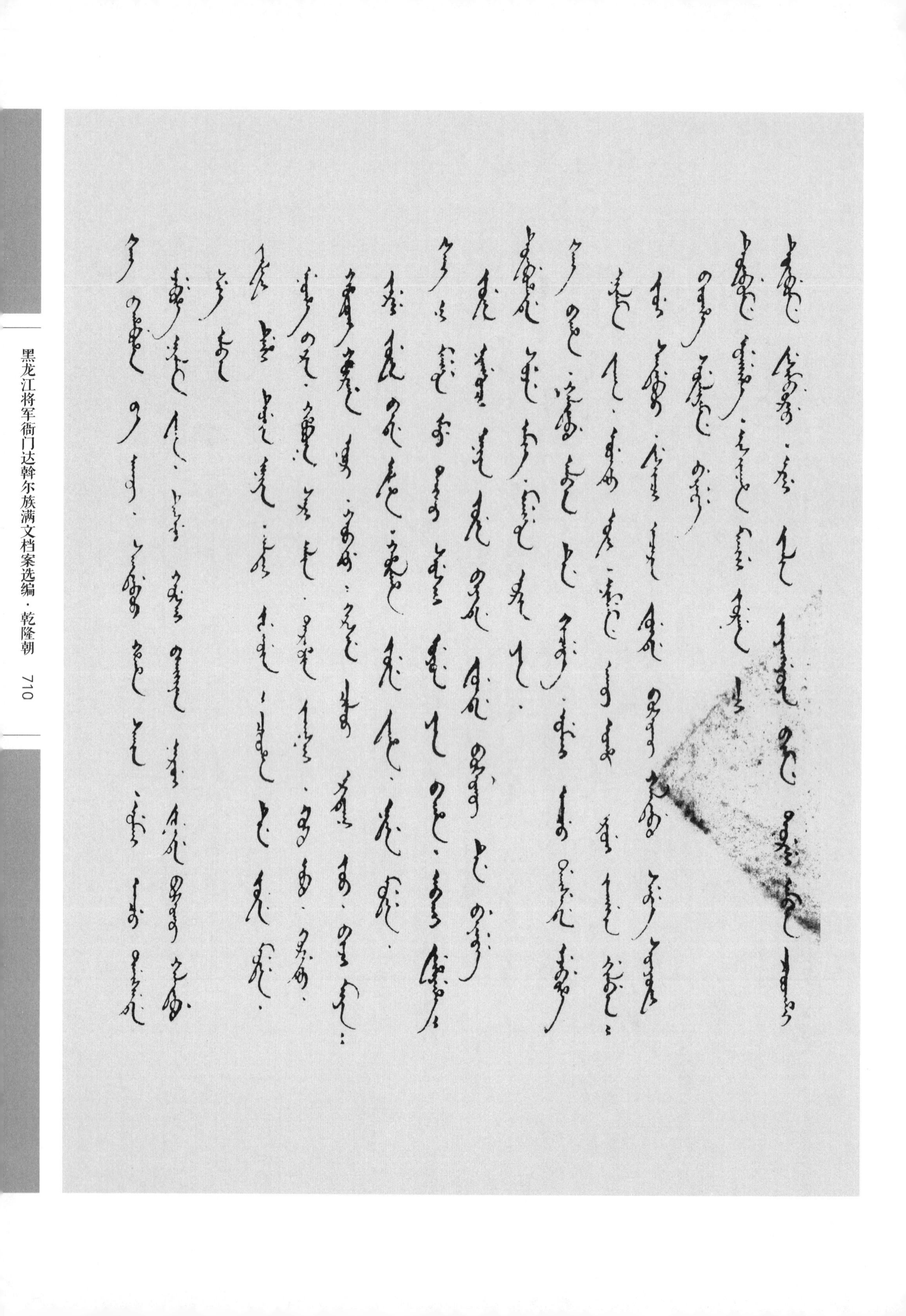

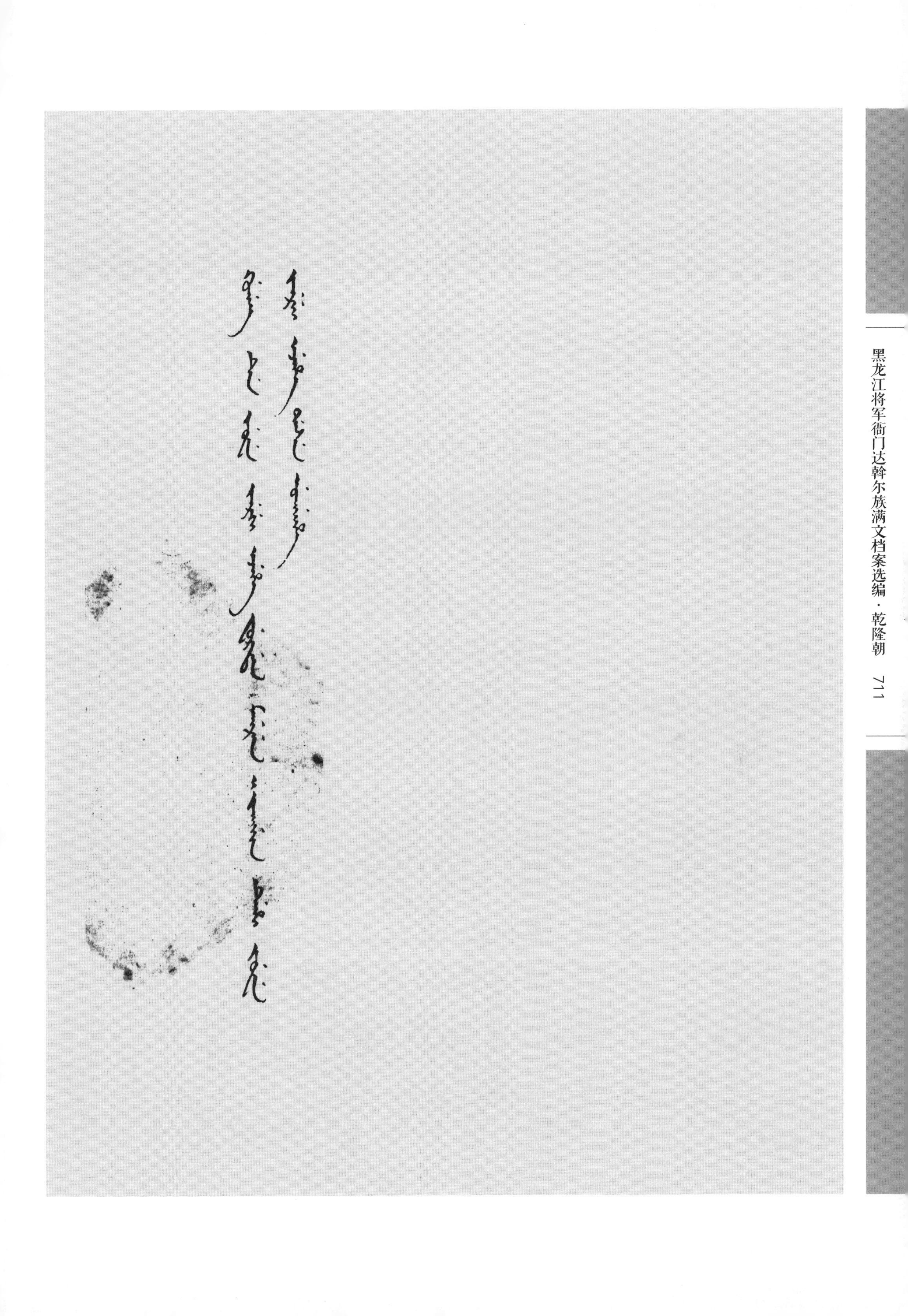